Diccionario
Sinónimos y Antónimos

REALIZACIÓN EDITORIAL
Educactiva S.A.S.
Norma

**DIRECCIÓN Y
COORDINACIÓN EDITORIAL**
Mabel Pachón Rojas

AUTOR
Bernardo Rengifo Lozano

DISEÑO INSERTO
Sebastián Ortiz

FOTOGRAFÍA
Shutterstock Inc.

**EQUIPO LECTURA
Y REVISIÓN LEXICOGRÁFICA**
María José Díaz Granados
María Barbarita Gómez
Carolina Salazar Mora

DIAGRAMACIÓN
María Claudia Rebolledo Gómez
Roth Edith Parra Arias

DIRECCIÓN DE ARTE
Gloria Esperanza Vásquez A.

**DISEÑO Y
CONCEPTO GRÁFICO**
Rolando Herrera Muñoz
Carolina Ávila

Impreso por Editorial Nomos S. A.
Impreso en Colombia – Printed in Colombia
© 2020, Educactiva S. A. S.

61092052
ISBN 978-958-00-1533-8

DICCIONARIO
SINÓNIMOS Y ANTÓNIMOS

Comunicarse claramente en forma oral o escrita exige un uso adecuado de la lengua. El dominio de un léxico extenso es garantía de fluidez en la expresión y permite una mayor claridad de pensamiento. Ante las incertidumbres sobre la elección de palabras en la redacción de comunicaciones y ensayos, o en la preparación de exposiciones, el uso de una herramienta como el **DICCIONARIO DE SINÓNIMOS Y ANTÓNIMOS** resulta imprescindible para enunciar las ideas con términos pertinentes y exactos, al tiempo que la expresión verbal o escrita puede enriquecerse y adaptarse a distintas necesidades comunicativas del ámbito escolar.

Editorial Norma, reconocida por su amplia trayectoria en la elaboración de diccionarios para los estudiantes latinoamericanos, y al tanto de las necesidades y dificultades que enfrentan a la hora de construir textos con sentido, sin repeticiones y según contextos y situaciones precisas, presenta esta edición del **DICCIONARIO DE SINÓNIMOS Y ANTÓNIMOS**. En ella se han clasificado cerca de 20.000 voces con sus respectivos sinónimos y antónimos, agrupados de manera estratégica según la proximidad semántica y la afinidad contextual, para ofrecer a los estudiantes soluciones fácilmente comprensibles y de rápida aplicación.

El español, lengua rica y diversa hablada por cerca de 600 millones de personas, ofrece infinitas posibilidades de expresión. El **DICCIONARIO DE SINÓNIMOS Y ANTÓNIMOS** es un recurso excelente para acceder a ese extenso léxico, que hoy se ha incrementado gracias a las transformaciones culturales, e incluye términos asociados con la evolución científica, la tecnología, la medicina, el comercio y el deporte, nuevas actividades y experiencias. Consciente del desconocimiento respecto a los americanismos y extranjerismos, el equipo de investigadores y editores de Norma ha incorporado los más utilizados y aceptados, con sus múltiples alternativas y equivalencias en nuestro idioma.

El uso apropiado de sinónimos y antónimos le permitirá al estudiante hacerse entender plenamente, gracias a su capacidad para adaptar el discurso a contextos, situaciones, receptores y niveles de comprensión específicos. La certeza respecto al buen uso de los términos, en virtud de su función gramatical y su significado, ofrecerá la seguridad de expresar lo que verdaderamente se quiere, con claridad, precisión y eficacia.

PARTES DEL DICCIONARIO

DICCIONARIO SINÓNIMOS Y ANTÓNIMOS

CABEZOTES DE INICIO DE LETRA

VOCES

El diccionario incluye un gran número de voces que poseen sinónimos. La selección y ordenamiento de éstos responde a criterios de analogía y proximidad semántica.

abarrotar *tr.* {tienda, almacén, barco} llenar, colmar, atiborrar, saturar, rebosar. *ANT.* desocuciar, descargar. **2** *Amer.* {mercado} saturar. **3** fc

CUERPO DE VOZ

Comprende los grupos de sinónimos y sus respectivos antónimos correspondientes a las distintas acepciones de la voz o entrada.

CORNISAS

Información del número de página y de las palabras que se encuentran en la misma: página izquierda, primera palabra, página derecha, última palabra.

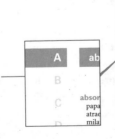

UÑEROS

Resalta la letra correspondiente para mayor rapidez en la búsqueda.

MODO DE USO

ENTRADA DE VOZ O LEMA

CUERPO DE VOZ

abajo *adv.* bajo, debajo, en lugar inferior. ANT. arriba, encima. **2** en lugar posterior. **3** *loc.* ~ *de:* debajo de, al pie de. **4** *loc.* echar ~: destruir, derribar.

CATEGORÍA GRAMATICAL
Todas las voces incluyen la categoría gramatical. (Ver lista de abreviaturas.)

NUMERACIÓN
Las distintas acepciones de la entrada, marcadas con números (2, 3, 4...), conforman grupos de sinónimos que pertenecen a un campo particular de sentido.

agudo, -da *adj.* aguzado, afilado, puntiagudo, punzante, fino, delgado. ANT. embotado, chato, romo. **2** inteligente, sutil, ingenioso, perspicaz, penetrante, intuitivo, ocurrente, sagaz, vivaz; gracioso, chistoso. ANT. necio, majadero, simple. **3** {dolor} vivo, penetrante. **4** {enfermedad} grave. **5** {olor} subido. **6** {sabor} intenso; áspero. **7** {sonido} alto, estridente, chillón, rechinante.

SINÓNIMOS
Las voces sinónimas de cada acepción están separadas por coma (,). El punto y coma (;) indica variaciones mínimas de significado entre los sinónimos de una misma acepción.

ANTÓNIMOS
Marcados por la abreviatura ANT., están al final del grupo de sinónimos de la acepción respectiva, cuando los tiene.

ambiguo, -gua *adj.* dudoso, indeterminado, incoherente, equívoco, oscuro, turbio, vago. ANT. preciso, neto, exacto. **2** {lenguaje} incierto, impreciso, dudoso, confuso. ANT. claro. **3** {persona} impredecible.

AYUDAS SEMÁNTICAS
Los corchetes de llave { } contienen claves que indican los diferentes campos de uso o sentido de las entradas.

ABREVIATURAS TEMÁTICAS
Indican campos específicos de conocimiento o actividad.

PLURALES
En algunos casos se incluyen los plurales (pl.) que pueden presentar cierto grado de dificultad.

avatar *m.* REL. encarnación, reencarnación. **2** *pl.* **avatares** transformaciones, vicisitudes, altibajos, mudanzas, cambios, accidentes, problemas.

LOCUCIONES
Constituyen expresiones relativamente invariables de la lengua, muy usadas por los hablantes. Están señaladas por la abreviatura *loc.*, y en su escritura el símbolo de la virgulilla (~) reemplaza a la entrada.

eco *m.* resonancia, repercusión, repetición, retumbo, sonoridad. **2** sonido débil. **3** rumor, murmullo, noticia vaga. **4** Fís. onda electromagnética, sonido reflejado. **5** *loc.* **a)** *hacer ~ una cosa:* tener correspondencia con otra. **b)** *hacer ~ una cosa:* hacerse digna de atención. **6** *loc.* *tener ~ una cosa:* propagarse con aceptación, difundirse ampliamente.

LITERALES
Cuando la misma locución presenta varias acepciones, se marcan con literales [a), b), c)...].

MODO DE USO
DICCIONARIO SINÓNIMOS Y ANTÓNIMOS

ENTRADAS INDEPENDIENTES PARA LOCUCIONES
En varios casos se incluyen locuciones exclusivas del español.

acabóse (el) *loc.* el colmo, el desastre, la catástrofe, la calamidad.

ALTERNATIVAS DE REEMPLAZO
La pleca (/) señala una alternativa válida de reemplazo en el uso de las locuciones.

acecho *m.* acechanza, vigilancia, espionaje, atisbo. **2** *loc.* **al/en ~**: observando, espiando.

AMERICANISMOS
La abreviatura de americanismo (**Amer.**), indica un uso generalizado en la América hispánica. Otros usos americanos propios de cada país, se indican con las abreviaturas que figuran en la lista.

chiva *f.* **Amer.** barba, perilla. **2 Amér. Cent.** colcha, manta. **3 Chile** mentira, embuste. **4 Ven.** red. **5 Col.** bus popular.

HOMÓNIMOS
Las entradas homónimas se marcan con superíndices para orientar adecuadamente la consulta.

cerca¹ *f.* vallado, muro, valla, cercado, empalizada, estacada, tapia, pared, corral.

cerca² *adv.* {lugar, tiempo} próximamente, inmediatamente. ANT. lejos. **2** {lugar} adyacente, contiguo, junto, pegado, vecino, lindante, confinante. ANT. lejos, alejado. **3** {tiempo} inminente, próximo, apremiante. ANT. distante.

ENTRADAS DE VOCES EXTRANJERAS
Se marcan con letra bastardilla. Entre corchetes rectos [ ] figura la lengua de origen.

blazer *s.* [ING.] bléiser, chaqueta deportiva.

EXPLICACIONES COMPLEMENTARIAS
En muchos casos se ofrecen para explicar el sentido preciso que requiere el uso de los sinónimos. Figuran entre corchetes redondos y al final de la respectiva acepción.

atrancar *tr.* {puerta} trancar, asegurar. ANT. abrir, desatrancar. **2** *tr. prnl.* atascar, atorar, obstruir, cegar, tapar. ANT. destapar. **3** *intr. prnl.* atragantarse, cortarse (al hablar o leer).

GÉNERO
Todos los sustantivos y adjetivos incluyen la terminación femenina.

embaucador, -ra *adj. s.* impostor, tramposo, artero, estafador, timador, charlatán, farsante, falsario, mentiroso. ANT. honesto.

VARIANTES
La abreviatura de también (**tb.**) informa sobre las variantes de una entrada que han sido admitidas por la Academia de la Lengua.

abotagado, -da *adj.* (*tb.* **abotargado, -da**) hinchado, inflado.

REMISIONES
Se indican por ver.

contrainteligencia *f. ver* **contraespionaje**.

contraofensiva *f. ver* **contragolpe**.

ABREVIATURAS

GRAMATICALES

A

abrev.	abreviación
adj.	adjetivo
adv.	adverbio
amb.	ambiguo
ant.	anticuado, antiguo
ANT.	antónimo

C

col.	coloquial
com.	nombre común
conj.	conjunción
contracc.	contracción

D

desp.	despectivo

E

eufem.	eufemismo
excl.	exclamativo

F

f.	sustantivo femenino
fam.	familiar
fest.	festivo
fig.	figurado
fr.	frase

G

gen.	generalmente

I

impers.	impersonal
interj.	interjección; interjectivo
interr.	interrogativo
intr.	verbo intransitivo
irón.	irónico

J

jer.	jerga

L

loc.	locución

M

m.	sustantivo masculino

N

neg.	negación; negativo

P

p. us.	poco usado
pey.	peyorativo
pl.	plural
prep.	preposición
pml.	verbo pronominal
pron.	pronombre

S

s.	sustantivo
sigla	sigla
sing.	singular

T

tb.	también
tr.	verbo transitivo

V

vb.	verbo
vulg.	vulgar

GEOGRÁFICAS

A

Amer.	americanismo
Amér. Cent.	América Central
Amér. Sur	América del Sur
Arg.	Argentina

B

Bol.	Bolivia

C

Car.	Caribe
Chile	Chile
Col.	Colombia
C. Rica	Costa Rica
Cuba	Cuba

E

Ecuad.	Ecuador
El Salv.	El Salvador

G

Guat.	Guatemala

H

Hond.	Honduras

M

Méx.	México

N

Nic.	Nicaragua

P

P. Rico	Puerto Rico
Pan.	Panamá
Par.	Paraguay
Perú	Perú

R

R. Dom.	República Dominicana.

U
Uru. — Uruguay

V
Ven. — Venezuela

TEMÁTICAS

A
AGR. — agricultura
ÁLG. — álgebra
ANAT. — anatomía
ARIT. — aritmética
ARQ. — arquitectura
ARQUEOL. — arqueología
ARTE — arte
ASTROL. — astrología
ASTRON. — astronomía

B
BIOL. — biología
BIOQUÍM. — bioquímica
BOT. — botánica

C
CINE — cinematografía
COM. — comercio
CULIN. — culinaria

D
DEP. — deportes
DER. — derecho

E
ECOL. — ecología
ECON. — economía
ELECTR. — electricidad
EQUIT. — equitación
ESCULT. — escultura

F
FIL. — filosofía
FÍS. — física
FISIOL. — fisiología
FON. — fonética; fonología
FOT. — fotografía

G
GEN. — genética
GEO. — geografía
GEOL. — geología
GEOM. — geometría
GRAM. — gramática

H
HIST. — historia

I
INF. — informática
IMPR. — imprenta

L
LING. — lingüística
LÓG. — lógica

M
MAT. — matemáticas
MEC. — mecánica
Med. — medicina
MICROB. — microbiología
MIL. — militar
MIT. — mitología
MÚS. — música

N
NÁUT. — náutica

O
ÓPT. — óptica

P
PAT. — patología
PINT. — pintura
POÉT. — poético
POLÍT. — política
PSIC. — psicología

Q
QUÍM. — química

R
RAD. — radio
REL. — religión
RET. — retórica

T
TEAT. — teatro
TV. — televisión

V
VETER. — veterinaria

Z
ZOOL. — zoología

EXTRANJERISMOS

A
[AL.] — alemán

C
[CAT.] — catalán

F
[FR.] — francés

I
[ING.] — inglés
[IT.] — italiano

L
[LAT.] — latín

ababa *f.* amapola, ababol.

ababol *m.* amapola, ababa. **2** distraído, simple, abobado.

abacá *f.* filamento, fibra, cáñamo. **2** tejido.

abacería *f.* puesto, tienda, comercio.

abacial *m.* abadengo, monacal, cenobítico, monástico, conventual, clerical. ANT. laico, secular, seglar.

ábaco *m.* numerador, anotador, tablero, tanteador. **2** nomograma. **3** {en general} plancha, tablero. **4** ARQ. coronamiento, remate.

abacorar *tr. Amer.* acaparar. **2** *Car.*, *Ven.* hostigar, acosar, perseguir.

abad *m.* prior, prelado, superior, prepósito.

abada *f.* rinoceronte.

abadejo *m.* {ave} reyezuelo. **2** {pez} bacalao. **3** {insecto} cantárida, corraleja, abad.

abadengo *m.* abadía, señorío.

abadesa *f.* {comunidad religiosa} superiora, rectora, priora.

abadía *f.* abadiato, iglesia, convento, monasterio, priorato, cenobio. **2** dignidad de abad/abadesa.

abajeño, -ña *adj. Amer.* de costas bajas, de tierras bajas. **2** *Arg.* sureño.

abajo *adv.* bajo, debajo, en lugar inferior. ANT. arriba, encima. **2** en lugar posterior. **3** *loc.* ~ *de:* debajo de, al pie de. **4** *loc. echar* ~: destruir, derribar.

abalanzar *tr.* impulsar, incitar, inclinar. **2** *p. us.* pesar, contrapesar, compensar. **3** *prnl.* acometer, arremeter, embestir, atacar. **4** arrojarse, lanzarse, impulsarse, proyectarse. **5** *Arg., Uru.* {caballo} encabritarse.

•	**abalear** *tr.* {grano} escoger, seleccionar, separar. **2** *Amer.* balear, tirotear, disparar, ametrallar, descargar.

abaleo *m.* escoba (para abalear). **2** *Col.* tiroteo.

abalizar *tr.* NÁUT. balizar, señalar, marcar. **2** *prnl.* {buque} marcarse, determinar su situación.

abalorio *m.* cuenta, cuentecilla. **2** oropel, quincalla, rocalla, fantasía.

abanar *tr.* hacer aire, abanicar. **2** {fuego} avivar.

abanderado, -da *s.* portaestandarte, alférez, confaloniero, señalero; oficial. **2** portavoz, representante, paladín, caudillo, promotor, defensor, protector.

abanderar *tr.* encabezar, acaudillar, dirigir. **2** enarbolar. **3** {buque} matricular, registrar. **4** *tr. prnl. Arg., Chile* abanderizar.

abandonado, -da *adj.* descuidado, negligente, dejado, desidioso. ANT. diligente. **2** {persona} sucio, desaseado, desaliñado. ANT. limpio. **3** desierto, deshabitado, despoblado, yermo. **4** {persona} desvalido, desamparado, inerme.

abandonar *tr.* desamparar, desproteger, descuidar, desatender, desasistir, dejar. ANT. atender, cuidar, proteger, amparar. **2** evacuar, desocupar. **3** partir, marcharse, alejarse, irse, salir. ANT. volver, retornar. **4** *intr.* renunciar, desistir, ceder, dejar. ANT. insistir, perseverar. **5** *prnl. fig.* {intereses, obligaciones} descuidarse, confiarse. **6** *fig.* {ante adversidades} abatirse, rendirse, entregarse. **7** *tr. prnl.* apoyar, reclinar. **8** entregar, confiar. **9** {aseo, compostura} descuidarse.

abandono *m.* negligencia, desidia; descuido, incuria, desatención, dejadez, desaseo. ANT. esmero, cuidado, aseo. **2** huida, defección, deserción. **3** desvalimiento, desamparo. ANT. amparo. **4** desistimiento, cesión, renuncia.

abanicar *tr. prnl.* aventar, airear, abanar, soplar, ventilar. **2** *Amer.* abanarse.

abanico *m.* abano, soplillo, ventalle, flabelo, aventador. **2** *fig.* {propuestas, opciones} serie, variedad, conjunto.

abaratar *tr. prnl.* rebajar, depreciar, desvalorizar, devaluar, reducir el precio. ANT. encarecer, aumentar, subir el precio.

abarca *f.* alpargata, chanclo, clancleta, babucha, sandalia, pantufla.

abarcar *tr.* contener, englobar, incluir, comprender, implicar, incorporar, alcanzar, cubrir, ocupar. ANT. excluir. **2** rodear, abrazar, ceñir. **3** {con la vista} percibir, dominar. **4** *Amer.* acaparar. **5** *Ecuad.* {gallina} empollar.

abarloar *tr.* {buque} arrimar, aproximar, juntar; atracar, barloar.

abarquillado *adj.* combado, pandeado, alabeado, curvado, corvo. ANT. recto, derecho.

abarquillar *tr. prnl.* {lámina, papel} curvar, alabear, combar, encorvar.

abarracar *intr. prnl.* MIL. acampar, vivaquear.

abarrado, -da *adj. s.* {paño} barrado.

abarrajar *tr.* atropellar. **2** *prnl. Chile, Perú* encanallarse.

abarrancar *intr. prnl.* {barco} encallar, varar. **2** *tr.* {erosión} formar barrancos.

abarrotar *tr.* {tienda, almacén, barco} llenar, atestar, colmar, atiborrar, saturar, rebosar. ANT. desocupar, vaciar, descargar. **2** *Amer.* {mercado} saturar. **3** fortalecer (con barrotes).

abarrotes *m. pl. Amer.* artículos, comestibles, ultramarinos. **2** *sing. Col., Ecuad., Perú* pulpería, almacén, tienda de comestibles.

abastar *tr. prnl.* abastecer. **2** *intr.* ANT. bastar, ser suficiente.

abastardar *intr.* {animales, plantas} bastardear, degenerar.

abastecedor, -ra *adj. s.* proveedor, suministrador, aprovisionador, abastero. **2** *m. C. Rica* tienda de comestibles.

abastecer *tr. prnl.* {alimentos, víveres} suministrar, surtir, aprovisionar, dotar, proveer, equipar, avituallar, pertrechar. ANT. desproveer, desabastecer.

abastecimiento *m.* provisión, aprovisionamiento, suministro, abasto, avituallamiento. ANT. desabastecimiento, carencia.

abastero, -ra *adj. s. Amer.* proveedor, suministrador, abastecedor, aprovisionador, municionero.

abasto *m.* abastecimiento, provisión, suministro, aprovisionamiento, avituallamiento, dotación. **2** *loc. dar ~:* dar o ser bastante, bastar.

abate *m.* eclesiástico, presbítero; clérigo.

abatido *adj.* abyecto, miserable, vil, despreciable, bajo. **2** triste, descorazonado, decaído, desanimado, desalentado, alicaído. **3** fatigado, extenuado, agotado, desfallecido.

abatimiento *m.* desolación, postración, desconsuelo, desaliento, depresión. ANT. animación, brío, vigor, ánimo, resolución, fuerza. **2** humillación, abyección, rebajamiento.

abatir *tr.* derribar, derrumbar, deshacer, hundir, desbaratar, desmantelar, tumbar. ANT. levantar, edificar. **2** derrotar, vencer. **3** *prnl.* desanimar, descorazonar, desalentar, agobiar, postrar, desesperanzar. ANT. animar. **4** *intr.* {barco} derivar, devalar, separarse del rumbo. **5** {ave, avión} descender, precipitarse.

abdicar *tr.* {rey} dimitir, renunciar. ANT. asumir, entronizarse. **2** {derechos, ventajas} ceder, desistir, abandonar.

abdomen *m.* ANAT. vientre, barriga, panza, estómago, tripa. **2** adiposidad, gordura.

abducción *f.* separación. **2** DER. rapto.

abecé *m.* abecedario, alfabeto, silabario. **2** {ciencia, conocimientos} rudimentos, principios.

abecedario *m.* alfabeto, abecé, silabario.

abeja *f.* himenóptero, insecto. **2** {persona} laborioso, previsor.

abejón *m.* zángano. **2** abejorro.

abejorreo *m.* {abejas, insectos} zumbido. **2** {personas} ruido.

abejorro *m.* abejarrón, abejón. **2** *fig.* {persona, conversación} pesado, tedioso, molesto, aburridor.

aberración *f.* equivocación, yerro, error. ANT. acierto. **2** desvío, desviación; extravío, descarrío. **3** MED. anomalía, degeneración.

abertura *f.* agujero, hendidura, brecha, rendija, grieta, boquete, ranura, resquicio. **2** salida, hueco; boca, orificio. ANT. oclusión, cierre, obstrucción.

abierto, -ta *adj.* {campo} llano, despejado, raso, dilatado, libre, descubierto, expedito. ANT. cerrado, escarpado, obstruido. **2** {persona} sincero, comunicativo, franco, veraz, sencillo, claro, tolerante, campechano. ANT. reservado, circunspecto, solapado. **3** roto, cortado, perforado; agrietado, resquebrajado, cuarteado.

abigarrado, -da *adj.* colorido, multicolor, variopinto; estridente, chillón. ANT. sencillo, simple, sobrio. **2** heterogéneo, entremezclado, mezclado, multiforme, sobrecargado; enmarañado, complicado, embrollado. ANT. homogéneo, uniforme.

abigeo *m.* ladrón (de ganado), cuatrero.

abisal *adj. ver* **abismal**.

abismado, -da *adj.* atónito, asombrado, absorto, ensimismado, pasmado, admirado, suspenso, maravillado, cautivado.

abismal *adj.* abismático, abisal, profundo, hondo, recóndito, insondable, vasto.

abismar *tr.* hundir, sumergir, sumir. **2** *prnl.* ensimismarse, abstraerse, enfrascarse, embeberse. **3** *Amer.* sorprenderse.

abismo *m.* sima, precipicio, despeñadero, barranco, fosa, depresión. **2** profundidad, vacío, inmensidad. **3** infierno, averno, báratro, tártaro.

abjurar *tr.* REL. apostasiar. **2** retractarse, renunciar, renegar, abandonar.

ablación *f.* MED. extirpación, escisión, amputación, extracción, mutilación, separación. **2** GEO. abrasión, denudación, corrosión, degradación.

ablactación *f.* MED. delactación, apolactancia, destete.

ablandar *tr. prnl.* reblandecer, emblandecer, ablandecer, moderar, suavizar. ANT. endurecer, solidificar, fortificar. **2** aplacar, calmar, desenojar, desenfadar, desencolerizar. ANT. enojar, enfadar. **3** enternecerse, emocionarse. ANT. ensañarse.

ablución *f.* REL. purificación. **2** lavado, lavatorio, baño.

abluente *adj.* MED. detersivo, detersorio.

abnegación *f.* sacrificio, altruismo, renuncia, generosidad, bondad. ANT. egoísmo.

abnegado, -da *adj.* altruista, desprendido, generoso, bueno. ANT. egoísta.

abobado, -da *adj. s.* bobo, tonto, necio, estúpido, simple, papanatas. ANT. listo, espabilado. **2** deslumbrado, admirado, suspenso.

abocar *tr.* trasvasar, verter, transfundir. **2** MIL. acercar, aproximar. **3** *intr.* desembocar, ir a parar. **4** *prnl.* {personas} reunirse, juntarse. **5** *Amer.* dedicarse a, encaminarse; acometer.

abocetar *tr.* bosquejar, esbozar, diseñar, delinear.

abochornar *tr. prnl.* acalorar, sofocar. **2** avergonzar, ruborizar, sonrojar, poner colorado. **3** {plantas} enfermar (por el calor).

abofetear *tr. Amer.* cachetear, pegar, castigar. **2** ultrajar, maltratar, humillar, desairar.

abogacía *f.* jurisprudencia, derecho, leyes.

abogadillo, -lla *s. desp.* leguleyo, rábula, picapleitos, buscapleitos.

abogado, -da *s.* jurista, legista, jurisconsulto, representante, asesor jurídico. **2** defensor, intercesor, consejero, mediador, protector. **3** *desp.* abogadillo, leguleyo, rábula, picapleitos.

abogar *intr.* defender, respaldar, interceder, mediar, asesorar, proteger, auxiliar.

abolengo *m.* alcurnia, prestigio, prosapia, ascendencia, linaje, abolorio, extracción, origen.

abolición *f.* derogación, supresión, casación, revocación, anulación, cancelación, rescisión. ANT. validez, vigencia.

abolir *tr.* derogar, revocar, casar, abrogar, retirar, prohibir. ANT. instituir, implantar, aprobar, autorizar. **2** anular, suprimir, quitar, extinguir, eliminar.

abolladura *f.* golpe, abollón, deformación.

abollar *tr. prnl.* hundir, aplastar, sumir, deformar, abollonar.

abolsado, -da *adj.* ablusado, ahuecado.

abombar *tr. prnl.* combar, alabear, redondear, curvar, arquear. **2** aturdir, turbar, atolondrar, ensordecer. **3** *Amer.* achisparse, embriagarse, emborracharse.

abominable *adj.* detestable, aborrecible, execrable, censurable, deplorable, intolerable, vituperable, odioso, condenable. ANT. amable, agradable, apreciable.

abominación *f.* aborrecimiento, execración, odio, aversión.

abominar *tr.* aborrecer, detestar, execrar, condenar, repudiar, odiar. ANT. amar, apreciar, querer.

abonado, -da *adj.* {campo} fertilizado. **2** pagado, acreditado.

abonanzar *intr.* {tiempo, tormenta} escampar, serenarse, despejarse, aclararse, aplacar, desencapotarse, mejorar, abrir. *ANT.* encapotarse, aborrascarse, cerrarse, oscurecer.

abonar *tr.* cancelar, pagar, cumplir, satisfacer. *ANT.* deber, adeudar. **2** acreditar, avalar, responder, afianzar, bonificar. **3** inscribir, suscribir, certificar, apuntar; tomar en cuenta. **4** {campo} fertilizar, nutrir, alimentar, restaurar, mejorar. *ANT.* empobrecer.

abono *m.* pago, cancelación, cuota, acreditación. **2** garantía, fianza, aval, seguridad. **3** suscripción, abonamiento, inscripción. **4** abonadura, fertilizante, estiércol, bosta, humus, boñiga, mantillo. **5** pase, salvoconducto, boleta.

abordaje *m.* {a un barco} ataque, asalto, acometida. **2** accidente, siniestro, avería.

abordar *tr.* chocar, asaltar, acometer. **2** {persona} acercarse, aproximarse, unirse. **3** {tema, asunto} afrontar, asumir, concentrarse, ir al grano. **4** *tr. intr.* {barco} atracar, acostar, tomar puerto.

aborigen *adj.* indígena, nativo, originario, natural, autóctono, oriundo, vernáculo. *ANT.* extraño, forastero, extranjero, foráneo.

aborrascarse *prnl.* oscurecerse, encapotarse, cargarse, nublarse, cubrirse. *ANT.* abonanzar.

aborrecer *tr.* detestar, odiar, abominar, despreciar, repugnar, execrar, reprobar. *ANT.* amar, querer. **2** aburrir, cansar, fastidiar, hastiar. *ANT.* entretener, alegrar.

aborrecible *adj.* detestable, abominable, odioso, execrable. *ANT.* amable, apreciable.

aborrecimiento *m.* aversión, odio, antipatía, repulsión, rencor, repugnancia, execración, desamor, encono, inquina. *ANT.* amistad, aprecio, simpatía, estimación.

abortar *intr. tr.* malograr, frustrar, fracasar. *ANT.* realizar, cumplir, consumar. **2** malparir.

aborto *m.* malparto, abortamiento. **2** malogro, frustración, fracaso. *ANT.* éxito. **3** engendro, monstruo.

abotagado, -da *adj.* (*tb.* **abotargado, -da**) hinchado, inflado.

abotagarse *prnl.* hincharse, inflarse.

abotargado, -da *adj. ver* **abotagado.**

abotonar *tr. prnl.* abrochar, ceñir, sujetar, cerrar. *ANT.* desabotonar, soltar, desabrochar.

abovedado *adj.* curvo, combado, arqueado. *ANT.* recto, derecho. **2** *ARQ.* embovedado.

abra *f.* ensenada, cala, bahía, golfo, rada.

abrasador, -ra *adj.* caliente, ardiente, caluroso, candente, calcinador; flameante, ígneo, llameante. *ANT.* glacial, refrescante.

abrasar *tr. prnl.* quemar, incendiar, incinerar, tostar, calcinar. *ANT.* congelar, helar, enfriar. **2** {plantas} agostar, marchitar, secar. *ANT.* reverdecer. **3** {ánimo} encender, enardecer.

abrasión *f.* *GEOL.* desgaste, erosión. **2** *MED.* fricción, ulceración, irritación.

abrasivo *adj.* corrosivo; áspero.

abrazadera *f.* sujetador, aro, anillo, arandela, zuncho, grapa.

abrazar *tr.* rodear, ceñir, estrechar, apretar. **2** comprender, abarcar, incluir, contener. **3** {doctrina} adoptar, aceptar, admitir, seguir, profesar, enrolarse, adherirse. *ANT.* rechazar.

abrazo *m.* saludo, estrechón.

abrelatas *m.* abridor.

abrevadero *m.* bebedero, abrevador, pilón, aguadero, pila, aljibe, estanque.

abrevar *tr.* beber, saciar, refrescar.

abreviación *f.* reducción, acortamiento, concisión, simplificación, brevedad, parquedad. *ANT.* ampulosidad, extensión.

abreviado, -da *adj.* resumido, breve, sucinto, corto, simplificado. *ANT.* ampliado, extenso.

abreviar *tr.* {cantidad, escrito} resumir, reducir, sintetizar, compendiar, acortar, disminuir, simplificar. *ANT.* ampliar, alargar, extender, aumentar. **2** {tiempo} acelerar, apresurar, aligerar. *ANT.* retardar.

abreviatura *f.* monograma, cifra, acrónimo.

abridor *m.* abrebotellas, descorchador, sacacorchos. **2** abrelatas.

abrigar *tr.* cobijar, arropar, cubrir, amantar, tapar, envolver. *ANT.* desabrigar, destapar, descubrir. **2** resguardar, amparar, proteger, auxiliar, albergar; esconder. *ANT.* desamparar.

abrigo *m.* refugio, amparo, asilo, albergue, protección, cobijo, defensa, resguardo. *ANT.* desamparo, desabrigo. **2** hospitalidad, patrocinio; encubrimiento. **3** cueva, caverna, gruta, madriguera, guarida, parapeto. **4** sobretodo, gabán, gabardina, capote, impermeable.

abrillantar *tr.* lustrar, brillar, pulir, bruñir, enlucir, pulimentar. *ANT.* deslustrar.

abrir *tr.* destapar, descorrer, destaponar, descubrir, despegar. *ANT.* tapar, cerrar, taponar. **2** hender, romper, horadar, cuartear, agujerear, partir, agrietar, dividir. *ANT.* unir. **3** inaugurar, empezar, iniciar, comenzar. *ANT.* concluir, clausurar, acabar, terminar. **4** apartar, separar, despejar. *ANT.* cerrar. **5** {libro} desplegar, extender. *ANT.* plegar. **6** *intr.* {tiempo} despejarse, aclararse, abonanzar.

abrochar *tr. prnl.* abotonar, cerrar, sujetar. *ANT.* desabrochar, desabotonar.

abrogar *tr.* *DER.* {ley} derogar, abolir, suprimir, anular, revocar, invalidar.

abroncar *tr. prnl.* disgustar, molestar, enfadar. **2** *tr.* abochornar, avergonzar, escarnecer. **3** reprender, castigar. **4** abuchear.

abrumador, -ra *adj.* agobiante, fatigoso, agotador, angustioso, doloroso, triste. *ANT.* reconfortante, cómodo.

abrumar *tr. prnl.* agobiar, fastidiar, hastiar, cansar, aburrir, atosigar, molestar, oprimir, incomodar, importunar, entristecer, apesadumbrar, acongojar. *ANT.* alegrar, confortar.

abrupto, -ta *adj.* {terreno} escabroso, escarpado, áspero, quebrado, tortuoso, inaccesible, intrincado. *ANT.* llano, suave, accesible. **2** {carácter} áspero, violento, rudo. *ANT.* amable.

absceso *m.* *MED.* tumor, hinchazón, inflamación, apostema, ulceración; grano, forúnculo.

abscisa *f.* *GEOM.* coordenada, eje.

absenta *f.* ajenjo, bebida alcohólica.

absentismo *m.* ausencia.

ábside *amb.* *ARQ.* bóveda.

absolución *f.* indulgencia, perdón, redención, remisión, liberación, exculpación, rehabilitación, gracia; amnistía. *ANT.* condena, castigo.

absolutamente *adv.* completamente, totalmente, plenamente. **2** simplemente.

absolutismo *m.* despotismo, tiranía, autocracia, totalitarismo, extremismo, cesarismo, dictadura; dominación, arbitrariedad.

absoluto, -ta *adj.* terminante, limitado, incondicional, total, categórico, universal. *ANT.* relativo, parcial. **2** autoritario, voluntarioso, dominante, imperioso, tiránico, dictatorial. *ANT.* condescendiente, tolerante. **3** *loc. en ~:* de ningún modo, de ninguna manera.

absolver *tr.* perdonar, eximir, exculpar, dispensar, indultar, condonar, emancipar, sobreseer. *ANT.* culpar, condenar.

absorbente *adj.* {persona} dominante, avasallador, acaparador. **2** atrayente, cautivador, fascinante.

absorber *tr.* sorber, aspirar, chupar, embeber, empapar, impregnar. ANT. rezumar, destilar. **2** cautivar, atraer, embelesar, hechizar. ANT. repeler. **3** captar, asimilar. **4** *prnl.* ensimismarse, abstraerse, concentrarse, embelesarse, embeberse.

absorto, -ta *adj.* admirado, atónito, suspenso, pasmado, asombrado, encantado, maravillado, alelado, cautivado. **2** abstraído, distraído, reconcentrado, ensimismado.

abstemio, -mia *adj. s.* sobrio, templado, frugal, moderado, continente, morigerado, abstinente, parco, enófobo. ANT. borracho, bebedor, ebrio.

abstención *f.* privación, abstinencia, inhibición, contención, renuncia. ANT. participación. **2** dieta, ayuno.

abstenerse *prnl.* inhibirse, contenerse, privarse, refrenarse. ANT. participar, actuar, intervenir. **2** prescindir, abandonar, dejar.

abstergente *adj.* abstersivo, detergente, desinfectante, limpiador. ANT. contaminador. **2** MED. purgante, remedio.

absterger *tr.* MED. limpiar, purificar, desinfectar, lavar.

abstinencia *f.* privación, abstención, dieta, ayuno. **2** frugalidad, continencia, parquedad, sobriedad, temperancia, moderación, mesura. ANT. incontinencia, desenfreno.

abstracción *f.* ensimismamiento, embelesamiento, arrobamiento. ANT. atención.

abstract *s.* [ING.] resumen, resumen breve, sumario, extracto, sinopsis.

abstracto, -ta *adj.* aislado, ideal, indefinido, intangible, inmaterial, incorpóreo, inconcreto, etéreo, vago, indeterminado, indiferenciado. ANT. concreto, material, relacionado, preciso. **2** complejo, difuso, abstruso, ininteligible. ANT. claro, sencillo, comprensible.

abstraer *tr.* aislar, separar, desglosar, excluir. **2** *prnl.* ensimismarse, absorberse, embelesarse, concentrarse, reconcentrarse, enajenarse, arrobarse.

abstraído, -da *adj.* absorto, ensimismado, pensativo, embelesado, enfrascado, abismado, enajenado, embebido, concentrado, meditabundo.

abstruso, -sa *adj.* ininteligible, recóndito, oscuro, incomprensible, difícil, inasequible, confuso, complicado, complejo, impenetrable. ANT. claro, fácil, evidente.

absuelto, -ta *adj.* perdonado, amnistiado, exculpado, indultado, redimido, eximido, sobreseído, condonado. ANT. culpado, condenado.

absurdo, -da *adj.* ilógico, irracional, descabellado, incoherente, destinado, incongruente, disparatado, caótico, inexplicable. ANT. lógico, razonable, racional, sensato. **2** *m.* disparate, despropósito, sinrazón, incongruencia. ANT. congruencia, sensatez.

abuchear *intr.* silbar, rechiflar, sisear, escarnecer, reprobar, censurar, criticar. ANT. aplaudir, elogiar, aprobar.

abucheo *m.* silba, rechifla, siseo, protesta, desaprobación. ANT. ovación, aplauso.

abuelita *f. Amer.* gorra (para bebés). **2** cuna.

abuelo, -la *adj. s.* viejo, anciano. ANT. joven. **2** *m. pl.* ancestros, antepasados, antecesores.

abulia *f.* apatía, indolencia, displicencia, dejadez, indiferencia, desinterés, desidia, desgana, pasividad, incuria. ANT. diligencia, interés, actividad, dinamismo, energía.

abultado, -da *adj.* voluminoso, grueso, hinchado, turgente, prominente, exuberante. ANT. delgado, enjuto, deshinchado. **2** {relato} exagerado, extremado, desmesurado, hiperbólico.

abultamiento *m.* hinchazón, bulto, prominencia.

abultar *tr.* agrandar, aumentar, amplificar, dilatar, ensanchar, acrecentar; engordar, cebar. ANT. disminuir, deshinchar, adelgazar, decrecer, reducir. **2** {relato} exagerar, encarecer, recargar, inflar, extremar.

abundancia *f.* exuberancia, profusión, plétora, sobreabundancia, cantidad, plenitud, riqueza, raudal, suficiencia. ANT. escasez, carencia, falta, insuficiencia, disminución, pobreza. **2** opulencia, riqueza, bienestar, holgura. ANT. pobreza, carencia. **3** *loc. en ~:* profusamente, abundantemente.

abundante *adj.* numeroso, copioso, excesivo, abundoso, pletórico, pleno, rebosante, profuso, prolífico. ANT. insuficiente, escaso. **2** fértil, ubérrimo, fecundo, exuberante; rico, opulento. ANT. pobre, escaso.

abundar *intr.* pulular, cundir, colmar, exceder, rebosar, afluir, sobrar, sobreabundar. ANT. escasear, faltar, carecer.

aburguesado *adj.* confortable, cómodo. **2** burgués, acomodado, adinerado, próspero.

aburrición *f.* aburrimiento. **2** *Amer.* aversión, repugnancia, antipatía.

aburrido, -da *adj.* cansado, hastiado, pesado, tedioso, enfadoso, molesto, abrumado. ANT. animado, alegre, divertido.

aburrimiento *m.* cansancio, hastío, fastidio, aversión, apatía, sopor, indiferencia, tedio, inapetencia, desgana. ANT. animación, alegría, diversión.

aburrir *tr. prnl.* cansar, disgustar, hastiar, fastidiar, hartar, importunar, incomodar, abrumar, molestar, agobiar, empalagar, enojar. ANT. entretener, divertir, distraer, animar.

abusar *intr.* propasarse, excederse, extralimitarse, atropellar, aprovecharse, maltratar, propasarse, engañar; forzar, violar. ANT. respetar, considerar, honrar.

abusivo, -va *adj.* arbitrario, abusador, opresivo, tiránico, injusto. ANT. moderado.

abuso *m.* despotismo, arbitrariedad, ilegalidad, opresión, injusticia, tiranía, desafuero, atropello. ANT. justicia, consideración. **2** desmán, exceso, demasía. **3** desenfreno, libertinaje, violación. ANT. mesura, continencia.

abyección *f.* vileza, bajeza, envilecimiento, rebajamiento, servilismo, humillación, degradación, oprobio. ANT. dignidad.

abyecto, -ta *adj.* vil, despreciable, bajo, rastrero, servil, infame, ruin, degenerado, ignominioso. ANT. digno, encomiable.

acá *adv.* aquí. ANT. allá.

acabado, -da *adj.* finalizado, concluido, terminado, agotado, consumado, completo, perfecto, rematado. **2** usado, gastado, arruinado, destruido, exhausto, consumido, estropeado, viejo. ANT. nuevo. **3** muerto, fenecido, inactivo, expirado.

acabamiento *m.* fin, término, conclusión, terminación, finalización. ANT. continuación, vigencia. **2** agotamiento, desgaste, destrucción. **3** muerte.

acabar . tr. terminar, concluir, finalizar, consumar, completar, ultimar, perfeccionar, refinar, pulimentar, pulir, rematar. ANT. iniciar, comenzar, empezar. **2** consumir, agotar, gastar. **3** morir, fallecer, extinguirse. **4** aniquilar, exterminar, destruir, matar. **5** reñir, enemistarse.

acabildar *tr.* juntar, congregar, unir, asociar, aunar, aliarse.

acabóse (el) *loc.* el colmo, el desastre, la catástrofe, la calamidad.

academia *f.* instituto, escuela, colegio, seminario, liceo. **2** organismo, sociedad, corporación, junta, entidad, institución.

académico, -ca *adj.* universitario, investigador, erudito, licenciado, letrado, docto. **2** puro, purista, normativo, clásico, culterano, culto.

acaecer *intr.* ocurrir, sobrevenir, suceder, advenir, realizarse, acontecer, producirse, pasar, devenir.

acaecimiento *m.* acontecimiento, suceso, hecho, caso, evento, ocurrencia, incidencia, incidente, advenimiento, circunstancia; peripecia, lance, aventura.

acalambrarse *prnl. Amer.* {músculos} contraerse (por calambre). **2** *tr. Amer.* preocupar, abrumar.

acallar *tr.* calmar, aplacar, aquietar, tranquilizar, sosegar. *ANT.* exasperar, enardecer. **2** enmudecer, silenciar, intimidar, contener; amordazar. *ANT.* incitar.

acalorado, -da *adj.* caliente, ardiente, abrasador, tórrido, caluroso, cálido. *ANT.* frío. **2** excitado, entusiasmado, animado, agitado, exaltado, fogoso, apasionado, encendido. *ANT.* tranquilo, indiferente, insensible.

acaloramiento *m.* sofocación, sofoco, ardor, insolación, bochorno. **2** apasionamiento, exaltación, entusiasmo, fogosidad, vehemencia, impetuosidad. *ANT.* frialdad, serenidad.

acalorar *tr. prnl.* abrasar, sofocarse, sentir calor. *ANT.* enfriarse. **2** enfadarse, irritarse, enfurecerse. *ANT.* sosegarse, tranquilizarse, apaciguarse. **3** *tr. prnl.* entusiasmar, animar, enardecer, encender, apasionarse. *ANT.* enfriarse.

acampanado, -da *adj.* campaniforme, abocinado.

acampar *intr.* instalarse, establecerse, estacionarse, refugiarse, acantonarse, vivaquear.

acanalado, -da *adj.* estriado, surcado, corrugado, ondulado.

acantilado *m.* escarpa, declive, despeñadero, talud, escarpadura, precipicio, barranco, abismo, sima. **2** *adj.* abrupto, vertical, escabroso.

acantonar *tr. prnl.* acuartelar, alojar.

acaparador, -ra *adj. s.* monopolizador, especulador, apropiador, atesorador, agiotista. **2** *Amer.* abarcador.

acaparamiento *m.* acopio, acumulación, almacenamiento, provisión; monopolio.

acaparar *tr.* reservar, acopiar, acumular, almacenar, retener, monopolizar. *ANT.* distribuir, entregar.

acápite *m.* título, epígrafe. **2** *Amer.* párrafo, apartado, parágrafo, sesión.

acaramelado, -da *adj.* enamorado, amoroso, rendido, obsequioso, galante. **2** endulzado, dulce, meloso. **3** {color} caramelo.

acaramelar *tr.* bañar en azúcar. **2** *prnl.* encariñarse, enamorarse.

acariciar *tr.* mimar, rozar, tocar, sobar, manosear, halagar, arrullar. *ANT.* maltratar. **2** imaginar, esperar, desear.

acarrear *tr.* transportar, trasladar, mudar, llevar, portear, cargar, encaminar, mover, conducir, transferir. **2** producir, ocasionar, causar, implicar. *ANT.* impedir, inmovilizar.

acarreo *m.* transporte, porte, traslado, conducción, porteamiento. **2** *INF., GEOL.* arrastre.

acartonado *adj.* apergaminado, reseco, momificado, marchito, avellanado, amojamado. *ANT.* fresco, tierno. **2** *desp.* tieso, sin vitalidad. **3** *Amér. Sur* formal.

acartonarse *prnl.* apergaminarse, secarse, avellanarse, momificarse, amojamarse.

acaso *adv.* quizá, posiblemente, tal vez. **2** *m.* azar, casualidad, suerte, ventura, destino, eventualidad.

acatamiento *m.* obediencia, acato, sumisión, sujeción, observancia, pleitesía, supeditación, reverencia, asentimiento, respeto. *ANT.* desobediencia, desacato, insubordinación, rebeldía.

acatar *tr.* obedecer, someterse, subordinarse, observar, aceptar, consentir. *ANT.* desacatar, desobedecer, rebelarse. **2** *Amer.* catar; percatarse.

acatarrarse *prnl.* resfriarse, constiparse.

acato *m.* obediencia, acatamiento, sumisión, veneración, respeto. *ANT.* desobediencia, desacato.

acaudalado, -da *adj.* adinerado, rico, próspero, millonario, magnate, opulento, potentado, acomodado, pudiente. *ANT.* pobre, menesteroso, indigente.

acaudalar *tr.* atesorar, acumular, amontonar.

acaudillar *tr.* dirigir, guiar, conducir, capitanear, comandar, abanderar, encabezar, mandar. *ANT.* seguir, obedecer, acatar.

acautelarse *prnl.* precaverse, cautelarse.

acceder *intr.* consentir, aceptar, transigir, permitir, aprobar, convenir, ceder, conceder. *ANT.* rehusar, oponerse, rechazar. **2** penetrar, entrar, pasar, arribar, ingresar, ocupar, introducirse. *ANT.* salir.

accesible *adj.* {persona} franco, amable, tratable, llano, sencillo. **2** {tema} comprensible, inteligible, fácil. *ANT.* incomprensible. **3** {lugar} asequible, transitable, alcanzable. *ANT.* inaccesible.

accesión *f. MED.* ataque, accidente, acceso. **2** coito, cópula.

accésit *m.* recompensa, honor, compensación, lauro.

acceso *m. MED.* indisposición, ataque, trastorno, crisis, síncope, paroxismo. **2** entrada, ingreso, llegada. *ANT.* salida. **3** paso, camino, senda, vía, carretera, atajo. **4** coito, cópula.

accesorio *adj.* secundario, prescindible, circunstancial, dependiente, supletorio, relativo, complementario, conexo. *ANT.* fundamental, importante, principal. **2** *m.* repuesto, recambio, suplemento, dispositivo, componente. **3** *f.* edificio, anexo. **4** *pl.* enseres, objetos, utensilios, herramientas, aparatos.

accidentado, -da *adj.* {terreno} escabroso, abrupto, quebrado, escarpado, montañoso, fragoso, irregular, áspero. *ANT.* raso, liso, plano, fácil. **2** {persona} herido, enfermo, lesionado. *ANT.* sano. **3** {viaje} turbado, agitado, borrascoso, tortuoso, difícil, turbulento. *ANT.* tranquilo, apacible.

accidental *adj.* incidental, imprevisto, fortuito, circunstancial, adventicio, casual, eventual, ocasional, contingente, secundario. *ANT.* previsto. **2** provisional, transitorio, interino. *ANT.* esencial, definitivo, perdurable.

accidente *m.* desventura, catástrofe, infortunio, desgracia, siniestro, calamidad. *ANT.* ventura. **2** lesión, indisposición. **3** percance, contratiempo, vicisitud, incidente, peripecia, emergencia, eventualidad, alteración, tropiezo. *ANT.* normalidad. **4** *FIL.* contingencia.

acción *f.* acto, actuación, conducta, obra, maniobra, hecho, intervención. *ANT.* inacción, inmovilidad. **2** ademán, gesto, movimiento. **3** *MIL.* batalla, combate, encuentro, lucha.

accionar *intr.* mover, agitar, gesticular, manotear, menear. **2** *tr.* {un mecanismo} poner en funcionamiento.

accionista *com.* rentista, financiero, bolsista, inversor, capitalista, socio, asociado.

acechanza *f.* espionaje, acecho, persecución cautelosa.

acechar *intr.* espiar, fisgar, atisbar, husmear, escudriñar, ojear, mirar, vigilar, observar, avizorar, avistar; emboscarse, apostarse.

acecho *m.* acechanza, vigilancia, espionaje, atisbo. **2** *loc. al/en ~:* espiar, vigilar.

acecinar *tr.* {carnes} salar, curar; adobar; ahumar.

acedar *tr. prnl.* agriar, avinagrar, acidular, acidificar. **2** disgustar, desazonar, molestar.

acedía *f.* acidez, aspereza. **2** irritación, desabrimiento.

acedo, -da *adj.* agrio, ácido. **2** {persona} desapacible, áspero, irritable.

acéfalo *adj.* descabezado, decapitado, guillotinado, falto de cabeza. **2** {sociedad} anárquico, desordenado, desorganizado.

aceitar *tr.* ungir, engrasar, untar, lubricar, lubrificar, enaceitar, pringar. ANT. desengrasar. **2** *col. Amer.* sobornar, cohechar, corromper, untar.

aceite *m.* óleo, lípido, grasa, unto.

aceitoso, -sa *adj.* oleoso, oleaginoso, untuoso, graso, pringoso, empringado.

aceituna *f.* oliva.

aceitunado, -da *adj.* {tez} oliváceo, cetrino, verdoso, atezado.

aceleración *f.* aceleramiento, velocidad, rapidez, prontitud, prisa, presteza, celeridad. ANT. lentitud, retraso. **2** precipitación, apresuramiento. ANT. parsimonia.

aceleradamente *adv.* aprisa, rápidamente, a la carrera, prontamente, pronto.

acelerado, -da *adj.* veloz, rápido, ligero, pronto, presto.

acelerar *tr.* apresurar, aligerar, precipitar, agilizar, apurar, activar, apremiar, compeler, avivar, impulsar, estimular, urgir. ANT. frenar, detener, parar, retardar, lentificar.

acendrar *tr.* purificar, limpiar, depurar, acrisolar. ANT. manchar, ensuciar.

acento *m.* acentuación, tono, entonación, pronunciación, ritmo, dejo, deje, cadencia. **2** tilde, apóstrofo, vírgula. **3** *loc.* **poner el ~ en**: subrayar, recalcar, destacar.

acentuado, -da *adj.* pronunciado, marcado, evidente, manifiesto, señalado, subrayado, recalcado, notorio. ANT. inadvertido.

acentuar *tr.* recalcar, resaltar, subrayar, realzar, remarcar, insistir, marcar, hacer hincapié. ANT. soslayar, atenuar. **2** {fuego} acrecentar, avivar, aumentar, intensificar, reforzar. ANT. disminuir.

acepción *f.* sentido, designación, significado, significación, extensión, alcance.

aceptable *adj.* pasable, admisible, tolerable. ANT. inaceptable, inadmisible. **2** *m. Uru.* aprobado.

aceptación *f.* aprobación, admisión, beneplácito, adhesión, acogida, consentimiento; difusión. ANT. desaprobación, denegación.

aceptar *tr.* consentir, asentir, admitir, acceder, convenir, tolerar, soportar, autorizar, aprobar. ANT. rehusar, disentir, denegar, negar. **2** recibir, tomar, coger. ANT. rechazar.

acequia *f.* cauce, zanja, canal, cequia. **2** *Amer.* acueducto.

acera *f.* orilla, bordillo, senda. **2** *Amer.* andén.

acerado, -da *adj.* mordaz, incisivo, agresivo, penetrante.

acerar *tr. prnl.* endurecer, fortalecer, vigorizar.

acerbidad *f.* acritud, aspereza. ANT. suavidad. **2** dureza, rudeza, intransigencia. ANT. indulgencia, bondad.

acerbo, -ba *adj.* acre, agrio, ácido, amargo, acibarado, áspero, desagradable. ANT. dulce, suave. **2** riguroso, cruel, severo, despiadado, implacable, rudo, intransigente. ANT. indulgente, benigno, bondadoso.

acerca (de) *loc.* sobre, referente a, con respecto a, concerniente a, tocante a, referido a.

acercamiento *m.* aproximación, reunión, unión. ANT. alejamiento, separación.

acercar *tr.* aproximar, allegar, juntar, arrimar, unir, avecinar, pegar. ANT. apartar, separar, alejar.

acerería *f.* acería, fundición, siderurgia, metalurgia, fábrica de acero.

acería *f. ver* **acerería**.

acero *m.* espada. **2** arma blanca.

acérrimo, -ma *adj.* voluntarioso, extremado, intransigente, obcecado, encarnizado, obstinado, sectario, contumaz, fanático. ANT. transigente, tolerante, moderado, mesurado. **2** vigoroso, tenaz, fuerte.

acertado, -da *adj.* oportuno, apropiado, conveniente, adecuado, logrado, idóneo, atinado, apto, concordante, certero, seguro. ANT. desacertado, inoportuno.

acertar *tr.* resolver, atinar, solucionar, adivinar, descifrar, encontrar, hallar. **2** interpretar, deducir.

acertijo *m.* enigma, problema, adivinanza, rompecabezas, jeroglífico.

acervo *m.* masa, cúmulo, montón, acumulación, conglomerado, aglomeración, conjunto. **2** patrimonio, haber, base, posesión, pertenencia, tenencia, caudal.

acezar *intr.* jadear.

achacar *tr.* atribuir, culpar, acusar, imputar. ANT. disculpar, defender.

achacoso, -sa *adj.* achaquiento, enfermizo, doliente, valetudinario, senil, cascado, enclenque, decrépito, débil, decaído, delicado. ANT. vigoroso, fuerte, robusto, sano.

achantarse *prnl.* acoquinarse, acobardarse, amilanarse, arredrarse, asustarse, intimidarse. ANT. envalentonarse, rebelarse, animarse, afrontar. **2** esconderse, agazaparse, ocultarse. ANT. mostrarse.

achaparrado, -da *adj.* chaparro, rechoncho, regordete. ANT. alto.

achaque *m.* enfermedad, dolencia, indisposición, afección, padecimiento, malestar, trastorno. **2** vicio, defecto. **3** excusa, pretexto. **4** *pl. C. Rica, Nic.* {en una mujer embarazada} mareos, indisposiciones.

achares *m. pl.* celos, envidia.

achatar *tr. prnl.* chafar, aplastar, despuntar, achaflanar.

achicar *tr.* acortar, reducir, empequeñecer, mermar, disminuir, encoger, menguar, amenguar, decrecer. ANT. agrandar, ampliar, aumentar. **2** *tr. prnl.* acobardar, intimidar, atemorizar, amilanar, arredrar, acoquinar, apabullar, desinflar. ANT. envalentonarse.

achicharrar *tr. prnl.* chamuscar, chicharrar, incinerar, quemar, tostar, abrasar, asar, freír. **2** *Amer.* {cosa} aplastar, deformar, desfigurar.

achicoria *f.* chicoria, mezcla, sucedáneo.

achispado, -da *adj.* borracho, ebrio, bebido, ajumado, alegre.

achuchar *tr.* azuzar, incitar. **2** aplastar, estrujar. **3** *col.* {persona} empujar, impeler. **4** *col.* agredir. **5** *col.* atosigar, apremiar, abrumar.

achulado, -da *adj.* presumido, afectado. **2** valentón, matón, pendenciero, chulo.

aciago, -ga *adj.* nefasto, infausto, fatídico, funesto, adverso, infortunado, malaventurado, desventurado, infeliz, desdichado, desgraciado, fatal, malhadado. ANT. afortunado, venturoso, dichoso, feliz, alegre.

acíbar *m.* {planta} áloe. **2** amargura, sinsabor, contrariedad, disgusto.

acibarar *tr.* mortificar, amargar, entristecer, apesadumbrar, apenar, afligir, disgustar.

acicalado, -da *adj.* pulido, bruñido, pulimentado. **2** pulcro, compuesto, atildado, ataviado, peripuesto. ANT. sucio, desaliñado.

acicalar *tr.* pulir, bruñir, repulir. **2** adornar, ataviar, aderezar, atildar, arreglar, componer, engalanar, emperifollar, embellecer, perfilar; asear. ANT. desarreglar, descuidar, desordenar, ensuciar.

acicate *m.* incentivo, aliciente, incitación, estímulo, aliento. ANT. freno. **2** espuela.

acicatear *tr.* estimular, incitar, aguijonear.

acidez f. {estómago} hiperclorhidria, acidosis. 2 *Amer.* agriera.

acidia f. pereza, flojedad. ANT. diligencia.

ácido, -da adj. acre, corrosivo, mordiente, agrio, acibarado, acerbo, picante, cáustico. ANT. dulce. 2 mordaz, sarcástico.

acidular tr. agriar, acidificar, acedar.

acierto m. tino, prudencia, cordura, destreza, habilidad, tiento, precisión; clarividencia, adivinación. ANT. desacierto, error, torpeza. 2 casualidad, coincidencia.

aclamación f. aplauso, ovación, aprobación, admiración, exaltación, glorificación. ANT. censura, burla.

aclamar tr. aplaudir, ovacionar, ensalzar, vitorear, loar, glorificar, homenajear, exaltar. ANT. abuchear, desaprobar, rechiflar. 2 proclamar, enaltecer, nombrar. ANT. destituir.

aclaración f. explicación, observación, esclarecimiento, elucidación, especificación, puntualización. ANT. confusión, oscuridad.

aclarar tr. prnl. esclarecer, clarificar, descifrar, explicar, resolver, desentrañar, dilucidar, desenredar, desembrollar, descubrir, puntualizar, especificar, ilustrar, justificar. ANT. enredar, ocultar, confundir, embrollar. 2 iluminar, alumbrar. ANT. oscurecer. 3 intr. {tiempo} serenarse, despejar, abonanzar, escampar. ANT. nublarse, oscurecerse, encapotarse. 4 amanecer, clarear. 5 {ropa} enjuagar. 6 {líquido} purificar.

aclaratorio, -ria adj. explicativo, aclarativo, esclarecedor, demostrativo.

aclimatación f. adaptación, habituación, arraigo, aclimatamiento. ANT. inadaptación, desarraigo.

aclimatar tr. prnl. familiarizar, habituar, acomodar, acostumbrar, adaptar, arraigar, enraizar, acondicionar, ambientar, naturalizar. ANT. desarraigar, desacostumbrar.

acmé amb. MED. {enfermedad} apogeo, auge.

acné m. MED. erupción, barro, espinilla.

acobardar tr. prnl. intimidar, desanimar, atemorizar, amedrentar, acoquinar, arredrar, desalentar, amilanar, asustar, aterrar. ANT. animar, fortalecer, alentar, envalentonar.

acodar tr. prnl. {codo} apoyar. 2 tr. {objeto} doblar.

acogedor, -ra adj. amable, favorable, grato, propicio, benigno, benévolo, hospitalario, generoso. ANT. descortés. 2 {sitio} cómodo, confortable. ANT. incómodo.

acoger tr. prnl. recibir, cobijar, asilar, admitir, amparar, aceptar, refugiar, favorecer, proteger, guarecer. ANT. rechazar, rehusar, repeler.

acogida f. recibimiento, admisión, aceptación, acogimiento, hospitalidad, recepción. 2 amparo, cobijo, protección, refugio. ANT. desamparo. 3 aprobación, aceptación. 4 {aguas} afluencia.

acogotar tr. dominar, sujetar, inmovilizar.

acojinar tr. acolchar.

acolchado, -da adj. blando, mullido, almohadillado, revestido, tapizado, forrado.

acolchar tr. mullir, revestir, almohadillar, tapizar, forrar. 2 Amer. acolchonar.

acólito m. REL. monaguillo, sacristán, ayudante. 2 irón. compinche, cómplice, ayudante.

acometedor, -ra adj. emprendedor, decidido, resuelto, arrojado. 2 impetuoso, arremetedor, belicoso, impulsivo, agresor. ANT. apocado.

acometer tr. arremeter, atacar, embestir, lanzarse, asaltar, agredir, hostigar, cargar, irrumpir. ANT. retroceder. 2 emprender, abordar, iniciar, comenzar, empezar, intentar. ANT. abandonar, concluir, cesar.

acometida f. embestida, acometimiento, arremetida, ataque, agresión, ofensiva, empuje, asalto, embate, acceso, lucha. ANT. pasividad, defensa. 2 conexión, empalme, enlace.

acometimiento m. agresión, acometida, asalto, acceso, ataque, arremetida, embestida.

acometividad f. belicosidad, agresividad. ANT. pasividad. 2 dinamismo, energía, empuje, fuerza, pujanza, decisión, resolución, brío. ANT. apatía.

acomodación f. adaptación, arreglo, adecuación, contemporización; reconciliación. ANT. inadaptación, desacuerdo, disconformidad.

acomodadizo, -za adj. adaptable, acomodaticio, transigente, dúctil, complaciente, contemporizador, flexible.

acomodado, -da adj. pudiente, acaudalado, rico, adinerado. ANT. mísero, pobre. 2 conforme, apropiado, arreglado, conveniente, adecuado, oportuno, apto, proporcionado. ANT. inadecuado, impropio, inconveniente.

acomodar tr. prnl. adaptar, acoplar, componer, ajustar, adecuar, disponer, arreglar, ordenar, armonizar, colocar, acondicionar, preparar. ANT. desarreglar, desacomodar. 2 conformarse, conciliar, avenirse, concordar, habituarse, contemporizar, amoldarse, transigir, acostumbrarse; resignarse. ANT. discrepar, resistirse, deshabituarse. 3 establecerse, emplearse, colocarse, situarse. 4 arrellanarse, repantigarse, colocarse.

acomodaticio, -cia adj. ver acomodadizo.

acomodo m. empleo, colocación, puesto, ocupación, función, situación. ANT. desempleo, paro. 2 transigencia, avenencia, adaptación, consentimiento, componenda, acuerdo, condescendencia, arreglo, contemporización, transacción. ANT. intransigencia, desacuerdo.

acompañamiento m. compañía, comitiva, séquito, cortejo, corte, escolta. 2 MÚS. coro. 3 complemento.

acompañanta f. dama de compañía. 2 HIST. dueña.

acompañante adj. compañero, amigo; asistente; escolta.

acompañar tr. prnl. seguir, conducir, escoltar, asistir, preceder, ir con, caminar con, ayudar, guiar, llevar, juntarse, cuidar, custodiar, proteger, guardar. ANT. abandonar, retirarse. 2 juntar, adjuntar, agregar, añadir, unir.

acompasado, -da adj. cadencioso, sincrónico, rítmico, métrico, cíclico, regular, armónico, mesurado, isócrono, medido, periódico. ANT. desigual, irregular, intermitente, precipitado. 2 lento, pausado.

acompasar tr. equilibrar, regular, proporcionar, medir, sincronizar, regularizar, pausar, acomodar, seguir. ANT. desequilibrar.

acomplejado, -da adj. disminuido, empequeñecido.

acomplejar tr. disminuir, empequeñecer, trastornar, perturbar. 2 prnl. inhibirse, temer, retraerse.

acondicionado, -da adj. adaptado, adecuado, arreglado, dispuesto, organizado, preparado.

acondicionamiento m. adecuación, acomodación, adaptación, preparación, arreglo. 2 {sitio, local} climatización.

acondicionar tr. prnl. adecuar, adaptar, acomodar, arreglar, amoldar, preparar, disponer, organizar, habilitar, ambientar, ajustar. ANT. desordenar, desarreglar, desorganizar.

acongojado, -da adj. desazonado, abrumado, angustiado, triste, entristecido, apenado, afligido, atribulado, desconsolado. ANT. animado, alegre.

acongojar tr. prnl. apenar, apesadumbrar, desconsolar, afligir, contristar, abrumar, aquejar, oprimir, entristecer, atribular, amargar, atormentar, angustiar. ANT. alegrar, animar, confortar, consolar, contentar.

aconsejable *adj.* recomendable, conveniente, apropiado, adecuado, oportuno, indicado. ANT. inconveniente, impropio, perjudicial, inadecuado.

aconsejado, -da *adj.* cuerdo, razonable, prudente, precavido. ANT. imprudente. **2** *loc. mal ~:* imprudente, temerario.

aconsejar *tr.* advertir, prevenir, sugerir, indicar, recomendar, avisar. ANT. desaconsejar, disuadir. **2** guiar, asesorar, encaminar, orientar, enseñar, adiestrar. ANT. desviar.

acontecedero, -ra *adj.* venidero, acaecedero.

acontecer *intr.* suceder, pasar, acaecer, producirse, realizarse, ocurrir, advenir, cumplirse, sobrevenir, verificarse.

acontecimiento *m.* suceso, acaecimiento, evento, incidente, hecho, ocurrencia, caso, eventualidad, advenimiento, lance, trance, peripecia, sucedido.

acopiar *tr.* juntar, acumular, recoger, reunir, allegar, aprovisionar, reservar, amontonar, juntar, recolectar, almacenar, agolpar, atesorar. ANT. desperdigar, esparcir, disminuir.

acopio *m.* acumulación, acaparamiento, recolección, acopiamiento, almacenamiento, provisión, depósito, aglomeración, recogida, reserva. ANT. escasez, carencia.

acoplamiento *m.* juntamiento, unión, acopladura, entrelazamiento, apareamiento, agrupamiento, empotradura, conexión, engranaje, compenetración. ANT. desconexión, desunión. **2** {animales} cópula, unión sexual.

acoplar *tr. prnl.* ensamblar, encajar, ajustar, casar, conectar, trabar, articular, unir, agrupar, incrustar, enganchar. ANT. descoplar, desunir, desarticular, desajustar, separar, despegar.

acoquinar *tr. prnl.* asustar, amedrentar, intimidar, acobardar, amilanar, atemorizar, aterrar.

acorazar *tr.* blindar, reforzar, revestir, endurecer, fortificar, fortalecer. **2** *tr. prnl.* proteger, defender, amparar.

acorcharse *prnl.* {cosa} ablandarse, secarse, ponerse fofo. **2** {sensibilidad, parte del cuerpo} embotarse.

acordado, -da *adj.* justificado, razonable, prudente. **2** *f.* {de un tribunal} orden, despacho. **3** *adj. p. us.* cuerdo, sensato. ANT. insensato.

acordar *tr.* otorgar, dar, conceder, ofrecer. ANT. rehusar. **2** pactar, convenir, apalabrar, quedar, concordar, conciliar, concertar, armonizar, ponerse de acuerdo. ANT. disentir. **3** determinar, resolver, aprobar. **4** *prnl.* rememorar, revivir, traer, recordar, memorizar, evocar. ANT. olvidar. **5** MÚS. {instrumento} templar, disponer. **6** PINT. armonizar.

acorde *adj.* conforme, ajustado, entonado, concorde, coherente, de acuerdo. ANT. discrepante, desacorde. **2** conciliable, compatible, armonizable. ANT. incompatible. **3** MÚS. ARTE armonizado, entonado, armónico, rítmico. ANT. discordante, disonante. **4** *s.* MÚS. armonía, melodía, sonido, estrofa, arpegio. ANT. desacorde, disonancia.

acordonar *tr. prnl.* cercar, rodear, encerrar, incomunicar, aislar, limitar. ANT. unir.

acorralar *tr.* rodear, arrinconar, aislar, encerrar, estrechar, restringir, hostigar. ANT. liberar, soltar. **2** turbar, confundir. **3** intimidar, amedrentar, atemorizar, acobardar. ANT. envalentonar.

acortamiento *m.* abreviación, reducción.

acortar *tr.* {longitud, duración, cantidad} abreviar, disminuir, mermar, aminorar, reducir, achicar. ANT.

alargar, aumentar, ampliar, agrandar. **2** restringir, escatimar, limitar, coartar. ANT. prodigar.

acosar *tr.* hostigar, hostilizar, perseguir, asediar, amenazar, atosigar, agobiar. ANT. amparar, defender. **2** importunar, incitar, hostigar, molestar, apremiar. ANT. tranquilizar.

acostar *tr. prnl.* NÁUT. atracar, abarloar. **2** acercar, aproximar, arrimar. **3** {persona} echarse, tenderse, yacer, extenderse, tumbarse, estirarse, irse a la cama. ANT. levantarse, incorporarse, alzarse. **4** {edificio} ladearse. **5** *intr.* llegar a la costa. **6** *prnl.* {personas} cohabitar, mantener relaciones sexuales.

acostumbrado, -da *adj.* experimentado, avezado, ducho, curtido, aguerrido, encallecido, fogueado. ANT. desconocido, novato, inexperto, bisoño. **2** usual, frecuente, habitual, convencional, consabido, tradicional, ordinario, reiterado. ANT. inusual, insólito, desacostumbrado. **3** familiarizado, habituado, amoldado, aclimatado. ANT. ajeno.

acostumbrar *tr. prnl.* habituar, aclimatar, ambientar, familiarizarse, avezar, educar, preparar, adiestrar, foguear. ANT. desacostumbrar. **2** aclimatarse, adaptarse, amoldarse, encallecerse, curtirse. ANT. deshabituarse. **3** soler, usar, estilar. ANT. desacostumbrar, desusar.

acotación *f.* postilla, acotamiento, apostilla, inciso, observación, explicación, comentario. **2** nota, anotación, señal.

acotar *tr.* apostillar, postilar. **2** anotar, señalar, aclarar, explicar. **3** cercar, vallar, limitar.

acracia *f.* anarquía, anarquismo.

ácrata *adj.* anarquista, nihilista.

acre *adj.* áspero, irritante, picante, amargo, agrio. **2** mordaz, punzante, incisivo.

acrecentar *tr. prnl.* incrementar, ensanchar, aumentar, ampliar, crecer, intensificar, multiplicar, extender, agrandar, acentuar, desarrollar. ANT. aminorar, disminuir, reducir, menguar, decrecer. **2** *tr.* mejorar, enriquecer, enaltecer, engrandecer. ANT. menguar.

acreditado, -da *adj.* famoso, reputado, prestigioso, afamado, renombrado, célebre, conocido, popular, bienquisto. ANT. desprestigiado, desacreditado, desconocido. **2** garantizado, probado, fidedigno, auténtico, autorizado, legalizado. ANT. incierto.

acreditar *tr.* autenticar, justificar, probar, confirmar, certificar, garantizar. **2** prestigiar, afamar, dar crédito. ANT. desacreditar. **3** delegar, designar, representar. **4** COM. abonar.

acreedor, -ra *adj.* digno, merecedor, estimable, recomendable. ANT. indigno, desmerecedor. **2** pretendiente, requiriente, demandante, reclamante, solicitante. ANT. deudor.

acribillar *tr.* agujerear, acribar, picar. **2** apuñalar, acuchillar; ametrallar, disparar. **3** *col.* herir, molestar.

acrimonia *f.* {cosas} aspereza, acritud. ANT. suavidad, dulzura. **2** {persona} brusquedad, sarcasmo, ironía. ANT. amabilidad. **3** MED. virulencia.

acrisolar *tr.* depurar, purificar, refinar, acendrar, aquilatar, filtrar, sublimar, perfeccionar. ANT. adulterar, impurificar, corromper.

acritud *f.* acrimonia, acidez, acerbidad. ANT. dulzura. **2** mordacidad, virulencia, desabrimiento, causticidad, aspereza, brusquedad. ANT. dulzura, amabilidad, afabilidad.

acrobacia *f.* malabarismo, contorsión, pirueta, salto, equilibrismo.

acróbata *com.* equilibrista, trapecista, volantinero, saltimbanqui, funámbulo. **2** gimnasta. **3** Amer. maromero.

acromatismo *m.* ÓPT. daltonismo.

acromegalia *f.* MED. gigantismo.

acrómico, -ca *adj.* incoloro, descolorido.

acrónimo *m.* abreviatura, sigla.

acrópolis *f.* ciudadela, capitolio.

acta *f.* certificación, documento, certificado, testimonio, relación, memorándum, expediente, memoria, acuerdo, dictamen.

actitud *f.* postura, aire, talante, modo, porte, pose, gesto, proceder, aspecto, continente. **2** posición, disposición, intención.

activar *tr.* agilizar, apurar, mover, excitar, acelerar, apresurar, avivar, aligerar, apremiar, acuciar, urgir. ANT. retardar, frenar, parar, detener.

actividad *f.* dinamismo, acción, energía, trajín, movimiento, viveza, movilidad, eficiencia. ANT. abulia, quietud. **2** prontitud, diligencia, presteza, celeridad. ANT. tardanza, morosidad, pasividad, lentitud. **3** función, oficio, ocupación, trabajo, práctica, profesión, labor, tarea. **4** ejercicio.

activista *com.* agitador, perturbador, provocador.

activo, -va *adj.* dinámico, decidido, pronto, vivo, rápido, resuelto, diligente, laborioso, enérgico, emprendedor, hacendoso, trabajador. ANT. inactivo, perezoso, apático, lento. **2** eficaz, eficiente, operante. ANT. pasivo.

acto *m.* acción, movimiento, hecho, obra, actuación, operación, maniobra, suceso, trance. **2** reunión, ceremonia, gala, función, solemnidad, fiesta. **3** episodio, parte, periodo. **4** *loc.* **en el ~:** inmediatamente, en seguida, ahora mismo, ya. **5** *loc.* **~ seguido/continuo:** a continuación, seguidamente, sin tardanza.

actor¹, -triz *s.* artista, protagonista, intérprete, personaje, figura, ejecutante, representante, comediante, cómico, histrión; estrella. **2** impostor, farsante, simulador.

actor², -ra *adj. s.* DER. querellante, acusador, litigante, demandante.

actuación *f.* acción, intervención, acto, proceder, actividad, conducta, procedimiento, operación, obra, práctica. ANT. inacción, abstención.

actual *adj.* presente, vigente, contemporáneo, coexistente, nuevo, moderno, de moda, coetáneo, simultáneo, en boga. ANT. pasado, pretérito, antiguo; futuro. **2** FIL. real, existente, efectivo. ANT. virtual, potencial, inexistente.

actualidad *f.* tiempo presente, ahora, realidad, el presente, la circunstancia, hoy en día, áctualmente. **2** *loc.* **de ~:** de moda, en boga.

actualizar *tr.* modernizar, renovar, restaurar, rejuvenecer, poner al día. ANT. envejecer.

actualmente *adv.* ahora, al presente, hoy, en la actualidad, en este momento, hoy por hoy.

actuar *intr.* obrar, portarse, conducirse, proceder, hacer, comportarse, manejarse; jugar. ANT. inhibirse, abstenerse. **2** ejecutar, ejercer, interpretar, operar, realizar, intervenir. ANT. abstenerse.

acuadrillar *tr.* {cuadrilla} agrupar, reunir, juntar, convocar, agavillar. **2** capitanear, liderar, dirigir.

acuarela *f.* aguada, pintura.

acuario *m.* pecera, depósito.

acuartelar *tr. prnl.* MIL. acantonar, emplazar, alojar, recluir, acampar.

acuático, -ca *adj.* acuátil, ácueo, acuoso, hidrológico, hídrico, marítimo, marino, oceánico, náutico, lacustre, fluvial. ANT. terrestre, seco; sólido; aéreo.

acuatizar *intr.* {hidroavión} amarar, amerizar, posarse en el agua, descender, deslizarse.

acuchillar *tr.* apuñalar, herir.

acuciar *tr.* urgir, aguijonear, espolear, apremiar, apurar, incitar, estimular. ANT. tranquilizar, contener, calmar, disuadir, sosegar. **2** desear, anhelar.

acucioso, -sa *adj.* diligente, activo, solícito, dinámico, rápido; presuroso, apresurado. ANT. lento, inactivo. **2** vehemente, apremiante, acuciante.

acuclillarse *prnl.* agacharse.

acudir *intr.* presentarse, ir, comparecer, asistir, reunirse, llegar, congregarse, arribar, personarse. ANT. partir, marcharse, ausentarse, faltar. **2** apelar, objetar, recurrir. **3** socorrer, ayudar, auxiliar. ANT. desatender, desamparar.

acueducto *m.* conducto, canal.

ácueo, -a *adj.* de agua. **2** parecido al agua.

acuerdo *m.* armonía, conformidad, unión, consonancia. ANT. discrepancia, desacuerdo. **2** pacto, convenio, negociación, tratado, contrato; conformidad, concertación, arreglo, alianza, compromiso, avenencia. ANT. conflicto, disconformidad, desavenencia. **3** resolución, determinación, dictamen, disposición. **4** *loc. de* **~:** conforme, acorde. ANT. en desacuerdo.

acuidad *f.* agudeza, ingenio, sutileza.

acuitar *tr. prnl.* apenar, afligir, acongojar, apesadumbrar, angustiar, atribular, contristar. ANT. consolar, animar, confortar.

acumulación *f.* provisión, acumulamiento, acopio, almacenamiento, acopiamiento, atesoramiento, depósito; cúmulo, montón.

acumulador *m.* pila, batería.

acumular *tr.* amontonar, acopiar, allegar, reunir, juntar, aglomerar, hacinar, agolpar, apilar, almacenar; retener, acaparar, monopolizar. ANT. repartir, disgregar, distribuir.

acunar *tr.* {niño} mecer, balancear; adormecer.

acuñar *tr.* {moneda} troquelar, emitir, batir, amonedar.

acuoso, -sa *adj.* ácueo, acuátil, aguado, líquido, mojado, jugoso, empapado. ANT. seco. **2** {fruta} jugoso.

acurrucarse *prnl.* encogerse, doblarse, agazaparse. ANT. estirarse, levantarse, enderezarse.

acusación *f.* incriminación, imputación, inculpación, recriminación, cargo, queja, querella, denuncia; delación. ANT. exculpación, disculpa.

acusado, -da *adj. s.* inculpado, culpado, incriminado, reo, convicto, procesado, condenado. ANT. inocente. **2** delatado, denigrado, calumniado, difamado. **3** {condición} acentuado, marcado, perceptible, claro, evidente.

acusador, -ra *adj. s.* fiscal, inculpador. **2** delator, inculpador, detractor, denunciador, denunciante, soplón, acusón, acusica. **3** *Amer.* acusetas, acusete. **4** calumniador, difamador.

acusar *tr.* culpar, atribuir, imputar, inculpar, denunciar, achacar, incriminar, delatar. ANT. disculpar, defender. **2** tachar, tildar. **3** calumniar, vituperar, censurar. **4** revelar, reflejar, manifestar, mostrar, traslucir, indicar. **5** {carta, documento} avisar, notificar. **6** *prnl.* REL. declarar, confesar.

acusetas *m. Col., C. Rica.* acusador, delator, denunciador, denunciante, soplón, acusica.

acusete *m. Amer.* acusón, soplón.

acusón, -ona *adj. s.* acusador, acusica, delator, denunciador, denunciante, chivato, soplón.

acústica *f.* sonido, sonoridad, vibración, resonancia, tono.

acústico, -ca *adj.* auditivo.

acutí *m. Amér. Sur.* conejillo de Indias, cobaya, acure.

adagio *m.* sentencia, aforismo, máxima, proverbio, axioma, refrán, parábola, apotegma, moraleja, dicho. **2** *adv.* MÚS. lento, despacio, pausado.

adalid *m.* paladín, capitán, cabecilla, jefe, director, líder, caudillo, guía, dirigente, conductor, abanderado. ANT. subalterno.

adamado, -da *adj.* {apariencia} femenil, femenino, mujeril. **2** gracioso, elegante, fino. *ANT.* burdo, grosero. **3** {hombre} afeminado, amariconado, marica. *ANT.* viril, varonil.

adamantino, -na *adj.* POÉT. diamantino.

adaptable *adj.* ajustable, amoldable, complaciente, flexible, dúctil, acomodadizo, conformista, transigente. *ANT.* intransigente.

adaptación *f.* aclimatación, habituación, conformación, acomodación, ajuste, arraigo, adaptabilidad. *ANT.* desajuste, desacomodo, inadecuación. **2** aplicación.

adaptar *tr.* acomodar, ajustar, acondicionar, adecuar, aplicar, arreglar, amoldar, acoplar, habilitar. *ANT.* desajustar. **2** *prnl.* habituarse, asimilar, acostumbrarse, aclimatarse, familiarizarse, amoldarse. *ANT.* desarraigarse, desadaptarse.

adarme *m.* pequeñez, insignificancia, minucia, nimiedad.

adecentar *tr. prnl.* arreglar, ordenar, asear, limpiar.

adecuación *f.* adaptación, acomodación. **2** conveniencia, idoneidad, pertinencia, conformidad.

adecuado, -da *adj.* apropiado, oportuno, conveniente, acomodado, ajustado, propio, acertado, proporcionado, correcto. *ANT.* inadecuado, impropio, inconveniente, desacertado. **2** capaz, apto, idóneo, digno. *ANT.* incapaz, inepto, indigno.

adecuar *tr. prnl.* adaptar, acomodar, ajustar, habilitar, amoldar, preparar, combinar, acondicionar, arreglar, igualar. *ANT.* desajustar, discordar, desarreglar.

adefesio *m.* espantajo, bodrio, esperpento, mamarracho, birria, hazmerreír. *ANT.* preciosidad, belleza, maravilla. **2** disparate, extravagancia, despropósito. *ANT.* acierto.

adelantado, -da *adj.* precoz, aventajado. **2** excelente, excelso, selecto, superior. *ANT.* pésimo, inferior, malo. **3** atrevido, temerario, audaz, imprudente. *ANT.* pusilánime, cobarde. **4** *m.* HIST. jefe militar. **5** *loc. por ~:* de antemano, anticipadamente, por anticipado, con antelación.

adelantar *tr. prnl.* anticipar, preceder, avanzar, progresar, rebasar, sobrepasar, pasar, aventajar, exceder, aumentar, superar, mejorar, perfeccionar. *ANT.* retroceder, retrasarse. **2** *tr.* aligerar, acelerar, agilizar. *ANT.* atrasar.

adelante *adv.* avante, más allá. **2** *loc. más ~:* después, posteriormente.

adelanto *m.* avance, ventaja, anticipación, evolución, desarrollo, progreso, mejoramiento, perfeccionamiento. *ANT.* atraso, retroceso. **2** anticipo.

adelgazamiento *m.* enflaquecimiento, delgadez. *ANT.* robustecimiento. **2** reducción, afinamiento. *ANT.* engrosamiento.

adelgazar *intr.* enflaquecer, encanijarse, desmejorar, demacrarse, desnutrirse. *ANT.* engordar. **2** reducir, afinar, disminuir. *ANT.* condensar.

ademán *m.* gesto, movimiento, seña, manoteo, mueca, acción, expresión, mohín, mímica, monería, pantomima, señal, aviso. **2** *loc. en ~ de:* en actitud de. **3** *pl.* **ademanes,** modales.

además *adv.* también, así mismo, igualmente, incluso, inclusive, al mismo tiempo, por otra parte. **2** con exceso, sobremanera. **3** *loc. ~ de:* encima de, aparte de, a más de, amén de.

adentrarse *intr. prnl.* entrar, introducirse, ingresar, pasar, internarse, irrumpir, acceder, penetrar, avanzar, ahondar. *ANT.* salir. **2** imbuirse, compenetrarse, comprender, entender, interiorizar.

adentro *adv.* dentro, interiormente, en lo interior.

adepto, -ta *adj. s.* adicto, afiliado, prosélito, adherente, devoto, simpatizante, correligionario, partidario, seguidor, afecto, incondicional, asociado, discípulo, fanático. *ANT.* enemigo, adversario, contrario, oponente.

aderezado, -da *adj.* {persona, cosa} ataviado, arreglado, compuesto, acicalado, ornamentado. **2** {alimento} sazonado, aliñado, condimentado, adobado.

aderezar *tr.* {persona, cosa} adornar, ataviar, hermosear, acicalar, arreglar, componer. *ANT.* desarreglar. **2** {alimento} guisar, aliñar, adobar, condimentar, sazonar, cocinar. **3** {habitación, casa} preparar, disponer.

aderezo *m.* atavío, adorno, decorado, ornamento, decoración. **2** condimento, adobo, aliño.

adeudar *tr.* deber, cargar. **2** *prnl.* endeudarse, obligarse, comprometerse, empeñarse. *ANT.* pagar, abonar, amortizar.

adherencia *f.* adhesión, conexión, unión, enlace, sujeción, soldadura, encoladura. *ANT.* separación, rotura. **2** glutinosidad, viscosidad, pegajosidad.

adherente *adj.* pegado, unido, anexo. *ANT.* separado, desunido. **2** adhesivo, pegajoso. **3** Amer. adepto, partidario.

adherir *intr. prnl.* unir, pegar, juntar, fijar, ligar, aglutinar. *ANT.* despegar, desunir. **2** asociarse, afiliarse, unirse, solidarizarse. *ANT.* separarse, oponerse. **3** consentir, aprobar, asentir, ratificar, aceptar. *ANT.* disentir, discrepar.

adhesión *f.* aprobación, ratificación, consentimiento, confirmación, aceptación, conformidad. *ANT.* divergencia, desacuerdo. **2** incorporación, afiliación, unión, integración. *ANT.* desunión. **3** adherencia, cohesión.

adhesivo, -va *adj.* adherente, glutinoso, pegajoso, aglutinante, pegadizo. **2** *s.* goma, pegante, cola.

adicción *f.* dependencia

adición *f.* suma, añadido, anexión, aumento, agregado, incremento, agregación, añadidura, aditamento. *ANT.* sustracción, disminución, resta.

adicional *adj.* complementario, añadido, anexo, agregado, suplementario, adjunto; sumado. *ANT.* esencial.

adicionar *tr.* añadir, sumar, agregar, aumentar, incrementar. *ANT.* restar, disminuir. **2** anexar, anexionar.

adicto, -ta *adj. s.* adepto, seguidor, partidario, devoto, simpatizante, leal, adherido, afiliado, apegado. *ANT.* desleal, enemigo, contrario. **2** toxicómano, drogadicto.

adiestramiento *m.* aleccionamiento, instrucción, entrenamiento, enseñanza.

adiestrar *tr.* enseñar, entrenar, aleccionar, instruir, guiar, amaestrar, encaminar, educar, ejercitar, formar, dirigir, criar, preparar, encaminar. *ANT.* desviar.

adinerado, -da *adj.* acaudalado, pudiente, rico, opulento. *ANT.* mísero, pobre.

adiposidad *f.* obesidad, gordura; grasa.

adiposo, -sa *adj.* graso, obeso, gordo, rollizo, grueso, fofo. *ANT.* flaco, magro, enjuto.

aditamento *m.* adición, añadidura, aumento. *ANT.* supresión, sustracción. **2** apéndice, complemento, ítem.

adivinación *f.* augurio, predicción, pronóstico, vaticinio, premonición, profecía. **2** acierto, tiento, habilidad, destreza. *ANT.* desacierto.

adivinadora *f.* profetisa, pitonisa, sibila.

adivinanza *f.* enigma, acertijo, rompecabezas, charada.

adivinar *tr.* conjeturar, augurar, profetizar, vaticinar, entrever, barruntar; pronosticar, predecir. **2** atinar, acertar, descifrar, descubrir, calar, resolver. *ANT.* errar, desatinar.

adivino *m.* hechicero, brujo, vidente, mago, arúspice, clarividente, adivinador, vaticinador, profeta, augur, vate, oráculo, agorero, nigromante, astrólogo.

adjetivar *tr.* llamar, designar, calificar, bautizar, tachar de.

adjetivo *m.* calificativo, atributo, epíteto, título, agregado; apodo.

adjudicación *f.* cesión, otorgamiento, entrega, asignación, donación, transmisión. *ANT.* denegación. 2 remate.

adjudicar *tr.* conferir, asignar, otorgar, conceder, dar, ceder, entregar, transferir, atribuir, repartir, destinar. *ANT.* quitar, denegar. 2 *prnl.* apropiarse, posesionarse, quedarse, retener.

adjudicatario, -ria *s.* beneficiario, favorecido.

adjuntar *tr.* añadir, agregar, incluir, acompañar, remitir. *ANT.* omitir.

adjunto, -ta *adj.* anexo, adicional, agregado, pegado, añadido, unido, adosado, adicional. *ANT.* desunido, despegado. 2 acompañante, auxiliar.

adjutor, -ra *adj.* coadjutor, auxiliar, ayudante.

adminículo *m.* artefacto, objeto, accesorio, aparejo, aparato, dispositivo, pieza, pertrecho, utensilio, artilugio.

administración *f.* gestión, dirección, gerencia, conducción, gobierno. 2 despacho, oficina.

administrador, -ra *s.* directivo, gestor, gerente, director.

administrar *tr. prnl.* dirigir, regir, gobernar, regentar, manejar, mandar, conducir, guiar. *ANT.* obedecer. 2 suministrar, aplicar, dar, proporcionar, propinar; conferir, conceder. *ANT.* recibir.

administrativo, -va *s.* funcionario, empleado, dependiente.

admirable *adj.* notable, brillante, prodigioso, sorprendente, magnífico, sobresaliente, asombroso, pasmoso, espléndido, excelente, portentoso, extraordinario, deslumbrante. *ANT.* abominable, detestable, despreciable.

admirablemente *adv.* perfectamente, notablemente, extraordinariamente, espléndidamente, divinamente.

admiración *f.* asombro, estupefacción, estupor, sorpresa, pasmo, fascinación, deslumbramiento. *ANT.* desprecio, indiferencia.

admirado, -da *adj.* pasmado, atónito, fascinado, suspenso, cautivado, asombrado, maravillado, sorprendido. 2 respetado, honrado, estimado, apreciado; popular, famoso. *ANT.* indiferente.

admirador, -ra *adj.* devoto, adepto, partidario, simpatizante, incondicional, entusiasta, hincha, fanático. *ANT.* adversario. 2 enamorado, adorador. *ANT.* hostil.

admirar *tr.* maravillar, sorprender, asombrar, embelesar, extasiar, encantar, fascinar, pasmar. 2 elogiar, loar, ensalzar, enaltecer, aprobar, ponderar, idolatrar. *ANT.* despreciar.

admisible *adj.* aceptable, soportable, tolerable, pasable, razonable, plausible. *ANT.* inaceptable, inadmisible.

admisión *f.* ingreso, entrada, recepción, alistamiento. *ANT.* expulsión. 2 acogida, aceptación, aprobación, éxito. *ANT.* fracaso.

admitido, -da *adj.* aceptado, concedido, dado.

admitir *tr.* recibir, aceptar, adherir, acoger. *ANT.* rechazar. 2 conceder, suponer, acceder, reconocer, asentir, dar por cierto. *ANT.* desaprobar. 3 consentir, permitir, aceptar, ceder. *ANT.* oponerse.

admonición *f.* advertencia, apercibimiento, aviso, consejo, exhortación. 2 reprensión, amonestación, recriminación, reconvención, reprimenda. *ANT.* elogio, alabanza, encomio.

adobado, -da *adj.* {piel} curtido. 2 {carne} en adobo.

adobar *tr.* condimentar, guisar, aliñar, sazonar, aderezar, acecinar; cocinar. 2 reparar, arreglar, componer, disponer. 3 {pieles} curtir.

adocenado, -da *adj.* común, ordinario, corriente, vulgar, trillado, ramplón, zafio, chabacano, trivial, manido. *ANT.* original, singular, distinto.

adoctrinar *tr.* aleccionar, iniciar, instruir, ilustrar, educar, adiestrar, entrenar.

adolecer *intr.* sufrir, penar, padecer, tolerar, aguantar, soportar. 2 faltar, no disponer de, carecer. 3 *prnl.* condolerse.

adolescencia *f.* juventud, nubilidad, mocedad, pubertad, muchachez. *ANT.* senectud, vejez.

adolescente *adj.* joven, muchacho, púber, chico, imberbe, mozo. *ANT.* anciano, viejo. 2 *Méx.* chavo.

adonde *adv.* donde, en qué lugar, hacia dónde.

adondequiera *adv.* dondequiera, en cualquier parte.

adopción *f.* acogida, acogimiento, prohijamiento, amparo, apadrinamiento. *ANT.* abandono, repudio. 2 admisión, aceptación. *ANT.* negación.

adoptar *tr.* ahijar, prohijar, proteger, apadrinar, favorecer, patrocinar, amparar. *ANT.* abandonar, repudiar. 2 admitir, abrazar, aprobar, acoger, aceptar. *ANT.* descartar, dejar. 3 {ideas} abrazar, seguir. *ANT.* rechazar.

adoptivo *adj.* adoptado, prohijado, amparado, protegido.

adoquinado *m.* piso, suelo, pavimento, embaldosado, enladrillado.

adoquinar *tr.* enlosar, empedrar.

adorable *adj.* encantador, amable, fascinador, cautivador, subyugador. *ANT.* desagradable, repulsivo. 2 venerable. *ANT.* despreciable.

adorador, -ra *adj.* fiel, entusiasta, devoto. 2 admirador, amante, pretendiente, enamorado.

adorar *tr.* amar, idolatrar, querer, glorificar, apreciar, exaltar, estimar, admirar, honrar. *ANT.* detestar, odiar, aborrecer. 2 rezar, reverenciar, prosternarse, venerar, prosternarse, orar. *ANT.* execrar, maldecir, renegar.

adormecedor *adj.* narcótico, calmante, hipnótico, soporífero, aletargador, narcotizador. *ANT.* excitante. 2 aburrido, monótono, pesado. *ANT.* ameno.

adormecer *tr.* calmar, sosegar, acallar. 2 *prnl.* dormirse, adormilarse, entumecerse, aletargarse, amodorrarse, entorpecerse. *ANT.* despabilarse, despertar.

adornado, -da *adj.* ataviado, elegante, peripuesto, engalanado, emperifollado. *ANT.* descuidado. 2 bordado, labrado, recamado, repujado, incrustado, taraceado. *ANT.* sobrio.

adornar *tr.* decorar, ornar, ornamentar, engalanar, arreglar, hermosear, embellecer; ataviar, acicalar, emperifollar. *ANT.* desarreglar, despojar. 2 enriquecer, engrandecer.

adorno *m.* atavío, ornato, decorado, tocado, compostura, ornamento, acicalamiento.

adosar *tr.* acercar, aproximar, pegar, yuxtaponer, arrimar, juntar, unir, apoyar. *ANT.* separar, despegar.

adquirir *tr.* alcanzar, lograr, conseguir, granjear, obtener. *ANT.* perder. 2 adueñarse, procurarse, posesionarse, comprar, apropiarse, ganar. *ANT.* vender, ceder. 3 {costumbre, enfermedad} contraer.

adquisición *f.* logro, apropiación, compra, apropiamiento. *ANT.* pérdida.

adrede *adv.* a propósito, premeditadamente, aposta, deliberadamente, intencionadamente, ex profeso, de intento, expresamente. *ANT.* inadvertidamente, involuntariamente, sin intención.

adscribir *tr.* asignar, anexar, agregar. *ANT.* desvincular. 2 *prnl.* adherirse, afiliarse.

adscrito, -ta *adj.* destinado, agregado, anexo, unido. 2 afiliado. *ANT.* desvinculado.

aduanero, -ra *adj.* inspector, agente de aduanas.

aducir tr. alegar, argumentar, invocar, argüir, manifestar, razonar, añadir, mencionar, citar.

adueñarse prnl. apropiarse, enseñorearse, apoderarse, tomar, ganar, posesionarse, hacerse con. ANT. desprenderse, ceder. **2** conquistar, ocupar. ANT. entregar.

adulador, -ra adj. lisonjero, zalamero, halagador, elogiador, alabador, lisonjeador, adulón, cobista, servil, rastrero. ANT. reprobador, maldiciente, difamador. **2** desp. lameculos. **3** Amér. Sur adulete.

adular tr. encomiar, alabar, lisonjear, elogiar, halagar, loar, agasajar, mimar, camelar. ANT. criticar, difamar, ofender, insultar, despreciar.

adulteración f. falsificación, falseamiento, mixtificación, engaño, fraude; sofisticación.

adulterado, -da adj. falso, fraudulento, falsificado, espurio, mixtificado, corrompido, apócrifo. ANT. auténtico, genuino.

adulterar tr. falsificar, falsear, corromper, viciar, imitar, mixtificar, desnaturalizar, sofisticar. ANT. purificar.

adulterio m. infidelidad, deslealtad, amancebamiento, ilegitimidad. ANT. fidelidad, lealtad.

adúltero, -ra adj. infiel, desleal. ANT. fiel, leal. **2** {lenguaje} falsificado, adulterado, corrompido. ANT. puro.

adulto, -ta adj. maduro, desarrollado, cumplido, crecido, mayor, grande, experimentado. ANT. menor, niño, impúber. **2** asentado, sensato, discreto. ANT. inmaduro.

adusto, -ta adj. serio, áspero, rígido, severo, huraño, desabrido, ceñudo, hosco, esquivo, arisco, seco. ANT. jovial, abierto, amable, tratable, simpático. **2** quemado, tostado, ardiente. **3** {paisaje, prosa} desabrido, seco.

advenedizo, -za adj. s. intruso, extraño, sobrevenido, entremetido, foráneo, forastero, extranjero, recién llegado; inoportuno, arribista.

advenimiento m. venida, llegada, acaecimiento, arribo, aparición.

advenir tr. venir, llegar, sobrevenir, suceder, acontecer, ocurrir, pasar, surgir, manifestarse.

adventicio adj. accidental, extraño, eventual, fortuito, casual. ANT. natural.

adversario, -ria s. antagonista, contrincante, rival, contrario, enemigo, competidor, oponente, contendiente. ANT. amigo, aliado, partidario, simpatizante.

adversidad f. desgracia, infortunio, desdicha, fatalidad, calamidad, desventura, percance; contrariedad, contratiempo, tropiezo. ANT. felicidad, suerte, fortuna, dicha.

adverso, -sa adj. contrario, opuesto, enemigo, hostil, desfavorable, antagonista, contraproducente. ANT. favorable, propicio. **2** fatal, aciago, siniestro, funesto, desgraciado, malhadado, nefasto, trágico, lamentable, desastroso. ANT. afortunado.

advertencia f. información, indicación, prevención, aviso, orientación, consejo, observación, exhortación, confidencia; lección. **2** admonición, amonestación; amenaza. **3** {en un libro} nota, prólogo, indicación.

advertido, -da adj. experto, avisado, despabilado, despierto, capaz, sagaz, listo, astuto, instruido, aleccionado. ANT. inadvertido; inexperto. **2** prevenido, alertado, aconsejado, sobre aviso. ANT. ignorante. **3** prudente, precavido, cauteloso. ANT. temerario.

advertir tr. intr. percibir, notar, percatarse, sentir, experimentar, fijarse, reparar, ver, observar, entender, apercibirse, darse cuenta. ANT. desatender, ignorar. **2** alertar, prevenir, anunciar, notificar, avisar, informar,

insinuar, aleccionar, sugerir, aconsejar, asesorar; amonestar, reprender. ANT. ocultar.

adyacente adj. contiguo, próximo, inmediato, cercano, junto, lindante, colindante, vecino, rayano, confinante, limítrofe. ANT. distante, apartado, separado, lejano.

aéreo, -rea adj. leve, vaporoso, etéreo, sutil, inconsistente. ANT. pesado, material, tangible. **2** volador, volátil, volante, volandero. ANT. terrestre, material, macizo.

aerobics s. [ING.] aeróbic, aerobic, ejercicio respiratorio. **2** Amer. aeróbicos.

aerodinámico, ca adj. perfilado, esbelto, alargado, fino, grácil; ágil. ANT. grueso.

aerolito m. meteorito, astrolito, bólido.

aeronauta com. piloto, tripulante, aviador.

aeronáutica f. aviación, navegación aérea; astronáutica.

aeronave f. avión, aeroplano. **2** dirigible, globo, aeróstato, zepelín.

aeroplano m. avión, aeronave.

aerosol m. pulverizador, vaporizador.

aeróstato m. globo, dirigible, zepelín.

afabilidad f. amabilidad, cortesía, simpatía, cordialidad, agrado, jovialidad, urbanidad, buenos modales. ANT. antipatía, descortesía.

afable adj. atento, agradable, cordial, afectuoso, simpático, asequible, conciliador. ANT. descortés, áspero, adusto, antipático. **2** bueno, bondadoso, benévolo. ANT. malo, malvado.

afamar tr. prnl. acreditar, enaltecer, prestigiar, reputar, realzar, dar crédito, glorificar. ANT. vilipendiar.

afán m. ansia, anhelo, vehemencia, decisión, ambición, sed, avidez, aspiración, deseo, gana. ANT. desaliento, desgana. **2** ahínco, diligencia, esfuerzo, determinación, interés, voluntad, solicitud, empeño. ANT. negligencia, apatía, desidia. **3** pl. **afanes** penalidades, trabajos, penas, fatigas, esfuerzos.

afanarse prnl. pugnar, bregar, esforzarse, empeñarse, luchar, trabajar, procurar, dedicarse, atarearse. ANT. holgazanear. **2** fatigarse, aporrearse, desvelarse. ANT. descansar.

afanoso, -sa adj. ávido, deseoso, anheloso, ganoso. **2** esforzado, trabajador, diligente, acucioso. **3** cuidadoso, solícito, hacendoso. **4** duro, trabajoso.

afear tr. desfigurar, deformar, desfavorecer, deslucir, estropear. ANT. embellecer, agraciar. **2** vituperar, censurar, reprobar, criticar, reprender. ANT. encomiar, elogiar.

afección f. padecimiento, mal, dolencia, enfermedad, decaimiento, indisposición, achaque. ANT. salud. **2** inclinación, simpatía, afecto, cariño, amistad, afición, apego. ANT. antipatía, desafección, malquerencia, odio.

afectación f. rebuscamiento, hipocresía, fingimiento, pedantería, disimulo, artificio, falsedad, presunción, vanidad, doblez, amaneramiento. ANT. naturalidad. **2** pompa, ostentación, prosopopeya, ampulosidad, petulancia. ANT. sinceridad. **3** melindre, estiramiento, tiesura. ANT. sencillez.

afectado, -da adj. rebuscado, sofisticado, hipócrita, fingido, estudiado, forzado, artificioso, cursi, amanerado. ANT. espontáneo, sencillo. **2** ceremonioso, pomposo, melindroso, hinchado, hiperbólico, pedante, ridículo, redundante. ANT. natural. **3** afligido, aquejado, dolorido, lesionado. ANT. saludable, sano. **4** enternecido.

afectar tr. presumir, aparentar, disfrazar, simular, fingir. **2** MED. perjudicar, alterar, lesionar, menoscabar, dañar; afligir, inquietar. ANT. favorecer. **3** concernir, atañer, influir. **4** impresionar, emocionar, conmover. **5** anexar, adscribir.

afecto, -ta *adj.* adepto, partidario, apegado. **2** anexo, adscrito, unido, agregado. **3** apreciado, querido, estimado. **4** *m.* estima, amor, amistad, cariño, aprecio, apego, atracción, devoción, ternura, simpatía. *ANT.* desafecto, odio, antipatía, rencor.

afectuoso, -sa *adj.* amoroso, entrañable, cordial, cariñoso, afable, amable, acogedor, simpático, amistoso. *ANT.* antipático, hostil.

afeitar *tr.* rasurar, rapar, recortar, desbarbar. **2** hermosear, componer, adornar.

afeite *m.* cosmético, compostura, aderezo, tocado; maquillaje.

afelpado, -da *adj.* peludo, felpudo, velludo, lanoso; suave. *ANT.* áspero.

afeminado, -da *adj.* {hombre} adamado, amanerado, femenino, femenil, amujerado. *ANT.* viril, varonil, masculino. **2** *m.* amariconado, marica, maricón, homosexual.

aféresis *f.* GRAM. {sonido} supresión, elisión. **2** MED. escisión.

aferrar *tr.* asir, agarrar, asegurar, coger, retener, atrapar, embrazar, aprisionar. *ANT.* soltar, abandonar. **2** *prnl.* insistir, empecinarse, obstinarse, empeñarse, porfiar. *ANT.* ceder.

affaire *s.* [FR.] asunto, cuestión, cosa; negocio, caso. **2** suceso, acontecimiento; embrollo.

afianzar *tr. prnl.* consolidar, fortalecer, afirmar, reforzar, asegurar, apuntalar. *ANT.* aflojar, debilitar. **2** asir, sujetarse, agarrar. *ANT.* soltar, aflojar. **3** avalar, garantizar, dar fianza.

afiche *m.* Amer. cartel, aviso, anuncio, letrero, cartelón.

afición *f.* tendencia, apego, inclinación, predilección, propensión, afecto, afinidad, gusto, devoción, tendencia; cariño, amor, simpatía. *ANT.* antipatía, repulsión. **2** pasatiempo, distracción. **3** ahínco, empeño, afán, entusiasmo. *ANT.* indiferencia. **4** DEP. hinchada.

aficionado, -da *adj. s.* apegado, devoto, propenso, inclinado, admirador. **2** DEP. hincha, seguidor, fan. **3** {arte} diletante.

aficionarse *prnl.* inclinarse, prendarse, apegarse, engolosinarse, encariñarse, apasionarse, enamorarse. *ANT.* desapasionarse, desilusionarse.

afiebrarse *prnl.* Amer. acalenturarse. **2** aficionarse.

afilado, -da *adj.* cortante, tajante, aguzado, agudo, puntiagudo, punzante; delgado. *ANT.* embotado, romo.

afilar *tr.* {arma, instrumento} dar filo, amolar, adelgazar, aguzar. *ANT.* embotar. **2** {voz} afinar. **3** *prnl.* {cara, nariz} adelgazarse. **4** *col.* Amér. Sur flirtear, cortejar, galantear, enamorar. **5** *vulg.* Chile hacer el amor.

afiliación *f.* unión, adhesión. *ANT.* desunión, separación.

afiliado, -da *adj.* adherido, asociado, inscrito, incorporado; adepto, prosélito, afecto, partidario, simpatizante, correligionario. *ANT.* enemigo, adversario.

afiliar *tr. prnl.* inscribir, asociar, adherir, incorporar, matricular, ingresar, alistarse, entrar, agremiarse; admitir, acoger. *ANT.* separar, excluir.

afiligranado, -da *adj.* {cosa, persona} fina, delicada. **2** labrado, tallado, repujado, adornado.

afín *adj.* parecido, similar, parejo, consonante, semejante, análogo. *ANT.* dispar, contrario, distinto, diferente. **2** próximo, inmediato, contiguo, cercano, adyacente. *ANT.* alejado, apartado. **3** pariente, allegado.

afinar *tr. prnl.* {trabajo} pulir, pulimentar, perfeccionar, mejorar, acabar, precisar. **2** Amer. dar por terminado, concluir, terminar. **3** {voz} entonar, templar, armonizar. *ANT.* destemplar. **4** {metal} purificar.

afincarse *prnl.* establecerse, instalarse, arraigarse, avecindarse, residir, asentarse, localizarse, radicarse, domiciliarse. *ANT.* irse, emigrar, mudarse. **2** *tr.* fijar, asegurar, apoyar.

afinidad *f.* semejanza, parecido, similitud, analogía, conformidad, correlación, homogeneidad. *ANT.* diferencia, disimilitud, disparidad. **2** atracción, simpatía, proximidad. *ANT.* repulsión, rechazo, antipatía. **3** parentesco, relación, consanguinidad.

afirmación *f.* aseveración, aserción, aserto, asentimiento, afirmativa, aprobación. *ANT.* negativa, negación. **2** enunciado, declaración, axioma.

afirmar *tr. prnl.* aseverar, asegurar, asentir, confirmar, atestiguar. *ANT.* negar, denegar, disentir. **2** afianzar, consolidar, fortificar, apoyar, ajustar, asegurar, reforzar. *ANT.* aflojar, debilitar. **3** *prnl.* ratificarse, reiterarse.

afirmativo, -va *adj.* confirmatorio, aseveratorio.

aflautar *tr. prnl.* {voz, sonido} atiplar.

aflicción *f.* pena, abatimiento, afligimiento, sufrimiento, congoja, pesar, angustia, pesadumbre, amargura, tristeza, dolor, sinsabor, desconsuelo, desaliento, tribulación. *ANT.* ánimo, alegría, contento, satisfacción.

aflictivo, -va *adj.* penoso, doloroso, deplorable, lamentable, triste, desconsolador, aciago, angustioso. *ANT.* alegre, jubiloso.

afligido, -da *adj.* inconsolable, desconsolado, acongojado, apenado, dolorido, aquejado, doliente, afectado, angustiado, pesaroso, atribulado, melancólico. *ANT.* alegre, contento.

afligir *tr. prnl.* apenar, entristecer, atribular, apesadumbrar, mortificar, amargar, contristar, desconsolar; preocupar, contrariar. *ANT.* alegrar, consolar. **2** quejarse, lamentarse, plañir.

aflojar *tr.* soltar, desapretar, relajar, distender. *ANT.* apretar, ceñir. **2** *intr.* {persona} ceder, desistir, ablandarse, debilitarse, flaquear. *ANT.* endurecerse, robustecerse. **3** *tr.* {cosa} disminuir, perder fuerza. *ANT.* aumentar, arreciar. **4** R. Dom., Ven. {proyectil} lanzar, disparar. **5** Amer. acobardarse.

aflorar *intr.* aparecer, brotar, surgir, emerger, manifestarse, mostrarse. *ANT.* desaparecer.

afluencia *f.* abundancia, cantidad, profusión, copia, aflujo. *ANT.* escasez, falta. **2** concurrencia, muchedumbre, multitud, aglomeración, gentío.

afluente *m.* {río, arroyo} confluente, tributario. **2** *adj.* facundo, abundante en palabras.

afluir *intr.* acudir, concurrir, reunirse, llegar; aglomerarse, amontonarse. *ANT.* faltar, escasear. **2** {río, arroyo} desembocar, desaguar, verter.

afonía *f.* enronquecimiento, ronquez, ronquera, carraspera.

afónico, -ca *adj.* ronco, áfono.

aforar *tr.* valuar, tasar, estimar, medir, calcular, apreciar, determinar, justipreciar.

aforismo *m.* axioma, adagio, sentencia, fórmula, precepto, máxima, pensamiento, dicho, refrán, proverbio, apotegma.

aforo *m.* capacidad, contenido, cabida, extensión.

afortunadamente *adv.* felizmente, venturosamente, por fortuna, por suerte.

afortunado, -da *adj.* feliz, dichoso, bienaventurado, venturoso, próspero, favorecido. *ANT.* desafortunado, desventurado, desdichado. **2** {palabras} oportuno, acertado, inspirado.

afrentar *tr. prnl.* ultrajar, ofender, injuriar, vilipendiar, vejar, deshonrar, insultar, difamar, abaldonar. *ANT.* alabar, honrar, acreditar.

afrentoso, -sa *adj.* insultante, ofensivo, ignominioso, ultrajante, injurioso, deshonroso, oprobioso, difamatorio. ANT. honroso, decoroso.

afrodisíaco, -ca *adj. s.* (*tb.* **afrodisiaco, -ca**) estimulante, enervante, excitante.

afrontar *tr.* enfrentar, arrostrar, desafiar, resistir, oponerse. ANT. eludir, rendirse. **2** oponer, carear, comparar.

afuera *adv.* fuera. ANT. dentro.

afueras *f. pl.* alrededores, proximidades, inmediaciones, contornos, extramuros, cercanías, suburbios, arrabales, andurriales, extrarradio. ANT. centro.

agacharse *prnl.* agazaparse, encogerse, acuclillarse, acurrucarse, doblarse. ANT. levantarse, erguirse, incorporarse. **2** ceder, someterse. **3** retirarse, apartarse; ocultarse.

agalla *f.* {peces} branquia. **2** amígdala. **3** *pl. fig.* audacia, coraje, valor, valentía, osadía, corazón. **4** *loc.* **tener ~s:** tener arrestos, valentía o audacia. **5** *Amer.* codicia, ansia desmedida, cicatería, ruindad.

ágape *m.* banquete, comida, festín, merienda, franca chela, comilona; agasajo, celebración.

agareno, -na *adj. s.* sarraceno, árabe, musulmán, mahometano, moro.

agarrada *f.* riña, pelea, disputa, pendencia, reyerta, altercado, alboroto, contienda.

agarradero *m.* asidero, mango, agarre, asa, empuñadura; picaporte, aldaba, tirador. **2** *col.* recurso, protección, amparo.

agarrado, -da *adj. col.* avaro, tacaño, mezquino, cicatero, miserable, roñoso, ruin. ANT. generoso.

agarrar *tr. prnl.* asir, tomar, sujetar, atrapar, aferrar, coger, empuñar. ANT. soltar, desasir. **2** {planta} arraigar, prender, enraizar. ANT. marchitarse. **3** sorprender, pillar. **4** *col.* pelearse, reñir. **5** *col.* {enfermedad} contraer, coger. **6** *Amer.* salir, encaminarse, ponerse en camino.

agarrotar *tr.* apretar, ajustar, oprimir, comprimir. **2** {patíbulo} estrangular, asfixiar, ahorcar, ajusticiar. **3** *prnl.* {miembro} acalambrarse, endurecerse, contraerse, encogerse. ANT. relajarse.

agasajar *tr.* obsequiar, regalar, festejar, homenajear. ANT. despreciar, menospreciar. **2** halagar, lisonjear, mimar. ANT. desdeñar, desairar.

agavillar *tr.* engavillar, atar, liar. **2** acuadrillar, apandillar, capitanear.

agazaparse *prnl. col.* agacharse, acurrucarse, inclinarse, acuclillarse, doblarse, encogerse. ANT. levantarse. **2** esconderse, ocultarse, emboscarse. ANT. descubrirse, mostrarse.

agencia *f.* delegación, representación, filial, sucursal, rama, oficina, despacho, administración.

agenciar *tr. intr.* gestionar, buscar, procurar, disponer. **2** *prnl.* conseguir, obtener, adquirir, arreglárselas.

agenda *f.* diario, memorándum, breviario, calendario, cuaderno, libreta.

agente *com.* intermediario, comisionado, delegado, gestor, representante, negociador, mediador, funcionario, emisario, empleado. **2** policía, espía, vigilante, guardia; investigador, detective. **3** {bolsa} corredor, bolsista.

agigantado *adj.* agrandado, gigantesco, enorme, excesivo, colosal, descomunal, crecido, desarrollado. ANT. pequeño.

agigantar *tr. prnl.* agrandar, exagerar, aumentar en exceso. ANT. disminuir, empequeñecer, reducir.

ágil *adj.* ligero, pronto, expedito, presto, veloz. ANT. lento, torpe, pesado.

agilidad *f.* presteza, ligereza, dinamismo, destreza, vivacidad, prontitud, celeridad, viveza, actividad. ANT. lentitud, torpeza, pesadez.

agio *m.* usura, agiotaje, especulación.

agiotista *adj.* agiotador, especulador, acaparador, usurero.

agitación *f.* desorden, confusión, turbulencia, alboroto, revuelta; trajín, revuelo. ANT. calma, tranquilidad, paz **2** exaltación, ardor, excitación, efervescencia. ANT. frialdad, calma. **3** intranquilidad, turbación, desasosiego, inquietud, conmoción, zozobra, angustia, perturbación. ANT. serenidad.

agitado, -da *adj.* {respiración} acelerado. ANT. sosegado. **2** activo, fatigoso, accidentado. ANT. tranquilo, sereno. **3** trémulo, inquieto, desasosegado, conmovido, intranquilo.

agitador, -ra *adj. s.* perturbador, instigador, provocador, revolucionario; activista. **2** travieso, bullicioso. ANT. tranquilo, sensato.

agitar *tr. prnl.* sacudir, menear, zarandear, remover, blandir, mover, blandir; titilar, temblar, trepidar. **2** turbar, inquietar, perturbar, alterar, conmover, intranquilizar. ANT. aplacar, calmar, tranquilizar. **3** sublevar, alborotar, amotinar, levantar, alzar, insubordinar, incitar. ANT. pacificar.

aglomeración *f.* amontonamiento, hacinamiento, acopio, acumulación, reunión, congestión, agolpamiento, atasco. ANT. dispersión, disgregación, disolución. **2** muchedumbre, turba, multitud, gentío, masa.

aglomerado, -da *adj.* apretado, espeso, cerrado, tupido.

aglomerar *tr. prnl.* acumular, juntar, acopiar, reunir, agolpar, amontonar, hacinar. ANT. desunir, dispersar, separar.

aglutinación *f.* {en general} conglutinación, ligazón, agregación. **2** LING. {palabras} unión. **3** LING. {afijos} acumulación. **4** MED. {células} reunión masiva.

aglutinar *tr.* adherir, unir, juntar, pegar, fijar. ANT. despegar, separar. **2** *tr. prnl.* reunir, aunar. ANT. dispersar.

agnado, -da *adj. s.* pariente, consanguíneo, cognado, familiar.

agobiar *tr. prnl.* abrumar, atosigar, oprimir, angustiar, acosar, fatigar, importunar, molestar, cansar, perseguir. ANT. despreocupar, animar.

agobio *m.* opresión, preocupación, angustia, pesadumbre, pena, fatiga, cansancio. ANT. sosiego, despreocupación. **2** asfixia, sofocación, ahogo.

agolpar *tr. prnl.* hacinar, acumular, arremolinarse, amontonar, apiñar, aglomerarse, apilar, reunirse, agruparse. ANT. separar, dispersar, dividirse.

agonía *f.* {de un moribundo} angustia, congoja; estertor, trance, desenlace, expiración. **2** *fig.* pena, dolor, aflicción, tribulación, pesadumbre. ANT. alegría, dicha.

agonizar *intr.* expirar, extinguirse, fallecer, irse, perecer, morir; terminar, finalizar, acabar. ANT. vivir. **2** padecer, sufrir.

agorero, -ra *adj. s.* adivino, profeta, augur, vate, pronosticador, agorador, médium. **2** pesimista, infausto, fatídico. ANT. optimista, alegre.

agostar *tr. prnl.* {plantas} abrasar, quemar, mustiar, secarse, marchitarse. ANT. reverdecer, crecer. **2** {persona} consumirse, debilitarse.

agotado, -da *adj.* consumido, acabado, gastado, destruido. **2** cansado, fatigado, exhausto, extenuado, postrado, reventado. ANT. descansado, enérgico, vigoroso.

agotador, -ra *adj.* fatigante, trabajoso, extenuante, fatigoso. ANT. fácil, confortable.

agotar *tr.* consumir, apurar, gastar, acabar, absorber, esquilmar. ANT. llenar, colmar, aumentar. **2** *tr. prnl.* extenuar, debilitar, cansar, fatigar, abatir, desanimar, desalentar. ANT. vigorizar, fortalecer, animar.

agraciado, -da *adj.* apuesto, guapo, donoso, gallardo, atractivo, garboso, bello, bien parecido. ANT. feo. **2** agradable, fascinador. ANT. soso. **3** afortunado, favorecido, beneficiado, dichoso. ANT. desgraciado, desfavorecido.

agraciar *tr.* embellecer, hermosear, favorecer. **2** conceder, otorgar, recompensar, beneficiar.

agradable *adj.* placentero, acogedor, deleitable, ameno, grato, deleitoso, sabroso, delicioso. ANT. desagradable, amargo. **2** amistoso, simpático, amable, cariñoso, tratable, atrayente, cautivante. ANT. antipático. **3** pacífico, apacible, tranquilo, dulce, reposado. ANT. molesto.

agradar *tr.* complacer, gustar, placer, encantar, satisfacer, regocijar, contentar, deleitar, alegrar, atraer, cautivar, fascinar, embelesar. ANT. desagradar, disgustar, fastidiar.

agradecer *tr.* reconocer, corresponder, retribuir, dar las gracias. ANT. desagradecer, desconocer.

agradecido, -da *adj.* reconocido, obligado. ANT. desagradecido.

agradecimiento *m.* reconocimiento, gratitud. ANT. ingratitud, desagradecimiento.

agrado *m.* complacencia, satisfacción, contentamiento, regocijo, contento, gusto, amenidad, placer. ANT. desagrado, disgusto, descontento.

agrandar *tr.* engrandecer, aumentar, desarrollar, dilatar, incrementar, multiplicar, ensanchar, ampliar, acrecentar, extender, acrecer. ANT. disminuir, reducir, empequeñecer, mermar, achicar.

agravar *tr. prnl.* empeorar, dificultar, entorpecer, complicar, perjudicar, recrudecer, obstaculizar. ANT. favorecer, ayudar, facilitar. **2** debilitarse, decaer, desmejorar, recaer, declinar; agonizar. ANT. aliviarse, mejorar.

agraviar *tr.* insultar, ofender, atropellar, molestar, ultrajar, injuriar, deshonrar, afrentar, menoscabar, zaherir. ANT. desagraviar, honrar.

agravio *m.* afrenta, ofensa, insulto, ultraje, insolencia, oprobio. ANT. desagravio, halago, elogio. **2** daño, detrimento, perjuicio, atropello.

agraz *adj.* {uva, frutas} sin madurar, precoz. **2** desagradable, molesto. **3** *m.* {uva no madura} zumo, jugo. **4** *col.* disgusto, enfado, amargura, pesar, sinsabor. **5** *loc.* **en ~:** antes de tiempo.

agredir *tr.* acometer, arremeter, atacar, herir, embestir, hostilizar, asaltar, golpear, dañar. ANT. resguardar, defender.

agregado *m.* compuesto, mezcla, combinación, conglomerado. **2** *adj.* adscrito, adherido, anexo, adjunto, adicional. ANT. separado.

agregar *tr.* adicionar, anexar, incluir, añadir, complementar, suplementar, sumar, asociar, aumentar. ANT. sustraer, restar, disminuir, segregar. **2** mezclar, combinar, incorporar. **3** anexar, adjuntar, adscribir, anexionar; pegar. ANT. desunir, separar.

agremiar *tr. prnl.* asociar, confederar, afiliar, agrupar, reunir, coligar. ANT. desunir, separar.

agresión *f.* ataque, embestida, acometida, asalto.

agresivo, -va *adj.* belicoso, impetuoso, acometedor, arremetedor; violento, insultante, provocador, pendenciero. ANT. pacífico, manso.

agresor, -ra *adj.* asaltante, atacante, acometedor, provocador. ANT. defensor.

agreste *adj.* {campo} silvestre, rústico, selvático, abrupto. **2** {animal} montaraz, fiero, salvaje, cerril. ANT. doméstico. **3** {persona} tosco, burdo, rudo, áspero, inculto, grosero. ANT. educado, culto, cultivado.

agriado, -da *adj.* ácido, agrio, acidulado, avinagrado, acre. **2** malhumorado, irritado, disgustado, amargado.

agriar *tr. prnl.* acidular, acidificar, avinagrar, acedar, fermentar, picarse, descomponerse. ANT. endulzar,

edulcorar. **2** *tr.* irritar, exacerbar, exasperar, malhumorar. ANT. tranquilizar.

agrícola *adj.* agrario, rural, campesino.

agricultor, -ra *s.* labriego, labrador, hortelano, cultivador, plantador, campesino, granjero, horticultor, segador, agrónomo; paisano, rústico.

agricultura *f.* agronomía, labranza, laboreo, cultivo, horticultura, plantación, trabajo agrícola.

agridulce *adj. s.* acidulado, dulzón.

agriera *f. vulg. Amer.* {estómago} acedía, acidez. **2** MED. hipercloridia.

agrietar *tr. prnl.* romper, resquebrajar, quebrantar, rajar, hender, abrir, partir, cascar, cuartear, fracturar, quebrar, horadar. ANT. unir, cerrar, pegar.

agrimensor, -ra *s.* topógrafo, geodesta, medidor.

agrio, -gria *adj.* ácido, acre, avinagrado, acidulado, agraz, acerbo, acedo, áspero. ANT. suave, agradable. **2** {respuesta, carácter} mordaz, intolerante, hiriente, desapacible, destemplado. ANT. amable. **3** {castigo} insoportable, intolerable. **4** {metal} frágil, quebradizo, débil. **5** PINT. {colorido} inarmónico, desentonado, carente de consonancia. **6** *m. pl.* **agrios,** frutas agrias, frutas agridulces.

agriparse *prnl. Amer.* contraer gripe, acatarrarse.

agro *m.* campo, tierra, cultivos, suelo, campiña.

agroalimentación *f.* industria agroalimentaria.

agropecuario, -ria *adj.* cultivador, labrador, labriego, hortelano, plantador, campesino, granjero, horticultor, segador, agrónomo. **2** ganadero, hacendado, granjero, ranchero.

agrumar *tr. prnl.* apelmazar, apelotonar, coagular, espesar, solidificar, cuajar, formar grumos.

agrupación *f.* grupo, asociación, comunidad, alianza, compañía, gremio, sociedad, cuerpo, corporación, institución, conjunto.

agrupar *tr. prnl.* congregar, asociar, apiñar, concentrar, agremiar, aglutinar, conglomerar, juntar, reunir. ANT. separar, disgregar, desunir, desagrupar.

agua *f.* líquido, fluido, acuosidad. **2** lluvia. **3** *fig.* lágrimas. **4** ARQ. {de un tejado} vertiente. **5** NÁUT. marea. **6** *pl.* {en piedras o telas} visos, ondulaciones, destellos. **7** orina. **8** manantial. **9** *loc.* **claro como el ~:** evidente, visible, patente. **10** *loc.* **como ~:** abundante, copioso. **11** *loc.* **estar con el ~ al cuello:** estar en aprietos, estar en peligro, estar en dificultades. **12** *loc.* {negocio} **irse al ~:** malograrse, frustrarse, fracasar.

aguacate *adj. m. Amer.* palta. **2** *Amer.* {persona} flojo, apático, poco animoso. ANT. entusiasta.

aguacero *m.* chaparrón, borrasca, chubasco, lluvia, tormenta, turbión, nubada, diluvio.

aguachento, -ta *adj. Amer.* {fruta} insípido, desabrido. **2** *Amer.* empapado, impregnado, aguado, acuoso, aguanoso.

aguachirle *f.* {bebida} sin fuerza, sin sustancia. ANT. sustancioso. **2** *fig.* {obra, trabajo} baladí, sin importancia, intrascendente.

aguado, -da *adj.* abstemio. **2** *Amer.* {fruta} insípido, desabrido. **3** *Amér. Cent. y Sur.* {persona} desfallecido, flojo, débil. **4** *Ven.* {situación} aburrido. **5** *C. Rica* {líquido} claro.

aguafiestas *com.* ceñudo, malhumorado, gruñón, pesimista, descontento, rezongón. ANT. alegre, optimista, afable, festivo.

aguafuerte *amb.* grabado, fotograbado, litografía. **2** lámina, estampa, dibujo.

aguamala *f.* medusa, aguamar.

aguantar *tr.* sufrir, soportar, sobrellevar, tolerar, padecer, resistir, conllevar, transigir, pasar, condescender. ANT. desistir, flaquear. **2** sujetar, sostener, sustentar, mantener, soportar, cargar. ANT. soltar. **3** *prnl.* reprimirse, contenerse, tragar, resignarse. ANT. rebelarse.

aguante *m.* resistencia, fuerza, vigor, firmeza, energía. ANT. debilidad, flaqueza. **2** paciencia, tolerancia, entereza, transigencia, entereza. ANT. intolerancia, rebeldía.

aguar *tr.* {líquido} diluir, rebajar, hidratar, desleír, licuar, atenuar, disolver, mezclar; adulterar. ANT. solidificar, concentrar. **2** frustrar, estropear, interrumpir, importunar, malograr, fastidiar, perturbar, turbar. ANT. complacer, favorecer.

aguardar *tr. intr.* esperar, permanecer, detenerse, demorarse. ANT. marcharse, irse. **2** creer, confiar, abrigar, anhelar, alimentar. ANT. desesperarse, desconfiar.

aguarrás *m.* trementina, disolvente.

aguas *f. pl.* orina, orines, pipí, pis. **2** *vulg.* meados.

aguasal *f.* salmuera.

aguatinta *f.* aguada, dibujo, pintura. **2** grabado.

agudamente *adv.* vivamente, sutilmente. **2** con agudeza, con ingenio.

agudeza *f.* inteligencia, visión, intuición, perspicacia, ingenio, talento, penetración, ingeniosidad, sagacidad, sutileza, viveza, presteza, agilidad, vivacidad. ANT. torpeza. **2** ocurrencia, gracia, chiste. ANT. majadería, necedad, simpleza.

agudizar *tr.* afilar, afinar, adelgazar, aguzar. **2** *prnl.* intensificar, recrudecer, exacerbar. **3** {enfermedad} empeorar, agravarse. ANT. mejorar, sanar.

agudo, -da *adj.* aguzado, afilado, puntiagudo, punzante, fino, delgado. ANT. embotado, chato, romo. **2** inteligente, sutil, ingenioso, perspicaz, penetrante, intuitivo, ocurrente, sagaz, vivaz; gracioso, chistoso. ANT. necio, majadero, simple. **3** {dolor} vivo, penetrante. **4** {enfermedad} grave. **5** {olor} subido. **6** {sabor} intenso; áspero. **7** {sonido} alto, estridente, chillón, rechinante.

agüero *m.* profecía, anuncio, augurio, pronóstico, auspicio, predicción, cábala, presagio, vaticinio.

aguerrido, -da *adj.* fogueado, habituado, acostumbrado, experimentado, veterano, curtido, ducho, avezado, ejercitado. ANT. bisoño, inexperto, novato. **2** MIL. belicoso, agresivo.

aguijar *tr.* {bueyes, mulas} aguijonear, apurar. **2** *fig.* incitar, estimular. **3** *intr.* apurar el paso.

aguijón *m.* punta, aguja, púa, pincho, espina. **2** estímulo, apremio, incitamiento, incitación, acicate, aliciente, incentivo. **3** *fig.* preocupación, inquietud, tormento. **4** *loc.* **dar coces contra el ~:** obstinarse, porfiar, insistir inútilmente.

aguijonear *tr.* aguijar, animar, enardecer, incitar, instigar, fustigar, estimular, provocar, acuciar, apremiar, espolear, hostigar, avivar. ANT. disuadir, refrenar, contener. **2** picar, punzar, pinchar, espolear. **3** inquietar, hostigar, atormentar.

águila *f.* ave rapaz. **2** *fig.* {persona} perspicaz, vivo, despabilado, listo, agudo, penetrante, inteligente. **3** HIST. {España, México, Estados Unidos} moneda de oro (antigua).

aguileño, -ña *adj.* {rostro} largo, delgado, aquilino, afilado. **2** {nariz} corvo, curvo, encorvado, ganchudo. ANT. respingona, recto; chato.

aguinaldo *m.* regalo, obsequio, dádiva, presente.

aguja *f.* pincho, punzón, alfiler, púa, pasador, horquilla, imperdible. **2** {de un reloj} manecilla, saeta.

agujerear *tr.* perforar, abrir, taladrar, traspasar, horadar, atravesar. ANT. tapar, cerrar. **2** herir, acribillar.

agujero *m.* perforación, abertura, orificio, hueco, hoyo, grieta, boquete, brecha, boca, ojo, rendija, rotura. ANT. obturación, oclusión, taponamiento.

agujeta *f.* vapor del vino. **2** cinta, correa. **3** IMPR. {papel} arruga. **4** *Méx.* cordón de los zapatos. **5** *pl.* **agujetas,** {músculos} dolor, comezón, cansancio, picazón, punzada, hormigueo, molestia dolorosa.

aguoso, -sa *adj.* ácueo, acuoso.

agusanarse *prnl.* podrirse, deteriorarse, corromperse, descomponerse, estropearse. ANT. conservarse, mantenerse.

aguzado, -da *adj.* puntiagudo, afilado, agudo, delgado.

aguzar *tr.* afilar, afinar, agudizar, adelgazar, sacar punta. ANT. despuntar, embotar, achatar. **2** excitar, aguijonear, incitar, avivar, estimular, aguijar. ANT. desestimular.

aherrojar *tr.* encadenar, aprisionar, esposar, sujetar, atar. ANT. desatar, liberar. **2** esclavizar, tiranizar, subyugar, avasallar, oprimir, domeñar, dominar. ANT. libertar.

aherrumbrar *tr. prnl.* herrumbrar, oxidar, enmohecer.

ahí *adv.* allí, allá, aquí, acá. **2** entonces, en ese momento.

ahijar *tr.* prohijar, apadrinar, adoptar, proteger, acoger. ANT. desamparar, abandonar. **2** *intr.* procrear, tener hijos. **3** {planta} echar retoños.

ahilarse *prnl.* desfallecer, desmayarse. **2** {por enfermedad} adelgazarse, apergaminarse, secarse. **3** {planta} criarse débil.

ahincar *tr.* instar, impeler, impulsar, insistir. **2** *prnl.* apresurarse, darse prisa. ANT. demorarse.

ahínco *m.* eficacia, ansia, empeño, fervor, insistencia, diligencia, vehemencia, esfuerzo, perseverancia, firmeza, ardor, tesón, entusiasmo, voluntad. ANT. apatía, desgana, abulia.

ahíto, -ta *adj.* hastiado, saciado, colmado, harto, atiborrado, repleto, empachado, relleno, atracado, lleno. ANT. hambriento, famélico. **2** hastiado, cansado, fastidiado, enfadado, aburrido. ANT. animado.

ahogado, -da *adj.* asfixiado, estrangulado, sofocado, ahorcado. **2** abrumado, apremiado, apurado. ANT. desahogado. **3** {lugar} reducido, estrecho, sin ventilación. **4** *m. Amér. Sur, Méx.* estofado, rehogado, guiso.

ahogamiento *m.* ver **ahogo.**

ahogar *tr. prnl.* asfixiar, sofocar, estrangular, ahorcar, agarrotar. **2** oprimir, urgir, apremiar, apurar, abrumar, fatigar, atribular. ANT. tranquilizar, aliviar. **3** {fuego} extinguir, sofocar, apagar. ANT. encender. **4** sumergir, inundar, hundir, zambullir. **5** *Amér. Sur, Méx.* rehogar.

ahogo *m.* asfixia, ahogamiento, sofocación, sofoco, opresión, fatiga. **2** MED. asma, disnea, apnea. **3** apuro, urgencia, apremio, aprieto, agobio. ANT. desahogo, tranquilidad.

ahondar *tr.* profundizar, cavar, excavar, calar, descender, penetrar, horadar, adentrarse. ANT. tapar. **2** {asunto} investigar, escudriñar, fiscalizar.

ahora *adv.* ya, en seguida, en este momento, en este instante. ANT. después. **2** hoy en día, actualmente, en la actualidad, hogaño, hoy día. ANT. antes. **3** *conj.* no obstante, sin embargo, pero.

ahorcado, -da *adj.* estrangulado, ahogado, asfixiado, colgado, ajusticiado. **2** *col. Amer.* apremiado en dificultades económicas.

ahorcar *tr.* colgar, agarrotar, estrangular, asfixiar, ejecutar, ajusticiar. **2** *prnl. fest. C. Rica, Cuba* contraer matrimonio, casarse. **3** *C. Rica* atragantarse.

ahormar *tr.* ajustar (a su horma). **2** {persona} amoldar, poner en razón.

ahorrar *tr. prnl.* reservar, economizar, guardar, conservar, acumular, atesorar, escatimar, restringir. *ANT.* derrochar, despilfarrar, prodigar, gastar. **2** evitar, librar, excusar.

ahorro *m.* economía, sobriedad, reserva, parquedad, prudencia, modestia, previsión. *ANT.* despilfarro, dilapidación, derroche.

ahuecar *tr.* mullir, esponjar. **2** *prnl.* engreírse, envanecerse, hincharse.

ahuesarse *prnl. Amer.* {persona, cosa} inutilizarse, perder prestigio. **2** *Amer.* {mercancía} quedarse sin vender.

ahuevado, -da *adj.* oval, ovalado, ovoide, aovado. **2** *C. Rica, Nic.* aburrido, molesto, fastidiado. **3** *C. Rica* perezoso, negligente, descuidado, flojo. *ANT.* diligente, activo.

ahumar *tr.* zahumar, ahumear, humear, acecinar, poner al humo. **2** *prnl.* ennegrecerse, tiznarse. **3** *intr.* echar humo.

ahuyentar *tr. prnl.* espantar, asustar, repeler, expulsar, alejar, atemorizar, rechazar, echar, arrojar. *ANT.* atraer, acercar.

airado, -da *adj.* enfurecido, iracundo, furibundo, exasperado, enojado, furioso, colérico, irritado, alterado, rabioso, violento, agitado. *ANT.* sereno, apacible, tranquilo.

airar *tr. prnl.* enfurecer, exasperar, enojar, irritar, enfadar, encolerizar. *ANT.* serenar, calmar, sosegar.

aire *m.* atmósfera, espacio, ambiente, cielo, éter. **2** viento, ráfaga, soplo, corriente. **3** aspecto, porte, exterior, continente, apariencia, expresión, figura, talante. **4** gracia, gentileza, garbo, apostura, gallardía. **5** canción, melodía, tonada. **6** {entre personas} parecido, semejanza. **7** *loc.* **darse ~s de**: pretender, alardear de, darse ínfulas. **8** *loc.* **a) en el ~**: en el ambiente, en el entorno. **b)** *loc.* **en el ~**: en situación insegura o precaria. **c)** *loc.* **en el ~**: distraído. **9** *loc.* **a) de buen ~**: de buen humor. **b)** *loc.* **de mal ~**: de mal humor. **10** *loc.* **tomar el ~**: pasearse, airearse. **11** *loc.* **al ~ libre**: a cielo abierto, a la intemperie.

airear *tr.* ventilar, purificar, oxigenar, orear, refrescar. *ANT.* encerrar, enranciar. **2** propalar, difundir, divulgar, revelar, esparcir. *ANT.* guardar, callar. **3** *prnl.* resfriarse.

airoso, -sa *adj.* apuesto, esbelto, gallardo, garboso, donoso. *ANT.* feo, desgarbado. **2** alegre, gracioso, desenvuelto. **3** *loc.* **salir ~**: salir triunfante, resultar vencedor.

aislado, -da *adj.* solo, suelto, individual. *ANT.* acompañado. **2** retirado, apartado, desierto, solitario. **3** postergado, desatendido, olvidado; incomunicado. **4** ocasional, esporádico, excepcional. *ANT.* continuo, permanente. **5** abstraído, retraído.

aislamiento *m.* soledad, abandono, retiro, retraimiento, separación, incomunicación; recogimiento, ascetismo.

aislante *adj.* {material} interceptor, aislador.

aislar *tr.* apartar, confinar, separar, incomunicar, sitiar. *ANT.* comunicar. **2** desconectar, separar, cortar. **3** arrinconar, rodear, acorralar. **4** desamparar, abandonar. **5** *prnl.* retirarse, incomunicarse, retraerse, encerrarse, recluirse. *ANT.* comunicarse.

ajado, -da *adj.* estropeado, marchito, raído, deslucido, descolorido, arrugado, acabado, viejo. *ANT.* nuevo, joven.

ajamonarse *prnl. col.* {mujer} engordar, rellenarse, engrosar, envejecer. *ANT.* adelgazar, rejuvenecer.

ajar *tr.* deteriorar, arrugar, desgastar, estropear, deslucir, marchitar, desmejorar, desaliñar, manosear. *ANT.* me-

jorar, renovar, planchar, rejuvenecer. **2** *fig.* maltratar, humillar, insultar.

ajenjo *m.* {bebida} absenta. **2** {planta} absintio.

ajeno, -na *adj.* foráneo, extraño, extranjero, intruso, impropio. *ANT.* propio. **2** distinto, diferente. *ANT.* semejante. **3** distante, lejano. *ANT.* cercano, próximo.

ajetreado, -da *adj.* agitado, movido, zarandeado, afanado. *ANT.* tranquilo, sosegado. **2** experimentado, acostumbrado, curtido. *ANT.* novato.

ajetrear *tr.* baquetear, molestar, apresurar, mover mucho. **2** *prnl.* trajinar, fatigarse, atarearse. *ANT.* descansar.

ají *m.* {planta} guindilla. **2** {salsa} ajiaco. **3** *Amér. Sur* pimiento.

ajiaco *m.* {salsa} ají. **2** *Amer.* salsa; guiso. **3** *Col.* caldo, sopa.

ajorca *f.* argolla, anillo, aro, pulsera.

ajuar *m.* vestuario, vestimenta, indumentaria, ropa. **2** menaje, enseres, bienes, mueblaje, mobiliario, equipo, pertenencias, bártulos, utensilios, trebejos.

ajumado, -da *adj.* ebrio, borracho, achispado, embriagado, bebido, beodo.

ajustado, -da *adj.* preciso, cabal, justo, exacto, apropiado, ceñido, estricto. *ANT.* impreciso, inexacto. **2** adecuado, conveniente, idóneo, proporcionado. *ANT.* inadecuado. **3** ceñido, estrecho, apretado.

ajustar *tr. prnl.* acomodar, adaptar, encajar, acoplar, adecuar, amoldar; embutir, apretar, ceñir. *ANT.* desajustar, desacoplar, desarreglar. **2** convenir, concertar, reconciliar, conciliar, avenirse, pactar, armonizar. *ANT.* discrepar, disentir. **3** {cuentas} saldar, pagar, liquidar. **4** atenerse, someterse, amoldarse, reglarse. **5** *Amér. Sur, Méx.* cumplir, completar.

ajuste *m.* adaptación, acoplamiento, rectificación; nivelación. *ANT.* desarreglo, desajuste. **2** convenio, concertación, transacción, pacto, arreglo, trato, acuerdo. *ANT.* desacuerdo, discrepancia.

ajusticiar *tr.* ejecutar, liquidar, eliminar, matar. *ANT.* indultar.

ala *f.* aleta, alón, élitro, extremidad, alerón. **2** costado, banda, flanco, sector, lado. **3** hilera, fila. **4** {de un tejado} alero. **5** *loc.* **arrastrar el ~**: enamorar, galantear. **6** *loc.* **dar ~s**: estimular, alentar, animar. **7** *loc.* **meterse bajo el ~ de**: buscar protección, obtener amparo.

alabancioso, -sa *adj. col.* ostentoso, presuntuoso, vanaglorioso, vanidoso, presumido, jactancioso. *ANT.* modesto, sencillo.

alabanza *f.* elogio, encomio, enaltecimiento, loa, lauro, cortesía, honor, apología, piropo, aclamación, ponderación, aplauso, felicitación. **2** adulación, lisonja. **3** *ANT.* desaprobación, crítica, censura.

alabar *tr.* enaltecer, encomiar, engrandecer, ensalzar, celebrar, elogiar, aclamar, encumbrar, honrar, loar, magnificar, glorificar, realzar, piropear. *ANT.* criticar, censurar, insultar, ofender. **2** lisonjear, adular. **3** *prnl.* pavonearse, envanecerse, presumir, jactarse, alardear, preciarse, vanagloriarse. *ANT.* reprobarse.

alabeado, -da *adj.* combado, pandeado, torcido, curvo, arqueado, retorcido, ondulado, abarquillado. *ANT.* liso, recto.

alabearse *prnl.* combarse, pandearse, curvarse, torcerse, arquearse, encorvarse. *ANT.* enderezarse.

alacena *f.* armario, estante, aparador, despensa.

alacrán *m.* escorpión. **2** *fig.* {persona} malintencionado, murmurador, chismoso. **3** *El Salv.* herida.

alacridad *f.* presteza, vivacidad, ligereza, rapidez, prontitud. ANT. parsimonia, lentitud.

alado, -da *adj.* alígero. **2** ligero, veloz, rápido, raudo.

alambicado, -da *adj.* {razonamiento, concepto} complicado, rebuscado, sofisticado, afectado.

alambicar *tr.* destilar, sublimar, purificar. **2** {estilo} refinar, aquilatar, sutilizar, matizar.

alambrada *f.* empalizada, valla, cerco, cercado, barrera, estacada.

alambre *m.* hilo de metal, filamento, cable.

alameda *f.* arboleda, parque, bosquecillo, arbolado, sendero.

alarde *m.* pavoneo, jactancia, presuntuosidad, ostentación, fanfarronada, presunción. ANT. modestia, sencillez. **2** MIL. desfile, revista.

alardear *intr.* pavonearse, fanfarronear, alabarse, jactarse, ufanarse, presumir, vanagloriarse, gloriarse, darse importancia. ANT. moderarse.

alardoso, -sa *adj.* jactancioso, vanaglorioso, presumido, ostentoso, alabancioso, fanfarrón. ANT. moderado.

alargamiento *m.* dilatación, ampliación, amplificación, prolongación, extensión, aumento, agrandamiento. ANT. disminución, encogimiento, acortamiento. **2** tardanza, dilación, demora.

alargar *tr.* estirar, extender, agrandar, dilatar, prolongar, ensanchar, aumentar, ampliar. ANT. encoger, acortar, disminuir, reducir.

alargue *m. Amér. Sur* {partido de fútbol} tiempo suplementario.

alarido *m.* grito, aullido, chillido, quejido, lamento, bramido, rugido.

alarma *f.* llamada, alerta, señal, aviso. **2** susto, temor, aprensión, inquietud, sobresalto, zozobra, intranquilidad, miedo. ANT. calma, tranquilidad, sosiego. **3** emergencia.

alarmante *adj.* preocupante, inquietante, atemorizador, impresionante, intranquilizador. ANT. calmante, tranquilizador.

alarmar *tr. prnl.* alertar, inquietar, intranquilizar, sobresaltar, asustar, atemorizar, aterrar. ANT. tranquilizar, calmar, sosegar.

alarmista *adj.* embaucador, pesimista, insidioso, embustero.

alazán, -ana *adj. s.* (*tb.* **alazano, -na**) caballo, potro, corcel. **2** {color} rojizo, canela, ocre, vinoso, anaranjado.

alba *f.* aurora, amanecer, madrugada, alborada, albor. ANT. anochecer, crepúsculo, ocaso.

albacea *com.* testamentario, tutor, custodio, representante.

albañal *m.* cloaca, vertedero, caño, alcantarilla, desagüe, conducto, cauce. **2** *fig.* inmundicia, suciedad.

albañil *m.* peón, obrero.

albardar *tr.* enalbardar, aparejar, enjalmar.

albedrío *m.* voluntad, autonomía, arbitrio, potestad, decisión, autodeterminación, determinación, independencia. **2** gusto, antojo, deseo.

alberca *f.* estanque, pozo, aljibe. **2** *Méx.* piscina deportiva. **3** *Amer.* pileta.

albergar *tr. intr.* alojar, refugiar, hospedar, acoger, guarecer, asilar, aposentar, amparar, cobijar, admitir. ANT. desalojar, expulsar, echar.

albergue *m.* hospedaje, refugio, cobijo, amparo, techo. ANT. desamparo. **2** hostal, hotel, hospedería, fonda, posada, hostería, pensión. **3** cueva, guarida, cubil, madriguera.

albino, -na *adj.* blancuzco, blanquecino, albo.

albor *m.* aurora, alborada, alba, madrugada, amanecer. ANT. anochecer, crepúsculo, atardecer. **2** albura, blancura, pureza, candor. ANT. negrura. **3** principio, preludio, comienzo. ANT. término, epílogo. **4** *pl.* luz del alba. **5** *loc.* los ~es de la vida: la infancia, la niñez, la juventud.

alborada *f. ver* **alba.**

alborear *intr.* amanecer, clarear, despuntar el día. ANT. atardecer, anochecer.

alborotado, -da *adj.* atolondrado, precipitado, ligero, irreflexivo. ANT. juicioso, reflexivo. **2** perturbado, revuelto, agitado, tumultuoso, desordenado. ANT. tranquilo.

alborotar *tr. prnl.* vociferar, gritar, chillar, escandalizar. **2** sublevar, amotinar, agitar, inquietar, perturbar. ANT. serenar, apaciguar. **3** enfurecerse, alterarse. ANT. calmarse. **4** {agua} encrespar.

alboroto *m.* bullicio, estrépito, algazara, escándalo, bulla, desorden, tumulto, batahola, trifulca, estrépito, barahúnda, riña, confusión, vocerío. ANT. calma, silencio, sosiego. **2** sublevación, revuelta, conmoción, motín, asonada, agitación, sedición, confusión, turbulencia. **3** sobresalto, inquietud. ANT. tranquilidad.

alborozado, -da *adj.* regocijado, animado, alegre, jovial, entusiasmado, contento, jubiloso, exultante, gozoso, radiante. ANT. triste, apenado.

alborozo *m.* regocijo, júbilo, alegría, contento, gozo, animación, entusiasmo. ANT. pesadumbre, consternación, aflicción, tristeza.

albricias *f. pl.* obsequio, presente, regalo.

álbum *m.* libro en blanco.

albur *m.* eventualidad, azar, riesgo, contingencia, suerte, casualidad. ANT. certeza, seguridad, certidumbre. **2** *Méx.* juego de palabras, retruécano. **3** *P. Rico* mentira, rumor, infundio.

albura *f.* blancura.

alcahuete, -ta *adj.* mediador, compinche, encubridor, cómplice, intermediario, enredador, chismoso, tercero, celestina, correveidile; proxeneta, rufián.

alcahuetear *intr. tr.* mediar, ocultar, encubrir.

alcahuetería *f.* alcahuetazgo, tercería, proxenetismo, lenocinio; rufianería. **2** *col.* encubrimiento, engaño, maña.

alcaide *m.* ANT. carcelero, guardián, vigilante, custodio.

alcaldada *f.* desafuero, cabildada, injusticia, atropello, exceso, abuso, extralimitación, ilegalidad. ANT. legalidad, justicia.

alcalde, -desa *s.* burgomaestre, magistrado, intendente, regidor.

alcaldía *f.* ayuntamiento, municipalidad, cabildo, consistorio.

alcaloide *m.* estupefaciente, narcótico, hipnótico, dormitivo, droga.

alcance *m.* persecución, seguimiento. **2** significación, importancia, trascendencia, peso. ANT. insignificancia. **3** efecto, obtención, resultado, consecuencia. **4** {arma} distancia, trayectoria, espacio. **5** *pl.* talento, luces, sutileza, inteligencia, agudeza, capacidad, perspicacia. **6** *loc.* al ~: fácil de conseguir. **7** *loc.* dar ~: alcanzar, conseguir, apoderarse.

alcancía *f.* hucha.

alcantarilla *f.* caño, sumidero, albañal, imbornal, desagüe, colector, cloaca, vertedero, desaguadero; tubería, conducto.

alcanzado, -da *adj.* adeudado, empeñado, entrampado. **2** necesitado, falto, escaso. **3** aprehendido, cogido, sujeto, atrapado, cazado. ANT. libre. **4** conseguido, obtenido, logrado.

alcanzar *tr.* conseguir, ganar, adquirir, obtener, lograr, llegar. *ANT.* perder. **2** comprender, entender, saber; ver. **3** herir, tocar, golpear. **4** sujetar, tomar, coger, atrapar, aferrar. *ANT.* soltar. **5** aventajar, adelantar, sobrepasar. **6** *intr.* bastar, satisfacer.

alcázar *m.* fortaleza, fuerte, castillo, fortificación, fortín, palacio, reducto, ciudadela.

alce *m.* venado, ciervo, reno.

alcíbar *m.* **Méx.** áloe.

alcoba *f.* dormitorio, habitación, aposento, cuarto, recinto. **2** *Amer.* recámara.

alcohol *m.* licor, bebida. **2** antiséptico, desinfectante.

alcohólico, -ca *adj. s.* dipsómano, borracho, ebrio, beodo, alcoholizado, embriagado. *ANT.* abstemio, sobrio. **2** *adj.* etílico.

alcoholismo *m.* **Med.** etilismo, dipsomanía, alcoholización.

alcoholizado, -da *adj.* ebrio, beodo, embriagado, bebido, borracho; alegre, achispado. *ANT.* sobrio.

alcor *m.* colina, collado.

alcornoque *m.* {árbol} encina. **2** torpe, zopenco, necio, estúpido. *ANT.* listo, inteligente.

alcurnia *f.* linaje, extracción, ascendencia, origen, estirpe, abolengo, prosapia, cuna, casta.

aldaba *f.* picaporte, llamador, argolla, aldabón.

aldabón *m. ver* **aldaba**.

aldea *f.* población, localidad, poblado, aldehuela, pueblo, villa, villorrio, lugar, caserío.

aldeano, -na *s.* provinciano, lugareño, pueblerino. *ANT.* urbano. **2** campesino, labriego, agricultor. **3** *adj.* rústico, inculto, zafio, ignorante, tosco. *ANT.* refinado.

alderredor *adv.* alrededor.

aleación *f.* liga, fusión, amalgama, mezcla. *ANT.* separación.

alear *tr.* combinar, fusionar, ligar, amalgamar, religar, mezclar, fundir. *ANT.* separar, desunir.

aleatorio, -ria *adj.* contingente, azaroso, casual, fortuito, aventurado, incierto. *ANT.* cierto.

alebrestarse *prnl. Amer.* agitarse, alborotarse. **2** alardear, envalentonarse.

aleccionar *tr.* adiestrar, iniciar, ilustrar, adoctrinar, instruir, enseñar, aconsejar. *ANT.* disuadir, desanimar.

aledaño, -ña *adj.* confinante, inmediato, vecino, contiguo, rayano, anexo, adyacente, lindante, fronterizo, colindante, próximo, limítrofe. *ANT.* alejado, apartado, separado, lejano. **2** *m.* término, confín, límite. **3** *pl.* **aledaños,** confines, inmediaciones, alrededores, cercanías, proximidades, contornos.

alegar *tr.* manifestar, invocar, aducir, pretextar, exponer, mencionar, razonar, declarar, citar, testimoniar. *ANT.* callar, omitir. **2** *Amer.* disputar, altercar.

alegato *m.* razonamiento, disculpa, defensa, alegación. **2** *Amer.* disputa, altercado.

alegoría *f.* representación, alusión, emblema, imagen, metáfora, señal, atributo, signo, símbolo, iconografía, insignia, marca. *ANT.* realidad.

alegórico, -ca *adj.* simbólico, figurado, metafórico, imaginario. *ANT.* real.

alegorizar *tr.* interpretar, simbolizar.

alegrar *tr. prnl.* divertir, deleitar, animar, regocijar, complacer, excitar, recrear, alborozar, placer, agradar, satisfacer, amenizar; celebrar, congratularse. *ANT.* enfadar, entristecer. **2** *col.* emborracharse.

alegre *adj.* contento, jovial, divertido, jocoso, regocijado, animado, risueño, gozoso, festivo, gracioso, jubiloso, chistoso, alborozado. *ANT.* disgustado, afligido, triste, apenado. **2** airoso, desenvuelto, desenfadado. *ANT.* taciturno, soso. **3** *col.* achispado, ajumado.

alegría *f.* gozo, regocijo, júbilo, contento, alborozo, felicidad, animación. **2** fiesta, juerga, jarana.

alejado, -da *adj.* lejos, retirado, distante, separado, apartado, remoto, lejano, aislado. *ANT.* próximo, cercano.

alejar *tr. prnl.* separar, apartar, distanciar, retirar, desviar, ahuyentar, rechazar. *ANT.* acercar, aproximar. **2** *prnl.* marcharse, irse, salir, partir, ausentarse. *ANT.* quedarse, permanecer.

alelado, -da *adj.* lelo, atontado, pasmado, estupefacto, embobado, aturdido, entontecido. *ANT.* despierto, avivado, avispado, listo. **2** tonto, imbécil, bobo, estúpido. *ANT.* inteligente.

alelar *tr. prnl.* aturdir, atontar, embobar, ofuscar, poner lelo.

aleluya *interj.* júbilo, alegría, gozo, regocijo. *ANT.* tristeza. **2** **Rel.** alabanza, himno. **3** noticia alegre, buena nueva.

alemán, -ana *adj. s.* germano, teutón, germánico.

alentado, -da *adj.* brioso, animoso, atrevido, valiente, esforzado. *ANT.* acobardado, tímido. **2** *Amer.* sano, robusto, vigoroso. *ANT.* enfermo, decaído.

alentar *tr.* confortar, animar, reanimar, estimular, incitar, consolar, exhortar, apoyar, levantar el ánimo. *ANT.* desanimar. **2** desear, aspirar, pretender, codiciar. *ANT.* desanimar, desmoralizar. **3** *prnl. Amer.* {de una enfermedad} mejorar, restablecerse, convalecer.

alergia *f.* hipersensibilidad, intolerancia, reacción. **2** **Med.** anafilaxia.

alero *m.* ala, saliente, cornisa, alerón.

alerta *adj.* listo, atento, presto, vigilante, dispuesto, preparado. *ANT.* despreocupado, desprevenido. **2** alarma, aviso, señal.

alertar *tr.* avisar, advertir, preparar, prevenir; alarmar, excitar.

aleta *f.* ala, pala.

aletargamiento *m.* adormecimiento, amodorramiento, letargo.

aletargar *tr. prnl.* adormecer, adormilarse, amodorrar. *ANT.* avivar, despabilar, animar.

aletear *intr.* alear, batir las alas, revolotear.

alevosía *f.* infamia, vileza, deslealtad, perfidia, ruindad, felonía. *ANT.* nobleza, fidelidad.

alevoso, -sa *adj. s.* aleve, infame, pérfido, falso, vil, traidor, desleal, indigno. *ANT.* leal, noble, fiel.

alfabetizar *tr.* ordenar. **2** instruir, educar, enseñar.

alfabeto *m.* abecedario, abecé.

alfarería *f.* cerámica.

alfarero, -ra *adj.* ceramista.

alfeñique *m.* **col.** enclenque, débil, delicado, endeble, enteco, raquítico. **2** pasta de azúcar. **3** remilgo.

alférez *m.* abanderado, portaestandarte, lugarteniente.

alfiler *m.* aguja, pasador; imperdible.

alfilerazo *m.* pinchazo, punzada, picadura. **2** pulla, indirecta, crítica, dicho humillante. *ANT.* elogio, alabanza.

alfiletero *m.* almohadilla, canuto.

alfombra *f.* felpudo, estera, tapiz, moqueta.

alfombrar *tr.* tapizar, cubrir con alfombra.

alforja *f.* talego, bolsa, saco.

algarabía *f.* vocerío, estrépito, jaleo, algazara, confusión, bullicio, alboroto, bulla, barullo, tumulto, barahúnda. *ANT.* tranquilidad, paz, silencio.

algarada *f.* motín, levantamiento, asonada, desorden, disturbio, revuelta, sublevación, sedición. *ANT.* paz.

algazara *f.* gritería, alboroto, bullicio, vocerío, algarabía, bulla. **2** motín, revuelta, asonada, sublevación.

álgido, -da adj. helado, frío, glacial, gélido. ANT. caliente. **2** trascendental, grave, supremo, crítico, crucial, culminante. ANT. intrascendente.

algo adv. un poco, hasta cierto punto, no del todo. ANT. mucho, del todo.

algodón f. borra. **2** tejido, hilado.

algodonado, -da adj. algodonoso, mullido, felpudo. ANT. duro, firme.

algodonar tr. rellenar, mullir, estofar.

algoritmo m. cifra, notación, guarismo.

alguacil com. oficial inferior, esbirro, ministril, guardia.

alguien pron. alguno, algún, uno, cualquiera.

algún adj. alguno. **2** loc. ~ tanto: un poco, algo.

alhaja f. gema, dije, joya, presea, aderezo.

alhajar tr. enjoyar, adornar, engalanar, emperifollar, acicalar, embellecer. **2** amueblar.

alharaca f. exageración, aspaviento; bulla.

aliado, -da adj. coligado, asociado, confederado, adepto, mancomunado, confabulado, cómplice, socio, amigo. ANT. adversario, enemigo, competidor.

alianza f. asociación, confederación, coalición, compromiso, liga, unión; complicidad. ANT. enemistad, hostilidad, rivalidad. **2** pacto, acuerdo, convenio, compromiso, tratado. **3** casamiento, lazo, matrimonio. **4** anillo, sortija (de matrimonio).

aliar prnl. unirse, federarse, asociarse, coaligarse, confederarse. ANT. dividirse, desunirse. **2** convenir, pactar, concordar, acordar.

alias m. mote, apodo, sobrenombre, apelativo, calificativo, seudónimo, remoquete.

alible adj. alimenticio, nutritivo.

alicaído, -da adj. aliquebrado, triste, desanimado, deprimido, decaído, desalentado, entristecido. ANT. entusiasmado, alegre, animado.

alicates m. tenazas, pinzas.

aliciente m. atractivo, incentivo, estímulo, impulso, inspiración, incitación, ánimo, acicate, atractivo. ANT. freno, impedimento, coerción.

alienable adj. enajenable.

alienación f. enajenación. **2** MED. demencia, locura, perturbación.

alienado, -da adj. enfermo mental, trastornado, enajenado, demente, loco, orate, chiflado. ANT. cuerdo, sensato.

alienar tr. prnl. enajenar.

alienígena adj. s. extraterrestre. **2** extranjero, extraño.

alienígeno adj. extraño, foráneo. ANT. nativo.

aliento m. vaho, respiro, resuello, soplo, respiración, hálito, jadeo, huelgo. **2** valor, denuedo, ánimo, valentía, vigor, esfuerzo, audacia. ANT. desaliento, flaqueza.

aligerar tr. prnl. activar, apurar, apresurar, avivar, acelerar, abreviar, agilizar. ANT. retrasar, retardar, diferir, tardar, prolongar. **2** moderar, suavizar, atenuar, aliviar, disminuir, descargar, aminorar, calmar, tranquilizar. ANT. cargar, recargar, agravar.

alijo m. contrabando.

alimaña f. bicho, animal, bestia, sabandija. **2** fig. {persona} malo, despreciable, ruin, bajo.

alimentación f. nutrición, manutención.

alimentador, -ra adj. s. nutritivo, vigorizante, reconstituyente, alimenticio, vivificador.

alimentar tr. prnl. nutrir, sustentar, sostener, sustentar, mantener; cebar, engordar, criar. ANT. desnutrir. **2** fomentar, avivar, incitar. **3** proveer, suministrar, aprovisionar.

alimenticio, -cia adj. nutritivo, alimentario, sustancioso, suculento, alible, vigorizante, nutricio, reconstituyente. ANT. insustancial.

alimento m. comida, alimentación, comestible, manjar, viandas. **2** manutención, subsistencia, sustento. ANT. ayuno. **3** {virtudes, vicios} fomento, pábulo, sostén.

alinderar tr. Amer. {límites} señalar, marcar.

alineación f. MIL., DEP. {de tropas o jugadores} alineamiento, lineamiento, formación, fila, columna. **2** {de calles o plazas} trazado.

alinear tr. prnl. ordenar, disponer, enfilar, distribuir, rectificar, enderezar, colocar, formar. ANT. desordenar, desalinear. **2** {tendencia política, ideología} vincular, afiliar, inscribir.

aliñar tr. condimentar, sazonar, aderezar, adobar, salpimentar. ANT. desaliñar. **2** arreglar, ataviar, adornar, componer, acicalar. ANT. descomponer.

aliño m. condimento, aderezo, adobo. **2** compostura, pulcritud, aseo. ANT. descuido, desaseo.

alisar tr. pulir, pulimentar, suavizar, bruñir, lijar, desbastar, lustrar. **2** aplanar, enrasar, allanar, igualar. **3** planchar, desarrugar. ANT. arrugar.

alistamiento m. MIL. enrolamiento, enlistamiento, incorporación, enganche, inscripción. ANT. licencia, baja.

alistar tr. prnl. disponer, aprontar, aparejar, preparar, prevenir. **2** matricular, inscribir, afiliar, incorporar. **3** MIL. reclutar, enrolar, enganchar.

aliteración f. RET. repetición, paronomasia.

aliviar tr. prnl. tranquilizar, calmar, mitigar, atenuar, moderar, aplacar. ANT. apesadumbrar. **2** {enfermedad} reponerse, sanar, mejorarse, restablecerse, curar, recobrarse. ANT. agravarse, empeorar. **3** desahogar, consolar, confortar. ANT. desanimar.

alivio m. consolación, descanso, aplacamiento, desahogo, consuelo. **2** {enfermedad} mejoría, remedio.

allá adv. {lugar} ahí, allí. ANT. acá, aquí. **2** loc. el más ~: mundo de ultratumba.

allanamiento m. Amer. {a un domicilio} registro policial, irrupción, reconocimiento, invasión, inspección.

allanar tr. nivelar, alisar, aplanar, igualar. ANT. desnivelar, desigualar. **2** {construcción} derribar. **3** {terreno} rellenar. **4** {camino} despejar. **5** fig. {dificultad} resolver, zanjar, vencer. **6** irrumpir, penetrar, forzar. **7** prnl. conformarse, avenirse, adaptarse, resignarse. ANT. rebelarse. **8** ANT. pacificar, aquietar, sujetar.

allegado, -da adj. s. pariente, emparentado, deudo, familiar, consanguíneo; cercano, próximo. ANT. extraño, desconocido, alejado.

allegar tr. prnl. aproximar, acercar, arrimar. **2** acopiar, recoger, acumular, juntar, reunir, amontonar. ANT. dispersar. **3** agregar, añadir. ANT. separar.

allegro m. {It.} MÚS. {movimiento} alegro, moderadamente vivo.

allende adv. de la parte de allá, del lado de allá, lejos. ANT. aquende. **2** además. **3** prep. más allá de. **4** además de, fuera de.

allí adv. allá, en aquel lugar, ahí.

alma f. espíritu, ánima. ANT. cuerpo, materia. **2** conciencia, interior, entrañas, corazón, pecho. **3** persona, individuo, habitante, ser. **4** energía, ánimo, aliento. **5** loc. ~ de Dios: persona bondadosa, de buen corazón. **6** loc. ~ errante/en pena: sin reposo. **7** loc. agradecer con el ~: agradecer vivamente. **8** loc. caérsele el ~ a los pies: abatirse, desanimarse, decaer, descorazonarse, deprimirse. **9** loc. sentir en el ~: sentir entrañablemente/ profundamente. **10** loc. partir algo el ~: causar tristeza o dolor. **11** loc. {Lat.} ~ mater: universidad.

almacén m. Amer. tienda, establecimiento, negocio, local. **2** bodega, depósito.

almacenaje *m. ver* **almacenamiento.**

almacenamiento *m.* provisión, acopio, depósito, acumulación, reserva.

almacenar *tr.* acopiar, acumular, amontonar, reservar, reunir, guardar, juntar, depositar. *ANT.* distribuir, repartir.

almanaque *m.* calendario, agenda, memorando, anuario.

almendra *f.* fruto del almendro. **2** semilla, núcleo. **3** {lámpara, candelabro} pieza de cristal, cristal tallado, lágrima, gota. **4** piedra, guijarro.

almíbar *m.* miel, jarabe, azúcar.

almibarado, -da *adj.* dulce, meloso, dulzón, empalagoso, melifluo, azucarado. *ANT.* amargo, agrio.

almibarar *tr.* endulzar, acaramelar, garrapiñar. *ANT.* amargar, agriar. **2** camelar, engatusar, embaucar.

almidón *m.* fécula.

almidonado, -da *adj.* planchado, rígido, duro. *ANT.* arrugado. **2** *col.* {persona} peripuesto, estirado. *ANT.* sencillo, sobrio.

almirantazgo *m.* {de la armada} consejo, alto tribunal. **2** grado de almirante. **3** conjunto de almirantes.

almirez *m.* mortero.

almohada *f.* cabezal, cojín, cabecero.

almohadilla *f.* cojín pequeño. **2** {para alfileres} alfiletero, acerico. **3** *Amer.* {para pizarra o tablero} cojín, borrador.

almohadillar *tr.* acolchar.

almoneda *f.* subasta, liquidación, compraventa, tasación.

almorrana *f.* MED. hemorroide.

almorzar *tr.* comer, alimentarse, nutrirse.

almuerzo *m.* alimento, comida, refrigerio.

alocado, -da *adj.* irreflexivo, desatinado, atolondrado, impetuoso, precipitado, aturdido, atronado, disparatado, tarambana, desquiciado; imprudente, temerario. *ANT.* sereno, prudente, juicioso.

alocución *f.* arenga, prédica, discurso, sermón, perorata, peroración, plática.

alojamiento *m.* albergue, hospedaje, aposento, posada, asilo.

alojar *tr. prnl.* albergar, acoger, hospedar, instalar, aposentar, acomodar. *ANT.* desalojar, expulsar. **2** MIL. acuartelar, acantonar. **3** introducir, meter.

alongado, -da *adj.* prolongado.

alopecia *f.* MED. calvicie, caída del pelo. **2** *col.* pelambrera, pelona, peladera.

alpargata *f.* zapatilla, sandalia, abarca, chancleta, pantufla, chanclo, babucha, chinela.

alpinismo *m.* montañismo.

alpinista *com.* escalador, trepador, montañero, excursionista.

alpino, -na *adj.* alpestre, escarpado, montañoso.

alquería *f.* finca, hacienda, cortijo, quinta, rancho, granja, masía. **2** caserío, poblado, aldea.

alquilar *tr.* rentar, arrendar, contratar.

alquiler *m.* arrendamiento, arriendo, alocación, renta.

alquimia *f.* crisopeya, taumaturgia, transmutación, química mágica.

alquitrán *m.* brea, resina, pez.

alquitranar *tr.* calafatear, impermeabilizar, embrear.

alrededor *adv.* aproximadamente, en torno a, cerca de. **2** *m. pl.* inmediaciones, cercanías, periferia, aledaños, suburbios, contornos, proximidades, afueras.

alta *f.* MED. {paciente} salida, reincorporación, cura. **2** MIL. entrada, ingreso, admisión; reingreso al servicio.

altanería *f.* engreimiento, presunción, arrogancia, petulancia, altivez, vanidad, desdén, desprecio, soberbia. *ANT.* sencillez, modestia.

altanero, -ra *adj.* engreído, petulante, fatuo, arrogante, despreciativo, despótico, estirado. *ANT.* sencillo.

altar *m.* ara; sagrario.

altavoz *m.* megáfono, amplificador. **2** *Amer.* altoparlante.

alteración *f.* cambio, variación, mudanza, inversión; desorden. **2** {pasión} inquietud, perturbación, sobresalto, trastorno. **3** {enfermedad} trastorno, disfunción, desarreglo. **4** alboroto, tumulto, motín.

alterado, -da *adj.* desordenado, trastornado, revuelto, desencajado, trastocado, invertido, torcido. *ANT.* ordenado, inalterado. **2** enfadado, enojado, irritado, perturbado, nervioso. *ANT.* tranquilo, sereno. **3** adulterado, transformado, falsificado.

alterar *tr. prnl.* cambiar, variar, desarreglar, modificar, tornar, transformar, mudar. *ANT.* permanecer, conservar, perpetuar. **2** perturbar, turbar, inquietar, trastornar, desconcertar, sobresaltar, alborotar. *ANT.* tranquilizar, sosegar. **3** irritarse, enojarse, enfurecerse, excitarse, turbarse. *ANT.* calmarse. **4** adulterar, corromper, falsificar, mixtificar, tergiversar. *ANT.* preservar. **5** podrirse, corromperse, estropearse. *ANT.* conservarse.

altercado *m.* controversia, discusión, polémica, debate, disputa, cuestión. *ANT.* conciliación, acuerdo. **2** pendencia, gresca, contienda, riña, querella, bronca, reyerta. *ANT.* armonía, concordia, paz.

altercar *intr.* debatir, discutir, disputar, porfiar. **2** contender, luchar, pelear, combatir. *ANT.* sosegar, calmar.

alternador *m.* generador de corriente.

alternar *tr.* variar, turnar, reemplazar, sucederse, relevarse. *ANT.* mantener. **2** rodearse, fraternizar, relacionarse, tratar, frecuentar, comunicarse, codearse. *ANT.* aislarse.

alternativa *f.* elección, opción, disyuntiva, duda, dilema, problema. *ANT.* certeza, certidumbre, seguridad. **2** vicisitud, altibajo.

alternativo, -va *adj.* electivo, optativo, facultativo, disyuntivo, opcional. *ANT.* continuo, permanente, fijo. **2** modificado, trastocado.

alterno, -na *adj.* alternativo, alternado.

altibajos *m. pl.* {terreno} desigualdades, desnivel, saltos, fluctuaciones. *ANT.* regularidad, llanura. **2** {sucesos, estados, suerte} *col.* avatares, eventualidades, problemas, contingencias, mudanzas, alteraciones, vicisitudes.

altillo *m.* montículo, otero, altozano. **2** desván, buhardilla.

altilocuente *adj.* altisonante, grandilocuente, ampuloso, afectado, pomposo, pedante, petulante, hinchado, rimbombante, solemne. *ANT.* sobrio, natural, sencillo, moderado.

altiplanicie *f.* planicie, llanura, sabana, altiplano, meseta, explanada.

altiplano *m. ver* **altiplanicie.**

altisonante *adj. ver* **altilocuente.**

altísono, -na *adj.* {lenguaje, estilo} sonoro, elevado.

altitud *f.* altura, elevación. **2** nivel.

altivez *f.* engreimiento, presunción, altanería, arrogancia, desdén, soberbia, desprecio, orgullo, vanagloria. *ANT.* modestia, sencillez.

alto *m.* parada, detención, descanso, cese. **2** elevación, altura. *ANT.* llano; depresión. **3** *Amér. Sur* pila, montón. **4** *adj.* prominente, elevado, eminente, encumbrado. *ANT.* inferior. **5** {persona} crecido, espigado. *ANT.* bajo. **6** {persona} excelente, superior, digno. *ANT.* vil. **7** {precio} costoso, caro. *ANT.* barato. **8** {río} crecido. **9** {mar} alborotado. **10** {sonido} agudo. **11** {período histórico} al principio, en sus primeras etapas. **12** *loc. en ~:* a distancia del suelo, elevado. **13** *loc. por todo lo*

~: de manera excelente, con esplendidez. **14** *loc. pasar por* ~: omitir, desatender, olvidar.

altoparlante *m. Amer.* altavoz, megáfono, amplificador.

altozano *m.* cerro, loma, colina, montículo, elevación, altura.

altruismo *m.* generosidad, benevolencia, desprendimiento, abnegación, desinterés, filantropía, magnanimidad. *ANT.* egoísmo, interés.

altura *f.* cumbre, alto, colina, elevación, cerro, eminencia. *ANT.* hondonada, depresión. **2** nivel, altitud. *ANT.* profundidad. **3** grandeza, excelencia, superioridad, eminencia, dignidad. *ANT.* pequeñez, bajeza. **4** ápice, cúspide, pico, corona. **5** talla, estatura.

alubia *f.* habichuela, judía, fríjol.

alucinación *f.* confusión, espejismo, ilusión, ofuscación, ceguedad. **2** incitación, fascinación, seducción. **3** enajenación, desvarío, delirio, perturbación. *ANT.* realidad.

alucinado, -da *adj.* desconcertado, sorprendido, confuso, ofuscado. **2** trastornado, ido, sin razón, loco. **3** *adj. s.* visionario.

alucinar *tr. prnl.* confundir, turbar, ofuscar, desconcertar, encandilar. **2** seducir, cautivar, deslumbrar, ilusionar, cegar. **3** *intr.* delirar, desvariar.

alud *m.* avalancha, caída, desmoronamiento, desbordamiento, desprendimiento, derrumbamiento, hundimiento.

aludido, -da *adj.* dicho, nombrado, mencionado, antedicho, sobredicho.

aludir *tr.* mencionar, señalar, citar, mentar, apuntar, referirse, sugerir, insinuar, manifestar, nombrar. *ANT.* omitir, reservarse, callar.

alumbrado *m.* luz, iluminación.

alumbramiento *m.* parto, nacimiento.

alumbrar *tr.* iluminar, destellar, encender, aclarar, relucir, irradiar, brillar, refulgir. *ANT.* apagar, oscurecer. **2** *intr.* engendrar, dar a luz, parir. **3** *prnl.* beber, emborracharse.

alumnado *m.* estudiantes, estudiantado.

alumno, -na *s.* estudiante, discípulo, colegial, educando, escolar; aprendiz.

alunado, -da *adj.* lunático, maniático, demente, desquiciado, loco. *ANT.* cuerdo. **2** *Arg.* malhumorado, molesto, irritable, de mal humor. **3** *Hond., Nic.* {animal} en celo.

alunarse *prnl.* {alimento} estropearse, dañarse, echarse a perder, corromperse. **2** *Amér. Cent.* inflamarse, enconarse.

alunizar *intr.* {nave espacial} alunar, posarse en la Luna, descender.

alusión *f.* referencia, insinuación, mención, indicación, cita; indirecta, sugerencia.

alusivo, -va *adj.* referente, concerniente, tocante, atinente, relativo.

aluvión *m.* inundación, diluvio, aguacero. **2** desbordamiento, avalancha, crecida, alud. **3** depósito, acumulación, sedimentación, cúmulo. **4** {personas, cosas} afluencia, masa, multitud, muchedumbre.

álveo *m.* {río, arroyo} madre, cauce, lecho, curso.

alvéolo *m.* (*tb.* **alveolo**) cavidad, hueco, casilla. **2** {panal} celdilla.

alverja *f.* arveja. **2** *Amer.* guisante.

alza *f.* incremento, elevación, acrecentamiento, subida, ascenso. *ANT.* descenso. **2** aumento, carestía, encareci-

miento. *ANT.* abaratamiento, depreciación, rebaja, baratura. **3** *loc. en* ~: aumentando la estimación.

alzada *f.* talla, altura, estatura. **2** *DER.* apelación. **3** {caballo} altura.

alzado, -da *adj. Amer.* {persona} engreído, soberbio, insolente. **2** *vulg. Uru.* sexualmente excitado. **3** *m. ARQ.* diseño de fachada. **4** *Guat.* hurto, robo. **5** *Hond.* prófugo armado, delincuente.

alzamiento *m.* sublevación, sedición, insubordinación, insurgencia, levantamiento, insurrección, rebelión, revuelta, motín, sedición. *ANT.* paz, orden, tranquilidad.

alzar *tr.* elevar, levantar, empinar, subir, izar, encumbrar, erigir, encaramar. *ANT.* bajar, descender. **2** construir, edificar, levantar, erigir. *ANT.* derrumbar, derruir, derribar. **3** engrandecer, ensalzar. **4** erigir, instituir. **5** {voz} esforzar. **6** *tr. prnl.* rebelarse, sublevarse, amotinarse. **7** apoderarse, usurpar. **8** *Amer.* {animal} fugarse. **9** *Amer.* refugiarse, esconderse; apartarse. **10** *Amer.* emborracharse.

ama *f.* patrona, señora, **2** *Amér. Cent. y Sur.* institutriz, niñera, aya, nodriza, maestra, doncella, acompañante. **3** criada principal. **4** dueña, propietaria, poseedora. **5** dueña de un burdel.

amabilidad *f.* cortesía, cordialidad, gentileza, benevolencia, afecto, atención, urbanidad, gracia, simpatía. *ANT.* antipatía, rudeza, descortesía, desatención.

amable *adj.* atento, amistoso, obsequioso, cortés, tratable, sencillo, solícito, simpático, encantador, risueño. *ANT.* grosero, rudo, descortés. **2** afable, sociable, complaciente, obsequioso, cariñoso, afectuoso. *ANT.* antipático, aborrecible, intransigente, seco.

amado, -da *adj.* querido, estimado, bienquisto, admirado, caro, dilecto. *ANT.* detestado, aborrecido, odiado.

amador, -ra *adj. s.* cortejador, galán, galanteador, enamorado, enamorador, adorador. *ANT.* aborrecedor.

amadrinar *tr.* {como madrina} acompañar, asistir. **2** {como mujer} proteger, apoyar, patrocinar. **3** *prnl.* {animal} apegarse (a otros animales).

amaestrar *tr. prnl.* enseñar, adiestrar, educar. **2** {animal} amansar, entrenar, domesticar, domar, ejercitar.

amagar *tr. intr.* conminar, amenazar, intimidar, alardear, bravear. **2** *prnl. col.* ocultarse, esconderse. *ANT.* descubrirse.

amago *m.* conminación, intimidación, amenaza; gesto, finta, ademán. **2** *p. us.* señal, anuncio, conato, indicio, síntoma, asomo, principio.

amainar *intr. prnl.* despejar, serenar, escampar, disminuir, moderar, ceder, debilitarse, calmarse. *ANT.* empeorar, encresparse, arreciar.

amalgama *f.* mezcolanza, conglomerado, compuesto, composición, mixtura, mezcla, amasijo, combinación, amalgamación, unión. *ANT.* separación, disgregación, desunión.

amalgamar *tr. prnl.* mezclar, combinar, fusionar, juntar, amasar, unir, aglutinar, revolver, aunar. *ANT.* disgregar, separar, desunir.

amamantar *tr.* lactar, nutrir, alimentar, criar, dar el pecho. *ANT.* destetar.

amanecer[1] *m.* alba, aurora, madrugada, alborada. *ANT.* crepúsculo, ocaso.

amanecer[2] *intr.* alborear, clarear, alborecer, aclarar, romper el día. *ANT.* anochecer, obscurecer. **2** *fig.* nacer. **3** *intr. prnl.* aparecer, presentarse. **4** *Amer.* velar, pasar la noche en vela.

amanerado, -da *adj.* rebuscado, fingido, afectado, estudiado, teatral, artificial. *ANT.* natural, espontáneo, sencillo, original. **2** afeminado, amujerado, adamado. *ANT.* varonil.

amaneramiento *m.* rebuscamiento, artificio, afectación, remilgo, pedantería. *ANT.* naturalidad, espontaneidad, sencillez, sinceridad. **2** afeminamiento.

amansar *tr.* amaestrar, someter, domesticar, domar, desembravecer. *ANT.* embravecer. **2** apaciguar, sosegar, aplacar, calmar, tranquilizar, mitigar, ablandar. *ANT.* excitar, enfurecer.

amante *com.* querido, amigo, enamorado, pretendiente, amador, adorador, cortejador, galán. **2** amoroso, cariñoso, afectuoso, apasionado, galante. *ANT.* odioso, antipático. **3** aficionado, entusiasta, apasionado. *ANT.* despegado, indiferente. **4** concubina, querida.

amanuense *com.* escribiente, copista, escribano, mecanógrafo, calígrafo, secretario.

amañar *tr.* falsificar, desvirtuar, falsear. **2** *prnl.* arreglarse, conseguir, apañarse, lograr, componérselas, darse maña. **3** adaptarse, acomodarse, acostumbrarse. **4** *Arg., Col., Ecuad.* cohabitar, unirse en concubinato.

amaño *m.* intriga, treta, estratagema, artería, componenda, ardid, astucia, trampa, artificio, triquiñuela, arreglo, apaño, falsificación, argucia. *ANT.* honradez. **2** *Arg., Col., Ecuad.* concubinato. **3** *pl.* instrumentos, herramientas.

amapola *f.* ababa, ababol.

amar *tr.* querer, apreciar, estimar, adorar, venerar, idolatrar. *ANT.* odiar, detestar, abominar.

amaraje *m.* NÁUT. amerizaje.

amarar *intr.* {hidroavión, nave espacial} acuatizar, amerizar, descender, posarse en el agua.

amargado, -da *adj.* desilusionado, desengañado, entristecido, apesadumbrado, resentido.

amargar *tr. prnl.* acidular, acibarar, agriar. *ANT.* endulzar. **2** contristar, apenar, doler, entristecer, apesadumbrar, afligir, desconsolar. *ANT.* animar, alegrar.

amargo, -ga *adj.* acibarado, agrio, acerbo, acre, áspero. *ANT.* dulce. **2** triste, angustioso, aflictivo, lamentable, mortificante, penoso, doloroso. *ANT.* alegre, dichoso.

amargor *m.* gusto amargo, acritud, aspereza. *ANT.* dulzura. **2** amargura, dolor, pesar, melancolía, aflicción, tribulación, sufrimiento, disgusto. *ANT.* alegría, contento.

amargura *f.* melancolía, pesar, tribulación, dolor, sufrimiento, angustia, pesadumbre, tristeza, aflicción. *ANT.* alegría, contento.

amarillear *intr.* palidecer.

amarillismo *m.* {prensa} sensacionalismo.

amarillo *adj. s.* {color} ambarino, dorado, amarillento, ocre, áureo, leonado, pajizo, rubio, gualdo, azafranado. **2** {persona} pálido. **3** *Amer.* {plátano} maduro. **4** *desp. col. Col., Cuba* cobarde, pusilánime.

amarizaje *m.* amaraje.

amarra *f.* correa. **2** NÁUT. cuerda, cable. **3** *pl. col.* protección, apoyo.

amarradero *m.* pilar, poste. **2** NÁUT. embarcadero, desembarcadero, atracadero, dique, malecón.

amarrado, -da *adj.* avaro, tacaño, mezquino, avaricioso, miserable, ruin.

amarrar *tr. prnl.* sujetar, anudar, atar, ligar, trincar, afianzar, enlazar, asegurar. *ANT.* soltar, desatar. **2** *fig.* encadenar, obligar. **3** *Amer.* pactar, concertar. **4** *prnl. col. Amer.* casarse.

amarrete *adj. s.* amarrado, avaro, tacaño, roñoso, mezquino. *ANT.* generoso, desprendido.

amartelamiento *m.* galantería, enamoramiento, rendimiento amoroso.

amartelar *tr. prnl.* enamorar, galantear, cortejar, prendarse, coquetear, encapricharse. **2** *prnl.* {enamorados} acaramelarse.

amartillar *tr.* martillear, martillar, golpear. **2** preparar, armar, montar. **3** {negocio} afianzar, asegurar.

amasar *tr.* masajear, sobar, manosear, heñir, apretar, amalgamar, mezclar, hacer masa. **2** {fortuna} reunir, acumular. **3** {en general} formar, combinar. **4** *tr. prnl.* unir, amalgamar. **5** *tr. col. pey.* disponer artificiosamente.

amasijo *m.* mixtura, mezcla, masa. **2** *col.* mezcolanza, confusión, revoltijo, enredo, batiburrillo, desorden, tropel, embrollo. *ANT.* orden, organización. **3** *col.* intriga, engaño, artimaña, argucia, astucia.

amateur *adj.* [FR.] aficionado, entusiasta, diletante, admirador.

amazacotado, -da *adj.* apelmazado, espeso, compacto, compuesto groseramente. **2** pesado, falto de gracia.

ambages *m. pl.* rodeos, circunloquios, equívocos, circunlocuciones, preámbulos, ambigüedad, sutilezas, perífrasis. *ANT.* precisión, claridad.

ámbar *m.* resina fósil. **2** perfume delicado. **3** {color} amarillento.

ambarino, -na *adj.* amarillento, amarillo, cerúleo, ocre.

ambición *f.* interés, afán, codicia, vehemencia, apetito, anhelo, deseo, ansia, empeño, apetencia, pasión, gana, pretensión, avidez. *ANT.* desinterés, indiferencia.

ambicionar *tr.* desear, ansiar, apetecer, codiciar, querer, anhelar, aspirar. *ANT.* despreciar, menospreciar, desdeñar.

ambicioso, -sa *adj.* codicioso, interesado, ávido, calculador, egoísta, avaricioso, envidioso. *ANT.* generoso, desinteresado.

ambidextro, -tra *adj.* (*tb.* **ambidiestro, -tra**) maniego; hábil.

ambientalismo *m. Amer.* ecologismo.

ambientar *tr. prnl.* adaptar, orientar, acostumbrar, guiar. **2** *tr.* aclimatar, acondicionar. **3** decorar.

ambiente *m.* sector, círculo, ámbito. **2** circunstancias, condición, estado. **3** medio, espacio, entorno; atmósfera, aire, clima.

ambigüedad *f.* equívoco, obscuridad, confusión, indeterminación, anfibología, imprecisión. *ANT.* precisión, exactitud.

ambiguo, -gua *adj.* dudoso, indeterminado, incoherente, equívoco, oscuro, turbio, vago. *ANT.* preciso, neto, exacto. **2** {lenguaje} incierto, impreciso, dudoso, confuso. *ANT.* claro. **3** {persona} impredecible.

ámbito *m.* espacio, ambiente, contorno, perímetro, recinto, esfera, órbita. **2** estado, condición, circunstancia. **3** campo de conocimiento.

ambivalencia *f.* contradicción.

ambos, -bas *adj. pl.* (*tb. pron. pl.*) los dos, el uno y el otro.

ambrosía *f.* MIT. manjar de dioses. **2** *fig.* exquisitez, elixir, deleite, néctar, delicia.

ambulante *adj.* ambulatorio, ambulativo. **2** errante, itinerante, nómada, movedizo, móvil, vagabundo, callejero. *ANT.* fijo, sedentario.

ameba *f.* ZOOL. protozoo, protozoario.

amebiosis *f.* MED. amebiasis.

amedrentar *tr. prnl.* intimidar, atemorizar, acobardar, asustar, aterrar, espantar, amilanar. *ANT.* alentar, animar, fortalecer.

amelcochado, -da *adj. Amer.* {color} rubio.

amelcochar *tr. prnl. Amer.* espesar. **2** *prnl. Amer.* reblandecerse.

amellar *tr. prnl. Col., Ven.* {filo, cuchillo} gastar, dañar.

amén[1] *interj.* así sea. **2** *m.* fin, final, término.

amén[2] *prep.* además, a más. **2** *loc.* ~ *de:* además de.

amenaza *f.* provocación, conminación, amonestación, advertencia, intimidación, aviso, ultimátum.

amenazador, -ra *adj.* amenazante, conminatorio, inquietante, intranquilizador, peligroso. ANT. tranquilizante.

amenazar *tr. intr.* coaccionar, desafiar, intimidar, conminar, retar, provocar, atemorizar.

amenguar *tr. intr.* mermar, disminuir, achicar, empequeñecer, acortar, menoscabar, encoger. ANT. ampliar. **2** denigrar, infamar, baldonar, deshonrar, afrentar. ANT. honrar, enaltecer, elogiar.

amenidad *f.* agrado, deleite, gracia, atractivo, jovialidad, encanto, diversión, gusto. ANT. aburrimiento.

amenizar *tr.* entretener, divertir, alegrar, deleitar, distraer, recrear, alegrar. ANT. fastidiar, aburrir.

ameno, -na *adj.* {en general} grato, divertido, agradable, entretenido, deleitable, alegre. ANT. aburrido. **2** {lugar} placentero.

amenorrea *f.* MED. {flujo menstrual} opilación, detención, obstrucción.

americana *f.* chaqueta, cazadora.

americanismo *m.* vocablo, palabra, giro lingüístico (de América).

amerindio, -dia *adj. s.* indoamericano.

ameritar *tr. Amer.* merecer.

ametrallar *tr.* acribillar, fusilar, disparar, tirotear, abatir.

amiba *f.* ZOOL. ameba, protozoo, protozoario.

amigable *adj.* {persona} afable, fraterno, entrañable, amable. ANT. enemigo, contrario. **2** {cosa} amistosa.

amigar *tr.* amistar, conciliar, reconciliar. ANT. enemistar. **2** *prnl.* juntarse, convivir; amancebarse.

amigdalitis *f.* MED. {amígdalas} inflamación, infección.

amigo, -ga *adj. s.* querido; compañero; amante. **2** *adj.* aficionado, afecto, partidario, inclinado, devoto, encariñado. ANT. enemigo, adversario. **3** amistoso.

amiguismo *m.* favorecimiento.

amilanar *tr. prnl.* atemorizar, asustar, acobardar, aterrar. ANT. animar, alentar.

aminorar *tr.* reducir, mitigar, atenuar, rebajar, mermar, acortar, achicar. ANT. agrandar, ampliar. **2** *intr.* disminuir, decrecer, amortiguar, atenuar. ANT. crecer, aumentar, acrecentar.

amistad *f.* afecto, cariño, estima, devoción, aprecio, lealtad, confianza, confraternidad, compañerismo, hermandad, inclinación, apego, camaradería. ANT. enemistad, odio, hostilidad.

amistar *tr. prnl.* conciliar, amigar, reconciliar, avenir. ANT. enemistar. **2** encariñarse, aficionarse, apegarse.

amistoso, -sa *adj.* afectuoso, amigable, fraterno, amable, cariñoso, benévolo, leal. ANT. enemigo, adverso, contrario.

amitosis *f.* BIOL. {núcleo de la célula} división.

amnesia *f.* desmemoria, pérdida de memoria.

amnistía *f.* indulto, perdón, condonación, absolución, conmutación, dispensa, remisión, indulgencia, gracia, clemencia.

amnistiar *tr.* indultar, perdonar, exonerar, eximir, absolver, dispensar. ANT. inculpar.

amo *m.* dominador, autócrata, déspota. ANT. esclavo, siervo, vasallo. **2** capataz, patrono, señor, propietario, jefe, patrón. ANT. servidor, subordinado.

amodorramiento *m.* aletargamiento, sopor, adormecimiento, letargo, somnolencia, modorra, aturdimiento.

amodorrarse *prnl.* aletargarse, adormilarse, dormitar, adormecerse, entumecerse. ANT. despabilarse, despertarse, despejarse, animarse.

amohinar *tr. prnl.* fastidiar, enfadar, entristecer, disgustar, irritar, enojar. ANT. animar, alegrar.

amojamarse *prnl.* acecinarse, secarse, apergaminarse.

amojonar *tr.* {propiedad, terreno} delimitar, circunscribir, acotar, limitar, cercar.

amolar *tr.* {instrumento, arma} afilar, aguzar, afinar. ANT. embotar. **2** *tr. prnl. col.* fastidiar, molestar, enojar, aburrir, incomodar, hastiar, cansar. **3** adelgazar, enflaquecer. **4** *prnl. Méx.* {intento} malograrse, fracasar, frustrarse.

amoldar *tr.* adaptar, ajustar, adecuar, acondicionar, conformar. ANT. desajustar. **2** *prnl.* conformarse, transigir, ceñirse, acostumbrarse, avenirse, ajustarse, sujetarse, atenerse, someterse. ANT. rebelarse.

amonestación *f.* advertencia, conminación, admonición, exhortación, aviso. **2** reconvención, reprimenda, reproche, reprensión, regaño. **3** *pl.* **amonestaciones**, proclamas, publicaciones, notificaciones.

amonestar *tr.* advertir, exhortar, anunciar, avisar, aconsejar. **2** reconvenir, reprender, sermonear, regañar.

amontonamiento *m.* hacinamiento, promontorio, aglomeración, apiñamiento, montón, apilamiento.

amontonar *tr.* acumular, agrupar, apiñar, agolpar, allegar, apilar, juntar, hacinar, acopiar, aglomerar, apelotonar, reunir. ANT. esparcir, desparramar, separar. **2** *prnl.* enojarse, enfadarse, encolerizarse. **3** *col.* convivir, unirse, amancebarse.

amor *m.* devoción, afecto, estima, atracción, estimación, amistad, cariño, inclinación, apego, afición, predilección, pasión, ternura. ANT. odio. **2** blandura, suavidad. ANT. dureza. **3** *fig.* persona amada. **4** esmero. **5** *pl.* caricias, expresiones de amor. **6** *loc. por ~ al arte:* gratuitamente, desinteresadamente. **7** *loc. hacer el ~:* enamorar; amarse; copular. **8** *loc. pl. de mil ~es:* con mucho gusto, de muy buena voluntad.

amoral *adj.* inmoral, indecoroso, deshonesto, indecente. ANT. decente, íntegro.

amoratado, -da *adj.* cárdeno, morado, lívido, acardenalado, violáceo.

amordazar *tr.* enmordazar, silenciar, acallar, poner mordaza.

amorfo, -fa *adj.* desproporcionado, informe, deforme, disforme, anómalo, imperfecto, irregular. ANT. proporcionado, regular.

amorío *m.* devaneo, flirteo, galanteo, aventura, idilio, conquista, enamoramiento, noviazgo.

amoroso, -sa *adj.* cariñoso, afectivo, afectuoso, adorable, apasionado, devoto, entrañable. ANT. aborrecible, hostil, odioso.

amortajar *tr.* {difunto} poner la mortaja. **2** *p. us.* envolver, cubrir.

amortecer *tr. intr.* amortiguar. **2** *prnl.* desmayarse.

amortiguación *f.* amortiguamiento. **2** {máquina} freno.

amortiguamiento *m.* amortiguación, reducción, atemperamiento, aminoración, mitigación. ANT. agudización, recrudecimiento. **2** Fís. {intensidad} disminución progresiva.

amortiguar *tr. prnl.* aminorar, atemperar, suavizar, mitigar, disminuir, moderar, reducir, debilitar, aplacar. ANT. activar, aumentar, acrecentar, recrudecer.

amortización *f.* pago, liquidación, redención.

amortizar *tr.* pagar, cancelar, saldar, liquidar, satisfacer, abonar, redimir, desembolsar. ANT. deber, adeudar. **2** {fondos invertidos} recuperar, compensar. **3** {empleos} suprimir, eliminar.

amoscarse *prnl. col.* enfadarse, encolerizarse, enojarse. ANT. calmarse, tranquilizarse. **2** *col. Cuba* turbarse, desconcertarse, sonrojarse. **3** *tr.* mordiscar, hacer una muesca.

amostazar *tr. prnl.* molestar, enojar, enfadar, irritar, ofender. ANT. calmar, serenar. **2** *prnl.* Col., Ecuad., P. Rico avergonzarse.

amotinado, -da *adj.* sublevado, insurrecto, insubordinado, rebelde, levantado.

amotinador, -ra *adj.* agitador, rebelde, provocador, perturbador, activista.

amotinar *tr. prnl.* insurreccionar, levantar, revolucionar, soliviantar, sublevar, insubordinar, incitar, alzar. ANT. pacificar, calmar.

amparar *tr. prnl.* favorecer, ayudar, auxiliar. **2** defender, proteger, salvaguardar, escudar. ANT. abandonar, desamparar, desproteger. **3** abrigarse, guarecerse, cobijarse.

amparo *m.* refugio, acogida, defensa, abrigo, asilo. **2** apoyo, protección, auxilio, favor. ANT. abandono, desamparo, desprotección. **3** recurso, agarradero.

amperímetro *m.* galvanómetro, voltímetro.

ampliación *f.* aumento, incremento, prolongación, ensanche, alargamiento. ANT. reducción, disminución.

ampliamente *adv.* suficientemente, extensamente, largamente, copiosamente, grandemente, holgadamente, generosamente, con creces, de sobra.

ampliar *tr. prnl.* agrandar, aumentar, incrementar, acrecentar, ensanchar, amplificar, añadir, dilatar, extender, prorrogar, desarrollar, prolongar, intensificar. ANT. disminuir, reducir, restringir.

amplificador *m.* altavoz, megáfono. **2** Amer. altoparlante.

amplificar *tr. ver* **ampliar**.

amplio, -plia *adj.* extenso, expandido, dilatado, vasto, espacioso, holgado, ancho, grande, despejado, capaz. ANT. reducido, estrecho, pequeño, angosto.

amplitud *f.* extensión, capacidad, holgura, dilatación, vastedad, anchura, ampliación, desarrollo. ANT. estrechez, reducción.

ampolla *f.* {piel} vesícula, vejiga, hinchazón. **2** burbuja. **3** vasija, recipiente, envase. **4** bombilla. **5** *loc. levantar* ~: causar disgusto, generar desasosiego.

ampulosidad *f.* ostentación, grandilocuencia, exageración, prosopopeya, pedantería, pomposidad, afectación, aparato, verborrea, pompa, rimbombancia, superfluidad. ANT. naturalidad, sencillez, sobriedad.

ampuloso, -sa *adj.* rimbombante, pomposo, fatuo, afectado, prosopopéyico, pretencioso, hinchado. ANT. natural, sencillo.

amputación *f.* MED. extirpación, ablación, escisión, disección, mutilación, separación.

amputado, -da *adj.* cercenado, mutilado, cortado, separado.

amputar *tr.* seccionar, separar, cercenar, cortar, mutilar, truncar, suprimir.

amueblar *tr.* amoblar, dotar, equipar, pertrechar.

amuleto *m.* reliquia, filacteria, talismán, emblema, fetiche, ídolo.

amurallado, -da *adj.* fortificado, defendido, bastionado, protegido, cercado.

amurallar *tr.* fortificar, murar, cercar, atrincherar, proteger, guarnecer, defender. ANT. desproteger, desguarnecer.

amustiar *tr.* marchitar, secar, palidecer, languidecer, ajar.

anabolismo *m.* BIOL. absorción, asimilación.

anacoreta *com.* eremita, cenobita, ermitaño, asceta, penitente, solitario.

anacrónico, -ca *adj.* desusado, anticuado, inadecuado, extemporáneo, inoportuno, equívoco. ANT. actual, adecuado, oportuno.

anacronismo *m.* impropiedad, incongruencia, inexactitud, equívoco, antigualla.

ánade *amb.* pato, oca, ganso, ánsar.

anafilaxia *f.* MED. alergia, reacción, sensibilidad, hipersensibilidad.

anáfora *f.* RET. repetición.

anafrodisia *f.* frigidez, apatía sexual.

anafrodisíaco, -ca (*tb.* **anafrodisiaco, -ca**) *adj. s.* antiafrodisíaco.

anagrama *m.* {letras} transposición, inversión, cambio. **2** logogrifo, emblema, símbolo.

anal *adj.* rectal; fecal.

analectas *f. pl.* antología, recopilación, compendio, florilegio.

anales *m. pl.* crónicas, fastos, memorias, comentarios, relatos, narraciones.

analfabeto, -ta *adj.* ignorante, iletrado, inculto, lego. ANT. ilustrado, instruido.

analgesia *f.* MED. insensibilidad, anestesia.

analgésico, -ca *adj.* sedante, calmante, sedativo, paliativo.

análisis *m.* observación, examen, indagación, profundización, estudio, diagnóstico, disección. **2** división, descomposición, separación. ANT. síntesis. **3** tratamiento psicoanalítico, psicoanálisis. **4** MED. examen clínico.

analogía *f.* semejanza, conformidad, correlación, conveniencia, similitud, equivalencia. ANT. disimilitud, diferencia, disparidad.

analógico, -ca *adj. ver* **análogo**.

análogo, -ga *adj.* similar, afín, semejante, parecido, equivalente, correlativo, parejo, consonante, aproximado. ANT. diferente, distinto, diverso.

anamnesis *f.* MED. {paciente} datos clínicos, historial. **2** reminiscencia, recuerdo. ANT. olvido.

ananá *m.* (*tb.* **ananás**) piña, piña de América.

anaquel *m.* estante, entrepaño, aparador, repisa, soporte, armario.

anaranjado, -da *adj.* azafranado, amarillento.

anarquía *f.* acracia, anarquismo, desgobierno. ANT. gobierno. **2** confusión, desorden, desorganización, trastorno, caos. ANT. orden.

anarquismo *m.* acracia, anarquía, desgobierno.

anarquista *com.* ácrata. **2** agitador, perturbador.

anástrofe *f.* GRAM. {orden de palabras} inversión.

anatema *amb.* REL. excomunión. **2** imprecación, reprobación, maldición; censura. ANT. aprobación, elogio.

anatematizar *tr.* REL. excomulgar. **2** reprobar, condenar; maldecir, censurar, execrar, estigmatizar. ANT. aprobar, elogiar.

anatomía *f.* {ciencia} somatología, organografía, morfología. **2** BIOL. disección, separación.

anatómico, -ca *adj.* somático, orgánico, morfológico. **2** {asientos, objetos} adaptable, ajustable.

anca *f.* {animal} grupa, muslo, flanco, pernil, cuadril, cuarto trasero. **2** {persona} col. nalga.

ancestral *m.* tradicional, atávico, hereditario, antiguo, remoto. ANT. reciente, actual. **2** consanguíneo, familiar, hereditario.

ancestro *m.* antecesor, antepasado, ascendiente, predecesor.

ancheta *f. irón. Amer.* negocio. **2** bicoca, pequeña molestia. **3** Col. gratificación, regalo, dádiva.

ancho, -cha *adj.* amplio, extenso, extendido, espacioso, dilatado, estirado, holgado. ANT. estrecho, reducido, angosto. **2** desembarazado, laxo, libre. **3** *f. pl. loc. a mis/sus/tus anchas:* cómodamente, sin sujeción, con comodidad. **4** *m.* anchura, extensión, amplitud.

anchura *f.* amplitud, ancho, capacidad, extensión, distancia. *ANT.* estrechez. **2** soltura, holgura, libertad, desahogo.

anchuroso, -sa *adj.* amplio, extenso, dilatado, ancho. *ANT.* estrecho.

ancianidad *f.* vejez, senectud, senilidad, longevidad, decrepitud. **2** *desp.* ocaso, chochez, caducidad. *ANT.* juventud.

anciano, -na *adj. s.* longevo, viejo, provecto. **2** abuelo, viejo. **3** antiguo, vetusto, añoso. *ANT.* nuevo, reciente. **4** *desp.* chocho, vejete, vejestorio. *ANT.* joven.

ancla *f.* áncora. **2** *loc. levar ~s:* zarpar, partir, salir.

ancladero *m.* fondeadero.

anclar *intr.* ancorar, fondear, echar anclas.

áncora *f.* ancla. **2** *fig.* amparo, protección, asidero.

andadas *f. pl.* andanzas. **2** *loc. volver a las ~/andanzas:* reincidir, recaer.

andadero, -ra *adj.* {terreno} transitable. **2** {persona} andador, andarín, andariego. *ANT.* sedentario.

andado, -da *adj.* {ropa} usado, gastado. **2** transitado.

andador, -ra *adj.* andariego, andarín, ambulante, caminante, trotamundos. *ANT.* sedentario.

andadura *f.* trayecto, recorrido, singladura, tránsito, jornada, circulación.

andamio *m.* andamiaje, plataforma, armazón, tablado, andamiada, maderamen.

andanada *f.* ráfaga, descarga, salva, ataque. **2** reprensión, reconvención, reprimenda, bronca, increpación, regaño, regañina, diatriba. *ANT.* alabanza, elogio.

andanza *f.* expedición, correría, lance, peripecia, viaje, suerte, aventura.

andar *intr.* ir, marchar, venir, llegar. **2** {artefacto, máquina} funcionar, operar, trabajar, marchar. *ANT.* averiarse. **3** {tiempo} pasar, correr. **4** *tr. prnl.* caminar, pasear, transitar, recorrer, deambular, desfilar. *ANT.* detenerse. **5** *loc. a todo ~:* a toda prisa. **6** *loc. ~ por las ramas:* elucubrar, desviarse, divagar.

andariego, -ga *adj. ver* **andador.**

andas *f. pl.* angarillas, camilla, litera, parihuelas. **2** *loc. en ~:* a cuestas, en vilo, a hombros. **3** *loc. en ~ y en volandas:* volando, rápidamente, en un instante.

andén *m.* {estación de tren} plataforma, apeadero, muelle. **2** *Amer.* acera.

andinismo *m. Amér. Sur* ascenso de los Andes, ascenso de montañas.

andrajo *m.* harapo, guiñapo, pingajo. **2** pedazo, trapo, desgarrón, jirón, colgajo. **3** *desp.* despreciable, piltrafa.

andrajoso, -sa *adj.* harapiento, desarrapado, pingajoso, harapos, zarrapastroso, desastrado, desaseado, sucio. *ANT.* pulcro, elegante, limpio.

andrógino, -na *adj. s.* hermafrodita, bisexual. *ANT.* unisexual. **2** *BOT.* monoico.

androide *m.* autómata.

andropausia *f. MED.* climaterio masculino.

andurrial *m.* paraje, arrabal, sitio remoto.

anécdota *f.* relato, narración, historieta, cuento, fábula, leyenda. **2** hecho, suceso, lance.

anecdótico, -ca *adj.* irrelevante, circunstancial. *ANT.* importante, trascendente.

anegar *tr. prnl.* bañar, sumergir, inundar, empapar, ahogar, encharcar, mojar. *ANT.* secar. **2** {nave} naufragar, zozobrar. **3** {persona} ahogar. **4** *loc. ~se en llanto:* llorar.

anejo, -ja *adj. s.* anexo, unido, agregado. *ANT.* desvinculado. **2** propio, inherente, concerniente.

anélido *adj. ZOOL.* gusano, lombriz.

anemia *f.* decaimiento, extenuación, disminución, debilidad, flojera. *ANT.* fortaleza, vigor, fuerza. **2** *MED.* clorosis, hemopenia.

anémico, -ca *adj.* extenuado, lánguido, clorótico. *ANT.* fuerte, vigoroso.

anestesia *f.* analgesia, insensibilidad, sedación, narcosis, inconsciencia, letargo, sueño, sopor, modorra, adormecimiento. *ANT.* sensibilización.

anestesiar *tr.* insensibilizar, sedar, narcotizar, aletargar, adormecer, amodorrar. *ANT.* despertar, estimular.

anestésico, -ca *adj.* sedante, letárgico.

anestesiólogo, -ga *s.* anestesista.

aneurisma *amb. MED.* {sistema vascular} ensanchamiento, dilatación anormal.

anexar *tr. prnl.* vincular, agregar, incorporar, adscribir, anexionar, unir, integrar, adherir, añadir. *ANT.* desunir, segregar, separar, desagregar.

anexión *f.* unión, incorporación, agregación, integración.

anexionar *tr. ver* **anexar.**

anexo, -xa *adj. s.* anejo, unido, adyacente, agregado, incorporado, vinculado, adjunto, afecto, adscrito, aledaño, vecino. *ANT.* independiente, separado, apartado, disgregado. **2** sucursal, rama, sección. *ANT.* sede, central. **3** concerniente, inherente.

anfibio, -bia *adj. s. ZOOL.* batracio.

anfibología *f.* doble sentido, imprecisión, ambigüedad, equívoco, confusión, indeterminación, dilogía.

anfibológico, -ca *adj.* equívoco, ambiguo, confuso.

anfiteatro *m.* hemiciclo, teatro, gradería.

anfitrión, -na *adj.* convidante, convidador, invitante. *ANT.* invitado, convidado.

ánfora *f.* cántaro, jarra.

anfractuosidad *f.* {superficie, terreno} sinuosidad, desigualdad, fragosidad, escabrosidad, escarpadura, hondonada. *ANT.* llanura, planicie.

anfractuoso, -sa *adj.* quebrado, fragoso, torcido, sinuoso, escarpado, tortuoso, desigual. *ANT.* llano, liso.

angarillas *f. pl.* andas, litera, parihuelas, camilla.

ángel *m.* querube, serafín, querubín, arcángel, espíritu celeste, mensajero. *ANT.* diablo, demonio. **2** gracia, simpatía, belleza, bondad, inocencia.

angelical *adj.* angélico, seráfico. *ANT.* infernal. **2** candoroso, espiritual, inocente, bondadoso. *ANT.* maléfico.

angélico, -ca *adj. ver* **angelical.**

ángelus *m. REL.* oración.

angina *f. MED.* {amígdalas, faringe} inflamación, esquinancia. **2** *PAT.* {pecho} dolor, acceso.

angiografía *f.* {vasos sanguíneos} imagen. **2** *ANAT.* angiología.

angioma *m. MED.* tumor.

angioplastia *f. MED.* {vaso sanguíneo} desobstrucción.

anglo, -gla *adj. s.* inglés, británico.

angloparlante *adj. s.* anglohablante.

angostar *tr. intr. prnl.* estrechar, encoger, reducir, apretar, constreñir. *ANT.* ensanchar, ampliar.

angosto, -ta *adj.* reducido, estrecho, ceñido, justo, apretado, escaso, ajustado, corto. *ANT.* ancho, amplio, holgado.

angostura *f.* {intelectual o ética} estrechez. **2** estrechura, paso estrecho, pasaje, cañón, garganta, desfiladero.

angular *adj.* anguloso, cuadrángulo, esquinado.

ángulo *m.* esquina, punta, arista, rincón, recodo, intersección, codo.

anguloso, -sa *adj.* angulado, con esquinas, con ángulos. **2** {rostro} huesudo, delgado.

angurriento, -ta *adj. Amer.* codicioso, ávido, ansioso, hambriento.

angustia *f.* aflicción, zozobra, congoja, inquietud, desazón, desasosiego, ansiedad, desesperación, tristeza; temor. *ANT.* alegría, ánimo. **2** sofoco, sofocación, opresión, asfixia, sufrimiento, malestar; dolor. *ANT.* paz, tranquilidad. **3** aprieto, apuro. *ANT.* despreocupación.

angustiado, -da *adj.* intranquilo, preocupado, atormentado, acongojado, afligido, atribulado, desasosegado, abrumado, apenado, triste, desesperado. *ANT.* sosegado, tranquilo.

angustiar *tr. prnl.* intranquilizar, desasosegar, desconsolar, afligir, preocupar, abrumar, inquietar, apremiar. *ANT.* serenar, tranquilizar.

angustioso, -sa *adj.* penoso, agobiante, lamentable, doloroso, fatigoso, alarmante, amenazador, abrumador.

anhelado, -da *adj.* deseado, ansiado, apetecido, codiciado. *ANT.* desdeñado.

anhelante *adj.* deseoso, ansioso, vehemente, excitado, expectante. *ANT.* abúlico, desinteresado. **2** {respiración} fatigoso, agitado.

anhelar *tr. intr.* desear, pretender, aspirar, ansiar, esperar, querer, ambicionar, apetecer. *ANT.* despreciar, desinteresarse.

anhelo *m.* deseo, ansia, esperanza, ambición, afán, empeño, apetencia, sed. *ANT.* desdén, desprecio.

anidar *intr. prnl.* {aves} nidificar. **2** morar, habitar. **3** albergar, arraigar. **4** *tr.* abrigar, acoger, refugiar.

anilina *f.* tinte, tintura, colorante.

anillar *tr.* sujetar, sostener (con anillos). **2** {cabellos} ceñir, rodear.

anillo *m.* aro, sortija, argolla, alianza. **2** arandela, abrazadera. **3** *loc. como ~ al dedo:* a la medida, oportunamente, adecuadamente.

ánima *f.* alma, aliento, espíritu, hálito. *ANT.* cuerpo.

animación *f.* viveza, agitación, actividad, excitación, movimiento. *ANT.* quietud, inactividad. **2** regocijo, esparcimiento, alborozo, alegría, bullicio, jolgorio. *ANT.* tristeza, tedio, abatimiento.

animado, -da *adj.* animoso, resuelto, alentado, decidido, esforzado, confortado. *ANT.* desanimado, desalentado. **2** concurrido, movido, visitado; alegre, divertido. *ANT.* apagado, aburrido, triste. **3** excitado, agitado. *ANT.* tranquilo.

animador, -ra *adj.* presentador, locutor, artista.

animadversión *f.* animosidad, ojeriza, desafecto, antipatía, inquina, prevención, hostilidad, enemistad, malquerencia. *ANT.* amistad, simpatía, afecto.

animal *m.* criatura, ser vivo. **2** *desp.* alimaña, bicho, bestia. **3** *s. y adj. com.* {persona} ignorante, zafio, torpe, irracional, bruto. *ANT.* culto, refinado.

animar *tr. prnl.* respaldar, alentar, estimular, confortar, incitar, reanimar, excitar, exhortar, aguijonear, caldear, espolear. *ANT.* desalentar, disuadir, desanimar. **2** alegrar, interesar, divertir, ilusionar. *ANT.* entristecer. **3** atreverse, afrontar, arriesgarse, arrojarse. *ANT.* acobardarse.

anímico, -ca *adj.* interior, psíquico, espiritual. *ANT.* corporal, material.

ánimo *m.* vigor, aliento, entusiasmo, energía. *ANT.* desaliento, debilidad. **2** valentía, temple, valor, fortaleza, denuedo, confianza, brío, intrepidez, espíritu. *ANT.* cobardía, abatimiento. **3** propósito, designio, intención, voluntad, decisión, resolución.

animosidad *f.* aversión, animadversión, inquina, ojeriza, hostilidad, desafecto, antipatía, prevención, mala voluntad. *ANT.* amistad, simpatía, afecto.

animoso, -sa *adj.* resuelto, intrépido, decidido, osado, denodado, animado, audaz, firme, esforzado, arrojado, fuerte. *ANT.* cobarde, pusilánime, indeciso.

aniñado, -da *adj.* pueril, infantil.

B
C
D
E
F
G
H
I
J
K
L
M
N
Ñ
O
P
Q
R
S
T
U
V
W
X
Y
Z

aniquilación *f.* destrucción, arrasamiento, anonadamiento, exterminio, devastación, ruina. *ANT.* conservación.

aniquilar *tr.* exterminar, extinguir, eliminar, arrasar, destruir, anonadar, desbaratar, disolver, devastar. *ANT.* crear, construir, conservar. **2** vencer, derrotar, arrollar. **3** desalentar, abatir, postrar, debilitar; agotar, extenuar. *ANT.* animar.

anís *m.* anisado, aguardiente.

aniversario *m.* cumpleaños.

ano *m.* orificio, recto, esfínter, culo.

anochecer[1] *m.* crepúsculo, ocaso, atardecer. *ANT.* aurora, alba. **2** *loc. al ~:* al llegar la noche.

anochecer[2] *tr. intr.* atardecer, oscurecer, ensombrecer. *ANT.* amanecer.

anodino, -na *adj.* insignificante, insustancial, trivial, ineficaz, baladí. *ANT.* importante, esencial, sustancial.

ánodo *m.* ELECTR. electrodo positivo.

anomalía *f.* {en general} excentricidad, anormalidad, desviación, rareza, irregularidad, extravagancia, desproporción, incoherencia. *ANT.* normalidad. **2** {regla, uso} discrepancia. *ANT.* concordancia. **3** BIOL. alteración biológica, malformación.

anómalo, -la *adj.* anormal, extraño, raro, irregular, insólito. *ANT.* común, normal.

anonadamiento *m.* abatimiento, desaliento. **2** arrasamiento, aniquilación, destrucción, ruina.

anonadar *tr.* pasmar, descorazonar, confundir, abrumar, desalentar. *ANT.* animar. **2** aniquilar, exterminar, destruir, devastar, derrumbar, demoler, arruinar, hundir.

anonimato *m.* secreto, desconocido.

anónimo, -ma *adj.* {autor, libro} incógnito, desconocido, ignorado; secreto, enigmático. *ANT.* conocido. **2** carta, nota, mensaje (sin firmar).

anorak *m.* chaqueta impermeable.

anorexia *f.* MED. inapetencia.

anormal *adj.* irregular, raro, anómalo, infrecuente, inverosímil, inaudito, desusado, sobrenatural, prodigioso, quimérico. *ANT.* regular, corriente, normal. **2** contrahecho, amorfo, disforme, deforme, defectuoso. *ANT.* normal, común.

anormalidad *f.* anomalía, irregularidad, rareza, extravagancia. **2** deformidad, monstruosidad. **3** trastorno, perturbación. *ANT.* normalidad, regularidad.

anotación *f.* apunte, comentario, observación, explicación, acotación, nota.

anotar *tr.* apuntar, escribir, consignar, inscribir, relacionar, registrar, glosar, acotar.

anquilosar *tr.* atrofiar, paralizar, inmovilizar, lisiar, tullir. **2** *prnl.* estancarse, frustrarse.

ánsar *m.* ganso.

ansia *f.* apetencia, anhelo, aspiración, apetito, deseo, sed, ambición, afán, codicia. *ANT.* indiferencia, desinterés, inapetencia. **2** inquietud, ansiedad, agitación, preocupación, desazón, impaciencia, desasosiego, angustia, zozobra. *ANT.* tranquilidad, serenidad, despreocupación. **3** *pl.* náuseas.

ansiado, -da *adj.* anhelado, deseado, codiciado, apetecido.

ansiar *tr.* desear, anhelar, perseguir, codiciar, ambicionar, pretender, apetecer. *ANT.* despreocuparse, desentenderse.

ansiedad *f.* inquietud, desasosiego, zozobra, desazón, ansia, intranquilidad, angustia, agitación, tribulación. *ANT.* calma, tranquilidad.

ansiolítico, -ca *adj. m.* MED. calmante.

ansioso, -sa *adj.* deseoso, ávido, afanoso, impaciente, ambicioso, codicioso, ganoso, vehemente. ANT. despreocupado, desinteresado.

antagónico, -ca *adj.* contrario, opuesto, incompatible.

antagonismo *m.* contraposición, oposición, disparidad, incompatibilidad, discrepancia. ANT. igualdad, semejanza. **2** competencia, lucha, rivalidad, conflicto, pugna, enemistad. ANT. amistad, acuerdo.

antagonista *com.* rival, adversario, opuesto, enemigo, contrincante, contrario, opositor. ANT. amigo, seguidor, partidario.

antaño *adv.* anteriormente, antes, antiguamente, hace tiempo. ANT. hogaño, actualmente, hoy.

antártico, -ca *adj.* austral, meridional, sur. ANT. septentrional, ártico, boreal, norte.

ante¹ *m.* ZOOL. anta; danta. **2** búfalo. **3** piel de ante. **4** *Méx.* postre, bizcocho.

ante² *prep.* delante de, en presencia de. **2** en comparación, respecto de.

antecámara *f.* antesala, vestíbulo, recibidor.

antecedente *adj.* precedente, anterior, precursor. ANT. posterior, siguiente, subsiguiente. **2** *m.* noticia, dato, informe, referencia. **3** *pl.* precedentes, historial, relaciones. **4** *loc.* **poner en ~s:** poner al corriente, informar, explicar, exponer.

anteceder *tr.* preceder.

antecesor *m.* antepasado, ancestro. ANT. descendiente, sucesor. **2** *s. m. y f.* predecesor, anterior, precursor. **3** *pl.* **antecesores,** progenitores, predecesores, padres.

antedicho, -cha *adj.* dicho, mencionado, citado, precitado, susodicho, nombrado, referido, aludido.

antediluviano, -na *adj.* remoto, antiquísimo, inmemorial, antiguo, arcaico, prehistórico, primitivo. ANT. contemporáneo, presente, actual, moderno.

anteguerra *f.* preguerra.

antelación *f.* precedencia, anterioridad, anticipación. ANT. posterioridad. **2** *loc.* **con ~:** anticipadamente, con anterioridad, de antemano.

antemano (de) *loc.* anticipadamente, previamente, por adelantado, antes, con antelación. ANT. después, posteriormente, luego.

anteojo *m.* lente, catalejo, telescopio, objetivo. **2** *pl.* gafas, lentes, quevedos, espejuelos, antiparras. **3** gemelos, prismáticos.

antepasado *m.* antecesor, ancestro, progenitor, ascendiente. ANT. sucesor.

antepecho *m.* pretil, parapeto, baranda, barandilla, balaustrada.

anteponer *tr. prnl.* mejorar, aventajar, preponer, poner delante. ANT. retrasar. **2** preferir, estimar, distinguir, destacar, priorizar. ANT. posponer.

anteproyecto *m.* esbozo, plan, bosquejo, diseño, planteamiento, esquema, antecedentes, avance, preliminares.

anterior *adj.* previo, precedente, antecedente, primero, preliminar, precursor, pasado. ANT. posterior, ulterior.

anterioridad *f.* antelación, precedencia, prioridad, antecedencia, prelación.

anteriormente *adv.* antiguamente, temprano, antes, precedentemente, atrás. ANT. posteriormente.

antes *adv.* antiguamente, ayer, anteriormente, en el pasado, de antemano, con anterioridad, por anticipado, atrás. ANT. después, hoy, actualmente, en la actualidad. **2** *loc.* **~ bien:** por el contrario. **3** *loc.* **~ de anoche:** antenoche, anteanoche. **4** *loc.* **~ de ayer:** anteayer.

antesala *f.* recibidor, antecámara, vestíbulo.

anticipación *f.* anterioridad, antelación, adelanto, anticipo. ANT. dilación, retraso. **2** RET. prolepsis.

anticipadamente *adv.* antes, anteriormente, por anticipado, de antemano. ANT. posteriormente.

anticipado, -da *adj.* anterior, previo. ANT. posterior. **2** prematuro, precoz, temprano, adelantado. ANT. retrasado, atrasado. **3** *loc.* **por ~:** con antelación, por adelantado, anticipadamente.

anticipar *tr. prnl.* aventajar, adelantar, sobrepujar. ANT. retrasar, atrasar, diferir. **2** augurar, presagiar, prever, predecir, pronosticar, anunciar. **3** preferir, anteponer. ANT. posponer, aplazar. **4** {dinero} prestar, dar a cuenta. **5** *prnl.* adelantarse, madrugar.

anticipo *m.* anticipación. **2** {dinero} avance, adelanto; préstamo; garantía.

anticoncepción *f.* contracepción.

anticonceptivo, -va *adj.* contraceptivo, preservativo. ANT. conceptivo.

anticonstitucional *adj.* ilegítimo, antirreglamentario, ilegal, ilícito, injusto. ANT. constitucional, legítimo.

anticorrosivo, -va *adj.* antioxidante. ANT. oxidante, corrosivo.

anticuado, -da *adj.* desusado, arcaico, obsoleto, vetusto, caduco, anacrónico, trasnochado, antiguo, viejo, pasado de moda. ANT. moderno, nuevo, actual.

anticuario, -ria *m.* entendido, experto, perito. **2** coleccionista; comerciante.

antideportivo, -va *adj.* injusto, ofensivo, incorrecto. ANT. deportivo, justo, imparcial.

antídoto *m.* antitóxico, contraveneno, alexifármaco, revulsivo, desintoxicante, vomitivo. ANT. veneno, tóxico.

antiestético, -ca *adj.* feo, deslucido, repelente, desagradable, repulsivo. ANT. bello, armonioso, hermoso.

antifaz *m.* máscara, careta, disfraz, mascarilla.

antifebril *adj.* MED. febrífugo, antitérmico, antipirético.

antífona *f.* versículo, cántico, canto, pasaje, rezo.

antigualla *f.* {obra, objeto} antigüedad. **2** *desp.* trasto.

antiguamente *adv.* antes, anteriormente, en otros tiempos, antaño. ANT. actualmente.

antigüedad *f.* ancianidad, vejez, decrepitud, vetustez. ANT. actualidad, modernidad. **2** prehistoria, pasado, protohistoria, tiempos antiguos, tiempos inmemoriales, tiempos primitivos. ANT. presente, actualidad. **3** tiempo de servicio; veteranía, experiencia. ANT. bisoñez. **4** {obra, objeto} reliquia; monumento. **5** *desp.* antigualla, trasto.

antiguo, -gua *adj.* arcaico, viejo, vetusto, añejo, antediluviano. ANT. actual, moderno. **2** {costumbre} inmemorial, atávico, tradicional, arraigado, pretérito, inveterado, primero. ANT. veterano. ANT. bisoño, inexperto. **4** obsoleto, anticuado, desusado, decadente, trasnochado, rancio. ANT. novedoso, nuevo, vanguardista, contemporáneo. **5** *loc.* **a la ~:** según costumbre, en forma tradicional. **6** *loc.* **chapado a la ~:** conservador, tradicionalista.

antihigiénico, -ca *adj.* malsano, insano, insalubre, desaseado, sucio, nocivo, perjudicial. ANT. higiénico, aseado, limpio, sano.

antihurto *m.* antirrobo.

antimilitarismo *m.* pacifismo. ANT. militarismo.

antinatural *adj.* contranatural. ANT. natural. **2** ficticio, artificial. ANT. auténtico.

antinomia *f.* contradicción, antítesis, oposición. ANT. correspondencia, acuerdo, encuentro.

antioxidante *adj.* anticorrosivo. ANT. oxidante, corrosivo.

antiparras *f. pl.* lentes, gafas, anteojos, quevedos.

antipatía *f.* aversión, desafecto, animosidad, repulsión, animadversión, malquerencia, inquina, ojeriza, aborrecimiento, desagrado. ANT. afecto, simpatía, cariño.

antipático, -ca adj. s. repulsivo, desagradable, inaguantable, repelente, odioso, insufrible, cargante. ANT. simpático, agradable, amable.

antipirético, -ca adj. s. MED. febrífugo, antifebril, antitérmico. ANT. febril.

antípoda f. adj. contrapuesto, antitético, opuesto, contrario, antagónico. ANT. semejante, igual. **2** pl. loc. en los/las ~s: en posición opuesta, contrario.

antiquísimo, -ma adj. antediluviano, inmemorial, muy antiguo.

antirreflejos adj. antirreflector.

antirreglamentario, -ria adj. ilegítimo, prohibido, arbitrario, ilegal, ilícito. ANT. reglamentario, legal, lícito.

antirrobo m. antihurto.

antisemitismo m. racismo.

antisepsia f. MED. asepsia, desinfección, esterilización.

antiséptico, -ca adj. s. aséptico, desinfectante, microbicida, bactericida. ANT. séptico, contaminado.

antítesis f. contradicción, oposición, antinomia, contraste, antilogía, divergencia, antagonismo, desigualdad, disparidad, diferencia. ANT. concordancia, similitud.

antitético, -ca adj. contrario, diferente, opuesto, adversario, incompatible, contrapuesto. ANT. compatible, semejante.

antitóxico adj. m. antídoto, contraveneno. ANT. tóxico, veneno.

antojadizo, -za adj. veleidoso, caprichoso, tornadizo, voluble, mudable, inconsecuente. ANT. constante, firme.

antojarse prnl. desear, encapricharse, apetecer, encariñarse. ANT. aborrecer. **2** imaginarse, sospechar, temer, figurarse.

antojo m. deseo, anhelo, gusto, capricho, ilusión, veleidad, fantasía.

antología f. selección, recopilación, compilación, compendio, analectas, florilegio.

antónimo, -ma adj. s. opuesto, contrario, antitético. ANT. sinónimo, análogo.

antonomasia (por) loc. por excelencia, característico, paradigmático.

antorcha f. hacha, tea, vela, candela.

antro m. cueva, caverna, gruta, guarida, cubil. **2** fig. {local, vivienda} cuchitril, covacha, tugurio. **3** MED. cavidad, ventrículo.

antropofagia f. canibalismo.

antropófago, -ga adj. caníbal.

antropoide adj. antropomorfo.

antropomorfo, -fa adj. s. antropoide.

anual adj. anuo, añal. **2** periódico, cíclico.

anuario m. agenda, calendario, almanaque.

anubarrarse prnl. nublarse, oscurecerse, encapotarse. ANT. despejarse.

anudar tr. juntar, sujetar, unir, atar, ligar, asegurar, liar. ANT. soltar, separar, desatar, desanudar. **2** prnl. {árbol} ennudecer.

anuencia f. consentimiento, conformidad, beneplácito, aquiescencia, asenso, permiso, aprobación, autorización. ANT. denegación, negativa, desaprobación.

anulación f. cancelación, revocación, derogación, eliminación, abolición, nulidad, supresión, rescisión. ANT. autorización, convalidación, confirmación.

anular tr. prnl. revocar, abolir, invalidar, cancelar, derogar, deshacer, suprimir, desautorizar; borrar, tachar. ANT. validar, aprobar, convalidar. **2** {persona} desautorizar, inhabilitar. ANT. autorizar. **3** prnl. retraerse, humillarse, amilanarse. ANT. ensalzarse.

anunciado, -da adj. antedicho.

anunciar tr. informar, publicar, divulgar, proclamar, comunicar, avisar, pregonar, hacer saber, dar noticia. ANT. callar, ocultar. **2** pronosticar, prever, predecir, presagiar, augurar.

anuncio m. noticia, informe, aviso, notificación, proclama. ANT. silencio, ocultación. **2** predicción, pronóstico, previsión, augurio, vaticinio. **3** cartel, letrero.

anverso m. cara, frente, faz, haz, portada. ANT. envés, reverso, dorso, revés.

anzuelo m. arpón, garfio, arponcillo. **2** atractivo, incentivo, señuelo, aliciente. **3** loc. picar/tragar el ~: caer en el lazo, ser engañado.

añadido, -da adj. agregado, adjunto, adicional. **2** m. adición, añadidura. **3** postizo, peluca, peluquín.

añadidura f. adición, añadido, complemento, aditamento, agregación. ANT. disminución, resta, descuento.

añadir tr. adjuntar, agregar, unir, adicionar, sumar, incluir, incorporar, adicionar. ANT. restar, sustraer. **2** ampliar, aumentar, incrementar. ANT. mermar, reducir.

añagaza f. engaño, señuelo, artificio, ardid, trampa, treta, artimaña, cebo, engañifa.

añal adj. anual. **2** adj. s. {cordero, becerro} de un año.

añejo, -ja adj. añoso, antiguo, envejecido, viejo. ANT. reciente, nuevo, joven.

añicos m. pl. pedazos, fragmentos, trozos, trizas, partículas.

añil m. {planta, color} índigo. **2** azul.

año m. periodo, ciclo, lapso, espacio. **2** pl. edad, primaveras, abriles, tiempo vivido. **3** loc. de buen ~: gordo, saludable. **4** loc. entrado en ~s: de edad provecta, mayor, viejo, añoso. **5** loc. a ~s luz: lejos, distante, ajeno.

añoranza f. recuerdo, nostalgia, ausencia, melancolía, tristeza.

añorar tr. intr. recordar, evocar, rememorar, echar de menos. ANT. olvidar.

añoso, -sa adj. viejo, antiguo, vetusto, añejo, senil. ANT. nuevo, reciente, joven.

aovado, -da adj. ovoide, oval, ovalado, ahuevado.

aovar intr. ovar, poner huevos.

aovillarse prnl. encogerse, hacerse un ovillo.

apabullar tr. turbar, abrumar, desconcertar, confundir, avergonzar, anonadar. ANT. sosegar, despreocupar. **2** estrujar, aplastar, magullar, oprimir.

apacentar tr. pastar, pacer, pastorear, apastar.

apacibilidad f. afabilidad, bondad, dulzura, dulcedumbre, mansedumbre. ANT. intolerancia. **2** tranquilidad, calma, placidez, quietud, sosiego. ANT. intranquilidad.

apacible adj. tranquilo, agradable, calmo, pacífico, dulce, reposado, sosegado. ANT. intranquilo, turbulento. **2** grato, placentero, plácido, deleitable, agradable, ameno, delicioso, encantador. ANT. desapacible.

apaciguar tr. serenar, calmar, pacificar, tranquilizar, aquietar, aplacar, sosegar. ANT. exacerbar, enfurecer, excitar, irritar.

apadrinar tr. acompañar, asistir. ANT. abandonar. **2** patrocinar, prohijar, auspiciar, proteger. ANT. desproteger, desamparar. **3** prnl. ampararse, acogerse, valerse.

apagado, -da adj. {persona} triste, lánguido, tímido, apocado, sosegado. ANT. vivaz. **2** {color, brillo} amortiguado, bajo, mortecino, débil. ANT. fuerte, brillante, encendido, vivo.

apagar tr. prnl. {fuego} sofocar, extinguir, ahogar. ANT. encender. **2** {afecto} aplacar, contener, disipar, reprimir. ANT. excitar. **3** {color, brillo} amortiguar, templar, rebajar, debilitar. ANT. encender. **4** {aparato} interrumpir, desconectar. ANT. encender.

apagón *m.* interrupción, corte, cese.

apalabrar *tr.* pactar, acordar, convenir, concertar.

apalancar *tr.* apoyar, levantar, mover. **2** *prnl. col.* acomodarse.

apalear *tr.* vapulear, zurrar, azotar, golpear, aporrear, maltratar, varear. ANT. mimar, acariciar. **2** palear, aventar.

apandillar *tr.* congregar, agrupar, reunir, reclutar, capitanear, acaudillar, acuadrillar.

apantallar *tr. Amer.* deslumbrar, asombrar, impresionar. **2** *Méx.* apocar, apabullar. **3** *Méx.* ostentar, jactarse, fanfarronear.

apañado, -da *adj.* habilidoso, diestro, mañoso, hábil. ANT. torpe, inepto, inhábil. **2** ataviado, compuesto, arreglado, aderezado. **3** amañado, falseado, arreglado, falsificado.

apañar *tr.* hurtar, birlar. **2** acicalar, ataviar, componer, asear. **3** {comida} condimentar, aliñar, aderezar. **4** remendar, componer. **5** *Amer.* encubrir, ocultar, proteger. **6** *prnl.* darse maña, arreglárselas, ingeniarse.

apaño *m.* maña, habilidad, destreza, disposición. ANT. torpeza. **2** componenda, acuerdo, connivencia, arreglo; engaño; lío, embrollo. ANT. desacuerdo. **3** acomodo, conveniencia. **4** {cosa} remiendo, compostura, reparo. ANT. desarreglo.

aparador *m.* alacena, armario, cristalera, estante, estantería, despensa; escaparate.

aparato *m.* artefacto, utensilio, artilugio, máquina, instrumento, dispositivo, mecanismo. **2** pompa, ceremonia, boato, ostentación, fausto, solemnidad. ANT. sencillez, moderación. **3** atuendo, adorno, ornato, ornamento, gala.

aparatoso, -sa *adj.* ostentoso, pomposo, jactancioso, espectacular, grandilocuente, solemne. ANT. sencillo, natural, simple. **2** exagerado, desmedido.

aparcamiento *m.* estacionamiento, zona de estacionamiento.

aparcar *tr. intr.* estacionar, colocar, situar.

aparcería *f.* trato, convenio, contrato. **2** *Amer.* compañerismo, amistad.

aparcero, -ra *adj.* comunero, copartícipe, asociado, participante, arrendatario, colono. **2** *Amér. Sur* compañero, amigo, compadre.

apareamiento *m.* acoplamiento, cópula, juntamiento, emparejamiento, unión. ANT. separación.

aparear *tr. prnl.* acoplar, emparejar, unir, cruzar. ANT. separar. **2** equiparar, igualar, hermanar. ANT. diferenciar.

aparecer *intr. prnl.* manifestarse, mostrarse, presentarse, figurar, dejarse ver. ANT. esfumarse. **2** estar, hallarse, encontrarse. ANT. ocultarse, desaparecer. **3** nacer, brotar, florecer, salir, surgir, aflorar, asomar. ANT. morir.

aparecido, -da *adj.* (*tb. pl.*) espectro, aparición, espíritu, fantasma, ánima.

aparejado, -da *adj.* preparado, listo, dispuesto, presto. **2** apto, idóneo.

aparejar *tr.* preparar, aprestar, disponer, prever. **2** PINT. imprimar. **3** NÁUT. enjarciar. **4** *Amer.* aparear, cruzar, emparejar.

aparejo *m.* preparación, disposición. **2** pertrechos, arreos, guarniciones. **3** *pl.* útiles, herramientas, instrumental. **4** NÁUT. mástiles, arboladura, velamen. **5** PINT. imprimación. **6** CULIN. ingredientes.

aparentar *tr.* simular, fingir, encubrir, falsear, afectar, disfrazar, engañar, disimular. ANT. descubrir, revelar.

aparente *adj.* manifiesto, visible, evidente, claro, patente. ANT. oculto. **2** fingido, afectado, supuesto, ficticio, disimulado, forzado, postizo, rebuscado, artificial, artificioso. ANT. auténtico, sincero. **3** falaz, vano, ilusorio. ANT. real. **4** vistoso; superficial. ANT. profundo.

aparición *f.* presentación, manifestación, llegada. ANT. desaparición, ocultación. **2** REL. advenimiento, epifanía. **3** aparecido, espectro, fantasma, ánima, visión.

apariencia *f.* figura, exterior, facha, presencia, porte, aspecto, catadura, talante, físico, aire, forma, planta. **2** indicio, probabilidad, cariz, verosimilitud, traza, señal. **3** simulación, ficción, engaño, ostentación. ANT. sinceridad.

apartado, -da *adj.* retirado, remoto, alejado, recóndito, separado, oculto, distante, aislado, escondido, lejano. ANT. contiguo, cercano, próximo, vecino. **2** sección, párrafo, división, capítulo. **3** *m. Amer.* {correos} casilla.

apartamento *m.* departamento, vivienda, piso, residencia, morada.

apartamiento *m.* retiro, alejamiento, distanciamiento, aislamiento, separación.

apartar *tr. prnl.* desunir, separar, dividir, distanciar. ANT. juntar, unir. **2** retirar, desviar, alejar, remover, quitar, rechazar. ANT. acercar. **3** seleccionar, escoger, separar. **4** distraer, disuadir, desviar, descaminar. ANT. convencer. **5** desechar, relegar, prescindir, arrinconar, postergar. ANT. atraer, conservar. **6** *prnl.* divorciarse, separarse. ANT. unirse. **7** irse, marcharse, retirarse. ANT. volver, retornar. **8** *loc.* ~ *el grano de la paja*: distinguir, seleccionar.

aparte *adv.* por separado, separadamente, sin distinción. **2** en otro lugar. **3** a distancia, desde lejos. **4** *loc.* ~ *de*: con omisión de, con exclusión de, con preterición de. **5** *m.* parágrafo, párrafo. **6** *adj.* diferente, singular, distinto.

apasionado, -da *adj.* ferviente, vehemente, ardiente, fogoso, ardoroso, impetuoso, encendido. ANT. desapasionado, flemático. **2** intransigente, fanático, exaltado. ANT. tranquilo, mesurado. **3** admirador, entusiasta, devoto. ANT. indiferente.

apasionamiento *m.* vehemencia, ardor, acaloramiento. ANT. frialdad.

apasionar *tr. prnl.* excitarse, exaltarse, enardecerse, entusiasmarse, arrebatarse, emocionarse, conmoverse. ANT. sosegarse, tranquilizarse.

apatía *f.* indolencia, displicencia, desaliento, incuria, indiferencia, insensibilidad, desidia, desgana, dejadez, abandono. ANT. interés, dinamismo, fervor, pasión. **2** flema, calma, impasibilidad.

apático, -ca *adj.* indolente, lánguido, abandonado, desidioso, descuidado. ANT. apasionado, entusiasta. **2** imperturbable, flemático, impasible, calmoso.

apeadero *m.* paradero, estación, muelle.

apear *tr. prnl.* desmontar, descabalgar, bajar. ANT. montar, subir. **2** {caballo} maniatar, sujetar. **3** hospedarse, alojarse. **4** CUBA comer con las manos.

apechar *intr. ver* **apechugar**.

apechugar *intr.* apechar, aguantar, soportar, sobrellevar, cargar, tolerar, resignarse, sufrir. ANT. oponerse, rechazar, rebelarse.

apedrear *tr.* lapidar.

apegado, -da *adj.* afecto, partidario, entusiasta, devoto.

apegarse *prnl. fig.* estimar, simpatizar, aficionarse, querer, encariñarse. ANT. odiar.

apego *m.* afecto, amistad, simpatía, devoción, inclinación, estima, cariño. ANT. antipatía, desafecto, desinterés. **2** fidelidad, lealtad.

apelación *f.* DER. recurso, reclamación, interposición, demanda, revisión. **2** *loc.* *no haber/tener ~:* no tener remedio/recurso.

apelar *intr.* recurrir, interponer, solicitar, acudir, reclamar, demandar. ANT. abandonar, desistir.

apelativo *m.* nombre, epíteto, denominación, designación, apellido, nombre de familia.

apellidar *tr.* denominar, nombrar, designar. **2** *prnl.* llamarse, apellidarse.

apellido *m.* patronímico, nombre de familia.

apelmazado, -da *adj.* amazacotado, comprimido, apelotonado, compacto. ANT. suelto.

apelmazar *tr.* *prnl.* amazacotar, espesar, comprimir, apelotonar. ANT. esponjar.

apelotonamiento *m.* amontonamiento, acumulación, aglomeración, apiñamiento.

apelotonar *tr.* apelmazar, amazacotar, espesar. **2** *tr.* *prnl.* amontonar, acumular, apretujar, apiñar, atiborrar.

apenado, -da *adj.* aquejado, afectado, impresionado. **2** afligido, desconsolado, dolorido, angustiado, entristecido, abrumado, pesaroso, contristado. ANT. alegre.

apenar *tr.* *prnl.* afligir, acongojar, apesadumbrar, entristecer, angustiar, atormentar, desconsolar, abrumar. ANT. consolar, alegrar. **2** *prnl.* Amer. sentir vergüenza, avergonzarse.

apenas *adv.* difícilmente, escasamente, ligeramente, penosamente, con dificultad. ANT. completamente, totalmente. **2** *conj.* en cuanto, luego que, tan pronto como, al punto que, enseguida que.

apencar *intr.* apechugar, aguantar, apechar, soportar, tolerar, resignarse, sufrir. ANT. oponerse, rebelarse.

apéndice *m.* adición, anexo, extensión, suplemento, complemento, añadidura, agregado, prolongación, añadido. **2** ANAT. cola, rabo, extremidad.

apercibido, -da *adj.* prevenido, preparado, listo, dispuesto.

apercibimiento *m.* aviso, prevención, advertencia. **2** amonestación.

apercibir *tr.* preparar, disponer, aprestar, aparejar, prevenir. **2** sugerir, recomendar, advertir. **3** amonestar. **4** *prnl.* advertir, notar, darse cuenta.

apergaminado, -da *adj.* acartonado, endurecido, reseco, amojamado, enjuto, seco, momificado, marchito, ajado. ANT. blando, suave.

apergaminarse *prnl.* acartonarse, secarse, amojamarse, momificarse. ANT. suavizarse.

aperitivo *m.* refrigerio, bocado, emparedado, platillo, canapé. **2** {licor} bebida, tónico, estimulante.

apero(s) *m. gen. pl.* herramienta, utensilios, instrumentos, útiles, aparejos, enseres. **2** *m.* majada. **3** *Amer.* {montura} recado.

aperreado, -da *adj.* fatigoso, difícil, duro, trabajoso, pesado. ANT. sencillo, fácil.

apersonarse *prnl.* comparecer, presentarse, acudir, hacerse presente.

apertura *f.* comienzo, inauguración, principio, estreno. ANT. clausura, cierre. **2** tolerancia, transigencia.

apesadumbrado, -da *adj.* triste, desconsolado, melancólico, afligido, apenado, atribulado, taciturno. ANT. contento, alegre, optimista.

apesadumbrar *tr.* entristecer, apenar, acongojar, mortificar, desolar, abatir, atribular, angustiar. ANT. alegrar, animar.

apesarar *tr. ver* **apesadumbrar**.

apestado, -da *adj. ver* **apestoso**.

apestar *tr.* heder, maloler, oler mal. **2** cansar, aburrir, hastiar, fastidiar, molestar. **3** viciar, infectar, corromper. ANT. sanear.

apestoso, -sa *adj.* pestilente, fétido, hediondo, infecto, maloliente. ANT. fragante. **2** insoportable, molesto, insufrible, fastidioso, intolerable, inaguantable.

apetecer *tr.* querer, anhelar, desear, ambicionar, gustar, ansiar. ANT. rechazar.

apetecible *adj.* apetitoso, deseable, tentador, codiciable. ANT. desagradable, despreciable.

apetecido, -da *adj.* deseado, anhelado, querido, ansiado, codiciado. ANT. rechazado.

apetencia *f.* apetito, deseo, gana. ANT. desgana, inapetencia.

apetito *m.* deseo, avidez, inclinación, voracidad, hambre, gana, ansia, apetencia. ANT. inapetencia, desgana.

apetitoso, -sa *adj.* apetecible, sabroso, agradable, rico, deleitable, gustoso, delicioso, exquisito. ANT. desagradable, desabrido, repelente.

apiadarse *prnl.* dolerse, condolerse, compadecerse, conmoverse, impresionarse. ANT. ensañarse, encarnizarse, cebarse.

ápice *m.* punta, extremo, pico, vértice, cima, extremo, cumbre, cúspide, remate, corona. ANT. base. **2** pequeñez, insignificancia, nimiedad.

apicultura *f.* cría de abejas.

apilamiento *m.* amontonamiento, apilamiento.

apilar *tr.* amontonar, agrupar, acumular, juntar. ANT. desperdigar, esparcir.

apiñado, -da *adj.* apretado, compacto, arracimado, denso. ANT. disgregado.

apiñamiento *m.* amontonamiento, aglomeración.

apiñar *tr.* *prnl.* amontonar, hacinar, apelotonar, apretar, juntar, estrechar, acumular, arracimar, apretujar, arremolinar. ANT. separar, esparcir.

apisonar *tr.* aplastar, pisonear, apretar, comprimir, apelmazar, explanar.

aplacar *tr.* *prnl.* tranquilizar, calmar, sosegar, serenar. ANT. enardecer, irritar, excitar. **2** atenuar, templar, suavizar, mitigar. **3** pacificar, apaciguar, aquietar.

aplanamiento *m.* nivelamiento, allanamiento. **2** decaimiento, desaliento, debilitamiento, postración, abatimiento. ANT. fortalecimiento, ánimo, animación.

aplanar *tr.* explanar, igualar, allanar; apisonar, alisar. **2** *prnl.* abatirse, debilitarse, extenuarse, desalentarse, postrarse. ANT. animarse.

aplastado, -da *adj.* achatado, comprimido, destripado, prensado; chato, romo.

aplastar *tr.* *prnl.* machacar, abollar, estrujar, prensar, hundir, apisonar, despachurrar, aplanar. **2** apabullar, humillar, confundir, avergonzar; abatir, aniquilar, anonadar, arrollar.

aplatanar *tr.* *prnl.* {extranjeros} familiarizarse, acostumbrarse, aclimatarse. **2** abandonarse, apoltronarse, estancarse.

aplaudir *tr.* palmotear, palmear. ANT. abuchear. **2** vitorear, alabar, aprobar, elogiar, proclamar, ovacionar, celebrar, ponderar, loar. ANT. censurar, criticar.

aplauso *m.* palmas, palmoteo, ovación, aclamación. ANT. abucheo. **2** elogio, enaltecimiento, alabanza, encomio, aprobación, loa. ANT. censura, crítica, reproche.

aplazamiento *m.* prórroga, dilación, retraso, retardo, demora, tardanza. ANT. anticipación.

aplazar *tr.* retrasar, retardar, diferir, demorar, posponer, postergar. ANT. anticipar.

aplicable *adj.* ajustable, adaptable, acomodable. ANT. inaplicable.

aplicación *f.* utilización, adaptación, uso, utilidad, empleo, servicio, destino. **2** ornamentación, adorno, incrustación, bordado. **3** diligencia, atención, esmero, laboriosidad, afán, concentración, asiduidad, perseverancia, tesón. ANT. inconstancia, negligencia, dejadez.

aplicado, -da *adj.* adaptado, sobrepuesto, superpuesto. **2** perseverante, diligente, laborioso, dedicado, cuidadoso, tenaz, esmerado, tesonero, constante, asiduo. ANT. inconstante, negligente.

aplicar *tr.* adaptar, poner, adherir, sobreponer, pegar, fijar, superponer, acomodar. ANT. quitar, separar. **2** {hecho, dicho} imputar, atribuir. **3** asignar, adjudicar, emplear, destinar, utilizar. **4** invertir, emplear, gastar. **5** *prnl.* esforzarse, perseverar, esmerarse, atender, persistir, dedicarse. ANT. desentenderse.

aplomo *m.* calma, confianza, prudencia, serenidad, seguridad, mesura, cordura, compostura, desenvoltura, juicio. ANT. inseguridad, descuido, vacilación.

apnea *f.* MED. asfixia, ahogo.

apocado, -da *adj.* pusilánime, medroso, cobarde, inseguro, tímido, asustadizo. ANT. resuelto, osado, decidido. **2** desventurado, desgraciado, infeliz. ANT. feliz.

apocalipsis *m.* cataclismo, desastre, exterminio, hecatombe, catástrofe.

apocalíptico, -ca *adj.* catastrófico, horrendo, terrorífico, espantoso, pavoroso, aterrador. ANT. grato, alegre. **2** {estilo} enigmático, misterioso, oscuro.

apocamiento *m.* pusilanimidad, cobardía, timidez, indecisión, cortedad, debilidad.

apocar *tr.* humillar, abatir, rebajar. **2** reducir, mermar, aminorar. **3** *prnl.* acobardarse, abatirse, amedrentarse, rebajarse.

apocopar *tr.* GRAM. suprimir, elidir.

apócrifo, -fa *adj.* supuesto, adulterado, falso, simulado, inventado, fingido. ANT. auténtico, genuino, verdadero.

apodar *tr. prnl.* denominar, designar, llamar, nombrar.

apoderado, -da *adj.* delegado, representante, encargado, administrador.

apoderamiento *m.* apropiación.

apoderar *tr.* comisionar, delegar, dar poder. **2** *prnl.* apropiarse, incautarse, adueñarse, enseñorearse, adjudicarse, adquirir, usurpar. ANT. ceder, donar.

apodíctico *adj.* incontrovertible, convincente, decisivo, incondicional cierto, necesariamente válido. ANT. rebatible, dudoso.

apodo *m.* sobrenombre, mote.

apogeo *m.* esplendor, plenitud, auge, cenit, culminación, pináculo, florecimiento, cúspide, cumbre. ANT. ocaso, ruina, decadencia.

apolíneo, -nea *adj.* hermoso, bello, escultural, apuesto; equilibrado, mesurado. ANT. feo, desproporcionado, imperfecto.

apologético, -ca *adj.* encomiástico, elogioso, defensor.

apología *f.* alabanza, encomio, loa, defensa, elogio, ensalzamiento, justificación, panegírico. ANT. reprobación, acusación, vituperio.

apólogo *m.* fábula, ficción, alegoría, parábola.

apoltronarse *prnl.* repantigarse, arrellanarse, tumbarse. **2** haraganear, holgazanear, emperezarse.

apoquinar *tr. col.* desembolsar, sufragar, pagar (de mala gana).

aporreamiento *m.* tunda, golpiza, zurra, vapuleo.

aporrear *tr.* pegar, golpear, apalear, tundir, zurrar, sacudir. ANT. mimar. **2** importunar, molestar. **3** *prnl.* atarearse, dedicarse, afanarse, agotarse, fatigarse. ANT. descansar.

aportación *f.* aporte, colaboración, participación, ayuda, contribución, cuota. ANT. insolidaridad.

aportar *tr.* proporcionar, contribuir, dar, colaborar, añadir, cooperar. ANT. quitar. **2** traer, conducir, llevar. **3** *intr.* NÁUT. arribar, llegar, tomar puerto.

aposentar *tr. prnl.* alojar, hospedar, albergar, asilar. ANT. desalojar.

aposento *m.* alcoba, habitación, cuarto, estancia, cámara, pieza. **2** hospedaje, albergue, alojamiento, posada.

apósito *m.* MED. emplasto, compresa, cataplasma.

aposta *adv.* deliberadamente, expresamente, adrede, ex profeso, a propósito, premeditadamente, de intento. ANT. involuntariamente, indeliberadamente, sin querer.

apostar *tr.* jugar, pactar, poner, arriesgar. **2** *intr.* retar, competir, desafiar. **3** *tr. prnl.* {guardia} situar, colocar.

apostasía *f.* retractación, renegación, abjuración, renuncia. ANT. fidelidad, fe.

apóstata *com.* perjuro, descreído, renegado, desertor, relapso. ANT. fiel, leal.

apostatar *intr.* renegar, abjurar, repudiar, retractarse, traicionar.

apostema *f.* úlcera, llaga, absceso, supuración.

apostilla *f.* acotación, nota, explicación, glosa, anotación, aclaración, adición.

apostillar *tr.* explicar, anotar, adicionar, glosar, comentar, aclarar, acotar.

apóstol *m.* predicador, catequista, propagador, evangelista, evangelizador, divulgador.

apostolado *m.* predicación, propagación, anunciación, divulgación, revelación. **2** misión, tarea.

apostólico, -ca *adj.* evangélico, catequístico, misional.

apostrofar *tr.* increpar, criticar, denunciar, acusar; insultar.

apóstrofe *amb.* dicterio, insulto, provocación, invectiva, imprecación. ANT. alabanza, elogio.

apóstrofo *m.* vírgula, virgulilla, acento, tilde.

apostura *f.* garbo, elegancia, gallardía, donaire, galanura, gentileza. ANT. fealdad.

apotegma *m.* axioma, refrán, aforismo, máxima, dicho, sentencia.

apoteósico, -ca *adj.* victorioso, triunfal, triunfante.

apoteosis *f.* exaltación, glorificación, alabanza, honor. **2** desenlace, culminación, clímax. **3** frenesí, júbilo.

apoyar *tr. prnl.* recostar, arrimar, adosar, descansar, reclinar, sostenerse. ANT. separar. **2** basar, fundamentar, fundar. **3** favorecer, proteger, auxiliar, secundar, asistir, ayudar, amparar, defender, patrocinar. ANT. abandonar, desamparar. **4** autorizar, secundar. ANT. desautorizar, desaprobar. **5** {doctrina, opinión} probar, corroborar, reafirmar, confirmar, ratificar. ANT. refutar.

apoyo *m.* fundamento, base, soporte, sostén, cimiento, asiento, sustento, respaldo. **2** amparo, ayuda, defensa, auxilio, favor, protección, socorro, patrocinio. ANT. abandono, desamparo.

apreciable *adj.* perceptible, visible. ANT. imperceptible. **2** estimable, respetable. ANT. despreciable. **3** notable, considerable, interesante.

apreciación *f.* percepción, sensación, intuición. **2** valoración, evaluación, calificación, tasación, estimación. **3** opinión, juicio, dictamen. **4** estima, consideración.

apreciado, -da *adj.* querido, estimado, considerado, respetado, bienquisto, distinguido, reputado, afamado. ANT. odiado, despreciado.

apreciar *tr. prnl.* percibir, reconocer, discernir. **2** tasar, evaluar, justipreciar, calificar, valorar, aquilatar, poner precio. ANT. desdeñar. **3** querer, estimar, considerar, amar. ANT. despreciar, odiar.

aprecio *m.* estima, afecto, cariño, consideración, amor. ANT. odio, desprecio, aborrecimiento.

aprehender *tr.* asir, coger. ANT. desasir. **2** capturar, aprisionar, apresar. ANT. soltar, liberar. **3** aprender, conocer.

aprehensión *f.* arresto, captura, aprisionamiento, detención, prendimiento. **2** percepción, comprensión.

apremiante *adj.* urgente, imperioso, perentorio, inaplazable, acuciante.

apremiar *tr.* urgir, apresurar, acuciar, aguijonear, instar, incitar, apurar, compeler, atosigar. ANT. tranquilizar, sosegar.

apremio *m.* prisa, urgencia, perentoriedad, premura, necesidad. ANT. flema, sosiego, calma. **2** aprieto, dificultad, emergencia, apuro, trance.

aprender *tr.* educarse, ilustrarse, estudiar, cultivarse, instruirse, formarse, aplicarse. ANT. ignorar; desaprender.

aprendiz, -za *s.* principiante, neófito, inexperto, novato, bisoño, novel, nuevo, primerizo; aspirante, alumno. ANT. hábil, experto; maestro.

aprendizaje *m.* instrucción, estudio, enseñanza, educación, formación, ilustración, práctica, didáctica.

aprensión *f.* temor, recelo, reparo, desconfianza, escrúpulo, aversión, miramiento. ANT. confianza, seguridad, despreocupación. **2** figuración, opinión, prejuicio, idea infundada.

aprensivo, -va *adj.* receloso, escrupuloso, temeroso, desconfiado, preocupado. ANT. confiado, tranquilo.

apresamiento *m.* arresto, prendimiento, detención, captura. ANT. liberación.

apresar *tr. prnl.* arrestar, capturar, aprehender, atrapar, aprisionar, prender, encerrar, detener, encarcelar. ANT. liberar, soltar.

aprestar *tr.* arreglar, disponer, preparar, organizar, acondicionar, prevenir, aparejar. ANT. desatender, descuidar.

apresto *m.* preparación, preparativo. ANT. imprevisión.

apresurado, -da *adj.* presuroso, diligente, acucioso. ANT. lento, perezoso. **2** precipitado, irreflexivo, atropellado. ANT. mesurado, calmado.

apresuramiento *m.* rapidez, apremio, prisa, premura, urgencia, celeridad, aceleramiento, precipitación, presteza. ANT. lentitud, parsimonia, retraso.

apresurar *tr. prnl.* urgir, apremiar, avivar, precipitar, acelerar, acuciar, abreviar, apurar, activar, dar prisa. ANT. postergar, retrasar, aplazar.

apretado, -da *adj.* arduo, difícil, peligroso. ANT. fácil. **2** tacaño, miserable, avaro, mezquino, roñoso, cicatero. ANT. generoso. **3** compacto, denso, tupido, espeso. ANT. suelto. **4** ajustado, estrecho, ceñido. ANT. suelto.

apretar *tr. prnl.* oprimir, comprimir, ceñir, prensar, estrechar, ajustar, apretujar. ANT. ensanchar, aflojar. **2** afligir, acosar, importunar, angustiar; apremiar, presionar, constreñir. ANT. calmar, tranquilizar. **3** {lluvia} empeorar, arreciar. ANT. amainar. **4** {caballo} espolear, aguijar.

apretón *m.* presión, opresión, apretujón, apretamiento, apretadura. **2** conflicto, aprieto, ahogo. **3** *loc.* ~ *de manos:* estrechamiento de manos, saludo.

apretujar *tr.* atiborrar, henchir, atestar, llenar. ANT. vaciar. **2** *tr. prnl.* comprimir, prensar, apretar. ANT. soltar, ensanchar.

aprieto *m.* apuro, problema, ahogo, dificultad, necesidad, conflicto, apretura, trance, atasco, compromiso, contrariedad. ANT. alivio, desahogo, holgura.

aprisa *adv.* rápidamente, velozmente, apresuradamente, urgentemente, prontó, a la carrera, de prisa. ANT. lentamente, despacio, sin prisa.

aprisionar *tr.* arrestar, encerrar, detener, recluir, apresar, capturar, encarcelar. ANT. soltar, liberar. **2** sujetar, esposar, atar, encadenar. ANT. desatar.

aprobación *f.* anuencia, autorización, admisión, consentimiento, permiso, asentimiento, conformidad, aquiescencia, beneplácito, confirmación. ANT. negativa, desaprobación. **2** aceptación, tolerancia, aplauso, acogida, adhesión, popularidad. ANT. intolerancia.

aprobado, -da *adj.* apto, competente, idóneo, capacitado. ANT. incompetente. **2** admitido, aceptado.

aprobar *tr.* admitir, consentir, permitir, asentir, aceptar, conformarse, acoger. ANT. desaprobar, negar, rechazar. **2** confirmar, ratificar, revalidar, corroborar, reafirmar, certificar. ANT. rectificar, anular. **3** alabar, elogiar, celebrar, ovacionar, aplaudir, encomiar. ANT. criticar, reprobar.

aprontar *tr.* prevenir, preparar, disponer (con rapidez). **2** {dinero, cosa} entregar, proporcionar (sin demora).

apropiación *f.* incautación, usurpación.

apropiadamente *adv.* con propiedad, convenientemente, oportunamente, acertadamente, a tiempo. ANT. inadecuadamente.

apropiado, -da *adj.* conveniente, pertinente, adecuado, proporcionado, idóneo, justo, apto, oportuno, propio. ANT. inapropiado, impropio, incorrecto.

apropiar *tr.* acomodar, adecuar. **2** *prnl.* usurpar, atribuirse, adueñarse, posesionarse, arrogarse, apoderarse, expoliar, robar, hurtar. ANT. restituir.

aprovechable *adj.* apto, explotable, útil, beneficioso, lucrativo. ANT. inutilizable.

aprovechado, -da *adj.* estudioso, aplicado, laborioso, diligente, trabajador. ANT. perezoso. **2** oportunista, interesado, egoísta, ventajista. ANT. honesto, sincero.

aprovechar *intr.* servir, beneficiar, ser útil. **2** *tr.* emplear, usar, utilizar, explotar. ANT. desperdiciar, desaprovechar. **3** *prnl.* disfrutar, prevalerse. **4** abusar, exprimir.

aprovisionador, -ra *adj. s.* proveedor, abastecedor, suministrador. **2** *Amer.* abastero.

aprovisionar *tr.* suministrar, surtir, abastecer, proveer, avituallar, distribuir.

aproximación *f.* proximidad, acercamiento, avecinamiento, vecindad, cercanía. ANT. alejamiento. **2** semejanza, parecido. ANT. diferencia.

aproximadamente *adv.* próximamente, casi, alrededor de, como, cerca de, más o menos.

aproximar *tr.* acercar, avecinar, juntar, adosar, arrimar, allegar. ANT. apartar, separar, alejar. **2** parecerse.

aptitud *f.* disposición, habilidad, destreza, talento, facultad, competencia, idoneidad, suficiencia, capacidad. ANT. incompetencia, ineptitud, inhabilidad.

apto, -ta *adj.* competente, capaz, idóneo, capacitado, dispuesto, diestro, hábil, preparado, suficiente. ANT. inepto, incompetente. **2** aprovechable, utilizable. ANT. inservible.

apuesta *f.* envite, jugada, jugada; reto, porfía, desafío.

apuesto, -ta *adj.* guapo, galán, garboso, gallardo, bien parecido. ANT. desgarbado, feo. **2** engalanado, adornado, ataviado. ANT. abandonado.

apunamiento *m. Amer.* soroche.

apuntalar *tr.* asegurar, afianzar, consolidar, sostener, reforzar, apoyar, afirmar, reafirmar. ANT. debilitar.

apuntar *tr.* anotar, escribir, inscribir, registrar, catalogar, asentar. ANT. tachar, borrar. **2** {arma} asestar, dirigir. **3** indicar, señalar. **4** bosquejar, diseñar, abocetar. **5** aguzar, afilar. **6** sugerir, indicar, insinuar, denotar; corregir. **7** *tr. prnl.* suscribir, ingresar. **8** *prnl.* {vino} agriarse, avinagrarse, acedarse. **9** *intr.* {alba} salir, asomar, manifestarse, brotar, aparecer, nacer. ANT. desaparecer, ocultarse. **10** *loc.* ~ *y no dar:* ofrecer y no cumplir.

apunte *m.* anotación, explicación, comentario, nota, glosa, observación. **2** esbozo, borrador, croquis, boceto, dibujo.

apuñalar *tr.* apuñalear, acuchillar, acribillar, herir.

apurado, -da *adj.* pobre, atribulado, necesitado, escaso. ANT. desahogado. **2** difícil, arduo, dificultoso, comprometido; angustioso, apremiante. ANT. fácil, sencillo. **3** afligido, acongojado. **4** apresurado, presuroso, con prisa.

apurar *tr. prnl.* consumir, concluir, acabar, agotar. ANT. iniciar. **2** urgir, acelerar, apresurar, apremiar. ANT. retardar, tardar. **3** *prnl.* acongojarse, atribularse, afligirse. **4** *prnl. Amer.* apresurarse, darse prisa.

apuro *m.* dificultad, lío, aprieto, contratiempo, atolladero, brete, agobio. ANT. despreocupación, tranquilidad. **2** prisa, apremio, urgencia. **3** vergüenza, reparo. **4** estrechez, necesidad, penuria, pobreza, escasez. ANT. riqueza.

aquejar *tr.* acongojar, entristecer, angustiar, apenar, atribular, abrumar, apesadumbrar, afligir. ANT. consolar, aliviar.

aquelarre *m.* desorden, batahola, confusión, estruendo, barahúnda, bulla, ruido, jaleo, gritería. ANT. tranquilidad, orden, paz, sosiego.

aquí *adv.* acá, al lado, junto, en este lugar. ANT. allá. **2** en esto, en eso. **3** ahora, en el presente. **4** *loc. de* ~ *para allí/allá:* de una parte a otra, de un lado a otro.

aquiescencia *f.* anuencia, conformidad, beneplácito, asentimiento, consentimiento, aprobación, permiso, licencia, autorización. ANT. desautorización, negativa.

aquietar *tr. prnl.* serenar, calmar, apaciguar, sosegar, aplacar, tranquilizar, pacificar. ANT. exaltar, soliviantar, excitar, inquietar.

aquilatar *tr.* {quilates} examinar, graduar, estimar, tasar, valorar, medir. **2** purificar, refinar. ANT. impurificar. **3** {mérito, cualidad} apreciar, verificar.

aquilino, -na *adj.* {rostro} aguileño, largo, delgado, afilado. **2** {nariz} corvo, curvo, encorvado, ganchudo. ANT. respingado, recto; chato.

aquilón *m.* viento norte, bóreas, cierzo. **2** norte, septentrión, polo ártico.

ara *f.* altar, sagrario. **2** *pl. loc. en* ~s *de:* en interés de, en honor de.

árabe *adj.* moro, mahometano, musulmán, sarraceno, islámico.

arabesco *m.* voluta, espiral, decoración, adorno.

arábigo, -ga *adj.* árabe. **2** *loc. estar (una cosa) en* ~*:* ser difícil de entender, ininteligible.

arancel *m.* tributo, tarifa, impuesto, derecho, carga, tasa.

arandela *f.* disco, anillo, corona, aro, abrazadera, argolla, anilla. **2** *Amer.* cenefa, volante, adorno. **3** *Amer.* candileja. **4** *Amér. Sur* {camisola} chorrera, vueltas. **5** *pl. Amer.* circunloquios, rodeos, ambages.

araña *f.* candelabro, candelero, lámpara.

arañar *tr.* raspar, rasguñar, rasgar, arpar, herir, marcar; escarbar.

arañazo *m.* araño, rasguño, arpadura, uñada, arañada, zarpazo.

arar *tr.* cultivar, labrar, barbechar, roturar, laborear, surcar.

araucano, -na *adj.* {lengua} mapuche.

arbitrar *tr.* juzgar, decidir, sentenciar, dictaminar; mediar. **2** *intr.* {recursos, medios} agenciarse, procurar, disponer, conseguir, procurar.

arbitrariedad *f.* atropello, extralimitación, ilegalidad, abuso, injusticia, absolutismo, iniquidad, desafuero, despotismo, cabildada. ANT. rectitud, legalidad, justicia.

arbitrario, -ria *adj.* ilegal, abusivo, injusto, despótico. ANT. legal, justo. **2** caprichoso, acomodaticio, gratuito, inmotivado, antojadizo, infundado. ANT. fundado.

arbitrio *m.* voluntad, albedrío. **2** poder, autoridad. **3** recurso, procedimiento, medio. **4** {juez} sentencia, decisión. **5** *gen. pl.* derechos, impuestos, tributos.

árbitro, -tra *s.* intercesor, juez, regulador, mediador, dictaminador, compromisario.

arbolar *tr.* {banderas} levantar, enarbolar. **2** arborizar. **3** *prnl.* {caballo} encabritarse.

arboleda *f.* alameda, floresta, bosque, soto, arbolado, espesura.

arbóreo, -rea *adj.* arborescente, arboriforme.

arca *f.* arcón, cofre, baúl, caja. **2** caja fuerte.

arcada *f.* ARQ. arco, bóveda, curvatura, vuelta. **2** náusea, basca, vértigo, mareo, asco.

arcaico, -ca *adj.* vetusto, viejo, anticuado, antiguo, desusado, obsoleto, añoso. ANT. nuevo, reciente.

arcano, -na *adj.* misterioso, oscuro, enigmático, secreto, impenetrable, recóndito, incógnito. ANT. evidente, claro. **2** *m.* enigma, misterio, secreto. ANT. revelación.

archivador *m.* archivo, clasificador, fichero.

archivar *tr.* ordenar, clasificar, catalogar.

archivo *m.* archivador, clasificador, fichero. **2** inventario, registro, índice, protocolo, clasificación, información.

arcilla *f.* greda, barro, tierra, caolín, marga.

arco *m.* vuelta, curvatura, arbotante; cimbra, cúpula. **2** DEP. meta, portería.

arder *tr. intr.* inflamarse, quemarse, incendiarse, abrasarse. ANT. apagarse. **2** freír, tostar, asar. **3** doler, escocer. ANT. mitigar. **4** resplandecer, refulgir.

ardid *m.* artimaña, astucia, treta, amaño, argucia, artificio, estratagema, engaño, truco, añagaza, trampa, jugada, timo. ANT. verdad.

ardiente *adj.* caluroso, abrasador, encendido, cálido, ardoroso, candente, hirviente. ANT. frío, gélido, helado. **2** vehemente, fervoroso, arrebatado, impetuoso, apasionado, fogoso. ANT. flemático, indiferente.

ardimiento *m.* intrepidez, ánimo, valor, denuedo, valentía. ANT. cobardía. **2** entusiasmo, energía, vivacidad, fervor. ANT. apatía.

ardite *m.* insignificancia, pequeñez, nimiedad, menudencia, bledo, comino. **2** *loc. dársele a uno un* ~*:* no importar, no dársele nada, no importar un comino.

ardor *m.* calor, hervor, ardentía. **2** vehemencia, denuedo, pasión, entusiasmo, viveza, fogosidad, ansia; empeño, ahínco. ANT. frialdad, indiferencia. **3** exaltación, efervescencia, agitación. ANT. tranquilidad, calma. **4** escozor, irritación.

ardoroso, -sa *adj.* encendido, quemante, ardiente. **2** ferviente, vehemente, apasionado, fogoso, impetuoso, entusiasta, arrebatado. ANT. frío, desinteresado.

arduo, -dua *adj.* difícil, penoso, complicado, espinoso, complejo, intrincado, peligroso. ANT. sencillo, fácil. **2** {terreno} áspero, accidentado, fragoso, escarpado.

área *f.* espacio, territorio, extensión, superficie, zona, perímetro, sector, región. **2** esfera, terreno, campo (de acción).

arena *f.* estadio, palestra, ruedo, liza, plaza, campo. **2** arenisca, polvo, sablón, grava. **3** *loc. sembrar en ~:* trabajar infructuosamente, hacer algo en vano.

arenga *f.* prédica, discurso, alocución, parlamento, proclama, diatriba. **2** *desp.* perorata, sermón, soflama. **3** *Chile* pendencia, contienda, disputa (verbal).

arengar *tr. intr.* predicar, hablar; enardecer. **2** *desp.* sermonear, perorar, soflamar.

arenoso, -sa *adj.* arenisco, pedregoso, polvoriento, sabuloso.

areómetro *m.* densímetro.

arete *m.* pendiente, zarcillo, arracada, aro, argolla.

argamasa *f.* mezcla, grava, mortero, cascajo, forja.

argentado, -da *adj.* plateado.

argentino, -na *adj.* argénteo. **2** {voz, timbre} vibrante, sonoro, claro.

argolla *f.* aro, anilla, arandela, abrazadera, arete, sortija, ajorca.

argot *m.* jerga, jeringonza, caló, galimatías.

argucia *f.* evasiva, sofisma, tergiversación, sutileza. ANT. claridad, autenticidad. **2** añagaza, artimaña, ardid, engaño, artificio, trampa. ANT. honradez.

argüir *tr.* deducir, explicar, descubrir, probar, demostrar, revelar, razonar. **2** *intr.* impugnar, controvertir, objetar, refutar, discrepar, cuestionar.

argumentación *f.* argumento, razonamiento, especulación, réplica, discurso.

argumentar *tr.* razonar, objetar, argüir, refutar, replicar, discutir.

argumento *m.* razonamiento, demostración, raciocinio, conclusión, consideración, juicio. **2** guión, tema, libreto, trama, materia, asunto.

aria *f.* aire, romanza, melodía, tonada.

aridez *f.* esterilidad, agostamiento, sequedad, desolación.

árido *adj.* seco, infecundo, estéril, yermo, improductivo. ANT. fecundo, fértil. **2** monótono, fastidioso, aburrido. ANT. placentero, entretenido, agradable, ameno.

arisco, -ca *adj.* huraño, áspero, insociable, intratable, hosco, esquivo. ANT. amable, sociable. **2** montaraz, indócil, indómito, bravío, cerril. ANT. dócil. **3** *Amer.* chúcaro.

arista *f.* esquina, saliente, ángulo, borde, canto, orilla, filo. **2** GEOM. intersección, línea.

aristocracia *f.* excelencia. **2** señorío, nobleza, hidalguía. ANT. plebeyez.

armada *f.* marina, escuadra, flota, convoy.

armadura *f.* arnés, coraza, caparazón; blindaje, protección, defensa. **2** estructura, armazón, carcasa, esqueleto, entablado, maderamen.

armar *tr. prnl.* {armas} montar, aprestar, amartillar. ANT. desmontar. **2** {piezas} juntar, disponer, montar. ANT. desarmar. **3** proteger, blindar, defender. ANT. desproteger. **4** promover, planear, preparar, fraguar, disponer. **5** equipar, proveer, suministrar, pertrechar, dotar. **6** {escándalo, pleito} causar.

armario *m.* estante, aparador, guardarropa, ropero, alacena, cómoda. **2** *Amer.* escaparate.

armatoste *m.* artilugio, trasto, artefacto, cachivache, aparato.

armazón *f.* estructura, entramado, armadura, soporte, esqueleto, maderamen, sostén, carcasa, bastidor, andamio.

armella *f.* anillo, abrazadera, arandela.

armisticio *m.* paz, tregua, reconciliación, tratado, convenio, pacto, cese al fuego, cese de hostilidades. ANT. hostilidad, guerra.

armonía *f.* acorde, consonancia, ritmo, cadencia, eufonía. ANT. disonancia, estridencia. **2** proporción, equilibrio, correspondencia, igualdad. ANT. desproporción, desigualdad. **3** paz, acuerdo, calma, avenencia, concordia, inteligencia, amistad, cordialidad, unión, hermandad. ANT. enemistad, discordia, desacuerdo.

armónico, -ca *adj.* melódico, armonioso, afinado, eufónico, cadencioso. ANT. estridente, discordante. **2** conforme, avenido. ANT. discrepante, disconforme.

armonioso, -sa *adj.* cadencioso, melodioso, musical, melódico, armónico, eufónico. ANT. disonante, desafinado. **2** equilibrado, simétrico. ANT. desproporcionado. **3** agradable, gustoso, grato. ANT. desagradable.

armonizable *adj.* conciliable, acorde.

armonizar *tr.* concertar, pactar, acordar, conformar, aunar, concordar, avenirse, conciliar, unir, acompasar, ajustar, compaginar. ANT. discordar, enemistar.

arnés *m.* armadura, armas. **2** *pl.* **arneses**, {caballerías} guarniciones, arreos.

aro *m.* arete, anillo, sortija, argolla, abrazadera, ajorca, pendiente.

aroma *m.* perfume, fragancia, bálsamo, emanación, efluvio. ANT. fetidez, hedor.

aromático, -ca *adj.* fragante, aromatizado, perfumado, balsámico, oloroso. ANT. maloliente, pestilente.

aromatizar *tr.* perfumar, aromar.

arpar *tr.* arañar.

arpegio *m.* MÚS. acorde, armonía, melodía.

arpía *f.* MIT. harpía. **2** *col.* bruja, fiera, basilisco, esperpento.

arponear *tr. intr.* arponar, alancear, ensartar, atravesar.

arqueado, -da *adj.* curvo, doblado, encorvado.

arquear *tr.* curvar, flexionar, doblar, encorvar, alabear. ANT. enderezar. **2** *intr.* nausear, bascar, basquear, sufrir arcadas, sufrir náuseas.

arqueo *m.* cómputo, recuento, cálculo, balance, cuenta.

arquero *m. Amer.* {fútbol} portero, guardameta.

arquetipo *m.* prototipo, paradigma, molde, tipo, modelo, ejemplar, dechado, ideal.

arrabal *m.* barriada, suburbio, afueras.

arrabalero, -ra *adj. s.* ordinario, grosero, maleducado, tosco, soez, vulgar. ANT. educado.

arracada *f.* zarcillo, arete, pendiente.

arracimarse *prnl.* apretujarse, concentrarse, aglomerarse, apiñarse, agruparse, concentrarse, unirse. ANT. disgregarse, dispersarse.

arraigado, -da *adj.* enraizado, agarrado, prendido, inveterado. **2** acostumbrado, aclimatado, habituado. ANT. inadaptado, desarraigado. **3** radicado, afincado. ANT. extraño.

arraigar *intr. prnl.* enraizar, prender, encepar. **2** establecerse, fijarse, acomodarse, afincarse. ANT. desarraigarse. **3** habituarse, acostumbrarse.

arraigo *m.* raigambre, raíces. **2** COM. seriedad, garantía, solvencia.

arramblar *tr.* apoderarse, arrebatar, cargar, saquear, llevarse.

arrancar *tr.* extraer, desarraigar, sacar, separar, extirpar, eliminar, quitar, suprimir; despegar, desclavar, desencajar. ANT. enraizar, unir. **2** comenzar, empezar, iniciar. **3** *intr.* salir, irse, marchar, partir. ANT. llegar. **4** proceder, provenir, originarse.

arranque *m.* impulso, ímpetu, rapto, arrebato, vehemencia. **2** comienzo, origen, partida, principio, preámbulo, iniciación. ANT. término, fin. **3** ocurrencia, salida. **4** *gen. pl.* brío, pujanza, fuerza. ANT. timidez. **5** *Amer. loc.* estar en el ~: estar arruinado, en la pobreza.

arras *f. pl.* garantía, fianza, prenda, aval, caución. **2** dote, bienes.

arrasar *tr. prnl.* devastar, destruir, derruir, desmantelar, asolar, arruinar. ANT. edificar, construir. **2** nivelar, alisar, aplanar, allanar.

arrastrado, -da *adj.* miserable, pobre, desgraciado, menesteroso. **2** pícaro, bribón, pillo.

arrastrar *tr.* impeler, tirar, remolcar, acarrear, empujar, conducir, impulsar, transportar, trasladar. **2** atraer, persuadir, convencer, cautivar, influir, inducir. ANT. disuadir, repeler. **3** *prnl.* humillarse, envilecerse, rebajarse, reptar. ANT. enorgullecerse.

arrastre *m.* transporte, traslado, acarreo, conducción.

arrear *tr.* estimular, apresurar, aguijonear, acelerar, azuzar, hostigar, animar. ANT. desanimar, disuadir. **2** fustigar, azotar, golpear, pegar, zurrar, tundir. **3** arreglar, ornamentar, engalanar, hermosear, poner arreos.

arrebatado, -da *adj.* precipitado, impetuoso, impulsivo, raudo, irreflexivo, veloz. ANT. reflexivo, sosegado. **2** colérico, enfurecido, violento. ANT. sosegado, tranquilo. **3** {rostro} encendido, colorado.

arrebatar *tr.* arrancar, despojar, quitar, raptar, llevarse, desposeer, usurpar, saquear. ANT. dar, entregar. **2** cautivar, seducir, maravillar, atraer, encantar, sugestionar. ANT. repugnar. **3** *prnl.* irritarse, enojarse, exaltarse, encolerizarse, enfurecerse. ANT. calmarse.

arrebato *m.* rapto, frenesí, ímpetu, ataque, arranque, arrobo, éxtasis; inspiración. **2** cólera, furia, ira, furor.

arrebol *m.* {color} colorado, rojizo, rosado, rojo, bermellón, carmín. **2** colorete.

arrebujar *tr. prnl.* envolverse, abrigarse, taparse, arroparse, liarse, cubrirse. ANT. destaparse, descubrirse. **2** reburujar, desordenar, enredar, revolver; manosear. ANT. ordenar, organizar.

arreciar *intr. prnl.* intensificarse, aumentar, crecer, redoblar, recrudecerse, agravarse, empeorar. ANT. amainar, ceder, disminuir.

arrecife *m.* rompiente, encalladero, escollo, farallón, promontorio, atolón, acantilado, bajo, bajío.

arredrar *tr. prnl.* acobardar, amedrentar, asustar, atemorizar, intimidar, amilanar, acoquinar. ANT. animar.

arreglado, -da *adj.* ordenado, moderado, cuidadoso, metódico. ANT. desordenado, desarreglado. **2** adobado, aliñado, condimentado. **3** amañado, apañado, concertado, negociado, falseado. **4** simétrico, proporcionado, armonioso, estructurado, regulado, equilibrado. ANT. inmoderado. **5** ataviado, compuesto, acicalado, aderezado, peripuesto. ANT. descuidado.

arreglar *tr. prnl.* ordenar, acomodar, disponer, organizar, ajustar, limpiar, conformar, clasificar. ANT. desordenar, desarreglar, desacomodar. **2** reparar, componer, restaurar, remendar, corregir, retocar. ANT. estropear, descomponer. **3** decidir, conciliar, resolver, acordar, convenir, concertar. **4** medir, regular, acompasar. **5** adobar, aliñar, condimentar. **6** engalanar, ataviar, acicalar. **7** *tr.* aprestar, acondicionar, prevenir. **8** *prnl.* valerse, desenvolverse, conseguir, arreglárselas, componérselas, agenciarse.

arreglo *m.* orden, ordenación, coordinación, distribución, regulación, acomodo, armonía, colocación, concierto, disposición. ANT. desorden, desorganización. **2** restauración, remiendo, reparación, compostura, ajuste, remedio, reforma. ANT. avería. **3** convenio, transacción, acuerdo, avenencia, pacto, decisión, conciliación, reconciliación, solución; consentimiento, condescendencia. ANT. discrepancia, disensión, desacuerdo. **4** compostura, acicalamiento, pulcritud, aseo, adorno. ANT. descuido, desarreglo, desaseo. **5** chanchullo, lío, componenda. **6** *loc.* ~ de cuentas: venganza, ajuste de cuentas. **7** *loc.* con ~ a: según, conformemente, conforme a, de acuerdo con.

arrellanarse *prnl.* apoltronarse, acomodarse, repantigarse, descansar. ANT. incorporarse.

arremangar *tr. prnl.* remangar, recoger.

arremetedor, -ra *adj.* acometedor, impetuoso, agresivo. ANT. tímido, apocado.

arremeter *tr. prnl.* arrojarse, lanzarse, acometer, atacar, chocar, embestir, abalanzarse, precipitarse, agredir. ANT. huir, apartarse.

arremetida *f.* acometida, embestida, ataque.

arremolinarse *prnl.* agolparse, aglomerarse, amontonarse, apretujarse, apiñarse. ANT. dispersarse, separarse.

arrendador, -ra *adj.* rentero, casero, locatario.

arrendamiento *m.* alquiler, arriendo, locación, renta, canon.

arrendar *tr.* alquilar, rentar; traspasar. **2** ocupar, contratar, tomar en arriendo.

arrendatario, -ria *adj.* inquilino, colono, aparcero.

arreo *m.* adorno, ornato, ornamento, atavío, aderezo. **2** *pl.* guarniciones, ataúje, jaeces.

arrepentido, -da *adj.* apenado, pesaroso, sentido, compungido, contrito. ANT. impenitente, contumaz.

arrepentimiento *m.* contrición, compunción, pesar, tristeza, pesadumbre, pena, aflicción. ANT. impenitencia, contumacia. **2** abjuración, retractación. ANT. obstinación.

arrepentirse *prnl.* deplorar, dolerse, sentir, lamentar, apesadumbrarse, compungirse, apenarse. ANT. complacerse, alegrarse. **2** retractarse, desdecirse, rectificar. ANT. obstinarse, insistir.

arrestado, -da *adj.* preso, encerrado, detenido, prisionero, apresado. ANT. libre.

arrestar *tr.* detener, encarcelar, apresar, recluir, aprisionar, prender. ANT. liberar, soltar.

arresto *m.* apresamiento, reclusión, detención, captura. ANT. libertad. **2** *pl. loc.* tener ~s para algo: atreverse, tener valor/agallas/audacia.

arriar *tr. prnl.* inundar. **2** *tr.* NÁUT. {banderas} bajar, soltar, aflojar, largar.

arribada *f.* NÁUT. llegada, arribo, arribaje.

arribar *intr.* llegar, fondear, anclar.

arribista *com.* oportunista, aprovechado, inescrupuloso, ambicioso, advenedizo, trepador.

arribo *m.* arribada, llegada.

arriendo *m.* alquiler, renta, arrendamiento, canon.

arriesgado, -da *adj.* aventurado, delicado, azaroso, expuesto, incierto, peligroso. ANT. seguro, salvo, inocuo. **2** audaz, intrépido, osado, atrevido, resuelto, decidido, arrojado, valiente, temerario; imprudente. ANT. temeroso, cobarde, cauteloso.

arriesgar *tr.* exponer, comprometer, aventurar, desafiar. ANT. prevenir, asegurarse. **2** *prnl.* aventurarse, atreverse, exponerse, afrontar, osar. ANT. abstenerse.

arrimar *tr.* aproximar, acercar, avecinar, unir, adosar, juntar, apoyar. ANT. alejar, apartar, separar. **2** {golpe} dar, pegar. **3** *prnl.* ampararse, acogerse. **4** juntarse, aproximarse, agregarse. ANT. separarse, dispersarse.

arrimo *m.* proximidad, cercanía. **2** apoyo, amparo, ayuda, protección, sostén, favor, auxilio. **3** apego, inclinación, afición. **4** *loc.* **a)** *al ~ de:* al amparo de. **b)** *loc. al ~ de:* en la proximidad de.

arrinconado, -da *adj.* abandonado, postergado, olvidado, desatendido, apartado. ANT. recordado. **2** distante, apartado, aislado. ANT. cercano, próximo.

arrinconar *tr.* abandonar, postergar, desatender, dejar. ANT. recordar. **2** retirar, menospreciar, desechar, apartar, marginar, confinar, desdeñar. **3** *prnl.* aislarse, retirarse, encerrarse, ocultarse. ANT. salir.

arriscar *tr.* aventurar, arriesgar, osar, exponer. ANT. precaverse. **2** *prnl.* envanecerse, engreírse. **3** encresparse, alborotarse, enfurecerse. ANT. calmarse, apaciguarse.

arritmia *f.* MED. irregularidad.

arrobamiento *m.* embelesamiento, entusiasmo, arrobo. **2** éxtasis, trance, deliquio, desfallecimiento, enajenamiento, desmayo.

arrobar *tr.* cautivar, embelesar, maravillar, entusiasmar, encantar, atraer. **2** *prnl.* elevarse, extasiarse, transportarse, abstraerse.

arrobo *m.* arrobamiento, enajenamiento, desfallecimiento, embelesamiento, éxtasis, arrebato, embeleso.

arrodillarse *intr. prnl.* hincarse, postrarse, prosternarse, inclinarse, ponerse de rodillas. ANT. incorporarse, levantarse.

arrogancia *f.* soberbia, engreimiento, presunción, altanería, jactancia, altivez, desdén, desprecio. ANT. modestia, sencillez.

arrogante *adj.* engreído, pedante, afectado, altanero, insolente, impertinente. ANT. modesto.

arrogar *tr.* DER. adoptar, prohijar. **2** *prnl.* {jurisdicción, facultad} atribuirse, apropiarse.

arrojado, -da *adj.* resuelto, decidido, valiente, osado, audaz, intrépido. ANT. cobarde, miedoso, pusilánime. **2** imprudente, atrevido, inconsiderado, impetuoso. ANT. prudente, cuidadoso.

arrojar *tr.* lanzar, despedir, expulsar, echar, disparar, expeler, tirar. ANT. recoger. **2** {cuentas} presentar, resultar. **3** {cargo} deponer, echar. **4** vomitar, devolver. **5** *prnl.* atacar, arremeter, abalanzarse, embestir, acometer. ANT. retroceder. **6** despeñarse, precipitarse. **7** resolverse, decidirse, emprender. ANT. abstenerse, dudar.

arrojo *m.* osadía, intrepidez, decisión, coraje, atrevimiento, temple, audacia, valor, denuedo, determinación, resolución, temeridad, ardor. ANT. cobardía, pusilanimidad.

arrollador, -ra *adj.* indomable, implacable, irresistible, impetuoso, invencible.

arrollar *tr.* envolver, enrollar, liar, aovillar. ANT. desenrollar. **2** {vehículo} atropellar, derribar. **3** superar, dominar. **4** vencer, aniquilar, derrotar, abatir.

arropar *tr. prnl.* cubrir, abrigar, tapar.

arrostrar *tr.* enfrentar, afrontar, hacer frente. ANT. huir, esquivar. **2** soportar, tolerar, aguantar, sufrir, resistir. **3** *prnl.* atreverse, acometer, arrojarse, desafiar. ANT. rendirse.

arroyo *m.* riachuelo, arroyuelo, corriente, riacho, regato. **2** *Amér. Sur* río, caudal navegable. **3** *loc. poner/ plantar en el ~:* poner/plantar en la calle.

arroyuelo *m.* riachuelo, riacho, regato.

arruga *f.* surco, rugosidad, pliegue, repliegue, plisado, dobladura.

arrugar *tr. prnl.* estriar, fruncir, plegar, replegar. **2** *prnl.* acobardarse, encogerse, apocarse, desanimarse. ANT. envalentonarse. **3** envejecer, aviejarse, ajarse.

arruinado, -da *adj.* empobrecido, insolvente, pobre, ruinoso. ANT. rico, pudiente. **2** estropeado, acabado, deslucido, ruinoso, viejo. ANT. nuevo. **3** aniquilado, desplomado, demolido, derruido. **4** *Amér. Sur, Méx.* enclenque, enfermizo.

arruinar *tr.* arrasar, demoler, aniquilar, devastar, dañar, destruir, asolar, derribar, venirse abajo. ANT. construir. **2** *tr. prnl.* quebrar, empobrecerse. ANT. enriquecer, prosperar.

arrullar *tr.* adormecer, acunar, mecer. **2** enamorar, galantear, piropear.

arrullo *m.* canto, nana, canción, canturreo, tonada, murmullo. **2** galanteo, arrumaco.

arrumaco *m.* caricia, zalamería, carantoña.

arrumbar *tr.* abandonar, desdeñar, desechar, apartar, retirar; arrinconar.

arsenal *m.* armería, almacén, depósito de municiones. **2** conjunto, depósito.

arte *amb.* técnica, procedimiento, sistema, disciplina, método, ciencia. **2** destreza, maestría, habilidad, genio, ingenio, pericia, industria. ANT. inhabilidad, incapacidad. **3** traza, artería, astucia, artificio, maña.

artefacto *m.* mecanismo, instrumento, aparato, dispositivo, máquina, utensilio; artilugio, cachivache.

arteria *f.* conducto, vena, conducto arterial, vaso sanguíneo. **2** calle, avenida, vía.

artería *f.* falsía, treta, engaño, astucia, triquiñuela, ardid, amaño, trampa.

arterial *adj.* venoso, circulatorio.

artero, -ra *adj.* malintencionado, taimado, mañoso, ladino, artificioso, falaz, sutil, astuto.

artesa *f.* artesón, balde, duerma. **2** *Amer.* batea.

artesano, -na *adj.* artífice, menestral, productor, ejecutor, operario, trabajador.

ártico *adj.* GEO. septentrional, norte, boreal, hiperbóreo. ANT. meridional, austral, antártico.

articulación *f.* ANAT. coyuntura, juntura, nudillo, junta, artejo. **2** acoplamiento, vínculo, juego, unión, enlace. **3** GRAM. dicción, pronunciación.

articular *tr. prnl.* estructurar, unir, coordinar, acoplar, vincular, enlazar, juntar, trabar. ANT. desarticular, desunir. **2** pronunciar, emitir, enunciar, modular, proferir, vocalizar.

articulista *com.* redactor, reportero, periodista, editorialista, comentarista.

artículo *m.* mercancía, producto, género, mercadería. **2** escrito, exposición, crónica, comentario, noticia. **3** capítulo, división, apartado, título, sección. **4** {diccionario} entrada, palabra, voz. **5** GRAM. determinante. **6** *loc. ~ de fe:* verdad absoluta, dogma.

artífice *com.* creador, autor. **2** menestral, artesano, operario; virtuoso.

artificial *adj.* ficticio, artificioso, ilusorio, fingido, simulado, falso, aparente, postizo. ANT. natural, auténtico, genuino.

artificio *m.* habilidad, destreza, arte, ingenio. **2** artimaña, trampa, simulación, astucia, disimulo, ardid, doblez, treta, engaño. **3** afectación, amaneramiento. ANT. naturalidad, autenticidad. **4** mecanismo, artilugio, aparato, artefacto; invento.

artificioso, -sa *adj.* ingenioso, diestro, habilidoso. **2** rebuscado, afectado. ANT. natural. **3** astuto, cauteloso, artero, insidioso, disimulado, engañoso, sagaz.

artilugio *m.* mecanismo, dispositivo, artefacto. **2** ardid, enredo, maña, trampa.

artimaña *f.* astucia, treta, trampa, estratagema, artificio, truco, artilugio, ardid, engaño.

artista *com.* artífice, creador, autor, inventor; virtuoso. **2** intérprete, ejecutante; actor, comediante, protagonista, compositor, animador.

arveja f. alverja. **2** algarroba. **3** *Amer.* guisante, chícharo.

as m. campeón, primero, experto.

asa f. agarradero, mango, asidero, cogedero, empuñadura, manubrio, pomo, agarre, picaporte, tirador.

asador m. parrilla, brocheta, barbacoa, pincho.

asaetear tr. disgustar, molestar, importunar, mortificar, acosar. **2** flechar, ballestear.

asalariado, -da adj. trabajador, obrero, pagado, empleado.

asalariar tr. emplear, pagar, retribuir, gratificar.

asaltante adj. bandido, atracador, saqueador, ladrón, bandolero.

asaltar tr. atracar, robar, despojar, saquear. **2** acometer, atacar, embestir, arremeter. **3** {idea, enfermedad} sobrevenir, acometer, acaecer, acudir, ocurrir de pronto.

asalto m. atraco, hurto, robo. **2** ataque, embestida, agresión, acometida, irrupción, abordaje, arremetida, penetración. **3** {boxeo} parte del combate.

asamblea f. junta, congregación, convención, reunión, congreso, corporación.

asar tr. cocer, tostar, dorar, cocinar, abrasar, soflamar. ANT. enfriar. **2** prnl. acalorarse, sofocarse, asfixiarse.

asaz adj. POET. bastante, mucho, suficiente. ANT. poco, insuficiente. **2** adv. muy, bastante.

ascendencia f. origen, genealogía, sangre, extracción, estirpe, linaje, progenie, cuna, antepasados; abolengo, prosapia, alcurnia. ANT. descendencia, prole.

ascender intr. elevarse, trepar, remontar, alzarse, escalar, subir. ANT. bajar, descender. **2** {cuenta} montar, importar, sumar. **3** tr. {empleo, dignidad} promover, prosperar, progresar, adelantar. ANT. relegar; degradar.

ascendiente adj. antecesor, predecesor, ancestro, antepasado, progenitores, padre, madre, abuelo. ANT. descendiente, sucesor. **2** m. dominio, influencia, predominio, influjo, poder, preponderancia, autoridad, prestigio. ANT. descrédito, desprestigio.

ascensión f. subida, ascenso, elevación, escalamiento. ANT. descenso, caída.

ascenso m. escalamiento, subida, avance, elevación. ANT. descenso. **2** {empleo} promoción, progreso, adelanto. ANT. degradación, retroceso.

ascensor m. montacargas. **2** *Amer.* elevador.

asceta com. eremita, ermitaño, anacoreta, penitente.

asco m. repulsión, repugnancia, aversión, disgusto, desagrado, aborrecimiento; náuseas. ANT. placer, agrado. **2** temor, miedo. **3** loc. **estar hecho un ~:** estar muy sucio. **4** loc. **ser un ~ una cosa:** ser despreciable, mala, imperfecta. **5** loc. *Amér.* **Sur sin ~:** con decisión, sin escrúpulos.

ascua f. rescoldo, fuego, lumbre, brasa, llama. **2** loc. **estar en/sobre ~s:** estar inquieto, sobresaltado.

aseado, -da adj. pulcro, limpio, impecable, impoluto, acicalado. ANT. sucio, desaseado.

asear tr. prnl. lavar, higienizar, limpiar, purificar, enlucir. ANT. ensuciar. **2** acicalar, arreglar, componer, atildar. ANT. desarreglar, abandonar.

asechamiento m. ver **asechanza**.

asechante adj. cauteloso, insidioso, capcioso.

asechanza f. asechamiento, asecho, insidia, ardid, artimaña, celada, emboscada, estratagema, intriga, artificio, engaño, perfidia, traición, conspiración.

asecho m. ver **asechanza**.

asediar tr. sitiar, aislar, acorralar, incomunicar, bloquear, cercar, rodear. **2** importunar, hostigar, cansar,

acosar, hostilizar, fastidiar, molestar. ANT. tranquilizar, apaciguar.

asedio m. bloqueo, acorralamiento, sitio, cerco, aislamiento. **2** acoso, hostigamiento, coacción, molestia, fastidio.

asegurado, -da adj. seguro, fijo, apuntalado, firme. ANT. inseguro.

asegurar tr. fijar, apuntalar, reforzar, consolidar, afianzar, establecer. ANT. aflojar, soltar. **2** tr. prnl. tranquilizar, fortalecer, garantizar, apoyar, sostener. ANT. intranquilizar, debilitar. **3** aseverar, declarar, afirmar, atestiguar, testificar, ratificar, certificar. ANT. negar. **4** {personas, cosas} proteger, amparar, defender, resguardar. ANT. descuidar, abandonar. **5** convencerse, cerciorarse, confirmar, verificar.

asemejarse tr. prnl. semejarse, parecerse, igualarse. ANT. diferenciarse, distinguirse.

asenso m. aprobación, asentimiento, consentimiento, aquiescencia, confirmación, anuencia. ANT. negativa.

asentaderas f. pl. posaderas, posas, trasero, culo, nalgas.

asentado, -da adj. sentado, reflexivo, equilibrado, juicioso. ANT. irreflexivo. **2** fijo, permanente, estable, establecido, colocado, radicado. ANT. temporal, transitorio.

asentamiento m. colonización, establecimiento, instalación.

asentar tr. prnl. colocarse, posarse, establecerse, detenerse, afincarse, instalarse. ANT. marcharse, descolocarse, trasladarse. **2** {pueblo, edificio} fundar, situar. **3** {cosa} asegurar, afirmar. **4** anotar, inscribir, registrar, escribir, sentar. ANT. tachar, borrar. **5** {costura} piso} planchar, alisar, aplanar, apisonar, allanar. ANT. arrugar; desnivelar. **6** presuponer, suponer. **7** convenir, pactar. **8** prnl. {aves} posarse.

asentimiento m. aprobación, anuencia, beneplácito, asenso, conformidad, aquiescencia, consentimiento, admisión. ANT. disentimiento.

asentir intr. afirmar, consentir, aprobar, admitir, acceder, confirmar, convenir, reconocer, conceder. ANT. negar, disentir.

aseo m. higiene, limpieza, compostura, pulcritud, cuidado, esmero. ANT. desaseo.

asepsia f. MED. desinfección, antisepsia, purificación, esterilización, higiene. ANT. contaminación, infección.

aséptico, -ca adj. estéril, esterilizado, antiséptico, higienizado, desinfectado. ANT. infectado, séptico.

asequible adj. alcanzable, accesible, realizable, posible, factible, exequible, hacedero. ANT. inasequible, imposible, irrealizable.

aserción f. aseveración, confirmación, aserto, afirmación, declaración. ANT. negación.

aserradero m. serrería.

aserrar tr. serrar, dividir, cortar, partir, separar, seccionar, talar. ANT. unir.

aserrín m. serrín.

aserto m. ver **aserción**.

asesinar tr. matar, liquidar, ejecutar, exterminar, suprimir, eliminar, aniquilar, despachar.

asesinato m. homicidio, crimen, muerte, eliminación.

asesino, -na adj. s. homicida, criminal, sicario.

asesor, -ra adj. s. consejero, consultor, supervisor, monitor. **2** adj. consultivo.

asesorar tr. informar, aconsejar, orientar, dictaminar. **2** prnl. consultar, tomar consejo.

asestar tr. {arma, vista} dirigir, apuntar, encarar. **2** {arma} descargar, disparar. **3** {puñetazo} pegar, propinar, golpear. **4** intr. dirigirse, poner la mira.

aseveración f. afirmación, confirmación, aserto, ratificación, aserción.

aseverar *tr.* afirmar, asegurar, ratificar, confirmar, atestiguar, reafirmar. *ANT.* negar.

aseverativo, -va *adj.* confirmativo, afirmativo, ratificatorio. **2** LING. enunciativo, declarativo.

asexual *adj.* asexuado.

asfaltado *m.* pavimento, recubrimiento, revestimiento, alquitranado.

asfaltar *tr.* pavimentar, alquitranar.

asfalto *m.* alquitrán, brea, revestimiento, recubrimiento, pavimento.

asfixia *f.* ahogo, ahogamiento, sofocación, opresión, estrangulación. *ANT.* respiración. **2** {calor} sofoco, bochorno.

asfixiar *tr. prnl.* ahogar, sofocar; oprimir.

así *adv.* de tal forma, tal cual, de este modo, de esta manera, precisamente. **2** *conj.* aunque, por más que. **3** *loc.* ~ ~: medianamente, mediocre. **4** *loc.* ~ **como:** tan pronto como. **5** *loc.* ~ *como ~:* de cualquier modo, de cualquier manera.

asidero *m.* agarradero, asa, mango, empuñadura, manija. **2** pretexto, excusa, ocasión, justificación, escapatoria.

asiduidad *f.* esmero, aplicación, persistencia, perseverancia, atención, frecuencia.

asiduo, -dua *adj.* puntual, perseverante, persistente, constante, acostumbrado, habitual, frecuente, continuo. *ANT.* infrecuente, discontinuo, inconstante.

asiento *m.* banca, silla, taburete, butaca, banqueta. **2** {en espectáculos} puesto, localidad, plaza, escaño. **3** sede, sitio, lugar, domicilio. **4** {líquido} poso, sedimento. **5** ARQ. sentamiento, descenso. **6** {libros de cuentas} anotación, apunte, registro. **7** estabilidad, permanencia. **8** cordura, prudencia, sensatez, madurez. **9** *Amer.* {minas} territorio, población. **10** *loc.* **a) tomar ~:** sentarse. **b)** *loc.* *tomar ~:* establecerse, radicarse, habitar, vivir.

asignación *f.* remuneración, paga, salario, sueldo, honorarios, estipendio, retribución, subvención, emolumentos.

asignar *tr.* destinar, señalar, fijar, dedicar. **2** dar, conceder, remunerar, pagar.

asignatura *f.* disciplina, programa, materia, ciencia, estudio, arte, tratado.

asilar *tr. prnl.* refugiar, acoger, amparar, cobijar, proteger. *ANT.* desamparar, abandonar. **2** recluir, internar.

asilo *m.* protección, amparo, apoyo, defensa, abrigo, socorro, favor. **2** hospicio, orfanato, albergue, refugio.

asimétrico, -ca *adj.* GEOM. irregular. *ANT.* simétrico. **2** desproporcionado, desigual, anómalo. *ANT.* regular.

asimetría *f.* disimetría, desproporción, anomalía, desigualdad, irregularidad. *ANT.* simetría, regularidad.

asimilación *f.* BIOL. anabolismo, absorción, nutrición, síntesis.

asimilar *tr. prnl.* asemejar, igualar, comparar, equiparar, parangonar. *ANT.* diferenciar, distinguir. **2** BIOL. absorber, incorporar, asimilar, digerir, alimentarse. *ANT.* eliminar. **3** aprender, comprender, entender, captar. **4** FON. {sonido} adaptar, acomodar.

asimismo *adv.* igualmente, del mismo modo, de esta forma; además, también. *ANT.* tampoco.

asincrónico, -ca *adj.* asíncrono. *ANT.* sincrónico.

asir *tr.* agarrar, coger, empuñar, tomar, sujetar, aprisionar, aferrar, alcanzar. *ANT.* soltar, desasir. **2** *intr.* {planta} prender, arraigar. **3** *prnl.* pelearse, disputar, contender, reñir.

asistencia *f.* socorro, ayuda, protección, auxilio, cooperación, servicio, colaboración, apoyo, favor, amparo. *ANT.* abandono, desasistencia. **2** concurrencia, afluencia. **3** *Chile* y *Perú* casa de socorro. **4** *Méx.* casa de huéspedes.

asistente *com.* ayudante, colaborador, auxiliar, agregado. **2** criado, ordenanza, mozo. **3** *pl.* espectadores, concurrentes, público, concurrencia, auditorio.

asistir *tr.* ayudar, socorrer, auxiliar, atender, favorecer, apoyar, cuidar, colaborar. *ANT.* abandonar, desamparar. **2** *intr.* concurrir, presentarse, hallarse, acudir, comparecer, visitar, ir, llegar, estar presente. *ANT.* faltar. **3** presenciar, observar, contemplar, ver.

asma *f.* asfixia, ahogo, opresión. **2** MED. apnea.

asno *m.* jumento, burro, borrico, rucio, pollino. **2** ignorante, rudo, zopenco, bruto, corto, lerdo, torpe, necio. *ANT.* inteligente.

asociación *f.* sociedad, corporación, compañía, alianza, entidad, cuerpo, institución, agrupación, club, consorcio, empresa, cooperativa, grupo, gremio, federación, círculo.

asociado, -da *com.* socio, compañero, acompañante, camarada, colega; afiliado, suscriptor. **2** añadido, agregado, unido, sumado. *ANT.* separado.

asociar *tr. prnl.* unir, agrupar, juntar, reunir, congregar, aliar, aunar, agregar, incorporar, mancomunar; agremiar, afiliar, inscribir, suscribir. *ANT.* desvincular, disociar, desunir.

asolar *tr.* arrasar, destruir, devastar, desmantelar, arruinar, saquear. *ANT.* construir, edificar.

asomar *intr.* aparecer, surgir, aflorar, brotar, salir. **2** *tr. prnl.* mostrar, sacar. *ANT.* ocultar.

asombrado, -da *adj.* admirado, sorprendido, atónito, maravillado, pasmado, absorto, suspenso, boquiabierto.

asombrar *tr. prnl.* admirar, pasmar, maravillar, desconcertar, sorprender, aturdir; extasiar, fascinar. **2** asustar, sobrecoger, espantar. *ANT.* tranquilizar. **3** PINT. {color} oscurecer.

asombro *m.* admiración, sorpresa, estupefacción, estupor, pasmo, extrañeza; fascinación. *ANT.* indiferencia, impasibilidad. **2** susto, espanto.

asombroso, -sa *adj.* sorprendente, inaudito, pasmoso, admirable, sensacional, prodigioso, fascinante. *ANT.* corriente.

asomo *m.* indicio, atisbo, sospecha, manifestación, señal, presunción, síntoma, conjetura, amago, vestigio.

asonada *f.* sublevación, alboroto, disturbio, revuelta, motín, tumulto, jaleo, sedición.

aspaviento *m.* ademán, gesticulación, afectación, gesto, demostración, mueca, queja.

aspecto *m.* apariencia, aire, presencia, semblante, figura, fisonomía, talante, cara, porte, empaque, físico, pinta, planta, traza, facha, catadura. **2** cariz, curso, dirección, giro. **3** {astros} fase, situación, estado.

aspereza *f.* rugosidad. *ANT.* suavidad. **2** rudeza, brusquedad, dureza, tosquedad, rigidez, ordinariez. *ANT.* amabilidad. **3** {terreno} desigualdad, escabrosidad, fragosidad, escarpadura. *ANT.* llanura. **4** *loc.* **limar ~s:** conciliar, reconciliar, avenir.

asperjar *tr.* asperger, hisopear, esparcir, rociar.

áspero, -ra *adj.* {superficie} rasposo, rugoso, tosco. *ANT.* suave, liso. **2** {terreno} escabroso, abrupto, escarpado. *ANT.* uniforme, llano. **3** {estilo, sabor, voz} desapacible. *ANT.* apacible. **4** {tiempo} tempestuoso, borrascoso. *ANT.* bonancible. **5** {combate} violento. **6** {genio} rígido, riguroso, severo, rudo, desabrido. *ANT.* afable, amable.

aspersión *f.* vaporización, rociadura, riego, humedecimiento, salpicadura.

áspid *m.* víbora, culebra, serpiente.

aspillera *f.* abertura, tronera.

aspiración *f.* inspiración, inhalación. ANT. espiración. **2** pretensión, deseo, ambición, anhelo, inclinación, ansia, sueño, esperanza. ANT. desilusión. **3** propósito, designio.

aspirante *adj.* pretendiente, postulante, candidato, solicitante.

aspirar *tr.* inspirar, inhalar. ANT. espirar, exhalar. **2** pretender, ansiar, desear, anhelar, ambicionar, apetecer. ANT. rehusar, desistir.

asquear *intr.* repugnar, repeler, desagradar. ANT. atraer.

asquerosidad *f.* porquería, inmundicia, basura, suciedad.

asqueroso, -sa *adj.* inmundo, repugnante, repulsivo, repelente, nauseabundo, sucio.

asta *f.* {lanza, pica} palo. **2** vara, mástil. **3** cuerno, cornamenta, pitón. **4** *loc.* {bandera} *a media ~:* a medio izar.

astenia *f.* MED. agotamiento, debilidad, decaimiento, desfallecimiento. ANT. energía.

asterisco *m.* estrella.

astilla *f.* esquirla, fragmento, partícula, fracción, trozo.

astillar *tr.* fraccionar, fragmentar, fracturar.

astral *adj.* sideral, sidéreo.

astringente *adj.* constringente, estíptico, acre, áspero.

astringir *tr.* MED. {tejido orgánico} astreñir, estipticar, apretar, estrechar, restringir, contraer. **2** sujetar, obligar, constreñir, impeler.

astro *m.* cuerpo celeste; estrella. **2** celebridad, figura, personalidad, estrella, luminaria.

astronauta *com.* cosmonauta, tripulante, navegante espacial.

astronáutica *f.* cosmonáutica.

astronave *f.* cosmonave, nave espacial.

astronomía *f.* cosmografía.

astronómico, -ca *adj.* astral, sideral, cosmográfico. **2** grande, enorme, colosal, descomunal.

astroso, -sa *adj.* desaseado, sucio, roto; andrajoso, harapiento. ANT. aseado, limpio. **2** abyecto, vil, despreciable. **3** ANT. infausto, desgraciado, malhadado, infeliz.

astucia *f.* sagacidad, viveza, perspicacia, sutileza, habilidad. ANT. ingenuidad, simpleza, candidez. **2** artimaña, ardid, artificio, estratagema, treta, maña, añagaza. **3** hipocresía, disimulo, marrullería, artería, doblez, malicia, fingimiento. ANT. sinceridad.

astuto, -ta *adj.* sagaz, vivaz, agudo, sutil, inteligente, hábil. ANT. torpe, corto. **2** cauteloso, cauto, previsor, prudente, precavido. ANT. ingenuo. **3** artimañoso, taimado, zorro, disimulado, artero. ANT. cándido. **4** engañoso, artificioso, fingido. ANT. natural, espontáneo.

asueto *m.* descanso, reposo, vacación, pausa, recreo, esparcimiento. ANT. labor, trabajo.

asumir *tr.* aceptar, hacerse cargo, responsabilizarse, contraer, comprometerse. ANT. rechazar, rehusar. **2** {forma} adquirir, alcanzar.

asunción *f.* apropiación, adjudicación. **2** REL. ascensión, subida, elevación. ANT. descenso.

asunto *m.* tema, cuestión, materia, argumento, tesis, trama, idea, motivo, propósito. **2** negocio, transacción, operación, trato.

asustadizo, -za *adj.* miedoso, espantadizo, temeroso, aprensivo, pusilánime, asombradizo, impresionable, tímido, cobarde. ANT. atrevido, animoso, valeroso.

asustar *tr. prnl.* atemorizar, intimidar, espantar, sobresaltar, amedrentar, sobrecoger, acobardar, aterrorizar, horrorizar. ANT. tranquilizar, animar. **2** pasmar, sorprender, aturdir, maravillar, escandalizar; desagradar.

atacar *tr.* acometer, embestir, arremeter, agredir, abalanzarse, asaltar. ANT. defender, proteger. **2** impugnar, refutar, rebatir, combatir, contradecir, oponerse, replicar. ANT. aceptar, conceder. **3** {sueño, enfermedad} acometer, venir repentinamente. **4** apretar, atiborrar, tupir, atestar.

atadijo *m.* lío, fajo, fardo, envoltorio. **2** atadura, lazo.

atado *m.* paquete, lío, atadijo, haz, conjunto, envoltorio. **2** Amer. {cigarrillos} cajetilla, paquete.

atadura *f.* ligadura, sujeción, enlace, vínculo, ligamiento, unión; impedimento, traba. ANT. libertad. **2** amarre, lazo, nudo, lazada, atadero.

atafagar *tr. prnl.* aturdir, sofocar. **2** molestar, importunar, incordiar. **3** *prnl.* {trabajo} sobrecargarse.

atajar *tr.* detener, contener, interrumpir, obstaculizar, parar, cortar. ANT. estimular.

atajo *m.* senda, trocha, vericueto. **2** reducción, acortamiento, abreviación. **3** hatajo, rebaño, manada. **4** *desp.* hatajo, pandilla, cuadrilla.

atalaya *f.* torre, garita, otero, altura.

atalayar *tr.* observar, espiar, acechar, otear, vigilar.

atañente *adj.* concerniente, correspondiente, referente.

atañer *intr.* concernir, pertenecer, incumbir, competer, tocar, corresponder, afectar; interesar, convenir.

ataque *m.* acometida, agresión, embate, asalto, arremetida. **2** fastidio, enfermedad, acceso, soponcio, accidente, patatús. **3** crítica, impugnación, altercado, diatriba, acusación; ofensa. ANT. elogio.

atar *tr.* unir, ligar, sujetar, amarrar, juntar, enlazar, anudar. ANT. soltar, desatar. **2** impedir. **3** conciliar, asociar, relacionar. **4** *tr. prnl.* atascarse, enredarse, embarazarse, trabarse. **5** *prnl.* {materia, tema} ceñirse, reducirse, atenerse. **6** *loc.* ~ *cabos:* deducir, comprender.

atarantado, -da *adj.* atolondrado, distraído; aturdido, espantado. **2** inquieto, travieso, bullicioso.

ataraxia *f.* FIL. impasibilidad, tranquilidad, imperturbabilidad. ANT. intranquilidad.

atardecer[1] *m.* crepúsculo, anochecer, oscurecer, tarde, ocaso. ANT. alba, amanecer, aurora.

atardecer[2] *intr.* anochecer, oscurecer, caer la noche. ANT. amanecer.

atarear *tr.* afanar, ajetrear, abrumar, agobiar. **2** *prnl.* {tarea, trabajo} entregarse, ocuparse, dedicarse. ANT. desocuparse.

atarraya *f.* red, esparavel.

atarugar *tr.* tapar, obstruir. ANT. abrir, desobstruir. **2** atiborrar, colmar, henchir, atestar, llenar, rellenar. ANT. vaciar. **3** *prnl.* atragantarse, atracarse, hartarse, saciarse. **4** atontarse, turbarse, aturdirse.

atascadero *m.* atolladero, lodazal, cenagal, barrizal. **2** *fig.* impedimento, obstáculo, estorbo, embarazo.

atascar *tr. prnl.* tapar, obstruir, taponar, atrancar, obturar, cegar. ANT. abrir, desobstruir. **2** obstaculizar, estorbar, dificultar, impedir. ANT. facilitar, ayudar. **3** *prnl.* detenerse. **4** atragantarse, atarugarse, atrancarse, hartarse.

atasco *m.* impedimento, dificultad, estorbo. **2** {conducto} obstrucción. **3** {vehículos} embotellamiento, congestión, aglomeración. **4** atolladero.

ataúd *m.* féretro, sarcófago. **2** Amer. cajón, caja.

ataviar *tr. prnl.* arreglar, componer, acicalar, adornar, engalanar, aderezar. ANT. desataviar.

atávico, -ca *adj.* arcaico, antiguo, tradicional. ANT. actual. **2** BIOL. hereditario, consanguíneo.

atavío *m.* adorno, acicalamiento, aderezo, ornato. **2** atuendo, vestido, traje, indumentaria, vestimenta, ropaje.

atavismo *m.* semejanza, herencia; tradición. **2** BIOL. tendencia.

ataxia *f.* PAT. {sistema nervioso} desorden, perturbación, desarreglo, irregularidad.

ateísmo *m.* escepticismo, incredulidad, irreligiosidad. ANT. devoción, religiosidad.

atemorizar *tr. prnl.* amedrentar, acobardar, intimidar, intranquilizar, aterrar, asustar, arredrar, amilanar, acoquinar, espantar. ANT. animar, envalentonar.

atemperar *tr. prnl.* moderar, templar, atenuar, temperar, mitigar, suavizar, aplacar. ANT. endurecer, exacerbar, exasperar. **2** ajustar, acomodar, adaptar, acoplar.

atenacear *tr.* (*tb.* **atenazar**) tenacear, martirizar, torturar, afligir.

atención *f.* cortesía, consideración, urbanidad, amabilidad, respeto, miramiento. ANT. descortesía, desconsideración. **2** cuidado, solicitud, interés, esmero, vigilancia. ANT. desinterés, distracción. **3** afecto, curiosidad, atractivo. ANT. desafecto. **4** perseverancia, asiduidad, aplicación. ANT. dejadez. **5** *pl.* **atenciones**, quehaceres, ocupaciones, negocios. **6** *loc.* **a)** *llamar la ~:* sorprender, causar, sorpresa. **b)** *loc.* *llamar la ~:* reconvenir. **7** *loc.* *en ~ a:* atendiendo, teniendo presente.

atender *tr.* esperar, aguardar. **2** *tr. prnl.* escuchar, oír, enterarse, reparar, advertir, fijarse, considerar, observar; reflexionar. ANT. desatender. **3** vigilar, cuidar, velar, interesarse, satisfacer; encargarse. ANT. desdeñar, descuidar. **4** esmerarse, perseverar. **5** agasajar. **6** *tr.* considerar, tener en cuenta. ANT. desconocer, desatender.

ateneo *m.* asociación, sociedad, agrupación, círculo, tertulia, centro, club.

atenerse *prnl.* acomodarse, ajustarse, adherirse, amoldarse, sujetarse, remitirse, ceñirse, circunscribirse.

atentado *m.* agresión, ataque, asalto. **2** tentativa, crimen, delito.

atentamente *adv.* amablemente. ANT. groseramente.

atentar *intr.* infringir, transgredir, delinquir, violar. ANT. observar, respetar.

atento, -ta *adj.* aplicado, estudioso, concienzudo, esmerado, cuidadoso, asiduo. ANT. descuidoso, distraído. **2** cortés, amable, considerado, respetuoso, deferente, educado, afable, solícito, comedido, servicial. ANT. descortés, desatento.

atenuar *tr. prnl.* disminuir, aminorar, suavizar, amortiguar, mitigar, menguar. ANT. aumentar, acentuar, reforzar.

ateo, -a *adj. s.* escéptico, irreligioso, incrédulo.

aterciopelado, -da *adj.* terciopelado, afelpado, terso, suave. ANT. áspero.

aterir *tr. prnl.* helar, congelar, enfriar, pasmar de frío.

aterrado, -da *adj.* horrorizado, espantado, despavorido.

aterrador, -ra *adj.* horrendo, terrible, pavoroso, espantoso, horripilante, horroroso, terrorífico, sobrecogedor. ANT. tranquilizador.

aterrar *tr. prnl.* aterrorizar, asustar, intimidar, espantar, acobardar, amedrentar. ANT. envalentonar, alentar, animar.

aterrizar *intr.* descender, bajar, tomar tierra, posarse, llegar. ANT. despegar. **2** caer.

aterrorizar *tr. prnl.* asustar, amedrentar, horrorizar, espantar, acobardar, intimidar. ANT. envalentonar.

atesorar *tr.* acumular, amontonar, almacenar, amasar, acaparar, ahorrar, guardar, economizar. ANT. dilapidar, derrochar, gastar.

atestación *f.* testificación, testimonio, declaración.

atestado, -da *adj.* repleto, colmado, lleno, atiborrado, abarrotado. ANT. vacío, libre. **2** *m.* testimonio, declaración, testificación.

atestar *tr.* atiborrar, henchir, llenar. ANT. vaciar. **2** DER. testimoniar, testificar, atestiguar. **3** *prnl.* {comida} atracarse.

atestiguar *tr.* testificar, declarar, atestar, deponer, testimoniar, confirmar, declarar; afirmar, asegurar.

atezado, -da *adj.* moreno, tostado, bronceado, quemado; cetrino, aceitunado. **2** oscuro, negro. ANT. claro, blanco.

atiborrar *tr.* henchir, llenar, rellenar, colmar, abarrotar. ANT. vaciar. **2** *tr. prnl.* {comida} atracarse, saciarse, hartarse. ANT. moderarse.

ático *m.* ARQ. buhardilla, altillo, desván.

atildado, -da *adj.* acicalado, compuesto, esmerado, pulcro, elegante. ANT. descuidado.

atildar *tr. prnl.* tildar, poner tildes. **2** *prnl.* acicalarse, componerse, asearse. ANT. descuidarse.

atinado, -da *adj.* acertado, certero, correcto, oportuno. ANT. equivocado, errado.

atinar *intr.* encontrar, hallar, adivinar, descifrar, acertar, dar en el blanco. ANT. desacertar.

atinente *adj.* relativo a, tocante a, referente, correspondiente, perteneciente.

atípico, -ca *adj.* infrecuente, desusado, diferente, raro, anómalo, anormal, insólito. ANT. típico, habitual.

atiplado, -da *adj.* {voz, sonido} agudo, alto, elevado, subido. ANT. grave.

atirantar *tr. prnl.* tensar, templar, estirar. ANT. distender, aflojar.

atisbar *tr.* mirar, observar, ver, contemplar, escudriñar, vislumbrar, conjeturar. **2** espiar, vigilar, husmear, curiosear, fisgonear.

atisbo *m.* vislumbre, conjetura, indicio, suposición, presunción, sospecha, señal, asomo.

atizador *m.* hurgón, removedor, espetón, estoque.

atizar *tr.* {fuego} remover. **2** {pasiones, discordias} incitar, estimular, excitar, fomentar, avivar, azuzar. ANT. aplacar, moderar, sofocar. **3** *tr. prnl.* {golpe} dar, propinar, aplicar, zurrar.

atleta *com.* deportista, contendor, competidor. **2** {persona} fuerte, musculoso.

atlético, -ca *adj.* deportivo, competitivo. **2** fornido, vigoroso, fuerte, corpulento, robusto, musculoso. ANT. endeble, débil.

atmósfera *f.* aire, ambiente, espacio.

atolladero *m.* atascadero, lodazal, atasco. **2** apuro, dificultad, obstáculo, aprieto, trance, impedimento, escollo. ANT. salida, solución.

atollarse *prnl.* atascarse.

atolondrado, -da *adj.* irreflexivo, precipitado, insensato, imprudente, ligero, desquiciado, disparatado. ANT. reflexivo, sensato, moderado.

atolondrar *tr. prnl.* aturdir, atontar, enajenar, alterar, precipitar.

atomizar *tr.* dividir, pulverizar, desintegrar, fragmentar.

átomo *m.* partícula. **2** pequeñez, pizca, insignificancia.

atonía *f.* MED. debilidad, laxitud, decaimiento, flojedad, relajamiento, distensión. ANT. vitalidad, energía, fuerza.

atónito, -ta *adj.* pasmado, estupefacto, asombrado, desconcertado, absorto, aturdido, suspenso, sorprendido, maravillado, helado.

atontado, -da *adj.* aturdido, embobado, turbado, lelo, confundido, alelado. ANT. alerta, despierto. **2** bobo, tonto, zopenco, necio, zoquete, papanatas, mentecato. ANT. inteligente, listo.

atontamiento *m.* turbación, entorpecimiento, aturdimiento, embotamiento, confusión.

atontar *tr. prnl.* aturdir, alelar, entontecer, atolondrar. ANT. despabilar. **2** embobar, idiotizar.

atorar *tr.* obstruir, atascar, obturar, cegar, tapar. ANT. desatascar. **2** *prnl.* atragantarse, turbarse (en la conversación).

atormentar *tr. prnl.* torturar, martirizar, mortificar. **2** afligir, atribular, acongojar, disgustar, enfadar, apenar, desesperar. ANT. confortar, tranquilizar.

atornillador *m.* destornillador.

atornillar *tr.* enroscar, entornillar; introducir, girar, sujetar. ANT. desatornillar, destornillar.

atoro *m. Chile* atoramiento, aprieto, atasco.

atorrante *m. adj. Arg., Par., Uru.* vago, vagabundo, haragán, golfo, callejero. **2** desvergonzado, desfachatado.

atortolar *tr.* aturdir, confundir, atemorizar, acobardar. **2** *prnl.* enamorarse.

atosigar *tr. prnl.* apresurar, urgir, apurar, acuciar, aguijonear, hostigar, acosar, fatigar. **2** inquietar, agobiar, abrumar, aburrir, importunar, molestar, oprimir. ANT. tranquilizar, sosegar.

atrabiliario, -ria *adj. s.* irascible, irritable, colérico, malhumorado, cascarrabias, violento. ANT. apacible, afable.

atracador, -ra *adj. s.* ladrón, bandido, asaltante, ratero, salteador, malhechor, bandolero, delincuente.

atracar *tr.* NÁUT. abordar, arrimar, fondear, anclar, desembarcar. ANT. embarcar, desatracar. **2** asaltar, saltear, robar, saquear, desvalijar, agredir. **3** *Chile* zurrar, golpear. **4** *tr. prnl.* hartarse, atiborrarse, saciarse. ANT. moderarse.

atracción *f.* seducción, atractivo, encanto, fascinación. ANT. repulsión. **2** *pl.* **atracciones,** espectáculos, diversiones.

atraco *m.* asalto, robo, despojo, saqueo.

atracón *m.* hartazgo, panzada, empacho; exceso.

atractivo, -va *adj.* encantador, atrayente, deseable, seductor; gracioso. ANT. repelente. **2** *m.* encanto, gracia, fascinación, simpatía, seducción, carisma, magia, hechizo, ángel, hermosura, belleza. ANT. repulsión. **3** estímulo, incentivo, aliciente.

atraer *tr.* acercar, arrimar, aproximar. ANT. alejar, repeler. **2** encantar, retener, captar, absorber, cautivar, granjear, seducir. ANT. desagradar, disgustar. **3** acarrear, ocasionar, provocar, causar, dar lugar. ANT. impedir. **4** *tr. prnl.* granjearse, ganarse.

atragantar *tr. prnl.* atrancar, obstruir, atarugar, atorar, atascar, asfixiar, ahogar. ANT. desatascar. **2** fastidiar, molestar, enfadar. ANT. agradar. **3** *prnl.* cortarse, turbarse, azorarse (en la conversación).

atrancar *tr.* {puerta} trancar, asegurar. ANT. abrir, desatrancar. **2** *tr. prnl.* atascar, atorar, obstruir, cegar, tapar. ANT. destapar. **3** *intr.* atragantarse, cortarse (al hablar o leer).

atranco *m.* atolladero. **2** obstrucción, atasco, obstáculo, dificultad.

atrapar *tr.* agarrar, sujetar, aferrar, coger. **2** pillar, capturar, pescar, aprehender, arrestar, detener, encarcelar. ANT. soltar, liberar. **3** engañar, engatusar, abusar.

atrás *adv.* detrás, tras, a espaldas. ANT. delante. **2** antes, anteriormente. ANT. posteriormente, después.

atrasado, -da *adj.* endeudado, empeñado, alcanzado. **2** retrasado, diferido, pospuesto. **3** anticuado, antiguo, viejo, pasado, arcaico, retrógrado, vetusto. ANT. actual.

atrasar *tr. prnl.* retrasar, retardar, dilatar, demorar, diferir. **2** *prnl.* endeudarse, deber.

atraso *m.* retardo, aplazamiento, retraso, postergación, dilación, demora. ANT. anticipo, adelanto. **2** deuda, débito. **3** ignorancia, analfabetismo, subdesarrollo. ANT. progreso, desarrollo.

atravesado, -da *adj.* {animal} cruzado, mestizo. **2** ruin, malvado, malo, avieso. ANT. bueno. **3** repulsivo, insufrible, inaguantable. **4** *Nic.* {persona} disparatado, incongruente.

atravesar *tr.* cruzar, pasar, trasponer, traspasar, salvar, recorrer. **2** horadar, perforar, hender, penetrar, agujerear, romper, cortar. **3** *tr. prnl.* obstaculizar, interponerse, mezclarse.

atrayente *adj.* atractivo, interesante, sugestivo, encantador, cautivador, seductor, absorbente, fascinante, agraciado. ANT. repulsivo, desagradable.

atreverse *prnl.* osar, arriesgarse, desafiar, determinarse, aventurarse, exponerse. ANT. acobardarse, amilanarse. **2** insolentarse, descararse, faltar al respeto.

atrevido, -da *adj. s.* intrépido, osado, valiente, resuelto, audaz, temerario, arriesgado, arrojado, lanzado. ANT. temeroso, cobarde. **2** insolente, descarado, desvergonzado. ANT. correcto, prudente.

atrevimiento *m.* osadía, audacia, valor, arrojo. ANT. cobardía. **2** insolencia, desfachatez, descaro, desvergüenza, temeridad.

atribución *f.* imputación, asignación, señalamiento, arrogación, adscripción; acusación. **2** *pl.* **atribuciones,** {cargo} facultades, poderes, prerrogativas.

atribuir *tr. prnl.* imputar, aplicar, adjudicar, asignar, achacar, endilgar, tachar, señalar; acusar, inculpar. **2** asignarse, arrogarse, apropiarse, reivindicar, apoderarse.

atribulado, -da *adj.* afligido, triste, apenado, apesadumbrado.

atribular *tr. prnl.* afligir, apesadumbrar, apenar, desconsolar, acongojar, mortificar, angustiar, contristar. ANT. consolar, animar.

atributo *m.* cualidad, propiedad, condición, característica. **2** distintivo, emblema, símbolo, signo, señal.

atril *m.* facistol, soporte, sostén.

atrincherarse *tr.* MIL. fortificar. **2** *prnl.* protegerse, resguardarse, cubrirse, defenderse, parapetarse. ANT. descubrirse. **3** obstinarse, empecinarse, aferrarse.

atrio *m.* pórtico, portal, porche, entrada. **2** zaguán, vestíbulo.

atrocidad *f.* crueldad, inhumanidad, horror, desenfreno. ANT. humanidad, piedad. **2** exceso, demasía. **3** disparate, tontería, necedad, burrada, barbaridad, idiotez. **4** insulto.

atrofia *f.* FISIOL. distrofia, anquilosamiento, involución, debilitamiento, consunción, raquitismo. ANT. hipertrofia.

atronado, -da *adj.* precipitado, irreflexivo, atolondrado. ANT. prudente, sensato.

atronador, -ra *adj.* ruidoso, estruendoso, retumbante, ensordecedor. ANT. silencioso.

atronar *tr.* ensordecer, aturdir, retumbar.

atropelladamente *adv.* rápidamente, prontamente, prestamente.

atropellado, -da *adj.* precipitado, imprudente, atolondrado, irreflexivo, atronado, ligero. ANT. reflexivo, prudente.

atropellar *tr.* empujar, arrollar, derribar, alcanzar, embestir; golpear, herir. **2** ultrajar, pisotear, maltratar, vejar, injuriar, irrespetar, insultar, agraviar. ANT. honrar, respetar. **3** prnl. apresurarse, precipitarse.

atropello m. exceso, abuso, agravio, arbitrariedad, desmán, extralimitación, vejación, ultraje, violencia. ANT. consideración, respeto. **2** ilegalidad, injusticia, iniquidad. ANT. justicia, legalidad.

atroz adj. fiero, inhumano, sanguinario, brutal, cruel, monstruoso. ANT. humanitario, humano. **2** grave, enorme. **3** desmesurado, muy grande. **4** Amer. feo, repugnante.

attachment s. [ING.] archivo adjunto, anexo.

atuendo m. vestimenta, atavío, vestidura, indumentaria, vestuario, vestido, ropaje.

atufarse prnl. amoscarse, incomodarse, enfadarse, irritarse, enojarse. ANT. calmarse. **2** {vino} avinagrarse, agriarse, apuntarse. **3** Bol. y Ecuad. atolondrarse, aturdirse.

aturdir tr. prnl. confundir, desconcertar, asombrar, pasmar, maravillar, consternar. ANT. calmar, apaciguar. **2** atontar, azorar, turbar, atolondrar. ANT. despabilar.

aturrullar tr. prnl. aturdir, azarar, desconcertar, turbar, confundir.

audacia f. atrevimiento, intrepidez, osadía, valentía, temple, coraje, arrojo, decisión. ANT. cobardía, pusilanimidad. **2** insolencia, descaro, desfachatez, desvergüenza.

audaz adj. temerario, arriesgado, atrevido, valiente, osado, resuelto, decidido. ANT. cobarde, tímido.

audible adj. perceptible, escuchable, oíble. ANT. inaudible.

audición f. concierto, recital, conferencia, función. **2** prueba (a músicos, actores…).

audiencia f. juzgado, magistratura, tribunal, sala. **2** recepción, diálogo, entrevista, conferencia. **3** público, auditorio, asistentes, oyentes, concurrentes.

auditor, -ra adj. oyente, radioyente, radioescucha. **2** asesor, funcionario, consejero.

auditorio m. público, concurrencia, audiencia, oyentes. **2** sala.

auge m. esplendor, plenitud, pináculo, apogeo, culminación, cúspide, prosperidad. ANT. decadencia, ocaso. **2** incremento, importancia, elevación. **3** Astron. {Luna} apogeo.

augur m. adivino, vaticinador, agorero, arúspice, profeta, vate.

augurar tr. auspiciar, profetizar, presagiar, predecir, pronosticar, adivinar, vaticinar; conjeturar.

augurio m. auspicio, presagio, predicción, vaticinio, profecía, adivinación, pronóstico.

aula f. sala, salón, recinto, clase.

áulico, -ca adj. s. real, cortesano, palaciego, palatino.

aullar intr. ulular, bramar, gritar, chillar, gañir, berrear, rugir, ladrar.

aullido m. bramido, grito, chillido.

aumentar tr. acrecentar, agregar, sumar, multiplicar, incrementar, añadir, expandir, adicionar, alargar, elevar, ampliar, intensificar, extender, sobrepasar. ANT. disminuir, restar, decrecer, reducir. **2** tr. prnl. {empleo, riqueza} adelantar, mejorar, crecer.

aumento m. incremento, suma, acrecentamiento, crecimiento, ampliación, extensión. ANT. disminución. **2** mejoramiento, desarrollo, avance, prosperidad. **3** {precios} alza, encarecimiento, elevación, subida. ANT. reducción, baja.

aun adv. inclusive, incluso, también, hasta, siquiera.

aún adv. {tiempo} todavía.

aunar tr. prnl. unir, unificar, reunir, juntar, asociar, aglutinar, compaginar, armonizar. ANT. separar, desunir, disgregar.

aunque conj. aun cuando, sin embargo, no obstante, a pesar de.

aupar tr. prnl. {persona} levantar, subir. **2** ensalzar, enaltecer, glorificar, encumbrar.

aura f. brisa, viento suave. **2** hálito, aliento, soplo. **3** irradiación. **4** favor, renombre, celebridad, aplauso, reputación, aceptación general. ANT. descrédito, impopularidad. **5** Amer. gallinazo, zopilote.

áureo, -a adj. aurífero, aurífico, áurico. **2** Poét. dorado, rutilante, brillante, fulgurante, resplandeciente. ANT. opaco, apagado.

aureola f. (tb. **auréola**) diadema, corona, halo, nimbo, fulgor. **2** gloria, renombre, reputación, fama, celebridad, prestigio.

aurora f. amanecer, alba, alborada, mañana, madrugada. ANT. crepúsculo, atardecer.

auscultar tr. Med. escuchar, oír, examinar. **2** sondear, explorar.

ausencia f. falta, separación, alejamiento, abandono. ANT. proximidad, presencia. **2** privación, carencia, escasez, insuficiencia. ANT. abundancia, exceso. **3** Psic. y Med. distracción, abstracción. **4** loc. brillar por su ~: estar ausente, faltar.

auspiciar tr. patrocinar, favorecer, apadrinar, proteger. **2** augurar, predecir, pronosticar, adivinar, presagiar.

auspicioso, -sa adj. favorable, propicio, apropiado, benéfico. ANT. desfavorable.

austeridad f. templanza, moderación, sobriedad, frugalidad, temperancia, continencia. ANT. desenfreno, intemperancia. **2** severidad, dureza, gravedad, rigor, rigidez.

austral adj. antártico, meridional, del sur. ANT. boreal, ártico, septentrional.

autarquía f. autosuficiencia. **2** autonomía, independencia, soberanía. ANT. dependencia, sometimiento.

auténtico, -ca adj. cierto, positivo, verdadero, legítimo, seguro, genuino, real. ANT. falso. **2** personal, propio, original. **3** acreditado, fidedigno, autorizado, legalizado.

autentificar tr. acreditar, legalizar, autenticar.

auto m. automóvil, vehículo, coche. **2** Amer. carro. **3** Der. fallo, resolución, dictamen. **4** Teat. drama.

autobiografía f. memoria, recuerdos, vida.

autocracia m. dictadura, tiranía, absolutismo, totalitarismo. ANT. democracia.

autócrata com. dictador, déspota, tirano.

autóctono, -na adj. nativo, vernáculo, indígena, natural, oriundo, originario. ANT. foráneo, extranjero.

autómata m. robot, máquina.

automático, -ca adj. mecánico, mecanizado. **2** involuntario, inconsciente, instintivo, maquinal, impensado, espontáneo. ANT. deliberado, consciente.

automatismo m. involuntariedad, inconsciencia, instinto. ANT. consciencia.

automatización f. mecanización.

automóvil m. auto, vehículo, coche. **2** Amer. carro.

automovilista com. conductor, piloto, chofer.

autonomía f. autogobierno, soberanía. ANT. dependencia, subordinación. **2** independencia, autarquía, libertad. **3** {vehículo} capacidad máxima.

autopista f. carretera, autovía, vía.

autopsia f. necropsia, necroscopia, disección, examen.

autor, -ra s. creador, inventor, generador, descubridor. **2** escritor, literato, ensayista. **3** causante, ejecutor, culpable.

autoridad f. poder, dominio, potestad, imperio, mando, supremacía, jurisdicción. ANT. dependencia, sumisión. **2** influencia, prestigio, crédito, legitimidad. ANT. desprestigio.

autoritario, -ria adj. arbitrario, dictatorial, tiránico, despótico, abusivo. ANT. democrático.

autorización f. aprobación, permiso, anuencia, consentimiento, licencia. ANT. desautorización.

autorizado, -da adj. acreditado, auténtico. **2** lícito, legal, legítimo, legalizado, permitido, justo. ANT. desautorizado, ilegal.

autorizar tr. aprobar, permitir, consentir, tolerar, acceder; facultar. ANT. prohibir, desautorizar.

autosuficiente adj. autónomo, independiente, suficiente.

auxiliar[1] adj. asistente, colaborador, ayudante. **2** {profesor} adjunto, suplente.

auxiliar[2] tr. apoyar, ayudar, asistir, favorecer, proteger, colaborar, secundar, amparar. ANT. perjudicar.

auxilio m. apoyo, ayuda, asistencia, cooperación, amparo, socorro, protección, favor.

aval m. garantía, fianza, firma.

avalancha f. alud, desprendimiento, derrumbe, hundimiento. **2** raudal, tropel, nube, hueste.

avalar tr. garantizar, respaldar.

avance m. adelanto, anticipo, anticipación. **2** progreso, desarrollo, evolución.

avanzada f. vanguardia, frente, destacamento. ANT. retaguardia.

avanzado, -da adj. s. progresista, desarrollado, evolucionado, pionero.

avaricia f. tacañería, cicatería, mezquindad, ruindad, codicia, rapacidad. ANT. generosidad, prodigalidad.

avaro, -ra adj. s. avariento, tacaño, roñoso, mezquino, cicatero, ruin. ANT. generoso.

avasallar tr. someter, subyugar, dominar, sujetar, esclavizar, oprimir. ANT. dignificar, enaltecer.

avatar m. REL. encarnación, reencarnación. **2** pl. **avatares**, transformaciones, vicisitudes, altibajos, mudanzas, cambios, accidentes, problemas.

avecinarse prnl. domiciliarse, establecerse, avecindarse. ANT. marcharse. **2** acercarse, aproximarse. ANT. alejarse.

avejentar tr. prnl. envejecer, aviejarse. ANT. rejuvenecer.

avellanarse prnl. apergaminarse, acartonarse, amojamarse, secarse.

avenar tr. drenar.

avenencia f. acuerdo, convenio, pacto, arreglo, transacción, conciliación. ANT. desacuerdo. **2** conformidad, unión, concordia, compenetración, armonía. ANT. desavenencia, disconformidad, disputa, conflicto.

avenida f. vía, paseo, calle, ronda, bulevar. **2** inundación, desbordamiento, riada, crecida.

avenir tr. prnl. conciliar, concordar, convenir, arreglar, ajustar. **2** intr. {hecho} suceder, efectuarse. **3** prnl. amoldarse, componerse, adaptarse, entenderse, acomodarse, armonizar. ANT. discrepar, disentir.

aventajar tr. prnl. superar, rebasar, exceder, mejorar, adelantar, sobrepujar. ANT. retrasar, rezagar.

aventura f. suceso, peripecia, lance, acaecimiento, acontecimiento, andanza, hecho, historia. **2** casualidad, contingencia, azar, riesgo. **3** amorío.

aventurado, -da adj. expuesto, arriesgado, peligroso.

avergonzar tr. prnl. abochornar, turbar, confundir. **2** sonrojar, ruborizar. **3** ultrajar, humillar, agraviar, afrentar.

avería f. daño, desperfecto, rotura, deterioro.

averiguación f. indagación, investigación, pesquisa.

averiguar tr. indagar, buscar, examinar, desentrañar, investigar, inquirir, penetrar, escudriñar, rebuscar, rastrear, ahondar, deducir.

averno m. infierno, báratro, orco, tártaro, tinieblas. ANT. cielo.

aversión f. repulsión, antipatía, aborrecimiento, animadversión, odio, repugnancia, asco. ANT. afecto, simpatía.

avezado, -da adj. experimentado, diestro, habituado, curtido, acostumbrado, versado, ducho, veterano, fogueado, perito, experto. ANT. inexperto, novato, inhábil.

aviación f. aeronáutica, transporte aéreo.

aviador, -ra adj. s. piloto, aeronauta.

avidez f. ambición, ansia, deseo, voracidad, apetencia; codicia.

aviejar tr. avejentar.

avieso, -sa adj. perverso, maligno, abyecto, ruin, malo, retorcido. ANT. bueno, recto.

avilantarse prnl. insolentarse, descararse, desvergonzarse.

avilantez f. insolencia, descaro, atrevimiento, desvergüenza.

avinagrado, -da adj. acre, áspero, agrio. **2** malhumorado, desapacible, irascible.

avío m. apresto, prevención. **2** pl. **avíos**, trastos, enseres, utensilios, pertrechos.

avión m. aeroplano, aeronave.

aviónica f. aeroelectrónica.

avisado, -da adj. precavido, previsor, sagaz, astuto, hábil, prudente, cauteloso. ANT. imprudente, torpe. **2** alertado, advertido.

avisar tr. advertir, prevenir, anunciar, comunicar, notificar; alertar, amonestar. ANT. ocultar.

aviso m. noticia, indicación, notificación, anuncio. **2** amonestación, advertencia, observación, prevención, consejo.

avispado, -da adj. agudo, sagaz, listo, despierto, vivo. ANT. torpe, necio.

avispero m. panal. **2** enredo, trampa, lío. **3** multitud, muchedumbre, hervidero, aglomeración, alboroto, confusión.

avispón m. moscardón.

avistar tr. ver, vislumbrar, descubrir, divisar, percibir. **2** prnl. reunirse, entrevistarse.

avituallamiento m. abastecimiento, abasto, provisión. ANT. desabastecimiento.

avivar tr. prnl. animar, reanimar, incitar, enardecer, entusiasmar, excitar, atizar, vigorizar, apasionar. ANT. desanimar, debilitar. **2** apresurar, apurar, acelerar, precipitar, activar. ANT. retardar, frenar. **3** {fuego} atizar. **4** {color} aumentar, acrecentar, acentuar, intensificar. ANT. disminuir, aclarar.

avizorar tr. atisbar, vislumbrar, divisar, acechar, espiar, distinguir, ver.

axila f. sobaco.

axioma m. principio, precepto, máxima, sentencia, aforismo, verdad.

axiomático, -ca adj. evidente, incontrovertible, concluyente, indiscutible, irrefutable. ANT. dudoso, rebatible.

aya f. niñera, nodriza, ama, institutriz.

ayer adv. poco tiempo ha, en tiempo pasado, antes. **2** m. tiempo pasado. **3** loc. de ~ a hoy: en poco tiempo, en breve tiempo.

ayuda f. auxilio, socorro, protección, asistencia, cooperación, favor, amparo, protección, respaldo, colaboración. ANT. daño, perjuicio. **2** subsidio, donación, contribución, dádiva. **3** MED. enema, lavativa.

ayudante *com.* auxiliar, colaborador, asistente.

ayunar *intr.* abstenerse, privarse; renunciar. *ANT.* saciarse, prodigarse.

ayuno *m.* abstinencia, dieta, régimen, vigilia, privación.

ayuntamiento *m.* alcaldía, municipio, municipalidad, cabildo, concejo, corporación. **2** cópula, coito, copulación, fornicación.

azada *f.* azadón, zapapico, pala.

azafata *f.* auxiliar, camarera. **2** *Col.* aeromoza.

azafranado, -da *adj.* anaranjado.

azar *m.* casualidad, contingencia, eventualidad, ventura, acaso, suerte, albur. *ANT.* certeza, certidumbre. **2** desgracia, fatalidad, desventura, accidente. **3** *loc. al ~:* sin rumbo, sin orden, a la aventura.

azararse *tr. prnl.* ofuscarse, turbarse, azorarse, sobresaltarse, confundirse, aturdirse. *ANT.* serenarse. **2** *prnl.* ruborizarse, sonrojarse.

azaroso, -sa *adj.* arriesgado, aventurado, incierto, peligroso, fortuito, expuesto. *ANT.* seguro, cierto. **2** aciago, funesto, ominoso. **3** sospechoso, turbio, inseguro, oscuro, confuso.

azogarse *prnl.* turbarse, agitarse, excitarse.

azor *m.* ZOOL. milano, halcón.

azorar *tr. prnl.* aturdir, sobresaltar, turbar, desconcertar, inquietar, desquiciar. *ANT.* serenar, sosegar.

azotaina *f.* paliza, zurra, tunda, castigo, vapuleo.

azotar *tr.* fustigar, vapulear, flagelar, varear, zurrar, golpear, apalear. **2** *Amer.* fajar. **3** *intr. Amer.* deambular, vagar. **4** *Amer.* caerse.

azote *m.* látigo, vara, disciplina, vergajo, fusta. **2** latigazo, golpe, manotada, nalgada. **3** calamidad, desgracia, flagelo, castigo, desastre, plaga, pena. *ANT.* fortuna.

azotea *f.* terraza, terrado, solana, mirador.

azúcar *amb.* glucosa, sacarosa.

azucarado, -da *adj.* dulce, edulcorado, almibarado, confitado, acaramelado. **2** {persona} blando, meloso, afectado.

azucarar *tr.* endulzar, almibarar, edulcorar, dulcificar, acaramelar.

azul *m. adj.* añil, índigo, azur, garzo, zarco.

azulejar *tr.* chapar.

azulejo *m.* baldosa, ladrillo. **2** *Amer.* azulado.

azuzar *tr. prnl.* {perros} incitar. *ANT.* contener. **2** irritar, hostigar, atormentar. *ANT.* tranquilizar. **3** excitar, estimular, instigar. *ANT.* frenar, refrenar.

baba *f.* saliva, excreción, secreción. **2** {animales, plantas} viscosidad, líquido viscoso, jugo viscoso. **3** *Amer.* palabrería, parloteo, dicho insustancial.

babada *f. P. Rico* tontería, dicho tonto, hecho tonto.

babador *m. ver* **babero.**

babaza *f.* baba, secreción. **2** Zool. babosa, limaza, molusco gasterópodo.

babear *intr.* salivar, babosear. **2** escupir.

babel *amb.* caos, confusión, desorden, barahúnda, barullo, desbarajuste. ANT. orden.

babélico, -ca *adj.* indescifrable, enredado, ininteligible.

babero *m.* babador, babera, pechero. **2** bata. **3** peto.

Babia (**estar en**) *loc.* estar distraído, alelado, en las nubes.

babieca *com.* bobo, papanatas, mentecato, bobalicón, tonto, simple, pazguato. ANT. inteligente, listo, despierto.

babilla *f.* {cuadrúpedos} anca, pata, extremidad. **2** {cuadrúpedos} rótula.

babilónico *adj.* fastuoso, ostentoso.

babor *m.* NÁUT. {barco} izquierda, siniestra. ANT. estribor, derecha.

babosa *f.* Zool. babaza, limaza, molusco gasterópodo.

baboso, -sa *adj. s.* adulador, obsequioso, pelotillero, empalagoso. **2** *adj.* tonto, bobo, simple. ANT. listo. **3** *m. adj.* enamoradizo, cortejador. **4** *adj.* decrépito, senil. **5** *Amer.* pusilánime, cobarde. ANT. valiente. **6** *Amer.* desvergonzado, canalla.

babucha *f.* chancleta, chancla, zapatilla, pantufla, alpargata, chinela. **2** *Amer.* blusa, túnica. **3** *loc. Arg., Uru.* a ~(s): a cuestas.

baby-sitter *s.* [ING.] niñera.

baca *f.* {automóvil} portaequipaje, canastilla. **2** baya, fruto (del laurel).

bacalao *m.* abadejo, curadillo, pejepalo. **2** *Amer.* miserable, mezquino. ANT. generoso.

bacán *m. Arg.* presumido, encopetado, lechuguino. **2** adinerado, acomodado, ricachón, rico. **3** *Cuba* mantenido. **4** *adj. col. Chile, Col., Cuba* estupendo, excelente. **5** *Chile* {persona} prepotente. **6** *Chile* {espectáculo} taquillero.

bacanal *f.* orgía, saturnal, desenfreno, parranda, juerga.

bacante *f.* HIST. ménade. **2** {mujer} lúbrica, voluptuosa, licenciosa, disoluta, lujuriosa, desenfrenada, libertina, impúdica; ebria.

bachata *f. Cuba, P. Rico* bacha, fiesta, parranda, jolgorio, diversión bulliciosa.

bache *m.* hoyo, depresión, hueco, zanja, agujero, socavón, hundimiento, charco. **2** {actividad} interrupción

accidental. **3** {salud, ánimo} abatimiento, postración súbita.

bachicha *com. col. Arg., Chile, Par. Uru.* inmigrante italiano. **2** *f. pl.* **bachichas,** *Méx.* restos, colilla.

bachiller *com.* graduado, diplomado, titulado.

bacín *m.* orinal, vaso de noche.

bacilo *m.* MICROB. *ver* **bacteria.**

background *s.* [ING.] {persona} origen, extracción. **2** {persona} formación, experiencia. **3** {situación, circunstancia} antecedentes, orígenes, contexto. **4** {escena, pintura} fondo.

backup *s.* [ING.] INF. copia de seguridad. **2** apoyo, respaldo.

bacteria *f.* MICROB. microorganismo, microbio, bacilo, germen.

báculo *m.* bastón, cayado, bordón, vara, palo. **2** alivio, apoyo, soporte, consuelo.

badajo *m.* {campana} espiga, colgante, lengua, mazo. **2** *col.* necio, bobo; hablador.

badana *f.* {oveja} piel curtida, cuero. **2** *m. col.* flojo, perezoso.

bádminton *m.* (tb. **badminton**) volante, juego.

badulaque *m.* necio, estúpido, babieca, tonto, tarugo, inconsistente. **2** *Ecuad.* impuntual, incumplido. ANT. puntual, cumplido. **3** *Amer.* embustero, mentiroso.

bafle *m.* amplificador, altavoz.

bagaje *m.* MIL. impedimenta, pertrechos, equipaje militar. **2** equipaje, maletas. **3** {conocimientos} riqueza, acervo, cúmulo, patrimonio.

bagatela *f.* fruslería, nimiedad, nadería, futilidad, pequeñez, trivialidad, minucia, bicoca, insignificancia, menudencia, tontería. ANT. importancia, trascendencia, alcance.

bagayo *m. Arg., Uru.* paquete, envoltorio, lío.

bagazo *m.* residuo, desecho. **2** {naranja} cáscara, piel, pellejo.

bagual *adj. Arg., Bol., Uru.* {potro, caballo} indómito, bravo, cerril, no domado.

baguette *f.* [FR.] baguete, barra de pan, pan.

bahía *f.* abra, golfo, ensenada, rada, abrigo, cala, caleta.

bailable *adj.* cadencioso, rítmico, movido, acompasado, alegre.

bailar *tr. intr.* danzar, bailotear, zapatear, taconear. **2** agitarse, contonearse, oscilar, moverse, girar, saltar. **3** sacudirse, temblar.

baile *m.* danza, coreografía, baileteo, zapateo. **2** festejo, diversión. **3** sacudida, temblor.

bailotear *intr.* bailar mal, zangolotearse.

baja *f.* disminución, merma, depreciación, descenso, mengua, caída, pérdida. ANT. alza, crecimiento, incremento, aumento. **2** rebaja, abaratamiento. ANT.

encarecimiento, alza. **3** víctima, herido, lesionado, accidentado; muerto. **4** jubilación, cesación, retiro; renuncia. **5** *loc.* {bolsa} *jugar a la ~:* especular.

bajá *m.* {título} pachá.

bajada *f.* descenso, caída, declive, pendiente. *ANT.* ascenso, subida.

bajamar *f.* reflujo, marea baja.

bajante *m. Amer.* {agua} descenso. **2** tubería, desagüe.

bajar *tr. intr.* descender, disminuir, decrecer, decaer, menguar. *ANT.* ascender, aumentar, crecer. **2** {precio} desvalorizar, depreciar; rebajar, abaratarse. *ANT.* encarecer, subir, incrementarse. **3** caer, deslizarse, resbalar. **4** aterrizar. **5** *tr. intr. prnl.* apearse, desmontar, descender, descabalgar. *ANT.* montar, subir. **6** *prnl.* inclinarse.

bajareque *m. Cuba* bohío, casucha. **2** *Pan.* llovizna menuda.

bajativo *m. Bol., Chile, Ecuad., Perú* digestivo, copa, licor (para después de las comidas). **2** *Bol., Chile, Uru.* tisana, infusión.

bajel *m.* buque, barco, embarcación.

bajeza *f.* vileza, abyección, infamia, iniquidad, ruindad, indignidad, rebajamiento, envilecimiento, mezquindad. *ANT.* grandeza, nobleza.

bajío, -a *adj.* bajo, banco, arrecife. **2** *Amer.* terreno bajo.

bajista *com.* especulador, bolsista, comisionista.

bajo, -ja *adj.* {persona} pequeño, chico, corto, menudo, menguado, enano, chaparro. *ANT.* alto. **2** despreciable, abyecto, vil, ruin, indigno, rastrero, malo. *ANT.* digno, noble. **3** {expresión, lenguaje} ordinario, vulgar, innoble. *ANT.* elevado. **4** humilde, apocado, abatido. **5** {lugar} inferior. **6** {precio} poco, barato. **7** {color} deslustrado, tenue, apagado, descolorido. *ANT.* vivo, brillante. **8** {sonido} grave. *ANT.* agudo. **9** *prep.* debajo, abajo. *ANT.* encima, arriba, sobre. **10** *loc. por lo ~:* disimuladamente, recatadamente.

bajón *m.* descenso brusco, baja, caída, mengua, disminución, merma, desmejoramiento. *ANT.* alza, aumento, subida. **2** fagot, fagote.

bajorrelieve *m.* (*tb.* **bajo relieve**) *ESCULT.* entrelladura, labrado, grabado. *ANT.* altorrelieve, alto relieve.

bala *f.* proyectil, tiro, munición, plomo, cartucho. **2** bulto, fardo, paquete, paca. **3** *loc. como una ~:* con velocidad, con presteza, rápidamente.

balacera *f. Amer.* tiroteo, disparos.

balada *f.* canción, tonada, canto, cántico, romance.

baladí *adj.* insignificante, trivial, nimio, superficial, insustancial, fútil, despreciable. *ANT.* importante, sustancial, significativo.

baladrón, -ona *adj.* fanfarrón, hablador, jactancioso.

balance *m.* vaivén, movimiento, balanceo, contoneo, oscilación. **2** {situación} consideración, estudio, evaluación, análisis, comparación. **3** *COM.* cómputo, arqueo, recuento, confrontación. **4** *Amer.* mecedora, silla de brazos. **5** *Amer.* actividad productiva.

balancear *intr. prnl.* oscilar, vacilar, fluctuar, mover. **2** mecer, columpiar. **3** dudar, titubear, vacilar. **4** contrapesar, poner en equilibrio.

balanceo *m.* vaivén, oscilación, contoneo, fluctuación, meneo, bamboleo, inclinación.

balandro *m.* balandra, bote, barco, lancha, chalupa.

balanza *f.* báscula, romana.

balar *intr.* balitar, gamitar, berrear. **2** gemir, lamentarse, quejarse.

balaustrada *f.* baranda, balcón, barandal, pretil.

balazo *m.* disparo, tiro, detonación, descarga, impacto, fuego, fogonazo, estampido.

balbucear *intr. ver* **balbucir**.

balbuceo *m.* tartamudeo, chapurreo, tartajeo.

balbucir *intr.* balbucear, tartamudear, mascullar, murmurar, farfullar.

balcón *m.* mirador, galería, ventanal, azotea.

baldado, da *adj.* paralítico, lisiado. **2** fatigado, agotado, cansado.

baldar *tr. prnl.* lisiar, tullir, imposibilitar, atrofiar.

balde *m.* cubo, recipiente, cubeta, vasija, artesa, barreño. **2** *loc. de ~:* gratis, gratuitamente, sin costo alguno. **3** *loc.* **a)** *en ~:* sin motivo, sin causa. **b)** *loc. en ~:* inútilmente, en vano.

baldío, -a *adj.* yermo, abandonado. **2** improductivo, infecundo, árido, infructuoso, estéril, desértico, pobre. *ANT.* fértil, fructífero, cultivado. **3** inútil, vano, ocioso, ineficaz, fútil, infundado, innecesario. *ANT.* útil, eficaz, necesario. **4** *Amer.* solar.

baldón *m.* oprobio, injuria, ultraje, afrenta, vituperio, agravio, deshonor. *ANT.* alabanza.

baldosa *f.* ladrillo, losa, baldosín, azulejo, cerámica, mosaico.

baldosín *m. ver* **baldosa**.

balear *tr.* abalear, tamizar. **2** *Amer.* tirotear, disparar.

balido *m.* {oveja, cabra, gamo} berrido, quejido, gamitido, gemido.

balitar *intr.* balar, gamitar.

baliza *f. NÁUT.* boya. **2** marca, indicación, señal.

balizar *tr. NÁUT.* abalizar, señalar, marcar.

ballesta *f.* resorte, muelle, espiral, amortiguador.

ballet *m.* [FR.] balé, baile, danza.

balneario *m.* baños, termas, aguas termales, sitio turístico.

balompié *m.* fútbol.

balón *m.* pelota, bola, esférico. **2** garrafa, botellón; matraz. **3** *Chile, Col., Perú* bombona metálica (para gases). **4** fardo, lío, bulto.

balonvolea *m.* voleibol.

balsa *f.* plataforma, maderamen, armazón. **2** barcaza, embarcación.

balsámico, -ca *adj.* aromático, fragante, perfumado, oloroso. *ANT.* maloliente. **2** curativo, lenitivo, calmante. *ANT.* irritante.

bálsamo *m.* resina, goma. **2** perfume, fragancia, esencia, aroma. *ANT.* pestilencia, hedor. **3** lenitivo, calmante, medicamento; ungüento, emplasto. **4** alivio, tranquilidad, sosiego, consuelo. *ANT.* desasosiego.

baluarte *m.* fortín, fortificación, fuerte, bastión, parapeto. **2** protección, defensa, amparo, refugio, abrigo.

bambalear *intr. prnl. ver* **bambolear**.

bambalina *f.* bastidor, colgadura, cortina, lienzo, telón, decoración. **2** *loc. entre ~s:* entre bastidores, reservadamente, confidencialmente.

bambolear *intr. prnl.* bambalear, tambalearse, oscilar, mecerse, fluctuar, moverse, balancearse, vacilar, trastabillar. *ANT.* equilibrar.

banal *adj.* trivial, baladí, insustancial, insignificante, nimio, corriente, superficial, común. *ANT.* esencial, decisivo, importante.

banana *f. Amer.* plátano, banano. **2** *Col.* confite, dulce.

banano *m.* plátano, banana.

banasta *f.* banasto, cesto.

banasto *m.* banasta redonda, canastilla.

banca *f. Amer.* banco, asiento, taburete. **2** *Arg., Par., Uru.* {parlamento} escaño, puesto, asiento. **3** *loc. Chile estar en la ~:* estar en el banco. **4** *loc. Arg., Par. tener ~:* tener influencia, tener poder.

bancada *f. NÁUT.* tabla, banco. **2** *Amer.* conjunto de legisladores (del mismo partido). **3** *ARQ.* trozo de obra.

bancario, -ria *adj.* financiero, mercantil.

bancarrota *f.* ruina, descrédito, quiebra, hundimiento, desastre. ANT. riqueza, prosperidad.

banco *m.* taburete, banca, banqueta, escabel, escaño. **2** institución bancaria, centro financiero, establecimiento bancario. **3** cardumen, bandada de peces. **4** NÁUT. tabla, banca. **5** bajío, arrecife. **6** *loc.* ~ *de datos:* conjunto de datos. **7** *loc.* DEP. *estar en el ~:* estar como suplente.

banda *f.* cinta, tira, brazalete, brazal, orla, faja, estola. **2** lado, costado, borde, margen, zona, parte. **3** pandilla, horda, facción, partida, cuadrilla, caterva, bando, bandería, camarilla, grupo, secta. **4** bandada, manada, camada. **5** orquesta, agrupación musical, charanga. **6** {billar} baranda. **7** *loc. cerrarse a la ~:* mantenerse firme, no ceder, negarse rotundamente. **8** *loc. de ~ a ~:* de parte a parte, de uno a otro lado.

bandada *f.* {aves} manada, banda. **2** {peces} cardumen. **3** {personas} tropel, muchedumbre, grupo, multitud.

bandazo *m.* NÁUT. tumbo, vaivén, balanceo. **2** cambio brusco, variación, oscilación.

bandear *tr.* Amer. taladrar, atravesar. **2** Amer. {río} cruzar. **3** *prnl.* ingeniarse, arreglárselas.

bandeja *f.* fuente, plato, recipiente, batea. **2** Méx. charola. **3** *loc. servir en ~:* dar facilidades.

bandera *f.* insignia, enseña, divisa, estandarte, pabellón, pendón, oriflama, gallardete.

bandería *f.* bando, parcialidad, facción, camarilla, clan.

bandidaje *m.* ver **bandolerismo**.

bandido *m.* bandolero, asaltante, salteador, ladrón, atracador, forajido, facineroso. **2** perverso, criminal, pícaro, delincuente, pillo, granuja.

bando *m.* edicto, proclama, decreto, aviso, anuncio, mandato, orden. **2** facción, ala, grupo, secta, camarilla, partido, clan, pandilla. **3** {aves} bandada. **4** {peces} cardumen, banco.

bandolerismo *m.* bandidaje, delincuencia, criminalidad. **2** desafuero, delito, violencia.

bandolero *m.* ver **bandido**.

banquero *m.* financiero, accionista, cambista.

banqueta *f.* banco, taburete, banquillo, escabel, alzapiés. **2** Guat., Méx. acera. **3** EQUIT. obstáculo.

banquete *m.* festín, comida, ágape, convite, comilona.

banquillo *m.* {tribunal} banco, asiento. **2** DEP. banca, lugar de espera.

bañar *tr.* mojar, humedecer, duchar, sumergir, rociar, empapar, regar, remojar. ANT. secar. **2** lavar, higienizar, limpiar. **3** recubrir, cubrir, chapar, platear, niquelar, dorar. **4** *prnl.* ducharse, nadar.

bañera *f.* tina, bañadera, baño, pila.

baño *m.* inmersión, sumersión, remojón. **2** agua, líquido; rocío, vaporización. **3** higienización, lavado, aseo, limpieza, ducha, remojo, riego, chapuzón. **4** bañera, tina, pila. **5** excusado, reservado, sanitario, servicio, lavabo, cuarto de aseo, retrete. **6** revestimiento, capa, mano, barniz, cobertura. **7** tintura, conocimiento superficial. **8** *fig.* revolcón. **9** *loc. ~ de sangre:* matanza, masacre. **10** *pl.* balneario.

baqueta *f.* taco, vara, varilla. **2** ARQ. junquillo, moldura estrecha.

baqueteado, -da *adj.* experimentado, ducho, curtido, avezado, veterano, fogueado. ANT. principiante, novato, inexperto. **2** maltratado, endurecido.

baquetear *tr.* incomodar, hostigar. **2** zarandear, ajetrear; maltratar. **3** ejercitar, adiestrar.

baquiano, -na *adj. s.* experto, perito, ducho, cursado, práctico, experimentado, conocedor; guía, rastreador, explorador. ANT. novato, inexperto.

báquico, -ca *adj.* dionisíaco, desenfrenado. **2** vinoso.

bar *m.* taberna, cantina, barra, café, cafetería, cervecería. **2** FÍS. baro.

barahúnda *f.* alboroto, bulla, algarabía, ruido, barullo, tumulto, escándalo, batahola, desorden, desbarajuste, confusión, estrépito. ANT. tranquilidad, paz, silencio.

baraja *f.* naipes, cartas, mazo, juego.

barajar *tr.* {naipes} mezclar, entremezclar, revolver; cortar, repartir. **2** *tr. prnl.* {personas, cosas} mezclar, revolver. **3** considerar, evaluar, sopesar. **4** Arg., Chile, Uru. {golpes} parar, interceptar, detener. **5** *intr.* reñir, pelear, contender, altercar.

baranda *f.* barandilla, barandal, pasamano, balaustrada. **2** {billar} banda, borde, cerco.

barandilla *f.* antepecho, balaustre, pasamano.

barata *f.* Méx. venta, ganga, liquidación, ocasión.

baratija *f.* chuchería, bagatela, bicoca, fruslería, pacotilla, bisutería, nadería, quincallería, fantasía.

baratillo *m.* tienda, puesto, barato, cambalache.

barato, -ta *adj.* económico, rebajado, ventajoso, módico, depreciado, asequible. ANT. costoso, caro, valioso. **2** fácil, sencillo. ANT. difícil, complicado. **3** *m.* liquidación, remate, ocasión, ganga. **4** Méx. barata. **5** puesto, baratillo, tienda.

báratro *m.* averno, infierno, tártaro, orco.

baratura *f.* abaratamiento, rebaja, ganga. ANT. encarecimiento.

barba *f.* barbilla, mentón. **2** chiva, perilla, pelo facial. **3** Amer. {pañolón, colcha} flecos.

barbacoa *f.* parrilla, asador. **2** Amer. zarzo, tablado. **3** Amer. andamio. **4** C. Rica emparrado, armazón. **5** Méx. carne asada, asado.

barbaridad *f.* disparate, necedad, desatino, incongruencia, dislate. ANT. acierto, cordura. **2** atrocidad, brutalidad, ferocidad, crueldad, inhumanidad. ANT. humanidad, bondad. **3** demasía, enormidad, exceso, desmán, exageración. **4** cantidad excesiva.

barbarie *f.* rusticidad, tosquedad, salvajismo, atraso, rudeza, ignorancia, incivilidad. ANT. civilidad. **2** crueldad, fiereza, bestialidad, ferocidad, inhumanidad. ANT. humanidad.

barbarismo *m.* {lenguaje} vocablo impropio, incorrección, solecismo, vicio. **2** LING. extranjerismo. **3** barbaridad, barbarie.

bárbaro, -ra *adj. s.* extranjero. **2** cruel, fiero, inhumano, irracional, brutal, bestial, despiadado. ANT. humanitario, bondadoso. **3** temerario, arrojado, imprudente. ANT. sensato, prudente. **4** tosco, grosero, rudo, ignorante. ANT. educado.

barbechar *tr.* labrar, arar.

barbecho *m.* erial, sembrado, campo, tierra.

barbero *m.* peluquero, afeitador, rapador. **2** Méx. adulador.

barbera *f.* Amer. navaja de afeitar.

barbijo *m.* Amer. barbiquejo. **2** Arg., Bol. chirlo, herida en la cara.

barbilampiño, -ña *adj.* lampiño, imberbe, desbarbado, carilampiño, barbiponiente. ANT. peludo, barbudo, barbado, velludo.

barbilla *f.* mentón, barba. **2** papada, sobarba. **3** barba, perilla.

barbotear *tr.* (*tb.* **barbotar**) mascullar, farfullar, balbucear, murmurar, musitar, barbullar, rezongar.

barboteo *m.* balbuceo, tartamudeo.

barbudo, -da *adj.* barbón, barbado, barbiespeso.

barca *f.* bote, batel, canoa, chalupa, chalana, lancha, falúa, balandro, piragua, embarcación.

barco *m.* buque, nave, navío, embarcación, vapor, velero, galera, yate, crucero, transatlántico, balandro.

bardo *m.* poeta, trovador, rimador, vate, rapsoda, juglar, coplero, cantor.

baremo *m.* {para cuentas} cuaderno, tabla. **2** {para tarifas} lista, repertorio.

barítono *m.* Mús. {voz} grave, media.

barman s. [ING.] cantinero, camarero, escanciador.

barniz *m.* laca, esmalte, tinte, resina, pintura. **2** baño, capa, recubrimiento. **3** *fig.* {conocimientos} noción superficial, tintura.

barnizar *tr.* embarnizar, esmaltar, pintar, laquear, dar un baño (de barniz).

barómetro *m.* {presión atmosférica} registrador. **2** *fig.* {proceso, estado, situación} índice, medida, registro.

barquero, -ra *s.* remero, botero, timonel, marinero.

barquinazo *m.* tumbo, vaivén, vuelco, sacudida.

barra *f.* palanca. **2** {de un tribunal} barandilla. **3** *Amer.* {en un tribunal} público. **4** barrote, tranca. **5** banda, raya. **6** *Amér. Sur* grupo de amigos, pandilla.

barrabás *m.* *fig.* {persona} díscolo, malo, perverso.

barrabasada *f.* disparate, desafuero, despropósito, barbaridad, diablura, tropelía, trastada.

barraca *f.* caseta, cabaña, choza, tenderete, casucha. **2** *Amer.* cobertizo, depósito, almacén.

barracón *m.* caseta tosca, tenderete, barraca.

barranca *f.* *ver* **barranco**.

barranco *m.* barranca, quebrada, precipicio, desfiladero, acantilado, torrentera, despeñadero, cañada, garganta. *ANT.* llanura, llano. **2** dificultad, atolladero, estorbo, impedimento, embarazo. **3** *loc.* *salir del ~:* desembarazarse de una dificultad.

barrancoso, -sa *adj.* quebrado, accidentado, desigual.

barreduras *f. pl.* inmundicia, desperdicios. **2** residuos, desechos.

barrena *f.* barreno, taladro, broca, abocardo, perforador, trépano, berbiquí, fresa.

barrenar *tr.* taladrar, horadar, agujerear. *ANT.* taponar. **2** {pretensión} impedir, desbaratar, frustrar. **3** {ley} traspasar, conculcar, infringir, quebrantar. *ANT.* acatar.

barrendero, -ra *s.* basurero, barredor, limpiador.

barreno *m.* barrena, taladro, perforador, broca, trépano. **2** agujero, perforación, abertura.

barreño *m.* vasija, recipiente, balde, cubo, cubeta, jofaina, cuenco, tinaja, palangana.

barrer *tr.* limpiar, asear, escobar; cepillar. *ANT.* ensuciar. **2** {escáner, cámara} recorrer, escanear, explorar, registrar. **3** arrollar, vencer, atropellar, aniquilar, pisotear, desbaratar, expulsar. **4** arrasar, llevarse todo. **5** *loc.* ~ *para dentro:* comportarse interesadamente.

barrera *f.* parapeto, barricada, defensa, empalizada, muro, verja, cerca, valla, compuerta. **2** obstáculo, dificultad, impedimento, embarazo, estorbo, freno, atasco, traba.

barretón *m.* *Amer.* pica, piqueta.

barriada *f.* barrio. **2** *Perú* barrio marginal.

barrial *m.* *Amer.* barrizal, cenagal, lodazal.

barrica *f.* barril, tonel.

barricada *f.* parapeto, barrera, trinchera. **2** obstáculo, impedimento.

barrido *m.* limpieza. **2** Fís. exploración, rastreo.

barriga *f.* vientre, cavidad abdominal, panza, abdomen, tripa, estómago. **2** *fig.* {vasija, columna} curvatura, comba.

barrigón, -ona *adj.* *ver* **barrigudo**.

barrigudo, -da *adj.* panzón, barrigón, panzudo.

barril *m.* tonel, cuba, pipa, pellejo, barrica, odre, tinaja, bocoy.

barrio *m.* sector, distrito, jurisdicción, demarcación, urbanización, barriada, suburbio, colonia, ciudadela.

barritar *intr.* {elefante} berrear, dar barritos.

barrizal *m.* cenagal, lodazal, fangal, tremedal, charca, pantano. **2** *Amer.* barrial.

barro *m.* lodo, fango, cieno, arcilla, légamo, limo. **2** vasija, búcaro, loza, cerámica. **3** granillo, comedón,

grano, espinilla, erupción, acné. **4** *fig.* cosa despreciable, nadería.

barroco, -ca *adj.* {estilo} plateresco, rococó, churrigueresco. **2** recargado, ornamentado, extravagante, abigarrado, exuberante; ostentoso, pomposo. *ANT.* simple, sencillo, sobrio.

barroquismo *m.* exuberancia, exageración, exceso, prodigalidad, profusión, extravagancia; pomposidad. *ANT.* sencillez, sobriedad.

barroso, -sa *adj.* cenagoso, lodoso, fangoso, pantanoso, legamoso. **2** {rostro} granoso.

barrote *m.* barra, travesaño, listón, palo.

barruntar *tr.* *prnl.* prever, presentir, conjeturar, vislumbrar, intuir, olfatear, suponer, sospechar, entrever, columbrar. *ANT.* ignorar, desconocer.

barrunto *m.* presentimiento, vislumbre, corazonada, atisbo, indicio, conjetura, sospecha, presunción, asomo, supuesto, olor.

bártulos *m. pl.* trastos, enseres, pertrechos, utensilios, útiles. **2** cachivaches, trebejos.

barullo *m.* desorden, caos, confusión, lío, desbarajuste, avispero, alboroto, barahúnda, estruendo, jaleo. *ANT.* orden, tranquilidad.

basa *f.* asiento, fundamento, pedestal.

basamento *m.* ARQ. pedestal, base, cimiento.

basar *tr.* cimentar, asentar, afirmar. **2** *tr.* *prnl.* apoyar, fundar, fundamentar. **3** establecer, probar, justificar, comprobar, demostrar.

basca *f.* náusea, arcada, fatiga, desazón, ansia.

báscula *f.* balanza, romana.

bascular *intr.* balancearse, oscilar.

base *f.* apoyo, fundamento, basamento, cimiento, asiento, sostén. **2** origen, razón, raíz, principio, substrato, génesis, comienzo, procedencia. **3** comunidad, conjunto de personas. **4** {institución} central. **5** *loc.* *a ~ de:* tomando como base.

baseball s. [ING.] béisbol, beisbol.

básico, -ca *adj.* fundamental, cardinal, principal, primordial, esencial. *ANT.* anodino, secundario.

basílica *f.* iglesia, templo, santuario, catedral, oratorio.

basilisco *m.* reptil. **2** animal fabuloso, monstruo. **3** *desp.* arpía, furia. **4** *loc.* *estar hecho un ~:* estar muy airado, muy molesto, furioso. *ANT.* sereno, tranquilo.

básquetbol *m.* *Amer.* (*tb.* **basquetbol** y **básquet**) baloncesto.

bastante *adv.* suficientemente, harto, asaz, lo justo, ni mucho ni poco. *ANT.* insuficiente, poco, escaso. **2** *adj.* suficiente, sobrado, adecuado.

bastar *intr.* alcanzar, convenir, satisfacer, abundar, ser suficiente. *ANT.* escasear, faltar.

bastardear *intr.* {animales, plantas} abastardar, desnaturalizar, degradar, corromper. **2** {cosas} degenerar.

bastardilla *adj. f.* {letra} cursiva, itálica.

bastardo, -da *adj.* {hijo} ilegítimo, espurio, adulterino, natural. *ANT.* legítimo. **2** desnaturalizado, adulterado. *ANT.* original. **3** maldito, infame, canalla, vil, bajo. *ANT.* bueno, bondadoso.

bastedad *f.* ordinariez, tosquedad, rusticidad; grosería. *ANT.* cortesía, delicadeza.

bastidor *m.* armazón, chasis, entramado, soporte, sostén, esqueleto, maderamen. **2** *loc. pl.* *entre ~es:* reservadamente, privadamente, confidencialmente.

bastimento *m.* provisión, aprovisionamiento, abastecimiento, suministro.

bastión m. baluarte, fortín, fortificación, defensa, protección, fuerte.

basto, -ta adj. grosero, tosco, vulgar, descortés, zafio, soez, rudo, ordinario. ANT. educado.

bastón m. vara, báculo, cayado, palo, bordón, caduceo.

basura f. inmundicia, suciedad, porquería, mugre, barreduras. 2 desechos, residuos, desperdicios, restos, sobras. 3 estiércol, excremento.

basurero m. vertedero, muladar, sumidero, estercolero, albañal, sentina, cloaca, pocilga.

bata f. batín, delantal, mandil, quimono, guardapolvo.

batacazo m. golpe, golpazo, porrazo, trastazo, choque, costalazo. 2 caída; fracaso. 3 Amér. Sur éxito, triunfo, suceso afortunado.

batahola f. ruido, bulla, alboroto, bullicio, estrépito, jarana, estruendo, jaleo, algarabía, gritería, barahúnda, escándalo. ANT. tranquilidad, calma, quietud.

batalla f. combate, pugna, contienda, pelea, encuentro, lucha, lid, enfrentamiento, conflicto armado. ANT. paz, calma. 2 riña, escaramuza, pendencia. 3 justa, torneo. 4 {ánimo} agitación, inquietud. ANT. calma, serenidad. 5 loc. dar la ~: enfrentar, arrostrar.

batallar intr. pelear, combatir, contender, luchar, guerrear, batirse, acometer, atacar. ANT. pacificar. 2 fig. disputar, reñir, altercar, debatir, alegar, porfiar, rivalizar. 3 vacilar, dudar, fluctuar, estar indeciso. ANT. decidir, resolver.

batallón m. Mil. escuadrón, brigada, compañía, unidad armada, unidad táctica. 2 fig. grupo numeroso.

batanear tr. fig. sacudir, golpear.

batata f. tubérculo, boniato, hortaliza. 2 Amér. Sur timidez, apocamiento, cortedad. 3 Amér. Sur papanatas.

bate m. garrote, palo.

batea f. bandeja, fuente, plato. 2 Méx. charola. 3 dornajo, artesa, recipiente. 4 vagón.

batel m. barca, bote, bajel, lancha, barca, balandro.

batería f. acumulador, condensador, generador, pila. 2 artillería, piezas, armas pesadas. 3 fila, formación, hilera. 4 instrumentos de percusión. 5 utensilios, cacharros, peroles, cazos.

batiburrillo m. revoltijo, desorden, confusión, mezcolanza, fárrago, amasijo, embrollo, confusión, lío. ANT. orden, armonía.

batida f. exploración, reconocimiento, búsqueda, rastreo. 2 allanamiento; redada. 3 acoso, persecución.

batido, -da adj. {camino} andado, transitado, frecuentado, recorrido, trillado. ANT. inexplorado, ignorado. 2 removido, agitado. 3 m. bebida, refresco.

batidor m. instrumento para batir. 2 explorador, guía. 3 vulg. Arg., Uru. delator, denunciante, soplón.

batidora f. licuadora, mezcladora.

batiente m. {puerta, ventana} hoja. 2 rompeolas.

batiesfera f. ver **batiscafo**.

batín m. bata, media bata, quimono.

batintín m. gong, campanilla, tantán.

batir tr. golpear, azotar, percutir; martillar. 2 {pared, edificio} derrumbar, derribar, demoler, echar por tierra. 3 {tienda} desarmar, recoger. 4 {alas, remos} mover, agitar. 5 revolver, mezclar, remover, licuar, menear, agitar. 6 atacar, luchar, golpear, combatir. 7 derrotar, vencer, arrollar, superar. 8 Dep. ganar. 9 {monte, selva} explorar, reconocer, investigar, inspeccionar. 10 {moneda} acuñar, troquelar. 11 vulg. Arg., Uru. delatar, denunciar. 12 intr. {corazón} latir. 13 prnl. {duelo} combatir, pelear. 14 {ave de rapiña} abatirse, descender. 15 loc. ~se en retirada: huir.

batiscafo m. batiesfera, submarino, embarcación sumergible.

batracio adj. s. anfibio, anuro, rana, sapo.

batuta f. bastón corto. 2 fig. director de orquesta. 3 loc. llevar alguien la ~: dirigir, administrar, mandar, organizar, coordinar, disponer.

baúl m. cofre, arca, arcón, caja; valija.

bautismo m. bautizo, bateo.

bautizar tr. cristianar, sacramentar, crismar, batear; convertir. 2 tr. prnl. denominar, llamar, nombrar, designar, calificar, tildar, titular, motejar, apodar.

bautizo m. bautismo, bateo.

baya f. fruto. 2 matacandiles.

bayeta f. tela, trapo, lienzo, paño. 2 Amér. trapeador. 3 pl. Amér. **bayetas**, pañales.

bayo, -ya adj. {caballo} blanco amarillento.

bayoneta f. arma blanca, hoja, cuchillo.

baza f. {juego de cartas} mano, tanto, partida. 2 loc. meter ~: intervenir, instigar.

bazar m. {en Oriente} mercado público, comercio. 2 tienda, almacén, local, establecimiento; feria.

bazofia f. heces, desechos, sobras, porquería, desperdicios. 2 fig. {cosa} soez, sucia, despreciable. 3 comistrajo, guisote, bodrio, mejunje. ANT. exquisitez.

bazuca m. Mil. lanzagranadas, lanzacohetes.

beatería f. santurronería, mojigatería, gazmoñería, hipocresía.

beatificar tr. canonizar, santificar. 2 sacralizar.

beatífico, -ca adj. bienaventurado.

beatitud f. bienaventuranza, santidad, virtud. 2 serenidad, gozo, bienestar, dicha, felicidad. ANT. infelicidad.

beato, -ta adj. bienaventurado, feliz. 2 beatífico, piadoso, devoto, virtuoso. ANT. pecador. 3 santurrón, hipócrita, mojigato, puritano, gazmoño.

bebé m. nene, crío, criatura, niño, infante, rorro, pequeño, recién nacido, niño de pecho.

bebedero m. abrevadero, pilón, pila, fuente.

bebedizo adj. potable. ANT. impotable. 2 m. medicina, infusión, narcótico. 3 filtro, brebaje, pócima, poción. 4 tóxico, veneno, tósigo.

bebedor, -ra adj. s. alcohólico, dipsómano, borracho, ebrio, beodo, borrachín.

beber intr. ingerir, tomar, tragar, abrevar, sorber, libar, gustar, escanciar, catar, absorber, paladear. 2 brindar, empinar el codo, embriagarse, emborracharse.

bebible adj. potable, bebedero.

bebida f. líquido, refresco, brebaje, libación, licor, poción, elíxir, zumo, néctar.

bebido, -da adj. borracho, achispado, ajumado, ebrio.

beca f. subvención, subsidio, pensión, ayuda, prebenda, donación, gratificación.

becar tr. subsidiar, costear, pensionar, ayudar, subvencionar, gratificar.

becerra f. ternera, novilla, chota. 2 Bot. dragón.

becerro m. ternero, recental, novillo, torillo, jato.

bedel, -la s. ordenanza, conserje, asistente, ujier.

beduino m. beréber, berberisco, tuareg. 2 nómada, trashumante.

beeper s. [Ing.] buscapersonas, mensáfono. 2 Amér. bíper. 3 Méx. localizador.

befa f. escarnio, burla, mofa, desdén, desprecio, irrisión.

befo, -fa adj. s. belfo. 2 zambo, patizambo, zancajoso.

beige adj. [Fr.] beis, castaño claro, ocre, crudo, pajizo, leonado, amarillento.

bejuco m. enredadera, liana; hiedra.

bel m. Fís. belio.

beldad f. belleza, hermosura, apostura. ANT. fealdad. 2 linda, bella, hermosa, bonita, preciosa. ANT. fea.

belfo m. {de animal} labio, hocico, jeta.

bélico, -ca adj. guerrero, belicoso, marcial.

belicoso, -sa *adj.* guerrero, marcial. **2** pendenciero, agresivo; batallador. *ANT.* pacífico.

beligerancia *f.* conflicto, contienda, lucha, guerra. *ANT.* paz. **2** importancia, consideración, trascendencia. **3** *loc.* **no conceder ~:** no dar importancia, no prestar atención.

beligerante *adj. s.* {nación} contendiente, combatiente, en guerra.

bellaco, -ca *adj. s.* malo, pícaro, ruin, bribón, abyecto, vil, miserable, despreciable, perverso, depravado, bajo, canalla. *ANT.* honrado, bueno, honorable. **2** astuto, sagaz, disimulado, taimado.

bellaquería *f.* bribonada, canallada, ruindad, picardía. **2** malicia, hipocresía, mala fe, doblez. *ANT.* honradez.

belleza *f.* hermosura, perfección, sublimidad. **2** atractivo, apostura, encanto, lindura. *ANT.* fealdad. **3** hermosa, bonita, linda, bella, bien parecida.

bello, -lla *adj.* hermoso, bonito, lindo, armonioso, proporcionado, precioso, primoroso, agradable. *ANT.* desagradable. **2** guapo, atractivo, bien parecido, apuesto, agraciado, encantador, garboso, seductor. *ANT.* feo.

benceno *m.* QUÍM. benzol.

bencina *f.* disolvente. **2** gasolina, combustible, carburante.

bendecir *tr.* consagrar; invocar. **2** alabar, honrar, exaltar, engrandecer, ensalzar, encomiar, enaltecer, elogiar, ponderar. *ANT.* maldecir, denigrar, condenar.

bendición *f.* consagración. **2** impetración, signo, además. **3** gracia, beneficio, favor, merced, don, ofrenda. **4** *loc.* **echar la ~ a alguien:** terminar, romper.

bendito, -ta *adj. s.* santo, bienaventurado; santificado. *ANT.* maldito. **2** dichoso, feliz, contento. *ANT.* infeliz. **3** simple, ingenuo, sencillo, incauto, cándido.

benefactor *adj. s.* bienhechor, favorecedor, protector, humanitario, dadivoso, generoso, altruista. *ANT.* malhechor.

beneficencia *f.* caridad, benevolencia, altruismo, humanidad, generosidad, filantropía. *ANT.* inhumanidad, egoísmo. **2** socorro, ayuda, favor, atención, subvención; limosna. *ANT.* abandono, desatención. **3** casa de beneficencia.

beneficiar *tr. prnl.* favorecer, ayudar, socorrer, amparar, proteger. *ANT.* perjudicar, desfavorecer, dañar. **2** *Cuba, Chile, P. Rico* {res} descuartizar, vender al menudeo. **3** *prnl.* aprovechar, utilizar, explotar, lucrarse. *ANT.* desperdiciar, desaprovechar.

beneficiario, -ria *adj. s.* beneficiado, favorecido, subvencionado, remunerado; becario. *ANT.* perjudicado.

beneficio *m.* bien, favor, bondad, servicio, ayuda, concesión, dádiva, gracia. *ANT.* perjuicio, daño. **2** utilidad, provecho, lucro, ventaja, fruto, aprovechamiento, rendimiento, ganancia, producto, dividendo. *ANT.* pérdida. **3** {campos} cultivo, labor. **4** *Amer.* ingenio, hacienda. **5** DER. derecho. **6** *loc.* **a)** *a ~ de inventario:* con reserva, con precaución. **b)** *loc.* *a ~ de inventario:* sin seriedad, sin esfuerzo, despreocupadamente.

beneficioso, -sa *adj.* provechoso, favorable, conveniente, útil, propicio, adecuado, benéfico, fructífero, ventajoso, bueno. *ANT.* perjudicial, desfavorable. **2** rentable, lucrativo.

benéfico, -ca *adj.* provechoso, beneficioso, útil, ventajoso. *ANT.* inútil, perjudicial. **2** humanitario, caritativo, benefactor, bienhechor. *ANT.* inhumano, egoísta.

benemérito, -ta *adj.* digno, ejemplar, encomiable, honorable, meritorio, estimable, loable, laudable. *ANT.* despreciable, indigno.

beneplácito *m.* aprobación, aquiescencia, conformidad, asentimiento, consentimiento, anuencia, autorización, permiso. *ANT.* desaprobación, negativa. **2** complacencia.

benevolencia *f.* simpatía, buena voluntad, buena fe, benignidad, generosidad, humanidad. *ANT.* malevolencia, maldad, perversidad. **2** comprensión, indul-

gencia, consideración, tolerancia, magnanimidad. *ANT.* severidad, intolerancia.

benévolo, -la *adj.* bondadoso, benigno, próvido, indulgente, considerado. *ANT.* malévolo. **2** humanitario, generoso, humano, filantrópico. *ANT.* egoísta, cicatero.

benignidad *f.* mansedumbre, afabilidad, apacibilidad, dulzura, templanza, benevolencia, transigencia, generosidad, cordialidad. *ANT.* dureza, inflexibilidad.

benigno, -na *adj.* afable, benévolo, apacible, bondadoso, compasivo, indulgente, fraternal, clemente, humano. *ANT.* maligno, malvado, inhumano. **2** *fig.* {clima, estación} templado, suave, apacible, bonancible, dulce, agradable, cálido. *ANT.* riguroso, inclemente.

benjamín, -mina *adj. s.* hijo menor, último, pequeño. *ANT.* mayor, primogénito. **2** *Amér. Cent.* cumiche. **3** *Amer.* enchufe.

benjuí *m.* bálsamo aromático.

benzol *m.* QUÍM. benceno.

beocio, -cia *adj. fig.* ignorante, necio, tonto, estúpido.

beodo, -da *adj. s.* ebrio, borracho, dipsómano, embriagado, bebido, achispado, ajumado. *ANT.* sobrio.

berberisco, -ca *adj. s.* beréber, bereber, moro.

beréber *adj. s.* (*tb.* **bereber**) berberisco.

berenjenal *m.* embrollo, lío, problema, maraña, confusión, barullo, desorden, laberinto.

bergantín *m.* goleta, velero, embarcación.

berma *f.* borde, margen.

bermejo, -ja *adj.* {color} rubio, rojizo, encarnado, colorado, cobrizo, granate, anaranjado.

bermellón *m.* cinabrio. **2** {color} rojizo, cobrizo, arrebol, bermejo, azafranado, encarnado.

berrear *intr.* chillar, lloriquear, ulular, rugir, aullar, bramar, gritar. **2** *fig.* cantar desentonadamente.

berrido *m.* chillido, grito, alarido, aullido, gemido.

berrinche *m.* rabieta, pataleta, enojo, arrebato, irritación, enfado, rabia. *ANT.* calma.

besar *tr. prnl.* acariciar (con los labios). **2** *prnl.* {cosas} tocarse, rozarse.

beso *m.* ósculo; caricia.

bestia *f.* animal. **2** cuadrúpedo, animal de carga. **3** fiera, alimaña, bicho. **4** monstruo, ser fantástico. **5** *com. adj. fig.* zafio, ignorante, rudo, patán. *ANT.* educado.

bestial *adj.* irracional, sanguinario, brutal, inhumano, cruel, violento. *ANT.* racional. **2** enorme, descomunal, desmesurado, extraordinario.

bestialidad *f.* irracionalidad, brutalidad, crueldad, ferocidad, perversión. *ANT.* racionalidad, humanidad. **2** barbaridad, patochada. **3** exageración.

bestseller *s.* [ING.] {libro} éxito editorial, éxito de ventas.

besucón, -cona *adj. s.* besuqueador, besucador.

besuqueador, -ra *adj. ver* **besucón.**

besuquear *tr.* besar, manosear, acariciar.

betún *m.* {para zapatos} crema, cera, pomada. **2** alquitrán, asfalto, brea, resina, pez.

biberón *m.* botella, frasco. **2** *Amer.* mamadera. **3** *Col.* tetero.

biblia *f. fig.* compendio, resumen, modelo.

bibliografía *f.* {libros} descripción, catálogo, relación, lista, enumeración, fichero.

biblioteca *f.* anaquel, estantería, repisa, estante, mueble. **2** archivo, centro. **3** conjunto de libros. **4** colección, tratado.

bicha *f. desp.* bicho, sabandija, alimaña. **2** culebra. **3** ARQ. figura fantástica, bestión.

bicharraco *m. desp.* bicho, bicha, sabandija, alimaña.

bicho m. bicha, alimaña, sabandija, animal. **2** fig. {persona} ridículo. **3** malvado, avieso.

bicoca f. pequeñez, insignificancia, bagatela, nadería, fruslería, chuchería. **2** ganga, oportunidad.

bien[1] m. favor, ayuda, auxilio, beneficio, bondad, servicio, don, provecho, gracia, merced. ANT. daño, perjuicio. **2** donación, regalo. ANT. pérdida. **3** apropiado, adecuado, conforme, conveniente, beneficioso, acertado, bueno, oportuno, ajustado, proporcionado, útil, perfecto. ANT. inadecuado, inoportuno, inapropiado. **4** pl. **bienes**, capital, fortuna, caudal, riqueza, hacienda, fondos, pertenencias, recursos, haber, ingresos, intereses, medios. **5** loc. ~ que: aunque, no obstante, sin embargo. **6** loc. no ~: apenas, al punto que, luego que. **7** loc. si ~: aunque. **8** loc. tener a ~: dignarse, poder.

bien[2] adv. con razón, como es debido, acertadamente, perfectamente; felizmente. **2** {persona} sano, con buena salud. **3** con gusto, de buena gana. **4** muy, bastante, mucho.

bienal adj. s. que se repite cada bienio (dos años). **2** que dura un bienio (dos años). **3** exposición artística, evento estético, manifestación cultural.

bienaventurado, -da adj. s. venturoso, dichoso, feliz, bendito, favorecido, afortunado. ANT. desdichado, infeliz, desventurado. **2** irón. incauto, cándido, inocente. ANT. malicioso, taimado. **3** santo, beato, consagrado, beatífico. ANT. maldito.

bienaventuranza f. REL. gloria, beatitud, santidad. ANT. condenación. **2** prosperidad, bienestar, dicha, felicidad. ANT. desgracia, infortunio.

bienes m. pl. ver **bien**.

bienestar m. comodidad, tranquilidad, desahogo, seguridad, satisfacción, placer, serenidad, confianza. ANT. incomodidad, intranquilidad, malestar. **2** abundancia, riqueza, ventura, prosperidad, holgura. ANT. carencia, pobreza. **3** felicidad, dicha. ANT. infelicidad.

bienhablado, -da adj. cortés, educado. ANT. malhablado, descortés.

bienhechor, -ra adj. s. benefactor, protector, favorecedor, filántropo, auxiliador, benéfico. ANT. malhechor, malvado.

bienintencionado, -da adj. justo, recto, benigno, bueno, sincero, cabal, virtuoso, benévolo, bondadoso. ANT. malintencionado, malvado, injusto.

bienquerer tr. estimar, apreciar, querer bien. ANT. malquerer.

bienquisto, -ta adj. estimado, querido, apreciado, considerado. ANT. malquisto, odiado.

bienvenida f. acogida, recepción, recibimiento, ofrecimiento, saludo, agasajo, homenaje, parabién. ANT. despedida; mala acogida.

bies (al) loc. en sesgo, en diagonal, oblicuamente.

bife m. Arg., Chile, Uru. bisté, filete, solomillo.

bífido, -da adj. BIOL. partido en dos, hendido en dos, bifurcado.

bifurcación f. desvío, derivación, ramificación, divergencia, separación, división, ramal, intersección, cruce. ANT. confluencia, unión, convergencia.

bifurcarse prnl. ramificarse, dividirse. ANT. confluir.

bigote m. mostacho, bozo.

bigotudo, -da adj. abigotado, mostachudo, hirsuto. ANT. imberbe.

bilateral adj. DER. sinalagmático. **2** recíproco, mutuo. ANT. unilateral.

bilioso, -sa adj. colérico, irritable, rabioso, intratable, atrabiliario, malhumorado, amargado, avinagrado. ANT. afable, amable.

bilis f. hiel, atrabilis, secreción, humor. **2** irritabilidad, disgusto, enojo, desabrimiento, cólera, amargura.

billete m. carta breve, mensaje. **2** entrada, boleto, localidad, asiento. **3** papel moneda.

billetero, -ra s. cartera, monedero. **2** Méx., Pan. vendedor de lotería.

billón m. un millón de millones. **2** {Estados Unidos} un millar de millones, mil millones, un millardo.

bimensual adj. dos veces al mes.

bimestral adj. cada dos meses.

binario, -ria adj. dicotómico, de dos elementos.

binoculares m. prismáticos, anteojos, gemelos, lentes.

biografía f. historia, memorias, vida, semblanza, crónica, hazañas, hechos.

biombo m. bastidor, mampara, cancel, persiana.

biopsia f. MED. examen, análisis, extracción, corte.

bipartición f. bisección, división, partición.

birlar tr. robar, hurtar, sustraer, escamotear, despojar.

birrete m. gorro, gorra, bonete, boina.

birria f. mamarracho, espantajo, adefesio, facha. ANT. belleza. **2** chapucería.

bisagra f. gozne, charnela, pernio, articulación, juego.

bisbisar tr. bisbisear, cuchichear, musitar, murmurar.

bisección f. {de un ángulo} división, partición.

bisel m. {en una lámina o plancha} corte oblicuo, sesgo, ángulo, arista, borde, chaflán.

bisexuado, -da adj. ver **bisexual**.

bisexual adj. hermafrodita, andrógino. **2** heterosexual y homosexual.

bisilábico, -ca adj. ver **bisílabo**.

bisílabo, -ba adj. bisilábico, disílabo.

bisojo, -ja adj. s. bizco.

bisoñé m. peluca, peluquín, postizo, añadido.

bisoño, -ña adj. s. novato, principiante, aprendiz, nuevo, neófito, novel, inexperto. ANT. veterano.

bistec m. (tb. **bisté**) filete, solomillo. **2** Arg., Chile, Uru. bife.

bistrot m. [FR.] bistró, cafetucho, restaurante modesto, fonda popular.

bisturí m. MED. escalpelo, lanceta.

bisutería f. quincallería, oropel, quincalla, baratija, fantasía, fruslería, bagatela, pacotilla.

bit m. INF. dígito binario, bitio.

bitácora f. brújula; aguja.

bitio m. INF. ver **bit**.

bituminoso, -sa adj. bituminado, oleoso, graso.

bizantino, -na adj. {discusión} inútil, insustancial, fútil, intrascendente, estéril, trivial, infructuoso, nimio, banal, anticuado, ocioso. ANT. trascendental.

bizarría f. valor, valentía, gallardía. ANT. cobardía. **2** lucimiento, esplendidez, cortesía. **3** generosidad, magnanimidad. ANT. mezquindad. **4** PINT. colorido.

bizarro, -rra adj. valiente, arrojado, valeroso, esforzado, denodado, audaz. ANT. cobarde, pusilánime. **2** generoso, espléndido, magnánimo. **3** apuesto, elegante, varonil, gallardo, bien plantado. ANT. desgarbado.

bizco, -ca adj. bisojo, estrábico, bizcorneado.

bizcocho m. pastel, golosina, confite, torta.

bizma f. emplasto, cataplasma, ungüento, parche.

bizquear tr. guiñar, extraviar, desviar.

bizquera f. estrabismo.

blanco, -ca adj. s. albo, níveo, pálido, nevado, lechoso, blanquecino; cano. ANT. negro. **2** caucásico, occidental, indoeuropeo. **3** m. diana, centro, mira. **4** fin, finalidad, objeto, objetivo, propósito. **5** {en un escrito} hueco, espacio. **6** loc. quedarse en ~: no comprender lo que se oye o se lee, olvidar.

blancura f. albor, blancor, albura, palidez. ANT. negrura.

blancuzco, -ca adj. blanquecino.

blandengue *adj. desp.* blando, flexible. *ANT.* duro, resistente. **2** {persona} débil, flojo, dócil, blando, tímido, manipulable. *ANT.* enérgico, fuerte, severo.

blandir *tr.* {arma} empuñar, esgrimir, sujetar, aferrar, enarbolar, agitar, balancear, alzar. *ANT.* soltar.

blando, -da *adj.* tierno, muelle, suave, flojo, laxo, fláccido, fofo, dúctil, lene, acolchado. *ANT.* duro, firme, compacto. **2** *fig.* {tiempo, estación} templado, bonancible, benigno, apacible. *ANT.* duro, desapacible. **3** suave, dulce, agradable, cómodo, benévolo. **4** perezoso, flojo. **5** apacible, dócil. **6** pusilánime, cobarde, timorato, blandengue, delicado, dócil. *ANT.* valeroso, enérgico. **7** *adv.* blandamente, suavemente. *ANT.* duramente.

blandura *f.* incuria, molicie, flojedad, debilidad, lenidad. *ANT.* fortaleza. **2** benevolencia, tolerancia, indulgencia, clemencia, mansedumbre. *ANT.* inflexibilidad, intolerancia.

blanquear *tr.* emblanquecer, encalar, enjalbegar, enlucir. *ANT.* ennegrecer. **2** encanecer, emblanquecer. **3** lavar, limpiar. *ANT.* manchar. **4** {metales} clarificar, blanquecer, pulir. *ANT.* Dep. vencer, derrotar.

blanquecino, -na *adj.* blancuzco.

blasfemador, -ra *adj. s.* blasfemo, blasfemante, renegador.

blasfemar *tr.* renegar, maldecir, imprecar, jurar. *ANT.* alabar, ensalzar. **2** ofender, vituperar, insultar.

blasfemia *f.* maldición, imprecación, reniego, execración, juramento, sacrilegio. **2** insulto, palabrota, vituperio, injuria, ofensa. *ANT.* alabanza, elogio.

blasfemo, -ma *adj.* blasfemante, blasfemador.

blasón *m.* divisa, escudo de armas, alegoría, lema; heráldica. **2** {en un escudo} figura, símbolo, pieza, señal. **3** *ANT.* honor, gloria.

blasonar *intr.* pavonearse, fanfarronear, presumir, alabarse, ostentar, jactarse.

blazer *s.* [ING.] bléiser, chaqueta deportiva.

bledo *m.* nada, insignificancia, ardite, bagatela, comino, rábano, insignificancia. **2** *loc.* *dársele un ~*: no importar, no significar nada.

blenorragia *f.* MED. blenorrea, uretritis.

blenorrea *f.* PAT. blenorragia crónica.

blindaje *m.* coraza, defensa, protección.

blindar *tr.* recubrir, acorazar, revestir, proteger, defender, forrar, chapar.

bloc *m.* bloque, taco, paquete de hojas.

blocao *m.* fortín, reducto, fortificación.

blondo, -da *adj.* rubio, rojo claro.

bloque *m.* piedra, cubo, monolito, cuerpo sólido. **2** bloc, taco, paquete de hojas. **3** {partidos políticos} agrupación, unión, conjunto. *ANT.* separación. **4** {de casas} manzana. **5** edificio. **6** *loc.* *en ~*: en conjunto, sin distinción.

bloquear *tr.* MIL. aislar, incomunicar, cercar, encerrar, asediar, acorralar, sitiar. *ANT.* desbloquear, liberar. **2** {funcionamiento} obstaculizar, impedir. *ANT.* permitir. **3** {servicio} interrumpir. **4** {cuenta bancaria} inmovilizar, congelar.

bloqueo *m.* sitio, cerco, asedio. **2** inmovilización.

blue jeans *s.* [ING.] pantalones vaqueros, pantalones tejanos.

bluff *s.* [ING.] *s.* engaño, simulación, montaje, invento, alarde, exageración, fanfarronada.

blusa *f.* camisa, camisola, camisón, blusón, marinera.

boato *m.* pompa, ostentación, aparato, fausto, suntuosidad, derroche, lujo, presuntuosidad, bambolla. *ANT.* sencillez, naturalidad, sobriedad.

bobada *f.* ver **bobería**.

bobalicón, -ona *adj. s.* papanatas, zopenco, tonto, sandio, simple, bobo, mentecato, necio, majadero. *ANT.* listo, inteligente.

bobería *f.* tontería, necedad, simpleza, majadería, estupidez, tontada, imbecilidad.

bobina *f.* carrete, carretel, canilla, rollo. **2** componente eléctrico.

bobinar *tr.* aovillar, ovillar, enrollar, devanar.

bobo, -ba *adj.* tonto, estúpido, idiota, papanatas, necio, zopenco, simple, majadero, sandio, zafio, zoquete, torpe, mentecato, ingenuo. *ANT.* listo, agudo.

boca *f.* cavidad bucal, pico, hocico, fauces, jeta, morro, belfos. **2** abertura, orificio, cavidad, boquete, agujero, grieta, hueco. **3** entrada, salida, acceso. **4** {vinos} gusto, sabor. **5** *loc.* *~ abajo*: de cara al suelo, de bruces. **6** *loc.* *~ de lobo*: lugar oscuro. **7** *loc.* *a pedir de ~*: exactamente, con toda propiedad. **8** *loc.* *con la ~ abierta*: suspenso, admirado.

bocabajo *m.* *P. Rico* servil, adulador, rastrero.

bocacalle *f.* embocadura, encrucijada, entrada. **2** calle secundaria.

bocadillo *m.* refrigerio, emparedado, bocado, colación, canapé. **2** sándwich. **3** panecillo. **4** *Amer.* dulce. **5** *Col.*, *Ven.* dulce de guayaba.

bocado *m.* dentellada, tarascada, mordedura, mordisco. **2** aperitivo, refrigerio. **3** porción, pedazo, trozo. **4** {caballos} freno, embocadura.

bocajarro (a) *loc.* {disparo} a quemarropa, de cerca, *loc.* de improviso, de repente.

bocanada *f.* vaharada, exhalación, buchada, hálito, vaho, aliento, jadeo, soplo, resuello.

bocazas *com.* indiscreto, parlanchín, charlatán, chismoso. *ANT.* discreto, reservado.

boceto *m.* bosquejo, esbozo, esquema, croquis, diseño, apunte, dibujo, borrador, plano, proyecto, plan.

bochinche *m.* escándalo, tumulto, alboroto, barahúnda, estrépito, jaleo, bronca. *ANT.* quietud, tranquilidad.

bochorno *m.* calor, sofocación, sofoco, canícula, desazón. *ANT.* frío. **2** turbación, sonrojo, confusión, vergüenza, rubor. *ANT.* desvergüenza, descaro.

bocina *f.* MÚS. cuerno. **2** MÚS. trompeta. **3** {de un automóvil} claxon, pito.

bocio *m.* MED. hipertrofia, hipertiroidismo; hinchazón.

bocón, -ona *adj.* hablador, charlatán, fanfarrón.

bocoy *m.* barril grande.

boda *f.* matrimonio, casamiento, unión, esponsales, desposorio, nupcias, enlace, vínculo, alianza, casorio, connubio. *ANT.* divorcio, separación.

bodega *f.* almacén, tienda de vinos. **2** cava, despensa. **3** *Amer.* depósito, almacén. **4** *Cuba* abacería, tienda de ultramarinos.

bodegón *m.* taberna, fonda, figón. **2** pintura.

bodeguero, -ra *s.* cantinero, tabernero.

bodoque *m.* bola. **2** {lana} burujo, borujo. **3** *adj.* tonto, estúpido, bobo, necio, tarugo. *ANT.* listo. **4** *Amer.* lío, paquete.

bodrio *m.* porquería, comistrajo, guisote, bazofia, mejunje. *ANT.* manjar. **2** adefesio, mamarracho, esperpento, cosa mal hecha.

bofe *m.* pulmón, víscera, asadura.

bofetada *f.* cachetada, bofetón, golpe, sopapo, manotazo, pescozón, palmada, lapo, puñetazo. **2** ofensa.

bofetón *m.* ver **bofetada**.

boga *com.* bogador, remero. **2** *f.* bogadura, remadura. **3** *loc.* *en ~*: de actualidad, de moda, al uso, en auge. *ANT.* en desuso.

bogar *intr.* remar, avanzar. **2** navegar.

bohemio, -mia *adj. s.* gitano. **2** extravagante, despreocupado, aventurero. *ANT.* formal, convencional. **3** vagabundo, errante. **4** *m.* lengua checa.

bohío *m.* cabaña, choza, casucha.

boicot *m.* ver **boicoteo**.

boicoteo *m.* (*tb.* **boicot**) privación, aislamiento, exclusión, rechazo. ANT. inclusión, aceptación.

boina *f.* gorra, bonete, gorro, birrete, chapela.

bojote *m.* Amer. paquete, lío, envoltorio, bulto, fardo, atado. **2** R. Dom. abundancia.

bol *m.* ponchera. **2** tazón.

bola *f.* cuerpo esférico. **2** balón, esfera, pelota, globo. **3** canica; cuenta. **4** embuste, mentira, rumor, bulo, infundio, patraña, engaño. ANT. verdad. **5** Méx. reunión bulliciosa; desorden, riña, tumulto. **6** Amér. Sur *pl.* testículos. **7** *loc.* Amer. **correr la ~:** divulgar noticias. **8** *loc.* **parar ~s:** conceder atención.

bolardo *m.* amarradero. **2** poste de hierro.

bolchevique *adj.* HIST. comunista ruso; marxista.

bolear *tr.* arrojar, lanzar, impeler. **2** *intr.* DEP. {bolas} arrojar, tirar, lanzar. **3** {bolos} derribar. **4** *tr. prnl.* Arg. confundir, turbar, aturullar. **5** Uru. enredar, envolver. **6** Méx. {calzado} embetunar, limpiar, dar lustre.

bolera *f.* boliche.

bolero *m.* ritmo, canción, aire musical. **2** Méx. limpiabotas. **3** *adj. s.* mentiroso, trolero.

boleta *f.* cédula. **2** libranza, talón, vale, orden, cupón, papeleta, cheque. **3** Amer. boleto, tiquete, entrada, billete, pase, invitación.

boletería *f.* Amer. taquilla, caja, casillero, despacho.

boletín *m.* folleto, publicación, gaceta, revista, periódico. **2** circular, impreso, hoja.

boleto *m.* entrada, billete, asiento, localidad. **2** Amer. boleta, tiquete. **3** Arg., Par. contrato preliminar de compraventa, promesa de compraventa.

boliche *m.* juego de bolos. **2** bolera, pista. **3** Arg. bar, discoteca. **4** P. Rico tabaco (de clase inferior). **5** Perú choloque, árbol. **6** Amer. balero, juego de niños.

bólido *m.* meteorito, aerolito, estrella fugaz, piedra. **2** *fig.* vehículo veloz.

bollo *m.* chichón. **2** panecillo, bizcocho, confite. **3** abolladura. **4** alboroto, lío, confusión. **5** Amer. tamal, empanada. **6** Amer. puñetazo, golpe.

bolo *m.* palo, taco, tarugo. **2** ignorante, inútil, simple, tonto. **3** *adj.* Amér. Cent. borracho.

bolsa *f.* talega, saco, bulto, costal, bolso. **2** mercado de valores, institución mercantil, organismo financiero, lonja. **3** {vestido} arruga, rugosidad, pliegue. **4** abultamiento (bajo los ojos). **5** caudal, patrimonio, dinero, capital. **6** Amér. Cent., Méx. bolsillo.

bolsillo *m.* bolsa, saquillo. **2** caudal, dinero. **3** *loc.* **tener a alguien en el ~:** contar con alguien.

bolsista *com.* agente de bolsa, especulador, corredor.

bolso *m.* cartera, bolsa de mano. **2** bolsillo.

bomba *f.* explosivo, munición, carga, obús, granada, proyectil, misil, torpedo. **2** maquina, mecanismo, pistón, aparato. **3** *fig.* noticia inesperada. **4** Amer. noticia falsa, noticia dudosa. **5** Amer. burbuja, pompa, globo. **6** Amer. embriaguez. **7** *adv.* muy bien.

bombardear *tr.* bombear. **2** cañonear, ametrallar, arrojar bombas, atacar.

bombear *tr.* cañonear, ametrallar, arrojar bombas. **2** elevar agua (con una bomba), impulsar, impeler. **3** Arg. perjudicar.

bombilla *f.* Amer. foco, lámpara, bulbo, ampolla, farol.

bombo *m.* tambor grande, timbal, caja, atabal. **2** elogio exagerado, adulación, alabanza, encomio. **3** *adj.* aturdido, atolondrado. **4** *loc.* **a ~ y platillos:** con extremada publicidad.

bombón *m.* golosina, dulce, chocolate, confite.

bombona *f.* vasija, envase, recipiente, garrafa.

bonachón, -ona *adj. s.* ingenuo, buenazo, inocente, crédulo, bondadoso, confiado, candoroso, cándido. ANT. malicioso.

bonaerense *adj. s.* porteño, de Buenos Aires.

bonancible *adj.* {tiempo, mar, viento} apacible, sereno, tranquilo, despejado, claro, benigno, suave. ANT. desapacible, tormentoso.

bonanza *f.* {mar} serenidad, calma, tranquilidad, placidez, reposo, quietud. ANT. tormenta. **2** progreso, prosperidad, bienestar, auge. ANT. pobreza.

bondad *f.* benevolencia, benignidad, generosidad, magnanimidad, virtud, altruismo, humanidad, bien. ANT. maldad, vileza, crueldad. **2** mansedumbre, apacibilidad, indulgencia, tolerancia, afabilidad, clemencia, dulzura. ANT. intemperancia, intolerancia.

bondadoso, -sa *adj.* benigno, benévolo, complaciente, magnánimo. ANT. malvado.

bonificación *f.* rebaja, descuento, reducción, abono, beneficio, provecho, ventaja. ANT. gravamen, recargo, cargo. **2** compensación, gratificación.

bonificar *tr.* abonar, rebajar, descontar. **2** compensar.

bonitamente *adv.* disimuladamente, diestramente, mañosamente, con tiento.

bonito, -ta *adj.* bello, hermoso, lindo, atrayente, agradable, agraciado, guapo. ANT. desgarbado, feo. **2** bueno. **3** *m.* {pez} biza, bonítalo.

bono *m.* vale, cupón, comprobante, papeleta, certificado, libranza.

boñiga *f.* bosta, estiércol, excremento, guano, heces.

boom *s.* [ING.] auge, prosperidad, éxito.

boquear *intr.* abrir la boca. **2** respirar, resollar, resoplar, jadear, acezar. **3** expirar, agonizar, fallecer, morir.

boquete *m.* entrada angosta. **2** abertura, agujero, brecha, rotura, hueco, grieta, orificio.

boquiabierto, -ta *adj.* embobado, pasmado, asombrado, maravillado, alelado, deslumbrado, azorado. ANT. despierto, alerta.

boquilla *m.* embocadura, cilindro, tubo, cánula. **2** orificio, abertura. **3** Ecuad. rumor, hablilla.

borbotón *m.* borbollón, burbujeo, borboteo, ebullición, burbujas. **2** *loc. pl.* **hablar a borbotones:** hablar apresuradamente, aceleradamente.

borda *f.* borde, orilla. **2** NÁUT. canto superior (del costado de un buque). **3** *loc.* **echar/tirar por la ~:** deshacerse de algo.

bordado *m.* costura, encaje, labor, punto, recamado.

bordar *tr.* recamar, ribetear, ornamentar, festonear, perfilar, adornar, coser.

borde *m.* orilla, margen canto, arista, linde, límite, orillo, costado, extremo, frontera, flanco, bordillo, lado, pestaña. ANT. centro. **2** {vasija} labio.

bordear *tr.* circundar, rodear, contornear, circunvalar, costear. **2** desviarse, virar, eludir, rehuir. **3** aproximarse, frisar, acercarse, rozar.

bordillo *m.* {acera, andén} encintado.

bordón *m.* bastón, báculo, cayado. **2** verso quebrado. **3** muletilla, repetición. **4** *fig.* guía.

boreal *adj.* septentrional, ártico, nórdico, norte, hiperbóreo, norteño. ANT. austral, meridional.

bóreas *m.* aquilón, viento norte, septentrión, tramontana, cierzo.

boricua *adj. s. col.* puertorriqueño, borinqueño.

borinqueño, ña *adj. s.* puertorriqueño.

borla *f.* adorno, pompón, fleco, madroño.

bornear *tr.* torcer, ladear, dar vuelta. **2** ARQ. retranquear. **3** *prnl.* {madera} torcerse.

borra *f.* cordera (de un año). **2** lanilla, pelusa. **3** {de tinta o aceite} sedimento, poso, hez.

borrachera *f.* ebriedad, embriaguez, achispamiento, beodez, mareo. **2** *col.* perra, curda, mona, jumera, turca, pea, merluza. *ANT.* sobriedad.

borracho, -cha *adj. s.* ebrio, alcohólico, dipsómano, embriagado, bebido, beodo, bebedor, achispado. **2** *col.* ajumado, mamado, alumbrado, templado. *ANT.* sobrio.

borrador *m.* esquema, esbozo, boceto, plan, bosquejo, proyecto, apunte, diseño, escrito.

borradura *f.* tachadura.

borrar *tr.* tachar, eliminar, suprimir, anular, corregir, deshacer. **2** *tr. prnl.* desvanecer, disipar, quitar, esfumar.

borrasca *f.* tempestad, tormenta, temporal, turbión, aguacero, chaparrón. *ANT.* bonanza, calma. **2** {negocio} riesgo, peligro, contratiempo, contradicción. **3** festín, desorden, orgía.

borrascoso, -sa *adj.* tempestuoso, tormentoso, turbulento. *ANT.* bonancible. **2** {mar} proceloso. **3** {vida, diversiones} desordenado, desenfrenado, licencioso. *ANT.* mesurado, moderado. **4** {época, movimiento político, reunión} agitado, violento. *ANT.* tranquilo.

borrego, -ga *s.* oveja, cordero, ternasco. **2** *adj. s. col.* timorato, pusilánime, apocado, dócil. *ANT.* enérgico. **3** ignorante, simple. **4** *m.* nubecilla blanca. **5** *m. Cuba* mentira, bulo.

borrico *m.* burro, asno, jumento, rucio, pollino. **2** rudo, corto, torpe, ignorante, necio.

borrón *m.* mancha, mácula, tachón, tacha, suciedad. **2** imperfección, defecto. **3** acción indigna. **4** *loc. hacer ~ y cuenta nueva:* olvidar deudas, perdonar errores.

borronear *tr.* borrajear, emborronar, garrapatear.

borroso, -sa *adj.* nebuloso, turbio, confuso, oscuro, opaco, ilegible, desdibujado, impreciso, velado, difuso. *ANT.* diáfano, visible, nítido, claro, preciso.

boscoso, -sa *adj.* tupido, frondoso, exuberante, denso, espeso. *ANT.* ralo, desierto.

bosque *m.* arboleda, soto, floresta, frondas, espesura, maleza, boscosidad, boscaje, follaje.

bosquejar *tr.* esbozar, abocetar, diseñar, delinear.

bosquejo *m.* esbozo, esquema, croquis, diseño, apunte, dibujo, borrador, plano, proyecto, anteproyecto, plan, maqueta. **2** idea vaga.

bosta *f.* boñiga, estiércol, excremento, guano, heces.

bostezar *intr.* suspirar, inspirar, boquear.

bostezo *m.* oscitación, suspiro, inspiración, boqueada.

bota *f.* botín, botina, zapato alto, borceguí. **2** cuero, pellejo, odre, cuba, barrica, barril, tonel. **3** *loc. estar con las ~s puestas:* estar dispuesto.

botadura *f.* *NÁUT.* {buque} botada, lanzamiento.

botana *f.* {en odres} remiendo. **2** {en cubas de vino} tarugo, tapón. **3** parche, apósito. **4** cicatriz. **5** *Méx.* aperitivo.

botánica *f.* fitología.

botar *tr.* lanzar, tirar, arrojar, despedir, echar. **2** saltar.

botarate *m.* alborotado, atolondrado, insensato, precipitado, irreflexivo, tarambana. *ANT.* sensato. **2** *adj. s. Amer.* derrochador, malgastador. *ANT.* ahorrativo.

bote *m.* salto, brinco, voltereta, tumbo, rebote. **2** barca, chalupa, lancha, balandra, gabarra, barcaza, canoa, esquife, piragua, batel, falúa, embarcación. **3** envase, tarro, lata, recipiente, pote, vasija. **4** *fig. Méx.* prisión, cárcel. **5** *loc.* {lugar} *de ~ en ~:* atiborrado, lleno.

botella *f.* envase, frasco, garrafa, botellón, ampolla, bombona, vasija de cristal.

botellero *m.* quincallero, chamarilero, ropavejero.

botica *f.* farmacia, droguería, apoteca.

boticario, -ria *s.* farmacéutico, farmacólogo.

botijo *m.* piporro, búcaro, alcarraza, porrón, cántaro.

botín *m.* despojos, presa, trofeo, captura, rapiña, saqueo, robo. **2** bota, botina, borceguí.

botiquín *m.* caja de medicinas. **2** dispensario. **3** *Amer.* tienda. **4** *Amer.* taberna.

botón *m.* {vegetal} yema, capullo, renuevo, pimpollo, brote. **2** broche, botonadura. **3** {timbre} llamador, interruptor, pulsador, tecla. **4** *loc. para muestra basta un ~:* ejemplo de algo, indicio. **5** *pl.* botones, asistente, mozo, muchacho, recadero, mandadero.

bouquet *m.* [FR.] {del vino} buqué, aroma, olor. **2** {flores} ramo, ramillete.

boutade *f.* [FR.] humorada, ocurrencia. **2** salida de tono, desplante.

boutique *f.* [FR.] tienda de modas. **2** establecimiento, negocio, local.

bóveda *f.* *ARQ.* arco, ábside, arquería, cúpula. **2** cripta, lugar subterráneo. **3** sepultura. **4** *Arg.* panteón familiar.

bóvido, -da *adj.* bovino.

bovino, -na *adj.* vacuno, boyuno, res, rumiante. **2** *m. adj.* bóvido.

boxeador *m.* púgil, pugilista, luchador, contendiente.

boxeo *m.* pugilismo, lucha, combate.

boya *f.* *NÁUT.* marca, señal, baliza, indicador, hito.

boyada *f.* {bueyes, vacas} manada, hato, rebaño.

boyante *adj.* próspero, floreciente, opulento, pujante, triunfante, acomodado, afortunado, venturoso, rico. *ANT.* pobre, empobrecido, infeliz.

boyera *f.* corral, establo, boyeriza, cuadra, caballeriza.

boyerizo *m.* boyero, pastor, conductor de bueyes.

boyero *m. ver* **boyerizo.**

bozal *adj. s.* bisoño, novato, inexperto, novel, nuevo, principiante. *ANT.* experto. **2** simple, idiota. **3** {caballo} cerril, no domado. **4** dogal, traílla, mordaza. **5** *Amer.* bozo, cabestro.

bozo *m.* vello, pelo; bigote. **2** {caballo} cabestro.

bracero *m.* jornalero, trabajador, peón, obrero.

braga *f.* {mujeres} prenda interior, calzones. **2** {niños} pañal, metedor. **3** {hombres} calzón. **4** *pl.* **bragas,** calzones anchos.

bragado, -da *adj.* enérgico, animoso, resuelto, valiente, osado, decidido, firme. *ANT.* blando, cobarde, pusilánime. **2** malintencionado, falso, malvado, avieso.

brahmán *m.* bracmán, brahmín.

brahmín *m. ver* **brahmán.**

bramante *m. adj.* cordón, cuerda, cordel, cáñamo.

bramar *intr.* mugir, aullar, chillar, rugir, ulular, berrear, gritar. **2** {viento, mar} tronar.

bramido *m.* {animal} mugido, rugido, aullido, chillido, bufido, gruñido. **2** *fig.* {aire, mar} estruendo, clamor, fragor, rumor, ruido. **3** {persona} grito, alarido.

branquia *f.* agalla, membrana respiratoria.

brasa *f.* ascua, rescoldo, llama, lumbre, fuego, chispa.

brasero *m.* calentador, estufa, horno, hornillo. **2** *Amer.* hogar, fogón.

brassière *s.* [FR.] sostén, sujetador.

bravata *f.* bravuconada, bravuconería, valentonada, provocación, amenaza, desafío. **2** fanfarronada, fanfarronería, alarde, jactancia.

bravío, -a *adj.* {animal} feroz, indómito, montaraz, salvaje, cerril, arisco. *ANT.* manso. **2** chúcaro. **3** {árbol, planta} silvestre, agreste. *ANT.* doméstico. **4** {persona} rústico, intratable, áspero, huraño. **5** *m.* {toro, fieras} bravura.

bravo, -va *adj.* {persona} valiente, resuelto, esforzado, intrépido, decidido, animoso, osado, audaz, valeroso, temerario. *ANT.* cobarde, pusilánime. **2** {animal} fiero, feroz, bravío, indómito, salvaje, montaraz. *ANT.* manso, doméstico. **3** {mar} alborotado, embravecido. *ANT.* apacible. **4** {terreno} áspero, escarpado, fragoso, abrupto, inculto. **5** enojado, furioso, violento, enfadado, iracundo. **6** valentón, bravucón, chulo, engreído. **7** áspero, malhumorado. **8** suntuoso, espléndido, soberbio, magnífico, excelente.

bravucón, -ona adj. s. fanfarrón, jactancioso, valentón, matasiete, matón, camorrista, perdonavidas.

bravuconada f. bravuconería, fanfarronada, chulería, valentonada, bravata, fieros.

bravuconería f. ver **bravuconada**.

bravura f. valentía, valor, intrepidez, resolución, determinación, ánimo, temeridad, audacia, atrevimiento, decisión, coraje. ANT. miedo, cobardía. **2** ferocidad, fiereza, indocilidad, braveza. ANT. docilidad.

braza f. {medida de longitud} dos varas (1,6718 m).

brazada f. Chile, Col., Ven. {medida de longitud} braza. **2** braceada.

brazalete m. pulsera, ajorca, brazal, muñequera. **2** distintivo, faja, tira.

brazo m. extremidad, miembro superior. **2** {de cuadrúpedo} pata delantera. **3** apéndice, extensión. **4** {de un árbol} rama, ramal. **5** fig. valor, esfuerzo. **6** pl. jornaleros, braceros, trabajadores. **7** loc. a ~ partido: a viva fuerza. **8** loc. con los ~s abiertos: con agrado, con amor. **9** loc. cruzarse de ~s: abstenerse de obrar, no intervenir. **10** loc. dar su ~ a torcer: desistir, rendirse, cejar. **11** loc. ser el ~ derecho de alguien: ser de la mayor confianza.

brea f. alquitrán, resina, pez.

brebaje m. pócima, poción, filtro, potingue, bebistrajo, mejunje, cocimiento, aguachirle.

brecha f. abertura, boquete, grieta, rotura, agujero, fisura, resquicio, orificio, rajadura, perforación, hueco, rendija, raja, hendidura. **2** Amer. camino, sendero. **3** loc. estar en la ~: estar preparado, estar dispuesto.

brega f. riña, forcejeo, pugna, pendencia, lucha, contienda, reyerta. **2** chasco, burla. **3** loc. andar a la ~: trabajar afanosamente, trabajar con ahínco, esforzarse, afanarse. ANT. reposar, descansar.

bregar intr. pugnar, luchar, reñir, combatir, forcejear, batallar, contender. ANT. rendirse. **2** ajetrearse, trajinar, agitarse, trabajar, afanarse, agotarse. ANT. reposar, descansar. **3** luchar, lidiar.

breña f. maleza, espesura, escarpadura, fragosidad, aspereza, frondosidad, quebradura. ANT. llano.

brete m. apuro, aprieto, trance, dificultad, compromiso, conflicto, dilema, contratiempo, problema. **2** cepo, prisión. **3** calabozo.

breva f. fruto; higo. **2** bellota.

breve adj. corto, reducido, conciso, abreviado, sucinto, sumario, resumido. ANT. extenso, largo. **2** efímero, transitorio, pasajero, fugaz, perecedero. ANT. duradero, prolongado. **3** súbito, pronto, rápido. ANT. lento. **4** exiguo, escaso. ANT. abundante. **5** m. noticia corta. **6** loc. en ~: dentro de poco, muy pronto.

brevedad f. concisión, cortedad, limitación, transitoriedad, prontitud, caducidad, rapidez. ANT. extensión.

breviario m. misal. **2** compendio, epítome, extracto, resumen, compilación.

bribón, -ona adj. s. pícaro, bellaco, canalla, pillo, granuja, sinvergüenza, tunante, malandrín, bergante. ANT. honrado, honesto. **2** haragán, holgazán, vividor.

bricolage m. [Fr.] bricolaje, actividad manual.

brida f. freno, cabestro, bozal, dogal.

brigada f. Mil. escuadrón, batallón, unidad, tropa, cuerpo. **2** equipo, cuadrilla, grupo, conjunto de trabajadores.

brillante adj. fulgurante, resplandeciente, relumbrante, reluciente, refulgente, luminoso, centelleante, rutilante, fulgente, radiante. ANT. opaco, oscuro. **2** limpio, liso, terso, dorado, barnizado. ANT. sucio, empañado, deslustrado. **3** sobresaliente, descollante, magnífico, distinguido, destacado, admirable, espléndido, inteligente. ANT. anodino. **4** m. diamante.

brillantez f. ver **brillo**.

brillar intr. relucir, resplandecer, refulgir, centellear, fulgurar, reflejar, irradiar, fosforecer. ANT. oscurecerse. **2** abrillantar, pulimentar, enlustrar, desempañar, platear. ANT. empañarse. **3** descollar, sobresalir, distinguirse, figurar.

brillo m. brillantez, fulguración, resplandor, refulgencia, centelleo, fulgor, esplendor, destello, irradiación. ANT. oscuridad. **2** pulimiento, esmalte, barniz, lustre, realce. ANT. opacidad. **3** notoriedad, fama, lucimiento, celebridad, gloria. ANT. incógnito.

brincar intr. saltar, rebotar, retozar, triscar, juguetear. **2** omitir, ocultar, disimular. **3** {trabajo, puesto} saltar, ascender.

brinco m. salto, bote, cabriola, pirueta, rebote, corcovo, voltereta, retozo. **2** sobresalto, alteración.

brindar tr. prnl. ofrecer, convidar, ofrendar, dedicar, invitar, consagrar. **2** beber; felicitar.

brindis m. ofrecimiento, felicitación, dedicación.

brío m. energía, pujanza, ímpetu, ardor, empuje, resolución, fuerza, esfuerzo, ánimo, valor, fortaleza, vigor, determinación, denuedo, arranque, coraje, fogosidad, acometividad. ANT. debilidad, decaimiento, desánimo. **2** garbo, desembarazo, desenvoltura, gallardía.

brioso, -sa adj. impetuoso, animoso, valiente, esforzado, resuelto, decidido, enérgico, atrevido, vigoroso, acometedor. ANT. pusilánime, vacilante, cobarde.

brisa f. viento, corriente, soplo, aire, céfiro, hálito.

británico, -ca adj. s. inglés, britano, anglo, anglosajón.

brizna f. filamento, hebra, fibra, partícula. **2** pizca, chispa, poco; pequeñez, menudencia. **3** hoja, hierba, pajita, ramita.

broca f. taladro, barrena, trépano, lezna.

brocado m. recamado, bordado. **2** seda, tela.

brocal m. {pozo} pozal, antepecho, parapeto, pretil. **2** {escudo} ribete. **3** {arma blanca} boquilla (de la vaina).

broccoli s. [It.] brócoli, brécol, bróculi.

brocha f. escobilla, cepillo; pincel.

broche m. alfiler, pasador, prendedor, fijador, imperdible, aguja, presilla, botón, hebilla.

brocheta f. broqueta, pincho, varilla, asador.

bróculi m. brécol, brócoli.

broma f. chanza, burla, chacota, guasa, zumba, chiste, pega, bufonada, mofa, befa, payasada, remedo, humorada. **2** diversión, jovialidad, fiesta, bulla, algazara, jarana, risa, jocosidad, donaire, alboroto. ANT. calma, silencio. **3** {avena} masa, papilla.

bromear intr. prnl. chancear, burlarse, embromar. **2** divertirse, reírse, juguetear, mofarse, ridiculizar.

bromista adj. chancero, burlón, guasón, chistoso, bufón, socarrón, jocoso, zumbón. ANT. grave, serio.

bronca f. riña, pelea, disputa, reyerta, pendencia, gresca, trifulca, altercado, agarrada, contienda, lucha. ANT. paz, calma. **2** regaño, reprimenda, reprensión. ANT. elogio, felicitación. **3** protesta, alboroto, escándalo, rechifla, abucheo. ANT. aplauso. **4** Amer. enojo, enfado, rabia. **5** Amer. odio, tirria, animadversión. **6** Méx. problema, contratiempo.

bronceado, -da adj. moreno, tostado, quemado, dorado, aceitunado, cobrizo, atezado. ANT. pálido.

broncear tr. prnl. tostar, dorar, quemar, asolearse.

bronco, -ca adj. tosco, áspero. **2** {metal} quebradizo. **3** {voz, instrumento} destemplado, desafinado, inarmónico, áspero, ronco, desabrido, disonante, desagradable. ANT. armonioso. **4** grosero, rudo, brusco, agrio, colérico, intratable, huraño, hosco, irritable. ANT. amable, agradable, cortés. **5** *Méx.* {caballo} sin domar.

broqueta *f.* brocheta, pincho, estaquilla, varilla.

brota *f.* retoño, renuevo, brote, yema, botón, pimpollo.

brotar *intr.* {planta} nacer, germinar, surgir, gestarse. ANT. morir. **2** {hojas, flores} retoñar, echar brotes, aflorar, florecer. ANT. marchitarse. **3** {agua} manar, fluir, correr. **4** principiar, iniciar, originar, empezar, comenzar. ANT. terminar. **5** *tr.* arrojar, producir.

brote *m.* retoño, renuevo, brota, yema, botón, pimpollo, capullo, cogollo. **2** manifestación, comienzo, aparición, origen, formación, principio, gestación. ANT. terminación, fin.

broza *f.* hojarasca, rastrojo. **2** desecho, desperdicio, restos, residuos, escoria, basura, sobras. **3** espesura, maleza, ramaje, matorral, cizaña, zarzal.

bruces (de) *loc.* boca abajo.

bruja *f.* lechuza, coruja, ave nocturna. **2** hechicera, encantadora, maga, vidente, adivinadora, agorera. **3** *fig.* arpía, esperpento, adefesio, estantigua. **4** *adj. Chile* fraudulento, falso. **5** *loc. Amer. estar ~:* estar pobre.

brujería *f.* hechicería, magia, encantamiento, sortilegio, embrujamiento, maldición.

brujo *m.* hechicero, mago, encantador, nigromante, adivino. **2** {otras culturas} chamán, médico brujo.

brújula *f.* compás, cuadrante, bitácora, aguja magnética, aguja imantada.

bruma *f.* niebla, neblina, calima, calina, calígine, vapor.

brumoso, -sa *adj.* nuboso, nebuloso, calinoso, denso, tenebroso, sombrío. ANT. claro, despejado. **2** confuso, oscuro, ininteligible. ANT. comprensible, claro.

bruno *m.* ciruela negra. **2** *adj.* {color} negro, oscuro.

bruñido, -da *adj.* pulido, liso, lustroso, pulimentado.

bruñir *tr.* pulir, pulimentar, abrillantar, dar brillo, lustrar, enlucir, acicalar, esmerilar, restregar. **2** *Amér. Cent.* molestar, fastidiar.

bruscamente *adv.* repentinamente, de repente.

brusco, -ca *adj.* áspero, grosero, desapacible, displicente, rudo, descortés, tosco. ANT. amable, cortés, simpático. **2** repentino, súbito, inesperado, imprevisto, rápido, pronto, inopinado. ANT. previsto, anticipado.

brusquedad *f.* descortesía, rudeza, aspereza, destemplanza, grosería, rusticidad, displicencia. ANT. amabilidad, cortesía, finura.

brutal *adj.* cruel, feroz, fiero, sanguinario, encarnizado, violento. **2** grosero, burdo. ANT. educado. **3** descomunal, colosal, desmesurado, tremendo, extraordinario. **4** estupendo, formidable.

brutalidad *f.* crueldad, ferocidad, saña, salvajismo, atrocidad, desenfreno, barbaridad, encarnizamiento. ANT. piedad, humanidad. **2** *fig.* exceso. **3** grosería, zafiedad, torpeza, brusquedad, tosquedad. ANT. inteligencia. **4** cantidad grande.

bruto, -ta *adj.* necio, incapaz, obtuso. ANT. hábil, inteligente, listo. **2** torpe, desenfrenado, vicioso. **3** rudo, grosero, zafio, vulgar, tosco, ordinario, ignorante. ANT. educado, cortés, fino. **4** *m.* animal irracional, cuadrúpedo, bestia. **5** *loc. en ~:* sin pulir, sin labrar.

buba *f.* MED. pústula, postilla, tumor blando.

bucal *adj.* labial, dental, lingual, faríngeo, estomático.

bucanero, -ra *s.* pirata, filibustero, corsario, bandido.

buceador, -ra *s.* buzo.

bucear *intr.* nadar, bañarse, sumergirse, zambullirse, hundirse. ANT. emerger. **2** {tema, materia} explorar.

buceo *m.* inmersión, zambullida, sumersión. **2** {en un tema} exploración, investigación.

buchada *f.* {de humo} bocanada. **2** sorbo, cantidad de líquido.

buche *m.* estómago, panza, tripa, molleja. **2** {de un vestido} bolsa, arruga. **3** buchada, sorbo. **4** *fig.* pecho, alma.

bucle *m.* rizo, mechón, onda, rizado, tirabuzón.

buco *m.* cabrón, macho cabrío, macho de la cabra.

bucólica *f.* égloga, poesía, pastoral.

bucólico, -ca *adj.* pastoril, pastoral, campestre, apacible, placentero, idílico. ANT. agitado.

budín *m.* pudín, pastel, bizcocho.

buen *adj.* ver **bueno**.

buenamente *adv.* fácilmente, cómodamente, sin dificultad. **2** voluntariamente.

buenaventura *f.* fortuna, suerte, ventura, buena suerte, bienestar. ANT. desventura, infortunio. **2** augurio, adivinación, vaticinio, predicción, auspicio, profecía, pronóstico.

buenazo, -za *adj. s.* bonachón, bueno. **2** crédulo, ingenuo, confiado.

bueno, -na *adj.* benévolo, bondadoso, afable, benigno, virtuoso, caritativo, piadoso, indulgente, magnánimo, clemente, abnegado, justo, compasivo, honesto, generoso, excelente. ANT. malo, egoísta, perverso. **2** útil, ventajoso, propicio, conveniente, aprovechable, a propósito, provechoso, benéfico. ANT. perjudicial, desfavorable, desventajoso. **3** apetecible, grato, ameno, gustoso, divertido, agradable, entretenido. ANT. desagradable. **4** grande. **5** sano, saludable, curado. ANT. enfermo. **6** simple, bonachón, ingenuo, candoroso, cándido. **7** hermoso, estupendo, bonito, lindo. **8** en buen estado, utilizable. ANT. inservible. **9** bastante, suficiente. ANT. poco. **10** *irón.* extraño, notable, particular. **11** verdadero. **12** *m.* {nota, calificación} aprobado. **13** *loc. de buenas a primeras:* a primera vista, al primer encuentro, en el principio. **14** *loc. por las buenas:* de grado, voluntariamente.

bufanda *f.* chalina, tapaboca, cubrecuello.

bufar *intr.* resoplar, resollar, soplar, acezar, jadear. **2** refunfuñar, rezongar, rabiar, gruñir, trinar. ANT. calmarse, serenarse.

bufete *m.* oficina, despacho, consultorio, estudio. **2** escritorio, mesa.

buffet *m.* [FR.] bufé, ambigú, comida, servicio.

bufido *m.* soplido, resoplido, resuello, soplo, jadeo. **2** gruñido, denuesto, refunfuño, bramido, rabieta.

bufo, -fa *adj.* cómico, burdo, ridículo, grotesco, risible, burlesco, gracioso, extravagante. ANT. serio.

bufón, -ona *adj.* chocarrero, chancero, burlón, bromista, gracioso. **2** *s.* truhán risible, farsante, histrión, payaso, juglar, hazmerreír.

bufonada *f.* burla, bufonería, chocarrería, payasada, farsa, burla, jocosidad, extravagancia.

bufonesco *adj.* bufo, burlón, chocarrero.

buhardilla *f.* buharda, altillo, zahúrda, ático. **2** desván.

búho *m.* mochuelo, ave rapaz. **2** *Amér. Cent., Méx.* tecolote. **3** *fig.* {persona} huraño. **4** *col.* soplón, chivato, delator, confidente.

buhonero *m.* mercachifle, quincallero, pacotillero, mercader, baratillero, baratero, ropavejero.

buitre *s.* quebrantahuesos, ave rapaz. **2** *adj.* {persona} vividor, abusivo, parásito, gorrón.

bujería *f.* chuchería, baratija, mercadería barata.

bujía *f.* vela, candela, cirio, hacha. **2** candelero.

bula *f.* documento pontificio, constitución pontificia, impetra; encíclica. **2** concesión, privilegio, dispensa, indulgencia, prerrogativa, gracia, beneficio, licencia.

bulbo *m.* raíz, tallo, hortaliza.

bulevar *m.* avenida, arboleda, ronda, paseo, calle, vía.

bulimia *f.* Med. hambre canina, voracidad. Ant. anorexia.

bulla *f.* ruido, algarabía, bullicio, alboroto, jaleo, estrépito, desorden, vocerío, estruendo, algazara, escándalo, zarabanda, jarana. Ant. calma, quietud, silencio. **2** concurrencia; alboroto, tumulto, sedición.

bullanguero, -ra *adj. s.* bullicioso, estrepitoso.

bulldog *s.* [Ing.] perro de presa, dogo.

bulldozer *s.* [Ing.] buldócer, excavadora, máquina excavadora. **2** tractor nivelador, aplanadora, explanadora.

bullicio *m. ver* **bulla**.

bullicioso, -sa *adj.* ruidoso, bullidor, estrepitoso, trepidante. Ant. silencioso. **2** agitado, inquieto, activo, animado. Ant. tranquilo. **3** revoltoso, alborotador, sedicioso, agitador.

bullir *intr. prnl.* hervir, burbujear, borbotear, borboritar. **2** moverse, menearse, agitarse, trajinar, alborotarse, inquietarse, afanarse; hormiguear, pulular. Ant. aquietarse, sosegarse.

bulo *m.* mentira, embuste, infundio, rumor, falsedad, chisme, patraña, trola. Ant. verdad.

bulto *m.* volumen, tamaño. **2** tumor, hinchazón, excrecencia, nódulo, inflamación, abultamiento, carnosidad, grano, quiste, prominencia, chichón, bubón. **3** fardo, saco, lío, bolsa, paquete, equipaje, paca, maleta, bala, caja, baúl. **4** masa, cuerpo, mole. **5** protuberancia, prominencia, resalte, saliente, abombamiento, giba. **6** almohada, colchoncillo. **7** busto, estatua. **8** *loc. escurrir el ~:* eludir, esquivar. **9** *loc. a ~:* aproximadamente, grosso modo, sin cálculo exacto, más o menos.

bungalow *s.* [Ing.] bungaló, búngalo, casa de recreo, chalé, cabaña, quinta.

búnker *m.* fortín, fuerte pequeño. **2** refugio.

buque *m.* barco, navío, nave, bajel, embarcación, vapor.

buqué *m.* {vino} aroma, olor.

burbuja *f.* pompa; glóbulo de aire.

burbujear *intr.* borbotear, borboritar, hervir, bullir.

burbujeo *m.* hervor, efervescencia.

burdel *m.* prostíbulo, lupanar, casa de citas.

burdeos *m. adj.* {color} rojo vino.

burdo, -da *adj.* basto, ordinario, áspero, tosco. Ant. suave. **2** rústico, palurdo, grosero, vulgar, chabacano, zafio. Ant. educado, cultivado.

burgomaestre *m.* alcalde.

burgués, -sa *adj. s.* adinerado, próspero, acomodado, opulento. Ant. proletario.

buril *m.* punzón, cincel, gubia.

burilar *tr.* grabar, cincelar, tallar, esculpir.

burla *f.* mofa, escarnio, befa, sarcasmo, desaire, ludibrio, desprecio. Ant. consideración, respeto. **2** broma, chanza, chiste, guaza, chacota, chirigota. **3** engaño, fraude, embuste, falsedad, fingimiento. Ant. verdad, sinceridad. **4** *pl.* bromas, mentiras. Ant. veras.

burlar *tr. prnl.* desairar, rechiflar, chiflar, hostigar. **2** *tr.* engañar, timar, engatusar, embaucar. **3** esquivar, escapar, eludir. **4** frustrar, impedir, malograr. Ant. lograr, alcanzar, conseguir. **5** seducir con engaño. **6** *intr. prnl.* burlarse, mofarse, reírse; chancearse.

burlesco, -ca *adj.* festivo, jocoso, alegre, chistoso, picante, picaresco, cómico, guasón, divertido. Ant. serio.

burlón, -ona *adj. s.* bromista, guasón, chancero, socarrón, zumbón. Ant. serio. **2** *adj.* sarcástico, mordaz, irónico, cáustico, punzante.

buró *m.* escritorio, mesa de trabajo, bufete. **2** *Méx.* mesa de noche.

burocracia *f.* administración. **2** trámites, papeleo.

burócrata *com.* funcionario, empleado público.

burocrático, -ca *adj.* administrativo, gubernativo, oficial. **2** gravoso, premioso, rígido, pesado, lento, farragoso.

burrada *f.* tontería, disparate, torpeza, necedad, simpleza, desatino, sandez, insensatez, majadería, estupidez. Ant. sensatez, prudencia.

burro *m.* asno, jumento, rucio, pollino, borrico. **2** armazón, soporte, plataforma. **3** *fig.* rudo, ignorante, torpe, necio, corto, grosero, tosco; zopenco, idiota. Ant. inteligente, listo. **4** *Méx.* escalera de tijera. **5** *Méx.* mueble plegable (para planchar). **6** *Arg.* caballo de carreras. **7** *loc. ~ de carga:* persona laboriosa.

burujo *m.* {lana, engrudo} gorullo, bulto pequeño, pella, pelota. **2** {aceituna} borujo, masa y hueso. **3** {uva} orujo, hollejo.

bus *m. col.* autobús. **2** Inf. conductor común.

busca *f.* búsqueda, averiguación, sondeo, pesquisa, rastreo, indagación, rebusca, investigación, exploración.

buscador, -ra *adj. s.* investigador, examinador, indagador, explorador, averiguador.

buscaniguas *m.* Col., Guat. buscapiés. **2** Perú buscapique. **3** triquitraque.

buscapersonas *m.* mensáfono. **2** Amer. bíper. **3** Méx. localizador.

buscapiés *m.* triquitraque. **2** Col., Guat. buscaniguas. **3** Perú buscapique.

buscapique *m.* Perú buscapiés, triquitraque.

buscapleitos *com.* Amer. buscarruidos, pendenciero, alborotador. **2** Perú pacífico.

buscar *tr. prnl.* indagar, inquirir, escudriñar, investigar, registrar, rebuscar, husmear, averiguar, tantear, examinar, explorar, hurgar, preguntar. Ant. desistir. **2** Amer. irritar.

buscarruidos *com.* pendenciero, buscapleitos, bravucón, peleón, alborotador, provocador, camorrista, escandaloso. Ant. pacífico, tranquilo.

buscavidas *com.* curioso, entremetido, fisgón, chismoso, cotilla. Ant. discreto, prudente. **2** Amer. metiche. **3** laborioso, ingenioso, activo, diligente.

buscón *adj. s.* pícaro, ratero, estafador, pillo, timador.

buscona *f.* ramera, prostituta, mujer pública, puta.

busilis *m.* quid, punto, meollo, clave, intríngulis, clavo, toque, dificultad, nudo, médula.

business *s.* [Ing.] empresa, negocio. **2** negocios, actividad comercial. **3** sector, área de actividad. **4** asunto.

búsqueda *f.* busca, investigación, examen, averiguación, sondeo, pesquisa, indagación, exploración.

busto *m.* pecho, torso, tronco, tórax, caja torácica. **2** seno, pecho, mama, teta. **3** escultura, pintura (de la cabeza y el tórax).

butaca *f.* silla, sillón, poltrona, mecedora. **2** {teatro} luneta. **3** asiento, plaza, localidad.

butifarra *f.* embuchado, longaniza. **2** Chile, Col., Pan. embutido. **3** Perú emparedado.

buzo *m.* buceador, submarinista.

buzón *m.* casilla, casillero, receptáculo, depósito, compartimiento, caja, apartado. **2** abertura. **3** {estanque} conducto artificial, canal.

by-pass *s.* [Ing.] Med. baipás, puente aortocoronario, derivación aortocoronaria. **2** {carretera} vía de circunvalación. **3** {agua} canal de derivación.

byte *s.* [Ing.] Inf. unidad de información, octeto, carácter.

cabal *adj.* {peso, medida} ajustado, justo, entero, preciso, exacto. ANT. incompleto, inexacto, parcial. **2** excelente, íntegro, justo, recto. **3** completo, perfecto, acabado. ANT. incompleto, imperfecto. **4** *loc. no estar en sus ~es:* estar fuera de juicio.

cábala *f.* {judaísmo} sistema de interpretación. **2** *fig.* cálculo supersticioso, arte adivinatorio, predicción, pronóstico, adivinación, superstición. **3** intriga, enredo, maquinación, trama, complot, conjura, conspiración. **4** *gen. pl.* conjetura, suposición.

cabalgada *f.* correría, galopada, incursión.

cabalgadura *f.* montura, caballería, caballo, corcel.

cabalgamiento *m.* RET. hipermetría.

cabalgar *intr. tr.* montar, galopar, jinetear, andar a caballo. **2** *tr.* {cosa} sobreponer.

cabalgata *f.* desfile, tropa, procesión, revista, comparsa, romería, peregrinación, paseo, séquito, marcha, comitiva, columna.

cabalístico, -ca *adj.* enigmático, oculto, misterioso, recóndito, secreto, esotérico, mágico.

caballada *f.* manada de caballos, manada de equinos. **2** *Amer.* disparate, barbaridad, necedad.

caballar *adj.* equino, caballuno, ecuestre, hípico.

caballeresco, -ca *adj.* cortés, galante, cumplido, gentil, bizarro, valiente, valeroso, honrado. ANT. descortés, grosero. **2** propio de caballeros.

caballerete *m.* petimetre, currutaco, lechuguino, presumido. **2** joven, jovenzuelo, mozalbete.

caballería *f.* montura, cabalgadura, cuadrúpedo, corcel. **2** MIL. cuerpo de soldados.

caballeriza *f.* establo, cuadra, cobertizo, corral.

caballerizo *m.* palafrenero, servidor, lacayo, criado.

caballero, -ra *adj.* jinete, cabalgador, yóquey, yoqui; caballista. **2** *m.* hidalgo, noble. **3** señor. **4** generoso, caballeroso, respetable, honorable, digno, distinguido, leal, altruista, galante. ANT. canalla, rufián, villano.

caballerosidad *f.* lealtad, nobleza, gentileza, dignidad, corrección, hidalguía, señorío, distinción. ANT. bellaquería, villanía.

caballeroso, -sa *adj.* digno, noble, gentil, leal, desprendido, cortés, cumplido, distinguido.

caballete *m.* potro de madera. **2** sostén portátil, asnilla. **3** PINT. armazón.

caballista *adj.* experto en caballos, conocedor de equinos. **2** jinete, cabalgador.

caballito del diablo *m.* libélula.

caballitos *m. pl.* carrusel, tiovivo, calesita.

caballo *m.* equino, cuadrúpedo, solípedo, jamelgo, potro, palafrén, trotón, frisón, matalón, alazán, semental, jaco, rocín, penco, garañón, bridón. **2** corcel, montura, cabalgadura, caballería. **3** armazón, burro. **4** aparato gimnástico, potro. **5** bubón, tumor venéreo. **6** *Amer.* {persona} impetuoso, brutal.

caballuno, -na *adj.* caballar, equino.

cabalmente *adv.* precisamente, perfectamente, justamente.

cabaña *f.* choza, rancho, caseta, bohío, barraca, chabola, cobertizo, tugurio. **2** ganado, rebaño, reses, cabezas de ganado.

cabe *prep. ant.* cerca de, junto a.

cabecear *intr.* inclinarse, moverse, oscilar, balancearse, bambolearse. **2** adormecerse, adormilarse, amodorrarse, dar cabezadas, inclinar la cabeza.

cabeceo *m.* balanceo, oscilación, vaivén, meneo, bamboleo, traqueteo.

cabecera *f.* principio, parte principal. **2** {escrito} encabezamiento, titular, preámbulo, epígrafe. **3** {río} origen, inicio, principio. **4** {distrito, territorio} capital, población principal. **5** {cama} cabecero, cabezal, testero; almohada. **6** {mesa} lugar preferente, sitio de honor.

cabecero *m.* {cama} almohada.

cabecilla *com.* jefe, caudillo, líder, dirigente, cabeza, conductor, guía, director, capitán, cacique. ANT. seguidor, subordinado.

cabellera *f.* cabello, pelo, pelaje, pelambre, melena, mechones, rizos, guedejas. **2** peluca, pelo postizo.

cabello *m.* cabellera, pelo, pelaje, pelambre; melena, rizos, guedejas. **2** *pl.* {mazorca} barbas.

cabelludo, -da *adj.* peludo, melenudo.

caber *intr.* contenerse, entrar. ANT. exceder. **2** abarcar, englobar, incluir, abrazar, encerrar, admitir, contener. **3** *tr.* coger, tener capacidad. **4** tocar, corresponder.

cabestrillo *m.* banda, brazal, sostén. **2** cadena (de oro o plata).

cabestro *m.* ronzal, dogal, brida.

cabeza *f.* testa, crisma, mollera, testuz, cráneo, coco, sesera, calamorra, chola. **2** {clavo, alfiler} extremidad. **3** {monte} cumbre, elevación. **4** *fig.* origen, manantial, principio, inicio, comienzo, nacimiento. ANT. final. **5** juicio, talento, inteligencia, entendimiento, capacidad, razón, cacumen, seso, cerebro, agudeza, caletre. ANT. idiotez. **6** persona, individuo. **7** res, semoviente. **8** {distrito, territorio} capital, población principal. **9** *Méx.* {reloj} corona. **10** *m.* {comunidad, corporación} jefe, líder, superior, dirigente, cabecilla, caudillo. ANT. subordinado. **11** {familia} jefe, director. **12** *loc. ~ de chorlito:* insensato, falto de juicio. **13** *loc. hacer ~:* recordar. **14** *loc. irse de ~:* caerse, tropezar. **15** *loc. ~ de turco:* chivo expiatorio. **16** *loc. meterse de ~:* dedicarse, concentrarse. **17** *loc. a la ~:* adelante, delante, en primer lugar. **18** *loc. jugarse la ~:* ponerse en peligro mortal, exponerse. **19** *loc. perder la ~:* ofuscarse, perder el juicio. **20** *loc. romperse la* ~: devanarse los sesos, pensar. **21** *loc. sentar* ~: volverse juicioso, moderarse, estabilizarse.

cabezada *f.* cabezazo, testarazo, topetazo, calabazada, tope, calamorrada. **2** saludo, inclinación de cabeza. **3** {embarcación} cabeceo, balanceo, bamboleo, oscilación. **4** {caballo} correaje, guarnición. **5** *Arg., Ecu., Par.* {silla de montar} arzón. **6** *Arg., Cuba, Méx.* {río} cabecera. **7** *loc. dar* ~s: cabecear, adormilarse.

cabezal *m.* almohada.

cabezazo *m.* cabezada, testarazo, topetazo, calabazada, tope, calamorrada.

cabezón, -ona *adj. s.* cabezudo. **2** terco, tozudo, obstinado, porfiado, testarudo, cabezota, contumaz. *ANT.* razonable, condescendiente. **3** *m.* renacuajo, larva de rana. **4** {ropaje} abertura. **5** {caballo} cabezada, correaje.

cabezota *com.* cabezón, cabezudo. **2** testarudo, terco, tozudo, obstinado, contumaz. *ANT.* razonable, condescendiente.

cabezudo, -da *adj. s.* cabezón. **2** terco, obstinado, contumaz, testarudo, tozudo, cabezota. *ANT.* razonable, condescendiente. **3** {vino} espiritoso. **4** *m.* {pez} mújol, capitón.

cabida *f.* capacidad, espacio, aforo, volumen, amplitud. **2** extensión, área, superficie.

cabildada *f.* atropello, arbitrariedad, alcaldada, injusticia.

cabildeo *m.* gestión, consulta. **2** intriga, maquinación, conspiración, conciliábulo.

cabildo *m.* ayuntamiento, alcaldía, asamblea, junta, corporación, consistorio, concejo.

cabina *f.* locutorio, división, casilla, caseta. **2** camarote, cuarto pequeño, habitáculo, compartimiento, gabinete.

cabizbajo, -ja *adj.* decaído, desanimado, abatido, alicaído, descorazonado, afligido, triste, desalentado, abrumado, melancólico. *ANT.* alegre, animado.

cable *m.* soga, cuerda, cabo, cordel, cordón, amarra. **2** alambre, hilo. **3** telegrama, cablegrama, radiograma, comunicado, comunicación, despacho.

cabo *m.* GEO. punta, saliente, extremo, lengua de tierra, promontorio. **2** extremo, remate, límite, término, fin, punta. **3** mango, asa. **4** cable, cuerda, soga, cordel, cordón, amarra. **5** militar, soldado.

cabrear *tr. prnl.* malhumorar, fastidiar, enfadar, irritar, molestar, enfurecer. *ANT.* calmar.

cabrero *m.* pastor, cabrerizo.

cabrío, -a *adj.* caprino, cabruno, caprípedo, caprario.

cabriola *f.* brinco, voltereta, salto, pirueta, bote, rebote, corveta, retozo, corcovo.

cabrito *m.* chivo, chivato, caloyo, choto, primal, ternasco. **2** cabrón, cornudo.

cabrón *m.* cabro, macho cabrío, buco, barbón, bucardo. **2** *adj. s.* cornudo, consentidor, sufrido. **3** cobarde, pusilánime. **4** bellaco, canalla. **5** *Amér. Sur* rufián, proxeneta.

cabronada *f.* infamia, canallada, vileza, indignidad, injuria, mala pasada.

cabruno, -na *adj.* caprino, cabrío, caprípedo, caprario.

cabuya *f. Amer.* cuerda, soga, amarra.

caca *f.* excremento, deposición, evacuación, deyección, heces, mierda, estiércol, boñiga. **2** *fig.* vicio, defecto. **3** suciedad, porquería, inmundicia.

cacaotal *m.* cacahual, plantío de cacao, terreno de cacao.

cacarear *intr.* piar, cloquear. **2** *tr.* alardear, parlotear, farolear, jactarse, presumir, exagerar, fanfarronear, vanagloriarse, envanecerse.

cacería *f.* caza, cinegética, montería, cetrería, persecución, acoso, batida, agresión.

cacerola *f.* cazuela, olla, pote, caldera, marmita, perol, cazo, puchero, tartera.

cacha *f.* cachete, carrillo, mejilla. **2** nalga, posadera. **3** {cuchillo, navaja} mango. **4** *loc. hasta las* ~s: a más no poder, en demasía, sobremanera.

cachaco *adj. Col.* {joven} servicial, caballeroso, galante, elegante. **2** *Col., Ecuad., Ven.* lechuguino, petimetre, figurín. **3** *m. Perú desp.* policía, militar.

cacharro *m.* trasto, cachivache, bártulo, trebejo, artefacto, utensilio. **2** vasija, recipiente.

cachaza *f.* lentitud, calma, flema, parsimonia, morosidad, frialdad, pachorra, indolencia, apatía, premiosidad. *ANT.* vivacidad, dinamismo. **2** *Col., Ecuad.* descaro, desvergüenza.

cachazudo, -da *adj.* pachorrudo, lento, tardo, flemático, tranquilo, calmoso, parsimonioso. *ANT.* diligente, rápido.

cachear *tr.* registrar, palpar, esculcar, examinar, buscar, inspeccionar.

cachetada *f.* bofetada, bofetón, lapo, manotazo, mojicón, golpe, sopapo, guantazo, tortazo.

cachete *m.* bofetada, bofetón, manotazo, sopapo, tortazo. **2** carrillo, moflete, mejilla.

cachetear *tr. Amer.* abofetear, pegar en la cara, golpear.

cachimba *f.* pipa. **2** *Amer.* pozo. **3** *Arg.* cacimba, hoyo. **4** *Cuba* bibona, árbol silvestre. **5** *Amer.* {arma} casquillo. **6** *Chile jer.* revólver. **7** *Amer. desp.* mujerzuela.

cachimbo *m. Amer.* cachimba, pipa. **2** *Amer. desp.* guardia nacional.

cachiporra *f.* porra, garrote, cipote.

cachivache *m.* trasto, bártulo, cacharro, armatoste, trebejo, chirimbolo, utensilio. **2** ridículo, embustero, inservible, inútil.

cacho *m.* trozo, fragmento, segmento, parte, pedazo, porción, fracción. *ANT.* totalidad. **2** *Amer.* cuerno, asta, pitón, cornamenta.

cachondearse *prnl. vulg.* burlarse, mofarse, guasearse.

cachondeo *m. vulg.* burla, mofa, guasa. **2** *vulg.* desbarajuste, desorden.

cachondo, -da *adj. vulg.* lascivo, libidinoso, lujurioso, lúbrico, sensual. **2** burlón, divertido.

cachorro, -rra *s.* cría, hijuelo, hijo, vástago, retoño.

cachucha *f.* gorra, casquete, gorrete. **2** bote, lancha, lanchilla.

cacique *m.* jefe, cabeza de tribu. **2** patrón, dueño, caudillo. **3** autócrata, déspota, dictador.

caciquismo *m.* dominación, influencia, poder (de un cacique). **2** intromisión, abuso.

caco *m.* ratero, ladrón, carterista, delincuente. *ANT.* honrado, recto.

cacofonía *f.* {palabra} disonancia, discordancia. *ANT.* eufonía, armonía.

cacumen *m.* ingenio, agudeza, talento, lucidez, penetración, perspicacia, caletre, sesera, seso, mollera, cabeza. *ANT.* idiotez.

cada *adj.* todo. **2** *m.* enebro.

cadalso *m.* patíbulo, horca, suplicio, castigo, pena, guillotina. **2** tablado, plataforma.

cadáver *m.* muerto, difunto, extinto, occiso, fallecido, finado, restos, restos mortales, despojos, cuerpo, cuerpo muerto.

cadavérico, -ca *adj.* macilento, esquelético, pálido, lívido, demacrado, exangüe, flaco, desfigurado, descompuesto. *ANT.* saludable, sano, rozagante. **2** macabro, fúnebre, lúgubre, sepulcral. *ANT.* animado, alegre.

cadena *f.* serie, secuencia, orden, sucesión, proceso, curso, enlace, continuación, sarta, encadenamiento, sucesión de elementos. **2** dependencia, cautiverio, cautividad, sujeción, condena, prisión, confinamiento, confinación, esclavitud. *ANT.* libertad. **3** *pl.* grilletes, cepo, esposas, ligadura, hierros, atadura, eslabones. **4** *loc.* ~ *de montañas:* cordillera. **5** *loc.* en ~: por transmisión o sucesión continuada, en serie.

cadencia *f.* {fenómenos, sonidos} repetición, sucesión, serie. **2** compás, consonancia, ritmo, armonía, conformidad, medida, acompasamiento, paso, movimiento. *ANT.* disconformidad, disonancia.

cadencioso, -sa *adj.* regular, armónico, armonioso, consonante, eufónico. **2** musical, rítmico, bailable. **3** {prosa, verso} proporcionado.

cadera *f.* anca, cuadril, grupa, pelvis, flanco, pernil. **2** ZOOL. {insecto} coxa.

caducar *intr.* {persona} chochear. **2** {ley, decreto} perder fuerza, prescribir, extinguirse, terminar, perder vigencia. *ANT.* fortalecerse. **3** {cosa} arruinarse, acabarse, finiquitar, fenecer, agotarse, declinar.

caducidad *f.* chochez. **2** transitoriedad, fugacidad, precariedad. **3** prescripción, término, conclusión, extinción, cumplimiento. **4** deterioro, ruina.

caduco, -ca *adj.* viejo, anciano, decrépito, senil, achacoso, chocho, agotado, decadente, muy anciano. *ANT.* joven, fuerte, lozano, potente. **2** perecedero, efímero, lábil, frágil, precario, fugaz, transitorio, temporal, pasajero, fugitivo, provisorio, poco durable, breve, momentáneo. *ANT.* duradero. **3** BOT. {árbol, hojas} caedizo. *ANT.* perenne.

caedizo, -za *adj.* BOT. caduco.

caer *intr. prnl.* perder el equilibrio, dar en tierra, venir al suelo, venirse abajo, resbalar, descender, abatirse, precipitarse, desplomarse, bajar. *ANT.* levantarse, subir, ascender. **2** desprenderse, separarse. **3** {imperio} desaparecer, derrumbarse, sucumbir, dejar de existir, dejar de ser. *ANT.* surgir. **4** {prosperidad, fortuna} perder. **5** disminuir, debilitarse. **6** {color} bajar, degradarse, perder viveza. **7** {suerte, responsabilidad} tocar, corresponder. **8** {viento} disminuir. **9** {tarde} oscurecer, atardecer, anochecer. **10** sobrevenir, acaecer, acontecer, llegar, advenir, venir. **11** morir, sucumbir, desaparecer, perecer. **12** {vestido} sentar. **13** *tr. prnl.* desconsolarse, afligirse. **14** *loc.* ~*le gordo:* serle antipático, resultarle desagradable. **15** *loc.* ~ *en cuenta:* advertir, comprender, recordar, percatarse. **16** *loc.* ~*se de suyo:* ser natural, fácil de comprender.

café *m.* cafeto. **2** cafetería; cafetín. **3** *adj.* marrón.

cafetería *f.* café.

cafetero, -ra *adj. s.* aficionado al café. **2** *s.* recogedor de café, labriego. **3** dueño de un café. **4** vendedor de café. **5** Col. caficultor. **6** *f.* recipiente (para preparar café). **7** *fig.* auto viejo.

cáfila *f. fam.* caterva, turba, tropel, multitud, banda, horda, cuadrilla, grupo, pandilla.

cafre *adj. s.* bárbaro, bestial, cruel, fiero. *ANT.* humano, humanitario. **2** zafio, ignorante, grosero, rudo, patán, rústico. *ANT.* fino, refinado.

cagada *f.* excremento, mierda. **2** *fig.* torpeza, error, bestialidad.

cagalera *f.* diarrea. **2** temor, miedo.

cagar *intr. prnl.* evacuar, deponer, excretar, defecar, descargar, obrar, soltar, hacer del cuerpo, hacer del vientre. **2** *prnl.* acobardarse. **3** *tr.* manchar, dañar, echar a perder.

cagón, -ona *adj. s.* cagado, caguetas, gallina, cobarde, medroso, miedoso, tímido, apocado.

cagueta *adj.* (*tb.* **caguetas**) *ver* **cagón**.

caída *f.* tropezón, costalada, porrazo. **2** declive, declinación, descenso, bajada, cuesta. *ANT.* ascenso, subida. **3** desplome, ocaso, decadencia, ruina, derrumbe, hundimiento. *ANT.* auge, prosperidad. **4** disminución, merma, baja. **5** falta, lapsus. **6** {paño, ropaje} plegamiento. **7** REL. culpa. **8** *loc.* andar de capa ~: padecer decadencia, estar enfermo.

caído, -da *adj.* decaído, abatido, rendido, desfallecido, postrado, acobardado. *ANT.* animoso, firme. **2** *s.* muerto, fallecido.

caimán *m.* Amer. cocodrilo, yacaré, saurio. **2** *fig.* {persona} astuto, disimulado, hipócrita.

caja *f.* cajón, arca, arcón, urna, estuche, paquete, envase, recipiente, lata, petaca, maleta, baúl. **2** pagaduría, tesorería, contaduría. **3** féretro, ataúd. **4** MÚS. tambor.

cajero *m.* pagador, tesorero.

cajón *m.* caja. **2** casilla, compartimiento, gaveta, estante. **3** Amer. tienda, comercio. **4** Amer. féretro, ataúd.

cal *f.* óxido de calcio; caliza, yeso, tiza, creta, dolomita.

cala *f.* ensenada, golfo, rada, abra, bahía, caleta, refugio. **2** supositorio. **3** perforación; sondeo. **4** {barco} calado.

calabacear *tr.* cavilar, devanarse los sesos. **2** {examen} reprobar.

calabaza *f.* {planta} calabacera. **2** {persona} inepto, ignorante. **3** testa, cabeza, crisma.

calabozo *m.* celda, mazmorra, prisión, cárcel, encierro, galera, ergástula.

calado, -da *adj.* mojado, empapado. **2** *m.* labor, encaje, puntilla. **3** horadado, perforado, agujereado, atravesado. **4** {barco} fondo, profundidad.

calador *m.* Chile punzón, aguja grande. **2** Arg., Méx. barrena. **3** Ven. piragua grande.

calafatear *tr.* impermeabilizar.

calambre *m.* contracción, espasmo, agarrotamiento, insensibilidad, paralización, encogimiento, adormecimiento, hormigueo. **2** estremecimiento, convulsión.

calamidad *f.* desgracia, desdicha, infortunio, catástrofe, desastre, siniestro, hecatombe, estrago, cataclismo, desventura, plaga, tragedia, azote, adversidad, mal. *ANT.* felicidad, fortuna, dicha. **2** *fig.* incapaz, inútil, torpe, incompetente, inepto. *ANT.* capaz, hábil, inteligente. **3** fastidioso, molesto. *ANT.* agradable, grato.

calamitoso, -sa *adj.* funesto, perjudicial, aciago, desastroso, fatal, adverso, fatídico, catastrófico. *ANT.* venturoso. **2** infeliz, desdichado, desventurado, infortunado, desafortunado. *ANT.* feliz, alegre.

calaña *f.* índole, ralea, naturaleza, categoría, estofa, carácter, laya, jaez, especie, estirpe, raza, calidad, género. **2** muestra, patrón, modelo, forma. **3** abanico.

calar *tr.* {líquido} penetrar, empapar. **2** {espada} atravesar, penetrar, cortar. **3** {tela, papel} agujerear, horadar, perforar. **4** {fruta} cortar. **5** *tr. prnl.* {sombrero} ponerse. **6** {pica, arma} inclinar (hacia adelante). **7** *fig.* {intenciones, motivos} conocer, comprender, descubrir, penetrar, ver. **8** {sitio, parte} entrarse, penetrar, introducirse. **9** Col. apabullar. **10** *prnl.* {persona} mojarse, empaparse, impregnarse. *ANT.* secarse. **11** {aves} abalanzarse.

calavera *f.* cráneo. **2** *m.* vicioso, libertino, parrandero, mujeriego, alocado, juerguista, perdido. *ANT.* sensato, juicioso.

calaverada *f.* insensatez, trastada, locura, deshonestidad. *ANT.* cordura, sensatez.

calcañar *m.* (*tb.* **calcañal**) talón, calcaño, zancajo.

calcar *tr.* reproducir, copiar, duplicar, repetir. **2** imitar, remedar, plagiar, fusilar.

calce *m.* calza, cuña.

calceta *f.* media, calcetín, escarpín. **2** tejido de punto. **3** grillete.

calcetín *m.* calceta, media, escarpín.

calcificar *tr.* osificar, robustecer, endurecer, fortalecer, mineralizar. ANT. descalcificar, debilitar. **2** *prnl.* {tejido orgánico} degenerarse, modificarse.

calcinar *tr.* abrasar, incinerar, carbonizar, asar, arder, tostar, quemar, chamuscar.

calco *m.* copia, duplicado, reproducción, facsímil. **2** plagio, imitación, remedo.

calculador, -ra *adj.* precavido, prudente, previsor, cauto, avisado, atento, cuidadoso. **2** egoísta, interesado, aprovechado, arribista.

calculadora *f.* calculador, máquina de cálculo.

calcular *tr.* computar, contar, medir, cuantificar, determinar, hacer cálculos. **2** considerar, reflexionar, valorar, meditar, calibrar. **3** suponer, presuponer, conjeturar, creer.

cálculo *m.* cuenta, cómputo, enumeración, operación, recuento. **2** suposición, conjetura, creencia, cábala. **3** PAT. litiasis, mal de piedra.

caldear *tr. prnl.* calentar, entibiar, templar. **2** {ánimo} excitar, apasionar, enardecer, avivar, acalorar, encender. **3** {público, auditorio} estimular, animar.

caldera *f.* vasija, recipiente metálico, caldero. **2** calderada. **3** calentador, estufa. **4** {timbal} caja. **5** GEOL. depresión.

caldo *m.* sopa, consomé, potaje. **2** jugo, sustancia, zumo, esencia. **3** aderezo, adobo, unto.

calefacción *f.* calor, bochorno. **2** estufa, hornillo, calorífero, brasero, radiador, horno, fogón, hogar, chimenea.

caleidoscopio *m.* ver **calidoscopio**.

calendario *m.* almanaque, anuario, lunario, agenda.

calentador, -ra *s.* estufa, calientapiés, calefactor, horno, calorífero, radiador, hornillo.

calentar *tr. prnl.* entibiar, caldear, templar, transmitir calor. ANT. enfriar. **2** asar, cocer, tostar, recalentar. **3** avivar, apresurar, activar. ANT. paralizar. **4** *tr.* azotar, golpear, zurrar, dar golpes. **5** *tr. prnl.* excitar sexualmente. **6** *prnl.* enfervorizarse, enardecerse, acalorarse, enfadarse, exaltarse, irritarse. ANT. calmarse, aplacarse.

calentura *f.* fiebre, temperatura. ANT. hipotermia. **2** {labios} pupa, erupción, boquera. **3** *Amer.* cólera, rabieta.

calenturiento, -ta *adj. s.* (*tb.* **calenturoso, -sa**) MED. febril, febricitante. **2** *Chile* tísico.

calesita *f. Amér. Sur* carrusel, tiovivo, caballitos.

caletre *m.* tino, capacidad, ingenio, cacumen, chirumen, seso, lucidez, agudeza, talento, mollera, sesera, penetración, perspicacia, discernimiento, cabeza. ANT. idiotez.

calibrar *tr.* medir, graduar, calcular. **2** apreciar, evaluar, sopesar, reflexionar. **3** determinar, reconocer, establecer, comprobar.

calibre *m.* diámetro, dimensión, amplitud, anchura, formato, abertura, talla. **2** trascendencia, importancia, alcance, tamaño, clase, magnitud.

calidad *f.* carácter, cualidad, naturaleza, condición, especie, tenor, característica, índole, clase, estofa, importancia, propiedad, calaña, particularidad, categoría, jaez, ralea. **2** excelencia, importancia, perfección,

virtud, eficacia, rango, bondad, jerarquía, virtud. ANT. deficiencia, insignificancia.

cálido, -da *adj.* caliente, caldeado, abrasador, caluroso, ardiente. ANT. frío, helado.

calidoscopio *m.* caleidoscopio, tubo.

caliente *adj.* caluroso, caldeado, cálido, candente, ardiente, ígneo, ardoroso, tórrido, canicular, abrasador, incandescente. ANT. frío, helado, gélido. **2** {disputa} acalorado, vivo. ANT. tranquilo, sosegado. **3** conflictivo, problemático. **4** vehemente, apasionado, ardoroso. ANT. desanimado, apático. **5** lujurioso, cachondo; excitado sexualmente. **6** *loc.* *en ~:* sin retraso, al instante, inmediatamente.

calificación *f.* nota, valoración, evaluación, apreciación, puntuación, estimación.

calificado, -da *adj.* competente, cualificado, capaz, capacitado, hábil, apto, idóneo, autorizado, experto, entendido. ANT. descalificado, incapaz, incompetente.

calificar *tr. prnl.* cualificar, valorar, calcular, estimar, juzgar, evaluar, apreciar, examinar, asignar. ANT. descalificar. **2** bautizar, designar, nombrar, tildar, conceptuar, llamar, tachar de, denominar, adjetivar. ANT. desconceptuar. **3** acreditar, ennoblecer. ANT. desacreditar.

calificativo *m.* adjetivo, epíteto, nombre, título, apodo, alias.

caliza *f.* cal, piedra de cal, dolomita, roca.

callado, -da *adj.* silencioso, silente, reservado, discreto, taciturno, mudo, inexpresivo. ANT. locuaz, comunicativo.

callar *intr.* enmudecer, guardar silencio, cerrar la boca. ANT. hablar. **2** *tr. prnl.* omitir, silenciar, ignorar, ocultar, reservar, pasar, olvidar, pasar por alto, guardar para sí. ANT. decir, divulgar. **3** {instrumento musical, canto} cesar. **4** tolerar, soportar. ANT. responder.

calle *f.* vía, avenida, arteria, carretera, calzada, paseo, camino, bulevar, ronda, pasaje, callejuela. **2** *fig.* la gente, el público. **3** *loc.* *dejar a alguien en la ~:* quitarle los medios, despojar, privar. **4** *loc.* *plantar/poner en la ~:* echar, expulsar.

callejear *intr.* caminar, deambular, pasear, corretear, vagar, errar, vagabundear; merodear.

callo *m.* callosidad, dureza, endurecimiento, aspereza, abultamiento.

calma *f.* cesación, suspensión. **2** {mar} tranquilidad, bonanza. ANT. agitación, tormenta. **3** paz, reposo, quietud, apacibilidad, serenidad, placidez, sosiego, inmovilidad; silencio. ANT. intranquilidad, alboroto. **4** lentitud, flema, pereza, indolencia, apatía, parsimonia, pachorra, cachaza. ANT. rapidez, velocidad, dinamismo. **5** impavidez, imperturbabilidad, entereza, frialdad, firmeza, estoicismo. ANT. turbación, desasosiego, perturbación. **6** *loc.* *~ chicha:* quietud del aire en el mar, tranquilidad.

calmante *adj.* tranquilizante, analgésico, sedativo, sedante, lenitivo, narcótico, paliativo, medicamento. ANT. estimulante, excitante.

calmar *tr. prnl.* sosegar, adormecer, tranquilizar, serenar, apaciguar, aplacar, moderar, mitigar, templar, aquietar. ANT. intranquilizar. **2** *intr.* abonanzar, escampar, serenarse.

calmoso, -sa *adj.* reposado, tranquilo, sereno. ANT. intranquilo. **2** pachorrudo, flemático, parsimonioso, lento, cachazudo, imperturbable, indolente, apático, impasible, perezoso. ANT. activo, rápido, diligente, dinámico.

caló *m.* argot, jerigonza, jerga.

calor *m.* bochorno, calentamiento, temperatura, acaloramiento, canícula. ANT. frío. **2** incandescencia, fuego, ardor, combustión. **3** ánimo, vehemencia, animación, actividad, entusiasmo, apasionamiento, fervor, pasión, empeño, energía, vivacidad. *ANT.* apatía, frialdad. **4** *fig.* buena acogida, favor.

calumnia *f.* difamación, falsedad, denigración, maledicencia, patraña, intriga, impostura, imputación, embuste, infundio, bulo, mentira, chisme, acusación falsa. *ANT.* verdad.

calumniador, -ra *adj. s.* detractor, difamador, mentiroso, infamador, embustero, falsario. *ANT.* veraz, sincero.

caluroso, -sa *adj.* ardiente, caliente, cálido, canicular, bochornoso; agobiante, sofocante. *ANT.* frío, helado. **2** entusiasta, impetuoso, vehemente, vivo, fogoso. *ANT.* apático.

calva *f.* pelona, pelada, alopecia, calvicie, calvez, decalvación. *ANT.* melena. **2** {terreno} claro, calvero, sin vegetación.

calvario *m.* REL. Vía Crucis. **2** martirio, penalidades, padecimiento, tormento, dolores, fatigas, suplicio, sufrimientos, adversidades, amarguras.

calvicie *f.* alopecia, calvez, decalvación, epilosis, calva, pelona, pelada.

calvinista *adj.* protestante.

calvo, -va *adj. s.* pelado, pelón, rapado, liso, calvete. *ANT.* peludo. **2** {terreno} claro, calvero, sin vegetación.

calza *f.* cuña, taco, calce, calzo, tarugo. **2** bragas, calzones anchos. **3** media, calcetín, calceta. **4** *Col., Ecuad., Pan.* {diente, muela} empaste.

calzada *f.* vía, calle, adoquinado, empedrado, carretera, pista, camino pavimentado.

calzado *m.* zapato, escarpín, bota, chanclo, sandalia, pantufla, alpargata, abarca, babucha.

calzar *tr. prnl.* {zapatos} calzarse, usar, ponerse. *ANT.* descalzarse. **2** *tr.* afianzar, asegurar, trabar, endosar, afirmar, colocar. *ANT.* descalzar. **3** *Col., Ecuad.* {diente, muela} empastar.

calzo *m.* cuña, taco, calce, calza, tarugo. **2** *pl.* **calzos**, {caballo} extremidades.

calzón *m.* braga, bragas, calzones, calcillas, pantaletas; calzoncillos, pantaloncillos, prenda interior. **2** *loc. a ~ quitado:* descaradamente, sin empacho.

cama *f.* lecho, tálamo, catre, litera, piltra, yacija, jergón, camastro, petate, diván.

camada *f.* {animales} cría, lechigada, ventregada, hijuelos, prole, descendencia. **2** {cosas} conjunto, serie, hilada. **3** pandilla, banda, caterva, cuadrilla de ladrones, grupo de pícaros.

camafeo *m.* figura, figurilla, imagen, talla, medalla, medallón.

camaleón *m.* reptil, saurio, lagarto. **2** *fig.* mudable, versátil, inconstante, oportunista, variable, ventajista, interesado.

camándula *f.* rosario. **2** *fig.* astucia, fingimiento, marrullería, hipocresía. *ANT.* sinceridad.

camandulero, -ra *adj. s.* hipócrita, disimulado, embustero, taimado, astuto, marrullero.

cámara *f.* {casa} sala, salón, espacio principal. **2** junta, ayuntamiento, corporación municipal. **3** cuerpo legislador, cuerpo legislativo, parlamento, asamblea, concejo, senado. **4** compartimiento. **5** alcoba, habitación, aposento, pieza, cuarto, estancia, recinto, antesala. **6** cilla, granero. **7** cavidad, ventrículo. **8** aparato fotográfico, máquina fotográfica.

camarada *com.* compañero, colega, amigo, igual, par, acompañante, contertulio, compadre. **2** correligionario, cofrade, acólito, compinche. *ANT.* enemigo, contrario, rival.

camaradería *f.* compañerismo, compadrazgo, familiaridad, compañía, confianza, afecto. *ANT.* desconfianza, enemistad.

camarera *f.* empleada, asistenta, trabajadora doméstica, servidora, muchacha, doméstica, criada, doncella, sirvienta. **2** *Amer.* mesera.

camarero *m.* empleado, asistente, servidor, doméstico, mozo, muchacho, botones, criado, sirviente. **2** *Amer.* mesero.

camarilla *f.* pandilla, grupo, cuadrilla, partida, banda, liga, conciliábulo.

camarín *m.* cámara, aposento, cuarto, camerino. **3** tocador. **4** oratorio, capilla.

camarote *m.* cabina, compartimiento.

camastro *m. desp.* catre, jergón, yacija, lecho pobre.

cambalache *m.* canje, transacción, intercambio, regateo, trueque, reventa, negocio.

cambalachear *tr.* canjear, trocar, cambiar, intercambiar.

cambiado, -da *adj.* transformado, alterado, diferente, distinto, desconocido, variado.

cambiante *com.* banquero, cambista. **2** *m. gen. pl.* {luz} visos, matices, gradación, tonalidad, variedad.

cambiar *tr. prnl.* trocar, canjear, permutar, conmutar. **2** reemplazar, sustituir. *ANT.* conservar. **3** negociar, intercambiar. **4** transformar, mudar, devenir, variar, transmutar, modificar, alterar, metamorfosear, convertir. *ANT.* permanecer, persistir. **5** reformar, corregir, rectificar, enmendar, renovar, transfigurar, innovar. *ANT.* mantener. **6** invertir, deformar, tergiversar. *ANT.* rectificar. **7** NÁUT. virar, cambiar de rumbo.

cambiazo *loc. dar el ~:* cambiar fraudulentamente algo, estafar, engañar.

cambio *m.* mutación, alteración, variación, variedad, mudanza, avatar, vicisitud, traslado, bandazo. *ANT.* permanencia, fijeza, inmutabilidad. **2** fugacidad, eventualidad, movimiento, variabilidad, transición, mutabilidad. *ANT.* eternidad. **3** intercambio, permuta, trueque, negocio, canje, cambalache. **4** suelto, canje, dinero menudo, vuelta. **5** {valores mercantiles, bolsa} cotización, precio. **6** {monedas} valor relativo. **7** *loc. a las primeras de ~:* de buenas a primeras.

camelar *tr.* galantear, piropear. **2** engañar, engatusar, seducir (con lisonjas). **3** amar, querer. **4** *Méx.* ver, acechar, mirar.

camelo *m.* galanteo, piropo. **2** burla, chasco. **3** noticia falsa. **4** {dicho, discurso} sin sentido. **5** fingimiento, embuste, engaño, simulación, mentira.

camerino *m.* aposento, camarín, tocador.

caminante *adj.* transeúnte, paseante, peatón; viajero, andarín, peregrino, vagabundo.

caminar *intr.* andar, deambular, transitar, marchar, pasear, peregrinar, vagar, errar, ir a pie. **2** *tr.* recorrer, avanzar. *ANT.* detenerse, parar.

caminata *f.* recorrido, excursión, trayecto, andanza, peregrinación, jornada, tránsito, paseo.

camino *m.* senda, vía, sendero, derrotero, recorrido. **2** carril, pista, acceso, ruta, autopista, carretera, vía, calle. **3** encrucijada, confluencia, cruce; atajo, trocha. **4** *fig.* medio, procedimiento, modo, manera, método, estrategia. **5** viaje, jornada, trayecto. **6** dirección. **7** *loc. ~ trillado:* camino común, usado y frecuentado.

camión *m.* furgón, camioneta, vehículo, furgoneta, vehículo de carga. **2** *Amer.* autobús.

camisa *f.* blusa, camisola, camisón, blusón. **2** {pieza mecánica, artefacto} revestimiento interior. **3** cubierta, funda. **4** *loc. meterse alguien en ~ de once varas:*

inmiscuirse en lo que no le importa, entrometerse en los asuntos ajenos.

camorra *f.* riña, pelea, pendencia, bronca, trifulca, gresca, contienda, refriega, pelotera, disputa, escándalo. *ANT.* paz.

camorrista *adj. s.* pendenciero, camorrero, reñidor, peleador, provocador.

camote *m. Amer.* batata. **2** *Amer.* bulbo, tubérculo. **3** *Amer.* enamoramiento. **4** *Amer.* amante, querida. **5** *Chile* mentira. **6** *Méx.* bribón, desvergonzado. **7** *Amér. Cent.* cardenal, moretón, verdugón. **8** *Ecuad., Méx.* tonto, bobo.

campamento *m.* acampada, alojamiento, reducto, cuartel, acuartelamiento, albergada, acantonamiento, vivaque, fortín, fuerte, posición.

campana *f.* cencerro, llamador, campanilla, sonaja, címbalo, campano, gong, tintán.

campanada *f.* repique, campaneo, tañido, campanillazo, toque, rebato, tintineo, badajeo, timbrazo; llamada, aviso. **2** escándalo, novedad ruidosa, sorpresa.

campanario *m.* campanil, espadaña, atalaya, torreón, torre, torrecilla, aguja.

campanear *intr.* tocar, repicar, sonar, repiquetear, tintinear. **2** *prnl.* oscilar, contonear, balancear. **3** {suceso} divulgar, propalar. **4** {proyectil} girar anormalmente.

campanilla *f.* campana. **2** burbuja, ampolla. **3** úvula.

campante *adj.* ufano, alegre, contento, tranquilo, satisfecho, gozoso, eufórico, complacido. *ANT.* preocupado, inquieto, desalentado, disgustado.

campaña *f.* campo, llanura, campiña, campo llano. **2** cometido, empresa, misión, tarea, proyecto, cruzada, gestión, plan. **3** *MIL.* expedición, periodo de operaciones.

campear *intr.* {animales} pacer. **2** destacarse, descollar, aventajar, distinguirse, prevalecer, sobresalir, dominar. *ANT.* fracasar, fallar. **3** *MIL.* estar en campaña, salir a combatir.

campechano, -na *adj.* franco, sencillo, llano, abierto, natural, espontáneo, afable, jovial, despreocupado, alegre, cordial, simpático. **2** dadivoso.

campeón *m.* vencedor, triunfador, ganador. *ANT.* perdedor, derrotado, vencido. **2** paladín, defensor, cabecilla, adalid, capitán, propagador, mantenedor, sostenedor, héroe.

campeonato *m.* competición, competencia, torneo, concurso, lid, contienda, pugna, lucha, combate, disputa, certamen.

campero, -ra *adj.* campestre, agreste, rural, campesino. **2** {espacio, terreno} descubierto, expuesto. **3** *Amer.* {animal} diestro, adiestrado. **4** *Col.* automóvil (de todo terreno). **5** *Arg., Chile* chaqueta informal, chaqueta deportiva.

campesino, -na *adj.* campestre, agrario, rural, aldeano. *ANT.* urbano, metropolitano. **2** *adj. s.* labriego, agricultor, labrador, cultivador, hortelano, granjero, sembrador, paisano, campirano, cortijero, aparcero, estanciero, lugareño, aldeano. *ANT.* citadino, ciudadano. **3** *adj.* silvestre, inculto, espontáneo. **4** *desp.* rústico, paleto.

campestre *adj.* campesino, rural, agrícola, agrario, agropecuario, silvestre, montés, aldeano; rústico, agreste. *ANT.* urbano. **2** sencillo, apacible, natural, placentero, tranquilo, idílico. *ANT.* desapacible.

camping *m.* [ING.] campin, acampada, campamento; excursión.

campista *com. Amer.* {de minas} arrendador.

campo *m.* terreno, territorio, área, extensión, superficie, espacio, zona. **2** tierra laborable, labrantío, terruño. **3** agro. **4** campiña, campaña, tierra, pradera. **5** sembrados, cultivos, huerta, dehesa. **6** *DEP.* terreno de juego, estadio, cancha, pista. **7** {actividad} ámbito. **8** {conocimientos} esfera, orden. **9** *FÍS.* magnitud espacial. **10** *loc.* ~ *raso:* campo llano, campo abierto, sin árboles ni casas. **11** *loc. dejar el ~ abierto/libre:* retirarse. **12** *loc. a* ~ *traviesa:* dejando el camino y cruzando el campo.

camposanto *m.* campo santo, cementerio, necrópolis.

campus *m.* {universidad} instalaciones, terrenos, edificios.

camuflar *tr.* encubrir, ocultar, disimular, enmascarar, disfrazar. *ANT.* mostrar, descubrir.

can *m.* perro, chucho, animal, cachorro, gozque. **2** {arma de fuego} gatillo, percutor.

cana *f.* cabello blanco. **2** *loc. echar una ~ al aire:* divertirse. **3** *Amér. Sur vulg.* cárcel.

canal *amb.* cauce, conducto, zanja, acequia, desagüe, caño, acueducto. **2** canaleta, canalón. **3** {cuerpo, organismo} conducto. **4** camellón, artesa. **5** faringe. **6** *ARQ.* estría. **7** *m.* estrecho marítimo, istmo, paso, brazo de mar, canalizo, bocana. **8** *TV., RAD.* banda de frecuencia. **9** *TV., RAD.* estación. **10** *loc. abrir en ~:* abrir de arriba abajo.

canalizar *tr.* abrir canales. **2** encauzar, dirigir, encarrilar, conducir, encaminar, guiar, llevar. **3** regar, avenar, irrigar; vaciar. **4** *fig.* {opiniones, iniciativas} recoger, orientar.

canalla *f.* gentuza, gente ruin, chusma. **2** *com.* bribón, granuja, pillo, bandido. *ANT.* honrado. **3** infame, vil, rastrero, despreciable, abyecto. *ANT.* honorable.

canallada *f.* vileza, infamia, bellaquería, ruindad, bribonada, mezquindad, rufianería.

canapé *m.* diván, sofá. **2** refrigerio, aperitivo, bocadillo.

canasta *f.* canasto, banasta, cesta, espuerta, cuévano. **2** {baloncesto} cesta, cesto. **3** {baloncesto} cesta, enceste, tanto, punto.

cancelación *f.* *DER.* revocación, rescisión, casación. **2** abolición, anulación, suspensión, supresión, terminación, derogación, liquidación, conclusión.

cancelar *tr.* {deuda} liquidar, pagar, saldar, cumplir, extinguir. *ANT.* incumplir. **2** anular, suprimir, revocar, suspender, abolir, derogar, borrar. *ANT.* promulgar.

cáncer *m.* *PAT.* neoplasia, carcinoma, tumor, sarcoma, nódulo, quiste; cancro, llaga. **2** *fig.* azote, mal, plaga, calamidad. **3** *ASTRON.* constelación zodiacal.

cancerar *intr. prnl.* ulcerar, encancerarse. **2** *tr.* enflaquecer, consumir, extenuar, destruir. **3** castigar, mortificar.

cancerbero *m.* *MIT.* Cerbero, guardián del infierno, perro. **2** *fig.* portero, guardián, conserje, vigilante.

cancerígeno, -na *adj.* *PAT.* canceroso.

cancerología *f.* *MED.* oncología.

cancerológico, -ca *adj.* *MED.* oncológico.

canceroso, -sa *adj.* neoplásico, cancerado, tumoroso, canceriforme, cancroide, ulceroso.

cancha *f.* *DEP.* campo, estadio, pista, terreno, explanada, campo deportivo. **2** *Amer.* terreno, local, espacio, sitio llano. **3** *Amer.* corral. **4** *Amer.* hipódromo. **5** *Uru.* senda, camino. **6** *Perú* maíz tostado. **7** *Amer.* habilidad, destreza, experiencia.

canchero, -ra *adj.* *Amér. Sur* ducho, experto, fogueado, diestro.

canciller *m.* dignatario, diplomático, magistrado supremo; ministro de relaciones/asuntos exteriores, alto funcionario.

cancillería *f.* representación, oficina, legación.

canción *f.* cantar, cántico, aire, tonada, canto, copla, cantilena, melodía, salmodia, romanza, balada, trova, bolero, cante, composición. **2** cantilena, insistencia, repetición.

cancro *m.* cáncer, tumor maligno. **2** Bot. úlcera.

candado *m.* cerradura suelta. **2** *Col.* {barba} perilla.

candela *f.* vela, cirio, tea, bujía. **2** candelero. **3** lumbre, fuego, llama, brasa. **4** Fís. unidad fotométrica. **5** flor del castaño.

candelero *m.* candelabro, candil, palmatoria, cirial, lámpara, velador, blandón, hachero, centellero, flamero. **2** velón, lámpara de aceite.

candente *adj.* ígneo, incandescente, encendido, ardiente, caliente, quemante, comburente, al rojo. ANT. helado, frío. **2** {cuestión} palpitante, acuciante, urgente.

candidato, -ta *s.* aspirante, pretendiente, postulante, peticionario. ANT. elegido, designado.

candidatura *f.* pretensión, aspiración; propuesta.

candidez *f.* candor, inocencia, ingenuidad, credulidad, simpleza. ANT. malicia, hipocresía.

cándido, -da *adj.* blanco, albo. ANT. negro. **2** ingenuo, candoroso, incauto, inocente, crédulo, iluso, sencillo, sincero. ANT. malicioso, astuto. **3** simple, bobo, engañadizo.

candil *m.* lamparilla, candelero, candelabro, candillón. **2** farol, lámpara, linterna, quinqué, fanal. **3** *Méx.* araña, candelabro.

candonga *f.* engaño. **2** chasco, burla. **3** mula. **4** *pl. Col.* arracadas, pendientes, aretes.

candor *m.* suma blancura. **2** candidez, credulidad, ingenuidad, simplicidad, franqueza, sencillez, veracidad, inocencia, inexperiencia ANT. disimulo, malicia, picardía.

candoroso, -sa *adj.* sencillo, puro, sincero, limpio, incauto, inocente, ingenuo, inexperto.

canelo, -la *adj.* {color} castaño, pardo, cobrizo, terroso. **2** *m.* {árbol} canelero.

caney *m. Cuba* bohío. **2** *Ven.* cobertizo (de paja).

caníbal *adj. s.* antropófago. **2** *fig.* feroz, cruel, inhumano, sanguinario. ANT. clemente.

canibalismo *m.* antropofagia. **2** *fig.* crueldad, ferocidad, barbarie, bestialidad, salvajismo, inclemencia. ANT. clemencia, humanidad.

canica *f. Cuba* canela silvestre. **2** bolita de vidrio. **3** *pl.* juego de niños.

canícula *f.* calor, bochorno, sofocación, sofoco, vulturno. ANT. frío.

canijo, -ja *adj. s.* enteco, enclenque, encanijado, flaco, enfermizo, raquítico, débil. ANT. robusto, corpulento, vigoroso, saludable. **2** bajo, pequeño. ANT. alto.

canilla *f.* carrete metálico, bobina. **2** tibia, hueso largo. **3** pierna. **4** *Col., Perú* pantorrilla. **5** *Arg., Chile* espinilla. **6** *Arg., Uru.* grifo, llave. **7** *fig. Méx.* vigor, fuerza física.

canino, -na *m.* colmillo, diente. **2** *adj.* cánido, perruno.

canje *m.* cambio, permuta, trueque, intercambio, transacción, cambalache; sustitución.

canjear *tr.* trocar, permutar, cambiar, intercambiar.

cano, -na *adj.* {pelo} entrecano, blanquecino, plateado, grisáceo, blanco; canoso. **2** viejo, antiguo. **3** Poét. blanco.

canoa *f.* bote, barca, piragua, falúa, chalupa, lancha, esquife.

canon *m.* regla, precepto. **2** Rel. decisión eclesiástica, precepto. **3** {libros} catálogo, lista. **4** regla, modelo, norma, tipo, precepto, pauta, guía. **5** Der. arriendo, arrendamiento, renta, pago, tasa, estipendio, tarifa.

canónico, -ca *adj.* conforme, ajustado, adecuado, acorde.

canonizar *tr.* beatificar, santificar. ANT. condenar. **2** elogiar, glorificar, alabar, ensalzar. ANT. execrar. **3** aprobar, aplaudir.

canoso, -sa *adj.* {pelo} con canas.

canotaje *m.* piragüismo.

cansado, -da *adj.* fatigante, extenuante, agotador. ANT. descansado, fácil. **2** agotado, fatigado, rendido, extenuado. ANT. fresco, descansado. **3** hastiado, aburrido, harto.

cansancio *m.* fatiga, agotamiento, extenuación, debilitamiento, desaliento, debilidad. ANT. descanso. **2** tedio, fastidio, hastío. ANT. aliento, viveza.

cansar *tr. prnl.* agotar, debilitar, fatigar, ajetrear, moler, extenuar, rendir. ANT. descansar, vigorizar. **2** hastiar, irritar, importunar, molestar, aburrir, fastidiar, agobiar, enfadar, hartar, asquear, incomodar. ANT. complacer, distraer.

cansino, -na *adj.* perezoso, pesado, lento.

cantaleta *f.* ruido, gritería, vocerío, confusión, escándalo. **2** canción burlesca. **3** chasco, zumba, guasa, burla. **4** *Amer.* estribillo, regaño continuo, repetición enfadosa.

cantante *com.* cantor, cancionista, intérprete, rapsoda, cantador, trovador, juglar, romancero, coplero, concertista, solista, divo. **2** soprano, tenor, barítono, bajo.

cantar¹ *m.* canto, copla, aire, canción, trova, tonada, cantilena, composición poética. **2** *loc.* **ser otro ~:** ser cosa distinta, ser otra cosa.

cantar² *intr. tr.* canturrear, vocalizar, interpretar, tararear, coplear, entonar, modular, salmodiar, corear. **2** {pájaros} gorjear. **3** {ejes} rechinar, sonar. **4** {secreto} confesar, revelar, descubrir, declarar, soplar. **5** celebrar, recitar, loar, glorificar, elogiar, encomiar. **6** *loc.* **~ claro:** hablar francamente, hablar sin pelos en la lengua.

cántaro *m.* recipiente, vasija, jarra, alcarraza, jarrón, garrafa, cuenco, botijo, ánfora. **2** *loc.* **a ~s:** en abundancia, con mucha fuerza.

cante *m.* cantar, canción. **2** *loc.* **~ hondo/jondo:** canto andaluz, de profundo sentimiento.

cantera *f.* pedrera, pedregal, pedriscal, cantal, cantizal, cantería. **2** filón, venero, yacimiento, origen, mina. **3** *fig.* talento, capacidad, agudeza, ingenio.

cántico *m.* salmo, salmodia, cantata, aleluya, tedéum, hosanna, réquiem. **2** poema.

cantidad *f.* cuantía, dosis, número, porción, tanto, ración. **2** suma, importe, costo, total. **3** abundancia, suficiencia, miríada, profusión, exceso, aumento, raudal. ANT. carencia, falta.

cantiga *f.* (*tb.* **cántiga**) composición poética, canto.

cantil *m. Amer.* {despeñadero} borde.

cantilena *f.* copla, canción, cantar. **2** repetición, estribillo.

cantinela *f. ver* **cantilena**.

cantina *f.* cava, sótano. **2** *Amer.* taberna, bar, café.

canto¹ *m.* poema corto, composición lírica, himno, cántico. **2** versículo, pasaje. **3** coreo, afinación, canturreo, tarareo, entonación, vocalización. **4** canción, tonada, copla, trova, cantar, cántico, canturreo, aire, melodía, salmodia, romanza, himno, balada, bolero, cante.

canto² *m.* borde, orilla, lado, arista, costado, margen. ANT. centro. **2** extremidad, ángulo, esquina, saliente, punta, remate. **3** grueso. **4** trozo de piedra, piedra, guijarro, pedrusco.

cantón *m.* {edificio} esquina, ángulo, arista. **2** división administrativa, jurisdicción, región, territorio, comarca, distrito, término, demarcación, país. **3** MIL. {tropas} acantonamiento. **4** *Hond.* cerro, elevación, loma.

cantonal *adj.* territorial, comarcal, regional.

cantor, -ra *adj.* cantador, cancionista, intérprete, rapsoda, trovador, juglar, romancero, coplero, concertista, solista, divo. **2** soprano, tenor, barítono, bajo. **3** {ave} canoro.

canturrear *intr.* tararear, entonar, cantar a media voz.

canuto *m.* cañuto, caña, cánula; boquilla, tubo.

caña *f.* tallo, tronco. **2** junco, vara, bambú, carrizo, cánula, bejuco, mimbre. **3** canilla, hueso largo. **4** tuétano. **5** vaso. **6** medida de vino. **7** *fig. Amer.* bulo, engañifa, mentira. **8** *Amer.* trago de licor, licor, aguardiente.

cañada *f.* quebrada, garganta, hondonada, desfiladero, barranco, cauce, hoya, valle.

cañaveral *m.* cañal, cañizal, cañizar, cañedo, cañar, cañaliega.

cañería *f.* conducto, tubería, alcantarilla, conducción, caño, distribución, fontanería.

cañizal *m. ver* **cañaveral**.

caño *m.* tubo, tubería. **2** desagüe, albañal.

cañón *m.* {vestido} pliegue, doblez. **2** {pluma} cálamo, hueco, parte hueca. **3** pluma de ave. **4** pieza de artillería, mortero. **5** estrecho, garganta, desfiladero.

caos *m.* confusión, trastorno, desconcierto, anarquía, desorden, desbarajuste, barahúnda, desorganización, lío, pandemónium. ANT. orden.

capa *f.* manto, capote, túnica, mantón. **2** GEOL. zona superpuesta, estrato, veta, franja. **3** {tabaco} hoja. **4** cubierta, forro, envoltura. **5** {caballo} color; pelo. **6** paca, roedor. **7** pretexto, máscara, encubrimiento, velo, envoltura, excusa. **8** encubridor, tapadera. **9** revestimiento, recubrimiento, cobertura, baño, película, cubierta, mano, pasada. **10** *fig.* barniz, tinte. **11** tanda, tongada. **12** MED. membrana. **13** *loc. defender a ~ y espada:* patrocinar a todo trance. **14** *loc. a so ~:* con soborno, secretamente. **15** *loc. so ~ de:* con pretexto de. **16** *loc. ir/andar de ~ caída:* estar en decadencia. **17** *loc. hacer de su ~ un sayo:* obrar según su libre albedrío.

capacidad *f.* cabida, espacio, amplitud, cupo, dimensión, volumen, desplazamiento, aforo, tonelaje. **2** competencia, suficiencia, inteligencia, cualidad, talento, idoneidad, habilidad, aptitud, ingenio, disposición, facultad. ANT. incapacidad, incompetencia, ineptitud.

capacitar *tr. prnl.* habilitar, preparar, educar. **2** acondicionar. **3** facultar, comisionar.

capar *tr.* castrar, mutilar, emascular, extirpar, amputar. **2** disminuir, cercenar.

caparazón *m.* concha, coraza, carapacho, corteza, cubierta; armazón, protección, defensa. **2** {ave} esqueleto torácico.

capataz, -za *s.* mayoral, caporal, ayudante, jefe, sobrestante, encargado.

capaz *adj.* espacioso, amplio, grande, extenso, dilatado, suficiente, holgado. ANT. estrecho, reducido. **2** apto, competente, calificado, idóneo, preparado, experto, inteligente. ANT. inepto, incapaz, incompetente.

capcioso, -sa *adj.* artificioso, engañoso, falaz, aparente, insidioso, mixtificador, embaucador. ANT. verdadero, claro.

capear *tr.* eludir, soslayar, capotear, sortear, lidiar. **2** engañar, entretener. **3** aguantar, soportar, resistir. ANT. rendirse.

capibara *f. Amer.* carpincho, chigüiro.

capicúa *m.* palíndromo.

capilla *f.* oratorio, templo, ermita, sagrario, adoratorio, iglesia, parroquia.

capital *m. adj.* importante, principal, primordial, fundamental, esencial, vital, básico. ANT. insignificante, secundario. **2** *m.* fortuna, dinero, caudal, hacienda, bienes, fondos, recursos, posesiones, riqueza, patrimonio. **3** *f. adj.* {distrito, provincia} población principal, capitalidad, metrópoli, ciudad, urbe. **4** {distrito, provincia} cabeza.

capitalismo *m.* librecambismo, mercantilismo, plutocracia.

capitalista *com.* adinerado, acaudalado, potentado, plutócrata, rico. **2** inversionista, financiero, empresario, banquero.

capitalizar *tr.* acumular, atesorar.

capitán, -ana *s.* dirigente, jefe, líder, comandante, caudillo, conductor. ANT. subalterno.

capitanear *tr.* encabezar, acaudillar, mandar, dirigir, guiar, conducir, abanderar. ANT. someterse, seguir.

capitulación *f.* concierto, pacto, ajuste. **2** {rendición} entrega, convenio. **3** *pl.* **capitulaciones**, conciertos, acuerdos (matrimoniales). **4** *pl.* escrituras.

capitular *intr. tr.* pactar, convenir, ajustar, concertar. **2** MIL. entregarse, rendirse. ANT. resistir. **3** ordenar, disponer, resolver. **4** {discusión} abandonar. **5** *intr.* ceder, transigir.

capítulo *m.* junta, consejo, asamblea, congregación. **2** {libros} división, sección, parte, apartado, artículo, subdivisión. **3** BOT. cabezuela, inflorescencia. **4** *loc. ser ~ aparte:* merecer consideración detenida.

capo *m.* {mafia} jefe.

capó *m.* {automóvil} cubierta del motor.

caporal *m.* mayoral, jefe. **2** *Amer.* capataz.

capota *f.* tocado femenino. **2** {automóvil} cubierta plegable.

capotear *tr.* evadir, capear, entretener, engañar.

capricho *m.* deseo, antojo, gusto, voluntad. **2** ARTE extravagancia, excentricidad, ocurrencia, inspiración, humorada, fantasía. **3** arbitrariedad, terquedad, inconstancia, tozudez, obstinación, arranque, veleidad.

caprichoso, -sa *adj.* antojadizo, terco, obstinado, arbitrario, veleidoso, voluntarioso, voluble. ANT. sensato. **2** fantástico, anómalo, incongruente, raro. ANT. común. **3** variable, inconstante, mudable, irregular. ANT. constante, inmutable.

caprino, -na *adj.* cabruno, caprario.

cápsula *f.* casquillo, cartucho, cilindro, envoltura, cubierta, envase, vaina, receptáculo, estuche. **2** píldora, comprimido, gragea, pastilla, medicamento.

captar *tr.* {agua} recoger. **2** percibir, comprender, inteligir, apreciar, entender, percatarse. **3** {sonidos, imágenes} recibir. **4** *tr. prnl.* atraer, lograr, conseguir. **5** seducir, cautivar, fascinar, hechizar, absorber, conquistar. ANT. repeler.

captura *f.* arresto, apresamiento, detención, aprehensión, encarcelamiento, prendimiento. ANT. liberación. **2** saqueo, botín, despojo, rapiña, pillaje, conquista. **3** presa, caza, pesca. **4** INF. {datos} acopio, captación.

capuchino *adj.* religioso, sacerdote. **2** *Chile* fruta pequeña. **3** *m.* café con leche espumoso.

capuchón *m.* capucha, capucho, abrigo.

capullo *m.* {flor} botón, retoño, cogollo, yema, brote, pimpollo. **2** {gusano de seda, larva} envoltura. **3** *fig.* torpe, estúpido, simple, inocentón.

caqui *m.* {color} pardo, amarillento, ocre, verdoso.

cara *f.* rostro, semblante, fisonomía, aspecto, catadura, aire, faz, visaje, apariencia, expresión, facciones, rasgos, gesto, talante, efigie. **2** jeta, hocico. **3** frente, exterior, anverso, plano, delante, superficie. *ANT.* reverso. **4** fachada, frontispicio, faceta. **5** cariz, forma, aspecto, apariencia. **6** *fig.* desfachatez, descaro. **7** *loc. dar la ~:* enfrentar, afrontar. **8** *loc.* **a)** ~ *a:* ante, con vistas a. **b)** *loc.* ~ *a:* mirando en dirección a.

carabina *f.* escopeta, rifle, fusil. **2** institutriz, acompañante, aya, doncella, dueña.

caracol *m.* molusco. **2** {pelo} rizo, tirabuzón.

caracolear *intr.* {caballo} girar, escarcear.

carácter *m.* naturaleza, cualidad, índole, condición, personalidad, calidad, entraña, idiosincrasia, carisma, genio, tendencia, disposición, temperamento, propensión. **2** apariencia, aspecto, constitución, característica, particularidad, matiz, fisonomía, expresión, tono. **3** entereza, energía, firmeza, inflexibilidad, voluntad, temple, severidad, dureza. *ANT.* debilidad. **4** tipo, forma, clase, estilo, modo. **5** letra, signo de escritura.

característica *f.* peculiaridad, cualidad, propiedad, atributo, particularidad, singularidad.

característico, -ca *adj.* distintivo, particular, típico, propio, exclusivo, innato, peculiar, representativo, esencial, inherente, privativo, singular, determinante, inconfundible, congénito, específico, manifiesto. *ANT.* común.

caracterizar *tr. prnl.* diferenciar, señalar, distinguir, determinar, identificar, especificar, particularizar. *ANT.* generalizar, vulgarizar. **2** interpretar, representar, personificar.

caradura *adj.* descarado, sinvergüenza, desvergonzado.

carajo *m.* pene, miembro viril. **2** *loc. irse al ~:* echarse a perder, malograrse, estropearse.

caramanchel *m.* desván, chiribitil, buhardilla. **2** fonda, figón, cantina. **3** *Col.* tugurio. **4** *Perú* cobertizo.

carámbano *m.* {hielo} témpano, canelón, canelizo.

carambola *f.* suerte, azar, chiripa, casualidad favorable. **2** enredo, trampa, embuste.

caramelo *m.* dulce, golosina, confite, confitura, bombón.

carantoña *f. gen. pl.* arrumaco, lisonja, zalamería, marrullería, halago, zalema, mimo, caricia, adulación, aspaviento, terneza, coba. *ANT.* desapego, brusquedad.

carapacho *m.* concha, caparazón.

carátula *f.* portada, cubierta. **2** *fig.* cara; expresión. **3** *Méx.* {reloj} esfera.

caravana *f.* expedición, procesión, correría, desfile, convoy, romería, comitiva, columna, fila, tropel, hilera, tropa, partida. **2** {animales, carruajes} recua. **3** muchedumbre, multitud. **4** remolque. **5** *Hond.*, *Méx.* reverencia.

carbón *m.* coque, turba, hulla, cisco, tizón, antracita.

carbonizar *tr.* abrasar, incinerar, calcinar, inflamar, quemar, consumir, chamuscar, incendiar, arder, tostar, combustionar, cremar, achicharrar.

carburante *m.* combustible, gasolina, gasóleo, bencina.

carburar *tr.* inflamar, explosionar. **2** funcionar, trabajar, marchar, andar.

carcaj *m.* aljaba, carcaza, receptáculo, funda, caja.

carcajada *f.* risotada, carcajeo, risa. *ANT.* llanto.

carcajearse *prnl.* reírse.

carcamal *m. adj. desp.* vejestorio, viejo, vejete, senil, achacoso, decrépito. *ANT.* joven.

carcañal *m.* calcañar, zancajo, talón.

carcasa *f.* armazón, armadura, estructura.

cárcel *f.* prisión, presidio, penal, penitenciaría, correccional. **2** *col.* chirona, talego, trena. **3** celda, calabozo, mazmorra. **4** cautividad, reclusión, encierro, arresto. *ANT.* libertad.

carcelero, -ra *s.* guardián, celador, guardia, centinela, vigilante.

carcomer *tr. prnl.* corroer, consumir, roer, desgastar. **2** inquietar, mortificar, afligir, intranquilizar, angustiar. *ANT.* tranquilizar.

cardar *tr.* carmenar, peinar, carduzar, alisar, desenredar, emborrar.

cardenal *m.* prelado, purpurado, mitrado. **2** moretón, morado, magulladura, golpe, contusión, lesión, hematoma, equimosis. **3** *Chile* geranio.

cárdeno, -na *adj.* amoratado. **2** violáceo, purpúreo.

cardinal *adj.* capital, principal, esencial, fundamental, primordial, vital, trascendental, básico, indispensable, sustancial, importante. *ANT.* secundario, accidental.

cardo *m.* ortiga, zarza, abrojo. **2** {persona} arisco, agrio, brusco, áspero, insociable.

cardumen *m.* {peces} banco, bandada, manada.

carear *prnl.* encarar, afrontar, enfrentarse. **2** *tr.* cotejar, confrontar. **3** {ganado} dirigir.

carecer *intr.* precisar, necesitar, faltar, escasear, adolecer. *ANT.* tener, disponer, sobrar.

carencia *f.* privación, escasez, falta, insuficiencia, menester, déficit, penuria, ausencia, merma, exigüidad, defecto, parvedad, pobreza, poquedad. *ANT.* abundancia, sobra.

carente *adj.* desprovisto, escaso, falto, incompleto, necesitado. *ANT.* provisto.

careo *m.* encaramiento, enfrentamiento. **2** confrontación, comparación. **3** interrogatorio.

carestía *f.* escasez, falta, carencia, inexistencia. *ANT.* abundancia. **2** encarecimiento, alza, aumento, subida, sobreprecio, elevación; inflación. *ANT.* abaratamiento, depreciación.

careta *f.* máscara, antifaz, disfraz, mascarilla. **2** fingimiento, hipocresía. *ANT.* honestidad.

carey *m.* tortuga de mar. **2** concha, materia córnea.

carga *f.* peso. **2** mercadería, embalaje, cargamento, flete, transporte, envío, remesa, expedición, carretada. **3** capacidad, flete. **4** envoltorio, bulto, paquete, fardo, paca. **5** embestida, asalto, ataque, arremetida, ofensiva, acometida. *ANT.* retirada. **6** impuesto, tributo, gravamen, tasa, obligación, derecho, contribución, compromiso, hipoteca. **7** obligación, deber, trabajo, cuidado, imposición, responsabilidad. **8** agobio, penuria, sufrimiento, peso, suplicio, aflicción. *ANT.* alivio.

cargado, -da *adj.* {tiempo} bochornoso. **2** {bebida} fuerte, espeso, denso, saturado. **3** repleto, atestado, abarrotado, henchido.

cargante *adj.* molesto, insoportable, incómodo, inoportuno, latoso, fastidioso, pesado, enojoso, irritante, premioso, tedioso, impertinente, fatigoso. *ANT.* grato, ligero, agradable.

cargar *intr.* gravitar, estribar, descansar. **2** atacar, embestir, acometer, arremeter. **3** *tr. prnl.* apechugar, apencar. **4** comer mucho. **5** molestar, fastidiar, incomodar, agobiar, irritar, enfadar, importunar. **6** gravar, imponer. **7** *intr.* apoderarse, llevarse. **8** *tr.* atestar, llenar, colmar, abarrotar, almacenar, depositar, introducir, estibar, lastrar, embarcar. *ANT.* descargar, desocupar, vaciar. **9** {cuerpo, batería} acumular energía. **10** acopiar, recoger. **11** imputar, atribuir, inculpar, achacar. **12** {cuenta corriente} debitar.

cargo *m.* carga, peso. **2** empleo, función, puesto, plaza, oficio, vacante, misión, responsabilidad, cometido, destino, ministerio, colocación, dignidad. **3** cuidado, custodia, obligación, gobierno, salvaguardia, vigilancia.

4 acusación, inculpación, recriminación, falta, imputación. ANT. descargo. **5** adeudo, pago. **6** loc. hacerse ~: encargarse, responsabilizarse, ocuparse, considerar.

cariacontecido, -da adj. turbado, sobresaltado, apenado, amargado, aturdido, atribulado.

cariado, -da adj. {hueso} dañado, podrido. **2** {diente} picado, corroído.

cariarse prnl. {diente} picarse, perforarse, corroerse, dañarse.

caricatura f. remedo, deformación, sátira, parodia, exageración, imitación, ridiculización, burla. **2** dibujo, representación.

caricaturizar tr. satirizar, ridiculizar, parodiar, ironizar, criticar, burlarse, remedar, imitar.

caricia f. mimo, cariño, terneza, gentileza, arrumaco, halago, galanteo, galantería, abrazo, coba, zalamería, besuqueo, beso, carantoña, zalema. ANT. desatención, desprecio.

caridad f. piedad, clemencia, altruismo, misericordia, compasión, filantropía, generosidad, magnanimidad, bondad, liberalidad. ANT. inhumanidad, crueldad, insensibilidad. **2** limosna, dádiva, auxilio, ayuda, socorro.

caries f. picadura, corrosión, perforación, destrucción.

cariño m. amor, afecto, amistad, ternura, apego, estima, inclinación, predilección, devoción. ANT. aversión, desamor, malquerencia. **2** caricia, mimo, halago, terneza, arrumaco, galantería, zalamería, zalema. ANT. maltrato. **3** añoranza, nostalgia. **4** esmero, dedicación, cuidado, delicadeza. ANT. descuido. **5** Amer. regalo, dádiva, obsequio.

cariñoso, -sa adj. afectuoso, amoroso, amable, mimoso, dulce, devoto, fraterno, tierno, cordial, leal, simpático. ANT. odioso, antipático.

carisma m. REL. gracia, dádiva, bendición. **2** atractivo, personalidad, carácter.

caritativo, -va adj. generoso, misericordioso, piadoso, dadivoso, desprendido, altruista, magnífico, bondadoso, humanitario. ANT. egoísta, inhumano.

cariz m. {atmósfera} aspecto, apariencia. **2** {persona} cara, semblante, pinta, talante, presencia, traza, fisonomía. **3** {asunto, negocio} giro, perspectiva, curso, dirección.

carmesí adj. rojo, carmín, cárdeno, encarnado, colorado, púrpura, purpúreo, escarlata, bermejo, grana, granate.

carmín m. rojo encendido, arrebol. **2** pintalabios.

carnada f. cebo, señuelo, carnaza. **2** trampa, ardid, artimaña, engaño, treta, añagaza.

carnal adj. lascivo, erótico, lujurioso, sensual, voluptuoso, lúbrico. **2** terrenal, mundano. ANT. espiritual. **3** {pariente} consanguíneo, directo.

carnaval m. fiestas, festival, regocijo, mascarada, farsa, jolgorio, alegría, comparsa, bullicio, carnestolendas, atruejo.

carnavalada f. broma, inocentada, chanza.

carne f. carnosidad, músculo, dermis. **2** bisté, bistec, filete, solomillo. **3** {fruta} pulpa. **4** lascivia, sensualidad, deseo. ANT. castidad. **5** loc. poner la ~ de gallina: aterrar, asustar, atemorizar. **6** loc. echar/cobrar ~s: engordar.

carné m. documento, documentación, tarjeta de identidad, credencial, comprobante.

carnear tr. Amer. {reses} matar, sacrificar, descuartizar, descarnar. **2** Méx. vulg. engañar.

carnestolendas f. pl. ver carnaval.

carnicería f. expendio de carne, tienda, tablajería. **2** matanza, mortandad, exterminio, masacre, aniquilación, degollina, destrucción. **3** herida, lesión. **4** Ecuad. matadero, rastro.

carnicero, -ra adj. s. carnívoro, fiera, rapaz, animal de presa. ANT. herbívoro; frugívoro. **2** cruel, feroz, inhumano, sanguinario. ANT. compasivo, humano, clemente. **3** matarife, tablajero, vendedor de carne.

carnívoro, -ra adj. s. carnicero, depredador, rapaz, feroz. ANT. herbívoro.

carnosidad f. gordura, obesidad, adiposidad. ANT. delgadez.

carnoso, -sa adj. rollizo, corpulento, grueso, carnudo, voluminoso; gordo, adiposo. ANT. enjuto, delgado. **2** rico, suculento, sustancioso, jugoso, apetitoso.

caro, -ra adj. costoso, valioso, oneroso, exorbitante, incrementado, alto, encarecido. ANT. económico, barato. **2** querido, apreciado, estimado, idolatrado, amado. ANT. odiado, aborrecido. **3** gravoso, dificultoso, penoso. ANT. fácil.

carolingio, -gia adj. s. carlovingio.

carpa f. toldo, tenderete, lona, tienda de campaña. **2** {uvas} gajo, racimo.

carpeta f. cubierta, paño, mantel, forro, tapete. **2** cartapacio, legajo, portafolio, cartera.

carpincho m. Amer. capibara, chigüiro.

carraspera f. tos, afonía, aspereza, irritación, ronquera, enronquecimiento.

carrasposo, -sa adj. s. afónico, ronco. **2** adj. Col., Ven. áspero, rasposo.

carrera f. corrida, persecución, escapada, espantada, correteo, huida. **2** {caballo} galope. **3** trayecto, curso, trayectoria, recorrido, derrota. **4** competencia, prueba, competición, pugna, lucha. **5** calle, vía, camino. **6** profesión, estudios, educación, licenciatura. **7** raya del pelo, crencha. **8** loc. a la ~: aprisa, rápidamente.

carreta f. carruaje, carromato, carro.

carrete m. bobina, carretel, devanadera, canilla, cánula, huso. **2** cilindro.

carretear tr. transportar, acarrear. **2** {carro, carreta} conducir, guiar.

carretera f. ruta, autopista, vía, avenida, arteria, autovía, pista, autocarril, viaducto, calle, calzada, carril, senda, sendero.

carretilla f. carro de manos, carreta. **2** buscapiés. **3** Arg., Chile, Uru. mandíbula, quijada.

carriel m. Amer. maletín de cuero, valija, bolsa de viaje.

carril m. {ruedas} huella, carrilada. **2** {arado} surco, zanja. **3** riel, raíl, vía, entrevía.

carrillo m. mejilla, cachete, moflete.

carro m. carreta, carromato, carruaje, carretón. **2** Amer. automóvil, auto, vehículo, coche.

carroña f. podredumbre, putrefacción, restos, despojos. **2** fig. ruin, despreciable.

carroza f. ver carruaje.

carruaje m. carro, vehículo, carreta, coche, carricoche, calesa, cabriolé, landó, tartana.

carrusel m. caballitos, tiovivo, rueda. **2** Arg. calesita.

carta f. mensaje, misiva, escrito, nota, esquela, aviso, billete, comunicación, epístola, comunicado, correspondencia. **2** menú, lista de platos. **3** NÁUT. mapa. **4** naipe, baraja. **5** loc. a ~ cabal: intachable, completo, enteramente.

cartapacio m. carpeta, cuaderno, portafolios, portapliegos.

cartearse prnl. escribirse, comunicarse.

cartel[1] m. anuncio, aviso, letrero, pancarta, inscripción, proclama. **2** Amer. afiche.

cartel[2] m. (tb. **cártel**) ECON. monopolio, convenio empresarial, agrupación.

cartera f. billetera, billetero, monedero. **2** bolso, maletín, portafolio, carpeta, portapapeles, saco. **3** ministerio, empleo de ministro, función. **4** valores, efectos comerciales.

carterista com. ladrón, ratero, bandido, caco, pícaro.

cartilla f. abecé, abecedario, silabario, libro de aprendizaje. **2** tratado breve. **3** cuaderno, libreta, cuadernillo. **4** añalejo, epacta, calendario eclesiástico.

cartuchera f. canana, fornitura, cinto, cinturón.

cartucho m. bala, carga, explosivo, proyectil. **2** {impresora} dispositivo intercambiable. **3** cucurucho, envoltorio, bolsa.

cartuja f. monasterio, cenobio, claustro, convento, priorato, abadía.

carvajal m. robledal.

casa f. residencia, vivienda, hogar, domicilio, morada, techo, habitación, albergue, aposento. **2** edificio, apartamento, piso, edificación, inmueble, casona, mansión. **3** estirpe, linaje, progenie, familia, solar. **4** empresa, compañía, sociedad, entidad, razón social, firma, corporación, establecimiento. **5** {juego} casilla. **6** loc. ~ cuna: guardería infantil. **7** loc. echar/tirar la ~ por la ventana: gastar con esplendidez. **8** loc. estar de ~: estar vestido con sencillez, estar vestido descuidadamente.

casabe m. cazabe, torta de harina.

casaca f. levita, levitón, pelliza, guerrera, chaqueta, chaquetón.

casación f. Der. abrogación, derogación, rescisión, anulación, abolición, supresión.

casadero, -ra adj. maridable, conyugable, en edad de casarse.

casado, -da adj. s. desposado, unido, comprometido. Ant. soltero.

casamata f. fuerte, fortín, fortificación, reducto.

casamiento m. matrimonio, boda, nupcias, esponsales, desposorios, vínculo, unión, enlace, alianza, casorio. Ant. divorcio.

casanova m. mujeriego, donjuán, tenorio, aventurero, audaz, conquistador. Ant. tímido.

casar[1] m. caserío, conjunto de casas, alquería.

casar[2] tr. Der. anular, derogar, abrogar.

casar[3] intr. prnl. desposarse, contraer nupcias, maridar. **2** tr. unir, encajar, armonizar, ajustar, acoplar, juntar, emparejar. Ant. desunir, desencajar, separar.

cascabel m. campana, cencerro, sonajero.

cascabelear tr. alborotar. **2** intr. sonajear, campanillear, resonar.

cascabelero m. sonajero. **2** adj. s. irreflexivo, alegre, jaranero, desenfadado.

cascada f. catarata, torrente, chorro, despeñadero, caída de agua, salto de agua.

cascado, -da adj. gastado, trabajado, usado, ajado, marchito, débil, cansado, estropeado, consumido. Ant. nuevo. **2** achacoso, enclenque, decrépito, viejo. Ant. joven. **3** roto, hendido, rajado, agrietado. Ant. entero.

cascajo m. {piedra} guijo, fragmentos, cascote, guijarros; escombros.

cascanueces m. Amer. rompenueces.

cascar tr. rajar, romper, agrietar, partir, hender, romper, fragmentar, quebrantar, abrir. **2** golpear, zurrar, azotar, pegar, tundir, sacudir. **3** tr. prnl. {salud} quebrantar. **4** intr. morir. **5** tr. intr. charlar, cotorrear.

cáscara f. piel, corteza, monda, costra, casca, cascarón, pellejo, envoltura, cubierta, capa, recubrimiento, caparazón, película, capullo, cápsula, hollejo, vaina, funda.

cascarrabias com. irritable, irascible, malhumorado, gruñón, puntilloso, regañón, quisquilloso, susceptible, arrebatadizo. Ant. apacible, despreocupado, tranquilo.

casco m. col. cráneo, cabeza, crisma, testa, coco. **2** {frutos} cáscara, cáscara dura. **3** {fruta} gajo. **4** {cebolla} capa. **5** {sombrero} copa. **6** yelmo, bacinete, morrión, almete, celada, protector. **7** {caballo} uña, pezuña. **8** recipiente, botella, tonel. **9** {nave, avión} cuerpo. **10** pl. juicio, inteligencia, capacidad, talento. **11** loc. ligero/alegre de ~s: irreflexivo.

cascote m. escombro, cascajo, ripio, guijo, fragmento, esquirla, trozo.

caserío m. villorrio, poblado, casar, lugar, lugarejo. Ant. metrópoli.

casero, -ra adj. familiar, doméstico, hogareño, de casa; sencillo, corriente, natural. **2** s. inquilino, habitante, morador. **3** arrendatario. **4** {casa} encargado, administrador; propietario, dueño. **5** Chile, Ecuad., Perú parroquiano, cliente.

caserón m. casona, mansión, casa grande.

caseta f. cabaña, chabola, choza. **2** casilla, quiosco, garita, vestuario; cabina.

casete m. cinta, cinta magnética. **2** cajilla, cajuela, caja; cartucho.

casi adv. aproximadamente, por poco, más o menos, cerca de.

casilla f. cabaña, choza, casa pequeña. **2** garita, caseta, cabina, vestuario. **3** taquilla, despacho de billetes. **4** compartimiento, casillero, división, sección. **5** Amer. apartado de correos. **6** loc. sacar de sus ~s: alterar, irritar, impacientar.

casillero m. archivo, fichero, clasificador. **2** tablero, tanteador. **3** Col. compartimiento.

casino m. círculo, centro, sociedad, asociación, ateneo, club. **2** casa de juegos, garito.

caso m. suceso, acontecimiento, hecho, evento, incidente, trance, sucedido, peripecia. **2** Der. litigio, juicio, proceso, pleito, sumario. **3** casualidad, acaso, accidente, oportunidad. **4** coyuntura, ocasión, lance, circunstancia. **5** asunto, cuestión, tema, punto, ejemplo, argumento, materia. **6** relato. **7** loc. hacer ~ omiso: desentenderse, desobedecer.

casorio m. matrimonio, boda, nupcias, casamiento, enlace, unión, connubio.

caspa f. seborrea, descamación.

casquete m. casco, cubierta, armadura. **2** peluca. **3** gorra, bonete.

casquillo m. anillo, abrazadera, arandela. **2** cartucho. **3** Amer. herradura.

casquivano, -na adj. voluble, irreflexivo, frívolo, veleidoso, atolondrado, ligero, variable, inconstante, tarambana, alocado. Ant. reflexivo, formal.

casta f. ascendencia, generación, extracción, origen, familia, ralea, linaje, estirpe, progenie, prosapia, tronco, parentesco, abolengo, genealogía. **2** clase, especie, calidad, raza.

castaña f. vasija, frasco, garrafa, bombona. **2** bofetada. **3** golpe, choque. **4** borrachera.

castañear intr. Méx. {dientes} castañetear, sonar, dentellar, tiritar.

castañetazo m. castañazo, golpe, golpetazo, puñetazo. **2** estallido, chasquido.

castañetear intr. {castañuelas} tocar. **2** tr. intr. {dientes} sonar, tiritar, dentellar. **3** {rodillas} sonar. **4** tr. {dedos} chasquear.

castaño, -ña adj. {color} marrón, pardo, trigueño, ocre.

castellano m. español, lengua española. **2** Hist. señor, gobernador, alcaide (de un castillo). **3** adj. s. de castilla.

castidad *f.* virginidad, continencia, virtud, pureza. ANT. lujuria.

castigador *adj. s.* verdugo, ejecutor. **2** *fig.* seductor, galán, enamoradizo, conquistador, donjuán, mujeriego. ANT. tímido.

castigar *tr.* sancionar, penar, escarmentar, reprimir, disciplinar, corregir, punir, enmendar. ANT. perdonar. **2** pegar, golpear, azotar, apalear, zurrar. **3** ejecutar, ajusticiar, matar, supliciar. ANT. absolver. **4** {caballo} fustigar, espolear. **5** molestar, atormentar, mortificar. ANT. consolar. **6** {gastos} aminorar, disminuir, recortar. **7** enamorar, conquistar.

castigo *m.* sanción, reprimenda, corrección, punición, condena, pena. **2** suplicio, mortificación, aflicción. **3** calamidad, catástrofe, plaga, azote, epidemia. **4** amonestación, represión, penitencia, escarmiento, correctivo.

castillo *m.* fortificación, fortaleza, fortín, bastión, ciudadela, alcázar, torreón, reducto.

castizo, -za *adj.* tradicional, auténtico, nativo, original. ANT. derivado.

castración *f.* emasculación, extirpación, amputación, capadura.

castrar *tr.* emascular, extirpar, amputar, esterilizar, mutilar, capar. **2** debilitar, disminuir, incapacitar, apocar. ANT. alentar, fortalecer, capacitar.

castrense *adj.* militar, marcial, bélico, guerrero. ANT. civil.

casual *adj.* fortuito, adventicio, impensado, inesperado, incidental, infrecuente, imprevisto, accidental, ocasional, eventual, inopinado, contingente, aleatorio. ANT. premeditado.

casualidad *f.* azar, accidente, eventualidad, acaso, albur, contingencia, suerte, ocurrencia, coincidencia, carambola, chiripa. ANT. previsión.

cata *f.* prueba, gustación, degustación. **2** porción.

cataclismo *m.* catástrofe, hecatombe, apocalipsis, tragedia, calamidad, devastación, desastre, infortunio. **2** trastorno, conmoción, revolución, rebelión, transformación, cambio. **3** contratiempo, disgusto.

catacumbas *f. pl.* subterráneos. **2** criptas, bóvedas, cementerio.

catador *m.* degustador, saboreador. **2** catavinos; enólogo. **3** experto, perito.

catadura *f.* cata, degustación, saboreo, prueba. **2** aspecto, talante, aire, figura, facha, apariencia, semblante, presencia, porte, traza, pinta.

catafalco *m.* túmulo, tarima funeraria, sepulcro.

catalejo *m.* lente, anteojo, telescopio.

catalepsia *f.* PAT. inmovilidad, insensibilidad.

catálisis *f.* QUÍM. transformación.

catalogar *tr.* clasificar, archivar, inventariar, registrar, enumerar, inscribir, encasillar.

catálogo *m.* repertorio, índice, inventario, lista, nomenclatura, tabla, ordenación, relación, archivo, anales, clasificación, enumeración, registro. **2** folleto, impreso, directorio.

cataplasma *f.* emplasto, parche, apósito, emoliente, sinapismo, bizma. **2** *fig.* {persona} pesado, fastidioso. ANT. ameno.

catapultar *tr.* {aviones} lanzar (con catapulta). **2** *fig.* {actividad, empresa} impulsar.

catar *tr.* gustar, degustar, saborear, paladear; libar, beber. **2** *tr. prnl.* mirar, ver, observar, apreciar.

catarata *f.* cascada, torrente, salto de agua, caída de agua. **2** {ojo} opacidad.

catarro *m.* resfriado, resfrío, constipado, gripe, constipación.

catarsis *f.* REL. purificación ritual, limpieza. **2** ARTE emoción, liberación. **3** FISIOL. evacuación, purga.

catártico, -ca *adj.* REL., ARTE purificador, liberador. **2** FISIOL. purgante.

catastro *m.* censo, empadronamiento, padrón estadístico.

catástrofe *f.* cataclismo, calamidad, apocalipsis, hecatombe, tragedia, desastre.

catastrófico, -ca *adj.* fatídico, infausto, funesto, desastroso, aciago, apocalíptico, adverso, siniestro, ruinoso, calamitoso, trágico, asolador, desafortunado. ANT. afortunado.

catavinos *com.* catador, enólogo. **2** *m.* borracho, ebrio, borrachín.

catear *tr.* espiar, buscar, acechar. **2** *Amér. Sur* {terrenos} explorar.

catecismo *m.* devocionario, doctrina. **2** rudimentos, resumen.

catecúmeno, -na *s.* evangelizado, prosélito.

cátedra *f.* aula, clase. **2** materia, asignatura, disciplina, ciencia, estudio.

catedral *adj. f.* basílica, iglesia, templo, santuario.

catedrático, -ca *s.* profesor, pedagogo, maestro, educador.

categoría *f.* jerarquía, rango, grado, género, estado, nivel, condición, tipo, clase, estamento, especie, grupo, posición. **2** importancia, supremacía, calidad, distinción. **3** FIL. noción, abstracción, forma, concepto.

categórico, -ca *adj.* {juicio} concluyente, terminante, preciso, tajante, decisivo, rotundo, explícito, absoluto, inapelable, perentorio. ANT. indeterminado, relativo, incierto.

catequizar *tr.* evangelizar, adoctrinar, cristianizar, catolizar. **2** convencer, aconsejar, persuadir. ANT. disuadir.

caterva *f.* *pey.* multitud, turba, sinnúmero, copia, horda, muchedumbre, tropa, abundancia, enjambre, infinidad, manada, tropel, montón, sinfín, cáfila, chusma, canalla.

catéter *m.* MED. sonda.

cateto *m.* GEOM. lado. **2** *m. y f. desp.* palurdo.

católico, -ca *adj. s.* universal, mundial, ecuménico. **2** apostólico, cristiano.

catre *m.* lecho, camastro, cama, litera, yacija, jergón, petate.

caucásico, -ca *adj.* indoeuropeo.

cauce *m.* surco, lecho, álveo, conducto, madre, acequia, cañada, cuenca, arroyo, canal, vaguada, cuérnago. **2** procedimiento, modo, vía, norma.

caucho *m.* hule, goma, látex, elástico, material flexible. **2** *Amer.* neumático, llanta.

caución *f.* fianza, prenda, seguridad, garantía, abono, obligación, adelanto. **2** previsión, reserva, prevención, precaución, cautela.

caudal *adj.* caudaloso. **2** *m.* {agua} cantidad, volumen. **3** dinero, riqueza, bienes, capital, fortuna, patrimonio, hacienda. **4** abundancia, copia. ANT. escasez, carencia.

caudaloso, -sa *adj.* arrollador, abundante, crecido, copioso, de mucha agua. **2** acaudalado. ANT. pobre.

caudillaje *m.* mando, jefatura, dirección, poder. ANT. sometimiento. **2** *Amer.* caciquismo.

caudillo *m.* guía, director, líder, dirigente, cabeza, jefe, adalid, capitán, paladín, caporal, cabecilla, cacique. ANT. subordinado, seguidor.

causa *f.* principio, fuente, origen, causalidad, nacimiento, germen, génesis, razón, motivo, inspiración, fundamento, motivación, antecedente, raíz. ANT. efecto.

consecuencia, resultado. **2** factor, móvil, motor, interés, responsable, artífice, agente. **3** conexión, relación. **4** doctrina, partido, empresa. **5** Der. litigio, pleito, caso, proceso.

causalidad *f.* causa, origen, motivación, principio, fuente. **2** relación, conexión.

causar *tr.* originar, ocasionar, formar, producir, provocar, determinar, promover, suscitar, traer, engendrar, incitar, hacer, propiciar, influir, obrar, acarrear, infundir. ANT. impedir.

causticidad *f.* mordacidad, malignidad, acrimonia, resentimiento, perfidia, malevolencia, animosidad. ANT. generosidad. **2** corrosión, acidez.

cáustico, -ca *adj.* mordaz, agresivo, irónico, satírico, punzante, agudo. ANT. amistoso, generoso. **2** abrasivo, corrosivo, corroyente, ulcerante, mordiente, ácido, quemante.

cautela *f.* prudencia, cuidado, sensatez, discreción, precaución, recato, prevención, cordura, moderación, miramiento, juicio, desconfianza, recelo, sospecha, reserva. ANT. imprudencia, imprevisión. **2** astucia, engaño, habilidad, sutileza, maña. ANT. ingenuidad

cauteloso, -sa *adj.* prudente, astuto, sigiloso, cauto, prevenido, precavido, moderado, recatado. ANT. imprudente, descuidado. **2** solapado, capcioso, astuto, insidioso, tortuoso, hipócrita, diestro. ANT. ingenuo.

cauterizar *tr.* {herida} restañar, escarificar, curar. **2** {vicio} corregir.

cautivado, -da *adj.* cautivo, aprisionado. **2** pasmado, admirado, abstraído, absorto, atónito, maravillado, suspenso, asombrado, abismado.

cautivar *tr.* seducir, deslumbrar, fascinar, ganar, atraer, sugestionar, flechar, encantar, conquistar. ANT. aburrir. **2** capturar, detener, apresar, esclavizar, aprisionar, encadenar, prender. ANT. libertar.

cautiverio *m.* esclavitud, servidumbre, sujeción, sojuzgamiento, cautividad. ANT. emancipación, liberación. **2** cárcel, prisión, confinación, encarcelamiento. ANT. libertad.

cautividad *f.* ver cautiverio.

cautivo, -va *adj. s.* prisionero, preso, presidiario, penado, confinado. ANT. absuelto. **2** esclavo, esclavizado, sometido, sojuzgado. ANT. libre.

cauto, -ta *adj.* prudente, precavido, cuidadoso, previsor; astuto, sagaz. ANT. imprudente.

cava *f.* sótano, bodega. **2** foso, hoyo, cueva, surco, zanja.

cavar *tr.* excavar, horadar, perforar, socavar, escarbar. ANT. rellenar. **2** *intr.* ahondar, penetrar, profundizar.

caverna *f.* cueva, gruta, subterráneo, antro, cripta, fosa, boca, cubil, cavidad, refugio, concavidad, sima, agujero.

cavernícola *adj.* cavernario, troglodita, hombre prehistórico. **2** *desp.* retrógrado.

cavernoso, -sa *adj.* {sonido, voz} ronco, bronco, sordo, grave, profundo. ANT. agudo.

cavia *f.* excavación. **2** *m.* conejillo de Indias, cobaya.

cavidad *f.* concavidad, hueco, agujero, orificio, hoyo, abertura, hendidura, oquedad, boquete, grieta. **2** alvéolo, seno, ventrículo, cámara, fosa. **3** caverna, gruta, cueva, antro.

cavilación *f.* reflexión, introspección, deliberación, ensimismamiento, meditación, concentración, pensamiento, preocupación.

cavilar *tr. intr.* pensar, discurrir, reflexionar, meditar, abstraerse, rumiar, deliberar, reconcentrarse, razonar, ahondar, ensimismarse, preocuparse.

cayo *m.* islote, isla.

caza *f.* venación, cinegética, cacería, cetrería, montería, volatería. **2** acoso, acorralamiento, persecución, batida, ojeo, cerco, seguimiento, lazo. **3** presa, animal.

cazador, -ra *adj.* alimañero, venador, acosador, perseguidor, batidor, ojeador, trampero, montero. ANT. protector.

cazadora *f.* zamarra, chamarra, chaqueta, guerrera, pelliza.

cazar *tr.* violentar, matar. ANT. respetar, conservar. **2** perseguir, acosar, cercar, montear, acorralar, sitiar. **3** prender, cautivar, aprisionar, atrapar, coger, sorprender, pescar. ANT. liberar, soltar. **4** *fig.* obtener, adquirir, atrapar, conseguir, lograr, alcanzar. ANT. perder. **5** *fig.* cautivar, seducir.

cazo *m.* recipiente, perol, cazuela. **2** cucharón.

cazuela *f.* cacerola, cazo, cazoleta, sartén, vasija, recipiente, pote, marmita, perol, olla, puchero, tartera. **2** guisado.

cazurro, -rra *adj. s.* malicioso, taimado, ladino, astuto, socarrón, sigiloso; silencioso, reservado. ANT. comunicativo, extrovertido. **2** *adj.* basto, zafio, tosco, burdo. ANT. educado, fino. **3** torpe, lento, lerdo, obtuso, tozudo. ANT. listo, inteligente.

cebar *tr.* engordar, sobrealimentar, embuchar, rellenar, atiborrar, atracar, henchir, embutir, nutrir. ANT. adelgazar. **2** fomentar, alimentar. **3** *tr. prnl.* estimular, alentar, atraer, incitar. ANT. desalentar. **4** *prnl.* encarnizarse, ensañarse, abusar.

cebo *m.* comida, alimento. **2** cebadura, comida, alimento, carnaza, engorde, sobrealimento. **3** {arma} explosivo, fulminante. **4** señuelo, anzuelo, carnada, artificio. **5** pábulo, fomento, estímulo, incentivo, aliciente, tentación, seducción.

cebolla *f.* bulbo, cepa, cebolleta.

cebón, -ona *adj. s.* cebado. **2** *m.* puerco, cerdo, cochino.

ceceante *adj.* ceceoso, que cecea.

cecina *f.* salazón, tasajo, carnaje, adobo, chacina; mojama.

cedazo *m.* tamiz, zaranda, criba, colador, cernidera, harnero, triguero.

ceder *tr.* dar, traspasar, transferir, prestar, proporcionar, enajenar, entregar, dejar, transmitir, endosar. ANT. apropiarse, quitar. **2** *intr.* rendirse, doblegarse, acceder, someterse, obedecer, avenirse, transigir, consentir, claudicar, capitular, condescender, desistir. ANT. insistir, resistir, rehusar. **3** {fiebre, viento} mitigarse, menguar, disminuir, amainar, remitir, debilitarse. ANT. arreciar, redoblar. **4** {resistencia} cesar, cejar, aflojar.

cédula *f.* escrito, documento, papeleta, pliego, título, despacho. **2** carné, documento.

cefálico, -ca *adj.* ANAT. cerebral.

cefalitis *f.* PAT. encefalitis, inflamación de la cabeza.

céfiro *m.* {viento} poniente. **2** POÉT. brisa, soplo, vientecillo, corriente, aura.

cegar *intr.* enceguecer, perder la vista. **2** *tr. prnl.* deslumbrar, encandilar, enceguecer. **3** {cañería} cerrar, atascar, obstruir, tapar. ANT. desatascar, abrir. **4** *tr. intr.* confundir, ofuscar, turbar, pasmar. **5** *tr.* {paso} obstaculizar, impedir. ANT. permitir.

cegato, -ta *adj. s.* cegatón, corto de vista, ciego.

cegatón, -na *adj.* ver **cegato.**

ceguedad *f.* ceguera, invidencia. **2** alucinación, ofuscamiento, ofuscación. ANT. claridad.

ceguera *f.* ceguedad. **2** terquedad, obcecación, prejuicio. ANT. prudencia.

ceja *f.* entrecejo, ceño. **2** borde, resalto, filo.

cejar *intr.* retroceder, replegarse, recular. *ANT.* avanzar. **2** ceder, desistir, transigir, aflojar, flaquear, consentir, rendirse, abandonar. *ANT.* insistir, resistir.

celada *f.* emboscada, acechanza, trampa. **2** engaño, insidia, añagaza, estratagema, artimaña, fraude. **3** casco, yelmo, morrión.

celador, -ra *s.* vigilante, centinela, guardia, guardián, cuidador, sereno.

celaje *m. gen. pl.* nubes, nubarrones, nubosidad, bruma. **2** *sing.* claraboya, ventana. **3** presagio, anuncio.

celar *tr.* cuidar, vigilar, velar, observar. *ANT.* descuidar. **2** recelar, desconfiar, encelar, maliciar, sospechar. *ANT.* confiar. **3** *tr. prnl.* ocultar, encubrir, disimular. *ANT.* revelar.

celda *f.* calabozo, mazmorra, prisión. **2** {monasterio} aposento, habitación, cuarto. **3** camarote, cubículo.

celdilla *f.* {panal} casilla. **2** *fig.* nicho. **3** célula, cavidad, seno.

celebración *f.* fiesta, festividad, conmemoración, homenaje, evocación. **2** aplauso, encarecimiento, aclamación, apoteosis. *ANT.* crítica.

celebrar *tr.* festejar, conmemorar, rememorar, evocar, recordar. *ANT.* olvidar. **2** alabar, exaltar, ensalzar, ovacionar, aplaudir, elogiar, loar, enaltecer, encomiar. *ANT.* vilipendiar, criticar. **3** *REL.* consagrar, reverenciar, venerar, oficiar; decir misa. **4** *tr. prnl.* {acto, reunión} cumplir, realizar, verificarse.

célebre *adj.* recordado, renombrado, famoso, ilustre, afamado, conocido, acreditado, reputado, popular, eximio, insigne, admirado, prestigioso. *ANT.* desconocido; impopular.

celebridad *f.* fama, popularidad, nombre, nombradía, renombre, prestigio, notoriedad, aceptación, reputación, aplauso. *ANT.* anónimo. **2** persona famosa, personalidad, personaje, figura, estrella, astro.

celeridad *f.* rapidez, velocidad, presteza, prontitud, vivacidad, dinamismo, prisa, diligencia, urgencia. *ANT.* lentitud, tardanza.

celeste *adj.* celestial, sublime, divino, etéreo, glorioso, elevado, bienaventurado, paradisíaco, empíreo. *ANT.* infernal. **2** espacial, célico, sideral, astronómico, cósmico. *ANT.* terrestre. **3** {color} azulado, azulino, azul.

celestial *adj.* celeste, empíreo, seráfico, puro, bienaventurado, beatífico, divino, paradisíaco, glorioso. *ANT.* infernal. **2** encantador, atractivo, arrebatador, delicioso, agradable, maravilloso, dichoso, perfecto.

celestina *f.* alcahueta, proxeneta, encubridora, cómplice, tercera, mediadora.

célibe *adj.* soltero, mancebo, núbil, mozo. *ANT.* casado. **2** soltera, casadera, doncella, mozuela, casta. *ANT.* casada.

celo *m.* diligencia, afán, devoción, ahínco, cuidado, esmero, interés, asiduidad, entusiasmo. *ANT.* indiferencia, descuido. **2** {animales} apetito sexual, época de reproducción. **3** *pl.* recelo, sospecha, inquietud, suspicacia, envidia, desazón, aprensión, achares. *ANT.* confianza, seguridad.

celosía *f.* enrejado, rejilla, persiana, entramado. **2** celotipia, celos.

celoso, -sa *adj.* cuidadoso, esmerado, cumplidor, atento, aplicado, escrupuloso, diligente, solícito, fervoroso. *ANT.* negligente. **2** receloso, inseguro, desconfiado, envidioso, atormentado. *ANT.* seguro.

célula *f.* celda, celdilla, cavidad, seno. **2** *BIOL.* cigoto, huevo. **3** *fig.* {organización política} grupo.

cementerio *m.* camposanto, campo santo, necrópolis, fosal; crematorio.

cemento *m.* argamasa, mezcla, mortero, hormigón.

cena *f.* comida, merienda.

cenador, -ra *adj. s.* cenadero, quiosco, emparrado, templete, glorieta, galería.

cenagal *m.* lodazal, legañal, barrizal, fangal, pantano, ciénaga, charco. **2** *Amer.* barrial. **3** embrollo, negocio difícil.

cenar *intr.* comer, tomar la cena.

cencerro *m.* campana, campano, campanilla, esquila, zumba, changarra, carlanca.

cenefa *f.* ribete, tira, lista, borde, franja, orla, festón, encaje.

cenicienta *f.* postergada, despreciada, desdeñada. **2** fregona, criada.

ceniciento, -ta *adj.* cenizo, cenizoso, grisáceo, gris, borroso, velado. *ANT.* claro.

cenit *m.* (*tb.* **cénit**) apogeo, plenitud, prosperidad, culminación, perfección.

ceniza *f.* polvo, polvillo, residuo, escoria. **2** *pl.* despojos, restos, escombros, ruinas.

cenizo *m.* {color} cenizoso, grisáceo, opaco. **2** *fig.* aguafiestas, mala sombra.

cenobita *com.* eremita, asceta, ermitaño, anacoreta, penitente, solitario. *ANT.* mundano.

cenotafio *m.* sarcófago, sepulcro, mausoleo, tumba, monumento funerario.

censo *m.* estadística, recuento, empadronamiento, registro, padrón, inventario, lista, asiento, relación, matrícula, catastro. **2** *Der.* tributo, impuesto, gravamen, carga.

censor, -ra *adj. s.* crítico, criticón, reprobador, murmurador. **2** inspector, examinador.

censura *f.* corrección, reprobación, crítica, reparo, reproche, condena, prohibición, diatriba, veto, represión, anatema, suspensión. *ANT.* aprobación, autorización. **2** murmuración, detracción, vituperio. **3** juicio, examen, dictamen.

censurable *adj.* condenable, reprobable, recusable, reprochable, reprensible, criticable, condenable. *ANT.* elogiable.

censurar *tr.* apreciar, considerar, juzgar. **2** objetar, criticar, condenar, desaprobar, reprobar. *ANT.* aprobar. **3** amonestar, reprender, castigar. *ANT.* alabar, elogiar. **4** corregir, tachar, mutilar, enmendar, purgar. *ANT.* permitir. **5** vituperar, murmurar. *ANT.* enaltecer.

centella *f.* rayo, relámpago, destello, chispa. **2** *fig.* {persona, cosa} veloz, rápido.

centellear *intr.* resplandecer, destellar, fulgurar, relumbrar, chispear, relucir, refulgir, fosforecer, llamear, brillar. *ANT.* oscurecerse; apagarse.

centelleo *m.* resplandor, brillo, destello, deslumbre, relumbre, fulgor, irradiación, deslumbramiento, titilación, fosforescencia. *ANT.* oscuridad.

centena *f.* centenar, cien, ciento.

centenar *m.* centena, cien, ciento. **2** centenario.

centenario *m.* centenar. **2** siglo, centuria. **3** conmemoración, remembranza, evocación. **4** *adj.* ancestral, secular, antiquísimo, vetusto. *ANT.* nuevo.

centinela *com.* vigía, observador, vigilante, guardián, cuidador.

central *f.* {empresas} establecimiento principal, casa matriz, centro, núcleo, base, cuna. *ANT.* sucursal. **2** *Amér. Cent., Car.* ingenio, fábrica de azúcar. **3** *adj.* céntrico, equidistante, centrado, medio, interior. *ANT.* periférico, descentrado. **4** esencial, importante, básico, fundamental. *ANT.* secundario.

centralismo *m.* centralización, polarización, unitarismo. *ANT.* federalismo.

centralizar *tr.* centrar, concentrar, reconcentrar, reunir, agrupar, congregar, unir. *ANT.* dispersar. **2** concentrar, monopolizar. *ANT.* descentralizar.

centrar *tr.* centralizar, concentrar, agrupar. **2** {atención, interés} dirigir, enfocar.

céntrico, -ca *adj.* central, interior. *ANT.* periférico. **2** animado, concurrido. *ANT.* solitario.

centrifugadora *f.* centrifugador, centrífuga, hidroextractor.

centro *m.* medio, mitad, eje, núcleo, médula, corazón, meollo, base, foco. *ANT.* periferia, alrededores, contorno. **2** círculo, sociedad, corporación, club, ateneo, establecimiento, casino. **3** instituto, institución. **4** {tendencia política} intermedia. **5** lugar, punto, sitio. **6** fin, objeto principal, propósito. **7** *Ecuad.* traje de bayeta.

centrocampista *m.* DEP. {jugador} medio.

centuria *f.* siglo.

ceñido, -da *adj.* ajustado, apretado, estrecho.

ceñidor *m.* faja, cinta, cinturón, correa, fajín, sujetador, corsé, apretador, cordel.

ceñir *tr.* {cintura, cuerpo} rodear, apretar, ajustar, comprimir, estrechar. *ANT.* aflojar. **2** rodear, abarcar, envolver, comprender, encerrar, cerrar. **3** abreviar, reducir. **4** *prnl.* {gastos} moderarse, reducirse, limitarse. *ANT.* derrochar. **5** {trabajo, ocupación} amoldarse, concretarse, circunscribirse, atenerse, sujetarse.

ceño *m.* aro, cerco, abrazadera. **2** entrecejo, sobrecejo, capote, encapotadura. **3** fruncimiento, arruga, gesto de disgusto.

ceñudo, -da *adj.* cejijunto, capotudo. **2** hosco, severo, adusto, serio, torvo, sombrío, preocupado, enfurruñado. *ANT.* relajado.

cepa *f.* {árbol} tronco. **2** raíz, principio. **3** {nublado} núcleo. **4** {familia} linaje, origen, cuna, casta, sangre, estirpe. **5** *Méx.* foso, hoyo.

cepillar *tr.* {madera} alisar, lijar. **2** limpiar, pulir. **3** *fig.* componer. **4** instruir, refinar, desbastar. **5** robar, desplumar, desvalijar. **6** *Amer.* adular. **7** *prnl.* matar, asesinar. **8** {asunto} liquidar, resolver.

cepillo *m.* escobilla, limpiadera, escobeta, limpiador, escobillón, rascador, pulidor, brocha, pincel, bruza.

cepo *m.* {árbol} gajo, rama. **2** trampa, estratagema, celada, lazo, anzuelo, engaño, añagaza, ardid. **3** potro, mordaza.

cequia *f.* acequia.

cerámica *f.* alfarería, tejería. **2** loza, arcilla, porcelana, china, mayólica, terracota, gres.

cerbatana *f.* bodoquera, cañuto, tubo.

cerca[1] *f.* vallado, muro, valla, cercado, empalizada, estacada, tapia, pared, corral.

cerca[2] *adv.* {lugar, tiempo} próximamente, inmediatamente. *ANT.* lejos. **2** {lugar} adyacente, contiguo, junto, pegado, vecino, lindante, confinante. *ANT.* lejos, alejado. **3** {tiempo} inminente, próximo, apremiante. *ANT.* distante.

cercado *m.* vallado, valla, cerca, empalizada, estacada, corral, tapia.

cercanías *f. pl.* alrededores, inmediaciones, proximidades. *ANT.* lejanías.

cercano, -na *adj.* cerca, próximo, inmediato, vecino, contiguo, confinante, limítrofe, adyacente. *ANT.* lejano. **2** afín, parecido, semejante. *ANT.* diferente, desigual.

cercar *tr.* tapiar, empalizar, enrejar, vallar, murar, amurallar, circundar, rodear. **2** sitiar, asediar, encerrar, aislar, bloquear, acordonar, incomunicar, arrinconar, asediar, acosar, hostigar. *ANT.* liberar.

cercenar *tr.* amputar, extirpar, mutilar, seccionar, rebanar, cortar, separar, segar, truncar. **2** {gastos, textos} reducir, acortar, recortar, suprimir, limitar, abreviar. *ANT.* aumentar, acrecentar, ampliar.

cerciorar *tr. prnl.* certificar, corroborar, verificar, confirmar, comprobar, convencerse, asegurarse. *ANT.* ignorar.

cerco *m.* aro. **2** cerca, vallado, verja, tapia, muro. **3** corrillo, corro, círculo. **4** asedio, sitio, bloqueo, aislamiento, asalto, encierro. **5** halo. **6** marco.

cerda *f.* pelo, cerdamen, vello, crin, fibra, hebra. **2** puerca, marrana, lechona, chancha. **3** *fig.* {mujer} sucia, grosera, ruin.

cerdada *f.* marranada, cochinada, indecencia.

cerdo, -da *s.* puerco, marrano, cochino, chancho, cebón, lechón. **2** {hombre} sucio, desaseado, maloliente, mugriento, grosero, ruin, vil, despreciable.

cerebelo *m.* ANAT. epencéfalo, centro nervioso.

cerebral *adj.* cefálico, encefálico. **2** intelectual, racional. *ANT.* emocional, sensible.

cerebro *m. fig.* juicio, talento, cabeza, capacidad, seso, cacumen, intelecto, entendimiento, inteligencia, caletre. **2** *fig.* persona sobresaliente.

ceremonia *f.* ceremonial, solemnidad, acto, celebración, función, rito, conmemoración, festividad, recepción. **2** aparato, pompa, fasto, protocolo. *ANT.* naturalidad, sencillez. **3** cortesía, maneras, saludo, honores; pleitesía, reverencia. *ANT.* descortesía.

ceremonial *m.* ver **ceremonia.**

ceremonioso, -sa *adj.* solemne, protocolario, formal, ritual, hierático. *ANT.* informal. **2** ampuloso, fastuoso, afectado, pomposo, hinchado; pretencioso, engreído. *ANT.* natural.

cereza *f.* {color} rojo oscuro. **2** *Amer.* {grano de café} cáscara.

cerilla *f.* fósforo. **2** vela delgada. **3** *Amer.* cerillo.

cerillo *m. Amer.* fósforo, cerilla.

cerner *tr.* cernir, colar, cribar, filtrar, tamizar, zarandear, ahechar, separar. *ANT.* mezclar. **2** observar, atalayar, examinar. **3** {pensamientos} afinar, purificar, depurar. **4** *intr.* lloviznar, llover suavemente. **5** *prnl.* {cuerpo} menear, contonear, balancear. **6** {aves} planear, volar, remontarse, sobrevolar, elevarse, sostenerse, mantenerse en el aire. *ANT.* caer. **7** *fig.* {mal, peligro} amenazar.

cernícalo *m.* mochete, halcón, ave de rapiña. **2** zopenco, torpe, ignorante, ordinario, bruto, basto, rudo, zafio.

cero *adj.* cantidad nula, nada, nulidad. *ANT.* totalidad. **2** *m.* ARIT. signo sin valor propio. **3** *loc. ser alguien un ~ a la izquierda:* ser inútil, no valer para nada, ser ignorado.

cerrado, -da *adj. fig.* estricto, terminante, rígido. **2** {pronunciación} marcada, incomprensible, oscuro. **3** {cielo, atmósfera} cargado, nublado, tempestuoso, anubarrado, encapotado. *ANT.* despejado, abierto. **4** obstruido, tapado, atrancado, ocluido, tapiado, clausurado. *ANT.* abierto. **5** {persona} callado, silencioso, reservado, introvertido; disimulado. *ANT.* locuaz, comunicativo. **6** obtuso, negado, torpe, incapaz, tardo. *ANT.* listo, inteligente, capaz. **7** apretado, tupido, espeso. **8** cercado, vallado.

cerradura *f.* cerrojo, candado, pasador, pestillo, falleba, aldaba.

cerrajería *f.* ferretería.

cerramiento *m.* taponamiento, obstrucción, cierre. **2** cercado, coto.

cerrar *tr.* asegurar, atrancar. **2** tapar, cegar, ocluir, obstruir. *ANT.* abrir. **3** *tr. prnl.* {herida} cicatrizar, sanar. **4** *tr.* clausurar. **5** {recinto, habitación} aislar, incomunicar. **6** {párpados, labios} juntar. **7** {piernas} cerrar, juntar. **8** {paso} estorbar, impedir. **9** cercar, acordonar, vallar. **10** *tr. prnl.* {abertura} tapar, obstruir. **11** {mano, paraguas} encoger, plegar, doblar. ANT. extender, desplegar. **12** {pelotón} apiñar, unir, agrupar, juntar. ANT. separar. **13** {carta} pegar, lacrar. **14** {debate} concluir, terminar. ANT. abrir, inaugurar. **15** {tarea} finalizar, cesar, acabar, dar por terminado. ANT. comenzar, iniciar. **16** {contrato} concertar, asegurar. **17** *intr.* embestir, acometer, atacar, trabar batalla. ANT. retirarse. **18** *prnl.* obstinarse, mantenerse firme.

cerrazón *f.* oscuridad, tinieblas, nubado. **2** terquedad, obstinación, testarudez.

cerrero, -ra *adj.* montaraz, bravío, indómito, salvaje, cerril, bronco. ANT. doméstico. **2** *Amer.* inculto, brusco. ANT. cortés.

cerril *adj.* {terreno} áspero, escabroso. ANT. suave. **2** {ganado} silvestre, bravío, montaraz, indómito, salvaje, indomable, cerrero, cerril, bronco, arisco. ANT. doméstico. **3** grosero, tosco, rústico. ANT. cultivado. **4** terco, obstinado, tozudo, torpe. ANT. sensato.

cerro *m.* loma, elevación, colina, altillo, altura, otero, montecillo, montículo, collado, altozano. ANT. llano.

cerrojo *m.* ver **cerradura.**

certamen *m.* competencia, torneo, justas, concurso, disputa, liza, juegos, oposición, campeonato, lid, encuentro, desafío, lucha, polémica, duelo. **2** exposición, exhibición, celebración, congreso, festival, muestra, feria, presentación.

certero, -ra *adj.* seguro, acertado, exacto, diestro, atinado, hábil. ANT. impreciso, errado. **2** sabedor, cierto, conocedor, bien informado.

certeza *f.* certitud, seguridad, convicción, certidumbre, confianza, evidencia, convencimiento. ANT. incertidumbre, duda, inseguridad.

certidumbre *f.* ver **certeza.**

certificación *f.* testimonio, testificación, atestación, declaración, título, documento, notificación, garantía, prueba, demostración. **2** autentificación, legalización, refrendación.

certificado *m.* recibo, comprobante, certificación, declaración, documento, garantía, prueba; credencial, diploma, patente, cédula, letra.

certificar *tr.* testificar, testimoniar, atestar, declarar, asegurar, afirmar, corroborar, constatar, aseverar, probar. ANT. desmentir. **2** legalizar, avalar, documentar, autenticar, dar fe. ANT. desautorizar.

cerúleo, -lea *adj. s.* {cielo, mar} azul, azuloso.

cerval *adj.* cervuno, cervario. **2** {miedo} grande, excesivo.

cervecería *f.* {cerveza} fábrica. **2** bar, taberna, cantina, tasca.

cerviz *f.* cuello, cogote, nuca, pescuezo, testuz, occipucio.

cesante *adj. s.* desempleado, desocupado, inactivo, parado. ANT. ocupado, activo, empleado. **2** suspendido, destituido, despedido. **3** *loc. dejar ~:* destituir, deponer.

cesantía *f.* indemnización, reparación, compensación, pago. **2** cesación, cese, suspensión.

cesar *intr.* suspenderse, acabarse. **2** terminar, interrumpir, concluir, detenerse, finalizar; desistir, abandonar, dejar. ANT. comenzar, empezar, iniciar. **3** {empleo} despedir, deponer, destituir. ANT. contratar.

cesárea *f.* MED. cirugía, operación.

cesarismo *m.* despotismo, tiranía, dictadura, autocracia.

cese *m.* cesación, detención.

cesión *f.* renuncia, abdicación, renunciación. ANT. apropiación. **2** entrega, concesión, traspaso, endoso, transferencia, transmisión, enajenación, dádiva, donación, dejación, préstamo. ANT. usurpación.

césped *m.* pasto, hierba, prado, pastizal, campo.

cesta *f.* {baloncesto} canasta, enceste, cesto. **2** {baloncesto} aro con red. **3** recipiente, canasta, canasto, banasta, cesto, espuerta, cuévano, canastillo, cestilla, panera, panero.

cesto *m.* {baloncesto} canasta, enceste, cesta. **2** banasto, canasto, capacho, cestón, serón, canasta, cesto, gavión.

cetrino, -na *adj.* amarillo verdoso, verdoso, amarillento, aceitunado, oliváceo. **2** adusto, melancólico, taciturno. ANT. alegre, contento.

cetro *m.* vara, bastón de mando. **2** {príncipe} reinado, mando, gobierno. **3** *loc. empuñar el ~:* empezar a reinar.

chabacano, -na *adj.* grosero, ordinario, vulgar, ramplón, tosco, basto, soez. ANT. fino, elegante, refinado. **2** *Méx.* albaricoque.

chabola *f.* choza, caseta. **2** casucha, refugio, chamizo, barraca, tugurio.

cháchara *f.* verborrea, charla, parloteo, palabrería, charlatanería, palique, garla.

chacharear *intr.* parlotear, parlar, garlar, charlar.

chacota *f.* burla, chanza, broma, guasa, chirigota. ANT. gravedad.

chacra *f. Amer.* chácara, finca, granja.

chafar *tr. prnl.* aplastar, hundir. **2** *tr.* {ropa} arrugar, ajar, deslucir. ANT. planchar. **3** estropear, deformar, achatar, machacar. **4** confundir, apabullar. ANT. animar.

chafarote *m.* sable, espada, alfanje, espadón, machete.

chaflán *m.* esquina, lado, cara.

chal *m.* manto, mantón, pañoleta.

chalar *tr. prnl.* trastornar, perturbar, enloquecerse. **2** enamorarse, derretirse.

chalé *m.* quinta, finca, casa de campo, casa de recreo.

chaleco *m.* jubón, chaquetilla, almilla, ropilla.

chalupa *f.* lancha, bote, canoa, falúa, esquife, embarcación.

chamaco, -ca *s. Méx.* niño, chico, muchacho, mozalbete.

chamán *m.* curandero, médico brujo, sacerdote, médium.

chamarra *f.* zamarra, vestidura. **2** *Amer.* chaqueta de piel. **3** *Amer.* manta de lana, cobija. **4** *Amer.* engaño, fraude.

chamba *f.* chiripa, casualidad, azar, suerte, acierto, carambola, fortuna. **2** *Amer.* trabajo, empleo, ocupación.

chambón, -na *adj. col.* chiripero, afortunado. **2** torpe, ordinario, inepto, incompetente, tosco, chapucero, desmañado, inútil. ANT. competente, hábil, cuidadoso.

chamizo *m.* tugurio, choza, chabola, cuchitril, chiribitil.

champán *m.* champaña, vino espumoso. **2** embarcación, bote.

champaña *m.* champán, vino espumoso.

champiñón *m.* hongo, seta.

champú *m.* líquido limpiador, loción para el cabello, detergente, detersivo.

chamuscar *tr.* socarrar, dorar, torrar, tostar, quemar, soflamar.

chamusquina *f.* quemadura, socarrina, tostada, chamuscadura. **2** riña, camorra, contienda, pendencia, pelea.

chance *s.* [ING., FR.] *Amer.* oportunidad, ocasión, posibilidad. **2** suerte, casualidad, azar.

chancear *intr. prnl.* bromear, chacotear, burlarse, mofarse, embromar.

chancero, -ra *adj.* burlón, bromista, chacotero, chistoso, guasón, jaranero, zumbón, juguetón, jocoso, festivo. ANT. serio, grave.

chancho, -cha *s. Amer.* cerdo, marrano, puerco. **2** *adj. Amer.* sucio, abandonado, desaseado, mugriento. ANT. limpio, aseado.

chanchullo *m.* maniobra, manipulación, artimaña, apaño, manejo, componenda, lío, gatuperio, confabulación, tejemaneje. ANT. rectitud, honradez.

chancla *f.* chancleta. **2** zapato viejo.

chancleta *f.* chancla, chinela, babucha, zapatilla, alpargata.

chango, -ga *adj. s. Chile* torpe, fastidioso, pesado. **2** *P. Rico, Sto. Dom., Ven.* bromista, burlón, guasón. **3** *s. P. Rico* afectado. **4** *Arg., Bol., Col., Méx.* niño, chico, muchacho. **5** *m. Méx.* mono, simio, mico.

chantaje *m.* coacción, extorsión, intimidación, amenaza, presión, abuso.

chantar *tr.* {cosa} plantar, fijar, poner derecho. **2** *Amer.* vestir, poner. **3** *Chile* plantar.

chanza *f.* broma, burla, mofa, chacota, zumba, guasa, chunga, chirigota, gracia, befa, chiste. ANT. seriedad.

chao *interj.* adiós, hasta luego.

chapa *f.* hoja, lámina, plancha. **2** {policía} placa, distintivo. **3** {mejillas} chapeta, rojez, mancha roja. **4** *Amer.* cerradura. **5** *Ecuad.* agente de policía.

chapado, -da *adj.* chapeado. **2** *fig.* gentil, gallardo, hermoso. **3** *loc.* ~ *a la antigua:* tradicionalista.

chapalear *intr.* chapotear, pisotear, salpicar.

chapar *tr.* chapear, cubrir, guarnecer. **2** azulejar. **3** {verdad} encajar.

chaparro, -rra *adj. s.* rechoncho, regordete, rollizo; bajo. ANT. alto. **2** *m. Méx.* niño, chico, muchacho.

chaparrón *m.* chubasco, aguacero, chaparrada, tormenta, diluvio, lluvia recia. **2** {cosas} abundancia, muchedumbre. **3** *Amer.* reprimenda, reprensión, regaño, riña.

chapear *tr.* chapar, cubrir, guarnecer.

chapeta *f.* {mejillas} chapa, rojez, mancha roja.

chapetón, -ona *adj. s. Amer.* español. **2** *desp.* recién llegado, gachupín, cachupín. **3** *adj.* inexperto, bisoño, novicio. **4** *m.* aguacero, chaparrón.

chapotear *intr.* chapalear, pisotear, salpicar.

chapucear *tr.* hacer chapuzas, embarullar, pegotear, remendar, chafallar, frangollar.

chapucería *f.* chapuza, tosquedad, desastre, birria, pegote, remiendo. **2** embuste, mentira, trapacería, engaño.

chapucero, -ra *adj.* chambón, desmañado, ordinario, torpe, incompetente, tosco, remendón, chafallón, inepto, embarullador. ANT. competente, pulido. **2** *adj. s.* embustero, mentiroso. ANT. honesto.

chapulín *m. Amer.* langosta.

chapurrear *tr. intr.* {idioma} chapurrar, farfullar, balbucir.

chapuza *f.* chapuz, chapucería, bodrio, desastre, birria. **2** insignificancia.

chapuzón *m.* zambullida, inmersión, baño, remojo.

chaqueta *f.* americana, guerrera, cazadora. **2** *Amer.* saco.

charada *f.* adivinanza, acertijo, rompecabezas, enigma.

charca *f.* charco, poza, lagunejo, laguna, bache, barrizal, cenagal.

charcutería *f.* salchichería, chacinería, tocinería.

charla *f.* conversación, coloquio, diálogo, plática, tertulia. **2** palabrería, palabreo, cháchara, charlatanería, habla, verborrea, charloteo, parloteo, murmullo, balbuceo, bisbiseo, secreteo, farfulla. ANT. silencio. **3** conferencia, disertación, entrevista, coloquio.

charlar *intr.* conversar, hablar, platicar, departir. **2** parlotear, charlatanear, garlar, chacharear, chismear. **3** *tr.* revelar.

charlatán, -na *adj.* parlanchín, hablador, bocón, lenguaraz, bocazas, cotorra. ANT. discreto, moderado, reservado. **2** embustero, embaucador, farsante, impostor, fanfarrón. **3** *m.* curandero, medicastro.

charlatanería *f.* palabrería, charlatanismo, locuacidad, vanilocuencia, verborrea, cháchara, labia, parlería, facundia, verbosidad. ANT. moderación, discreción, reserva.

charol *m.* barniz, laca, brillo. **2** *Amer.* charola, bandeja.

charola *f. Amer.* charol, bandeja.

charretera *f.* hombrera, insignia, divisa.

charro, -rra *adj.* recargado, chillón, llamativo, abigarrado. ANT. sobrio. **2** cursi, ordinario, chabacano, ramplón, de mal gusto. ANT. discreto, sobrio. **3** *adj. m. Méx.* jinete, vaquero.

charter *s.* [ING.] chárter, vuelo fletado, fletamento. **2** autobús contratado. **3** *vb.* {avión, barco, bus} fletar, alquilar.

chascar *intr.* dar chasquidos, masticar ruidosamente. **2** *intr. tr.* engullir. **3** *tr.* {alimento} triturar, ronzar.

chascarrillo *m. col.* cuento, anécdota. **2** chiste, ocurrencia, agudeza.

chasco *m.* burla, engaño; broma. **2** *fig.* decepción, desilusión, desengaño, fiasco, desencanto. **3.** fracaso, frustración, malogro. ANT. éxito. **4** *adj. Amér. Cent.* {pelo, plumaje} enmarañado.

chasis *m.* {automóvil} armazón, bastidor. **2** armadura, soporte.

chasquear *tr.* engañar, burlar. **2** frustrar, desilusionar. **3** restallar. **4** *intr.* crujir.

chasquido *m.* crujido, estallido, restallido, chirrido, crepitación. **2** {madera} traquido.

chat *s.* [ING.] {por Internet} charla, conversación.

chatarra *f.* hierro viejo, residuos. **2** escoria. **3** *desp. Amér. Sur, Méx.* {comida} de baja calidad.

chato, -ta *adj.* achatado, romo, aplastado, plano, liso. ANT. agudo, puntiagudo. **2** respingón, ñato. ANT. aguileño, narigón.

chauvinismo *m.* chovinismo, patriotismo fanático, xenofobia. **2** *col.* patriotería.

chaval, -la *s.* chiquillo, muchacho, niño, chico, joven. ANT. viejo.

chaveta *f.* clavo, remache; clavija, pasador. **2** cabeza; juicio. **3** *loc.* perder la ~: perder el juicio, enloquecer.

chavo *m.* céntimo, dinero. **2** *loc.* no tener un ~: no tener un céntimo. **3** *adj. Amér. Cent., Méx.* niño, muchacho.

chef *s.* [FR.] jefe de cocina, maestro de cocina, cocinero profesional.

chepa *f.* giba, joroba, corcova, cifosis.

cheque *m.* talón, libranza, orden de pago.

chequear *tr.* {en general} confrontar, comprobar, cotejar. **2** {cuentas} anotar, registrar. **3** {servicios} fiscalizar, controlar, inspeccionar. **4** {mercancías} expedir, facturar. **5** {máquina} revisar. **6** *Amér. Cent.* rellenar un cheque. **7** *prnl.* MED. examinar.

chequeo *m.* exploración, investigación; cotejo. **2** MED. examen, reconocimiento médico.

chévere *adj. Amer.* estupendo, excelente. ANT. malo. **2** gracioso, elegante, bonito. ANT. feo, de mal gusto. **3** agradable, bueno. ANT. desagradable.

chic adj. [Fr]. elegante, a la moda. ANT. tosco, ordinario. **2** m. elegancia, distinción. ANT. vulgaridad, ordinariez.

chicha f. Amer. bebida alcohólica. **2** carne. **3** loc. calma ~: quietud del aire (en el mar).

chícharo m. garbanzo. **2** Amer. arveja, guisante.

chicharra f. cigarra, insecto. **2** timbre, llamador. **3** col. chismoso, charlatán.

chichón m. hinchazón, bulto, protuberancia, inflamación, hematoma.

chico -ca adj. s. muchacho, pequeño, niño, infante, chiquillo. ANT. adulto. **2** adj. pequeño, minúsculo, menudo. ANT. alto, grande. **3** {espacios, cantidades} reducido, insuficiente. ANT. amplio, suficiente. **4** {longitud} corto. ANT. extenso, largo.

chiflado adj. chalado, tocado, perturbado, trastornado, loco. ANT. cuerdo, sensato. **2** col. aficionado. **3** fig. enamorado.

chiflar intr. silbar, pitar. **2** tr. prnl. abuchear, mofarse, hacer burla. **3** prnl. perder la cabeza, trastornarse.

chiflón m. Amer. viento, corriente, ventisca, ventarrón.

chile m. ají. **2** pimiento. **3** Guat. gen. pl. mentira, cuento.

chillar intr. gritar, vocear, aullar, rugir, vociferar, bramar, desgañitarse. ANT. callar. **2** chirriar, rechinar.

chillido m. grito, alarido, aullido, bramido, quejido.

chillón adj. abigarrado, heterogéneo, recargado, confuso, charro, mezclado, vistoso; vulgar, ordinario. ANT. sobrio, discreto, homogéneo. **2** {sonido} alto, agudo, penetrante, estridente, discordante, desagradable. ANT. grave, suave, armonioso.

chimenea f. hogar, fogón, horno. **2** tubo, cañón. **3** {volcán} conducto.

chimpancé m. mono, simio, mico, orangután, primate.

chinche adj. col. {persona} fastidioso, molesto, pesado, impertinente, cargante. ANT. tranquilo, pacífico. **2** quisquilloso, criticón. ANT. comprensivo.

chingar tr. molestar, importunar, fastidiar. **2** vulg. fornicar, copular, follar. **3** prnl. emborracharse, embriagarse. **4** Amer. fracasar, fallar. **5** intr. bromear.

chino -na s. Amer. col. indio, mestizo. **2** Amér. Sur criado. **3** Col. niño, pequeño. **4** Méx. m. rizo (de pelo).

chip m. [ING.] INF. circuito integrado. **2** f. pl. **chips**, papas fritas.

chiquero m. porqueriza, pocilga. **2** establo, cuadra, encerradero.

chiquillada f. niñería, puerilidad, travesura, necedad, diablura.

chiquillo, -lla s. nené, bebé, criatura, crío, muchacho.

chiribitil m. cuchitril, tugurio, tabuco.

chirimbolo m. cacharro, trasto, cachivache, bártulo, trebejo, baratija, utensilio.

chiripa f. suerte, casualidad, azar, carambola, chamba.

chirle adj. insípido, desabrido, soso, insulso, insustancial. ANT. sustancioso, sabroso.

chirriar intr. rechinar, restallar, chasquear, crujir, crepitar, resonar, chillar.

chirumen m. cacumen, caletre, discernimiento, agudeza, perspicacia.

chisgarabís m. mequetrefe, zascandil.

chisme m. calumnia, bulo, intriga, patraña, cuento, mentira, hablilla, comadreo, comidilla, rumor; murmuración, habladuría. **2** cachivache, baratija, trasto, chirimbolo.

chismear intr. murmurar, comadrear, cotillear.

chismorrear intr. ver **chismear**.

chismoso, -sa adj. s. murmurador, hablador, cizañero, cuentista, indiscreto. ANT. discreto.

chispa f. partícula, pizca, porción mínima. **2** centella, destello, rayo, fogonazo, descarga, relámpago, chispazo. **3** diamante. **4** {lluvia} gota. **5** ingenio, gracia, vivacidad, penetración, agudeza, viveza. **6** embriaguez, ebriedad, borrachera, curda, mona. **7** loc. echar ~s: dar muestras de furor, enfadarse, enfurecerse.

chispazo m. destello, centelleo, fulgor, chisporroteo, resplandor, combustión, brillo, llamarada, fogonazo. **2** cuento, rumor, chisme.

chispeante adj. {escrito, discurso} ingenioso, agudo, expresivo, divertido.

chispear intr. echar chispas, chisporrotear. **2** relucir, relumbrar, brillar, centellear, resplandecer. **3** lloviznar, gotear.

chispo, -pa adj. bebido, borracho, achispado, beodo.

chistar intr. rechistar, chitar, sisear. **2** loc. sin ~: sin hablar, sin musitar, sin decir nada.

chiste m. gracia, ocurrencia, humorada, chascarrillo, chuscada, jocosidad, agudeza, ingeniosidad. **2** chirigota, broma, chanza, chocarrería. **3** historia, historieta, anécdota, cuento.

chistoso, -sa adj. ingenioso, gracioso, humorístico, divertido, agudo, donoso, ocurrente, donairoso. ANT. soso. **2** burlesco, bromista, jocoso, festivo. ANT. serio.

chiva f. Amer. barba, perilla. **2** Amér. Cent. colcha, manta. **3** Chile mentira, embuste. **4** Ven. red. **5** Col. bus popular. **6** Col. primicia informativa.

chivar prnl. delatar, soplar, acusar, inculpar. **2** Amer. enojarse, enfadarse, irritarse. **3** tr. prnl. Amer. fastidiar, molestar.

chivato, -ta adj. s. delator, acusador, confidente, soplón, denunciante. **2** chivo, cabrito.

chivo m. macho cabrío, cabrón, buco, chivato, cabrito, choto. **2** Amer. chanchullo, intriga, gatuperio. **3** Amer. contrabando, matute. **4** Amer. golpe, rodillazo. **5** Amer. rabieta, berrinche. **6** loc. ~ emisario: cabeza de turco, persona acusada injustamente.

chocante adj. sorprendente, raro, desusado, curioso, singular, extraño, original, inesperado, extravagante, extraordinario. ANT. usual, corriente. **2** gracioso, jocoso, chocarrero. **3** Amer. antipático, presuntuoso, jactancioso, fastidioso.

chocar intr. estrellarse, tropezar, colisionar, entrechocar. **2** pelear, combatir, luchar, batallar, enfrentarse, disputar, reñir. **3** indisponerse, malquistarse, discutir. ANT. concordar. **4** extrañar, sorprender, pasmar, asombrar, maravillar. **5** enfadar, molestar, disgustar, enojar. ANT. agradar, alegrar. **6** {copas} juntar, brindar. **7** tr. intr. {manos} darse; saludarse.

chocarrero, -ra adj. chabacano, ordinario, vulgar; burlón, guasón. ANT. delicado.

chochera f. ver **chochez**.

chochez f. desp. chochera, decrepitud, senilidad, caducidad, envejecimiento, atontamiento. ANT. lucidez, discernimiento.

chocho adj. senil, valetudinario, decrépito, provecto, caduco, anciano, claudicante. ANT. activo. **2** fig. alelado, encariñado. **3** m. fruto. **4** confite, dulce pequeño. **5** vulg. vulva.

chófer m. (tb. **chofer**) conductor, automovilista; piloto.

choque m. embate, golpe, colisión, encuentro, estrellón, topada, encontrón, encontronazo, topetazo. **2** enfrentamiento, combate, contienda, disputa, lucha, pelea, riña, batalla, conflicto; controversia, altercado, discusión. ANT. paz.

chorizo m. embutido, embuchado, salchicha. **2** {volatinero} balancín, contrapeso. **3** Arg., Par., Uru. {res} lomo, carne magra. **4** ratero, ladronzuelo.

chorrear *intr.* {líquido} caer, salir, gotear, fluir, manar, destilar, rezumar.

chorro *m.* efusión, borbotón. **2** fuente, surtidor, manantial.

chovinismo *m.* chauvinismo, patriotismo fanático, xenofobia. **2** *col.* patriotería.

choza *f.* rancho, cabaña, chabola, bohío, barraca, casucha, tugurio.

chubasco *m.* aguacero, chaparrón, lluvia, diluvio, turbión, turbonada, nubada, tormenta.

chúcaro, -ra *adj. Amer.* {ganado} arisco, bravío, bravo, indómito, salvaje.

chuchería *f.* baratija, insignificancia, fruslería, bagatela, minucia, bicoca, nadería.

chucho *m.* perro, gozque, can. **2** *Amer.* escalofrío, estremecimiento. **3** *Arg., Uru.* miedo.

chueco, -ca *adj. Amer.* patituerto, estevado, cojo. **2** torcido, desviado. ANT. recto.

chulada *f.* grosería, vulgaridad. **2** valentonería, bravuconada; desenfado. **3** {cosa} linda.

chuleta *f.* costilla, filete, lonja de carne. **2** bofetada, tortazo.

chulo, -la *adj. s.* rufián, valentón, fanfarrón, bravucón, petulante, insolente, farolero, jactancioso, matasiete, perdonavidas. **2** *m.* proxeneta, alcahuete. **3** *Amer.* gallinazo. **4** *adj.* lindo, gracioso, bonito.

chungo, -ga *adj.* feo, de mal aspecto, en mal estado. **2** difícil, complicado. **3** deteriorado. **4** *Amer.* ebrio, borracho, beodo.

chupar *tr.* succionar, absorber, mamar, sorber, extraer, aspirar, beber. **2** embeber, absorber. **3** atraer, absorber. **4** *fig.* explotar, abusar, extorsionar, quitar, consumir. **5** *prnl.* adelgazar, enflaquecer, debilitarse, extenuarse.

churrasco *m. Arg.* asado, bisté, bistéc, chuleta; barbacoa, carne asada, carne a la plancha/parrilla.

churro *m.* chapuza, chapucería, cosa mal hecha. **2** fritura.

chusco, -ca *adj. s.* gracioso, ingenioso, chistoso, bromista, ocurrente. ANT. serio. **2** ordinario, vulgar, tosco, chocarrero. **3** *Perú* {perro} cruzado. **4** mendrugo, pedazo de pan.

chuspa *f. Amér. Sur* bolsa; morral.

chuzar *tr. Col.* punzar, herir, pinchar.

chuzo *m.* pica, lanza, pincho, palo. **2** carámbano, pedazo de hielo. **3** *Amer.* cuchillo.

cianosis *f.* PAT. {piel} lividez, azulamiento.

ciática *f.* PAT. {nervio ciático} neuralgia, atrofia.

cicatero, -ra *adj. s.* mezquino, tacaño, roñoso, miserable, avaro, avariento, avaricioso, ruin, egoísta. ANT. generoso, pródigo. **2** descontentadizo, quisquilloso.

cicatriz *f.* señal, marca, huella, herida, lesión, escara. **2** {ánimo} impresión, rastro, huella, sensación, recuerdo.

cicatrizar *tr. intr. prnl.* cerrar, curar, sanar. ANT. sangrar. **2** olvidar, serenar, calmar.

cicerone *m.* guía, acompañante, guiador, conductor. **2** conocedor, experto, entendido. ANT. ignorante, desconocedor.

cíclico *adj.* periódico, regular, recurrente, reiterado, constante, sucesivo, repetido, incesante, gradual. ANT. irregular, variable.

ciclo *m.* periodo, transcurso, época, etapa, era, tiempo, duración, decurso. **2** fase, serie, movimiento, proceso, curso, espacio, lapso, grado.

ciclón *m.* huracán, tempestad, vendaval, borrasca, ventarrón, tormenta, tifón, tornado, torbellino, tromba, turbión, galerna. ANT. bonanza, calma.

cíclope *m.* MIT. gigante, titán; monstruo.

ciclópeo, -ea *adj.* desmesurado, gigantesco, titánico, hercúleo, formidable, colosal, enorme, excesivo. ANT. minúsculo, diminuto, pequeño.

ciego, -ga *adj. s.* invidente, cegado. ANT. vidente. **2** *adj.* obsesionado, obcecado, obnubilado, ofuscado, alucinado. ANT. comprensivo, razonable. **3** {pasión} poseído. **4** {conducto} obstruido, tapado, taponado, tapiado. ANT. abierto. **5** *loc.* a ciegas: ciegamente, sin conocimiento, sin reflexión.

cielo *m.* firmamento, cosmos, atmósfera, éter, infinito, bóveda celeste. ANT. tierra. **2** paraíso, empíreo, olimpo, edén, gloria, beatitud, salvación, reino celestial. ANT. infierno. **3** *loc.* a ~ abierto: sin techo, al aire libre. **4** *loc.* bajado del ~: prodigioso, cabal, excelente.

cien *adj.* ciento, centenar, centena.

ciénaga *f.* lodazal, pantano, cenagal, charco, fangal, atolladero, atascadero, barrizal, tremedal.

ciencia *f.* saber, conocimiento, sabiduría, erudición, sapiencia. ANT. ignorancia. **2** doctrina, disciplina, técnica, teoría, tratado, estudio, investigación. **3** habilidad, experiencia, destreza, maestría, arte. ANT. inexperiencia.

cieno *m.* lodo, barro, fango, légamo, limo, sedimento.

científico, -ca *adj.* investigado, analizado, experimentado, verificado. **2** *adj. s.* teórico, intelectual, culto, maestro, investigador, experto, especialista, sabio, sapiente, entendido, versado, erudito, docto, letrado. ANT. ignorante. **3** técnico, inventor, descubridor.

cierne {planta} *loc.* a) en ~: en flor. b) *loc.* estar en cierne/s: estar a sus principios, faltarle.

cierre *m.* cerradura, pestillo, cerrojo, candado, pasador. **2** cremallera. **3** clausura, cese, fin, terminación, suspensión. ANT. iniciación, apertura. **4** oclusión, bloqueo, obturación, atasco, taponamiento, obstrucción. ANT. desatasco.

ciertamente *adv.* obviamente, indudablemente, evidentemente, sin duda, desde luego.

cierto, -ta *adj.* alguno, algún, alguien, un. **2** verdadero, verídico. ANT. falso. **3** claro, elemental. ANT. oscuro. **4** seguro, indefectible, indubitable, innegable, indudable, indiscutible, irrefutable, incuestionable, inequívoco. ANT. dudoso, incierto. **5** visible, patente, tangible, manifiesto, obvio, evidente, real. ANT. oculto. **6** sabedor.

ciervo *m.* venado, gamo, gacela, corzo.

cierzo *m.* {viento} aquilón, septentrión, bóreas, norte, céfiro.

cifra *f.* número, guarismo, dígito, cantidad, notación, representación. **2** cantidad de dinero, suma. **3** abreviatura, sigla, monograma, emblema, signo, símbolo. **4** clave, cifrado, código.

cifrado, -da *adj.* criptográfico, codificado, en clave, en cifra **2** secreto, oculto, misterioso. ANT. conocido. **3** incomprensible, críptico. ANT. claro.

cifrar *tr.* {mensaje} transcribir, traducir. **2** numerar, valorar. **3** codificar. **4** *tr. prnl.* resumir, abreviar, compendiar, limitar.

cigarra *f.* chicharra.

cigarro *m.* tabaco, puro, habano, chicote, veguero. **2** cigarrillo.

cigoto *m.* BIOL. zigoto, huevo.

cigüeñal *m.* eje, árbol, doble codo.

cilíndrico, -ca *adj.* cilindroideo, tubular, redondo.

cilindro *m.* rodillo, tambor, rollo, rulo. **2** tubo. **3** tanque, bombona, bidón, depósito.

cima *f.* {cerro} cumbre, cúspide, pico, altura. ANT. sima, profundidad, abismo. **2** punta, vértice, remate, ápice, cresta. ANT. base. **3** {proceso} culminación, pináculo, apogeo, término, fin, terminación. *ANT.* comienzo. **4** éxtasis, clímax.

cimarrón, -rrona *adj. s. Amer.* {esclavo} libertario. **2** *adj.* {animal} indómito, montaraz, silvestre, agreste, arisco, cerrero, montés. **3** *Arg., Uru.* {mate} amargo, sin azúcar.

cimbrar *tr.* cimbrear, doblar, hacer vibrar.

cimbreante *adj.* flexible, vibrante, tambaleante, oscilante, ondulante. *ANT.* rígido.

cimbrear *tr. prnl. ver* **cimbrar.**

cimentar *tr.* basar, fundar, asentar, consolidar, fundamentar, establecer, situar, instituir.

cimera *f.* coronamiento, plumero, airón, penacho, remate, adorno.

cimero, -ra *adj.* culminante, sobresaliente, superior, cumbrero, alto, sumo.

cimiento *m.* fundamento, basamento, base, soporte, pedestal, cimentación. *ANT.* cima, remate. **2** *gen. pl.* principio, raíz, causa, origen, motivo.

cimitarra *f.* sable, mandoble, alfanje, yatagán, espada.

cincel *m.* buril, escoplo, barrena, gubia, tajadera.

cincelar *tr.* burilar, labrar, tallar, esculpir, grabar.

cinchar *tr.* sujetar, ajustar, ceñir. *ANT.* soltar.

cine *m.* cinematógrafo, cinema, sala, teatro. **2** cinematografía, industria cinematográfica, séptimo arte.

cineasta *com.* crítico, estudioso (del cine). **2** {cine} persona relevante (director, productor, actor, extra, aficionado...).

cinéfilo, -la *adj. s.* aficionado al cine.

cinegética *f.* caza, cacería, montería.

cinegético, -ca *adj.* venatorio.

cinemateca *f.* filmoteca.

cinematografiar *tr.* filmar, rodar.

cinematógrafo *m.* cine, cinema, sala, teatro.

cíngaro, ra *adj. s.* gitano, calé, rom.

cínico, -ca *adj.* impúdico, desvergonzado, procaz, irónico, satírico, sardónico, sarcástico, descarado, atrevido, insolente. *ANT.* pudoroso, reverente.

cinismo *m.* procacidad, insolencia, impudicia, descaro, impudor, desvergüenza, desfachatez. *ANT.* pudor, reverencia.

cinta *f.* listón, filete, tira, banda, faja, ribete, cordón, orla, trencilla. **2** película, filme, proyección, fotograma.

cinto *m.* cinturón, correa, sujetador, faja, ceñidor; pretina. **2** talle, cintura.

cintura *f.* talle, cinto.

cinturón *m.* cinto, correa, ceñidor, faja, cincho, cincha, liga, fajín.

cipote *adj.* mojón. **2** tonto, bobo, torpe, estúpido. **3** rechoncho, gordo, grueso, obeso. **4** *Amer.* grande, deforme, abultado. **5** *m.* porra, cachiporra. **6** *vulg.* pene, falo, miembro viril. **7** *Amér. Cent.* chiquillo, niño, muchacho.

circo *m.* coliseo, pista, teatro, arena, anfiteatro. **2** espectáculo, representación, exhibición. **3** *Amer. desp.* ridiculez, extravagancia, escándalo.

circuir *tr.* circundar, circunvalar, rodear, cercar.

circuito *m.* terreno, contorno, perímetro, pista. **3** trayecto, recorrido; vuelta, giro. **4** *ELECTR.* instalación, conductor, placa; cables.

circulación *f.* tránsito, tráfico, movimiento, desplazamiento, recorrido, travesía, comunicación, transporte, locomoción, transmisión, difusión.

circular[1] *intr.* transitar, pasar, andar, moverse, recorrer, deambular, franquear, surcar, cruzar, trasladarse,

marchar, ir y venir. *ANT.* detenerse. **2** difundirse, divulgarse, correr, extenderse, propagarse, hacerse público. *ANT.* ocultarse, reservarse.

circular[2] *f.* notificación, disposición, aviso, comunicación, informe, orden; carta, folleto, hoja. **2** *adj.* redondo, orbital, circunferencial, orbicular, curvado, curvo.

círculo *m.* circunferencia, redondel, rueda, ruedo, aro, anillo, argolla, disco, corona, aureola; órbita, ciclo. **2** circuito, distrito. **3** sociedad, centro, agrupación, asamblea, clan, club, asociación. **4** ambiente, medio, sector, ámbito, esfera. **5** edificio, establecimiento.

circuncisión *f.* *MED.* peritomía, postectomía, resección, amputación, mutilación.

circundar *tr.* rodear, circuir, circunvalar, circunscribir, bordear, encerrar, envolver, cercar, sitiar, acordonar. *ANT.* atravesar.

circunferencia *f.* círculo, circuito, contorno, ruedo, periferia.

circunlocución *f.* *RET.* rodeo, perífrasis.

circunloquio *m.* circunlocución, rodeo, perífrasis, giro, evasiva, ambigüedad, ambages, reticencia. *ANT.* concisión, laconismo.

circunnavegación *f.* travesía, viaje, periplo, navegación.

circunscribir *tr. prnl.* limitar, concretar, reducir, restringir, ceñir, ajustar, amoldar, localizar, circunferir. *ANT.* extender, ampliar.

circunscripción *f.* territorio, jurisdicción, demarcación, distrito, división, zona, región, comarca, barrio. **2** restricción, reducción, límite, término.

circunspección *f.* discreción, prudencia, mesura, reserva, juicio, cordura, moderación, recato, consideración, cautela. *ANT.* imprudencia, insensatez, indiscreción. **2** serenidad, aplomo, decoro, parquedad, seriedad, continencia.

circunstancia *f.* accidente, contingencia, casualidad, azar. **2** ocasión, situación, coyuntura, eventualidad, incidente, caso, momento, oportunidad, suceso, ocurrencia, trance, etapa. **3** pormenor, particularidad, clima, condición, escenario, ambiente. **4** estado, condición.

circunstancial *adj.* eventual, accidental, fortuito, incidental, esporádico, ocasional, temporal, provisional, episódico, imprevisto, casual, azaroso, secundario. *ANT.* previsto, deliberado; duradero, permanente.

circunstante *adj.* que está alrededor. **2** *pl. adj. s.* presentes, asistentes, concurrentes.

circunvalar *tr.* {ciudad} circundar, rodear, cercar, circuir, ceñir.

circunvecino, -na *adj.* contiguo, colindante, cercano, inmediato. *ANT.* remoto, lejano.

circunvolución *f.* vuelta, rodeo, giro. **2** {cerebro} relieve.

cirio *m.* vela, bujía, candela, blandón, hacha, ambleo, codal. **2** *fig.* alboroto, trifulca, riña.

cirujano, -na *s.* quirurgo, operador.

cisco *m.* {carbón} fragmentos. **2** alboroto, bullicio, gritería, riña, altercado, pendencia, reyerta. **3** *loc. hacer ~:* hacer trizas, desintegrar, destrozar.

cisma *m.* disensión, desavenencia, discordia, desacuerdo. *ANT.* concordia. **2** ruptura, escisión, separación, rompimiento. *ANT.* unión, unidad.

cisterna *f.* estanque, aljibe, pozo, depósito.

cisura *f.* rotura, abertura, grieta, rajadura. **2** herida, incisión, corte.

cita *f.* encuentro, entrevista, reunión, visita, convite, invitación. **2** acotación, nota, referencia, epígrafe, alusión, ejemplo, mención, noticia, verificación, testimonio, comprobación.

citación *f.* notificación, requerimiento, llamamiento, aviso, convocatoria, mandato, orden.

citadino, -na *adj. Amer.* ciudadano, urbano, metropolitano. ANT. rural.

citar *tr. prnl.* requerir, convocar, avisar, emplazar, notificar, llamar. **2** apalabrar, convenir, comprometerse. **3** *tr.* referir, mencionar, anotar, aludir, mentar, nombrar, enumerar, transcribir. ANT. omitir.

ciudad *f.* urbe, metrópoli, centro urbano, población, localidad, villa; capital. ANT. campo.

ciudadanía *f.* nación, población, pueblo. **2** nacionalidad, origen, procedencia, naturaleza.

ciudadano, -na *adj.* civil, cívico. **2** urbano, metropolitano, municipal. ANT. rural, aldeano. **3** poblador, habitante, residente, natural, vecino, avecindado, radicado, originario, morador, domiciliado.

ciudadela *f.* fortaleza, fortificación, bastión, fuerte, reducto, baluarte; castillo.

cívico, -ca *adj.* civil, ciudadano, urbano, comunitario, social, político. **2** doméstico. **3** patriótico, patrio, nacional.

civil *adj.* ciudadano, cívico, urbano. **2** sociable, atento, cortés, afable, amable. ANT. grosero. **3** Der. privado. ANT. público. **4** laico, seglar. ANT. eclesiástico. **5** *s.* paisano.

civilidad *f.* sociabilidad, urbanidad; civismo.

civilización *f.* educación, progreso, ilustración, evolución, desarrollo.

civilizar *tr. prnl.* educar, ilustrar, instruir, cultivar.

civismo *m.* patriotismo, urbanidad. **2** altruismo, generosidad, humanidad. ANT. egoísmo.

cizaña *f.* discordia, odio, disensión, enemistad, hostilidad, desavenencia, descontento. ANT. armonía, concordia. **2** maleza, matorral, broza.

cizañar *tr.* envenenar, enemistar, indisponer, malquistar.

cizañero, -ra *adj. s.* insidioso, venenoso, azuzador.

clamar *tr.* exigir, pedir, invocar, reclamar. **2** suplicar, rogar, implorar. **3** *intr.* quejarse, lamentarse, dolerse, condolerse, clamorear, gemir, gritar. ANT. callar. **4** protestar.

clamor *m.* grito, voz. **2** vocerío, bulla, griterío, ruido. **3** gemido, lamento, queja, quejido.

clan *m.* grupo, agrupación, secta, tribu, familia. **2** *desp.* banda, pandilla, caterva, horda.

clandestino, -na *adj.* oculto, secreto, íntimo, subrepticio, discreto, reservado, anónimo, furtivo, encubierto. ANT. visible. **2** prohibido, ilegítimo, ilegal, ilícito. ANT. legal.

claraboya *f.* tragaluz, ventana, lumbrera, cristalera, ojo de buey.

clarear *intr.* amanecer, alborear, albear, aclarar, asomar el día. **2** {nublado} abrirse, disiparse. **3** *prnl.* {tejido} traslucirse, transparentarse. **4** {persona} descubrirse, declarar, manifestar claramente.

claridad *f.* luz, esplendor, luminosidad, brillo, fulgor, iluminación, resplandor, refulgencia. ANT. oscuridad. **2** limpidez, transparencia, nitidez, diafanidad. ANT. turbiedad. **3** lucidez, inteligencia, distinción, perspicacia, precisión. ANT. confusión. **4** sinceridad, llaneza, espontaneidad, rotundidad, franqueza, confianza. ANT. hipocresía, disimulo. **5** *loc.* **argumento de ~ meridiana:** razonamiento de fácil comprensión.

clarificar *tr.* iluminar, alumbrar, aclarar. ANT. oscurecer, entenebrecer. **2** {licor, líquido} aclarar, purificar, limpiar, acrisolar, refinar, filtrar, depurar. **3** dilucidar, esclarecer, resolver, explicar, desentrañar, descifrar. ANT. confundir.

clarividencia *f.* perspicacia, discernimiento, intuición, penetración, perspicuidad, sagacidad, visión, lucidez. ANT. ofuscación. **2** acierto, tino, habilidad, destreza.

ANT. desacierto. **3** presentimiento, premonición, adivinación, vaticinio, predicción.

claro, -ra *adj.* iluminado, luminoso, alumbrado, brillante. ANT. oscuro. **2** limpio, diáfano, transparente, límpido, cristalino, terso, níveo, blanco, puro. ANT. opaco. **3** sincero, franco, preciso, llano, abierto, leal, espontáneo. ANT. hipócrita. **4** explícito, manifiesto, rotundo, evidente, cierto, terminante, palpable, patente, indudable, palmario, notorio. ANT. incomprensible, confuso. **5** insigne, ilustre, famoso. **6** sereno, bonancible, despejado. ANT. nublado, borrascoso. **7** perspicaz, agudo. ANT. torpe. **8** {tejido, pelo} ralo. ANT. espeso. **9** {color} bajo. ANT. alto, intenso. **10** {sonido} neto, puro. **11** {lenguaje} inteligible, comprensible. ANT. ininteligible. **12** {escrito, discurso} intervalo, espacio. **13** *loc.* **a las claras:** manifiestamente, públicamente. **14** *loc.* **tener en claro:** estar seguro.

clase *f.* orden, especie, género, familia, grupo, variedad. **2** Bot., Zool. grupo taxonómico. **3** aula, sala, salón, recinto. **4** alumnos, discípulos. **5** materia, lección, asignatura, curso, disciplina, cátedra; disertación, conferencia. **6** categoría, condición, carácter, cualidad, calidad, calibre, nivel, naturaleza, estofa, tipo, índole, casta.

clásico, -ca *adj.* antiguo, tradicional, reconocido, establecido. ANT. innovador. **2** principal, destacado, notable. **3** *adj. s.* ejemplar, modélico, académico, paradigmático, ideal. ANT. innovador.

clasificación *f.* ordenación, distribución, catalogación, organización, numeración, encasillamiento. ANT. desorganización.

clasificado, -da *adj.* {documento, información} secreto, reservado. **2** {periódico, revista} anuncio.

clasificar *tr.* ordenar, agrupar, organizar, acomodar, encasillar, registrar, archivar, repartir, separar, dividir, inventariar. ANT. desordenar.

claudicar *intr.* ceder, transigir, rendirse, entregarse, desistir, avenirse, consentir, someterse. ANT. luchar, resistirse.

claustro *m.* {convento} galería, corredor. **2** cámara, habitación, cuarto. **3** clausura, encierro, retiro, reclusión. **4** monasterio, convento.

cláusula *f.* Der. {contrato} disposición, estipulación, artículo, requisito, apartado, condición, obligación.

clausurar *tr.* {establecimiento, institución} cerrar, finalizar actividades. **2** {local, edificio} inhabilitar. **3** {exposición} finalizar, acabar, concluir, terminar. ANT. inaugurar, abrir.

clavar *tr.* hincar, hundir, introducir, incrustar. ANT. extraer, desclavar. **2** asegurar, fijar, remachar. **3** {ojos} fijar, poner. **4** *tr. prnl.* engañar, perjudicar, abusar.

clave *m.* clavicémbalo. **2** *f.* código. **3** signo, combinación. **4** explicación, nota, aclaración, cifra. **5** solución, respuesta, secreto, quid. ANT. enigma.

clavija *f.* pasador, seguro, clavo, espiga, barra, eje, pieza.

clavo *m.* punta, remache, tachuela, perno, pincho, escarpia, tornillo. **2** callo. **3** daño, perjuicio. **4** *fig.* dolor, pena, congoja. **5** *fig.* molestia, engorro. **6** especia. **7** *loc.* **sacarse el ~:** librarse de una persona o cosa molesta. **8** *loc.* **dar en el ~:** acertar.

claxon *m.* bocina, corneta, pito.

clemencia *f.* piedad, misericordia, compasión, indulgencia, benignidad, benevolencia, filantropía, afabilidad, tolerancia. ANT. crueldad, sevicia.

clérigo *m.* sacerdote, eclesiástico, fraile, tonsurado, cura. ANT. laico, seglar.

cliché *m.* IMPR. clisé, plancha, placa, grabado, impresión, reproducción. **2** tira de película. **3** lugar común, frase repetida, expresión formularia.

cliente, -ta *s.* comprador, consumidor, adquiriente, parroquiano, usuario, interesado, postor. ANT. vendedor, proveedor.

clientela *f.* público, concurrencia, parroquia.

clima *m.* temperatura, tiempo, ambiente, medio, estado atmosférico, condiciones atmosféricas. **2** *fig.* situación, circunstancia, estado, atmósfera, condición, ambiente. **3** climatología. **4** zona climática.

climatérico, -ca *adj.* {periodo} crítico, cambiante, delicado, difícil. **2** {tiempo} peligroso.

climaterio *m.* MED. {mujer} menopausia. **2** {hombre} andropausia.

climático, -ca *adj.* atmosférico, climatológico, meteorológico.

climatización *f.* {aire} acondicionamiento.

clímax *m.* RET. gradación. **2** culminación, auge, apogeo, pináculo. **3** orgasmo, éxtasis. **4** *f.* ECOL. estado óptimo.

clínica *f.* hospital, centro médico, policlínico, enfermería, consultorio, sanatorio.

clip *m.* [ING.] clip, clipe, sujetapapeles, sujetador, grapa. **2** pinza, horquilla, broche.

clisé *m.* IMPR. plancha, placa, grabado, impresión, reproducción. **2** cliché, lugar común, frase repetida, expresión formularia.

cloaca *f.* alcantarilla, caño, drenaje, albañal, tubería, desagüe, colector, vertedero, sumidero, imbornal, sentina, pozo negro. **2** lugar sucio, sitio inmundo.

clon *m.* payaso, bufón, histrión, cómico, mimo. **2** GEN. individuo homogéneo.

closet *s.* [ING.] Amer. clóset, armario, armario empotrado.

club *m.* sociedad, asociación, grupo, círculo, centro, junta, ateneo, casino.

clubista *com.* socio (de un club).

clueco, -ca *adj. s.* {gallina} llueca. **2** *adj.* {persona} achacoso, decrépito.

coacción *f.* conminación, coerción, presión, apremio, constreñimiento, fuerza, compulsión, imposición, intimación, tiranía, amenaza, chantaje. ANT. libertad.

coaccionar *tr.* intimidar, obligar, amenazar, coartar, presionar, imponer, apremiar, forzar, violentar.

coactivo, -va *adj.* restrictivo, coercitivo, apremiante, represivo, obligatorio.

coadjutor, -ra *adj.* auxiliar, ayudante. **2** sacerdote, eclesiástico.

coadyuvar *tr.* colaborar, ayudar, contribuir, cooperar, secundar, asistir.

coagulación *f.* coagulamiento, espesamiento, cuajamiento, cristalización, conglomeración, concentración, precipitación.

coagular *tr. prnl.* cuajar, condensar, espesar, solidificar, aglutinar, conglomerar, cristalizar, apelotonar, apelmazar, precipitar. ANT. disolver.

coágulo *m.* espesamiento, solidificación, cuajo, condensación, grumo; trombo.

coalición *f.* liga, asociación, alianza, federación, confederación, convenio, pacto, unión. ANT. ruptura, separación.

coaligarse *prnl.* aliarse, unirse, asociarse, confederarse, coligarse. ANT. separarse.

coartada *f.* disculpa, excusa, justificación, pretexto. **2** prueba, argumento.

coartar *tr.* coercer, cohibir, restringir, impedir, estorbar, limitar, contener, refrenar, obstaculizar. ANT. permitir, facilitar, dejar.

coautor, -ra *s.* colaborador.

coba *f.* adulación, alabanza, lisonja, halago, zalamería, servilismo. ANT. crítica, censura.

cobarde *adj.* pusilánime, asustadizo, temeroso, atemorizado, miedoso, amilanado, aprensivo, irresoluto, tímido, medroso, corto, apocado. ANT. decidido, valiente, temerario.

cobardía *f.* pusilanimidad, miedo, temor, susto, acobardamiento, aprensión, apocamiento, timidez, pavor, flaqueza. ANT. valentía, arrojo.

cobaya *amb.* conejillo de Indias, agutí, cavia.

cobertizo *m.* tejado, techado, techo, marquesina, cubierta, sotechado, tapadizo, tinglado, abrigo, soportal, tendajo.

cobertor *m.* colcha, edredón, cobertura.

cobertura *f.* cubierta, cobertor. **2** voladizo, cubierta. **3** resguardo, cobijo, protección. **4** cubrimiento, extensión regional. **5** {fútbol} defensa.

cobija *f.* voladizo, cubierta, cobertura. **2** Amer. manta, frazada. **3** Amer. ropa de cama.

cobijar *tr. prnl.* refugiar, albergar, guarecer. **2** encerrar, contener. **3** *tr.* amparar, proteger, defender. ANT. desamparar, abandonar. **4** arropar, cubrir, abrigar, tapar. ANT. destapar, desabrigar.

cobijo *m.* albergue, refugio. **2** protección, amparo. ANT. desamparo.

cobista *com.* adulador, lisonjero, lisonjeador, zalamero, servil.

cobrador *m.* cajero, tesorero. ANT. pagador. **2** recaudador, receptor, recolector.

cobranza *f.* cobro, recaudación, recolección. **2** exacción.

cobrar *tr.* percibir, recibir, recaudar, embolsarse, recolectar, recoger. ANT. desembolsar, pagar, abonar. **2** adquirir, obtener, conseguir. ANT. perder. **3** {afecto} sentir, tomar. **4** *prnl.* recobrarse, recuperarse, animarse, volver en sí. **5** *tr. prnl.* indemnizarse, compensarse; desquitarse. **6** *prnl. fig.* {víctimas} llevarse.

cobrizo, -za *adj.* acobrado, broncíneo, rojizo. **2** {piel} aceitunado, trigueño, bronceado.

cobro *m.* cobranza, percepción, reintegro, recaudación. ANT. pago.

coca *f.* col. cabeza, crisma. **2** coscorrón, golpe. **3** {trompo} cachada. **4** Col., Ven. hayo. **5** *abrev.* cocaína, narcótico.

cocción *f.* cocimiento, decocción, cocedura, cochura, hervido.

cocear *tr.* patear, aporrear, golpear, dar coces. **2** *fig.* resistir, rechazar. ANT. aceptar.

cocer *tr.* hervir, bullir, escalfar, borbotear. **2** hornear, freír, cocinar, guisar. **3** pensar, meditar, estudiar, maquinar, tramar, preparar. **4** *intr.* {vino} fermentar. **5** *prnl.* sofocarse, sudar. **6** padecer. **7** {suceso} prepararse, cocinarse.

cochambre *amb.* suciedad, mugre, inmundicia, porquería, asquerosidad. ANT. limpieza. **2** basura, desperdicios.

coche *m.* automóvil, auto, carro, automotor, vehículo, móvil. **2** carroza, carruaje, carricoche, carromato, carreta. **3** vagón; tranvía.

cochero *m.* conductor, auriga, postillón, carretero. **2** porquerizo.

cochinada *f.* mugre, suciedad, porquería, inmundicia. **2** canallada, bribonada, vileza, ruindad. **3** marranada, obscenidad, ordinariez, grosería, indecencia, bajeza.

cochino, -na s. cerdo, puerco, marrano, chancho, porcino. **2** s. adj. {persona} sucio, desaseado, mugroso. ANT. limpio. **3** tacaño, miserable, cicatero, roñoso. ANT. generoso. **4** grosero, vulgar. ANT. educado.

cochitril m. pocilga, cochiquera, chiquero. **2** cuchitril, zahúrda, tugurio, habitación sucia.

cochura f. cocción, cocimiento. **2** masa de pan.

cociente m. resultado, razón, relación.

cocimiento m. cocción.

cocina f. horno, hornillo, fogón, estufa. **2** culinaria, arte culinaria, arte cisoria, gastronomía.

cocinar tr. intr. guisar, cocer, preparar, estofar, freír, sofreír, adobar, aderezar, hornear, aliñar, asar, condimentar.

cocinero, -ra s. chef, jefe de cocina, pinche, guisandero.

cocinilla f. infiernillo, horno. **2** chimenea. **3** m. entrometido.

coco m. {árbol} cocotero; palmera. **2** fig. cabeza, crisma, testa, casco. **3** Méx. coscorrón. **4** micrococo, bacteria. **5** Zool. gorgojo. **6** fantasma, espantajo, espectro, duende. **7** gesto, mueca, seña. **8** loc. **hacer ~s:** hacer ademanes, hacer muecas.

cocodrilo m. reptil, lagarto, saurio, caimán, yacaré, gavial. **2** loc. **lágrimas de ~:** llanto de dolor aparente, fingimiento.

cocotero m. {árbol} coco.

cóctel m. (tb. **coctel**) combinación, combinado, bebida, aperitivo. **2** reunión, fiesta. **3** {cosas diversas} mezcla.

cocuyo m. luciérnaga.

codazo m. golpe, empujón, hurgonazo. **2** insinuación, advertencia.

codear intr. empujar, golpear, atropellar. **2** prnl. tratarse, frecuentar, relacionarse, alternar, rozarse, comunicarse.

códice m. manuscrito, escrito, libro, texto manuscrito.

codicia f. avaricia, tacañería, rapacidad, mezquindad, cicatería, ruindad, miseria, usura. ANT. generosidad, desprendimiento. **2** deseo, avidez, aspiración, anhelo, apetencia, ansia, interés, ambición. ANT. desinterés.

codiciar tr. ambicionar, desear, apetecer, anhelar, ansiar. ANT. renunciar.

codicioso, -sa adj. s. ansioso, deseoso, ambicioso. **2** avaro, mezquino, avariento, tacaño, cicatero, usurero, miserable. ANT. generoso. **3** adj. laborioso, hacendoso.

codificar tr. {mensaje, código} cifrar, transcribir. **2** compilar, recopilar, catalogar, sistematizar, organizar, reunir. ANT. desorganizar.

código m. cifra, clave. **2** {leyes} cuerpo, recopilación, compilación. **3** reglamento, reglamentación, estatuto, normas, legislación, preceptos, régimen.

codo m. {brazo} coyuntura, articulación, juntura, juego, enlace. **2** ángulo, esquina, recodo. **3** adj. Guat., Méx. mezquino, avaro, tacaño. **4** loc. **hablar por los ~s:** parlotear, hablar demasiado.

coeficiente m. Álg. factor, multiplicador, número. **2** Fís., Quím. cociente, índice, expresión numérica. **3** Mat. factor constante.

coercer tr. coartar, reprimir, contener, constreñir, refrenar, restringir, cohibir, limitar.

coerción f. constreñimiento, freno, sujeción, restricción, coacción, limitación, límite, intimación, presión. ANT. libertad.

coercitivo, -va adj. represivo, restrictivo, coactivo, limitador.

coetáneo, -ea adj. contemporáneo, coexistente, simultáneo, sincrónico, coincidente.

coexistir intr. cohabitar, convivir; alternar, congeniar.

cofrade com. colega, asociado, congregante, hermano, seguidor.

cofradía f. {devotos} congregación, comunidad, orden, hermandad. **2** gremio, cuerpo, asociación, unión, grupo, asamblea, colectividad, corporación, compañía, mutualidad, liga.

cofre m. arca, caja, arcón, baúl, urna, arqueta, receptáculo, mundo, bargueño, joyero.

coger tr. prnl. asir, agarrar, aferrar, tomar, empuñar, retener, atenazar, sujetar, sostener. ANT. soltar. **2** tr. alcanzar, atrapar. ANT. soltar. **3** capturar, apresar, aprehender, prender, cazar. ANT. liberar. **4** recoger, recolectar. **5** cosechar. **6** conseguir, tomar, recibir, obtener, adquirir. ANT. perder. **7** arrebatar, quitar, apoderarse; despojar, robar. ANT. devolver. **8** abarcar, contener, caber. **9** sorprender, descubrir, hallar, pillar, pescar, atrapar, encontrar. **10** {engaño, secreto} comprender, descubrir, captar, adivinar. **11** {chiste} entender, comprender. **12** {emisión de radio} captar. **13** arraigar, agarrar, prender. **14** {lluvia, noche} sobrevenir, sorprender. **15** {enfermedad} contraer, adquirir, agarrar. **16** intr. Amer. vulg. fornicar, copular.

cognac m. [Fr.] coñac, brandy.

cognición f. conocimiento, comprensión.

cognoscible adj. inteligible, conocible.

cogollo m. corazón, centro, interior, meollo. **2** capullo, retoño, renuevo, brote, botón.

cogote m. cerviz, cuello, nuca, pescuezo, testuz.

cohabitar tr. convivir, habitar, residir, vivir, coexistir. **2** copular, fornicar, hacer el amor.

cohechar tr. Der. sobornar, corromper, comprar, untar.

cohecho m. soborno, corrupción, venalidad, compra, unto. **2** Amer. coima, mordida.

coherencia f. conexión, unión, congruencia, ilación, adaptación. ANT. incoherencia. **2** Ling. afinidad, correspondencia, conformidad, analogía. **3** Fís. {moléculas} cohesión.

coherente adj. congruente, acorde, razonable, pertinente. **2** conexo, vinculado, afín.

cohesión f. adherencia, adhesión. **2** enlace, unión, coherencia, ligazón, afinidad. ANT. disgregación. **3** Fís. {partículas} unión, fuerza de atracción.

cohete m. proyectil, misil, vehículo espacial. **2** volador, petardo, triquitraque, buscapiés. **3** bengala, luminaria, señal.

cohibir tr. coercer, refrenar, restringir, inhibir, limitar, contener, coartar, intimidar. ANT. alentar, estimular, animar.

cohonestar tr. encubrir, disimular, disfrazar, disculpar, colorear, paliar. ANT. acusar.

cohorte f. conjunto, serie, número, colección, multitud, legión, séquito, hueste, caterva.

coima f. manceba. **2** Amer. cohecho, soborno, mordida.

coincidencia f. ajuste, concordancia, sincronía, conjunción. ANT. desajuste. **2** acuerdo, concurrencia, consenso, concordia, conciliación, reciprocidad. ANT. discrepancia, diferencia. **3** casualidad, contingencia, azar, eventualidad, fortuna, chiripa.

coincidir intr. concurrir, encontrarse, hallarse, juntarse, incidir. **2** armonizar, sintonizar, concordar, convenir. ANT. discrepar. **3** ajustarse, unirse, encajar.

coito m. cópula, apareamiento, sexo, fornicación, acoplamiento, cohabitación, concúbito, unión sexual, acto sexual, relación carnal.

cojear intr. renquear, renguear. **2** fig. {mesa} torcerse, ladearse, desnivelarse. **3** fig. {vicio, defecto} padecer, adolecer, sufrir. **4** faltar a la rectitud.

cojín m. almohadón, almohada, almohadilla, respaldo, cabezal.

cojo, -ja adj. s. rengo, renco. **2** {mesa} desnivelado, inestable, desequilibrado; asimétrico. ANT. estable. **3** {razonamiento} incompleto, defectuoso, flojo, mal fundado.

cojón m. vulg. testículo.

cojonudo, -da adj. magnífico, estupendo, maravilloso, excelente, formidable.

col f. repollo, coliflor, berza, colinabo, nabicol, tallo.

cola f. {animal} rabo, hopo. ANT. cabeza. **2** final, punta, fin, extremo, remate, terminación, extremidad posterior. ANT. principio. **3** {cometa} apéndice. **4** {personas} hilera, fila, línea, alineación. **5** pegante, pegamento, adherente, adhesivo, goma, fijador. **6** m. último lugar.

colaboración f. cooperación, apoyo, respaldo, ayuda, aporte, asistencia, participación. ANT. oposición. **2** auxilio, subvención, patrocinio, donativo, donación, préstamo, pago, contribución. **3** alianza, asociación. ANT. desunión, discrepancia.

colaboracionista com. desleal, cómplice, traidor. ANT. leal.

colaborador, -ra adj. s. ayudante, auxiliar, copartícipe, participante. ANT. antagonista.

colaborar tr. apoyar, auxiliar, cooperar. **2** subvencionar, patrocinar. ANT. desasistir.

colación f. refacción, refrigerio, comida. **2** cotejo, confrontación. **3** Amer. golosina. **4** loc. sacar a ~: hacer mención, evocar, nombrar.

colacionar tr. cotejar, comparar, confrontar.

colada f. Amér. Sur mazamorra. **2** loc. salir en la ~: averiguarse, descubrirse.

coladero m. ver **colador**.

colador m. filtro, filtrador, tamiz, criba, destilador, zaranda, pasador, cernedor, cedazo.

coladura f. cribado, filtración. **2** residuo, desperdicio. **3** equivocación, desacierto, error.

colapso m. MED. prostración, desvanecimiento, desmayo, síncope, vahído, patatús, ataque. ANT. reanimación. **2** MEC. {cuerpo} deformación, destrucción. **3** {tráfico, actividad} paralización. **4** {estructura, sistema} destrucción, desplome, ruina, hundimiento.

colar tr. filtrar, cribar, tamizar, depurar, cerner, separar, purificar, decantar, destilar. **2** intr. {vino} beber. **3** prnl. escurrirse, meterse sin permiso, introducirse a escondidas. **4** equivocarse, desacertar, pifiarse. ANT. acertar.

colateral adj. s. {parentesco} transversal, indirecto. **2** fig. secundario, marginal, accesorio. ANT. principal.

colcha f. edredón, cobertor, cubrecama, sobrecama. **2** Amer. cobija, frazada, manta.

colchón m. jergón, colchoneta, plumón, yacija, almadraque.

colección f. repertorio, compilación, surtido, muestrario, serie, conjunto, agrupación, reunión, grupo; recopilación, antología.

coleccionar tr. reunir, compilar, recopilar, allegar, acopiar, atesorar.

colecta f. recaudación, recogida, cuestación, petición, colectación.

colectar tr. recaudar, recoger, cobrar.

colectividad f. comunidad, sociedad, asociación, población, generalidad, totalidad, grupo, conjunto. ANT. individuo.

colectivo, -va adj. común, social, comunal, público, universal, general, genérico, global, plural. ANT. individual, particular. **2** m. Arg., Bol., Col., Perú autobús.

colector, -ra adj. recaudador. **2** s. coleccionista, compilador, recopilador. **3** m. caño, canal.

colega com. compadre, camarada, asociado, aliado, igual, par, cofrade, correligionario, amigo, compañero. ANT. enemigo.

colegial, -la s. estudiante, escolar, alumno, pupilo, discípulo, educando.

colegio m. escuela, liceo, centro docente, academia, instituto, claustro, gimnasio, seminario. **2** corporación, asociación, sociedad, comunidad, congregación, gremio, junta.

colegir tr. deducir, inferir, concluir, razonar, discurrir, conceptuar, presumir, intuir, creer, suponer, concluir, estimar, conjeturar.

cólera f. rabia, ira, furor, enojo, furia, irritación, exasperación, indignación, arrebato, disgusto, enfado. ANT. serenidad, calma. **2** epidemia, plaga, peste, infección, flagelo.

colérico, -ca adj. iracundo, furioso, enojado, rabioso. ANT. tranquilo. **2** apestado, infectado.

coleta f. trenza, mechón, guedeja, melena, moño, cola. **2** {escrito, discurso} adición, añadido, añadidura, postdata.

coleto m. fig. adentro, interior, conciencia, fuero interno.

colgadura f. cortina, cortinaje, velo, guarnición, telón, toldo, paño, entoldamiento, tapiz.

colgajo m. andrajo, pingajo, harapo, piltrafa, jirón, guiñapo. **2** {frutas} racimo, ristra.

colgante adj. pendiente.

colgar tr. suspender, pender. **2** caer, descender. **3** {comunicación} cortar, interrumpir. **4** imputar, achacar, endilgar, atribuir. **5** {profesión, actividad} abandonar, renunciar. **6** tr. prnl. ahorcar, estrangular, ajusticiar, ejecutar. ANT. indultar. **7** depender.

cólico m. MED. acceso, dolor, ataque, punzada.

coligarse prnl. aliarse, confederarse, mancomunarse, unirse, ligarse, vincularse, asociarse, pactar. ANT. enemistarse, separarse.

colina f. loma, montículo, cerro, elevación, altura, collado, otero, prominencia, altozano, eminencia, monte, cota, alcor, cuesta, promontorio. ANT. depresión.

colindante adj. confinante, contiguo, limítrofe, aledaño, fronterizo, adyacente, vecino, inmediato, lindante. ANT. lejano, separado, distante.

colindar intr. limitar, lindar, rayar, confinar, tocarse.

coliseo m. circo, anfiteatro, teatro, foro, escenario, recinto.

colisión f. choque, impacto, encontronazo, embate, topetazo, sacudida, encuentro, golpe. **2** pugna, oposición, conflicto. ANT. conformidad.

colisionar intr. {vehículos} chocar, golpearse.

collado m. promontorio, cerro, cerrejón, cuesta, colina, altozano, loma.

collar m. adorno, gargantilla, collarín, cuenta. **2** insignia, condecoración. **3** aro; traílla.

colmado, -da adj. lleno, abundante, rebosante, atiborrado, completo, abarrotado, relleno, copioso, saturado, atestado. ANT. vacío. **2** m. figón, tienda.

colmar tr. llenar, saturar, atiborrar, rellenar, atestar, abarrotar, inundar. ANT. vaciar, desocupar. **2** dar (con abundancia). **3** tr. prnl. {deseos} satisfacer. ANT. decepcionar.

colmena f. colmenar, abejar, abejera, panal.

colmillo m. canino, diente, diente columelar.

colmo *m. fig.* término, complemento, remate, cima, perfección, plenitud, máximo. **2** exceso, abuso, arbitrariedad, acabóse. **3** paja; techo de paja. **4** *adj.* colmado. **5** *loc.* llegar a ~: llegar a lo sumo, llegar a la perfección. **6** *loc.* ser el ~: ser el acabóse.

colocación *f.* ubicación, situación, orientación, posición, emplazamiento, disposición, alineación, postura, instalación, distribución. *ANT.* descolocación. **2** empleo, cargo, puesto, trabajo, ocupación, oficio, labor, quehacer, plaza. *ANT.* desempleo.

colocar *tr. prnl.* poner, situar, ubicar, depositar, disponer, ordenar, acomodar, instalar, emplazar, orientar. *ANT.* descolocar, desordenar. **2** ajustar, meter, encajar, alinear, encuadrar. *ANT.* sacar. **3** emplear, ocupar, acomodar. **4** *tr.* {dinero} invertir. **5** vender.

colofón *m.* IMPR. {libro} anotación final. **2** *fig.* conclusión, fin, remate, término, coronamiento. **3** comentario, explicación, nota, acotación, glosa.

colonia *f.* dominio, posesión, mandato, protectorado. **2** territorio, provincia, departamento. **3** colonización, asentamiento, establecimiento, emigración, poblado, fundación. **4** {personas} agrupación, comunidad, asociación. **5** grupo de animales, especie. **6** agua de colonia, perfume. **7** *Méx.* barrio, zona urbana.

colonial *adj.* {comestible} ultramarino. **2** dominado, dependiente. *ANT.* autónomo, libre. **3** migratorio, emigratorio.

colonialismo *m.* dominación, imperialismo. *ANT.* anticolonial.

colonización *f.* asentamiento, instalación, establecimiento. **2** migración, emigración. *ANT.* descolonización.

colonizar *tr.* invadir, conquistar, someter, dominar, avasallar, oprimir, tiranizar, esclavizar. *ANT.* independizar, emancipar, liberar. **2** instalarse, asentarse, poblar, establecerse, repoblar, fundar. *ANT.* despoblar.

colono *m.* colonizador, pionero; emigrante. **2** labrador, arrendatario, aparcero, agricultor, cultivador, plantador.

coloquio *m.* conversación, diálogo, entrevista, charla, plática, comunicación, discusión, debate, parlamento, conferencia.

color *m.* coloración, colorido, matiz, tono, tonalidad, tinte, pintura, pigmento, gama, tintura, colorante; cromatismo. **2** {pintura, cuadro} colorido. **3** característica, cualidad, apariencia, peculiaridad, viso. **4** {opinión} matiz.

colorado, -da *adj.* encarnado, rojo, rojizo, arrebol, grana, encendido, carmesí, bermellón. **2** ruborizado, encendido, abochornado. **3** {chiste} picante, malicioso, obsceno, verde.

colorante *m.* color, tinte, pintura, tintura, pigmento, anilina. *ANT.* decolorante.

colorear *tr.* pintar, teñir, pigmentar, policromar, sombrear, pintarrajear, irisar, matizar.

colorido, -da *s.* tonalidad, tono, matiz, gradación, gama, intensidad, policromía. **2** animación, vistosidad.

colosal *adj.* desmesurado, enorme, descomunal, ingente, monumental, gigantesco, inmenso, ciclópeo, exorbitante, titánico, desmedido, extenso. *ANT.* diminuto, minúsculo. **2** extraordinario, espléndido, bonísimo, magnífico, fenomenal, excelente, maravilloso, soberbio, estupendo. *ANT.* pésimo, insufrible.

coloso *m.* titán, cíclope, hércules, gigante. *ANT.* enano.

columbrar *tr.* vislumbrar, divisar, percibir, entrever, distinguir, otear. **2** conjeturar, barruntar, adivinar, sospechar, prever, rastrear.

columna *f.* pilar, poste, pilastra, puntal. **2** refuerzo, contrafuerte, soporte, apoyo, sostén. **3** hilera, fila, cola, línea, formación; caravana, convoy. **4** espina dorsal, espinazo, columna vertebral.

columpiar *tr.* balancear, mecer, menear, empujar. **2** oscilar, bambolearse, tambalearse, fluctuar, vacilar, temblar.

columpio *m.* balancín, mecedor; trapecio.

coma *f.* virgulilla, vírgula, tilde, signo ortográfico, trazo de puntuación. **2** *m.* MED. sopor, colapso, estertor, letargo, inconsciencia, aletargamiento, modorra, sueño.

comadre *f.* partera, comadrona. **2** madrina. **3** amiga, confidente, íntima; vecina. **4** alcahueta, celestina. **5** chismosa, enredadora, entrometida, cuentista, parlanchina, cotilla.

comadrear *intr.* chismear, chismorrear, murmurar.

comandante *m.* jefe, superior, caudillo, adalid, cabeza, regente, cabecilla.

comando *m.* MIL. mando, dirección, guía. **2** avanzada, destacamento, tropa de choque. **3** {terroristas} grupo armado.

comarca *f.* territorio, demarcación, región, distrito, provincia, circunscripción, poblado, terruño, jurisdicción, zona, lugar, paraje, sitio, tierra, país.

comarcano, -na *adj.* {tierras} cercano, circunvecino, confinante, contiguo, colindante.

comarcar *intr.* {país, pueblo} confinar, lindar, colindar.

comba *f.* combadura, curvatura, torcedura, alabeo, inflexión. **2** saltador, cuerda.

combado, -da *adj.* curvo, arqueado, pandeado, encorvado, alabeado. *ANT.* recto, derecho.

combar *tr. prnl.* {hierro, madera} torcer, encorvar, curvar, alabear. *ANT.* enderezar.

combate *m.* lucha, batalla, contienda, lid, asalto, liza, guerra, conflicto, pelea, escaramuza, choque, acción, duelo. *ANT.* paz, armisticio, concordia. **2** contradicción, oposición, pugna. *ANT.* acuerdo, avenencia. **3** conflicto interno. **4** DEP. partido, competición, torneo.

combatiente *com.* soldado, guerrero, contendiente. **2** beligerante; luchador, batallador. *ANT.* pacífico. **3** enemigo, adversario. *ANT.* aliado.

combatir *intr. prnl.* pelear, lechar, batallar, guerrear, contender, lidiar, disputar, reñir, atacar. **2** *tr.* competir, rivalizar. **3** acometer, embestir. **4** contradecir, controvertir, refutar, impugnar. *ANT.* apoyar, aprobar. **5** {mal, daño} atacar, reprimir, refrenar, contener.

combinación *f.* unión, mezcla, composición, amalgama, compuesto, fusión, aleación, miscelánea, asociación, reunión, conjugación, acoplamiento, conjunto. *ANT.* disgregación, separación. **2** arreglo, chanchullo, maquinación, conspiración, manejo, acuerdo, componenda, plan, artimaña, amaño, argucia, maniobra, treta. **3** clave, secreto. **4** enaguas.

combinado, -da *adj.* surtido, variado. **2** *m.* cóctel, coctel, combinación.

combinar *tr. prnl.* unir, integrar, juntar, amalgamar, hermanar, intercalar, fundir, mezclar, componer, acoplar. *ANT.* desunir, descomponer, separar. **2** *tr.* adecuarse, hacer juego. **3** *prnl.* acordar, concertarse, conchabarse.

combo *m. Amer.* promoción. **2** *Amer.* mazo, martillo grande. **3** *Bol., Chile, Perú* puñetazo. **4** *Amer.* grupo musical. **5** *Col., Ven.* {personas} grupo, conjunto.

combustible *adj.* comburente, carburante; inflamable, ustible. *ANT.* incombustible.

combustión *f.* inflamación, ignición, combustibilidad, quema. **2** fuego, incendio, fogata, hoguera, llama. *ANT.* extinción, apagamiento.

comedia f. parodia, farsa, burla, fingimiento, bufonada, pantomima, sainete, enredo. **2** fingimiento, artificio, estratagema, disimulo.

comediante, -ta s. actor/actriz, cómico, artista, figurante, representante, protagonista, histrión, bufón. **2** farsante, falso, simulador, intrigante, impostor. ANT. sincero, auténtico.

comedirse prnl. medirse, contenerse, arreglarse, moderarse. **2** Amer. ofrecerse.

comedor, -ra adj. glotón, voraz, devorador, tragón, comilón. ANT. sobrio, moderado. **2** m. refectorio, cenador, salón comedor. **3** restaurante, café, cafetería, fonda.

comensal com. invitado, convidado, huésped, agasajado, concurrente, asistente.

comentar tr. interpretar, explicar, dilucidar, criticar, esclarecer, aclarar, anotar, manifestar.

comentario m. explicación, interpretación, apostilla, anotación, nota, aclaración, disquisición, glosa, exégesis. **2** mención, opinión, parecer, juicio, consideración.

comentarista com. intérprete, exegeta, hermeneuta. **2** locutor, periodista.

comenzar tr. empezar, principiar, iniciar, inaugurar, emprender, abordar, introducir, entablar, incoar, dar principio. ANT. acabar, finalizar, concluir, terminar. **2** nacer, surgir, brotar. **3** estrenar, inaugurar, abrir, fundar. ANT. cerrar, clausurar.

comer intr. tr. masticar, mascar, saborear, gustar, degustar. **2** engullir, ingerir, tragar, tomar, devorar, manducar, zampar, embuchar, yantar. ANT. ayunar. **3** nutrirse, sustentarse, alimentarse, tomar alimento. ANT. ayunar. **4** tr. desgastar, corroer, gastar, roer. **5** {caudal, dinero} dilapidar, derrochar, despilfarrar, consumir. **6** picar, escocer. **7** prnl. {escritura, habla} omitir, olvidar, pasar por alto.

comercial adj. mercantil, financiero, económico, lucrativo.

comerciante adj. intermediario, negociante, financiero, proveedor, negociador, comisionista, consignatario, minorista, mayorista, revendedor, importador, exportador, comprador, vendedor, especulador, mercader, tratante.

comerciar intr. mercantilizar, negociar, mercadear, tratar, transferir, financiar, especular, permutar, intercambiar, canjear, comprar, vender, lucrarse, beneficiarse, traspasar, expedir, liquidar, proveer, suministrar, contratar, importar, exportar.

comercio m. trato, transacción, comercio, negocio, negociación, mercantilización, intercambio, compraventa, especulación. **2** almacén, tienda, negocio, mercado, establecimiento comercial. **3** comunicación, relación, trato, acceso.

comestible m. alimento, comida, provisión, vianda, manjar, bastimento, víveres. **2** pl. Amer. abarrotes. **3** adj. digerible, alimenticio, nutritivo. ANT. incomestible.

cometa m. ASTRON. astro, estrella de cola. **2** volantín, birlocha.

cometer tr. {culpa, falta} caer, incurrir. **2** realizar, efectuar, consumar, hacer, perpetrar, ejecutar, llevar a cabo.

cometido m. tarea, oficio, labor, misión, comisión, gestión, trabajo, deber, encargo, empresa, quehacer, objetivo, ocupación, responsabilidad, obligación, función.

comezón f. escozor, picazón, irritación, hormigueo, prurito, picor. **2** Amer. rasquiña. **3** anhelo, afán, ansia, gana, inclinación, apetencia, deseo, apetito. ANT. indiferencia.

comicidad f. jovialidad, humorismo, gracia, humor, hilaridad, jocosidad, regocijo, diversión, alegría, animación. ANT. tristeza.

comicios m. pl. elecciones, votaciones, escrutinios, plebiscito, sufragio, referendo.

cómico, -ca adj. jovial, gracioso, jocoso, risible, hilarante, alegre, divertido, chistoso. ANT. serio, grave, triste. **2** burlesco, bufo, ridículo, chocarrero. **3** s. comediante, humorista, payaso, histrión, bufón, mimo, figurante, animador, representante, actor.

comida f. alimento, sustento, manutención, ración, vianda, nutrición, nutriente, manjar, pitanza. **2** víveres, provisiones, comestibles. **3** cena, merienda, festín, refrigerio, comilona, ágape, banquete, francachela, agasajo, convite, homenaje.

comienzo m. principio, origen, inicio, iniciación, nacimiento, causa, brote. ANT. fin, conclusión. **2** apertura, inauguración, estreno. ANT. cierre, clausura. **3** prólogo, preámbulo, preludio. ANT. epílogo.

comilón, -ona adj. s. glotón, voraz, tragón, insaciable.

comilona f. col. francachela, banquete, ágape, festín.

comino m. condimento, especia. **2** pequeñez, minucia, insignificancia. **3** loc. *no importar un ~*: no importar nada.

comisión f. misión, gestión, encargo, diligencia, función, cometido, tarea, mandato, encomienda. **2** comité, consejo, junta, organismo, cuerpo, diputación, corporación, delegación, representación, misión diplomática. **3** participación, retribución, gratificación, compensación, parte, prima, derechos, porcentaje.

comisionado, -da adj. s. delegado, encargado, facultado, enviado, embajador.

comisionista com. intermediario, representante, delegado, agente, comerciante, corredor.

comisura f. ANAT. {labios, párpados} unión, juntura, enlace.

comité m. junta, delegación, consejo, comisión, corporación, representación.

comitiva f. compañía, grupo, cortejo, escolta, corte, séquito, comparsa, desfile, marcha.

commodity s. [ING.] bien de consumo, mercancía, producto, producto básico, artículo, bien, materia prima.

como adv. del modo, a la manera que. **2** {comparativo} si, tal, tan, tanto. **3** aproximadamente, cerca de, más o menos. **4** según, de acuerdo con, conforme. **5** conj. puesto que. **6** prep. en calidad de, con carácter de.

cómo adv. interr. y excl. de qué modo, de qué manera. **2** por qué motivo, por qué causa.

cómoda f. cajonera, aparador, armario, estante, mueble.

comodidad f. holgura, agrado, desahogo, acomodamiento, descanso, bienestar, satisfacción, placer, conveniencia. ANT. incomodidad. **2** utilidad, interés, egoísmo. **3** ventaja, facilidad, conveniencia, provecho.

cómodo, -da adj. holgado, confortable, favorable, conveniente; agradable, placentero. ANT. incómodo. **2** acomodado, adecuado, oportuno. ANT. inoportuno. **3** fácil, manejable, útil. ANT. difícil. **4** adj. s. sibarita, comodón, haragán. ANT. activo.

compacto, -ta adj. denso, espeso, condensado; apretado, tupido, macizo. ANT. fofo, esponjoso. **2** consistente, resistente, sólido, férreo, fuerte, recio. ANT. blando, inconsistente.

compadecerse tr. prnl. dolerse, apiadarse, deplorar, contristarse, compungirse, enternecerse, condolerse, lamentarse. ANT. ensañarse. **2** prnl. ajustarse, compaginarse, armonizarse. **3** conformarse, unirse.

compadraje *m. pey.* confabulación, aconchabamiento, concierto, compadrazgo.

compadrazgo *m.* compaternidad, conexión, afinidad. **2** compadraje, aconchabamiento, confabulación, concierto.

compadre *m.* padrino. **2** compañero, camarada, cofrade, colega, socio, amigo. *ANT.* enemigo.

compadrito *m. Arg., Uru.* jactancioso, pendenciero, fanfarrón, provocativo, chulo, matón. **2** *adj. Arg., Uru.* {cosa} vistoso.

compaginar *tr. prnl.* armonizar, concordar, corresponder. *ANT.* discordar. **2** ordenar, organizar, componer, arreglar, acoplar, ajustar. *ANT.* desordenar, descomponer.

compañerismo *m.* camaradería, amistad, fraternidad, confianza, hermandad, unión, familiaridad, lealtad, compenetración, concordia, fidelidad, lealtad. *ANT.* enemistad.

compañero, -ra *s.* camarada, amigo, colega, compadre, igual. *ANT.* enemigo. **2** cofrade, ayudante, socio, compinche, acólito. **3** partidario, adicto, acompañante. **4** consorte, cónyuge, pareja, novio/novia, esposo/esposa, marido/mujer, desposado/desposada.

compañía *f.* acompañamiento, escolta, comitiva, caravana, séquito, cortejo. **2** ayuda, compañerismo, adhesión. **3** sociedad, asociación, junta, asamblea, mutualidad, corporación. **4** empresa, entidad, firma, industria, casa, razón social. **5** *TEAT.* cuerpo de actores.

comparación *f.* cotejo, confrontación, paralelo, comprobación, verificación, parangón, paridad, equiparación, compulsa; observación, examen. *ANT.* diferencia, desigualdad, disparidad. **2** símil retórico, metáfora.

comparar *tr.* confrontar, cotejar, contrastar, parangonar, contraponer, relacionar, equiparar, compulsar, comprobar, verificar. *ANT.* distinguir.

comparecer *intr. DER.* acudir, presentarse, asistir, llegar, venir. *ANT.* faltar, ausentarse.

comparsa *f.* acompañamiento, escolta, séquito, cortejo, comitiva, desfile. **2** *TEAT.* figurante, extra, acompañante, corista, partiquino.

compartimiento *m.* estante, división, sección, apartado, casilla, casillero, caja.

compartir *tr.* distribuir, dividir, repartir, participar, partir. *ANT.* acaparar. **2** cooperar, colaborar, ayudar, auxiliar. **3** acompañar, participar.

compás *m.* brújula. **2** ritmo, cadencia, melodía; movimiento, paso. **3** norma, pauta, regla, medida. **4** *loc. llevar el ~:* dirigir una orquesta.

compasar *tr.* acompasar, medir, reglar. **2** arreglar, acomodar, proporcionar.

compasión *f.* conmiseración, lástima, clemencia, caridad, solidaridad, piedad, misericordia, sensibilidad, humanidad. *ANT.* crueldad, dureza, impiedad.

compasivo, -va *adj.* misericordioso, clemente, piadoso, caritativo, humanitario, altruista. *ANT.* cruel, inhumano.

compatibilidad *f.* concurrencia, coexistencia, conformidad, afinidad, entendimiento. *ANT.* incompatibilidad, diferencia.

compatible *adj.* acorde, conciliable, afín, coincidente, compaginable, armonizable, combinable, acomodable, concurrente. *ANT.* incompatible. **2** compenetrado, avenido.

compatriota *com.* conciudadano, paisano, coterráneo. *ANT.* extranjero, forastero.

compeler *tr.* coaccionar, constreñir, coercer, forzar, apremiar, obligar, urgir, impeler, exigir, hostigar, violentar.

compendiar *tr.* resumir, abreviar, reducir, esquematizar, extractar, recapitular. *ANT.* ampliar, extender, alargar.

compendio *m.* resumen, sumario, compilación, epítome, recopilación, extracto, sinopsis, reducción, abreviación, esquema, síntesis, acortamiento, condensación, breviario, rudimentos. *ANT.* ampliación.

compenetración *f.* avenencia, consonancia, afinidad, entendimiento, reparación, desagravio, conformidad, unión, simpatía, identificación. *ANT.* discrepancia.

compenetrarse *prnl.* {partículas} juntarse, mezclarse, fusionarse, unirse. *ANT.* disgregarse, separarse. **2** {cosas} influirse, identificarse. **3** {personas} simpatizar, avenirse, entenderse, comprenderse, conllevarse, concordar, congeniar, coincidir, identificarse, fraternizar, intimar. *ANT.* rivalizar, discrepar, disentir.

compensación *f.* indemnización, retribución, resarcimiento, reparación, desagravio, remuneración, restitución. **2** premio, galardón, recompensa. **3** nivelación, equilibrio, contrapeso, equivalencia, igualdad. *ANT.* desnivelación, desequilibrio.

compensar *tr.* indemnizar, resarcir, subsanar, remediar, reparar, retribuir; recompensar. **2** equilibrar, nivelar, contrapesar, igualar, contrabalancear. *ANT.* desequilibrar, desbalancear.

competencia *f.* disputa, lucha, contienda, pendencia, enfrentamiento, riña. **2** oposición, rivalidad, antagonismo, pugna, oposición, emulación. **3** incumbencia, atribución. **4** aptitud, disposición, habilidad, suficiencia, capacidad, idoneidad. *ANT.* incompetencia. **5** *DER.* {juez} atribución legítima, jurisdicción, autoridad. **6** *Amer.* competición deportiva, certamen, concurso.

competente *adj.* idóneo, capaz, capacitado, calificado, apto, experimentado, preparado, diestro, hábil, dispuesto, entendido, experto, conocedor, perito; eficiente, eficaz. *ANT.* incompetente, inepto. **2** proporcionado, oportuno, adecuado, bastante. *ANT.* inadecuado.

competer *intr.* incumbir, concernir, atañer, interesar, tocar, corresponder, pertenecer.

competición *f.* competencia, antagonismo, rivalidad, contienda, disputa, lucha. **2** *DEP.* partido, encuentro, certamen, campeonato, concurso, torneo.

competir *intr. prnl.* contender, rivalizar, oponerse, luchar, pugnar, porfiar. *ANT.* coincidir. **2** emular, imitar, igualar. **3** *DEP.* jugar, concursar.

compilación *f.* recopilación, resumen, sumario, extracto, síntesis, sinopsis, breviario. **2** colección, antología, florilegio, excerpta.

compilar *tr.* recopilar, reunir, coleccionar.

compinche *com.* compañero, camarada, compadre, amigo. *ANT.* enemigo. **2** *col.* cómplice, amigote.

complacencia *f.* agrado, gusto, satisfacción, regocijo, placer, alegría, goce, gozo, contento. *ANT.* contrariedad, disgusto. **2** tolerancia, conformidad, beneplácito, transigencia, consentimiento. *ANT.* intransigencia.

complacer *tr. prnl.* agradar, satisfacer, contentar, halagar, gratificar, alegrar, deleitar, embelesar, encantar. *ANT.* molestar, contrariar. **2** condescender, transigir, consentir, acceder. *ANT.* negarse, obstinarse. **3** *prnl.* complacerse, disfrutar, gloriarse, alegrarse.

complaciente *adj.* condescendiente, tolerante, indulgente, benévolo, benigno, obsequioso, servicial, amable, atento, deferente. *ANT.* desatento, desconsiderado.

complejidad *f.* diversidad, multiplicidad. **2** complicación, dificultad.

complejo, -ja *adj.* múltiple, heterogéneo, diverso, variado. *ANT.* simple. **2** complicado, difícil, dificultoso, intrincado, espinoso, problemático, profundo, enmarañado, enredado, laberíntico. ANT. fácil, sencillo. **3** *m.* {industrias, cosas} conjunto, unión, fusión. **4** PSIC. perturbación, alteración, trastorno, manía. ANT. equilibrio.

complementario, -ria *adj.* suplementario, adicional, adjunto, añadido, agregado, accesorio.

complemento *m.* suplemento, añadidura, añadido, aditamento, adición, apéndice; continuación, terminación, remate. **2** perfección, colmo, integridad, plenitud, cumplimiento. ANT. imperfección. **3** LING. modificador; palabra, sintagma, proposición. **4** *pl.* {indumentaria} accesorios.

completar *tr.* añadir, adjuntar, agregar, complementar, suplir, suplementar. ANT. descompletar. **2** finalizar, concluir, acabar, consumar, cumplir, terminar, rematar, perfeccionar. ANT. comenzar, iniciar, empezar.

completo, -ta *adj.* lleno, colmado, pleno, atestado, atiborrado, repleto, relleno. ANT. vacío. **2** íntegro, entero, cabal, indiviso, rotundo; absoluto, total. ANT. parcial. **3** terminado, acabado, perfecto, cumplido. ANT. incompleto.

complexión *f.* constitución, naturaleza, temperamento, carácter, idiosincrasia.

complicación *f.* dificultad, inconveniente, enredo, confusión, oscuridad, embrollo, obstáculo, contratiempo, tropiezo. ANT. facilidad, simplificación. **2** complejidad.

complicado, -da *adj.* enmarañado, intrincado, embrollado, enredado, embarazoso, dificultoso. ANT. sencillo. **2** múltiple. ANT. simple. **3** {persona} difícil, intratable.

complicar *tr. prnl.* implicar, involucrar, mezclar, enredar, comprometer. **2** obstaculizar, dificultar, entorpecer, enmarañar, embrollar, confundir. ANT. facilitar, aclarar, esclarecer. **3** agravarse, empeorarse, desmejorar, recaer. ANT. mejorarse, recuperarse.

cómplice *com.* DER. {crimen, culpa} participante, partícipe, copartícipe, coautor, implicado, asociado. ANT. inocente. **2** DER. {delito} sabedor, codelincuente, encubridor, colaborador. ANT. ajeno, desligado.

complicidad *f.* connivencia, confabulación, contubernio, cooperación, participación.

complot *m.* maquinación, conspiración, confabulación, contubernio, conjura. **2** intriga, trama, maniobra, plan, artimaña.

complotar *intr. prnl. Amer.* confabularse, conspirar, conjurar, maquinar, tramar.

componenda *f.* transacción, acuerdo, arreglo, pacto, trato. ANT. desacuerdo. **2** maniobra, amaño, chanchullo, intriga, trampa.

componente *m.* elemento, factor, constituyente, ingrediente; accesorio, pieza, parte. ANT. totalidad. **2** *adj.* miembro, integrante, participante.

componer *tr.* {cosas} juntar, ordenar, acomodar. ANT. desordenar. **2** *tr. prnl.* {partes, agregado} constituir, formar, integrar. ANT. descomponer. **3** *tr.* {bebida} aderezar, preparar. **4** {números} sumar. **5** reparar, restaurar, remendar, arreglar, remediar, enmendar, subsanar, compaginar, concertar, ordenar. ANT. dañar, descomponer, estropear. **6** {cosa} adornar, hermosear. **7** *tr. prnl.* {persona} ataviar, engalanar, acicalar, emperifollar. **8** {discordias} concordar, reconciliar, arbitrar, concertar, poner en paz. **9** *tr.* moderar, templar, corregir, arreglar. **10** constituir, integrar, formar parte. ANT. separarse. **11** acomodar, preparar. **12** {arte, obra científica, versos} producir, escribir, hacer, crear, inventar, imaginar. ANT. destruir. **13** restaurar, resta-

blecer. **14** *loc. componérselas:* ingeniárselas, desenvolverse, salir del apuro.

comportamiento *m.* conducta, proceder, actuación, acción, costumbre, hábito, práctica.

comportar *tr.* implicar, conllevar. **2** *prnl.* portarse, conducirse, manejarse, desenvolverse, proceder, gobernarse, obrar, actuar.

composición *f.* creación, resultado, producción, trabajo, tarea, labor. **2** obra, pieza, producto, melodía, música, canción, poema, escrito. **3** disposición, contextura. **4** DER. arreglo, indemnización.

compositor *adj. s.* músico, autor, creador, maestro. **2** *Chile, Col.* curandero, componedor (de fracturas), algebrista.

compostura *f. p. us.* construcción. ANT. destrucción. **2** arreglo, reparación, restauración, ajuste, mejora, remiendo, rectificación, reforma. ANT. daño, avería. **3** aseo, aliño, adorno, afeite. ANT. desarreglo. **4** falsificación, adulteración, mezcla. **5** ajuste, transacción, compromiso, convenio, trato, pacto. **6** mesura, modestia, decoro, decencia, dignidad, circunspección, pudor. ANT. descaro, incorrección, atrevimiento.

compota *f.* jalea, mermelada, dulce, dulce de fruta.

compra *f.* adquisición, operación, transacción. ANT. venta. **2** diario, gasto. **3** soborno, cohecho, corrupción.

comprador, -ra *adj. s.* adquiriente, interesado, consumidor, cliente. ANT. vendedor.

comprar *tr.* adquirir, obtener, conseguir, desembolsar, gastar, invertir, negociar, mercar. ANT. vender. **2** sobornar, corromper, untar, cohechar.

compraventa *f.* transacción, negocio, trato.

comprender *tr.* abrazar, ceñir, rodear, abarcar, encerrar, integrar. ANT. excluir. **2** entender, percibir, concebir, discernir, penetrar, saber, conocer, advertir, intuir, alcanzar, asimilar, vislumbrar, darse cuenta. ANT. ignorar. **3** justificar. **4** *tr. prnl.* contener, incluir, englobar.

comprensible *adj.* perceptible, inteligible, evidente, claro, accesible, fácil, explicable, descifrable, sencillo, manifiesto. ANT. incomprensible, inaccesible, difícil.

comprensión *f.* perspicacia, penetración, inteligencia, agudeza, talento, entendimiento, alcance. ANT. torpeza. **2** indulgencia, tolerancia, condescendencia, transigencia, bondad, benevolencia. ANT. intolerancia.

compresa *f.* cataplasma, apósito.

compresión *f.* presión, condensación, concentración. **2** GRAM. sinéresis.

comprimido *m.* pastilla, píldora, tableta, gragea. **2** *adj.* apretado, denso, prensado.

comprimir *tr. prnl.* oprimir, apretar, estrechar, prensar, aplastar, condensar, estrujar. ANT. aflojar, ensanchar. **2** *p. us.* contener, reprimir, refrenar.

comprobante *m.* recibo, certificado, garantía, justificante.

comprobar *tr.* cotejar, inspeccionar, confrontar, revisar, examinar, compulsar, escrutar, reconocer. **2** confirmar, certificar, acreditar, verificar, probar, constatar, evidenciar, cerciorarse, asegurarse.

comprometer *tr. prnl.* exponer, arriesgar, aventurar. ANT. salvaguardar. **2** implicar, enredar, liar, complicar, mezclar. ANT. librar. **3** obligarse, empeñarse, comprometerse, responder, garantizar, avalar. ANT. eludir, excusarse.

comprometido, -da *adj.* comprometedor, difícil, aventurado, expuesto, escabroso, arriesgado. **2** implicado, liado, enredado.

compromisario *adj. s.* interventor, mediador, delegado, representante; embajador.

compromiso *m.* obligación, responsabilidad, deber. ANT. incumplimiento. **2** dificultad, aprieto, apuro, embarazo, problema, conflicto, tropiezo. ANT. solución.

3 convenio, alianza, pacto, acuerdo. ANT. desacuerdo, desavenencia. **4** escritura, contrato, instrumento, aval. **5** noviazgo, promesa.

compuerta *f.* media puerta, entrepuerta, portillo, tablacho.

compuesto, -ta *adj.* mesurado, circunspecto. **2** múltiple, variado, combinable, mixto, sintético. **3** engalanado, arreglado, acicalado, aliñado. ANT. descompuesto, desarreglado. **4** *m.* composición, combinado, combinación, mezcla, mezcolanza, agregado, mixtura. **5** *f. pl.* BOT. **compuestas**, familia (de plantas).

compulsar *tr.* comparar, confrontar, cotejar, verificar, comprobar, examinar.

compunción *f.* contrición, arrepentimiento, remordimiento. **2** dolor, tristeza, pesar, pena.

compungido, -da *adj.* arrepentido, contrito, mortificado. **2** atribulado, triste, apesadumbrado, dolorido, pesaroso, contristado, apenado. ANT. alegre.

compungir *tr.* ANT. {conciencia} remorder. **2** *prnl.* dolerse, entristecerse. ANT. alegrarse.

computador *m.* (*tb.* **computadora**) ordenador, procesador de datos, cerebro electrónico.

computarizado, -da *adj.* informatizado.

computar *tr.* contar, calcular.

cómputo *m.* computación, cálculo, cuenta, operación, comprobación.

comulgar *tr.* dar la comunión. **2** *intr. prnl.* recibir la comunión. **3** *fig.* {ideas, sentimientos} coincidir.

común *adj.* universal, general, colectivo, comunal, popular. ANT. particular, individual. **2** corriente, admitido por todos. **3** ordinario, corriente, usual, vulgar, cotidiano, frecuente, habitual; trillado. ANT. extraordinario, inusual. **4** bajo, grosero, despreciable. **5** *m.* {personas} comunidad, generalidad. **6** retrete, excusado. **7** *loc.* **el ~ de las gentes:** la mayor parte de la gente. **8** *loc.* **por lo ~:** comúnmente, generalmente, por lo general.

comuna *f.* comunidad, conjunto (de personas). **2** propiedad colectiva, ejido. **3** *Amer.* municipio, término, distrito.

comunal *adj.* común, colectivo, general. **2** *m.* común, habitantes.

comunero, -ra *adj.* popular, satisfactorio. **2** *m.* copropietario, partícipe.

comunicable *adj.* transmisible. **2** sociable, tratable, comunicativo, humano. ANT. huraño.

comunicación *f.* correspondencia, trato, intercambio, contacto, relación. ANT. incomunicación. **2** {señal} transmisión. **3** {cosas} unión. **4** notificación, comunicado, oficio, aviso, mensaje, misiva, nota, parte, escrito, correspondencia. **5** exposición, escrito. **6** vía, conexión. **7** medio. **8** desahogo, expansión. **9** divulgación, información, difusión. **10** *pl.* correos, teléfono, Internet.

comunicado *m.* notificación, aviso, nota, declaración, observación, parte.

comunicar *tr.* manifestar, contar, relatar, descubrir, hacer saber, hacer partícipe. ANT. omitir, ocultar. **2** *tr. prnl.* conversar. **3** {señales} transmitir. **4** consultar, preguntar. **5** {fuego} extenderse, propagarse. **6** difundir, informar, divulgar, propagar, revelar, anunciar, manifestar, avisar, participar, proclamar, exponer, publicar. ANT. ocultar, tapar. **7** conectar, unir. **8** *prnl.* relacionarse, corresponderse. **9** contagiarse, contaminarse.

comunicativo, -va *adj.* expansivo, abierto, sociable, locuaz, expresivo, amigable, efusivo. ANT. reservado, callado, silencioso.

comunidad *f.* colectividad, asociación, congregación, agrupación, corporación, grupo, sociedad. **2** REL. orden, regla. **3** vecindario, generalidad, común.

comunión *f.* participación, lazo, unión, vínculo, relación. ANT. desunión. **2** comunicación, trato familiar.

3 REL. eucaristía, sacramento, consagración. ANT. excomunión. **4** REL. congregàción. **5** partido político.

conato *m.* amago, intención, tentativa, intentona. ANT. logro. **2** propensión, tendencia, propósito. **3** empeño, esfuerzo. ANT. consumación.

concatenación *f.* eslabonamiento, encadenamiento, enlace, conexión; sucesión, serie, cadena, curso, proceso, progresión. ANT. desunión, separación.

concavidad *f.* cavidad, hendidura, hueco, oquedad, hoyo, vacío, anfractuosidad, depresión, hondonada, socavón. ANT. prominencia.

cóncavo, -va *adj.* ahuecado, hueco, hundido, deprimido, socavado, anfractuoso. ANT. convexo, saliente, turgente.

concebir *intr. tr.* preñar, procrear, fecundar, embarazar. **2** idear, imaginar, proyectar. **3** *tr.* entender, comprender, percibir, penetrar.

conceder *tr.* dar, otorgar, adjudicar, asignar, dispensar, conferir, entregar, obsequiar, proporcionar. ANT. denegar, negar. **2** admitir, reconocer, aceptar, consentir, acceder, permitir, convenir. ANT. refutar.

concedido, -da *adj.* dado, otorgado. **2** admitido, aceptado.

concejal *m.* edil, regidor, cabildante.

concejo *m.* ayuntamiento, cabildo, asamblea, municipalidad, alcaldía, junta, corporación.

concentración *f.* aglutinación, densidad, condensación, conglomeración, solidificación. **2** monopolio, centralización. **3** {personas} manifestación, reunión, demostración. ANT. dispersión. **4** DEP. reclusión.

concentrado, -da *adj.* {medicamento} abundante, condensado, masivo. **2** *fig.* atento, reconcentrado, pendiente.

concentrar *tr. prnl.* reunir, agrupar, juntar, unir, centralizar; monopolizar. ANT. dispersar. **2** QUÍM. espesar, consolidar, condensar, solidificar. ANT. diluir. **3** *prnl.* reconcentrarse, enfrascarse, dedicarse; pensar, reflexionar. **4** ensimismarse, abstraerse, abismarse. **5** {personas} juntarse, aglomerarse, manifestarse.

concéntrico, -ca *adj.* homocéntrico. ANT. excéntrico.

concepción *f.* fecundación, procreación, engendramiento. **2** concepto, pensamiento, noción, idea, creencia.

conceptismo *m.* LIT. preciosismo, rebuscamiento. ANT. sencillez.

concepto *m.* idea, pensamiento, representación, noción, concepción. **2** sentencia, agudeza. **3** opinión, juicio, evaluación, criterio. **4** reputación, fama, nombradía, crédito, estima, consideración. **5** aspecto, calidad.

conceptuar *tr.* estimar, juzgar, considerar, calificar, apreciar, evaluar, clasificar, reputar, enjuiciar, ponderar.

conceptuoso, -sa *adj.* sentencioso, ingenioso, agudo. ANT. simple, torpe. **2** *pey.* abstruso, rebuscado, difícil, incomprensible, oscuro. ANT. sencillo, natural.

concerniente *adj.* referente, atinente, tocante, atañente, perteneciente, relativo, correspondiente, pertinente, respectivo. ANT. extraño, ajeno.

concernir *intr. tr.* incumbir, atañer, corresponder, pertenecer, competer, tocar, afectar, interesar, relacionarse.

concertación *f.* convenio, acuerdo, concierto, ajuste, pacto.

concertar *tr.* componer, ordenar, arreglar. **2** {precio} ajustar. **3** *tr. prnl.* {negocio} tratar, pactar, acordar, estipular, apalabrar. ANT. disentir, discrepar. **4** *tr.* MÚS. armonizar. **5** cotejar, comparar. **6** *intr.* convenir, concordar.

concesión *f.* licencia, permiso, aprobación, prerrogativa, aquiescencia, autorización, privilegio, adjudicación, favor, cesión, otorgamiento, beneficio, privilegio. ANT. denegación, prohibición, negativa.

concesionario, -ria *adj. s.* representante, delegado, agente, autorizado, intermediario.

concha *f.* cubierta, caparazón, coraza, carapacho, valva, venera. **2** carey. **3** *Amer. vulg.* vulva, vagina. **4** *Col., Méx., Ven.* desfachatez, descaro.

conchabar *tr.* unir, juntar, asociar; mezclar. **2** *tr. prnl. Amér. Sur* asalariar, contratar, emplear. **3** *prnl.* confabularse, concertarse, conspirar.

conchudo, -da *adj.* sinvergüenza, caradura, descarado, cínico. **2** *Méx.* indolente, desentendido, indiferente. **3** ANT. astuto, sagaz, cauteloso.

conciencia *f.* discernimiento, conocimiento, percepción, reflexión, concepción, noción. **2** integridad, escrúpulo, sensibilidad, cuidado, delicadeza, miramiento, responsabilidad, consideración. ANT. desvergüenza. **3** *loc. cobrar ~:* darse cuenta, percatarse.

concienciar *tr. prnl.* mentalizar, hacer ver.

concienzudo, -da *adj.* recto. **2** {trabajo} laborioso, cuidadoso, minucioso. **3** {persona} atento, aplicado, perseverante, tesonero, esmerado, escrupuloso.

concierto *m.* orden, armonía, concordancia, ajuste, coordinación. ANT. desorden. **2** convenio, pacto, acuerdo, trato, alianza. ANT. desacuerdo. **3** avenencia, concordia, unión. **4** composición musical. **5** función musical, recital, interpretación, ejecución, audición. **6** *loc. de ~:* de común acuerdo.

conciliábulo *m.* concilio, asamblea, conferencia, reunión. **2** conventículo, conjuración, complot, conspiración, corrillo, intriga, conjura, conseja, maquinación.

conciliación *f.* reconciliación, avenencia, arreglo, armonía, acuerdo, ajuste. ANT. desacuerdo. **2** conveniencia, concordancia, semejanza, similitud. ANT. diferencia. **3** protección, favor.

conciliar *tr.* {ánimos} reconciliar, armonizar, avenir, pacificar, apaciguar, dirimir, arbitrar, mediar. ANT. desavenir, malquistar. **2** {doctrinas} concertar, conformar, unir. **3** *tr. prnl.* {benevolencia, aborrecimiento} granjearse, concitarse, ganar, atraerse.

concilio *m.* junta, congreso, asamblea, reunión, capítulo, sínodo.

concisión *f.* sobriedad, brevedad, parquedad, laconismo. ANT. prolijidad.

conciso, -sa *adj.* breve, sucinto, lacónico, sumario, resumido, compendioso, preciso, sobrio, concreto, parco, corto. ANT. extenso, prolijo.

concitar *tr.* instigar, incitar, inducir, provocar, excitar. **2** reunir, congregar, juntar.

conciudadano, -na *adj.* coterráneo, compatriota, paisano. ANT. extranjero, foráneo.

concluir *tr. intr.* acabar, completar, rematar, coronar, finalizar, terminar, ultimar; perfeccionar. ANT. iniciar, empezar, comenzar. **2** *tr.* decidir, resolver, determinar. **3** deducir, colegir, inferir, discurrir. **4** {obra, trabajo} terminar, rematar. **5** agotar, apurar, consumir. **6** cumplir, prescribir. **7** DER. {alegato} finalizar.

conclusión *f.* fin, terminación, término, final, desenlace, epílogo, cesación, acabamiento, consumación, cierre. ANT. principio, comienzo. **2** aserto, proposición. **3** resolución, determinación, decisión. **4** deducción,

inferencia, consecuencia, efecto, derivación, corolario, resultado.

concluyente *adj.* decisivo, definitivo, terminante, irrebatible, tajante, rotundo, innegable, indiscutible, irrefutable, categórico, evidente, resolutorio. ANT. provisional, incierto.

concomitancia *f.* correlación, concordancia, coherencia, coincidencia, correspondencia.

concomitante *adj.* {cosa} concurrente, coincidente, correlativo, coadyuvante, correspondiente, acompañante, simultáneo, relacionado, asociado, conexo. ANT. adventicio, ajeno, inconexo. **2** {cosa} análogo, similar, afín, parecido. ANT. diferente.

concordancia *f.* conformidad, reciprocidad, correspondencia, relación, armonía, acuerdo. ANT. disconformidad.

concordar *tr.* reconciliar, conciliar, acordar. **2** *intr.* convenir, coincidir, armonizar, trabar, unir. ANT. discordar.

concorde *adj.* acorde, conforme. ANT. desacorde.

concordia *f.* conformidad, avenencia, entendimiento, unión, unidad, unanimidad, amistad, armonía, compenetración, fraternidad, paz. ANT. discordia, desavenencia, enemistad. **2** ajuste, convenio, acuerdo. ANT. desacuerdo.

concreción *f.* MED. acumulación, solidificación, endurecimiento, depósito, cálculo, nódulo. ANT. disgregación.

concretar *tr.* precisar, especificar, particularizar, individualizar. **2** *tr. prnl.* abreviar, resumir, condensar, reducirse, compendiar, circunscribirse, esquematizar, limitarse, ceñirse, atenerse. **3** cristalizar, materializarse, solidificarse, espesarse.

concreto, -ta *adj.* real, tangible, corpóreo. **2** preciso, específico, determinado, definido, exacto. ANT. abstracto, impreciso. **3** abreviado, resumido, compendiado. ANT. extenso. **4** sólido, material, compacto. ANT. intangible. **5** endurecido, solidificado. **6** *m. Amer.* hormigón, cemento armado.

concubina *f.* amante, querida, compañera, amiga. **2** *pey.* manceba.

concubinato *m.* cohabitación, convivencia, unión libre.

concúbito *m.* sexo, cópula, copulación, coito, fornicación, ayuntamiento carnal.

conculcar *tr.* hollar, pisotear. **2** {ley, principio} infringir, quebrantar, transgredir, vulnerar.

concupiscencia *f.* ambición, avidez, codicia. ANT. renuncia. **2** sensualidad, lujuria, erotismo, voluptuosidad, lubricidad, lascivia, incontinencia, impudicia. ANT. templanza, moderación.

concurrencia *f.* público, espectadores, auditorio, gente, multitud, muchedumbre, masa, tropel. **2** coincidencia, confluencia, convergencia, simultaneidad. **3** participación, asistencia, presencia, afluencia.

concurrido, -da *adj.* {lugar} frecuentado, visitado. **2** lleno, abarrotado. **3** animado.

concurrir *intr.* asistir, comparecer, acudir, presentarse, reunirse, encontrarse, hallarse, visitar. ANT. faltar. **2** coincidir, confluir, converger, afluir, acudir. ANT. divergir. **3** cooperar, ayudar, colaborar, contribuir. **4** concursar, competir, participar.

concursante *com.* participante, aspirante, competidor, opositor, rival, asistente.

concurso *m.* competencia, certamen, competición, disputa, pugna, torneo, lucha. **2** ayuda, cooperación, apoyo, asistencia, intervención, auxilio, respaldo. **3** asistencia, auditorio, espectadores, público, afluencia.

concusión *f.* peculado, desfalco, exacción, prevaricación, malversación, corrupción, abuso. **2** *p. us.* MED. conmoción violenta, sacudida, sacudimiento, vibración.

condado *m.* jurisdicción, circunscripción, distrito, comarca, territorio, zona.

condecoración *f.* honor, galardón, premio, distinción, recompensa.

condecorar *tr.* galardonar, distinguir, premiar, laurear, honrar, recompensar, homenajear. ANT. agraviar, rebajar.

condena *f.* pena, castigo, sanción, correctivo, penitencia, expiación. ANT. absolución, perdón. 2 sentencia, resolución, fallo, decisión, juicio, dictamen, veredicto. 3 reprobación, censura, crítica, vituperio. ANT. elogio.

condenable *adj.* reprobable, censurable, criticable, reprochable. ANT. elogiable. 2 punible, sancionable, castigable. 3 indigno, vil, ruin. ANT. bueno.

condenación *f.* desaprobación, reprobación. 2 condena, castigo, pena, sanción.

condenado, -da *adj. s.* réprobo, culpado, reo, delincuente, penado, procesado, convicto. ANT. inocente. 2 *adj.* perverso, nocivo, dañino; endemoniado.

condenar *tr.* sentenciar, castigar, sancionar, penar, penalizar, castigar. ANT. absolver; indultar. 2 reprobar, criticar, desaprobar, anatematizar, censurar. ANT. elogiar, aprobar. 3 forzar, obligar. 4 {habitación} tabicar, incomunicar, cegar, cerrar, obstruir. ANT. abrir. 5 {ventana} tapiar. 6 echar a perder. 7 *prnl.* culparse.

condensación *f.* solidificación, espesamiento, concentración, aglomeración. 2 compresión. 3 {escrito} resumen, síntesis.

condensador *m.* acumulador, destilador.

condensar *tr. prnl.* concentrar, espesar, coagular, cuajar, adensar, aglomerar, solidificar. ANT. licuar, desleír. 2 comprimir, apretar, compactar, unir. ANT. dilatar. 3 {sombra} oscurecerse. 4 *tr.* reservar, poner en depósito. 5 abreviar, sintetizar, compendiar, resumir, reducir. ANT. extender, ampliar.

condescendencia *f.* benevolencia, consideración, complacencia, atención, deferencia, anuencia, avenencia, aquiescencia. ANT. desatención. 2 indulgencia, consentimiento, tolerancia, bondad. ANT. intransigencia.

condescender *intr.* acceder, consentir, tolerar, transigir, contemporizar, avenirse. ANT. negarse. 2 complacer; malcriar, doblegarse.

condición *f.* {en general} índole, naturaleza, particularidad, talante. 2 {personas} carácter, genio, temperamento, natural, entraña. 3 calidad, posición, categoría, estado, jerarquía, situación especial. 4 requisito, prerrequisito, restricción, exigencia, estipulación, obligación, formalidad, cláusula, limitación, situación indispensable. 5 *pl.* aptitudes, disposición. 6 circunstancias. 7 *loc.* ~ *sine qua non*: condición necesaria, imprescindible.

condicional *m.* eventual, incidental, relativo, supuesto, potencial.

condicionamiento *m. gen. pl.* limitación, restricción.

condimentar *tr.* sazonar, aliñar, adobar, aderezar, salpimentar.

condimento *m.* condimentación, aliño, aderezo, adobo, salsa, especia.

condiscípulo, -la *s.* compañero, alumno, discípulo, camarada, estudiante.

condolencia *f.* pésame. ANT. pláceme, felicitación. 2 conmiseración, compasión, duelo, dolor, lástima.

condolerse *prnl.* compadecerse, sentir, dolerse, apiadarse. ANT. ensañarse.

condominio *m. Amer.* {edificio, vivienda} propiedad horizontal.

condón *m.* preservativo, profiláctico; protección.

condonado, -da *adj.* indultado, absuelto, perdonado, exculpado.

condonar *tr.* {deuda, castigo} absolver, dispensar, perdonar, conmutar, indultar, suspender. ANT. condenar.

conducción *f.* transporte, traslado, porte, acarreo. 2 conductos, alcantarillado, tuberías, cañerías. 3 administración, dirección, manejo, liderazgo, gobierno. ANT. subordinación.

conducir *tr.* guiar, dirigir, encaminar, encauzar, orientar. 2 {vehículo} manejar, guiar. 3 {colectividad} administrar, gobernar, presidir, mandar, regir, encabezar. 4 transportar, trasladar, acarrear, llevar, remolcar, acompañar. 5 *prnl.* portarse, comportarse, manejarse, proceder, actuar, obrar.

conducta *f.* comportamiento, actuación, proceder, maneras, costumbre, forma de vida.

conductibilidad *f.* Fís. conductividad.

conductismo *m.* Psic. behaviorismo.

conducto *m.* canal, acueducto, desagüe, caño, cañería, alcantarillado, colector, vía. 2 tubo. 3 medio, procedimiento, camino, vía. 4 mediación, intervención. 5 arteria, vena, vaso.

conductor, ra *adj. s.* adalid, caudillo, guía, jefe, dirigente. ANT. subordinado. 2 consejero, orientador. ANT. seguidor. 3 alambre, resistencia. 4 piloto, chofer, timonel, automovilista.

condueño *com.* condómino.

conectar *tr.* enlazar, unir, contactar, ensamblar, empalmar, encajar, relacionar, comunicar, acoplar, establecer relación, poner en comunicación. ANT. desconectar, separar, desunir.

conejar *m.* (*tb.* **conejal**) *ver* **conejera**.

conejera *f.* vivar, vivera, conejar, conejal, criadero de conejos.

conejillo de Indias *m.* cobayo, cobaya, acure, acutí.

conexión *f.* enlace, unión, vínculo, concatenación, trabazón, nexo, correspondencia, lazo, articulación. ANT. inconexión. 2 enchufe, empalme, contacto, acoplamiento. ANT. desconexión. 3 *pl.* amistades, apoyos, alianzas, mancomunidad de intereses.

conexo, -xa *adj.* relacionado, vinculado, unido, ligado, enlazado. 2 Der. {delito} análogo, semejante, equivalente.

confabulación *f.* conjura, conjuración, intriga, conspiración, complot, maquinación, trama, maniobra, componenda. 2 contubernio, connivencia, conchabanza.

confabularse *prnl.* aliarse, conjurarse, maquinar, tramar, coludir, conchabarse.

confección *f.* hechura, fabricación, elaboración. 2 preparación, gestación, maduración. 3 modistería, sastrería, costura. 4 *pl.* prendas de vestir, ropa, vestidos.

confeccionar *tr.* fabricar, elaborar, manufacturar, realizar, componer, ejecutar, crear, acabar, hacer. 2 gestar, preparar, madurar. 3 coser.

confederación *f.* federación, alianza, coalición, unión, liga, mancomunidad, agrupación, agremiación. 2 pacto, convenio, tratado, acuerdo.

confederar *prnl.* federar, aliar, unir, coaligarse, ligarse, asociarse.

conferencia *f.* charla, plática, conversación, coloquio, perorata. 2 disertación, exposición, discurso, alocución, parlamento. 3 clase, lección. 4 asamblea, reunión, junta, congreso, encuentro. 5 entrevista, audiencia, consulta. 6 llamada, comunicación telefónica.

conferenciante *com.* orador, disertador, comentarista. 2 *Amer.* conferencista.

conferenciar *intr.* conversar, hablar, dialogar, charlar, platicar, entrevistarse, deliberar.

conferencista *com. Amer.* conferenciante, orador, disertador, comentarista.

conferir *tr.* conceder, asignar, otorgar, acordar, dar, entregar, dispensar, ceder. *ANT.* desposeer, privar, negar. **2** atribuir, adjudicar.

confesar *tr. prnl.* expresar, manifestar. *ANT.* callar. **2** reconocer, declarar, revelar, admitir. *ANT.* negar. **3** *DER.* testimoniar, relatar, denunciar, descubrir la verdad, prestar declaración, desembuchar, cantar. *ANT.* ocultar. **4** *prnl.* sincerarse, desahogarse.

confeso, -sa *adj. s. ANT.* {judío} convertido. **2** *m.* {monje} lego.

confiable *adj.* leal, honrado, fiel. *ANT.* desleal. **2** veraz, verídico. *ANT.* falso.

confiado, -da *adj.* crédulo. *ANT.* cauto. **2** cándido, incauto, ingenuo. *ANT.* desconfiado. **3** seguro, satisfecho. *ANT.* inseguro. **4** presumido, creído, pagado de sí. *ANT.* modesto. **5** temerario, irreflexivo, precipitado, atolondrado, imprudente. *ANT.* prudente.

confianza *f.* esperanza, fe, certidumbre, seguridad, convicción, creencia, convencimiento; tranquilidad. *ANT.* incertidumbre, desconfianza, desesperanza. **2** {trato} franqueza, amistad, naturalidad, familiaridad, intimidad, llaneza. *ANT.* protocolo, formalidad. **3** ánimo, vigor, aliento. **4** presunción. **5** *pl.* libertad excesiva, familiaridad abusiva.

confiar *intr. prnl.* esperar, desear, anhelar, perseverar, creer. *ANT.* desconfiar. **2** *intr.* encargar, encomendar, delegar, entregar, depositar, poner al cuidado. *ANT.* traicionar. **3** *tr. prnl.* abandonarse, fiarse, entregarse. *ANT.* resistirse. **4** distraerse, despreocuparse, descuidarse. *ANT.* prevenirse. **5** desahogarse, sincerarse, explayarse. *ANT.* reservarse.

confidencia *f.* delación, revelación secreta, denuncia, confesión, testimonio, secreto, noticia reservada, soplo, informe; chisme. *ANT.* reserva. **2** confianza.

confidencial *adj.* secreto, íntimo, reservado, privado, personal. *ANT.* público.

confidente, -ta *s.* informador, informante, delator, observador, espía, soplón, denunciante, agente secreto. **2** *adj.* fiel, amigo, compañero, adepto, íntimo, seguro, de confianza.

configuración *f.* conformación, disposición, ordenación, proporción, forma, figura, orden.

configurar *tr. prnl.* conformar, disponer, formar, ordenar, arreglar, modelar, estructurar.

confín *m.* frontera, límite, linde, orilla, lindero, perímetro, divisoria. **2** término, extremo, horizonte, final, punta. **3** *adj.* confinante, colindante, fronterizo, limítrofe.

confinamiento *m.* aislamiento, internamiento; encierro, reclusión. **2** destierro, confinación.

confinante *adj.* limítrofe, lindante, colindante, fronterizo, contiguo, rayano, aledaño, vecino. *ANT.* lejano, distante, separado.

confinar *intr.* limitar, circundar, lindar, colindar, bordear, rozar, tocarse. **2** *tr.* desterrar, relegar, aislar. *ANT.* acercar. **3** *tr. prnl.* recluir, encerrar, internar.

confinidad *f.* proximidad, cercanía, inmediación. *ANT.* lejanía.

confirmación *f.* afirmación, aserto, aserción, ratificación, corroboración, reafirmación, aseveración, verificación. *ANT.* rectificación; negación. **2** aprobación. *ANT.* denegación, negativa, negación. **3** prueba.

confirmar *tr.* corroborar, ratificar, revalidar, constatar, reafirmar. *ANT.* rectificar. **2** asegurar, afirmar, aseverar. *ANT.* negar. **3** secundar, autorizar, apoyar. *ANT.* desautorizar.

confiscación *f.* decomiso, incautación, requisa, retención, apropiación, expropiación, usurpación, requisición, embargo.

confiscar *tr.* decomisar, incautar, requisar, desposeer, expropiar, usurpar, despojar, embargar, retener, quitar. *ANT.* restituir, devolver, entregar.

confitar *tr.* azucarar, endulzar, edulcorar, almibarar, acaramelar, escarchar, garapiñar.

confite *m.* pasta de azúcar. **2** dulce, caramelo, golosina, bombón.

confitería *f.* dulcería. **2** pastelería, bizcochería.

conflagración *f.* conflicto, guerra, contienda, lucha, hostilidad, choque, perturbación. *ANT.* paz, concordia, armonía. **2** *ANT.* fuego, incendio.

conflagrar *tr.* incendiar, quemar, inflamar.

conflicto *m.* combate, lucha, pelea, pugna, disputa, encuentro. **2** conflagración, guerra, batalla, enfrentamiento armado. *ANT.* paz, concordia. **3** desacuerdo, disidencia, oposición, desavenencia, antagonismo, disconformidad. *ANT.* acuerdo, entendimiento. **4** *fig.* apuro, problema, dificultad, trance, aprieto, ahogo, compromiso, tropiezo. **5** *PSIC.* trastorno.

confluencia *f.* {caminos, ríos} intersección, cruce, convergencia, coincidencia, bifurcación. **2** {personas} congregación, aglomeración, encuentro.

confluir *intr.* {caminos, ríos} converger, juntarse, coincidir, unirse, desembocar. *ANT.* difluir. **2** {personas} concurrir, reunirse, afluir. *ANT.* dispersarse, separarse.

conformación *f.* disposición, configuración, estructura, distribución, modo, colocación, forma, figura. *ANT.* deformación.

conformar *tr. intr. prnl.* ajustar, adecuar, adaptar, armonizar, acomodar, concordar. *ANT.* deformar. **2** *tr.* modelar, configurar, formar, dar forma. **3** *intr. prnl.* convenir, transigir, acceder, satisfacer. *ANT.* negar. **4** *prnl.* reducirse, avenirse, acceder, sujetarse, adaptarse, resignarse, acomodarse, atenerse, plegarse. *ANT.* rebelarse, resistirse.

conforme *adj.* igual, semejante, correspondiente, ajustado, proporcionado, exacto. *ANT.* diferente. **2** acorde, concorde, concordante, consonante, conveniente. *ANT.* desacorde. **3** conciliable, adaptable, acomodable. **4** paciente, resignado. **5** contento, satisfecho. *ANT.* inconforme. **6** *adv.* según, de acuerdo con.

conformidad *f.* {personas} semejanza, similitud, parecido. *ANT.* diferencia. **2** {cosas} igualdad, correspondencia, concordancia, adecuación. *ANT.* desemejanza. **3** {personas} concordia, unión, avenencia. *ANT.* discordia. **4** {partes, cosas} simetría, proporción, concordancia, compatibilidad, adaptación. *ANT.* desadaptación. **5** {personas} adhesión. *ANT.* rechazo. **6** aprobación, aquiescencia, acuerdo, asentimiento, anuencia, asenso. *ANT.* disconformidad, desaprobación. **7** {frente a adversidades} tolerancia, paciencia, resignación, transigencia; sumisión. *ANT.* oposición. **8** *loc. de ~:* conformemente.

conformista *adj.* contentadizo, avenido, resignado, tolerante. *ANT.* rebelde.

confort *m.* comodidad, bienestar, confortabilidad, agrado, acomodo. *ANT.* incomodidad.

confortable *adj.* reconfortante, vivificante, tranquilizador, consolador, reconstituyente. *ANT.* angustioso, abrumador, enervante. **2** descansado, cómodo, agradable, placentero, grato, desahogado. *ANT.* incómodo, fatigoso.

confortar *tr. prnl.* {cuerpo} fortalecer, vigorizar, tonificar. *ANT.* desalentar, debilitar. **2** {espíritu} animar, tranquilizar, reconfortar, consolar, esperanzar. *ANT.* desanimar.

confraternidad *f.* hermandad, fraternidad. **2** amistad, compañerismo, concordia, armonía, confraternización. *ANT.* enemistad. **3** cofradía, congregación, orden, secta, agrupación.

confraternizar *intr.* simpatizar, avenirse, hermanarse, alternar, asociarse. *ANT.* disputar.

confrontación *f.* {personas} careo, enfrentamiento. **2** {cosas} cotejo, comparación, comprobación, examen, parangón, verificación.

confrontar *tr.* {personas} carear. **2** {cosas} cotejar, comparar, compulsar, parear, verificar, comprobar. **3** *intr. p. us.* alindar, confinar.

confundir *tr. prnl.* mezclar, revolver. **2** perturbar, desordenar, trastocar, embrollar, enredar. *ANT.* ordenar. **3** equivocar, desorientar, desconcertar. *ANT.* orientar. **4** humillar, avergonzar, abatir, abochornar. **5** turbar, aturdir, ofuscar, agobiar, azorar.

confusión *f.* mezcla. **2** desorden, caos, enredo, desbarajuste, desconcierto, revoltijo, trastorno, lío, perturbación; alboroto, bullicio, barahúnda. *ANT.* orden, claridad. **3** desasosiego, aturdimiento, perplejidad, desorientación, vacilación, turbación. *ANT.* sosiego, aplomo. **4** equivocación, impropiedad, error, falta. *ANT.* acierto. **5** humillación, abatimiento, bochorno. *ANT.* desvergüenza.

confuso, -sa *adj.* mezclado, desordenado, revuelto, caótico, enrevesado. *ANT.* ordenado. **2** oscuro, borroso, turbio, impreciso, desdibujado, dudoso. *ANT.* visible, preciso. **3** inextricable, enigmático, laberíntico, críptico, ininteligible, poco perceptible. *ANT.* claro, comprensible. **4** turbado, pasmado, asombrado, perplejo, desorientado, confundido; avergonzado, abochornado.

confutar *tr.* refutar, contradecir, impugnar.

congelación *f.* helamiento, congelamiento, enfriamiento. *ANT.* calentamiento.

congelar *tr. prnl.* helar, enfriar; refrigerar. *ANT.* descongelar, deshelar. **2** {líquido} solidificar. **3** *tr.* {proceso} detener, bloquear, parar. **4** Econ. {fondos, créditos} inmovilizar.

congénere *adj. s.* análogo, afín, semejante, similar. *ANT.* extraño, diferente, distinto. **2** persona, individuo, prójimo, ser humano.

congeniar *intr.* avenirse, coincidir, comprenderse, entenderse, simpatizar, compenetrarse, concordar, fraternizar. *ANT.* discrepar, disentir, oponerse.

congénito, -ta *adj.* connatural, ingénito, innato, hereditario, constitutivo. *ANT.* adquirido.

congestión *f.* Med. inflamación, hinchazón, tumefacción, saturación. **2** Med. acceso, ataque, indisposición, sofocación. **3** {tráfico} estancamiento, embotellamiento, atasco.

conglomerado *m.* amontonamiento, aglomeración, apiñadura; montón, conjunto. *ANT.* disgregación. **2** Geol. masa, compuesto, aglomerado, amalgama, aglutinado, acumulación, amasijo, mezcla. **3** *fig.* {intereses} agregado, cúmulo.

conglomerar *tr.* aglomerar. **2** *tr. prnl.* {fragmentos} cohesionar, unir, conglutinar. **3** juntar, reunir, amontonar, hacinar, acumular. *ANT.* separar.

conglutinar *tr. prnl.* aglutinar, pegar unir. *ANT.* despegar.

congoja *f.* angustia, aflicción, tribulación, pena, desconsuelo. *ANT.* alegría, placer. **2** zozobra, ansiedad, intranquilidad, agitación. *ANT.* sosiego, tranquilidad, serenidad.

congojar *tr. prnl.* acongojar, apenar, entristecer, atribular, afligir. *ANT.* alegrar.

congraciar *tr. prnl.* atraer, cautivar, encantar, confraternizar, conquistar, intimar, inclinar, avenirse, seducir, ganarse. *ANT.* enemistarse.

congratular *tr. prnl.* felicitar, celebrar, agasajar, elogiar, aprobar. *ANT.* lamentar, deplorar.

congregación *f.* junta, congreso, asamblea, reunión, concilio, capítulo, reunión, conferencia. **2** hermandad, cofradía, orden, comunidad, secta, agrupación, regla, cuerpo.

congregar *tr. prnl.* juntar, agrupar, reunir, unir, convocar, citar. **2** amontonarse, concentrarse, apiñarse. *ANT.* dispersarse, disgregarse.

congreso *m.* convención, reunión, asamblea, conferencia, junta, concilio. **2** parlamento, diputación, asamblea nacional, senado, cámara.

congruencia *f.* coherencia, conexión, ilación, pertinencia, relación lógica, lógica. *ANT.* incongruencia. **2** conformidad, adecuación, conveniencia, armonía, semejanza. *ANT.* inadecuación, inconveniencia.

congruente *adj.* coherente, conexo, enlazado, relacionado, pertinente, lógico. *ANT.* incongruente, ilógico. **2** adecuado, acorde, conveniente, oportuno, congruo. *ANT.* inconveniente, inadecuado.

cónico, -ca *adj.* coniforme, conoideo, conoidal.

conjetura *f.* hipótesis, suposición, atisbo, creencia, presunción, sospecha, supuesto, posibilidad, vislumbre; cábala, predicción, pronóstico. *ANT.* certeza, seguridad.

conjetural *adj.* hipotético, presunto, supuesto.

conjeturar *tr.* presumir, suponer, sospechar, vislumbrar, entrever, calcular, presentir, figurarse, deducir, barruntar, intuir. *ANT.* confirmar. **2** adivinar, predecir, presagiar.

conjugación *f.* combinación, unión, unificación, aglutinación, coordinación, enlace. **2** Biol. {células} fusión.

conjugar *tr.* combinar, enlazar, coordinar, compaginar, unir, armonizar, conciliar, reunir, aglutinar, fusionar; ordenar, relacionar. *ANT.* separar, desunir. **2** *ANT.* cotejar, comparar.

conjunción *f.* unión, coincidencia, fusión, enlace, reunión. *ANT.* disyunción. **2** compaginación, conciliación, encuentro.

conjuntamente *adv.* simultáneamente, al mismo tiempo. *ANT.* **2** juntamente, en común, en colaboración. *ANT.* aisladamente.

conjuntar *tr.* combinar. **2** *tr. prnl. ANT.* juntar, unificar, unir, reunir. *ant.* separar.

conjuntiva *f.* membrana, mucosa, capa.

conjunto, -ta *adj.* {cosa} unido, junto, contiguo. *ANT.* separado. **2** mezclado, combinado, incorporado. *ANT.* aislado. **3** {parentesco, amistad} aliado, ligado. **4** *m.* {personas, cosas} serie, todo, total, totalidad, agregado. *ANT.* disgregación. **5** combinación, juego de vestir (femenino). **6** {elementos} grupo, cúmulo, agrupación, montón, aglomeración; compuesto, mezcla, fusión. *ANT.* unidad. **7** conjunta, banda.

conjuración *f.* conjura, conspiración, confabulación, complot, maniobra, traición, intriga, maquinación, connivencia, componenda, conciliábulo, artería. *ANT.* lealtad, fidelidad.

conjurado, -da *adj. s.* conspirador, maquinador, conjurador. *ANT.* leal, fiel.

conjurar *tr.* tramar, maquinar, intrigar, conspirar, confabularse. **2** *tr.* exorcizar, adjurar, decir exorcismos, alejar. **3** {espíritus} invocar, increpar, llamar.

4 suplicar, implorar, rogar, solicitar, pedir. **5** *fig.* {daño, peligro} evitar, alejar, impedir, esquivar.

conjuro *m.* exorcismo. **2** sortilegio, imprecación, encantamiento, hechizo, fórmula mágica. **3** súplica, ensalmo, requerimiento, invocación, ruego encarecido.

conllevar *tr. prnl.* soportar, sufrir, sobrellevar, tolerar, aguantar. **2** acarrear, implicar. **3** *p. us.* abarcar, comprender, contener.

conmemoración *f.* recuerdo, evocación, memoria, rememoración, remembranza. ANT. olvido. **2** celebración, solemnidad, fiesta, ceremonia, festividad; aniversario.

conmemorar *tr.* recordar, evocar, rememorar. ANT. olvidar. **2** festejar, celebrar.

conmemorativo, -va *adj.* evocador, rememorativo, conmemoratorio.

conmensurable *adj.* medible, calculable, evaluable, computable; definible. ANT. inconmensurable, incalculable, indefinible.

conminar *tr.* amenazar, exigir, intimidar, ordenar, requerir, apremiar, obligar, forzar, advertir, mandar. ANT. rogar, suplicar.

conminatorio, -ria *adj.* perentorio, conminativo, amenazador, intimidante, apremiante.

conmiseración *f.* compasión, piedad, misericordia, lástima. ANT. inclemencia, crueldad.

conmoción *f.* {cuerpo} perturbación, trastorno, sacudida, sacudimiento, impresión, choque, temblor, ataque, convulsión, movimiento violento. **2** {ánimo} inquietud, turbación, alteración, agitación, intranquilidad. ANT. sosiego, tranquilidad. **3** tumulto, rebelión, disturbio, asonada, motín, alteración, sedición, levantamiento. ANT. calma, paz. **4** temblor, terremoto, seísmo, movimiento sísmico.

conmovedor, -ra *adj.* emotivo, patético, emocionante, enternecedor, sentimental, inquietante, impresionante, apasionante, turbador, perturbador. ANT. indiferente.

conmover *tr. prnl.* perturbar, alterar, afectar, impactar, sobresaltar, inquietar, estremecer, impresionar, trastornar, sobrecoger, excitar, turbar. **2** *tr.* enternecer, emocionar, mover a compasión, ablandar.

conmovido, -da *adj.* impresionado, afectado. **2** afligido, apenado. ANT. alegre, feliz.

conmutación *f.* cambio, sustitución. **2** RET. retruécano.

conmutador *m.* interruptor, cortacorriente. **2** *Amer.* central telefónica.

conmutar *tr.* cambiar. **2** {pena} sustituir; favorecer, indultar. **3** canjear, intercambiar, comprar, vender, permutar, trocar, cambiar. **4** {estudios} validar, convalidar.

connatural *adj.* propio, ingénito, congénito, nato, innato, natural, intrínseco, específico, consustancial, inherente. ANT. extrínseco, adquirido.

connaturalizarse *prnl.* acostumbrarse, adaptarse, acomodarse, habituarse, familiarizarse, aclimatarse, hacerse.

connivencia *f.* tolerancia, condescendencia, indulgencia, disimulo. ANT. intolerancia. **2** confabulación, contubernio, complicidad, conspiración, colaboración, conchabanza, acuerdo, alianza.

connotación *f.* afinidad, parentesco, semejanza, relación.

connotado *m. p. us.* {parentesco} allegado, emparentado, vinculado.

conocedor, -ra *adj.* sabedor, informado, documentado, enterado. ANT. ignorante. **2** *adj. s.* experto, versado, avezado, perito, experimentado. ANT. bisoño, inexperto.

conocer *tr.* saber. ANT. ignorar. **2** entender, advertir, comprender, enterarse, averiguar, descubrir. ANT. desconocer. **3** percibir, percatarse, notar. **4** *tr. prnl.* tratarse, alternar, comunicarse, relacionarse, frecuentarse. **5** *tr.* conjeturar, presumir. **6** experimentar, sentir. **7** *prnl.* discernir, juzgar de sí mismo.

conocido, -da *adj.* ilustre, famoso, notable, popular, acreditado, afamado, célebre, nombrado, renombrado, reputado, prestigioso, distinguido, estimado. ANT. desconocido. **2** sabido, público, difundido, divulgado, notorio, manifiesto, consabido. ANT. ignorado. **3** manido, corriente, trillado, habitual, común, rutinario. **4** *s.* {persona} relacionado, tratado; frecuentado. ANT. anónimo.

conocimiento *m.* cognición. **2** entendimiento, intelecto, discernimiento, inteligencia, razón natural. **3** facultad sensorial. **4** *pl.* ciencia, saber, sabiduría. **5** *loc. venir en ~ de algo:* enterarse de algo.

conque *conj.* ya que, así pues, de modo que, así que; en consecuencia, por tanto, por consiguiente.

conquista *f.* invasión, dominación, ocupación, toma, sometimiento. **2** despojo, rapiña, confiscación, botín, presa, saqueo. **3** triunfo, éxito, victoria, logro. ANT. fracaso. **4** seducción, persuasión, convencimiento. **5** amorío.

conquistador, -ra *adj. s.* seductor. ANT. desagradable. **2** *m.* tenorio, casanova, donjuán. **3** adelantado, descubridor; invasor. **4** *f.* mujer fatal, vampiresa.

conquistar *tr.* dominar, invadir, desalojar. **2** apoderarse, adueñarse, colonizar. ANT. liberar. **3** ganar, conseguir, alcanzar, lograr. ANT. perder. **4** convencer, atraer, congraciarse, persuadir, ganar la voluntad. ANT. repeler. **5** seducir, cautivar, enamorar, flirtear.

consabido, -da *adj.* conocido, sabido, aludido, nombrado, citado, mentado, referido, mencionado, antedicho. ANT. desconocido, ignorado. **2** habitual, acostumbrado, característico, frecuente. ANT. desacostumbrado.

consagrar *tr.* conferir fama, otorgar preeminencia. **2** REL. deificar. **3** *tr. prnl.* REL. dedicar, ofrendar, ofrecer, destinar, santificar, bendecir. **4** *tr.* {monumento} erigir. **5** *tr. prnl.* dedicarse, entregarse, aplicarse, esforzarse, ocuparse, perseverar. ANT. descuidarse.

consanguíneo, -nea *adj. s.* pariente, familiar, allegado, deudo, cognado.

consanguinidad *f.* parentesco, cognación, ascendencia, genealogía, lazo, vínculo, origen, afinidad, relación.

consciencia *f.* conciencia.

consciente *adj.* sensato, prudente, responsable, cuidadoso, cabal, juicioso, escrupuloso, cumplidor, formal. ANT. insensato, irresponsable, negligente. **2** lúcido, sobrio, apercibido, sereno, despierto, atento. ANT. inconsciente.

conscripto *m. Amér. Sur* soldado, recluta, quinto.

consecución *f.* logro, adquisición, obtención, alcance.

consecuencia *f.* resultado, efecto, derivación, producto, fruto, desenlace, secuela, deducción, conclusión. ANT. causa, principio, origen. **2** {conducta, actos} coherencia, correspondencia. **3** LÓG. deducción, inferencia, conclusión. **4** LÓG. ilación, enlace.

consecuente *adj.* siguiente, derivado, consiguiente. ANT. antecedente. **2** {persona} congruente, razonable, justo. ANT. inconsecuente, incongruente, voluble. **3** *m.* proposición.

consecutivo, -va *adj.* sucesivo, continuo, seguido, incesante. ANT. intermitente. **2** contiguo, próximo, siguiente, consiguiente. ANT. lejano.

conseguir *tr.* obtener, alcanzar, lograr, adquirir, ganar, adjudicarse, agenciarse, otorgarse, conquistar, cazar, pescar, atrapar, agarrar, coger. *ANT.* perder, malograr.

conseja *f.* embuste, patraña, falsedad, cuento, leyenda, fábula. **2** conciliábulo, conventículo, conjuración, complot, conspiración, corrillo, intriga, conjura, maquinación.

consejero, -ra *s.* guía, orientador, asesor, consultor, preceptor, maestro, profesor, instructor, tutor, mentor.

consejo *m.* sugerencia, recomendación, indicación, advertencia, observación, insinuación, admonición, reflexión; dictamen, aviso, opinión, asesoramiento. **2** asamblea, junta, congreso, reunión. **3** tribunal supremo, corporación consultiva, cuerpo administrativo.

consenso *m.* asenso, asentimiento, consentimiento, conformidad, acuerdo, aprobación, autorización, beneplácito, aquiescencia, anuencia, permiso. *ANT.* disentimiento.

consentimiento *m.* asentimiento, asenso, aprobación, aquiescencia, beneplácito, anuencia, permiso, autorización. *ANT.* disentimiento, denegación. **2** condescendencia, tolerancia, transigencia. *ANT.* intolerancia. **3** DER. {contratos} conformidad. *ANT.* desacuerdo.

consentir *tr. intr.* permitir, transigir, acceder, admitir, condescender, autorizar; ceder. *ANT.* denegar, prohibir, impedir. **2** *tr.* creer, aceptar, tener por cierto. *ANT.* negar. **3** soportar, tolerar, sufrir. *ANT.* oponerse. **4** mimar; malcriar. **5** DER. otorgar, obligarse.

conserje *com.* ordenanza, ujier, portero, servidor, criado, bedel, mayordomo.

conservación *f.* preservación, mantenimiento, cuidado, subsistencia, sostenimiento.

conservador, -ra *adj. s.* conservante, conservatorio, conservativo. **2** {partido} moderado, tradicional. **3** *m.* guardador, vigilante, cuidador.

conservar *tr. prnl.* atender, mantener. *ANT.* deteriorar. **2** *tr.* cuidar, custodiar, salvaguardar, preservar. *ANT.* abandonar. **3** retener, guardar. **4** {costumbres} continuar, perpetuar, prolongar, perdurar. **5** hacer conservas. **6** recoger, recaudar; almacenar, archivar.

considerable *adj.* grave, importante, trascendente, serio, apreciable, notable, elevado, de consideración. *ANT.* nimio. **2** cuantioso, grande, numeroso, abundante, extenso, vasto. *ANT.* insignificante, pequeño, reducido.

considerablemente *adv.* abundantemente, cuantiosamente. **2** notablemente.

consideración *f.* reflexión, meditación, apreciación, estudio, deliberación, juicio, atención. *ANT.* desatención. **2** importancia. **3** aprecio, miramiento, respeto, cuidado, estima, cortesía, atención, urbanidad, deferencia. *ANT.* desconsideración, desprecio, desdén. **4** *pl.* contemplaciones, razones, reflexiones, argumentos, observaciones.

considerado, -da *adj.* apreciado, admirado, respetado, estimado, querido. *ANT.* despreciado, desprestigiado. **2** atento, educado, cortés, afable, respetuoso, deferente. *ANT.* desatento, desconsiderado.

considerando *m.* {fallo, dictamen} razón esencial, fundamento, consideración, resolución.

considerar *tr.* reflexionar, pensar, examinar, meditar, cavilar, sopesar, estudiar, analizar, discurrir, rumiar. **2** honrar, estimar, respetar, apreciar, reputar. *ANT.* despreciar, menospreciar, irrespetar. **3** *tr. prnl.* juzgar, creer, conceptuar, estimar, suponer.

consigna *f.* MIL. orden. **2** lema, eslogan, frase. **3** contraseña, salvoconducto, pase, seña, santo y seña. **4** {aeropuerto, estación} depósito, almacén.

consignación *f.* depósito, envío, expedición, remesa. **2** presupuesto, asignación, partida.

consignar *tr.* enviar, remitir, depositar, entregar, destinar, expedir, mandar, transportar. **2** estipular, anotar,

declarar, manifestar, registrar, establecer, asentar, firmar. **3** {cantidad} asignar, depositar, entregar.

consiguiente *adj.* deducido, consecutivo, supeditado. **2** GRAM. consecuente. **3** *loc.* por ~: por consecuencia, así pues, por lo tanto, por ello, de manera que, luego.

consistencia *f.* duración, estabilidad, resistencia, dureza, solidez. *ANT.* brevedad, flojedad, blandura. **2** {partículas, elementos} coherencia, cohesión, densidad. *ANT.* inconsistencia.

consistente *adj.* resistente, recio, firme, compacto, estable, sólido, duro, fuerte, denso. *ANT.* inconsistente, endeble, débil. **2** durable, estable, permanente.

consistir *intr.* estribar, radicar, fundarse, residir, descansar, apoyarse, basarse.

consola *f.* aparador, mesa, repisa, estante.

consolación *f.* alivio, confortación, consuelo.

consolar *tr. prnl.* confortar, reconfortar, alentar, aliviar, animar. *ANT.* apenar, afligir, desanimar. **2** apaciguar, sosegar, tranquilizar, calmar. *ANT.* intranquilizar, atribular.

consolidación *f.* fortalecimiento, solidificación, afianzamiento.

consolidar *tr.* robustecer, afianzar, fortalecer, cimentar, asegurar, apuntalar. *ANT.* debilitar.

consomé *m.* sopa, caldo.

consonancia *f.* proporción, armonía, conformidad, afinidad. *ANT.* discordancia, disparidad. **2** rima, cadencia, eufonía. *ANT.* disonancia.

consonante *adj.* concordante, acorde, proporcionado, conforme; rítmico, eufónico.

consorcio *m.* unión, compañía, participación, maridaje. *ANT.* desacuerdo. **2** {empresas, entidades} agrupación, asociación, corporación, sociedad, monopolio.

consorte *com.* partícipe, compañero. **2** marido, mujer, cónyuge, esposo, esposa, desposado, desposada.

conspicuo, -cua *adj.* visible, destacado, notable. *ANT.* inconspicuo, invisible, imperceptible. **2** insigne, distinguido, ilustre, famoso, sobresaliente. *ANT.* desconocido.

conspiración *f.* conjura, conjuración, confabulación, conciliábulo, intriga, insidia, maquinación, complot; traición.

conspirador, -ra *s.* intrigante, conjurado, conjurador, cómplice; traidor.

conspirar *intr.* conjurar, intrigar, confabularse, tramar, maquinar, maniobrar, conchabarse; traicionar. **2** DER. coludir. **3** *p. us.* {cosas} concurrir. **4** *Amer.* complotar.

constancia *f.* firmeza, perseverancia, tenacidad, asiduidad, persistencia, tesón, aplicación, fe, insistencia, paciencia, empeño, fidelidad. *ANT.* inconstancia, volubilidad. **2** certificación, certificado, testimonio.

constante *adj.* persistente, tenaz, inquebrantable, tesonero, perseverante, fiel, firme. *ANT.* inconstante, voluble. **2** {cosas} persistente, ininterrumpido, durable, prolongado. *ANT.* efímero. **3** reiterado, invariable, frecuente, igual, periódico, regular.

constar *intr.* consistir, componerse, constituir, formar, contener, comprender, incluir. **2** evidenciar, reflejar, manifestar, atestiguar.

constatar *tr.* verificar, comprobar, confirmar, confrontar, inspeccionar, examinar, probar, certificar, corroborar, establecer, apreciar.

constelación *f.* conjunto de estrellas. **2** *fig.* conjunto, grupo, reunión armoniosa.

consternación *f.* espanto, aversión, desolación, repulsión, horror, terror. *ANT.* tranquilidad. **2** indignación, turbación, asombro. *ANT.* indiferencia. **3** desconsuelo, pesadumbre, tristeza, pena, abatimiento, aflicción, pesar. *ANT.* ánimo, aliento.

consternar *tr. prnl.* desazonar, turbar, desolar, espantar, asombrar. *ANT.* tranquilizar. **2** entristecer, afligir, desconsolar, abatir. *ANT.* alegrar, animar.

constipación *f.* constipado; estreñimiento.

constipado, -da *adj.* resfriado, acatarrado. **2** *m.* catarro.

constitución *f.* {de una cosa} esencia, cualidades. **2** {Estado} forma de gobierno, sistema de gobierno. **3** {Estado} ley fundamental, carta magna. **4** {colectividad} estado, circunstancias. **5** {corporación, institución} ordenanzas, leyes, estatutos, reglamentos, ordenamientos, preceptos. **6** {sistema orgánico} naturaleza, conformación, complexión, temperamento; aspecto, contextura, estructura.

constitucional *adj.* legal, legítimo, reglamentario, estatutario, codificado, legislativo. *ANT.* anticonstitucional, inconstitucional. **2** característico, morfológico, congénito, hereditario.

constituir *tr.* formar, componer. *ANT.* descomponer, desbaratar. **2** fundar, instaurar, crear, establecer, instituir, implantar, erigir, organizar. *ANT.* disolver, anular. **3** {posición, condición} otorgar, conferir, dar, asignar. *ANT.* negar, quitar. **4** *prnl.* asumirse, personarse.

constitutivo, -va *adj. s.* propio, intrínseco, interno, esencial, consustancial, inherente, interior, constituyente, característico, fundamental. *ANT.* extrínseco.

constituyente *adj.* constitutivo. **2** constitucional, legislativo.

constreñimiento *m.* exigencia, coerción, obligación, imposición, compulsión.

constreñir *tr.* obligar, compeler, coercer, forzar, exigir, apremiar, imponer. **2** limitar, oprimir, reprimir, reducir. **3** MED. apretar, contraer, oprimir. *ANT.* dilatar.

constricción *f.* constreñimiento, obligación, forzamiento, apremio, coerción. **2** retracción, encogimiento, estrechamiento. *ANT.* dilatación.

constrictivo, -va *adj.* coercitivo, coactivo, exigente, apremiante. **2** compresivo, compresor.

construcción *f.* edificación, levantamiento, erección; fabricación. **2** edificio, inmueble, obra, residencia.

constructivo, -va *adj.* favorable, útil, edificante, positivo, provechoso. *ANT.* destructivo.

construir *tr.* edificar, erigir, levantar, alzar. *ANT.* derribar, demoler. **2** fabricar, formar, elaborar, confeccionar, componer, ejecutar, crear. *ANT.* destruir.

consubstancial (*tb.* **consustancial**) *adj.* connatural, intrínseco, propio, inherente, característico. *ANT.* extrínseco, accidental.

consuelo *m.* descanso, alivio, confortamiento, sosiego. *ANT.* desánimo. **2** alegría, gozo. *ANT.* desconsuelo.

consuetudinario, -ria *adj.* usual, habitual, acostumbrado, frecuente, común, corriente, ordinario. *ANT.* desusado, raro.

cónsul *com.* representante, encargado, delegado, diplomático.

consulado *m.* dignidad de cónsul. **2** delegación, representación.

consulta *f.* dictamen, consejo, recomendación, parecer, asesoramiento. **2** {profesionales} conferencia, junta, deliberación. **3** cita médica, visita al médico. **4** referéndum, plebiscito.

consultar *tr.* {asunto} examinar, estudiar, tratar, deliberar, discurrir. **2** investigar, indagar, buscar documentación. **3** asesorarse, aconsejarse, pedir consejo, pedir opinión.

consulting adj. [ING.] asesor, consultor.

consultor, -ra *adj. s.* asesor, consejero.

consultorio *m.* gabinete, despacho, oficina, estudio. **2** dispensario, clínica.

consumación *f.* extinción, término, terminación, acabamiento, fin, final, cumplimiento. **2** *loc.* **la ~ de los siglos:** el fin del mundo.

consumado, -da *adj.* excelente, cumplido, perfecto. *ANT.* imperfecto. **2** acabado, terminado, realizado, finalizado, completo. *ANT.* incompleto, inconcluso. **3** experto, diestro, conocedor, entrenado, competente, experimentado, consagrado, versado, hábil, ducho. *ANT.* inexperto, principiante; inepto.

consumar *tr.* realizar, acabar, terminar, completar, ejecutar, finalizar, ultimar, concluir; cometer. **2** DER. {contrato, obligación} cumplir. *ANT.* incumplir.

consumido, -da *adj.* flaco, extenuado, macilento, exhausto, agotado, enflaquecido, descarnado, debilitado, demacrado, débil. *ANT.* robusto, fuerte. **2** gastado, invertido. **3** derrochado, dilapidado.

consumidor, -ra *adj. s.* comprador, cliente, usuario. **2** gastador; desgastador.

consumir *tr. prnl.* extinguir, agotar, acabar, desgastar; destruir, devastar. *ANT.* guardar. **2** derrochar, disipar, dilapidar, malgastar. *ANT.* cuidar. **3** *tr.* {comestibles} utilizar, gastar. *ANT.* conservar. **4** {energía} gastar, usar, agotar, absorber. *ANT.* reservar, ahorrar. **5** *tr. prnl.* afligir, angustiar, entristecer, desazonar, atormentar, abatir. *ANT.* alegrar, animar, confortar. **6** *prnl.* {personas} apergaminarse, extenuarse, secarse, debilitarse, enflaquecer, adelgazar. *ANT.* fortalecerse.

consumo *m.* gasto, uso, utilización, dispendio, empleo, consumición. *ANT.* ahorro.

consunción *f.* consumo, dispendio, gasto, merma. **2** dilapidación, derroche. **3** extenuación, agotamiento, enflaquecimiento, adelgazamiento. *ANT.* fortalecimiento.

consustancial (*tb.* **consubstancial**) *adj.* connatural, intrínseco, propio, inherente, característico. *ANT.* extrínseco, accidental.

contacto *m.* toque, roce, tacto, unión, aproximación, adosamiento. *ANT.* separación. **2** {circuito eléctrico} conexión. **3** {circuito eléctrico} mando, botón. **4** relación, trato. *ANT.* distancia. **5** enlace, vínculo, amistad, vecindad, comunicación, frecuentación. *ANT.* desvinculación, separación.

contado, -da *adj. gen. pl.* raro, escaso, poco, infrecuente, exiguo, limitado. *ANT.* frecuente, común. **2** determinado, señalado, numerado, computado, sumado. **3** *loc.* **al ~:** en efectivo, en dinero contante, en metálico, con pago inmediato en efectivo.

contador, -ra *s.* contable, tenedor de libros. **2** *m.* medidor, registro, aparato para medir.

contagiar *tr.* {enfermedad} contaminar, infectar, transmitir, pegar, inocular, inficionar, apestar, infestar, propagar, plagar. *ANT.* desinfectar. **2** *prnl.* infectarse, contaminarse, apestarse. *ANT.* desinfectarse.

contagio *m.* infección, inficionamiento, contaminación, propagación, transmisión, infestación. *ANT.* desinfección. **2** germen. **3** enfermedad, plaga. **4** *fig.* {hábitos, actitudes} transferencia, transmisión.

container s. [ING.] contenedor, recipiente, receptáculo, depósito, vagón.

contaminación *f.* contagio, infección. **2** suciedad, polución. **3** mancha, mancilla, ofensa.

contaminado, -da *adj.* contagiado, infectado, infecto, inficionado. **2** impuro.

contaminar *tr. prnl.* alterar, dañar. *ANT.* conservar. **2** contagiar, infectar, inficionar, pegar, infestar, apestar.

ANT. desinfectar. **3** {vocablo, texto} alterar. **4** {costumbres} pervertir, corromper, degradar. **5** REL. profanar, mancillar, quebrantar, ofender.

contante *adj.* {dinero} efectivo.

contar *tr.* computar, calcular, determinar, numerar, enumerar, cuantificar, sumar. **2** {suceso} referir, describir, narrar, relacionar, relatar, detallar, explicar, reseñar. **3** considerar, tener en cuenta. **4** {años} tener. **5** *intr.* hacer cuentas. **6** valer, equivaler. **7** importar, ser de consideración. **8** *loc.* ~ **con alguien:** tenerle en cuenta.

contemplación *f.* visión, observación. **2** reflexión, meditación, apreciación. **3** consideración, atención, cuidado. **4** *pl.* miramientos, complacencias.

contemplar *tr.* observar, ver, apreciar, mirar, presenciar. **2** considerar, reflexionar, examinar, meditar, juzgar. **3** complacer, halagar, satisfacer, atender, condescender, mimar, consentir. ANT. desatender.

contemplativo, -va *adj.* observador, contemplador, curioso. **2** reflexivo, meditabundo, soñador. **3** teórico, especulativo. ANT. pragmático.

contemporáneo, -a *adj. s.* simultáneo, sincrónico, coexistente; coincidente. ANT. asincrónico. **2** *adj.* actual, presente, coetáneo. ANT. inactual.

contemporización *f.* acomodo, transigencia, conformidad, avenencia, condescendencia, consentimiento, arreglo, adaptación, acuerdo. ANT. desavenencia, desacuerdo.

contemporizar *intr.* condescender, transigir, avenirse, acomodarse, adaptarse, amoldarse, conformarse, consentir. ANT. rebelarse, obstinarse.

contención *f.* detención, retención, suspensión, inmovilización. **2** moderación, continencia. ANT. desenfreno. **3** DER. litigio.

contender *intr.* pelear, batallar, combatir, luchar, guerrear, lidiar. ANT. avenirse. **2** altercar, disputar. ANT. entenderse. **3** discutir, debatir. **4** competir, rivalizar.

contendiente *adj. s.* combatiente, luchador, antagonista, contrario, competidor, rival, beligerante, adversario, enemigo. ANT. amigo, aliado.

contenedor *m.* recipiente, receptáculo, depósito, vagón.

contener *tr. prnl.* encerrar, comprender, englobar, entrañar, incluir, envolver, abarcar, abrazar, implicar, llevar. ANT. excluir. **2** {impulso} reprimir, sujetar, refrenar, dominar, aplacar. ANT. liberar. **3** *tr.* detener, atajar, impedir, parar, interrumpir. ANT. soltar. **4** *prnl.* {pasión} aguantarse, abstenerse, mesurarse, vencerse, moderarse. ANT. desenfrenarse.

contenido, -da *adj.* mesurado, moderado, sobrio, temperado. ANT. desenfrenado. **2** *m.* {libro, película} tema, argumento. **3** cabida, capacidad, volumen, espacio, magnitud. **4** asunto, fondo, materia, sustancia. **5** LING. {signo, enunciado} significado.

contentar *tr.* complacer, satisfacer, agradar, conformar, regocijar, deleitar, alegrar. ANT. apenar, disgustar. **2** *prnl.* resignarse, transigir, condescender, aceptar. ANT. negarse, rebelarse. **3** reconciliarse. ANT. disgustarse, pelear.

contento, -ta *adj.* alegre, satisfecho, complacido, optimista, feliz, eufórico, ufano, jubiloso, campante, risueño. ANT. descontento, molesto, triste. **2** *m.* júbilo, gozo, dicha, satisfacción, jovialidad, regocijo, placer, alborozo, alegría, felicidad, complacencia, entusiasmo. ANT. tristeza, aflicción, pena.

contertulio, -lia *adj. s.* contertuliano, tertuliante, tertulio, concurrente, compadre, compañero, amigo. ANT. extraño, ajeno.

contestable *adj.* discutible, controvertible, rebatible, refutable. ANT. incontestable.

contestación *f.* respuesta, réplica, objeción. ANT. pregunta, interrogación. **2** discusión, controversia, altercado, altercación, disputa, debate, querella. ANT. acuerdo, avenencia. **3** protesta, oposición. ANT. aceptación.

contestar *tr.* responder, replicar, rebatir, debatir, contradecir, oponerse, disputar, objetar, recusar, enfrentar. **2** impugnar. **3** oponerse, protestar, polemizar. ANT. aceptar.

contestatario, -ria *adj. s.* inconforme, descontento.

contexto *m.* {palabra, frase} entorno lingüístico, campo de sentido. **2** {discurso, narración} tejido, enlace, hilo, encadenamiento, trama, trabazón, orden de composición. **3** situación, entorno físico.

contextura *f.* compaginación, unión, disposición. **2** contexto. **3** complexión, estructura, constitución, naturaleza, configuración corporal.

contienda *f.* pelea, riña, disputa, guerra, pleito, batalla, pendencia, refriega, lidia, querella, rivalidad. ANT. paz, avenencia, amistad. **2** discusión, disputa, polémica, debate. **3** DEP. encuentro, competición, certamen, partido.

contigüidad *f.* inmediación, proximidad, cercanía, vecindad.

contiguo, -gua *adj.* pegado, junto, adosado. ANT. separado. **2** colindante, confinante, aledaño, rayano, limítrofe, lindante. ANT. alejado. **3** próximo, cercano. ANT. lejano.

continencia *f.* moderación, sobriedad, templanza, frugalidad, temperancia. ANT. desmesura, desenfreno, exceso. **2** abstinencia, castidad. ANT. lujuria, lascivia.

continente *m.* región, zona, territorio, extensión de tierra. **2** {cuerpo} postura, compostura, actitud, disposición, gesto, porte, traza, talante, aire, posición, aspecto. **3** recipiente, envase, vasija. **4** *adj.* {persona} moderado, sobrio; abstinente.

contingencia *f.* posibilidad, eventualidad, probabilidad, coyuntura, ventura. ANT. certeza. **2** circunstancia, casualidad, accidente, emergencia, imprevisto. **3** riesgo. ANT. seguridad.

contingente *adj.* probable, posible, incidental, circunstancial, eventual, accidental, azaroso, casual. ANT. necesario, inexorable. **2** *m.* MIL. {soldados} tropa, fuerza. **3** {personas, cosas} grupo, conjunto, agrupación.

continuación *f.* continuidad, prosecución, prolongación, progresión, sucesión, duración, permanencia, curso, decurso, transcurso, seguimiento, serie, empalme, secuencia. ANT. interrupción, corte, cesación.

continuador, -ra *adj. s.* heredero, sucesor, partidario, adepto.

continuar *tr.* proseguir, persistir, seguir. ANT. interrumpir. **2** *intr.* permanecer, durar, perpetuar, subsistir. ANT. cesar. **3** *prnl.* extenderse, alargar, prolongar, prorrogar; reanudar.

continuidad *f.* {partes} unión, eslabonamiento, continuación. **2** perseverancia, constancia, persistencia. ANT. inconstancia.

continuista *adj.* {político, sistema político} tradicionalista, anticuado. ANT. reformista.

continuo, -nua *adj.* durable, extendido, ininterrumpido, repetido, incesante, prolongado, perpetuo, reiterado, perenne. ANT. interrumpido, discontinuo, transitorio. **2** unido, ligado. ANT. separado. **3** perseverante, persistente, asiduo, constante. ANT. inconstante. **4** *m.* estructura, todo, totalidad, composición. ANT. parte, elemento. **5** *loc. de* ~: continuamente, permanentemente, constantemente.

contonearse *prnl.* pavonearse, presumir, menearse.

contoneo *m.* pavoneo, meneo, balanceo, fluctuación, oscilación.

contornear *tr.* circunvalar, rodear, dar vueltas. **2** PINT. {figura} perfilar, delinear.

contorno *m.* perímetro, periferia, límite, borde, derredor, orilla. **2** perfil, silueta, forma, figura, trazo. **3** *pl.* afueras, alrededores, proximidades, aledaños, inmediaciones, cercanías, extramuros, suburbios. ANT. centro.

contorsión *f.* retorcimiento, gesticulación, deformación, torsión, retorsión, crispamiento, encorvamiento. **2** espasmo, convulsión, contracción. ANT. distensión.

contorsionarse *prnl.* crisparse, contraerse, arquearse, retorcerse. **2** convulsionar.

contorsionista *com.* artista, histrión, payaso.

contra *prep.* enfrente. **2** hacia, en dirección a. **3** a cambio de. **4** *m.* opuesto, contrario. **5** *f.* dificultad, obstáculo, inconveniente.

contraatacar *tr.* reaccionar, contragolpear, responder, contestar. ANT. huir, retirarse.

contraataque *m.* contraofensiva, contragolpe, reacción, rechazo. ANT. huida, retirada. **2** *pl.* MIL. líneas fortificadas.

contrabalancear *tr.* equilibrar, compensar, contrapesar.

contrabandista *adj. s.* traficante, contraventor, defraudador, pirata, matutero, estraperlista.

contrabando *m.* fraude, matute, estraperlo, alijo, ilícito, tráfico ilegal, comercio prohibido.

contracción *f.* crispamiento, crispación, espasmo, astricción, constricción, calambre. ANT. distensión. **2** acortamiento, encogimiento, reducción, disminución. **3** GRAM. sinéresis.

contracepción *f.* anticoncepción, contraconcepción.

contraceptivo, -va *adj.* anticonceptivo, contraconceptivo.

contracorriente (a) *loc.* en contra.

contráctil *adj.* retráctil, contractable.

contractual *adj.* acordado, pactado, convenido.

contradecir *intr. tr.* objetar, refutar, impugnar, rebatir, replicar, discutir, argüir, argumentar, contestar, oponerse. ANT. corroborar, confirmar. **2** *prnl.* retractarse, desdecirse.

contradicción *f.* objeción, refutación, réplica, impugnación, oposición, rebatimiento. ANT. confirmación, asentimiento. **2** antítesis, antinomia, oposición, afirmación y negación. **3** contrariedad, desacuerdo. ANT. acuerdo. **4** incoherencia, contrasentido, discordancia, sinrazón, disparate, absurdo, extravagancia. ANT. coherencia, concordancia.

contradictorio, -ria *adj.* opuesto, contrario. **2** disparatado, incoherente, discordante, incompatible, extravagante, absurdo. ANT. concorde, conforme.

contraer *tr.* estrechar, constreñir, apretar, juntar. ANT. ensanchar. **2** {costumbre} adquirir. ANT. perder, abandonar. **3** {compromiso} asumir. **4** *tr. prnl.* {discurso} reducir, abreviar, resumir. **5** *prnl. tr.* encogerse, acortarse, apretarse, achicarse. **6** crisparse, retorcerse.

contraespionaje *m.* espionaje, inteligencia.

contrafuerte *m.* ARQ. machón, estribo, espolón, botarel, columna, soporte. **2** {calzado} refuerzo. **3** cadena montañosa.

contragolpe *m.* contraataque, contraofensiva, reacción, rechazo. ANT. huida, retirada.

contrahacer *tr.* copiar. **2** falsificar, falsear, adulterar, desnaturalizar. **3** imitar, remedar. **4** *prnl.* fingirse.

contrahecho, -cha *adj.* imperfecto, malhecho, desproporcionado, deforme, torcido. ANT. conforme.

contraindicación *f.* MED. prohibición, reserva, exclusión, supresión. ANT. indicación.

contraindicado, -da *adj.* {medicamento} perjudicial, nocivo, desaconsejado. ANT. indicado, aconsejado.

contrainteligencia *ver* **contraespionaje**.

contralor *m.* veedor.

contramarca *f.* marca, contraseña. **2** segunda marca.

contraofensiva *f. ver* **contragolpe**.

contraorden *f.* contramandato, anulación, retractación, cancelación.

contrapelo (a) *loc.* en sentido opuesto, al contrario.

contrapesar *tr.* contrabalancear, equilibrar, nivelar, servir de contrapeso. ANT. desnivelar. **2** compensar, igualar, subsanar. ANT. descompensar.

contrapeso *m.* igualación, compensación, proporción, equilibrio, nivelación, igualdad, armonía, equivalencia. ANT. desnivelación, desequilibrio. **2** añadidura. **3** {volatineros} balancín, palo largo, balanza.

contraponer *tr.* comparar, cotejar. **2** *tr. prnl.* oponer, enfrentar, anteponer. ANT. armonizar.

contraposición *f.* oposición, rivalidad, enfrentamiento, antagonismo, competencia.

contraproducente *adj.* nocivo, adverso, perjudicial, contrario, desventajoso, desfavorable, dañino, peligroso, equivocado, desacertado. ANT. favorable, beneficioso.

contrapunto *m.* MÚS. concordancia, armonía; acompañamiento, polifonía. **2** *fig.* contraste.

contrariado, -da *adj.* malhumorado, molesto, disgustado, irritado. ANT. contento, alegre.

contrariar *tr.* oponerse, impedir, estorbar, entorpecer, dificultar, obstaculizar, resistir, contradecir. ANT. facilitar, ayudar. **2** mortificar, enojar, disgustar, afligir, fastidiar, incomodar, molestar. ANT. satisfacer, alegrar, contentar.

contrariedad *f.* oposición. **2** accidente, tropiezo, estorbo, contratiempo, obstáculo, dificultad, incomodidad, percance. ANT. facilidad. **3** decepción, disgusto, desagrado. ANT. agrado, complacencia, alegría.

contrario, -ria *adj. s.* opuesto, discrepante, adverso, desacorde, hostil. **2** afín, coincidente, favorable. **2** contradictorio, antitético, antinómico, antagónico. **3** *adj.* perjudicial, dañoso, dañino, nocivo, adverso. ANT. beneficioso, benéfico. **4** *m.* rival, adversario, antagonista, contrincante, competidor, contendiente, oponente, enemigo. ANT. aliado, simpatizante, amigo. **5** *loc. al ~:* al revés. **6** *loc. en ~:* en contra. **7** *loc. de lo ~:* en caso contrario.

contrarrestar *tr.* resistir, afrontar, aguantar, arrostrar, contener, oponerse, impedir, hacer frente. ANT. favorecer, coadyuvar, ayudar. **2** neutralizar, paliar, compensar.

contrasentido *m.* contradicción, interpretación contraria. **2** equivocación, descarrío, confusión, dislate, aberración. **3** disparate, incoherencia, despropósito, error. ANT. acierto.

contraseña *f.* seña secreta, consigna, pase, santo y seña; lema, frase. **2** marca, contramarca.

contraste *m.* oposición, disparidad, discrepancia, contraposición, desemejanza, desigualdad, diferencia. ANT. semejanza, igualdad. **2** cotejo, comprobación, examen, control. **3** MED. sustancia.

contratar *tr.* pactar, convenir, acordar, negociar, formalizar, estipular, suscribir, obligarse, negociar, hacer un contrato. ANT. rescindir, cancelar, anular. **2** asalariar, emplear, colocar, dar trabajo. ANT. despedir.

contratiempo *m.* dificultad, problema, percance, adversidad, escollo, inconveniente, revés, contrariedad, accidente, descalabro, tropiezo, obstáculo.

contrato *m.* pacto, convenio, acuerdo, obligación, trato, negocio, transacción, compromiso. *ANT.* rescisión, cancelación. **2** documento, póliza.

contravención *f.* falta, infracción, desacato, incumplimiento, violación, desobediencia, vulneración, transgresión, quebrantamiento. *ANT.* observancia, cumplimiento, acatamiento.

contraveneno *m.* antídoto, antitóxico, revulsivo, desintoxicante. *ANT.* veneno, tóxico.

contravenir *tr.* desobedecer, transgredir, conculcar, desacatar, incumplir, quebrantar, violar, faltar. *ANT.* acatar, cumplir, obedecer.

contraventana *f.* postigo, portezuela, puertaventana.

contraventor *adj. s.* infractor, transgresor.

contrayente *s.* consorte, novio, pareja.

contribución *f.* colaboración, ayuda, cooperación, aporte, aportación. **2** cuota, carga, impuesto, tributo, gravamen, subsidio, tasa, arancel.

contribuir *tr. intr.* tributar, pagar impuestos. **2** *tr.* aportar, ofrendar, participar. **3** ayudar, colaborar, auxiliar, cooperar, favorecer, coadyuvar, secundar, auxiliar, asistir. *ANT.* obstaculizar, impedir.

contrición *f.* REL. pesar, dolor, pena, pesadumbre, atrición, tribulación. *ANT.* impenitencia. **2** arrepentimiento, remordimiento, compunción, culpa. *ANT.* contumacia.

contrincante *com.* adversario, rival, competidor, opositor, oponente. *ANT.* aliado, amigo.

contristar *tr. prnl.* afligir, atormentar, apenar, acongojar, desconsolar, apesadumbrar, mortificar, entristecer. *ANT.* alegrar, contentar, consolar.

contrito, -ta *adj.* apenado, triste, dolorido, apesadumbrado, pesaroso, consternado. *ANT.* impenitente, incontrito. **2** compungido, arrepentido. *ANT.* contumaz, empedernido.

control *m.* comprobación, fiscalización, inspección, registro, revisión, verificación, vigilancia, examen, intervención, observación; censura. **2** poder, mando, dirección, dominio, autoridad, preponderancia. *ANT.* descontrol. **3** dependencia, despacho, oficina. **4** regulación. **5** dispositivo, mando. **6** *gen. pl.* tablero, panel.

controlar *tr.* comprobar, verificar. **2** vigilar, examinar, espiar, inspeccionar, observar; censurar. **3** someter, dominar, gobernar, mandar, sujetar. *ANT.* obedecer. **4** *prnl.* dominarse, moderarse. *ANT.* desenfrenarse.

controversia *f.* discusión, polémica, litigio, altercado, oposición, disputa. *ANT.* acuerdo.

controvertir *intr. tr.* polemizar, discutir, disputar, debatir; dilucidar, analizar, examinar.

contubernio *m.* cohabitación, convivencia, ayuntamiento. **2** confabulación, connivencia, complot, conjura, conjuración, conspiración.

contumacia *f.* terquedad, testarudez, pertinacia, obstinación, persistencia, insistencia, impenitencia, reincidencia, dureza. **2** DER. rebeldía, incomparecencia.

contumaz *adj.* terco, testarudo, porfiado, obstinado, tozudo. **2** *adj. s.* DER. rebelde.

contumelia *f.* injuria, oprobio, insulto, ofensa, afrenta.

contundente *adj.* {objeto} golpeador, magullador, macizo, pesado, destructivo, hiriente, lacerante. *ANT.* liviano, inofensivo. **2** {argumento} decisivo, definitivo, convincente, concluyente, terminante, irrebatible, incuestionable. *ANT.* incierto, discutible.

contundir *tr. prnl.* golpear, magullar.

conturbado, -da *adj.* intranquilo, revuelto, turbado, perturbado, confuso, inquieto, conmovido. *ANT.* sereno, tranquilo.

conturbar *tr.* sobresaltar, turbar, aturdir, perturbar, inquietar. *ANT.* tranquilizar.

contusión *f.* magulladura, golpe, lesión, equimosis, cardenal, hematoma, moretón, herida.

contusionar *tr. prnl.* golpear, magullar, producir contusión.

contuso, -sa *adj. s.* contusionado, golpeado, lesionado, magullado.

convalecencia *f.* recuperación, restablecimiento, mejoría, cura. *ANT.* recaída.

convalecer *intr.* restablecerse, recobrarse, reponerse, recuperarse, reanimarse. *ANT.* recaer. **2** curarse, mejorar.

convaleciente *s.* enfermo, paciente, doliente, en recuperación. **2** recuperado, mejorado.

convalidar *tr.* confirmar, revalidar, reafirmar, reconfirmar, corroborar. *ANT.* anular. **2** {estudios} legalizar, obtener equivalencia, validar académicamente.

convencer *tr. prnl.* persuadir, atraer, disuadir, captar, conquistar, inducir, incitar, inclinar, seducir, sugestionar, arrastrar, instar. *ANT.* impugnar, rechazar. **2** probar, demostrar.

convencimiento *m.* convicción, seguridad, certeza. *ANT.* duda. **2** persuasión, creencia, confianza. *ANT.* incertidumbre.

convención *f.* concierto, acuerdo, ajuste, convenio, tratado, pacto, trato. *ANT.* desacuerdo. **2** conveniencia, conformidad. **3** norma, costumbre, práctica, tradición. **4** asamblea, congreso, junta, simposio, reunión.

convencional *adj.* usual, habitual, acostumbrado, corriente, tradicional. *ANT.* insólito. **2** acomodaticio, artificioso, simulado, afectado, ficticio, poco original.

convencionalismo *m. gen. pl.* rebuscamiento, afectación, formulismo, protocolo, artificio, apariencia, simulación, hipocresía, mojigatería, falsedad. *ANT.* espontaneidad, sencillez.

conveniencia *f.* correlación, adecuación, conformidad. *ANT.* disconformidad. **2** convenio, acuerdo, ajuste, pacto. *ANT.* discrepancia. **3** provecho, utilidad, beneficio, ventaja. *ANT.* perjuicio, daño. **4** comodidad, bienestar. *ANT.* incomodidad. **5** *pl.* convencionalismos.

conveniente *adj.* oportuno, provechoso, beneficioso, útil, ventajoso. *ANT.* inconveniente, perjudicial. **2** conforme, apropiado, adecuado, concorde. *ANT.* discorde. **3** idóneo, proporcionado, apto, suficiente. *ANT.* inadecuado.

convenio *m.* acuerdo, concierto, concertación, pacto, alianza, conciliación, arreglo, avenencia, compromiso, convención, ajuste, tratado. *ANT.* desacuerdo, disensión, divergencia, desavenencia.

convenir *intr.* reconocer, admitir, concertar, aceptar, pactar, acordar, estar de acuerdo. *ANT.* disentir. **2** {personas} juntarse, concurrir, reunirse, acudir. *ANT.* dispersarse. **3** pertenecer, encajar, corresponder, cuadrar. **4** importar, atañer, incumbir, ser conveniente. **5** *prnl.* ajustarse, concordarse, componerse. **6** DER. {voluntades} coincidir.

conventículo *m.* conciliábulo, confabulación, conspiración, intriga, conjura, conseja.

convento *m.* monasterio, abadía, cenobio, noviciado, cartuja, claustro, priorato.

conventual *adj.* cenobítico, monacal, monástico.

convergencia *f.* concurrencia, coincidencia, confluencia, concordancia, unión, afinidad. *ANT.* divergencia, diferenciación.

converger *intr. ver* **convergir**.

convergir *intr.* {líneas} coincidir, unirse, concurrir, juntarse, reunirse, encontrarse, desembocar. *ANT.* divergir, separarse. **2** {opiniones, ideas} concurrir, aproximarse, confluir. *ANT.* diferir, disentir.

conversación *f.* interlocución, diálogo, charla, coloquio, plática, parlamento, entrevista, tertulia, conferencia, discusión, parloteo.

conversacional *adj.* {lenguaje} coloquial.

conversar *intr.* dialogar, platicar, hablar, charlar, comunicarse, departir, comentar.

conversión *f.* cambio, mutación, transmutación, transformación, mudanza, metamorfosis. **2** REL. abjuración, retractación.

converso, -sa *adj. s.* REL. confeso, convertido, neófito.

convertible *adj.* transformable. **2** *adj. s.* Amer. descapotable.

convertir *tr. prnl.* modificar, cambiar, transformar, devenir, transmutar, transfigurar, variar, trastocar, alterar, rectificar, mudar. **2** REL. convencer, persuadir. ANT. imponer. **3** REL. catequizar, evangelizar, catolizar, cristianizar. **4** *prnl.* {palabra, proposición} substituirse. **5** REL. retractarse, apostatar, abjurar, renegar, abandonar.

convexidad *f.* curvatura, prominencia, abombamiento, alabeo, pandeo. ANT. concavidad.

convexo, -xa *adj.* abombado, saliente, curvado, redondeado, alabeado, abultado, pandeado, prominente. ANT. cóncavo.

convicción *f.* convencimiento, certidumbre, certitud, persuasión, certeza, seguridad. ANT. incertidumbre, duda. **2** *gen. pl.* principios, ideas arraigadas, creencias firmes.

convicto, ta *adj.* condenado, reo, culpado, culpable, inculpado, acusado, procesado.

convidar *tr.* invitar, ofrecer, agasajar, acoger, recibir, hospedar; brindar, compartir. ANT. desdeñar. **2** incitar, inducir, llamar, mover, atraer. ANT. rechazar. **3** *prnl.* ofrecerse.

convincente *adj.* elocuente, incitante, sugerente, persuasivo, sugestivo, tentador. **2** contundente, decisivo, terminante, concluyente.

convite *m.* invitación, recepción, atención, ofrenda, obsequio. **2** banquete, agasajo, festín, ágape, comida, merienda, comilona.

convivencia *f.* cohabitación, coexistencia. **2** compenetración, entendimiento, armonía, acuerdo, tolerancia. ANT. antagonismo, rivalidad.

convivir *intr.* cohabitar, residir, habitar, coexistir. **2** conllevarse, entenderse, fraternizar, compenetrarse, avenirse; compartir, departir. ANT. rivalizar.

convocar *tr.* citar, llamar, invitar, avisar, anunciar. **2** solicitar, emplazar, requerir. **3** reunir, congregar. **4** aclamar, aplaudir, honrar, vitorear.

convocatoria *f.* convocación, anuncio, aviso, llamamiento, llamado, citación, apelación.

convoy *m.* guardia, custodia, escolta, protección. **2** tren, ferrocarril. **3** caravana, expedición, destacamento, columna. **4** acompañamiento, grupo, cortejo, séquito.

convoyar *tr.* escoltar, resguardar. ANT. desproteger.

convulsión *f.* {músculos} contracción, crispación, espasmo. **2** agitación, motín, disturbio, conmoción, tumulto. ANT. paz. **3** GEOL. sacudida, temblor, seísmo, terremoto.

conyugal *adj.* nupcial, matrimonial, marital, connubial; familiar, hogareño.

cónyuge *com.* esposo, consorte, desposado, marido, compañero. **2** esposa, consorte, desposada, mujer, compañera.

coñac *m.* brandy.

coño *m. vulg.* vagina, vulva. **2** *adj. Chile, Ecuad.* tacaño, avaro, miserable.

cooperación *f.* colaboración, apoyo, asistencia, ayuda, socorro, auxilio.

cooperador, -ra *adj. s.* colaborador, cooperativo. **2** asistente, ayudante, auxiliar.

cooperar *intr.* colaborar, contribuir, secundar, coadyuvar, ayudar, participar, auxiliar, socorrer. ANT. obstaculizar, impedir.

cooperativa *f.* mutualidad, asociación, unión, entidad.

coordenada *f.* GEOM. línea. **2** eje, plano.

coordinación *f.* ordenación, concertación, armonización, regulación, organización, combinación, regularización, conjunción. ANT. desorganización.

coordinador, -ra *adj. s.* organizador, ordenador, regulador.

coordinar *tr.* ordenar, organizar, disponer, acomodar, armonizar, administrar, sistematizar, regular. ANT. desordenar, desorganizar. **2** concertar, conciliar, aunar, unir. ANT. separar.

copa *f.* vaso, cáliz, crátera, copón, recipiente, receptáculo. **2** premio, galardón, trofeo, recompensa. **3** certamen, competición deportiva. **4** {naipes} palo. **5** bebida, trago, coctel.

copar *tr.* MIL. sitiar, cercar, asediar, rodear, atajar, sorprender, envolver, aprisionar. ANT. liberar. **2** {puestos} acaparar, monopolizar.

copartícipe *com.* partícipe, participante, coautor, colaborador, asociado, socio, cointeresado; cómplice.

copete *m.* pelo, mechón, tupé, guedeja, flequillo, mecha, moño. **2** {animal} penacho, pluma, plumero. **3** {monte} cumbre, cima. **4** {sillón, espejo} adorno, remate. **5** *fig.* presuntuosidad, presunción, atrevimiento. **6** *loc.* **bajar a alguien el ~:** bajarle los humos.

copia *f.* abundancia, profusión, muchedumbre, multitud, riqueza. ANT. escasez, carencia. **2** {escrito} transcripción, reproducción, traslado. **3** {obra} duplicado, reproducción, réplica, facsímil. ANT. original. **4** fotocopia. **5** {obra} plagio, imitación; falsificación. **6** remedo, parodia. **7** *fig.* parecido, semejanza.

copiar *tr.* escribir. **2** transcribir, trasladar. **3** {obra} reproducir, duplicar. **4** fotocopiar. **5** {obra} plagiar, imitar; falsificar. **6** {persona} remedar.

copiloto *m.* piloto auxiliar.

copión, -na *adj. s. desp.* plagiario. **2** *m.* {obra} copia mala, reproducción mediocre.

copiosamente *adv.* abundantemente, profusamente, ricamente, en abundancia.

copiosidad *f.* abundancia, profusión, riqueza. ANT. escasez, carencia.

copioso, -sa *adj.* abundante, superabundante, profuso, numeroso, considerable, exuberante, rico, nutrido, cuantioso. ANT. escaso, pobre, raro.

copista *com.* escribiente, escribano, amanuense, mecanógrafo, copiante, calígrafo.

copla *f.* cantar, canción, canto, tonada, aire. **2** estribillo, estrofa, verso, cantilena.

coplero *m. s.* cantante, trovador, juglar, bardo, vate. **2** *desp.* coplista, poetastro, mal poeta.

copo *m.* {algodón, lana} mechón. **2** {nieve} porción, pizca. **3** coágulo, grumo.

copropietario, -ria *adj. s.* condueño, coposesor, socio.

cópula *f.* atadura, enlace, ligamento, trabazón, conjunción. ANT. separación. **2** copulación, coito, fornicación, apareamiento, ayuntamiento, concúbito, unión sexual.

copulación *f.* cópula, coito, fornicación, apareamiento, concúbito, unión sexual.

copular *intr. prnl.* fornicar, coitar, ayuntarse, unirse sexualmente. **2** *p. us.* juntar, unir.

copyright *s.* [Ing.] derechos de autor, propiedad intelectual.

coqueta *adj. f.* vanidosa, frívola, presuntuosa, presumida, veleidosa. *ANT.* discreta. **2** seductora, provocadora, incitadora, casquivana, vampiresa, mujer fatal. *ANT.* sensata.

coquetear *intr.* flirtear, galantear, seducir, cautivar, conquistar, provocar, enamorar, atraer. **2** jugar, frivolizar, presumir.

coqueteo *m.* coquetería, flirteo, cortejo, galanteo, seducción, provocación. **2** afectación.

coqueto, -ta *adj. s.* esmerado, pulcro; presumido. **2** *adj.* {cosa} atrayente, cuidado, gracioso, bonito. *ANT.* feo. **3** *m.* tenorio, donjuán, galante, seductor, conquistador.

coraje *m.* valor, esfuerzo, ímpetu, arrojo, audacia, intrepidez, osadía, ánimo, agallas, arrestos, bravura, valentía, decisión, denuedo, brío. *ANT.* cobardía, pusilanimidad, miedo. **2** ira, cólera, furia, irritación, rabia, enojo. *ANT.* tranquilidad, serenidad.

corajudo, -da *adj.* irritable, iracundo, colérico. *ANT.* sereno. **2** valiente, valeroso, intrépido, impetuoso, audaz, esforzado, decidido, temerario, animoso, bravo. *ANT.* cobarde, pusilánime.

coral *m.* coralina, arrecife. **2** Mús. composición vocal, coro, canto. **3** Mús. composición instrumental.

coraza *f.* armadura, envoltura. **2** *fig.* protección, defensa. **3** blindaje, revestimiento. **4** Zool. caparazón, concha, cubierta, cubierta dura.

corazón *m.* Anat. órgano. **2** ánimo, valor, valentía, voluntad, coraje, osadía, decisión, espíritu. *ANT.* cobardía. **3** amor, afecto, sentimiento, bondad, generosidad, benevolencia. *ANT.* desamor, odio. **4** centro, medio, médula, tuétano, meollo, cogollo. *ANT.* periferia. **5** interior. *ANT.* exterior. **6** entrañas. *ANT.* superficie, piel. **7** {baraja} palo. **8** *loc.* **atravesar el ~:** conmover, penetrar de dolor, mover a compasión. **9** *loc.* **de ~:** sinceramente, con verdad, con afecto.

corazonada *f.* impulso, arranque, inspiración, estímulo, ímpetu, instinto. **2** presentimiento, suposición, intuición, presagio, barrunto, sospecha, augurio. **3** {res} asadura, bofes.

corcel *m.* caballo ligero, potro, jaco, jamelgo, montura, cabalgadura, bridón, trotón.

corchete *m.* broche, gancho, prendedor. **2** signo, paréntesis.

corcho *m.* tapón, cierre, tarugo. **2** colmena.

corcova *f.* Med. {columna vertebral} corvadura anómala, cifosis, giba, joroba.

corcovado, -da *adj. s.* jorobado, giboso.

corcovar *tr.* encorvar. **2** gibar.

corcovear *intr.* {animal} saltar, brincar, dar corcovos.

corcovo *m.* {animal} salto, brinco, corveta, respingo, sacudida. **2** torcimiento, desigualdad.

cordel *m.* cuerda delgada, cordón, cáñamo, bramante.

cordera *f.* oveja. **2** *fig.* {mujer} mansa, dócil, humilde.

cordero *m.* ternasco, recental, borrego, caloyo, añojo, añal, ovino. **2** {hombre} manso, dócil, humilde. **3** *fig.* Jesucristo.

cordial *adj.* afectuoso, amable, simpático, afable, cariñoso, hospitalario, sincero, efusivo, franco, espontáneo. *ANT.* huraño, reconfortante, infusión, tisana, bebida, elixir. **3** *Med.* {corazón} estimulador, fortalecedor, vigorizador.

cordialidad *f.* afecto, afectuosidad, cariño, simpatía, amabilidad. *ANT.* desafecto. **2** sinceridad, franqueza, confianza, familiaridad, llaneza. *ANT.* desconfianza.

cordillera *f.* sierra, serranía, montaña, cadena, macizo.

cordón *m.* cuerda, cordel, bramante, cáñamo. **2** *Arq.* bocel, moldura. **3** *Amer.* {acera} bordillo, encintado. **4** *pl.* Mil. divisa.

cordura *f.* prudencia, mesura, moderación, equilibrio, sensatez, juicio, discreción. *ANT.* insensatez, locura, desmesura.

corear *tr.* cantar, acompañar, entonar, recitar. **2** componer música. **3** asentir, aprobar. **4** aclamar, vitorear, aplaudir.

coreografía *f.* {danza} pasos, figuras. **2** danza, baile, representación, ejecución, realización.

corista *com.* {ópera} cantante. **2** *f.* {espectáculo, revista musical} comparsa, figurante, bailarina, acompañante, cantante.

cornada *f.* puntada, puntazo, empitonada, topetazo, golpe, herida.

cornamenta *f.* encornadura, cuernos, astas, pitones.

cornear *tr.* acornear, acornar, encornar, embestir, golpear, herir.

córner *m.* Dep. saque de esquina.

corneta *f.* trompeta, cuerno, clarín, cornetín.

cornisa *f.* Arq. coronamiento, moldura, remate, voladura, saliente.

cornudo, -da *adj. s.* cabrón, sufrido, consentido. **2** *adj.* {animal} cornúpeta, enastado, astado.

cornúpeta *adj. com.* {animal} cornudo, enastado, astado.

coro *m.* {personas} grupo, conjunto, ronda. **2** {dramaturgia} grupo de actores. **3** voces, canto, rezos, estribillo. **4** pieza musical; composición poética. **5** Rel. ángeles, orden angélico. **6** *loc.* **hacer ~:** unirse, acompañar.

corolario *m.* conclusión, proposición concluyente, resultado, deducción, inferencia, consecuencia. *ANT.* premisa.

corona *f.* aureola, nimbo, halo, diadema. **2** reino, monarquía, imperio. **3** {cabeza} coronilla; tonsura. **4** premio, galardón, reconocimiento, recompensa, honor, gloria. **5** {colina} cima, altura. **6** remate, coronamiento, culminación.

coronación *f. ver* **coronamiento.**

coronamiento *m.* coronación, entronización, investidura. **2** {trabajo, obra} finalización, remate, conclusión. **3** Arq. {edificio} adorno, cornisa.

coronar *tr.* entronizar, ungir, investir, proclamar, consagrar. *ANT.* destronar. **2** {trabajo, obra} concluir, completar, finalizar, terminar, rematar, culminar, realizar, ultimar. *ANT.* comenzar, iniciar, principiar. **3** galardonar, premiar, recompensar, laurear.

corotos *m. pl. Amer.* trastos, bártulos, trebejos.

corporación *f.* entidad, comunidad, cuerpo, asociación, asamblea, junta, diputación, organismo, instituto, gremio, sociedad, empresa, compañía, firma.

corporal *adj.* somático, corpóreo, físico, anatómico, orgánico, carnal, material. *ANT.* anímico, incorpóreo, espiritual.

corpóreo, -rea *adj.* consistente. **2** corporal, somático, físico, anatómico, orgánico, carnal, material. *ANT.* anímico, incorpóreo, espiritual.

corpulencia *f.* magnitud, volumen, tamaño, robustez.

corpulento, -ta *adj.* grueso, corpudo, fornido, recio, robusto, vigoroso, grande, voluminoso, membrudo, musculoso. *ANT.* enjuto, enclenque, flaco.

corpúsculo *m.* partícula, molécula, átomo, elemento, célula.

corral *m.* encierro, cerco, cercado, caballeriza, redil, cortil, toril, aprisco, establo, corralizo, majada, apero, boyeriza, chiquero.

correa *f.* cinto, cinturón, ceñidor, faja, banda, cincha. **2** *fig.* paciencia, aguante.

corrección *f.* rectificación, enmienda, enmendadura. **2** compostura, discreción, consideración, urbanidad, educación, cortesía, amabilidad, modales. *ANT.* incorrección, descortesía. **3** censura, reprensión, reprimenda, correctivo, reconvención, castigo, regaño. *ANT.* premio, recompensa. **4** {texto} cambio, modificación, alteración, retoque, perfeccionamiento.

correccional *m.* reformatorio, internado, penitenciaría, presidio, cárcel, prisión, penal.

correctivo *m.* sanción, reprensión, corrección, censura, castigo, escarmiento.

correcto, -ta *adj.* {lenguaje, dibujo} fiel, conforme, cabal, exacto, apropiado, justo, adecuado, conveniente, acertado. *ANT.* incorrecto, inapropiado. **2** {persona, conducta} honrado, irreprochable, justo, honesto. *ANT.* injusto, deshonesto. **3** {persona} discreto, educado, cortés, atento, comedido. *ANT.* descortés.

corredero, -ra *adj.* {puerta, ventana} deslizante.

corredor *s.* atleta, velocista, carrerista, deportista. **2** *m.* DEP. piloto, automovilista. **3** pasillo, pasadizo, pasaje, galería, mirador. **4** intermediario, representante, delegado, agente, viajante, comisionista, vendedor. **5** bolsista, agente de bolsa.

corregir *tr.* rectificar, enmendar, reformar, retocar, reparar, subsanar, rehacer, pulir, remediar, cambiar, perfeccionar, modificar, transformar. *ANT.* conservar, ratificar, mantener. **2** amonestar, reprender, censurar, escarmentar, advertir, aleccionar, educar, criticar, castigar. *ANT.* alabar, elogiar. **3** {actividad} templar, suavizar, atemperar, disminuir, moderar. **4** *prnl.* reformarse, organizarse, enmendarse.

correlación *f.* correspondencia, conveniencia, conformidad, adecuación, analogía, conexión, paralelismo, reciprocidad, relación recíproca, afinidad. **2** {variables} dependencia mutua. **3** LING. relación.

correlativo, -va *adj.* consecutivo, progresivo, sucesivo, seriado, encadenado, gradual, continuado, seguido, continuo, inmediato, correspondiente, relacionado.

correligionario, -ria *adj. s.* {religión} cofrade, prosélito, adepto, iniciado. **2** {política} partidario, camarada, aliado, afiliado, colega, afín. *ANT.* opositor, antagonista, rival.

correo *m.* buzón; apartado. **2** correo electrónico, e-mail, correspondencia, cartas, mensajes, comunicaciones, misivas. **3** cartero, repartidor, mensajero, emisario, enviado. **4** DER. {de un delito} corresponsable, responsable, cómplice.

correoso, -sa *adj. desp.* maleable, dúctil. *ANT.* duro. flexible, elástico. *ANT.* rígido. **3** {alimento} revenido, blando. *ANT.* fresco. **4** *fig.* {persona} resistente, fuerte. *ANT.* débil.

correr *intr.* trotar, ir de prisa, andar rápidamente, acelerar el paso, aligerar, apresurarse. *ANT.* parar, detenerse. **2** {en general} circular, marchar, recorrer, avanzar, moverse, cursar, transitar, transcurrir, pasar. *ANT.* parar, detenerse. **3** {agua} manar, fluir, circular, deslizarse. *ANT.* estancarse. **4** {agua, aire} moverse. **5** {viento} soplar. **6** {río} dilatarse, extenderse. **7** {camino} ir, pasar, recorrer, extenderse. **8** {tiempo} transcurrir, tener curso, cursar, pasar. **9** *intr. tr.* {noticias} difundirse, propalarse, circular, propagarse. **10** *intr.*

recurrir, acudir. **11** NÁUT. {barco} navegar. **12** *tr.* perseguir, acosar. **13** {toros} lidiar. **14** *tr. prnl.* {cosa} deslizar, resbalar, pasar, cambiar de sitio. **15** *tr.* {cerrojo} echar, pasar, cerrar. **16** {cortina, velo} echar, tender; levantar, recoger. **17** {nudo} desatar, deshacer. **18** {aventura, peligro} exponerse, arrostrar. **19** {mundo} recorrer, andar, viajar. **20** arrendar, sacar a subasta. **21** *tr.* *prnl.* avergonzarse, confundirse, abochornarse, azorarse. **22** *prnl.* {personas} moverse, circular. **23** {cosas} deslizarse, moverse. **24** {velas} derretirse. **25** {persona} excederse. **26** eyacular, tener un orgasmo. **27** *tr.* {caballo} galopar, trotar. **28** *prnl.* {mancha} extenderse, chorrear. **29** *intr. Amer.* echar, despedir, expulsar, despachar. **30** *prnl. Amer.* acobardarse, huir, escapar. **31** *loc. a todo ~:* ligero, con la máxima velocidad. **32** *loc. ~ con algo:* encargarse.

correría *f.* razia, cabalgada, incursión, irrupción, intrusión, hostilidad, ataque, saqueo, redada, pillaje. **2** *gen. pl.* viaje corto, excursión, expedición, andanza, aventura, paseo.

correspondencia *f.* relación, conexión, unión. **2** trato, intercambio, reciprocidad, conformidad, consonancia, concomitancia. **3** correo, comunicación, carteo. **4** cartas, misivas, mensajes. **5** sinonimia, equivalencia. **6** {habitación} comunicación.

corresponder *intr. tr.* retribuir, compensar, recompensar, agradecer. **2** tocar, concernir, pertenecer, atañer, incumbir. **3** *intr. prnl.* concordar, ajustarse, armonizar, compaginar, encajar. *ANT.* discordar. **4** *prnl.* comunicarse, escribirse, cartearse. **5** amarse, atenderse, entenderse, comprenderse, quererse. *ANT.* desdeñarse. **6** {habitación} comunicarse.

correspondiente *adj.* concerniente, respectivo, recíproco, paralelo. **2** conveniente, adecuado, oportuno, debido, proporcionado, apto, idóneo. *ANT.* inadecuado, inoportuno. **3** {corporación} miembro.

corresponsal *com.* reportero, periodista, articulista, redactor, cronista, informador, enviado, delegado, agente, representante.

corretaje *m.* gestión, representación, correduría. **2** participación, comisión, honorarios, derechos, retribución.

correteada *f. Chile, Perú* persecución, acoso.

corretear *intr.* correr, trotar. **2** callejear.

correveidile *com.* chismoso, chismorrero, enredador. **2** *m.* alcahuete, tercero, celestina.

corrida *f.* carrera, trote. **2** lidia, novillada, becerrada, tienta.

corrido, -da *adj.* {peso, medida} excesivo. **2** confundido, avergonzado, humillado, ruborizado, abochornado, azorado. **3** experimentado, astuto, curtido, fogueado, de mundo. *ANT.* inexperto. **4** {partes de edificio} continuo, seguido. **5** {tiempo} transcurrido, pasado. **6** *m.* canto, romance. **7** *loc. de ~:* rápido, con presteza.

corriente *adj.* {tiempo} actual, presente. **2** {costumbre, moda} en uso, vigente. *ANT.* extemporáneo. **3** {publicación, ejemplar} último, más reciente. **4** aceptado, admitido, conocido, sabido. *ANT.* desconocido, ignorado. **5** autorizado. **6** común, regular, usual, ordinario, frecuente, habitual, general, popular. *ANT.* extraordinario, inusual. **7** adocenado, mediocre, vulgar. **8** {trato personal} llano, familiar. **9** {estilo} fluido, fácil, suelto. **10** *f.* {materia fluida} masa, cuerpo, curso de agua, flujo, río. **11** torrente, torbellino. **12** aire, viento. **13** electricidad, flujo eléctrico. **14** {sentimientos} movimiento, tendencia, curso. **15** *adv.* conforme, de acuerdo. **16** *loc.* {pago} *al ~:* sin atraso, puntualmente, con exactitud. **17** *loc. estar al ~ de una cosa:* estar enterado, saber, conocer.

corrillo *m.* corro, grupo, reunión, tertulia, círculo. **2** conciliábulo, camarilla, conventículo.

corrimiento *m.* deslizamiento, derrumbamiento, desplome. **2** bochorno, rubor, confusión, vergüenza, humillación.

corro *m.* {personas} cerco, círculo, reunión. **2** espacio circular. **3** rueda, ronda, juego de niños. **4** *loc. hacer ~:* hacer lugar.

corroborar *tr. prnl.* confirmar, reconocer, asentir, apoyar, ratificar, reafirmar, certificar, constatar, demostrar, probar. *ANT.* negar, denegar, desmentir.

corroer *tr. prnl.* desgastar, roer, minar, carcomer. **2** *tr.* remorder, consumir, perturbar. **3** *tr. prnl.* herrumbrarse, oxidarse, enmohecerse.

corroído, -da *adj.* herrumbroso, oxidado, enmohecido, mohoso.

corromper *tr. prnl.* {cosa} alterar, trastocar. **2** dañar, estropear, podrir, malograr, descomponer, averiar, adulterar, envenenar, echar a perder. *ANT.* conservar. **3** *tr.* sobornar, untar, cohechar. **4** pervertir, depravar, envilecer, enviciar, prostituir. **5** *tr. prnl.* {costumbres, lengua} estragar, viciar. **6** *intr.* oler mal, heder.

corrompido, -da *adj.* corrupto, sobornado, viciado. **2** podrido, putrefacto, descompuesto. **3** pervertido, envilecido, perverso, vicioso. **4** mefítico, fétido, apestoso.

corrosión *f.* desgaste, roce, erosión, escoriación.

corrosivo, -va *adj.* abrasivo, erosivo, corroyente, mordiente, quemante, cáustico, ácido, destructivo. *ANT.* lenitivo. **2** sarcástico, mordaz, irónico, hiriente, satírico, incisivo.

corrupción *f.* perversión, desenfreno, vicio, degeneración, depravación, indecencia, extravío, libertinaje. *ANT.* integridad, virtud. **2** soborno, cohecho, concusión, exacción, venalidad, corruptela, deshonestidad. *ANT.* honradez, honestidad. **3** descomposición, podredumbre, putrefacción, pudrición, deterioro. **4** {libro, escrito} alteración, vicio, error, tergiversación. *ANT.* fidelidad. **5** *p. us.* hedor, fetidez, mal olor.

corruptela *f.* corrupción, soborno, cohecho, concusión, exacción, venalidad, deshonestidad. *ANT.* honradez, integridad.

corrupto, -ta *adj.* enviciado, licencioso, disoluto, degenerado, vicioso, indecente, pervertido, depravado, malo, malvado, protervo. *ANT.* íntegro, virtuoso. **2** pútrido, podrido, putrefacto, descompuesto, deteriorado.

corruptor, -ra *adj. s.* sobornador, corrompedor. **2** corruptivo.

corsario *m.* pirata, bucanero, filibustero, bandido, ladrón. **2** *fig.* contrabandista.

corsé *m.* faja, ajustador, corselete, ceñidor, jubón.

cortacircuitos *m.* ELECTR. fusible, interruptor.

cortacorriente *m.* conmutador, interruptor.

cortado, -da *adj.* {estilo, prosa} truncado, recortado, inciso, clausulado. *ANT.* fluido. **2** seccionado, dividido, tajado, recortado, aserrado, trozado, truncado, amputado, mutilado, separado, cercenado. *ANT.* unido. **3** *adj. s.* perplejo, turbado, corto, indeciso, azorado, corrido, avergonzado, falto de palabras. *ANT.* desenvuelto. **4** acomodado, proporcionado, adaptado, ajustado, exacto. *ANT.* desproporcionado. **5** *m.* {taza} café con leche.

cortador *m.* carnicero. **2** *adj.* tajante, cortante.

cortadura *f.* separación, división. **2** incisión, corte, partición, escisión. **3** herida. **4** hendidura, grieta. **5** {montañas} paso, abertura. **6** figura de papel, recortado. **7** *pl.* recortes, sobrantes.

cortafrío *m.* buril, tajadera, cincel, escoplo.

cortante *adj.* tajante, filoso, afilado, acerado, aguzado, agudo, puntiagudo. *ANT.* embotado, romo. **2** terminante, concluyente, rotundo, drástico, autoritario, inflexible, descortés, brusco, intransigente. *ANT.* condescendiente. **3** *m.* cortador, carnicero.

cortapisa *f.* {vestido, prenda} guarnición. **2** límite, condición, limitación, restricción, reserva. **3** *gen. pl.* obstáculo, traba, dificultad, estorbo, inconveniente, impedimento. **4** {al hablar} gracia, donaire, adorno.

cortar *tr.* {en general} dividir, separar. *ANT.* unir. **2** {alimentos} tajar, seccionar, trinchar, rebanar. **3** {plantas} talar, podar, segar. **4** {miembro} cercenar, amputar, mutilar. **5** {tijeras} recortar. **6** {pelo} rapar, esquilar. **7** {fluido, aire} hender. **8** escindir, partir. **9** *tr. prnl.* {frío} traspasar, penetrar. **10** {distancia, camino} acortar. **11** {paso} impedir, detener, suspender, atajar, interrumpir, entorpecer. **12** {discurso, texto} omitir, suprimir, editar. *ANT.* ampliar. **13** {líquido} mezclar, modificar. **14** {conversación} suspender, interrumpir, finalizar, terminar. *ANT.* proseguir, continuar. **15** {asunto, negocio} arbitrar. **16** esculpir, cincelar, grabar. **17** MIL. aislar, incomunicar. **18** *intr.* Chile andar. **19** *prnl.* herirse. **20** turbarse, aturdirse, confundirse, inhibirse, azorarse. **21** *prnl. tr.* {leche} cuajar, coagular. **22** *prnl.* ensuciarse.

corte¹ *m.* {instrumento} filo, hoja. **2** incisión, tajo, cisura, cortadura, tajadura, división. **3** herida, cercenamiento, mutilación. **4** {carne} sección, tajada, rodaja, trozo. **5** {material} muestra. **6** {vestido} hechura, confección. **7** {tela} cantidad. **8** {electricidad} apagón. **9** siega, tala, podadura. **10** Chile servicio, diligencia. **11** ARQ. {edificio} sección.

corte² *f.* {monarca} población, sede. **2** {monarca} familia, comitiva, cortejo. **3** {en general} séquito, acompañamiento, grupo de personas. **4** establo, aprisco. **5** *Amer.* tribunal de justicia. **6** cámara legislativa. **7** galanteo, cortejo, flirteo.

cortedad *f.* pequeñez, poquedad, disminución, escasez, estrechez, carencia, falta. *ANT.* suficiencia, abundancia. **2** pusilanimidad, apocamiento, vergüenza, timidez, cobardía, encogimiento. *ANT.* desenvoltura, decisión. **3** mediocridad, torpeza, mezquindad. **4** concisión, brevedad.

cortejar *tr.* galantear, enamorar, pretender, conquistar, hacer la corte. **2** acompañar, asistir, festejar, halagar.

cortejo *m.* galanteo, conquista, coqueteo, flirteo. **2** corte, acompañamiento, compañía, comitiva, grupo, séquito, desfile, escolta. **3** *p. us.* agasajo, regalo, fineza.

cortés *adj.* considerado, educado, amable, afable, caballeroso, atento, correcto, galante, comedido. *ANT.* maleducado, descortés, grosero.

cortesana *adj. s.* ramera, puta.

cortesano *m.* palaciego, áulico. **2** *adj.* adulador, servil.

cortesía *f.* atención, afecto, consideración, respeto, tacto. *ANT.* descortesía, desconsideración. **2** educación, corrección, amabilidad, modales, maneras, modos, decoro, mesura, distinción, gentileza, afabilidad, finura. *ANT.* grosería, incorrección. **3** galantería, cortesanía, ceremonia, complacencia, reverencia, diplomacia, obsequiosidad, etiqueta, protocolo. **4** cumplido, saludo. **5** obsequio, dádiva, regalo.

corteza *f.* BIOL., ANAT. revestimiento, piel, cáscara, caparazón, cuero, costra, vaina, cápsula. *ANT.* médula, meollo. **2** envoltura, cubierta, recubrimiento, exterior. *ANT.* centro, interior, interioridad. **3** *fig.* rusticidad, grosería, falta de crianza. *ANT.* educación, modales.

cortijo *m.* alquería, granja, hacienda, quinta, finca, rancho, casa de campo; caserío.

cortina *f.* cortinaje, colgadura, tapiz, velo. **2** *fig.* encubrimiento, ocultamiento.

corto, -ta *adj.* pequeño, reducido, insuficiente, insignificante, exiguo, escaso, limitado, menguado, bajo, mezquino. ANT. suficiente, abundante. **2** {tiempo} breve, pasajero, efímero, momentáneo, fugaz. ANT. duradero, prolongado. **3** resumido, sumario, sucinto, conciso. ANT. extenso, largo. **4** defectuoso, mal hecho. **5** mediocre, limitado, pobre. **6** tonto, idiota, torpe. ANT. inteligente. **7** tímido, encogido, pusilánime, vergonzoso, apocado. ANT. resuelto, audaz, decidido. **8** falto de palabras. **9** m. cortometraje. **10** cortocircuito. **11** loc. ni ~ ni perezoso: con decisión, sin timidez.

cortocircuito m. ELECTR. corto, falla, avería.

cortometraje m. película corta.

corva f. tarso, corvejón, articulación; curva. **2** VETER. {caballos} tumor.

corveta f. {caballo} brinco, salto.

corvo, -va adj. curvo, curvado, combado, arqueado. **2** m. gancho, garfio. **3** Amer. machete.

corzo m. cérvido, ciervo, venado, gamo.

cosa f. existencia, ser, ente, entidad, realidad, cuerpo, forma. ANT. nada. **2** elemento, objeto inanimado. ANT. ser viviente. **3** tema, asunto, cuestión, negocio. **4** DER. objeto. ANT. persona, sujeto. **5** DER. bien, propiedad, posesión. **6** loc. ~ nunca vista: fenómeno extraño, situación sorprendente. **7** loc. poner las ~s en su sitio: definir, precisar.

coscorrón m. golpe, cabezazo, cabezada, testarazo.

cosecha f. frutos. **2** producto, producción, rendimiento. **3** recolección, recogida, siega, trilla, colecta. **4** fig. resultados, logros. **5** loc. ser de la propia ~: ser de su propia invención.

cosechar intr. tr. recolectar, recoger, colectar, segar, trillar, vendimiar, hacer la cosecha. **2** tr. fig. {simpatías, éxitos} ganarse, concitarse, atraerse.

coser tr. hilvanar, labrar, sobrehilar, bordar, pespuntear. **2** remendar, arreglar, zurcir. ANT. descoser. **3** {papeles} unir, pegar, juntar, grapar. ANT. separar. **4** {disparos, puñaladas} herir, acribillar, apuñalar.

cosido m. costura, cosedura. **2** MED. sutura.

cosmético, -ca adj. ungüento, crema, pomada, afeite, tintura, maquillaje. **2** f. cosmetología.

cósmico, -ca adj. espacial, astral, sideral, planetario, celeste, celestial. ANT. terrestre.

cosmogonía f. {universo} origen, evolución, comienzo, formación.

cosmografía f. astronomía.

cosmonauta com. astronauta.

cosmonáutica f. astronáutica.

cosmopolita adj. internacional, mundial, universal. ANT. local. **2** BIOL., ECOL. {animal, vegetal} aclimatado.

cosmopolitismo m. internacionalismo.

cosmos m. universo, infinito, vacío, firmamento, espacio.

cosmovisión f. interpretación del mundo, visión del mundo.

coso m. plaza, ruedo, arena. **2** {poblado, pueblo} calle principal, paseo. **3** carcoma, coleóptero.

cosquillas f. pl. hormigueo, cosquilleo, prurito, picor, picazón, comezón.

cosquilleo m. ver **cosquillas**.

cosquillear intr. tr. hormiguear, cosquillar, hurgar, picar, irritar.

cosquilloso, -sa adj. quisquilloso, susceptible, puntilloso, sensible.

costa[1] f. costo, coste, importe, precio, monto, valor, gasto, desembolso. **2** pl. DER. gastos judiciales, expensas. **3** loc. a toda ~: sin limitación.

costa[2] f. orilla, playa, litoral, margen, borde, ribera. ANT. interior.

costado m. lado, flanco, lateral, banda, borde, canto, orilla, ala.

costalada f. golpe, costalazo, caída, batacazo, trastazo, tumbo, porrazo.

costanera f. cuesta, pendiente, subida. **2** Arg. avenida, paseo.

costanero, -ra adj. costero, costeño.

costar intr. valer, totalizar, importar, montar, sumar, subir, ascender a, estimarse en. **2** fig. causar, ocasionar, producir.

costarricence adj. s. costarriqueño.

coste m. costo, importe, valor, precio. **2** gasto.

costear tr. pagar, subvencionar, sufragar, abonar, mantener, satisfacer. **2** bordear, circunvalar, circuir, circunnavegar, navegar. **3** esquivar, soslayar. **4** prnl. cubrir los gastos. **5** Arg., Uru. trasladarse.

costeño, -ña adj. s. costero, costanero.

costera f. {fardo} lado, costado. **2** pendiente, desnivel, subida. **3** costa, playa, orilla, litoral. **4** NÁUT. temporada (de pesca). **5** petición, cuestación.

costero, -ra adj. costeño, costanero. **2** lateral.

costilla f. fig. mujer, esposa. **2** ARQ. listón. **3** BOT. {frutos, hojas} pliegue saliente. **4** NÁUT. {buque} cuaderna. **5** pl. col. espalda. **6** loc. a ~s: a cuestas, sobre los hombros.

costo m. cantidad, cuantía. **2** valor, coste, precio, importe, monto, total. **3** pago, egreso, gasto, erogación.

costoso, -sa adj. dispendioso, caro, encarecido, gravoso, alto, subido, elevado, valioso, dispendioso, exagerado, lujoso, oneroso. ANT. barato. **2** fatigoso, trabajoso, penoso, duro, difícil, complicado. ANT. fácil, sencillo. **3** dañino.

costra f. cubierta, corteza, capa, revestimiento, cáscara. **2** escara, pústula, postilla.

costumbre f. hábito, rutina, modo, regla, estilo, tradición, ritual. **2** uso, práctica, conducta, ejercicio, experiencia, usanza. **3** pl. {cultura, nación, persona} cualidades, inclinaciones, afinidades.

costumbrista adj. {literatura, pintura} local, regional, tradicional, folclórico.

costura f. zurcido, puntada, pespunte, cosido, remiendo, bordado. **2** confección, corte, labor, hechura. **3** unión, juntura. **4** sutura, cicatriz.

costurera f. sastra, modista, zurcidora, bordadora.

costurero m. mesa auxiliar. **2** cuarto de costura. **3** sastre. **4** caja, estuche, canastilla.

costurón m. costura grosera. **2** cicatriz, señal.

cota f. armadura, coraza, jubón, malla, guarnición, defensa. **2** {topografía} altura, elevación, altitud, nivel.

cotarro m. {barranco} ladera. **2** albergue, refugio, asilo. **3** corrillo, tertulia, círculo, grupo, colectividad. **4** loc. alborotar el ~: inquietar, perturbar, alterar.

cotejamiento m. ver cotejo.

cotejar tr. comparar, equiparar, confrontar, compulsar, parangonar.

cotejo m. comparación, parangón, cotejamiento.

coterráneo, -a adj. conciudadano, compatriota, paisano.

cotidiano, -na adj. acostumbrado, frecuente, habitual, usual, regular, diario, periódico, corriente, seguido, ordinario, tradicional, común. ANT. inusitado, desacostumbrado.

cotillear intr. chismorrear, chismear, murmurar, comadrear.

cotización f. monto, costo, coste, precio, importe, valor. **2** estimación, evaluación, valoración, tasación. **3** {bolsa} cambio.

cotizado, -da adj. {persona} estimado favorablemente, reconocido, aplaudido. **2** {cosa} valioso, inestimable.

cotizar *tr.* {cuota} pagar, abonar. *ANT.* cobrar. **2** *tr. intr.* {valores} publicar en la bolsa. **3** *tr.* fijar precio, poner precio. **4** *tr. intr.* estimar, evaluar, valorar. **5** *tr. Amer.* imponer una cuota.

coto *m.* terreno acotado, cercado, área, zona. **2** marca, hito, mojón, señal, divisoria, poste. **3** fin, término, límite, restricción. **4** *Amér. Sur* bocio, papera. **5** medida lineal (medio palmo). **6** postura, tasa. **7** *loc.* {abusos, desmanes} *poner ~:* impedir, poner término.

cotorra *f.* papagayo. **2** urraca. **3** *fig.* {persona} hablador, conversador, locuaz; parlanchín, charlatán. *ANT.* moderado, silencioso, discreto.

cotorrear *intr.* parlotear, hablar con exceso.

covacha *f.* cueva, cubil, guarida. **2** casucha, cuchitril, tugurio. **3** trastero, diván. **4** perrera. **5** *Ecuad.* tienda, almacén de comestibles.

cowboy *m.* [ING.] vaquero, jinete.

coxis *m.* ANAT. cóccix.

coyote *m. fig. Amer.* pícaro, chismoso. **2** *Méx.* intermediario, tramitador.

coyuntura *f.* {hueso} articulación, unión, trabazón, juntura. **2** oportunidad, ocasión, sazón. **3** {nación, economía} situación, circunstancias, momento particular, confluencia de factores, tiempo preciso.

coyuntural *adj.* oportuno, favorable. **2** circunstancial.

coz *f.* patada, coceadura, golpe, puntapié. **2** *fig.* injuria, grosería, ofensa.

crack *vb.* [ING.] {mercado} colapsar. **2** *ver* **crash.**

craneal *adj.* ANAT. craneano, cefálico.

cráneo *m.* ANAT. caja ósea, calavera.

crápula *m.* borrachera, embriaguez. *ANT.* sobriedad. **2** libertinaje, desenfreno, disipación, vicio. *ANT.* integridad. **3** *m.* {persona} vicioso, licencioso, disoluto, libertino, disipado.

crapuloso, -sa *adj. s.* crápula, calavera, sinvergüenza, vicioso, libertino, licencioso, disoluto, granuja.

crascitar *intr.* {cuervo} croscitar, graznar.

crash *s.* [ING.] quiebra financiera, bancarrota, hundimiento comercial. **2** *ver* **crack.**

crasitud *f.* gordura, tejido adiposo.

craso, -sa *adj.* {error, ignorancia} indisculpable, imperdonable, inadmisible; enorme, grave. *ANT.* nimio, baladí. **2** *p. us.* grueso, espeso, gordo. **3** graso, grasiento, untuoso; denso. **4** *m.* crasitud, gordura, tejido adiposo.

cráter *m.* depresión circular. **2** {volcán} boquete, boca, orificio, abertura, agujero.

cratera *f.* (*tb.* **crátera**) ARQUEOL. vasija grande, recipiente para vino.

creación *f.* gestación, génesis, surgimiento, generación. *ANT.* destrucción. **2** instauración, fundación, institución, establecimiento. *ANT.* desmantelamiento. **3** obra, invención, invento, innovación, novedad, elaboración, construcción, producción, producto, fruto. **4** cosmos, universo, firmamento, orbe, mundo.

creador, -ra *adj. s.* autor, artista, hacedor, inventor, productor, innovador, compositor, constructor, progenitor, padre, realizador, generador. *ANT.* destructor. **2** fundador, instaurador, iniciador.

crear *tr.* producir, generar, engendrar. *ANT.* destruir. **2** idear, hacer, formar, inventar, componer, imaginar, originar, concebir, producir. **3** fundar, instaurar, instituir, inaugurar.

creatividad *f.* inventiva, imaginación, originalidad.

creatura *f.* criatura, bebé, niño.

crecer *intr.* aumentar, agrandarse. *ANT.* disminuir. **2** desarrollarse, madurar, formarse. *ANT.* estancarse. **3** prosperar, progresar, ascender, adelantar, ganar. *ANT.* decrecer, retroceder. **4** {moneda} aumentar el valor. **5** multiplicarse, acrecentarse, aumentar, proliferar, extenderse, ensancharse, subir, elevarse. *ANT.* menguar,

decrecer. **6** *prnl.* envalentonarse, envanecerse. *ANT.* moderarse.

creces *f. pl.* aumento, exceso, ventaja, demasía. **2** *loc.* *con ~:* colmadamente, crecidamente, de sobra, de más.

crecida *f.* {río, arroyo} creciente, inundación, desbordamiento, subida, aumento, riada.

crecido, -da *adj.* grande, numeroso, cuantioso, copioso, profuso, granado, abundante, innumerable, extenso, importante. *ANT.* escaso, reducido, pobre. **2** alto, grande, espigado, talludo, corpulento, desarrollado. *ANT.* bajo, pequeño. **3** engreído, envalentonado, petulante, soberbio. *ANT.* moderado, modesto.

creciente *f. ver* **crecida.**

crecimiento *m.* aumento, desarrollo, incremento, intensificación, subida, progresión, ampliación, elevación. *ANT.* decrecimiento, disminución.

credencial *f.* comprobante, justificativo, título, documento. **2** carné, identificación.

credibilidad *f.* fe, crédito.

crédito *m.* asentimiento, asenso. **2** credibilidad, fe. **3** confianza, solvencia, seguridad. *ANT.* desconfianza. **4** reputación, prestigio, autoridad, reconocimiento, renombre, fama. *ANT.* descrédito. **5** préstamo, empréstito, deuda. **6** abono. **7** *loc.* *dar ~:* creer, confiar.

credo *m.* doctrina, ideario, creencia, convicción, culto, programa, teoría, ideología, fe, religión, dogma.

credulidad *f.* confianza, ingenuidad, credibilidad, inocencia. *ANT.* escepticismo, incredulidad, desconfianza, duda. **2** simpleza. *ANT.* agudeza, suspicacia.

crédulo, -la *adj.* incauto, cándido, confiado, inocente, ingenuo, candoroso. *ANT.* incrédulo, desconfiado, receloso. **2** simple, bonachón, bobalicón. *ANT.* agudo, suspicaz.

creedero, -ra *adj.* verosímil, admisible, creíble. *ANT.* increíble. **2** probable, posible, plausible. *ANT.* imposible.

creencia *f.* convicción, idea, juicio, suposición, opinión. **2** confianza, certeza, fe, convencimiento, convicción, certidumbre, crédito, asentimiento, conformidad. *ANT.* escepticismo, duda. **3** credo, doctrina, ideario, convicción, programa, teoría, ideología. **4** religión, culto, dogma, fe, ortodoxia, secta.

creer *tr.* tener por cierto, tener fe, admitir, confiar, esperar. *ANT.* desconfiar, descreer. **2** pensar, deducir, inferir, juzgar, opinar, considerar, entender, persuadirse. **3** imaginar, conjeturar, suponer, sentir, estimar, intuir. **4** *tr. intr.* asentir, afirmar. *ANT.* dudar. **5** apoyar, seguir, acatar. **6** REL. reverenciar, adorar, idolatrar, profesar. *ANT.* renegar, abjurar.

creíblemente *adv.* probablemente, posiblemente, verosímilmente.

creído, -da *adj.* presumido, presuntuoso, vanidoso, engreído. **2** confiado, crédulo.

crema *f.* {leche} grasa, manteca. **2** {leche} nata. **3** sopa espesa, caldo. **4** cosmético, afeite, pomada, ungüento, maquillaje. **5** {pieles, zapatos} betún, pasta, pomada. **6** {personas} elite, flor, selección. **7** GRAM. diéresis, signo de puntuación.

cremación *f.* {cadáver} incineración. **2** combustión, quema.

cremar *tr. Col., Méx.* incinerar.

crematística *f.* economía política. **2** {negocio} interés pecuniario.

crematístico, -ca *adj.* monetario, pecuniario, económico.

crepe amb. gen. f. crep, torta, filloa. **2** ARG. panqueque. **3** COL., ECUAD., MÉX. crepa.

crepé m. tejido rugoso.

crepitar intr. chisporrotear, crujir, restallar, chasquear, traquear, chirriar, chascar.

crepúsculo m. {oscuridad antes de la noche} lubricán, entre sombras, ocaso, atardecer, anochecer, oscurecer. **2** {claridad antes de la mañana} rosicler, entre luces, amanecer, aurora, alba. **3** fig. decadencia, postrimería, declive, caída.

crespo, -pa adj. {cabello} ensortijado, rizado, encrespado, ondulado. ANT. liso, lacio. **2** {hojas de plantas} retorcido, encarrujado. **3** fig. {estilo} oscuro, complicado, difícil, críptico, artificioso, enredado. ANT. sencillo, llano, fácil. **4** fig. alterado, irritado, enfadado, molesto. ANT. alegre, contento. **5** m. rizo, bucle, mechón de pelo.

crespón m. gasa. **2** tela negra, luto.

cresta f. {gallo, aves} carnosidad. **2** {aves} copete, penacho, moño de plumas. **3** {animales} protuberancia. **4** {montaña} cumbre, cúspide, punta, cima, remate, altura. ANT. base. **5** {ola, onda} cima, altura.

crestomatía f. {escritos, textos} colección, selección, antología, selectas, analectas.

cretinismo m. MED. retraso mental, invalidez. **2** fig. idiotez, estupidez.

cretino, -na adj. s. retrasado. **2** estúpido, idiota, imbécil, tonto, necio, majadero, torpe, incapaz, inepto. ANT. inteligente, listo, capaz, hábil.

creyente adj. com. religioso, devoto, piadoso, pío. ANT. incrédulo. **2** seguidor, fiel, adepto, partidario. ANT. opositor, antagonista. **3** cándido, crédulo, confiado. ANT. desconfiado.

cría f. {en general} crianza, lactancia. **2** {animales} camada, lechigada, ventregada. **3** {animal} cachorro; pichón. **4** {niño} hijo, vástago, criatura, lactante.

criada f. asistenta, ayudante, empleada, trabajadora doméstica, muchacha, servidora, camarera, doméstica, mucama, sirvienta.

criadero, -ra adj. fecundo. **2** m. {plantas} vivero, sementera, semillero, invernadero, plantel. **3** {animales} granja. **4** mina, venero, yacimiento.

criadilla f. {animales} testículo. **2** tubérculo, patata.

criado, -da s. asistente, empleado, camarero, servidor, mozo, doméstico, fámulo, lacayo, sirviente. **2** adj. educado.

criador, -ra s. agricultor, ganadero. **2** vinicultor. **3** {tierra, provincia} productor.

crianza f. cría, amamantamiento, lactancia, nutrición. **2** {vinos} elaboración. **3** instrucción, enseñanza, educación. **4** cortesía, urbanidad, civilidad, maneras, modos. descortesía.

criar tr. prnl. engendrar, producir. **2** tr. nutrir, alimentar, lactar, amamantar, sustentar. **3** {ganado} cebar, engordar. **4** cuidar, atender, proteger. **5** instruir, formar, enseñar, guiar, educar, dirigir. **6** {vino} cuidar. **7** motivar, ocasionar.

criatura f. individuo, sujeto, ser, ente, espécimen, organismo, persona, animal. **2** crío, niño, infante, bebé, pequeño, chiquillo, párvulo, chico. **3** fig. hechura, producto.

criba f. tamiz, filtro, colador, cernedor, cernedero, cernidero, zaranda, cedazo, harnero.

cribar tr. cerner, cernir, colar, zarandear, tamizar, ahechar, filtrar, separar, purificar, depurar, limpiar. ANT. revolver, mezclar.

cric m. gato (para alzar pesos).

crimen m. delito grave. **2** transgresión, fechoría, ofensa, violencia, falta, maldad. **3** asesinato, homicidio, atentado, muerte.

criminal adj. s. malhechor, delincuente, transgresor, facineroso, bandido, infractor, culpable, reo. **2** asesino, homicida. **3** adj. penal, delictivo, criminológico. **4** malo, indigno, maligno, dañoso. ANT. bueno.

criminalista adj. s. penalista, abogado.

criminólogo, -ga adj. s. experto en criminología, penalista.

crin f. gen. pl. cerdas, pelo, cerdamen, pelaje.

crío, -a s. criatura, chico, chiquillo, bebé, infante, párvulo, niño, niña.

criollo, -lla adj. {Hispanoamérica} nativo, autóctono, propio, distintivo, peculiar. **2** mestizo. **3** {idioma} mezclado. **4** loc. Amer. **a la ~:** llanamente, sencillamente, sin etiqueta.

cripta f. subterráneo, catacumba, cementerio, hipogeo, gruta, caverna, cueva, bóveda, galería. **2** {iglesia} piso subterráneo.

críptico, -a adj. criptográfico. **2** arcano, impenetrable, enigmático, ininteligible, oscuro, incomprensible, abstracto, ambiguo, inescrutable, hermético, embrollado. ANT. comprensible, claro, evidente.

criptógamo, -ma adj. BOT. {planta} sin flores. **2** BOT. {embrión} acotiledóneo.

criptográfico, -ca adj. cifrado, secreto.

criptograma f. clave, jeroglífico, anagrama, cifra.

crisálida f. {insecto} larva, ninfa.

crisis f. {proceso} mutación, transformación, cambio, trance. ANT. permanencia. **2** inestabilidad, dificultad, desequilibrio, riesgo, problema, peligro, complicación, conflicto, apuro, vicisitud, situación difícil. ANT. estabilidad, equilibrio, seguridad. **3** {enfermedad} conmoción, indisposición, acceso, ataque, paroxismo. **4** escasez, carestía.

crisma f. cabeza, testa. **2** loc. **romper la ~:** descalabrar.

crisol m. recipiente, vaso refractario, retorta.

crispación f. crispadura, crispamiento, encogimiento, contracción, espasmo. ANT. relajación. **2** irritación, exasperación.

crispamiento m. ver **crispación**.

crispar tr. prnl. {músculo} contraer, encoger, tensar, apretar, retorcer, sacudir, estremecer. ANT. relajar, distender. **2** exasperar, irritar, enojar. ANT. tranquilizar, calmar, sosegar.

cristal m. vidrio incoloro. **2** pieza de vidrio. **3** espejo, luna. **4** cuarzo, mineral, piedra.

cristalera f. aparador, armario, mueble de comedor. **2** puerta vidriera, vidriera.

cristalino, -na adj. vítreo, de cristal. **2** diáfano, transparente, translúcido, limpio, límpido, puro, claro. ANT. opaco, turbio, sucio.

cristalizar intr. prnl. {sustancia} solidificar. **2** intr. {ideas, deseos} materializar, concretarse, tomar forma.

cristianismo m. religión cristiana, doctrina cristiana, fe cristiana, cristiandad.

cristianizar tr. acristianar. **2** evangelizar, catequizar, convertir (al cristianismo).

cristiano, -na m. prójimo. **2** ser, persona, individuo, alma viviente. **3** adj. fig. {vino} aguado.

Cristo m. Jesucristo, Jesús, Mesías. **2** crucifijo.

criterio m. método, principio, modo, pauta, norma, regla. **2** discernimiento, sensatez, juicio, cordura. ANT. irreflexión, insensatez. **3** creencia, opinión, perspectiva, convicción, convencimiento, punto de vista, parecer, posición.

crítica¹ *f.* juicio, discernimiento. **2** examen, consideración, análisis, apreciación, evaluación, opinión, estimación, valoración. **3** reseña, artículo, comentario, recensión, nota. **4** {arte, literatura, cine} conjunto de críticos. **5** {conducta, acción} censura, reprensión, condena, amonestación, desaprobación, reproche, reprobación. ANT. elogio, alabanza. **6** objeción, refutación, impugnación, detracción, diatriba, ataque. ANT. defensa, apología. **7** murmuración, chismorreo, comidilla, difamación. ANT. discreción.

crítica² *adj.* ver **crítico**.

criticable *adj.* censurable, vituperable, reprensible, reprochable, condenable. ANT. elogiable. **2** objetable, refutable, impugnable. ANT. defendible.

criticar *tr.* juzgar, discernir. **2** examinar, evaluar, analizar, estimar, considerar, apreciar. **3** censurar, amonestar, vituperar, condenar, desaprobar, reprochar, reprender. ANT. elogiar. **4** impugnar, refutar, objetar. ANT. elogiar, alabar. **5** desprestigiar, desacreditar.

crítico, -ca *adj.* {estado, momento} decisivo, crucial, trascendente, trascendental, culminante. **2** {situación} grave, delicado, serio, peligroso. **3** {ocasión} oportuno, justo, favorable, preciso. **4** *adj. s.* censor, juez, detractor, oponente, adversario. ANT. partidario. **5** opinante, comentarista. **6** censurador, acusador. **7** murmurador, difamador.

criticón, -ona *adj. s.* censurador, reparón, quisquilloso, puntilloso. **2** murmurador, motejador.

crocante *adj.* {alimento} crujiente.

croché *m.* {tejido} ganchillo. **2** {boxeo} golpe, gancho.

crocitar *intr.* {cuervo} crascitar, graznar.

cromático, -ca *adj.* OPT. {objeto} irisado, tornasolado, policromado, coloreado, multicolor, pigmentado, matizado, jaspeado.

crómlech *m,* (*tb.* **crónlech**) monumento megalítico, menhir, megalito, círculo, elipse.

cromo *m.* cromolitografía, tarjeta, estampa, lámina, figura. **2** *desp.* {dibujo, pintura} adefesio, bodrio. **3** *irón. loc.* **estar hecho un ~:** ir muy arreglado, estar muy compuesto.

crónica *f.* historia, descripción, narración, relato, memorias, comentarios, anales, fastos, efemérides. **2** reportaje, escrito, noticia, artículo periodístico, información radiofónica.

cronicismo *m.* MED. {dolencia} larga duración. **2** {enfermo} estado crónico.

crónico *adj.* {enfermedad} largo, habitual, repetido, permanente, endémico. **2** {vicio} inveterado, arraigado. **3** {tiempo} anterior, de atrás. **4** incurable, serio, delicado.

cronista *com.* historiógrafo, historiador, investigador, escritor. **2** corresponsal, periodista, comentarista, narrador, redactor, articulista.

crónlech *m.* ver **crómlech.**

cronografía *f.* ver **cronología.**

cronología *f.* cronografía, cómputo.

cronometrador, -ra *adj.* cronometrista.

cronometraje *m.* {tiempo} medición, determinación.

cronométrico, -ca *adj.* preciso, exacto, fiel.

cronómetro *m.* cronógrafo, reloj.

croquis *m.* esquema, bosquejo, boceto, diseño, esbozo, apunte, tanteo.

croscitar *intr.* {cuervo} crascitar, graznar.

cross *s.* [ING.] DEP. cros, carrera (de larga distancia).

cruce *m.* cruzado, cruzamiento, entrecruzamiento. **2** {líneas, caminos} convergencia, intersección, confluencia, encrucijada, encuentro, bifurcación, unión. **3** paso peatonal. **4** {animales} mezcla, cruzamiento, cruza, generación. **5** {teléfono, radio} interferencia.

crucero *m.* viaje, excursión, travesía (en barco). **2** NÁUT. buque, barco. **3** encrucijada.

crucial *adj.* importante, decisivo, esencial, crítico, capital, fundamental, trascendental, culminante. ANT. insignificante, intrascendente. **2** crítico, serio, grave, delicado. ANT. baladí, inofensivo, nimio. **3** {incisión} cruzado, en forma de cruz.

crucificar *tr.* torturar, atormentar, martirizar, clavar en la cruz. **2** *fig.* perjudicar, molestar, hostigar, importunar, fastidiar. ANT. agradar, alegrar, contentar.

crucifijo *m.* cristo, cruz, reliquia, imagen, efigie.

crucifixión *f.* tortura, tormento, padecimiento, martirio, sacrificio.

crudeza *f.* rigor, dureza, rudeza, aspereza, desabrimiento, destemplanza. **2** fanfarronería, afectación, valentía fingida, guapeza afectada.

crudo, -da *adj.* {vegetales, frutas, alimentos} inmaduro, verde, tierno. ANT. maduro, en sazón. **2** {carne} sangrante. **3** {cuero, seda} sin preparar, sin curar. **4** {color} castaño claro, beige, ocre. **5** *adj. m.* {mineral} viscoso. **6** *adj.* despiadado, áspero, cruel, inhumano, descarnado, brutal, rudo. ANT. cortés, compasivo, amable. **7** {tiempo, clima} muy frío, inclemente, gélido, helado, riguroso, destemplado, duro. ANT. bonancible, suave. **8** fanfarrón, simulador, afectado. **9** *loc. en ~:* sin miramientos, duramente, rudamente.

cruel *adj.* {persona} sanguinario, encarnizado, feroz, brutal, bestial, fiero, despiadado, infame, desalmado, inhumano, implacable. ANT. clemente, humanitario, compasivo. **2** {dolor, frío} insufrible, torturante, inaguantable, angustioso, excesivo, insoportable, lacerante, riguroso, cruento. **3** {batalla, golpe} atroz, cruento, violento, duro, sangriento.

crueldad *f.* fiereza, sevicia, ferocidad, atrocidad, perversidad, inhumanidad, brutalidad. ANT. humanidad, clemencia, piedad. **2** violencia, dureza, encarnizamiento. ANT. comprensión, bondad.

cruento, -ta *adj.* sangriento.

crujido *m.* chasquido, restallido, chirrido, traquido.

crujir *intr.* chirriar, crepitar, restallar, chasquear, rechinar.

cruz *f.* {cristianismo} imagen, figura, emblema, insignia, signo, símbolo. **2** crucifijo, reliquia. **3** medalla, distintivo, galardón, premio, condecoración. **4** patíbulo, calvario. **5** {moneda} sello, reverso. ANT. cara, anverso. **6** *fig.* carga, obligación, peso, trabajo. ANT. alivio. **7** *fig.* dolor, agobio, suplicio, sufrimiento, martirio, tormento, aflicción, sacrificio, pena, castigo. ANT. alegría, gozo.

cruza *f. Amer.* {animales} cruce, mezcla.

cruzada *f.* HIST. expedición militar, empresa, lucha, guerra. **2** HIST. tropa. **3** encrucijada. **4** *fig.* campaña.

cruzado *adj. s.* HIST. expedicionario, caballero, guerrero. **2** *adj.* {animal} mezclado, híbrido, mestizo. **3** oblicuo, transversal. **4** *m.* {Brasil, Portugal} moneda antigua, unidad monetaria.

cruzar *tr.* {campo, calle, río} pasar, atravesar, trasponer, traspasar, salvar, cortar; vadear. ANT. rodear. **2** entrelazar, entrecruzar. **3** {animales} aparear, aparejar. **4** *prnl.* concurrir, encontrarse, coincidir. **5** atravesarse, interponerse, obstaculizar, estorbar. **6** aglomerarse, amontonarse. **7** HIST. alistarse en la cruzada, tomar la cruz.

cuaderno *m.* libreta, librillo, cuadernillo, agenda, bloc.

cuadra *f.* establo, corral, caballeriza, cobertizo. **2** conjunto de caballos. **3** {hospital, cuartel, prisión} sala, estancia. **4** grupa. **5** *Amer.* {casas} trecho, bloque, manzana.

cuadrado, -da *adj. s.* cuadro, marco, casilla, rectángulo, cuadrángulo, cuadrilátero. **2** *adj.* perfecto, cabal, justo, completo. **3** cuadrangular, rectangular, cuadriforme. **4** *m.* troquel. **5** *Amer.* torpe, obtuso, cerrado. ANT. inteligente, listo. **6** *Amer.* brusco, zafio. ANT. educado.

cuadrar *tr. intr.* {cuentas} coincidir. **2** *intr.* satisfacer, placer, gustar, llenar, agradar, convenir. ANT. desagradar. **3** adaptar, acomodar, ajustarse, concordar, armonizar, encajar, conformarse. **4** *prnl.* {caballo} pararse, detenerse. **5** {persona} plantarse, resistir, obstinarse, negarse. **6** MIL. erguirse, enderezarse.

cuadrícula *f.* cuadrado, ajedrezado.

cuadricular *tr.* recuadrar.

cuadrienal *adj.* cuatrienal.

cuadrifolio, -lia *adj.* de cuatro hojas.

cuadriga *f.* carro, tiro.

cuadril *m.* {caballo} anca. **2** cadera.

cuadrilátero, -ra *adj. s.* GEOM. tetrágono, cuadrado. **2** {boxeo} ring.

cuadrilla *f.* brigada, equipo, conjunto, grupo de trabajadores, grupo de personas. **2** banda, partida, pandilla, grupo, hato, gavilla, horda, facción. **3** *desp.* caterva, pandilla, hatajo, atajo. **4** MIL. tropa. **5** HIST. {Inquisición} grupo armado, brazo armado. **6** conjunto de perros, perros de caza.

cuadrilongo, -ga *adj.* rectangular. **2** *m.* rectángulo.

cuadrisílabo, -ba *adj.* cuatrisílabo, tetrasílabo.

cuadro *adj. m.* cuadrado. **2** *m.* rectángulo. **3** pintura, representación, lienzo, tela, lámina, óleo, grabado, dibujo. **4** marco, cerco. **5** {obra dramática} escena, parte, episodio, acto breve. **6** {suceso} descripción, retrato. **7** esquema, gráfico, tabla, presentación gráfica, conjunto de datos. **8** espectáculo, aspecto, escena, visión, expresión. **9** paisaje, panorama **10** {empresas, ejército, administración} conjunto de mandos. **11** *f.* establo, corral, caballeriza, cobertizo. **12** conjunto de caballos. **13** {hospital, cuartel, prisión} sala, estancia. **14** grupa. **15** *Amer.* {casas} trecho, bloque, manzana.

cuadrumano, -na *adj. s.* (*tb.* **cuadrúmano**) ZOOL. antropoide, antropomorfo, primate, mono.

cuadrúpedo, -da *adj. s.* {animal} tetrápodo, de cuatro pies.

cuádruplo, -pla *adj. m.* cuádruple.

cuajada *f.* cáseo. **2** requesón.

cuajamiento *m.* coagulación, consolidación, condensación, solidificación, compresión.

cuajar *tr. prnl.* espesar, coagular, condensar, concentrar, solidificar, consolidar, comprimir, endurecer. ANT. disolver, licuar. **2** QUÍM. precipitar. **3** *tr.* {adornos} recargar, abarrotar. **4** *intr.* {flor} nacer, granar, formarse. **5** agradar, gustar, cuadrar. **6** *intr. prnl.* lograrse, tener efecto. **7** *prnl.* {sitio, plaza} poblarse, llenarse, abarrotarse.

cuajo *m.* QUÍM. fermento. **2** grumo, masa, coágulo, espesamiento, apelmazamiento, apelotonamiento. **3** *fig.* calma, tranquilidad, flema, pasividad, pachorra. ANT. prontitud.

cual *pron.* tal. **2** *s. adj.* qué. **3** *adv.* como. **4** cómo. **5** así como.

cualesquier *pron. pl.* cualquier.

cualesquiera *pron. pl.* cualquiera.

cualidad *f.* carácter, atributo, propiedad, peculiaridad, rasgo, facultad, condición, capacidad, característica, aspecto, particularidad. ANT. indeterminación. **2** aptitud, habilidad, mérito, virtud, dote, valor, don, ventaja. ANT. desventaja, defecto.

cualificado, -da *adj. s.* facultado, capacitado, competente, apto, capaz, preparado, eficaz, hábil. ANT. descalificado, inepto, incapaz. **2** {trabajador} especializado.

cualitativo, -va *adj.* peculiar, específico, propio. ANT. impropio.

cualquier *pron.* cualquiera.

cualquiera *pron.* quienquiera, alguien, alguno, uno. **2** *com.* fulano, zutano, mengano. **3** *desp.* pelagatos, pelafustán.

cuán *adv.* tan.

cuando *conj.* en el momento, en el tiempo, en la ocasión, en el punto. **2** puesto que. **3** *adv. interr. y excl.* en qué tiempo. **4** *loc.* ~ *más:* a lo más, cuando mucho.

cuantía *f.* cantidad, número, medida. **2** {persona} distinción, importancia, cualidades. **3** DER. valor. **4** importe, suma, monto, precio.

cuantificar *tr.* medir, calcular, sumar, contar.

cuantioso, -sa *adj.* copioso, numeroso, profuso, abundante, grande, considerable, crecido. ANT. escaso, insuficiente, exiguo.

cuanto, -ta *pron.* todas las personas. **2** todo lo que. **3** todos los que. **4** *adv.* tanto, tan. **5** *loc.* ~ *antes:* inmediatamente, lo más pronto posible, con premura.

cuarenta *adj.* cuadragésimo.

cuarentena *f.* cuarenta unidades. **2** aislamiento preventivo, confinamiento, encierro, retiro, clausura, incomunicación. **3** REL. cuaresma.

cuarentón, -na *adj. s.* cuadragenario; maduro.

cuark *m.* FÍS. quark.

cuarta *f.* palmo. **2** parte, fragmento, pedazo, porción, fracción. ANT. todo, totalidad. **3** *Méx.* látigo (para caballos). **4** *Cuba, P. Rico* disciplina, fusta. **5** *Arg.* cadena, soga.

cuartear *tr.* partir, dividir, fraccionar. ANT. unir. **2** descuartizar. **3** *Méx.* azotar. **4** *Arg.* {vehículo} enganchar, encuartar. **5** *prnl.* {pared, techo} agrietarse, henderse, rajarse, romperse, abrirse, resquebrajarse. **6** *Méx.* acobardarse, echarse para atrás.

cuartel *m.* {ciudad} distrito, término, sección, barrio. **2** {jardín} cuadro. **3** {terreno acotado} porción. **4** *fig.* casa, habitación. **5** MIL. campamento, reducto, puesto, sitio, fuerte, fortaleza, instalación, edificio. **6** {guerra} piedad, misericordia, buen trato. **7** *P. Rico* comisaría de policía. **8** *p. us.* cuarto, cuarta, cuarta parte. **9** *p. us.* {versos} cuarteto.

cuartelada *f.* MIL. cuartelazo, levantamiento, alzamiento, insurrección, rebelión, sublevación; pronunciamiento.

cuartilla *f.* hoja de papel.

cuarto *adj. m.* {todo} cuarta parte. **2** *adj. Col.* compañero, colega, amigo. **3** *m.* alcoba, habitación, aposento, dormitorio, recinto, estancia, cámara, pieza. **4** *Amer.* recámara. **5** *m. pl.* dinero, monedas, metálico, fondos, caudal. **6** {animal} miembros del cuerpo.

cuartucho *m. desp.* covacha, cuchitril, tabuco, tugurio.

cuarzo *m.* cristal, mineral.

cuásar *m.* ASTRON. quásar, cuerpo celeste.

cuasi *adv.* casi.

cuate, -ta *adj. s. Méx.* gemelo de un parto, mellizo. **2** *Guat., Méx.* amigo, camarada, compañero, compinche, compadre. **3** *Méx.* igual, semejante.

cuatí *m. Amér. Sur* coatí.

cuatrero, -ra *adj. s.* abigeo, ladrón de ganado. **2** pícaro, bellaco, bribón, bandido.

cuatrienio *m.* cuatro años.

cuatrimestre *m.* cuatro meses.

cuatrisílabo, -ba *adj.* tetrasílabo, de cuatro sílabas.

cuatro adj. {número} cuarto. **2** naipe. **3** guitarrilla venezolana.

cuba f. tonel, barril, pipa, bota, bocoy, barrica, barrilete, cubeta, tanque, recipiente. **2** fig. ebrio, borracho, bebedor, borrachín.

cubero m. fabricante de cubas. **2** vendedor de cubas. **3** loc. *a ojo de buen ~*: aproximadamente, a bulto, sin medida y sin peso, más o menos.

cubeta f. recipiente, escudilla. **2** {terreno} depresión. **3** Amer. cubo, balde.

cubículo m. aposento, recinto, alcoba, habitación.

cubierta f. {papel} sobre. **2** {llanta} banda. **3** revestimiento, capa, envoltura, forro, funda, tapa. **4** cobertizo, techo, techumbre, tejado, toldo, capota. **5** pretexto, simulación. **6** {libro} carátula, portada.

cubierto m. juego, servicio de mesa. **2** plato, bandeja. **3** alimentos, comida. **4** cobertizo, techo, techumbre, tejado, toldo, capota. **5** loc. *a ~*: resguardado, protegido.

cubil m. madriguera, guarida, escondrijo, albergue, refugio, cueva. **2** p. us. {agua} cauce.

cubilete m. recipiente. **2** vaso de vidrio. **3** {plato} carne picada.

cubo m. {molinos} estanque. **2** recipiente, balde, cubeta, barreño. **3** ÁLG., ARIT. tercera potencia. **4** GEOM. hexaedro regular.

cubrecama m. sobrecama, colcha.

cubrimiento m. revestimiento, envoltura, cobertura, funda, forro, manta, capa.

cubrir tr. prnl. {en general} ocultar, velar, esconder, disimular, tapar, embozar, encubrir, disfrazar. ANT. exponer, mostrar, destapar. **2** tr. {cubierta, manta} extender, envolver, superponer, recubrir, vestir, tapar, enmantar, abrigar, arropar, cobijar. ANT. descubrir, desvestir, destapar. **3** revestir, forrar; tapizar. **4** {animal} copular, fecundar. **5** {cavidad} rellenar, llenar. **6** techar, entoldar. **7** MIL. defender, proteger, resguardar. ANT. desproteger. **8** {tropa} situarse, colocarse. **9** ocupar, llenar, completar. **10** {trabajo, puesto} adjudicar. **11** {necesidad} satisfacer, cumplir. **12** {deuda} pagar, saldar, cancelar. ANT. deber, adeudar. **13** {títulos, valores} suscribir. **14** {distancia} recorrer. **15** {noticia} seguir. **16** DEP. {jugador} marcar. **17** DEP. {zona} vigilar, proteger, defender. ANT. desproteger, descuidar. **18** {abrazos, alabanzas} prodigar, dar. **19** intr. vestir. ANT. desvestir. **20** prnl. {sombrero, gorra} ponerse. ANT. quitarse. **21** prevenirse, protegerse, asegurarse, escudarse, cobijarse. ANT. exponerse. **22** {cielo} anublarse, encapotarse, oscurecer. ANT. despejarse. **23** MIL. defenderse. ANT. exponerse. **24** MIL. {soldado} desplazarse.

cucaña f. bicoca; logro fácil. **2** fig. jauja, país de prosperidad, lugar de regalo.

cucharada f. porción.

cuchichear intr. susurrar, balbucir, bisbisear, sisear. **2** murmurar, secretear, chismorrear.

cuchilla f. {arma blanca} hoja. **2** navaja, cuchillo, escalpelo, trinchete, tajadera. **3** fig. montaña escarpada. **4** hoja de afeitar. **5** POÉT. espada.

cuchillada f. estocada, puñalada, navajazo, machetazo, herida, lesión, incisión, corte.

cuchillo m. daga, puñal, navaja, faca, escalpelo, estilete, cuchilla, lanceta, bisturí. **2** {vestido} añadidura, remiendo.

cuchitril m. pocilga, covacha, tugurio, cuartucho, tabuco, chiribitil, agujero.

cuclillas (en) loc. agazapado, agachado, acurrucado, encogido.

cuco, -ca adj. col. lindo, pulido, bonito, gracioso, arreglado, mono, compuesto. ANT. feo. **2** adj. s. taimado, engañoso, astuto, hipócrita, socarrón, ladino, pícaro. **3** m. cuclillo. **4** coco, fantasma, espantajo. **5** col. tahúr. **6** {mariposa} larva, oruga. **7** reloj.

cucurucho m. cartucho, barquillo, cono, papel arrollado. **2** HIST. {penitente, condenado} capirote, caperuza, capucha. **3** Amer. colina, cima, cumbre. **4** Amer. copa, tope, elevación.

cuello m. nuca, garganta, cogote, pescuezo, gollete.

cuenca f. {ojo} cavidad, órbita. **2** escudilla. **3** valle. **4** {ríos, aguas} cauce. **5** hueco, concavidad, oquedad, depresión.

cuenco m. recipiente, vasija, escudilla, receptáculo, artesa. **2** cavidad, concavidad, seno.

cuenta f. cómputo, cálculo, recuento, enumeración, suma, operación. **2** factura, total, importe, monto, recibo. **3** balance, control, contabilidad. **4** {tejido} número de hilos. **5** razón, satisfacción, motivo, explicación. **6** {rosario, collar} abalorio, perla, adorno, esfera, bola, bolita. **7** obligación, responsabilidad, cuidado, deber, incumbencia. **8** atención, consideración. **9** provecho, beneficio, ventaja. **10** loc. *dar ~*: avisar, informar, notificar. **11** loc. *darse ~*: percatarse, notar, entender, advertir, comprender. **12** loc. *por ~ de*: a cargo de, a expensas de, a costa de.

cuentagotas m. dosificador, gotero. **2** loc. *con ~*: lentamente, pausadamente, poco a poco.

cuentero, -ra adj. s. cuentista, lioso, chismoso, correveidile, cotilla, alcahuete.

cuentista adj. s. cuentero, lioso, chismoso, correveidile, murmurador, cotilla, alcahuete, comadre. **2** exagerado, falsario, mentiroso, embustero, embaucador. **3** com. narrador, escritor, cronista, fabulista, romancero.

cuento m. {suceso} relación, descripción, narración, historia, anécdota. **2** {invención, ficción} narración, relato, leyenda, aventura, fábula, historieta. **3** chiste, chascarrillo. **4** engaño, embuste, patraña, falsedad. ANT. verdad. **5** pretexto, disimulo, encubrimiento. **6** habladuría, enredo, murmuración, chisme, rumor, falsedad, bulo. **7** quimera, desazón. **8** {pica, lanza} contera, regatón. **9** puntal, pie derecho. **10** pl. monsergas, tonterías.

cuerda f. {instrumento musical} tira, hilo. **2** {reloj} cadena. **3** {mecanismo} resorte, muelle. **4** conjunto de presos. **5** cordel, cordón, soga, cable, piola, cabuya, cabo, cáñamo, amarra, bramante. **6** {cuerpo} nervio, tendón, ligamento. **7** sujetador, cinta.

cuerdo, -da adj. s. sensato, razonable, equilibrado, cabal, lúcido, juicioso, mesurado. ANT. insensato, necio, demente, loco. **2** prudente, reflexivo, penetrante. ANT. irreflexivo.

cuerno m. cornamenta, cornadura, cacho, pitón, asta. **2** {animal} antena. **3** trompa, corneta, instrumento de viento. **4** {ejército} ala. **5** {Luna} punta. **6** irón. gen. pl. infidelidad, traición. **7** {cosas en general} extremidades, puntas. **8** loc. *mandar al ~*: echar, expulsar.

cuero m. {animal} piel, pellejo. **2** odre, bota. **3** fig. piel, cutícula. **4** pl. loc. *en ~s*: desnudo, desvestido, en pelota, en bola.

cuerpo m. {ser vivo} materia orgánica, organismo; soma. **2** {ser humano} tronco. **3** talle, complexión, aspecto, fisonomía, figura. **4** {libros} tomo, volumen. **5** {libro} contenido. **6** {leyes} colección, recopilación, conjunto. **7** {tejidos, papel} grueso, espesor, grosor. **8** tamaño, grandor. **9** {líquidos} espesura, consistencia, crasitud, densidad. **10** cadáver, despojos, restos. **11** {nación, república} agregado (de personas), conglomerado. **12** grupo de profesionales, comunidad, colectividad. **13** corporación, asociación, entidad. **14** {armario} parte. **15** GEOM. volumen, sólido, objeto material. **16** masa, estructura, forma, configuración, materia, figura. **17** MIL. grupo de soldados, tropa. **18** *loc. en ~ y alma:* enteramente, totalmente. **19** *loc. a ~ de rey:* con comodidad, con todo regalo. **20** *loc. a ~ limpio:* sin ayuda, sin artificio.

cuerva *f.* graja.

cuervo *m.* grajo, corneja, pájaro.

cuesta *f.* subida, escarpa, collado, talud, pendiente, ladera, repecho. ANT. llano, llanura. **2** colecta, petición, demanda, cuestación, recolecta.

cuestación *f.* recaudación, colecta, petición, demanda, recolecta.

cuestión *f.* pregunta, interrogación, consulta, duda. ANT. respuesta. **2** asunto, punto, aspecto, tópico, tema, objeto, materia. **3** punto dudoso, materia discutible. **4** {razones, términos lógicos} oposición. **5** polémica, controversia, disputa, discusión, altercado. ANT. acuerdo. **6** MAT. problema, proposición.

cuestionable *adj.* controvertible, dudoso, discutible, problemático. ANT. indiscutible.

cuestionar *tr.* controvertir, debatir, polemizar, discutir. **2** dudar, poner en duda.

cuestionario *m.* examen, evaluación, temario, lista de preguntas, interrogatorio, consulta.

cueva *f.* gruta, cavidad, antro, caverna, refugio, cripta. **2** madriguera, cubil, guarida. **3** sótano, bodega, cava, subterráneo.

cuidado *m.* {trabajo} esmero, atención, celo, interés, solicitud, meticulosidad, diligencia, pulcritud, eficacia, impecabilidad, cumplimiento. ANT. negligencia, improvisación, pereza. **2** {casa, enfermos, niños} custodia, conservación, prudencia, asistencia, protección, defensa, prevención. ANT. abandono. **3** intranquilidad, preocupación, zozobra, inquietud, cuita, temor, cautela, recelo. ANT. despreocupación. **4** *adj.* trabajado, pulido, elaborado.

cuidadoso, -sa *adj.* diligente, solícito, aplicado, esmerado, pulcro, minucioso, estudioso, escrupuloso, asiduo, perseverante. ANT. negligente. **2** atento, despierto, alerta, vigilante. ANT. descuidado, inconstante. **3** ordenado, moderado, metódico. ANT. desordenado. **4** limpio, pulcro, aseado. ANT. descuidado, sucio.

cuidar *tr.* atender, vigilar, velar, encargarse. ANT. despreocuparse. **2** {enfermo} atender, asistir, proteger, velar, amparar; sanar, curar. ANT. descuidar. **3** *tr. intr.* conservar, preservar, guardar, custodiar, mantener. ANT. estropear; perder. **4** *tr.* pensar, discurrir, meditar. **5** *prnl.* {salud} protegerse. **6** pulirse, esforzarse, aplicarse, esmerarse, extremarse.

cuita *f.* inquietud, aflicción, angustia, congoja, preocupación, pena, desventura, trabajo, zozobra, pesadumbre, cuidado. ANT. felicidad. **2** anhelo, deseo, ansia, esperanza. **3** *Amér. Cent.* {aves} estiércol.

cuitado, -da *adj.* afligido, desgraciado, desafortunado, desventurado. ANT. feliz. **2** pusilánime, apocado, tímido. ANT. valiente, intrépido, audaz.

culata *f.* {caballo} anca, grupa. **2** {arma, coche} parte posterior. **3** *loc. salir el tiro por la ~:* estropearse, fracasar, frustrarse.

culatazo *m.* {rifle al disparar} retroceso, coz, patada. **2** golpe (con la culata).

culebra *f.* serpiente, ofidio, sierpe, reptil. **2** *fig.* alboroto, desorden.

culebrear *intr.* serpentear, serpear.

culebrón *m.* melodrama, telenovela larga. **2** {hombre} solapado, astuto, cazurro, taimado. **3** {mujer} intrigante, de mala reputación.

culeca *adj. Amer.* {gallina} clueca.

culillo *m. Amer.* miedo, temor. **2** *Nicar.* preocupación, intranquilidad, cuidado, inquietud. **3** *Cuba* impaciencia, prisa.

culinario, -ria *adj.* gastronómico, coquinario. **2** *f.* cocina, arte de cocinar.

culminación *f.* esplendor, apogeo, auge, florecimiento, apoteosis, clímax. ANT. decadencia. **2** cima, cúspide. **3** terminación, desenlace, final, cumplimiento. ANT. inicio.

culminante *adj.* empinado, dominante, alto, elevado, prominente, cimero. ANT. ínfimo, mínimo. **3** decisivo, trascendental, crucial, supremo, último. ANT. insignificante, intrascendente.

culminar *tr.* terminar, completar, finalizar, acabar, rematar, concluir, cumplir, coronar. ANT. iniciar, comenzar. **2** *intr.* perfeccionarse, distinguirse, elevarse, descollar, llegar, alcanzar. ANT. decaer, degradarse.

culo *m.* nalgas, trasero, glúteos, asiento, asentaderas, posaderas. **2** ano. **3** {cosa} extremidad, extremo. **4** {vaso, botella} fondo.

culpa *f.* infracción, delito, falta, flaqueza, descuido, error, omisión, desacierto, debilidad, equivocación, incumplimiento, desliz, imprudencia, abandono, negligencia. ANT. inocencia. **2** responsabilidad, causa involuntaria. **3** REL. pecado, remordimiento.

culpable *adj. s.* responsable, causante. **2** delincuente, criminal, infractor, reo, transgresor, acusado, inculpado, incurso. ANT. inocente.

culpar *tr. prnl.* inculpar, responsabilizar, atribuir, imputar, acusar, acriminar, achacar, denunciar. ANT. exculpar. **2** condenar, procesar. **3** reprochar, recriminar. ANT. disculpar.

culposo, -sa *adj.* {acto, omisión} negligente, imprudente.

culterano, -na *adj. s.* {estilo, escritor} gongorino. **2** {lenguaje} rebuscado, ampuloso, retórico, afectado. ANT. sencillo, sobrio, llano, claro.

cultismo *m.* palabra culta, vocablo erudito. **2** HIST. culteranismo.

cultivable *adj.* {campo, tierra} arable, laborable. **2** fértil, fecundo.

cultivado, -da *adj.* {persona} culto, instruido, educado. ANT. analfabeta, rudo. **2** {campo, tierra} labrado, sembrado. ANT. silvestre, agreste.

cultivador, -ra *adj. s.* agricultor, labriego, labrador, sembrador, campesino, colono.

cultivar *tr.* laborar, labrar, arar, sembrar, plantar, barbechar. **2** {amistad, trato} estrechar, cuidar, conservar, mantener, desarrollar. ANT. descuidar. **3** {facultades, ingenio} ejercer, desenvolver, ejercitar, fomentar, desarrollar. ANT. descuidar. **4** {ciencias, lenguas, artes} ejercitarse, dedicarse, estudiar, practicar. **5** MICROB. {microorganismos} sembrar. **6** {seres vivos} criar, aprovechar, explotar.

cultivo *m.* plantío, parcela, huerto, sembrado. **2** agricultura, laboreo, labranza, plantación.

culto, -ta *adj.* {tierra, planta} cultivado, sembrado. **2** {persona, lenguaje} instruido, educado, ilustrado, cultivado, erudito, estudioso. ANT. ignorante; inculto. **3** *p. us.* culterano. **4** *m.* REL. adoración, glorificación, devoción, veneración. ANT. irreligiosidad. **5** rito, liturgia, ceremonia, servicio. **6** {en general} admiración, aprecio, afecto. **7** cultivo.

cultura *f.* conocimientos, saber, pensamiento, tradiciones, costumbres, normas, modo de vida, referentes. **2** educación, instrucción, ilustración, erudición. ANT. ignorancia.

culturizar *tr.* incluir en una cultura, endoculturar. *ANT.* acular turar.

cumbre *f.* cima, altura, cúspide, pico, vértice, pico, cresta. *ANT.* depresión, hondonada. **2** culminación, máximo, pináculo, clímax, auge, apogeo. *ANT.* descenso, caída. **3** {delegados, dignatarios} reunión.

cumpleaños *m.* aniversario, días. **2** celebración, festejo, conmemoración, fiesta.

cumplido, -da *adj.* exacto, cabal, lleno. **2** perfecto, acabado, concluido, terminado, completo. *ANT.* inconcluso, incompleto, imperfecto. **3** abundante, largo, grande, holgado. **4** educado, considerado, correcto, atento, amable, cortés, galante. *ANT.* descortés, maleducado. **5** *m.* cortesía, atención, gentileza, galantería, lisonja, cumplimiento, obsequio, agasajo, halago. *ANT.* descortesía, desplante, grosería.

cumplimentar *tr.* visitar, saludar, cumplir. **2** felicitar, agasajar. *ANT.* desdeñar. **3** *DER.* {despacho, orden} efectuar, realizar, ejecutar, satisfacer, cumplir, terminar, acatar.

cumplimiento *m.* culminación, consumación, realización, conclusión, satisfacción, ejecución. **2** {modo de obrar} acatamiento, perfección, fidelidad, obediencia, exactitud, cuidado, entereza, observancia. *ANT.* desobediencia. **3** colmo, perfección, sazón. **4** halago, cortesía, ceremonia, cumplido, formalidad, obsequio. **5** *loc. por* ~: por ceremonia.

cumplir *tr.* ejecutar, llevar a efecto. *ANT.* abstenerse. **2** *intr.* realizar, hacer, efectuar, proceder, desempeñar. *ANT.* incumplir. **3** {servicio militar} terminar, concluir, licenciarse. **4** obedecer, satisfacer, acatar, observar. *ANT.* desobedecer. **5** convenir, importar. **6** bastar, ser suficiente. **7** retribuir, corresponder. **8** *prnl.* realizarse, verificarse, acabar.

cúmulo *m.* {cosas} montón, aglomeración, cantidad, pila, aluvión, rimero, conjunto, multitud. **2** {trabajos, razones} junta, suma, unión, acumulación. **3** conjunto de nubes.

cuna *f.* moisés, cama para niños. **2** *fig.* patria, país, lugar de nacimiento. **3** familia, linaje, estirpe, procedencia, ascendencia. **4** origen, principio, comienzo, albores. *ANT.* final.

cundir *intr.* {líquido} extenderse. **2** {cosa} propagarse, multiplicarse. **3** {noticia} divulgarse, difundirse, propagarse. **4** {alimento, arroz} dar mucho de sí, aumentar de volumen, crecer, reproducirse, desarrollarse. *ANT.* reducirse. **5** {trabajo} adelantar, rendir, progresar. *ANT.* estancarse.

cuneta *f.* zanja, desagüe, canal, acequia, desaguadero.

cuña *f.* taco, calzo, calce, tarugo, traba. **2** *RAD., TV* espacio publicitario. **3** {periódico} noticia breve. **4** *fig.* influencia, palanca.

cuñado, -da *s.* hermano político, pariente, allegado, familiar.

cuño *m.* {para monedas} troquel, molde, matriz. **2** {sello} impresión, señal, huella. **3** cuña. **4** *fig.* característica, rasgo, peculiaridad, marca.

cuociente *m. ant.* cociente.

cuota *f.* parte, porción, proporción. **2** dinero. **3** pago, asignación, cupo, mensualidad, canon.

cupido *m.* amor, amorcillo. **2** *fig.* {hombre} galanteador, enamoradizo.

cupo *m.* porcentaje, parte, cuota, porción. **2** *Col., Méx., Pan.* cabida, capacidad. **3** *Col., Pan.* {vehículo} plaza.

cupón *m.* vale, bono, volante, papeleta, boleto, comprobante, recibo.

cúpula *f.* *ARQ.* bóveda, ábside, domo, cimborrio. **2** {empresa, partido político} dirigentes, dirección, administración.

cura *m.* sacerdote, clérigo, monje, fraile, eclesiástico, ordenado, religioso. **2** *f.* curación, tratamiento médico,

remedio, medicación, terapéutica. *ANT.* enfermedad. **3** *CHILE* borrachera, ebriedad, embriaguez.

curaca *m. Amér. Sur* cacique, caudillo, cabecilla.

curación *f.* cura, remedio, tratamiento médico, medicación, terapéutica. *ANT.* enfermedad. **2** alivio, convalecencia, restablecimiento, recuperación, rehabilitación. *ANT.* recaída.

curado, -da *adj.* curtido, seco, fortalecido, adobado, endurecido.

curador, -ra *adj. s.* que cura. **2** *s.* {de un menor} tutor, cuidador, defensor, albacea. **3** {en un museo} conservador, restaurador.

curandero, -ra *s.* {otras culturas, América} chamán, médico tradicional, sanador, yerbero, yerbatero. **2** *desp.* matasanos, charlatán, medicastro, sacamuelas, ensalmador, impostor.

curar *intr. prnl.* sanar, aliviarse, mejorar, recuperar la salud. *ANT.* enfermarse. **2** cuidar de, poner cuidado, atender. *ANT.* descuidarse. **3** *tr. prnl.* {enfermo} tratar, medicar, recetar, restablecer, atender, cuidar, rehabilitar. **4** *tr.* {carnes, pescados} salar, secar, ahumar, acecinar, adobar. **5** {pieles} curtir, preparar. **6** {hilos, lienzos} beneficiar. **7** *fig.* {mal} remediar. **8** conservar. **9** *prnl. Chile* emborracharse.

curda *f.* borrachera, embriaguez, ebriedad. **2** *m.* borracho, ebrio, bebido, embriagado.

curiosear *intr.* indagar, observar, preguntar, averiguar, investigar, escudriñar. **2** *intr. tr.* espiar, inmiscuirse, entrometerse, husmear, fisgonear.

curiosidad *f.* búsqueda, análisis, indagación, deseo de saber. *ANT.* desinterés. **2** expectativa, interés, ansia. *ANT.* indiferencia. **3** limpieza, pulcritud, aseo. *ANT.* desaseo. **4** fisgoneo, indiscreción, impertinencia, espionaje, intromisión, intrusión. *ANT.* discreción, prudencia. **5** cuidado, atención. **6** {cosa} curioso, novedoso, primoroso, notable.

curioso, -sa *adj. s.* expectante, interesado, indagador, observador, averiguador. *ANT.* indiferente. **2** impertinente, fisgón, importuno, indiscreto, chismoso. *ANT.* discreto, mesurado. **3** *adj.* interesante, extraño, raro, original, novedoso, notable. *ANT.* anodino. **4** limpio, esmerado, aseado, pulcro. *ANT.* desaseado. **5** cuidadoso, diligente. *ANT.* negligente.

currículo *m.* plan de estudios. **2** estudios; prácticas. **3** currículum vitae, expediente personal, historial, hoja de servicios.

currículum vitae *m. loc.* currículo, expediente personal, historial, hoja de servicios.

currutaco, -ca *adj. s.* afectado, lechuguino, caballerete, petimetre, figurín, pisaverde.

cursado, -da *adj.* acostumbrado, habituado, versado, ducho, curtido, experto, diestro, perito, hábil, experimentado. *ANT.* inexperto, bisoño, novato.

cursar *tr.* estudiar, practicar, seguir, asistir. **2** gestionar, tramitar, diligenciar; expedir, enviar. *ANT.* detener. **3** {paraje} frecuentar. *ANT.* ausentarse. **4** {actividad} acostumbrar.

cursi *adj. s.* {persona} presumido, arrogante, pedante. *ANT.* discreto. **2** {cosa} ridículo, ramplón, charro, vulgar, de mal gusto. *ANT.* sencillo. **3** {escritor, artista} afectado, rebuscado, inauténtico, artificioso, remilgado, vano. *ANT.* sobrio, natural.

cursilería *f.* presunción, afectación, ridiculez. *ANT.* discreción, sencillez. **2** vulgaridad, ordinariez, chabacanería. **3** reunión de cursis.

cursiva *adj. f.* {letra} bastardilla, itálica.

curso m. dirección, recorrido, itinerario, camino, carrera, derrotero, rumbo, ruta, trayectoria, orientación. **2** materia, estudio, teoría, asignatura, disciplina, lecciones, tratado, enseñanza. **3** periodo, ciclo, año, término, grado. **4** alumnos, condiscípulos. **5** trámite, proceso, tramitación. **6** paso, evolución, circulación, serie, continuación, flujo, proceso. **7** tiempo, lapso, transcurso, espacio, duración. **8** aspecto, cariz. **9** {agua, líquido} movimiento, corriente, traslado. **10** difusión, divulgación, circulación, extensión.

cursor m. {computador} marca movible, indicador, flecha, signo.

curtido, -da adj. experimentado, acostumbrado, cursado, habituado, ejercitado, versado, ducho, fogueado, veterano, avezado. ANT. inexperto, bisoño, novato. **2** {cuero} adobado, curado, aderezado. **3** {persona} atezado, tostado, bronceado, moreno.

curtiduría f. tenería. **2** Amer. curtiembre.

curtir tr. {cuero} aderezar, adobar, preparar, curar. **2** tr. prnl. {piel, cutis} tostar, broncear, asolear. **3** {persona} acostumbrarse, avezar, adiestrar, aguerrir, foguearse. **4** tr. Arg., Uru. azotar, zurrar, castigar.

curva f. GEOM. línea. **2** {fenómeno} representación gráfica, cuantificación. **3** {camino, carretera} tramo curvo. **4** pliegue, doblez, vuelta, curvatura. **5** rodeo, desviación, desvío.

curvar tr. prnl. encorvar, torcer, doblar, combar, arquear, alabear, flexionar, pandear. ANT. enderezar.

curvatura f. encorvamiento, encorvadura, flexión, abarquillamiento, sinuosidad, alabeo, convexidad, torcedura, comba, combadura. **2** desviación, torcimiento.

curvo, -va adj. arqueado, combado, abarquillado, pandeado, doblado, alabeado, corvo, curvado, encorvado. ANT. derecho. **2** desviado, sinuoso, torcido, tortuoso. ANT. recto.

cúspide f. {monte} cumbre, pico, cima, altura, vértice, cresta. ANT. depresión. **2** {cosa} remate, punta. **3** culminación, auge, apogeo, pináculo.

custodia f. escolta, guardia, guardián, vigilante. **2** salvaguardia, protección, tutela, conservación, amparo, cuidado, vigilancia, resguardo, defensa. ANT. desamparo, abandono. **3** REL. ostensorio, sagrario. **4** Chile {para equipajes} depósito.

custodiar tr. cuidar, vigilar, salvaguardar, guardar, proteger, defender, conservar, vigilar, velar. ANT. descuidar, abandonar, desamparar.

cutáneo, -a adj. dérmico, epidérmico.

cutícula f. piel delgada. **2** ANAT. epidermis. **3** ZOOL. membrana.

cutis m. piel, tez, dermis, epidermis.

cuzco m. cachorro, perro pequeño.

cyclo-cross s. [ING.] ciclocrós, carrera de bicicletas (con obstáculos). **2** Amer. bicicrós.

dable *adj.* factible, hacedero, posible. ANT. imposible.

daca *interj.* da, dame. **2** *loc.* **andar al toma y ~:** andar en dares y tomares.

dactilar *adj.* digital.

dactilografía *adj.* mecanografía.

dádiva *f.* ofrenda, don, donación, regalo, presente, obsequio, donativo, entrega.

dadivosidad *f.* generosidad, desprendimiento, esplendidez. ANT. tacañería, avaricia.

dadivoso, -sa *adj.* pródigo, desprendido, generoso, desinteresado. ANT. tacaño, avaro.

dado, -da *adj.* inclinado. **2** establecido, determinado, aceptado, admitido, concedido. **3** *m.* ARQ. pedestal, neto.

dador, -ra *adj.* que da. **2** expedidor, donador. **3** *com.* {de letra de cambio} librador. ANT. receptor.

daga *f.* puñal, cuchillo, navaja, estilete, arma blanca.

daltonismo *m.* acromatismo, acromatopsia.

dama *f.* señora, matrona, mujer. **2** {en ajedrez} reina. **3** acompañanta, servidora, ama. **4** *irón.* concubina, cortesana.

damajuana *f.* recipiente, garrafa, garrafón, botellón.

damasquinar *tr.* incrustar, adornar.

damero *m.* {juego de damas} tablero. **2** cuadrícula.

damisela *f.* jovencita, damita, doncella, dama, chica, joven. **2** *p. us.* cortesana, ramera.

damnificado, -da *adj.* perjudicado, lesionado, víctima, afectado. ANT. beneficiado.

damnificar *tr.* perjudicar, dañar, lesionar.

dancing *s.* [ING.] discoteca, sala de baile; baile.

dandi *m.* {hombre} elegante, refinado.

danés, -esa *adj. s.* dinamarqués, dánico.

danta *f.* anta, dante, alce. **2** *Col., Ecuad., Ven.* tapir.

dante *m.* alce. **2** búbalo, búfalo.

dantesco, -ca *adj.* {escena, situación} espantoso, horrendo, pavoroso, terrible, tremendo, apocalíptico, aterrador, impresionante.

danza *f.* baile, bailoteo, coreografía. **2** espectáculo, festejo. **3** conjunto de danzantes. **4** habanera. **5** *fig.* ajetreo, trajín.

danzador, -ra *adj. s.* bailarín, bailador, danzarín, danzante.

danzante, -ta *s.* bailarín, bailador, danzarín. **2** *col.* inconstante, necio, imprudente, ligero de juicio. ANT. constante, mesurado, prudente. **3** *col.* entremetido, enredador.

danzar *intr. tr.* {persona} bailar, bailotear, zapatear, cabriolear. **2** *intr.* {cosa} bullir, saltar, agitarse, moverse. **3** *col.* {en un asunto o negocio} inmiscuirse, mezclarse, entremeterse.

danzarín, -ina *s.* bailarín, bailador, danzante. **2** *s. adj. col.* inconstante, necio, imprudente, ligero de juicio. ANT. constante, mesurado, prudente.

dañar *tr. prnl.* perjudicar, menoscabar, lesionar, damnificar. ANT. beneficiar. **2** {cosa} maltratar, romper, echar a perder. **3** *prnl. Amer.* {objeto, aparato} estropearse, deteriorarse.

dañino, -na *adj.* nocivo, funesto, perjudicial, dañoso, malo, pernicioso, desfavorable. ANT. bueno, beneficioso, favorable.

daño *m.* perjuicio, mal, menoscabo, desgracia, detrimento. ANT. beneficio. **2** agravio, ofensa, injuria, insulto. **3** golpe, maltrato, herida, contusión, lesión. **4** deterioro, avería, desperfecto. **5** *Amer.* maleficio.

dañoso, -sa *adj.* dañino, perjudicial, pernicioso, nocivo. ANT. beneficioso.

dar *tr.* donar, entregar, regalar, obsequiar, ceder, conceder, otorgar. ANT. quitar. **2** proporcionar, suministrar, dispensar, surtir, proveer, adjudicar. ANT. despojar, desproveer. **3** propinar, aplicar, conferir. **4** {interés} rentar, producir, redituar, rendir. **5** causar, originar, ocasionar. **6** atribuir, asignar. **7** gratificar, remunerar. **8** {remedio} aplicar, poner, ordenar. **9** pegar, azotar, golpear. **10** {empleo} proveer, conferir, asignar. **11** {proposición} convenir. **12** {película, espectáculo} exhibir. **13** {conferencia, clase} impartir. **14** {naipes, cartas} repartir. **15** {pintura, barniz} aplicar, untar. **16** presagiar, anunciar. **17** *tr. prnl.* suponer, considerar, declarar. **18** *intr.* {enfermedad} sobrevenir. **19** acertar, atinar, adivinar. ANT. desacertar. **20** {mecanismo} accionar. **21** {error} incurrir, caer. **22** *intr. prnl.* chocar, golpear. **23** *prnl.* ceder, rendirse. **24** entregarse, consagrarse, dedicarse. **25** {cosa} suceder, existir. **26** *loc.* **~ en qué pensar:** dar ocasión/motivo para sospechar. **27** *loc.* **dárselas de:** presumir. **28** *loc.* **~se a entender:** explicarse. **29** *loc.* a) **~se por vencido:** ceder del propio dictamen, reconocer el error. *loc.* b) **~se por vencido:** rendirse. **30** *loc.* **~y tomar:** discurrir, discutir, altercar.

dardo *m.* flecha, saeta. **2** lanza, venablo, jabalina. **3** *fig.* sátira, indirecta, pulla.

dársena *f.* dique, malecón, fondeadero, desembarcadero, muelle, atracadero, puerto.

data *f.* tiempo, fecha. **2** {embalse} abertura, desvío. **3** {cuenta} partida, cantidad; abono.

datar *tr.* fechar. **2** {cuenta} abonar. **3** *intr.* durar, remontarse.

dátil *m.* fruto de la palmera.

dato *m.* antecedente, referencia, noticia. **2** testimonio, informe, documento, fundamento, nota, relación, evidencia. **3** INF. información.

deambular *intr.* andar, caminar, pasear, rondar, marchar. **2** vagar, vagabundear, callejear, merodear, errar.

deán *m.* canónigo, rector, decano.

debacle *f. fig.* desastre, ruina, catástrofe, destrucción, trastorno, hecatombe.

debajo *adv.* abajo, bajo, en posición inferior. *ANT.* encima, sobre.

debate *m.* controversia, polémica, discusión, alegato, disputa. *ANT.* acuerdo. **2** contienda, lucha, pelea, combate.

debatir *tr.* altercar, disputar, contender, polemizar, controvertir, discutir. **2** combatir, guerrear, pelear. **3** *prnl.* esforzarse, agitarse.

debe *m.* Com. cargo, pasivo, adeudo. *ANT.* haber, crédito. **2** deuda, obligación.

deber[1] *m.* responsabilidad, obligación, compromiso, exigencia, tarea, misión, carga, cometido, labor. **2** deuda. **3** *gen. pl.* tareas, ejercicios, labores, trabajo escolar.

deber[2] *tr.* adeudar, obligarse, comprometerse, tener que.

debidamente *adv.* justamente, cumplidamente, exactamente. *ANT.* indebidamente.

débil *adj. s.* endeble, enclenque, raquítico, canijo. *ANT.* robusto, fuerte. **2** agotado, extenuado, fatigado, decaído, lánguido, rendido, desfallecido, enfermo. *ANT.* vigoroso, enérgico. **3** inconsistente, vacilante, frágil, quebradizo, blando. *ANT.* firme, resistente. **4** delicado, tenue, leve, apagado. *ANT.* consistente, intenso, fuerte. **5** inseguro, tímido, apocado, temeroso, cobarde. *ANT.* valeroso, fuerte. **6** *adj.* escaso, deficiente, pobre.

debilidad *f.* debilitamiento, debilitación, postración, extenuación, fatiga, agotamiento, decaimiento, desfallecimiento, cansancio, languidez, astenia. *ANT.* fuerza, fortaleza, energía, vigor. **2** timidez, pusilanimidad, apatía, apocamiento, abatimiento, cobardía. *ANT.* valor, valentía, fortaleza, entereza. **3** *fig.* afecto, cariño, afición, preferencia. **4** falta, flaqueza, error, culpa. **5** fragilidad, inconsistencia. *ANT.* fortaleza. **6** *col.* hambre.

debilitado, -da *adj.* raquítico, enclenque, exangüe. *ANT.* robusto, fuerte. **2** desfallecido, agotado, postrado. *ANT.* vigoroso. **3** débil, frágil. *ANT.* fuerte.

debilitar *tr. prnl.* atenuar, suavizar, disminuir, apagar, amortiguar. *ANT.* intensificar, aumentar, encender. **2** languidecer, desfallecer, cansar, agotar, quebrantar. *ANT.* fortalecer. **3** disminuir, decaer, menguar. **4** *prnl.* flaquear, ceder, aflojar. **5** desvirtuar, marchitar.

débito *m.* deuda, endeudamiento, déficit.

debut *m.* {artista} estreno, apertura, inauguración, inicio, presentación. *ANT.* clausura. **2** *fig.* {en cualquier actividad} primera actuación.

década *f.* serie de diez. **2** decenio, decenario, periodo de diez años.

decadencia *f.* declinación, descenso, ocaso, declive, ruina, caída, crepúsculo. *ANT.* apogeo, auge, progreso. **2** menoscabo, mengua, disminución, pérdida, baja, deterioro, caducidad, decrepitud, degradación, desgracia, pobreza. *ANT.* aumento, incremento, crecimiento.

decadente *adj.* caduco, decaído, menguado, acabado, decrépito, disminuido, deteriorado. **2** *adj. s.* Arte, Lit. decadentista.

decaer *intr.* degenerar, declinar, abatirse. **2** debilitarse, desfallecer, flaquear. *ANT.* fortalecerse. **3** decrecer, disminuir, perder, aminorar, menguar, ir a menos. *ANT.* aumentar.

decaído, -da *adj.* desalentado, desanimado, triste, en decadencia. **2** abatido, débil, debilitado, desfallecido. *ANT.* enérgico. **3** enclenque, macilento, raquítico, endeble. *ANT.* fuerte. **4** marchito, agostado, mustio.

decaimiento *m.* decadencia, menoscabo. **2** desaliento, postración, desánimo, abatimiento, desfallecimiento, agotamiento. *ANT.* ánimo, aliento.

decalitro *m.* diez litros.

decálogo *m.* Rel. mandamientos, tablas de la ley.

decámetro *m.* diez metros.

decano, -na *adj. s.* {junta, cuerpo} veterano, miembro más antiguo. **2** director, jefe, cabeza.

decantar *tr.* ponderar, engrandecer. **2** *tr. prnl.* {líquido, sustancia} separar, transvasar, verter. **3** *prnl.* inclinarse, tomar partido, orientarse, decidirse.

decapitación *f.* degollación, degollamiento, descabezamiento, guillotinamiento.

decapitar *tr.* descabezar, guillotinar, degollar, cercenar, cortar la cabeza.

decasílabo, -ba *adj.* {verso} de diez sílabas.

decatleta *com.* Dep. atleta de decatlón.

decelerar *tr. intr.* desacelerar. *ANT.* acelerar.

decencia *f.* compostura, aseo. *ANT.* suciedad. **2** moderación, decoro, urbanidad. *ANT.* indecencia. **3** {en actos y palabras} dignidad, integridad, honestidad. *ANT.* indignidad.

decenio *m.* década, decenario, periodo de diez años.

decente *adj.* justo, debido, honesto. **2** decoroso, moderado. *ANT.* indecente. **3** limpio, aseado. *ANT.* sucio. **4** digno, íntegro, honrado, bien portado. *ANT.* indigno. **5** suficiente.

decentemente *adv.* modestamente, moderadamente, con honestidad. **2** con dignidad, con integridad, decorosamente.

decepción *f.* pesar, desencanto, desengaño, fiasco, chasco, contrariedad, desilusión, frustración. **2** engaño, mentira.

decepcionar *tr. prnl.* desengañar, defraudar, desilusionar, desencantar. *ANT.* ilusionar.

deceso *m.* muerte, fallecimiento, defunción, tránsito.

dechado *m.* muestra, ejemplar. **2** modelo, ejemplo, pauta, ideal, prototipo, arquetipo.

decibel *m.* Fís. decibelio.

decidido, -da *adj. s.* resuelto, animoso, audaz, valeroso, valiente, esforzado, intrépido, denodado, osado, arriesgado, enérgico, arrojado. *ANT.* apocado, tímido, indeciso. **2** concluyente, determinado, decisivo, definitivo, irrevocable, acordado. *ANT.* incierto.

decidir *tr.* juzgar, formar juicio, arbitrar, fallar. *ANT.* dudar. **2** animar, impulsar, convencer, emprender. **3** elegir, escoger. **4** *tr. prnl.* resolver, determinar, establecer, disponer, acordar. **5** atreverse, osar, resolverse, arriesgarse, determinarse.

decidor, -ra *adj. s.* locuaz, ocurrente, agudo. *ANT.* parco. **2** chistoso, chancero, gracioso.

decimal *m.* Mat. décimo. **2** fracción, parte.

decimonónico, -ca *adj.* del siglo XIX. **2** *desp.* anticuado, pasado de moda.

decir *tr. prnl.* hablar, manifestar, expresar, exponer, proclamar, declarar, indicar, comunicar, anunciar. *ANT.* callar. **2** *tr.* opinar, sostener, proponer, asegurar, afirmar, señalar. **3** llamar, nombrar, mencionar. **4** denotar, dar muestras. **5** {cosa} convenir, armonizar. **6** contar, referir. **7** explicar, enumerar, especificar. **8** *prnl.* expresar mentalmente.

decisión *f.* determinación, disposición, resolución, elección. *ANT.* indecisión. **2** sentencia, dictamen, arbitraje, fallo, juicio. **3** firmeza, brío, entusiasmo, denuedo, osadía, ímpetu, entereza, arrojo, intrepidez, energía, valentía. *ANT.* cobardía.

decisivo, -va *adj.* terminante, concluyente, irrevocable, definitivo, categórico. **2** crucial, crítico, trascendental, supremo. *ANT.* trivial, secundario.

declamar *tr.* hablar en público, disertar. **2** recitar, interpretar, representar.

declaración *f.* exposición, afirmación, manifestación, explicación, discurso, manifiesto, comunicado, comunicación. **2** testimonio, testificación, certificación, confesión.

declarado, -da *adj.* evidente, manifiesto, ostensible, notorio, patente, claro. ANT. dudoso.

declarar *tr.* decir, manifestar, exponer, proclamar, promulgar, informar, hacer público, hacer conocer, dar a conocer. ANT. ocultar. **2** DER. fallar, decidir, resolver. **3** *intr. tr.* confesar, revelar, descubrir, delatar. ANT. callar, encubrir. **4** *intr.* testificar, atestiguar, testimoniar, deponer. **5** *prnl.* manifestarse, revelarse.

declinación *f.* caída, declive, descenso. ANT. ascenso. **2** decadencia, menoscabo, caída, ruina. **3** GRAM. paradigma de flexión. **4** {de un astro} ocaso, descenso.

declinar *tr.* {invitación} rechazar con cortesía, rehusar. ANT. aceptar. **2** GRAM. {en lenguas con flexión} enunciar casos. **3** *intr.* inclinarse. **4** decaer, descender, menguar, caducar, debilitarse, deteriorarse, disminuir, marchitarse, apagarse. ANT. aumentar, progresar.

declive *m.* {terreno, superficie} pendiente, inclinación, desnivel, bajada, cuesta. **2** decadencia, eclipse, ocaso, caída, ruina, deterioro. ANT. ascenso, auge, apogeo.

declividad *f. ver* **declive**.

decocción *f.* cocimiento, cocción.

decodificación *f.* descodificación.

decodificador, -ra *adj.* INF. descodificador, dispositivo para descodificar.

decodificar *tr.* descodificar.

decolorar *tr. prnl.* descolorar, desteñir, despintar, quitar el color.

decomisar *tr.* incautarse, confiscar, requisar, apropiarse, desposeer. ANT. restituir.

decomiso *m.* incautación, confiscación.

deconstrucción *f.* FIL. {concepto, ideas} desconstrucción, desmontaje, desarticulación.

deconstruir *tr.* FIL. {estructura conceptual} desconstruir, deshacer analíticamente.

decoración *f.* decorado, ornamento, ornamentación, ornato, adorno. **2** CINE, TEAT. escenografía, decorado.

decorado *m. ver* **decoración**.

decorador, -ra *s.* CINE, TEAT. escenógrafo.

decorar *tr.* adornar, ornamentar, ornar, engalanar, hermosear. ANT. afear, deslucir.

decoro *m.* respeto, estimación, honra. **2** compostura, dignidad, pudor, honestidad, decencia. ANT. indecencia, indignidad. **3** circunspección, gravedad.

decorosamente *adv.* honestamente, honradamente, dignamente.

decoroso, -sa *adj.* {persona} digno, honesto, íntegro, pudoroso. ANT. indigno. **2** {conducta} honesto, moderado, mesurado, recatado, decente. ANT. indecente.

decrecer *intr.* disminuir, menguar, aminorar, decaer, declinar, atenuarse. ANT. aumentar.

decrecimiento *m.* disminución, descenso, decremento, declinación, merma, mengua, menoscabo. ANT. aumento, incremento, crecimiento.

decrépito, -ta *adj.* muy viejo. **2** *adj. s.* {persona} anciano, viejo, envejecido, achacoso, senil, chocho, valetudinario. ANT. joven. **3** {cosa} vetusto, caduco, ruinoso, estropeado, anticuado, desvencijado. ANT. nuevo.

decrepitud *f.* suma vejez. **2** {persona} chochez, senilidad, ancianidad, declinación. ANT. juventud, lozanía. **3** {cosa} vetustez, decadencia, caducidad, ruina.

decrescendo *adv.* MÚS. {sonido} disminuyendo gradualmente. **2** *m.* MÚS. pasaje.

decretar *tr.* resolver, decidir, disponer, determinar, ordenar. **2** dictar un decreto, promulgar, legislar, reglamentar.

decreto *m.* decisión, disposición, determinación, resolución. **2** ley, precepto, estatuto, edicto, dictamen, ordenanza, bando, mandato, orden, ordenanza.

decúbito *m.* posición horizontal, acostado, tendido, echado, tumbado.

decurso *m.* sucesión, continuación, transcurso, paso.

dédalo *m.* laberinto, enredo, lío, maraña, caos, confusión, embrollo.

dedicación *f.* dedicatoria, ofrecimiento, homenaje. **2** consagración, afán, entrega, atención.

dedicar *tr.* REL. consagrar, ofrendar, dedicar al culto. **2** {en general} ofrecer, brindar, dirigir, asignar, adjudicar. **3** *tr. prnl.* emplear, destinar, aplicar. **4** concentrarse, entregarse, ocuparse, afanarse, esmerarse, perseverar. ANT. desinteresarse.

dedicatoria *f.* nota, ofrenda, ofrecimiento, consagración, homenaje.

dedillo (al) *loc.* perfectamente, con detalle, con seguridad.

dedo *m.* apéndice. **2** {medida de longitud} 18 mm. **3** porción. **4** *loc. nombramiento a ~:* nombramiento arbitrario, con abuso de autoridad.

deducción *f.* derivación, resultado, consecuencia, conclusión. ANT. inducción. **2** FIL. método de razonamiento, silogismo. **3** COM. rebaja, reducción, descuento. ANT. aumento.

deducir *tr.* {de un principio o proposición} inferir, concluir, colegir, derivar, sacar consecuencias. **2** pensar, razonar, conjeturar, suponer, discurrir, entender, creer, averiguar, establecer. **3** restar, rebajar, descontar, substraer. ANT. aumentar, sumar, añadir.

defecación *f.* deposición, evacuación, excremento, heces, mierda.

defecar *tr. intr.* evacuar, deponer, excretar, obrar, cagar.

defección *f.* deserción, abandono, huida, deslealtad, traición. ANT. lealtad, fidelidad.

defectivo, -va *adj.* falto, imperfecto, defectuoso.

defecto *m.* carencia, deficiencia, privación, falta, vicio. ANT. abundancia, suficiencia. **2** imperfección, falla, fallo, anomalía, desperfecto, irregularidad. ANT. perfección. **3** deformidad, anormalidad, tara.

defectuoso, -sa *adj.* falto, escaso, carente, incompleto, desprovisto. ANT. suficiente, excesivo. **2** imperfecto, deficiente, incorrecto, erróneo. ANT. perfecto, correcto.

defender *tr. prnl.* proteger, amparar, librar, refugiar, cobijar, resguardar, acoger, asilar, custodiar, salvaguardar, auxiliar. ANT. abandonar. **2** {opinión} conservar, mantener, sostener. **3** prohibir, vedar. **4** estorbar, impedir. **5** abogar, interceder, justificar, disculpar, exculpar, favorecer, alegar a favor. ANT. culpar, acusar. **6** *prnl.* resistir, enfrentar, bregar.

defenestrar *tr.* {de un cargo o puesto} deponer, expulsar, destituir. **2** {a una persona} arrojar (por una ventana).

defensa *f.* protección, amparo, socorro, apoyo, auxilio, salvaguardia, ayuda. ANT. desprotección, desamparo. **2** *gen. pl.* fortificación, parapeto, muralla, baluarte, bastión. **3** resguardo, abrigo, refugio. ANT. desabrigo. **4** DER. alegato, discurso, alegamiento, polémica. ANT. acusación. **5** DER. abogado defensor. **6** justificación, excusa, disculpa, coartada. ANT. inculpación. **7** apología, elogio, alabanza, encomio. ANT. ataque. **8** *Cuba, Méx., Uru.* parachoques. **9** DEP. línea defensiva, línea de defensa, línea de contención. **10** *m.* DEP. defensor.

defensiva (a la) *loc.* con recelo, con desconfianza.

defensor, -ra *adj. s.* protector, defendedor, mediador, favorecedor, bienhechor. ANT. agresor. **2** *adj.* elogioso, encomiástico. ANT. acusador. **3** *m.* abanderado, paladín, patrocinador. **4** abogado, jurista, jurisconsulto. **5** Dep. defensa.

defensoría *f. Amer.* ministerio/ejercicio de defensor.

deferencia *f.* adhesión. ANT. menosprecio. **2** consideración, miramiento, respeto, cortesía. ANT. descortesía. **3** condescendencia, conducta condescendiente.

deferente *adj.* considerado, atento, respetuoso. ANT. desconsiderado.

deficiencia *f.* defecto, imperfección, falta, falla, insuficiencia. ANT. perfección.

deficiente *adj.* carente, incompleto, falto, escaso. ANT. completo, suficiente. **2** defectuoso, imperfecto, anómalo. ANT. perfecto. **3** *adj. s.* {persona} subnormal, retrasado, retardado.

déficit *m.* Com. descubierto. ANT. superávit. **2** deuda, adeudo. **3** {en general} carencia, falta, escasez, insuficiencia, privación. ANT. suficiencia, excedente, abundancia.

definición *f.* descripción, explicación, aclaración, exposición, tesis. **2** decisión, dictamen, determinación. **3** {palabras, locuciones, frases} declaración, significación. **4** {imagen} nitidez, claridad. **5** *pl.* {órdenes militares} estatutos, normas, ordenanzas.

definido, -da *adj.* determinado, explicado, específico, declarado, descrito, delimitado, expuesto, concreto, evidente, claro. ANT. indefinido.

definir *tr. prnl.* {palabra} determinar, precisar, fijar, explicar, aclarar. **2** {duda} decidir, resolver. **3** *tr.* Pint. {obra} terminar, perfeccionar, concluir. **4** delimitar, demarcar, limitar. **5** *prnl.* decidirse, pronunciarse.

definitivo, -va *adj.* decisivo, concluyente, irrevocable, terminante, indiscutible, resuelto, resolutivo, irreversible. ANT. incierto, dudoso, provisional. **2** *loc.* **en definitiva:** en fin de cuentas, en conclusión, en resumen, por último.

deflación *f.* Econ. {nivel de precios} descenso.

deflagrar *intr.* {sustancia} arder, flagrar.

deflexión *m.* Fis. {corriente} desviación.

defoliación *f.* Agr. {hojas} caída prematura.

deformación *f.* alteración, deformidad, distorsión, desfiguración. **2** anomalía, desproporción, imperfección, incorrección. ANT. proporción. **3** tergiversación.

deformar *tr. prnl.* desfigurar, desproporcionar. **2** afear. **3** falsear, viciar.

deforme *adj.* desfigurado, desproporcionado, imperfecto, irregular, informe, disforme, amorfo. ANT. proporcionado, regular. **2** feo, desagradable, repulsivo. ANT. bonito, agradable. **3** contrahecho, defectuoso, monstruoso.

deformidad *f.* deformación. **2** error grosero.

defraudar *tr.* engañar, abusar. **2** decepcionar, desengañar, frustrar, desilusionar. ANT. cumplir. **3** estafar, robar, timar, desfalcar, usurpar, esquilmar, quitar. **4** {claridad del día} turbar, entorpecer.

defunción *f.* fallecimiento, deceso, muerte, expiración, tránsito. ANT. nacimiento.

degeneración *f.* ocaso, ruina, descenso, degradación, decadencia, menoscabo. ANT. auge, apogeo. **2** corrupción, perversión, depravación, vicio, extravío. ANT. rectitud. **3** Biol. {células, tejidos} deterioro, envejecimiento. ANT. regeneración. **4** Med. {facultades, reacciones nerviosas} deterioro, pérdida.

degenerado, -da *adj. s.* depravado, pervertido, corrompido. ANT. virtuoso. **2** vicioso, desenfrenado, licencioso, descarriado. ANT. moderado. **3** vil, abyecto, despreciable, infame. **4** alterado, degradado. ANT. puro.

degenerar *intr.* {persona, cosa} declinar, decaer. ANT. mejorar, progresar. **2** *intr. prnl.* {persona} corromperse, viciarse, rebajarse, envilecerse. **3** Biol. {célula, tejido} deteriorarse. ANT. regenerarse. **4** {animal} bastardear.

deglución *f.* ingestión, engullimiento, trago, ingurgitación. ANT. devolución.

deglutir *tr. intr.* ingerir, engullir, digerir, pasar, tragar. ANT. devolver, vomitar.

degolladero *m.* {para personas} cadalso, horca, patíbulo. **2** {reses} matadero. **3** *loc.* **llevar al ~:** poner en grave riesgo, poner en peligro.

degollar *tr.* decapitar, descabezar, guillotinar. **2** *fig.* arruinar, destruir, devastar.

degollina *f. col.* matanza, exterminio, mortandad, aniquilación, hecatombe, carnicería.

degradación *f.* {dignidad, empleo} rebajamiento, destitución. ANT. ascenso. **2** humillación, vileza, bajeza, ruindad, abyección. **3** Quím. {sustancia} transformación. **4** {en general} desgaste, reducción, disminución. ANT. aumento. **5** Pint. {color} desvanecimiento. ANT. intensificación.

degradado, -da *adj.* pervertido, depravado. **2** envilecido.

degradante *adj.* humillante, ignominioso, ultrajante, infamante. ANT. enaltecedor.

degradar *tr.* {honor, empleo} privar, deponer, destituir. ANT. ascender. **2** {cualidades} reducir, desgastar. **3** *tr. prnl.* humillar, envilecer, rebajar. ANT. enaltecer. **4** Quím. {sustancia} transformar. **5** Pint. {color} desvanecer, atenuar. ANT. intensificar.

degustación *f.* cata, prueba, saboreo, gustación.

degustar *tr.* probar, saborear, paladear, catar.

dehesa *f.* coto, pastizal, campo, prado, pastos.

deidad *f.* divinidad, ser divino, esencia divina.

deificar *tr.* divinizar, endiosar. **2** ensalzar, exaltar.

dejación *f.* Der. {bienes, acciones} cesión, desistimiento, renuncia. ANT. reivindicación.

dejadez *f.* pereza, abandono, negligencia, desidia, descuido, lasitud, indolencia, incuria, abulia, apatía. ANT. esmero, cuidado, interés. **2** decaimiento, desánimo, debilidad. ANT. ánimo. **3** desaseo, desaliño. ANT. aseo, pulcritud.

dejado, -da *adj.* negligente, perezoso, flojo. ANT. activo, diligente. **2** indolente, indiferente, apático, desidioso. ANT. entusiasta. **3** abandonado, desamparado, desatendido. ANT. amparado. **4** sucio, desaseado. ANT. limpio, pulcro.

dejamiento *m.* abandono, dejación. **2** descuido, incuria. ANT. cuidado. **3** decaimiento, flojedad, debilidad. ANT. fuerza, fortaleza. **4** desapego, desasimiento.

dejar *tr.* soltar, aflojar, cejar. ANT. coger, tomar. **2** retirarse, apartarse, irse, partir, salir, marcharse, ausentarse. ANT. permanecer. **3** permitir, tolerar, consentir, acceder, autorizar. ANT. oponerse, prohibir. **4** rentar, producir, proporcionar, producir ganancia, valer. **5** abandonar, desamparar, desechar, rechazar, repudiar. ANT. acoger. **6** encomendar, encargar. **7** ausentarse, faltar. **8** {persona} disponer, ordenar. **9** {testamento} dar, ceder, legar, transmitir, regalar, conceder algo. ANT. despojar. **10** prestar, entregar. **11** renunciar, dimitir, separarse. **12** olvidar, omitir, aplazar. **13** *tr. prnl.* {actividad} abandonar. **14** *intr.* {acción} interrumpir, cesar, suspender. ANT. continuar, seguir. **15** *prnl.* entregarse, abandonarse, descuidarse. ANT. cuidarse. **16** *loc.* **~ atrás:** adelantar, aventajar. **17** *loc.* **~ bizco:** causar asombro. **18** *loc.* **~se llevar:** tener voluntad débil, no seguir la propia opinión. **19** *loc.* **a)** ~*se ver:* descubrirse, aparecer. **b)** *loc.* ~*se ver:* concurrir, asistir, visitar.

deje *m. ver* **dejo.**

dejillo *m.* {voz} dejo, deje, acento, tono, modulación, inflexión, pronunciación.

dejo *m.* {voz} dejillo, deje, acento, tono, modulación, inflexión, pronunciación. **2** {alimento} sabor, gusto, regusto. **3** sensación.

del *contracc.* de el.

delación *f.* acusación, denuncia, incriminación, inculpación, confidencia, soplo.

delactación *f.* destete. **2** MED. ablactación, apolactancia.

delantal *m.* mandil, bata, guardapolvo.

delante *adv.* enfrente, al frente. ANT. detrás. **2** antes, primero, al principio. **3** *loc.* **a)** ~ *de:* a la vista, en presencia de. **b)** *loc.* ~ *de:* frente a, ante.

delantera *f.* fachada, vista, cara, frente, portada. ANT. reverso. **2** vanguardia, avanzada. ANT. retaguardia. **3** adelanto, ventaja, anticipación. ANT. retraso. **4** *loc.* coger/ganar la ~: aventajar, adelantar.

delatar *tr.* {delito} revelar, denunciar, acusar, sindicar, inculpar, confesar, soplar. ANT. encubrir. **2** descubrir, poner de manifiesto. **3** *prnl.* {intenciones} manifestarse, revelarse.

delator, -ra *adj. s.* denunciador, denunciante, acusador, soplón, chivato. ANT. encubridor.

delectación *f.* complacencia, deleite, disfrute, placer, voluptuosidad.

delegación *f.* comisión, representación, diputación, comité, grupo. **2** encomienda, misión, mandato, encargo, embajada. **3** agencia, dependencia, sucursal, filial, rama. ANT. principal, casa matriz. **4** *Méx.* comisaría de policía.

delegado, -da *adj. s.* comisionado, representante, portavoz. **2** embajador, diplomático.

delegar *tr.* encargar, comisionar, autorizar, facultar, encomendar, confiar, conferir.

deleitable *adj.* delicioso, deleitoso, agradable, placentero, maravilloso. ANT. desagradable.

deleitar *tr.* complacer, agradar, placer, satisfacer, encantar, gustar, embelesar. ANT. desagradar, disgustar, molestar. **2** *prnl.* recrearse, complacerse, regocijarse, gozar, saborear.

deleite *m.* complacencia, delectación, encanto, placer, goce, agrado. ANT. infelicidad. **2** delicia, fruición, gusto, satisfacción, disfrute, regodeo, saboreo. ANT. repulsión.

deleitoso, -sa *adj.* placentero, agradable, grato. ANT. molesto. **2** gustoso, sabroso, delicioso. ANT. desagradable.

deletéreo, -a *adj.* mortal, mortífero, destructor, nocivo, venenoso, tóxico, letal. ANT. sano.

deletrear *intr. tr.* {letras, sílabas, palabras} pronunciar separadamente, pronunciar aisladamente. **2** silabear. **3** *p. us.* adivinar.

deleznable *adj.* despreciable, desdeñable, de poco valor. ANT. valioso, apreciable. **2** inconsistente, quebradizo, frágil. ANT. resistente, consistente. **3** perecedero, efímero, poco durable. ANT. duradero. **4** disgregable, desmenuzable. ANT. sólido. **5** inestable, escurridizo, resbaladizo. ANT. estable.

delfín *m.* HIST. {del rey de Francia} primogénito. **2** *fig.* sucesor, designado, heredero.

delgado, -da *adj.* flaco, seco, enjuto, cenceño. ANT. grueso, corpulento. **2** {espesor} tenue, fino, sutil. ANT. grueso, suave, grácil, delicado, esbelto. **4** {terreno} endeble, de poca sustancia. **5** ingenioso, agudo, sutil.

delgadez *f.* enflaquecimiento. ANT. gordura.

delgaducho, -cha *adj. desp.* flaco, escuálido, chupado, macilento.

deliberación *f.* reflexión, razonamiento, estudio, consideración, meditación, análisis. **2** decisión, resolución, determinación. **3** discusión, polémica, debate.

deliberado, -da *adj.* intencional, intencionado, voluntario, premeditado. ANT. involuntario.

deliberar *intr.* considerar, examinar, pensar, consultar, reflexionar, evaluar. **2** *tr.* resolver, decidir, determinar, acordar. **3** debatir, discutir, tratar.

delicadeza *f.* finura, fineza. **2** consideración, atención, cortesía, miramiento. ANT. indelicadeza. **3** suavidad, sensibilidad, ternura. ANT. brusquedad, aspereza. **4** escrupulosidad, sutileza, cuidado, rigor. ANT. descuido.

delicado, -da *adj.* atento, amable, cortés, considerado. ANT. descortés, ordinario. **2** ligero, sutil, leve, grácil, suave, fino. ANT. tosco. **3** sensible, amoroso, tierno. ANT. antipático. **4** delgado, flaco, débil, lábil, enfermizo, enclenque. ANT. robusto, sano. **5** {cosa} quebradizo, inconsistente, tenue, endeble, frágil. ANT. resistente, fuerte, consistente. **6** sabroso, exquisito, gustoso, delicioso, apetitoso. ANT. desabrido. **7** expuesto, difícil, embarazoso, complejo, arriesgado, comprometido, complicado. ANT. fácil, sencillo. **8** exquisito, primoroso, fino. **9** {rostro} agraciado, bien parecido. **10** ingenioso, sutil, agudo. **11** quisquilloso, suspicaz, susceptible, remilgado, melindroso, puntilloso, irritable. ANT. relajado, despreocupado. **12** esmerado, escrupuloso; exigente.

delicatessen *s. pl.* [ING., AL.] delicatesen, exquisiteces, manjares selectos, alimentos selectos. **2** *amb.* tienda, establecimiento, almacén de ultramarinos.

delicia *f.* placer, agrado, gusto, bienestar, satisfacción, encanto, complacencia. ANT. desagrado, fastidio, disgusto. **2** goce, deleite. ANT. aburrimiento, molestia.

delicioso, -sa *adj.* sabroso, gustoso, exquisito, deleitable. ANT. desagradable, repugnante. **2** placentero, agradable, ameno, satisfactorio, apacible. ANT. aburrido, fastidioso.

delictivo, -va *adj.* delictuoso, delictual, punible, criminal.

delictuoso, -sa *adj. ver* **delictivo.**

delicuescente *adj.* {costumbre, estilo artístico} inconsistente, decadente, sin fuerza, sin vigor. ANT. consistente.

delimitación *f.* restricción, limitación. ANT. libertad. **2** demarcación, circunscripción.

delimitado, -da *adj.* determinado, definido, fijado, limitado. ANT. indeterminado.

delimitar *tr.* {límites} demarcar, fijar, deslindar, determinar, señalar, circunscribir, localizar, definir, establecer.

delincuente *adj. s.* infractor, transgresor, malhechor, facineroso, criminal, bandido, reo, forajido, bandolero. ANT. honesto.

delinear *tr.* bosquejar, diseñar, perfilar, dibujar, trazar, esquematizar.

delinquir *intr.* transgredir, infringir, contravenir, vulnerar, atentar, violar la ley, cometer delito. ANT. acatar, cumplir.

deliquio *m.* desmayo, desvanecimiento, desfallecimiento. **2** arrobamiento, trance, éxtasis.

delirante *adj. s.* frenético, loco, enajenado, fuera de sí. ANT. cuerdo. **2** disparatado. **3** *fig.* enardecido, entusiasmado, ardiente.

delirar *intr.* alucinar, desvariar, enajenarse. **2** disparatar, desatinar. **3** *fig.* fantasear, soñar.

delirio *m.* alucinación, perturbación, desvarío, enajenación, confusión mental. **2** disparate, desatino, despropósito. **3** fantasía, quimera. **4** *loc.* ~ *de grandezas:* narcisismo, megalomanía. **5** *loc.* **con ~:** enormemente, mucho.

delírium trémens *m.* {en alcohólicos crónicos} delirio tembloroso, alucinaciones, delirio.

delito *m.* culpa, transgresión, falta, violación, fechoría, abuso, infracción, contravención, quebrantamiento (de la ley). ANT. acatamiento. **2** crimen, asesinato, atentado.

delusorio, -ria *adj.* delusivo, engañoso, falaz, falso.

demacrado, -da *adj.* enflaquecido, flaco, delgado, demacrado, decaído, desmejorado, agotado, cadavérico, consumido, pálido, macilento. ANT. saludable, robusto.

demacrar *tr. prnl.* enflaquecer, desmejorarse.

demagogia *f.* POLIT. manipulación, instigación.

demanda *f.* solicitud, petición, requerimiento. **2** réplica. **2** interrogación, pregunta, cuestión, consulta. **3** búsqueda, busca. **4** empresa, intento. **5** empeño, defensa. **6** COM. pedido, encargo, despacho, venta. **7** DER. petición, escrito.

demandante *adj. s.* peticionario, solicitante. **2** *com.* DER. acusador, querellante, reclamante, litigante. ANT. demandado.

demandar *tr.* solicitar, pedir. **2** preguntar. **3** DER. entablar demanda.

demarcación *f.* delimitación, deslindamiento, señalización. **2** jurisdicción, zona, territorio, comarca, distrito, término, terreno demarcado.

demarcar *tr.* {terreno} señalar los límites, deslindar, delinear, delimitar, determinar. **2** NÁUT. {situación de un buque} marcar.

demarrar *intr.* DEP. {ciclismo} acelerar, dejar atrás.

demás *adv.* además. **2** *adj.* otras personas; otras cosas.

demasía *f.* exceso, abundancia, exuberancia, profusión, plétora, superabundancia. ANT. carencia, escasez, insuficiencia. **2** riesgo, atrevimiento, osadía. **3** insolencia, abuso, desafuero, descaro, desvergüenza, descortesía. ANT. cortesía. **4** delito, injusticia, maldad.

demasiado, -da *adj.* excesivo, sobrado, colmado. ANT. escaso, insuficiente. **2** *adv.* excesivamente, en demasía. ANT. escasamente.

demencia *f.* enajenación, perturbación, trastorno, locura, insensatez. ANT. cordura.

demencial *adj.* absurdo, caótico, incomprensible. ANT. cuerdo.

demente *adj. s.* maniático, orate, perturbado, trastornado, enajenado, insano, loco, chiflado, falto de juicio. ANT. cuerdo, sensato.

demeritar *tr.* Amer. quitar mérito, empañar.

demérito *m.* desmerecimiento, falta, imperfección. ANT. mérito. **2** descrédito.

demiurgo *m.* FIL. {platonismo} instancia divina, fuerza primordial. **2** FIL. {gnosticismo} alma universal, principio activo.

democracia *f.* gobierno popular, república. ANT. tiranía.

démodé *adj.* [FR.] demodé, pasado de moda, anticuado.

demoler *tr.* derribar, desmantelar, tumbar, deshacer, derruir, arrasar, asolar, desbaratar, arruinar. ANT. construir, edificar.

demoníaco, -ca *adj.* (*tb.* **demoniaco, -ca**) diabólico, satánico, luciferino. ANT. angelical. **2** *adj. s.* endemoniado, poseso, poseído. **3** maléfico, maligno, perverso, malo. ANT. bueno.

demonio *m.* Belcebú, Lucifer, Luzbel, Satán, Satanás. **2** {cristianismo} espíritu maligno, enemigo del alma. **3** *fig.* obsesión, tortura. **4** perverso, maligno, pérfido, malo, maléfico. ANT. bueno, bondadoso. **5** *fig.* sagaz, astuto, vivo. **6** *fig. col.* travieso, inquieto, revoltoso, bullicioso. **7** *loc.* **¡qué ~s!** ¡qué diablos! **8** *loc.* **ponerse como un ~:** encolerizarse, irritarse.

demontre *m. col. eufem.* diantre, diablo, demonio.

demora *f.* dilación, tardanza, retraso, retardo, atraso, mora, morosidad, lentitud, aplazamiento. ANT. anticipación, adelanto.

demorar *tr. prnl.* retardar, dilatar, diferir, detener, postergar, aplazar, prorrogar. ANT. acelerar, anticipar, apresurarse. **2** *intr.* detenerse, pararse. **3** Amer. tardar.

demostración *f.* señalamiento, manifestación, presentación, exposición, exhibición. **2** esclarecimiento, explicación, ejemplificación, ilustración. **3** argumento, razonamiento. **4** {fuerza, poder} ostentación, manifestación pública. **5** FIL. {hechos, verdades, principios} prueba, comprobación, confirmación, verificación.

demostrar *tr.* manifestar, declarar. **2** probar. **3** enseñar, exponer, explicar. **4** FIL. hacer ver, patentizar, evidenciar, mostrar.

demudar *tr. prnl.* transformar, variar, cambiar, alterar, mudar. **2** *tr. prnl.* desfigurar, transfigurar, disfrazar. **3** *prnl.* {semblante} turbarse, descancajarse.

dendroide *adj.* dendroideo, dendriforme, arborescente, con forma de árbol.

denegar *tr.* rechazar, rehusar, declinar, repudiar, recusar, negar. ANT. aprobar, acceder.

dengue *m.* melindre, delicadeza, remilgo, ñoñería, afectación, artificio, carantoña, mojigatería. **2** MED. enfermedad febril. **3** Amer. contoneo.

denigrante *adj.* humillante, deshonroso, vejatorio. **2** calumniador, denigrador, infamador.

denigrar *tr.* ofender, despreciar. ANT. honrar. **2** difamar, injuriar, detractar, infamar, desacreditar, desprestigiar, ultrajar, vilipendiar. ANT. enaltecer, alabar.

denodado, -da *adj.* esforzado, intrépido, decidido, valeroso, audaz. ANT. cobarde.

denominación *f.* nombre, apelativo, título, designación, calificación.

denominar *tr. prnl.* nombrar, designar, señalar, llamar, titular, distinguir, bautizar, apodar.

denostar *tr.* injuriar, ofender, insultar, afrentar.

denotar *tr.* señalar, significar, expresar, indicar, anunciar, advertir, mostrar. **2** LING. significar objetivamente. ANT. connotar.

densidad *f.* concentración, consistencia, viscosidad, turbiedad. ANT. fluidez. **2** FOT. {en una imagen} ennegrecimiento. **3** INF. {en una memoria} número de bites.

denso, -sa *adj.* apretado, compacto, macizo, tupido, sólido, espeso, cuajado, comprimido, apiñado. **2** confuso, complicado, oscuro, turbio, incomprensible. ANT. claro. **3** pesado. ANT. ligero, leve. **4** consistente, concentrado, de mucho contenido.

dental *adj.* dentario, odontológico.

dentar *intr.* endentecer, dentecer, salir los dientes. **2** *tr.* {sierra} formar dientes.

dentario, -ria *adj.* dental, odontológico.

dentellada *f.* mordisco, mordedura, bocado, tarascada.

dentellar *intr.* castañetear, sonar los dientes.

dentellear *intr.* mordiscar, mordisquear, morder, clavar los dientes.

dentera *f.* amargor. **2** *col.* envidia, celos. **3** *col.* ansia, deseo.

dentista *adj. com.* odontólogo.

dentistería f. Amér. Sur, C. Rica odontología. **2** Col., C. Rica, Ecuad., Ven. consultorio del dentista, clínica dental.

dentro adv. adentro, en el interior, internamente, interiormente. ANT. fuera, afuera.

denuedo m. esfuerzo, brío, ánimo. ANT. apatía. **2** valor, valentía, coraje, arrojo, intrepidez, audacia, decisión, resolución. ANT. pusilanimidad, cobardía.

denuesto m. injuria, insulto, afrenta, ofensa, agravio, improperio, dicterio. ANT. elogio.

denuncia f. delación, acusación, soplo, traición, chivatazo.

denunciador, -ra adj. s. delator, denunciante, acusador, soplón.

denunciante com. denunciador, delator, acusador, soplón.

denunciar tr. avisar, noticiar, enterar, indicar. **2** pronosticar, anunciar. ANT. ocultar. **3** publicar, promulgar. **4** declarar oficialmente. **5** delatar, confesar, acusar, descubrir, sindicar, revelar, soplar. ANT. encubrir, esconder.

deontología f. ética, tratado de los deberes.

deparar tr. proporcionar, proveer, suministrar, facilitar, conceder, destinar, ofrecer, entregar, dar. ANT. quitar. **2** presentar, mostrar, poner delante.

departamento m. parte, división, compartimiento, casilla, caja, apartado. **2** {de la administración pública} ministerio, dependencia, oficina, división, sección, instituto, ramo, parte. **3** distrito, jurisdicción. **4** {en universidades} centro docente, unidad administrativa. **5** piso, vivienda, morada, residencia. **6** Amer. apartamento. **7** Amer. provincia, división territorial, territorio, región, zona.

departir intr. hablar, conversar, dialogar, charlar, platicar.

depauperado, -da adj. empobrecido, pobre. ANT. enriquecido. **2** MED. extenuado, debilitado, agotado, adelgazado, desnutrido. ANT. vigoroso, robusto.

depauperar tr. empobrecer, arruinar. ANT. enriquecer. **2** tr. prnl. MED. extenuar, debilitar, postrar, adelgazar, enflaquecer. ANT. fortalecer, robustecer.

• **dependencia** f. {a un poder} subordinación, sujeción, sometimiento, supeditación, sumisión, obediencia. ANT. independencia, autonomía. **2** vasallaje, servidumbre, esclavitud. **3** drogodependencia, farmacodependencia, adicción, vicio. **4** conexión, interdependencia, interrelación, vínculo. **5** colectividad, sección, oficina, departamento. **6** sucursal, filial. ANT. casa matriz. **7** {casa} habitación, estancia, espacio.

depender intr. subordinarse, sujetarse, someterse, acatar, servir, obedecer.

dependiente adj. anexo, agregado, unido. **2** subordinado, supeditado, sometido. ANT. independiente, autónomo. **3** sumiso, vasallo. **4** m. empleado, subalterno, oficinista, burócrata, vendedor.

depilar tr. prnl. {vello, pelo} afeitar, rasurar, cortar, arrancar.

deplorable adj. lamentable, triste, penoso, doloroso, lastimoso. ANT. satisfactorio, alegre. **2** desastroso, calamitoso, nefasto. ANT. benéfico.

deplorar tr. dolerse, afligirse, lamentar, sentir profundamente. ANT. alegrarse.

deponer tr. separar, apartar de sí, dejar. ANT. acercar. **2** {empleo, honor} destituir, relevar, sustituir, privar, exonerar, degradar. ANT. nombrar. **3** derrocar, desentronizar. ANT. entronizar. **4** afirmar, asegurar, aseverar, atestiguar. ANT. callar. **5** DER. declarar. **6** Amér. Cent., Méx. vomitar. **7** defecar, evacuar, excretar, hacer del cuerpo, cagar.

deportación f. destierro, expatriación, exilio.

deportar tr. desterrar, expulsar, exiliar, expatriar, confinar, alejar. ANT. repatriar.

deporte m. actividad física, ejercicio, entrenamiento, adiestramiento, gimnasia, práctica. **2** diversión, recreación, juego, pasatiempo, placer. **3** competición, encuentro.

deposición f. exposición, testimonio, explicación. **2** {empleo, dignidad} privación, degradación. **3** DER. declaración. **4** evacuación, defecación, excrementos, heces, mierda.

depositar tr. prnl. consignar, guardar, poner en custodia, almacenar, ahorrar. ANT. retirar. **2** dar, entregar, confiar, encomendar. **3** colocar, poner, apoyar. ANT. quitar. **4** encerrar, contener. **5** {líquido} sedimentar, dejar sedimento, posarse, precipitarse. ANT. fluir. **6** dejar.

depositario, -ria s. consignatario, receptor, cuidador. **2** tesorero, cajero.

depósito m. local, bodega, almacén, nave, granero, cobertizo. **2** arsenal. **3** recipiente, receptáculo, tanque, cisterna, aljibe, cuba; embalse. **4** sedimento, precipitado, asiento, poso. **5** consignación, ahorro, entrega, custodia, resguardo, garantía. **6** pago, abono. **7** almacenamiento, reserva, provisión, acopio, acumulación, acaparamiento. **8** yacimiento.

depravación f. perversión, perversidad, degradación, corrupción, vicio, envilecimiento, maldad, crápula. ANT. integridad, bondad, decencia.

depravado, -da adj. s. enviciado, viciado, envilecido, perverso, pervertido, degenerado, degradado. ANT. decente, bueno. **2** malo, malvado, malévolo, ruin, bajo. ANT. virtuoso.

depravar tr. prnl. pervertir, corromper, viciar, enviciar, envilecer.

deprecar tr. solicitar, pedir, instar, rogar, suplicar.

depreciación f. {valor, precio} disminución, devaluación, desvalorización, baja, rebaja, abaratamiento. ANT. aumento, alza, encarecimiento.

depreciar tr. rebajar, abaratar, devaluar, desvalorizar, bajar el precio. ANT. aumentar.

depredación f. pillaje, devastación, robo, rapiña, saqueo. **2** malversación, exacción.

depredador, -ra adj. {animal} predador, carnicero. **2** {persona} saqueador, ladrón.

depredar tr. {animal} cazar. **2** {persona} robar, saquear, despojar.

depresión f. {terreno} concavidad, hondonada, hondura, hueco, cuenca, desnivel. ANT. convexidad, elevación. **2** abatimiento, desánimo, decaimiento, desfallecimiento, postración, abatimiento, desaliento, melancolía, agotamiento. ANT. ánimo, energía, animación. **3** ECON. baja, deflación, descenso, hundimiento, ruina, quiebra. ANT. prosperidad.

deprimir tr. {volumen de un cuerpo} disminuir, hundir. **2** tr. prnl. rebajar, despreciar, humillar, vilipendiar, degradar. ANT. enaltecer. **3** desanimar, desalentar, agobiar, angustiar, producir decaimiento. ANT. alentar, animar. **4** prnl. MED. abatirse. **5** {objeto} aplastar, abollar, socavar. ANT. abultar.

deprisa adv. aprisa, pronto, rápidamente, con presteza, con prontitud. ANT. lentamente.

depurado, -da adj. pulido, perfeccionado, trabajado, elaborado cuidadosamente. **2** puro, decantado, purificado, acrisolado, refinado. ANT. contaminado.

depurar tr. prnl. limpiar, purificar, sanear, sublimar, clarificar. ANT. contaminar, corromper. **2** perfeccionar, refinar, acrisolar. **3** expulsar, separar, eliminar, purgar.

depurativo, -va *adj.* {medicamento} purificador, depurador, depurante.

derbi *m.* DEP. competencia hípica, carrera. **2** {fútbol} encuentro, partido.

derecha *f.* diestra, mano derecha. **2** *fig.* conservadores.

derechamente *adv.* rectamente, en derechura. **2** prudentemente, justamente, discretamente, con rectitud. **3** directamente, francamente, a las claras.

derecho *m.* facultad, poder, prerrogativa, opción. **2** razón, equidad, justicia, legitimidad. ANT. injusticia. **3** jurisprudencia, abogacía, legislación, principios, leyes, normas, códigos, decretos. **4** privilegio, franquicia, exención. **5** anverso, haz, lado, cara. **6** *pl.* tributo, impuestos, gravamen, tasa. **7** honorarios, comisión, porcentaje, pago, cantidad.

derecho, -cha *adj.* recto, vertical, alineado, erguido. ANT. torcido, inclinado. **2** igual, parejo, seguido. ANT. desigual. **3** justo, legítimo, legal. ANT. ilegal. **4** *fig.* cabal, honesto, honrado. ANT. deshonesto. **5** fundado, razonable. **6** directo. ANT. indirecto. **7** diestro.

derechura (en) *loc.* directamente, derechamente.

deriva *f.* NÁUT. {barco} desvío, desorientación, abatimiento, extravío. **2** *loc.* **a)** {barco} *a la ~:* a merced de la corriente, a merced del viento. **b)** *loc. fig. a la ~:* sin dirección, sin propósito, a merced de las circunstancias.

derivación *f.* {agua, electricidad} conexión, bifurcación, brazo, ramal. **2** extracción, separación, desviación. **3** deducción, conclusión, consecuencia, resultado, desenlace.

derivar *intr. prnl.* originarse, proceder, provenir, seguirse, salir, resultar, engendrarse, emanar. **2** NÁUT. {buque} desviarse, perderse, abatir. **3** encaminar, conducir.

dermatitis *f.* MED. inflamación de la piel.

dermatosis *f.* MED. sarpullido, erupción, eccema.

dermis *f.* MED. piel, capa.

derogación *f.* {de una ley} abolición, anulación, supresión, cancelación, revocación. ANT. promulgación. **2** merma, menoscabo, disminución, deterioro, destrucción. ANT. aumento.

derogar *tr.* {ley} abolir, invalidar, suprimir, anular, cancelar. ANT. promulgar, implantar.

derramar *tr. prnl.* esparcir, verter, diseminar. ANT. contener. **2** {noticia} divulgar, publicar, difundir, extender. ANT. reservarse, callar. **3** distribuir, repartir. **4** *prnl.* esparcirse, desmandarse. **5** {río, arroyo} desembocar, fluir, desaguar.

derrame *m.* derramamiento, vertimiento. **2** bifurcación, ramal. **3** {tierra} declive.

derrapar *intr.* {vehículo} patinar.

derrape *m.* derrapaje.

derredor *m.* circuito, contorno. **2** *loc. en ~:* en torno, alrededor.

derrengado, -da *adj.* cansado, fatigado, agotado, exhausto.

derrengar *tr. prnl.* descaderar, lisiar, baldar. **2** torcer, desviar, inclinar. ANT. enderezar. **3** *fig.* cansar, agotar, rendir, moler.

derretido *m.* hormigón, mezcla. **2** *Amer.* concreto.

derretido, -da *adj.* enamorado, encariñado, acaramelado, amartelado.

derretir *tr. prnl.* disolver, licuar, fundir. ANT. solidificar, cuajar. **2** *tr.* {dinero} disipar, consumir, derrochar, gastar. ANT. conservar, guardar, ahorrar. **3** *prnl.* enardecerse. **4** enamorarse, apasionarse. **5** impacientarse, inquietarse.

derribar *tr.* {edificios, muros} demoler, derrumbar, derruir, arruinar, echar a tierra. ANT. construir. **2** tumbar, tirar, volcar, echar al suelo. ANT. levantar. **3** postrar, malquistar, arruinar, abatir. **4** deponer, derrocar, destronar, destituir. ANT. entronizar.

derrocar *tr.* precipitar, despeñar. **2** {edificio} demoler, derrumbar, derruir, deshacer. ANT. construir. **3** POLIT. deponer, destituir, destronar, derribar, expulsar. ANT. entronizar.

derrochador, -ra *adj. s.* despilfarrador, disipador, dilapidador, manirroto. ANT. ahorrador.

derrochar *tr.* malgastar, despilfarrar, dilapidar, desperdiciar, malbaratar. ANT. ahorrar.

derroche *m.* abundancia, prodigalidad, exceso. **2** dilapidación, desperdicio, despilfarro.

derrota *f.* vencimiento, descalabro, revés, fracaso, desastre, desgracia, pérdida. ANT. victoria, triunfo. **2** senda, sendero, rumbo, derrotero, itinerario, dirección, camino, sentido.

derrotado, -da *adj.* vencido, deprimido. **2** arruinado, harapiento, andrajoso, destrozado.

derrotar *tr.* vencer, rendir, aniquilar, arrollar, arruinar, desbaratar, batir. ANT. perder.

derrotero *m.* camino, ruta, derrota, senda, sendero, trayecto, sentido, rumbo, itinerario.

derrotismo *m.* pesimismo, desmoralización, abatimiento. ANT. optimismo.

derruir *tr.* derribar, demoler, destruir, arruinar, hundir. ANT. construir, edificar.

derrumbar *tr. prnl.* despeñar, precipitar. **2** derribar, demoler, derruir, desplomarse, desmoronarse, hundir, caer, abatir. ANT. construir, edificar.

derrumbe *m.* desplome, decadencia, descenso, caída. **2** precipicio, despeñadero.

desabastecer *tr. prnl.* desproveer. ANT. abastecer, proveer.

desaborido, -da *adj.* {alimento} insípido, insustancial, sin sabor, sin sustancia. ANT. sabroso. **2** *adj. s. col.* {persona} soso.

desabotonar *tr. prnl.* desabrochar, soltar.

desabrido, -da *adj.* {fruta} sin gusto, insípido. ANT. sabroso. **2** {tiempo, clima} destemplado, desigual. **3** {persona} áspero, displicente, hosco, huraño, desapacible, seco, esquivo, adusto, antipático. ANT. amable, afable, simpático.

desabrigado, -da *adj.* {persona} desamparado, abandonado, sin apoyo. **2** {paraje, clima} desapacible, inclemente, inhóspito, cruel.

desabrigar *tr. prnl.* desarropar, descubrir, destapar. ANT. abrigar, arropar. **2** abandonar, desamparar. ANT. amparar.

desabrimiento *m.* {fruta, alimento} insipidez. ANT. gusto, sabor. **2** displicencia, antipatía, aspereza, descortesía, brusquedad, dureza, desagrado, malhumor. **3** melancolía, amargura.

desabrochar *tr. prnl.* desabotonar, soltar. ANT. abrochar, abotonar.

desacatar *tr.* desobedecer, desatender, desoír. ANT. acatar, obedecer.

desacato *m.* falta de respeto, irreverencia. **2** desobediencia, insubordinación, rebeldía, insumisión. ANT. obediencia. **3** sacrilegio, profanación.

desaceleración *f.* deceleración, disminución de la velocidad. ANT. aceleración.

desacertado, -da *adj.* errado, incorrecto, erróneo, equivocado, inexacto. ANT. correcto.

desacertar *intr.* errar, fallar, equivocarse, desatinar, marrar. ANT. acertar.

desacierto *m.* equivocación, desatino, yerro, error, falla, disparate, torpeza, dislate, indiscreción. ANT. acierto.

desacomodado, -da *adj.* desempleado, desocupado, parado, cesante. *ANT.* empleado. 2 incómodo, inconveniente.

desacomodar *tr.* incomodar. 2 *tr. prnl.* quitar el empleo. 3 *Amer.* desarreglar, trastornar.

desaconsejar *tr.* disuadir, desanimar, desviar, apartar. *ANT.* aconsejar, persuadir.

desacoplar *tr.* desunir, desencajar, desmontar, desajustar, desensamblar, desconectar, desenchufar. *ANT.* acoplar, unir.

desacorde *adj.* {instrumento musical} destemplado, desafinado, disonante. 2 discordante, discrepante, disconforme.

desacostumbrado, -da *adj.* inusitado, desusado, insólito, inusual, inhabitual, infrecuente. *ANT.* acostumbrado, habitual. 2 inexperto, desconocedor. *ANT.* conocedor, experimentado.

desacostumbrar *tr.* deshabituar. *ANT.* acostumbrar, habituar.

desacreditado, -da *adj. s.* desprestigiado, deshonrado, difamado.

desacreditar *tr.* {persona} desprestigiar, difamar, denigrar, desaprobar, vilipendiar, desconceptuar, menoscabar, descalificar, deshonrar, ofender, infamar. *ANT.* acreditar, alabar. 2 {cosa} desvalorar, desestimar.

desactivar *tr.* anular, neutralizar, paralizar, inutilizar. *ANT.* activar. 2 desenchufar, desconectar. *ANT.* conectar.

desacuerdo *m.* disconformidad, disentimiento, diferencia, oposición, disidencia, discordia, discrepancia, desunión, desavenencia. *ANT.* concordancia, acuerdo.

desadormecer *tr. prnl.* {persona} despertar. 2 {sentido} desentorpecer. 3 {miembro} desentumecer.

desafección *f.* malquerencia, aversión, desafecto, desamor, animosidad, antipatía, enemistad, hostilidad, mala voluntad. *ANT.* amistad, afecto.

desafecto *m. ver* **desafección**.

desafecto, -ta *adj.* opuesto, contrario.

desaferrar *tr. prnl.* desasir, soltar. 2 {de un capricho, argumento} separar, apartar, sacar. 3 *NÁUT.* {barco} levar anclas.

desafiar *tr.* retar, provocar. 2 competir, contender, rivalizar. 3 contrariar, contradecir, afrontar. 4 {dificultades} enfrentar, encarar, arrostrar. 5 {cosa} oponerse.

desafición *f.* desafecto, falta de afición. *ANT.* afición.

desafilar *tr. prnl.* {arma, herramienta} despuntar, embotar, mellar. *ANT.* afilar.

desafinación *f.* destemple, disonancia. *ANT.* afinación.

desafinado, -da *adj.* destemplado, discordante, desentonado, desacorde. *ANT.* afinado.

desafinar *intr. prnl.* Mús. disonar, destemplar, desentonar, discordar. *ANT.* templar, afinar.

desafío *m.* duelo, reto. 2 competencia, rivalidad.

desaforadamente *adv.* desordenadamente, con atropello, con exceso. 2 atrevidamente.

desaforado, -da *adj.* desordenado, desenfrenado, arrebatado, exaltado. *ANT.* ordenado, mesurado, moderado. 2 abusivo, arbitrario. *ANT.* razonable, justo. 3 desmesurado, desmedido, descomunal, desproporcionado, excesivo, enorme. *ANT.* pequeño, medido.

desaforar *tr.* quebrantar, infringir, transgredir. 2 *prnl.* descomedirse, desentonarse, descomponerse, atreverse.

desafortunado, -da *adj.* infortunado, malaventurado, desdichado, desgraciado, desventurado, infeliz, sin fortuna. *ANT.* afortunado, feliz. 2 infausto, aciago, calamitoso. *ANT.* venturoso. 3 desacertado, descabellado, disparatado, inoportuno. *ANT.* acertado.

desafuero *m.* injusticia, ilegalidad, infracción, iniquidad, favoritismo, violencia, abuso, arbitrariedad.

ANT. justicia. 2 exceso, atropello, desmán, tropelía, sinrazón, irracionalidad. 3 DER. pérdida de fuero.

desagradable *adj.* enfadoso, molesto, enojoso, irritante, pesado, fastidioso, incómodo, penoso, ingrato, insoportable, insufrible, repelente, pesado, antipático. *ANT.* agradable, placentero, grato. 2 feo, repulsivo, horroroso, horrible, espantoso. *ANT.* atractivo. 3 grosero, brusco, maleducado, antipático, pesado. *ANT.* amable, educado. 4 amargo, acerbo. *ANT.* 5 deplorable, lamentable.

desagradar *intr.* disgustar, fastidiar, enojar, enfadar, molestar. *ANT.* agradar, satisfacer. 2 repeler, repugnar. *ANT.* atraer, gustar.

desagradecido, -da *adj.* malagradecido, ingrato, infiel, desleal. *ANT.* agradecido.

desagradecimiento *m.* ingratitud. *ANT.* agradecimiento, gratitud.

desagrado *m.* enojo, molestia, fastidio, disgusto, sinsabor, descontento, incomodidad, aflicción. *ANT.* agrado, contento. 2 repulsión, repugnancia, asco, rechazo. *ANT.* deleite.

desagraviar *tr. prnl.* resarcir, compensar, indemnizar. *ANT.* agraviar. 2 explicar, satisfacer.

desagravio *m.* indemnización, expiación, reparación, resarcimiento, compensación, reivindicación. *ANT.* agravio. 2 explicación, satisfacción.

desagregar *tr. prnl.* separar, segregar, apartar, desarticular, desunir, dividir, disociar. *ANT.* agregar, unir. 2 dispersar, esparcir, disgregar. *ANT.* reunir. 3 enemistar, malquistar.

desaguadero *m. ver* **desagüe**.

desaguar *tr.* extraer, vaciar, verter, drenar, sacar. *ANT.* llenar. 2 disipar, consumir. *ANT.* conservar. 3 *intr.* {río} desembocar. 4 *col.* orinar.

desagüe *m.* desaguadero, conducto, drenaje, alcantarillado, tubería, cloaca, caño, cañería.

desaguisado *m.* desacierto, barbaridad, desatino, disparate, torpeza. *ANT.* acierto. 2 desafuero, injusticia, perjuicio, atropello, ultraje.

desahogado, -da *adj.* descarado, desvergonzado, atrevido, desenfadado. 2 {lugar} desembarazado, libre, espacioso, amplio. 3 {vida, forma de vida} acomodado, tranquilo, cómodo, descansado. *ANT.* pobre, necesitado. 4 consolado, aliviado. *ANT.* agobiado.

desahogar *tr. prnl.* aliviar, alentar, mejorar, animar, confortar, recobrarse. 2 desfogarse, explanarse, expansionarse, franquearse. *ANT.* contenerse, reprimirse.

desahogo *m.* alivio, reposo, bienestar, descanso. *ANT.* opresión. 2 esparcimiento, distracción, diversión, recreo. 3 descaro, atrevimiento, desvergüenza, desfachatez, frescura, desembarazo, desaprensión, desenvoltura. 4 holgura, descongestión, espacio, libertad, comodidad. *ANT.* ahogo.

desahuciar *tr. prnl.* desesperanzar, desengañar, sentenciar, condenar. 2 {a un inquilino o arrendatario} desalojar, expulsar, despedir, arrojar.

desairar *tr.* menospreciar, desdeñar, humillar, desatender, burlar. *ANT.* apreciar, considerar. 2 desestimar. *ANT.* atender.

desaire *m.* descortesía, desprecio, desdén, desestimación, menosprecio, desatención. *ANT.* atención. 2 desaliño.

desajustar *tr.* desigualar, desaparejar, desacoplar, desencajar, desconcertar, desarreglar. *ANT.* aparejar, ajustar, encajar. 2 *prnl.* desconvenirse, desavenirse. *ANT.* avenirse.

desajuste *m.* desarticulación, desarreglo, desacoplamiento. ANT. ajuste, unión. **2** desorden, desconcierto, desbarajuste, trastorno, desarreglo, desorganización, anomalía, perturbación.

desalentado, -da *adj.* desanimado, decaído, triste, abatido. ANT. animado.

desalentar *tr. prnl.* atemorizar, acobardar, descorazonar, acoquinar, intimidar, desanimar, quitar el ánimo. **2** *prnl.* flaquear, desfallecer, abatirse, debilitarse. ANT. animarse.

desaliento *m.* decaimiento, abatimiento, postración, desánimo, flaqueza, consternación, aflicción, descorazonamiento, apatía, pena, desfallecimiento. ANT. aliento, energía, ánimo.

desaliñado, -da *adj.* desarreglado, descompuesto. **2** desaseado, sucio, mugriento. ANT. limpio, aseado. **3** descuidado, negligente. ANT. cuidadoso.

desaliño *m.* descompostura, desatavío. ANT. compostura. **2** desaseo, abandono, dejadez. ANT. pulcritud, aseo. **3** negligencia, desidia, descuido. ANT. cuidado, atención.

desalmado, -da *adj.* falto de conciencia. **2** cruel, malvado, inhumano, inclemente, sanguinario, despiadado. ANT. humanitario, compasivo.

desalojar *tr.* desahuciar, expulsar, arrojar, despedir, lanzar, echar. ANT. alojar. **2** evacuar, desocupar, vaciar. **3** abandonar, dejar, irse, marcharse. **4** desplazar, trasladar.

desamarrar *tr.* desasir, desanudar, soltar, desatar, desligar. ANT. atar, amarrar, anudar.

desambientado, -da *adj.* inadaptado, descentrado. ANT. ambientado.

desamor *m.* desafecto, falta de amor. **2** enemistad, animadversión, aborrecimiento, antipatía, aversión, odio. ANT. amor.

desamortizar *tr.* {bien, propiedad} dejar libre, liberar, pagar.

desamparar *tr.* abandonar, desatender, desasistir, dejar. ANT. amparar, proteger. **2** ausentarse, irse.

desamparo *m.* orfandad, desvalimiento, abandono. ANT. amparo.

desandar *tr.* retroceder, retornar, volver atrás. ANT. andar, avanzar.

desangrado, -da *adj.* exangüe, falto de sangre.

desangrar *tr.* {persona, animal} sacar sangre. **2** {lago, estanque} desaguar, secar, agotar. **3** {a una persona} empobrecer, arruinar. **4** *prnl.* perder sangre, debilitarse, extenuarse.

desanidar *tr.* echar, sacar. **2** *intr.* {ave} dejar el nido.

desanimado, -da *adj.* {lugar, espectáculo} poco concurrido, solitario. **2** desalentado, deprimido, decaído, descorazonado, triste, alicaído. ANT. animado, animoso, alegre.

desanimar *tr.* desalentar, descorazonar, consternar, desmoralizar, deprimir, desilusionar, acobardar. ANT. animar, alentar. **2** disuadir, desaconsejar, persuadir, convencer.

desánimo *m.* desaliento, decaimiento, abatimiento, postración, pesimismo. ANT. ánimo.

desanudar *tr.* {nudo} desatar, desenlazar, desligar, desasir. ANT. anudar, asir. **2** *fig.* {enredo, maraña} aclarar, resolver, iluminar.

desapacible *adj.* enfadoso, desagradable, brusco, áspero, avinagrado, duro, desabrido, acerbo. ANT. apacible, agradable. **2** {clima} destemplado, inestable, riguroso, borrascoso, tormentoso. ANT. bonancible.

desaparecer *tr. intr. prnl.* ocultar, esconder, quitar de la vista. ANT. descubrir. **2** esfumarse, desvanecerse. ANT. aparecer. **3** detenerse, acabar, cesar. ANT. comenzar. **4** huir, escabullirse, fugarse, escaparse. ANT. comparecer. **5** *intr.* morir, fallecer, perecer, dejar de existir. ANT. nacer.

desaparición *f.* ocultación. ANT. aparición. **2** disipación, desvanecimiento. **3** {astro} ocaso, puesta. ANT. salida. **4** huida; pérdida. **5** supresión, cesación, destrucción. **6** muerte, extinción. ANT. nacimiento.

desapasionado, -da *adj.* imparcial, equitativo, objetivo, neutral, ecuánime, justo, falto de pasión. ANT. parcial, injusto. **2** frío, indiferente, apático, insensible. ANT. apasionado. **3** impasible. ANT. impetuoso.

desapego *m.* desinterés, indiferencia, frialdad, despego. ANT. interés, apego. **2** abnegación, desprendimiento, generosidad. ANT. egoísmo. **3** desafecto, desamor, desdén. ANT. aprecio, afición. **4** alejamiento, distancia, desvío.

desapercibido, -da *adj.* despreocupado, desprevenido, distraído, inadvertido, descuidado. ANT. prevenido, preparado. **2** desprovisto, falto. ANT. provisto.

desaplicación *f.* ociosidad, holgazanería, pereza, falta de aplicación.

desaplicado, -da *adj. s.* ocioso, holgazán, perezoso, negligente, desatento, desaprovechado, descuidado. ANT. aplicado.

desapoderar *tr. prnl.* despojar, desposeer. **2** *tr.* desautorizar.

desaprensión *f.* desvergüenza, indelicadeza, frescura, desenfado.

desapretar *tr. prnl.* aflojar, soltar. ANT. apretar.

desaprobación *f.* reprobación, reprensión, censura, condenación, amonestación, desautorización. ANT. alabanza, aplauso.

desaprobar *tr.* reprobar, reprender, censurar, reprochar, oponerse, criticar, condenar, amonestar, desautorizar. ANT. alabar, elogiar. **2** {examen} suspender.

desaprovechado, -da *adj. s.* {persona} desaplicado, holgazán, perezoso. ANT. aplicado. **2** {cosa} improductivo.

desaprovechar *tr. prnl.* desperdiciar, inutilizar, malgastar, despilfarrar, derrochar, dilapidar. ANT. aprovechar. **2** {acción, oportunidad} omitir, dejar pasar. **3** perder.

desarbolar *tr.* NÁUT. desmantelar, destruir los palos (de una embarcación).

desarmado, -da *adj.* indefenso, despojado, desguarnecido. **2** desbaratado, desmontado. **3** sin argumentos, sin palabras.

desarmar *tr.* {armas} quitar, despojar, reducir, desposeer. ANT. armar, pertrechar. **2** {piezas} desunir, separar, desarticular, desmontar. ANT. armar, montar. **3** desconcertar, confundir. **4** *intr.* {nación} pacificar, reducir su armamento.

desarme *m.* desarmamiento, pacificación, apaciguamiento. **2** arbitrio, tratado, acuerdo, pacto. ANT. rearme.

desarmonía *f.* desproporción, falta de armonía. ANT. armonía.

desarraigado, -da *adj. s.* {persona} apartado, alejado, emigrado, expatriado, desterrado.

desarraigar *tr. prnl.* {planta} arrancar, erradicar. ANT. plantar, sembrar. **2** {costumbre, vicio} extirpar, extinguir, suprimir. **3** expulsar, expatriar, desterrar, deportar.

desarrapado, -da *adj.* desharrapado, andrajoso, roto.

desarreglar *tr. prnl.* desordenar, trastornar, alterar, desbarajustar, descomponer, revolver, desorganizar. ANT. organizar, arreglar, ordenar.

desarreglo m. desorden, confusión, desbarajuste, desajuste, revoltijo, desorganización, caos. ANT. orden, arreglo. **2** {salud} trastorno, alteración, anomalía, perturbación.

desarrimar tr. separar, alejar, quitar, apartar. ANT. arrimar. **2** disuadir, desviar.

desarrollado, -da adj. evolucionado, avanzado. **2** extendido, desdoblado. **3** {país} próspero. ANT. subdesarrollado. **4** alto, espigado, crecido, robusto, grande. ANT. canijo, enclenque. **5** maduro, formado. ANT. inmaduro, atrofiado.

desarrollar tr. prnl. desplegar, extender, desenrollar, desenvolver. ANT. enrollar. **2** acrecentar, incrementar, ampliar, aumentar, fomentar, expandir, impulsar. ANT. reducir. **3** tr. {teoría} explicar, interpretar, esclarecer, explanar. **4** {tema} discutir, exponer. **5** madurar, perfeccionar. **6** prnl. acontecer, ocurrir, transcurrir, suceder. **7** {sociedad} progresar, evolucionar, florecer, crecer, prosperar. ANT. retrasar, empobrecer. **8** nacer, germinar, brotar, crecer.

desarrollo m. ECON. evolución económica, crecimiento, progreso, auge, prosperidad. ANT. atraso, empobrecimiento. **2** aumento, incremento, adelanto, amplitud, expansión. ANT. reducción. **3** robustecimiento, fortalecimiento, vigorización. **4** perfeccionamiento, progresión, proceso, maduración, desenvolvimiento. ANT. estancamiento. **5** explicación, exposición, esclarecimiento, análisis, comentario.

desarropar tr. prnl. destapar, desabrigar, descubrir. ANT. arropar, cubrir.

desarrugar tr. prnl. planchar, alisar, estirar. ANT. arrugar.

desarticulado, -da adj. {escritura, forma literaria, uso de la lengua} inconexo, desordenado, desorganizado. ANT. articulado, ordenado.

desarticular tr. prnl. {huesos} separar, descoyuntar, dislocar, luxar. ANT. articular, encajar, unir. **2** {piezas de una máquina} desajustar, desencajar, desmontar, desacoplar, desarmar. ANT. ajustar, ensamblar, componer. **3** {en general} desorganizar, desordenar, desconcertar, descomponer. ANT. organizar, ordenar. **4** tr. {conspiración} eliminar, desmontar, desorganizar. **5** {pandilla} desmantelar, reducir, desmembrar, desarmar.

desaseado, -da adj. sucio, cerdo, cochino, mugriento, puerco, asqueroso. ANT. limpio, aseado. **2** descuidado, abandonado, desidioso, dejado, desaliñado. ANT. pulcro, cuidadoso, arreglado. **3** andrajoso, harapiento, roto.

desaseo m. suciedad, mugre. ANT. limpieza. **2** abandono, descuido, desidia. ANT. cuidado.

desasimiento m. aflojamiento, liberación. ANT. asimiento. **2** abnegación, desapego, generosidad, desprendimiento, desinterés. ANT. egoísmo, apego.

desasimilación f. BIOL. catabolismo.

desasir tr. prnl. soltar, desatarse, separarse, librarse, zafarse, desabrochar, desligar, desenganchar. ANT. sujetarse, atar. **2** prnl. desapropiarse, desinteresarse. ANT. apropiarse.

desasistir tr. desamparar, abandonar, descuidar, desatender, dejar, desdeñar, relegar, desacompañar. ANT. asistir, amparar, cuidar.

desasosegar tr. prnl. intranquilizar, agitar, inquietar, impacientar, preocupar, angustiar, desazonar, trastornar. ANT. tranquilizar, calmar.

desasosiego m. intranquilidad, preocupación, ansiedad, agitación, inquietud, zozobra, angustia, desazón. ANT. tranquilidad, calma, sosiego.

desastrado, -da adj. catastrófico, calamitoso, infeliz, desastroso, desgraciado, infausto, desafortunado. ANT. afortunado, venturoso. **2** adj. s. {persona} andrajoso, harapiento, desharrapado, roto, sucio, desaseado. ANT. limpio.

desastre m. desgracia, tragedia, calamidad, hecatombe, catástrofe, ruina, siniestro, daño, cataclismo, destrucción, destrozo. ANT. ventura. **2** fig. chapucería, birria.

desastroso, -sa adj. infeliz, infausto, infortunado, lamentable, funesto, desastrado, desafortunado, trágico, calamitoso. ANT. afortunado. **2** malo, negativo. ANT. favorable.

desatado, -da adj. desenfrenado, desmandado, desquiciado, desbocado, desaforado. ANT. moderado, contenido. **2** suelto, libre, desamarrado. ANT. anudado, atado.

desatar tr. prnl. desenlazar, soltar, aflojar, desanudar, desligar, desunir, deshacer. ANT. atar, amarrar. **2** tr. derretir, deshelar. **3** {asunto} aclarar, resolver. ANT. embrollar. **4** prnl. desencadenarse, sobrevenir, estallar. ANT. contenerse. **5** hablar en exceso. **6** desordenarse, desorganizarse. **7** exaltarse, desenfrenarse. ANT. moderarse.

desatascar tr. prnl. ayudar, sacar de apuros, sacar del atolladero. **2** tr. {conducto} limpiar, desobstruir, destapar, desatrancar. ANT. atascar, obstruir.

desatención f. distracción, desaplicación, inatención, descuido, falta de atención, olvido, negligencia, desdén. ANT. atención, interés. **2** descortesía, irrespeto, desaire, desprecio, grosería, descomedimiento. ANT. cortesía, consideración, educación.

desatender tr. distraerse, descuidar, olvidar. ANT. atender. **2** desobedecer, desoír, desentenderse, desestimar, desairar, no hacer caso. ANT. obedecer, escuchar. **3** descuidar, despreciar, relegar, abandonar, menospreciar, desdeñar, desasistir, desamparar. ANT. atender, cuidar.

desatendido, -da adj. abandonado, desamparado, desprotegido, dejado. ANT. amparado, protegido. **2** olvidado, arrinconado, postergado. ANT. recordado.

desatento, -ta adj. distraído, desconcentrado, descuidado, disperso. ANT. atento, concentrado. **2** adj. s. descortés, descomedido, grosero, irrespetuoso. ANT. cortés, amable.

desatinado, -da adj. desarreglado, desordenado, desconcertado, sin tino. ANT. arreglado, ordenado. **2** adj. s. descabellado, absurdo, disparatado, insensato, desacertado, extravagante, desquiciado. ANT. acertado, sensato, atinado.

desatino m. falta de tino, desacierto. ANT. tino. **2** disparate, despropósito, necedad, absurdo, error, extravagancia, tontería, locura, desvarío, barrabasada, insensatez. ANT. sensatez, prudencia.

desatollar tr. prnl. desatascar, sacar del atolladero.

desatorar tr. limpiar, quitar escombros. **2** Amer. desobstruir, desatascar. ANT. atascar. **3** NÁUT. desarrumar.

desatornillador m. Amer. destornillador.

desatornillar tr. desenroscar, destornillar, sacar un tornillo. ANT. atornillar, enroscar.

desatrancar tr. {conducto, caño} desatascar, desobstruir, destapar. ANT. obstruir. **2** {puerta} quitar la tranca, abrir.

desaturdir tr. prnl. despejarse, despabilarse, espabilarse. ANT. aturdir.

desautorizado, -da adj. prohibido, denegado, vedado, negado. ANT. autorizado, permitido.

desautorizar tr. prnl. inhabilitar, incapacitar, prohibir, negar. ANT. autorizar, permitir. **2** desaprobar, descalificar. ANT. aprobar, convalidar. **3** desprestigiar, desacreditar. ANT. reconocer, acreditar.

desavenencia f. discordia, discrepancia, disentimiento, oposición, diferencia, pugna, desunión, desacuerdo, antagonismo, disconformidad, contrariedad, disputa. ANT. avenencia, acuerdo.

desavenirse *prnl.* desconvenirse, desconcertarse, enemistarse, diferir, disentir, discrepar, discordar. ANT. avenirse.

desavisado, -da *adj. s.* inadvertido, desprevenido, ignorante. ANT. avisado.

desayuno *m.* alimento ligero, primer alimento. **2** reunión (para desayunar).

desazón *f.* malestar físico. **2** picazón, comezón, hormigueo, cosquilleo, molestia. **3** ansiedad, pesadumbre, zozobra, desasosiego, impaciencia, preocupación, incomodidad, inquietud, pesadumbre. ANT. tranquilidad, sosiego. **4** {alimento} insipidez, aspereza, desabrimiento. ANT. sazón, gusto. **5** descontento, disgusto, fastidio. ANT. contento.

desazonar *tr.* {alimento} quitar el sabor. **2** *tr. prnl.* enfadar, irritar, disgustar, molestar, enojar, fastidiar. ANT. complacer. **3** inquietar, angustiar, intranquilizar, impacientar, preocupar, desasosegar. ANT. tranquilizar. **4** *prnl.* {salud} indisponerse, descomponerse.

desbancar *tr.* usurpar, reemplazar, sustituir, suplantar.

desbandada *f.* dispersión, huida, escapada, fuga, abandono. **2** desorden, confusión.

desbandarse *prnl.* desparramarse, dispersarse, desperdigarse, escapar, huir en desorden. ANT. concentrarse. **2** apartarse, aislarse, separarse. **3** desertar. **4** *col. Arg.* descomedirse, propasarse, desmandarse. ANT. moderarse.

desbarajustar *tr.* alterar, desordenar, turbar, trastornar, desorganizar, descomponer.

desbarajuste *m.* desorden, caos, confusión, desorganización, alteración, desconcierto. ANT. orden. **2** pelea, tumulto, gresca, barullo, disputa, bronca.

desbaratado, -da *adj. s. col.* {persona} desordenado, disipado, disoluto, de mala vida. **2** {cosa} descompuesto, desarticulado, desmontado.

desbaratar *tr.* {cosa} deshacer, arruinar, estropear, desmontar, descomponer, desarmar, destruir, aniquilar, destrozar. ANT. componer. **2** {bienes} malgastar, disipar, derrochar, malbaratar, dilapidar, despilfarrar. ANT. conservar. **3** impedir, frustrar, estorbar, obstaculizar, dificultar, cortar. ANT. favorecer. **4** MIL. {al enemigo} desconcertar, confundir, desordenar. **5** *intr.* disparatar, delirar, desbarrar, desatinar, contradecirse. ANT. razonar. **6** *prnl.* descomponerse, alterarse, perder la serenidad. ANT. tranquilizarse.

desbarrancadero *m. Hond., Méx.* despeñadero, precipicio.

desbarrar *intr.* disparatar, desatinar, delirar, desacertar, errar, contradecirse, equivocarse. ANT. razonar. **2** escurrirse, deslizarse.

desbastar *tr.* afinar, cepillar, pulir, limar, suavizar, alisar, descortezar. **2** disminuir, gastar, debilitar. **3** *tr. prnl.* educar, instruir, refinar, perfeccionar.

desbloquear *tr.* liberar, levantar el bloqueo.

desbocado, -da *adj. s. col.* maldiciente, ofensivo, malhablado, deslenguado, lenguaraz. ANT. bienhablado, educado, mesurado. **2** *adj.* {instrumento} mellado, gastado.

desbocar *intr.* desembocar, desaguar, afluir. **2** *prnl.* {caballo} dispararse. **3** descomedirse, desmandarse, descontrolarse, descararse, desenfrenarse, perder el control. ANT. dominarse, controlarse. **4** crecer, aumentarse. **5** desvergonzarse, insultar. **6** *Nic.* precipitarse.

desbordamiento *m.* {río} crecida, inundación. **2** desenfreno, exceso, incontinencia.

desbordante *adj.* abundante, excesivo, exuberante, profuso, rebosante. ANT. escaso, reducido. **2** intenso, ilimitado, incontenible. ANT. limitado.

desbordar *tr. prnl.* {límite, frontera} rebasar, franquear. **2** *tr.* {asunto} sobrepasar, superar. **3** DEP. {jugador} adelantar, esquivar. **4** *intr. prnl.* derramarse, rebosar, inundar, salir de los bordes. **5** *prnl.* {pasión, vicio} desmandarse, exaltarse, enardecerse. ANT. contenerse.

desboronar *tr. prnl.* ANT. desmoronar.

desbravar *tr.* {ganado, animal} amansar, domesticar, domar. **2** *intr. prnl.* calmar, tranquilizar. ANT. enfurecer. **3** {cólera} desahogarse. **4** {licor} perder fuerza.

desbrozar *tr.* limpiar, despejar, allanar, desembarazar, desyerbar, desembrozar, quitar la broza. **2** {asunto, tema} aclarar, desbrozar.

descabalar *tr. prnl.* desigualar, desnivelar, desparejar, menguar, mutilar, quitar. **2** estropear, desorganizar.

descabalgar *intr.* {de un caballo} desmontar, apearse, descender, bajar. ANT. montar.

descabellado, -da *adj.* disparatado, absurdo, desatinado, alocado, desacertado, irracional, insensato. ANT. sensato, razonable.

descabellar *tr.* despeinar, desmelenar, desgreñar.

descabezar *tr.* decapitar, degollar, guillotinar, cortar la cabeza. **2** {árbol, planta} podar, despuntar. **3** *Amer.* destituir. **4** *prnl.* descalabazarse, pensar intensamente, reflexionar.

descachalandrado, -da *adj. Amer.* andrajoso, desaliñado, descompuesto.

descacharrar *tr. prnl. fig.* escacharrar, romper, estropear.

descaderar *tr. prnl.* derrengar, lisiar.

descaecer *intr.* decaer, debilitarse, ir a menos.

descafeinado, -da *adj.* desvirtuado, atenuado, desnaturalizado. **2** {café} sin cafeína.

descalabazarse *prnl. col.* descabezarse, pensar intensamente, reflexionar, cavilar, rumiar.

descalabrar *tr. prnl.* herir la cabeza, romper la crisma. **2** maltratar, herir, golpear, lastimar, lesionar. **3** perjudicar, dañar, arruinar, causar daño. ANT. beneficiar.

descalabro *m.* contratiempo, desdicha, perjuicio, desventura, quebranto, frustración, infortunio, desventura, pérdida, daño. ANT. ganancia, éxito, triunfo.

descalificación *f.* desautorización. **2** desprestigio.

descalificar *tr.* desautorizar, incapacitar, inhabilitar. ANT. autorizar, capacitar. **2** desacreditar, desconceptuar. ANT. acreditar. **3** {jugador, equipo} eliminar, sancionar.

descalzar *tr.* socavar, minar. **2** *tr. prnl.* despojarse.

descalzo, -za *adj.* sin zapatos. **2** *fig.* mísero, pobre, indigente, necesitado, despojado.

descamación *f.* exfoliación, renovación (de la epidermis).

descamar *tr.* {peces} escamar, quitar las escamas. **2** *prnl.* {piel} caerse.

descambiar *tr.* destrocar, deshacer un cambio. **2** *col.* {compra} devolver. **3** *Amer.* {billete} cambiar.

descaminado, -da *adj.* desencaminado, descarriado, perdido, extraviado, desorientado, despistado, desviado, mal orientado. ANT. encaminado, orientado. **2** desacertado, erróneo, desatinado, equivocado, confundido. ANT. acertado, atinado.

descaminar *tr. prnl.* {del camino} apartar, desviar. ANT. encaminar. **2** descarriar, extraviar, despistar, desorientar. ANT. orientar.

descamisado, -da *adj. col.* sin camisa. **2** *adj. s. desp.* harapiento, desharrapado, pobre.

descampado, -da *adj. s.* {terreno} descubierto, despejado, abierto, libre, llano, raso.

descampar *tr.* escampar, cesar de llover. **2** *intr.* {operación, empeño} suspender. **3** *Col., Ven.* guarecerse. **4** *tr.* {sitio} despejar, desembarazar.

descangallar *tr. prnl.* (*tb.* **descangayar**) descoyuntar, desmadejar.

descansado, -da *adj.* sosegado, tranquilo, desahogado, reposado. ANT. fatigado, abrumado.

descansar *tr.* {en un trabajo} aliviar, ayudar. **2** *intr.* {un trabajo} cesar, suspender, parar, detener. ANT. continuar. **3** {de una preocupación} aliviarse, calmarse, desahogarse, sosegarse, consolarse. ANT. angustiarse. **4** reposar, dormir, reponerse. **5** {cosa} apoyarse, reposar, gravitar, recargarse. **6** {persona} confiar. **7** *fig.* reposar, yacer, morir.

descansillo *m.* {de una escalera} descanso, rellano, meseta.

descanso *m.* {en el trabajo} pausa, reposo, respiro, quietud, inactividad, recreo, asueto; vacación. **2** alto, parada, detención. **3** desahogo, sosiego, alivio. ANT. angustia, desasosiego. **4** {de una escalera} descansillo, rellano, meseta. **5** asiento, sostén, apoyo. **6** {espectáculo, sesión} intermedio, intervalo.

descarado, -da *adj.* s. desvergonzado, desfachatado, insolente, descomedido, grosero, atrevido, irrespetuoso, cínico, desconsiderado, impertinente. ANT. cortés, comedido.

descararse *prnl.* propasarse, desmandarse, desbocarse, insolentarse, desvergonzarse.

descarga *f.* desembarque, descargue, extracción. ANT. carga. **2** disparos, fuego, salva, ametrallamiento, andanada, cañonazos. **3** rayo, relámpago, centella, chispa, chispazo. **4** ARQ. {construcción} aligeramiento. **5** *fig.* alivio, desembarazo, descargo. **6** ELECTR. {de una carga eléctrica} pérdida. **7** FIS. {energía} liberación. **8** *Cuba* represión. **9** *Ven.* asunto fastidioso.

descargadero *m.* atracadero, plataforma, muelle.

descargador *m.* estibador, cargador.

descargar *tr. prnl.* quitar, aliviar (la carga). **2** *tr.* {arma} disparar, asestar, hacer fuego, tirar, ametrallar. **3** {arma} extraer la carga. **4** desembarcar, sacar, aligerar. ANT. cargar. **5** *tr. intr.* {golpe} asestar, propinar, dar, atizar. **6** *tr.* desfogar, desahogar, aliviar, liberar. ANT. contener. **7** {de un cargo u obligación} exonerar, dispensar, liberar, relevar. **8** *intr.* {río} desembocar, desaguar, afluir. **9** {nube} deshacerse. **10** *prnl.* {empleo, puesto} dejar, abandonar. **11** {persona} eximirse, encargar, delegar.

descargo *m.* {cuentas} salida, haber, data. ANT. entrada, cargo. **2** excusa, justificación, disculpa, defensa, pretexto, respuesta; satisfacción. ANT. acusación.

descarnado, -da *adj.* {asunto, expresión} crudo, desgarrador, realista, cruel, impactante, brutal, desagradable. ANT. atenuado, suave. **2** enflaquecido, flaco, delgado, escuálido, enjuto, seco, demacrado, huesudo, esquelético. ANT. robusto, rollizo.

descaro *m.* insolencia, descortesía, desvergüenza, desfachatez, avilantez, atrevimiento, descompostura, desparpajo. ANT. moderación, prudencia.

descarriar *tr.* desencaminar, descaminar, desviar, apartar. ANT. encaminar, orientar. **2** *prnl.* {persona} separarse, apartarse; extraviarse. **3** pervertirse, depravarse, malearse, enviciarse, malograrse, perderse. ANT. encarrilarse, corregirse.

descarrilamiento *m.* descarriladura, percance, accidente, choque. **2** *fig.* descarrío, desviación.

descarrío *m.* desorientación, extravío, desvío. ANT. orientación. **2** error, engaño, equivocación. ANT. acierto.

descartar *tr.* {persona, cosa} excluir, apartar. ANT. admitir. **2** prescindir, desechar. ANT. incluir. **3** rechazar,

suprimir, eliminar, quitar, dejar a un lado, no admitir. ANT. aceptar.

descasar *tr. prnl.* separar, apartar, desparejar. ANT. unir, casar. **2** descomponer, desarticular, desajustar, desordenar, alterar. ANT. articular, ajustar, ordenar. **3** *tr.* {matrimonio} anular.

descascarar *tr.* descortezar, descascarillar, mondar, pelar.

descascarillar *tr. prnl. ver* **descascarar**.

descastado, -da *adj.* s. ingrato, renegado, desagradecido. ANT. fiel, agradecido. **2** *desp.* desapegado, desvinculado, indiferente. ANT. apegado.

descendencia *f.* sucesores, sucesión, progenie, prole. ANT. ascendencia, antecesores. **2** linaje, estirpe, casta.

descendente *adj.* inclinado, escarpado. **2** decadente, empobrecido, ruinoso.

descender *tr. intr.* bajar. ANT. subir. **2** desmontar, apearse, descabalgar. ANT. montar. **3** *intr.* {líquido} caer, correr, resbalar, fluir, deslizarse, precipitarse. ANT. ascender. **4** proceder, originarse, seguirse, provenir, derivarse. **5** {persona, cosa} desmejorar, menguar, rebajarse, debilitarse, disminuir, degradarse, caer, decrecer. ANT. crecer, mejorar.

descendiente *com.* sucesor, hijo, vástago, heredero, pariente, familiar. ANT. antepasado, ascendiente.

descenso *m.* bajada, descendimiento, deslizamiento. ANT. ascenso, subida. **2** decadencia, ocaso, disminución, debilitamiento, caída, declive, declinación. ANT. apogeo, auge.

descentrado, -da *adj.* s. desarraigado, excéntrico, desplazado, desorientado. ANT. centrado. **2** desequilibrado, inadaptado, trastornado, desquiciado, desubicado. ANT. equilibrado. **3** irregular, desnivelado, desviado.

descentralizar *tr.* {gobierno, Estado} desconcentrar, transferir, descongestionar. ANT. centralizar.

desceñir *tr. prnl.* desatar, soltar, aflojar. ANT. ceñir, atar.

descerrajar *tr.* {cerradura de puerta} violentar, arrancar. **2** *col.* {arma} disparar.

deschapar *tr. Amér. Sur* descerrajar.

deschavetado, -da *adj. Amer.* chiflado, loco.

descifrable *adj.* comprensible, inteligible, legible. ANT. incomprensible, indescifrable.

descifrar *tr.* interpretar, explicar, transcribir, leer. **2** desentrañar, aclarar, dilucidar, averiguar, penetrar, comprender, entender, adivinar. ANT. desconocer, ignorar.

desclasificar *tr.* {secreto, información confidencial} difundir, hacer público.

desclavar *tr.* {clavo} arrancar, quitar, desprender, extraer, desenclavar. **2** {piedra preciosa} desengastar.

descocado, -da *adj.* s. *col.* descarado, desfachatado, fresco, atrevido, desvergonzado, insolente, impúdico. ANT. moderado, recatado.

descolgar *tr.* bajar, dejar caer. **2** {adornos} quitar. ANT. colgar. **3** *prnl.* echarse, escurrirse. **4** {de un ambiente o ideología} apartarse, marginarse. **5** {persona} aparecer inesperadamente, presentarse, llegar. **6** *prnl. tr.* DEP. {competidor} quedarse atrás.

descollante *adj.* sobresaliente, aventajado, destacado, óptimo, excelente. ANT. mediocre.

descollar *intr. prnl.* sobresalir, distinguirse, resaltar, dominar.

descolocado, -da *adj.* desempleado, desocupado, parado. *ANT.* empleado, ocupado. **2** desconcertado, turbado, confundido.

descolorar *tr. prnl.* decolorar, desteñir. *ANT.* colorear, teñir.

descolorido, -da *adj.* pálido, apagado, desvaído, tenue, mortecino, blanquecino, desteñido, incoloro. *ANT.* colorido.

descomedido, -da *adj. s.* descortés, grosero, desatento, descarado, desconsiderado, incorrecto. **2** *adj.* desproporcionado, exagerado, excesivo, desmedido. *ANT.* moderado.

descomedirse *prnl.* propasarse, desbocarse, desmesurarse, desaforarse, insolentarse.

descompaginar *tr.* descomponer, desordenar, desorganizar, desbaratar. *ANT.* compaginar.

descompasado, -da *adj.* excesivo, desproporcionado, exagerado, desmedido. *ANT.* proporcionado. **2** desigual, arrítmico. *ANT.* rítmico.

descomponer *tr. prnl.* desordenar, desbaratar, desorganizar, desarreglar. *ANT.* ordenar. **2** *tr.* {una parte} separar, aislar, disociar, disgregar. *ANT.* unir. **3** indisponer. **4** *tr. prnl.* deteriorar, averiar, dañar, arruinar, estropear, destruir, desarticular, romper. *ANT.* componer, arreglar. **5** {organismo} corromperse, pudrirse. **6** *prnl.* {cuerpo} indisponerse, desazonarse, enfermar. *ANT.* sanar. **7** alterarse, exaltarse, desquiciarse, irritarse, alborotarse, insolentarse, perder la serenidad. *ANT.* calmarse, serenarse. **8** {rostro} demudarse, alterarse.

descomposición *f.* análisis, distinción, abstracción, separación. **2** pudrimiento, putrefacción, podredumbre. *ANT.* conservación. **3** desorden, desorganización. *ANT.* orden. **4** avería, rotura, daño, desarreglo. *ANT.* reparación. **5** *col.* diarrea.

descompostura *f.* descomposición. **2** insolencia, desfachatez, atrevimiento, descaro, desvergüenza. *ANT.* cortesía. **3** indisposición, afección, malestar. **4** avería, daño, rotura. *ANT.* reparación. **5** desaseo, desaliño. *ANT.* aseo, pulcritud.

descomprimir *tr.* {compresión} aminorar, disminuir, anular.

descompuesto, -ta *adj.* descortés, atrevido, descarado, grosero, insolente. *ANT.* cortés. **2** podrido, pútrido, putrefacto, corrompido. **3** averiado, dañado, estropeado, deteriorado. *ANT.* reparado. **4** descuidado, desaliñado. *ANT.* pulcro. **5** enfermo, indispuesto. *ANT.* curado. **6** *Amér. Cent., P. Rico* borracho. **7** *Chile* alterado, de mal ánimo.

descomunal *adj.* desmesurado, monstruoso, exorbitante, gigantesco, desmedido, colosal, extraordinario, enorme. *ANT.* diminuto, minúsculo.

desconcentrar *tr.* descentrar, distraer.

desconceptuar *tr. prnl.* desacreditar, desprestigiar.

desconcertante *adj.* sorprendente, inaudito, extraordinario, raro, singular.

desconcertar *tr. prnl.* desordenar, trastocar, desorganizar, desbarajustar. *ANT.* ordenar, organizar. **2** {huesos} dislocar, descoyuntar. **3** *tr.* sorprender, aturdir, pasmar, confundir, alterar, desorientar, perturbar, despistar. **4** *prnl.* desavenirse. *ANT.* avenirse. **5** ofuscarse, azorarse, turbarse, conturbarse, aturdirse. *ANT.* tranquilizarse.

desconcierto *m.* {cuerpo, máquina} descomposición, desarreglo, desajuste. **2** desorientación, turbación, perplejidad. *ANT.* tranquilidad. **3** desorden, caos, confusión. *ANT.* orden. **4** enemistad, discordia, desavenencia. **5** desmesura; alteración. **6** desgobierno.

desconectar *tr.* {conexión, comunicación} suprimir, detener, interrumpir, suspender, cortar, desactivar, desenchufar. *ANT.* conectar. **2** *intr.* aislar, desvincular, separar, distanciar, desunir. *ANT.* relacionar, unir.

desconfiado, -da *adj. s.* temeroso, escéptico, suspicaz, receloso, incrédulo, reservado, dudoso, malicioso. *ANT.* confiado.

desconfianza *f.* prevención, cautela, aprensión, recelo, malicia, temor, resquemor. **2** escepticismo, duda, incredulidad, reserva. *ANT.* confianza, fe. **3** suspicacia, sospecha. *ANT.* seguridad.

desconfiar *intr.* sospechar, recelar, maliciar, presentir. *ANT.* confiar. **2** dudar, vacilar. *ANT.* creer. **3** *prnl.* precaverse.

descongestionar *tr. prnl.* desahogar, desatascar, desconcentrar. *ANT.* congestionar. **2** aliviar, aligerar.

desconocer *tr.* olvidar. *ANT.* recordar. **2** ignorar, no conocer. *ANT.* saber, conocer. **3** desentenderse, rechazar, repudiar, despreciar. *ANT.* interesarse, apreciar. **4** negar.

desconocido, -da *adj. s.* desagradecido, ingrato. *ANT.* agradecido, fiel. **2** {autor} ignorado, anónimo, incógnito. *ANT.* conocido, reconocido. **3** secreto, oculto, ignoto, inexplorado, impenetrable, misterioso. *ANT.* divulgado. **4** extraño, extranjero, forastero, advenedizo, intruso. **5** *adj.* irreconocible, muy cambiado.

desconocimiento *m.* ignorancia, incomprensión, inadvertencia, inconsciencia, inexperiencia. *ANT.* conocimiento. **2** ingratitud, desagradecimiento, olvido. *ANT.* gratitud, reconocimiento, agradecimiento.

desconsideración *f.* descortesía, descomedimiento. *ANT.* consideración, cortesía. **2** insolencia, grosería, descaro, arbitrariedad, abuso. *ANT.* respeto.

desconsolado, -da *adj.* afligido, melancólico, compungido, atribulado, angustiado. *ANT.* alegre, contento.

desconsolar *tr. prnl.* apenar, apesadumbrar, atribular, afligir, entristecer. *ANT.* alegrar.

descontado (por) *loc.* desde luego, por supuesto, sin duda, indudablemente, evidentemente, obviamente.

descontar *tr.* rebajar, sustraer, deducir, disminuir, restar, quitar. *ANT.* sumar, añadir. **2** presuponer, dar por cierto. **3** *COM.* abonar.

descontentar *tr. prnl.* desagradar, disgustar, fastidiar. *ANT.* agradar.

descontento, -ta *adj. s.* insatisfecho, dolido, disgustado, quejoso, enfadado. *ANT.* satisfecho, contento. **2** *m.* desagrado, enfado, irritación, molestia, enojo, disgusto. *ANT.* agrado, satisfacción, conformidad.

descontrol *m.* indisciplina, desorden, caos, falta de control. *ANT.* control, disciplina.

desconvenir *intr. prnl.* {personas} disentir, desavenirse, no convenir. *ANT.* convenir. **2** {cosas} discordar, no concordar. *ANT.* concordar. **3** {objetos} diferir.

desconvocar *tr.* {convocatoria} anular.

descorazonar *tr. prnl.* desanimar, desmotivar, desesperanzar, acobardar, amedrentar, desalentar, desmotivar, atemorizar, amilanar, desmoralizar, arredrar. *ANT.* animar, alentar. **2** quitar, arrancar (el corazón).

descorchador *m.* abrebotellas, sacacorchos, tirabuzón.

descorchar *tr.* {botella} destapar, abrir, sacar el corcho.

descorrer *tr.* {cortina} plegar, doblar, encoger, enrollar, reunir. *ANT.* extender, desplegar. **2** {persona} volver a correr. **3** *intr. prnl.* {líquido} escurrir, correr.

descortés *adj. com.* desconsiderado, descomedido, maleducado, brusco, incorrecto, ordinario, grosero, desatento, vulgar. *ANT.* educado, cortés, atento.

descortesía *f.* desconsideración, indelicadeza, grosería, desatención, rudeza, incorrección, ordinariez, brusquedad. ANT. cortesía, consideración, educación.

descortezar *tr. prnl.* {árbol, pan} pelar, descascarar, mondar. **2** *fig.* {persona} educar, refinar, pulir, desbastar.

descoser *tr. prnl.* {puntadas} deshacer, soltar, deshilvanar, desunir. ANT. coser. **2** *prnl. p. us.* revelar, descubrir. ANT. reservarse.

descostillar *tr.* golpear (en las costillas). **2** *prnl.* caerse violentamente.

descoyuntar *tr. prnl.* {huesos} desencajar, dislocar, desarticular. ANT. encajar. **2** {cosa} descomponer, desajustar, dañar, averiar. ANT. ajustar.

descrédito *m.* desprestigio, deshonra, deshonor, demérito, baldón, ignominia, mancilla. ANT. honra, crédito.

descreído, -da *adj.* escéptico, incrédulo, falto de fe, irreligioso. ANT. creyente. **2** sin creencia.

describir *tr.* {con trazos} delinear, representar, trazar, dibujar, figurar, pintar. **2** {con palabras} referir, especificar, contar, narrar, representar, explicar, detallar, reseñar. **3** bosquejar. **4** {planeta} orbitar, moverse, seguir una trayectoria.

descripción *f.* exposición, explicación, especificación, retrato, detalle, presentación, definición. **2** DER. inventario, relación, asiento de bienes.

descriptivo, -va *adj.* narrativo, representativo, expresivo, claro, gráfico. ANT. confuso.

descrismar *tr.* descalabrar, romper la crisma. **2** *prnl. col.* descalabazarse, rumiar, pensar, calentarse la cabeza. **3** *col.* enfadarse, perder la paciencia.

descuadernar *tr. prnl.* desencuadernar. **2** desbaratar, descomponer.

descuajar *tr. prnl.* licuar. **2** *tr.* AGR. {planta} arrancar.

descuajaringar *tr. prnl.* desvencijar, desunir, estropear. ANT. componer. **2** *col.* {partes del cuerpo} relajarse.

descuartizar *tr.* despedazar, trocear, seccionar, dividir. **2** desmembrar, amputar, mutilar.

descubiertamente *adv.* abiertamente, claramente, sin rodeos.

descubierto, -ta *adj.* {persona} destocado. **2** expuesto. **3** {lugar, paisaje} despejado, espacioso. **4** *m.* déficit, adeudo, deuda, débito. **5** impago.

descubridor, -ra *s.* inventor, creador, innovador, investigador. **2** explorador, batidor del campo. **3** pionero, adelantado, expedicionario.

descubrimiento *m.* hallazgo, invención, revelación, encuentro, investigación. **2** creación, invención. **3** exploración.

descubrir *tr.* manifestar, expresar, hacer patente. **2** destapar, mostrar, exhibir. ANT. tapar, ocultar. **3** hallar, encontrar, localizar. **4** inventar, revelar. **5** percibir, ver, divisar, registrar, alanzar a ver. **6** conocer, saber. ANT. ignorar. **7** denunciar, revelar, delatar, confesar. ANT. encubrir. **8** pregonar, publicar. **9** desenmascarar, sorprender, pillar. **10** explorar, reconocer. **11** *prnl.* desnudarse, desvestirse, destaparse. ANT. cubrirse, taparse.

descuento *m.* rebaja, deducción, disminución, reducción. ANT. aumento, incremento.

descuerar *tr.* despellejar, desollar. **2** *fig.* desacreditar, criticar, denigrar.

descuidado, -da *adj. s.* abandonado, desvalido, desatendido, desamparado. ANT. amparado, protegido. **2** dejado, desaliñado, desaseado, desastrado. ANT. pulcro, aseado. **3** negligente, desidioso, perezoso. ANT. cuidadoso. **4** desprevenido, desapercibido.

descuidar *tr.* abandonar, dejar, desatender, relegar. ANT. atender. **2** *prnl.* distraerse, olvidarse, despistarse.

ANT. recordar. **3** despreocuparse, desentenderse. ANT. preocuparse.

descuidero, -ra *adj. s.* ratero, ladrón, carterista. **2** *Arg., Uru.* descuidista.

descuido *m.* negligencia, omisión, ligereza, imprevisión. ANT. cuidado, diligencia. **2** olvido, desprevención, inadvertencia, distracción. ANT. esmero. **3** desatención. ANT. atención. **4** desgana, apatía, desidia, pereza, abulia, flojedad. ANT. diligencia, actividad. **5** desacierto, falta, indiscreción, error, desliz, flaqueza. **6** desaseo, dejadez, abandono, desaliño. ANT. aseo, pulcritud.

descular *tr.* {vasija, caja} desfondar. **2** *col. Arg.* averiguar.

desde *prep.* después de. **2** *conj.* a partir de.

desdecir *tr.* ANT. desmentir, negar. ANT. corroborar. **2** *intr.* {persona, cosa} degenerar, decaer, desmerecer, venir a menos. **3** desentonar, deslucir, no convenir. ANT. armonizar. **4** *prnl.* retractarse, enmendar, rectificar, recular, corregirse, echarse para atrás. ANT. ratificar.

desdén *m.* indiferencia, desconsideración, desinterés, desestimación, displicencia, despego, menosprecio, esquivez, desprecio, desaire. ANT. aprecio, estimación, interés.

desdeñable *adj.* despreciable, menospreciable, miserable, mezquino. ANT. respetable. **2** insignificante, indigno, anodino, baladí. ANT. apreciable.

desdeñar *tr.* despreciar, rechazar, desairar, desestimar, desechar, menospreciar, repeler, desatender. ANT. apreciar, estimar.

desdibujado, -da *adj.* indefinido, confuso, impreciso, borroso, velado. ANT. claro, definido. **2** defectuoso, mal hecho.

desdicha *f.* desgracia, infortunio, infelicidad, fatalidad, adversidad, desventura. ANT. ventura. **2** miseria, pobreza, necesidad, desamparo. ANT. fortuna.

desdoblar *tr. prnl.* desplegar, extender, desenvolver, desenrollar. ANT. doblar, plegar. **2** desglosar, fragmentar, separar. ANT. unir.

desdorar *tr. prnl.* mancillar, deshonrar, deslustrar, deslucir.

desdoro *m.* descrédito, afrenta, deshonra, desprestigio, deshonor, mancilla, menoscabo, estigma, demérito, mancha. ANT. prestigio, honra.

deseable *adj.* codiciable, tentador, apetecible, atractivo.

deseado, -da *adj.* apetecido, querido, codiciado, ansiado, anhelado, ambicionado.

desear *tr.* ansiar, anhelar, querer, ambicionar, apetecer, codiciar, pretender, aspirar, antojarse. ANT. rechazar, rehusar.

desecador, -ra *adj.* desecante, deshidratador.

desecar *tr. prnl.* secar, deshidratar, deshumedecer. ANT. hidratar, humedecer. **2** agostar, marchitar. ANT. florecer.

desechar *tr.* reprobar, excluir, descartar. ANT. incluir, aceptar. **2** despreciar, desestimar, desdeñar, menospreciar. ANT. considerar, apreciar. **3** arrojar, expeler. ANT. guardar. **4** {temor, sospecha} apartar, alejar, deponer. **5** {prenda} dejar, descartar, botar, tirar. ANT. conservar. **6** renunciar. ANT. aceptar.

desecho *m.* residuo. **2** basura, desperdicio, detrito. **3** vilipendio, desprecio. **4** *Amer.* atajo. **5** *pl.* sobras, basuras, restos. **6** excrementos, heces, mierda.

desembalar *tr.* desempaquetar, deshacer fardos.

desembarazado, -da *adj.* despejado, abierto, expedito, libre, exento, descubierto, desocupado. **2** diestro, ágil, hábil, desenvuelto, desenfadado. ANT. torpe.

desembarazar *tr. prnl.* {impedimento} quitar, apartar, librarse, prescindir, sacudirse, soltarse, zafarse. **2** evacuar, desalojar, desocupar, despejar, allanar, franquear. ANT. ocupar.

desembarazo *m.* desenfado, desenvoltura, soltura, desparpajo, agilidad, confianza, aplomo. ANT. embarazo. **2** espacio, holgura, desahogo, libertad, amplitud.

desembarcadero *m.* puerto, fondeadero, muelle, atracadero.

desembarcar *tr.* {barco} descargar. ANT. cargar. **2** *intr.* {pasajeros} bajar, descender. ANT. embarcar. **3** {territorio} ocupar, invadir.

desembarrancar *tr. intr.* {barco} desencallar.

desembocadura *f.* {río} salida, boca, estuario, delta. ANT. origen.

desembocar *intr.* {río} desaguar, confluir, afluir, verter, salir. ANT. originarse. **2** *fig.* concluir, llegar a, terminar en. ANT. comenzar.

desembolsar *tr.* pagar, gastar, expender. ANT. embolsar.

desembolso *m.* pago, entrega, erogación. ANT. cobro. **2** gasto, coste. ANT. ahorro.

desembotar *tr. prnl.* despabilarse, despejarse. ANT. embotarse.

desembravecer *tr.* desbravar, amansar, domesticar.

desembrollar *tr.* desenredar, dilucidar, aclarar, esclarecer, desenmarañar, explicar. ANT. embrollar, enredar.

desembuchar *tr.* {ave} expeler, desbuchar. **2** *fig.* confesar, declarar, cantar.

desemejante *adj.* diferente, distinto, disímil, desigual, dispar. ANT. similar, semejante.

desemejanza *f.* diferencia, diversidad, disparidad, disimilitud. ANT. similitud, semejanza.

desempacar *tr.* desenvolver, abrir, destapar, desempaquetar, desembalar. ANT. empacar. **2** *Amer.* {maleta} deshacer.

desempacho *m.* desenfado, desahogo, desembarazo, desenvoltura, soltura. ANT. embarazo.

desempaquetar *tr.* desenvolver, desempacar, abrir. ANT. empaquetar.

desemparejar *tr. prnl.* desigualar, desempatar. ANT. emparejar.

desempeñar *tr. prnl.* {deuda} liberar, redimir. **2** *tr.* desembargar, rescatar, recuperar. **3** ejercer, cumplir, realizar, practicar, hacer, ejercitar. **4** {papel} representar, interpretar. **5** *Amer.* trabajar, actuar.

desempleado, -da *adj. s.* desocupado, cesante, parado. ANT. empleado.

desempleo *m.* desocupación, paro. ANT. empleo.

desempolvar *tr. prnl.* limpiar, sacudir. **2** *tr.* recordar, rememorar.

desencadenar *tr.* liberar, soltar, librar, desamarrar. ANT. encadenar, atar. **2** {vínculos} romper, desunir. **3** *tr. prnl.* {fuerzas naturales} desatarse, estallar, producirse, comenzar. ANT. serenarse. **4** {pasiones} dar salida, desenfrenarse, desmandarse. ANT. refrenarse.

desencajar *tr.* {en general} desunir, desajustar, desmontar, desacoplar. ANT. encajar, acoplar. **2** *tr. prnl.* {articulaciones, huesos} dislocar, luxar, descoyuntar,

desarticular. **3** *prnl.* {semblante} desfigurarse, descomponerse, alterarse.

desencaminar *tr.* descaminar, descarriar, desviar. ANT. encaminar.

desencantar *tr. prnl.* decepcionar, desilusionar, desengañar, frustrar. ANT. ilusionar.

desencapotar *tr. col.* descubrir, revelar, manifestar. ANT. ocultar. **2** *prnl.* {cielo, horizonte} despejarse, serenarse, abonanzar, aclararse. ANT. encapotarse, nublarse, aborrascarse. **3** {persona} desenojarse, calmarse, apaciguarse, aplacarse. ANT. enojarse.

desencarcelar *tr.* excarcelar, liberar, libertar, poner en libertad. ANT. encarcelar.

desenchufar *tr.* desconectar, desactivar, desacoplar, interrumpir, separar. ANT. enchufar.

desenclavar *tr.* desclavar. **2** quitar, desprender. **3** {piedra preciosa} desengastar.

desencoger *tr. prnl.* extender, dilatar, estirar. **2** *prnl.* esparcirse.

desencolerizar *tr. prnl.* desenfadar, desenojar, calmar, sosegar, ablandar. ANT. encolerizar.

desenconar *tr.* {apasionamiento} mitigar, templar. **2** *tr. prnl.* {ánimo} desahogar. **3** {encono, enojo} moderar, calmar. **4** *prnl.* {cosa} suavizarse.

desenfadado, -da *adj.* desembarazado, libre. **2** airoso, alegre, desenvuelto. **3** {lugar} ancho, espacioso, capaz.

desenfadar *tr. prnl.* desenojar, desencolerizar, calmar, sosegar, ablandar. ANT. enfadar.

desenfado *m.* desembarazo, desenvoltura, desparpajo, desempacho, soltura, libertad. ANT. timidez. **2** diversión, esparcimiento, desahogo.

desenfardar *tr.* desempacar, desatar fardos.

desenfrenado, -da *adj. s.* inmoderado, desmedido, desaforado, descarriado, atropellado, violento. ANT. moderado.

desenfrenar *tr.* {caballo} quitar el freno, desfrenar. ANT. frenar, refrenar. **2** *prnl.* desmandarse, enviciarse, desquiciarse. ANT. regenerarse, enmendarse. **3** {fuerza} desencadenarse, estallar, desatarse.

desenfreno *m.* exceso, descarrío, abuso, demasía, libertinaje, intemperancia, envilecimiento, incontinencia. ANT. moderación, templanza.

desenfundar *tr.* {arma} desenvainar, sacar. ANT. enfundar, envainar. **2** destapar, descubrir. ANT. cubrir.

desenfurruñar *tr. prnl.* desenfadar, desenojar.

desenganchar *tr. prnl.* soltar, desprender, desasir, separar, desligar. ANT. enganchar. **2** *prnl.* desentenderse, librarse.

desengañado, -da *adj.* desilusionado, decepcionado, sin esperanzas. **2** experimentado.

desengañar *tr. prnl.* revelar, decir, abrir los ojos, hacer ver. **2** *tr.* desilusionar, desesperanzar, decepcionar, desencantar, desanimar. ANT. ilusionar.

desengaño *m.* reconocimiento, conocimiento. ANT. engaño. **2** desilusión, decepción, desencanto, disgusto, pena, aflicción. ANT. ilusión.

desengarzar *tr. prnl.* desprender.

desengrasar *tr.* desgrasar, quitar la grasa. **2** *intr. col.* enflaquecer, adelgazar. ANT. engordar.

desengrosar *intr.* enflaquecer, adelgazar. ANT. engordar.

desenlace *m.* conclusión, fin, final, resultado, remate, culminación, terminación. ANT. inicio, comienzo. **2** desenredo, solución.

desenlazar *tr. prnl.* {lazos} desatar, desanudar, soltar, desasir. **2** *tr.* {dificultad} resolver, solucionar, desenredar, dar solución.

desenmarañar *tr.* {enredo, maraña} desenredar, deshacer. ANT. enredar. **2** {confusión} despejar, esclarecer, dilucidar, aclarar, poner en claro.

desenmascarar *tr.* descubrir, destapar, desvelar, mostrar, revelar, exponer, quitar la máscara. *ANT.* enmascarar, encubrir.

desenojar *tr. prnl.* aplacar, sosegar, calmar, tranquilizar. *ANT.* enojar, enfadar.

desenraizar *tr. Méx.* desarraigar, arrancar.

desenredar *tr.* esclarecer, aclarar. **2** desenmarañar, desembrollar, desatar. *ANT.* enmarañar, enredar. **3** *prnl.* arreglárselas, entendérselas, solucionar, desenvolverse, manejarse, librarse.

desenrollar *tr. prnl.* extender, desplegar, desenvolver, desdoblar, estirar. *ANT.* enrollar.

desenroscar *tr.* desatornillar, destornillar, aflojar, girar. *ANT.* enroscar, atornillar. **2** *tr. prnl.* extender, desplegar, estirar. *ANT.* enroscarse, plegarse.

desentenderse *prnl.* ignorar, desdeñar, pasar por alto. *ANT.* atender, interesarse. **2** despreocuparse, descuidar, desasistir, desatender, eludir. *ANT.* cuidar. **3** prescindir, zafarse, rehuir. *ANT.* asumir, involucrarse.

desenterrar *tr.* exhumar, descubrir, extraer, sacar. *ANT.* enterrar. **2** *fig.* recordar, evocar, rememorar, revivir. *ANT.* olvidar.

desentonar *tr.* {entono, orgullo} abatir, humillar. **2** *intr. prnl.* {persona, cosa} contrastar, desarmonizar. **3** *Mús.* {voz, instrumento} desafinar, discordar, destemplar, disonar. **4** *prnl.* descomponerse, descomedirse, exaltarse, perder la calma. *ANT.* tranquilizarse, calmarse.

desentono *m.* {voz} desproporción, desacorde, desentonación, desafinación, discordancia, destemple. **2** descomedimiento, descompostura, salida de tono. *ANT.* compostura.

desentrañar *tr.* destripar, desventrar, arrancar las entrañas. **2** averiguar, desenmarañar, penetrar, interpretar, dilucidar, descifrar, esclarecer, resolver, comprender. *ANT.* ignorar. **3** *prnl.* {persona} desapropiarse, desprenderse, dar. *ANT.* retener.

desentronizar *tr.* destronar. **2** deponer.

desentumecer *tr. prnl.* {miembro} desadormecer, desentumir. *ANT.* entumecer.

desentumir *tr. prnl. ver* **desentumecer**.

desenvainar *tr.* {arma} desenfundar, sacar, extraer. *ANT.* envainar, enfundar. **2** {animal} sacar las uñas.

desenvoltura *f.* desenfado, libertad, desembarazo, soltura, despreocupación, naturalidad, confianza, desparpajo, seguridad. *ANT.* timidez, inseguridad. **2** impudor, liviandad, impudicia, descaro, atrevimiento, descomedimiento, desvergüenza. *ANT.* pudor. **3** elocuencia, fluidez verbal.

desenvolver *tr. prnl.* desempaquetar, abrir. *ANT.* envolver. **2** *tr.* extender, desplegar, desdoblar, desenrollar. *ANT.* plegar, enrollar. **3** descifrar, aclarar, descubrir, averiguar. **4** *tr. prnl.* acrecentar, mejorar, desarrollar, prosperar. **5** *tr.* agilizar, desenredar. **6** *prnl.* desembarazarse. **7** {dificultad} resolver, superar, valerse, arreglárselas, componérselas.

desenvolvimiento *m.* adelanto, desarrollo, progreso. **2** difusión, propagación, expansión. **3** aumento, incremento, crecimiento. **4** curso, decurso, marcha.

desenvuelto, -ta *adj.* desenfadado, desembarazado, desahogado, suelto. *ANT.* tímido.

deseo *m.* ansia, gana, avidez, apetito, apetencia, gusto, codicia, sed. *ANT.* inapetencia, repugnancia. **2** intención, voluntad, ambición, afán, inclinación, ilusión, pretensión, ánimo, empeño. *ANT.* desinterés, desánimo. **3** anhelo, aspiración, ilusión, ideal, esperanza, sueño. *ANT.* indiferencia. **4** capricho, veleidad, antojo, fantasía. **5** apetito sexual, voluptuosidad, excitación, impulso, lujuria. *ANT.* apatía.

deseoso, -sa *adj.* ávido, anheloso, ambicioso, codicioso, ansioso. *ANT.* desinteresado.

desequilibrado, -da *adj. s.* insensato, maniático, trastornado, perturbado, loco, chiflado. *ANT.* cuerdo, sensato. **2** inestable, desnivelado. *ANT.* equilibrado, estable.

desequilibrio *m.* trastorno, insensatez, perturbación, enajenación, demencia, locura. *ANT.* cordura, sensatez. **2** inestabilidad, inseguridad, vacilación. *ANT.* equilibrio, seguridad.

deserción *f.* defección, traición, deslealtad, huida, fuga; abandono.

desertar *intr.* {soldado} defeccionar, traicionar, huir, fugarse, abandonar, desamparar. *ANT.* permanecer, enfrentar. **2** {obligaciones} incumplir. **3** {ideales} abandonar, dejar.

desértico, -ca *adj.* desierto, despoblado, deshabitado, inhabitado, desolado, solitario. *ANT.* habitado, poblado. **2** estéril, árido, yermo, infecundo, seco. *ANT.* fértil.

desertor, -ra *adj. s.* desleal, traidor, prófugo, fugitivo, tránsfuga. *ANT.* leal, fiel.

desesperación *f.* desesperanza, descorazonamiento, abatimiento, desaliento, desánimo, consternación. *ANT.* esperanza, optimismo. **2** enojo, alteración, enfado, exasperación, disgusto, aflicción, angustia, despecho. *ANT.* serenidad, tranquilidad.

desesperante *adj.* exasperante, irritante, agobiante, insoportable, indignante.

desesperanza *f.* desaliento, desánimo, desilusión, abatimiento, desespero, desesperación, pesimismo, desaliento. *ANT.* esperanza, optimismo.

desesperanzar *tr.* desilusionar, desengañar. *ANT.* esperanzar. **2** *prnl.* descorazonarse, desesperarse. *ANT.* tranquilizar.

desesperar *tr. intr. prnl.* desesperanzar, desilusionar, desengañar, descorazonar. *ANT.* esperanzar. **2** *tr. prnl. col.* impacientarse, exasperarse, enojarse, irritarse, enfadarse, alterarse. *ANT.* calmar.

desespero *m.* desesperanza, desesperación. **2** *Col., Ven.* impaciencia, intranquilidad.

desestabilizar *tr. prnl.* alterar, trastornar, perturbar, desequilibrar. *ANT.* estabilizar.

desestibar *tr.* {barco} descargar.

desestima *f. ver* **desestimación**.

desestimable *adj.* baladí, fútil, insignificante, irrisorio. *ANT.* estimable, importante.

desestimación *f.* desestima, animosidad, desafección, desafecto, rechazo, antipatía, malquerencia. *ANT.* simpatía. **2** descortesía, desdén, desprecio, desaire. *ANT.* consideración. **3** *Der.* negación, negativa. *ANT.* aceptación.

desestimar *tr.* menospreciar, desvalorizar, subestimar, despreciar, desairar, desdeñar, tener en poco. *ANT.* estimar. **2** *Der.* rechazar, impugnar, rehusar, denegar. *ANT.* aceptar.

desexualización *f.* castración, emasculación, capadura.

desfachatado, -da *adj. s.* desvergonzado, descarado, caradura, sinvergüenza.

desfachatez *f.* descaro, desvergüenza, cinismo, insolencia, grosería. *ANT.* prudencia.

desfalcar *tr.* malversar, defraudar, robar, estafar, timar. *ANT.* restituir. **2** {de una posición favorable} derribar. *ANT.* rehabilitar.

desfallecer *intr.* decaer, desalentarse, desanimarse, debilitarse, flaquear, extenuarse, abatirse, desmayarse, perder el aliento. *ANT.* recobrarse, reanimarse.

desfallecido, -da *adj.* postrado, rendido, caído, decaído, consumido. ANT. animoso.

desfallecimiento *m.* desaliento, desánimo. ANT. entusiasmo. **2** decaimiento, agotamiento, extenuación, debilidad. ANT. fortaleza. **3** desmayo, indisposición, desvanecimiento.

desfasarse *prnl.* {persona, cosa} desajustarse, desadaptarse.

desfavorable *adj.* perjudicial, negativo, nocivo, pernicioso, adverso, contrario, dañino, contraproducente. ANT. favorable, positivo, propicio.

desfavorecer *tr.* desairar. ANT. favorecer. **2** afear, deformar. ANT. embellecer. **3** oponerse, contradecir.

desfiguración *f.* deformación, alteración.

desfigurado, -da *adj.* informe, deforme, desproporcionado. ANT. proporcionado.

desfigurar *tr. prnl.* afear, ajar, estropear, deformar, desemejar. **2** encubrir, disfrazar, enmascarar, fingir, disimular. **3** oscurecer, velar, tergiversar, alterar, confundir, falsear. **4** *prnl.* turbarse, demudarse, alterarse, inmutarse.

desfiladero *m.* barranco, cañada, paso, angostura, precipicio, garganta, cañón, despeñadero.

desfilar *intr.* {personas} marchar, pasar, caminar, recorrer. **2** MIL. {tropas} exhibirse, marchar en formación, maniobrar.

desfile *m.* parada, revista, muestra, despliegue, maniobra.

desfloración *f.* desvirgación, desfloramiento.

desfloramiento *m. ver* **desfloración**.

desflorar *tr.* desvirgar, quitar la virginidad. **2** ajar, estropear, deslustrar. **3** {materia} tratar superficialmente.

desfogar *tr. prnl.* desahogar. ANT. contener. **2** {tempestad} desatarse.

desfondar *tr. prnl.* {recipiente} descular, romper el fondo.

desfortalecer *tr.* {fortaleza} demoler, desmantelar.

desgajar *tr. prnl.* {rama} arrancar, desgarrar, quebrar, desprender. **2** romper, despedazar, deshacer. **3** *prnl.* apartarse, desprenderse, separarse, dejar. ANT. unirse.

desgalichado, -da *adj. col.* desaliñado, desgarbado. ANT. aliñado, garboso.

desgalillarse *prnl. Amér. Cent.* desgañitarse, enronquecerse.

desgana *f.* (*tb.* **desgano**) inapetencia, anorexia, falta de apetito. ANT. apetito, gana. **2** tedio, apatía, indiferencia, disgusto, abulia, indolencia, hastío, desinterés, fastidio, repugnancia. ANT. entusiasmo, interés.

desgañitarse *prnl.* enronquecerse, desgargantarse, vociferar, bramar, vocear, chillar, gritar.

desgarbado, -da *adj.* desmañado, desaliñado, desgalichado, desmedrado. ANT. elegante.

desgargantarse *prnl. ver* **desgañitarse**.

desgarrar *tr. prnl.* rasgar, romper, despedazar, descuartizar, destrozar, hacer pedazos. ANT. unir. **2** *tr.* {suceso, cosa} apenar, atribular, entristecer, impactar, conmover, lacerar, partir el corazón. ANT. alegrar. **3** *prnl.* {persona} apartarse, separarse, alejarse.

desgarro *m.* rotura, rasgadura, rasgado, rompimiento. **2** desvergüenza, descaro, desfachatez. **3** fanfarronada, fanfarronería, bravata, afectación.

desgarrón *m.* {vestido} rotura, desgarradura, rasgón, descosido. **2** jirón, pedazo, andrajo.

desgastar *tr. prnl.* consumir, gastar, usar, deteriorar, ajar, estropear. ANT. conservar. **2** roer, carcomer, corroer. **3** pervertir, corromper, viciar, dañar. **4** *prnl.* agotarse, fatigarse, extenuarse, debilitarse. ANT. fortalecerse.

desgaste *m.* roce, erosión, corrosión. **2** roedura, raspadura. **3** agotamiento, debilitación. **4** decadencia, acabamiento, ruina.

desglosar *tr.* quitar, separar.

desgobernado, -da *adj.* indisciplinado, desenfrenado, desordenado, desmandado.

desgobernar *tr.* {orden} perturbar, alterar, deshacer, confundir. **2** {huesos} descoyuntar, desencajar, dislocar.

desgobierno *m.* desorden, desorganización, trastorno, caos, anarquía, perturbación, desbarajuste. ANT. orden.

desgracia *f.* adversidad, contratiempo, percance, descalabro, calamidad. **2** infelicidad, desventura, tribulación, desdicha, mal, infortunio. ANT. felicidad, ventura. **3** pobreza, desamparo, miseria. ANT. opulencia, bienestar. **4** cataclismo, fatalidad, tragedia, catástrofe. **5** {en el trato} desagrado, desgarbo, aspereza, desabrimiento.

desgraciado, -da *adj.* desafortunado, infausto, lamentable, fatídico, funesto, aciago, doloroso, desastroso. ANT. afortunado. **2** desagradable. ANT. agradable. **3** *adj. s.* infeliz, desdichado, malogrado. ANT. feliz. **4** miserable, menesteroso, pobre, desvalido. ANT. rico. **5** despreciable, vil. **6** *Amer.* miserable, ruin, perverso.

desgraciar *tr.* disgustar, desagradar, desazonar. ANT. agradar. **2** *tr. prnl.* malograrse, estropearse, frustrarse, echarse a perder. ANT. lograrse. **3** *prnl.* desavenirse, desviarse.

desgrasar *tr.* desengrasar.

desgreñar *tr. prnl.* {cabellos} descomponer, desordenar, despeinar, desmelenar. **2** *prnl.* enredarse, enmarañarse.

desgreño *m.* desorden, caos, desidia, incuria. ANT. orden.

desguarnecido, -da *adj.* desarmado, indefenso.

desguazar *tr.* desbaratar, deshacer. ANT. hacer.

déshabillé *m.* [Fr.] salto de cama, bata ligera.

deshabitado, -da *adj.* despoblado, solitario, vacío, inhabitado, desolado, abandonado, desierto. ANT. habitado, poblado.

deshabituar *tr.* desacostumbrar, desusar. ANT. acostumbrar.

deshacer *tr. prnl.* descomponer, quitar la forma. ANT. formar, conformar. **2** atenuar, desgastar. **3** derretir, disolver, licuar, diluir, desleír. ANT. solidificar, cuajar. **4** *tr.* partir, dividir, destruir, romper, despedazar, destrozar. ANT. componer. **5** {nudo} soltar, desatar, desenlazar, desligar. ANT. anudar. **6** desarmar, desbaratar, desarticular. ANT. armar. **7** {negocio} descomponer, alterar, modificar. **8** *prnl.* afligirse, impacientarse, consumirse. **9** desvanecerse, desaparecerse, esfumarse. **10** esforzarse, desvivirse, trabajar con ahínco. **11** {atenciones} prodigar, extremar. **12** estropearse, maltratarse. **13** enflaquecerse, extenuarse. **14** desapropiarse. **15** alejarse, evitar, prescindir. **16** matar, asesinar. **17** {enemigo} derrotar, vencer, aniquilar.

desharrapado, -da *adj. s.* andrajoso, haraposo, harapiento, roto. ANT. pulcro. **2** pobre, menesteroso, miserable, desposeído, desheredado. ANT. pudiente.

deshecho *adj.* {borrasca, lluvia} fuerte, impetuoso, violento. **2** *Amér. Sur* desaliñado. **3** desleído, licuado, disuelto, derretido, fundido. ANT. solidificado. **4** roto, despedazado, desbaratado, arruinado, destrozado, desvencijado. **5** abatido, afligido, derrotado.

deshelar *tr. prnl.* descongelar, licuar, disolver, fundir, derretir. ANT. helar.

desherbar *tr.* desyerbar, desbrozar, escardar, arrancar.

desheredado, -da *adj. s.* pobre, carente, indigente, desvalido, falto, necesitado.

desheredar *tr.* {de una herencia} excluir, privar. *ANT.* heredar, legar. **2** *prnl.* {de la familia} apartarse, diferenciarse, repudiar.

deshidratar *tr.* resecar, desecar. *ANT.* hidratar. **2** *prnl.* marchitarse, consumirse, secarse. *ANT.* florecer.

deshilvanado, -da *adj.* {pensamiento, discurso} incongruente, inconexo, confuso, incomprensible, incoherente, disparatado. *ANT.* coherente. **2** descosido. *ANT.* cosido.

deshinchar *tr. prnl.* descongestionar, desinflamar. *ANT.* inflamar. **2** desinflar, disminuir, sacar el aire. *ANT.* inflar, hinchar. **3** *tr.* {enojo} desahogar, desfogar.

deshojar *tr. prnl.* {hojas de planta} quitar, arrancar, separar, despojar. **2** {maíz} desvainar. **3** {fruta} pelar. **4** consumir, agotar, gastar.

deshonestidad *f.* impudicia, impudor, corrupción, venalidad, desvergüenza, indecencia, indignidad, deslealtad. *ANT.* honradez, honestidad.

deshonesto, -ta *adj.* corrupto, indecente, corrompido. *ANT.* honesto, decente.

deshonor *m.* indignidad, ignominia. *ANT.* dignidad. **2** afrenta, deshonra. *ANT.* honor.

deshonra *f.* deshonor, oprobio, ultraje, afrenta, ignominia, infamia. *ANT.* honra, honor. **2** desprestigio, descrédito, estigma, baldón. *ANT.* reputación.

deshonrar *tr.* injuriar, agraviar, afrentar, ultrajar, ofender. **2** *tr. prnl.* vilipendiar, infamar, mancillar. **3** escarnecer, despreciar. **4** violar (a una mujer).

deshonroso, -sa *adj.* indecoroso, afrentoso, ignominioso, denigrante, vergonzoso, degradante, vil, indigno. *ANT.* honroso, digno, honorable.

deshora (a) *loc.* inoportunamente, inesperadamente, intempestivamente, repentinamente, a destiempo, en tiempo inoportuno, antes de tiempo. *ANT.* oportunamente.

desiderátum *m.* deseo, aspiración, anhelo, ideal. **2** *loc.* el ~: lo mejor, lo más, el no va más.

desidia *f.* negligencia, dejadez, pereza, indolencia, incuria, indiferencia, apatía, abandono, holgazanería, descuido. *ANT.* diligencia, celo, dedicación.

desierto, -ta *adj.* deshabitado, desolado, intransitado, solitario, aislado, despoblado, abandonado. *ANT.* poblado. **2** *m.* arenal, erial, yermo.

designación *f.* denominación, llamamiento, señalamiento, nombre, apelativo. **2** {cargo} nombramiento, nominación. **3** LING. señalamiento, denotación, indicación.

designar *tr.* {para un cargo o fin} destinar, nombrar, investir. *ANT.* destituir. **2** elegir, escoger, decidir. **3** denominar, nombrar, llamar, calificar, apodar, titular, apellidar. **4** indicar, denominar, señalar, significar.

designio *m.* pensamiento, intención, intento, propósito, ánimo, finalidad, plan, proyecto, determinación, mira, fin.

desigual *adj.* diferente, dispar, heterogéneo, distinto, desemejante, disparejo, disímil. *ANT.* igual, semejante. **2** mudable, diverso, variable, voluble, caprichoso, variante, inconstante, irregular. *ANT.* constante. **3** difícil, arduo, dificultoso. *ANT.* fácil. **4** {terreno} escabroso, barrancoso, quebrado, irregular, accidentado, escarpado. **5** áspero, rugoso. **6** *ANT.* excesivo.

desigualar *tr.* diferenciar, desemparejar, distinguir, desnivelar. *ANT.* igualar. **2** *prnl.* adelantarse, aventajarse.

desigualdad *f.* heterogeneidad, diferencia, disparidad, desemejanza, discontinuidad, desnivel, desproporción. *ANT.* semejanza, igualdad. **2** discrepancia, discon-

formidad, oposición, divergencia. *ANT.* conformidad. **3** {terreno} prominencia, anfractuosidad, irregularidad, saliente, desnivel, depresión.

desilusión *f.* decepción, desesperanza, desengaño, fiasco, desencanto, frustración, disgusto, contrariedad, desaliento. *ANT.* ilusión, esperanza.

desilusionar *tr.* defraudar, desanimar, desencantar. *ANT.* ilusionar. **2** *prnl.* desinflarse, desengañarse, desesperanzarse. *ANT.* esperanzarse.

desimantación *f.* desimanación, desmagnetización.

desinencia *f.* GRAM. morfema flexivo, flexión.

desinfección *f.* esterilización, antisepsia, purificación, limpieza. *ANT.* contaminación.

desinfectante *adj. m.* antiséptico, aséptico, purificador, esterilizador, bactericida, detergente, abstergente. *ANT.* contaminante.

desinfectar *tr. prnl.* esterilizar, purificar, higienizar, limpiar. *ANT.* contaminar, infectar.

desinficionar *tr. prnl.* ver **desinfectar**.

desinflar *tr. prnl.* deshinchar, sacar el aire. *ANT.* inflar. **2** desilusionar, abatir, desanimar, desesperanzar, desencantar. *ANT.* ilusionar, animar.

desinformar *tr.* {información} manipular, tergiversar; omitir.

desinhibido, -da *adj.* espontáneo, desenvuelto, sin reservas. *ANT.* inhibido, cohibido.

desintegrar *tr. prnl.* separar, disociar, dividir, desmembrar, disgregar, desagregar. *ANT.* integrar, unir. **2** destruir, destrozar, fragmentar, desmenuzar, desmoronar, deshacer. **3** *prnl.* dispersarse, evaporarse, consumirse, esfumarse, perder cohesión. *ANT.* condensarse, materializarse.

desinterés *m.* desidia, dejadez, indiferencia, desgana, abulia, impasibilidad, apatía; desdén. *ANT.* interés, ánimo, entusiasmo. **2** altruismo, desapego, generosidad, desprendimiento, abnegación. *ANT.* egoísmo, apego.

desinteresado, -da *adj.* altruista, desprendido, abnegado, generoso. *ANT.* interesado.

desistir *intr.* {intento} apartarse, cesar, ceder, cejar, rendirse. *ANT.* insistir, perseverar. **2** {derecho} abandonar, renunciar, abdicar.

desjuiciado, -da *adj.* imprudente, insensato, falto de juicio. *ANT.* juicioso.

deslavar *tr.* limpiar, lavar por encima. **2** desubstanciar, quitar fuerza.

deslazar *tr.* desenlazar, desatar, soltar. *ANT.* atar.

desleal *adj. s.* infiel, traidor, traicionero, indigno. *ANT.* fiel, leal. **2** infame, vil, falso, pérfido. *ANT.* leal.

deslealtad *f.* traición, vileza, infidelidad, perfidia, ingratitud. *ANT.* lealtad. **2** adulterio, infidelidad. *ANT.* fidelidad. **3** engaño, falsedad, falsía.

desleír *tr. prnl.* disolver, diluir, licuar, descomponer. **2** {expresiones, pensamientos} atenuar.

deslenguado, -da *adj. s.* malhablado, soez, desbocado, grosero, procaz, maldiciente, lenguaraz. *ANT.* prudente, educado. **2** calumniador, intrigante, difamador, chismoso. *ANT.* discreto. **3** atrevido, insolente, desvergonzado, descarado. *ANT.* moderado.

desligar *tr. prnl.* desatar, soltar. *ANT.* unir, atar. **2** independizar, emancipar, separar. **3** desenredar, desenmarañar. *ANT.* enredar. **4** *tr.* {de una obligación} dispensar, eximir, absolver, liberar. *ANT.* involucrar, obligar.

deslindar *tr.* {territorio, lugar} demarcar, señalar, delimitar, acotar, distinguir, limitar, amojonar. **2** aclarar, definir, señalar, puntualizar, establecer, fijar, detallar. *ANT.* embrollar.

desliz m. caída, tropiezo, resbalón, traspié. **2** indiscreción, descuido, falta, flaqueza, ligereza, desacierto, error. ANT. acierto.

deslizamiento m. resbalón, resbalamiento. **2** escurrimiento, corrimiento.

deslizar tr. prnl. {objeto} arrastrar, empujar. **2** tr. {objeto, nota} entregar, dar discretamente. **3** prnl. {líquido} desplazarse, fluir, correr. **4** patinar, rodar. **5** escaparse, escabullirse, evadirse, escurrirse, huir. **6** caer, desprenderse, resbalar. **7** esconderse, moverse cautelosamente. **8** {postura ideológica} aproximarse. **9** desacertar, fallar, flaquear.

deslomar tr. prnl. fatigar, moler, quebrantar, rendir. ANT. descansar. **2** esforzarse, trabajar mucho. ANT. reponerse.

deslucido, -da adj. deteriorado, opaco, ajado, deslustrado, usado, gastado, viejo. **2** {presentación, espectáculo} flojo, malogrado, sin gracia. ANT. lucido.

deslucir tr. ajar, deteriorar, afear, deslustrar, deteriorar, maltratar, estropear, gastar, marchitar. ANT. lucir, restaurar, brillar. **2** desacreditar, ensombrecer, desprestigiar, desestimar, desdorar, eclipsar, empañar, oscurecer. ANT. elogiar, afamar.

deslumbramiento m. {de la vista} ceguera, turbación, obnubilación, encandilamiento. **2** {del entendimiento} ofuscación, pasmo, apasionamiento, fascinación, asombro, embobamiento. ANT. lucidez.

deslumbrante adj. resplandeciente, refulgente, fulgurante, brillante. ANT. opaco. **2** fig. espléndido, impresionante, maravilloso, fastuoso, apoteósico, inigualable.

deslumbrar tr. prnl. {vista} cegar, ofuscar, encandilar, enceguecer. **2** {entendimiento} perturbar, atontar, confundir. **3** tr. impresionar, maravillar, pasmar, asombrar. **4** cautivar, fascinar, seducir, hechizar.

deslustrar tr. empañar, deslucir. ANT. brillar. **2** desacreditar, deshonrar. ANT. honrar.

desmadejado, -da adj. {persona} flojo, desanimado, débil, lánguido, exhausto, decaído, quebrantado, abatido. ANT. vigoroso, animado.

desmadrado, -da adj. {animal} abandonado (por la madre). **2** {cría, animal} separado (de la madre).

desmadrar tr. {cría, animal} separar (de la madre). **2** tr. prnl. MÉX. lastimar. **3** prnl. col. desmandarse, desenfrenarse, desmedirse. ANT. moderarse. **4** El Salv. caerse, accidentarse.

desmadre m. col. irrespeto, desmán, desenfreno. ANT. moderación. **2** {palabras, acciones} exceso, desmesura. ANT. mesura. **3** juerga.

desmagnetizar tr. desimantar. ANT. imantar.

desmalezar tr. Amer. escardar, desbrozar.

desmamar tr. destetar.

desmán m. desorden, tropelía, abuso, atropello, exceso, demasía, arbitrariedad. ANT. moderación. **2** desgracia, adversidad, desventura, infelicidad. ANT. ventura, felicidad.

desmandado, -da adj. desobediente, rebelde, indisciplinado, indócil. ANT. dócil.

desmandarse prnl. propasarse, excederse, descomedirse, descararse, desbocarse. **2** desordenarse, apartarse, desbandarse.

desmantelar tr. {muro, fortificación} derribar, arrasar, destruir, arruinar, echar por tierra. **2** {edificio} demoler, derrumbar. ANT. construir. **3** {conspiración} descomponer, desorganizar, desarticular. **4** {casa} abandonar, deshabitar, desalojar, desabrigar. **5** NÁUT. {embarcación} desarbolar, desarmar.

desmañado, -da adj. s. inhábil, torpe, chapucero. **2** Amer. chambón.

desmarcar tr. prnl. separar, apartar, alejar. **2** prnl. DEP. {jugador} desplazarse, escabullirse, moverse, burlar.

desmarque m. separación. **2** DEP. desmarcaje.

desmayado, da adj. {estilo, color} inanimado, pálido, debilitado, lánguido. ANT. vivo, animado. **2** {persona} desfallecido, desanimado, desvanecido, exangüe. ANT. reanimado.

desmayar tr. causar desmayo. **2** intr. acobardarse, desanimarse, desfallecer, desalentarse, descorazonarse, amilanarse, flaquear. ANT. animarse. **3** Ecuad. {color} desvaírse. **4** prnl. desvanecerse, desplomarse, perder el sentido. ANT. reanimarse, volver en sí.

desmayo m. desánimo, desaliento, debilidad. ANT. ánimo. **2** desfallecimiento, desplome, inconsciencia, desvanecimiento, vahído, síncope, soponcio. ANT. reanimación.

desmazalado, -da adj. flojo, caído, decaído, desmadejado, dejado.

desmedido, -da adj. desmesurado, desproporcionado, descomunal, desaforado, excesivo, inconmensurable, enorme. ANT. diminuto, minúsculo.

desmedirse prnl. desmandarse, desmadrarse, excederse.

desmedrado, da adj. {persona, cosa} raquítico, escuálido, esmirriado, enclenque, pequeño. ANT. robusto, fuerte.

desmedrar intr. prnl. encanijarse, enflaquecer, debilitarse. ANT. fortalecerse. **2** estropearse, deteriorarse, menoscabarse. **3** intr. decaer, desmejorar, menguar, disminuir. ANT. mejorar.

desmejorar tr. prnl. {en general} deteriorar, decaer, declinar. ANT. progresar. **2** ajar, deslucir, deslustrar. ANT. arreglar. **3** intr. prnl. {salud} empeorar, agravarse, languidecer, demacrarse, debilitarse, desmedrarse. ANT. mejorar, recuperarse.

desmelenar tr. prnl. {cabello} despeinar, desgreñar, desordenar, descomponer. ANT. peinar. **2** prnl. enardecerse, descontrolarse, enfurecerse. ANT. calmarse. **3** desinhibirse, soltarse. ANT. contenerse, inhibirse.

desmembrar tr. descuartizar, mutilar, dislocar, despedazar. **2** tr. prnl. dividir, separar, desunir, escindir, diferenciar, fraccionar, desglosar. ANT. unir.

desmemoria f. olvido, falta de memoria. ANT. memoria.

desmemoriado, -da adj. olvidadizo, despistado, descuidado, distraído. ANT. memorioso.

desmentido m. (tb. f. **desmentida**) Amer. negación, refutación. **2** Amer. mentís. **3** adj. Ecuad. {hueso} dislocado.

desmentir tr. refutar, desdecir, impugnar, contradecir, objetar, negar. **2** disfrazar, disimular.

desmenuzable adj. inconsistente, deleznable. ANT. consistente.

desmenuzar tr. desmigajar, triturar, pulverizar, trizar, fragmentar, descomponer, desintegrar, picar. ANT. juntar. **2** fig. examinar, analizar, detallar.

desmerecer intr. {cosa} desvalorizar, depreciar, rebajar, decaer, disminuir, perder mérito.

desmerecimiento m. demérito, desprestigio, desdoro.

desmesura f. exceso, desproporción, exageración. ANT. mesura. **2** descomedimiento, insolencia. ANT. comedimiento.

desmesurado, -da adj. excesivo, desproporcionado, desmedido. ANT. mesurado. **2** enorme, descomunal. ANT. diminuto. **3** adj. s. insolente, atrevido, descortés. ANT. cortés.

desmesurar *tr.* desordenar, desarreglar. *ANT.* ordenar. **2** *prnl.* excederse, desmadrarse, desmandarse, descomedirse. *ANT.* moderarse.

desmigajar *tr.* desmenuzar, triturar.

desmirriado, da *adj. col.* esmirriado, enclenque, extenuado, flaco. *ANT.* robusto.

desmontar *tr.* cortar plantas. **2** {terreno} rebajar, allanar, explanar, nivelar. **3** {piezas, elementos} desarmar, desunir, desarticular, separar, desbaratar, descomponer. *ANT.* componer, armar. **4** *tr. intr. prnl.* {de un caballo} bajar, descender, descabalgar, apearse. *ANT.* montar, subir.

desmoralizar *tr. prnl.* desanimar, desalentar, descorazonar, abatir, atribular, entristecer. *ANT.* animar. **2** desorientar, corromper. *ANT.* orientar.

desmoronar *tr. prnl.* {edificio} arruinar, derribar, derruir, derrumbarse, desplomarse. *ANT.* levantarse. **2** desmenuzar, desmigajar, deshacerse, desintegrarse. *ANT.* aglomerarse. **3** {persona} deprimirse, hundirse, decaer, abatirse. *ANT.* sobreponerse.

desmotivar *tr.* desalentar, descorazonar, desesperanzar; disuadir.

desmovilizar *tr.* Mil. {tropas} licenciar. *ANT.* movilizar.

desnacionalizar *tr.* privatizar. *ANT.* nacionalizar.

desnatar *tr.* descremar. **2** *fig.* escoger (lo mejor).

desnaturalizado, -da *adj.* desvirtuado. **2** desterrado, expulsado, exiliado. **3** desalmado.

desnaturalizar *tr.* desvirtuar, alterar. **2** {sustancia} degradar. **3** *tr. prnl. p. us.* desterrar.

desnivel *m.* desigualdad, altibajos, irregularidad, desproporción. *ANT.* igualdad. **2** cuesta, pendiente, declive, inclinación, rampa. **3** hondura, hondonada, depresión. *ANT.* plano, llano.

desnivelar *tr.* desequilibrar, desigualar, torcer, inclinar. *ANT.* nivelar.

desnucar *tr. prnl.* descogotar, romper el cuello, matar.

desnudar *tr. prnl.* desvestir, despojarse, quitarse la ropa. *ANT.* vestir. **2** *tr.* descubrir, desabrigar, desarropar, despojar. *ANT.* cubrir, cobijar. **3** desvalijar, desplumar, despojar, robar, expropiar, arrebatar. **4** *prnl.* desprenderse, apartarse.

desnudo, -da *adj.* nudo, desvestido, descubierto, desarropado, sin vestido, en cueros. *ANT.* vestido. **2** indecente, mal vestido. **3** despojado, falto, necesitado, carente, desprovisto, despojado, pobre, privado, indigente. *ANT.* dotado. **4** claro, patente, notorio, manifiesto, sin ambages. *ANT.* encubierto, oculto. **5** Art. figura. **6** *loc. al desnudo:* descubiertamente, claramente, a la vista de todos.

desnutrición *f.* demacración, enflaquecimiento, raquitismo, depauperación. *ANT.* robustez.

desnutrido, -da *adj.* anémico, raquítico, enflaquecido, escuálido, esquelético, extenuado, débil, debilitado, depauperado. *ANT.* vigoroso.

desobedecer *tr.* rebelarse, insubordinarse, desacatar, sublevarse, transgredir, infringir, resistirse, desatender, insurreccionarse, contradecir, desoír. *ANT.* obedecer, acatar.

desobediencia *f.* inobediencia, rebeldía, insumisión, indisciplina, desacato, sublevación, resistencia, insubordinación. *ANT.* obediencia, acatamiento.

desobediente *adj.* insubordinado, indisciplinado, rebelde, indócil, reacio. *ANT.* obediente.

desocupación *f.* desempleo, inactividad, paro. *ANT.* ocupación, empleo.

desocupado, -da *adj. s.* ocioso, desaplicado, haragán, vago, holgazán, sin ocupación. *ANT.* activo. **2** {lugar, espacio} vacío, disponible, libre, vacante. *ANT.* lleno, ocupado. **3** despoblado, deshabitado, desierto. *ANT.*

poblado. **4** *adj. s. Amer.* desempleado, cesante, parado. *ANT.* empleado.

desocupar *tr.* {lugar, espacio} despejar, vaciar, evacuar, deshabitar, abandonar, dejar libre. *ANT.* llenar, ocupar. **2** *prnl.* {de una ocupación} desembarazarse.

desoír *tr.* desatender, desobedecer, ignorar, desacatar, desdeñar, desestimar. *ANT.* escuchar.

desolación *f.* ruina, devastación, estrago, destrucción. *ANT.* construcción. **2** tristeza, aflicción, pesar, dolor, amargura, angustia. *ANT.* alegría, gozo.

desolar *tr.* arrasar, devastar, destruir, asolar, arruinar. **2** desconsolar, angustiar. *ANT.* consolar. **3** *prnl.* afligirse, apenarse, acongojarse, entristecerse. *ANT.* alegrarse, contentarse.

desollar *tr. prnl.* despellejar, pelar, quitar la piel. **2** *tr.* censurar, criticar, vituperar, deshonrar. *ANT.* enaltecer, alabar.

desorbitar *tr. prnl.* {un cuerpo} sacar de órbita. **2** *tr.* abultar, exagerar, encarecer, extremar.

desorden *m.* {en general} alteración, confusión, irregularidad, caos, desbarajuste, desconcierto, desorganización, trastorno, enredo, anarquía, desarreglo. *ANT.* orden, organización. **2** Med. trastorno, desarreglo, alteración. **3** *gen. pl.* disturbio, perturbación, revuelta, tumulto, asonada, motín; bullicio. *ANT.* calma, orden. **4** *gen. pl.* exceso, abuso.

desordenado, -da *adj.* desorganizado, confuso, desarreglado, caótico. *ANT.* ordenado.

desordenar *tr. prnl.* desorganizar, turbar, trastornar, alterar, trastocar, desarreglar, enredar, desbaratar, embrollar, revolver, confundir, perturbar. *ANT.* organizar, ordenar. **2** *prnl.* excederse, desmandarse. *ANT.* mesurarse.

desorganización *f.* desorden, desarreglo, caos, desbarajuste. *ANT.* organización.

desorganizar *tr. prnl.* alterar, trastocar, desarreglar, enredar, embrollar, desbaratar. *ANT.* organizar, ordenar.

desorientación *f.* extravío, pérdida. *ANT.* orientación. **2** turbación, confusión. *ANT.* calma.

desorientar *tr. prnl.* extraviar, despistar, descaminar. *ANT.* orientar, encaminar. **2** turbar, trastornar, ofuscar, desconcertar, confundir. *ANT.* calmar, tranquilizar.

desovar *intr.* {pez, anfibio} frezar, depositar, poner huevos, soltar huevos.

desoxidar *tr.* {metal} limpiar. **2** desoxigenar.

desoxigenar *tr.* desoxidar.

despabilado, -da *adj.* espabilado, despierto, vivo, vivaz, avisado, ingenioso, listo, agudo, alerta. *ANT.* torpe.

despabilar *tr. prnl.* espabilar, avivarse, desembotar, despejarse, desaturdir, despertarse.

despachar *tr.* {en general} finalizar, terminar, concluir, acabar. **2** {negocio} decidir, cerrar, abreviar, resolver. *ANT.* prolongar. **3** enviar, encomendar, mandar, expedir, remitir. *ANT.* recibir. **4** {mercancía} vender, expender. **5** resolver, solucionar, tramitar. **6** {persona} apartar, alejar, expulsar, despedir. **7** *tr. intr. col.* {tendero} atender, vender. *ANT.* comprar. **8** *tr. prnl. col.* matar, asesinar, eliminar. **9** *intr.* apresurarse, acelerarse, darse prisa. **10** *prnl.* desembarazarse.

despacho *m.* oficina, estudio, bufete, local. **2** comunicación, cable, parte, nota, telegrama, telefonema, noticia. **3** venta, pedido. **4** expediente, determinación, resolución. **5** cédula, título, comisión. **6** *Amer.* tienda, comercio, expendio.

despachurrar tr. prnl. aplastar, despedazar, destripar, despanzurrar, reventar. **2** {relato, historia} estropear, echar a perder, contar mal. **3** desconcertar, cortar, confundir.

despacio adv. pausadamente, quedo, lentamente, paulatinamente, poco a poco. ANT. rápidamente, urgentemente. **2** por largo tiempo. **3** m. dilación, lentitud.

despampanante adj. pasmoso, llamativo, extraordinario, desconcertante, increíble, asombroso, maravilloso. ANT. corriente, anodino, usual.

despampanar tr. col. desconcertar, deslumbrar, asombrar, maravillar, impresionar, pasmar, sorprender, dejar atónito. **2** AGR. despimpollar. **3** intr. {persona} desahogarse. **4** prnl. col. lastimarse.

despanzurrar tr. prnl. destripar, despachurrar. **2** reventar.

desparejado, -da adj. sin pareja, solo.

desparejar tr. prnl. {pareja} deparar, desbaratar, descasar. ANT. unir, emparejar.

desparejo, -ja adj. desparejado. **2** dispar, diferente, distinto, desigual. ANT. igual.

desparpajo m. desembarazo, desenfado, desenvoltura, soltura, facilidad. ANT. timidez. **2** col. Amér. Cent. confusión, desorden.

desparramar tr. prnl. esparcir, diseminar, extender, desperdigar. ANT. recoger, juntar, unir. **2** {líquido} verter, derramar, regar. **3** tr. {dinero, herencia} malgastar, disipar, dilapidar, derrochar, malbaratar. ANT. conservar, ahorrar. **4** Amer. {noticia} divulgar, difundir, propalar. **5** prnl. distraerse.

despatarrar tr. prnl. espatarrar, abrirse (de piernas). **2** asombrar, espantar, aterrar.

despavorido, -da adj. aterrado, horrorizado, aterrorizado, espantado. ANT. sereno.

despechar tr. prnl. p. us. causar despecho, indignar. **2** tr. col. {niño} destetar, desmamar.

despecho m. malquerencia, animadversión. **2** desespero, desesperación. **3** disgusto, encono, enfado, animosidad, rencor, resentimiento. ANT. afecto, amor. **4** col. destete.

despectivo, -va adj. despreciativo, desdeñoso, altanero, ofensivo. ANT. afectuoso.

despedazar tr. {cuerpo} desmembrar, descuartizar, desgarrar, trozar, destrozar, cortar, fragmentar. **2** {alma} maltratar, afligir, apenar.

despedida f. partida, despido, marcha, separación, ida, adiós. ANT. llegada, recibimiento.

despedir tr. arrojar, impulsar, lanzar, disparar, tirar, soltar, desprender. ANT. recibir. **2** {olor, luz} esparcir, difundir, expeler, emanar, emitir. **3** {persona, cosa} apartar, alejar. **4** {cargo} deponer, prescindir, destituir, expulsar, echar. ANT. contratar. **5** prnl. separarse, apartarse, marcharse, irse. ANT. llegar. **6** renunciar.

despegado, -da adj. col. huraño, desapegado, áspero, arisco. ANT. amable, simpático. **2** desprendido, desunido, separado, arrancado. ANT. unido, pegado.

despegar tr. desprender, desasir, arrancar, desunir, separar, soltar, dividir, quitar. ANT. pegar, unir. **2** intr. {avión} elevarse, remontarse, volar, iniciar el vuelo, separarse del suelo. ANT. aterrizar. **3** {actividad} iniciar, emprender, comenzar, arrancar. ANT. terminar, concluir. **4** prnl. desapegarse, desprenderse, desavenirse, apartarse. ANT. apegarse. **5** {cosa} desentonar, no corresponder.

despego m. desapego, alejamiento, desinterés, indiferencia, frialdad. ANT. interés, apego. **2** abnegación, desprendimiento, generosidad. ANT. egoísmo. **3** desafecto, desamor, desdén. ANT. aprecio, afición.

despegue m. {avión} elevación, ascenso. ANT. aterrizaje. **2** fig. comienzo, inicio, arranque. ANT. terminación, conclusión.

despeinar tr. desgreñar, desmelenar, enmarañar, desordenar, descomponer. ANT. peinar.

despejado, -da adj. desenvuelto, suelto, despabilado, desembarazado. **2** lúcido, claro, penetrante, despierto, listo, ingenioso. ANT. torpe. **3** {lugar} espacioso, dilatado, desocupado, desatascado, desahogado, amplio, libre. ANT. lleno, ocupado. **4** {tiempo} bonancible, abierto, sereno, limpio, claro. ANT. nublado.

despejar tr. {sitio, espacio} desocupar, desembarazar, desobstruir, abrir. **2** {situación} aclarar, esclarecer, dilucidar, desenmarañar. ANT. embrollar, enredar. **3** MAT. {incógnita} separar. **4** intr. prnl. {tiempo, cielo} abonanzar, serenarse, aclararse, desencapotarse. ANT. nublarse, cubrirse, cerrarse. **5** prnl. soltarse, desaturdirse, despabilarse. ANT. aturdirse, embotarse. **6** {enfermo} recuperarse, restablecerse. ANT. empeorar. **7** {de una preocupación} desprenderse, alejarse. **8** esparcirse, divertirse.

despejo m. despeje. **2** desenvoltura, desenfado, desembarazo, habilidad, soltura. ANT. embarazo. **3** talento, claridad, inteligencia, sagacidad, viveza. ANT. torpeza.

despellejar tr. prnl. desollar, pelar, quitar el pellejo. **2** tr. murmurar, vituperar, criticar, infamar, desprotricar, echar pestes. ANT. elogiar. **3** fig. robar, despojar, desvalijar.

despelotar tr. prnl. Amér. Sur desordenar, turbar, alterar. **2** prnl. col. desnudarse, desvestirse, quitarse la ropa, empelotarse. **3** alborotarse, disparatarse.

despelucar tr. prnl. Amer. despeinar, desgreñar, desmelenar, despeluzar, despeluznar. ANT. peinar. **2** Chile, Col., Méx. desplumar, dejar sin dinero.

despeluzar tr. prnl. despeinar, desgreñar, desmelenar, despeluznar, espeluzar. **2** prnl. tr. {pelo} erizar. **3** Cuba, Méx., Nic. desplumar, dejar sin dinero.

despeluznar tr. ver **despeluzar**.

despensa f. bodega, depósito. **2** alacena, estante, armario. **3** víveres, alimentos, provisión.

despeñadero m. precipicio, abismo, sima, acantilado, talud. **2** fig. peligro, riesgo.

despeñar tr. prnl. arrojar, precipitar, lanzar, derrumbar. **2** prnl. desenfrenarse, enviciarse.

despepitar tr. {fruta} quitar las semillas. **2** revelar, decir, hablar, desembuchar. ANT. callar. **3** prnl. gritar, vocear, desgañitarse. **4** descomedirse, exaltarse, desmandarse. ANT. moderarse. **5** col. anhelar, ansiar, desear, derretirse. ANT. despreciar, desdeñar.

desperdiciar tr. {dinero} malbaratar, derrochar, despilfarrar, malgastar. ANT. ahorrar. **2** {ocasión} desaprovechar, perder, dejar pasar. ANT. aprovechar.

desperdicio m. {dinero} derroche, dilapidación, despilfarro, desaprovechamiento. ANT. ahorro. **2** residuo, desecho, sobra, resto, retal, sobrante, basura, escombro.

desperdigar tr. prnl. esparcir, desparramar, diseminar, desunir, separar. ANT. reunir, acumular. **2** {atención} dispersar, distraer, desconcentrar. ANT. concentrar.

desperezarse prnl. desentumecerse, estirarse.

desperfecto m. deterioro, daño, avería, rotura. ANT. reparación, arreglo. **2** falta, defecto.

despertador m. reloj. **2** estímulo, aviso, reanimación.

despertar tr. prnl. reanimar, interrumpir el sueño, desadormecer. ANT. dormir, adormecer. **2** tr. recordar, rememorar, evocar, traer a la memoria. ANT. olvidar. **3** estimular, incitar, motivar, provocar, animar, mover, excitar. ANT. desanimar. **4** recapacitar, advertir, notar, darse cuenta. ANT. desconocer, ignorar. **5** intr. levantarse, dejar de dormir. ANT. acostarse.

despiadado, -da adj. desalmado, cruel, sangriento, inhumano, inclemente, sañudo, brutal. ANT. compasivo.

despicarse prnl. desquitarse, vengarse.

despido m. despedida, destitución, expulsión, relevo. ANT. admisión. **2** indemnización.

despierto, -ta adj. despabilado, animado, desvelado, insomne. ANT. dormido. **2** perspicaz, agudo, inteligente, astuto, vivo, avispado, advertido, listo, sagaz. ANT. torpe. **3** vigilante, atento, alerta. ANT. descuidado.

despilfarrar tr. derrochar, desperdiciar, malbaratar, dilapidar, malgastar. ANT. ahorrar. **2** prnl. prodigar, gastar profusamente.

despilfarro m. dilapidación, derroche. ANT. ahorro.

despintar tr. desteñir, descolorar. ANT. pintar. **2** borrar. **3** Amer. perder de vista.

despiporre m. col. desbarajuste, desorden, colmo.

despique m. desquite, venganza.

despistado, -da adj. s. distraído, desorientado, extraviado, descaminado, confundido, confuso. ANT. orientado. **2** desmemoriado, olvidadizo. ANT. atento.

despistar tr. intr. desorientar, descaminar. **2** intr. disimular, fingir, engañar. **3** extraviarse, descuidarse, distraerse, perder el rumbo.

despiste m. desorientación, extravío. ANT. orientación. **2** distracción, fallo, descuido, error, equivocación, omisión, olvido.

desplante m. desaire, insolencia, desfachatez, atrevimiento, disfavor.

desplazado, -da adj. s. {persona} desarraigado, descentrado, alejado, inadaptado.

desplazamiento m. viaje, traslado, recorrido, movimiento, traslación. **2** {barco} volumen.

desplazar tr. prnl. mover, trasladar. **2** deslizar, empujar, correr. **3** apartar, alejar. ANT. acercar, aproximar. **4** prnl. dirigirse, encaminarse, trasladarse, recorrer.

desplegar tr. prnl. desdoblar, extender, desenrollar, abrir, expandir, extender. ANT. plegar, doblar. **2** tr. aclarar, esclarecer, dilucidar. **3** ejercitar, practicar, efectuar, llevar a cabo.

despliegue m. desarrollo, desdoblamiento, extensión. **2** {conocimientos, riquezas} ejercicio, actividad. **3** exhibición, demostración. **4** Mil. desfile, marcha; maniobra.

desplomar tr. {pared, edificio} inclinar, torcer, desviar. **2** prnl. {construcción, casa} caerse, derrumbarse, desmoronarse, hundirse. ANT. erigirse, levantarse. **3** {persona} desmayarse, caerse. **4** arruinarse, perderse, sucumbir.

desplome m. decadencia, derrumbe, desmoronamiento, descenso, declinación, hundimiento. **2** desmayo, caída.

desplumar tr. {ave} pelar, arrancar las plumas. **2** despojar, estafar, robar, quitar.

despoblado m. desierto, desértico, yermo, vacío, abandonado, desolado, solitario, deshabitado. ANT. poblado, habitado.

despoblar tr. prnl. desertificar. **2** {lugar} abandonar, deshabitar, evacuar. ANT. poblar, habitar. **3** {campo} despojar, despejar.

despojar tr. desposeer, arrebatar, quitar, confiscar, privar, usurpar, expropiar, hurtar, robar, saquear, desvalijar, timar. ANT. entregar, dar, ceder. **2** prnl. desnudarse, desvestirse. ANT. vestirse. **3** desposeerse, desapropiarse, desprenderse, prescindir, renunciar. ANT. aferrarse.

despojo m. saqueo, pillaje, robo. **2** botín, presa. **3** gen. pl. {de una res o aves} asaduras, vísceras, menudo; sobrantes. **4** pl. sobras, residuos, desechos. **5** pl. restos mortales, difunto, muerto, cadáver.

desportilladura f. fragmento, astilla. **2** mella, defecto.

desposado, -da adj. s. recién casado, cónyuge, consorte. **2** adj. esposado, aprisionado. ANT. libre.

desposarse prnl. casarse, enlazarse, unirse. ANT. divorciarse, separarse.

desposeer tr. privar, despojar, quitar. **2** prnl. renunciar, desprenderse, privarse.

desposorio m. esponsales, matrimonio, casamiento, boda, enlace, unión.

déspota com. despótico, totalitario, opresor, tiránico, abusivo. ANT. tolerante. **2** m. tirano, autócrata, dictador, cacique.

despótico, -ca adj. tiránico, abusivo, opresor, dictatorial, injusto, arbitrario, absolutista.

despotismo m. autoridad absoluta, poder absoluto, autoritarismo, absolutismo, totalitarismo. ANT. democracia. **2** intolerancia, arbitrariedad, abuso, opresión, tiranía, dictadura. ANT. justicia.

despotricar intr. prnl. vilipendiar, criticar, difamar, ofender. ANT. elogiar, enaltecer. **2** desvariar, disparatar, desatinar, desbarrar. ANT. refrenarse, contenerse.

despreciable adj. abyecto, vil, rastrero, infame, ruin, miserable, ignominioso, canalla, abominable, mezquino. ANT. elevado, digno. **2** desdeñable, insignificante, intrascendente. ANT. apreciable, importante.

despreciar tr. desestimar, menospreciar, subestimar, desvalorizar, tener en poco. ANT. considerar, apreciar. **2** desdeñar, maltratar, humillar, desairar, zaherir. ANT. enaltecer.

despreciativo, -va adj. despectivo, desdeñoso. ANT. enaltecedor.

desprecio m. desestimación, desconsideración. **2** desdén, desaire.

desprender tr. prnl. desunir, desatar, soltar, despegar. ANT. unir, pegar. **2** despedir, emitir, emanar, difundir, echar de sí. **3** Amer. desabrochar, desabotonar. **4** prnl. {de algo} desapropiarse, apartarse, separarse. ANT. aferrarse, poseer. **5** inferirse, deducirse, concluirse, seguirse.

desprendido, -da adj. generoso, altruista, dadivoso, desinteresado, abnegado. ANT. egoísta, avaro, mezquino. **2** suelto, desunido, separado, arrancado, descosido. ANT. unido.

desprendimiento m. desapego, desasimiento, generosidad, abnegación, altruismo, desinterés. ANT. codicia, avaricia. **2** separación, desunión, alejamiento, división. ANT. unión. **3** avalancha, alud, desmoronamiento.

despreocupación f. calma, tranquilidad, serenidad, desenfado. ANT. inquietud, preocupación. **2** indolencia, indiferencia, apatía, descuido. ANT. interés.

despreocupado, -da adj. tranquilo, sereno, calmado. ANT. preocupado, angustiado. **2** ligero, desenfadado, indiferente, libre.

despreocuparse prnl. tranquilizarse, distraerse, olvidarse. ANT. preocuparse. **2** desentenderse, abandonar, desatender. ANT. interesarse, atender.

desprestigiar tr. desacreditar, deshonrar, infamar, difamar, denigrar, vilipendiar. ANT. alabar, enaltecer, honrar.

desprestigio m. descrédito, desdoro, deshonra. ANT. prestigio, honra.

desprevenido, -da adj. descuidado, despreocupado, confiado, inadvertido, desapercibido. ANT. prevenido, preparado. **2** desprovisto, desproveído, falto, carente. ANT. provisto.

desproporción *f.* disparidad, desigualdad, asimetría, deformidad, exceso, incongruencia, diferencia, desmesura, discrepancia. ANT. proporción, similitud.

despropósito *m.* desatino, dislate, disparate, tontería, incongruencia, necedad, desacierto, insensatez, incoherencia, sandez, absurdo, contrasentido, equivocación. ANT. acierto.

desprotegido, -da *adj.* desamparado, indefenso, abandonado, desvalido, desatendido. ANT. protegido, amparado. **2** *adj. s.* pobre, necesitado.

desproveer *tr.* privar, quitar, despojar. ANT. dar. **2** desabastecer. ANT. abastecer, proveer.

desprovisto, -ta *adj.* despojado, privado. ANT. dotado. **2** falto, carente. ANT. provisto.

después *adv.* {tiempo} enseguida, luego, más tarde, seguidamente, posteriormente, a continuación. ANT. antes, previamente. **2** {lugar} detrás. ANT. delante. **3** *adj.* siguiente. **4** *conj.* a pesar de.

despuntado, -da *adj.* romo, embotado, obtuso. ANT. puntiagudo, afilado.

despuntar *tr. prnl.* desafilar, embotar, mellar, gastar. ANT. aguzar. **2** *intr.* {planta} brotar, retoñar, germinar, entallecer. **3** destacarse, distinguirse, sobresalir, descollar. **4** descollar, adelantarse. **5** {aurora, día} manifestarse, salir, surgir, asomar, levantarse. ANT. ponerse.

desquiciado, -da *adj.* perturbado, enloquecido, alterado, turbado, alocado, trastornado, exasperado. ANT. cuerdo, sereno.

desquiciar *tr. prnl.* {puerta} desencajar, desajustar, desvencijar, desgoznar, desarticular. ANT. encajar, ajustar. **2** descomponer. ANT. componer. **3** trastornar, exasperar, enloquecer, turbarse, desenfrenarse. ANT. serenarse.

desquitar *tr. prnl.* {pérdida} reintegrar, restaurar, resarcirse. **2** descontar, rebajar. **3** *prnl.* vengarse, tomar represalias.

desquite *m.* revancha, resarcimiento, compensación. **2** venganza, represalia.

desriñonar *tr. prnl.* derrengar, descaderar. **2** extenuarse, fatigarse, cansarse, esforzarse. ANT. descansar.

destacado, -da *adj.* notorio, notable, evidente, marcado, acusado, pronunciado, claro. **2** aventajado, sobresaliente, descollante, preeminente. ANT. mediocre. **3** célebre, conocido, ilustre, famoso. ANT. desconocido.

destacamento *m.* MIL. vanguardia, avanzada, patrulla, pelotón.

destacar *tr. prnl.* resaltar, recalcar, subrayar, acentuar, insistir, poner de relieve, hacer hincapié. **2** MIL. {de una tropa} separar, seleccionar, comisionar, asignar. **3** *intr. prnl.* descollar, aventajar, sobresalir, despuntar, distinguirse, superar.

destapar *tr. prnl.* {botella} abrir, descorchar. ANT. tapar, cerrar. **2** desarropar, descubrir, desabrigar. ANT. cubrir, arropar. **3** desenmascarar, desvelar, descubrir, desembozar. ANT. ocultar. **4** desatrancar, desobstruir, desatascar. ANT. obstruir. **5** *prnl.* {intenciones} expresar, mostrar, dar a conocer.

destartalado, -da *adj. s.* desordenado, desproporcionado, descompuesto, desvencijado, estropeado. ANT. ordenado, arreglado. **2** Méx. carente, desprovisto.

destellar *tr.* fulgurar, resplandecer, brillar, centellear.

destello *m.* resplandor, ráfaga, fulgor, brillo, chispazo, relumbre, centelleo, rayo, reflejo, brillantez, luz. **2** *fig.* conjetura, vislumbre, atisbo, asomo, indicio.

destemplado, -da *adj.* descortés, desconsiderado, descomedido, desabrido, áspero, grosero, malhumorado, ANT. amable, cordial. **2** {clima, tiempo} desapacible, riguroso, inclemente, frío. ANT. apacible. **3** desafinado, inarmónico, desentonado, desacorde. ANT. afinado.

destemplanza *f.* intemperie, inclemencia. **2** exceso, intemperancia, abuso. ANT. templanza. **3** malestar, trastorno, alteración, indisposición, fiebre, escalofrío, destemple. **4** {acciones, palabras} desorden, alteración, brusquedad, descortesía. ANT. moderación.

destemplar *tr.* alterar, desordenar, turbar, desconcertar. ANT. ordenar. **2** *tr. prnl.* {instrumento} desafinar, desarmonizar. ANT. afinar. **3** indisponerse, enfermar. **4** *prnl.* {acciones, palabras} descomponerse, alterarse, enfurecerse, descomedirse. ANT. moderarse, serenarse.

destemple *m.* {instrumento} disonancia, desafinación. **2** alteración, exceso, desorden, caos. ANT. orden. **3** malestar, indisposición, trastorno, enfermedad. **4** descomedimiento, grosería, insolencia. ANT. moderación.

desteñido, -da *adj.* desvaído, descolorido, pálido.

desteñir *tr. intr. prnl.* {colores} borrar, apagar, aclarar. ANT. avivar. **2** descolorar, despintar. ANT. teñir.

desternillarse *prnl.* reírse mucho, morirse de risa.

desterrar *tr.* expulsar, expatriar, deportar, exiliar, echar, ANT. repatriar. **2** alejar, apartar, confinar. **3** {costumbre} desechar, abandonar. ANT. adquirir. **4** *prnl.* expatriarse, irse.

destetar *tr. prnl.* desmamar.

destiempo (a) *loc.* fuera de tiempo, a deshora, inoportunamente, impropiamente, intempestivamente. ANT. a tiempo, oportunamente.

destierro *m.* exilio, expatriación, deportación, extradición. **2** extrañamiento, confinamiento.

destilar *tr.* alambicar, alquitarar.

destinado, -da *adj.* predestinado. **2** agregado, adscrito, unido, anexo.

destinar *tr.* determinar, ordenar, señalar. **2** {empleo, cargo} designar, asignar, nombrar. ANT. destituir, deponer. **3** consagrar, dedicar. **4** enviar, despachar, mandar. ANT. recibir.

destinatario, -ria *adj.* {correo} receptor. ANT. remitente.

destino *m.* hado, sino, estrella, suerte, fortuna, providencia. **2** {de sucesos} encadenamiento, desarrollo. **3** circunstancia, azar. **4** aplicación, empleo, uso. **5** ocupación, empleo, cargo, colocación, puesto, trabajo, cometido, función. **6** meta, fin, objetivo, dirección, rumbo, finalidad, punto de llegada.

destituir *tr.* {de un cargo} separar, deponer, retirar, remover, licenciar, relevar, despedir, exonerar, expulsar, echar. ANT. nombrar.

destornillado, -da *adj. s.* precipitado, atolondrado, inconsiderado. ANT. moderado. **2** *col.* desequilibrado, alocado, chiflado. ANT. cuerdo.

destornillador *m.* atornillador.

destornillar *tr.* desatornillar, aflojar, desenroscar, sacar. ANT. atornillar, enroscar. **2** *prnl.* desconcertarse, aturdirse, precipitarse, desquiciarse, alocarse. ANT. serenarse, moderarse.

destreza *f.* habilidad, agilidad, capacidad, maestría, desenvoltura, aptitud, competencia, pericia, maña, experiencia, ingenio, propiedad, soltura, práctica. ANT. impericia, torpeza.

destripar *tr. col.* aplastar, reventar, despachurrar, despanzurrar.

destronar *tr.* desentronizar, deponer, derrocar, destituir, derribar. ANT. entronizar. **2** quitar preponderancia.

destrozar *tr. prnl.* destruir, despedazar, deshacer, hacer trozos, romper, estropear; desmembrar, descuartizar. ANT. componer. **2** fatigar. **3** *tr.* deteriorar, estropear, maltratar. **4** consternar, abatir, aniquilar, quebrantar, desgarrar, partir el alma. **5** {enemigo} aplastar, arrasar, derrotar, aniquilar, arrollar, vencer.

destrozo *m.* daño, estrago, destrucción, rotura, rompimiento, estropicio.

destrucción *f.* ruina, asolamiento, aniquilamiento, arrasamiento, estrago, exterminio, perdición, devastación; catástrofe, cataclismo, desgracia.

destructor, -ra *adj. s.* destructivo, demoledor, devastador, aniquilador, asolador, exterminador. **2** *m.* buque de guerra, torpedero.

destruir *tr. prnl.* {cosa} reducir, destrozar, desbaratar, descomponer. *ANT.* componer. **2** *tr.* {argumento, proyecto} deshacer, inutilizar. *ANT.* apoyar. **3** {dinero} malgastar, malbaratar, derrochar, dilapidar. *ANT.* ahorrar. **4** aniquilar, arrasar, demoler, devastar, asolar, deshacer, desmantelar. *ANT.* construir. **5** *prnl.* *MAT.* {cantidades} anularse.

desunión *f.* separación, ruptura, división, desajuste, desmembramiento, desarticulación, aislamiento. *ANT.* unión. **2** desavenencia, disconformidad, discordia, desacuerdo. *ANT.* avenencia, conformidad.

desunir *tr. prnl.* apartar, separar, dividir, desmembrar, disgregar, distanciar, alejar, desarticular, despegar, apartar, desprender, aislar. *ANT.* unir. **2** indisponer, enemistar, disociar. *ANT.* conciliar.

desusado, -da *adj.* insólito, extraordinario, extraño, raro. *ANT.* ordinario, habitual, común. **2** desacostumbrado, infrecuente, inusual. *ANT.* acostumbrado, usual. **3** obsoleto, anticuado, abolido, trasnochado, antiguo. *ANT.* actual.

desvaído, -da *adj.* descolorido, desteñido, mortecino, apagado, pálido. *ANT.* colorido, vivo, brillante. **2** disminuido, adelgazado, debilitado, sin fuerza. **3** impreciso, borroso, desdibujado, vago. *ANT.* preciso, definido, claro.

desvalido, -da *adj. s.* desamparado, desprotegido, inerme, indefenso, impotente, abandonado. *ANT.* protegido, amparado.

desvalijar *tr.* saquear, despojar, arrebatar, sustraer, atracar, robar, hurtar.

desvalimiento *m.* desamparo, abandono, orfandad. *ANT.* amparo, protección.

desvalorización *f.* devaluación, depreciación, disminución. *ANT.* revalorización. **2** rebaja, abaratamiento. *ANT.* alza.

desvalorizar *tr. prnl.* desestimar, menospreciar, despreciar. *ANT.* estimar, valorizar. **2** {moneda} devaluar. **3** abaratar, rebajar.

desván *m.* buhardilla, altillo, tabuco, trastero, guardilla.

desvanecer *tr. prnl.* {color, partículas} difundir, disgregar, difuminar, esfumar. **2** {duda, sospecha} deshacer, anular, suprimir. *ANT.* alentar. **3** {idea} alejar, disipar, quitar, desechar. **4** *prnl.* {vino} evaporarse, exhalarse, disiparse. *ANT.* concentrarse. **5** desaparecerse, esfumarse, hacerse humo. **6** *prnl. tr.* desmayarse, desfallecer, desplomarse, perder el sentido. *ANT.* reanimarse, volver en sí.

desvanecimiento *m.* debilidad, flaqueza, perturbación, desmayo, síncope, vahído, mareo, desfallecimiento, soponcio.

desvariar *intr.* delirar, disparatar, desatinar, desbarrar, prevaricar, decir locuras.

desvarío *m.* delirio, enajenación, extravío, perturbación, locura. *ANT.* cordura, sensatez. **2** disparate, dislate, fantasía, incoherencia, quimera, irracionalidad, desatino. *ANT.* acierto. **3** monstruosidad. **4** inconstancia, capricho, devaneo, ilusión.

desvelar *tr.* descubrir, revelar, destapar, mostrar, poner de manifiesto. *ANT.* ocultar, encubrir. **2** *tr. prnl.* quitar el sueño. **3** *prnl.* esmerarse, afanarse, angustiarse, inquietarse, esforzarse, desvivirse. *ANT.* despreocuparse.

desvelo *m.* insomnio, vigilia. *ANT.* sueño. **2** esmero, solicitud, cuidado, afán, interés, ahínco, atención, celo. *ANT.* desinterés, despreocupación.

desvencijar *tr. prnl.* desunir, destartalar, aflojar, descomponer, desarmar, desconcertar.

desventaja *f.* perjuicio, mengua, menoscabo, inferioridad. *ANT.* ventaja. **2** impedimento, inconveniente, dificultad, obstáculo, contrariedad. *ANT.* facilidad.

desventura *f.* desgracia, infortunio, adversidad, calamidad. *ANT.* ventura. **2** aflicción, desdicha, infelicidad.

desventurado, -da *adj.* infortunado, desafortunado, malaventurado, desgraciado. *ANT.* afortunado. **2** *adj. s.* apocado, cuitado, infeliz, pobre de espíritu. **3** avaro, avariento, tacaño, roñoso, miserable. *ANT.* generoso.

desvergonzarse *prnl.* insolentarse, descomedirse, descararse.

desvergüenza *f.* descaro, atrevimiento, cinismo, impudor, desfachatez, procacidad, insolencia. *ANT.* pudor, decencia.

desvestir *tr. prnl.* desabrigar. *ANT.* vestir.

desviación *f.* desvío. **2** separación, alejamiento. *ANT.* aproximación, convergencia. **3** tramo, variante, bifurcación, camino, carretera. **4** {comportamiento} extravío, aberración, mala tendencia. **5** *MED.* anomalía, anormalidad. **6** *MED.* {huesos} torcedura. **7** distorsión. **8** rodeo, circunlocución. **9** curvatura, declinación, declive, ondulación.

desviar *tr. prnl.* apartar, alejar. **2** desorientar, despistar, descaminar, extraviar, descarriar. *ANT.* encaminar. **3** disuadir, persuadir, desaconsejar. *ANT.* alentar. **4** *intr.* separarse.

desvincular *tr.* desagregar. *ANT.* agregar, vincular. **2** {vínculo} anular, liberar.

desvío *m.* desviación. *ANT.* encaminamiento. **2** desapego, desamor, desagrado. *ANT.* apego, afecto. **3** frialdad, indiferencia, extrañeza. *ANT.* interés. **4** tramo, variante, bifurcación, camino, carretera.

desvirgar *tr.* desflorar, quitar la virginidad.

desvirtuar *tr. prnl.* {fuerza} debilitar, anular. *ANT.* nutrir, potenciar. **2** desfigurar, transformar, alterar, deformar, adulterar, falsear.

desvivirse *prnl.* esforzarse, afanarse, interesarse, esmerarse, desvelarse, inquietarse. *ANT.* despreocuparse. **2** ansiar, anhelar, desear, suspirar. *ANT.* desinteresarse.

desyerbar *tr.* desherbar, desbrozar, escardar, arrancar.

detall *Cat. loc.* (**al detal**) al por menor, al detalle, al menudeo. *ANT.* al por mayor.

detallar *tr.* tratar, pormenorizar, especificar, precisar. **2** vender al por menor.

detalle *m.* enumeración, exposición, cuenta, relación. **2** pormenor, particularidad, punto, parte, elemento, fragmento, característica, minucia. **3** amabilidad, cortesía, atención, delicadeza, obsequio, regalo. *ANT.* desatención. **4** *loc.* **al ~:** al por menor, al menudeo.

detallista *adj. s.* minucioso, meticuloso, exhaustivo, prolijo, escrupuloso. **2** *com.* {comerciante} minorista. *ANT.* mayorista.

detección *m.* localización, descubrimiento, encuentro.

detectar *tr.* descubrir, localizar, encontrar, revelar, hallar, señalar. *ANT.* ignorar.

detective *com.* investigador, agente, policía, policía particular.

detención *f.* alto, parada, espera, descanso. *ANT.* continuación. **2** prolijidad, esmero, detenimiento, cuidado. *ANT.* descuido, precipitación. **3** tardanza, dilación, retraso, atasco, interrupción, impedimento, demora. ANT. desatasco. **4** arresto, apresamiento, captura, encarcelamiento, prendimiento, aprehensión. ANT. libertad.

detener *tr. prnl.* interrumpir, suspender, impedir, atajar, frenar, paralizar. ANT. impulsar. **2** *tr.* capturar, prender, arrestar, encarcelar, encerrar, apresar, aprisionar. ANT. liberar. **3** *prnl.* {movimiento} pararse, cesar. **4** demorarse, retrasarse. **5** considerar, reflexionar.

detenido, -da *adj.* {análisis} minucioso, cuidadoso. ANT. superficial. **2** parado, estático, paralizado, inmovilizado, estancado. ANT. móvil. **3** *adj. s.* vacilante, tímido, indeciso. ANT. resuelto. **4** escaso, miserable. **5** arrestado, encarcelado, recluso, preso. ANT. libre.

detenimiento *m.* parada, alto, detención, paralización. ANT. continuación. **2** tardanza, demora, retraso. **3** prolijidad, cuidado, esmero, minuciosidad. ANT. apresuramiento.

detentar *tr.* {poder, cargo} usurpar, ejercer ilegítimamente. **2** DER. {bien, posesión} retener (indebidamente).

detergente *m.* jabón, limpiador, desinfectante. **2** *adj. m.* MED. detersorio.

deteriorado, -da *adj.* estropeado, dañado, averiado, gastado, inservible, descompuesto.

deteriorar *tr. prnl.* estropear, dañar, averiar, romper, destruir, destrozar, deformar, perjudicar, menoscabar, malograr. ANT. mejorar, reparar. **2** *prnl.* empeorar, decaer, degenerar. ANT. mejorar.

deterioro *m.* daño, avería, rotura, desperfecto, mella, desmejora, destrucción, desgaste. ANT. reparación. **2** decadencia, empeoramiento, detrimento, menoscabo. ANT. mejora.

determinación *f.* decisión, resolución, disposición, medida, acuerdo, voluntad. ANT. indecisión, vacilación. **2** valor, denuedo, osadía, arrojo, audacia. ANT. cobardía.

determinado, -da *adj. s.* osado, resuelto, valeroso, audaz, intrépido, arrojado, decidido, valiente. ANT. tímido, indeciso, vacilante. **2** definido, establecido, designado, señalado, prescrito, explícito, concluyente, especificado, delimitado, fijo, concreto. ANT. impreciso, indefinido. **3** ocasionado, causado, producido, originado, provocado.

determinar *tr. prnl.* {términos} fijar, establecer, resolver, estatuir, disponer, decretar, ordenar. **2** discernir, distinguir, dilucidar, diferenciar. **3** {tiempo, hora} señalar, precisar, fijar, marcar. **4** *tr. prnl.* decidir, resolverse. ANT. dudar. **5** causar, ocasionar, suscitar, producir, provocar.

detestable *adj.* odioso, abominable, repelente, despreciable, aborrecible, condenable, execrable. ANT. apreciable.

detestar *tr.* aborrecer, odiar, despreciar, abominar, repeler, execrar. ANT. estimar, querer, amar. **2** condenar, maldecir.

detonación *f.* estallido, estampido, explosión, estruendo, descarga, disparo, tiro.

detonar *intr.* explotar, estallar, reventar, tronar.

detracción *f.* murmuración, crítica, censura, difamación, vituperación.

detractar *tr.* infamar, denigrar, desacreditar, vituperar. ANT. enaltecer, alabar, elogiar.

detractor, -ra *adj. s.* calumniador, difamador, vituperador, infamador, denigrador.

detraer *tr. prnl.* sustraer, restar. **2** desviar, apartar. **3** *tr.* infamar, difamar, denigrar, calumniar, detractar.

detrás *adv.* {lugar} atrás, tras, posterior, en pos de, en la parte posterior. ANT. delante. **2** en ausencia.

detrimento *m.* deterioro, destrucción, disminución, menoscabo. ANT. beneficio. **2** {salud, intereses} quebranto, mal, pérdida. ANT. provecho. **3** perjuicio, daño moral.

detrito *m.* (*tb.* **detritus**) *gen. pl.* desperdicios, residuos, desechos, restos, sobras, basura.

deuda *f.* {dinero} obligación, gravamen, débito, carga, endeudamiento, adeudo. ANT. pago. **2** responsabilidad, compromiso, deber, obligación.

deudo, -da *s.* pariente, familiar, allegado.

devaluar *tr.* {moneda} desvalorizar, depreciar, rebajar. ANT. valorizar.

devanar *tr.* enrollar, envolver, ovillar, bobinar.

devaneo *m.* desatino, delirio. **2** pasatiempo vano, pérdida de tiempo, distracción reprensible. **3** galanteo, flirteo, capricho, coqueteo, aventura, amorío pasajero.

devastación *f.* destrucción, ruina, desastre, calamidad, catástrofe.

devastar *tr.* {territorio} arrasar, asolar, arruinar, desolar. **2** destruir, deshacer.

develar *tr.* desvelar, descubrir, revelar, poner de manifiesto.

devenir *intr.* sobrevenir, acontecer, suceder, pasar, acaecer. **2** llegar a ser, transformarse, convertirse. **3** *m.* FIL. cambio, proceso, transformación.

devoción *f.* REL. fervor, veneración, fe, religiosidad, piedad, recogimiento, unción. ANT. irreligiosidad. **2** práctica piadosa. **3** afición, apego, inclinación, predilección, entusiasmo, afecto, interés. ANT. desinterés.

devolución *f.* restitución, retorno, reintegración, reintegro, reembolso.

devolver *tr.* volver, retornar. **2** restituir, reintegrar, reponer, restablecer, reembolsar. ANT. quitar, arrebatar. **3** corresponder, premiar, compensar, recompensar. **4** {compra, factura} rechazar. **5** {en una compra} dar la vuelta, dar el cambio. **6** *col.* vomitar, arrojar. **7** *prnl.* Amer. volverse, regresar, retornar, dar la vuelta. ANT. irse, marcharse.

devorador, -ra *adj.* voraz, glotón, comilón, insaciable, tragón.

devorar *tr.* {persona} engullir, zampar, tragar con ansia. **2** {animal} comer su presa, tragar. **3** {fuego} abrasar, destruir, consumir, devastar. **4** {deseo} apremiar. **5** atender ávidamente, observar con cuidado. **6** {distancia} recorrer (con rapidez).

devoto, -ta *adj. s.* fervoroso, piadoso, pío, creyente, religioso, practicante. ANT. incrédulo. **2** aficionado, leal, apegado, afecto, fiel, admirador. ANT. contrario, enemigo. **3** {lugar, imagen} sagrado, venerable.

dextrosa *f.* BIOQUÍM. glucosa.

día *m.* jornada, 24 horas. **2** alba, amanecer. **3** claridad, sol, luz (del día). **4** fecha, momento, ocasión. **5** *gen. pl.* cumpleaños. **6** *pl.* vida. **7** *loc. al* ~: al corriente. **8** *loc. cerrarse el* ~: oscurecerse. **9** *loc.* ~ *y noche:* constantemente, permanentemente. **10** *loc. en su* ~: a su tiempo, en su momento.

diablo *m.* demonio, demontre, diantre, enemigo, tentador. ANT. ángel. **2** malhumorado. **3** temerario, atrevido. **4** feo, horrible, horrendo. ANT. hermoso. **5** astuto, sagaz, hábil, mañoso, sutil. ANT. ingenuo. **6** *col.* travieso, inquieto, diablillo, bullicioso, revoltoso. **7** malévolo, malo, maléfico, pérfido, maligno, perverso. ANT. bondadoso. **8** Belcebú, Lucifer, Luzbel, Satán, Satanás. **9** *loc.* ¡qué ~s! ¡qué demonios! **10** *loc. darse al* ~: enfurecerse, encolerizarse, irritarse, desesperarse. **11** *loc. llevarse el* ~ *una cosa:* fracasar, suceder mal, fallar.

diablura *f.* {niño} travesura, picardía, jugarreta. **2** fechoría, trastada, temeridad.

diabólico, -ca *adj.* demoníaco, satánico, luciferino, infernal. *ANT.* celestial. **2** enrevesado, enredado, arduo, complicado, muy difícil. *ANT.* fácil. **3** maligno, perverso, pérfido, malo, malvado. *ANT.* bueno.

diadema *f.* aureola, nimbo, corona, cinta. **2** joya, adorno.

diáfano, -na *adj.* transparente, translúcido, cristalino, límpido, nítido. *ANT.* opaco, oscuro. **2** claro, limpio, puro. *ANT.* turbio.

diafragma *m.* ANAT. membrana; músculo. **2** {cámara fotográfica} lámina flexible, disco.

diagnosticar *tr.* evaluar, analizar. **2** MED. {enfermedad} determinar, calificar, especificar.

diagnóstico *adj.* MED. {enfermedad} diagnosis, interpretación, determinación, análisis, prescripción, pronóstico.

diagonal *adj. s.* oblicuo, inclinado, cruzado, sesgado, transversal.

diagrama *f.* dibujo, esquema, esbozo, bosquejo, plano, croquis.

dial *m.* interruptor, botón. **2** cuadrante, escala. **3** RAD. conjunto de emisoras.

dialéctica *f.* FIL. método de razonamiento, arte de argumentar. **2** FIL. oposición, relación entre opuestos.

dialecto *m.* LING. sistema lingüístico, estructura lingüística.

dialogar *intr.* hablar, conversar, charlar, platicar. **2** discutir, debatir.

diálogo *m.* conversación, charla, coloquio, plática. **2** entrevista, conferencia, consulta. **3** discusión, debate.

diamante *m.* brillante, piedra preciosa, joya, gema, cristal.

diamantino, -na *adj.* transparente; brillante. **2** POÉT. inquebrantable, firme, incorruptible.

diametralmente *adv.* de un extremo al otro. **2** enteramente, plenamente, cabalmente.

diámetro *m.* GEOM. segmento de recta, línea. **2** {arma de fuego, proyectil} calibre.

diana *f.* toque militar, señal, llamada, aviso. **2** {tiro} centro, blanco, punto central. **3** blanco de tiro.

diantre *m.* diablo, demonio, demontre.

diapositiva *f.* filmina, fotografía.

diario, -ria *adj.* cotidiano, habitual, fijo, regular, frecuente. *ANT.* irregular, eventual, esporádico. **2** *m.* periódico, publicación, boletín, impreso, gaceta. **3** memoria, registro, relación histórica; relato, narración. **4** gasto (diario), valor (diario). **5** COM. libro diario.

diarrea *f.* cólico, descomposición, flujo. *ANT.* estreñimiento.

diáspora *f.* {grupos humanos} dispersión, desbandada, marcha, éxodo, diseminación, disgregación. *ANT.* reunión.

diastrofia *f.* MED. {hueso, músculo, nervio} dislocación.

diatriba *f.* libelo, invectiva, sátira, vejamen, ataque, discurso violento, escrito injurioso. *ANT.* elogio, alabanza.

dibujante *com.* artista, pintor, diseñador, ilustrador, delineante, caricaturista.

dibujar *tr. prnl.* delinear, pintar, trazar, perfilar, diseñar. **2** *tr. fig.* describir, representar, ilustrar, retratar. **3** *prnl.* {algo oculto} indicarse, manifestarse, revelarse.

dibujo *m.* delineación, figura, pintura, imagen, silueta. **2** ilustración, gráfico, esquema, diseño, esbozo; bosquejo, apunte.

dicacidad *f.* {para zaherir con palabras} mordacidad, gracia, ironía, ingenio, agudeza.

dicción *f.* articulación, pronunciación, fonación, vocalización, elocución, expresión. **2** palabra, vocablo, término, voz.

diccionario *m.* léxico, lexicón, vocabulario, glosario, catálogo, repertorio.

dicha *f.* felicidad, ventura, fortuna, suerte, bienestar. *ANT.* desdicha, desventura.

dicharachero, -ra *adj.* ocurrente, parlanchín, ingenioso, vivaracho, chistoso, bromista.

dicho, -cha *adj.* mencionado, antedicho, susodicho, referido, citado, mentado. **2** *m.* sentencia, refrán, proverbio, aforismo, adagio, máxima. **3** ocurrencia, agudeza, salida.

dichoso, -sa *adj.* feliz, venturoso, bienaventurado, afortunado. *ANT.* desdichado. **2** *irón.* desventurado, malaventurado, desdichado, malhadado, infeliz. **3** *col.* molesto, fastidioso, gravoso, cargante, enfadoso, pesado. *ANT.* grato.

dicotomía *f.* división en dos. **2** FIL. clasificación, método. **3** BOT. {tallo, rama} bifurcación.

dicotómico, -ca *adj.* binario.

dictador, ra *s.* autócrata, tirano, totalitario, déspota, absolutista. *ANT.* demócrata.

dictadura *f.* autocracia, totalitarismo, tiranía, absolutismo, despotismo, cesarismo. *ANT.* democracia. **2** predominio, fuerza dominante.

dictamen *m.* opinión, veredicto, diagnóstico, juicio, creencia, apreciación, parecer.

dictaminar *intr.* resolver, decidir, dar dictamen.

dictar *tr.* pronunciar, leer, transmitir, emitir, decir. **2** decretar, estatuir, promulgar, expedir; sentenciar, fallar. **3** disponer, imponer, ordenar. **4** inspirar, aconsejar, sugerir. **5** {clase, conferencia} impartir, dar, ofrecer.

dictatorial *adj.* arbitrario, autoritario, autocrático, absolutista, tiránico. *ANT.* democrático.

dicterio *m.* injuria, insulto, improperio, afrenta, agravio, oprobio, invectiva, denuesto.

didáctico, -ca *adj.* pedagógico.

diente *m.* {de un instrumento o herramienta} punta, prominencia, resalto, saliente.

diéresis *f.* signo ortográfico, crema.

diestra *f.* mano derecha.

diestro, -tra *adj.* derecho. *ANT.* zurdo. **2** experto, hábil, ágil, entendido, competente, ingenioso, sagaz, versado. *ANT.* torpe, inepto. **3** *f.* mano derecha. **4** *loc.* **a ~ y siniestro:** sin orden, sin discreción, sin tino.

dieta[1] *f.* tratamiento, cuidados, régimen alimenticio. **2** privación, ayuno. **3** BIOL. sustancias alimenticias.

dieta[2] *f.* asamblea política, consejo, congreso, junta. **2** *gen. pl.* honorarios, estipendio, retribución.

dietario *m.* agenda, memorándum.

diezmar *tr.* {enfermedad, guerra} asolar, destruir, exterminar, arrasar, aniquilar.

diezmo *m. p. us.* tributo, contribución, carga, tasa, impuesto.

difamación *f.* calumnia, murmuración, descrédito, desprestigio, deshonra, denigración, maledicencia, chisme, falsedad, mentira, impostura. *ANT.* alabanza, elogio, honra.

difamar *tr. prnl.* calumniar, infamar, desacreditar, denigrar, afrentar, deshonrar, desprestigiar, vilipendiar. *ANT.* elogiar, honrar.

diferencia *f.* distinción, cualidad, especificidad, singularidad. **2** desemejanza, disimilitud, desproporción, desigualdad, divergencia, disparidad. ANT. semejanza, similitud. **3** variedad, diversidad, contraste, desigualdad. ANT. igualdad. **4** disensión, disentimiento, disconformidad, oposición, disputa, controversia, desavenencia, discordia. ANT. acuerdo. **5** MAT. resto, residuo. **6** loc. *partir la ~:* ceder, conformarse.

diferenciar tr. distinguir, percibir, apreciar. **2** {uso} variar, mudar, transformar, cambiar. **3** separar, especificar, seleccionar, discriminar, dividir, desmembrar. ANT. igualar. **4** intr. discordar, diferir, discrepar. **5** prnl. {cosa} distinguirse, singularizarse, diferir. ANT. parecerse. **6** {persona} hacerse notable. **7** BIOL. {célula} especializarse.

diferendo m. Amer. {entre instituciones o Estados} diferencia, discrepancia, desacuerdo.

diferente adj. diverso, distinto, desemejante, disímil, heterogéneo, desigual, divergente. ANT. igual, similar. **2** adv. diferentemente, diversamente, de otro modo, de otra manera.

diferir tr. aplazar, retrasar, dilatar, retardar, posponer, demorar, prorrogar. ANT. adelantar. **2** intr. {persona, cosa} distinguirse, diferenciarse, desemejar. **3** disentir, discrepar, no estar de acuerdo. ANT. coincidir.

difícil adj. arduo, trabajoso, dificultoso, laborioso, penoso, embarazoso. ANT. fácil. **2** complicado, embrollado, intrincado, enrevesado. ANT. sencillo, claro. **3** incomprensible, críptico, complejo, abstruso. ANT. comprensible, elemental. **4** improbable, imposible. ANT. posible. **5** formidable, importante, fenomenal, grande, grave. ANT. nimio, baladí. **6** arriesgado, peligroso, expuesto, delicado, comprometido. ANT. seguro. **7** {persona} insatisfecho, áspero; rebelde, intratable. ANT. accesible. **8** extraño, singular. ANT. común.

dificultad f. inconveniente, contrariedad, complicación, obstáculo, tropiezo, estorbo, impedimento, traba, contratiempo. ANT. facilidad. **2** réplica, reparo, argumento, objeción, duda. **3** problema, aprieto, crisis, apuro, trance. **4** esfuerzo, fatiga, pena, trabajo.

dificultar tr. prnl. obstaculizar, entorpecer, estorbar, impedir, complicar, obstruir, enredar, embrollar. ANT. ayudar, facilitar.

difracción f. OPT. {rayo luminoso} desviación, desvío.

difuminar tr. {líneas, colores} desvanecer, desdibujar, esfumar, disipar, difumar, diluir. ANT. reforzar, acentuar.

difundir tr. prnl. extender, esparcir, diseminar, dispersar, propagar. ANT. reunir. **2** tr. {noticias, costumbres} propagar, divulgar, publicar, comunicar, propalar, expandir, transmitir, extender, promulgar. ANT. reservar, ocultar.

difunto, -ta adj. muerto, sin vida. ANT. viviente. **2** m. cadáver, occiso, finado, restos mortales. ANT. vivo.

difusión f. propagación, expansión, diseminación, extensión, irradiación, proliferación. **2** divulgación, comunicación, publicidad.

difuso, -sa adj. ancho, dilatado, amplio, lato, extenso. ANT. estrecho. **2** vago, impreciso, borroso, embrollado, incomprensible, confuso. ANT. nítido, claro, preciso. **3** {escritor, lenguaje} prolijo, farragoso, verboso. ANT. conciso, sobrio, parco.

digerir tr. {alimentos} asimilar, absorber. **2** {desgracia} sufrir, sobrellevar, soportar, llevar con paciencia. **3** reflexionar, considerar, meditar cuidadosamente. **4** BIOL., QUIM. {materia orgánica} degradar.

digesto m. {textos} resumen, selección, recopilación.

digitado, -da adj. ZOOL. {mamífero} digitiforme.

digitador, -ra s. Amer. persona que digita.

digital adj. dactilar. **2** dactiloscópico.

digitar tr. Amer. {en computador} introducir datos. **2** intr. Amer. teclear (con habilidad).

dígito m. MAT. número dígito, cifra. **2** INF. loc. ~ binario: bit, bitio.

dignarse prnl. acceder, consentir, aceptar, permitirse, servirse, condescender, tener a bien. ANT. negarse.

dignatario, -ria s. funcionario, representante, delegado, personaje, mandatario.

dignidad f. honradez, decencia, integridad, honestidad, honra, decoro. ANT. indignidad, ruindad. **2** excelencia, realce, grandeza. **3** cargo, función, puesto, empleo, investidura.

dignificar tr. enaltecer, elevar, engrandecer, honrar. ANT. rebajar, envilecer.

digno, -na adj. merecedor, acreedor. ANT. indigno. **2** correspondiente, conveniente, proporcionado, adecuado, merecido. ANT. inmerecido. **3** honesto, íntegro, decente, decoroso, respetable. ANT. deshonesto, indecente. **4** {salario, novela} aceptable.

digresión f. paréntesis, observación, acotación, explicación, rodeo.

dije m. joya, alhaja, relicario.

dilación f. demora, retraso, tardanza, prórroga, aplazamiento. ANT. prontitud.

dilapidar tr. {bienes} malgastar, derrochar, disipar, despilfarrar. ANT. ahorrar.

dilatado, -da adj. extenso, grande, vasto, amplio, espacioso, ancho. ANT. limitado.

dilatar tr. prnl. extender, alargar, ensanchar, prolongar, ampliar, hacer mayor. ANT. contraer, achicar, reducir. **2** diferir, aplazar, retardar, retrasar, demorar, prorrogar. ANT. adelantar. **3** {conocimiento} propagar, difundir, multiplicar, aumentar. **4** {en un discurso} extenderse, alargarse. **5** prnl. intr. Amer. {persona, cosa} retardarse, tardarse.

dilecto, -ta adj. querido, estimado, amado, predilecto, preferido. ANT. detestado, odiado.

dilema m. disyuntiva, duda, contradicción, dificultad.

diletante adj. s. {música, artes} aficionado, conocedor, entusiasta, amante. ANT. experto.

diligencia f. {en la ejecución de algo} cuidado, esmero, dedicación, celo, atención. ANT. negligencia, descuido. **2** agilidad, presteza, rapidez, prontitud, prisa, agilidad, celeridad, dinamismo, actividad. ANT. lentitud, retardo. **3** trámite, gestión, encargo, misión, cometido. **4** coche grande, carroza, carruaje, carromato. **5** col. negocio, asunto.

diligenciar tr. tramitar, gestionar, despachar, procurar, resolver. ANT. desatender.

diligente adj. aplicado, atento, exacto, solícito, cuidadoso, esmerado. ANT. negligente. **2** activo, laborioso, presto, rápido, hacendoso, dinámico, pronto. ANT. perezoso.

dilogía f. anfibología, ambigüedad, equívoco.

dilucidar tr. {asunto, proposición} explicar, esclarecer, clarificar, aclarar, elucidar, desembrollar, solucionar, resolver. ANT. confundir, embrollar.

diluir tr. disolver, desleír, deshacer, licuar, descomponer. ANT. espesar.

diluvio m. inundación, desbordamiento. **2** col. aguacero, chubasco, chaparrón, borrasca, lluvia copiosa. **3** col. abundancia excesiva, afluencia, copia. ANT. escasez.

dimanar intr. {agua} proceder, emanar, venir. **2** {cosa} provenir, seguirse, deducirse, resultar, tener origen, originarse.

dimensión f. {en general} aspecto, faceta. **2** {línea} longitud. **3** {superficie} área. **4** {cuerpo} volumen. **5** MÚS. {de los compases} medida.

diminuto, -ta *adj.* defectuoso, carente, falto, imperfecto. *ANT.* completo. **2** ínfimo, enano, minúsculo, mínimo, pequeñísimo, insignificante. *ANT.* grande; alto.

dimisión *f.* {empleo} renuncia, retiro, abandono.

dimitir *tr. intr.* {empleo} renunciar, rehusar, dejar.

dinamarqués, -esa *adj. s.* danés.

dinámico, -ca *adj. col.* activo, enérgico, vital, diligente, laborioso. *ANT.* apático, lento.

dinamismo *m.* presteza, eficacia, actividad, agilidad, laboriosidad, rapidez. *ANT.* abulia.

dinamitar *tr.* estallar, explotar, volar. **2** aniquilar, destruir.

dinamo *f.* (*tb.* **dínamo**) *Fís.* generador, transformador.

dinastía *f.* realeza, monarquía, reinado, estirpe, casa real, progenie, linaje, sucesión real, familia gobernante, príncipes soberanos.

dineral *m.* fortuna, capital, millonada, dinerada, caudal, tesoro, suma grande.

dinero *m.* moneda corriente, fondos, efectivo, moneda, metálico. **2** *col.* plata, guita, pasta. **3** fortuna, hacienda, bienes, patrimonio, peculio, riqueza, caudal. **4** *ECON.* medio de cambio.

diócesis *f.* {de un obispo o arzobispo} territorio, distrito, circunscripción, sede.

dionisíaco, -ca *adj.* (*tb.* **dionisiaco, -ca**) báquico. **2** instintivo, orgiástico. *ANT.* apolíneo, racional.

dios *m.* *REL.* ser supremo, deidad, divinidad.

diploma *m.* título, certificado, documento, credencial, pergamino.

diplomacia *f.* {entre Estados o naciones} relaciones internacionales, relaciones exteriores, servicio exterior, asuntos exteriores. **2** cuerpo diplomático. **3** *col.* cortesía aparente, disimulo, astucia. **4** discreción, tacto, política, sutileza, habilidad, sagacidad. *ANT.* torpeza.

diplomar *tr.* titular, acreditar, certificar. **2** *prnl.* graduarse, licenciarse.

diplomático, -ca *adj.* afectadamente cortés. **2** disimulado, sagaz, taimado, ladino. **3** *adj. s.* representante, delegado, enviado, emisario, plenipotenciario, embajador, cónsul.

dipsomanía *f.* alcoholismo.

diputación *f.* delegación, representación, comisión, junta, consejo, corporación, asamblea.

diputado, -da *s.* representante, parlamentario, legislador, delegado, congresista.

diputar *tr.* designar, destinar, nombrar, elegir, señalar. **2** reputar, juzgar, conceptuar.

dique *m.* muro, pared, construcción. **2** muelle, rompeolas, malecón. **3** *fig.* obstáculo, barrera, freno, oposición, impedimento.

dirección *f.* tendencia, sesgo, cariz, giro, viraje. **2** rumbo, camino, orientación, curso, sentido, trayectoria, derrotero, perspectiva. **3** enseñanza, consejo, orientación, preceptos. *ANT.* desorientación. **4** gerencia, gestión, jefatura, administración, gobierno, mando, directivas. **5** cargo (del director). **6** {empresa} oficina, sede. **7** {persona} domicilio, residencia, paradero; señas. **8** {automóvil} volante, timón.

directivo, -va *adj. s.* director, dirigente, administrador, jefe, autoridad. *ANT.* subordinado. **2** *f.* {corporación, sociedad} junta, mesa, comisión, presidencia. **3** directriz, orientación, instrucciones, norma, pauta, regla, criterio.

directo, -ta *adj.* derecho, recto. *ANT.* torcido, desviado. **2** continuo, ininterrumpido, seguido, en línea recta, sin escalas. *ANT.* con escalas. **3** evidente, natural, claro, inmediato. **4** sincero, rotundo, espontáneo, claro, franco, llano. *ANT.* disimulado, indirecto. **5** *loc.* *RAD.*, TV. *en* ~: en vivo.

director, -ra *s.* dirigente, directivo, administrador, jefe, autoridad. *ANT.* subordinado.

directorio *m.* junta directiva, dirección, comisión, presidencia. **2** guía, guía telefónica, lista de teléfonos. **3** normatividad, normativa, instrucciones, normas. **4** *INF.* catálogo, lista de archivos.

dirigente *adj. s.* ver **director**.

dirigible *m.* globo, globo aerostático, aerostato, aeróstato, zepelín, aeronave.

dirigir *tr. prnl.* enderezar, encaminar, encarrilar, encauzar. *ANT.* descaminar. **2** *tr.* guiar, orientar. *ANT.* desorientar. **3** administrar, regir, gobernar, mandar. *ANT.* obedecer. **4** aconsejar, enseñar, educar, instruir, tutelar, adiestrar, guiar, orientar. *ANT.* extraviar. **5** {obra} dedicar, destinar. **6** {orquesta} conjuntar, marcar. **7** *prnl.* ir, acudir, concurrir, encaminarse, marchar, trasladarse.

dirimir *tr.* disolver, deshacer, desunir, separar, anular. *ANT.* unir. **2** {discusión, desacuerdo} decidir, zanjar, ajustar, resolver, concluir, terminar.

discapacitado, -da *adj. s.* con capacidad diferente, con capacidades especiales.

discernimiento *m.* perspicacia, lucidez, penetración, agudeza, entendimiento, distinción, razón, juicio, criterio, comprensión. *ANT.* confusión, irreflexión, torpeza.

discernir *tr.* distinguir, diferenciar, discriminar, valorar, creer, apreciar, opinar, estimar, reconocer. *ANT.* confundir. **2** {cargo} conceder, otorgar, adjudicar.

disciplina *f.* educación, instrucción, enseñanza. **2** materia, asignatura, estudio, especialidad, ciencia, facultad, arte. **3** observancia, sujeción, obediencia, dependencia, subordinación, sumisión. *ANT.* indisciplina, desobediencia. **4** regla, precepto, orden, norma, método. *ANT.* desorden, anarquía. **5** rigor, dureza, austeridad, sobriedad, autoridad, severidad. *ANT.* relajamiento. **6** látigo, azote.

discípulo, -la *s.* estudiante, educando, alumno, colegial, escolar. **2** seguidor, partidario, prosélito, adepto.

disco *m.* cuerpo cilíndrico. **2** lámina circular. **3** *fig.* explicación repetitiva, discurso impertinente. **4** *DEP.* plancha circular.

discóbolo *m.* *HIST.* {en Grecia antigua} lanzador de disco, atleta.

discografía *f.* producción de discos. **2** {de un autor} conjunto/colección de discos.

discoidal *adj.* discoideo, discoide, circular, redondo, aplanado.

díscolo, -la *adj. s.* rebelde, desobediente, indócil, perturbador, travieso, revoltoso, indisciplinado. *ANT.* obediente, dócil.

disconforme *adj.* desigual, desacorde, discordante, dispar. *ANT.* acorde. **2** inconforme, opuesto, discrepante, desavenido, contrario, divergente. *ANT.* conforme.

disconformidad *f.* diferencia, discordancia, disparidad, contrariedad. *ANT.* concordancia. **2** desacuerdo, inconformidad, disentimiento, divergencia, oposición, desavenencia, desunión, discrepancia, antagonismo. *ANT.* acuerdo, conformidad.

discontinuidad *f.* intermitencia, intervalo, infrecuencia, laguna. *ANT.* continuidad.

discontinuo, -nua *adj.* intermitente, interrumpido, irregular, esporádico, variable, inconstante, entrecortado, alterno. *ANT.* continuo, constante. **2** *MAT.* no continuo.

discordancia *f.* disconformidad, contrariedad, discordia, desavenencia, desacuerdo, disensión, disentimiento.

discordante *adj. s.* {personas o cosas} contrario, discorde, opuesto, disconforme, desavenido. ANT. conforme, favorable. 2 Mús. disonante, destemplado, falto de consonancia. ANT. acorde, armónico.

discordar *intr.* {cosas} oponerse, diferenciarse. 2 {personas} disentir, discrepar, desavenirse, divergir. 3 Mús. desafinar, disonar, desentonar.

discorde *adj. ver* **discordante**.

discordia *f.* discrepancia, desavenencia, desacuerdo, disconformidad, desunión, oposición, disensión, divergencia; pelea, querella, contienda, disputa. ANT. concordia, avenencia.

discreción *f.* sensatez, discernimiento, tacto, tino. ANT. insensatez. 2 {en la expresión} agudeza, ingenio. ANT. torpeza. 3 prudencia, reserva, moderación, mesura, cordura. ANT. imprudencia, indiscreción.

discrepancia *f.* {cosas} diferencia, desigualdad, disimilitud, desemejanza. ANT. semejanza, similitud. 2 {personas} disentimiento, desacuerdo, disensión, divergencia, desavenencia, disconformidad. ANT. acuerdo, entendimiento.

discrepar *intr.* {cosas} diferenciarse, diferir, distar. ANT. concordar. 2 {personas} disentir, desavenirse. ANT. consentir.

discreto, -ta *adj. s.* mesurado, sensato, prudente, razonable, juicioso. ANT. imprudente, insensato. 2 ingenioso, agudo. ANT. torpe. 3 moderado, sin exceso. ANT. exagerado, desmesurado. 4 reservado, cauto, recatado, circunspecto, considerado. ANT. indiscreto. 5 separado, distinto. 6 *pey.* limitado, deficiente, pobre. 7 MAT. {cantidad} discontinuo.

discriminante *adj.* discriminatorio.

discriminar *tr.* seleccionar excluyendo, discernir, distinguir, especificar, diferenciar. ANT. mezclar, confundir. 2 {por motivos étnicos, políticos, religiosos…} excluir, segregar, marginar, aislar, rechazar, apartar, separar. ANT. integrar.

discriminatorio, -ria *adj.* discriminante.

disculpa *f.* excusa, exculpación, justificación, razón, defensa, descargo. ANT. culpa, inculpación, acusación. 2 pretexto, coartada, subterfugio, evasiva.

disculpable *adj.* perdonable, justificable, excusable, dispensable, explicable. ANT. imperdonable, inexcusable, injustificable.

disculpar *tr. prnl.* excusar, justificar, exculpar, defender, eximir, absolver. ANT. culpar, acusar. 2 *tr. col.* permitir, disimular, tolerar. ANT. prohibir, impedir. 3 *prnl.* excusarse, justificarse, pretextar, pedir indulgencia, pedir perdón. ANT. acusarse, inculparse.

discurrir *intr.* inventar, concebir, idear, ingeniar, proyectar, planear. 2 conjeturar, inferir, deducir, suponer, calcular. 3 *intr.* caminar, transitar, andar, pasear, recorrer, deambular, marchar. 4 {tiempo} transcurrir, pasar, avanzar, correr. 5 {agua, aire} fluir, correr, deslizarse. ANT. estancarse. 6 pensar, razonar, reflexionar, cavilar.

discursear *intr. col.* disertar, perorar, hablar. ANT. callar.

discurso *m. p. us.* facultad racional. 2 raciocinio, razonamiento, reflexión, uso de razón. 3 alocución, disertación, exposición, perorata, peroración, sermón, proclama, arenga, prédica, argumentación, conferencia. 4 doctrina, tesis, ideología. 5 escrito, tratado. 6 *p. us.* {tiempo} curso, transcurso, decurso, paso. 7 GRAM. oración. 8 LING. cadena hablada, cadena escrita.

discusión *f.* controversia, polémica, desacuerdo, debate, discrepancia, diferencia, altercado, disputa. ANT. acuerdo. 2 {resultados de una investigación} comparación, examen, evaluación, análisis.

discutible *adj.* disputable, controvertible, objetable, cuestionable, dudoso, impugnable, problemático. ANT. indiscutible, innegable.

discutir *tr.* {una materia o tema} examinar, analizar, tratar, estudiar; deliberar, argumentar. 2 contradecir, objetar, replicar, impugnar. ANT. aceptar. 3 *tr. intr.* disputar, alegar, oponerse, polemizar, contender, altercar. ANT. acordar.

disección *f.* anatomía. 2 *fig.* examen, análisis.

disector, -ra *s.* MED. {persona} prosector.

diseminar *tr. prnl.* esparcir, extender, dispersar, desperdigar, desparramar, disgregar, propagar. ANT. juntar, agrupar, reunir.

disensión *f.* desacuerdo, oposición, desavenencia, contrariedad, diferencia, divergencia, disconformidad, discrepancia. ANT. acuerdo, aceptación. 2 altercado, pelea, contienda, disputa, riña. ANT. concordia, paz.

disenso *m. ver* **disentimiento**.

disentimiento *m.* discrepancia, desacuerdo, disconformidad, desavenencia, diferencia, discordia. ANT. acuerdo, conformidad.

disentir *intr.* discrepar, diferir, desavenirse, discordar. ANT. convenir.

diseñar *tr.* trazar, delinear, dibujar, esbozar, bosquejar.

diseño *m.* {edificio, figura} traza, trazado, delineación, esbozo, bosquejo, plano, croquis, gráfico, esquema, dibujo. 2 plan, proyecto. 3 {moda, producto industrial} concepción original. 4 {moda, producto industrial} forma. 5 descripción, bosquejo verbal. 6 {en animales y plantas} disposición, manchas, colores.

disertación *f.* razonamiento, reflexión, discurso. 2 texto, lección, escrito, conferencia.

disertar *intr.* razonar, discurrir, exponer, explicar, argumentar. 2 hablar, conferenciar.

disfavor *m.* desaire, desdén, desplante, desatención, descortesía, menosprecio. 2 perjuicio, descrédito, menoscabo.

disfonía *f.* MED. ronquera, carraspera, trastorno (de la fonación).

disfraz *m.* {cara} máscara, antifaz, velo, careta, maquillaje. 2 {cuerpo} atuendo, vestido, traje. 3 *fig.* artificio, disimulo, encubrimiento, fingimiento, desfiguración, simulación, simulacro, ocultación, embozo. ANT. verdad.

disfrazado, -da *adj.* enmascarado, velado, maquillado. ANT. desenmascarado. 2 disimulado, encubierto, fingido, oculto, simulado. ANT. descubierto. 3 MED. larvado.

disfrazar *tr. prnl.* desfigurar, ocultar, embozar, velar, encubrir, tapar. ANT. descubrir. 2 disimular, fingir, falsear. ANT. revelar. 3 *prnl.* maquillarse, enmascararse. 4 ataviarse.

disfrutar *tr.* {utilidades, frutos} percibir, recibir, gozar. 2 saborear, paladear, gustar. 3 *intr.* {salud, comodidad} gozar, tener. 4 *intr. tr.* aprovechar, poseer, usufructuar, utilizar, usar. ANT. desaprovechar. 5 *intr.* complacerse, deleitarse, regocijarse. ANT. sufrir, padecer.

disfrute *m.* posesión, utilización. ANT. desaprovechamiento. 2 usufructo. 3 deleite, goce, placer, alegría, delectación, satisfacción.

disfunción *f.* desarreglo, desorden. 2 BIOL. {función orgánica} alteración, anomalía, trastorno.

disgregar *tr. prnl.* desunir, apartar, disociar, separar, dispersar, desagregar. ANT. unir, juntar. 2 disolver, desintegrar.

disgustado, -da *adj.* incomodado, desazonado, descontento, malcontento, molesto, malhumorado, enfadado.

ANT. tranquilo, cómodo, contento. **2** apesadumbrado, triste, pesaroso, melancólico. ANT. alegre.

disgustar *tr.* {al gusto, al paladar} desagradar. ANT. gustar. **2** fastidiar, molestar, incomodar, amargar, contrariar, consternar, enfadar, enojar. ANT. contentar, satisfacer. **3** apenar, apesadumbrar, entristecer, afligir. ANT. alegrar.

disgusto *m.* pesadumbre, inquietud, contrariedad, desencanto, desagrado, desazón, aflicción, pena, tristeza. ANT. alegría, contento. **2** tedio, incomodidad, fastidio, enfado, molestia. ANT. comodidad. **3** disputa, diferencia, altercado, riña. ANT. acuerdo. **4** {al gusto, al paladar} desagrado, desabrimiento, desazón, asco, repugnancia. ANT. agrado, gusto.

disidencia *f.* desacuerdo, ruptura, diferencia.

disidente *adj. s.* oponente, contrario, discrepante, opositor. ANT. partidario.

disílabo, -ba *adj.* bisílabo.

disimetría *f.* asimetría.

disímil *adj.* diferente, desemejante, distinto, dispar. ANT. semejante.

disimulado, -da *adj. s.* subrepticio, fingido, furtivo, sigiloso, escondido, tortuoso. ANT. abierto. **2** hipócrita, solapado, ladino, taimado. ANT. franco, directo. **3** oculto, cubierto, encubierto, disfrazado, embozado. ANT. descubierto.

disimular *tr. intr.* {intención, sentimiento} encubrir, ocultar, esconder, tapar. ANT. confesar, descubrir. **2** {del conocimiento de algo} desentenderse, afectar ignorancia. **3** {desorden} tolerar, permitir, disculpar, aceptar, perdonar, callar, encubrir, hacer la vista gorda. ANT. rechazar. **4** disfrazar, enmascarar, desfigurar, simular. ANT. desenmascarar.

disimulo *m.* rebuscamiento, engaño, fingimiento, afectación, hipocresía, doblez, embozo, máscara. ANT. franqueza. **2** artificio, artimaña, malicia, astucia. **3** mentira, impostura, falsedad. ANT. verdad. **4** tolerancia, indulgencia.

disipación *f.* desvanecimiento, evaporación, difuminación, desaparición. ANT. materialización. **2** disolución, vicio, depravación, libertinaje, desenfreno. ANT. decencia.

disipado, -da *adj. s.* disipador, derrochador, malgastador, despilfarrador. ANT. ahorrador. **2** disoluto, libertino. ANT. decente. **3** evaporado, desvanecido. **4** desvaído, descolorido.

disipar *tr. prnl.* {partes de un cuerpo} esparcir, desvanecer, dispersar. ANT. reunir. **2** *tr.* {dinero} malgastar, despilfarrar, dilapidar, derrochar, desperdiciar. ANT. ahorrar. **3** *prnl.* evaporarse, esfumarse, desvanecerse, desaparecer.

dislate *m.* disparate, desacierto, equivocación, error, despropósito, incoherencia, desatino, tontería, necedad, insensatez, absurdo. ANT. acierto.

dislocación *f.* luxación, dislocadura, diastrofia, exarticulación. **2** Fís. {en un cristal} discontinuidad. **3** Gram. {en palabras} alteración.

dislocadura *f. ver* **dislocación**.

dislocar *tr. prnl.* {huesos, articulaciones} desencajar, desarticular, luxar, descoyuntar. **2** *fig.* {persona} alterar, desconcertar. **3** *tr.* {argumento} torcer, manipular, tergiversar.

disminución *f.* {en lo físico y en lo moral} decadencia, detrimento, merma, pérdida, descenso, quebranto, caída, menoscabo, mengua. ANT. mejoría, aumento, auge. **2** {precios} rebaja, descuento. ANT. aumento.

disminuir *tr. intr. prnl.* {extensión} encoger, achicar, empequeñecer, decrecer, acortar, reducir. ANT. aumentar. **2** {intensidad} reducir, aminorar, menguar. ANT. incrementar, aumentar. **3** {número} bajar, rebajar, restar, mermar, descontar. ANT. sumar, añadir. **4** desvalorizar, menoscabar.

disnea *f.* Med. asfixia, ahogo, dificultad de respirar.

disociación *f.* disgregación, segregación, desunión, división. ANT. unión. **2** Quím. {de componentes de una sustancia} separación, descomposición.

disociar *tr. prnl.* separar, disgregar, desunir, dividir, desintegrar. ANT. unir.

disolubilidad *f.* solubilidad.

disoluble *adj.* soluble.

disolución *f.* desleimiento, dilución. **2** solución, mezcla. **3** disipación, vicio, libertinaje, crápula. ANT. decencia. **4** {lazos, vínculos} rompimiento, ruptura. ANT. unión.

disoluto, -ta *adj. s.* vicioso, licencioso, libertino, depravado, crápula. ANT. decente.

disolver *tr. prnl.* {moléculas, líquido, gas} mezclar. **2** diluir, licuar, desleír, descomponer. **3** separar, disgregar, dispersar, desunir. ANT. unir. **4** destruir, eliminar, deshacer, aniquilar.

disonancia *f.* sonido desagradable, ruido. **2** desproporción, falta de conformidad. **3** Mús. desafinación, destemple, desacorde, acorde no consonante.

disonante *adj.* destemplado, discorde, desafinado, desentonado. ANT. armonioso, armónico. **3** discrepante.

disonar *intr.* desafinar, malsonar, desentonar. **2** {cosa} discrepar, diferir, discordar, divergir. **3** {cosa} extrañar, chocar.

dispar *adj.* disparejo, desemejante, desigual, asimétrico, diferente, distinto, disímil. ANT. parejo, igual, par.

disparador *m.* {arma} gatillo; percusor. **2** {persona} tirador, artillero.

disparar *tr.* {persona} tirar, ametrallar, acribillar, tirotear, descargar, hacer fuego. **2** Amer. balear. **3** *tr. intr.* {arma} disparar, lanzar (balas). **4** *tr. prnl.* arrojar, lanzar, despedir con violencia. **5** *tr.* {disparador} accionar, hacer funcionar. **6** Dep. {balón, pelota} tirar, chutar. **7** *prnl.* precipitarse, desmandarse, desbocarse. ANT. contenerse. **8** {cosa} crecer mucho, incrementarse. ANT. disminuir. **9** gritar, desbarrar, disparatar. ANT. moderarse.

disparatado, -da *adj.* desatinado, desacertado, incongruente, extravagante. ANT. acertado. **2** insensato, irracional, loco. ANT. cuerdo, sensato. **3** *col.* desmesurado, terrible.

disparatar *intr.* desatinar, desbarrar, desvariar, delirar. ANT. acertar, razonar.

disparate *m.* contrasentido, dislate, desatino, insensatez, incoherencia, absurdo, despropósito, tontería, necedad. ANT. acierto. **2** *col.* demasía, atrocidad, exceso, extravagancia, barbaridad.

disparejo, -ja *adj.* dispar, desigual, diferente. ANT. igual, par, parejo.

disparidad *f.* desigualdad, diferencia, disimilitud, desemejanza, desproporción. ANT. igualdad, paridad, semejanza.

disparo *m.* balazo, descarga, tiro, impacto, ráfaga; detonación, explosión.

dispendio *m.* dilapidación, despilfarro, derroche, desperdicio, gasto excesivo, gasto innecesario. ANT. ahorro.

dispendioso, -sa *adj.* caro, costoso, valioso, gravoso, oneroso. ANT. barato, económico.

dispensar *tr.* {favores, elogios, cuidados} conceder, otorgar, dar, adjudicar. ANT. negar, denegar. **2** {medicamento} expender, despachar. **3** *tr. prnl.* {de una obligación} eximir, exonerar, librar, liberar. **4** {de una falta} absolver, perdonar, disculpar, excusar. ANT. acusar, condenar.

dispensario *m.* servicio médico, consultorio, clínica, hospital.

dispepsia *f.* MED. indigestión.

dispersar *tr. prnl.* separar, diseminar, disgregar, difundir, extender, esparcir. ANT. unir, reunir. **2** *tr.* {atención, actividad} dividir, disipar, desperdigar. ANT. concentrar. **3** *tr. prnl.* MIL. {al enemigo} diseminar, desintegrar, desbaratar, hacer huir. **4** MIL. {tropa} desplegar. ANT. agrupar.

display *s.* [ING.] muestra, despliegue, exhibición, demostración. **2** {en aparatos electrónicos} visualizador, tablero. **3** {en un computador} pantalla, monitor. **4** {para mercancías} mueble, expositor, soporte.

displicencia *f.* {en el trato} desagrado, aspereza, indiferencia, desprecio. ANT. cortesía, simpatía. **2** {en la ejecución de una acción} desaliento, desánimo, desgana. ANT. interés.

disponer *tr. prnl.* colocar, arreglar, aderezar, aprestar, distribuir, organizar, acomodar, ordenar, poner en orden. ANT. desordenar, desorganizar. **2** *tr.* decidir, resolver, deliberar, determinar, establecer, mandar, prescribir, preceptuar. **3** *tr. prnl.* preparar, prevenir, anticiparse, aprestarse. **4** *intr.* {facultad, dominio} ejercitar, ejercer. **5** testar. **6** tener, utilizar, valerse.

disponible *adj.* vacante, utilizable, listo, aprovechable, desocupado, libre. ANT. inutilizable, inútil, ocupado.

disposición *f.* colocación, distribución, organización, preparación, orden, ordenación, arreglo. ANT. desorden. **2** aptitud, adecuación, capacidad, habilidad. ANT. incapacidad. **3** precepto legal, orden, edicto, mandato, decreto, decisión, resolución, deliberación. ANT. revocación. **4** estado de salud, genio, talante, actitud. **5** apostura, elegancia, gentileza, gallardía, garbo, empaque. **6** soltura, desembarazo, despejo. ANT. torpeza. **7** preparativo, medio, prevención, medida. **8** ARQ. {partes de un edificio} distribución.

dispositivo *adj.* que dispone. **2** *m.* artificio, mecanismo, artefacto, aparato, instrumento, artilugio. **3** organización, disposición, estrategia, instalación. **4** anticonceptivo.

dispuesto, -ta *adj.* apuesto, gallardo, garboso, bien parecido. ANT. desgarbado, feo. **2** {persona} competente, apto, idóneo, hábil, diestro, habilidoso, capaz; despierto, despejado. ANT. incompetente, incapaz, inepto. **3** solícito, complaciente, atento. ANT. desatento, descortés. **4** prevenido, preparado, alerta, alertado, presto, listo. ANT. desprevenido.

disputa *f.* discusión, debate, discrepancia, polémica, controversia, disensión, desavenencia, altercado. ANT. acuerdo, entendimiento. **2** competencia, rivalidad. **3** pelea, lucha, contienda, querella, batalla, pendencia, riña, reyerta, trifulca. ANT. concordia, paz.

disputable *adj.* controvertible, cuestionable, discutible, impugnable, dudoso. ANT. indisputable, incontrovertible, indudable.

disputar *tr. intr.* debatir, discutir, altercar, contender, porfiar. **2** *tr. prnl.* competir, rivalizar.

disquisición *f.* examen riguroso, análisis cuidadoso, investigación. **2** *gen. pl.* divagación, digresión, exposición, reflexión, razonamiento.

disquete *m.* INF. disco magnético, disco flexible.

distancia *f.* {lugar, tiempo} espacio, intervalo, trecho. **2** {cosas} diferencia, disimilitud, desemejanza, desigualdad, disparidad. ANT. semejanza, similitud. **3** {personas} desafecto, desapego, desinterés, alejamiento, distanciamiento, frialdad. ANT. afecto, apego. **4** lejanía, separación. ANT. proximidad.

distanciar *tr. prnl.* separar, apartar, alejar. ANT. acercar. **2** enemistar, desunir. ANT. unir.

distante *adj.* {lugar} remoto, lejos, lejano, alejado, apartado. ANT. cercano, próximo. **2** {persona} reservado, frío. ANT. abierto, amable.

distar *intr.* {cosa} diferir, diferenciarse. **2** distanciarse, apartarse, separarse.

distender *tr.* relajar, soltar, aflojar, desapretar. ANT. tensar, apretar. **2** *tr. prnl.* MED. {tejidos, membranas} tensar.

distendido, -da *adj.* flojo, relajado, laxo.

distensión *f.* laxitud, atonía. **2** MED. {tejidos, membranas} tensión, tirantez.

distinción *f.* diferencia, desemejanza, disparidad. ANT. semejanza, paridad, igualdad. **2** honor, prerrogativa, privilegio, excepción. ANT. desaire, desprecio. **3** condecoración, premio, presea, medalla; homenaje. **4** claridad, discernimiento, precisión, buen orden. ANT. imprecisión. **5** elegancia, estilo, gallardía, categoría, buenas maneras. ANT. grosería, vulgaridad, chabacanería. **6** consideración, miramiento. ANT. desconsideración.

distingo *m.* reparo, limitación, restricción.

distinguido, -da *adj.* sobresaliente, descollante, destacado, brillante, aventajado, ilustre. ANT. mediocre. **2** elegante, exquisito, refinado. ANT. burdo, vulgar.

distinguir *tr.* diferenciar, discriminar, seleccionar, especificar, analizar, separar. ANT. confundir, mezclar. **2** caracterizar. **3** ver, observar, percibir, vislumbrar, divisar, apreciar, reconocer. **4** estimar, honrar, preferir, favorecer. ANT. desdeñar. **5** premiar, condecorar, reconocer. **6** *prnl.* descollar, despuntar, sobresalir, resaltar, destacarse, señalarse, caracterizarse, singularizarse, particularizarse.

distintivo, -va *adj. s.* {cualidad} propio, específico, característico, peculiar, particular. **2** *m.* señal, emblema, insignia, símbolo, divisa, marca.

distinto, -ta *adj.* diferente, diverso, peculiar. ANT. igual, idéntico. **2** visible, preciso, perceptible, claro, preciso, nítido, inteligible. ANT. confuso, oscuro.

distorsión *f.* torsión, torcimiento, torcedura. **2** {en transmisión de sonidos, imágenes…} deformación. **3** {figuras, hechos, noticias…} manipulación, deformación, desequilibrio, falseamiento. **4** MED. esguince, torcedura, dislocación.

distorsionar *tr. prnl.* torcer. **2** {en transmisión de sonidos, imágenes…} deformar. **3** {figuras, hechos, noticias…} manipular, falsear, deformar.

distracción *f.* esparcimiento, entretenimiento, pasatiempo, divertimiento, diversión, recreo, juego, solaz. ANT. aburrimiento. **2** inadvertencia, omisión, desliz, descuido, olvido, falta, ligereza, desatención. ANT. atención, cuidado. **3** desenfado, disipación. ANT. mesura.

distraer *tr. prnl.* desviar, apartar, olvidar, alejar, descuidar. ANT. cuidar, atender. **2** entretener, divertir, recrear, amenizar. ANT. aburrir. **3** ensimismarse, desatender, abstraerse, apartar la atención. ANT. concentrarse. **4** {conducta} descarriar, descaminar. ANT. encaminar. **5** {fondos} malversar, defraudar, sustraer, hurtar, robar.

distribución *f.* {de un todo} partición, repartición, reparto, división. **2** {de un producto o servicio} entrega, repartición, reparto. **3** {de elementos en un sistema} estructura, organización, disposición, ordenación, ubicación, situación, colocación, localización.

distribuidor, -ra *adj. s.* {de un todo} partidor. **2** {de un producto o servicio} repartidor. **3** *f.* COM. empresa. **4** *m.* COM. agente, delegado, representante.

distribuir *tr. prnl.* {un todo} dividir, partir, repartir, compartir. **2** {un producto o servicio} entregar, repartir. **3** dar, conceder, adjudicar, otorgar, destinar, asignar, dispensar, impartir. **4** ordenar, disponer, clasificar, encasillar, colocar, situar, ubicar. ANT. desordenar.

distrito *m.* demarcación, circunscripción, jurisdicción, territorio, división, zona, comarca.

distrofia *f.* MED. atrofia, involución.

disturbio *m.* alteración, trastorno, perturbación, desorden, alboroto, algarada, tumulto, revuelta, levantamiento, asonada, motín. ANT. orden, paz.

disuadir *tr. prnl.* persuadir, desalentar, desviar, desanimar, apartar, desmotivar, desaconsejar. ANT. animar, alentar.

disyunción *f.* separación, desprendimiento, desunión, desarticulación, división. ANT. unión. 2 FIL. separación (de dos realidades).

disyuntiva *f.* alternativa, dilema, opción, duda, dificultad.

ditirambo *m.* alabanza exagerada, encomio excesivo. 2 composición poética.

diuresis *f.* BIOL. micción, excreción de la orina.

diva *adj. s. ver* **divo.**

divagación *f.* elucubración, digresión, circunloquio, ambigüedad, rodeo, vaguedad, imprecisión, desviación. ANT. concisión.

divagar *intr.* vagar, errar, vagabundear. 2 desviarse, enredarse, alejarse, desvariar, elucubrar, dispersarse, andarse por las ramas. ANT. precisar, concretar, ceñirse.

diván *m.* canapé, tumbona, sofá, turca.

divergencia *f.* diferencia, desacuerdo, disparidad, disconformidad, discrepancia, disensión, oposición, disentimiento. ANT. acuerdo, conformidad. 2 separación, alejamiento. 3 {opiniones} diversidad.

divergir *intr.* {líneas, superficies} apartarse, separarse, bifurcarse. ANT. convergir. 2 discrepar, oponerse, discordar, diferir, disentir. ANT. coincidir.

diversidad *f.* variedad, multiplicidad, pluralidad, heterogeneidad, complejidad. ANT. homogeneidad, unidad. 2 desemejanza, diferencia, disimilitud, disparidad. ANT. similitud, semejanza. 3 abundancia, profusión, copia. ANT. escasez, carencia.

diversión *f.* entretenimiento, recreo, recreación, esparcimiento, distracción, pasatiempo, ocio, solaz, juego, regocijo, alegría, placer. ANT. aburrimiento, fastidio.

diverso, -sa *adj.* variado, heterogéneo, múltiple, plural, vario. ANT. homogéneo. 2 diferente, distinto, desemejante, dispar. ANT. semejante. 3 *pl.* algunos, varios, muchos, otros; distintos, diferentes.

divertido, -da *adj.* entretenido, animado, placentero, recreativo, agradable. ANT. aburrido. 2 alegre, festivo, ocurrente, gracioso, cómico, travieso, bromista, chistoso, de buen humor. ANT. triste. 3 *Amer.* achispado, ligeramente bebido. ANT. sobrio.

divertir *tr. prnl.* entretener, recrear, alegrar, solazar, deleitar, amenizar, distraer. ANT. aburrir. 2 desviar, apartar, alejar.

dividendo *m.* renta. 2 MAT. cantidad.

dividir *tr. prnl.* partir, separar, fraccionar, seccionar, escindir, disgregar, fragmentar, cortar, despedazar. ANT. unir, juntar. 2 *tr.* distribuir, repartir, compartir, entregar. ANT. recoger, concentrar. 3 {ánimos} desunir, enemistar, indisponer, malquistar, desavenir, poner en discordia. ANT. armonizar, reconciliar. 4 *prnl.* separarse, alejarse.

divinidad *f.* deidad, ser divino. 2 *fig.* {persona o cosa} hermosura, preciosidad, belleza, primor. ANT. fealdad.

divinizar *tr.* deificar, endiosar, santificar, hacer sagrado. 2 ensalzar desmedidamente, ponderar en exceso, glorificar, enaltecer.

divino, -na *adj.* celestial, etéreo, sobrehumano. ANT. infernal. 2 excelente, maravilloso, perfecto, extraordinario, espléndido, sublime, primoroso, soberbio.

divisa *f.* distintivo, insignia, emblema, blasón, símbolo, señal, marca. 2 lema, consigna; inscripción, leyenda. 3 *gen. pl.* moneda extranjera.

divisar *tr.* {un objeto} ver, observar, percibir, entrever, vislumbrar. 2 NÁUT. avistar.

división *f.* MAT. cuenta, cálculo, cómputo, operación. 2 separación, segmentación, clasificación. 3 repartición, distribución, reparto, partición; fraccionamiento. ANT. reunión. 4 discordia, desunión, enemistad, desavenencia, discrepancia, separación. ANT. concordia, unión. 5 DEP. grupo, categoría. 6 MIL. regimiento. 7 {ortografía} guión, signo. 8 sección, sector, parte, clase. 9 casilla, compartimiento, estante.

divisor, -ra *adj. s.* MAT. submúltiplo.

divisoria *f.* límite, lindero, término, frontera.

divo, -va *adj. s. tb. pey.* {artista, cantante} muy famoso, reconocido. 2 *adj.* POÉT. divino. 3 *s.* POÉT. dios, diosa.

divorciar *tr.* {matrimonio} disolver, separar. 2 *tr. prnl.* {personas, cosas} alejar, apartar.

divorcio *m.* {matrimonio} separación, disolución. 2 *fig.* desacuerdo, ruptura, desavenencia, divergencia, alejamiento. ANT. concordia, avenencia.

divulgar *tr.* publicar, informar, propalar, revelar, difundir, propagar. ANT. reservar, callar.

dobladillo *m.* pliegue, doblez, alforza.

doblado, -da *adj.* torcido, combado, arqueado, corvo, curvo. 2 {terreno} desigual, quebrado. 3 hipócrita, falso. 4 *m.* CINE, TV. doblaje.

doblaje *m.* CINE, TV. doblado.

doblar *tr.* duplicar, redoblar, repetir, aumentar el doble, acrecentar. 2 plegar. ANT. desdoblar. 3 *tr. prnl.* torcer, flexionar, curvar, arquear, combar, torcer, encorvar. 4 *tr.* enderezar. 4 *tr.* {persona} inducir, mover, inclinar. 5 CINE, TV. hacer un doblaje. 6 girar, virar. 7 *intr.* {campana} tocar a muerto, repicar, tañer. 8 *prnl.* ceder, aceptar, doblegarse, rendirse, someterse. ANT. resistir. 9 {terreno} quebrarse.

doble *adj. s.* duplo, pareja, par. 2 *adj.* simulado, artificioso, falso, insincero, taimado, hipócrita. ANT. sincero, honesto. 3 *adj. s.* gemelo, mellizo. 4 *m.* reproducción, duplicación, copia, facsímil. 5 doblez, pliegue, dobladura. 6 {campana} toque de difuntos. 7 sosias. 8 *com.* actor, extra. 9 *adv.* doblemente.

doblegar *tr. prnl.* subyugar, someter, obligar, dominar, sojuzgar. ANT. liberar. 2 doblar, torcer, arquear. ANT. enderezar. 3 *prnl.* ceder, acceder, resignarse, transigir. ANT. resistir.

doblez *m.* pliegue, dobladura. 2 *amb.* malicia, astucia, disimulo, fingimiento, mala fe, simulación, duplicidad, hipocresía. ANT. sinceridad, franqueza.

doceno, -na *adj.* duodécimo, decimosegundo.

dócil *adj.* tranquilo, apacible, dulce. ANT. áspero. 2 obediente. ANT. rebelde. 3 {metal} maleable, dúctil.

docto, -ta *adj. s.* erudito, sabio, ilustrado, entendido, versado. ANT. ignorante.

doctorando, -da *s.* graduando.

doctorar *tr. prnl.* graduar, diplomar, titular.

doctrina *f.* enseñanza, instrucción. 2 ciencia, saber, materia, disciplina. 3 religión, fe, creencia. 4 ideología, teoría, sistema, escuela. 5 HIST. {en América} pueblo de indios.

documentación *f.* documento/s, conjunto de documentos, archivo. 2 acreditación.

documentar *tr.* {con documentos} probar, comprobar, justificar, evidenciar, demostrar, certificar, testificar, testimoniar. 2 *tr. prnl.* instruir, informar, enseñar, aleccionar.

documento *m.* documentación. 2 escrito, manuscrito. 3 acta, título, registro, comprobante, oficio, certificado. 4 credencial, cédula, carné, licencia, tarjeta de identificación.

dogma *m.* REL. axioma, artículo de fe, proposición (que se tiene como cierta). 2 REL. doctrina, revelación. 3 {ciencia o doctrina} fundamentos, principios, puntos capitales.

dolencia *f.* padecimiento, malestar, indisposición, afección, enfermedad, achaque.

doler *intr.* padecer, sufrir. ANT. aliviarse. 2 deplorar, lamentar. 3 *prnl.* arrepentirse, compungirse. 4 conmoverse, compadecerse, apiadarse. 5 quejarse.

dolido, -da *adj.* dolorido, resentido, disgustado.

doliente *adj.* indispuesto, enfermo, afectado. ANT. sano. 2 dolorido, afligido, desconsolado, abatido, quejumbroso, lloroso. ANT. contento, alegre.

dolo *m.* fraude, engaño, estafa, falsedad, mala fe. ANT. honestidad.

dolomía *f.* (*tb.* **dolomita**) caliza.

dolor *m.* {en el cuerpo} sufrimiento, padecimiento, sensación aflictiva. ANT. alivio. 2 {en el ánimo} pena, congoja, tristeza, pesar, angustia. ANT. bienestar, gozo.

dolorido, -da *adj.* {cuerpo} adolorido, herido, maltratado, lacerado, lastimado, aquejado, enfermo. ANT. aliviado. 2 {ánimo} triste, entristecido, agobiado, pesaroso, afligido, apenado, atribulado. ANT. alegre, gozoso.

doloroso, -sa *adj.* {en el cuerpo} torturante, agudo, penetrante. ANT. placentero. 2 {en el ánimo} penoso, lamentable, aflictivo, lastimoso, deplorable. ANT. alegre.

doloso, -sa *adj.* engañoso, fraudulento, tramposo, deshonesto. ANT. honesto.

doma *f.* domadura. 2 *Amer.* domada.

domadura *f. ver* **doma**.

domar *tr.* {animal} amansar, amaestrar, domesticar, desbravar. 2 *fig.* {pasiones, conductas} dominar, domeñar, reprimir, someter, vencer, subyugar. ANT. exacerbar. 3 {persona} educar, cultivar. 4 {zapatos} suavizar, ablandar.

dombo *m.* domo, cúpula.

domeñar *tr.* sujetar, dominar, someter, reducir, controlar, rendir. ANT. liberar.

doméstica *f.* empleada, muchacha, asistente, chica.

domesticar *tr.* {animal} domar, amansar, amaestrar, desbravar. 2 *tr. prnl.* {persona} educar, cultivar.

doméstico, -ca *adj. s.* casero, hogareño, familiar. 2 {animal} manso, amansado. ANT. fiero, salvaje. 3 ayudante, servidor, mozo, camarero, muchacho.

domiciliado, -da *adj. s.* residente, habitante, morador.

domiciliarse *prnl.* establecerse, afincarse, avecindarse, fijar un domicilio. ANT. marcharse.

domicilio *m.* residencia, vivienda, hogar, casa, habitación, morada. 2 dirección, señas. 3 lugar, sitio.

dominante *adj.* impositivo, autoritario, imperioso, avasallador, intransigente, tiránico, dictatorial. ANT. flexible, comprensivo, tolerante. 2 descollante, sobresaliente, predominante, prevaleciente.

dominar *tr.* reinar, imperar. 2 someter, controlar, oprimir, subyugar, sojuzgar, domeñar, avasallar. 3 reprimir, sujetar, contener. 4 {ciencia, arte} conocer, saber, manejar. ANT. ignorar. 5 {extensión, terreno} divisar. 6 *intr. tr.* {cosa, edificio, monte} sobresalir, predominar, descollar, destacarse. 7 *prnl.* moderarse,

controlarse, contenerse, refrenarse, calmarse. ANT. estallar, desmandarse.

dominio *m.* poder, poderío, soberanía, potestad, dominación, mando, autoridad, imperio. ANT. sujeción. 2 ascendiente, influjo, influencia. ANT. sometimiento. 3 territorio, colonia, feudo, posesión. 4 propiedad, pertenencia, posesión, hacienda. 5 {arte, ciencia, actividad} destreza, maestría, conocimiento, pericia, habilidad. ANT. ignorancia, desconocimiento. 6 ámbito, esfera, orden, campo, materia, terreno. 7 DER. derecho de propiedad.

domo *m.* dombo, cúpula.

don *m.* presente, obsequio, regalo, ofrenda, dádiva. 2 facultad, capacidad, habilidad, vocación, talento, virtud, dote, poder, cualidad. 3 REL. carisma, gracia, don sobrenatural.

donación *f.* legado, regalo, ofrenda, obsequio, don, dádiva, cesión.

donador, -ra *adj. s.* donante.

donaire *m.* gracia, ángel, encanto. ANT. sosería, insulsez. 2 chiste, dicho gracioso, salida, ocurrencia, agudeza. ANT. torpeza. 3 soltura, gentileza, garbo, elegancia. ANT. desgarbo.

donante *adj. com.* donador.

donar *tr.* traspasar, legar, ceder, transferir. ANT. despojar. 2 dar, obsequiar, regalar, ofrendar, entregar. ANT. quitar.

donativo *m.* donación, regalo, ofrenda, obsequio, don, dádiva.

doncel *m.* joven, muchacho, adolescente. 2 ANT. paje, criado. 3 {hombre} virgen. 4 *adj.* {fruto, vino} suave, dulce.

doncella *f.* muchacha, adolescente, chiquilla. 2 criada, empleada, asistente. 3 virgen.

donde *adv.* {relativo de lugar} adonde, en que, en el que. 2 que, el que, lo que. 3 *prep.* en casa de, en el sitio de.

dónde *adv.* {interrogativo de lugar} adónde, qué lugar, a qué lugar, en qué lugar.

dondequiera *adv.* doquier, doquiera, en cualquier parte.

donjuán *m.* seductor, conquistador, mujeriego, enamoradizo, tenorio, casanova, burlador.

donoso, -sa *adj.* gracioso, chistoso, ocurrente.

donosura *f.* donaire, gracia, encanto, ángel. ANT. sosería, insulsez.

dopar *tr. prnl.* DEP., MED. drogar, administrar fármacos.

doping s. [ING.] dopaje.

doquier *adv.* dondequiera, doquiera.

dorado, -da *adj.* {color} áureo. 2 refulgente, brillante. ANT. opaco. 3 {edad, época} esplendoroso, radiante, glorioso, venturoso, feliz. ANT. nefasto, infausto.

dorar *tr.* sobredorar, cubrir con oro. 2 {alimento} tostar, hornear. 3 encubrir, paliar, suavizar, ocultar, atenuar, esconder. 4 *loc.* ~ *la píldora:* suavizar una mala noticia.

dormilón, -ona *adj. col.* haragán, holgazán, flojo, perezoso, lirón.

dormir *intr. prnl.* dormitar, adormilarse; descansar, reposar. ANT. velar; despertar. 2 *intr.* pernoctar, pasar la noche. 3 *intr. prnl.* descuidarse, confiarse, distraerse, abandonarse. ANT. vigilar, cuidarse. 4 sosegarse, apaciguarse, calmarse. 5 *tr.* {niño} arrullar, adormecer. 6 *prnl.* {miembro} adormecerse, entumecerse, entorpecerse. 7 anestesiar.

dormitivo, -va *adj. m.* MED. somnífero, medicamento.

dormitorio *m.* habitación, cuarto, alcoba, aposento, pieza.

dorso *m.* revés, reverso, respaldo; espalda. ANT. anverso, cara.

dosel *m.* tapiz, toldo, palio, colgadura, pabellón, cortinaje.

dosificar *tr.* MED. {dosis de un medicamento} graduar, dividir. **2** {cantidad, porción} distribuir, repartir, medir, administrar.

dosis *f.* dosificación, cantidad, porción, parte, ración, toma, proporción, medida.

dossier *m.* [FR.] dosier, expediente, documentos, carpeta, legajo, sumario, informe.

dotación *f.* suministro, asignación. **2** {buque} tripulación, marinería. **3** {oficina, fábrica} personal, equipo, plantilla, servicio.

dotar *tr.* proveer, dar, conceder. **2** equipar, pertrechar. **3** {cargo} asignar sueldo.

dote *amb.* {al matrimonio} bienes, caudal, derechos, aportes, aportación, patrimonio. **2** *f. gen. pl.* excelencia, calidad, don, virtud, talento. ANT. defecto.

dragar *tr.* {puertos, ríos} limpiar.

drama *m.* dramática. **2** representación, obra de teatro, obra literaria, película. **3** desdicha, calamidad, desgracia, fatalidad, desventura, infortunio. ANT. ventura, dicha.

dramático, -ca *adj.* conmovedor, impresionante. **2** teatral, afectado. ANT. real.

drástico, -ca *adj.* MED. {medicamento} efectivo, eficaz, contundente. ANT. suave. **2** {decisión} enérgico, contundente, tajante, radical. ANT. flexible, moderado.

drenaje *m.* desagüe, salida.

drenar *tr.* desaguar, avenar.

dribble *m.* [ING.] DEP. regate, regateo, gambeta.

driblar *tr. intr.* DEP. regatear, gambetear, esquivar.

dribbling *m.* [ING.] *ver* **dribble** y **driblar**.

droga *f.* medicamento, fármaco, medicina, remedio. **2** estupefaciente, narcótico, estimulante, soporífero, deprimente, alucinógeno, tóxico.

drogadicción *f.* toxicomanía, adicción.

drogadicto, -ta *adj. s.* toxicómano, adicto.

droguería *f.* Amer. farmacia.

druida *m.* HIST. {britanos, galos} sacerdote, sabio.

dualidad *f.* dualismo.

dualismo *m.* doctrina religiosa. **2** doctrina filosófica. **3** dualidad.

dubitación *f.* duda.

ducha *f.* irrigación, baño, chorro, riego, aspersión. **2** cuarto de baño.

ducho, -cha *adj.* experimentado, diestro, veterano, hábil, fogueado, avezado, entendido, competente. ANT. inexperto, inhábil, novato.

dúctil *adj.* {metal} maleable, flexible, elástico, blando. ANT. rígido, duro. **2** {cuerpo no metálico} deformable. ANT. indeformable. **3** condescendiente, transigente, acomodadizo. ANT. inflexible.

ducto *m.* Amer. conducto, desagüe, canal, tubería.

duda *f.* indeterminación, vacilación, incertidumbre, indecisión, titubeo, irresolución, inseguridad. ANT. seguridad, certidumbre, certeza. **2** interrogante, cuestión, pregunta, objeción, problema, dificultad. **3** aprensión, recelo, sospecha, desconfianza, prevención, incredulidad, temor, escrúpulo, suspicacia. ANT. confianza.

dudar *intr.* vacilar, titubear. ANT. decidir. **2** sospechar, recelar, desconfiar. ANT. confiar.

dudoso, -sa *adj.* incierto, equívoco, inseguro, ambiguo, indeterminado, hipotético, confuso. ANT. indudable, cierto. **2** disputable, cuestionable, controvertible, discutible. ANT. incontrovertible, indiscutible. **3** indeciso, irresoluto, titubeante, vacilante. ANT. decidido. **4** inseguro, improbable, eventual. ANT. seguro.

duelo¹ *m.* combate, encuentro, pelea, lance, contienda, pendencia. **2** enfrentamiento.

duelo² *m.* aflicción, pena, dolor, pesar. ANT. gozo, alegría, contento. **2** luto, pésame. **3** *gen. pl.* fatiga, lucha, trabajo. ANT. descanso.

duende *m.* espíritu fantástico, espectro, fantasma, genio, trasgo, elfo, gnomo.

dueña *f.* propietaria. **2** patrona, señora. **3** casera, arrendadora. **4** acompañanta, dama de compañía.

dueño *m.* propietario. **2** patrón, señor. **3** casero, arrendador.

dulce *adj.* azucarado, endulzado, edulcorado, dulzón. ANT. amargo. **2** suave, placentero, agradable, deleitable, sabroso, grato. ANT. desagradable. **3** {alimento} insulso, falto de sal. **4** {carácter} apacible, afable, bondadoso, complaciente, amable. ANT. antipático, hosco. **5** {metal, hierro} libre de impurezas. **6** *m.* confite, golosina, caramelo, bombón, chocolate, postre. **7** *adv.* dulcemente.

dulcería *f.* confitería.

dulcificar *tr. prnl.* endulzar, azucarar, edulcorar, almibarar, confitar. ANT. salar. **2** mitigar, apaciguar, atenuar, suavizar, calmar. ANT. exacerbar, irritar.

dulzarrón, -ona *adj. ver* **dulzón**.

dulzón, -ona *adj.* dulzarrón, meloso, empalagoso, melifluo.

dulzor *m. ver* **dulzura**.

dulzura *f.* dulzor. ANT. acritud. **2** placer, suavidad, {deleite, placidez, delicia. ANT. incomodidad. **3** ternura, mansedumbre, afabilidad, bondad, benevolencia, afecto. ANT. aspereza, intemperancia.

dumping *s.* [ING.] ECON. dumpin, práctica desleal.

duna *f. gen. pl.* médano, montículo, collado, prominencia.

dúo *m.* dueto, pareja. **2** MÚS. composición para dos. **3** *loc. a ~:* entre dos, por parejas. **4** Par. colega, amigo.

duodécimo, -ma *adj. s.* doceavo. **2** *adj.* doceno, decimosegundo.

dúplex *adj.* doble. **2** *m.* departamento de dos pisos.

duplicado *m.* copia, reproducción, réplica. ANT. original.

duplicar *tr.* copiar, reproducir, calcar, repetir. **2** {cantidad} multiplicar por dos.

duplicidad *f.* doblez, falsedad, hipocresía, engaño, disimulo, fingimiento. ANT. franqueza.

duplo, -pla *adj. s.* {cantidad} doble.

durable *adj. ver* **duradero**.

duración *f.* permanencia, conservación, continuación, persistencia, subsistencia, extensión. ANT. fugacidad, brevedad. **2** resistencia, firmeza, perseverancia, estabilidad, aguante. ANT. caducidad. **3** tiempo, lapso, curso, intervalo; edad, vida.

duradero, -ra *adj.* durable, perdurable, perpetuo, prolongado, eterno, constante, permanente, inagotable, perenne, estable. ANT. efímero, breve, pasajero. **2** resistente, fuerte, inalterable, firme, sólido, duro. ANT. perecedero, frágil.

durante *prep.* mientras, al tiempo que.

durar *intr.* continuar siendo. **2** permanecer, subsistir, perdurar, prolongarse, conservarse. ANT. terminar, acabar. **3** aguantar, resistir, mantenerse. ANT. cesar, expirar.

durazno *m.* {árbol} duraznero.

dureza *f.* solidez, firmeza, consistencia, resistencia. ANT. fragilidad. **2** intransigencia, rigor, inflexibilidad, rudeza, severidad, crudeza. ANT. flexibilidad, indulgencia. **3** callo, callosidad, endurecimiento; tumor. **4** GEOL. {mineral} resistencia.

durmiente *adj. s.* dormido, yacente. **2** *m.* madero, tablón, viga.

duro, -ra *adj.* fuerte, compacto, consistente, recio, firme, resistente, sólido. ANT. endeble, frágil, blando. **2** severo, rígido, hosco, brusco, rudo. ANT. indulgente. **3** implacable, inflexible, despiadado, insensible, cruel, violento. ANT. benévolo. **4** tenaz, aguantador, persistente, valiente. ANT. pusilánime, cobarde. **5** obstinado, terco, testarudo, porfiado, pesado. ANT. razonable. **6** avaro, tacaño, mezquino. ANT. generoso. **7** bronco, áspero, intratable. ANT. simpático. **8** {estilo} rígido, premioso, áspero. **9** {trabajo, problema} penoso, complicado, arduo, fatigoso, difícil, agobiante, exigente, insoportable. ANT. fácil, sencillo. **10** doloroso, violento, crudo, dramático, impactante. **11** *adv.* con fuerza, con violencia, con energía. ANT. suavemente.

dux *m.* HIST. {en las repúblicas de Venecia y Génova} príncipe, soberano, magistrado supremo.

DVD *m.* [ING.] disco óptico.

ebanista *com.* carpintero, mueblista, ensamblador.

ébano *m.* madera.

ebriedad *f.* borrachera, embriaguez. ANT. sobriedad. **2** exaltación, turbación, arrebato, enajenamiento.

ebrio, -bria *adj.* beodo, alcoholizado, borracho, embriagado, achispado, bebido. ANT. sobrio, abstemio. **2** exaltado, ciego, arrebatado, poseído.

ebullición *m.* {líquido} hervor, burbujeo, efervescencia. **2** {ánimo} agitación, inquietud, animosidad.

ebúrneo, -ea *adj.* marfileño, marfílico.

eccehomo *m.* imagen de Jesucristo, Cristo. **2** *fig.* {persona} lacerado, herido; penoso, lastimoso.

eccema *m.* MED. irritación, inflamación, erupción, sarpullido, descamación, afección cutánea, dermatosis.

ecdótica *f. p. us.* edición de textos.

echadizo, -za *adj. s.* enviado, espía. **2** *adj.* esparcido. **3** desechado. **4** *col.* expósito, abandonado.

echado, -da *adj.* Amer. indolente, perezoso. **2** *f.* Méx. mentira, fanfarronada, engaño. ANT. verdad.

echador, -ra *adj. s.* Cuba, Méx., Ven. fanfarrón, valentón, matasiete, bravucón, jactancioso, perdonavidas.

echar *tr.* arrojar, lanzar, tirar, despedir. ANT. recibir. **2** {líquido, basura} verter, derramar, desechar. ANT. recoger. **3** {agua} salir, brotar. **4** {persona} hacer salir, apartar, alejar, expulsar. ANT. acoger. **5** {aire} exhalar, despedir, expulsar. ANT. inhalar. **6** {de un empleo} deponer, destituir, despedir, licenciar o despachar, excluir. ANT. emplear, contratar. **7** *tr. intr.* {planta} brotar, arrojar frutos. **8** *tr.* {cerrojo} poner, aplicar. **9** {tributos} imponer, cargar. **10** *tr. prnl.* {el cuerpo} inclinar, recostar, reclinar. **11** *tr.* {cartas, naipes} jugar, dar, repartir. **12** {cuentas} hacer, calcular. **13** {distancia, edad} conjeturar, suponer, calcular. **14** {discurso} pronunciar, decir, proferir. **15** {una acción} causar, motivar. **16** *tr. prnl. col.* {alimento, trago} comer, ingerir; tomar, beber. **17** *tr. prnl.* {carrera} apostar, competir. **18** *intr.* {dinero, lotería} jugar, aventurar. **19** {reír, correr} comenzar, dar principio. **20** *prnl.* acostarse, tenderse, tumbarse, tirarse, recostarse. ANT. levantarse, incorporarse. **21** arrojarse, abalanzarse, precipitarse. **22** dedicarse, aplicarse. **23** {aves} empollar, ponerse sobre los huevos. **24** {viento} calmarse, sosegarse. ANT. levantarse. **25** *loc.* **a)** *~ a perder:* deteriorar una cosa, inutilizarla. **b)** *loc. ~ a perder:* malograr un negocio, dañar un trato. **c)** *loc. ~ a perder:* pervertir a una persona, envilecerla, dañarla. **26** *loc.* **a)** *~ por alto una cosa:* menospreciarla, ignorarla. **b)** *loc. ~ por alto una cosa:* malgastarla, derrocharla, desperdiciarla. **27** *loc. ~ de menos:* añorar, extrañar. **28** *loc. ~se atrás:* no cumplir un trato, arrepentirse. **29** *loc. ~se a morir:* abandonar un asunto, desesperarse.

écharpe *m.* [Fr.] echarpe, chal, mantón; bufanda.

ecléctico, -ca *adj.* contemporizador, moderado, acomodaticio.

eclesiástico, -ca *adj.* eclesial; clerical. ANT. laico. **2** *m.* sacerdote, clérigo, cura, religioso. ANT. seglar.

eclipsar *tr.* tapar, ocultar, deslucir, cubrir, oscurecer. ANT. revelar, iluminar. **2** aventajar, superar, exceder. **3** *prnl.* debilitarse, declinar, decaer, desaparecer. **4** desvanecerse, esfumarse, escabullirse, evadirse, ausentarse.

eclipse *m.* {de un astro} obscurecimiento, ocultación. **2** decadencia, ocaso, declive. ANT. auge, apogeo. **3** ausencia, desaparición, evasión.

eclosión *f.* {movimiento cultural, fenómeno psicológico} brote, nacimiento, aparición súbita, surgimiento, manifestación.

eclosionar *intr.* {capullo de flor} abrirse, separarse los pétalos. **2** {huevo, crisálida} romperse.

eco *m.* resonancia, repercusión, repetición, retumbo, sonoridad. **2** sonido débil. **3** rumor, murmullo, noticia vaga. **4** Fis. onda electromagnética, sonido reflejado. **5** *loc.* **a)** *hacer ~ una cosa:* tener correspondencia con otra. **b)** *loc. hacer ~ una cosa:* hacerse digna de atención. **6** *loc. tener ~ una cosa:* propagarse con aceptación, difundirse ampliamente.

ecocardiografía *f.* MED. ecografía cardíaca.

ecografía *f.* exploración. **2** imagen.

ecología *f.* defensa de la naturaleza, protección del medio.

economato *m.* almacén, tienda, cooooperativa. **2** cargo de ecónomo.

economía *f.* crematística, administración de bienes, gestión. **2** {país, empresa, persona} situación económica, estado económico. **3** ahorro, parquedad, reserva, sobriedad, frugalidad. ANT. derroche, despilfarro. **4** escasez, estrechez. ANT. abundancia. **5** finanzas, hacienda, dinero, patrimonio, riqueza. **6** *pl.* ahorros.

económicamente *adv.* con economía.

económico, -ca *adj.* financiero, monetario, comercial. **2** ahorrativo, ahorrador, frugal, previsor, moderado, prudente. ANT. derrochador. **3** mezquino, avaro, tacaño, miserable. ANT. pródigo, generoso. **4** {producto, mercancía} barato, módico, rebajado. ANT. caro, costoso.

economizar *tr.* ahorrar, guardar, conservar. ANT. derrochar. **2** restringir, escatimar, privar. ANT. gastar.

ecosistema *m.* {de seres vivos} comunidad.

ecuación *f.* MAT. igualdad.

ecuánime *adj.* equitativo, imparcial, justo, objetivo, neutral, honesto, recto. ANT. injusto. **2** equilibrado, juicioso, sereno, sensato, moderado. ANT. inconstante, desequilibrado.

ecuanimidad f. imparcialidad, objetividad. ANT. parcialidad. **2** serenidad, mesura, inalterabilidad, equilibrio. ANT. desequilibrio.

ecuestre adj. hípico, equino, caballar.

ecúmene f. comunidad humana.

ecuménico, -ca adj. universal, mundial, internacional, general, total. ANT. local.

eczema m. MED. eccema, irritación, inflamación, erupción, sarpullido, descamación, afección cutánea, dermatosis.

eczematoso, -sa adj. eccematoso.

edad f. {persona, animal, vegetal} tiempo de vida, años, tiempo, duración. **2** época, lapso, era, período; periodización. **3** madurez, vejez, ancianidad, senectud, tercera edad.

edecán m. MIL. ayudante de campo. **2** irón. col. acompañante, correveidile. **3** com. El Salv., Méx. {en un congreso o reunión} auxiliar, ayudante.

edema m. MED. hinchazón.

edén m. paraíso, cielo. ANT. infierno. **2** fig. lugar ameno.

edición f. {libro} publicación, impresión, tirada. **2** colección de libros. **3** {disco, audiovisual} impresión, grabación. **4** {periódico} tirada, versión. **5** RAD., TV. {programa, serie} emisión. **6** {exposición, festival} celebración. **7** {de un texto} corrección, preparación, perfeccionamiento.

edicto m. disposición, decreto, ley, ordenanza, mandato, sentencia, decisión.

edículo m. edificio pequeño. **2** templete, palacete, tabernáculo, relicario.

edificación f. construcción, obra. **2** edificio, inmueble, conjunto. **3** provecho, ejemplo.

edificador, -ra adj. s. constructor. **2** edificativo.

edificante adj. loable, ejemplar, meritorio. ANT. vituperable, escandaloso.

edificar tr. {edificio} construir, erigir, urbanizar, levantar, alzar. ANT. derribar, destruir, derrumbar. **2** inspirar, elevar, ejemplarizar, dar ejemplo. ANT. desviar, pervertir, corromper. **3** establecer, fundar.

edificio m. edificación, construcción, inmueble, obra.

edil, -la s. concejal/a, regidor/a municipal. **2** HIST. {en Roma antigua} magistrado.

edilidad f. cargo de edil/a.

editar tr. {obra, periódico} publicar, imprimir, reproducir. **2** {texto, grabación, película} adaptar, modificar, organizar, administrar.

editor, -ra s. impresor, publicador.

editorial f. empresa editora, casa editora, imprenta. **2** m. artículo de (fondo), escrito, comentario.

editorialista com. periodista, articulista, comentarista.

editorializar intr. {en periódicos o revistas} escribir editoriales.

edredón m. {de aves} plumón, pluma. **2** cobertor relleno, colcha; cobija.

educación f. pedagogía, instrucción, enseñanza, formación, adiestramiento. ANT. incultura, ignorancia. **2** cortesía, modales, urbanidad, corrección. ANT. descortesía.

educado, -da adj. ilustrado, instruido, capacitado. **2** cortés, atento, amable. ANT. descortés.

educador, -ra adj. s. maestro, profesor, catedrático, docente, pedagogo, académico.

educando, -da adj. s. estudiante, alumno, escolar, discípulo, pupilo, aprendiz, novicio.

educar tr. prnl. instruir, enseñar, formar, ilustrar, adiestrar, preparar. ANT. malcriar. **2** orientar, guiar, encaminar. ANT. desviar. **3** {facultades intelectuales} pulir, desarrollar, perfeccionar. **4** {sentidos} afinar. **5** {fuerzas físicas} ejercitar.

educativo, -va adj. pedagógico, formativo, ilustrativo, docente.

edulcorado, -da adj. endulzado, azucarado. **2** {aspectos desagradables} mitigado. **3** embellecido falsamente, mejorado artificiosamente.

edulcorar tr. endulzar, azucarar. **2** tr. prnl. {aspectos desagradables} mitigar. **3** tr. {cosa} embellecer falsamente, mejorar en apariencia.

efectismo m. efecto, sofisticación.

efectista adj. impresionante, espectacular, deslumbrador. **2** sensacionalista, sofisticado, aparatoso; vano, falso. ANT. natural, sencillo.

efectivamente adv. realmente, verdaderamente.

efectividad f. {para lograr un efecto} capacidad. ANT. incapacidad. **2** validez, eficacia, vigencia, existencia, realidad.

efectivo, -va adj. real, verdadero. ANT. dudoso, quimérico. **2** eficaz. ANT. ineficaz. **3** {empleo, cargo} en plantilla. ANT. interino, supernumerario. **4** {dinero} en billetes, en monedas. **5** m. numerario, moneda acuñada, dinero efectivo. **6** {en una unidad militar} número de hombres. **7** pl. fuerzas militares (en total). **8** pl. {empresa} empleados, conjunto de personas. **9** loc. en ~: con monedas o billetes, al contado. **10** loc. a) hacer ~: llevar a efecto, realizar. b) hacer ~: pagar o cobrar una cantidad.

efecto m. resultado, consecuencia, producto, secuela, repercusión, fruto, resultante. ANT. causa. **2** {en el ánimo} impresión, sensación, sentimiento, afección, impacto, emoción. **3** fin, objeto, motivo. **4** artículo de comercio. **5** documento, valor mercantil, título. **6** {bola, pelota} movimiento giratorio. **7** gen. pl. {espectáculo} truco, artificio. **8** pl. efectos especiales. **9** pl. bienes, útiles, enseres, muebles, propiedades; mercancía, artículos. **10** loc. a ~s de: con la finalidad de. **11** loc. a) en ~: efectivamente, ciertamente, en verdad. b) loc. en ~: en conclusión, así que. **12** loc. llevar a ~: ejecutar, poner por obra, realizar. **13** loc. surtir ~: dar resultado.

efectuar tr. prnl. {acción} realizar, ejecutar, cumplir, hacer, acabar, lograr, perpetrar, consumar, llevar a cabo. ANT. incumplir. **2** prnl. cumplirse, hacerse efectivo.

efeméride f. acontecimiento notable. **2** conmemoración, recuerdo. **3** pl. **efemérides**, libro, comentario, historia. **4** sucesos notables, incidentes, eventos importantes, fastos.

efervescencia f. {líquido} ebullición, burbujeo, hervor, desprendimiento de burbujas. **2** {ánimo} agitación, ardor, exaltación, animosidad, vehemencia, arrebatamiento. ANT. serenidad, frialdad, tranquilidad.

eficaz adj. eficiente, efectivo, hábil, capaz, competente, apto. ANT. ineficaz, inútil. **2** {medicamento} enérgico, vigoroso, fuerte, poderoso. ANT. anodino.

eficiente adj. apto, capaz, competente, hábil, dispuesto. ANT. inepto.

efigie f. representación, símbolo, imagen, figura, retrato. **2** fig. personificación, representación viva, encarnación.

efímero, -ra adj. fugaz, transitorio, temporal, breve, momentáneo, corto, pasajero, perecedero. ANT. duradero, perenne, permanente.

eflorescencia f. MED. erupción aguda.

efluvio m. emanación, irradiación, emisión.

éforo m. HIST. {de Esparta} magistrado.

efugio m. {de una dificultad} evasión, escape, salida, escapatoria, recurso.

efusión *f.* {líquido, sangre} derramamiento. **2** {del ánimo} expansión, desahogo, cordialidad, afecto. ANT. frialdad, aspereza, antipatía.

efusividad *f.* afecto, cordialidad. ANT. antipatía, frialdad.

efusivo, -va *adj.* afectuoso, cordial, cariñoso, franco, abierto, caluroso, comunicativo, entusiasta, expresivo, amistoso. ANT. hosco, frío, antipático.

égida *f.* escudo, arma defensiva. **2** defensa, protección, amparo. ANT. desamparo.

égloga *f.* composición poética, bucólica, poesía, poema.

ego *m.* Psic. {en el psicoanálisis de Freud} yo, instancia psíquica. **2** *col.* exceso de autoestima.

egocentrismo *m.* egolatría.

egoísmo *m.* egocentrismo, egolatría, egotismo, individualismo, narcisismo. ANT. generosidad, altruismo.

egoísta *adj. s.*ególatra, egocéntrico, interesado, codicioso, ambicioso. ANT. generoso, altruista, desinteresado.

ególatra *adj. s.* egoísta.

egolatría *f.* egocentrismo.

egregio, -gia *adj.* ilustre, excelente, insigne, notable, distinguido, famoso, eminente, excelso. ANT. despreciable.

egresado, -da *s. Amer.* graduado, licenciado, diplomado, titulado.

egreso *m.* gasto, salida. ANT. ingreso.

eje *m.* {en general} base, núcleo, cimiento, centro, fundamento, apoyo. **2** Mat. coordenada. **3** barra, árbol, varilla. **4** {en una reflexión} idea fundamental. **5** {escrito, discurso} tema principal.

ejecución *f.* realización, hechura. **2** ajusticiamiento, muerte.

ejecutar *tr.* realizar, efectuar, hacer, consumar, llevar a cabo. ANT. deshacer. **2** {ley} obedecer, cumplir, observar, acatar. **3** ajusticiar, matar, eliminar, liquidar. ANT. indultar. **4** {pieza musical} tocar, interpretar.

ejecutivo, -va *adj. s.* dirigente, gerente, jefe. **2** *m.* {país, Estado} gobierno. **3** *f.* {empresa, corporación} junta directiva.

ejecutor, -ra *adj.* ejecutante, realizador, autor, operador. **2** *m.* verdugo.

ejecutorio, -ria *adj.* Der. firme, inmodificable, invariable.

ejemplar *s.* modelo, paradigma, pauta, original, prototipo, patrón. **2** copia, reproducción, dibujo, grabado, espécimen, muestra, impreso, escrito, periódico, libro. **3** {de una especie o un género} individuo. **4** {de una colección} tomo, copia. **5** *adj.* íntegro, cabal, intachable, modélico, virtuoso, edificador. ANT. reprochable.

ejemplarizante *adj.* ejemplar.

ejemplarizar *tr.* aleccionar, mostrar, ejemplificar, dar ejemplo.

ejemplarmente *adv.* virtuosamente.

ejemplificar *tr.* demostrar, ilustrar.

ejemplo *m.* modelo, arquetipo, patrón, prototipo, dechado, pauta, ideal. **2** advertencia, enseñanza. **3** caso, hecho, prueba, comparación, representación, cita, referencia, paradigma, demostración, parábola, enseñanza, metáfora. **4** *loc. sin ~:* sin precedente, sin antecedente.

ejercer *tr.* desempeñar, practicar, ejercitar, ejecutar, efectuar, realizar, cumplir.

ejercicio *m.* entrenamiento, gimnasia, deporte, actividad. ANT. inactividad, reposo. **2** desempeño, actuación, práctica, ejecución, función. **3** prueba, examen. **4** trabajo práctico. **5** *pl.* Mil. {tropas} adiestramientos, movimientos.

ejercitar *tr. prnl.* {profesión} practicar. **2** {derecho, capacidad} ejercer. **3** *tr.* enseñar. **4** *tr. prnl.* {parte del cuerpo, facultad psíquica} usar. **5** *prnl.* adiestrarse.

ejército *m.* milicia, fuerza armada, tropa. **2** *fig.* colectividad, hueste, multitud, turba, masa.

ejidal *adj.* Méx. comunal.

ejidatario, -ria *s.* Méx. {de un ejido} usufructuario, propietario.

ejido *m.* {de un pueblo} campo comunal, campo común.

elaboración *f.* preparación, confección, realización, fabricación, manufactura, producción.

elaborado, -da *adj.* preparado, dispuesto. **2** artificioso. **3** trabajado.

elaborar *tr.* fabricar, confeccionar, manufacturar, producir, hacer, forjar, preparar. **2** {teoría, plan} idear, inventar, gestar, madurar, preparar.

elación *f.* {del espíritu o del ánimo} nobleza, grandeza, elevación, generosidad. **2** {de estilo y lenguaje} ampulosidad, grandilocuencia, hinchazón, altisonancia. ANT. sencillez, naturalidad. **3** presunción, soberbia. ANT. modestia.

elasticidad *f.* flexibilidad, adaptabilidad. ANT. inflexibilidad. **2** ductilidad, maleabilidad, blandura. ANT. dureza.

elástico, -ca *adj.* flexible, dúctil, blando, maleable. ANT. duro. **2** ajustable, acomodaticio, adaptable. ANT. rígido. **3** dócil, conformista, acomodaticio. ANT. inflexible. **4** *m.* muelle, resorte, goma.

elección *f.* alternativa, disyuntiva, decisión, opción, preferencia, dilema. **2** voluntad, albedrío, arbitrio, libertad para obrar. **3** *gen. pl.* **elecciones**, voto, votación, sufragio, plebiscito, referéndum, comicios. **4** {cargo, empresa} designación, nombramiento, selección, distinción.

electivo, -va *adj.* selectivo, elegible. ANT. coactivo. **2** electoral.

electo, -ta *s.* elegido, designado, nombrado, escogido, seleccionado.

electorado *m.* electores.

electoral *adj.* electivo, comicial, plebiscitario.

electorero, -ra *adj.* intrigante, maniobrero.

electricidad *f.* energía, corriente eléctrica, fluido eléctrico, fuerza eléctrica. **2** *col.* tensión, excitación.

electrizar *tr. prnl.* emocionar, apasionar, avivar, entusiasmar, enardecer, arrebatar, inflamar, exaltar, excitar. ANT. desanimar, aquietar.

electrocutar *tr. prnl.* matar, ajusticiar. ANT. indultar.

electrodoméstico *m. adj. gen. pl.* aparato eléctrico.

electrolisis *f.* (*tb.* **electrólisis**) Quím. {sustancia} descomposición.

electrón *m.* Fís. partícula elemental.

elegancia *f.* distinción, finura, delicadeza, gracia, esbeltez, apostura. ANT. desaliño.

elegante *adj.* garboso, esbelto, gallardo, galano. ANT. desgarbado. **2** fino, refinado, selecto. ANT. grosero, burdo.

elegía *f.* poema, endecha.

elegíaco, -ca *adj.* (*tb.* **elegiaco, -ca**) luctuoso, triste, melancólico, lastimero. ANT. alegre.

elegido, -da *adj.* electo, escogido, seleccionado, nombrado. ANT. rechazado, repudiado. **2** preferido, favorito. **3** *m.* Rel. predestinado.

elegir *tr.* seleccionar, escoger, optar, preferir, entresacar, sacar, tomar. ANT. descartar. **2** nombrar, designar.

elemental *adj.* simple, fácil, sencillo, básico, rudimentario. ANT. difícil, complicado. **2** evidente, obvio, claro, legible, comprensible. ANT. confuso, complejo. **3** principal, primordial, fundamental, primario, sustancial, cardinal, esencial. ANT. secundario.

elemento m. componente, ingrediente, constituyente, integrante, compuesto, individuo, cuerpo simple, parte, cuerpo, factor. ANT. totalidad. **2** medio, ambiente. **3** cuerpo químico. **4** {de una estructura} pieza, parte, componente, accesorio, unidad. **5** individuo, sujeto, persona, ser. **6** pl. fuerzas naturales. **7** agentes, bienes, recursos, medios, instrumentos, procedimientos. **8** principios, bases, fundamentos, nociones, rudimentos, ideas.

elenco m. índice, repertorio, catálogo, lista. **2** {compañía de teatro} nómina. **3** {de personas especializadas} equipo, grupo, conjunto.

elevación f. aumento, incremento, encarecimiento, subida, alza. ANT. descenso, disminución, rebaja. **2** altura, eminencia, monte, montículo, prominencia, altitud. ANT. depresión, hondonada. **3** nobleza, excelencia, grandeza. ANT. bajeza, pequeñez. **4** ascenso, exaltación, ascensión, mejora, desarrollo. ANT. rebajamiento. **5** {de los sentidos} suspensión, arrobamiento, enajenamiento.

elevado, -da adj. {virtudes, capacidades intelectuales} sublime, eminente, excelso. ANT. ruin. **2** {cumbre, monte} levantado, alto. **3** {cantidad} numeroso, crecido. ANT. escaso.

elevador m. Amer. ascensor; montacargas.

elevar tr. prnl. subir, alzar, levantar, izar, impulsar. ANT. bajar. **2** aumentar, incrementar, encarecer, acrecentar. ANT. disminuir. **3** esforzar, fortalecer, vigorizar. ANT. debilitar. **4** {petición} escribir, dirigir. **5** {condición social} mejorar. ANT. bajar, descender. **6** MAT. {cantidad} multiplicar. **7** construir, edificar, erigir; fundar, instituir. ANT. derribar. **8** enaltecer, honrar, ennoblecer, engrandecer, encumbrar, promover, ascender. ANT. rebajar. **9** progresar, avanzar, prosperar, descollar. ANT. degradarse. **10** prnl. enajenarse, extasiarse, arrobarse, transportarse, salir de sí. ANT. recobrarse. **11** engreírse, ensoberbecerse, envanecerse.

elfo m. {mitología escandinava} genio, duende, espíritu del aire.

elidir tr. frustrar, desvanecer, debilitar. **2** GRAM. {elemento lingüístico} eliminar, suprimir, apocopar.

eliminación f. supresión, anulación, exclusión. **2** exterminio, aniquilación, matanza, destrucción.

eliminar tr. anular, suprimir, abolir. ANT. instaurar, establecer. **2** quitar, separar, prescindir, descartar, rechazar. ANT. admitir, aceptar. **3** alejar, excluir. ANT. incluir. **4** DEP. {rival} vencer, derrotar. **5** asesinar, aniquilar, matar, liquidar, ejecutar, exterminar. **6** MAT. {incógnita} hacer desaparecer. **7** MED. {sustancia del organismo} expeler, desechar.

elipse f. curva, parábola, sinusoide.

elipsis f. GRAM. {de un elemento lingüístico o palabra} supresión, omisión, eliminación, elisión.

elíptico, -ca adj. ovalado, oval, elipsoide.

elíseo m. MIT. Campos Elíseos.

elisión f. GRAM. {elemento lingüístico} eliminación, supresión, apócope.

elite f. (tb. **élite**) grupo selecto, selección, minoría selecta, sociedad selecta.

elitismo m. favorecimiento.

elixir m. (tb. **elíxir**) HIST. piedra filosofal. **2** poción, pócima, brebaje. **3** licor medicinal, bálsamo, medicamento, remedio. **4** panacea.

ello m. PSIC. {en el psicoanálisis de Freud} fuente inconsciente.

elocución f. dicción, expresión, habla, manera de hablar.

elocuencia f. fluidez, oratoria, facundia, retórica, locuacidad. ANT. laconismo. **2** persuasión, sugestión, convicción.

elogiar tr. alabar, ensalzar, celebrar, honrar, loar, encomiar, engrandecer, exaltar, enaltecer, aclamar, aprobar. ANT. vituperar, recriminar, denigrar.

elogio m. alabanza, celebración, apología, aplauso, encomio, enaltecimiento, loa.

elogioso, -sa adj. encomiástico, apologético, laudatorio.

elongación f. alargamiento. ANT. reducción.

elongar tr. estirar, alargar. ANT. encoger.

elucidar tr. explicar, aclarar, especificar, dilucidar, esclarecer.

elucubración f. divagación, lucubración.

elucubrar tr. divagar, especular, imaginar. **2** tr. intr. lucubrar, fantasear.

eludir tr. evitar, rehuir, evadir, rehusar, soslayar, sortear; desconocer. ANT. afrontar.

e-mail s. [ING.] correo electrónico, mensaje.

emanación f. efluvio, irradiación, emisión. **2** manifestación, nacimiento.

emanar tr. emitir, irradiar, exhalar, desprender, despedir, fluir. ANT. retener, conservar. **2** intr. {sustancia volátil} desprenderse. **3** dimanar, proceder, originarse, provenir, nacer, brotar, derivarse.

emancipación f. liberación, independencia, libertad, autonomía. ANT. esclavitud, dominación. **2** autogobierno, autarquía.

emancipado, -da adj. manumitido, libre, independiente. ANT. sometido.

emancipar tr. prnl. independizar, redimir, libertar, manumitir. ANT. dominar, colonizar, esclavizar. **2** prnl. {de una dependencia} liberarse.

emasculación f. castración, capadura.

emascular tr. castrar, capar.

embadurnar tr. prnl. untar, impregnar, embarrar, manchar, ensuciar. ANT. limpiar.

embaír tr. embaucar, engañar, ofuscar.

embajada f. cargo de embajador. **2** representación, delegación, legación, misión, comisión. **3** comunicación, comunicado, mensaje. **4** col. proposición impertinente.

embajador, -ra s. representante, plenipotenciario, delegado, enviado, comisionado, diplomático. **2** emisario, mensajero.

embalaje m. envoltorio, paquete, caja, empaque, envío, fardo, bulto, paca, equipaje, maleta.

embalar tr. empacar, envolver, empaquetar, enfardar, envasar. ANT. desembalar. **2** tr. prnl. {motor} acelerar. **3** intr. prnl. {corredor} lanzarse (a gran velocidad). **4** prnl. {deseo, afán} dejarse llevar, entregarse.

embaldosado m. pavimento, adoquinado, suelo, piso.

embaldosar tr. enlosar, adoquinar, empedrar, pavimentar.

embalsamador, -ra adj. s. disecador, taxidermista.

embalsamamiento m. conservación, momificación.

embalsamar tr. {cadáver} conservar, preservar, momificar, amortajar. **2** tr. prnl. aromatizar, perfumar.

embalsar tr. prnl. {agua} rebalsar, represar, estancar, empozar. ANT. correr, circular.

embalse m. represa, presa, estanque, depósito, laguna, pantano, rebalse, dique, encharcamiento, estancamiento.

embanderar tr. prnl. {con banderas} adornar. **2** prnl. Arg., Uru. {a un partido o idea} adherirse, unirse.

embarazada *adj. f.* preñada, encinta, grávida, gestante.

embarazar *tr.* estorbar, entorpecer, obstaculizar, retardar, dificultar. *ANT.* facilitar, ayudar. **2** {mujer} preñar, dejar encinta, fecundar. **3** *prnl.* {mujer} preñarse.

embarazo *m.* preñez, gestación, gravidez. **2** estorbo, tropiezo, inconveniente, dificultad, impedimento. *ANT.* ayuda. **3** confusión, turbación, timidez. *ANT.* desembarazo, desparpajo.

embarazoso, -sa *adj.* molesto, incómodo, agobiante, estorboso, desagradable. *ANT.* cómodo, agradable. **2** difícil, delicado, espinoso. *ANT.* fácil.

embarbecer *intr.* barbar, echar barbas.

embarcación *f.* buque, barco, barca, nave, bote, canoa, navío, bajel, velero, yate, piragua, lancha, barcaza, fragata, galeón, góndola, trirreme, motonave, lanchón.

embarcadero *m.* dársena, muelle, atracadero, puerto, malecón.

embarcar *tr. intr. prnl.* {personas} entrar, subir, ingresar. *ANT.* desembarcar. **2** {mercancías} introducir, meter, estibar, cargar, almacenar. *ANT.* descargar. **3** *tr. prnl.* aventurarse, lanzarse, atreverse, comprometerse, arriesgarse. *ANT.* abstenerse.

embarco *m.* embarque.

embargar *tr.* DER. {bienes} retener, confiscar, decomisar, requisar. *ANT.* desembargar. **2** impedir, estorbar, dificultar, entorpecer, detener, embarazar. *ANT.* ayudar, facilitar. **3** {sentidos, ánimo} colmar, inundar, arrobar, embelesar, suspender.

embargo *m.* {comercio, transporte} prohibición. **2** DER. {bienes} retención, secuestro, confiscación. *ANT.* desembargo. **3** *ANT.* dificultad, embarazo. **4** *loc. sin ~:* no obstante, a pesar de, con todo, pero, empero.

embarque *m.* embarco, fletamiento, estiba.

embarrada *f. Bol., Col., Nic., Uru.* error, desbarro, falta, desatino, equivocación, falla, disparate, despropósito. *ANT.* acierto.

embarrancar *intr. tr.* {buque} encallar, varar. *ANT.* desembarrancar. **2** *prnl.* {dificultad, barranco} atascarse, estancarse, empantanarse, atollarse, detenerse. *ANT.* salir del atolladero.

embarrar *tr. prnl.* {con barro} untar, enfangar, encenagar, embadurnar, manchar. **2** *Amer.* desacreditar, calumniar. **3** *Amer.* fastidiar, causar daño. **4** *Amer.* cometer un delito. **5** *Amer.* {en un asunto sucio} complicar, implicar. **6** *Col., Uru.* equivocar. **7** *col. Arg., Col.* estropear, echar a perder. **8** *prnl.* {con cualquier sustancia} embadurnarse, ensuciarse, untarse.

embarrotar *tr.* abarrotar, asegurar, fortalecer con barrotes.

embarullado, -da *adj.* enredado, revuelto, desordenado. *ANT.* ordenado. **2** difícil, intrincado, arduo, dificultoso. *ANT.* fácil.

embarullar *tr. col.* {cosas} mezclar, desordenar, enredar, revolver. *ANT.* ordenar, desenredar. **2** *tr. prnl. col.* {personas} confundir, desorientar. *ANT.* encaminar, orientar.

embate *m.* {mar} golpe impetuoso. **2** *fig.* embestida, acometida.

embaucador, -ra *adj. s.* impostor, tramposo, artero, estafador, timador, charlatán, farsante, falsario, mentiroso. *ANT.* honesto.

embaucamiento *m.* embuste, engaño, mentira, embeleso, alucinamiento, fraude, timo, chantaje, farsa, trampa.

embaucar *tr.* engañar, timar, engatusar, estafar, enredar. *ANT.* desengañar.

embaular *tr.* empaquetar. **2** *col.* engullir, tragar, devorar, zampar, comer.

embebecer *tr.* divertir, embelesar, entretener. **2** *prnl.* pasmarse, absorberse, ensimismarse.

embeber *tr.* {líquido} absorber, impregnar, empapar, humedecer. **2** {cosa} contener, encerrar. **3** incorporar, incluir. **4** encajar, meter, embutir. **5** *intr.* {tejido} apretarse, encogerse. **6** *prnl.* ensimismarse, abstraerse, quedarse pasmado, embelesado. **7** {teoría} instruirse, conocer. *ANT.* desconocer. **8** {tarea} entregarse, sumergirse.

embebido, -da *adj.* enfrascado, concentrado, inmerso, sumido, abstraído.

embelecar *tr.* engañar.

embeleco *m.* embuste, engaño, superchería, engañifa, cuento. **2** *col.* persona enfadosa. **3** *col.* cosa molesta. **4** *P. Rico* enredo, complicación, montaje.

embelesar *tr. prnl.* maravillar, fascinar, arrobar, arrebatar, pasmar, extasiar, encantar, suspender, seducir, cautivar los sentidos. *ANT.* desencantar, disgustar.

embeleso *m.* fascinación, seducción, pasmo, estupefacción, asombro, éxtasis. *ANT.* desilusión, desencanto. **2** placer, gusto, agrado, deleite, delicia, gozo. *ANT.* aburrimiento.

embellecer *tr.* hermosear, agraciar, componer, arreglar, adornar; ornar, decorar. *ANT.* afear.

embellecimiento *m.* adorno, acicalamiento.

emberrenchinarse *prnl. col.* {niño} emberrincharse, encolerizarse, enojarse, enfadarse.

embestida *f.* acometida, arremetida, embate, asalto, ataque, choque, agresión, envión. *ANT.* huida. **2** *col.* detención inoportuna.

embetunar *tr.* encerar, untar, pulir.

emblema *amb.* símbolo, escudo, imagen, insignia, divisa, alegoría. **2** representación simbólica. **3** *Bol.* bandera.

embobar *tr. prnl.* entretener, admirar, embelesar, pasmar, asombrar, maravillar, deslumbrar, fascinar, sorprender, extasiar.

embocadura *f.* entrada, abertura, boca, espacio. **2** {instrumento de viento} boquilla. **3** {del caballo} bocado, freno. **4** {vino} gusto, sabor.

embocar *tr.* comer, tragar, engullir, meter por la boca. **2** *intr. prnl.* {por una parte estrecha} entrar, ingresar.

embolado, -da *adj. col. Arg.* aburrido. **2** *Nic.* ebrio, embriagado, borracho. **3** *m.* problema, dificultad, situación difícil. **4** *col.* artimaña, artificio.

embolia *f.* MED. obstrucción.

émbolo *m.* MEC. pistón. **2** MED. coágulo, burbuja de aire.

embolsar *tr.* guardar, meter, introducir, empacar, embalar. *ANT.* sacar. **2** cobrar, percibir, ganar, recaudar, recibir dinero. *ANT.* pagar. **3** MIL. {ejército enemigo} cortar, dividir, aislar. **4** *prnl.* ganar dinero.

emborrachar *tr.* embriagar, causar embriaguez. **2** *tr. prnl.* perturbar, aturdir, atontar, adormecer. **3** {de combustible} inundar. **4** {bizcocho} empapar (en vino). **5** *prnl.* achisparse, ajumarse, trastornarse, marearse, empinar el codo. **6** {colores de una tela} mezclarse, confundirse.

emborronar *tr.* {papel} borrajear, llenar de borrones. **2** garabatear, garrapatear.

emboscada *f.* ocultación, acecho. **2** maquinación, asechanza, estratagema, ardid, insidia, trampa, artificio.

embotamiento *m.* atontamiento, entorpecimiento, turbación.

embotar *tr. prnl.* mellar, despuntar, desgastar, desafilar. ANT. afilar, aguzar. **2** aturdir, atontar, entorpecer, adormecer, debilitar. ANT. despejar, avivar.

embotellamiento *m.* envasado, envase, embotellado. **2** {vehículos} congestión, atasco, aglomeración, obstrucción, detención, inmovilización, taponamiento.

embotellar *tr.* envasar, enfrascar, llenar. **2** {persona} acorralar, cercar, rodear. **3** {negocio} inmovilizar. **4** *prnl.* {tráfico} entorpecerse, congestionarse, detenerse, atascarse. ANT. agilizar, fluir. **5** {discurso} memorizar.

embovedar *tr.* abovedar.

embozar *tr. prnl.* cubrir el rostro. **2** *fig.* disfrazar, ocultar, enmascarar, esconder, tapar, encubrir, disimular. ANT. descubrir, mostrar.

embozo *m.* {de la sábana} doblez, vuelta. **2** recato artificioso, tapujo, hipocresía, disimulo, ambages. ANT. franqueza, desembozo.

embravecer *tr. prnl.* {mar, viento} enfurecer, encolerizar, irritar. ANT. serenar, aplacar, apaciguar. **2** {planta} robustecerse, rehacerse.

embriagar *tr. prnl.* emborrachar, beber, alcoholizar. **2** *tr. prnl.* perturbar, aturdir, atontar, adormecer. **3** extasiar, embelesar, transportar, fascinar; enajenar. **4** *prnl.* perder el dominio.

embriaguez *f.* ebriedad, borrachera, curda, mona. ANT. sobriedad. **2** arrebato, embeleso, éxtasis, arrobamiento. **3** turbación. **4** enajenamiento.

embrión *m.* {humano} feto, engendro. **2** comienzo, origen, causa, principio, germen, inicio.

embrionario, -ria *adj.* elemental, inacabado, primario, incipiente, originario, rudimentario, primitivo, incompleto, inicial, prematuro. ANT. maduro, desarrollado, perfeccionado.

embrollado, -da *adj.* desordenado, enrevesado, enmarañado, confuso, caótico, oscuro, incomprensible, enigmático, intrincado, revuelto, enredado. ANT. claro, comprensible.

embrollar *tr. prnl.* enredar, complicar, intrincar, enmarañar, confundir, embarullar. ANT. aclarar, desenmarañar, ordenar.

embrollo *m.* confusión, desorden, enredo, caos, barullo, desorganización, maraña, berenjenal, lío. ANT. orden. **2** mentira, embuste, engaño, engañifa, artimaña. ANT. verdad. **3** conflicto, dificultad, situación embarazosa.

embromar *tr.* burlar, chancear, bromear. **2** engañar, enredar. **3** *tr. prnl. Amér. Sur* fastidiar, molestar. **4** *Amér. Sur* perjudicar. **5** *Chile, Ecuad., Méx., Perú* entretener, distraer.

embrujar *tr.* hechizar, encantar, aojar. **2** fascinar, cautivar, seducir, extasiar, atraer. ANT. rechazar, repeler.

embrujo *m.* embrujamiento, conjuro, encantamiento, hechizo, maleficio. **2** seducción, fascinación, encanto, embeleso, atractivo. ANT. rechazo, repulsión.

embrutecer *tr. prnl.* aturdir, embotar, idiotizar, entorpecer, atontar, abestiar. ANT. despabilar.

embuchado *m.* embutido.

embuchar *tr.* {carne picada} embutir, introducir. **2** *col.* devorar, tragar, engullir, zampar.

embudo *m.* agujero, excavación, depresión. **2** engaño, enredo, artimaña, trampa. **3** estrechamiento, cuello de botella.

embuste *m.* mentira, engaño, falsedad, calumnia, farsa, bulo, patraña, invención, infundio, chisme, cuento, enredo, impostura. ANT. verdad. **2** *pl.* baratijas, bisutería, chucherías.

embustero, -ra *adj.* mentiroso, engañador, embaucador, farsante. ANT. sincero, honesto.

embutido *m.* tripa rellena. **2** encalado, incrustación.

embutir *tr.* hacer embutidos. **2** llenar, meter, introducir, rellenar, atiborrar; incluir. **3** incrustar, encajar, ajustar, empotrar. **4** imbuir, instruir. **5** *tr. prnl.* tragar, devorar, embocar.

emergencia *f.* urgencia, apremio, dificultad, aprieto. **2** accidente, eventualidad.

emerger *intr. fig.* brotar, surgir, salir, asomar, manifestarse, aparecer. ANT. sumergirse, hundirse, desaparecer.

emético, -ca *adj. s.* vomitivo.

emigración *f.* migración, transmigración, marcha, éxodo, partida, alejamiento, expatriación. ANT. inmigración.

emigrar *intr.* {país, región} expatriarse, exiliarse, abandonar, dejar, ausentarse, alejarse.

eminencia *f.* elevación, colina, altura, montículo, prominencia. **2** saliente. **3** excelencia, virtud, grandeza, preponderancia, superioridad. ANT. mediocridad, vulgaridad.

eminente *adj.* alto, descollante, elevado, prominente. ANT. bajo. **2** superior, excelente, insigne, ilustre, sobresaliente. ANT. despreciable.

eminentemente *adv.* excelentemente, perfectamente. ANT. pésimamente. **2** FIL. virtualmente, potencialmente.

emisario, -ria *s.* enviado, mensajero, delegado, embajador.

emisión *f.* RAD., TV. transmisión, audición, difusión. **2** RAD., TV. programa. **3** {billetes, monedas, títulos} impresión, circulación, acuñación. **4** irradiación, efluvio, emanación. **5** eyaculación.

emisor, -ra *adj. s.* que emite. **2** *s.* {en un acto comunicativo} enunciador. **3** *f.* estación, difusora, radiodifusora.

emitir *tr.* arrojar, exhalar, desprender, despedir. **2** {títulos, moneda, valores} producir, poner en circulación. **3** {opinión} manifestar, expresar, decir. **4** radiodifundir.

emoción *f.* impresión, sensación, agitación, conmoción. ANT. impasibilidad. **2** afecto, afección, sentimiento, emotividad, enternecimiento.

emocionante *adj.* conmovedor, estremecedor, emotivo, impresionante, inquietante.

emoliente *adj. m.* MED. {medicamento} demulcente.

emolumento *m.* gratificación, remuneración, honorarios, pago, salario, retribución, sueldo.

emotivo, -va *adj.* sensible, excitable.

empacar *tr.* empaquetar. **2** *intr. tr. Amer.* hacer el equipaje, hacer la maleta. **3** *prnl.* turbarse, cortarse. **4** *col.* obstinarse, emperrarse. **5** *col. Amer.* {animal} detenerse, plantarse.

empachado, -da *adj.* saciado, ahíto, harto, repleto.

empachar *tr. prnl.* hartar, empalagar, saciar, indigestar. **2** importunar, fastidiar, molestar, cansar. **3** avergonzarse, embarazarse. **4** impedir, estorbar. ANT. facilitar.

empacho *m.* indigestión. **2** impedimento, obstáculo, estorbo. **3** vergüenza, encogimiento, cortedad.

empadronamiento *m.* censo, padrón, registro, inscripción.

empalagar *tr. prnl.* indigestar, empachar. **2** fastidiar, molestar, hastiar.

empalagoso, -sa *adj.* almibarado, dulzón, dulzarrón. **2** fastidioso, pegajoso, zalamero.

empalar *tr.* ensartar, atravesar. **2** *prnl. Chile* envararse, entumecerse, entorpecerse.

empalizada *f.* palizada, estacada, vallado, cerca, tapia, cercado.

empalmar tr. acoplar, ensamblar, enchufar, conectar, ajustar, juntar. ANT. desconectar.

empalme m. conexión, enlace, unión.

empantanado, -da adj. encharcado, cenagoso.

empantanar tr. encharcar, anegar, inundar. **2** atascar, obstaculizar, detener, paralizar, impedir, demorar.

empañar tr. prnl. opacar, deslustrar, enturbiar, ensuciar. ANT. limpiar, aclarar. **2** {vapor} cubrir. **3** {lágrimas} cubrir los ojos. **4** {honor} manchar, oscurecer. ANT. honrar.

empapado, -da adj. mojado.

empapar tr. prnl. humedecer, mojar, remojar, sumergir, bañar, regar. ANT. secar. **2** {líquido} absorber, embeber. **3** {líquido} penetrar. **4** prnl. {doctrina, idea} entender, imbuirse, enterarse, penetrarse, comprender. ANT. ignorar. **5** ahitarse.

empapelar tr. revestir, cubrir, envolver, forrar. ANT. desempapelar. **2** procesar, encausar, formar causa.

empaque m. gravedad, solemnidad, estiramiento, tiesura, pomposidad, seriedad, afectación. **2** col. aire, porte, catadura, aspecto, facha, presencia, figura. **3** Perú, P. Rico desfachatez, descaro. **4** envoltura, envase.

empaquetar tr. prnl. empacar, enfardar, envolver, envasar. **2** acicalar, adornar.

emparedado m. sándwich, bocadillo. **2** adj. s. recluso, recluido, encarcelado.

emparejar tr. nivelar, allanar, alisar, igualar. **2** juntar, reunir; aparear, aparejar. ANT. separar. **3** alcanzar, empatar. ANT. atrasarse, rezagarse.

emparentado, -da adj. vinculado, relacionado, unido, asociado, entroncado.

emparentar intr. enlazar, unir, vincular, entroncar, relacionar. ANT. desvincular, separar.

empastar tr. prnl. cubrir de pasta. **2** {libro} encuadernar. **3** {diente, muela} rellenar. **4** Amer. {terreno} empradizar.

empaste m. {para un diente} pasta. **2** Pint. {de colores o tintas} unión.

empatar tr. Amer. empalmar, juntar. **2** nivelar, igualar, equilibrar. ANT. desempatar.

empatía f. simpatía, identificación.

empecinado, -da adj. obstinado, testarudo, terco, porfiado, tozudo. ANT. transigente.

empecinamiento m. obstinación, insistencia, terquedad.

empecinarse prnl. porfiar, obstinarse, aferrarse.

empedernido, -da adj. tenaz, impenitente, obstinado, recalcitrante. **2** implacable, inexorable, endurecido, insensible.

empedrado, -da adj. {caballo} manchado, rodado. **2** {cielo} cubierto. **3** m. pavimento, adoquinado, calzada.

empedrar tr. enlosar, adoquinar, pavimentar, cubrir. ANT. desempedrar.

empellón m. empujón, atropello, arremetida, choque.

empeñado, -da adj. alcanzado, entrampado, endeudado. **2** {disputa} acalorado, reñido.

empeñar tr. pignorar, comprometerse, dejar en prenda, hipotecar. **2** obligar, forzar. **3** prnl. endeudarse, entramparse, contraer deudas. **4** insistir, porfiar, obstinarse. ANT. ceder. **5** interceder, mediar. **6** prnl. tr. {guerra} trabar, emprender.

empeño m. obligación, compromiso. **2** deseo, anhelo, interés, ansia, afán. **3** recomendación, encargo. **4** empresa, esfuerzo.

empeorar tr. decaer, agravarse, desmejorar, debilitarse, deteriorarse. ANT. mejorar.

empequeñecer tr. intr. prnl. disminuir, menguar, mermar, reducir, rebajar, aminorar. ANT. aumentar, agrandar. **2** menoscabar, desvalorizar, apocar, desdeñar. ANT. engrandecer.

emperador m. rey, monarca, príncipe, soberano.

emperadora f. emperatriz, reina, soberana.

emperifollar tr. prnl. engalanar, ataviar, componer, adornar, hermosear. ANT. afear.

empero conj. pero, sino, mas. **2** sin embargo, no obstante.

emperrarse prnl. obcecarse, obstinarse, encapricharse, empeñarse. ANT. ceder.

empezar tr. iniciar, comenzar, principiar, emprender, inaugurar. ANT. terminar, concluir, acabar. **2** brotar, nacer, surgir, iniciarse, crearse, originarse. ANT. morir, fallecer.

empilar tr. apilar.

empinado, -da adj. muy alto, elevado. ANT. bajo. **2** pendiente, inclinado. ANT. llano. **3** engreído, presumido, estirado. ANT. sencillo.

empinar tr. enderezar, levantar. **2** beber mucho. **3** prnl. {persona} erguirse, alzarse, estirarse.

empíreo m. cielo, paraíso. **2** adj. divino, celestial.

empírico, -ca adj. experimental.

emplasto m. cataplasma, sinapismo, ungüento. **2** col. arreglo, componenda. **3** parche, pegote, bizma.

emplazamiento m. situación, ubicación, disposición, colocación, localización, postura, posición. **2** citación, requerimiento, llamamiento, convocatoria.

emplazar tr. ubicar, situar, colocar, localizar, instalar, disponer, orientar. ANT. quitar. **2** citar, llamar, requerir, convocar, demandar.

empleado, -da adj. funcionario, dependiente, oficinista, trabajador, burócrata. **2** utilizado, usado, gastado, invertido, aplicado. ANT. desusado.

emplear tr. prnl. {persona} ocupar, encargar, comisionar, destinar, colocar, asalariar. ANT. despedir. **2** {dinero} gastar, invertir, usar. **3** {tiempo} consumir. **4** hacer servir, usar. **5** dedicarse.

empleo m. ocupación, oficio, cargo, puesto, trabajo, profesión, colocación, menester, plaza. **2** uso, utilización, aplicación, aprovechamiento. ANT. desuso. **3** Mil. jerarquía, categoría, grado, función.

empobrecer tr. prnl. {persona} depauperar, arruinar, esquilmar, perjudicar, malograr. ANT. enriquecer. **2** intr. prnl. {cosa} decaer, debilitarse, venir a menos. ANT. engrandecer.

empodrecer intr. prnl. pudrir, descomponer.

empollar tr. prnl. incubar. **2** tr. col. meditar, estudiar, reflexionar.

empolvarse prnl. ensuciarse.

emponzoñado, -da adj. envenenado.

emponzoñar tr. prnl. envenenar, intoxicar. **2** corromper, dañar.

emporcar tr. prnl. ensuciar, llenar de porquería.

emporio m. centro, base, núcleo, sede, mercado, ciudad, centro de comercio. **2** empresa, conjunto de empresas. **3** Amér. Cent. establecimiento comercial, gran almacén.

empotrar tr. incrustar, encajar, ensamblar, introducir, empalmar, engranar, meter, embutir.

emprendedor, -ra adj. dinámico, activo, diligente, laborioso, ambicioso, osado, hábil. ANT. apocado, pusilánime.

emprender tr. {negocio, empeño} comenzar, iniciar, empezar, acometer. ANT. cesar.

empresa f. tarea, acción, obra, labor. **2** firma, razón social, organización, sociedad, compañía, industria.

A
B
C
D
E
F
G
H
I
J
K
L
M
N
Ñ
O
P
Q
R
S
T
U
V
W
X
Y
Z

3 designio, intento, proyecto. **4** símbolo, figura, lema, enseña. **5** aventura.

empresario, -ria *s.* {de una empresa} dueño, propietario. **2** patrono, patrón, jefe, administrador.

empréstito *m.* préstamo, crédito.

empujar *tr.* impulsar, impeler, propulsar, lanzar. ANT. detener, frenar. **2** influir, intrigar, instigar, hacer presión.

empuje *m.* arranque, brío, empeño, decisión. **2** fuerza, presión, impulso, propulsión.

empujón *m.* empellón. **2** impulso, presión, fuerza, estímulo, apoyo. **3** {obra, trabajo} avance rápido, adelanto, progreso.

empuñadura *f.* {en armas} guarnición, puño, mango, asidero.

empuñar *tr.* asir, tomar, apretar, aprisionar, coger, aferrar, blandir. ANT. soltar.

emular *tr. prnl.* imitar, remedar, copiar. **2** competir, rivalizar.

émulo, -la *adj. s.* competidor; imitador.

enagua *f. gen. pl.* prenda interior femenina, saya, camisón, combinación.

enajenable *adj.* vendible.

enajenación *f.* distracción, embeleso, letargo, pasmo, falta de atención. **2** demencia, locura, alienación, delirio, desvarío, trastorno.

enajenado, -da *adj. s.* demente, alienado, perturbado, delirante, orate, loco.

enajenar *tr.* {dominio, derecho} vender, transmitir, transferir, ceder, pasar, traspasar. ANT. obtener. **2** *prnl.* abstraer, entorpecer, embelesar, turbar, pasmar, extasiar. **3** *prnl.* desposeerse, privarse de algo.

enaltecer *tr.* alabar, encomiar, ensalzar, engrandecer, elogiar, honrar, glorificar, encumbrar, destacar. ANT. rebajar, vituperar, criticar.

enaltecimiento *m.* alabanza, elogio.

enamoradizo, -za *adj.* enamorado, amoroso, apasionado, propenso a enamorarse.

enamorado, -da *adj. s.* enamoradizo, apasionado, cautivado. **2** aficionado, pegado, encariñado. **3** admirador, adorador, pretendiente, galán.

enamorar *tr.* cautivar, flechar, galantear, conquistar, cortejar, seducir. **2** *prnl.* prendarse, apasionarse, aficionarse, encariñarse. ANT. desencantarse.

enano, -na *adj.* diminuto, minúsculo, pequeñísimo, escaso. ANT. alto. **2** pigmeo, liliputiense, hombrecillo. ANT. gigante. **3** *col.* niño, pequeño.

enarbolar *tr.* {bandera} levantar, izar, alzar. ANT. arriar, bajar. **2** esgrimir, blandir. **3** *prnl.* {caballo} encabritarse. **4** enfadarse, enojarse, enfurecerse. ANT. calmarse.

enarcar *tr.* arquear. **2** *prnl.* encogerse, achicarse. **3** *Méx.* {caballo} encabritarse, empinarse.

enardecer *tr. prnl.* {disputa, pasión} avivar, excitar, estimular, incitar. ANT. aplacar. **2** irritar, exasperar, provocar, enfurecer. ANT. sosegar, serenar, calmar.

enardecimiento *m.* exaltación, animación, entusiasmo, ardor, pasión, acaloramiento. ANT. desánimo.

encabezamiento *m.* {en documento o escrito} inicio, principio. ANT. final. **2** registro, padrón.

encabezar *tr.* registrar, matricular. **2** acaudillar, abanderar, liderar, conducir, guiar, dirigir, mandar, presidir, capitanear. ANT. seguir. **3** principiar, empezar, iniciar. ANT. terminar, acabar, finalizar.

encabritarse *prnl.* {caballo} alborotarse, alebrestarse, empinarse, erguirse. **2** enojarse, molestarse, irritarse.

encabronar *tr. prnl.* enojar, enfadar.

encadenamiento *m.* conexión, trabazón, conexión, unión, enlace.

encadenar *tr.* {con cadena} ligar, atar. **2** trabar, unir, enlazar, relacionar, concatenar. **3** inmovilizar, sujetar. **4** esclavizar, avasallar. ANT. liberar.

encajar *tr. intr.* meter, introducir, embutir, engastar. **2** *tr.* ajustar, apretar. **3** *tr. intr.* unir. **4** *tr.* {dibujo} trazar, delinear. **5** *col.* golpear, dar, herir. **6** *intr.* {elemento, parte} corresponder. **7** coincidir, estar de acuerdo. **8** hacer el caso, concordar, venir a cuento. **9** {adversidades, golpes} recibir, soportar. **10** *prnl. col.* {prenda} encajarse. **11** {persona} meterse, inmiscuirse.

encaje *m.* costura, bordado, labor, punto. **2** {piezas} ajuste, unión, acoplamiento, ensamblaje, engaste, ensambladura, enganche.

encajonar *tr.* meter, guardar. **2** ARQ. {muro} reforzar.

encallar *intr. prnl.* {barco} varar, naufragar, zozobrar. ANT. desencallar. **2** {negocio} atascarse, bloquearse, detenerse.

encallecer *tr. prnl.* endurecer. **2** insensibilizar.

encaminar *tr. prnl.* orientar, guiar, conducir, encauzar, encarrilar. ANT. desorientar. **2** dirigirse, desplazarse, trasladarse, marchar, ir.

encamisar *tr.* enfundar. **2** encubrir, disfrazar.

encandilamiento *m.* deslumbramiento, ofuscamiento, fascinación.

encandilar *tr.* deslumbrar, cegar, enceguecer. **2** ilusionar, alucinar, fascinar, impresionar, maravillar, pasmar. **3** {pasión, sentimiento} encender, excitar, despertar. **4** {fuego} avivar.

encanecer *intr. prnl.* ponerse cano. **2** enmohecer. **3** envejecer, hacerse viejo.

encanijado, -da *adj.* enclenque, canijo, enteco, débil.

encanijar *tr. prnl.* enflaquecer, desmedrar. ANT. fortalecer. **2** *tr. Méx.* enfadar, enojar.

encantado, -da *adj. col.* distraído, embobado, alelado.

encantador, -ra *adj. s.* brujo, hechicero, mago, ensalmador. **2** *adj.* atrayente, seductor, simpático, cautivador. ANT. antipático. **3** hermoso, bello. ANT. feo. **4** agradable, grato, deleitoso, placentero, deleitable, maravilloso.

encantamiento *m.* conjuro, maleficio, sortilegio, ensalmo, hechicería, embrujo.

encantar *tr. prnl.* hechizar, embrujar. ANT. desencantar. **2** atraer, ganar, cautivar, embelesar, fascinar, maravillar, seducir. ANT. repeler. **3** *intr.* gustar, agradar. **4** *prnl.* extasiarse, transportarse.

encanto *m.* encantamiento, sortilegio, embrujamiento, hechizo. **2** seducción, embeleso, fascinación. **3** hermosura, belleza, preciosidad. ANT. fealdad. **4** gusto, agrado, deleite, placer. ANT. sufrimiento, dolor. **5** gracia, ángel, atractivo, donaire, garbo.

encapotarse *prnl.* aborrascarse, oscurecerse, nublarse, cubrirse, cerrarse. ANT. despejarse.

encapricharse *prnl.* obstinarse, empecinarse, empeñarse, obsesionarse, insistir. ANT. ceder. **2** aficionarse, encariñarse, prendarse.

encaramar *tr. prnl.* levantar, subir. ANT. bajar. **2** ensalzar, alabar, encarecer. ANT. vituperar. **3** engrandecer, encumbrar, elevar.

encarar *tr. prnl.* enfrentar, afrontar, hacer frente. **2** {arma} apuntar, dirigir.

encarcelar *tr.* aprisionar, apresar, encerrar, enjaular, recluir. ANT. liberar.

encarecer *tr. intr. prnl.* {precio} aumentar, subir, alzar, abultar. ANT. rebajar. **2** *tr.* alabar, ponderar, engrandecer, ensalzar, encomiar, elogiar. ANT. censurar, vituperar, denigrar. **3** recomendar, encomendar.

encargado, -da *adj. s.* representante, comisionado, delegado, responsable, apoderado.

encargar *tr. prnl.* encomendar, confiar. **2** aconsejar, prevenir, recomendar. **3** {obligación} imponer. **4** pedir, solicitar, requerir, hacer un pedido. **5** comisionar, delegar, facultar.

encargo *m.* solicitud, requerimiento, petición, favor, cometido, misión, tarea.

encariñarse *prnl.* prensarse, simpatizar, aficionarse, apegarse, interesarse, enamorarse, apasionarse. *ANT.* odiar.

encarnación *f.* materialización, personificación, representación, imagen, símbolo.

encarnado, -da *adj.* colorado, rojo, granate, escarlata, carmesí. **2** personificado, representado, materializado.

encarnar *tr.* {idea, doctrina} representar, personificar. **2** *intr. prnl.* {espíritu} tomar cuerpo. **3** *intr.* {herida} cicatrizar. **4** {noticia} impresionar. **5** *prnl.* {cosa} mezclarse, unirse.

encarnizado, -da *adj.* {ojo} encendido, ensangrentado. **2** {batalla, riña} sangriento, cruento, implacable, feroz, sanguinario, cruel.

encarnizamiento *m.* ensañamiento, saña, dureza, ferocidad, crueldad.

encarnizarse *prnl.* irritarse, enfurecerse. **2** {animal} cebarse. **3** ensañarse, encruelecerse. **4** *MIL.* batirse.

encarrilar *tr.* encaminar, guiar, dirigir, encauzar, conducir. *ANT.* descarriar.

encasillar *tr.* archivar, clasificar, catalogar, distribuir, separar.

encasquetar *tr. prnl.* {sombrero} encajar, ponerse. **2** {opinión, idea} meter en la cabeza. **3** *prnl.* obstinarse, empecinarse.

encastrar *tr.* empotrar, encajar.

encausar *tr.* procesar, inculpar, empapelar, enjuiciar, acusar.

encauzar *tr.* orientar, encaminar, enderezar, guiar, encarrilar. *ANT.* desorientar. **2** {una corriente} canalizar, abrir un cauce.

encefálico, -ca *adj.* cerebral.

encéfalo *m.* *ANAT.* cerebro, sesos, masa encefálica.

encenagarse *prnl.* ensuciarse, mancharse. **2** *fig.* corromperse, pervertirse, envilecerse.

encendedor, -ra *adj. s.* mechero.

encender *tr. prnl.* incendiar, prender, inflamar, quemar. *ANT.* apagar. **2** excitar, enardecer, incitar, entusiasmar. *ANT.* aplacar. **3** irritar, enfadar. *ANT.* tranquilizar. **4** {circuito eléctrico} conectar, activar, iluminar. *ANT.* desconectar, apagar. **5** {guerra} causar, ocasionar, suscitar, producir. *ANT.* impedir. **6** *prnl.* sonrojarse, ruborizarse.

encendido, -da *adj.* rojo subido. **2** *m.* {motor} instalación eléctrica.

encepar *intr. prnl.* {planta} enraizar, arraigar.

encerado *m.* pizarra. **2** *Amer.* pizarrón.

encerradero *m.* encierro, chiquero.

encerrar *tr. prnl.* aprisionar, confinar, cercar, acorralar, recluir, aislar, incomunicar. *ANT.* soltar, liberar. **2** contener, incluir, abarcar, comprender, englobar. *ANT.* excluir.

encerrona *f.* emboscada, celada, trampa, treta, engaño.

enceste *m.* *DEP.* canasta, cesta.

encharcar *tr. prnl.* empantanar, inundar, anegar, enlodar, enfangar. *ANT.* secar.

enchufe *m.* conexión, conectador, empalme, contacto, clavija.

enciclopedia *f.* diccionario, tratado, léxico, compendio. **2** enciclopedismo.

encierro *m.* celda, prisión, reclusión, calabozo. **2** clausura, retiro, recogimiento. **3** encerradero, encierro, chiquero.

encima *adv.* sobre, arriba. *ANT.* debajo, bajo. **2** además, también, igualmente. **3** sobre sí, sobre la propia persona. **4** *loc.* **a)** ~ *de:* además de, fuera de, aparte de, a más de, tras de. **b)** *loc.* ~ *de:* en la parte superior (de algo). **5** *loc. por* ~: superficialmente, de pasada.

encinta *adj. f.* embarazada, gestante, preñada.

encizañar *tr.* enemistar, desavenir, indisponer, malquistar. *ANT.* reconciliar.

enclaustrar *tr. prnl.* recluir, encerrar, internar, incomunicar. **2** esconder. **3** *prnl.* apartarse.

enclavar *tr.* asegurar (con clavos). **2** traspasar, atravesar. **3** *col.* engañar.

enclave *m.* zona, emplazamiento, territorio, comarca. **2** inclusión.

enclenque *adj.* débil, raquítico, endeble, enteco, canijo, enfermizo. *ANT.* vigoroso.

encoger *tr. prnl.* {cuerpo, miembros} contraer. **2** {ánimo} apocar. **3** *intr.* {tela} disminuir, acortar, mermar. **4** *prnl.* {persona} amilanarse, apocarse, atemorizarse.

encogido, -da *adj. s.* corto, pusilánime, cobarde, medroso, apocado. *ANT.* resuelto.

encogimiento *m.* contracción, fruncimiento, pliegue. **2** timidez, pusilanimidad, apocamiento, temor, indecisión. *ANT.* atrevimiento.

encolar *tr.* pegar, fijar.

encolerizar *tr. prnl.* enfurecer, exacerbar, enojar, irritar, exasperar. *ANT.* calmar, aplacar.

encomendar *tr.* comisionar, encarecer, encargar, pedir, solicitar, requerir, demandar. **2** *prnl.* entregarse, darse, abandonarse.

encomiar *tr.* alabar, encarecer, enaltecer, loar, elogiar, ensalzar. *ANT.* vilipendiar, censurar.

encomiástico, -ca *adj.* elogioso, laudatorio, halagüeño, apologético.

encomienda *f.* encargo, recado, comisión, solicitud, envío. **2** custodia, amparo, patrocinio. **3** *Amer.* paquete postal.

encomio *m.* elogio, encarecimiento, alabanza, apología, aplauso. *ANT.* censura.

enconar *tr. prnl.* {llaga, herida} inflamar, infectar, empeorar, irritar. *ANT.* mejorar, sanar. **2** irritar, exasperar. **3** *prnl.* lucrarse.

encono *m.* rencor, animadversión, repulsión, aborrecimiento, aversión, malquerencia, resentimiento, inquina, odio.

encontrado, -da *adj.* contrario, opuesto, antitético.

encontrar *tr. prnl.* hallar, localizar, ubicar, acertar, detectar, atinar, descubrir. **2** *intr. prnl.* {personas} tropezar, topar, chocar. **3** *prnl.* oponerse, enemistarse, desavenirse. **4** concurrir, hallarse. **5** discordar, opinar distinto. **6** convenir, coincidir, concordar. *ANT.* disentir.

encontrón *m.* encontronazo, colisión, choque, topada. **2** encuentro sorprendente.

encontronazo *m. ver* **encontrón**.

encopetado, -da *adj.* engreído, empingorotado, presumido, ostentoso. *ANT.* sencillo.

encorajinarse *prnl.* irritarse, enfadarse, enfurecerse.

encorsetar *tr. prnl.* poner corsé. **2** *fig.* {pensamientos, ideas} limitar.

encortinar *tr.* cubrir, entoldar, colgar.

encorvado, -da *adj.* arqueado, combado, curvo, doblado.

encorvadura *f.* curvatura, alabeo.

encorvamiento *m.* comba, encorvadura, curvatura, alabeo.

encorvar *tr.* doblar, torcer, curvar, arquear, pandear, combar, flexionar. *ANT.* enderezar. **2** *prnl.* {persona} doblarse. **3** ladearse, inclinarse, aficionarse. **4** {caballo} bajar la cabeza.

encrespar *tr. prnl.* {cabello} rizar, ensortijar. **2** {pelo, plumaje} erizar. **3** irritar, enfurecer. **4** {ondas de agua} alborotar, levantar. **5** *prnl.* {negocio, asunto} dificultarse, enredarse.

encrucijada *f.* cruce, empalme, intersección, bifurcación, confluencia, cruce de caminos. **2** emboscada, asechanza. **3** dilema, disyuntiva, situación difícil, conflicto, nudo, apuro.

encuadernar *tr.* encartonar, empastar.

encuadrar *tr.* {en marco o cuadro} encerrar. **2** ajustar, encajar. **3** limitar, circunscribir, esquematizar. **4** *tr. prnl.* {personas} distribuir, organizar.

encubiertamente *adv.* ocultamente, secretamente, a escondidas. **2** fraudulentamente, dolosamente. **3** recatadamente.

encubierto, -ta *adj. s.* oculto, no manifiesto. **2** *f.* fraude, engaño, ocultación.

encubridor, -ra *adj. s.* que encubre. **2** *s.* alcahuete, colaborador, compinche, cómplice.

encubrir *tr. prnl.* esconder, ocultar, disfrazar, fingir, tapar, falsear, desfigurar, solapar, disimular. *ANT.* revelar, manifestar.

encuentro *m.* coincidencia. **2** oposición, contradicción. **3** pelea, riña, discusión. **4** entrevista, charla, conferencia. **5** partido, competición deportiva. **6** MIL. choque, combate. **7** enfrentamiento, pugna, lucha, batalla. **8** choque, tropiezo, tropezón. **9** hallazgo.

encuesta *f.* pesquisa, averiguación. **2** cuestionario, preguntas.

encumbrado, -da *adj.* elevado, prominente, alto.

encumbramiento *m.* altura, prominencia, elevación. **2** exaltación, elogio, honra, engrandecimiento, ensalzamiento.

encumbrar *tr. prnl.* levantar, elevar. **2** {cumbre} subir. **3** engrandecer, ensalzar, honrar. **4** *prnl.* envanecerse, ensoberbecerse.

encurtir *tr.* conservar, avinagrar, poner en conserva.

ende (por) *loc.* por tanto, en consecuencia, consecuentemente.

endeble *adj.* débil, flojo, frágil, canijo, delicado, enclenque, lábil, raquítico, enfermizo. *ANT.* fuerte, resistente, duro.

endeblez *f.* inconsistencia, debilidad, fragilidad.

endemia *f.* MED. epidemia, peste, pandemia.

endemoniado, -da *adj. s.* poseído, poseso, demoníaco. **2** *col.* perverso, malo. *ANT.* bueno.

enderezar *tr. prnl.* destorcer. *ANT.* torcer. **2** enmendar, corregir. **3** orientar, dirigir. **4** *intr. prnl.* encaminarse, disponerse.

endeudado, -da *adj.* alcanzado, empeñado, comprometido, atrasado.

endeudamiento *m.* deuda, adeudo, débito.

endeudarse *prnl.* empeñarse, entramparse. *ANT.* bonito, armónico. **2** perverso, nocivo, malo, malévolo. *ANT.* bueno.

endiablado, -da *adj.* feo, desproporcionado. *ANT.* bonito, armónico. **2** perverso, nocivo, malo, malévolo. *ANT.* bueno.

endilgar *tr.* {algo desagradable} endosar, asestar, espetar, encajar. **2** *col.* dirigir, facilitar.

endiosar *tr.* divinizar, deificar. **2** *prnl.* ensoberbecerse, entonarse, envanecerse, engreírse. **3** embebecerse, suspenderse.

endosar *tr.* {letra de cambio} transferir, ceder, traspasar. **2** {una carga o compromiso molesto} endilgar, encasquetar, trasladar, encargar.

endoso *m.* transferencia, cesión.

endulzar *tr.* azucarar, dulcificar, edulcorar, confitar, almibarar. *ANT.* amargar. **2** suavizar, atenuar, aliviar, calmar, mitigar. *ANT.* recrudecer, exacerbar.

endurecer *tr. prnl.* poner duro. **2** {cuerpo, espíritu} robustecer, fortalecer. *ANT.* debilitar. **3** insensibilizar, encallecer. *ANT.* ablandar.

endurecimiento *m.* obstinación, tenacidad, dureza. **2** callosidad. **3** crueldad.

enema *f.* lavativa.

enemigo, -ga *adj. s.* contrario, diferente. **2** contrincante, adversario, oponente, rival, adverso, hostil. **3** *m.* diablo, demonio.

enemistad *f.* antipatía, rivalidad, aborrecimiento, aversión, odio, hostilidad. *ANT.* amistad.

enemistar *tr. prnl.* indisponer, desavenir, desunir, malquistar, dividir. *ANT.* conciliar.

energía *f.* eficacia, poder, fuerza, potencia, poderío. *ANT.* debilidad. **2** fortaleza, firmeza, vigor, dinamismo, ímpetu, tesón, ánimo, tenacidad, brío. *ANT.* flaqueza, debilidad.

enérgico, -ca *adj.* eficaz, activo, efectivo, diligente, dinámico, eficiente. **2** vigoroso, recio, firme, fuerte, tesonero, brioso, tenaz, resuelto. *ANT.* débil, flojo.

energúmeno, -na *s.* poseído, endemoniado. **2** furioso, alborotado, rabioso, exaltado, frenético. *ANT.* calmado, tranquilo.

enervación *f.* MED. enervamiento, atonía, agotamiento, debilitamiento.

enervar *tr. prnl.* debilitar, quitar fuerza. *ANT.* fortalecer. **2** poner nervioso.

enfadar *tr. prnl.* enojar, encolerizar, contrariar, irritar, enfurecer, disgustar, molestar, desagradar. *ANT.* agradar, contentar.

enfado *m.* enojo, cólera, ira, irritación. *ANT.* calma. **2** disgusto, molestia, contrariedad, mortificación, fastidio, afán. *ANT.* agrado, satisfacción.

enfadoso, -sa *adj.* engorroso, pesado, molesto, enojoso, desagradable. *ANT.* grato.

énfasis *m.* fuerza de expresión, fuerza de entonación, vehemencia, acento, intensidad. **2** {tono, gesto} afectación, ampulosidad, pedantería, ceremonia, pomposidad. *ANT.* naturalidad, sencillez.

enfático, -ca *adj.* insistente, vehemente, acentuado. **2** petulante, ampuloso, altisonante, afectado, pomposo. *ANT.* sencillo.

enfebrecido, -da *adj. col.* calenturiento. **2** arrebatado, desasosegado. *ANT.* tranquilo.

enfermar *tr.* debilitar, invalidar, menoscabar. **2** *intr. prnl.* indisponerse, descomponerse. *ANT.* sanar, curarse.

enfermedad *f.* afección, dolencia, mal, padecimiento, achaque.

enfermero, -ra *s.* técnico sanitario.

enfermizo, -za *adj.* {persona} indispuesto, doliente, enclenque, achacoso, valetudinario. **2** {alimento} malsano.

enfermo, -ma *adj. s.* indispuesto, afectado, doliente; paciente. *ANT.* sano. **2** *adj.* enfermizo.

enfervorizar *tr. prnl.* entusiasmar, enardecer, animar. **2** irritarse, acalorarse, enojarse.

enfilar *tr.* poner en fila. **2** {automóvil} emprender ruta, recorrer. **3** enhilar, ensartar. **4** *intr.* dirigirse, apuntar.

enflaquecer *tr.* adelgazar, desmejorar, demacrarse, consumirse. ANT. engordar. **2** debilitar, agotar, enervar. **3** *intr.* desmayar, desfallecer.

enflaquecimiento *m.* adelgazamiento. **2** extenuación, debilidad, agotamiento.

enfoscar *tr.* {muro} guarnecer. **2** *prnl.* {negocio} enfrascarse. **3** {cielo} encapotarse, cubrirse, nublarse, cerrarse.

enfrascarse *prnl.* {en un asunto} aplicarse, concentrarse, absorberse. ANT. distraerse. **2** enzarzarse, meterse en la espesura. **3** ensuciarse, mancharse.

enfrentar *tr. prnl.* encarar, desafiar, arrostrar, resistir, oponerse, hacer frente. ANT. eludir, rehuir. **2** pelear, guerrear, combatir, luchar, contender. ANT. huir.

enfrente *adv.* {lugar} delante, frente a, a la parte opuesta. **2** {modo} en contra, en pugna.

enfriar *intr. tr. prnl.* refrigerar. ANT. calentar. **2** *tr. prnl.* {afectos, pasiones} entibiar, templar, amortiguar. **3** *prnl.* {persona} quedarse frío. **4** acatarrarse, constiparse, resfriarse.

enfundar *tr.* encamisar, cubrir, forrar, envainar, revestir. **2** llenar, henchir.

enfurecer *tr. prnl.* enfadar, enojar, irritar, encolerizar, exasperar, sulfurar. ANT. aplacar, calmar. **2** *prnl.* {viento, mar} alterarse, alborotarse.

enfurecido, -da *adj.* enojado, irritado, furibundo, alterado, rabioso. ANT. tranquilo.

enfurruñarse *prnl.* col. enfadarse, enojarse, molestarse. **2** {cielo} encapotarse, enfoscarse.

engalanar *tr. prnl.* adornar, embellecer, hermosear, ataviar, acicalar.

engallarse *prnl.* ensoberbecerse, engreírse, hincharse.

enganchar *tr. intr. prnl.* agarrar, prender, sujetar, asegurar, acoplar, colgar. ANT. soltar. **2** asir, trabar. **3** *tr.* {caballería} amarrar. **4** {sistema eléctrico} conectar. **5** {trabajadores} contratar, emplear. **6** col. atrapar. **7** col. atraer, captar. **8** {enfermedad} contraer. **9** *tr. intr. prnl.* {droga} causar adicción. **10** *tr.* MIL. enrolar, reclutar.

enganche *m.* MIL. reclutamiento. **2** primer pago, entrada, cantidad.

engañado, -da *adj.* cándido, iluso.

engañador, -ra *adj.* impostor, artero, mentiroso, falsario, embaucador.

engañar *tr.* mentir, defraudar, burlar. **2** atraer, seducir, camelar, ilusionar, atrapar, engatusar. **3** distraer, entretener. **4** ilusionar. **5** *prnl.* confundirse, equivocarse.

engaño *m.* embuste, falsedad, mentira, invención. ANT. verdad. **2** embaucamiento, fraude, farsa, disimulo. **3** ardid, celada, argucia, truco. **4** estafa, dolo. **5** equivocación, error, confusión. **6** burla, chasco, decepción.

engañoso, -sa *adj.* disimulado, doloso, fraudulento. **2** mentiroso, aparente, ilusorio.

engarce *m.* encadenamiento, eslabonamiento. **2** engaste.

engarzar *tr.* encadenar, eslabonar. **2** engastar. **3** {pelo} rizar.

engastar *tr.* incrustar, encajar, embutir.

engatusar *tr.* engañar, timar, embaucar. **2** halagar, adular.

engendrar *tr.* procrear, concebir, reproducir, fecundar. **2** *tr. prnl.* causar, ocasionar, generar, originar, provocar, motivar, suscitar. ANT. impedir.

engendro *m.* aborto, feto. **2** monstruo, espantajo, adefesio, criatura informe. **3** {persona} feo. **4** designio, plan.

englobar *tr.* incluir, encerrar, reunir, comprender, abarcar, abrazar, alcanzar.

engolado, -da *adj.* petulante, pomposo, presuntuoso, altisonante, afectado.

engolosinar *tr.* incitar, estimular, fascinar, tentar, atraer. **2** *prnl.* aficionarse, prendarse, encariñarse.

engomar *tr.* pegar, adherir, encolar, impregnar.

engordar *tr.* engrosar, ensanchar, robustecer, aumentar. ANT. enflaquecer. **2** cebar, criar.

engorde *m.* {de ganado} ceba, cría.

engorro *m.* obstáculo, problema, complicación, dificultad, impedimento, molestia, estorbo.

engorroso, -sa *adj.* fastidioso, enfadoso, enojoso, molesto, enredoso, trabajoso.

engranaje *m.* {circunstancias, ideas} enlace, trabazón, articulación, acoplamiento, encadenamiento. **2** MEC. conjunto de piezas.

engranar *intr.* enlazar, trabar. **2** MEC. {ruedas dentadas} encajar.

engrandecer *tr.* aumentar, agrandar, ampliar, dilatar, desarrollar, extender, incrementar, acrecentar. ANT. empequeñecer. **2** *tr. prnl.* alabar, exaltar, enaltecer, elevar. ANT. rebajar.

engrandecimiento *m.* dilatación, crecimiento, aumento. **2** ponderación. **3** exaltación.

engrasar *tr.* embadurnar, lubricar, untar, pringar, aceitar. ANT. desengrasar.

engreído, -da *adj.* presuntuoso, jactancioso, envanecido, petulante, hinchado.

engreimiento *m.* arrogancia, presunción, vanidad, fatuidad, envanecimiento, jactancia, fanfarronería. ANT. sencillez, modestia.

engreírse *prnl.* jactarse, vanagloriarse, envanecerse, infatuarse, hincharse, inflarse.

engrosamiento *m.* MED. hinchazón, tumefacción.

engrosar *tr.* aumentar, incrementar, acrecentar, engrandecer, desarrollar. ANT. menguar, decrecer. **2** *intr.* cebar, engordar.

engrudo *m.* goma, cola, adhesivo.

engullir *tr.* ingerir, tragar, ingurgitar, deglutir, devorar, zampar. ANT. devolver, vomitar.

enhebrar *tr.* enhilar, ensartar.

enhiesto, -ta *adj.* levantado, derecho, erguido, eréctil. ANT. agachado.

enhilar *tr.* enhebrar, ensartar.

enhorabuena *f.* felicitación, congratulación, aplauso, parabién. ANT. enhoramala.

enhoramala *adv.* en mala hora. ANT. enhorabuena.

enigma *m.* incógnita, misterio, interrogante, secreto, arcano. **2** acertijo, adivinanza, jeroglífico.

enigmático, -ca *adj.* misterioso, incomprensible, inexplicable, oscuro, críptico, oculto, secreto. ANT. claro, comprensible, evidente.

enjambre *m.* {de abejas} multitud. **2** {personas, animales} muchedumbre, hervidero, cantidad, multitud, grupo.

enjaular *tr.* aprisionar, encarcelar, encerrar.

enjoyar *tr.* adornar, embellecer, hermosear.

enjuagar *tr. prnl.* {boca} limpiar, lavar. **2** {vasija} limpiar, aclarar.

enjuague *m.* lavado, aclarado. **2** agua; jabón. **3** manejo, amaño, apaño, negociación oculta, componenda, chanchullo.

enjugar *tr.* {humedad} quitar, limpiar. **2** *tr. prnl.* {deuda} cancelar, extinguir. **3** *prnl.* adelgazar, enmagrecer, enflaquecer.

enjuiciar *tr.* examinar, discutir. **2** DER. instruir, juzgar, sentenciar.

enjundia f. {de aves o animales} gordura, grasa. **2** sustancia, meollo, esencia, quid. **3** brío, fuerza, vigor, arrojo, pujanza, arrestos. **4** {de una persona} constitución, cualidad, carácter.

enjuto, -ta adj. delgado, flaco, seco. ANT. gordo, obeso.

enlace m. unión, conexión, lazo, vínculo, nexo, ligazón. ANT. separación. **2** {de trenes} empalme. **3** casamiento, nupcias, boda, matrimonio, esponsales. **4** fig. {entre personas} contacto, relación.

enlazar tr. prnl. {con lazos} coger, juntar, atar, trabar. ANT. desunir, soltar, desenlazar. **2** {animal} aprisionar, atrapar. ANT. liberar. **3** {trenes, vehículos} empalmar, conectar, entroncar. **4** unir, vincular, encadenar, relacionar, articular. ANT. separar. **5** intr. {medio de transporte} llegar. **6** prnl. casarse, unirse, contraer matrimonio. ANT. divorciarse, separarse.

enlodar tr. prnl. manchar, ensuciar, enfangar. **2** infamar, envilecer, vilipendiar. ANT. alabar, honrar.

enloquecer intr. perturbar, trastornar, alocar, enajenar, desvariar, delirar, perder el juicio, perder la razón.

enlosar tr. adoquinar, embaldosar, empedrar, enladrillar.

enlucir tr. {pared} guarnecer. **2** {adornos, plata} limpiar, brillar.

enlutar tr. prnl. cubrir de luto. **2** oscurecer. **3** tr. entristecer, afligir, apesadumbrar, apenar.

enmaderado m. maderamen.

enmarañado, -da adj. desordenado, enredado, revuelto, caótico, confuso, farragoso, mezclado, complicado. ANT. ordenado, claro.

enmarañar tr. prnl. {cabello, madeja} enredar, revolver. ANT. desenredar. **2** {asunto} confundir, complicar, embrollar. **3** prnl. {cielo} cubrirse.

enmarcar tr. encuadrar, encerrar en un marco. **2** tr. prnl. limitar.

enmascaramiento m. encubrimiento, disfraz, superchería, fingimiento, impostura, falsedad, engaño, mentira.

enmascarar tr. {rostro} cubrir, esconder. ANT. desenmascarar. **2** encubrir, ocultar, velar, desfigurar, disimular, tapar, disfrazar. ANT. descubrir, desenmascarar.

enmendar tr. prnl. corregir, subsanar, reparar, rectificar, modificar, remediar.

enmienda f. corrección, rectificación. **2** {documento} variante, propuesta, reemplazo, adición. **3** reparación.

enmohecer tr. intr. prnl. cubrirse de moho, oxidarse, herrumbrarse. **2** prnl. inutilizarse, deteriorarse, anquilosarse, caer en desuso.

enmohecido, -da adj. oxidado, mohoso, herrumbroso.

enmudecer tr. silenciar, acallar, amordazar. **2** intr. quedar mudo, callar, guardar silencio. ANT. hablar. **3** {sonido} desaparecer, extinguirse.

ennegrecer tr. prnl. renegrear, denegrecer, denegrir, negrecer, oscurecer, ensombrecer. ANT. blanquear. **2** enturbiar, sombrear. **3** {cielo} nublarse, encapotarse. ANT. despejarse.

ennoblecer tr. prnl. engrandecer, enaltecer, elevar, honrar. ANT. envilecer.

enojado, -da adj. enfurecido, rabioso, encolerizado, furioso, irritado. ANT. sereno.

enojar tr. prnl. disgustar, enfurecer, exasperar, enfadar, encolerizar. ANT. tranquilizar.

enojo m. rabia, disgusto, furia, irritación, enfado, exasperación, ira, cólera. ANT. alegría.

enojoso, -sa adj. enfadoso, irritante, engorroso, fastidioso, molesto, pesado, mortificante, incómodo, desagradable. ANT. agradable, grato.

enólogo, -ga adj. s. catador.

enorgullecerse prnl. preciarse, honrarse, satisfacerse, alegrarse. **2** presumir, alardear, engreírse, envanecerse, jactarse.

enorme adj. desmedido, excesivo, ingente, descomunal, gigantesco, desmesurado, colosal, titánico, inmenso, mayúsculo, exorbitante, ciclópeo, monumental. ANT. minúsculo, ínfimo. **2** perverso, malévolo.

enormidad f. disparate, dislate, desatino, error, despropósito, atrocidad, extravagancia, barbaridad. ANT. acierto. **2** maldad, malevolencia. ANT. bondad. **3** cantidad, copia, profusión, abundancia.

enquistar tr. prnl. embutir, encajar. **2** prnl. {proceso, situación} paralizarse, detenerse. ANT. continuar. **3** MED. {quiste} desarrollarse.

enraizar intr. prnl. arraigar, prender, echar raíces.

enramada f. ramada, emparrado, cobertizo.

enrarecer tr. prnl. {cuerpo gaseoso} dilatar. **2** {aire} rarificar, rarefacer, contaminar, viciar, degradar. **3** prnl. {amistad} enfriarse.

enrasar tr. {superficie} aplanar, alisar, rasar.

enredadera f. trepadora.

enredador, -ra adj. engañoso, mentiroso, embustero, chismoso, trapacero, lioso, mañoso.

enredar tr. prnl. revolver, enmarañar, embarullar, desordenar. ANT. desenredar. **2** embrollar, confundir, intrincar, complicar, entorpecer. **3** encizañar. **4** entretener, distraer. **5** {asunto} complicarse. **6** prnl. liarse, juntarse.

enredijo m. maraña, lío, trama, embrollo.

enredo m. complicación, lío, enredijo, maraña, trama, embrollo. **2** inquietud, conflicto, problema. **3** travesura. **4** engaño, mentira, embuste, intriga. **5** {ideas} confusión, falta de claridad. **6** {novela} intriga, nudo. **7** Amer. amorío, devaneo, aventura. **8** pl. trastos, cachivaches, trebejos.

enrevesado, -da adj. enredado, intrincado, indescifrable, enmarañado, confuso, oscuro, incomprensible, embrollado. ANT. claro, inteligible, sencillo.

enriquecer tr. prnl. progresar, prosperar, florecer, beneficiarse, lucrarse. ANT. empobrecerse. **2** {componente de una mezcla} aumentar. **3** adornar, engrandecer, hermosear, embellecer.

enriscado, -da adj. escabroso, riscoso.

enrizar tr. rizar, ensortijar.

enrojecer tr. intr. prnl. sonrojarse, ruborizarse, ponerse colorado.

enrojecimiento m. rubor.

enrolar tr. prnl. inscribir, alistar, reclutar, incorporar, enganchar. ANT. licenciar.

enrollar tr. prnl. plegar, liar, envolver, enroscar. ANT. desenrollar.

enronquecer intr. desgañitarse, desgaznatarse, gritar, chillar.

enronquecimiento m. afonía, ronquera, carraspera.

enroscar tr. prnl. atornillar, enrollar. ANT. desenroscar.

enrostrar tr. Amer. reprochar, echar en cara, reconvenir.

ensalada f. mezcla de verduras. **2** fig. revoltijo, confusión, maraña, enredo, embrollo, amasijo, barullo.

ensalmo m. encantamiento, conjuro, invocación, hechizo.

ensalzar tr. prnl. loar, elogiar, alabar, engrandecer, encarecer, enaltecer, encomiar, glorificar. ANT. rebajar, insultar, vituperar.

ensamblado m. ver **ensambladura**.

ensambladura *f.* ensamblado, ensamble, ensamblaje.

ensamblaje *m. ver* **ensambladura.**

ensamblar *tr.* juntar, unir, acoplar, ajustar, encajar. *ANT.* separar, desacoplar

ensamble *m. ver* **ensambladura.**

ensanchamiento *m.* extensión, dilatación.

ensanchar *tr.* extender, dilatar, agrandar, acrecentar, ampliar. *ANT.* disminuir, encoger. **2** *prnl. intr.* envanecerse, engreírse.

ensangrentar *tr. prnl.* manchar de sangre. **2** *prnl.* encenderse, irritarse, enfurecerse. *ANT.* calmarse. **3** encruelecerse.

ensañamiento *m.* saña, encarnizamiento, sevicia, brutalidad, ferocidad, crueldad.

ensañar *tr.* irritar, enfurecer. **2** *prnl.* cebarse, encarnizarse.

ensartar *tr.* enhilar. **2** *Amer.* enhebrar. **3** atravesar, espetar.

ensayar *tr.* probar, reconocer, tantear, experimentar, investigar. **2** amaestrar, adiestrar. **3** {espectáculo} preparar, probar.

ensayo *m.* experiencia, reconocimiento, verificación, prueba. **2** adiestramiento, ejercicio. **3** escrito, estudio, exposición, reflexión, análisis.

enseguida *adv.* en seguida, inmediatamente, seguidamente, después, luego.

ensenada *f.* bahía, golfo, fondeadero, cala, rada, abra.

enseña *f.* estandarte, insignia, divisa, emblema, bandera.

enseñanza *f.* pedagogía, educación, formación, ilustración, docencia, adiestramiento, instrucción. **2** método, escuela, programa. **3** escarmiento, moraleja, advertencia, ejemplo, lección, consejo.

enseñar *tr.* instruir, adoctrinar, educar, ilustrar, formar, adiestrar, aleccionar. **2** advertir. **3** indicar, señalar, orientar, dar señas. **4** mostrar, exponer, revelar, exhibir, descubrir, dejar ver. *ANT.* ocultar. **5** *prnl.* acostumbrarse, habituarse. *ANT.* desacostumbrarse.

enseñorearse *prnl.* apropiarse, apoderarse, adueñarse, usurpar. **2** avasallar, sujetar, dominar, sojuzgar.

enseres *m. pl.* utensilios, aparatos, muebles, instrumentos, avíos, artefactos, útiles, bártulos.

ensillar *tr.* aparejar. *ANT.* desensillar.

ensimismado, -da *adj.* embebido, abstraído, ausente, abismado, absorto, inmerso, pensativo, meditabundo, enfrascado.

ensoberbecerse *prnl.* envanecerse, vanagloriarse, engreírse.

ensombrecer *tr.* oscurecer, encapotarse, nublarse, cubrirse de sombras. *ANT.* aclarar. **2** *prnl.* entristecerse, afligirse, apenarse. *ANT.* animarse, alegrarse.

ensoñación *f.* ensueño, sueño, ilusión, fantasía.

ensoñar *intr. tr.* imaginar, soñar, tejer ensueños.

ensopar *tr. prnl. Amer.* {líquido} empapar, mojar.

ensordecedor, -ra *adj.* estrepitoso, estruendoso, estridente, atronador, retumbante, ruidoso.

ensordecer *tr.* asordar, causar sordera. **2** {sonido, ruido} perturbar, alterar. **3** *intr.* contraer sordera, quedarse sordo. **4** callar.

ensortijado, -da *adj.* {cabello} rizado, crespo.

ensortijar *tr. prnl.* {cabello, hilo} encrespar, rizar, enrizar.

ensuciar *tr. prnl.* manchar, enmugrar, enturbiar, emporcar, poner sucio. *ANT.* limpiar. **2** {alma, fama} manchar, mancillar, desprestigiar, deshonrar, deslustrar, enlodar. *ANT.* enaltecer, honrar. **3** defecar, evacuar, cagar.

ensueño *m.* sueño, ensoñación, fantasía, ilusión. **2** *loc. de ~:* maravilloso, ideal, fantástico.

entablado *m.* entarimado, tablado.

entablar *tr.* enmaderar, recubrir, cercar, cubrir, asegurar. **2** {amistad, batalla} iniciar, comenzar, dar comienzo. **3** {negocio, pretensión} preparar, emprender, disponer. **4** {hueso fracturado} entablillar, inmovilizar. **5** *intr. Amer.* igualar, empatar. **6** *prnl.* {viento} fijarse.

entallar *tr.* tallar, grabar, esculpir. **2** {ropa femenina} ajustar (a la cintura). **3** *intr.* {vestido} ajustarse, venir bien.

entarimado *m.* entablado.

ente *m.* FIL. ser, entidad, sustancia, cosa, criatura, realidad, existencia. **2** entidad, institución, corporación. **3** *col.* esperpento, sujeto ridículo.

enteco, -ca *adj.* enclenque, esmirriado, flaco, canijo, débil, enfermizo.

entelequia *f.* FIL. {Aristóteles} fin, objetivo (de una actividad). **2** *irón.* ficción, irrealidad, invención, cosa irreal.

entenado, -da *s.* hijastro.

entender *tr.* conocer, saber, tener idea, comprender, percatarse, percibir. **2** discurrir, inferir, interpretar, deducir, colegir, razonar. **3** creer, aprehender, pensar, captar, juzgar, opinar. **4** oír, ver. **5** *intr.* ocuparse. **6** {autoridad} tener facultad, tener jurisdicción. **7** *prnl.* conocerse, comprenderse. **8** tener una relación (amorosa). **9** {ley, mandato} pertenecer, tocar, afectar. **10** avenirse, ponerse de acuerdo.

entendido, -da *adj.* experto, diestro, hábil, versado, docto, perito, sabio. *ANT.* inexperto.

entendimiento *m.* inteligencia, intelecto, juicio, intelección, discernimiento, penetración, mente, agudeza, cabeza, lucidez, perspicacia, talento, capacidad. *ANT.* torpeza. **2** acuerdo, avenencia. *ANT.* desacuerdo, desavenencia.

entente *f.* {entre países o gobiernos} acuerdo, armonía, convenio, pacto. *ANT.* desacuerdo.

enterado, -da *adj.* informado, entendido, conocedor, sabedor, versado. **2** estirado.

enteramente *adv.* cabalmente, plenamente, totalmente, completamente, íntegramente, del todo, por entero.

enterar *tr.* informar, comunicar, instruir, noticiar, participar, revelar, avisar, advertir, contar, hacer saber. **2** *Amer.* pagar, entregar dinero.

entereza *f.* integridad, perfección. **2** {en la administración de justicia} rectitud, equidad, imparcialidad. **3** constancia, carácter, firmeza, temple, fortaleza. **4** {de la disciplina} observancia, cumplimiento.

enternecer *tr. prnl.* {algo} ablandar, reblandecer, suavizar, mullir, poner tierno. *ANT.* endurecer. **2** conmover, impresionar, emocionar, compadecer, afectar, tocar. *ANT.* insensibilizar.

entero, -ra *adj.* íntegro, exacto, total, completo, cabal. *ANT.* incompleto. **2** justo, recto, honesto, honrado. *ANT.* deshonesto. **3** robusto, vigoroso, fuerte, sano. *ANT.* enfermo. **4** constante, firme, ecuánime. **5** {tela} recio, tupido, fuerte.

enterrador *m.* sepulturero, sepultador.

enterramiento *m.* entierro, inhumación, sepelio, funeral. **2** sepulcro, fosa, tumba, sepultura.

enterrar *tr.* sepultar, inhumar. **2** olvidar, relegar, arrinconar. **3** *fig.* sobrevivir (a alguien). **4** *prnl.* {persona} retirarse, alejarse. **5** *Amer.* {instrumento punzante} clavar, introducir.

entidad *f.* colectividad, corporación, institución, compañía, consorcio, firma, sociedad. **2** valor, importancia, consideración. **3** FIL. esencia, forma. **4** ente, ser, existencia.

entierro *m.* inhumación, funeral, funerales, enterramiento, sepelio. **2** sepulcro, fosa, tumba, sepultura. **3** cadáver. **4** tesoro enterrado.

entonación *f.* tono, acento, acentuación, armonía, afinación. ANT. desafinación, desentono, desarmonía. **2** dejo, deje, tonillo, sonsonete. **3** LING. {de la voz} modulación, inflexión.

entonado, -da *adj.* presuntuoso, engreído, envanecido, estirado, ostentoso.

entonar *tr. prnl.* cantar, tararear. **2** {al organismo} vigorizar, fortalecer. ANT. debilitar. **3** {licor} beber, ingerir. **4** *tr. intr.* PINT. {colores} graduar, armonizar. **5** *prnl.* envanecerse, ensoberbecerse, engreírse.

entonces *adv.* otrora, en aquel tiempo, en aquel momento, en eso, en tal ocasión, a la sazón. **2** *conj.* en tal caso, de ese modo, siendo así.

entono *m.* envanecimiento, presunción, arrogancia, engreimiento. ANT. sencillez.

entorno *m.* ambiente, medio, condiciones.

entorpecer *tr.* atontar, embotar, alelar, turbar. **2** dificultar, complicar, obstaculizar, impedir.

entrada *f.* puerta, acceso, paso; ingreso. ANT. salida. **2** {a un espectáculo} público, asistencia, número de personas. **3** {en un espectáculo} cantidad recaudada. **4** billete, boleto. **5** {obra, libro} principio, comienzo. **6** {en una casa} amistad, familiaridad. **7** {en una comida} entrante, plato inicial. **8** vestíbulo. **9** {cabeza} ángulo entrante. **10** {en una caja} caudal, ingresos. **11** {en una cuenta} anotación, asiento. **12** primer pago, cantidad inicial. **13** {en guerra} invasión. **14** {diccionario, enciclopedia} palabra, término (que se define).

entramparse *prnl.* endeudarse, empeñarse.

entraña *f.* órgano, víscera, tripa. **2** intimidad, interior, esencia, profundidad, núcleo, meollo, alma. **3** *pl.* cosa oculta. **4** medio, centro. **5** voluntad, afecto. **6** índole, carácter.

entrañable *adj.* íntimo, afectuoso.

entrañar *tr.* contener, llevar dentro, implicar, suponer. **2** *prnl.* unirse, estrecharse.

entrar *intr.* penetrar, acceder, irrumpir, meter, ingresar. ANT. salir. **2** encajar, caber. **3** {río} desaguar, desembocar. **4** penetrar, introducirse. **5** ser admitido, ingresar. **6** {estación} empezar, principiar, comenzar. **7** formar parte. **8** {en el ánimo de alguien} influir. **9** intervenir, tomar parte. **10** {país} invadir, penetrar. **11** DEP. {jugador} acometer. **12** *prnl.* meterse, introducirse.

entreabrir *tr. prnl.* {puerta, ventana} entornar, entrecerrar.

entreacto *m.* intermedio, interludio, intervalo.

entrecejo *m.* ceño, sobrecejo.

entrecerrar *tr.* {puerta, ventana} entornar, entreabrir.

entrechocar *tr. prnl.* chocar, golpear.

entrecortado, -da *adj.* interrumpido, intermitente, irregular. ANT. ininterrumpido.

entrecôte *f.* [FR.] entrecot, filete, solomillo.

entredicho *m.* prohibición, interdicto, veto, censura. **2** duda, prevención, recelo, desconfianza, reparo.

entrega *f.* fascículo. **2** atención, dedicación, interés, esfuerzo, consagración. **3** transferencia, venta, cesión. **4** rendición, capitulación.

entregar *tr.* poner en manos, dar. **2** *prnl.* someterse, ponerse en manos de. **3** ceder, acceder. ANT. negarse. **4** encargarse, consagrarse, comprometerse, dedicarse,

emplearse, hacerse cargo; apoderarse. **5** abandonarse, enviciarse. **6** rendirse, capitular, darse por vencido.

entreguismo *m.* apocamiento, derrotismo.

entrelazar *tr.* enlazar, entretejer, entrecruzar, trabar; tejer, urdir. ANT. separar.

entrelucir *intr.* divisarse, dejarse ver.

entremés *m.* bocadillo, bocado, aperitivo, canapé. **2** pieza dramática jocosa, sainete.

entremeter *tr.* meter. **2** *prnl.* {persona} inmiscuirse, meterse. **3** ponerse en medio.

entremetido, -da *adj. s.* entrometido, indiscreto, fisgón, metido, curioso.

entrenar *tr. prnl.* {personas} preparar, adiestrar, ejercitar, instruir, guiar. **2** {animales} amaestrar, domar.

entrepaño *m.* {de un estante} anaquel. **2** tabla.

entresacar *tr.* sacar, extraer, escoger, elegir, seleccionar. **2** {cabello} cortar. **3** {plantas de un sembrado} separar, espaciar.

entresijo *m.* ANAT. mesenterio, repliegue. **2** cosa oculta, secreto, misterio, incógnita.

entresuelo *m.* piso.

entresueño *m.* duermevela, sueño ligero.

entresurco *m.* AGR. {entre surcos} espacio.

entretalla *f.* media talla, bajo relieve.

entretallar *tr.* grabar, esculpir. **2** {tela} cortar, recortar. **3** {persona, cosa} coger, estrechar; estorbar. **4** *prnl.* {cosa} encajarse, trabarse.

entretanto *adv. tb. s.* {tiempo} entre tanto, mientras tanto, en tanto, ínterin.

entretecho *m.* Bol., Chile, Col., Nic. desván.

entretejedura *f.* enlace, labor.

entretejer *tr.* {hilos en una tela} meter, injerir. **2** entrelazar, enlazar, trabar. **3** {palabras en un escrito} intercalar, incluir.

entretela *f.* lienzo, forro, relleno. **2** *pl. col.* **entretelas**, entrañas, alma.

entretención *f.* Amer. diversión, entretenimiento, recreación, distracción, pasatiempo. ANT. aburrimiento.

entretener *tr. prnl.* recrear, distraer, divertir, solazar. **2** detener, retener. **3** retrasar, dilatar, prolongar, dar largas. **4** mantener, conservar.

entretenido, -da *adj.* chistoso, divertido, alegre, festivo. ANT. aburrido.

entretenimiento *m.* diversión, recreación, distracción, recreo, juego, pasatiempo, esparcimiento. ANT. aburrimiento, tedio. **2** mantenimiento, conservación. ANT. abandono.

entrever *tr.* divisar, vislumbrar, columbrar, otear, atisbar, ver confusamente. **2** adivinar, sospechar, presumir, conjeturar, suponer.

entreverar *tr.* mezclar, intercalar, introducir, interponer, insertar.

entrevista *f.* conversación, conferencia, audiencia, charla.

entristecer *tr. prnl.* afligir, apenar, atribular, desconsolar, acongojar, contristar, consternar, apesadumbrar. ANT. alegrar, confortar.

entrometer *tr. ver* **entremeter**.

entrometido, -da *adj. s. ver* **entremetido, -da**.

entrometimiento *m.* entremetimiento, intrusión, intromisión, indiscreción.

entroncar *intr. prnl.* emparentar, contraer/tener parentesco. **2** Amer. {líneas de transporte} empalmar, unir.

entronizar *tr.* colocar en el trono. **2** ensalzar, enaltecer. **3** *prnl.* envanecerse, engreírse.

entronque *m.* parentesco. **2** Col., Méx. empalme.

entubar *tr.* poner tubos. **2** MED. intubar.

entuerto *m.* afrenta, perjuicio, agravio, ofensa, injuria, daño. ANT. beneficio, bien, favor.

entullecer *tr.* {acción, movimiento} suspender, detener. **2** *intr. prnl.* tullir, paralizar, imposibilitar.

entumecer *tr. prnl.* {miembro, nervio} impedir, entorpecer, entumir, adormecer, paralizar, agarrotar, embotar. ANT. desentumecer. **2** *prnl.* {mar, río} hincharse, alterarse, agitarse.

entumecimiento *m.* agarrotamiento, paralización, parálisis, rigidez, entorpecimiento, anquilosamiento. ANT. desentumecimiento.

entumido, -da *adj.* Amer. tímido, medroso, pusilánime, encogido. ANT. desenvuelto.

entumirse *tr. prnl.* {miembro, músculo} embotarse, entorpecerse, insensibilizarse. ANT. desentumirse.

enturbiamiento *m.* oscurecimiento, turbulencia, oscuridad, opacidad. ANT. claridad.

enturbiar *tr.* empañar, ensombrecer, obscurecer, ensuciar. ANT. aclarar. **2** {orden} alterar, perturbar, trastornar.

entusiasmar *tr. prnl.* ilusionar, exaltar, electrizar, enardecer, enfervorizar, acalorar, excitar, avivar, inflamar. ANT. apaciguar, tranquilizar, aquietar. **2** encariñarse, aficionarse.

entusiasmo *m.* emoción, ardor, acaloramiento, pasión, enardecimiento, fervor, exaltación, vehemencia. ANT. indiferencia, desencanto. **2** afecto, devoción, inclinación. ANT. desafecto. **3** Hist. {sibilas} arrobamiento, furor. **4** {profetas} inspiración divina, gracia, carisma.

entusiasta *adj. com.* apasionado, adorador, devoto, partidario, admirador, simpatizante. ANT. indiferente. **2** *adj.* fervoroso, ferviente. **3** entusiástico.

entusiástico, -ca *adj.* caluroso, fervoroso. **2** apoteósico, victorioso.

enumeración *f.* cuenta. **2** relación, repertorio, lista.

enumerar *tr.* contar, relacionar, inventariar, precisar, detallar, especificar.

enunciado *m.* enunciación, proposición, discurso.

enunciar *tr.* expresar, formular, manifestar, declarar, citar, mencionar, exponer.

envainar *tr.* enfundar, introducir, guardar. ANT. desenvainar.

envalentonarse *prnl.* jactarse, fanfarronear, bravuconear, guapear.

envanecerse *prnl.* pavonearse, inflarse, esponjarse, presumir, engreírse, hincharse, fanfarronear, vanagloriarse, ufanarse, jactarse.

envarado, -da *adj. s.* vanidoso, inflado, estirado, pretencioso, presumido. ANT. sencillo.

envarar *tr. prnl.* {miembro} entumecer, entorpecer. **2** *prnl. col.* ensoberbecerse, vanagloriarse, jactarse.

envasar *tr.* embotellar, enfrascar, enlatar, llenar. ANT. abrir, extraer, sacar. **2** beber (con exceso).

envase *m.* recipiente, botella, frasco, lata, tarro, bote, vasija, caja, estuche, vaso; envoltura, empaque.

envejecer *tr. prnl.* aviejarse, avejentarse, marchitarse, encanecer, ajarse, gastarse, declinar, caducar. ANT. rejuvenecer. **2** anticuarse, desusar. **3** durar, permanecer, extenderse.

envejecido, -da *adj.* acostumbrado, experimentado. ANT. inexperto. **2** estropeado, vetusto, enmohecido. ANT. nuevo. **3** arrugado, viejo, anciano, aviejado, arcaico, decrépito.

envenenado, -da *s.* intoxicado, emponzoñado. **2** venenoso. **3** Arg. {persona} malintencionado, hiriente.

envenenar *tr. prnl.* intoxicar, contaminar, emponzoñar, inficionar; infectar. **2** *tr.* enconar, enemistar, indisponer, malquistar, cizañar. **3** {palabras, acciones} acriminar, malinterpretar. **4** corromper, pervertir, viciar, dañar. **5** *prnl.* Amér. Sur encolerizarse, enfurecerse, enojarse, irritarse.

enverdecer *intr.* {planta} reverdecer. ANT. secarse.

envergadura *f.* importancia, alcance, amplitud. **2** {alas de pájaro o de avión} distancia, extensión, medida, anchura.

envés *m.* revés, reverso, dorso, espalda. ANT. anverso, haz.

enviado, -da *s.* embajador, emisario, mensajero, delegado, comisionado. **2** periodista, corresponsal, reportero.

enviar *tr.* mandar, expedir, remitir, despachar, dirigir, destinar. ANT. recibir.

enviciado, -da *adj.* licencioso, vicioso, disoluto, corrupto, pervertido. ANT. bueno.

enviciar *tr.* corromper, viciar, pervertir, depravar, extraviar, dañar. **2** *prnl.* aficionarse (en exceso).

envidia *f.* {del bien ajeno} tristeza, pesar, celos, animosidad, resentimiento. **2** {de lo que no se posee} emulación, deseo.

envidiable *adj.* codiciable, deseable.

envidiar *tr.* resentirse, amargarse, rivalizar. **2** codiciar, ambicionar, ansiar.

envidioso, -sa *adj.* celoso. **2** codicioso, ambicioso, ávido.

envilecer *tr.* corromper, degradar, descarriar, rebajar. **2** *prnl.* mancillar, deshonrar, desacreditar.

envilecimiento *m.* abyección, servilismo, bajeza, degradación, corrupción. ANT. ennoblecimiento.

envío *m.* remesa, carga, mercancía, pedido, paquete, expedición, remisión, exportación.

envión *m.* impulso, propulsión, embalaje, aceleración. **2** envite, empujón, empellón.

envite *m.* empellón, embestida, envión, propulsión, impulso. **2** {en juegos de cartas} apuesta, puesta, jugada. **3** ofrecimiento.

envoltorio *m.* atadijo, lío, fardo, paquete, bulto, paca, atado.

envoltura *f.* capa, forro, cubierta, revestimiento, recubrimiento, corteza, pellejo, piel.

envolver *tr.* cubrir. **2** {cosa} rodear. **3** {niño} vestir. **4** {hilo} arrollar, devanar. **5** *tr. prnl.* {en un asunto} mezclar, complicar, implicar. **6** *prnl.* {dos personas} liarse. **7** {acción de guerra} mezclarse, meterse entre otros.

envuelto *m.* Amer. tortilla de maíz.

enyesar *tr.* {con yeso} igualar, allanar; llenar, tapar. **2** Med. escayolar.

enzarzar *tr. prnl.* enredar, encizañar, engrescar, malquistar, azuzar. **2** *prnl.* {en zarzas o matorrales} enredarse. **3** pelearse, reñir.

enzima *amb.* Bioquim. proteína.

eón *m.* {medida de tiempo geológico} mil millones de años. **2** *fig.* eternidad, infinito, infinitud. **3** {en el gnosticismo} inteligencia eterna, entidad divina.

épica *f.* epopeya, poesía épica.

epicentro *m.* {de un sismo} centro, foco, núcleo.

épico, -ca *adj.* heroico, grandioso, glorioso, hazañoso, epopéyico, legendario, tremendo. ANT. insignificante. **2** *f.* epopeya, poesía épica.

epicureísmo *m.* Fil. hedonismo, sensualismo, voluptuosidad.

epicúreo, -rea *adj.* Fil. sensual, voluptuoso, hedonista, sibarita, entregado al placer.

epidemia *f.* endemia, pandemia, peste, plaga, infección, azote.

epidémico, -ca *adj.* pandémico, infeccioso, insano, morboso.

epidérmico, -ca *adj.* cutáneo.

epidermis *f.* piel, dermis, cutis, pellejo, membrana.

epifanía f. aparición, manifestación.

epígono m. {de un maestro, escuela o estilo} seguidor.

epígrafe m. {en piedra o metal} inscripción, epigrama. **2** encabezamiento, sumario, resumen. **3** rótulo, rúbrica, título. **4** cita, sentencia, pensamiento.

epigrama m. {en piedra o metal} epígrafe, inscripción. **2** composición poética. **3** pensamiento, sentencia, cita.

epilogar tr. {obra, escrito} resumir, compendiar, recapitular.

epílogo m. {obra, escrito} terminación, conclusión, desenlace, fin, final, culminación, colofón, última parte. ANT. principio, prólogo. **2** resumen, recapitulación, síntesis. **3** RET. {en un discurso} peroración, última parte.

episcopado m. obispado.

episcopal adj. obispal.

episódicamente adv. incidentalmente, circunstancialmente, intermitentemente.

episodio m. hecho, suceso, evento, lance, incidente, aventura, caso, acontecimiento, peripecia. **2** {poema épico} acción secundaria. **3** {novela} capítulo, parte, sección, división.

episteme f. FIL. {en el platonismo} saber metodológico, ciencia. ANT. opinión. **2** saberes, conocimientos.

epistemología f. FIL. gnoseología, teoría del conocimiento.

epístola f. comunicación, carta, mensaje, misiva, despacho, escrito.

epitafio m. inscripción, leyenda, epigrama.

epitelio m. ANAT. tejido animal.

epíteto m. caracterización, adjetivo, apelativo, calificativo, nombre; apodo, mote.

epítome m. resumen, sumario, sinopsis, recopilación, compendio, compilación, breviario.

epizoario, -ria adj. BIOL. ectoparásito.

epizootia f. {en animales} epidemia, pandemia, endemia, peste.

época f. espacio, ciclo, momento, período, etapa, tiempo, fase, lapso, era, edad. **2** temporada. **3** loc. de ~: de tiempos pasados.

epodo m. {de una estrofa o estancia} epoda, último verso.

epopeya f. gesta, proeza, hazaña, heroicidad, odisea, leyenda, saga, aventura, leyenda. **2** poema, relato, narración.

equidad f. ecuanimidad, igualdad de ánimo. **2** templanza, bondad. ANT. iniquidad. **3** justicia, objetividad, rectitud, honradez, veracidad, imparcialidad. ANT. injusticia. **4** {en el precio de las cosas, en contratos} moderación, mesura, justicia, equilibrio. ANT. ilegalidad.

equidistancia f. igualdad de distancia. ANT. desigualdad.

equilibrado, -da adj. ecuánime, moderado, mesurado, prudente, juicioso, sensato, asentado. ANT. imprudente, insensato. **2** balanceado, compensado, nivelado, simétrico, proporcionado. ANT. desequilibrado, desnivelado. **3** objetivo, mesurado, ponderado. ANT. parcial.

equilibrar tr. prnl. nivelar, compensar, igualar, contrapesar. ANT. desequilibrar.

equilibrio m. contrapeso, estabilidad, nivelación, simetría, proporción, balance, armonía, concordia, igualdad, medida. ANT. inestabilidad, desproporción. **2** mesura, prudencia, sensatez, moderación, cordura, ecuanimidad, serenidad, juicio, ponderación. ANT. desequilibrio, desmesura.

equilibrismo m. acrobacia, malabarismo.

equilibrista adj. com. acróbata, trapecista, gimnasta, volantinero, saltimbanqui, titiritero, funámbulo.

equimosis f. MED. moretón, contusión, magulladura, cardenal.

equino, -na adj. caballar, ecuestre, hípico.

equipaje m. maletas, bagaje, equipo, bártulos, impedimenta, bultos, petacas. **2** NÁUT. tripulación, tripulantes.

equipamiento m. {de industrias, ejércitos, urbanizaciones} servicios.

equipar tr. abastecer, dotar, suministrar, aprovisionar, proveer, surtir, pertrechar, avituallar. ANT. desguarnecer, despojar.

equiparación f. cotejo, examen, comparación, confrontación, homologación, parangón, equivalencia. ANT. desigualdad.

equiparar tr. prnl. comparar, cotejar, asemejar, parangonar. ANT. diferenciar. **2** igualar, homologar, compensar, unificar, equilibrar.

equipo m. integrantes, grupo, conjunto, agrupación, componentes, asociación, brigada, personal, bando, cuadrilla, formación, plantilla, jugadores, camarilla, competidores. **2** {de una novia} indumentaria, vestuario, ajuar. **3** instrumental, utensilios, avíos, dotación, accesorios, pertrechos, herramientas, equipaje, bagaje. **4** suministro, provisiones, abastecimiento, aprovisionamiento.

equipolencia f. FIL. equivalencia, igualdad de valor.

equis f. {en cálculos} incógnita. **2** adj. número desconocido, cantidad indiferente.

equitación f. {a caballo} arte de montar, monta, montadura. **2** hípica.

equitativo, -va adj. moderado, justo, ecuánime, imparcial, recto, objetivo, razonable. ANT. injusto, inequitativo, arbitrario.

equivalencia f. igualdad, semejanza, equipolencia, paridad, equilibrio, correspondencia, simetría. ANT. desigualdad.

equivalente adj. igual, uniforme, parecido, parejo, paralelo, parecido, similar, semejante, sinónimo. ANT. desigual, diferente, opuesto.

equivaler intr. {cosa} semejar, corresponder, igualar, parecerse. ANT. desemejar.

equivocación f. error, inexactitud, inadvertencia, falta, descuido, desliz, confusión, disparate, desacierto, desatino. ANT. acierto. **2** desliz, extravío, engaño, desvío, descarrío, aberración.

equivocado, -da adj. errado, erróneo, incorrecto, fallido, desacertado, falso. ANT. acertado, cierto, correcto. **2** desorientado, descaminado, perdido, extraviado. ANT. orientado.

equivocarse prnl. marrar, desacertar, errar, engañarse, confundirse. ANT. acertar.

equívoco, -ca adj. dudoso, sospechoso, ambiguo, oscuro, enigmático, misterioso, incomprensible. ANT. inequívoco. **2** m. impropiedad, vaguedad, malentendido, ambigüedad, imprecisión, tergiversación, confusión, anfibología. ANT. precisión, claridad.

era f. época, tiempo, etapa, edad, momento, período, fecha, fase, lapso, temporada, duración, ciclo, espacio. **2** campo, terreno, espacio, eruela.

erario m. tesoro público, hacienda pública, tesoro, hacienda, fisco.

erasmismo m. HIST. {en el Renacimiento} humanismo.

erebo m. infierno, báratro, orco, tártaro, averno. ANT. cielo, paraíso.

erección f. enderezamiento. ANT. ablandamiento. **2** fundación, establecimiento, institución. **3** tensión, rigidez. ANT. relajación.

erecto, -ta adj. erguido, levantado, enderezado, empinado, alzado, derecho, enhiesto. ANT. encorvado, agachado. **2** rígido, tieso, tenso, turgente, firme. ANT. relajado, flojo.

eremita f. anacoreta, ermitaño, asceta, cenobita, solitario, monje.

eretismo m. BIOL. {de un órgano} exaltación, excitación. ANT. relajación.

ergástulo m. ergástula, encierro, prisión.

ergo conj. luego, de donde, pues, por tanto, de ahí que.

erguido, -da adj. derecho, empinado, erecto, recto, vertical, enderezado, parado. ANT. agachado, doblado.

erguir tr. {cuello, cabeza} levantar, poner derecho. **2** prnl. levantarse, enderezarse, ponerse derecho. **3** pavonearse, engreírse, ensoberbecerse.

erial adj. tb. m. erío, baldío, yermo, barbecho, desierto. ANT. sembrado.

erigir tr. edificar, construir, levantar, elevar. ANT. derribar. **2** establecer, instituir, fundar, constituir, crear. ANT. destruir.

erisipela f. MED. {en la dermis} erupción.

erístico, -ca adj. FIL. dialéctico.

eritema m. MED. {de la piel} inflamación.

eritrocito m. BIOL. hematíe, glóbulo rojo.

erizado, -da adj. punzante, espinoso, híspido, hirsuto. **2** arduo, difícil, duro, complicado, trabajoso. ANT. fácil, sencillo. **3** fig. {de dificultades o problemas} lleno, colmado, plagado. ANT. despejado, libre.

erizar tr. prnl. {pelo, púas de un erizo} levantar, alzar, poner rígido. **2** {de obstáculos o inconvenientes} llenar, colmar, rodear, plagar. **3** prnl. inquietarse, alarmarse, azorarse, preocuparse. ANT. tranquilizarse, calmarse.

erizo m. col. {persona} intratable, áspero, malhumorado, irritable, quisquilloso. ANT. afable, simpático, tratable.

ermita f. iglesia, oratorio, capilla, templo, santuario.

ermitaño m. anacoreta, cenobita, eremita, asceta, penitente, monje. ANT. mundano. **2** fig. solitario, introvertido. ANT. sociable.

erogación f. desembolso, gasto.

erogar tr. {bienes, caudales} repartir, entregar, distribuir. **2** Méx., Ven. {dinero} gastar, desembolsar.

erógeno, -na adj. erotógeno.

eros m. PSIC. impulsos sexuales.

erosión f. desgaste, deterioro, corrosión, roce, degradación, fricción, rozamiento. **2** {en la piel} lesión superficial, escoriación. ANT. integridad. **3** {prestigio, influencia} pérdida, agotamiento.

erosivo, -va adj. corrosivo, abrasivo.

erótico, -ca adj. sensual, voluptuoso, amoroso, lúbrico. **2** {poesía} amatoria. **3** f. poesía erótica. **4** {hacia fama, poder o dinero} atracción intensa.

erotismo m. sensualidad, voluptuosidad, pasión, amor sensual.

erotizar tr. excitar (sexualmente).

erotógeno, -na adj. erógeno.

errabundo, -da adj. errante, nómada.

erradamente adv. erróneamente, equivocadamente. ANT. acertadamente.

erradicar tr. arrancar, eliminar, suprimir, extirpar, terminar.

errante adj. trashumante, ambulante, nómada, vagabundo, errabundo. ANT. sedentario.

errar intr. vagar, vagabundear, deambular, callejear, andar, pasearse. ANT. permanecer. **2** {atención, pensamiento, imaginación} divagar, elucubrar. ANT. concentrarse. **3** tr. intr. fallar, marrar, pifiarse, equivocarse, desacertar, fracasar. ANT. acertar, dar en el blanco.

errata f. {en un impreso o manuscrito} lapsus, yerro, equivocación, error, falta, gazapo.

errático, -ca adj. errante, errabundo, vagabundo, nómada, ambulante, erradizo.

errátil adj. errante, variable, incierto, impredecible.

erróneo, -a adj. errado, inexacto, equivocado, falso, desacertado. ANT. acertado.

error m. concepto equivocado, juicio falso. **2** acción desacertada, desacierto, equivocación, desatino, falta. ANT. acierto. **3** confusión, distracción, ligereza, descuido, yerro, inadvertencia, lapsus, errata, inexactitud, gazapo, impropiedad. ANT. verdad. **4** incorrección, falta, desliz.

eructar intr. erutar, regoldar. **2** col. pavonearse, inflarse, jactarse, vanagloriarse.

eructo m. regüeldo.

erudición f. saber, ilustración, instrucción. **2** conocimiento amplio, profundidad.

erudito, -ta adj. ilustrado, culto, instruido, sabio, entendido, docto, estudioso, experto, conocedor. ANT. ignorante.

erupción f. sarpullido, inflamación, dermatosis, irritación, urticaria, eccema. **2** {de la piel} grano, mancha. **3** GEOL. estallido, explosión, emisión volcánica, emisión de materia.

eruto m. ver **eructo**.

esbeltez f. elegancia, gracia, garbo, gallardía.

esbelto, -ta adj. elegante, espigado, grácil, gallardo, delgado, fino. ANT. rechoncho.

esbirro m. secuaz a sueldo, sicario, asesino.

esbozar tr. bosquejar, abocetar. **2** {gesto} insinuar.

esbozo m. anteproyecto, boceto, esquema, bosquejo, diseño, croquis, borrador, dibujo.

escabechar tr. prnl. teñir las canas. **2** col. matar. **3** {examen} col. desaprobar, suspender, reprobar. **4** tr. echar en escabeche, conservar en salsa.

escabeche m. salsa, adobo. **2** Amer. encurtido.

escabechina f. destrozo, daño, estrago.

escabel m. taburete, alzapié, banco, banqueta, banquillo.

escabroso, -sa adj. {terreno} fragoso, dificultoso, abrupto, accidentado, escarpado, desigual, áspero, duro, tortuoso. ANT. llano, fácil. **2** delicado, embarazoso; peligroso. **3** grosero, obsceno, atrevido, verde.

escabullirse prnl. {persona} desaparecer, deslizarse, escaparse, escurrirse, esfumarse, librarse, zafarse. **2** {cosa} irse (de las manos), caerse. **3** huir, apartarse, alejarse. **4** {en una conversación} eludir.

escacharrar tr. prnl. romper, estropear, averiar, desbaratar, dañar. ANT. reparar, componer.

escala f. serie, sucesión, progresión, escalafón. **2** {instrumentos para medir} graduación, patrón, baremo. **3** {mapa, plano} proporción, tamaño. **4** MIL. escalafón, jerarquía, rango. **5** escalera. **6** MÚS. {de las notas} sucesión.

escalafón m. clasificación, grado, rango, jerarquía, categoría.

escalar tr. {pendiente, altura} ascender, trepar, subir, encaramarse. ANT. descender, bajar. **2** progresar, conquistar, prosperar, elevarse, mejorar. ANT. empeorar. **3** entrar, penetrar. ANT. salir.

escaldado, -da adj. col. escarmentado, desengañado, receloso. ANT. confiado. **2** abrasado, quemado.

escaldadura f. quemadura, abrasión.

escaldar tr. cocer, hervir, calentar. **2** quemar, abrasar. **3** prnl. {piel} rescaldar, excoriarse, escocerse, irritarse.

escalera f. escalinata, escala, gradería, gradas, peldaños, escalones.

escalinata f. escalera amplia, gradería.

escalofriante adj. com. pavoroso, terrible, emocionante, espeluznante, estremecedor, aterrador, espantoso. **2** sorprendente, asombroso, impresionante, pasmoso, inquietante, preocupante.

escalofrío m. conmoción, sacudida, estremecimiento, excitación, espasmo, temblor, indisposición. **2** *gen. pl.* frío.

escalón m. peldaño, grada. **2** nivel, etapa, paso, fase, grado, rango, jerarquía. **3** *fig.* estrategia, medio.

escalonado, -da *adj.* graduado, distribuido.

escalonamiento m. sucesión, gradación, progresión.

escalonar *tr. prnl.* MIL. {personas, cosas} ordenar, situar, graduar, colocar, ubicar, instalar, regular. **2** {partes de una serie} distribuir.

escalope m. loncha de carne, filete.

escalpelo m. MED. bisturí, cuchilla, lanceta.

escama f. {en peces o reptiles} placa, lámina (de origen dérmico). **2** *fig.* recelo, desconfianza, inquietud, prevención, malicia, reserva, suspicacia, cautela, tiento, sospecha. ANT. confianza, fe.

escamar *tr.* {escamas de los peces} quitar, raspar, limpiar, extraer. **2** labrar. **3** *tr. prnl.* recelar, desconfiar, sospechar, vislumbrar, mosquearse, prejuzgar, temer, desazonarse. ANT. fiarse, confiar, despreocuparse.

escamoso, -sa *adj.* escamado, córneo, laminar.

escamotear *tr.* birlar, hurtar, sustraer, quitar. **2** quitar de en medio, eliminar, suprimir. **3** ocultar, disimular, manipular.

escamoteo m. engaño, prestidigitación, trampa. **2** timo, hurto, robo.

escampado, -da *adj.* {terreno} descampado, despejado, raso, descubierto.

escampar *intr.* cesar de llover, serenar, despejar, abonanzar, calmar, mejorar. ANT. llover, aborrascar. **2** {operación, empeño} cesar, suspender. **3** *Col., Ven.* guarecerse (de la lluvia). **4** *tr.* {sitio} despejar, desembarazar.

escanciar *tr.* {vino} servir. **2** *intr.* {vino} beber.

escandalada f. *Amér. Cent.* escándalo, ruido, alboroto, disturbio, tumulto, griterío, jaleo, algarabía, jarana. ANT. silencio, sosiego.

escandalera f. ruido, estrépito, griterío, rumor, alboroto, jarana. ANT. silencio.

escandalizar *intr.* perturbar, vocear, alborotar, gritar, vociferar, molestar. **2** *prnl.* indignarse, espantarse, ofenderse, incomodarse. **3** enojarse, disgustarse, irritarse.

escándalo m. estrépito, rumor, ruido, jaleo, alboroto, algarabía, bulla, disturbio, griterío, vocerío. ANT. silencio, tranquilidad. **2** pelea, disputa, pendencia, tremolina, riña, altercado, gresca. ANT. paz. **3** desenfreno, impudicia, desvergüenza, licencia, mal ejemplo. ANT. moderación, mesura.

escandaloso, -sa *adj. s.* alborotador, ruidoso, turbulento, inquieto, revoltoso. ANT. tranquilo, pacífico. **2** inaudito, irritante, perturbador, asombroso. **3** licencioso, desvergonzado, impúdico. ANT. moderado.

escandir *tr.* {verso} medir.

escáner m. lector óptico, detector.

escanógrafo m. MED. escáner.

escaño m. banco. **2** {en la Cámara} puesto, asiento.

escapado, -da *adj. s.* {corredor} adelantado. **2** *f.* huida, fuga, retirada, evasión, salida, abandono. ANT. regreso. **3** DEP. adelantamiento.

escapar *intr. prnl.* {de un encierro o peligro} salir. **2** escurrirse, eclipsarse, huir, fugarse, escabullirse, evadirse, desaparecer. ANT. permanecer. **3** {caballo} hacer correr. **4** librar, ayudar. **5** *prnl.* {líquido, gas} salirse,

filtrarse. **6** {cosa} soltarse, desasirse. **7** {oportunidad} alejarse, perderse. **8** pasar inadvertido. **9** DEP. {jugador} adelantarse.

escaparate m. estante, aparador, vitrina, mostrador. **2** *col.* ostentación, pompa, ruido.

escapatoria f. evasión, fuga, huida, escape, salida. **2** *col.* subterfugio, evasiva, pretexto, excusa, disculpa.

escape m. evasión, escapada, fuga, huida, salida, escapatoria. **2** pérdida, derrame, salida. **3** válvula, llave.

escapero, -ra s. *Chile* ladrón.

escapismo m. {de la realidad} evasión, fuga.

escápula f. ANAT. omóplato.

escapulario m. relicario, insignia, medalla.

escaque m. {tablero de juegos} casilla. **2** *pl.* juego de ajedrez.

escaqueado, -da *adj.* ajedrezado.

escaquear *tr.* dividir (en escaques). **2** *prnl.* {unidad militar} dispersarse. **3** {tarea, obligación} eludir, evadir. . ANT. asumir.

escara f. MED. costra.

escarabajear *intr.* garrapatear, emborronar, escribir mal. **2** cosquillear, picar. **3** *col.* {cuidado, temor} punzar, preocupar, molestar, disgustar. **4** {trompo} bailar irregularmente.

escaramuza f. pelea, riña, trifulca, contienda, choque, reyerta, refriega, encuentro, bronca. ANT. paz. **2** acción, combate. ANT. tregua.

escarapela f. insignia, distintivo, emblema, divisa. **2** {especialmente entre mujeres} riña, pelea, altercado. ANT. paz.

escarapelar *intr.* {especialmente entre mujeres} reñir, disputar, contender. **2** *Amer.* descascarar, desconchar. **3** *Col.* ajar, manosear, arrugar.

escarbar *tr.* cavar, excavar, hurgar, remover, raspar, arañar, arpar. **2** escudriñar, averiguar, investigar, indagar, inquirir. **3** {dientes, oídos} limpiar, mondar. **4** {lumbre} avivar.

escarcela f. mochila, bolsa, zurrón. **2** adorno, cofia.

escarceo m. *gen. pl.* divagación, digresión, rodeo, simulacro, amago, tanteo, ambigüedad. **2** amorío, aventura, devaneo. **3** prueba, tentativa, intento. **4** {en una tarea desconocida} incursión. **5** {en la superficie del mar} movimiento, vaivén, oleaje.

escarcha f. rocío, relente, helada.

escarchar *tr.* preparar confituras, confitar, cristalizar. **2** {arcilla} desleír. **3** *intr.* {rocío} congelarse, helarse.

escarda f. azada pequeña.

escardar *tr.* {cardos, hierbas nocivas} arrancar, extirpar, limpiar; desyerbar, desherbar. **2** {lo malo de lo bueno} separar, apartar.

escarearse *prnl.* {piel} resquebrajarse.

escarificar *tr.* AGR. {tierra} remover. **2** MED. hacer una incisión. **3** MED. escarizar, quitar las escaras, retirar las costras.

escarlata f. *tb. adj.* {color} arrebol, granate, rojo, carmesí, colorado, encarnado. **2** *f.* escarlatina, fiebre eruptiva. **3** grana fina.

escarlatina f. MED. fiebre eruptiva. **2** tela de lana.

escarmenar *tr.* {lana, seda} carmenar, desenmarañar, desenredar. **2** {minerales} escoger, seleccionar, elegir. **3** *El Salv., Ven.* {cabello} desenredar.

escarmentar *tr.* corregir, reprender, enmendar, castigar, sancionar, disciplinar, penar. ANT. recompensar, premiar. **2** *p. us.* {de un riesgo} avisar, advertir. **3** *intr.* aprender, tomar ejemplo, tomar enseñanza.

escarmiento m. castigo, corrección, pena, sanción, multa. ANT. recompensa, premio. **2** desengaño, decepción, frustración. **3** advertencia, aviso.

escarnecer *tr.* befar, ultrajar, afrentar, agraviar, ofender, vilipendiar. ANT. alabar.

escarnecimiento m. ver **escarnio**.

escarnio *m.* burla, afrenta, befa, mofa. *ANT.* elogio, alabanza.

escarpa *f.* declive, escarpadura, pendiente, inclinación, cuesta, escabrosidad, vertiente, declividad, acantilado. **2** MIL. plano inclinado.

escarpado, -da *adj.* fragoso, escabroso, empinado, inclinado, vertical, abrupto. *ANT.* llano.

escarpadura *f.* declive, escarpa, pendiente, inclinación, cuesta, escabrosidad, vertiente, declividad, acantilado.

escarpe *m.* ver **escarpadura**.

escarpia *f.* clavo, gancho.

escarpín *m.* zapato, calzado, chinela.

escasamente *adv.* limitadamente, con escasez. *ANT.* abundantemente. **2** con dificultad, casi, apenas. *ANT.* con mucho, sobradamente.

escasear *tr.* dar poco. **2** {trabajo, riesgo} evitar, excusar, ahorrar. **3** *intr.* faltar, ir a menos.

escasez *f.* cortedad, tacañería, mezquindad, privación. *ANT.* generosidad, largueza. **2** carencia, mengua, insuficiencia, falta, parquedad, parvedad. *ANT.* abundancia, copia. **3** pobreza, privación, penuria. *ANT.* riqueza.

escaso, -sa *adj.* tacaño, mezquino, avaro, roñoso. *ANT.* generoso, espléndido. **2** corto, exiguo, limitado, precario, insuficiente, poco, pobre. *ANT.* abundante. **3** incompleto, carente, desprovisto, falto.

escatimar *tr.* limitar, acortar, ahorrar, economizar, cicatear, tacañear, regatear. *ANT.* prodigar, derrochar.

escatófago, -ga *adj.* BIOL. coprófago.

escatológico, -ca *adj.* excrementicio, excremental. **2** de ultratumba.

escayola *f.* estuco, yeso.

escayolar *tr.* MED. enyesar, entablillar.

escena *f.* vista, panorama, perspectiva, espectáculo, escenario. **2** representación. **3** hecho, suceso, acontecimiento. **4** acto, cuadro, parte. **5** *fig.* teatro, drama, farándula.

escenario *m.* escena, tablas.

escénico, -ca *adj.* teatral, histriónico, dramático.

escenificar *tr.* {obra, espectáculo} poner en escena.

escenografía *f.* decorados. **2** *fig.* circunstancias.

escepticismo *m.* incredulidad, duda, incertidumbre, sospecha, desconfianza. *ANT.* credulidad, seguridad. **2** doctrina filosófica.

escéptico, -ca *adj. s.* incrédulo, dudoso, desconfiado. *ANT.* crédulo, seguro.

escindir *tr.* separar, cortar, partir, dividir. *ANT.* juntar, unir. **2** FIS. {núcleo atómico} romper.

escisión *f.* separación, división, partición. **2** MED. {tejido, órgano} extirpación, ablación, cortadura. **3** desavenencia, cisma, ruptura, discordia, rompimiento. *ANT.* acuerdo, avenencia, concordia.

esclarecedor, -ra *adj.* aclaratorio, explicativo, demostrativo, ilustrativo. *ANT.* oscuro.

esclarecer *tr.* iluminar, poner claro. **2** explicar, dilucidar, aclarar, iluminar, desenredar, ilustrar, puntualizar. *ANT.* confundir, embrollar. **3** honrar, acreditar, ennoblecer, enaltecer. *ANT.* rebajar, difamar. **4** {entendimiento} ilustrar, iluminar. **5** *intr.* amanecer, alborear, clarear. *ANT.* anochecer.

esclarecimiento *m.* aclaración, ilustración, explicación, dilucidación, demostración.

esclavista *adj. s.* tratante, traficante, encomendero, negrero.

esclavitud *f.* servidumbre, sumisión, vasallaje, sometimiento, sujeción, yugo, tiranía, despotismo, opresión, cautiverio, abuso. *ANT.* libertad, emancipación, independencia, liberación.

esclavizar *tr. prnl.* avasallar, subyugar, oprimir, sujetar, encadenar, forzar. *ANT.* liberar.

esclavo, -va *adj. s.* siervo, vasallo, forzado, subyugado, cautivo, sometido, servidor, prisionero. *ANT.* libre. **2** rendido, obediente, cautivado, seducido, enamorado, subyugado. **3** *f.* pulsera.

esclerosis *f.* MED. {de un órgano o tejido} endurecimiento. **2** *fig.* {del ánimo} rigidez, embotamiento.

esclusa *f.* presa, compuerta, barrera.

escobilla *f.* cepillo. **2** tierra, polvo. **3** mala hierba.

escobillar *tr.* limpiar, barrer, recoger.

escocer *tr.* picar, punzar, arder, doler, cosquillear, irritar, escaldar. *ANT.* calmar. **2** *prnl.* dolerse, ofenderse, molestarse, enfadarse.

escogencia *f.* Amer. escogimiento.

escoger *tr.* seleccionar, elegir, preferir, optar. *ANT.* mezclar. **2** apartar, separar. *ANT.* unir.

escogido, -da *adj.* elegido, destacado, seleccionado, designado, selecto. **2** sobresaliente, destacado, excelente, ilustre, famoso, digno, insigne, célebre, egregio. *ANT.* mediocre.

escolar *m.* colegial, estudiante, alumno, discípulo, educando. *ANT.* maestro.

escolaridad *f.* cursos, estudios.

escoliasta *com.* comentador, intérprete, escoliador, comentarista.

escolio *m.* nota, acotación, aclaración, comentario, explicación.

escoliosis *m.* MED. {del raquis} desviación.

escollo *m.* dificultad, tropiezo, obstáculo, problema. *ANT.* facilidad. **2** peligro, riesgo. **3** peñasco, roca, arrecife, bajo, rompiente, banco.

escolta *f.* tropa, partida de soldados. **2** comitiva, cortejo, séquito, compañía, comparsa, corte, acompañante, acompañamiento. **3** custodia, protección, defensa.

escoltar *tr.* acompañar, conducir, llevar, seguir. *ANT.* abandonar. **2** custodiar, cuidar, vigilar, proteger. *ANT.* desproteger.

escombrar *tr.* {escombros} descombrar, desembarazar, limpiar.

escombro *m.* cascote, cascajo, residuo, desecho, resto, broza, derribo, ripio, guijo, ruina, desperdicio.

esconder *tr. prnl.* ocultar, encubrir, guardar, eclipsar, desaparecer. *ANT.* mostrar, enseñar, exhibir. **2** tapar, fingir, disimular, desfigurar, callar. *ANT.* divulgar. **3** incluir, contener, encerrar. **4** *prnl.* agacharse, agazaparse. *ANT.* mostrarse.

escondidas *f. pl.* {juego infantil} escondite. **2** *loc. a ~:* sin ser visto, ocultamente, veladamente.

escondido, -da *adj.* velado, ignorado, secreto, oculto, furtivo, subrepticio, oscuro, clandestino, misterioso. *ANT.* visible.

escondite *m.* escondrijo, guarida, refugio. **2** {juego infantil} escondidas.

escondrijo *m.* escondite, refugio, rincón, asilo, cuchitril, recoveco; guarida, cueva, madriguera, escondedero.

escoñar *tr. prnl. vulg.* romper, dañar, estropear, averiar. **2** malograr, hacer fracasar. **3** *prnl.* herirse, lesionarse, accidentarse, hacerse daño.

escopeta *f.* rifle, fusil, carabina, mosquete, arcabuz, trabuco, mosquetón.

escopetazo *m.* {con escopeta} disparo, tiro. **2** {de escopeta} ruido. **3** herida, balazo, daño. **4** noticia desagradable, suceso insólito, hecho inesperado.

escoplo *m.* buril, cincel, formón, gubia.

escorchar *tr.* {piel, corteza} quitar, retirar. **2** *intr. col.* Arg., Uru. fastidiar, molestar, enfadar, disgustar.

escoria f. residuo, basura, desecho, sobras, hez. **2** {de volcán} lava porosa. **3** *fig.* cosa despreciable.

escoriación f. excoriación.

escorial m. montón de escoria.

escotado m. {de un vestido} escotadura, abertura, corte.

escotadura f. {de un vestido} corte, abertura. **2** {en una cosa} entrante, entalladura, muesca, cisura, incisión, cercenadura, mella.

escotar tr. {algo} cortar, cercenar. **2** {agua de río o laguna} extraer. **3** {persona} pagar (una cuota o parte).

escote m. escotadura, abertura, corte. **2** parte del busto, cuello. **3** adorno.

escotilla f. NÁUT. {de un buque} puerta, abertura, trampa.

escozor m. ardor, picazón, prurito, punzada, picor, escocimiento, quemazón. **2** resentimiento, desazón, disgusto, resquemor, inquietud. ANT. tranquilidad.

escriba m. HIST. {entre los hebreos} doctor, sabio, intérprete de la ley. **2** copista, escribano, amanuense.

escribano, -na s. escribiente, copista, amanuense, secretario. **2** *desp.* chupatintas, cagatintas.

escribidor, -ra s. *col.* mal escritor.

escribiente com. copista, escribano, amanuense, copiante, secretario. **2** *desp.* chupatintas, cagatintas.

escribir tr. redactar, componer, caligrafiar, anotar, apuntar, transcribir, copiar, mecanografiar. **2** tr. intr. comunicar. **3** *prnl.* cartearse, corresponderse.

escrito m. texto, composición, documento, artículo, manuscrito, apunte, nota, mensaje, comunicado, carta. **2** libro, crónica, obra. **3** DER. alegato, solicitud.

escritor, -ra s. creador, literato, autor, ensayista, novelista, narrador, prosista.

escritorio m. mesa, pupitre. **2** buró, bufete, oficina.

escritura f. documento, título de propiedad, contrato, protocolo, instrumento público. **2** grafía, caligrafía, trazos.

escriturar tr. DER. legalizar, registrar, inscribir.

escrófula f. MED. tumefacción, abultamiento, hinchazón; paperas.

escroto m. ANAT. {de los testículos} bolsa, envoltura.

escrúpulo m. temor, recelo, remilgo, aprensión, reparo, duda, cautela. ANT. seguridad, confianza. **2** pulcritud, honradez, honestidad, consideración, esmero. ANT. deshonestidad. **3** exactitud. **4** asco, repugnancia; melindre.

escrupuloso, -sa adj. minucioso, exacto, preciso, cuidadoso, esmerado, puntilloso. ANT. descuidado, negligente. **2** quisquilloso, nimio, puntilloso, remilgado. ANT. despreocupado.

escrutar tr. explorar, examinar, escudriñar, indagar, investigar, estudiar, reconocer. **2** {votos} contar, computar.

escrutinio m. examen, indagación, averiguación. **2** {votos} recuento, cómputo, estadística.

escuadra f. flota, unidad, armada. **2** cuadrilla.

escuadrón m. MIL. batallón, brigada.

escuálido, -da adj. extenuado, delgado, flaco, enjuto, enclenque, esmirriado. ANT. gordo.

escuchar tr. atender, oír, percibir, prestar atención, enterarse. ANT. desoír.

escudar tr. prnl. salvaguardar, defender, proteger, amparar, resguardar, cubrir. ANT. desamparar, desproteger.

escudilla f. cuenco, bol, cazuela, tazón, plato, vasija, recipiente.

escudo m. salvaguardia, protección, defensa, cobijo, amparo, resguardo. **2** emblema, blasón, divisa. **3** adarga, broquel, rodela.

escudriñar tr. averiguar, investigar, examinar, escrutar, inquirir, buscar con cuidado, rebuscar.

escuela f. colegio, liceo, gimnasio, instituto, academia. **2** método, sistema, estilo. **3** principios, corriente, tendencia, doctrina. **4** seguidores, discípulos.

escueto, -ta adj. seco, estricto, sucinto, breve, conciso, preciso, resumido, sin ambages. ANT. extenso, prolijo. **2** despejado, libre, desembarazado, descubierto.

esculpir tr. tallar, modelar, cincelar, labrar, grabar.

escultor, -ra s. artista, artífice, tallista, modelador, cincelador.

escultura f. talla, estatua, modelado, figura.

escupir intr. expectorar, esputar, gargajear. **2** despedir, arrojar, expulsar, expeler. **3** *vulg.* contar, confesar, cantar.

escupitajo m. salivazo, gargajo, esputo, flema.

escurridizo, -za adj. resbaloso, resbaladizo, deslizable. **2** esquivo, astuto, veloz, hábil.

escurrir intr. prnl. gotear, chorrear, destilar, rezumar, secar. ANT. mojar. **2** prnl. escaparse, escabullirse, esquivar, huir. **3** {objeto} resbalarse, desprenderse, caer.

esencia f. naturaleza, identidad, substancia. ANT. accidente, apariencia. **2** fondo, alma, meollo, corazón, núcleo, centro, carácter. **3** extracto, perfume, concentrado, fragancia.

esencial adj. propio, peculiar, inherente, natural, intrínseco, consubstancial, constitutivo. ANT. accesorio, accidental. **2** fundamental, básico, principal, importante. ANT. secundario.

esfera f. bola, globo, balón, pelota. **2** campo, sector, zona, actividad, ámbito. **3** círculo, ambiente, categoría, clase, condición.

esférico, -ca adj. esferoidal, globular, redondo, circular. **2** m. DEP. pelota, balón.

esfínter m. ANAT. músculo; orificio.

esforzado, -da adj. valeroso, valiente, arrojado, animoso, decidido. ANT. cobarde.

esforzar tr. vigorizar, fortalecer, alentar, animar. **2** *prnl.* fatigarse, afanarse, desvivirse.

esfuerzo m. vigor, fervor, ahínco, empuje, ánimo, empeño, aliento, lucha, denuedo, brío. ANT. desánimo, debilidad. **2** dificultad, desvelo, trabajo, fatiga, pugna, pena.

esfumar tr. difuminar, esfuminar, disfumar, atenuar. **2** *prnl.* escabullirse, desaparecer, huir. ANT. aparecer. **3** desvanecerse, evaporarse, disiparse.

esgrimir tr. empuñar, blandir. **2** utilizar, manejar, servirse.

esguince m. torcedura, distensión, luxación. **2** ademán, gesto.

eslabón m. pieza, anilla, enlace. **2** afilador, chaira.

eslabonar tr. prnl. encadenar, trabar, engarzar, enlazar, unir, juntar. ANT. separar.

eslogan m. lema, expresión, consigna, frase publicitaria, fórmula breve.

esmaltar tr. barnizar, vidriar. **2** adornar, embellecer, ornar, arreglar. ANT. deslucir.

esmalte m. barniz, baño, vidriado, laca, recubrimiento, porcelana. **2** esplendor, lustre, brillo, adorno.

esmerar tr. limpiar, pulir, lustrar. **2** *prnl.* extremarse, esforzarse, aplicarse, consagrarse, dedicarse, afanarse. ANT. descuidarse.

esmerilar tr. pulir, pulimentar.

esmero m. cuidado, solicitud, desvelo, detenimiento, celo, escrúpulo, minuciosidad, diligencia. ANT. negligencia, descuido.

esmirriado, -da adj. desmedrado, desmirriado, raquítico, canijo, enclenque, consumido, flaco. ANT. vigoroso, robusto.

esmog *m.* neblumo, niebla, humo, polvo en suspensión, contaminación.

esnob *com. tb. adj.* petimetre, afectado, cursi, pedante.

esnobismo *m.* frivolidad, cursilería, afectación, pedantería.

esotérico, -ca *adj.* cabalístico, secreto, oculto, enigmático, misterioso, reservado, escondido. *ANT.* exotérico, accesible. **2** impenetrable, críptico. *ANT.* comprensible.

espabilar *tr. intr. prnl.* {ingenio} avivar, ejercitar. **2** *intr. prnl.* despertar, despejarse, sacudirse, desembotarse. **3** *prnl.* apresurarse, darse prisa.

espacial *adj.* astronómico, celeste, astral, sideral, cósmico.

espaciar *tr. prnl.* separar, alejar, distanciar, apartar. *ANT.* juntar. **2** *prnl.* {en un discurso} extenderse. *ANT.* limitarse. **3** divertirse, recrearse, esparcirse.

espacio *m.* firmamento, cosmos, infinito, universo, cielo. **2** capacidad, medida, superficie, dimensión, extensión, distancia, longitud. **3** amplitud, anchura, holgura, desahogo. *ANT.* estrechez. **4** transcurso. **5** lentitud, demora, tardanza. **6** {entre letras o palabras} separación, distancia. **7** RAD., TV. programa.

espacioso, -sa *adj.* vasto, despejado, ancho, extenso, dilatado, grande. **2** despacioso, flemático, lento, calmoso, pausado. *ANT.* rápido, dinámico.

espada *f.* hoja, acero, cuchilla, sable, florete, alfanje, mandoble, estoque, cimitarra.

espalda *f.* espaldar, espinazo, lomo, costillas. *ANT.* frente, cara. **2** respaldo, dorso, reverso, posterior, envés, atrás. **3** *loc. a ~s de uno:* sin que se entere, a escondidas. **4** *loc. volver las ~s:* huir, retirarse.

espantado, -da *adj.* horrorizado, aterrado, despavorido.

espantajo *m.* espantapájaros. **2** estantigua, esperpento, adefesio, mamarracho. **3** col. {persona} despreciable, fantoche, pelele, estrafalario.

espantapájaros *m.* espantajo, fantoche, mamarracho.

espantar *tr. prnl.* dar susto, aterrar, atemorizar, asustar, amedrentar, horrorizar, acobardar, amilanar. **2** alejar, ahuyentar, rechazar, echar, apartar. *ANT.* atraer. **3** asombrar, maravillar, impresionar.

espanto *m.* asombro, sobresalto, consternación. *ANT.* tranquilidad. **2** terror, horror, susto, miedo, pánico, pavor. **3** amenaza.

espantoso, -sa *adj.* pavoroso, aterrador, terrorífico, horrible, terrible, horroroso. **2** pasmoso, maravilloso, impresionante, asombroso. **3** enorme, desmesurado, gigantesco, descomunal. **4** feo, deforme, desagradable. *ANT.* agradable.

español, -la *adj. s.* hispano, hispánico, íbero, ibérico. **2** *desp.* gachupín, chapetón. **3** *m.* {idioma} castellano.

españolismo *m.* hispanismo.

españolizado, -da *adj.* hispanizado, españolado.

esparcimiento *m.* recreo, solaz, descanso, expansión, entretenimiento, desahogo, diversión, distracción. *ANT.* aburrimiento, tristeza. **2** {en el trato} desembarazo, soltura.

esparcir *tr. prnl.* extender, diseminar, derramar, desperdigar, desparramar, dispersar. *ANT.* reunir, agrupar. **2** divulgar, difundir, propagar, propalar, publicar. *ANT.* ocultar, reservar. **3** *prnl.* divertirse, distraerse, recrearse, solazarse.

espartano, -na *adj.* austero, mesurado, sobrio. **2** firme, severo, disciplinado.

espasmo *m.* MED. contracción, pasmo, síncope, crispación, convulsión, aterimiento, sacudida. *ANT.* relajación. **2** enfriamiento, romadizo.

especia *f.* condimento, aderezo.

especial *adj.* único, característico, peculiar, original, singular, particular, personal, propio, exclusivo. *ANT.*

común, general. **2** adecuado, conveniente, propio, a propósito.

especialidad *f.* singularidad, peculiaridad, particularidad, característica. *ANT.* generalidad. **2** especialización, rama.

especialista *adj. s.* experto, versado, perito, especializado, avezado, entendido, diestro. *ANT.* lego, novato.

especie *f.* conjunto, género, variedad, familia, linaje, raza, grupo, clase, orden, tipo, serie. **2** idea, representación, imagen. **3** asunto, suceso, caso, tema, cuestión, hecho. **4** apariencia, pretexto, voz, fama; chisme, bulo. **6** producto, mercancía, género, fruto. **7** QUÍM. sustancia.

especificar *tr.* detallar, pormenorizar, precisar, enumerar, definir, determinar, diferenciar. *ANT.* generalizar.

específico, -ca *adj.* propio, característico, particular, especial. **2** limitado, concreto, preciso, determinado. **3** *p. us.* medicamento.

espécimen *m.* muestra, ejemplar, modelo, prototipo, tipo.

especioso, -sa *adj.* precioso, hermoso, perfecto. *ANT.* imperfecto. **2** artificioso, engañoso, aparente, falaz, falso. *ANT.* verdadero.

espectacular *adj.* asombroso, llamativo, admirable, grandioso, atractivo. *ANT.* insulso. **2** aparatoso, ostentoso, fastuoso, pomposo. *ANT.* sencillo.

espectáculo *m.* representación, exposición, ceremonia, función, exhibición, acto, competencia, juego, certamen, muestra. **2** panorama, escena, visión, cuadro.

espectador, -ra *adj. s.* circunstante, presente.

espectadores *m. pl.* concurrentes, concurrencia, asistentes, oyentes, público, auditorio.

espectro *m.* aparición, fantasma, visión, espíritu, aparecido. **2** Fís. representación gráfica.

especulador, -ra *adj. s.* corredor, agente de bolsa, inversionista, financiero, bolsista, agiotista. **2** logrero, usurero, estraperlista, contrabandista.

especular *tr.* registrar, examinar, observar, mirar con atención. **2** *intr.* lucrarse, beneficiarse, ganar, comerciar, negociar; aprovecharse, acaparar, traficar. **3** *tr. intr.* reflexionar, meditar, teorizar, pensar, elucubrar, suponer, imaginar, conjeturar.

especulativo, -va *adj.* reflexivo, teórico, contemplativo, pensativo. *ANT.* práctico.

espejismo *m.* ilusión, apariencia, engaño, visión, quimera, fantasía, delirio. *ANT.* realidad. **2** ilusión óptica, reflejo, reverberación, refracción.

espejo *m.* reflejo, imagen (de algo). **2** cristal, luna. **3** modelo, ejemplo, dechado, ideal.

espeluznante terrorífico, espantoso, horripilante, horrendo, horrible, horroroso, aterrador.

espeluznar *tr. prnl.* {pelo} descomponer, desordenar, despeluznar. **2** *tr. prnl.* {pelo} erizar. **3** espantar, aterrorizar, horripilar, asustar, horrorizar. *ANT.* tranquilizar, serenar.

esperanza *f.* creencia, confianza, certeza, fe, seguridad, espera, expectativa, expectación, ilusión, anhelo. *ANT.* desesperanza.

esperanzado, -da *adj.* optimista, ilusionado, confiado. *ANT.* pesimista.

esperar *tr.* desear, fiar, anhelar, confiar, creer, querer. *ANT.* desesperar. **2** aguardar, permanecer, ilusionarse. *ANT.* desesperar. **3** perseverar, aguantar.

esperma *amb.* semen.

espermático, -ca *adj.* seminal.

esperpento m. espantajo, adefesio, mamarracho, hazmerreír, birria. **2** disparate, absurdo, desatino, desacierto.

espesar tr. condensar, densificar, concentrar, apelmazar, aglomerar. ANT. diluir. **2** unir, apretar, compactar.

espeso, -sa adj. denso, condensado, concentrado, amazacotado, consistente. ANT. fluido. **2** {arboleda, monte} apretado, tupido, junto, cerrado. **3** {muro} grueso, macizo, sólido. **4** Perú, Ven. pesado, molesto, impertinente.

espesor m. {de un sólido} anchura, grueso, grosor, amplitud. **2** {de un fluido o una masa} densidad, condensación, consistencia.

espesura f. frondosidad, boscaje, follaje, bosque, frondas, selva.

espía com. informador, confidente, agente secreto, delator, soplón.

espiar tr. acechar, atisbar, merodear, curiosear. **2** vigilar, investigar, escudriñar; informar.

espigado, -da adj. {persona} esbelto, desarrollado, alto, gallardo. ANT. rechoncho. **2** {planta} crecido.

espina f. púa, aguijón, puya, astilla, pincho. **2** espinazo, columna vertebral. **3** pena, dolor, sufrimiento, pesar, aflicción. **4** recelo, sospecha, inquietud, duda, cuidado. ANT. confianza.

espinazo m. espina dorsal, columna vertebral, raquis.

espinoso, -sa adj. arduo, complicado, intrincado, embarazoso, laborioso, peliagudo, difícil, penoso, duro. ANT. sencillo, fácil, simple.

espiral adj. f. curva plana. **2** voluta, bucle, rizo. **3** tornillo, rosca, resorte. **4** hélice. **5** {de acontecimientos} sucesión creciente.

espirar tr. {olor} exhalar, expulsar, expeler. ANT. aspirar, inhalar. **2** intr. alentar, tomar aliento.

espiritista adj. ocultista, médium, visionario.

espíritu m. psiquis, principio vital, ánima, mente, conciencia, alma, corazón, interior, inteligencia. ANT. materia. **2** gracia, carisma, don sobrenatural. **3** esencia, sustancia, carácter íntimo. **4** vigor, ánimo, energía, carácter, valor, brío, vitalidad. ANT. debilidad, abatimiento. **5** ingenio, vivacidad. **6** sentido, tendencia, talante, actitud. **7** {vino} vapor sutil. **8** fantasma, espectro, aparición. **9** diablo, demonio, ángel rebelado.

espiritual adj. psíquico, psicológico, íntimo, anímico, sensible, vital, inmaterial. ANT. material. **2** {persona} sensible, agudo, desapegado. ANT. materialista.

esplendente adj. POÉT. resplandeciente, esplendoroso, brillante, radiante, refulgente.

esplender intr. resplandecer, relumbrar, relucir, brillar.

espléndido, -da adj. magnífico, estupendo, maravilloso, regio, suntuoso, soberbio. ANT. modesto. **2** generoso, altruista, dadivoso, liberal, desprendido. ANT. avaro, mezquino.

esplendor m. grandeza, magnificencia, grandiosidad. **2** apogeo, plenitud, auge, progreso, culminación. ANT. decadencia. **3** brillo, resplandor. ANT. oscuridad.

esplendoroso, -sa adj. brillante, reluciente, resplandeciente. **2** impresionante, regio, espléndido, magnífico, grandioso.

espolear tr. {al caballo} picar, aguijar. **2** fig. aguijonear, incitar, animar, estimular, avivar, excitar. ANT. desanimar, contener.

espolvorear tr. prnl. quitar el polvo, limpiar. **2** tr. rociar, esparcir, desparramar.

esponjado, -da adj. ufano, orondo, presumido.

esponjoso, -sa adj. poroso, hueco, blando, inconsistente. ANT. duro, macizo.

esponsales m. pl. matrimonio, casamiento, boda, nupcias, enlace, compromiso, promesa. ANT. divorcio, separación.

espónsor m. patrocinador.

espontaneidad f. naturalidad, confianza, franqueza. ANT. hipocresía, falsedad.

espontáneo, -nea adj. natural, sincero, franco, abierto, sencillo, llano, cordial, desenvuelto, campechano. ANT. hipócrita, afectado. **2** involuntario, indeliberado, inconsciente, maquinal, automático, mecánico. ANT. consciente, voluntario, deliberado.

esporádico, -ca adj. aislado, contingente, fortuito, accidental, ocasional, eventual, irregular, casual, circunstancial. ANT. constante, regular, habitual.

esposa f. cónyuge, pareja, señora, consorte, mujer, compañera, costilla. **2** pl. manillas.

esposar tr. atar, inmovilizar, encadenar, sujetar, aprisionar. ANT. soltar.

esposo m. cónyuge, marido, desposado, consorte, pareja, compañero.

espuela f. acicate, incitación, estímulo, apremio, incentivo. ANT. freno. **2** aguijón, rodaja.

espuma f. efervescencia, burbujeo, hervor. **2** espumarajo, baba, saliva.

espumoso, -sa adj. espumante, jabonoso, burbujeante.

espurio, -ria adj. falso, fraudulento, falsificado, adulterado, ficticio, ilegítimo, bastardo. ANT. auténtico, legítimo.

esputar tr. expectorar, escupir.

esputo m. salivazo, expectoración, escupitajo, gargajo, flema.

esquela f. mensaje, nota, comunicación, carta, misiva, tarjeta.

esquelético, -ca adj. famélico, raquítico, escuálido, consumido, desnutrido, demacrado, descarnado, delgado, esmirriado, enjuto. ANT. gordo, obeso.

esqueleto m. ANAT. osamenta, caparazón. **2** ANAT. dermatoesqueleto. **3** estructura, armazón, soporte, armadura, bastidor. **4** bosquejo, proyecto, croquis, esbozo. **5** fig. esquelético, huesudo, flaco, famélico, esmirriado, descarnado. ANT. robusto, vigoroso. **6** Amer. modelo, patrón impreso, forma (para llenar).

esquema m. representación gráfica, esbozo, croquis, proyecto, bosquejo, dibujo. **2** {escrito, discurso} resumen, síntesis, extracto. **3** idea, concepto, condicionamiento mental.

esquematizar tr. representar, bosquejar, esbozar. **2** sintetizar, resumir, compendiar, extractar. ANT. ampliar.

esquilar tr. {a animales} trasquilar, cortar el pelo/la lana.

esquilmar tr. menoscabar, agotar, arruinar, empobrecer, robar, explotar. ANT. enriquecer. **2** arrasar, dañar, agostar, destruir. ANT. conservar.

esquina f. arista, ángulo, vértice, recodo, cantón.

esquirla f. astilla, fragmento, trozo, pedazo.

esquivar tr. eludir, sortear, soslayar, rehuir, evadir, evitar. ANT. enfrentar. **2** prnl. excusarse, retirarse, alejarse, retraerse.

esquivo, -va adj. desdeñoso, insociable, arisco, huraño, evasivo, huidizo. ANT. sociable.

estabilidad f. seguridad, consistencia, firmeza, solidez, fortaleza. ANT. inestabilidad.

estabilizar prnl. establecer, fijar, normalizar, consolidar, afianzar. ANT. desequilibrar.

estable adj. firme, seguro, sólido. ANT. inconsistente. **2** permanente, duradero, fijo, constante. ANT. inestable.

establecer tr. instituir, fundar, instaurar, iniciar, implantar, erigir, construir, instalar, asentar, situar, colocar. ANT. desmontar, desmantelar. 2 determinar, especificar, averiguar, investigar, señalar. 3 {teoría, idea} demostrar, comprobar. 4 decretar, ordenar, mandar, estatuir. 5 *prnl.* avecindarse, domiciliarse, afincarse. ANT. irse, trasladarse, marcharse.

establecimiento *m.* local, comercio. 2 institución, sociedad, almacén, empresa, firma, entidad, oficina. 3 asentamiento, instalación, fundación.

establo *m.* corral, caballeriza, cuadra, cobertizo.

estaca *f.* vara, madero, palo, garrote, tranca.

estacada *f.* vallado, empalizada, cerca, valla, verja, cercado. 2 *loc. dejar a alguien en la ~:* abandonarlo, dejarlo en peligro.

estacazo *m.* trancazo, garrotazo, porrazo, bastonazo, varapalo.

estación *f.* temporada, tiempo, época, período, fase. 2 {ferrocarril, autobús} terminal, parada, paradero, apeadero, detención, alto. 3 {en un viaje} paraje. 4 estancia, asiento. 5 emisora de radio, radiodifusora.

estacionamiento *m.* aparcamiento.

estacionado, -da *adj.* inmóvil, parado, quieto, detenido, firme; aparcado. ANT. móvil.

estacionar *tr.* aparcar, situar, colocar, detener, parar. ANT. circular, mover, desplazar. 2 *prnl.* estancarse.

estacionario, -ria *adj.* quieto, inalterable, invariable, estable, fijo, inmóvil, detenido.

estadía *f.* detención, estancia, permanencia.

estadio *m.* DEP. campo, cancha, circuito, pista, recinto. 2 período, etapa, fase, ciclo.

estadista *m.* gobernante, dirigente, presidente, jefe de Estado.

estadística *f.* censo, registro, sondeo, clasificación, cálculo.

estado *m.* situación, disposición, circunstancia, aspecto, etapa, fase. 2 clase, situación. 3 estado civil, condición. 4 {en un régimen federal} territorio. 5 órgano de gobierno, administración, gobierno, autoridad. 6 pueblo, tierra, nación, país.

estafa *f.* engaño, fraude, robo, timo, defraudación.

estafador, -ra *s.* rufián, ladrón, embaucador, bribón, timador, pícaro, tramposo. ANT. honesto, honrado.

estafar *tr.* robar, defraudar, timar, desfalcar, hurtar, embaucar, trampear, despojar, abusar.

estafermo *m.* esperpento, espantajo, adefesio, mamarracho, espantapájaros.

estallar *intr.* saltar, explotar, reventar, volar, restallar, traquear. 2 prorrumpir, sobrevenir.

estallido *m.* detonación, crepitación, explosión, estampido, voladura, estruendo.

estamento *m.* {de una sociedad} estrato, cuerpo, estado, clase.

estampa *f.* reproducción, imagen, ilustración, lámina, grabado, retrato, dibujo. 2 figura, apariencia, porte, aspecto. 3 imprenta, impresión. 4 huella.

estampar *tr. intr.* imprimir, grabar, marcar, litografiar, pintar. 2 *fig.* inculcar, sembrar. 3 *tr. prnl. col.* arrojar, estrellar, lanzar.

estampido *m.* detonación, estallido, explosión, estruendo.

estampilla *f.* timbre, sello de correos.

estancamiento *m.* estancación, suspensión, detención, parada, paralización. 2 inundación, rebalse, presa, represa.

estancar *tr. prnl.* {corriente, curso de agua} atascar, empantanar, paralizar, suspender, obstruir, detener, parar. ANT. activar, mover, movilizar. 2 *tr.* {venta} prohibir, limitar. 3 *tr. prnl.* {asunto, negocio} suspender, detener.

estancia *f.* habitación, cuarto, aposento, alcoba; sala, cámara. 2 estadía, estada, permanencia, detención. 3 *Amér. Sur* hacienda, finca, rancho, quinta, casa de recreo. 4 domicilio, residencia.

estanciero, -ra *s.* hacendado, dueño, propietario. 2 capataz, mayoral, encargado.

estanco *m.* {en la venta de mercancías} embargo, prohibición. 2 tabaquería, expendio, tienda, local. 3 depósito, archivo. 4 *adj.* {compartimiento} incomunicado.

estándar *m.* modelo, patrón, tipo, nivel. 2 *adj.* normal, común, típico.

estandarte *m.* pendón, confalón, blasón, enseña, insignia, bandera, pabellón.

estanque *m.* tanque, aljibe, alberca, piscina, charca, lago, laguna, pantano.

estante *m.* anaquel, repisa, aparador, escaparate.

estar *tr.* existir, ser. 2 *intr. tr.* permanecer, encontrarse, hallarse, vivir. ANT. faltar. 3 *intr.* {prenda de vestir} sentar, caer. 4 {oficio} desempeñar, ejercer. 5 consistir, ser causa. 6 *prnl.* detenerse, tardarse.

estatal *adj.* oficial, nacional, gubernamental, gubernativo, administrativo, público.

estático, -ca *adj.* inmóvil, quieto, fijo, detenido, parado, inmutable. ANT. móvil, dinámico. 2 asombrado, pasmado, atónito, embobado.

estatua *f.* escultura, talla, figura, efigie, imagen, ídolo.

estatuir *tr. prnl.* establecer, determinar, decretar, ordenar. ANT. derogar. 2 {doctrina, hecho} demostrar.

estatura *f.* altura, alto, talla, medida, alzada.

estatuto *m.* disposición, ordenanza, ordenamiento, preceptos, código, normas, decretos, ley, reglamento, régimen jurídico.

este *m.* oriente, levante, naciente, saliente. ANT. occidente, oeste, poniente.

estela *f.* señal, rastro, huella, marca, vestigio, pista, surco. 2 *fig.* efecto, resultado, consecuencia.

estelar *adj.* celestial, sidéreo, astral. 2 {papel} protagónico, principal, central. ANT. secundario. 3 extraordinario.

estentóreo, -rea *adj.* {voz, acento} resonante, estruendoso, estridente, retumbante, potente, ruidoso. ANT. bajo, débil.

estepa *f.* planicie, llano, llanura, desierto, yermo, erial.

estera *f.* tapiz, alfombra, tapete, moqueta, felpudo.

estercolero *m.* muladar, pocilga.

estéril *adj.* {persona, tierra} árido, infecundo, improductivo, agotado, desértico, yermo. ANT. fecundo, fértil. 2 inútil, ineficaz, vano, infructuoso. ANT. útil, eficaz. 3 MED. desinfectado, esterilizado, aséptico, libre de gérmenes. ANT. infectado.

esterilidad *f.* infecundidad, infertilidad, aridez.

esterilización *f.* castración, emasculación. 2 MED. desinfección, asepsia, antisepsia, higiene.

estertor *m.* agonía, jadeo, respiración ronca.

estético, -ca *adj.* artístico. 2 *f.* teoría del arte, filosofía del arte.

estibador *m.* obrero, cargador, peón, mozo.

estibar *tr.* distribuir, disponer, ordenar, colocar, cargar, almacenar.

estiércol *m.* boñiga, excremento, bosta, abono, guano.

estigma *m.* vestigio, señal, marca, huella, traza. 2 afrenta, mancha, mácula, desdoro, infamia, vergüenza, tacha, baldón, deshonra. ANT. honor, honra. 3 MED. lesión orgánica, trastorno funcional.

estigmatizar *tr.* signar, marcar, tachar, señalar. 2 infamar, deshonrar, afrentar. ANT. honrar.

estilar *intr. prnl.* usar, acostumbrar, soler, utilizar, emplear, practicar.

estilizado, -da *adj.* esbelto, fino, delgado, armonioso. ANT. tosco, grueso, burdo.

estilo *m.* punzón, estilete, púa. **2** particularidad, singularidad, peculiaridad, carácter propio, manera peculiar. **3** modo, forma, expresión, tipo. **4** costumbre, uso, moda, práctica, usanza. **5** elegancia, distinción, gusto.

estima *f.* afecto, aprecio, estimación, consideración. ANT. odio, desprecio.

estimable *adj.* apreciable, amable, considerable, aceptable; útil, valioso. ANT. despreciable.

estimación *f.* amistad, estima, aprecio, afecto, consideración, cariño. ANT. odio. **2** evaluación, cálculo, peritaje, valoración, tasación.

estimado, -da *adj.* querido, apreciado, respetado, dilecto. ANT. odiado. **2** valorado, calculado, tasado.

estimar *tr.* apreciar, querer, honrar, amar, venerar. ANT. odiar, despreciar. **2** evaluar, valuar, valorar, calcular, tasar, justipreciar. ANT. desestimar. **3** juzgar, opinar, conjeturar, presumir, discernir, conceptuar, considerar, creer.

estimulante *adj.* estimulador, incitante, incitador, excitante, afrodisíaco.

estimular *tr.* alentar, incitar, instigar, animar, aguijonear, punzar, provocar, empujar, inspirar, avivar, exhortar, espolear, acuciar, picar, atizar, despertar. ANT. desanimar.

estímulo *m.* agente. **2** incitamiento, incitación, atractivo, provocación, aliciente, acicate. ANT. disuasión, freno.

estío *m.* verano.

estipendio *m.* remuneración, pago, retribución, honorarios, comisión, salario, asignación, sueldo, paga, gratificación.

estíptico, -ca *adj.* constringente, astringente.

estipulación *f.* negociación, acuerdo, trato, pacto, convenio, tratado, contrato, concierto.

estipular *tr.* convenir, pactar, acordar, concertar, especificar, establecer, concretar, formalizar, disponer.

estirado, -da *adj.* engreído, empinado, afectado, entonado, vanidoso, inflado, envarado, presuntuoso, altanero, hinchado. ANT. modesto, sencillo. **2** *f.* DEP. estiramiento. **3** *m.* tirante, tenso.

estiramiento *m.* orgullo, presunción, vanidad, ensoberbecimiento, afectación. **2** {músculo} extensión, distensión, elongación.

estirar *tr. prnl.* extender, prolongar, ensanchar, alargar, dilatar, desplegar. ANT. encoger. **2** planchar, desarrugar. **3** alisar. **4** *intr. prnl.* {persona} crecer, aumentar de tamaño. **5** *prnl.* {brazos y piernas} mover, desplegar, desentumecer. **6** acostarse, tumbarse, tenderse.

estirón *m.* tirón, arranque, impulso. **2** crecimiento, desarrollo. ANT. disminución, detenimiento, detención.

estirpe *f.* familia, linaje, tronco, ascendencia, raíz, progenie, casta, prosapia, origen, alcurnia, abolengo.

estival *adj.* veraniego, caluroso.

estocada *f.* cuchillada, herida, pinchazo, tajo.

estofa *f.* laya, jaez, calidad, condición, calaña, ralea, clase, índole. **2** tela, tejido.

estofado, -da *adj.* {cosa} engalanado, decorado, aderezado, ataviado, aliñado, adornado, labrado. **2** *m.* guiso, guisado, adobado, cocido, plato, vianda.

estofar *tr.* cocinar, guisar. **2** labrar, bordar. **3** pintar, colorear.

estoicismo *m.* austeridad, firmeza, entereza, ecuanimidad, imperturbabilidad, impasibilidad, dominio de sí.

estoico, -ca *adj.* ecuánime, fuerte, impasible, paciente, firme, sereno. ANT. impresionable.

estolidez *f.* estupidez, necedad, insensatez, despropósito, idiotez. ANT. sensatez.

estomacal *adj.* gástrico, abdominal, ventral. **2** *adj. m.* digestivo.

estómago *m.* ANAT. órgano digestivo, aparato digestivo, tubo digestivo. **2** vientre, abdomen. **3** *col.* panza, tripa, buche. **4** aguante, paciencia. **5** falta de escrúpulos.

estopa *f.* tela gruesa. **2** {en la madera} filamento, pelo, rebaba. **3** bagazo.

estoque *m.* espada.

estorbar *tr.* obstaculizar, dificultar, trabar, detener, impedir, entorpecer, perturbar, embarazar, obstruir, interferir. ANT. facilitar, permitir.

estorbo *m.* traba, obstáculo, inconveniente, molestia, engorro, impedimento, resistencia, freno, perturbación, dificultad, atolladero, barrera, límite, tropiezo, escollo, atasco. ANT. ayuda, apoyo.

estornudo *m.* espasmo, espiración, sacudida, crispación.

estrábico, -ca *adj.* {ojo} desviado. **2** *adj. s.* bizco, bisojo.

estrabismo *m.* MED. bizquera, desviación.

estrado *m.* tribuna, tarima, entarimado, tablado, entablado, plataforma, armazón.

estrafalario, -ria *adj.* extravagante, raro, extraño, estrambótico, excéntrico, grotesco, desaliñado. ANT. normal.

estragamiento *m.* desarreglo, daño. **2** hastío, empacho, hartura.

estragar *tr. prnl.* viciar, pervertir, dañar, corromper. **2** dañar, destruir, arruinar, descomponer, estropear. ANT. reparar, componer, arreglar.

estrago *m.* destrucción, daño, devastación, ruina, perjuicio, destrozo, asolamiento, agotamiento. ANT. beneficio.

estrambótico, -ca *adj.* raro, excéntrico, extravagante, estrafalario. ANT. común, corriente.

estrangular *tr. prnl.* ahogar, asfixiar, ahorcar.

estraperlo *m.* *col.* contrabando, comercio ilegal. **2** fraude, chanchullo.

estratagema *f.* argucia, astucia, añagaza, truco, fingimiento, artimaña, celada, treta, ardid, trampa, engaño.

estratega *com.* diestro, hábil, ducho. **2** táctico, maniobrero.

estrategia *f.* táctica, maniobra. **2** habilidad, agudeza, destreza, pericia, competencia, astucia, arte. ANT. impericia.

estratégico, -ca *adj.* conveniente, oportuno, adecuado, táctico, hábil. **2** {actitud, posición} decisivo, importante, fundamental, principal, trascendental. ANT. nimio, vano, trivial.

estrato *m.* nivel, capa, sedimento, veta, estría, franja. **2** nube. **3** estamento, grupo, clase social.

estrechar *tr. prnl.* apretar, oprimir, ceñir, abrazar. ANT. aflojar. **2** reducir, disminuir, mermar. **3** *tr.* {amistad, unión} intensificar. **4** obligar, forzar, apremiar, compeler, constreñir. **5** *prnl.* ceñirse, recogerse, apretarse. **6** {gastos} reducir, limitar.

estrechez *f.* {espacio, paso} angostura, estrechura. **2** {tiempo} escasez, limitación, apremio. **3** {entre cosas} unión, enlace. **4** {entre personas} amistad íntima, afecto. **5** aprieto, lance, apuro, apremio, dificultad. **6** austeridad, privación, restricción. **7** {intelectual} pobreza, limitación, falta de amplitud. ANT. amplitud.

estrecho, -cha *adj.* {espacio, paso} apretado, angosto, reducido. **2** {zapato, vestido} ajustado, ceñido, apretado. *ANT.* amplio. **3** {parentesco} cercano. *ANT.* lejano. **4** {amistad, trato} íntimo. **5** riguroso, severo, rígido. *ANT.* abierto. **6** apocado, escaso, miserable, tacaño, mezquino. *ANT.* generoso. **7** {intelectualmente} limitado, pobre, corto. *ANT.* amplio. **8** *m.* paso, garganta, canal.

estrechura *f.* estrechez, angostura.

estregar *tr.* refregar, restregar, frotar, friccionar, fregar.

estrella *f.* lucero, astro. **2** fortuna, suerte, hado, destino, sino. **3** personalidad, persona ilustre. **4** protagonista, actor.

estrellarse *tr. prnl.* chocarse, colisionar, golpear.

estremecedor, -ra *adj.* conmovedor, impresionante, impactante, escalofriante, aterrador.

estremecer *tr. prnl.* sacudir, menear, mover, agitar. **2** sobresaltar, inquietar, conmover, alterar, turbar. *ANT.* tranquilizar. **3** *prnl.* temblar, agitarse.

estremecimiento *m.* vibración, temblor, trepidación. **2** sobresalto, conmoción, sacudimiento.

estrenar *tr.* inaugurar, abrir, iniciar, comenzar. *ANT.* cerrar. **2** {espectáculo} representar, ejecutar. **3** {persona} desempeñarse.

estreno *m.* debut, presentación, inauguración, apertura, iniciación. *ANT.* cierre.

estreñido, -da *adj.* constipado, estíptico. **2** avaro, tacaño, mezquino, miserable.

estreñimiento *m.* {del vientre} constipación.

estrépito *m.* estruendo, fragor, ruido. *ANT.* silencio.

estrepitoso, -sa *adj.* estruendoso, escandaloso, ruidoso, bullicioso. *ANT.* silencioso. **2** aparatoso, fastuoso, exagerado, desmedido.

estrés *m.* MED. tensión nociva, ansiedad, inquietud, agotamiento.

estresar *tr. prnl.* angustiar, inquietar, agotar, causar estrés.

estría *f.* surco, grieta, hendidura, canal.

estriado, -da *adj.* acanalado, corrugado.

estribación *f.* GEO. {de una montaña} ramal, ramificación, derivación.

estribar *intr.* apuntalar, reafirmar. **2** fundarse, apoyarse, residir, reposar, consistir.

estribillo *m.* muletilla, repetición, ritornelo, cantinela, matraca.

estribo *m.* {de un carruaje} escalón. **2** *fig.* apoyo, cimiento, basamento, fundamento. **3** ARQ. contrafuerte, machón.

estribor *m.* {barco} banda derecha.

estricto, -ta *adj.* ajustado, preciso, justo, exacto, auténtico, puro, ceñido, textual, escueto. *ANT.* impreciso, inexacto. **2** rígido, inflexible, severo, estrecho, riguroso. *ANT.* tolerante.

estridencia *f.* chirrido, rechinamiento, destemplanza, sonido estridente, ruido. **2** {expresión, acción} violencia.

estridente *adj.* chirriante, disonante, destemplado, desapacible, ruidoso, estrepitoso, rechinante, discordante, inarmónico. *ANT.* armonioso. **2** {persona, cosa} chillón, abigarrado, llamativo, molesto.

estro *m.* ZOOL. celo, calor sexual. **2** {artista, poeta} inspiración, estímulo, ardor.

estrofa *f.* {composición poética} parte, fragmento, división, sección.

estropajo *m.* fregador. **2** andrajo, desecho.

estropajoso, -sa *adj. col.* {lenguaje} trapajoso, balbuciente, confuso, tartajoso, entrecortado. *ANT.* claro, comprensible. **2** {persona} desaseado, harapiento, andrajoso, roto. *ANT.* limpio, aseado. **3** {carne, alimento} fibroso, áspero.

estropeado, -da *adj.* {proyecto, asunto} malogrado, echado a perder. **2** lisiado, baldado. **3** {cosa} deteriorado, afeado, maltrecho, inútil.

estropear *tr. prnl.* dañar, desbaratar, deteriorar, averiar, descomponer, arruinar. **2** *tr.* {proyecto, asunto} frustrar, malograr, echar a perder. **3** *tr. prnl.* lisiar, tullir, mutilar.

estropicio *m.* destrozo, desarreglo, rotura. **2** trastorno, estrépito. *ANT.* tranquilidad.

estructura *f.* ARQ. armazón, esqueleto, sostén, base, armadura, soporte, carcasa. **2** distribución, orden, ordenación, disposición, conformación, forma, organización, agrupación, configuración, totalidad, sistema de relaciones. *ANT.* desorganización, desorden.

estructuración *f.* organización, disposición, ordenamiento, acondicionamiento.

estructural *adj.* orgánico, organizado, distributivo.

estructurar *tr. prnl.* {elementos de un conjunto} ordenar, articular, distribuir, disponer, configurar, organizar, agrupar.

estruendo *m.* estrépito, fragor, estridencia, ruido. **2** bullicio, confusión, alboroto. **3** pompa, aparato, ostentación, lujo.

estruendoso, -sa *adj.* estrepitoso, ruidoso. *ANT.* silencioso.

estrujar *tr. prnl.* {fruta} apretar, exprimir, prensar. **2** {persona} apretujar, oprimir, comprimir, magullar. *ANT.* aflojar. **3** abrazar. **4** *col.* exprimir, aprovechar, agotar.

estuario *m.* {de un río} desembocadura, estero, desagüe, delta, boca.

estucar *tr.* blanquear, enyesar.

estuche *m.* joyero, alhajero, cofrecillo, caja, neceser, envase.

estuco *m.* escayola, yeso, pasta de cal. **2** enyesado, enlucido.

estudiado, -da *adj.* simulado, afectado, artificioso, fingido, rebuscado, amanerado. *ANT.* espontáneo, natural.

estudiante *com.* alumno, discípulo, escolar, colegial, educando, aprendiz.

estudiantil *adj. col.* colegial, escolar.

estudiar *tr.* aprender, ilustrarse, instruirse, educarse. **2** examinar, considerar, observar, investigar, pensar, proyectar. **3** dibujar.

estudio *m.* aprendizaje, educación, análisis, observación, reflexión, consideración, investigación, examen. **2** tratado, ensayo, monografía, memoria, obra. **3** PINT. boceto, bosquejo, esbozo. **4** bufete, taller, despacho. **5** *gen. pl.* CINE espacios de grabación. **6** habilidad, aplicación, maña. **7** MÚS. composición. **8** *pl.* materias.

estudioso, -sa *adj.* aplicado, laborioso, trabajador, investigador. *ANT.* haragán, vago. **2** erudito, intelectual.

estufa *f.* cocina, horno, hornillo, brasero. **2** radiador, estufilla, calentador, calorífero, hogar, brasero.

estulticia *f.* estolidez, estupidez, idiotez, necedad, insensatez, tontería. *ANT.* cordura.

estulto, -ta *adj.* estólido, estúpido, tonto.

estupefacción *f.* aturdimiento, enajenamiento, estupor, embobamiento, pasmo, asombro, desconcierto, extrañeza, sorpresa.

estupefaciente *adj. tb. m.* narcótico, droga, tóxico, alcaloide, aletargante, soporífero, anestésico, hipnótico.

estupefacto, -ta *adj.* suspenso, atónito, asombrado, pasmado, maravillado, admirado, sorprendido, azorado, patidifuso.

estupendo, -da *adj.* admirable, excelente, formidable, magnífico, asombroso, fantástico, portentoso, extraordinario, bestial, maravilloso, espléndido, colosal, soberbio, increíble, fenomenal, pasmoso. ANT. pésimo, desastroso.

estupidez *f.* idiotez, estolidez, torpeza, sandez, insensatez, majadería, tontería, bobería, necedad, imbecilidad, estulticia.

estúpido, -da *adj.* imbécil, idiota, cretino, necio, torpe, tonto, simple, estulto, estólido, mentecato. ANT. inteligente. 2 estupefacto, atónito, pasmado.

estupor *m.* admiración, pasmo, asombro, sorpresa, desconcierto. 2 MED. letargo, insensibilidad, sopor, modorra, embotamiento.

estupro *m.* DER. violación, abuso sexual. 2 DER. incesto.

etapa *f.* período, época, fase, ciclo, división, parte. 2 trecho, distancia, trayecto, jornada. 3 alto, parada, detención. 4 loc. *por ~s:* gradualmente, por partes sucesivas. 5 loc. *quemar ~s:* pasar por fases programadas.

éter *m.* POÉT. firmamento, cielo, espacio.

etéreo, -rea *adj.* POÉT. sutil, volátil, tenue, incorpóreo, vaporoso, impalpable, vago, elevado, sublime, celeste.

eternal *adj.* eterno, sempiterno, perenne, duradero, perpetuo, sin fin. ANT. fugaz.

eternidad *f.* perpetuidad, inmortalidad, perennidad. ANT. fugacidad. 2 col. duración excesiva.

eternizar *tr. prnl.* perpetuar, inmortalizar. 2 prnl. col. {persona} demorarse, retrasarse, tardar mucho. ANT. agilizar.

eterno, -na *adj.* perpetuo, infinito, sempiterno, inmortal, interminable, perenne, imperecedero, perdurable. ANT. finito, breve, efímero.

ética *f.* principios del comportamiento, deontología.

eticidad *f.* {de la acción} bondad. ANT. maldad.

ético, -ca *adj.* honesto, recto. ANT. deshonesto.

etílico, -ca *adj.* alcohólico.

etimología *f.* {de las palabras} origen, derivación, procedencia, cuna, génesis, raíz, fuente.

etiología *f.* MED. causa, motivo, razón.

etíope *adj. s.* abisinio.

etiqueta *f.* rótulo, marbete, inscripción, precinto, marca, sello, letrero. 2 ceremonial, ceremonia, protocolo, cumplimiento, solemnidad, formalidad, ritual, pompa. ANT. sencillez. 3 calificativo, apelativo.

etnia *f.* grupo humano, comunidad humana; tribu.

étnico, -ca *adj.* etnográfico, característico, peculiar, racial.

eucaristía *f.* REL. sacramento, consagración, comunión. 2 misa.

eucarístico, -ca *adj.* sacramental.

eufemismo *m.* perífrasis, alusión, ambigüedad, rodeo, disfraz, velo, sugestión, indirecta, embozo, tapujo.

eufonía *f.* armonía, consonancia, sonoridad agradable. ANT. discordancia.

eufónico, -ca *adj.* armonioso, consonante, melódico, biensonante, armónico, cadencioso. ANT. disonante, cacofónico.

euforia *f.* bienestar, placidez, animación, ardor, exaltación, alegría, calor, satisfacción. ANT. malestar. 2 entusiasmo, optimismo. ANT. pesimismo.

eunuco *m.* castrado, emasculado. 2 afeminado.

euritmia *f.* equilibrio, consonancia, armonía, proporción. ANT. desproporción. 2 {del pulso} regularidad.

eutanasia *f.* MED. muerte (sin sufrimiento).

evacuación *f.* desocupación, desalojo. 2 deposición, defecación. 3 MIL. {ciudad, fortaleza} abandono.

evacuar *tr.* desocupar, desalojar, salir, retirarse, abandonar. ANT. ocupar. 2 defecar, excretar, deponer, cagar. 3 {encargo} desempeñar. 4 {trámite} cumplir, realizar. 5 MIL. {ciudad, fortaleza} abandonar.

evacuatorio, -ria *adj.* MED. evacuativo. 2 urinario.

evadir *tr. prnl.* {daño, peligro} evitar, esquivar, soslayar. 2 {dificultad} eludir, rehuir. ANT. afrontar, enfrentar. 3 {dinero, bienes} sacar ilegalmente. 4 prnl. fugarse, huir, escaparse, escabullirse, esfumarse, desaparecer. ANT. permanecer. 5 {preocupación} desentenderse.

evaluación *f.* estimación, valoración, peritaje, apreciación, cálculo, balance. 2 examen escolar, prueba.

evaluar *tr.* calcular, computar, contar, valorar, tasar, cotizar, aquilatar. 2 calificar, juzgar, conceptuar, apreciar, examinar, estimar.

evanecer *tr.* evanescer, desvanecer, esfumar.

evanescente *adj.* esfumado, difuminado, desvanecido.

evangelio *m.* Nuevo Testamento, doctrina, vida de Cristo. 2 religión cristiana. 3 col. verdad indiscutible, dogma.

evangelista *m.* discípulo de Cristo. 2 Méx. escribiente, escribano.

evangelizar *tr.* catequizar, predicar, cristianizar, convertir.

evaporación *f.* vaporización, vaporeo, evaporización, volatilización, gasificación, sublimación. ANT. condensación. 2 desvanecimiento, desaparición. ANT. aparición.

evaporar *tr. prnl.* vaporizar, vaporear, evaporizar, volatilizar, gasificar. ANT. condensar, espesar. 2 disipar, desvanecer. 3 prnl. esfumarse, desaparecer, huir, fugarse. ANT. aparecer.

evasión *f.* huida, escape, fuga, abandono, deserción, desaparición, marcha, escapada, salida.

evasiva *f.* pretexto, subterfugio, excusa, escapatoria, disculpa, justificación, recurso, argucia, rodeo, efugio.

evasivo, -va *adj.* elusivo, huidizo, reticente, esquivo.

evasor, -ra *adj.* infractor.

evento *m.* suceso, acontecimiento, hecho, incidente, acaecimiento, circunstancia, caso. 2 eventualidad, imprevisto. 3 Amer. suceso importante. 4 loc. a) *a todo/cualquier ~:* en previsión de lo que pueda ocurrir. b) loc. *a todo/cualquier ~:* sin reservas, sin limitaciones, sin preocupaciones.

eventual *adj.* contingente. ANT. necesario. 2 circunstancial, accidental, casual, fortuito, incidental, posible, ocasional, incierto, inseguro, interino. ANT. permanente, estable, seguro. 3 {trabajador} provisional.

eventualidad *f.* contingencia. ANT. necesidad. 2 incertidumbre, conjetura. ANT. certeza, seguridad. 3 casualidad, posibilidad, albur, accidente, azar, imprevisto, coyuntura, probabilidad, riesgo.

eventualmente *adv.* inciertamente. 2 casualmente.

evicción *f.* DER. desposesión, pérdida, despojo, privación, desprendimiento.

evidencia *f.* certeza, convencimiento, convicción, persuasión, seguridad, certidumbre. ANT. incertidumbre, duda. 2 DER. prueba. 3 loc. a) *poner en ~:* poner en conocimiento, mostrar, revelar. b) loc. *poner en ~:* poner en ridículo, poner en situación desairada.

evidenciar *tr.* mostrar, demostrar, probar, patentizar, certificar, afirmar. ANT. dudar.

evidente *adj.* obvio, cierto, palpable, innegable, claro, manifiesto, ostensible, tangible, patente, inequívoco, visible, axiomático, incontrovertible, irrefutable, positivo, indudable. ANT. dudoso, oscuro, impreciso.

evidentemente *adv.* con evidencia, ciertamente, claramente, indudablemente, obviamente, por supuesto, sin duda.

evitar *tr.* {daño, peligro} apartar, impedir, prever, prevenir, precaver. *ANT.* provocar, causar, originar. **2** huir, esquivar, eludir, rehuir, evadir, sortear, soslayar, rehusar. *ANT.* enfrentar, afrontar.

evocación *f.* recuerdo, reminiscencia, remembranza, memoria. *ANT.* olvido. **2** {espíritus, muertos} invocación, conjuración.

evocador, -ra *adj.* sugestivo, sugerente.

evocar *tr.* recordar, revivir, rememorar, añorar, invocar, hacer memoria, traer a la memoria. *ANT.* olvidar. **2** {espíritus, muertos} llamar, invocar, apelar, conjurar, convocar.

evolución *f.* {cosas, organismos} transformación, progreso, crecimiento, desarrollo, avance, curso, progresión. *ANT.* estancamiento, involución. **2** cambio, movimiento, variación, metamorfosis. *ANT.* permanencia. **3** {conducta, propósito} modificación, mudanza. **4** {ideas, teorías} transformación. **5** Mil. movimiento, maniobra. **6** evolución biológica.

evolucionado, -da *adj.* avanzado, desarrollado.

evolucionar *intr.* {cosas, organismos} desarrollarse, desenvolverse, transformarse, cambiar de estado. **2** {conducta, propósito} mudar, cambiar. **3** desplazarse, virar. **4** Mil. {tropas} moverse, maniobrar.

evolutivo, -va *adj.* progresivo, gradual, paulatino, escalonado.

ex abrupto *loc.* bruscamente, de improviso, de repente.

exabrupto *m.* salida de tono, brusquedad, grosería, incorrección, descortesía, arrebato, inconveniencia. *ANT.* cortesía.

exacción *f.* exigencia, coacción, abuso. **2** concusión.

exacerbar *tr.* enfurecer, enfadar, enojar, exasperar, irritar, encolerizar, hostigar. *ANT.* calmar, tranquilizar, sosegar. **2** {enfermedad} agravar, recrudecer, agudizar, avivar. *ANT.* mitigar, aliviar. **3** *tr.* extremar, intensificar, exagerar.

exactamente *adv.* justamente, precisamente.

exactitud *f.* puntualidad, precisión, fidelidad, rigor, veracidad, seguridad, minuciosidad, regularidad. *ANT.* inexactitud, imprecisión, error.

exacto, -ta *adj. tb. adv.* preciso, justo, correcto, puntual, fiel, verdadero, literal, conforme, fidedigno, cierto, cabal, textual. *ANT.* inexacto, impreciso. **2** minucioso, estricto, cabal, cumplidor, riguroso, diligente, estricto, escrupuloso, cumplido. *ANT.* negligente.

exactor *m.* {de impuestos} recaudador, recolector, colector, cobrador.

exageración *f.* extremosidad, encarecimiento, engrandecimiento, desproporción, adulación, ponderación, redundancia. *ANT.* objetividad. **2** colmo, exceso, abuso, demasía, superabundancia. *ANT.* mesura, moderación.

exagerado, -da *adj.* inmoderado, desmedido, desorbitado, excesivo, gigantesco, colosal, abultado, desmesurado, desproporcionado, inmoderado. *ANT.* moderado. **2** quimérico, cuentista, charlatán. *ANT.* veraz.

exagerar *tr.* agrandar, aumentar, excederse, extremar, recargar, inflar, abultar, hinchar. *ANT.* atenuar, minimizar.

exaltación *f.* enardecimiento, fervor, acaloramiento, frenesí, vehemencia, ardor, entusiasmo, excitación. *ANT.* desencanto. **2** enaltecimiento, ensalzamiento, elogio, ponderación, apología, glorificación, encumbramiento.

exaltado, -da *adj.* entusiasta, vehemente, apasionado, ardiente. *ANT.* indiferente. **2** enfervorizado, fanático. **3** frenético, irritado, violento, rabioso, furioso. **4** ensalzado, enaltecido, encumbrado, elevado. *ANT.* rebajado.

exaltar *tr. prnl.* honrar, dignificar, enaltecer, elevar, encomiar, ensalzar, loar, encumbrar, glorificar. *ANT.* denigrar, vilipendiar, rebajar. **2** *tr. prnl.* {sentimiento} enardecer, excitar, entusiasmar, acalorar, inflamar, exasperar, apasionar. *ANT.* calmar, tranquilizar, serenar. **3** *prnl.* apasionarse, acalorarse, enardecerse, arrebatarse, sobreexcitarse, desbordarse, enfurecerse, descontrolarse, dejarse llevar. *ANT.* calmarse, sosegarse, tranquilizarse.

examen *m.* prueba, concurso, evaluación, comprobación, selección, oposición, convocatoria. **2** indagación, investigación, análisis, estudio, observación, exploración, reconocimiento, pesquisa, inspección, comparación, escrutinio.

examinador, -ra *s.* jurado, juez, examinante, verificador, crítico, profesor, catedrático, investigador. *ANT.* examinando.

examinar *tr.* investigar, indagar, escudriñar, observar, inquirir. **2** {calidad, idoneidad} reconocer, considerar, analizar, estudiar. **3** *tr. prnl.* tantear, verificar, probar, auscultar. **4** {estudios, cursos} aprobar.

exangüe *adj.* débil, exhausto, agotado, debilitado, desfallecido, desmayado, extenuado, aniquilado, sin fuerzas. *ANT.* fuerte, vigoroso. **2** desangrado, falto de sangre. **3** muerto, difunto, sin vida. *ANT.* vivo.

exánime *adj.* desmayado, yerto, rendido, exhausto, exangüe, agotado, decaído, sin aliento. *ANT.* vivaz, fuerte, vigoroso. **2** muerto, inanimado. *ANT.* vivo.

exantema *m.* Med. erupción.

exasperación *f.* desesperación, exaltación, exacerbación, excitación, irritación. *ANT.* calma.

exasperar *tr. prnl.* {parte dolorida} lastimar, irritar. **2** disgustar, enfadar, enardecer, enojar, enfurecer, encolerizar. *ANT.* calmar, aplacar.

excarcelar *tr.* liberar, soltar, desencarcelar. *ANT.* encarcelar.

excavación *f.* hoyo, hueco, foso, pozo, dragado, zanja, socavón, perforación, concavidad, fosa, surco.

excavadora *f.* perforadora, draga.

excavar *tr.* escarbar, cavar, penetrar, ahondar, socavar, dragar.

excedencia *f.* demasía, exceso. **2** {de un trabajo} cesación, apartamiento, alejamiento.

excedente *adj.* sobrante, remanente, resto, residuo. **2** {mercancías, dinero} cantidad. **3** *gen. pl.* beneficio empresarial.

exceder *tr.* sobresalir, rebasar, sobrepasar, descollar, desbordar, traspasar, sobrepujar, superar, aventajar. **2** *intr. prnl.* propasarse, extralimitarse, pasarse, desmandarse, abusar, desmedirse, desmesurarse. *ANT.* moderarse, limitarse, contenerse. **3** sobrar, abundar, superabundar. *ANT.* faltar.

excelencia *f.* virtud, excelsitud, grandeza, bondad, superioridad, dignidad, importancia, sublimidad, eminencia, magnificencia. *ANT.* bajeza, inferioridad.

excelente *adj.* superior, excepcional, excelso, magnífico, notable, estupendo, óptimo, extraordinario, sobresaliente, meritorio, grandioso, maravilloso, sublime. *ANT.* pésimo, malo. **2** eminente, descollante, insuperable, egregio. *ANT.* mediocre.

excelsitud *f.* excelencia, magnificencia, sublimidad, grandeza. *ANT.* bajeza.

excelso, -sa *adj.* elevado, eminente. *ANT.* bajo. **2** excelente. *ANT.* pésimo.

excentricidad *f.* {del carácter} extravagancia, rareza, particularidad, singularidad. **2** anormalidad, manía, trastorno, chifladura, absurdo, tontería, capricho. ANT. sensatez.

excéntrico, -ca adj. s. extravagante, estrafalario, raro, paradójico, peculiar, original, desacostumbrado, singular, estrambótico. ANT. corriente, normal. **2** maniático, chiflado, loco. ANT. sensato. **3** descentrado. ANT. centrado.

excepción f. salvedad, exclusión, omisión, exención. ANT. inclusión. **2** particularidad, peculiaridad, singularidad, irregularidad. **3** preferencia, prerrogativa, privilegio. **4** loc. de ~: excepcional, extraordinario. **5** loc. a ~ de: exceptuando a, excepto, menos, fuera de.

excepcional adj. raro, único, extraño, inusual, insólito, peculiar, irregular, singular, diferente, anómalo. ANT. usual, corriente, ordinario. **2** magnífico, extraordinario, maravilloso, excelente, óptimo, estupendo. ANT. pésimo, malo.

excepto adv. a excepción de, menos, salvo, fuera de.

exceptuado, -da adj. exento, dispensado.

exceptuar tr. prnl. excluir, prescindir, quitar, sacar, separar, eliminar, borrar. ANT. incluir.

excesivo, -va adj. desmedido, exagerado, descomunal, exorbitante, grande, enorme, desmesurado, inmoderado, desproporcionado, colosal, ímprobo. **2** sobrante, demasiado, superfluo, excedente, superabundante, copioso, harto. ANT. insuficiente, escaso, corto.

exceso m. demasía, abundancia, exuberancia, plétora, sobrante, excedente, excedencia, derroche, despilfarro. ANT. escasez, falta. **2** gen. pl. extralimitación, injusticia, abuso, arbitrariedad, desafuero, tropelía, delito, desmán, atropello, vicio, libertinaje. ANT. moderación, sobriedad. **3** loc. en ~: excesivamente, en demasía.

excitable adj. impresionable, inquieto, emotivo, vehemente, impulsivo, nervioso, sensible. ANT. tranquilo, apacible.

excitación f. exaltación, fogosidad, efervescencia, emoción, pasión, ardor, agitación, arrebato, inflamación, encendimiento. ANT. tranquilidad. **2** impaciencia, nerviosismo, exacerbación, acaloramiento, sobreexcitación, arrebatamiento. ANT. ecuanimidad, impasibilidad.

excitante adj. m. estimulante, incitante, enardecedor, apasionante; afrodisíaco. ANT. calmante, tranquilizante.

excitar tr. prnl. {sentimiento, pasión} estimular, provocar, animar, incitar, aguijonear, instigar, inspirar, encender, inflamar, apasionar, entusiasmar, arrebatar, enardecer. ANT. desanimar, aplacar. **2** impacientar, solivarar, exasperar, exacerbar, alterar, molestar. ANT. serenar.

exclamación f. interjección, expresión, imprecación, juramento, ovación, aprobación, grito, voz, frase.

exclamar intr. tr. proferir, vocear, apostrofar, imprecar, emitir, clamar, gritar, prorrumpir, gemir, jurar; protestar.

exclamatorio, -ria adj. exclamativo, imprecatorio.

excluible adj. descartable.

excluir tr. {persona, cosa} quitar, desalojar, expulsar, echar. **2** {posibilidad} apartar, descartar, exceptuar, eliminar, omitir, separar, suprimir, desechar. ANT. incluir. **3** rechazar, discriminar. **4** prnl. {dos cosas} ser incompatibles.

exclusión f. excepción, supresión, eliminación, omisión; boicot. ANT. inclusión.

exclusiva f. privilegio, preferencia, derecho, autorización, permiso, dispensa. **2** franquicia, patente, monopolio. **3** noticia.

exclusivamente adv. solamente, únicamente. **2** con exclusión.

exclusivo, -va adj. peculiar, especial, distintivo, característico, propio, típico. ANT. común, general. **2** excluyente, único, sólo. ANT. inclusivo. **3** privilegiado, preferente.

excluyente adj. com. exclusivo. **2** segregador, sectario, dogmático.

excomulgar tr. anatematizar, repudiar, condenar, rechazar.

excomunión f. excomulgación, anatema, censura, repudio, castigo, rechazo, estigma. ANT. comunión.

excoriación f. MED. irritación, escocedura.

excoriar tr. prnl. escaldarse, escocerse, exulcerar.

excrecencia f. excrescencia, protuberancia, carnosidad, grano, quiste, bulto, verruga.

excrementicio adj. excremencial, fecal.

excremento m. deposición, defecación, deyección, evacuación, detrito, mierda, heces, estiércol, caca, boñiga.

excrescencia f. ver **excrecencia**.

excretar intr. evacuar, expeler.

exculpación f. justificación, excusa, disculpa, descargo, defensa, explicación, salvedad, coartada. ANT. acusación, inculpación.

exculpar tr. prnl. absolver, eximir, perdonar, excusar, atenuar, justificar, defender, descargar. ANT. acusar, inculpar, culpar.

excursión f. viaje, gira, paseo, caminata, marcha, salida. **2** incursión, invasión, correría, hostilidad, saqueo.

excursionista com. caminante, paseante, viajero.

excusa f. disculpa, exculpación, justificación, motivo, pretexto, coartada, descargo, evasiva, subterfugio, efugio. **2** DER. excepción.

excusable adj. perdonable.

excusado m. baño, servicios, retrete, reservado, lavabo, cuarto de aseo. **2** adj. {de pagar tributos} exento, libre, privilegiado, dispensado. ANT. obligado, forzado. **3** inútil, superfluo, innecesario. ANT. necesario.

excusar tr. prnl. disculpar, exculpar, perdonar, justificar, eximir. ANT. acusar, culpar. **2** evitar, impedir. **3** {de pago de tributos} eximir, liberar. **4** rehuir, eludir. ANT. enfrentar, encarar. **5** rehusar, declinar, negarse. ANT. aceptar.

execrable adj. detestable, abominable, condenable, odioso, aborrecible, repugnante. ANT. loable, admirable.

execración f. aversión, aborrecimiento, odio. **2** condenación, maldición, imprecación, reprobación, vituperio. ANT. elogio, alabanza.

execrar tr. prnl. aborrecer, odiar, abominar, tener aversión. ANT. amar. **2** maldecir, condenar, anatematizar, abominar, imprecar, censurar, reprobar. ANT. alabar, elogiar.

exégesis f. interpretación, explicación, análisis, comentario, exposición, revelación.

exégeta com. intérprete, revelador, glosador, hermeneuta, expositor, comentarista.

exención f. privilegio, prerrogativa, dispensa, excepción, ventaja, franquicia, inmunidad, gratuidad. ANT. desventaja, carga. **2** {para eximirse de una obligación} franqueza, libertad.

exento, -ta adj. {de cuidados o temor} libre, desembarazado. **2** excluido, dispensado, excusado, exonerado, inmune. ANT. obligado, forzado. **3** {columna} aislado, independiente.

exequias f. pl. funerales, funeral, sepelio, honras fúnebres, velorio.

exfoliación f. descamación.

exfoliar tr. prnl. laminar, dividir en láminas/escamas. **2** descamar. **3** deshojar.

exhalación *f.* olor, emanación. **2** vapor, vaho. **3** suspiro, espiración. **4** estrella fugaz, cuerpo luminoso. **5** rayo, chispa eléctrica, centella, descarga.

exhalar *tr.* {gases, vapores, olores} oler, despedir, desprender, emanar, evaporar, humear. ANT. retener. **2** {quejas, suspiros} emitir, irradiar, despedir, expulsar. ANT. absorber.

exhaustivo, -va *adj.* completo, minucioso, íntegro, profundo. ANT. superficial.

exhausto, -ta *adj.* agotado, extenuado, fatigado, postrado, exangüe, debilitado, consumido. ANT. fuerte, vigoroso.

exhibición *f.* exposición, demostración, presentación, despliegue, manifestación. ANT. ocultación. **2** ostentación, alarde. **3** feria, certamen, muestra, concurso, competición, competencia, prueba.

exhibir *tr. prnl.* manifestar, exteriorizar, mostrar, enseñar, revelar, proyectar, presentar, descubrir. ANT. ocultar. **2** DER. presentar pruebas.

exhortación *f.* admonición, incitación, petición, ruego, consejo, invitación, rogativa. **2** advertencia, aviso. **3** sermón, plática.

exhortar *tr.* incitar, estimular, alentar, animar, impulsar, inducir, aconsejar, invitar, recomendar, sugerir. ANT. desanimar.

exhumar *tr.* {cadáver, ruinas, estatuas} desenterrar, extraer. ANT. inhumar. **2** rememorar, recordar, evocar, resucitar.

exigencia *f.* reclamación, requerimiento, petición, pretensión, conminación, coacción, intimación, mandato, demanda.

exigente *adj. s.* requiriente, demandante, inquiriente. **2** intransigente, intolerante, severo, rígido, riguroso, estricto, inflexible, duro, quisquilloso. ANT. tolerante, transigente.

exigir *tr.* reclamar, requerir, necesitar, demandar, coaccionar, solicitar, reivindicar, conminar, ordenar, pedir. ANT. conceder.

exiguo, -gua *adj.* escaso, insuficiente, limitado, reducido, insignificante, mínimo, menguado, nimio, irrisorio. ANT. abundante, amplio, generoso.

exiliado, -da *adj.* desterrado, proscrito, expatriado, deportado, apartado, aislado, confinado, refugiado. ANT. repatriado.

exiliar *tr.* expulsar, desterrar, deportar. ANT. repatriar. **2** *prnl.* expatriarse, marcharse. ANT. volver.

exilio *m.* destierro, deportación, expatriación, extrañamiento. ANT. repatriación.

eximible *adj.* excusable.

eximido, -da *adj.* exceptuado, exento, disculpado, licenciado, liberado. ANT. obligado.

eximio, -mia *adj.* ilustre, sobresaliente, excelente, prestigioso, renombrado, excelso, insigne. ANT. despreciable.

eximir *tr. prnl.* {cargos, culpas, obligaciones} librar, excusar, exonerar, dispensar, exceptuar, amnistiar, perdonar, librar, excluir, absolver, exculpar. ANT. obligar, condenar.

existencia *f.* vida, ser, ente, criatura. ANT. inexistencia. **2** vida humana. **3** FIL. realidad concreta. **4** efectividad, objetividad, validez, verdad. **5** *pl.* mercaderías, mercancías, productos, víveres.

existente *adj.* subsistente, coexistente, real, contemporáneo.

existir *intr.* ser, estar, vivir, coexistir, subsistir, conservarse, hallarse, mantenerse. ANT. morir, faltar.

éxito *m.* triunfo, victoria, logro. ANT. fracaso, derrota. **2** fama, gloria, celebridad, renombre, notoriedad. ANT. anonimato. **3** culminación, conclusión, coronación, fin, remate, finalización. ANT. comienzo.

exitoso, -sa *adj.* triunfante, victorioso, triunfador. ANT. fracasado. **2** famoso, renombrado, conocido. ANT. anónimo.

exlibris *m.* {en libros} ex libris, etiqueta, sello grabado.

éxodo *m.* emigración, migración, salida, peregrinación, marcha, abandono, ausencia, huida. ANT. arraigo, permanencia.

exoesqueleto *m.* ZOOL. dermatoesqueleto.

exógeno, -na *adj.* externo. ANT. interno.

exonerar *tr. prnl.* dispensar, eximir, descargar, liberar, aliviar. ANT. obligar. **2** relevar, destituir, deponer, suspender, echar, degradar.

exorbitante *adj.* desmedido, excesivo, exagerado.

exorcismo *m.* REL. conjuro, purificación.

exorcizar *tr.* REL. conjurar, purificar, desendemoniar. ANT. endemoniar.

exordio *m.* preámbulo, preliminares, introducción, proemio, principio.

exornar *tr. prnl.* adornar, embellecer, hermosear. **2** {lenguaje} amenizar.

exotérico, -ca *adj.* común, elemental, accesible, fácil. ANT. esotérico, difícil.

exótico, -ca *adj.* extraño, insólito, singular, desusado, curioso, inusual, extravagante, excéntrico. ANT. común. **2** extranjero, peregrino, foráneo, forastero, remoto, lejano. ANT. vernáculo, autóctono.

expandir *tr. prnl.* extender, dilatar, ensanchar, ampliar, agrandar. ANT. reducir.

expansión *f.* dilatación, ampliación, extensión, crecimiento. ANT. reducción, contracción. **2** desarrollo, crecimiento, aumento, desenvolvimiento, propagación, difusión. ANT. reducción, limitación. **3** confianza, manifestación, desahogo, efusión. ANT. limitación. **4** diversión, recreo, entretenimiento, asueto, esparcimiento, solaz, distracción. ANT. aburrimiento.

expansivo, -va *adj.* comunicativo, locuaz, expresivo, efusivo, sociable, abierto, franco, cordial, amable. ANT. reservado, introvertido.

expatriar *tr.* exiliar, desterrar, deportar, expulsar. ANT. repatriar. **2** *prnl.* abandonar, migrar.

expectación *f.* expectativa, curiosidad, vigilancia, interés, cuidado. ANT. desinterés. **2** contemplación, observación.

expectante *adj.* atento, pendiente, vigilante.

expectativa *f.* expectación, perspectiva, posibilidad, esperanza, ilusión, confianza. ANT. desesperanza. **2** curiosidad, interés, atención, alerta. ANT. desinterés.

expectorar *tr.* escupir, esputar, gargajear, expulsar.

expedición *f.* peregrinación, excursión, viaje, gira, exploración. **2** caravana, tropa, grupo, partida. **3** envío, remesa, pedido, exportación. ANT. recepción.

expedicionario, -ria *adj.* explorador, viajero, excursionista.

expedidor, -ra *adj. s.* remitente, librador, que expide.

expediente *m.* documentación, documento, sumario, pliego, registro, escrito, legajo. **2** asunto, tramitación, trámite, negocio, procedimiento. **3** recurso, medio, arbitrio. **4** desembarazo, facilidad, prontitud. **5** juicio, procedimiento administrativo. **6** medio, recurso, pretexto, arbitrio. **7** {de un estudiante} calificaciones. **8** {de un trabajador} hoja de vida.

expedir *tr.* {negocio, causa} dar curso. **2** {cheque} girar, librar, extender. **3** enviar, remitir, despachar, mandar. ANT. recibir.

expeditivo, -va *adj.* dinámico, resuelto, decidido, diligente, diestro, pronto. ANT. inhábil.

expedito, -ta adj. desembarazado, libre, desahogado, despejado, suelto. ANT. obstruido. **2** pronto, rápido, diligente. ANT. lento.

expeler tr. expulsar, lanzar, despedir, arrojar, echar. ANT. atraer.

expendedor, -ra adj. s. vendedor, despensero, comerciante. ANT. comprador.

expender tr. gastar. **2** vender, despachar. ANT. comprar.

expendio m. Amer. tienda, local. **2** Amer. venta (al por menor).

expensas f. pl. gastos, costos, dispendio, consumo. **2** loc. a ~ de: por cuenta de, a costa de, a cargo de.

experiencia f. vivencia, circunstancia, acaecimiento, trance, acontecimiento, situación, suceso, peripecia, lección, enseñanza. **2** veteranía, destreza, práctica, habilidad, hábito, pericia, conocimiento. ANT. inexperiencia. **3** prueba, ensayo, experimento, tentativa, investigación, comprobación.

experimentación f. experimento, tanteo, prueba, intento, ensayo, preparación. **2** método científico.

experimentado, -da adj. experto, curtido, entendido, diestro, ducho, hábil, adiestrado, baqueteado, acostumbrado, avisado, versado, avezado. ANT. inexperto, novato, bisoño.

experimental adj. empírico. **2** investigativo.

experimentar tr. padecer, percibir, sentir, sufrir, vivir. **2** probar, ensayar, investigar, tantear, examinar. **3** {cosa} modificarse, cambiar, mudar.

experimento m. prueba, ensayo, experiencia, comprobación.

experto, -ta adj. experimentado, perito, diestro, hábil, ducho, práctico. ANT. inexperto.

expiación f. REL. purificación, purgación. **2** castigo, reparación, pena.

expiar tr. REL. penar, padecer, purgar, pagar. **2** {delincuente} reparar, sufrir la pena.

expiatorio, -ria adj. compensador, reparador, vindicador. **2** loc. chivo ~: cabeza de turco, víctima propiciatoria.

expirar intr. fallecer, morir, perecer, fenecer, finalizar, finar, concluir, acabar, terminar. ANT. nacer, comenzar. **2** {período} acabar, terminar, finalizar, concluir. ANT. iniciar.

explanación f. {terreno} nivelación, alisamiento, aplanamiento. **2** explicación, aclaración. ANT. confusión.

explanada f. planicie, llano, llanura, extensión. ANT. montaña.

explanar tr. nivelar, emparejar, allanar, aplanar. **2** explicar, aclarar, declarar, manifestar.

explayar tr. prnl. ensanchar, extender. **2** prnl. {discurso} dilatarse, difundirse. **3** expansionarse, franquearse, confiarse, desahogarse, relatar, confesarse, comunicar. ANT. contenerse, reprimirse. **4** recrearse, esparcirse, divertirse, gozar. ANT. aburrirse.

expletivo, -va adj. GRAM. {voz} enfático.

explicable adj. justificable, disculpable. ANT. injustificable. **2** comprensible, razonable, evidente. ANT. inexplicable.

explicación f. {de un texto o una materia} aclaración, exposición, definición, descripción, declaración, comentario, interpretación. ANT. confusión. **2** gen. pl. **explicaciones**, {a una persona o colectividad} satisfacción, exculpación. **3** {de una causa o motivo} revelación, manifestación, esclarecimiento.

explicar tr. prnl. declarar, enunciar, manifestar, expresar, decir, hablar, dar a conocer. ANT. callar. **2** tr. {materia, doctrina} esclarecer, dilucidar, aclarar, exponer, especificar, describir, interpretar, explanar, definir, declarar. ANT. embrollar, confundir. **3** {en la cátedra} enseñar, impartir conocimiento, ilustrar. **4** exculpar, satisfacer, justificar. **5** prnl. darse cuenta, comprender, entender, captar. ANT. ignorar.

explicativo, -va adj. aclaratorio, especificativo.

explícitamente adv. expresamente, claramente, manifiestamente, francamente, sin rodeos.

explícito, -ta adj. categórico, claro, patente, palmario, manifiesto, evidente, terminante, expresivo, sincero, tajante, franco, rotundo. ANT. oscuro, ambiguo.

exploración f. investigación, indagación, reconocimiento, observación, rastreo, sondeo, inspección. **2** incursión, batida, expedición, merodeo, rastreo, avanzada, correría. **3** MED. examen, reconocimiento.

explorador, -ra s. expedicionario, viajero, excursionista, guía, rastreador, batidor. **2** investigador, descubridor.

explorar tr. reconocer, rastrear, recorrer, viajar. **2** estudiar, examinar, investigar, indagar.

explosión f. {de energía} liberación. **2** estallido, detonación, descarga, estampido, estruendo, reventón, voladura, deflagración, fogonazo. **3** desarrollo repentino. **4** arranque, impulso, acceso, vehemencia, arrebato, ímpetu, rapto, estallido. ANT. inhibición.

explosivo, -va adj. m. fulminante, detonante, petardo; munición, pólvora, dinamita. **2** adj. asombroso, insólito, fantástico, impresionante, sensacional. ANT. común. **3** aventurado, peligroso, riesgoso. ANT. seguro.

explotación f. {de minas} extracción, obtención. **2** beneficio, fabricación, rendimiento, utilización. **3** cultivo, plantación, industria. **4** abuso, lucro.

explotador, -ra adj. com. abusador, expoliador, usurero.

explotar intr. estallar, detonar, reventar, volar, explosionar. **2** {persona} violentarse, exacerbarse, enfurecerse. **3** tr. aprovechar, usufructuar, utilizar, beneficiarse, emplear, negociar, comercializar, valerse. ANT. desaprovechar. **4** abusar, exprimir, embaucar, someter. **5** {de minas} extraer, obtener.

expoliar tr. robar, usurpar, despojar, saquear, quitar.

exponente m. prototipo, muestra, modelo, ejemplo, arquetipo, tipo. **2** MAT. cifra, número, potencia, guarismo, expresión algebraica.

exponer tr. intr. presentar, poner de manifiesto. **2** tr. manifestar, expresar, formular, enunciar, declarar, decir, explicar, explanar. ANT. callar. **3** exhibir, mostrar, enseñar, ostentar, revelar. ANT. esconder, ocultar. **4** {texto, doctrina} interpretar, explicar, declarar. **5** prnl. arriesgar, aventurar, atreverse, osar. ANT. abstenerse, guardarse. **6** {niño} abandonar. ANT. proteger, cuidar. **7** {placa fotográfica} someter a la luz.

exportar tr. enviar, expedir; vender. ANT. importar.

exposición f. exhibición, muestra, presentación, salón, feria, certamen. **2** alarde, despliegue, demostración. **3** {tema} explicación, definición, aclaración, interpretación, descripción. **4** declaración, reclamación. **5** {de un objeto} situación. **6** riesgo, peligro, temeridad.

expósito, -ta adj. s. {niño recién nacido} abandonado, expuesto, desamparado, huérfano.

expositor, -ra adj. s. {en una feria} exhibidor, participante. **2** conferencista, conferenciante, disertante, orador, presentador. **3** m. mueble, anaquel.

expresamente adv. intencionalmente, adrede, a propósito, expreso, aposta. ANT. casualmente. **2** explícitamente, claramente, sin rodeos.

expresar tr. prnl. explicar, declarar, exponer, formular, decir, enunciar, indicar, opinar, precisar, proferir, comunicar, exclamar. ANT. callar. **2** manifestar, exteriorizar, mostrar, significar, denotar. **3** reflejar, revelar. **4** *prnl.* hablar bien.

expresión *f.* especificación, declaración. **2** locución, palabra, vocablo, giro, término, voz, frase, modismo. **3** pronunciación, entonación, dicción, voz. **4** gesticulación, mueca, gesto, ademán, actitud, fisonomía, apariencia, visaje. *ANT.* inexpresividad. **5** manifestación, revelación, testimonio, declaración, muestra, señal. **6** viveza, vida, fuerza, animación, elocuencia, fogosidad, temperamento. *ANT.* inexpresividad. **7** regalo, obsequio. **8** MAT. conjunto de términos, cantidad. **9** *pl.* expresiones, saludos, recuerdos, memorias.

expresividad *f.* franqueza, elocuencia, efusividad, vehemencia, animación. *ANT.* frialdad.

expresivo, -va *adj.* efusivo, afectivo, afectuoso, cariñoso, amoroso, comunicativo. *ANT.* inexpresivo. **2** típico, característico. **3** indicativo, significativo, elocuente, manifiesto.

expreso, -sa *f. adj.* claro, explícito, dicho, especificado, patente, manifiesto, terminante. **2** rápido, directo. **3** tren (expreso). **4** correo extraordinario, mensaje urgente. **5** *adv.* ex profeso, intencionadamente, adrede, expresamente, aposta.

exprimidero *m. ver* **exprimidor**.

exprimidor *m.* exprimidero, exprimidera.

exprimir *tr.* {fruta} extraer zumo, despulpar. **2** apretar, comprimir, prensar, estrujar. *ANT.* aflojar. **3** explotar, abusar, sacar partido, embaucar. **4** *p. us.* expresar, manifestar.

ex profeso *loc.* deliberadamente, adrede, intencionadamente, expresamente, premeditado, aposta. *ANT.* casualmente.

expropiación *f.* confiscación, desposeimiento, embargo.

expropiar *tr.* desposeer, confiscar, privar, despojar, desapropiar, incautar, quitar. *ANT.* dar, conceder.

expuesto, -ta *adj.* riesgoso, arriesgado, comprometido, temible, aventurado, delicado, azaroso, inseguro, incierto, peligroso. *ANT.* seguro, salvo. **2** propenso, predispuesto, inclinado, abocado, sujeto, orientado, predeterminado. **3** revelado, mostrado, exhibido, destapado. *ANT.* oculto, tapado. **4** desprotegido, descubierto. *ANT.* cubierto.

expugnable *adj.* conquistable, asequible, posible. *ANT.* inexpugnable.

expugnar *tr.* apoderarse, conquistar, asaltar, tomar (por las armas).

expulsar *tr.* {cosa} arrojar, lanzar, emitir, irradiar, emanar, expeler, echar. *ANT.* atraer. **2** {persona} destituir, despedir, degradar, echar. *ANT.* admitir. **3** {persona} desterrar, exiliar, deportar, expatriar, desalojar, alejar. *ANT.* repatriar, recibir. **4** {del organismo} desechar, expeler, eliminar.

expulsión *f.* emisión. **2** destierro, exilio. *ANT.* repatriación. **3** repudio. *ANT.* admisión.

expurgar *tr.* purificar, limpiar, depurar, refinar. *ANT.* ensuciar. **2** {documento, texto} enmendar, corregir, censurar, modificar, rectificar.

exquisitez *f.* {alimento} delicia, manjar. **2** amabilidad, finura, cortesía, urbanidad, corrección, refinamiento, elegancia. *ANT.* grosería, descortesía, aspereza. **3** *gen. pl.* **exquisiteces**, remilgos, delicadezas.

exquisito, -ta *adj.* delicioso, sabroso, apetitoso, gustoso, rico. *ANT.* repugnante, desagradable. **2** excelente, fino, refinado, selecto. *ANT.* vulgar, basto. **3** delicado, primoroso, lindo. *ANT.* feo, horrible.

extasiado, -da *adj.* admirado, asombrado, pasmado. **2** hechizado, fascinado, encantado, alucinado. **3** alucinado, enajenado.

extasiar *tr. prnl.* pasmar, asombrar, sorprender, admirar. **2** enajenar, transportar, arrobar, embelesar, embriagar, suspender, cautivar.

éxtasis *m.* arrebato, arrobamiento, arrobo, embriaguez, elevación, embeleso, transporte, rapto, exaltación. **2** delirio, enajenamiento.

extático, -ca *adj. ver* **extasiado**.

extemporal *adj. ver* **extemporáneo**.

extemporáneo, -nea *adj.* intempestivo, inactual, extemporal, inoportuno, inesperado, inconveniente, inapropiado, impropio. *ANT.* oportuno. **2** fuera de tiempo, anticuado, pasado. *ANT.* actual.

extender *tr.* expandir, desparramar, esparcir, derramar, dispersar. *ANT.* recoger. **2** *tr. prnl.* desenvolver, desplegar, desenrollar, tender, desdoblar. *ANT.* envolver, plegar, recoger. **3** dilatar, distender, ensanchar, ampliar, prolongar, amplificar, aumentar, incrementar, desarrollar. *ANT.* reducir. **4** propagar, divulgar, difundir, propalar, esparcir, expandir. *ANT.* reservar, ocultar. **5** *prnl.* {campo, llanura, pueblo} ocupar (espacio). **6** durar, prolongarse. **7** explicar, detallar, relatar. **8** *col.* hincharse, engreírse, inflarse, entonarse.

extendido, -da *adj.* espacioso, extenso, dilatado, vasto, amplio, abierto. *ANT.* limitado. **2** holgado, grande, ancho. **3** acostumbrado, generalizado, corriente. **4** echado, tendido, yacente. *ANT.* levantado.

extensible *adj.* flexible, elástico. **2** extensivo, transferible. **3** dilatable, ampliable, desplegable.

extensión *f.* expansión, dilatación, ampliación. *ANT.* reducción. **2** propagación, dispersión, difusión. *ANT.* recogimiento. **3** área, dimensión, longitud, cabida, superficie, amplitud, espacio, tamaño. **4** vastedad, inmensidad. **5** expansión, desenvolvimiento, desarrollo, crecimiento, aumento. *ANT.* limitación, límite. **6** LING. {de una palabra} ampliación del significado.

extenso, -sa *adj.* vasto, amplio, espacioso, anchuroso, grande, dilatado, prolongado, inmenso, ancho. *ANT.* reducido, limitado.

extenuación *f.* debilitamiento, agotamiento, cansancio, postración, desfallecimiento, decaimiento, inanición, debilidad, enflaquecimiento, consunción. *ANT.* fortalecimiento, vitalidad, vigor.

extenuado, -da *adj.* agotado, débil, fatigado, exhausto, cansado, debilitado. *ANT.* vigoroso, fuerte.

extenuante *adj.* agotador, fatigoso, fatigante, debilitante.

exterior *adj. s.* externo. **2** {habitación} con vista. **3** *adj.* manifiesto, visible, externo, aparente, superficial. *ANT.* interno. **4** foráneo, extranjero, de otros países. *ANT.* nacional. **5** *m.* apariencia, traza, aspecto, porte, figura, aire, talante, fachada, frente, pinta, portada. *ANT.* interior. **6** *pl.* CINE, TV. {para rodar} espacios, decorados. **7** *pl.* CINE, TV. secuencias. **8** exterioridad, periferia.

exterioridad *f.* apariencia, aspecto, exterior. **2** traza, porte, figura, aire, talante, pinta. **3** demostración. **4** *gen., pl.* **exterioridades**, pompa, ostentación.

exteriorizar *tr.* mostrar, expresar, manifestar, comunicar, exponer. *ANT.* callar. **2** descubrir, revelar, confesar.

exterminar *tr.* acabar. **2** aniquilar, desolar, eliminar, suprimir, devastar, liquidar, matar.

exterminio *m.* destrucción, aniquilación, exterminación, liquidación, matanza, extirpación, genocidio, destrucción, demolición, carnicería.

externo, -na *adj.* exterior, extrínseco. *ANT.* interno, intrínseco.

extinción *f.* {fuego, luz} apagamiento. **2** final, cese, cesación, acabamiento, fin, término, terminación, liquidación, consumación, muerte.

extinguir *tr. prnl.* {fuego, luz} apagar, ahogar, sofocar. ANT. encender. **2** agotar, acabar, cesar. **3** *prnl.* morir, perecer, expirar, desaparecer. ANT. nacer. **4** {plazo} vencer, acabarse.

extinto, -ta *adj. s.* finado, fallecido, muerto, difunto. ANT. vivo.

extirpación *f.* exterminio, destrucción, eliminación, erradicación. **2** MED. extracción, escisión, mutilación, amputación, ablación.

extirpar *tr.* erradicar, desarraigar, eliminar, suprimir, acabar, destruir, extinguir. ANT. fomentar. **2** MED. extraer, arrancar, amputar, cercenar, cortar.

extorsión *f.* chantaje, amenaza. **2** expolio, despojamiento, expoliación, despojo, daño, usurpación, perjuicio, abuso.

extorsionar *tr.* amenazar, chantajear. **2** robar, despojar, usurpar, arrebatar, quitar, dañar.

extra *adj. s.* óptimo, extraordinario, maravilloso, magnífico, excelente, superior. ANT. inferior, malo. **2** *m.* suplemento, aditamento, complemento. **3** *adj.* {gasto} extraordinario, añadido. **4** *com.* CINE, TV. figurante, comparsa. **5** *m. pl.* accesorios. **6** *prep.* además.

extracción *f.* origen, cuna, estirpe, linaje, nacimiento, progenie, ascendencia, abolengo. **2** extirpación, arrancamiento, remoción. **3** {de un cadáver} desenterramiento, exhumación.

extractar *tr.* resumir, compendiar, abreviar, sintetizar, condensar, esquematizar. ANT. ampliar, extender. **2** destilar, reducir.

extracto *m.* concentrado, esencia, zumo, sustancia, quintaesencia, destilación. **2** resumen, compendio, sumario, síntesis, abreviación, sinopsis, selección, simplificación, compendio, esquema.

extradición *f.* deportación, destierro.

extraditado, -da *adj.* deportado, desterrado, expulsado.

extraer *tr.* arrancar, retirar, eliminar, sacar, entresacar, desarraigar, separar. **2** extirpar, amputar, cercenar. ANT. implantar. **3** MAT. {raíces} averiguar, determinar, establecer.

extrafino, -na *adj.* {fideos} delgado. ANT. grueso. **2** {chocolate} fino, de buena calidad. **3** *irón.* {persona} refinado.

extralimitación *f.* exceso, desafuero, abuso, atropello, exageración, arbitrariedad, tropelía. ANT. limitación, mesura.

extralimitarse *prnl.* propasarse, excederse, abusar, descomedirse, pasarse. ANT. limitarse.

extramuros *adv.* alrededores, contornos, afueras, inmediaciones, aledaños, extrarradio, periferia, cercanías, suburbios. ANT. centro.

extranjero, -ra *adj.* foráneo, forastero, extraño, desconocido, ajeno, advenedizo. ANT. nativo, nacional. **2** *s.* exterior.

extrañamiento *m.* deportación, exilio, expulsión, proscripción, confinamiento. ANT. repatriación, regreso.

extrañar *tr. prnl.* desterrar, exiliar, deportar, apartar, alejar. ANT. repatriar. **2** admirar, pasmar, asombrar, maravillar, chocar. **3** echar de menos. **4** *prnl.* rehusarse, negarse. **5** sorprenderse, admirarse.

extrañeza *f.* admiración, desconcierto, perplejidad, sorpresa, asombro, pasmo, maravilla, confusión. **2** singularidad, irregularidad, rareza, anomalía, novedad. ANT. normalidad. **3** *p. us.* {entre amigos} desavenencia, alejamiento.

extraño, -ña *adj.* distinto, diferente, ajeno. ANT. propio. **2** raro, irregular, inusitado, insólito, singular, extraordinario, excepcional, curioso, extravagante, sorprendente. ANT. normal. **3** extranjero, forastero, foráneo, desconocido, ajeno, advenedizo. ANT. nativo. **4** impropio, inoportuno, inadecuado, inconveniente, fuera de lugar.

extraoficial *adj.* oficioso, particular, privado, no oficial. ANT. oficial, público.

extraordinario, -ria *adj.* fuera de orden, fuera de regla. **2** añadido, suplementario, extra, adicional. **3** maravilloso, asombroso, fabuloso, sorprendente, magnífico, excelente, excepcional, estupendo, fenomenal, impresionante, genial, sensacional. ANT. ordinario, vulgar, corriente. **4** paga extraordinaria. **5** sobresaliente, insuperable, incomparable. **6** extraño, raro, inusitado, insólito, excepcional, curioso, sorprendente ANT. normal, común.

extraparlamentario, -ria *adj.* {partido político} sin representación (en el parlamento).

extrarradio *m.* afueras, alrededores, contornos, inmediaciones, aledaños, periferia, cercanías, suburbios. ANT. centro.

extraterrestre *adj. s.* alienígena. **2** sideral, planetario, cósmico, astral, galáctico. ANT. terrestre.

extraterritorial *adj.* extranjero, externo.

extravagancia *f.* rareza, excentricidad.

extravagante *adj.* extraño, desacostumbrado, excéntrico, estrafalario, estrambótico, raro, pintoresco. ANT. corriente.

extravenar *tr.* desviar, sacar de lugar. **2** transvenarse.

extravertido, -da *adj.* sociable, abierto, espontáneo. ANT. introvertido, reservado.

extraviado, -da *adj.* {persona} desordenado, disipado, descaminado, despistado, descarriado. ANT. ordenado. **2** absurdo, disparatado, insensato, irracional. **3** {lugar} apartado, alejado, poco transitado. **4** perdido, traspapelado.

extraviar *tr. prnl.* descarriar, desviar, desorientar, descaminar. ANT. orientar. **2** *tr.* {cosa} trastocar, traspapelar, confundir, perder. **3** {el camino} abandonar, dejar. **4** *prnl.* corromperse, pervertirse, descarriarse. ANT. encaminarse. **5** equivocarse, fallar, errar. ANT. acertar.

extravío *m.* desvío, descarrío, desorientación, pérdida. ANT. orientación, enderezamiento. **2** equivocación, yerro, error, engaño. ANT. acierto. **3** desorden, orden. **4** *col.* fatiga, molestia.

extremado, -da *adj.* excesivo, exagerado, extremo.

extremar *tr.* exagerar, llevar al extremo. **2** terminar, acabar, rematar, coronar. ANT. comenzar. **3** *prnl.* emplearse, esmerarse, esforzarse, exigirse, desvelarse.

extremaunción *f.* {en el catolicismo} santos óleos, unción, sacramento.

extremidad *f.* extremo, punta, fin, remate, parte extrema. **2** *pl.* {en humanos} miembros, pies y manos. **3** *pl.* {en animales} cabeza, pies, manos y cola.

extremismo *m.* fanatismo, radicalismo, intolerancia, intransigencia, exageración. ANT. moderación.

extremista *adj. s.* fanático, radical, intransigente, exaltado, sectario, obcecado, apasionado, intolerante, recalcitrante, exacerbado. ANT. moderado, desapasionado, neutral, tolerante.

extremo, -ma *adj.* último, final. ANT. inicial. **2** {frío, calor} intenso, elevado, fuerte, activo. ANT. suave. **3** supremo, excesivo, sumo, elevado, exagerado, extremado, intenso, colmo. **4** distante, remoto, lejano, apartado. **5** desemejante, diferente, distinto. **6** *m.* principio o fin, inicio o final, primera o última partes. **7** asunto, materia, tema, argumento. **8** límite, borde, remate, orilla, frontera, término, final. **9** esmero, rigor, cuidado. **10** extremidad, terminación, cabo, punta, remate. **11** m.

pl. exageraciones. **12** *loc.* **de ~ a ~:** de principio a fin, de punta a punta. **13** *loc.* **en último ~:** si no hay más remedio. **14** *loc.* **con ~:** muchísimo, excesivamente.

extremoso, -sa *adj.* inmoderado, extremado, excesivo. **2** expresivo, cariñoso, afectuoso, afectivo.

extrínseco, -ca *adj.* externo, exterior. ANT. intrínseco. **2** accesorio, circunstancial, accidental, superfluo, marginal, no esencial. ANT. esencial, fundamental.

extrovertido, -da *adj. ver* **extravertido**.

exuberancia *f.* abundancia, exceso, profusión, plenitud, copia, cantidad, prolijidad. ANT. carencia, escasez.

exuberante *adj.* abundante, desbordante, copioso, profuso, pletórico, pleno, rico, fecundo, ubérrimo, opulento. ANT. escaso.

exudación *f.* sudor.

exudar *tr.* {recipiente} filtrarse, rezumar. **2** *intr.* {líquido} salir, destilar.

exultación *f.* gozo, optimismo, alegría, regocijo, euforia, alborozo, contento. ANT. tristeza.

exultante *adj.* eufórico, alegre, jubiloso, contento, exaltado, regocijado. ANT. triste, abatido.

exultar *intr.* alegrarse, gozar, alborozarse, regocijarse. ANT. entristecer.

exvoto *m.* REL. don, ofrenda, ofrecimiento, presente.

eyaculación *f.* segregación, emisión.

eyacular *tr.* expeler, emitir, arrojar, excretar, segregar.

eyectar *tr.* expulsar, arrojar, lanzar. **2** *tr. prnl.* impulsar.

A
B
C
D
E
F
G
H
I
J
K
L
M
N
Ñ
O
P
Q
R
S
T
U
V
W
X
Y
Z

fábrica *f.* manufactura, fabricación. **2** factoría, industria, empresa, planta, taller. **3** establecimiento. **4** edificio, construcción, obra. **5** invención, artificio.

fabricación *f.* elaboración, manufactura, confección, producción, explotación, industria.

fabricadamente *adv.* pulidamente, hermosamente.

fabricador, -ra *adj. s.* fabricante, productor, industrial, elaborador, forjador.

fabricante *adj. s.* productor, fabricador, industrial, elaborador, inventor, forjador, creador. **2** *com.* dueño de una fábrica, propietario.

fabricar *tr.* manufacturar, confeccionar, producir, industrializar. **2** {edificio, muro} construir, edificar. **3** elaborar, transformar. **4** imaginar, inventar, forjar, hacer, obrar, realizar, disponer, fraguar.

fabril *adj.* industrial, manufacturero.

fábula *f.* cuento, leyenda, tradición, mito, parábola, alegoría, ficción, invención, falsedad. **2** habladuría, rumor, chisme, mentira, enredo. ANT. verdad.

fabulador, -ra *s.* fabulista, compositor de fábulas. **2** imaginativo, fantasioso, quimérico.

fabular *tr.* inventar, imaginar.

fabulario *m.* repertorio de fábulas.

fabulista *com.* fabulador, compositor de fábulas.

fabuloso, -sa *adj.* imaginario, ilusorio, fantástico, ficticio, legendario, mítico, extraordinario, irreal, increíble, inverosímil, fingido, inventado, falso, exagerado, inadmisible. ANT. real, verdadero. **2** excelente, magnífico, excesivo, espléndido, maravilloso. ANT. ordinario, común.

facción *f.* bando, grupo, parcialidad, pandilla, camarilla, partido, cuadrilla, secta. **2** *pl.* rasgos, semblante, fisonomía, líneas, aspecto.

faccioso, -sa *adj. s.* rebelde, sedicioso, sublevado, insurgente, revoltoso, perturbador.

faceta *f.* dimensión, matiz, aspecto, apariencia. **2** lado, superficie, cara, canto.

facha *f.* traza, porte, pinta, apariencia, aspecto, figura, catadura. **2** mamarracho, espantajo, esperpento, adefesio. ANT. belleza, hermosura.

fachada *f.* {de un edificio} frente, frontispicio, cara, delantera. **2** {de libros} portada. **3** apariencia, parámetro, aspecto, exterior.

fachendoso, -sa *adj.* envanecido, soberbio, jactancioso, fachenda, fantoche, vanidoso, fanfarrón, petulante, presumido. ANT. modesto, mesurado, sencillo.

fachoso, -sa *adj. col.* ridículo, grotesco, extravagante, de mala facha. **2** *Chile, Ecuad.* jactancioso. **3** *Ecuad.* elegante, gallardo. **4** *Perú* vistoso.

fácil *adj.* sencillo, cómodo, realizable, manejable, hacedero. ANT. difícil. **2** posible, factible, probable. ANT. imposible, improbable. **3** claro, inteligible, compren-

sible, obvio. ANT. incomprensible, oscuro. **4** obediente, dócil, manejable. **5** {persona} accesible, tratable. **6** *f. desp.* {mujer} liviana, casquivana, ligera. ANT. recatada. **7** *adv.* fácilmente, con facilidad. ANT. difícilmente.

facilidad *f.* simplicidad, comodidad, claridad, sencillez, simpleza. ANT. dificultad. **2** complacencia, afabilidad, condescendencia, sencillez. ANT. intransigencia. **3** ocasión, oportunidad. **4** *pl.* posibilidades, comodidades, factibilidades. ANT. dificultades.

facilitar *tr.* simplificar, favorecer, solucionar, posibilitar, promocionar, procurar, remediar, aclarar, desbrozar. ANT. dificultar. **2** proveer, abastecer, suministrar, entregar, proporcionar, procurar, dar. ANT. quitar.

facilón, -na *adj. col.* sencillo, excesivamente fácil. ANT. difícil.

facineroso, -sa *adj. s.* malhechor, forajido, bandido, maleante, malandrín, delincuente, canalla, criminal. ANT. honrado. **2** pervertido, malvado, perverso. ANT. bondadoso.

facsimilar *adj.* {reproducción} en facsímile.

factible viable, realizable, practicable, elaborable, hacedero, posible, fácil, probable, sencillo. ANT. imposible, irrealizable.

facticidad *f.* FIL. contingencia.

fáctico, -ca *adj.* factual. **2** fundamentado (en hechos). ANT. teórico.

factor *s.* agente, causa. **2** aspecto, principio, elemento. **3** MAT. número, cifra, multiplicador, divisor, submúltiplo.

factoría *f.* fábrica, taller, depósito, almacén, oficina, comercio, complejo industrial.

factura *f.* recibo, cuenta. **2** hechura, realización, ejecución.

facturación *f.* suma. **2** transporte, envío, remesa, entrega, pedido, encargo, exportación, despacho, expedición. **3** liquidación, anotación, registro, cobro, inscripción.

facturar *tr.* expedir, chequear, mandar, remitir, enviar, exportar, despachar, transportar. **2** asentar, liquidar, cobrar, inscribir, anotar, registrar.

facultad *f.* capacidad, habilidad, potencia, aptitud, talento, disposición, potencial. ANT. incapacidad, ineptitud. **2** autorización, consentimiento, prerrogativa, permiso, licencia, derecho, concesión, atribución. ANT. desautorización, prohibición. **3** virtud, atribuciones, poder, fuerza, imperio, potestad, autoridad, derecho, soberanía. **4** arte, ciencia. **5** {en una universidad} local, edificio. **6** {en una universidad} maestros, profesores, cuerpo docente. **7** licencia, permiso, consentimiento, autorización. **8** BIOL. resistencia, fuerza.

facultar tr. prnl. autorizar, otorgar, dar atribuciones, delegar, consentir, encargar, dar poder, habilitar, permitir, conceder, capacitar. ANT. desautorizar, prohibir.

facultativo, -va adj. voluntario, discrecional, potestativo, prudencial, opcional, libre. ANT. obligatorio. 2 s. médico.

facundo, -da adj. desenvuelto, locuaz, elocuente, verboso.

faena f. labor, tarea, trajín, obra, actividad, ocupación, trabajo, quehacer, servicio. ANT. ocio, descanso. 2 trastada, canallada, porquería, mala pasada. ANT. beneficio, favor, ayuda.

faenar tr. laborar, trabajar.

fagocitar tr. BIOL. {célula u organismo unicelular} alimentarse. 2 fig. incorporar, absorber.

faja f. ceñidor, sujetador, corsé. 2 banda, tira, lista, cinta, distintivo. 3 franja, sector, zona.

fajar tr. ceñir, envolver, rodear, vendar. 2 golpear, zurrar, azotar, sacudir, pegar.

fajo m. haz, atado, lío, atadijo, puñado, manojo.

falacia f. falsedad, engaño, mentira, fraude, ficción, dolo, difamación. ANT. verdad. 2 sofisma, inexactitud, error. ANT. exactitud.

falange f. legión, cuadrilla, cuerpo, batallón, tropa, cohorte.

falaz adj. mentiroso, falso, engañador, hipócrita, fingido, fraudulento, ficticio, embustero, simulador, tramposo, embaucador. ANT. sincero.

falda f. saya, enaguas, combinación, regazo. 2 ladera, vertiente, bajante.

falible adj. engañoso, incierto. 2 inexacto, equivocado, erróneo.

falla f. defecto, falta, incumplimiento, tacha, deficiencia, imperfección. ANT. virtud. 2 GEOL. {en un terreno} grieta, hendidura, abertura, fisura. 3 Amer. {en un motor} avería, daño, descompostura, rotura. 4 Amer. error, equivocación. ANT. acierto.

fallar tr. errar, fracasar, malograr, equivocarse, no acertar. ANT. acertar. 2 tr. intr. sentenciar, dictaminar, decidir, resolver, determinar, deliberar, dictar, disponer, dirimir, decretar. 3 frustrarse, dañarse, malograrse.

fallecer intr. perecer, morir, expirar, fenecer, sucumbir, finar, extinguirse. ANT. nacer.

fallido, -da adj. frustrado, errado, malogrado, fracasado, equivocado, desacertado. ANT. exitoso, logrado, acertado.

fallo m. DER. sentencia, veredicto, decisión, dictamen, resolución. 2 error, defecto, equivocación, falta, yerro, fracaso. ANT. acierto.

falo m. pene, miembro viril, órgano masculino, verga.

falocracia f. machismo.

falsar tr. {en el juego} falsear. 2 FIL. {proposición} rebatir.

falsario, -ria adj. s. embaucador, impostor, engañador, adulterador, calumniador.

falsear tr. adulterar, desviar, corromper, viciar, mentir, falsificar, desnaturalizar, disfrazar, contrahacer. 2 tergiversar, distorsionar, traicionar, engañar, mentir, ocultar. 3 amañar, desfigurar, ocultar, encubrir.

falsedad f. mentira, embuste, engaño, disimulo, fraude, fingimiento. 2 calumnia, chisme, habladuría. ANT. verdad. 3 falsía, hipocresía, doblez. ANT. sinceridad. 4 inexactitud, tergiversación, inverosimilitud. ANT. veracidad.

falsía f. hipocresía, doblez, falsedad, disimulo, deslealtad, artería. ANT. sinceridad.

falsificado, -da adj. fraudulento, falseado, amañado, adulterado.

falsificar tr. adulterar, falsear, viciar, sofisticar, mistificar.

falso, -sa adj. falsario, perjuro, hipócrita, fariseo, traicionero, felón, traidor, infiel, desleal, embustero, mentiroso, farisaico, engañoso, impostor, falaz. ANT. fiel, leal, sincero. 2 inexacto, erróneo, equivocado, desacertado, inventado, ilusorio, equívoco. ANT. cierto, verdadero. 3 fingido, supuesto, disfrazado, irreal, simulado, artificial, disimulado. ANT. auténtico. 4 espurio, adulterado, apócrifo, amañado, artificioso, mistificado, copiado, plagiado, falsificado. ANT. genuino, verdadero.

falta f. falla, equivocación, defecto, error, yerro, supresión, deficiencia, desacierto, descuido, tacha, defecto, imperfección. 2 infracción, delito, irregularidad. 3 carencia, escasez, insuficiencia, déficit, privación. ANT. suficiencia, abundancia. 4 ausencia, vacío, desaparición. ANT. presencia. 5 descortesía, descuido, yerro, debilidad, desliz.

faltar intr. prnl. infringir, quebrantar, incumplir, fallar. 2 carecer, escasear, necesitar, hacer falta. ANT. sobrar, abundar. 3 ausentarse, eludir, evitar, no asistir, no presentarse. ANT. presentarse. 4 restar, quedar. 5 fallecer, fenecer, morir, perecer. 6 consumirse, acabarse. 7 humillar, injuriar, agraviar, denostar, ofender, insultar.

falto, -ta adj. apocado, mezquino, escaso. 2 defectuoso, corto, imperfecto, desprovisto, necesitado, insuficiente, pobre, carente, deficiente.

fama f. reputación, honra, notabilidad, lucimiento, gloria, renombre, brillo, aceptación, prestigio, notoriedad, crédito, nombre, popularidad, nombradía, lustre, celebridad. ANT. descrédito. 2 éxito, triunfo, auge. ANT. fracaso.

famélico, -ca adj. hambriento, ávido. ANT. ahíto, harto. 2 flaco, escuálido, esquelético, esmirriado. ANT. robusto, gordo.

familia f. parentela, consanguinidad, vínculo, parentesco, parientes, familiares. 2 linaje, cuna, casta, progenie, raza, origen, estirpe, sangre. 3 tribu, clan. 4 prole, descendencia, sucesión, hijos, ascendencia.

familiar adj. casero, hogareño, afable, íntimo, sencillo, natural, llano, informal, corriente. 2 pariente, emparentado, deudo, colateral, allegado, afín, consanguíneo. ANT. extraño. 3 conocido, sabido, habitual, usual, común, acostumbrado. ANT. extraordinario, desusado.

familiaridad f. confianza, confidencia, naturalidad, facilidad, desenvoltura, amistad, intimidad, compañerismo. ANT. ceremonia, protocolo, pompa. 2 llaneza, sencillez, franqueza, libertad. ANT. solemnidad.

familiarizar tr. acostumbrar, habituar, adaptar, introducir, aclimatar, connaturalizar, avezar, amoldar. 2 prnl. adaptarse, introducirse, acomodarse, relacionarse, amoldarse, habituarse, avezarse.

famoso, -sa adj. s. afamado, célebre, notorio, popular, prestigioso, excelente, importante, insigne, conocido, reputado, renombrado, acreditado, nombrado, reconocido, prominente, señalado, distinguido, sonado. ANT. desconocido, ignorado.

fan com. {de alguien} admirador, seguidor, partidario. 2 {ópera, deportes…} hincha, entusiasta, aficionado, fanático, simpatizante.

fanal m. faro, linterna, candil, farola, lámpara, farol, foco, luz.

fanaticada f. Amer. hinchada.

fanático, -ca adj. s. intransigente, intolerante, apasionado, extremista, recalcitrante, acérrimo, devoto, obcecado, exaltado. ANT. razonable, equilibrado. 2 adj. entusiasta, fogoso, fan, entusiasmado, ferviente, aficionado, partidario, admirador, hincha. ANT. indiferente, apático.

fanatismo *m.* apasionamiento, ardor, fervor, exaltación, entusiasmo. ANT. ecuanimidad **2** sectarismo, intolerancia, obcecación, intransigencia. ANT. transigencia, tolerancia.

fandango *m.* baile. **2** *col.* alboroto, bullicio, jaleo, algazara, algarabía.

fanfarria *f.* jactancia, balandronada, fachenda, bravata, fanfarronería, fanfarronada, bravuconería. **2** banda, conjunto musical.

fanfarrón, -na *adj. s.* arrogante, presuntuoso, insolente, fachendoso, petulante, jactancioso, presumido, ostentoso, fantoche, farolero. ANT. modesto. **2** valentón, bravucón, matasiete.

fanfarronada *f.* bravuconada, bravuconería, fantochada, valentonada, fanfarria, petulancia, fanfarronería, fanfarronada, jactancia, bravata, presunción. ANT. sencillez, modestia.

fanfarronear *intr.* ostentar, balandronear, pavonearse, jactarse, presumir, bravuconear, farolear, vanagloriarse, fanfarrear, alardear, fantasmear. ANT. intimidarse, acobardarse.

fangal *m.* barrial, lodazal, barrizal, pantano, cenagal.

fango *m.* limo, lodo, barro, cieno, légamo. **2** suciedad, deshonor, ignominia, impureza, vilipendio, abyección, deshonra, vergüenza, vileza, descrédito, bajeza, humillación, degradación. ANT. dignificación, virtud.

fantasear *intr.* soñar, idealizar, delirar, idear, evocar, imaginar, inventar, alucinarse. ANT. objetivar. **2** jactarse, vanagloriarse.

fantasía *f.* ilusión, ensueño, ficción, sueño, irrealidad, invención, figuración, imaginación, alucinación, fantasmagoría, visión. ANT. realidad. **2** excentricidad, ventolera, capricho, antojo. **3** jactancia, ostentación, arrogancia, presunción. **4** bisutería. **5** novela, leyenda, cuento, utopía, ficción, quimera, fábula.

fantasioso, -sa *adj.* soñador, ilusorio, fantástico, imaginativo, cuentista. ANT. realista. **2** petulante, pretencioso, engreído, ostentoso, presuntuoso, fatuo, vano, vanidoso, presumido, hinchado, entonado. **3** iluso, caprichoso.

fantasma *m.* aparición, espectro, visión, imagen, duende, quimera, sombra, espíritu.

fantasmagoría *f.* quimera, superstición, alucinación, entelequia, ilusión, irrealidad, fantasía, imaginación.

fantasmagórico, -ca *adj.* quimérico, aterrador, alucinante, estremecedor, fantasmal, sombrío, fantástico, terrorífico, imaginario, aterrador.

fantasmal *adj.* fantástico, fantasmagórico, quimérico, imaginario.

fantásticamente *adv.* fingidamente. **2** engañosamente. **3** muy bien, extraordinariamente, excelentemente. ANT. pésimamente.

fantástico, -ca *adj.* fantasmagórico, ficticio, fingido, irreal, ilusorio, imaginario, inverosímil, fabuloso, increíble, inexistente, alucinante, quimérico. ANT. real, cierto. **2** estupendo, maravilloso, formidable, excelente, impresionante, sensacional, magnífico. ANT. pésimo. **3** *p. us.* presumido, presuntuoso.

fantoche *m.* ostentoso, fanfarrón, farolero, presuntuoso, jactancioso, presumido. ANT. modesto. **2** monigote, polichinela, títere, pelele, marioneta, muñeco.

farallón *m.* despeñadero, roca, peñón, islote, sima, declive, precipicio. **2** crestón, filón.

faramallo, -na *adj. s. col.* trapacero, hablador.

farándula *f.* comediantes, cómicos, farsantes. **2** circo, teatro, compañía.

farandulero, -ra *adj. s. col.* comediante, charlatán, trapacero.

faraónico, -ca *adj.* enorme, fastuoso, colosal, gigantesco, grandioso.

fardar *tr. prnl.* abastecer, surtir. **2** *intr. col.* farolear, alardear, fanfarronear, jactarse.

fardo *m.* atadijo, bolsa, embalaje, carga, bulto, atado, paquete, envoltorio, lío, paca.

fardón, -na *adj. s. col.* {persona} presuntuoso, engreído, fantoche, vano, vistoso, figurón, llamativo, petulante. **2** *adj. col.* {vestido} llamativo, aparente, vistoso.

farfolla *f.* faramalla, apariencia.

farfulla *f. col.* {de quien habla de prisa} defecto, balbuceo. **2** *com. adj. col.* farfullero, farfallón, chapucero.

farfullar *tr. col.* {al hablar} balbucir, embarullar, susurrar, mascullar, balbucear, murmurar, barbotear, musitar, tartajear, barbotar, chapurrear, tartamudear, barbullar. ANT. pronunciar, puntualizar. **2** *col.* {al actuar} atropellarse, trastabillar, chapucear, confundirse, trabarse, embarullar. **3** *Amer.* chambonear.

farfullero, -ra *adj. s.* farfullador.

farináceo, -a *adj.* harinero, harinoso.

faringe *m.* ANAT. garganta, conducto, canal.

farisaico, -ca *adj.* engañoso, tartufo, fariseo, falso, hipócrita, fingido ANT. auténtico.

fariseísmo *m.* HIST,, REL. {de los fariseos} farisaísmo. **2** {en general} hipocresía.

fariseo *m.* farsante, solapado, farisaico, hipócrita, malicioso, disimulado, simulador, falso, engañoso, tartufo. ANT. sincero.

farmaceuta *com. Amer.* farmacéutico. **2** farmacólogo, boticario.

farmacia *f.* laboratorio, droguería, despacho, botica, herbolario.

fármaco *m.* remedio, medicina, medicamento.

faro *m.* farol, farola, fanal, lámpara, linterna. **2** luz, modelo, guía, destello, señal, patrón, orientación, regla, pauta, lumbrera.

farol *m.* NÁUT. faro, fanal, linterna, farola, lámpara, reflector. **2** {juegos de azar} trampa, lance, jugada, envite, engaño, argucia, embuste, truco.

farola *f.* farol, fanal.

farolazo *m. Amér. Cent., Méx.* {de licor} trago. **2** golpe.

farolear *intr. col.* papelonear, fantasmar, pavonearse, fanfarronear, jactarse, presumir.

farolero, -ra *adj. s.* ostentoso, presumido, fachendoso, fanfarrón, jactancioso, vano, fantoche, figurón, farolón.

farra *f.* parranda, diversión; jaleo.

farragoso, -sa *adj.* ininteligible, caótico, desordenado, enmarañado, confuso, incomprensible, mezclado. ANT. claro, ordenado. **2** difícil, pesado, fatigoso, enfadoso, engorroso, aburrido, tedioso, fastidioso. ANT. ameno, agradable.

farsa *f.* tramoya, embuste, falsedad, ficción, fraude, engaño, enredo, mentira, trampa, trama, hipocresía, simulación, fingimiento. ANT. verdad, sinceridad. **2** comedia, sainete, bufonada, representación, farándula, obra, drama, parodia, pantomima, bufonada.

farsante *adj. s.* engañador, mentiroso, suplantador, engañoso, tramposo, embustero, simulador, embaucador, hipócrita, impostor. ANT. veraz, sincero. **2** histrión, cómico.

fascículo *m.* cuaderno, folleto, cuadernillo, entrega, parte.

fascinación *f.* alucinación, deleite, deslumbramiento, engaño, seducción, incitación. ANT. decepción, desengaño.

fascinador, -ra *adj.* fascinante, sugestionador, perturbador, hipnotizador, atrayente, alucinante, seductor, deslumbrador, atractivo, embrujador, encantador. ANT. repelente, repulsivo.

fascinante adj. fascinador, cautivador, atractivo, seductor, sugestivo, atrayente, magnético, absorbente, encantador, hechicero. ANT. repelente, repulsivo, desagradable.

fascinar tr. prnl. alucinar, deslumbrar, embrujar, encandilar, maravillar, hipnotizar, magnetizar, conquistar, encantar, ofuscar, cautivar, embelesar, engañar, asombrar, atraer, hechizar, seducir. ANT. repeler, disgustar.

fascismo m. totalitarismo, autoritarismo.

fascista adj. totalitario, autoritario.

fase f. ciclo, etapa, grado, época, forma, espacio, momento, periodo, lapso, forma, apariencia, parte, escalón, situación, división, estadio, estado, aspecto, faceta.

fastidiar tr. mortificar, molestar, hastiar, desagradar, descontentar, enfadar, enojar, disgustar, aburrir, cansar. ANT. agradar, divertir.

fastidio m. asco, molestia, fatiga, náusea, lata, repugnancia, malhumor, angustia, cansancio, enfado, pesadez, incomodidad, tedio, desazón, aburrimiento, disgusto, enojo.

fastidioso, -sa adj. enojoso, pesado, aborrecido, incómodo, cargante, árido, aburrido, monótono, desagradable, despreciable, pesado, latoso, importuno, tedioso, enfadoso. ANT. ameno, simpático, agradable. 2 disgustado, cansado, molesto, fastidiado.

fasto, -ta adj. {día, año} feliz, venturoso. ANT. nefasto, desventurado. 2 m. fausto, boato, ornato, esplendor, pompa, solemnidad, esplendidez, lujo. 3 pl. fastos, anales, sucesos, hechos, memorias, relatos, comentarios, crónicas.

fastuoso, -sa adj. deslumbrador, magnífico, imponente, espléndido, vistoso, soberbio, aparatoso, pomposo, ostentoso, suntuoso, lujoso. ANT. modesto, sencillo.

fatal adj. sombrío, funesto, desdichado, desventurado, adverso, infeliz, perjudicial, nefasto, fatídico, aciago. ANT. afortunado, feliz. 2 imperioso, ineludible, irrevocable, predestinado, forzoso, inevitable, inapelable, irremediable, indefectible, inexorable. ANT. evitable. 3 lamentable, pésimo, horrible. ANT. excelente. 4 DER. {un plazo} improrrogable.

fatalidad f. adversidad, infortunio, malaventura, contratiempo, contrariedad, calamidad, desgracia, tragedia, infelicidad. ANT. fortuna, felicidad. 2 suerte, destino, hado, sino.

fatalismo m. pesimismo, predestinación, desesperanza, desánimo, desilusión. ANT. optimismo, ánimo.

fatídico, -ca adj. funesto, ominoso, negro, sombrío, desgraciado, catastrófico, adverso, nefasto, siniestro, fatal, aciago. ANT. propicio, favorable.

fatiga f. agitación, cansancio, agotamiento, debilidad, desfallecimiento, sofoco, agobio, sofocación, ahogo, extenuación, desaliento, debilitamiento. ANT. descanso, fortaleza. 2 molestia, pesadumbre, duelo, sufrimiento, pena, dificultad, penalidad, penuria. ANT. alivio, desahogo. 3 pl. náuseas.

fatigar tr. prnl. agitar, ajetrear, aplastar, consumir, desfallecer, rendir, importunar, moler, postrar, abatir, vejar, extenuar, debilitar, reventar, agobiar, agotar, cansar, fastidiar, importunar. ANT. descansar, reanimar. 2 perseguir, maltratar, importunar, molestar. 3 jadear, sofocarse, sudar, ahogarse, asfixiarse, fatigarse. ANT. relajarse, descansar.

fatigoso, -sa adj. agobiante, penoso, agotador, trabajoso.

fatuidad f. vanidad, petulancia, presunción, hinchazón, vacuidad, inmodestia, jactancia. ANT. modestia. 2 tontería, estupidez, necedad, impertinencia.

fatuo, -tua adj. s. vano, necio, petulante, orgulloso, impertinente, ridículo, pedante, ligero, tonto, altanero,

vacuo. 2 engreído, presuntuoso, vanidoso, jactancioso, petulante, presumido. ANT. modesto, sencillo.

fausto, -ta adj. afortunado, feliz. 2 m. fastuosidad, pompa, boato, ostentación, lujo, opulencia, derroche. ANT. modestia.

favela f. Amer. barraca, chabola.

favor m. ayuda, caridad, auxilio, concesión, servicio, generosidad, beneficencia, recompensa, preeminencia, auspicio, valimiento, amparo, patrocinio, gracia, socorro, subvención, donativo, protección, beneficio, bien. ANT. perjuicio, obstrucción, obstáculo. 2 distinción, confianza, crédito, privanza. ANT. desconfianza.

favorable adj. venturoso, feliz, ventajoso, conveniente, benévolo, apto, propicio, propiciatorio, acogedor, próspero, dispuesto, adecuado, beneficioso, oportuno, benigno. ANT. desfavorable, perjudicial.

favorecer tr. ayudar, beneficiar, facilitar, asistir, donar, servir, sostener, defender, patrocinar, promocionar, acoger, apoyar. 2 auxiliar, auspiciar, amparar, priorizar, impulsar, respaldar, secundar, socorrer, proteger. ANT. perjudicar. 3 embellecer, agraciar, mejorar.

favoritismo m. predilección, preferencia, distinción, recomendación, privilegio, exclusivismo, nepotismo, parcialidad, injusticia, arbitrariedad. ANT. equidad, igualdad.

favorito, -ta adj. elegido, mimado, preferido, ídolo, dilecto, predilecto, favorecido, privilegiado, protegido, consentido. ANT. desdeñado, apartado.

fax m. documento.

faxear tr. enviar por fax.

faz f. rostro, cara, gestos, perfil, rasgos, figura, visaje, fisonomía, semblante, facciones. 2 anverso, superficie. ANT. revés, reverso. 3 aspecto, cariz.

fe f. confianza, afirmación, convicción, crédito, aseveración, seguridad, convencimiento. ANT. desconfianza. 2 religión, credo, creencia, ideología, dogma. ANT. incredulidad. 3 convicción, constancia, fanatismo, convencimiento. ANT. duda. 4 certificación, promesa, afirmación, juramento, certidumbre, testimonio, aseveración. 5 honradez, fidelidad, lealtad, virtud, rectitud. ANT. deslealtad.

fealdad f. desproporción, desaliño, afeamiento, desfiguración, deformidad, imperfección. ANT. belleza. 2 indignidad, torpeza, desacierto, deshonestidad, torpeza. ANT. acierto.

febricitante adj. MED. calenturiento.

febrífugo, -ga adj. m. antipirético, antifebril, antitérmico.

febril adj. afiebrado, calenturiento, febricitante. 2 nervioso, desasosegado, impaciente, intranquilo, vehemente, ardoroso, angustiado, ansioso, agitado. ANT. apacible, tranquilo.

fecal adj. excrementicio.

fecha f. día, data, tiempo, aniversario, época, vencimiento, momento, término, plazo. 2 dirección, encabezamiento.

fechar tr. encabezar, inscribir, datar, registrar, numerar.

fechoría f. felonía, transgresión, picardía, indignidad, travesura, infamia, canallada, jugada, atentado, trastada, maldad, delito, desmán, desafuero.

fécula f. almidón, harina, hidrato de carbono.

fecundación f. engendramiento, cópula, generación, propagación, concepción, incubación, procreación, reproducción, fertilización. 2 inseminación.

fecundar tr. fertilizar, generar, concebir, llenar, copular, preñar, procrear, reproducir, fecundizar, engendrar. ANT. fracasar, abortar.

fecundidad f. exuberancia, fertilidad, difusión, copiosidad, proliferación, fecundación, riqueza, abundancia, feracidad. ANT. infecundidad, aridez.

fecundizar tr. fertilizar, fecundar.

fecundo, -da adj. fértil, feraz, abundante, ubérrimo. ANT. infecundo, estéril. **2** productivo, prolífico, prolífero, fructuoso, fructífero. ANT. improductivo.

federación f. confederación, agrupación, liga, coalición, asociación, unión.

federal adj. s. federativo, federalista, confederativo.

federalista adj. federal, federativo, confederativo.

federar tr. prnl. pactar, federalizar, unir, sindicar, reunir, ligar, mancomunar, coligar, agremiar, juntar, aliar, agrupar, afiliar, asociar. ANT. separar, disgregar.

feedback s. [ING.] {de la energía o información en un sistema} retroalimentación, realimentación, retroacción. **2** {respuesta} reacción.

fehaciente adj. indiscutible, indudable, seguro, manifiesto, evidente. ANT. discutible.

felicidad f. dicha, ventura, bienaventuranza, bienestar, prosperidad, satisfacción, beatitud. ANT. infelicidad. **2** contento, alegría, placer, júbilo, gozo. ANT. tristeza.

felicitación f. cumplido, brindis, elogio, cortesía, exultación, saludo, pláceme, felicidades, cumplimiento, bienvenida, congratulación. ANT. condolencia. **2** telegrama, tarjeta.

felicitar tr. prnl. aprobar, congratular, alegrar, brindar, expresar, aplaudir, cumplimentar, saludar, agasajar, alabar, elogiar. ANT. criticar, desaprobar.

feligrés, -sa s. fiel, congregante, devoto, asistente, parroquiano, creyente, piadoso.

feliz adj. dichoso, venturoso, satisfecho, gozoso, esplendoroso, despreocupado, contento. ANT. infeliz. **2** favorable, propicio. **3** oportuno, eficaz, acertado. ANT. desafortunado.

felón, -ona adj. pérfido, renegado, canalla, perverso, falso, desleal, traidor.

felonía f. traición, perfidia, infidelidad, falsedad, infamia, canallada, deslealtad, cobardía, alevosía, indignidad. ANT. lealtad, fidelidad.

felpa f. col. solfa, paliza, tunda, zurra, azotaina, golpiza. **2** invectiva, rapapolvo, reprimenda, regañina. **3** {tejido} velludo, veludo, peluche, terciopelo, velludillo.

felpo m. ver **felpudo**.

felpudo m. esterilla, estera, alfombra, afelpado, tapete. **2** adj. velludo, velloso, peludo.

femenil adj. mujeril, femenino.

femenino, -na adj. femíneo, mujeril, femenil. **2** suave, adoncellado, afeminado, débil, delicado. ANT. varonil, viril.

fementido, -da adj. traidor, pérfido, infiel, engañoso, desleal, felón, falso. ANT. leal, fiel.

fémina f. mujer.

fenecer intr. finar, morir, fallecer, expirar. **2** concluirse, acabarse, terminarse.

fénix m. ave fabulosa. **2** {persona o cosa} exquisito, único.

fenomenal adj. descomunal, imponente, tremendo, desmedido, brutal, monstruoso, desmesurado, colosal, enorme, gigantesco. ANT. diminuto, insignificante, minúsculo. **2** estupendo, admirable, maravilloso, extraordinario, sensacional, asombroso, sorprendente,

magnífico, portentoso. ANT. pésimo, desagradable. **3** adv. estupendamente.

fenómeno m. manifestación, advenimiento, aparición, aspecto, apariencia, suceso, hecho, acontecimiento, evento. **2** excelencia, prodigio, rareza, anormalidad, anomalía, portento. **3** aberración, engendro, quimera, monstruo.

fenomenología f. FIL. teoría de los fenómenos.

feo, -a adj. disforme, horroroso, monstruoso, esperpento, repelente, desagradable, repulsivo, espantoso, deforme, horrible, grotesco, repugnante. ANT. bello, hermoso. **2** censurable, desfavorable, indigno, reprobable, torpe, indecoroso, innoble, indecente. ANT. loable, honroso. **3** cursi, torpe, inelegante, ridículo. **4** m. col. desaire, menosprecio, afrenta, desatención, desdén, desprecio, grosería, descortesía. ANT. cortesía.

feracidad f. {de los campos} fecundidad, fertilidad, abundancia. ANT. aridez.

feraz adj. fecundo, fértil, ubérrimo, fructuoso, productivo, copioso, fructífero. ANT. árido.

féretro m. ataúd, cajón, sarcófago, caja mortuoria.

feria f. exposición ferial, salón, concurso, mercado, muestra, romería, certamen. **2** fiesta, festejo, verbena.

feriado, da adj. Amer. festividad, día festivo, celebración.

feriante adj. s. {de una feria} expositor, comerciante, tratante.

feriar tr. permutar, comprar, vender, cambiar. **2** agasajar, regalar, obsequiar. **3** Amer. dilapidar, derrochar.

fermentado, -da adj. agrio, ácido.

fermentar intr. {alimento} pudrirse, picarse, alterarse, corromperse, agriarse.

fermento m. levadura, enzima, secreción.

ferocidad f. inhumanidad, bestialidad, atrocidad, barbarie, encarnizamiento, crueldad, fiereza, violencia, ensañamiento, brutalidad. ANT. piedad, bondad.

feróstico, -ca adj. col. feo, díscolo, irritable.

feroz adj. fiero, violento, atroz, agresivo, bravío, bestial, brutal. ANT. manso. **2** sanguinario, salvaje, duro, tremendo, despiadado, implacable, bárbaro, inhumano. ANT. bondadoso.

férreo, -a adj. fuerte, indomable, persistente, implacable, duro, resistente, inflexible, severo, sólido, firme, tenaz, constante. ANT. suave, blando, débil.

ferretería f. Amer. tienda, quincallería. **2** objetos de hierro. **3** ferrería, forja, taller.

ferrocarril m. tren. **2** ferrovía, carriles.

ferrovía f. ferrocarril, carriles.

ferroviario, -ria adj. maquinista, guardagujas. **2** m. {de ferrocarriles} empleado.

ferry s. [ING.] ferri, transbordador.

fértil adj. fructífero, generoso, abundante, inagotable, rico, óptimo, fecundo, exuberante, prolífico. ANT. estéril, infecundo. **2** copioso, prolífico, productivo. ANT. improductivo.

fertilidad f. abundancia, riqueza, fecundidad, feracidad. ANT. esterilidad, aridez.

fertilizante adj. m. abono.

fertilizar tr. {tierra} abonar, tratar, enriquecer, estercolar, fructificar, fecundizar, nitratar. **2** {personas, animales} preñar, fecundar, engendrar.

férula f. {planta} cañaheja. **2** MED. sostén, tablilla. **3** mando, sujeción, dominio, tiranía.

férvido, -da adj. apasionado, fogoso, fervoroso, ardiente, ardoroso, ferviente, vehemente.

ferviente adj. entusiasta, ardoroso, fogoso, vehemente, fervoroso, fanático, apasionado, arrebatado, férvido. ANT. apático. **2** piadoso, practicante, fervoroso, devoto. ANT. impío.

fervor m. devoción, ascetismo, religiosidad, misticismo, unción, beatitud, piedad, veneración, fe. ANT. incredulidad. **2** intensidad, pasión, impetuosidad, exaltación, afán, apasionamiento, ardor, fogosidad, entusiasmo. ANT. indiferencia. **3** cuidado, celo, interés, esmero, dedicación, eficacia. ANT. desinterés.

festejar *tr.* conmemorar, obsequiar, homenajear, halagar, lisonjear, agasajar. ANT. olvidar. **2** rondar, amartelar, pretender, requerir, cortejar, galantear, enamorar. ANT. desdeñar. **3** *prnl.* solazarse, divertirse, recrearse, entretenerse. ANT. desairar, aburrirse.

festejo *m.* ofrecimiento, agasajo, galanteo, caricia, obsequio. ANT. desaire, desdén. **2** diversión, fiesta, regocijo, festividad, solemnidad. ANT. tristeza.

festín *m.* banquete, festejo, convite, hartazgo, comilona. **2** orgía, bacanal.

festival *m.* concurso, certamen, concierto, espectáculo, muestra. **2** fiesta, festejo.

festividad *f.* vacación, solemnidad, diversión, fiesta, ceremonia, conmemoración, función.

festivo, -va *adj.* divertido, humorístico, jocoso, gracioso, chistoso, ocurrente, agudo. ANT. serio, grave. **2** alegre, regocijado, gozoso, regocijante, jovial. ANT. triste, fúnebre. **3** solemne. **4** *Amer.* {día} feriado, fiesta, vacación.

festón *m.* recorte, faja, colgante, remate, orilla, dibujo, filete, franja, orla, cenefa, bordado, tira, borde, adorno, guirnalda, ribete.

fetación *f.* MED. {del feto} desarrollo.

fetén *adj.* excelente, superior, extraordinario, estupendo, bueno, magnífico. ANT. pésimo. **2** *col.* auténtico, verdadero, evidente, sincero. **3** *adv.* muy bien.

fetiche *m.* ídolo, símbolo, efigie, tótem, estatuilla, amuleto, deidad, talismán.

fetichismo *m.* veneración, superstición, idolatría. **2** PSIC. desviación sexual.

fetidez *f.* hediondez, tufo, peste, pestilencia, olor, hedor. ANT. fragancia, aroma, perfume.

fétido, -da *adj.* hediondo, inmundo, impuro, maloliente, repugnante, pestilente, apestoso, nauseabundo. ANT. aromático, perfumado.

feto *m.* engendro, rudimento, embrión, germen. ANT. aborto.

feudalismo *m.* época feudal. **2** vasallaje, sumisión, dependencia.

feudatario, -ria *adj. s.* vasallo, tributario.

feudo *m.* HIST. dominio, señorío, comarca, posesión, territorio, hacienda, heredad, propiedad. **2** tributo, vasallaje, servidumbre.

fiable *adj.* {persona} fiel, confiable, honrado, seguro, leal, íntegro. **2** {dato} fidedigno, creíble. **3** {mecanismo, método} seguro, efectivo.

fiado (al) *loc.* a crédito.

fiador, -ra *s.* garantizador, avalista, abonador, fianza, garante.

fiambre *adj. m.* conserva, embutido. **2** *col.* viejo, pasado. **3** *m. p. us.* cadáver, finado.

fianza *f.* seguro, hipoteca, garantía, aval, resguardo, caución, prenda, satisfacción, depósito. **2** {persona} garante, fiador.

fiar *tr.* entregar, suministrar, dejar, prestar, ceder. **2** garantizar, hipotecar, asegurar, avalar, acreditar, obligarse. **3** *intr.* esperar, encomendar, confiar, tener fe. ANT. desconfiar.

fiasco *m.* chasco, desilusión, fracaso, frustración, decepción. ANT. éxito.

fibra *f.* hebra, hilaza, filamento, hilo. **2** {de una planta} raíz. **3** *fig.* energía, brío, fortaleza, vigor, nervio, robustez, resistencia. ANT. debilidad, endeblez.

fibrilación *f.* MED. {del corazón} contracción.

fibroma *m.* MED. tumor.

fibroso, -sa *adj.* hebroso, filamentoso, coriáceo. **2** vigoroso, enérgico, nervudo, robusto, duro, resistente. ANT. débil, endeble.

ficción *f.* fantasía, utopía, invención, apólogo, alegoría, cuento, mito, parábola, símbolo, quimera, apariencia, ilusión, fábula. ANT. realidad. **2** disimulo, artimaña, fingimiento, hipocresía, simulación, farsa, mentira. ANT. sinceridad, veracidad.

ficha *f.* pieza, tarjeta, cédula, papeleta. **2** *fig.* bribón, pícaro, bellaco. ANT. honesto.

fichar *tr.* {datos} anotar, inscribir, relacionar, catalogar, registrar, archivar, asentar. ANT. tachar, eliminar. **2** {personas} identificar, inscribir, señalar, reconocer.

fichero *m.* archivo, archivador.

ficticio, -cia *adj.* fabuloso, fraudulento, imaginado, artificial, irreal, engañoso, fantástico, imaginario, artificioso, quimérico, supuesto, falso, falaz, inventado, postizo, fingido, afectado. ANT. real. **2** convencional, aparente.

fidedigno, -na *adj.* fiel, creíble, verdadero, evidente, verosímil, fehaciente, cierto, indiscutible, auténtico, confiable, fiable, verídico, veraz. ANT. falso, dudoso.

fideicomiso *m.* DER. transferencia, cesión, donación, herencia.

fidelidad *f.* lealtad, fe, juramento, amistad, devoción. ANT. infidelidad. **2** escrupulosidad, veracidad, probidad, constancia, puntualidad, precisión, exactitud. ANT. inconstancia.

fiduciario, -ria *adj.* DER. heredero, legatario, beneficiario, fideicomisario, mandatario. **2** monetario, crediticio.

fiebre *f.* MED. calentura, pirexia, temperatura, hipertermia. ANT. hipotermia. **2** *fig.* entusiasmo, ardor, arrebato, excitación, apasionamiento, agitación.

fiel *adj.* leal, devoto, firme, apegado, ferviente. ANT. infiel. **2** seguidor, partidario. **3** constante, seguro, cumplidor, sincero, confidente, perseverante, honrado, fiable, cumplido, asiduo. ANT. inconstante. **4** puntual, exacto, minucioso, probo, fidedigno, escrupuloso, verídico, verdadero. ANT. inconstante, inexacto. **5** creyente, feligrés, religioso, practicante. ANT. impío. **6** *m.* balanza, marcador, contraste, medidor.

fiera *f.* depredador, mamífero carnicero. **2** {animal} indómito, salvaje. **3** *fig.* {persona} cruel, inhumano, malo, violento. ANT. humano.

fiero, -ra *adj.* duro, intratable, agreste. ANT. amable. **2** brutal, despiadado, bárbaro. ANT. humano. **3** feo. ANT. bonito. **4** excesivo, grande, desmesurado. ANT. pequeño. **5** feroz, agreste, arisco, bravío, montaraz, cerril, no domesticado. ANT. manso. **6** terrible, horroroso, horrendo, horripilante. **7** *loc. echar/hacer fieros:* proferir amenazas.

fiesta *f.* festividad, función, solemnidad, bailes, certamen, espectáculo, danzas, festejo, reunión, festival, gala, celebración, conmemoración, verbena. **2** parranda, farra, alegría, jaleo, sarao, juerga, regocijo, jarana, regodeo, juerga, diversión, bullicio, bulla. ANT. tristeza. **3** feriado, holganza, asueto, feria, descanso, desocupación, expansión, vacación. **4** broma, chanza. **5** carantoña, obsequio, zalema, halago, zalamería, arrumaco, agasajo, caricia. ANT. desprecio, desaire. **6** *pl.* vacaciones.

figura *f.* imagen, forma, apariencia, silueta, aspecto, configuración, emblema, símbolo. **2** cara, fisonomía, rostro, faz. **3** efigie, representación, imagen. **4** personalidad, celebridad, notabilidad, personaje. **5** porte, aire, talle. **6** pintura, estatua. **7** MÚS. {de una nota o un silencio} signo. **8** mueca, gesto. **9** {de un libro} estampa, ilustración, grabado. **10** *m.* figurón, engreído, entonado, fantoche, farolero, presumido, fatuo. **11 com.** {persona} feo, ridículo, grotesco, de mala traza.

figurado, -da *adj.* {lenguaje, estilo} retórico, metafórico, traslaticio, imaginativo, supuesto, tropológico, alegórico.

figuranta *f.* {de teatro} comparsa. **2** {de una película} figurante.

figurante *m.* {de teatro} comparsa, comediante, extra, cómico, actor, partiquino, artista.

figurar *tr.* delinear, representar, trazar, configurar, dibujar, simbolizar, disponer, formar. **2** fingir, simular, aparentar. **3** *intr.* pertenecer. **4** concurrir, acudir, hallarse, asistir, participar. *ANT.* ausentarse. **5** {en una actividad} brillar, destacar, sobresalir, descollar. **6** *prnl.* fantasear, vislumbrar, imaginarse, sospechar, suponer, creer.

figurativo, -va *adj.* simbólico, representativo, alegórico, metafórico, emblemático, figurado, expresivo.

figurilla *com.* {persona} pequeño, ridículo.

figurín *m.* {para trajes o adornos} modelo, dibujo, diseño, patrón, tipo. **2** *fig.* gomoso, lechuguino, petimetre, pisaverde. **3** *loc.* **hecho un ~:** atildado, compuesto, acicalado.

figurón *m.* entonado, fantoche, farolero, farolón.

fijador *m.* gomina, cosmético. **2** *FOT.* {líquido} revelador.

fijar *tr.* asegurar, consolidar, clavar, incrustar, sujetar, empotrar, hincar, afianzar, pegar, adherir. *ANT.* soltar. **2** definir, limitar, asignar, establecer, puntualizar, señalar, designar, delimitar, resolver, determinar, precisar. **3** sellar, imprimir, grabar, marcar. **4** *prnl.* reparar en, atender, percatarse, inspeccionar, observar, vigilar, mirar, advertir, contemplar, notar. *ANT.* omitir. **5** establecerse, habitar, afincarse, domiciliarse, residir. *ANT.* marcharse.

fijeza *f.* {de opinión} seguridad, certeza, firmeza, solidez. *ANT.* inseguridad. **2** continuidad, perseverancia, constancia, persistencia, permanencia, insistencia. *ANT.* inestabilidad.

fijo, -ja *adj.* firme, estable, asegurado, sujeto, seguro. *ANT.* inestable. **2** inmóvil, invariable, inmutable, permanente. *ANT.* móvil, variable. **3** *loc.* **de fijo:** sin duda, seguramente.

fila *f.* hilera, cola, línea, sarta, ala, serie, procesión, columna, cadena, rosario, sucesión, desfile, alineación. **2** *pl.* fuerzas militares. **3** agrupación política, partido, asociación.

filacteria *f.* inscripción, leyenda. **2** {usado en la antigüedad} talismán, amuleto.

filamento *m.* *MED.* fibrilla. **2** pita, cordón, hilo, estambre, fibra, hilaza, cuerda, hebra.

filantropía *f.* altruismo, graciosidad, generosidad, civismo, humanidad, beneficio, piedad, compasión, caridad, beneficencia. *ANT.* egoísmo, misantropía.

filantrópico, -ca *adj.* humanitario, altruista, generoso, magnánimo.

filántropo, -pa *adj.* altruista, humano, bienhechor, generoso, magnánimo, humanitario, desprendido, protector, abnegado, desinteresado, benefactor, caritativo. *ANT.* misántropo.

filarmónico, -ca *adj. s.* melómano, musicómano. **2** *adj.* musical. **3** *s. Méx.* {de una orquesta sinfónica} músico.

filete *m.* bisté, bistec, lonja, solomillo, tajada de carne. **2** cinta, listón, franja.

filiación *f.* señas, afiliación, datos, ficha, registro. **2** identidad, parentesco, identificación, procedencia, progenie, linaje, descendencia.

filial *adj.* sucursal, anexo, agencia, dependencia, delegación. *ANT.* central.

filiar *tr.* inscribir, incorporar. **2** *prnl.* afiliarse, inscribirse.

filibusterismo *m.* obstruccionismo parlamentario.

filibustero *m.* pirata, corsario, bucanero.

filigrana *f.* adorno, ornato, orfebrería, decorado, calado, floritura, encaje. **2** exquisitez, delicadeza, sutileza. *ANT.* tosquedad. **3** {en papel impreso} marca, señal.

filípica *f.* diatriba, reproche, reprimenda, regañina, catilinaria, censura, regaño, reprensión, amonestación, sermón, invectiva. *ANT.* elogio, alabanza.

filipichín *m.* tejido de lana. **2** afeminado, afectado, lechuguino.

filisteo, -a *adj.* {persona} vulgar, ignorante. **2** *m.* {hombre} corpulento, alto.

filmar *tr.* fotografiar, tomar, rodar, registrar, captar, cinematografiar, reproducir.

filme *m.* película, cinta cinematográfica.

filmina *f.* diapositiva.

filmoteca *f.* cinemateca.

filo *m.* punta, borde, hoja, corte, lámina, arista, tajo. **2** *BIOL.* categoría taxonómica.

filogénesis *f.* *BIOL.* filogenia.

filología *f.* lexicología. **2** lingüística.

filón *m.* veta, vena, mina, hebra, yacimiento. **2** recurso, ganancia, materia, gaje, negocio.

filoso, -sa *adj.* afilado, filudo.

filosofar *intr.* analizar, meditar, pensar, examinar, especular, cavilar, profundizar, reflexionar, razonar, discurrir.

filosofía *f.* serenidad, fortaleza, templanza, ecuanimidad, tranquilidad. **2** sabiduría.

filósofo, -fa *s.* pensador, intelectual, sabio. **2** virtuoso, prudente, austero, retirado.

filtración *f.* irregularidad, fraude, estafa, timo. **2** permeabilidad, exudación, destilación, infiltración, absorción, ósmosis, transpiración.

filtrador *m.* colador, filtro, tamiz.

filtrar *tr.* colar, seleccionar, calar, cribar, tamizar, purificar, refinar. **2** *intr.* rezumar, manar, exudar, destilar, transpirar, infiltrar, pasar. **3** *tr.* {información} comunicar, difundir, divulgar, transmitir. *ANT.* ocultar.

filtro *m.* destilador, colador, tamiz, filtrador, criba. **2** brebaje, bebedizo, pócima, hechizo.

fin *amb.* final, conclusión, desenlace, clausura, expiración, ocaso, terminación, culminación, epílogo, consumación, agotamiento, cese, remate. *ANT.* comienzo, inicio. **2** *m.* colofón, límite, punta, cola, extremo, orilla, cabo, extremidad, margen. *ANT.* principio, origen. **3** propósito, intención, designio, objetivo, intento, norte, meta, mira, finalidad.

finado, -da *s.* difunto, extinto, fallecido, muerto.

final *m.* fin, término, remate, terminal, cierre. **2** consumación, postrimerías, acabamiento, conclusión, terminación, desenlace.

finalidad *f.* fin, objetivo, mira, pretexto, causa, intención, móvil, razón, plan, proyecto, objeto, motivo, norte, meta, propósito, fin, designio.

finalista *com. adj.* contendiente, concursante, participante, competidor, vencedor, oponente, rival, ganador. *ANT.* vencido.

finalizar *tr.* concluir, pasar, terminar, ultimar, rematar, consumar, acabar, poner fin, despachar, suprimir, cerrar, clausurar, cumplir, cesar, completar. *ANT.* empezar. **2** *intr.* {cosa} acabarse, prescribir, cumplirse, expirar, consumirse, extinguirse. *ANT.* principiar.

financiar *tr.* apoyar, desarrollar, costear, fomentar, respaldar, garantizar, capitalizar, sufragar, invertir, aportar, pagar, subvencionar.

financiero, -ra *s.* económico, mercantil. **2** inversionista, negociante, especulador, banquero, inversor, bolsista, economista. **3** acaudalado, opulento, potentado. *ANT.* pobre.

finanzas *f. pl.* hacienda pública. **2** caudales, bienes, capitales, haciendas.

finar *intr.* morir, fallecer, perecer, fenecer, expirar. **2** *prnl.* deshacerse, consumirse.

finca *f.* hacienda, predio, propiedad, pertenencia, heredad, dominio, posesión, inmueble. **2** granja, tierra, quinta, casa, vivienda.

fineza *f.* atención, cumplido, comedimiento, cortesía, miramiento. *ANT.* descortesía. **2** primor, delicadeza, finura. *ANT.* tosquedad. **3** cumplido, dádiva, obsequio, presente, regalo.

fingimiento *m.* doblez, ficción, disimulación, ocultación, apariencia, duplicidad, afectación, hipocresía, tapujo, disimulo, falsedad, simulación, engaño. *ANT.* sinceridad.

fingir *tr.* simular, amagar, afectar, falsear, engañar, aparentar, desfigurar, imitar, mentir, encubrir, ocultar, representar, disimular, disfrazar. *ANT.* autenticar.

fino, -na *adj.* delicado, exquisito, sutil, suave. **2** delgado, esbelto. *ANT.* grueso. **3** cortés, atento, amable, educado. *ANT.* descortés. **4** agudo, hábil, sagaz. *ANT.* torpe.

finta *f.* Dep. amago, lance.

firma *f.* signatura, antefirma, rúbrica, signo, marca, autógrafo, sello. **2** entidad, empresa, compañía, corporación, sociedad, nombre comercial, industria, razón social.

firmamento *m.* cielo, espacio, cosmos.

firmar *tr.* signar, escribir, suscribir, rubricar, estampar, autografiar. **2** aprobar, sancionar, certificar, refrendar, legalizar. *ANT.* rechazar.

firme *adj.* fuerte, consistente, tenaz, compacto, macizo, duro, resistente, vigoroso. *ANT.* frágil, débil. **2** erguido, erecto, tieso, derecho, rígido. *ANT.* doblado, torcido, flácido. **3** sólido, permanente, fiel, recio, seguro, estable, sujeto, fijo, invariable, inmóvil, inmutable, inalterable, constante. *ANT.* móvil, variable. **4** impasible, estoico, inquebrantable, inflexible, sereno, inconmovible, resoluto, irrevocable, tesonero, perseverante, tranquilo, imperturbable, impávido, seguro. *ANT.* inseguro. **5** *m.* afirmado.

firmeza *f.* constancia, entereza, disciplina, tesón, tenacidad, perseverancia, persistencia. *ANT.* volubilidad. **2** dureza, solidez, resistencia, consistencia. *ANT.* debilidad.

fiscal *com.* interventor, inquisidor, acusador, inspector. **2** acusador, magistrado, juez.

fiscalizar *tr.* inquirir, chequear, comprobar, enjuiciar, reprochar, pesquisar, censurar, controlar, inspeccionar, criticar, indagar, comprobar, vigilar.

fisco *m.* erario, hacienda pública, tesoro, bienes nacionales.

fisgar *tr.* rastrear, fisgonear, investigar, escarbar, averiguar, oler, entremeterse, olisquear, curiosear, acechar, huronear, espiar, atisbar, husmear, indagar. **2** *intr.* burlarse.

fisgón, -na *adj.* entrometido, indiscreto, fisgoneador, curioso, preguntón, impertinente, metido, husmeador, chismoso. *ANT.* discreto. **2** burlón.

fisgonear *tr.* husmear, fisgar, curiosear, escudriñar, huronear.

físico, -ca *adj.* concreto, material, orgánico, corporal, real. *ANT.* anímico. **2** apariencia, presencia, fisonomía, exterior.

fisonomía *f.* rostro, semblante, cara, facciones, rasgos. **2** apariencia, aspecto, aire.

fisura *f.* grieta, hendidura, falla, fractura, rendija.

flácido, -da *adj.* débil, decaído, blando, flojo, relajado, inconsistente. *ANT.* duro, firme.

flaco, -ca *adj.* seco, descarnado, magro, demacrado, desecado, chupado, larguirucho, canijo, afilado, delgado, enteco, consumido, esquelético, enjuto. *ANT.* gordo. **2** flojo, endeble, débil. *ANT.* rollizo. **3** enfermizo, desfallecído, desmejorado. **4** cobarde, vacilante.

flagelar *tr.* disciplinar, azotar, vapulear, maltratar, zurrar, fustigar, castigar, golpear. *ANT.* ensalzar. **2** recriminar, vituperar, censurar.

flagelo *m.* peste, plaga, epidemia. **2** catástrofe, castigo, aflicción, desgracia, tragedia, calamidad, desastre. **3** látigo, zurriago, disciplina, verdugo, azote, vergajo, fusta, vara.

flagrante *adj.* manifiesto, patente, evidente, actual, palpable, palmario, claro, obvio.

flama *f.* llama, centelleo, resplandor, reverberación.

flamante *adj.* esplendoroso, lúcido, deslumbrante, brillante, resplandeciente, rutilante. *ANT.* ajado. **2** reciente, nuevo, fresco. *ANT.* viejo.

flamear *intr.* arder, llamear. **2** ondear, tremolar, ondular, flotar. **3** chamuscar, quemar. **4** soflamar, desinfectar, esterilizar.

flamígero, -ra *adj.* resplandeciente, brillante, refulgente, reluciente. **2** llameante.

flanco *m.* costado, lateral, borde, banda, lado, ala, orilla. *ANT.* centro. **2** grupa, cadera, anca.

flaquear *intr.* *prnl.* decaer, fallar, cejar, flojear, ceder, retroceder, desfallecer, desistir, desmayar, desanimarse, debilitarse, desalentarse, aflojar. *ANT.* resistir, perseverar.

flaqueza *f.* debilidad, extenuación, vacilación, irresolución, desaliento, fragilidad, debilitamiento, blandura, desfallecimiento, desaliento, desmayo, quebranto. *ANT.* energía, fortaleza. **2** desliz, tentación, equivocación, error. **3** consunción, delgadez. *ANT.* gordura.

flash *s.* [Ing.] destello, fogonazo, resplandor.

flash-back *s.* [Ing.] {película, relato literario} interrupción.

flecha *f.* saeta, dardo, venablo.

flechar *tr.* asaetear. **2** *fig.* cautivar, enamorar, atraer.

flema *f.* parsimonia, apatía, impasibilidad, pereza, lentitud, calma, cachaza, tranquilidad, tardanza, pachorra. *ANT.* prisa, presteza. **2** mucosidad, salivazo, esputo, escupitajo, gargajo.

flemático, -ca *adj.* tranquilo, tardo, frío, sereno, apático, tardío, pausado, calmoso, reposado, lento, impasible, imperturbable. *ANT.* impaciente.

flete *m.* precio, importe, costo, pago. **2** carga, cargamento, mercancía, embarque.

fletear *tr.* transportar.

flexibilidad *f.* permisividad, tolerancia, acomodación, contemporización, complacencia, transigencia, resignación. **2** blandura, maleabilidad, ductilidad, elasticidad.

flexible *adj.* elástico, tierno, movible, dúctil, maleable, plegable, blando. *ANT.* rígido, duro. **2** tolerante, abierto, conformista, comprensivo, benévolo, complaciente. *ANT.* inflexible, severo. **3** adaptable, dócil, doblegable, manejable, amoldable, acomodaticio.

flexión *f.* plegamiento, curvatura, arqueamiento, doblamiento. **2** Gram. desinencia.

A B C D E F G H I J K L M N Ñ O P Q R S T U V W X Y Z

flirtear *intr.* cortejar, seducir, enamorar, galantear, conquistar, coquetear.

flirteo *m.* juego amoroso, coqueteo, galanteo, cortejo.

flojear *intr.* flaquear, aflojar, relajar, desfallecer, debilitarse, soltar, decaer, desmayar, desalentarse, desanimarse. **2** {en el trabajo} descuidar, aflojar.

flojedad *f.* flojera, pereza, indolencia, atonía, negligencia, incuria, inercia, descuido, inacción. ANT. fervor, actividad. **2** desfallecimiento, desmadejamiento, debilidad, desaliento, flaqueza, decaimiento, endeblez. ANT. fortaleza.

flojera *f.* debilidad, endeblez, flaqueza, desfallecimiento, cansancio. ANT. energía, fortaleza. **2** apatía, flojedad, descuido, indolencia, incuria, negligencia, dejadez, pereza.

flojo, -ja *adj.* blando, flácido, relajado, fofo, suelto, laxo. ANT. firme, apretado. **2** desanimado, agotado, apático, cansado, desalentado, desmadejado, desfallecido. ANT. activo, animado. **3** flaco, endeble, débil, demacrado. ANT. robusto. **4** descuidado, holgazán, haragán, perezoso, negligente. ANT. trabajador. **5** suelto, inseguro. ANT. firme.

flor *f.* galantería, cumplido, piropo. ANT. insulto.

flora *f.* vegetación.

floración *f.* florescencia.

florecer *intr.* brotar, abrirse, retoñar, crecer, romper. ANT. marchitarse. **2** prosperar, progresar, brillar, medrar, avanzar, enriquecerse, aumentar, mejorar, desarrollarse. ANT. decaer. **3** existir, vivir. **4** *prnl.* {queso o pan} enmohecerse.

floreciente *adj.* pujante, próspero, favorable, brillante, boyante, venturoso, creciente.

florecimiento *m.* pujanza, adelanto, prosperidad, progreso, desarrollo. ANT. decadencia. **2** floración, brote, fecundación, florescencia, lozanía.

florero *m.* jarrón, vasija, cántaro, jarro, maceta, vaso, búcaro.

florescencia *f.* floración.

floresta *f.* arboleda, fronda, jardín, alameda, bosque, parque, espesura. ANT. desierto.

florido, -da *adj.* florecido, floreciente, floreado, adornado. ANT. marchito. **2** exuberante, poblado, profuso. **3** multicolor, abigarrado. **4** {lenguaje, estilo} retórico.

flota *f.* marina, flotilla, escuadra, armada, escuadrilla. **2** expedición, convoy. **3** *Amer.* multitud, caterva.

flotar *intr.* {cuerpo} sobrenadar, sostenerse, nadar. ANT. hundirse. **2** {bandera} ondear, agitarse, ondular, flamear.

fluctuación *f.* vacilación, irresolución, duda. **2** balanceo, vaivén, agitación, oscilación.

fluctuar *intr.* variar, vacilar, cambiar, bambolear, oscilar. **2** titubear, dudar. ANT. decidir.

fluir *intr.* manar, destilar, chorrear, brotar, filtrarse, gotear, derramarse, surtir, correr, salir, circular, rezumar. ANT. estancarse. **2** {idea, palabra} brotar/surgir (con facilidad).

flujo *m.* circulación, influjo, curso, oleada, marejada. **2** salida, derrame, supuración, evacuación, secreción. ANT. retención. **3** abundancia. **4** corriente, marea. ANT. reflujo.

fluorescente *adj.* luminoso, brillante, luminiscente, refulgente, fosforescente.

fobia *f.* temor, pánico, horror. **2** repugnancia, aversión, antipatía, repulsión. ANT. simpatía.

foco *m.* núcleo, centro, meollo, corazón, eje. **2** farol, lámpara.

fofo, -fa *adj.* blando, reblandecido, mullido, poroso, flácido, acolchado, inconsistente, muelle, ahuecado, esponjoso. ANT. duro, consistente.

fogata *f.* hoguera, pira, fuego.

fogón *m.* chimenea, brasero, cocina, estufa, hogar, hornilla. **2** *Amer.* fogata, hoguera.

fogonazo *m.* destello, relampagueo, explosión, fulgor, centelleo, llamarada, chisporroteo, llama, chispazo, resplandor. ANT. oscuridad.

fogosidad *f.* ardor, ímpetu, brío, hervor, temperamento, vehemencia, ardimiento, impetuosidad, viveza, calor, pasión. ANT. pasividad.

fogoso, -sa *adj.* ardiente, arrebatado, pasional, impulsivo, impetuoso, efusivo, acalorado, vivo, abrasador, exaltado, vehemente, apasionado, entusiasta. ANT. frío, calmado.

fogueado, -da *adj.* veterano, experimentado, ajetreado, curtido, ducho, aguerrido, encallecido, acostumbrado, avezado. ANT. novato, inexperto.

foie-gras *m.* [FR.] paté.

folclor *m.* tradiciones, costumbres, creencias.

folclórico, -ca *adj.* tradicional, vernáculo, característico, típico, representativo.

fólder *m.* *Amer.* carpeta.

foliar *tr.* ordenar, numerar, registrar, marcar, inscribir, clasificar, anotar, señalar.

folio *m.* hoja, carilla, página, pliego. **2** {en una página} encabezamiento, título.

follaje *m.* frondas, frondosidad, espesura, floresta.

follar *tr. vulg.* copular, fornicar, cohabitar, joder.

folletinesco, -ca *adj.* novelesco, imaginativo.

folleto *m.* impreso, folletín, opúsculo, gacetilla, panfleto, fascículo, catálogo, prospecto.

fomentar *tr.* impulsar, atizar, avivar, promover, dar pábulo, alimentar, respaldar, excitar, estimular. ANT. obstaculizar.

fonda *f.* mesón, parador, albergue, hostería, venta, motel, hostería, figón, hotel, posada, pensión, albergue, hospedería, hostal. **2** *Amer.* cantina, bodegón.

fondeadero *m.* bahía, dársena, ensenada, cala, rada, embarcadero, abra, ancladero, puerto.

fondear *intr.* NÁUT. anclar.

fondo *m.* base, asiento, apoyo, fundamento, sostén, cimiento, raíz, núcleo. **2** profundidad, hondura, sima, abismo. ANT. superficie. **3** interior, intimidad, índole, personalidad, carácter, condición. ANT. exterior. **4** entorno, ambiente, atmósfera, marco, trasfondo, ámbito. **5** final, término, extremo. ANT. entrada. **6** *Amer.* enagua, saya. **7** *pl.* caudal, dinero, liquidez, capital, efectivo.

fonógrafo *m.* gramófono.

forajido, -da *adj. s.* bandido, malhechor, delincuente, bandolero, facineroso.

foráneo, -nea *adj.* extranjero, forastero, inmigrante, naturalizado. ANT. autóctono, natural. **2** extraño, advenedizo, intruso, exótico, desconocido, ajeno, extraño.

forastero, -ra *adj. s.* extranjero, foráneo, desconocido, extraño. ANT. compatriota.

forcejear *intr.* pugnar, forzar, disputar, combatir, resistir, esforzarse, bregar, debatirse, retorcerse, luchar. ANT. rendirse, someterse. **2** discrepar, rebatir, reñir, oponerse, contender, porfiar, contradecir, debatir. ANT. apoyar.

forja *f.* ferrería, fragua, herrería; horno, fogón, crisol, yunque.

forjar *tr.* fraguar, metalizar, fundir, golpear, moldear. **2** hacer, construir, fabricar, labrar, proyectar, idear, crear, desarrollar. **3** imaginar, tramar, concebir, inventar, urdir, maquinar.

forma *f.* figura, estampa, imagen, efigie, configuración, hechura, morfología, perfil, estructura, contorno, silueta, aspecto, conformación. **2** molde, matriz, horma, modelo, formato. **3** manera, sistema, modalidad, medio, proceder, método, modo. **4** estilo, tono.

formación *f.* enseñanza, estudio, educación, instrucción, aprendizaje. **2** MIL. destacamento, alineación, concentración, escuadra, orden, cuadro, organización. **3** GEOL. sedimento, faja, veta, estrato, manto, franja.

formal *adj.* consciente, exacto, sensato, cumplidor, cabal, veraz, puntual, escrupuloso, consecuente, responsable, juicioso. ANT. irresponsable. **2** serio, prudente, reposado, educado, correcto. ANT. inestable. **3** protocolario, oficial. **4** determinado, preciso, directo, explícito, expreso, terminante, claro, definitivo. ANT. indeterminado.

formalidad *f.* requisito, condición, trámite, exigencia, requerimiento, tramitación, formulismo. **2** sensatez, prudencia. ANT. imprudencia. **3** compostura, corrección, seriedad. ANT. informalidad. **4** dignidad, seriedad, juicio, sinceridad, escrupulosidad, consecuencia, puntualidad, exactitud, severidad, responsabilidad, veracidad. ANT. inexactitud.

formalismo *m.* ceremonia, etiqueta, formulismo. ANT. informalismo.

formalizar *tr.* legalizar, reglamentar, oficializar, legitimar. **2** concretar, señalar, precisar, delimitar, ceñir, fijar, determinar, establecer. ANT. indeterminar. **3** *prnl.* encauzarse, sentar cabeza, encarrilarse, establecerse, estabilizarse.

formar *tr. prnl.* moldear, fabricar, integrar, conformar, componer, configurar, modelar, labrar. ANT. deformar. **2** fundar, crear, integrar, organizar, construir, producir, constituir, componer, instituir, establecer, hacer. ANT. destruir, disolver. **3** criar, adiestrar, aleccionar, iniciar, educar, instruir, preparar, enseñar. **4** {coro, equipo} alinear, integrar, congregar.

formatear *tr.* INF. {un disco} inicializar.

formato *m.* dimensión, forma, medida, tamaño.

formidable *adj.* descomunal, extraordinario, imponente, monstruoso, enorme, colosal, asombroso, grandioso, gigantesco. ANT. minúsculo, diminuto. **2** espantoso, asombroso, atroz, temible, aterrador, tremendo, pavoroso. **3** magnífico, estupendo, fantástico, portentoso, excelente, pasmoso, admirable. ANT. corriente.

fórmula *f.* MAT. enunciado, ley, formulación, expresión, representación, enumeración, término, relación, coeficiente. **2** regla, forma, formulismo, método, ley, requisito, norma, sistema, modelo, técnica, pauta, solución, procedimiento. ANT. anarquía. **3** QUÍM. {de una mezcla} composición, prescripción, receta, preparado. **4** etiqueta, apariencia.

formular *tr. prnl.* proponer, aclarar, exponer, enunciar, concretar, expresar, manifestar, someter. ANT. callar. **2** *tr.* ordenar, recetar, indicar, prescribir.

fornicación *f.* cópula, coito, apareamiento.

fornicar *intr. tr.* copular, ayuntarse.

fornido, da *adj.* corpulento, robusto, musculoso, fuerte, recio. ANT. enclenque.

foro *m.* DER. tribunal, audiencia, curia. **2** escena, circo, escenario, plaza. **3** reunión.

forraje *m.* pasto.

forrar *tr.* cubrir, tapizar, revestir. ANT. desforrar. **2** *prnl. col.* enriquecerse. **3** *col.* atiborrarse, hartarse.

forro *m.* revestimiento, funda, envoltura, cubierta.

fortalecer *tr. prnl.* fortificar, reforzar, vivificar, robustecer, vigorizar, consolidar, tonificar. ANT. debilitar. **2** confortar, consolar, reanimar, alentar, reconfortar, animar. ANT. desalentar. **3** apoyar, confirmar, ratificar, corroborar, reiterar. ANT. negar.

fortaleza *f.* fuerte, fortín, torreón, alcázar, fortificación, ciudadela, baluarte, castillo, atalaya, reducto. **2** entereza, fuerza, firmeza, poderío, carácter, nervio, reciedumbre, rectitud, fibra, poder, energía, esfuerzo, tenacidad, vitalidad, resistencia, ánimo. ANT. pusilani-

midad. **3** vigor, robustez, corpulencia, potencia, musculatura. ANT. debilidad.

fortificación *f.* alcazaba, defensa, fortaleza, muralla, baluarte, muro, ciudadela, fortín, empalizada, torre, fuerte, alcázar, castillo.

fortificar *tr.* amurallar, parapetar, blindar, atrincherar. ANT. debilitar. **2** guarnecer, defender, parapetar, proteger. ANT. desproteger. **3** fortalecer, tonificar, afianzar, vigorizar, robustecer. ANT. debilitar. **4** confortar, animar, reconfortar, alentar. ANT. descorazonar.

fortín *m.* fortificación, reducto, fuerte, baluarte.

fortuito, -ta *adj.* accidental, imprevisible, súbito, eventual, imprevisto, casual, adventicio, esporádico, aleatorio, impensado, inesperado, incidental. ANT. premeditado, deliberado.

fortuna *f.* felicidad, éxito, dicha, buenaventura, estrella, hado, ventura. ANT. desdicha. **2** vicisitud, suerte, contingencia, casualidad, suceso, azar, acaso. **3** riqueza, capital, hacienda, patrimonio, fondos, recursos, valores, bienes, dinero.

forúnculo *m.* MED. grano, bubón, pústula, postema, bulto, divieso, hinchazón, tumor.

forzado, -da *m.* recluso, cautivo, preso, condenado, presidiario, penado, encarcelado, prisionero. ANT. libre. **2** *adj.* forzoso, obligado. **3** {puerta} violentado, descerrajado, allanado. **4** afectado, rebuscado, falso, artificial, fingido, postizo.

forzar *tr.* presionar, intimidar, coartar, obligar, conminar, exigir, apremiar, coaccionar, instigar, dominar, compeler, mandar, imponer, constreñir, apremiar. ANT. ceder. **2** {puerta} romper, violentar. **3** estuprar, profanar, violar, raptar, someter, abusar sexualmente. ANT. respetar. **4** {ciudad, fortaleza} ocupar, someter, rendir, apoderarse, tomar, asaltar, invadir, expugnar, penetrar, sitiar, conquistar. ANT. defender.

forzoso, -sa *adj.* obligatorio, inapelable, preciso, impuesto, inevitable, imperioso, indefectible, obligado, inexcusable, vital, ineludible, imprescindible. ANT. voluntario.

forzudo, -da *adj.* corpulento, hercúleo, robusto, musculoso, macizo, membrudo, fornido, vigoroso, fuerte. ANT. débil, canijo.

fosa *f.* tumba, huesa, sepulcro, sepultura. **2** hueco, excavación, cavidad, socavón, hoyo. **3** barranco, depresión.

fosal *m.* cementerio, camposanto.

fosforescente *adj.* luminoso, brillante, luminiscente, fluorescente, refulgente, reluciente, fulgurante. ANT. oscuro.

fosilizarse *prnl.* petrificarse.

foso *m.* hueco, hoyo, agujero, pozo; socavón.

fotocopia *f.* copia, reproducción, xerocopia.

fotografía *f.* foto, retrato, reproducción.

fracasado, -da *adj.* desacreditado, malogrado, frustrado, fallido.

fracasar *intr.* frustrarse, desgraciarse, zozobrar, naufragar, estropearse, hundirse, estrellarse, errar, fallar, abortar, malograrse, desvanecerse, arruinarse. ANT. triunfar, lograr.

fracaso *m.* malogro, revés, naufragio, chasco, caída, descalabro, frustración, fallo, chasco, fiasco, desengaño, derrota, decepción. ANT. éxito.

fracción *f.* fragmento, trozo, pieza, sector, segmento, parte, porción, pedazo. ANT. todo, conjunto. **2** MAT. expresión, quebrado, cociente, decimal. ANT. entero. **3** división, bisección, partición, fraccionamiento, bipartición, fragmentación. **4** parcialidad, bando, facción. ANT. totalidad.

fraccionar *tr. prnl.* partir, dividir, fragmentar, descomponer, romper, descuartizar, separar. ANT. unir, reunir.

fractura *f.* rompimiento, desgarro, ruptura, quebradura, rotura, lesión.

fracturar *tr.* romper, lesionar, hender, descerrajar, rajar, destrozar, desgarrar, quebrantar, astillar, quebrar, partir, tronchar. ANT. unir.

fragancia *f.* aroma, vaho, perfume, bálsamo, esencia, efluvio, esencia. ANT. peste, hedor.

fragante *adj.* perfumado, aromatizado, agradable, balsámico, odorífero, aromático, oloroso, odorante. ANT. maloliente, hediondo.

frágil *adj.* inconsistente, flojo, resquebradizo, precario, débil, astilloso, endeble, lábil, quebradizo, vulnerable. ANT. fuerte. **2** perecedero, caduco. ANT. duradero. **3** delicado, sutil, grácil, tenue. ANT. tosco.

fragmentar *tr.* dividir, trocear, repartir, segmentar, fraccionar, parcelar, seccionar, distribuir, cortar, partir, romper, separar. ANT. unir, totalizar.

fragmento *m.* parte, ingrediente, pedazo, muestra, astilla, trozo, corte, añico, sección, pieza, tramo, segmento, porción, partícula. ANT. totalidad.

fragor *m.* estrépito, estruendo, retumbo, sonoridad, clamor, ruido, rumor. ANT. silencio.

fragoroso, -sa *adj.* estrepitoso, resonante, atronador, estruendoso. ANT. silencioso.

fraguar *tr.* maquinar, trazar, idear, tramar, planear, imaginar, proyectar, urdir, discurrir. **2** forjar, moldear, formar. **3** *intr.* endurecerse, trabarse, solidificarse, cuajar.

fraile *m.* fray, monje, cartujo, cura, eremita, sacerdote, religioso, ermitaño.

francachela *f.* festín, banquete, comilona. **2** fiesta, parranda, juerga, jarana, farra, jolgorio.

francés, -esa *adj. s.* franco, galo. **2** *desp.* franchute.

franco, -ca *adj.* sincero, espontáneo, llano, veraz, abierto. ANT. hipócrita. **2** dadivoso, generoso, desprendido, liberal. ANT. tacaño. **3** exento, dispensado, libre. ANT. gravado.

franja *f.* faja, banda, tira, ribete, cinta.

franquear *tr.* trasponer, transitar, pasar, vadear, salvar, cruzar. **2** desatascar, despejar, limpiar, desembarazar, abrir. ANT. obstruir. **3** {de una carga} eximir, exceptuar, librar, redimir. ANT. gravar. **4** {carta} sellar, despachar, timbrar. **5** {esclavo} libertar, manumitir, liberar. **6** *prnl.* confiarse, explayarse, revelarse, desahogarse, sincerarse.

franqueza *f.* sinceridad, veracidad, confianza, llaneza, simplicidad, naturalidad, ingenuidad, espontaneidad, claridad, sencillez. ANT. hipocresía. **2** exención, franquicia, privilegio, gratuidad, libertad. **3** generosidad, liberalidad.

franquicia *f.* exención, inmunidad, libertad, dispensa.

frasco *m.* botella, envase, recipiente.

frase *f.* enunciado, oración, giro, proposición, expresión, modismo, decir, locución. **2** axioma, aforismo, sentencia, adagio. **3** cláusula, parágrafo, párrafo. **4** MÚS. sección, pasaje.

fraternidad *f.* confraternidad, armonía, familiaridad, cariño, adhesión, amistad, hermandad, concordia, igualdad, solidaridad, unión, afecto. ANT. enemistad.

fraternizar *intr.* armonizar, simpatizar, congeniar, hermanar, confraternizar. ANT. desunir.

fraterno, -na *adj.* fraternal, solidario, entrañable.

fraude *m.* estafa, dolo, engaño, trampa, robo, timo, defraudación, desfalco.

fraudulento, -ta *adj.* falso, doloso, falaz, engañoso.

frecuencia *f.* reiteración, asiduidad, regularidad.

frecuentado, -da *adj.* {lugar} movido, transitado, animado, visitado, concurrido.

frecuentar *tr.* acostumbrar, visitar, asistir, concurrir, ir, soler.

frecuente *adj.* habitual, usual asiduo, diario, repetido, acostumbrado, ordinario, corriente, continuo, regular, periódico, reiterado. ANT. irregular. ANT. infrecuente, esporádico.

fregar *tr.* limpiar, lavar, bañar. ANT. ensuciar. **2** restregar, frotar, friccionar.

freír *tr.* sofreír, cocinar, cocer.

frenar *tr.* detener, inmovilizar, moderar, retardar, sofrenar, contener, parar, refrenar. ANT. desenfrenar, exacerbar. **2** impedir, reprimir, aquietar, sujetar. ANT. permitir. **3** obstaculizar, estorbar. ANT. fomentar.

frenesí *m.* excitación, ímpetu, furor, entusiasmo, agitación, arrebato, ardor, exaltación, pasión, apasionamiento, enardecimiento. ANT. calma. **2** locura, enajenación, desenfreno, extravío, ceguera, paroxismo, violencia, delirio. ANT. cordura.

frenético, -ca *adj.* rabioso, exaltado, colérico, furibundo, arrebatado, furioso. ANT. pacífico, tranquilo. **2** excitado, agitado. **3** delirante, enajenado, enardecido, demente, febril, energúmeno, loco. ANT. sereno, calmado.

freno *m.* represión, contención, sujeción, moderación. ANT. libertad. **2** impedimento, obstáculo, paralización, detención, parada, traba, estorbo, coto. **3** {del caballo} embocadura, bocado. **4** {vehículo} mecanismo, palanca, mando, pedal.

frente *amb.* fachada, frontis, cara, frontispicio, anverso, delantera, portada. ANT. reverso. **2** vanguardia, avanzada, avanzadilla. ANT. retaguardia. **3** testa, testuz.

fresco, -ca *adj.* {temperatura} frío, moderado. ANT. cálido. **2** tierno, flamante, joven, nuevo, actual, reciente. ANT. viejo, pasado. **3** impávido, imperturbable, sereno, impasible, inmutable, tranquilo. ANT. intranquilo. **4** desvergonzado, descocado, caradura, procaz, cínico, atrevido, lenguaraz, desahogado, descarado, sinvergüenza, insolente, desfachatado. ANT. respetuoso. **5** descansado. ANT. fatigado. **6** *m.* frío, brisa, frescura, frescor. ANT. calor. **7** *Amer.* refresco. **8** pintura, mural.

frescura *f.* frío, frialdad, fresco, relente, frescor. ANT. bochorno, calor. **2** atrevimiento, desfachatez, insolencia, desembarazo, desahogo, desvergüenza, desenfado, cinismo, descaro, descoco. ANT. prudencia. **3** {de un sitio} feracidad, verdor, fertilidad, frondosidad, amenidad, lozanía. ANT. agostamiento. **4** impasibilidad, serenidad, despreocupación, impavidez, imperturbabilidad, tranquilidad. ANT. turbación. **5** negligencia, descuido. ANT. diligencia. **6** juventud. ANT. vejez.

frialdad *f.* frío. ANT. calor. **2** indolencia, apatía, dejadez, flojedad. **3** desamor, inhumanidad, desapego, desafecto, indiferencia, negligencia, apatía, desinterés. **4** inapetencia, frigidez, indiferencia (sexual).

fricción *f.* frote, frotamiento, masaje, frotación, estregadura, roce, contacto, rozamiento. **2** discordia, desavenencia. ANT. armonía, acuerdo.

friccionar *tr.* frotar, rozar, refregar, estregar, sobar, fregar, masajear, restregar.

frigidez *f.* frío, frialdad. ANT. ardor. **2** MED. anafrodisia, indiferencia (sexual). ANT. fogosidad.

frigorífico, -ca *adj.* refrigerante. **2** *m.* refrigerador, congelador, nevera.

frío, -a *adj.* yerto, gélido, enfriado, helado, congelado, aterido, glacial. ANT. caliente, caluroso. **2** indiferente, despegado, apático, desinteresado, desafecto, abúlico, desapegado, displicente, inexpresivo, flemático, insensible. ANT. interesado. **3** impávido, inmutable, tranquilo, imperturbable, impasible. **4** *m.* enfriamiento, helada, fresco, refrigeración, frialdad, frescura, congelación. ANT. calor.

frito, -ta *s.* fritanga, fritura, fritada. **2** cocinado, guisado.

frivolidad *f.* liviandad, vaciedad, futilidad, veleidad, veleidosidad, insustancialidad, informalidad, trivialidad, inconstancia, vanidad, ligereza, superficialidad. ANT. sensatez.

frívolo, -la *adj.* intrascendente, baladí, pueril, trivial, superficial, insustancial, anodino, huero, fútil, vano. ANT. trascendental. **2** voluble, veleidoso, inconstante, caprichoso. ANT. sensato, serio, reflexivo.

fronda *f.* hoja (de una planta). **2** *pl.* **frondas,** espesura, follaje, frondosidad, ramaje.

frondoso, -sa *adj.* {bosque o selva} exuberante, boscoso, agreste, tupido, lujuriante, impenetrable, abundante, selvático, espeso, poblado, denso. ANT. escaso, ralo.

frontera *f.* límite, linde, lindero, marca, término, borde, confín, línea divisoria. **2** frontón, frontispicio, fachada, frontis.

fronterizo, -za *adj.* colindante, contiguo, rayano, frontero, divisorio, confinante, limítrofe, lindante. ANT. alejado, apartado.

frotar *tr. prnl.* friccionar, fregar, restregar, estregar, refregar. **2** raspar, raer, desgastar, lijar, rozar; pulir, lustrar. **3** sobar, friccionar, acariciar, masajear.

frote *m.* fricción, rozamiento, frotamiento, frotación, roce.

fructífero, -ra *adj.* fértil, fecundo, productivo, feraz, exuberante, fructuoso. ANT. infecundo, improductivo. **2** provechoso, lucrativo, beneficioso, rentable, útil, conveniente, ventajoso. ANT. inútil, desventajoso.

fructificar *intr.* {inversión, negocio} producir, dar, rendir, beneficiar, rentar. ANT. perjudicar. **2** {planta} madurar, granar, cerner, frutecer, dar frutos. ANT. marchitarse.

fructuoso, -sa *adj.* productivo, útil, benéfico, fecundo, provechoso, rentable, fructífero, fértil, beneficioso, feraz, lucrativo. ANT. improductivo.

frugal *adj.* moderado, mesurado, modesto, ascético, sencillo, morigerado, prudente, discreto, sobrio, parco, abstemio, templado. ANT. goloso, intemperante.

frugalidad *f.* parquedad, templanza, moderación, mesura, sobriedad. ANT. gula.

fruición *f.* deleite, goce, placer, gusto, satisfacción, gozo, regodeo, delicia, disfrute, complacencia. ANT. sufrimiento.

fruncir *tr.* arrugar, rizar, plegar, estriar, plisar. ANT. desplegar. **2** *prnl.* encogerse.

fruslería *f.* insignificancia, trivialidad, bobada, nadería, futilidad, nimiedad, tontería, futesa, minucia, pequeñez. ANT. trascendencia, seriedad. **2** bagatela, baratija, chuchería, bicoca.

frustrar *tr.* desilusionar, desengañar, defraudar. **2** *tr. prnl.* {intento} malograr, dificultar, impedir, desbaratar, evitar, reprimir, boicotear, estropear, echar a perder. ANT. lograr.

fruto *m.* fruta, cosecha, producto. **2** beneficio, utilidad, resultado, ganancia, rendimiento, provecho, producción, interés, lucro. ANT. pérdida. **3** {de un matrimonio} hijo, vástago.

fuego *m.* ignición, incandescencia, flama, brasa, combustión, resplandor, llama, llamarada. **2** lumbre, hoguera, hogar, fogón, fogata, pira. **3** incendio, quema, conflagración. **4** ardor, exaltación, fervor, vehemencia, entusiasmo, vivacidad, pasión, fogosidad, ímpetu. ANT. apatía. **5** disparo, bombardeo, estallido. **6** MED. erupción, inflamación.

fuente *f.* surtidor, pilón, fontana, pozo, pila. **2** manantial, terma, agua viva, chorro, oasis, surtidor, venero, hontanar, arroyo. **3** origen, germen, comienzo,

principio, cuna, fundamento, causa, motivo, nacimiento, antecedente. **4** bandeja, bol, artesa, recipiente, ensaladera, plato, batea. **5** *pl.* antecedentes, documentación, materiales de consulta.

fuera *adv.* afuera, exterior. ANT. dentro, adentro.

fuero *m.* privilegio, exención, protección, prerrogativa, franquicia, concesión. **2** gobierno, legislación, jurisdicción, competencia, dominio, poder. **3** *gen. pl.* soberbia, arrogancia, orgullo, humos, jactancia, presunción. ANT. sencillez.

fuerte *adj.* duro, recio, duradero, resistente, sólido. ANT. blando, frágil. **2** robusto, fornido, membrudo, forzudo, musculoso, corpulento, hercúleo, vigoroso; saludable. ANT. débil, enclenque. **3** enérgico, esforzado, tenaz, impetuoso, animoso, firme, valiente. ANT. pusilánime, cobarde. **4** irascible, temperamental, excitable. ANT. apacible. **5** {sonido} alto, agudo, sonoro, acentuado, penetrante; audible. ANT. bajo, apagado. **6** {terreno} áspero, escabroso, fragoso, accidentado. ANT. liso. **7** {dolor} hondo, intenso. **8** sobresaliente, perito, versado. **9** cargado, saturado, espeso. **10** {color, sabor} vivo, intenso. ANT. suave, pálido. **11** {país, moneda} consolidado, poderoso, estable. ANT. inestable. **12** {medicina} activo, eficaz. **13** excesivo, crudo, grave, terrible, impactante. **14** {entrenamiento} severo, riguroso, exigente. **15** *m.* fortaleza, baluarte, fortificación, castillo, fortín, reducto. **16** *adv.* con fuerza. **17** {comer} abundantemente.

fuerza *f.* potencia, energía, poder. **2** resistencia, firmeza, reciedumbre, solidez, fortaleza, pujanza, tenacidad, nervio, valor, potencia, fibra, vigor, vitalidad, brío, ánimo, aliento. ANT. debilidad. **3** coerción, coacción, presión, violencia. **4** impetuosidad, impulso, intensidad, ímpetu. ANT. tibieza. **5** empuje, tirón. **6** virtud, eficacia, cualidad, actividad. **7** MIL. tropa, contingente, columna, destacamento, ejército. **8** aguante, inercia, equilibrio. **9** apoyo, influencia, protección.

fuga *f.* huida, deserción, abandono, escapatoria, carrera, partida, retirada, desaparición, evasión, escapada ANT. detención. **2** {gas, líquido} filtración, escape, derrame, salida, pérdida. **3** MÚS. composición. **4** derrota, desbandada. **5** estampida, arrebato, pasión.

fugaz *adj.* transitorio, pasajero, caduco, perecedero, efímero, rápido, momentáneo, breve, fugitivo, corto. ANT. permanente, duradero. **2** huidizo, fugitivo.

fugitivo, -va *adj. s.* prófugo, desertor, escapado, huido, evadido, fugado, tránsfuga. **2** *adj.* fugaz, transitorio, caduco, breve, efímero, perecedero, pasajero.

fulano, -na *s.* individuo, sujeto, persona. **2** mengano, zutano. **3** *f.* ramera, prostituta, puta.

fulgente *adj.* resplandeciente, fulgurante, brillante, esplendente, refulgente.

fúlgido, -da *adj.* resplandeciente, refulgente, brillante, fulgurante, reluciente, fulgente.

fulgor *m.* resplandor, brillo, luz, brillantez, halo, chispa, esplendor, fulguración, luminosidad, claridad, destello, fosforescencia, centelleo. ANT. oscuridad.

fulgurar *intr.* resplandecer, chispear, brillar, irradiar, centellear, destellar, refulgir.

fulminante *adj.* súbito, inmediato, raudo, instantáneo, repentino, veloz, vertiginoso, radical, inesperado, rápido. ANT. lento, gradual. **2** drástico, tajante, terminante. **3** *adj. m.* detonante, explosivo.

fulminar *tr.* exterminar, destruir, liquidar, extinguir, aniquilar, eliminar, matar, borrar.

fumigar *tr.* vaporizar. **2** sanear, desinfectar, desinsectar, purificar.

funámbulo, -la *s.* equilibrista, saltimbanqui, volatinero, acróbata, trapecista. **2** *fig.* {persona} hábil.

función *f.* espectáculo, diversión, festival, representación, fiesta, velada, gala, solemnidad, acto, ceremonia. **2** ocupación, ministerio, actividad, ejercicio, empleo, cargo, oficio, puesto. **3** misión, cometido, tarea, servicio. **4** rol, acción, atribución, papel, finalidad.

funcional *adj.* práctico, sencillo, utilitario, simple, eficaz, pragmático, cómodo, útil, adecuado, elemental, utilizable.

funcionar *intr.* trabajar, ejecutar, hacer, maniobrar, marchar, actuar, moverse, realizar. ANT. fallar. **2** resultar, desarrollar, evolucionar, avanzar.

funcionario, -ria *adj.* empleado, oficinista, agente, oficial, burócrata.

funda *f.* envoltura, forro, cubierta, cobertura, estuche, bolsa, recubrimiento, vaina.

fundación *f.* constitución, formación, erección, patronato, instauración, implantación, creación, establecimiento. ANT. destrucción. **2** institución, organismo, instituto, legado.

fundamental *adj.* sustancial, primordial, esencial, necesario, básico, neurálgico, vital, importante, principal, cardinal. ANT. secundario, innecesario.

fundamentar *tr.* asegurar, apoyar, basar, cimentar, afirmar, asegurar. **2** justificar.

fundamento *m.* base, cimiento, apoyo, soporte, sostén, fundamentación. **2** causa, origen, raíz. **3** razón, motivo. **4** antecedente, precedente.

fundar *tr.* instaurar, constituir, inaugurar, levantar, instalar, organizar, instituir, comenzar, edificar, iniciar, cimentar, establecer, principiar, implantar, crear, erigir. ANT. deshacer, desorganizar. **2** *tr. prnl.* fundamentar, estribar, apoyar, basarse. **3** razonar, justificar.

fundición *f.* fusión, licuación, licuefacción. **2** factoría, acería, siderurgia, herrería, metalurgia.

fundir *tr. intr. prnl.* {metales, minerales} derretir, desleír, fusionar, disolver, alear, licuar. ANT. solidificar. **2** *tr. prnl.* mezclar, fusionar, juntar, reunir, unir, amalgamar. ANT. separar, disgregar. **3** *tr.* templar, moldear, vaciar, formar, plasmar.

fúnebre *adj.* funerario, mortuorio, necrológico. **2** triste, luctuoso, funesto, lúgubre, tétrico, tenebroso. ANT. alegre.

funeral *m.* exequias, sepelio, entierro, honras fúnebres.

funerario, -ria *adj.* fúnebre, funeral, velatorio.

funesto, -ta *adj.* desastroso, catastrófico, adverso, desdichado, fatal, infortunado, infausto, desgraciado, lamentable, doloroso, fúnebre, desafortunado, luctuoso, aciago, nefasto. ANT. feliz, afortunado.

furia *f.* ira, rabia, cólera, coraje, irritación, arrebato, furor, acceso. ANT. placidez, serenidad. **2** {en la ejecución de algo} diligencia, ímpetu, prisa, frenesí. ANT. calma, flema. **3** MIT. divinidad infernal. **4** vehemencia, iracundia, ensañamiento, acometividad.

furibundo, -da *adj.* enfurecido, exaltado, furioso, airado, rabioso, violento, colérico, arrebatado, irascible, frenético, iracundo. **2** vehemente, fanático, impetuoso.

furioso, -sa *adj.* iracundo, furibundo, enfurecido, airado, colérico, rabioso, irritado, impetuoso, arrebatado, enojado, frenético, fuera de sí. ANT. calmado, tranquilo, plácido. **2** *fig.* {gasto} grande, excesivo, desmesurado. **3** enajenado, loco, desenfrenado, delirante, alienado, energúmeno, poseso, desencadenado.

furor *m.* furia, cólera, arrebato, enajenamiento, ira, enojo. **2** vehemencia, intensidad, entusiasmo.

furtivo, -va *adj.* cauteloso, huidizo, secreto, sospechoso, subrepticio, sigiloso, oculto, clandestino, escapado, disimulado, taimado, escondido. ANT. visible.

fusil *m.* rifle, escopeta, carabina, trabuco, mosquete.

fusilar *tr.* ejecutar, disparar, acribillar, ametrallar, ajusticiar, matar. **2** imitar, plagiar, copiar.

fusión *f.* fundición, disolución, licuefacción. ANT. solidificación. **2** agrupación, unificación, unión. ANT. separación, disgregación.

fusta *f.* látigo, azote. **2** tejido de lana. **3** buque, barco.

fustigar *tr.* azotar, vapulear, golpear, castigar, lacerar, sacudir, flagelar, pegar. **2** reprender, vituperar, censurar, condenar, recriminar, criticar. ANT. elogiar.

fútbol *m.* DEP. balompié.

futesa *f.* fruslería, nimiedad, bagatela, pequeñez, futilidad, insignificancia, nadería.

fútil *adj.* insignificante, desestimable, baladí, insustancial, pueril, pequeño, nimio, frívolo, trivial, anodino, superficial. ANT. esencial, importante, trascendental.

futilidad *f.* nadería, pequeñez, fruslería, bagatela, nimiedad, futesa.

futuro *m.* posteridad, mañana, porvenir, perspectiva, destino, suerte. ANT. pasado. **2** *adj.* venidero, eventual, acontecedero, pendiente, posterior. ANT. anterior, pasado.

gabacho, -cha *adj. s. desp.* {persona} franchute, francés.

gabán *m.* abrigo, sobretodo, capote, chaquetón, gabardina.

gabardina *f.* abrigo, impermeable, sobretodo.

gabarra *f.* embarcación, barco.

gabarro *m.* {en telas} defecto. **2** carga, incomodidad, obligación. **3** {en las cuentas} error, equivocación.

gabela *f.* {que se paga al Estado} contribución, tributo, impuesto. **2** carga, servidumbre, gravamen. **3** *Amer.* ventaja, provecho.

gabinete *m.* alcoba, camarín, habitación, cuarto, aposento, sala, recibidor, estancia. **2** administración, cartera, ministerio, poder, gobierno, junta. **3** oficina, estudio, despacho.

gacela *f.* antílope.

gaceta *f.* publicación, noticiero, órgano informativo, papel, boletín, noticiario, impreso, diario oficial, periódico. **2** *col.* correvedile.

gacetillero, -ra *adj. desp.* periodista.

gacho, -cha *adj.* inclinado, doblado, agachado, encorvado. *ANT.* erguido. **2** *Méx.* lamentable, feo, terrible.

gachupín, -ina *s. desp. Amer.* cachupín, español (establecido en América).

gafas *f. pl.* (*tb. sing.*) anteojos, lentes.

gafe *adj. s.* {persona} cenizo, sombrón, mala sombra, aguafiestas, malhadado.

gafo, -fa *adj.* leproso, lazarino.

gagá *adj. s.* lelo, decrépito, vetusto, senil, chocho.

gago, -ga *adj.* tartamudo.

gaguear *intr.* tartamudear.

gaita *f.* cornamusa, chirimía, dulzaina, flauta. **2** *fig.* dificultad, engorro, pesadez, lata.

gaje *m. gen. pl.* emolumento, remuneración. **2** *pl.* molestias, dificultades, vicisitudes, incomodidades. **3** *loc.* **~s del oficio**: perjuicios/dificultades de la profesión.

gajo *m.* división, parte. **2** garrancho, rama, racimo, garrón.

gala *f.* ceremonia, solemnidad, etiqueta, fiesta, velada, festejo. **2** gracia, elegancia, garbo, ostentación, bizarría, gallardía, alarde. **3** *pl.* arreos, atavíos, adornos, atuendos, joyas, perifollos, alhajas, vestimenta, ropaje, aderezos. **4** uniforme, frac, esmoquin, levita, chaqué.

galafate *m.* ladrón.

galán *adj.* galano, dispuesto, bien adornado. **2** *m.* airoso, apuesto, gentil, bello, garboso, elegante, atractivo, guapo, adonis, galano, gallardo. *ANT.* feo. **3** artista, actor, personaje, estrella, intérprete, protagonista. **4** enamorado, novio, rondador, pretendiente, galanteador, festejante. **5** {película} héroe.

galanería *f.* lisonja, piropo, obsequio, flor. **2** cortesía, cortesanía.

galano, -na *adj.* elegante, acicalado, gallardo, adornado, emperifollado. *ANT.* desgarbado. **2** {discurso} ingenioso. **3** {planta} vigoroso, fresco, inmarchitable, lozano.

galante *adj.* {hombre} cortés, educado, fino, considerado, urbano, cumplido, obsequioso, galanteador, caballeroso, distinguido, atento, lisonjeador, comedido, amable. *ANT.* descortés. **2** {pintura, literatura} pícaro, erótico, amoroso. **3** {mujer} vanidosa, coqueta. **4** {mujer} libertina, licenciosa, casquivana, disoluta.

galantear *tr.* cortejar, enamorar, obsequiar, rondar, festejar, piropear, pretender, coquetear, flirtear, requerir. *ANT.* desdeñar. **2** atender, adular, requebrar, lisonjear. *ANT.* desairar.

galanteo *m.* cortejo, requiebro, coqueteo, festejo, flirteo, arrumaco, piropo.

galantería *f.* generosidad, cortesanía, desprendimiento, bizarría, cortesía, liberalidad. **2** urbanidad, enamoramiento, obsequiosidad. **3** elogio, obsequio, piropo, alabanza, gentileza, flirteo, flor, arrumaco, halago, lisonja, festejo. *ANT.* desaire. **4** donaire, gracia, elegancia, galanura, gentileza, gallardía.

galardón *m.* condecoración, trofeo, merced, medalla, honra, presea, compensación, lauro, beneficio, premio, distinción, recompensa. *ANT.* deshonra, castigo.

galardonar *tr.* laurear, premiar.

galaxia *f.* Vía Láctea, universo.

galeno *m.* médico, facultativo, doctor.

galeón *m.* galera, bajel, carabela, barco, nave.

galeote *m.* remero. **2** condenado, penado, forzado.

galera *f.* embarcación, barco, bote. **2** carreta, carro. **3** {de hospital} fila de camas. **4** *pl.* cárcel, prisión. **5** {en impresión} galerada, prueba de composición.

galerada *f.* {en impresión} galera, prueba de composición.

galería *f.* corredor, pasillo. **2** arcada, mirador, tribuna, terraza, pórtico. **3** subterráneo, túnel, pasadizo, mina. **4** bastidor. **5** {de un fotógrafo} estudio. **6** pinacoteca, museo, exposición, sala de arte, colección. **7** *pl.* pasaje comercial. **8** {en el teatro} gallinero, paraíso.

galerna *f.* borrasca, aguacero, tormenta, galerno, tromba, huracán, turbión, vendaval, temporal, ráfaga.

galgo, -ga *adj.* goloso. **2** *m.* perro galgo.

galicismo *m.* idiotismo. **2** extranjerismo.

gálico, -ca *adj.* galo.

galimatías *m. col.* jerga, fárrago, jerigonza. **2** embrollo, enredo, lío, revoltura, desorden, algarabía, confusión.

gallardía *f.* donaire, apostura, salero, desenfado, galanía, gentileza, esbeltez, airosidad, prestancia, donosura, galanura, aire, despejo, gracia, esbeltez, elegancia.

2 bizarría, lozanía, marcialidad, arrojo, vigor, ánimo, garbo, arrogancia, valor, brío, garbosidad, valentía, distinción.

gallardo, -da *adj.* apuesto, airoso, gentil, desembarazado, donoso, desenvuelto, saleroso, lúcido, galano, gracioso, distinguido, garboso, galán, esbelto, elegante. ANT. desgarbado. **2** valiente, bravo, osado, valeroso, bizarro, noble, arriscado, animoso, atrevido, arrojado, arrogante, aguerrido, esforzado, audaz. ANT. pusilánime. **3** hermoso, excelente, grande.

gallear *intr.* pavonearse, jactarse, envalentonarse, presumir. **2** amenazar, bravuconear.

gallete *m.* úvula.

gallina *com.* cobarde, pusilánime, miedoso, tímido, temeroso, timorato, medroso, cagado. ANT. valiente. **2** polla, gallineta, ave, gallinácea.

gallinero *m.* corral, nidal, ponedero. **2** {en el teatro} galería, paraíso.

galo, -la *adj. s.* francés. **2** *desp.* franchute.

galón *m.* cinta, tejido. **2** MIL. insignia, distintivo.

galopante *adj.* {proceso, enfermedad} rápido, radical, vertiginoso.

galopar *intr.* cabalgar, correr, trotar.

galope *m.* trote, carrera, cabalgada, galopada.

galpón *m.* cobertizo, barraca, depósito, tinglado, almacén.

galvanizar *tr.* metalizar, antioxidar. **2** {actividad, sentimiento} reactivar. **3** BIOL. {músculo, nervio} estimular.

gama *f.* sucesión, progresión, grado, ristra, serie, gradación, matiz, escala, cadena. **2** {de elementos} conjunto, surtido, serie, repertorio. **3** MÚS. escala musical.

gamba *f.* gámbaro, crustáceo.

gamberro, -rra *adj. s.* alborotador, escandaloso, vándalo, pendenciero, camorrista, pandillero, malhechor.

gambeta *f.* corveta. **2** *Amer.* {fútbol} regate. **3** *Arg., Uru.* ademán.

gameto *m.* BIOL. célula sexual.

gamitar *intr.* balar.

gamitido *m.* {del gamo} balido.

gamonal *m. Amer.* cacique.

gamonalismo *m. Amer.* caciquismo.

gana *f.* deseo, apetito, ansia, voluntad, avidez, capricho, anhelo, apetencia, afán, ambición. ANT. desgana. **2** apetito, hambre, voracidad. ANT. desgana.

ganadero, -ra *adj.* pecuario. **2** *s.* hacendado, ranchero, estanciero, criador.

ganado *m.* reses, animales.

ganador, -ra *adj. s.* vencedor, beneficiado, campeón, ganancioso, triunfador. ANT. perdedor. **2** beneficiado, gratificado, recompensado.

ganancia *f.* beneficio, enriquecimiento, comisión, negocio, provecho, interés, fruto, recompensa, logro, rendimiento, dividendo, utilidad, lucro, producto. ANT. pérdida.

ganapán *m.* cargador, mozo de cuerda.

ganar *tr.* beneficiarse, sacar, recibir, obtener, lograr, sobreganar, ingresar, alcanzar, adquirir, embolsar, lucrarse, conseguir, cobrar, percibir, devengar. **2** triunfar, mejorar, adelantar, superar, sobrepujar, dejar atrás, exceder. ANT. perder. **3** derrotar, conquistar, vencer, copar, tomar, aventajar, dominar. ANT. perder. **4** alcanzar, llegar. **5** *intr.* prosperar, medrar, mejorar. **6** *tr. prnl.* atraer, captar, granjearse.

gancho *m.* garfio, sujetador, grapa. **2** puñetazo. **3** *col.* rufián. **4** *col.* atractivo, encanto. **5** *Amer.* percha.

gandul, -la *adj. s.* holgazán, indolente, ganso, zángano, dejado, vagabundo, remolón, ocioso, tumbón, haragán, tunante, perezoso, vago. ANT. trabajador, laborioso, activo.

ganga *f.* rebaja, baratura, ocasión, bicoca, saldo, oportunidad, ventaja, beneficio. **2** residuo, escoria, desecho.

ganglio *m.* tumor, abultamiento, nudo.

gangosidad *f.* gangueo, nasalidad.

gangoso, -sa *adj. s.* nasal.

gangrena *f.* MED. necrosis.

gangrenarse *prnl.* enfermarse, corromperse, viciarse, estropearse.

gángster *s.* [ING.] gángster, delincuente, bandido, malhechor, pistolero, matón, criminal.

gangueo *m.* nasalidad, gangosidad.

ganoso, -sa *adj.* anheloso, afanoso, deseoso, ansioso, anhelante, ávido. ANT. desinteresado.

gansada *f.* tontería, majadería, sandez, estupidez.

ganso, -sa *adj.* lento, perezoso, gandul, tardo, despacioso. ANT. diligente. **2** soso, necio, torpe, lerdo, incapaz. ANT. capaz, hábil, despierto. **3** *m.* ánade, ánsar, oca, ansarón.

gansterismo *m.* bandolerismo.

ganzúa *f.* lengüeta, gancho, alambre, palanqueta, horquilla, palanca. **2** *col.* ladrón.

gañán *m.* campesino, labrador, mozo, labriego, jornalero, rústico, bracero, peón. **2** grosero, zafio, patán, tosco, rudo. ANT. refinado.

gañido *m.* latido, ladrido.

gañir *intr.* aullar, ladrar, gruñir, gemir, mugir, bramar, graznar. **2** jadear, resollar, resoplar.

gañote *m.* gaznate, garguero, garganta, gorja.

garabatear *intr. tr.* emborronar, garrapatear.

garabato *m.* garfio, gancho, garabito. **2** chapucería, garrapato, borrón, mancha.

garaje *m.* aparcadero, nave, estacionamiento, cochera, cobertizo.

garante *adj. s.* fiador, avalista, responsable.

garantía *f.* fianza, aval, recaudo, seguro, depósito, caución, prenda, hipoteca, obligación. **2** resguardo, precaución, saneamiento, seguridad, indemnidad, fiabilidad, protección.

garantir *tr. ver* **garantizar.**

garantizar *tr.* avalar, afianzar, responder, probar, obligarse, dar confianza, fiar, garantir, dar garantía, comprometerse, certificar, asegurar. ANT. desentenderse.

garapiñar *tr.* {golosinas} almibarar, endulzar.

garbo *m.* gracia, aire, desembarazo, distinción, soltura, buen porte, ángel, desenvoltura, gentileza, galanura, gallardía, donaire, elegancia. ANT. desgarbo. **2** bizarría, generosidad, nobleza, largueza, desprendimiento.

garete (ir al) *loc.* ir a la deriva, sin dirección. **2** *loc.* **al garete:** malograrse, fracasar.

garfio *m.* gancho.

gargajear *intr.* expectorar, escupir, esputar.

gargajo *m.* escupitajo, salivazo, expectoración, esputo, flema.

garganta *f.* cuello, faringe, pescuezo, gaznate, gañote. **2** barranco, cañón, cañada, desfiladero, precipicio, paso, vaguada, quebrada, estrecho. **3** llanura, llano. **3** canal, hendedura. **4** *fig.* {de un cantante} voz.

gargantilla *f.* adorno, collar.

gárgara *f.* gargarismo.

garguero *m.* (*tb.* **gargüero**) gaznate, gañote, garganta.

garita *f.* caseta, choza, quiosco, barraca, cabina, casilla, puesto de vigilancia. **2** letrina, excusado, retrete. **3** separación, compartimiento, división.

garitero *m.* jugador, tahúr.

garito *m.* casa de juego, casino, timba. **2** antro, cubil, cuchitril, tugurio.

garla f. col. charlatanería, conversación, plática, habla, palabrería, charla, labia, locuacidad.

garlar intr. parlar, parlotear, charlar.

garlocha f. garrocha, vara.

garlopa f. {carpintería} cepillo.

garra f. zarpa, garfa.

garrafa f. bombona, damajuana, botellón, vasija, recipiente.

garrafal adj. {error, mentira} tremendo, monstruoso, descomunal, desmesurado, colosal, exorbitante. ANT. mínimo.

garrafón m. damajuana.

garrido, -da adj. {persona} gallardo, fornido, robusto. **2** {mujer} bonita, hermosa, bien parecida. **3** elegante.

garrocha f. pértiga, vara.

garrotazo m. trancazo, palo, varapalo, golpe, porrada, estacazo, bastonazo, porrazo.

garrote m. tranca, macana, palo, cayado, bastón, estaca, vara, cachiporra.

garrucha f. polea, rueda.

garrulería f. charlatanería, palabrería, locuacidad, charlatanismo.

gárrulo, -la adj. charlatán, parlanchín, hablador, facundo, cotorra, indiscreto, lenguaraz, locuaz. ANT. parco, discreto. **2** {persona} zafio, rústico.

garzo adj. {ojos} zarco, azul.

gas m. emanación, evaporización, hálito, vaho, efluvio, vapor. **2** pl. flatulencias, flatos, ventosidades, pedos.

gasa f. velo, lino, crespón, mantilla. **2** compresa, venda, hilas, apósito, banda, vendaje.

gaseiforme adj. gaseoso.

gaseosa f. refresco, soda, bebida.

gaseoso, -sa adj. volátil, gaseiforme.

gasificación f. sublimación, vaporización, fumigación, vaporación, exhalación, evaporación, destilación, volatilización.

gasificar tr. QUÍM. volatilizar.

gasoducto m. gaseoducto, canal, conducción, tubería.

gasóleo m. gasoil, combustible.

gasolina f. combustible, carburante, bencina. **2** Amer. nafta.

gastado, -da adj. {cosa} desgastado, descolorido, usado, viejo, deteriorado. ANT. flamante, nuevo. **2** {persona} debilitado, cansado, extenuado, agotado. ANT. vital, animoso.

gastador, -ra adj. derrochador, dilapidador, disipador, malgastador. ANT. ahorrador.

gastar tr. pagar, desembolsar, abonar, invertir, dar, sufragar, comprar, entregar. **2** tr. prnl. desgastar, deslucir, usarse, deshacer, agotarse, consumir, limar, estropear, raer, envejecer, deteriorar, ajar, carcomer. ANT. conservar. **3** tr. desperdiciar, disipar, despilfarrar, derrochar, dilapidar. ANT. ahorrar. **4** usar, utilizar, agotar, consumir. ANT. guardar. **5** vestir, llevar, usar, ponerse, utilizar. **6** tr. prnl. evaporarse, desaparecer.

gasto m. desembolso, consumición, dispendio, merma, consumo, egreso. **2** desgaste, uso. **3** salida, prodigalidad, pagos. ANT. ahorro.

gastralgia f. MED. dolor de estómago.

gástrico, -ca adj. estomacal.

gastritis f. MED. gastralgia, inflamación (del estómago).

gastronomía f. culinaria, cocina.

gatear intr. arrastrarse, deslizarse, reptar, trepar, andar a gatas.

gatillo m. {de un arma} disparador, percutor.

gato, -ta s. {animal} minino, felino, micho, micifuz. **2** m. {mecánico} máquina, elevador, cric. **3** {en general} félido. **4** adj. s. ladrón, carterista, ratero, rata. **5** {persona} taimado, astuto, sigiloso, sagaz. **6** loc. haber ~

encerrado: existir razón oculta, haber un secreto, existir manejos ocultos. **7** loc. dar ~ por liebre: engañar.

gatuperio m. enredo, apaño, lío, embrollo, farsa, chanchullo, amaño, maraña, intriga, combinación, batiburrillo. ANT. claridad.

gaucho, -cha adj. jinete, campesino, vaquero, caballista.

gaveta f. cajón, estante, compartimiento, naveta, división.

gavilla f. haz, manojo, atado. **2** pandilla, caterva, cuadrilla, banda.

gay adj. s. [ING.] homosexual. ANT. heterosexual.

gazapera f. {de conejos} madriguera. **2** col. {de personas} junta a escondidas, reunión clandestina. **3** riña, pendencia, pelea.

gazapo m. col. disparate, errata, error, lapsus, descuido, yerro, desliz, equivocación. ANT. acierto. **2** embuste, mentira, bulo. **3** conejo, cría, lebrato. **4** {hombre} astuto, artimañoso, taimado, disimulado.

gazmoñería f. mojigatería, camandulería, gazmoñada, hipocresía. ANT. sinceridad.

gazmoño, -ña adj. s. mojigato, gazmoñero, melindroso, ñoño, fariseo, beato, cursi, timorato, santurrón, hipócrita. ANT. sincero.

gaznápiro, -ra adj. s. bobo, simple, tonto, torpe, palurdo, patán, zoquete, imbécil, estúpido.

gaznate m. garganta, garguero, gañote.

géiser m. fuente termal.

gelatina f. jalea, emulsión.

gelatinoso, -sa adj. adherente, mucilaginoso, resbaladizo, viscoso, inconsistente, blando.

gélido, -da adj. álgido, helado, frígido, congelado, glacial, frío. ANT. cálido. **2** distante, lejano, poco afectuoso. ANT. afectuoso.

gema f. piedra preciosa, alhaja, joya.

gemebundo, -da adj. sollozante, quejumbroso, lastimero, plañidero, gemidor, lloroso, quejoso, lloriqueante, apesadumbrado, pesaroso, triste. ANT. estoico, valeroso.

gemelo, -la adj. s. mellizo. **2** igual, idéntico, exacto. **3** pl. prismáticos, lentes, anteojos, binoculares.

gemido m. lamento, clamor, lamentación, quejido, suspiro, sollozo, queja, lloro, plañido.

geminado, -da adj. BIOL. dividido, partido.

geminar tr. prnl. repetir, duplicar, doblar. **2** tr. nacer, aflorar, brotar.

gemir intr. {persona} gimotear, clamar, suplicar, chillar, sollozar, llorar, quejarse, suspirar, gañir, lamentarse, plañir. ANT. reír. **2** {animal} aullar.

gen m. BIOL. gene.

gendarme m. guardia, guardián. **2** agente de policía.

gendarmería f. MIL. tropa. **2** cuartel, puesto.

gene m. BIOL. gen.

genealogía f. ascendencia, familia, antepasados, clan, alcurnia, cepa, tribu, progenitores, casta, hogar, parentela, dinastía, origen, prosapia, abolengo, progenie, prole, sucesión, cuna, ralea, linaje, estirpe. **2** BIOL. filogenia.

generación f. engendramiento, incubación, cría, propagación, reproducción, fecundación. **2** concepción, formación, creación. **3** descendencia, posteridad. **4** promoción; coetáneos.

generador, -ra adj. productor, creador, genitor, matriz. **2** m. dínamo, alternador.

general adj. universal, total, absoluto. ANT. particular. **2** usual, frecuente, común, habitual, corriente. ANT.

inusual. **3** MIL. oficial superior. **4** *loc. por lo ~:* comúnmente, por lo común.

generalidad *f.* indeterminación, pluralidad, vaguedad, imprecisión. **2** masa, comunidad, muchedumbre, totalidad, conjunto, colectividad, público, humanidad. ANT. particularidad.

generalización *f.* vulgarización, divulgación, propagación.

generalizar *tr.* universalizar, pluralizar, popularizar, extender, difundir. ANT. restringir, limitar, particularizar.

generalmente *adv.* comúnmente, ordinariamente, regularmente, por lo común.

generar *tr.* procrear, concebir, engendrar. **2** producir, causar, crear, componer, formar, reproducir, originar, ocasionar, suscitar. ANT. impedir.

genérico, -ca *adj.* frecuente, general, común, corriente. ANT. particular.

género *m.* especie, grupo, familia, orden, categoría, clase, tipo, variedad. **2** naturaleza, estilo, carácter, manera, forma, condición, modo, índole. **3** paño, tela, tejido, lienzo. **4** *pl.* mercancías, productos, artículos, mercaderías. **5** BIOL. taxón. **6** sexo.

generosidad *f.* altruismo, bondad, liberalidad, prodigalidad, benevolencia. ANT. avaricia, mezquindad.

generoso, -sa *adj.* filántropo, magnífico, noble, altruista, caritativo, pródigo, desinteresado, desprendido, bondadoso, dadivoso, magnánimo. ANT. avaro, tacaño. **2** {plato} abundante. **3** {persona} excelente, extraordinario. **4** {tierra} productivo, abundante, fecundo, copioso, feraz, fructífero, fértil. ANT. estéril.

génesis *f.* principio, embrión, fundamento, formación, nacimiento, origen, raíz, base, creación, fuente, comienzo, germen. ANT. fin.

genial *adj.* genio, sutil, perspicaz, original, singular, creador, excelente, talentoso, agudo, extraordinario, magnífico, sobresaliente, excepcional, distinguido. **2** divertido, animado, gracioso, ingenioso, fascinador, ocurrente, agradable, placentero, alegre.

genialidad *f.* gracia, genio, ingenio, perspicacia, originalidad. **2** singularidad, rareza.

genio *m.* carácter, temperamento, personalidad, índole, talante, condición, naturaleza, humor, complexión, tendencia, constitución. **2** mal carácter, temperamento difícil, intemperancia. **3** ingenio, saber, inspiración, imaginación, inteligencia, talento. **4** energía, firmeza, resolución. **5** capacidad, disposición, inclinación, aptitud. **6** {del ánimo} disposición ocasional, estado, condición. **7** sabio, genial, talentoso, descollante, lumbrera, eminente. **8** duende, fantasma, ser fantástico, espíritu. **9** *loc. corto de ~:* encogido, pusilánime, tímido, corto.

genital *adj.* sexual, venéreo, genésico. **2** *m. pl.* testículos.

genocidio *m.* {de una etnia, nacionalidad o grupo social} exterminio, aniquilación, eliminación sistemática.

gente *f.* sujetos, individuos, personas. **2** gentío, multitud, turba, concurrencia, público, masa, afluencia, aglomeración, muchedumbre. **3** parientes, parentela, familia. **4** cuadrilla, grupo, tropa, personal, empleados, equipo, colaboradores. **5** pueblo, nación.

gentil *adj.* gracioso, airoso, bizarro, elegante, apuesto, gallardo, bello, galano, agradable, donoso, guapo, bien parecido. ANT. feo. **2** atento, cortés, amable, educado, considerado. ANT. descortés. **3** infiel, pagano, ateo, idólatra, hereje, irreligioso.

gentileza *f.* urbanidad, educación, corrección, galantería, cortesía, caballerosidad, amabilidad, distinción. ANT. ordinariez. **2** gala, ostentación. **3** soltura, galanura, gracia, bizarría, garbo, desembarazo.

gentilidad *f.* HIST., REL. gentiles.

gentío *m.* multitud, masa, muchedumbre, público, afluencia, aglomeración, movimiento, gente, tropel, personas, concurrencia.

gentuza *f.* chusma, plebe, gentecilla, canalla, populacho.

genuflexión *f.* arrodillamiento, arrodillada, prosternación, postración, sumisión, reverencia.

genuino, -na *adj.* auténtico, indiscutible, verdadero, neto, probado, puro, fidedigno, legítimo, propio, real, natural, representativo, característico. ANT. falso, inauténtico.

geogonía *f.* geogenia.

geografía *f.* territorio, paisaje.

geomancia *f.* HIST. magia, adivinación.

geometral *adj.* geométrico.

geométrico, -ca *adj.* {demostración, cálculo} muy exacto, muy preciso.

gerencia *f.* administración, gobierno, gestión, dirección.

gerente *s.* administrador, asesor, directivo, responsable, encargado, director, jefe, apoderado, gestor.

germanía *f.* jerga. **2** amancebamiento.

germano, -na *adj. s.* germánico, alemán, teutón, tudesco.

germen *m.* simiente, grano, huevo, feto, semilla, espermatozoide, embrión. **2** origen, principio, génesis, fundamento, principio, raíz, causa. **3** MED. microorganismo patógeno.

germinación *f.* reproducción, multiplicación.

germinar *intr.* nacer, crecer, vegetar, surgir, brotar, gestarse. **2** originarse, principiar.

gesta *f.* hazaña, proeza.

gestación *f.* embarazo, preñez. **2** desarrollo, formación, principio.

gestante *adj. f.* embarazada, preñada, encinta.

gestar *tr.* {mujer} sustentar. **2** *prnl.* prepararse, confeccionarse, elaborarse, madurarse.

gesticulación *f.* ademán, mímica, gesto, mueca, contorsión.

gesticular *intr.* expresar, bracear, manotear, contorsionarse, accionar, hacer muecas, señalar, guiñar. ANT. atemperarse, mesurarse.

gestión *f.* trámite, acción, negocio, diligencia, comisión, faena, papeleo, encargo, servicio, misión, cometido. **2** administración, dirección, régimen, manejo, gobierno, gerencia.

gestionar *tr.* diligenciar, procurar, resolver, ejecutar, manejar, tramitar, solicitar, comisionar, negociar, trabajar, obrar, despachar, activar. ANT. abstenerse, abandonar.

gesto *m.* gesticulación, aspaviento, tic, señal, movimiento, mueca, remilgo, ademán, ceño, mímica, visaje, seña, guiño, manoteo, mohín. **2** rostro, expresión, semblante, aspecto, apariencia, aire. **3** acción, rasgo, detalle, actitud.

gestor, -ra *adj. s.* representante, gestionador, mandatario, apoderado, agente, delegado, administrador, procurador, asesor.

giba *f.* joroba, corcova, deformidad, chepa, protuberancia. **2** molestia, incomodidad.

gibar *tr.* jorobar, corcovar. **2** vejar, importunar, fastidiar, molestar.

giboso, -sa *adj. s.* gibado, corcovado, jorobado.

gigante *m.* coloso, hércules, superhombre, titán, goliat, gigantón, cíclope. ANT. enano. **2** excelente, grande, excelso. **3** *adj.* gigantesco, enorme.

gigantesco, -ca *adj.* descomunal, colosal, monumental, inmenso, desmesurado, titánico, ciclópeo, formidable, enorme. *ANT.* minúsculo, diminuto.

gimnasia *f.* ejercicio, entrenamiento, adiestramiento.

gimnasio *m.* colegio, escuela, liceo, instituto.

gimnasta *com.* equilibrista, acróbata, funámbulo.

gimotear *intr.* gemir, sollozar, quejarse, lloriquear, clamar, lamentarse.

ginebra *f.* licor, bebida alcohólica. **2** juego de naipes. **3** desarreglo, desorden, confusión.

gira *f.* viaje, recorrido, excursión.

girar *tr. intr.* rotar, rondar, voltear, bordear, virar, tornear, torcer, doblar, oscilar, mover, circular, menear. **2** *intr.* volverse, revolotear, moverse, rodar, torcerse, rolar, dar vueltas. **3** versar, tratar. **4** *tr.* {letra, cheque} expedir, librar.

giratorio, -ria *adj.* rotatorio, rotativo, circulante, tornadizo, circulatorio, girante.

giro *m.* rotación, circulación, revolución, meneo, viraje, oscilación, vuelta, revoloteo, movimiento. **2** {de la lengua} frase, expresión, modismo, construcción, modo, locución. **3** {conversación, negocio} orientación, cambio, sesgo, cariz, sentido, vuelco, viraje, aspecto, dirección, matiz, curso. **4** envío, libranza, remesa, pago.

gitano, -na *adj. s.* rom, cíngaro, calé, cañí. **2** nómada, errante. *ANT.* sedentario.

glacial *adj.* álgido, gélido, congelado, helado, frío. *ANT.* caliente, cálido. **2** insensible, impávido, frío, desafecto, apático, impasible, impenetrable, indiferente. *ANT.* apasionado.

gladiador *m.* luchador, púgil, pugilista, agonista.

glamour *s.* [ING., FR.] glamur, encanto, sofisticación, atractivo.

glande *m.* bálano.

glandular *adj.* ganglionar, glanduloso.

global *adj.* integral, general, total, completo. *ANT.* parcial.

globo *m.* esfera, balón, pelota, bola. **2** planeta, globo terráqueo, Tierra, orbe, mundo. **3** aeronave, dirigible, zepelín.

globular *adj.* esférico, esferoidal, redondo.

gloria *f.* edén, bienaventuranza, felicidad, paraíso, beatitud, dicha, plenitud. *ANT.* infierno. **2** fama, lustre, reconocimiento, celebridad, nombradía, honra, reputación, honor, renombre, popularidad, aura, crédito. **3** deleite, delicia, satisfacción, gusto, placer. *ANT.* disgusto. **4** esplendor, magnificencia, brillo, grandeza, majestad. **5** éxito, triunfo. *ANT.* fracaso.

gloriar *tr.* glorificar, ensalzar, reconocer. **2** *prnl.* jactarse, pavonearse, vanagloriarse, preciarse, envanecerse, presumir. **3** alegrarse, complacerse, gozarse.

glorieta *f.* {en un jardín} cenador, pabellón, rotonda. **2** plazoleta, plaza.

glorificación *f.* alabanza, santificación, enaltecimiento, exaltación, loa, honra, sublimación, divinización, ensalzamiento. *ANT.* degradación.

glorificar *tr. prnl.* loar, reconocer, encumbrar, aclamar, magnificar, alabar, enaltecer, divinizar, ponderar, exaltar, ensalzar, honrar, entronizar, santificar, gloriar. *ANT.* abominar.

glorioso, -sa *adj.* famoso, renombrado, egregio, célebre. **2** recordable, memorable. **3** REL. bienaventurado, divino, celestial, sagrado, celeste. *ANT.* infernal.

glosa *f.* comentario, nota, explicación, anotación.

glosar *tr.* apostillar, explicar, comentar, aclarar.

glosario *m.* vocabulario, diccionario.

glotón, -ona *adj.* goloso, engullidor, insaciable, voraz, ávido, tragón. *ANT.* inapetente.

glotonería *f.* avidez, gula, tragonería, insaciabilidad, intemperancia, apetito, voracidad. *ANT.* sobriedad. **3** MED. bulimia. *ANT.* anorexia.

glúteo *m.* nalga, trasero, culo.

glutinoso, -sa *adj.* pegajoso, adherente, adhesivo.

gnomo *m.* duende, genio, elfo.

gnoseología *f.* FIL. epistemología, teoría del conocimiento.

gnosis *f.* REL. {entre los gnósticos} conocimiento absoluto. **2** gnosticismo.

gobernabilidad *f.* gobernanza, manera de gobernar.

gobernación *f.* gobierno, dirección, manejo, mando, régimen.

gobernador, -ra *adj. s.* administrador, representante, conductor, director, cabecilla, jefe, guía, regidor, magistrado, gobernante, mandatario, dirigente, autoridad. *ANT.* gobernado.

gobernante *adj. s. ver* **gobernador, -ra**.

gobernar *tr.* dirigir, regir, mandar, guiar, presidir, ordenar, regentar, conducir, administrar, representar. *ANT.* desgobernar. **2** {a una persona} manipular, manejar, influir.

gobierno *m.* dirección, régimen, poder, administración, mando, gobernación, mandato, manejo, conducción, autoridad. **2** ministerio, directorio, gabinete. **3** {de un barco} timón.

goce *m.* gozo, placer, contento, complacencia, satisfacción, alegría, felicidad, deleite, voluptuosidad, hedonismo, solaz, agrado, gusto, fruición, delicia, regodeo. *ANT.* malestar. **2** tenencia, usufructo, posesión, disfrute, uso. *ANT.* carencia.

gol *m.* punto, tanto.

golear *tr.* {en fútbol} derrotar, vencer, hundir.

golfo, -fa *s.* pícaro, pillo, bribón, granuja. **2** *f. desp.* fulana, furcia, ramera, prostituta, puta. **3** *m.* bahía, rada, ensenada, cala abra, abrigo.

gollete *m.* {de la garganta} parte superior. **2** {de vasijas} cuello estrecho.

golosina *f.* confite, bombón, dulce, confitura, caramelo. **2** delicadeza, manjar delicado, exquisitez, delicia. **3** antojo, avidez, apetito, ansia, deseo, anhelo.

goloso, -sa *adj. s.* voraz, glotón, antojadizo. **2** apetitoso. **3** *f. Col.* rayuela.

golpe *m.* choque, trastazo, empujón, colisión, trancazo, tropezón, encuentro, costalazo, embate, encontronazo, impacto, topetazo, porrazo, caída. **2** puñetazo, cachetada, bofetón, guantada, bofetada, trompada, manotazo, tortazo. **3** garrotazo, azote, latigazo. **4** moretón, contusión, magulladura, verdugón, cardenal. **5** pulso, latido, palpitación. **6** muchedumbre, copia, abundancia, multitud. **7** agudeza, gracia, salida, chiste, rasgo, ocurrencia, ingenio. **8** desventura, adversidad, desastre, desdicha, desgracia, infortunio, fatalidad, calamidad. **9** atraco, asalto. **10** sorpresa, admiración.

golpear *tr. prnl.* chocar, pegar, percutir, tropezar, caer. **2** maltratar, tundir, castigar, zurrar, magullar, aporrear, lastimar, herir, apalear, flagelar, vapulear, azotar. *ANT.* acariciar.

golpetazo *m.* golpazo, porrazo, trastazo, golpe violento.

golpiza *f.* paliza, zurra, tunda.

goma *f.* pegante, pegamento, engrudo, adhesivo, cola. **2** banda elástica, caucho. **3** *vulg.* preservativo, condón. **4** borrador. **5** neumático, llanta.

gomina *f.* fijador.

gomoso *m.* petimetre, presumido, figurín, lechuguino, currutaco.

gonádico, -ca *adj.* BIOL. gonadal.

gonce *m.* gozne, pernio. **2** {huesos} articulación.

góndola *f.* embarcación, barca. **2** carruaje.

gondolero *m.* remero.

gonfaloniero *m.* confaloniero, portaestandarte.

gong *m.* batintín, tantán.

gongorino, -na *adj. s.* culterano, conceptista. **2** {pieza literaria, estilo} rebuscado, alambicado, ampuloso. ANT. sencillo, natural.

gonorrea *f.* MED. blenorrea, blenorragia, uretritis gonocócica, flujo.

gordinflón, -na *adj.* fofo, rechoncho, voluminoso, mofletudo, regordete. ANT. delgado.

gordo, -da *adj.* obeso, grueso, carnoso, voluminoso, rollizo, adiposo, rechoncho, gordinflón, regordete. ANT. flaco, delgado. **2** graso, mantecoso. **3** {accidente, problema} fuera de lo común, grande, importante. **4** *m.* grasa, manteca.

gordura *f.* obesidad, adiposidad. ANT. delgadez. **2** grosor.

gorgona *f.* MIT. furia, divinidad infernal.

gorgorito *m.* trino, gorjeo.

gorgotear *intr.* borbotar, hervir.

gorila *m.* mono. **2** *fig. desp.* guardaespaldas.

gorjear *intr.* trinar, gorgoritear.

gorjeo *m.* trino, canto, gorgorito.

gorra *f.* gorro, bonete, boina, birrete. **2** *loc. de ~:* de balde.

gorrear *tr. C. Rica* golpear. **2** *C. Rica* timar. **3** *intr. col.* vivir de gorra.

gorrero, -ra *adj. s.* gorrón, gorrista, aprovechado, parásito, pedigüeño, vividor, sablista. **2** vendedor de gorros.

gorrino, -na *s.* {animal} puerco, cochino, cerdo. **2** *s. adj.* {persona} desaseado, sucio, puerco; grosero.

gorrista *adj. s.* gorrero, vividor, aprovechado, abusivo.

gorro *m.* gorra, bonete, boina, birrete.

gorrón, -ona *adj. s. ver* **gorrero, -ra.**

gota *f.* ápice, pizca, insignificancia, porción, parte, chispa, partícula, lágrima, migaja, poco, fracción. **2** MED. podagra. **3** *pl.* {de una sustancia} medicina.

goteado, -da *adj.* manchado.

gotear *intr.* chorrear, rezumar, lagrimear, salir, escurrir, destilar, fluir. **2** chispear, lloviznar.

gotera *f.* {en un techo} filtración, grieta. **2** *gen. pl.* indisposición, achaque. **3** *pl. Amer.* afueras, periferia, contornos, alrededores.

gotero *m. Amer.* cuentagotas.

gouache *m.* [FR.] {pintura} aguada.

gourmet *m.* [FR.] gurmé, gastrónomo, catador, conocedor.

gozar *intr.* tener, poseer, disfrutar, lograr, aprovechar, usar. ANT. carecer. **2** *tr. prnl.* deleitarse, saborear, regodearse, contentarse, disfrutar, solazarse, recrearse, regocijarse, complacerse, divertirse. ANT. sufrir.

gozne *m.* pernio, articulación, charnela, bisagra.

gozo *m.* goce, deleite, exultación, solaz, placer, gusto, esparcimiento, felicidad, delicia, satisfacción, complacencia, agrado. ANT. disgusto. **2** recreación, diversión, animación.

gozoso, -sa *adj.* jubiloso, alborozado, radiante, complacido, entusiasmado, regocijado, contento, feliz, satisfecho, alegre. ANT. triste.

gozque *m.* cachorro, perro, can, chucho.

grabación *f.* registro, cinta, reproducción, impresión, disco.

grabado *m.* lámina, dibujo, figura, imagen, ilustración, estampa. **2** aguafuerte, litografía.

grabador, -ra *adj.* esculpidor, impresor, tallista, fotograbador, tallador, xilógrafo, estampador, cincelador. **2** *f.* magnetófono.

grabar *tr.* labrar, esculpir, tallar, burilar, estampar, marcar, inscribir, cincelar. **2** imprimir, registrar, impresionar, litografiar, reproducir. ANT. borrar. **3** rememorar, tener presente, recordar, fijar, retener, memorizar, aprender, evocar. ANT. olvidar. **4** captar sonidos, videograbar.

gracejo *m.* gracia, garbo, donaire, donosura.

gracia *f.* encanto, garbo, desenvoltura, apostura, atractivo, gallardía, gentileza, galanura, donaire, encanto, ángel, elegancia, desembarazo, donosura, hechizo. ANT. desgarbo, tosquedad. **2** simpatía, ocurrencia, gracejo, agudeza, pulla, chiste, ingenio, humorismo, jocosidad, comicidad, jovialidad. ANT. sosería. **3** favor, beneficio, regalo, caridad, concesión, don, dádiva, merced. ANT. castigo. **4** perdón, indulto, compasión, indulgencia, absolución, misericordia, amnistía. ANT. condena. **5** agrado, benevolencia, afabilidad, amistad. **6** agilidad, desenvoltura, soltura, habilidad, destreza. **7** *p. us.* nombre de pila, apelativo. **8** *pl.* reconocimiento, agradecimiento, gratitud.

gracias *f. pl.* agradecimiento, reconocimiento, gratitud. ANT. ingratitud.

grácil *adj.* sutil, ligero, delicado, tenue. ANT. tosco, burdo. **2** esbelto, menudo, delicado, fino, delgado. ANT. pesado, voluminoso.

graciosidad *f.* ocurrencia. **2** comicidad.

gracioso, -sa *adj.* chistoso, ocurrente, jocoso, picante, festivo, cómico, agudo, divertido, bromista, alegre. ANT. serio, aburrido. **2** agradable, atractivo, agraciado, simpático, atrayente, encantador, hermoso, elegante, primoroso, bonito. ANT. feo. **3** desenfadado, donairoso. **4** de balde, gratuito. ANT. oneroso. **5** *s.* farsante, actor, juglar, cómico.

grada *f.* escalinata, peldaño, escalón. **2** pedestal, podio, plataforma, tarima, estrado. **3** *pl.* gradería, gradería.

gradación *f.* sucesión, gama, aumento, escalonamiento, degradación, matiz, escala, progresión, serie. **2** RET. clímax, anticlímax. **3** categoría, escalafón, jerarquía.

gradería *f.* graderío, gradas, escalones, tribuna, tendido, localidades, hemiciclo.

grado *m.* graduación. **2** título, clase, rango, escalafón, cargo, jerarquía, categoría. **3** nivel, margen, límite, punto, extremo, alcance, altura, estado, calidad, valor. **4** {temperatura} escala, matiz, graduación. **5** estado, situación, condición, valor. **6** parentesco, vínculo, lazo. **7** fracción, división, parte, porción. **8** medida, serie.

graduación *f.* gama, escala, gradación. **2** grado, categoría. **3** fracción, medida, división, proporción, parte, cantidad, porción, contenido.

graduado, -da *adj.* escalonado, sucesivo, gradual. **2** *s.* bachiller.

gradual *adj.* progresivo, paulatino, creciente.

graduando, -da *adj.* licenciando, doctorando.

graduar *tr.* regular, valorar, escalonar, clasificar, ordenar, acomodar, regularizar, aquilatar, nivelar, dosificar, estimar, apreciar, medir, ajustar. **2** despachar, licenciar, despedir. ANT. suspender. **3** *prnl.* diplomarse, doctorarse, licenciarse, titularse.

graffito *m.* [IT.] {en una pared} grafiti, grafito, inscripción, dibujo, pintada.

grafía *f.* letra, escritura.

gráfico *m.* representación, diagrama, cuadro, escrito, trazo, bosquejo, plano. **2** *adj.* {modo de hablar} descriptivo, pictórico, expresivo, explícito, claro, manifiesto. ANT. confuso.

grafismo *m.* {en el habla} expresividad gráfica.

gragea *f.* píldora, pastilla, comprimido, tableta, medicamento.

graja *f.* cuerva.

grajo *m.* cuervo.

grama *f. Amer.* césped, hierba menuda.

gramático, -ca *adj.* gramatical.

gramilla *f. Amer.* césped, hierba.

gramófono *m.* fonógrafo, tocadiscos, gramola.

gran *adj.* grande. **2** {en una jerarquía} principal, primero.

granada *f.* bomba, proyectil.

granado, -da *adj.* maduro, juicioso, entrado en años. **2** escogido, ilustre, notable, distinguido, selecto.

granate *m. adj.* {color} encarnado, colorado, carmesí.

grande *adj.* extenso, amplio, vasto, profundo, importante, considerable, espacioso. **2** enorme, mayúsculo, gigantesco, excesivo, magno, crecido, alto, descomunal, grandioso, desarrollado, monumental, ciclópeo, voluminoso, desmesurado, colosal. *ANT.* pequeño, reducido. **3** sobresaliente, notable, excepcional, egregio, destacado, insigne, excelso. **4** notable, principal, prohombre. **5** fuerte, intenso. **6** mayor, anciano, viejo.

grandemente *adv.* mucho. **2** extremadamente.

grandeza *f.* extensión, magnitud, longitud, tamaño. **2** enormidad, vastedad, grandiosidad. **3** elevación, sublimidad, generosidad, magnanimidad, nobleza, humanidad. **4** dignidad, excelsitud, esplendor, honor, gloria.

grandilocuencia *f.* ampulosidad, énfasis, pomposidad, altisonancia. *ANT.* sobriedad, sencillez.

grandilocuente *adj.* ampuloso, altilocuente, pomposo, pedante, grandílocuo, afectado. *ANT.* sobrio, sencillo.

grandílocuo, -cua *adj.* grandilocuente.

grandioso, -sa *adj.* magnífico, esplendoroso, soberbio, colosal, espléndido, grande, imponente, excelso, extraordinario, impresionante, excelente, maravilloso, admirable, sobresaliente, tremendo, portentoso. *ANT.* insignificante.

grandor *m.* tamaño, magnitud, medida, grandeza.

granel (a) *loc.* {cosas, semillas} sin orden, suelto. **2** *loc.* {género} sin empacar, sin envase. **3** *loc.* {en general} abundante, en abundancia.

granero *m.* depósito, pajar, bodega, almacén de granos, cobertizo, silo.

granizo *m.* pedrisca, tormenta, granizada, pedrisco, borrasca. **2** *fig.* {cosas} multitud, muchedumbre, copia.

granja *f.* finca, hacienda, cortijo, alquería, rancho, quinta, casa de campo.

granjear *tr. prnl.* obtener, ganar, captar, lograr, atraer, conseguir, alcanzar, adquirir. **2** cultivar. **3** conciliarse, atraerse, conquistar.

granjero, -ra *s.* hortelano, estanciero, labrador, cultivador, colono, ranchero, agricultor.

grano *m.* semilla, gránulo, simiente. **2** ápice, pizca, partícula, migaja, porción. **3** barro, inflamación, absceso, pústula, hinchazón, divieso, bulto, forúnculo, espinilla. **4** cereal. **5** textura, granulación.

granuja *m.* bribón, pícaro, bellaco, tunante, pillo.

granular *tr.* desmenuzar.

gránulo *m.* partícula. **2** pastilla.

grasa *f.* manteca, unto, sebo, gordo, tocino, aceite; lípido. **2** lubricante. **3** obesidad, gordura, adiposidad, carnes. **4** {en la ropa} mugre, suciedad. **5** grasitud.

grasiento, -ta *adj.* oleoso, aceitoso, graso, untado, oleaginoso, pringado.

graso, -sa *adj.* grasiento, pringoso, grasoso, untuoso, oleaginoso, seboso, mantecoso, aceitoso, oleoso. *ANT.* magro. **2** obeso, gordo, grueso, adiposo. **3** mugriento, sucio.

gratificación *f.* recompensa, paga, premio, asignación, remuneración, retribución, incentivo, donación, emolumento, propina.

gratificar *tr.* premiar, recompensar, retribuir, remunerar.

gratinado, -da *adj. m.* {alimento} tostado.

gratis *adv.* gratuito, de balde. **2** gratuitamente.

gratitud *f.* agradecimiento, reconocimiento, retribución. *ANT.* ingratitud.

grato, -ta *adj.* placentero, agradable, tranquilo, ameno, satisfactorio, sosegado, plácido, delicioso, apacible, gustoso, sabroso, acogedor, deleitoso, apetecible, amable, bueno. *ANT.* ingrato. **2** querido, estimado, apreciado, afecto.

gratuidad *f.* exención, privilegio.

gratuitamente *adv.* gratis, de gracia, de balde. **2** sin fundamento.

gratuito, -ta *adj.* gratis, de balde, regalado. **2** arbitrario, inmotivado, infundado, injusto, caprichoso, inmerecido. *ANT.* fundado.

grava *f.* gravilla, rocalla, cascajo, balasto, casquijo, piedra.

gravamen *m.* impuesto, tributo, derecho, carga, obligación.

gravar *tr.* cargar, gravitar, pesar. **2** imponer un gravamen. **3** *DER.* empeñar, hipotecar.

grave *adj.* enfermo, delicado, débil, moribundo. *ANT.* sano. **2** {negocio} grande, importante, trascendental. **3** {asunto} espinoso, embarazoso, arduo, dificultoso, difícil. *ANT.* baladí, nimio. **4** molesto, engorroso, enfadoso. **5** {persona} serio, severo, formal. **6** {estilo} circunspecto. **7** {cosa} pesado. **8** {sonido} bajo. **9** *adj. s. FON.* {palabra} llana.

gravedad *f. FIS.* gravitación, atracción, fuerza. **2** peso, pesantez, pesadumbre. **3** circunspección, solemnidad, formalidad, seriedad, compostura. **4** importancia, trascendencia, grandeza. *ANT.* insignificancia, trivialidad.

gravidez *f.* preñez, embarazo.

gravilla *f.* grava.

gravitacional *adj.* gravitatorio.

gravitar *intr.* {cuerpo} apoyarse, fundamentarse, sustentarse, reclinarse, cargar, cimentarse, basarse, sustentarse, descansar, estribar. **2** {cuerpo} girar. **3** {responsabilidad, carga} recaer. **4** {sobre alguien o algo} influir.

gravoso, -sa *adj.* enfadoso, fastidioso, insufrible, pesado, intolerable, inaguantable, molesto, aburrido, cargante. *ANT.* divertido, grato. **2** costoso, caro, excesivo, dispendioso, oneroso. *ANT.* barato.

graznar *intr.* {aves} crascitar, gaznar, chillar, crocitar, voznar.

greda *f.* tierra, arcilla.

gredal *adj. s.* calvero, blanquizal.

gredoso, -sa *adj.* lodoso.

gregario, -ria *adj.* adocenado, aborregado, sumiso, dócil, impersonal, vulgar. *ANT.* independiente. **2** sociable. **3** {ganado} gregal. **4** *m. DEP.* participante, integrante, componente.

gremio *m.* federación, agrupación, asociación, comunidad, sociedad, junta, hermandad, reunión, corporación, grupo, cofradía, sindicato.

greñudo, -da *adj.* melenudo, despeinado, encrespado, desgreñado, revuelto. **2** *Amer.* mechudo.

gresca f. pelea, riña, pendencia, reyerta, trifulca, pelotera. **2** alboroto, confusión, tumulto, jaleo, algazara, bulla. ANT. calma.

grey f. {personas} congregación, hermandad, comunidad, feligresía, grupo, conjunto. **2** {animales} rebaño, hatajo, manada, hato.

griego, -ga adj. s. heleno, helénico.

grieta f. fisura, abertura, hendidura, cuarteo, gotera, corte, rendija, raja, intersticio, hendedura, ranura, resquicio, resquebrajadura. **2** dificultad, desacuerdo.

grifo m. llave, válvula, obturador, canilla, toma, espita. **2** adj. {cabello} crespo, enmarañado, engrifado. **3** Amér. Cent. ebrio, embriagado, borracho. **4** Col. engreído, presuntuoso, entonado. **5** m. animal fabuloso.

grilletes m. pl. grillos, cadenas, cepo, argollas, prisiones, esposas, hierros.

grima f. irritación, inquietud, disgusto, horror, desazón, desagrado. **2** dentera. **3** Hond. temor, pavor.

gringo, -ga adj. s. col. estadounidense, angloamericano, norteamericano, anglosajón, inglés. **2** adj. m. {lengua} extranjero, forastero, extraño. ANT. nativo. **3** m. col. galimatías, lenguaje ininteligible. **4** Amer. rubio.

gripe f. resfriado, catarro.

gris adj. {color} plomizo, gríseo, ceniciento, grisáceo. **2** {persona} triste, aburrido, apagado, soso, lánguido, mustio, monótono, melancólico. ANT. animado, alegre. **3** borroso, difuso, indefinido, nebuloso. ANT. vivo, colorido. **4** {día} nublado, nuboso. **5** anodino, insignificante, mediocre. ANT. sobresaliente. **6** m. col. frío; viento frío.

grisáceo, -cea adj. agrisado.

gritar intr. tr. desgañitarse, gemir, berrear, vociferar, alzar la voz, alborotar, bramar, vocear, exclamar, quejarse, chillar, aullar, rugir. ANT. callar. **2** desaprobar, abuchear. ANT. aplaudir. **3** maltratar, regañar, reprender, reñir.

gritería f. (tb. **griterío**) vocerío, clamor, bulla, ruido, escándalo, algarabía, bullicio, batahola, algazara, alboroto. **2** abucheo, protesta.

grito m. alarido, chillido, vociferación, aullido, berrido, quejido, clamor, exclamación, voz, lamento, queja.

grogui adj. zombi, atontado. **2** {boxeo} tambaleante, aturdido, turbado. **3** casi dormido.

grosería f. incorrección, descomedimiento, patanería, ordinariez, indecencia, tosquedad, zafiedad, descortesía, majadería, rudeza, cochinada, desatención. ANT. cortesía, atención. **2** insolencia, descaro. ANT. recato. **3** ignorancia, rusticidad. **4** Amer. insulto, denuesto, palabrota, exabrupto.

grosero, -ra adj. tosco, rústico, chabacano, maleducado, zafio, ordinario, soez, burdo, basto, rudo, patán. **2** {expresión} malsonante. **3** adj. s. desconsiderado, impertinente, insolente, incivil, desatento, descomedido, irrespetuoso, indecoroso, procaz, incorrecto, indigno, indecente. ANT. digno, decente.

grosor m. grueso, espesor, dimensión, calibre, cuerpo.

grosso modo loc. más o menos, aproximadamente.

grotesco, -ca adj. extravagante, chocante, ridículo. ANT. sobrio. **2** charro, feo, estrafalario, tosco, cómico, ridículo, burlesco, estrambótico, risible, fachoso. ANT. serio. **3** grosero, irregular.

grueso adj. robusto, corpulento, espeso, carnoso, voluminoso, inflado, rollizo, abultado, grande, obeso, gordo. ANT. flaco. **2** fuerte, recio. **3** m. espesor, masa, calibre, grosor, dimensión, cuerpo, anchura, amplitud. **4** {de un todo} parte principal, bloque, núcleo. **5** {de la letra} trazo ancho. **6** corpulencia.

grumo m. coágulo, condensación, apelmazamiento, mazacote, endurecimiento, dureza, cuajarón, concreción, apelotonamiento, cuajo. **2** {cosas} conjunto, grupo. **3** {de un árbol} yema, cogollo. **4** {del alón de un ave} extremidad.

gruñir intr. rugir, roncar, chillar, gañir, bramar, berrear, bufar. **2** refunfuñar, regañar, protestar, murmurar, renegar, mascullar, hablar entre dientes, rezongar. **3** rechinar, crujir, chirriar.

gruñón, -ona adj. col. descontento, regañón, rezongón, refunfuñador, cascarrabias, murmurador. ANT. contento, encantado.

grupa f. {caballo} anca, cadera, cuadril, flanco, trasero, lomo, pernil.

grupo m. agrupación, pluralidad, colectividad, conjunto, asociación, equipo, comunidad, corro, congregación, corporación, reunión, unión, partida, liga. **2** caterva, cuadrilla, pandilla, banda, camarilla. **3** especie, montón, clase, apiñamiento, género, orden, conglomerado, grumo, racimo, categoría, amasijo, agolpamiento, colección, clan, acumulación, familia, porción, sector. **4** equipo, personal, gente. **5** Mil. unidad, tropa, pelotón. **6** Amer. clase, estudiantes.

gruta f. cueva, fosa, caverna, cavidad, mina, galería, sima, subterráneo, socavón, oquedad, túnel, antro.

guadaña f. hoz, segur.

guano m. estiércol, excremento, abono.

guantazo m. manotazo, guantada, bofetada, sopapo, manotada, bofetón, golpe, tortazo. ANT. caricia.

guante m. mitón, guantelete.

guapeza f. chulada, gallardía, resolución, guapura, bizarría, majeza, valor, valentía, chulería, intrepidez, ánimo, fanfarronería, valentonería. **2** presunción, ostentación. **3** hermosura, belleza.

guapo, -pa adj. bonito, apuesto, lindo, airoso, arrogante, majo, hermoso, lucido, gracioso, adonis, atractivo, precioso, gallardo, bello, bien parecido. ANT. feo. **2** m. bravucón, valentón, jaque, matasiete, pendenciero, valeroso, valiente, perdonavidas, chulo, fanfarrón. ANT. sensato. **3** ostentoso, presumido, petimetre, pisaverde, galán. **4** resuelto, bizarro, animoso, audaz. ANT. apocado.

guardabarros m. salvabarros, alero.

guardabrisas m. {automóvil} parabrisas.

guardaespaldas com. escolta, protector, acompañante. **2** desp. gorila.

guardameta com. Dep. {fútbol} portero, jugador.

guardar tr. prnl. almacenar, retener, conservar, ahorrar, acumular, atesorar. ANT. extraer. **2** cuidar, defender, preservar, custodiar, conservar, proteger, vigilar. ANT. abandonar, desamparar, descuidar. **3** cumplir, acatar, obedecer, seguir, observar. ANT. infringir, transgredir. **4** ocultar, contener, esconder. ANT. mostrar. **5** prnl. evitar, recelarse, eludir, prevenirse, cuidarse, abstenerse, precaverse. ANT. exponerse.

guardarropa m. ropero, mueble, arca, cómoda, arcón, clóset, armario. **2** vestidos, atuendos, vestuario, atavíos, trajes.

guardería f. jardín de infantes, parvulario, jardín de niños.

guardia f. guardián, vigilante, guarda, gendarme, centinela, escolta, agente, policía. **2** defensa, custodia, resguardo, salvaguardia, vigilancia, atención, protección, amparo, cuidado, asistencia. ANT. desamparo. **3** patrulla, destacamento, piquete, ronda. **4** asistencia nocturna, vela, desvelada, velada.

guardián s. vigía, guardia, centinela, vigilante, guarda, custodio.

guarecer tr. acoger, proteger, ayudar, albergar, refugiar, defender, amparar, socorrer. ANT. abandonar, desproteger. **2** conservar, asegurar, guardar. **3** curar, dar medicina. **4** prnl. cobijarse, resguardarse, albergarse, refugiarse, abrigarse, defenderse, librarse. ANT. exponerse.

guarida *f.* cueva, cubil, covacha, antro, nido, agujero, madriguera. **2** refugio, amparo, albergue, protección, asilo.

guarismo *m.* número, cifra, cantidad, expresión.

guarnecer *tr.* adornar, decorar, vestir, amueblar, ornamentar, acicalar, embellecer, revestir, engalanar. **2** proveer, abastecer, equipar, aprovisionar, dotar, surtir, pertrechar, suministrar. *ANT.* desposeer, quitar. **3** defender, reforzar, guarnicionar. **4** {caballo} enjaezar, aparejar, ensillar. **5** *ARQ.* {paredes} revocar, revestir.

guarnecido *m.* *ARQ.* revoque, revocadura, revoco, entablado.

guarnición *f.* accesorio, adorno, engaste, aparejo, aderezo, engarce. **2** acantonamiento, defensa, tropa, cuartel, guardia, fuerte, avanzada, patrulla, vigilancia, destacamento. **3** {espada} cazo, empuñadura, guardamano, guarda. **4** {plato} aditamento.

guaro *m.* *Amer.* aguardiente de caña.

guarrada *f.* guarrería, porquería, cochinada, suciedad. **2** indelicadeza, jugada, canallada, trastada, indecencia.

guarrería *f.* guarrada, porquería, inmundicia, suciedad.

guarro, -rra *s.* cerdo, marrano, puerco, cochino. **2** *col.* desaliñado, desaseado, sucio, inmundo. *ANT.* aseado, limpio. **3** grosero, palurdo, zafio, rudo. *ANT.* educado, fino. **4** vil, despreciable, ruin. *ANT.* apreciable, decente.

guasa *f.* chanza, burla, tomadura de pelo, ironía, chasco, sorna, mofa, befa, chacota, broma. *ANT.* seriedad. **2** sosería, pesadez.

guasearse *prnl.* burlarse, mofarse, bromear, chancearse.

guasón, -ona *adj.* burlón, bromista, irónico, socarrón, burlesco, chancero.

gubernamental *adj.* gubernativo, administrativo, estatal, oficial, público. *ANT.* privado.

guedeja *f.* melena, cabellera.

guerra *f.* conflicto, pelea, contienda, refriega, hostilidades, pugna, conflagración, lucha, combate, batalla, choque, encuentro. *ANT.* paz. **2** pleito, hostilidad, desavenencia, rivalidad, rompimiento, pugna, discordia, discrepancia. *ANT.* concordia. **3** alboroto, molestia, lata. *ANT.* calma.

guerrera *f.* chaqueta, casaca.

guerrero, -ra *adj.* aguerrido, batallador, combativo. **2** belicoso, bélico. *ANT.* pacífico. **3** *m.* soldado, militar. *ANT.* civil.

guerrilla *f.* facción, bando, bandería.

guía *f.* orientación, modelo, dechado, tutela, enseñanza, supervisión, pauta, norma, consejo. *ANT.* descuido. **2** maestro, director, entrenador, tutor, profesor, conductor, orientador, monitor, preceptor, consejero, mentor, asesor. **3** cicerone. **4** conductor, guiador, adalid, piloto, caudillo. **5** manual, breviario, folleto, índice, vademécum, prontuario. **6** horario, mapa, registro, indicador. **7** dirección, rumbo, derrotero, camino. **8** canal, carril, riel.

guiar *tr.* orientar, adiestrar, indicar, aleccionar, ejercitar, encauzar, instruir, encaminar. *ANT.* desorientar. **2** dirigir, mandar, conducir, gobernar, mostrar, administrar, regir, capitanear, estar al frente, encabezar, acaudillar. **3** educar, enseñar, ejemplarizar, advertir,

tutelar, asesorar. *ANT.* descarriar. **4** pilotar, conducir, llevar, manejar, pilotear. **5** *prnl.* seguir, dejarse llevar.

guijarro *m.* pedrusco, canto, piedra, guija, fragmento.

guillotinar *tr.* ejecutar, decapitar, ajusticiar.

guiñada *f.* guiño, gesto, seña, mueca, aviso.

guiñapo *m.* harapo, colgajo, piltrafa, andrajo, desgarrón, jirón.

guiño *m.* guiñada, gesto, indicación, contracción, parpadeo, seña, visaje, ojeada, advertencia, señal, mueca, expresión, gesticulación, aviso. **2** destello, resplandor. **3** mensaje implícito.

guión *m.* raya, línea, signo, trazo. **2** escrito, texto, argumento, libreto, sinopsis, tema. **3** insignia, enseña, pendón, estandarte, banderín.

guionista *com.* argumentador.

guirigay *m.* desorden, escándalo, bullicio, jaleo, desbarajuste, alboroto, bulla, algarabía, confusión, gritería.

guirnalda *f.* corona, diadema, aureola, tiara. **2** adorno, festón, tira, ribete.

guisa *f.* modo, manera, suerte, estilo, tenor, forma, procedimiento.

guisado *m.* cocido, guiso, estofado, vianda, manjar, potaje.

guisante *m.* alverja, arveja, chícharo.

guisar *tr.* cocinar, cocer, preparar, sofreír, escalfar, aderezar, freír, estofar. **2** componer, ordenar.

guiso *m.* guisado, estofado, vianda, cocido, puchero, potaje.

guisote *m.* bazofia, bodrio, comistrajo, mazacote, mezcla.

guita *f.* cuerda, cáñamo, bramante. **2** bien, hacienda, caudal. **3** dinero contante.

gula *f.* glotonería, avidez, voracidad.

gusanear *intr.* hormiguear, cosquillear, escocer, agitarse, picar. *ANT.* aquietarse. **2** bullir.

gusano *m.* lombriz, helminto.

gustación *f.* cata.

gustar *tr.* probar, saborear, libar, degustar, catar, ingerir, tomar. **2** agradar, entusiasmar, atraer, contentar, regalar, cautivar, fascinar, deleitar, complacer, encantar, satisfacer. *ANT.* desagradar. **3** experimentar. **4** codiciar, anhelar, querer, desear. *ANT.* desdeñar.

gustillo *m.* gusto, dejo, saborcillo, deje, sabor.

gusto *m.* sabor, regusto, sazón, sensación. **2** agrado, deleite, placer, regalo, contento, satisfacción, regodeo, fruición, complacencia, delicia, gozo. *ANT.* desagrado, disgusto. **3** inclinación, gana, antojo, arbitrio, capricho, voluntad. **4** sentido estético, juicio, apreciación, sensibilidad, discernimiento.

gustoso, -sa *adj.* apetitoso, sabroso, rico, delicioso, bueno. **2** ameno, grato, agradable, placentero, sabroso. *ANT.* soso, aburrido. **3** contento, complacido. *ANT.* fastidiado.

habano *m.* cigarro, puro, tabaco.

haber *tr.* apoderarse. **2** disfrutar, poseer, disponer, conservar, detentar, tener, usufructuar, gozar. ANT. carecer. **3** *impers.* acaecer, ocurrir, suceder, sobrevenir, acontecer. **4** celebrarse, efectuarse. **5** *prnl.* portarse.

haberes *m. pl.* bienes, posesiones, hacienda, caudal, capital.

habichuela *f.* alubia, judía.

hábil *adj.* inteligente, experto, ejercitado, competente, dispuesto, ingenioso, ducho, técnico, habilidoso, apto, perito, idóneo, diestro, entendido, fogueado. ANT. inepto. **2** sagaz, astuto. ANT. ingenuo. **3** pillo, taimado, ladino. **4** {día} laborable. ANT. feriado.

habilidad *f.* destreza, arte, tacto, aptitud, diplomacia, capacidad, técnica, virtuosismo, agilidad, soltura, competencia, prontitud, maestría, pericia, ingenio. ANT. incompetencia. **2** astucia, sutileza, sagacidad, diplomacia, tacto. ANT. torpeza.

habilidoso, -sa *adj.* hábil, diestro, competente, capaz. ANT. torpe, inhábil. **2** empeñoso, ingenioso, trabajador.

habilitar *tr.* capacitar, investir, delegar, comisionar, facultar. **2** permitir, licenciar, autorizar. ANT. inhabilitar, prohibir. **3** preparar, destinar, adaptar, acondicionar. **4** proveer, capitalizar. **5** educar, adoctrinar, adiestrar, instruir. **6** ingeniarse, apañarse.

hábilmente *adv.* mañosamente, con habilidad.

habitación *f.* cuarto, alcoba, pieza, habitáculo, dependencia, recinto, estancia, salón, aposento, dormitorio, cámara. **2** vivienda, residencia, hogar, morada, piso, domicilio, casa.

habitáculo *m.* habitación, pieza, cuarto, cámara, estancia. **2** ECOL. hábitat.

habitante *m.* residente, morador, poblador, ciudadano, vecino.

habitar *tr. intr.* residir, vivir, domiciliarse, convivir, morar, cohabitar, avecindarse, ocupar, hallarse, alojarse, aposentarse, establecerse, asentarse. ANT. vagar.

hábito *m.* rutina, costumbre, regla, método, estilo, práctica, moda, uso, conducta, usanza. **2** {de sacerdotes} vestido, túnica, atavío, traje, vestimenta. **3** MED. dependencia.

habituación *f.* acostumbramiento, aclimatación, curtimiento, adaptación, amoldamiento.

habitual *adj.* corriente, repetido, consabido, consuetudinario, acostumbrado, rutinario, convencional, tradicional, familiar, usual, periódico, ritual, común, ordinario, frecuente. ANT. desusado, desacostumbrado.

habituar *tr.* aclimatar, aficionar, preparar, adaptar, estilar, practicar, llevar, acostumbrar, adiestrar, connaturalizar, enseñar, curtir, avezar, familiarizar. **2** *prnl.*

acostumbrarse, hacerse, familiarizarse, aclimatarse, avezarse. ANT. desacostumbrarse.

habla *f.* lenguaje, idioma, lengua, dialecto, palabra. **2** charla.

hablador, -ra *adj.* charlatán, dicharachero, cotorra, hablanchín, vocinglero, palabrero, hablista, lenguaraz, locuaz, parlanchín, conversador, cotorrera, parlador. ANT. silencioso. **2** chismoso, correveidile, parlero, indiscreto, bocazas, murmurador. **3** *adj. s. Amer.* jactancioso, mentiroso, valentón, fanfarrón. **4** imprudente.

habladuría *f.* rumor, calumnia, chisme, injuria, enredo, murmuración, comadreo, fábula, cotilleo, hablilla, cuento. ANT. discreción. **2** locuacidad, cháchara, verborrea.

hablar *intr.* decir, comunicar, pronunciar, monologar, parlar, declamar, garlar, opinar, manifestar, comentar, disertar, recitar, expresar, explicar, declarar. ANT. callar. **2** conversar, platicar, departir, charlar, discursear, discutir, dialogar. ANT. callar. **3** conferenciar, perorar, discursear. **4** proponer, discutir, convenir, concertar, razonar, tratar. **5** criticar, susurrar, murmurar, parlotear, cuchichear, musitar. **6** revelar, desembuchar, cantar, confesar. ANT. reservar, ocultar. **7** rogar, interceder. **8** *tr.* {en un idioma} darse a entender. **9** *prnl.* tratarse, comunicarse, relacionarse.

hablilla *f.* rumor, chisme, mentira, cuento, murmuración, habladuría.

hacedero, -ra *adj.* realizable, factible, posible, viable. ANT. irrealizable, imposible.

hacendado, -da *adj. s.* potentado, propietario, rico, acomodado, burgués, capitalista, acaudalado. **2** granjero, agricultor, terrateniente, plantador, ranchero, colono, ganadero, cultivador, latifundista.

hacendoso, -sa *adj.* diligente, solícito, atento, dinámico, aplicado, cuidadoso, activo, trabajador, laborioso. ANT. perezoso, haragán.

hacer *tr. prnl.* crear, formar, elaborar, originar, fabricar, engendrar, producir, construir. ANT. deshacer, destruir. **2** *tr.* ejecutar realizar, actuar, practicar, proceder, desempeñar, obrar, llevar a cabo. **3** causar, ocasionar, motivar, determinar, labrar. **4** disponer, materializar, arreglar, aderezar, componer. **5** convocar, juntar. **6** acostumbrar, habituar. **7** arreglar, embellecer. **8** {cosa} reducir. **9** suponer, creer. **10** ganar, obtener, conseguir. **11** proveer, suministrar. **12** perfeccionar, mejorar, componer. **13** {espectáculo} representar. **14** fingir, simular. **15** {estudio académico} cursar. **16** incumbir, concernir, referir. **17** volver, transformar, modificar, convertir. **18** {necesidad fisiológica} obrar, expeler. **19** *intr.* convenir, importar. **20** {velocidad} alcanzar. **21** *prnl.* adaptarse, habituarse, avezarse, acostumbrarse. **22** simular, fingirse.

hacha *f.* segur, macheta. **2** antorcha, cirio, hachón.

hacia *prep.* a, para. **2** alrededor de, aproximadamente, cerca de.

hacienda *f.* cortijo, finca, tierra, granja, predio, propiedad. **2** bienes, riquezas, fortuna, caudal, capital, posesiones. **3** erario, fisco, tesoro.

hacinamiento *m.* apilamiento, amontonamiento, acumulación, aglomeración.

hacinar *tr. prnl.* amontonar, apilar, aglomerar, acumular, reunir.

hacker *s.* [ING.] pirata informático.

hada *f.* hechicera, adivina, maga, encantadora.

hado *m.* destino, sino, providencia, suerte, fortuna.

halagador, -ra *adj.* adulador, halagüeño, obsequioso, zalamero, oficioso, lisonjero.

halagar *tr.* adular, lisonjear, agasajar, mimar, obsequiar, festejar, elogiar, regalar, cortejar. ANT. desdeñar. **2** complacer, deleitar, satisfacer, gustar, agradar. ANT. desagradar. **3** enorgullecer, envanecer. ANT. avergonzar.

halago *m.* zalamería, carantoña, adulación, alabanza, agasajo, lisonja, caricia, embeleco, cumplimiento, festejo, zalema, mimo. **2** atracción, agrado, gusto, atractivo, complacencia.

halagüeño, -ña *adj.* agradable, satisfactorio. ANT. desagradable. **2** atrayente, interesante. ANT. repelente. **3** adulador, halagador, lisonjero, prometedor, encomiástico. ANT. despreciativo.

halar *tr.* tirar de, atraer, jalar, recoger.

hálito *m.* aliento, soplo, aura, aire, brisa. **2** resuello, respiración. **3** vaho, emanación, vapor.

hall *s.* [ING.] vestíbulo, zaguán, recibimiento, entrada.

hallar *tr.* encontrar, topar, ubicar, localizar, dar con, tropezar. **2** averiguar, solucionar, detectar, encontrar, descubrir. ANT. fallar, errar. **3** advertir, observar, notar. **4** concluir, discurrir, idear, imaginar. **5** *prnl.* estar, encontrarse, ubicarse, ser.

hallazgo *m.* descubrimiento, acierto, invención, encuentro. ANT. pérdida. **2** creación, invento. **3** solución, respuesta. ANT. interrogante.

halo *m.* aureola, resplandor, anillo, fulgor. **2** cerco, corona.

hamaca *f.* lona, red. **2** *Arg., Uru.* mecedora. **3** *Arg., C. Rica, Cuba, Uru.* columpio.

hamacar *tr. prnl.* columpiar, mecer.

hamaquear *tr. Amér. Sur* mecer, columpiar.

hambre *f.* apetito, gana, apetencia, voracidad. ANT. inapetencia. **2** deseo, anhelo, ansia, ambición, codicia, avidez, afán, sed. ANT. desinterés. **3** penuria, pobreza, miseria, escasez.

hambreado, -da *adj. Amer.* famélico, hambriento.

hambriento, -ta *adj. s.* hambreado, famélico, menesteroso, ávido. ANT. saciado, harto. **2** glotón, comilón, insaciable. ANT. desganado.

hambruna *f.* hambre. **2** carencia, penuria, pobreza, escasez.

hampa *f.* hez, chusma, pillería, golfería, delincuencia.

hampón *adj.* valentón, bravucón, truhán, perdonavidas. **2** *adj. s.* maleante, delincuente, granuja, bandido, matón, bribón, holgazán.

handicap *s.* [ING.] desventaja.

hangar *m.* cobertizo, tinglado, barracón.

haragán, -ana *adj. s.* holgazán, perezoso, gandul, poltrón. ANT. trabajador.

haraganear *intr.* vagabundear, gandulear, zanganear, holgazanear.

haraganería *f.* poltronería, ociosidad, holgazanería, pereza, desidia, gandulería.

harapiento, -ta *adj.* roto, haraposo, andrajoso, astroso.

harapo *m.* andrajo, guiñapo, colgajo, piltrafa, pingajo.

haraposo, -sa *adj. s.* andrajoso, astroso, desastrado, harapiento, desarrapado, pingajoso, zarrapastroso, roto, sucio.

hardware *s.* [ING.] INF. soporte físico.

harén *m.* (tb. **harem**) serrallo.

harinoso, -sa *adj.* farináceo.

harpía *f.* arpía.

hartar *tr. prnl.* saciar, llenar, henchir, satisfacer, colmar, empalagar, saturar, atiborrar, ahitar, atracar, empachar. **2** hastiar, cansar, enojar, aburrir, fastidiar, molestar, importunar.

hartazgo *m.* saciedad, hartura, empalagamiento, saturación, llenura, panzada, empalago, empacho, atracón.

harto, -ta *adj. s.* atiborrado, lleno, repleto, empachado, satisfecho, saciado, ahíto. ANT. hambriento. **2** hastiado, fastidiado, molesto, aburrido, cansado. ANT. complacido. **3** *adv.* demasiado, suficiente, bastante, sobrado, mucho, de sobra.

hasta *prep.* incluso, inclusive, aun, también.

hastiado, -da *adj.* aburrido, enfadado, cansado, fastidiado, hasta la coronilla. ANT. contento.

hastiar *tr. prnl.* importunar, fastidiar, cansar, molestar, enojar, aburrir. ANT. divertir. **2** saciar, empalagar, atiborrar, empachar, colmar, saturar, ahitar.

hastío *m.* empalago, repugnancia, hartura. **2** tedio, enfado, aburrimiento, molestia, aversión, cansancio, fastidio. ANT. placer, agrado.

hatajo *m.* {animales} rebaño, hato, manada. **2** {personas} gavilla, tropa, pandilla, grupo, horda, cuadrilla.

hato *m.* rebaño, manada, hatajo, ganado. **2** bulto, lío, fardel.

haz¹ *m.* fajo, atado, manojo, paquete.

haz² *f.* faz, rostro, cara. **2** anverso.

hazaña *f.* proeza, gesta, heroísmo, valentía, epopeya, heroicidad, aventura, lance.

hazmerreír *m.* esperpento, monigote, payaso, mamarracho, pazguato, pelele, adefesio, bufón.

head-hunter *s.* [ING.] cazatalentos.

hebdomadario, -ria *adj.* semanal. **2** *m.* semanario, periódico.

hebilla *f.* broche, pasador, fíbula, imperdible.

hebra *f.* filamento, hilo, fibra, hilacha.

hebraico, -ca *adj. s.* hebreo, judío, israelita, judaico, semítico.

hebraizar *intr.* judaizar.

hebreo, -a *adj.* semita, israelita, judío.

hecatombe *f.* matanza, debacle, mortandad, degollina, carnicería, holocausto. **2** sacrificio, inmolación. **3** desastre, ruina, destrucción, cataclismo, aniquilamiento, destrozo, catástrofe, apocalipsis, siniestro.

heces *f. pl.* excrementos, desperdicios, desechos, inmundicias, escoria, mierda.

hechicería *f.* brujería, sortilegio, encantamiento, magia, hechizo, conjuro.

hechicero, -ra *adj. s.* brujo, mago, hechizador, encantador, taumaturgo, agorero, adivino, augur. **2** fascinante, cautivante, embrujador, cautivador, encantador, seductor, estupendo, fascinador. ANT. repelente.

hechizar *tr.* embrujar, encantar, aojar, ensalmar. **2** maravillar, cautivar, seducir, deslumbrar, fascinar, deleitar, atraer. ANT. repeler.

hechizo *m.* filtro, aojamiento, encantamiento, hechicería, bebedizo, maleficio, sortilegio, embrujo. **2** seducción, atracción, fascinación, encanto, magnetismo, atractivo. **3** *adj.* fingido, no natural, ficticio, artificioso.

hecho *m.* acción, obra, acto. **2** suceso, acontecimiento, aventura, hazaña, peripecia, acaecimiento, incidente, caso, asunto. **3** asunto, tema, materia. **4** *adj.* experimentado, consumado, avezado, veterano, fogueado, habituado, ducho, experto. ANT. novato, inexperto. **5** constituido, formado, efectuado, dispuesto, proporcionado. **6** semejante. **7** acabado, maduro, perfecto, puro.

hechura *f.* forma, composición, organización, disposición, contextura, configuración, distribución, conformación, imagen, figura. **2** confección, factura, corte, manufactura. **3** ejecución, realización. **4** creación, producto, obra, resultado.

heder *intr.* apestar, maloler, oler mal.

hediondez *f.* fetidez, hedor, pestilencia, mal olor.

hediondo, -da *adj.* fétido, pestilente, pestífero, apestoso, maloliente, nauseabundo. ANT. aromático, perfumado.

hedonismo *m.* epicureismo. **2** concupiscencia, sibaritismo. ANT. ascetismo.

hedor *m.* hediondez, pestilencia, mal olor, fetidez, peste. ANT. aroma.

hegemonía *f.* supremacía, influjo, imperio, dominio, influencia, preeminencia, potestad, preponderancia, predominio. ANT. supeditación, desventaja.

helado, -da *adj.* gélido, álgido, fresco, congelado, glacial. **2** atónito, suspenso, confuso, pasmado, patitieso, estupefacto, sobrecogido. **3** frío, tieso, yerto. **4** *m.* sorbete, golosina, horchata, granizada.

helar *tr. prnl.* congelar, enfriar, cuajar, solidificar. **2** *prnl.* {persona} aterirse, amoratarse. **3** {cosa} coagularse, consolidarse. **4** {fruta, vegetal} secarse.

helénico, -ca *adj.* heleno, griego.

heleno, -na *adj. s.* helénico, griego.

helicóptero *m.* autogiro.

helvecio, -cia *adj. s.* helvético, suizo.

hematíe *m. gen. pl.* BIOL. glóbulo rojo, eritrocito.

hematoma *m.* MED. moretón.

hembra *f.* mujer, fémina. ANT. macho.

hemiciclo *m.* semicírculo, gradería, anfiteatro.

hemiplejia *f.* (*tb.* **hemiplejía**) MED. hemiparálisis.

hemisferio *m.* semiesfera, mitad.

hemorragia *f.* {de sangre} efusión, derrame, hemorrea, flujo, sangría, pérdida.

hemorroide *f.* almorrana.

henchido, -da *adj.* pletórico, colmado, lleno, pleno, rebosante, repleto. ANT. vacío.

henchir *tr.* llenar, rellenar, saturar, inflar, repletar, atestar, atiborrar, colmar, atarugar, hinchar. ANT. vaciar. **2** *prnl.* {de comida} hartarse, atiborrarse, atracarse, saciarse.

hendedura *f. ver* **hendidura**.

hender *tr. prnl.* {cuerpo sólido} agrietar, abrir, cuartear, rajar, hendir, romper, cascar, partir, resquebrajar. **2** {fluido} surcar, rasgar, tajar, cortar. **3** {persona} cruzar, abrirse paso, atravesar.

hendidura *f.* grieta, hendedura, resquicio, incisión, abertura, intersticio, fisura, rendija, corte, resquebradura, ranura, surco. **2** *Amer.* hendija.

heno *m.* forraje, yerba, pienso, pasto, hierba, paja, herbaje.

heraldo *m.* mensajero, emisario, enviado, portavoz, embajador, adalid, correo. **2** anuncio, aviso, señal.

herbario, -ria *adj.* herbolario. **2** *s.* herboricultor, botánico, herborista.

hercúleo, -a *adj.* fornido, fuerte, forzudo, corpulento, vigoroso. ANT. débil.

heredad *f.* finca, predio, hacienda, propiedad, posesión.

heredar *tr.* suceder, entrar en posesión, coheredar. **2** recibir, obtener, adquirir. **3** BIOL. {rasgos} mostrar, asemejarse, manifestar, semejarse. **4** {herencia} dejar, legar, donar. ANT. desheredar.

heredero, -ra *adj. s.* sucesor, beneficiario, legatario, coheredero, legitimario, fiduciario.

hereje *com.* apóstata, incrédulo, impío, infiel, heterodoxo. ANT. ortodoxo, creyente, fiel.

herejía *f.* apostasía, sacrilegio, impiedad. ANT. ortodoxia.

herencia *f.* sucesión, legado, heredad, adquisición, usufructo, mayorazgo, disfrute, cesión, beneficio, partición, transmisión. **2** patrimonio, bienes. **3** temperamento, propensión, costumbre, parecido, inclinación, atavismo, afinidad, consanguinidad. **4** BIOL. caracteres.

herida *f.* lesión, traumatismo, perforación, magulladura, desgarramiento, contusión, lisiadura, cortadura, rozadura, golpe, llaga, corte. **2** ofensa, injuria, ultraje, agravio. ANT. halago. **3** pesadumbre, tormento, angustia, aflicción, sufrimiento, pena, dolor. ANT. alivio.

herir *tr.* lesionar, dañar, golpear, cortar, pegar. **2** atormentar, mortificar, lastimar, angustiar. **3** {Sol} iluminar. **4** {enfermedad} atacar. **5** {sentidos, ánimo} impresionar. **6** injuriar, insultar, ofender, agraviar, ultrajar.

hermafrodita *adj.* andrógino, bisexual, bisexuado.

hermana *f.* monja, sor, religiosa.

hermanar *tr. prnl.* unir, armonizar, uniformar, emparejar, equiparar, igualar. **2** fraternizar.

hermandad *f.* cofradía, corporación, sociedad, asociación, comunidad, agrupación, fraternidad, congregación. **2** amistad, intimidad, avenencia, solidaridad, armonía, simpatía, benevolencia, compenetración, devoción, coincidencia, inclinación. ANT. discordia. **3** consanguinidad, parentesco. **4** sindicato, gremio, mutualidad.

hermano, -na *adj. s.* pariente, consanguíneo, allegado, deudo. **2** *s.* REL. lego, cofrade, congregante, fray, fraile. **3** {cosa respecto a otra} semejante.

hermeneuta *com.* intérprete, comentarista, exégeta.

hermenéutica *f.* exégesis, interpretación.

hermético, -ca *adj.* impenetrable, sellado, impermeable, cerrado. ANT. abierto. **2** oscuro, inescrutable, incomprensible. ANT. accesible. **3** misterioso, esotérico, oculto, secreto. ANT. revelado. **4** introvertido, callado, reservado, silencioso. ANT. sociable, hablador.

hermetismo *m.* esoterismo, ocultismo. **2** mutismo, reserva, silencio, circunspección, secreto, impenetrabilidad.

hermosear *tr. prnl.* enjoyar, arreglar, decorar, maquillar, ornar, emperifollar, embellecer, componer, aderezar, pulir, ornamentar, adornar.

hermoso, -sa *adj.* {persona} bien parecido, atractivo, apuesto, guapo, agraciado, bello, lindo, bonito. ANT. feo. **2** grandioso, excelente, maravilloso, perfecto. **3** elevado, divino, sublime. ANT. feo. **4** {día} despejado, soleado, agradable, apacible, sereno.

hermosura *f.* belleza, encanto, gallardía, galanura, lindura, beldad, preciosura, apostura, atractivo, gracia. ANT. fealdad.

hernia *f.* relajación, quebradura, tumor.

herniarse *prnl.* MED. relajarse, estrangularse, quebrarse.

héroe *m.* {en general} campeón, epónimo, paladín. **2** Mit. semidiós, titán. **3** Cine, TV. protagonista, estrella, actor.

heroicidad *f.* proeza, valentía, hazaña, heroísmo, gesta, epopeya.

heroico, -ca *adj.* audaz, valeroso, intrépido, osado, hazañoso, valiente. Ant. cobarde.

heroína *f.* campeona, mujer ilustre. **2** protagonista, estrella, actriz. **3** droga, narcótico.

heroísmo *m.* ánimo, osadía, valentía, bravura, coraje, audacia, valor, heroicidad, atrevimiento, intrepidez, arrojo. Ant. cobardía.

herramienta *f.* instrumento, aparejo, utensilio, artefacto, material, aparato, útil, trebejo, mecanismo, máquina, apero.

herrería *f.* forja, ferrería, fragua, fundición, taller.

herrero *m.* forjador, herrerón, herrador, ferrón.

herrumbrar *tr. prnl.* enmohecer, aherrumbrar.

herrumbre *f.* óxido, orín, moho.

herrumbroso, -sa *adj.* enmohecido, roñoso, mohoso, oxidado. **2** {color} amarillo rojizo.

hervidero *m.* {personas, animales, cosas} muchedumbre, multitud, agolpamiento, enjambre, remolino, avispero, hormiguero, cantidad. **2** {líquido al hervir} hervor, ruido, ebullición.

hervir *intr.* {líquido} burbujear, bullir, borbotar, borboritar, escaldar, cocer. **2** {mar} agitarse, alborotarse, picarse, encresparse, levantarse. Ant. calmarse. **3** abundar. **4** {persona} excitarse, solivantarse.

hervor *m.* ebullición, efervescencia, cocción, burbujeo. **2** fervor, fogosidad, entusiasmo, vehemencia, impetuosidad, ardor, exaltación, inquietud, animosidad. Ant. tranquilidad.

hesitación *f.* duda, perplejidad, indecisión, vacilación, irresolución. Ant. seguridad.

hetaira *f.* prostituta, ramera.

heteróclito, -ta *adj.* irregular, extraño, raro, singular.

heterodoxia *f.* Hist. herejía. Ant. ortodoxia. **2** disconformidad, inconformidad, disidencia.

heterodoxo, -xa *adj.* Hist. hereje. Ant. ortodoxo. **2** disconforme, disidente, rebelde.

heterogéneo, -a *adj.* diverso, diferente, mezclado, singular, irregular, mixto, híbrido, variado, heteróclito, plural, variopinto, distinto, múltiple. Ant. homogéneo, uniforme, parejo.

heterogénesis *f.* mutación, heterogenia.

heterogenia *f.* heterogénesis.

heteromorfia *f.* heteromorfismo. Ant. isomorfia.

hético, -ca *adj. s.* flaco, enfermo, débil, enjuto, magro, extenuado, consumido. **2** tuberculoso, tísico.

heurística *f.* {de documentos o fuentes históricas} indagación, investigación.

hexagonal *adj.* sexagonal.

hez *f.* sedimento, poso, depósito. **2** chusma, hampa, vulgo.

hialino, -na *adj.* Fís. diáfano, vítreo.

hiato *m.* Anat. fisura, hendidura, orificio.

hibernal *adj.* hiemal, invernal.

híbrido, -da *adj.* mestizo, cruzado, mezclado, mixto, heterogéneo.

hidalgo, -ga *s.* noble, caballero, aristócrata, señor, distinguido. Ant. plebeyo.

hidalguía *f.* altruismo, generosidad, caballerosidad, dignidad, magnanimidad, lealtad.

hidráulico, -ca *adj.* hídrico.

hidroavión *m.* hidroplano.

hidrofobia *f.* rabia.

hidromecánica *f.* hidráulica.

hidroplano *m.* hidroavión.

hiel *f.* bilis, humor, secreción, atrabilis. **2** amargura, aspereza, desazón, irritación, resentimiento, cólera, desabrimiento, disgusto, adversidad, aflicción.

hierático, -ca *adj.* sagrado, sacro, religioso. **2** majestuoso, solemne.

hierba *f.* césped, prado. **2** pasto, forraje, heno, pienso, paja.

higiene *f.* aseo, profilaxis, higienización, preservación, sanidad, limpieza, desinfección, asepsia, pulcritud. Ant. suciedad.

higiénico, -ca *adj.* puro, limpio, desinfectado, pulcro, profiláctico, aséptico, sanitario, purificado, aseado, sano. Ant. antihigiénico, sucio.

hijo, -ja *s.* {persona, animal} vástago, sucesor, heredero, retoño, prole, primogénito. **2** natural, nacido, originario, descendiente, oriundo. **3** producción, creación, obra. **4** {vegetales} retoño, renuevo. **5** *pl.* descendientes.

hilada *f.* hilera, cola, fila, línea.

hilar *tr.* retorcer, estambrar, rehilar, envolver, ovillar, enroscar, devanar. **2** inferir, discurrir, trazar, pensar, relacionar.

hilarante *adj.* alegre, regocijante, jocoso.

hilaridad *f.* risa, alegría, jocosidad, regocijo. Ant. tristeza.

hilera *f.* fila, línea, cola, columna.

hilo *m.* hebra, filamento, hilacha, fibra, cabo, hilaza. **2** continuidad, encadenamiento, continuación, cadena, desarrollo, progresión, serie, secuencia, curso, ciclo, continuidad, trama. **3** alambre, conductor, cable. **4** {líquido} escurrimiento, chorro.

hilvanar *tr.* rematar, pespuntear, coser, zurcir. Ant. descoser. **2** {al hablar o escribir} relacionar, enlazar, coordinar. **3** col. {con precipitación} bosquejar, trazar, idear, proyectar, esbozar.

himeneo *m.* casamiento, boda, unión, matrimonio, enlace, desposorio, nupcias, esponsales.

himno *m.* canción, balada, cántico, melodía, romanza, canto, poema.

hincapié (hacer) *loc.* destacar, resaltar, insistir, subrayar.

hincar *tr.* clavar, fijar, enterrar, injertar, meter, hundir, alojar, introducir, plantar, empotrar. Ant. extraer. **2** apoyar. **3** *prnl.* arrodillarse, prosternarse, venerar. Ant. incorporarse.

hincha *com.* partidario, fanático, entusiasta, seguidor, apasionado. **2** *f. col.* odio, antipatía, enemistad, hostilidad, ojeriza, encono.

hinchada *f.* Dep. afición.

hinchado, -da *adj.* presumido, vano, soberbio, infatuado, engreído, fatuo, presuntuoso, altanero. **2** Med. inflamado, tumescente, mórbido, tumefacto. **3** ventrudo, panzudo, abultado. **4** {estilo, lenguaje} hiperbólico, ampuloso, enfático, afectado, hueco, redundante, pomposo, rimbombante. **5** *f.* hinchas, seguidores.

hinchar *tr. prnl.* inflar, henchir, llenar, soplar, inflamarse, congestionar, abotagarse. Ant. deshinchar. **2** {agua de un río} aumentar. **3** Amer. molestar, fastidiar, enfadar. **4** *tr.* {noticia, suceso} exagerar, aumentar, abultar. Ant. minimizar. **5** *intr. Arg., Uru.* {a un equipo} apoyar, seguir. **6** *prnl.* envanecerse, pavonearse, crecerse, engreírse, infatuarse. Ant. moderarse. **7** {arte del cuerpo} inflamarse.

hinchazón *f.* inflamación, bulto, intumescencia, congestión, absceso, tumefacción, abotagamiento, edema, abultamiento, tumor, chichón. **2** engreimiento, afectación, envanecimiento, soberbia, arrogancia, fatuidad, presunción, humos, vanidad, ínfulas, petulancia. ANT. modestia. 3 {de estilo} grandilocuencia, vicio, defecto.

hindú adj. s. indio, oriental.

hinterland s. [AL.] traspaís, interior del país, región interior.

hipar intr. sufrir hipo. 2 {perro} resollar, jadear. 3 desear, anhelar, ansiar, codiciar. 4 fatigarse, sofocarse, cansarse, angustiarse. 5 llorar, sollozar, lloriquear, gimotear.

hipérbole f. exageración, ponderación, amplificación, exceso.

hiperbólico, -ca adj. exagerado, redundante, abultado, hinchado, pomposo.

hiperbóreo, -a adj. boreal, ártico, nórdico, septentrional.

hipermetropía f. MED. presbicia.

hipersensibilidad f. MED. alergia.

hípico, -ca adj. ecuestre, caballar, equino.

hipnosis f. hipnotismo.

hipnótico, -ca adj. s. MED. sedante, narcótico, somnífero, soporífero, adormecedor.

hipnotizar tr. sugestionar, aletargar, dominar, adormecer, amodorrar, magnetizar, dormir. ANT. despertar. 2 fascinar, seducir, asombrar, encantar, atraer, embrujar, influir, cautivar, hechizar. ANT. repeler.

hipo m. convulsión, espasmo, contracción. 2 deseo, anhelo, ansia. 3 rabia, enojo, encono.

hipocondría f. angustia, depresión, tristeza, melancolía, desánimo, abatimiento, pesimismo.

hipocondríaco, -ca adj. triste, melancólico, sombrío, deprimido. ANT. alegre.

hipocresía f. fingimiento, fariseísmo, afectación, mojigatería, falsía, disimulo, duplicidad, falsedad, doblez. ANT. sinceridad, lealtad. 2 zalamería, lisonja.

hipócrita adj. s. falso, fingidor, simulador, farisaico, manipulador, engañoso, disimulado, impostor, tartufo, fariseo, mojigato. ANT. sincero, franco.

hipoteca f. gravamen, carga, fianza, garantía, obligación, compromiso, deuda. 2 préstamo.

hipotecar tr. gravar, empeñar, enajenar, adeudar, garantizar. 2 comprometer, arriesgar, poner en peligro.

hipótesis f. suposición, supuesto, figuración, conjetura, posibilidad, deducción, presunción, presuposición, teoría, probabilidad, creencia, sospecha. ANT. certidumbre.

hipotético, -ca adj. dudoso, incierto, conjetural, presunto, problemático, probable, teórico, posible, pretendido, supuesto. ANT. comprobado.

hiriente adj. ofensivo, ultrajante, vejatorio, insultante, injurioso, lacerante, humillante. ANT. edificante. 2 mordaz, incisivo, sarcástico, corrosivo, cínico. ANT. amable. 3 dañino, lesivo.

hirsuto, -ta adj. {pelo} enmarañado, duro, desmelenado, disperso, rizado, erizado. ANT. liso. 2 peludo. 3 {persona} áspero, desagradable, hosco, duro, intratable, grosero, huraño, rudo. ANT. amable.

hisopo m. aspersorio.

hispánico, -ca adj. español, hispano.

hispanismo m. españolismo.

hispano, -na adj. s. ibérico, peninsular, celtíbero, hispánico, español.

hispanoamericano, -na adj. s. latinoamericano, iberoamericano, hispánico.

hispanófono, -na adj. s. hispanohablante.

híspido, -da adj. {del pelo} hirsuto, erizado.

histeria f. histerismo, excitación, alteración, enajenación, nerviosidad, irritación, perturbación, convulsión, agitación, nerviosismo. ANT. calma.

historia f. crónica, narración, comentarios, reseña, hechos, descripción, cronología, gesta, documentos, anales, memoria, relación. 2 suceso, acontecimiento. 3 aventura, lance, empresa. 4 gen. pl. chisme, anécdota, cotilleo, rumor, comadreo, cuento, ficción, habladuría, hablilla, infundio. ANT. verdad. 5 pretexto, mentira, excusa. 6 relato, epopeya, gesta, leyenda, tradición. 7 biografía. 8 anécdota. 9 fábula, novela.

historiador, -ra s. historiógrafo, cronista, biógrafo.

historial m. antecedentes, historia, reseña, relación, referencias, datos, informes. 2 currículum, hoja de vida.

histórico, -ca adj. comprobado, cierto, averiguado, fidedigno, auténtico, verdadero. ANT. fabuloso. 2 importante, trascendental, fundamental. ANT. insignificante. 3 {persona, hecho} real. 4 antiguo, añoso. 5 tradicional, legendario.

historieta f. fábula, anécdota, cuento, relato, aventura. 2 tira cómica, dibujo, ilustración, cómic.

histrión m. cómico, farsante, mimo, titiritero, juglar, saltimbanqui, payaso, comediante, bufón, actor. 2 acróbata, volatinero, prestidigitador. 3 afectado, teatral, charlatán, ampuloso, fingido, efectista, exagerado. ANT. mesurado, sobrio.

histriónico, -ca adj. teatral.

hit s. [ING.] {canción, libro} éxito popular.

hito m. mojón, poste, señal, marca.

hobby s. [ING.] pasatiempo, entretenimiento, distracción, afición.

hocico m. {de animal} jeta, morro, trompa, boca, belfos, labios, fauces. 2 col. {persona} cara.

hocicón, -ona adj. hocicudo, morrudo, bocón, bezudo.

hogaño adv. hoy, en la actualidad, ahora, actualmente. ANT. antaño, ayer.

hogar m. casa, morada, albergue, techo, domicilio, cobijo, vivienda. 2 chimenea, fuego, estufa, fogón, lumbre. 3 familia. 4 asilo.

hogareño, -ña adj. familiar, casero, doméstico, íntimo, sencillo. ANT. protocolario.

hogaza f. pan.

hoguera f. fogata, lumbrada, candelada, fuego, brasas, flama, lumbre, pira.

hoja f. página, papel, folio, cuartilla, carilla, pliego, plana. 2 pétalo, hojuela, follaje, fronda. 3 sable, cuchilla, puñal, acero, espada, navaja, filo. 4 lámina, chapa, plancha, placa. 5 gaceta, libro, folleto, impreso. 6 {de puertas o ventanas} batiente. 7 MED. membrana, capa.

hojalata f. lámina, hoja, hoja de lata, placa, lata, chapa.

hojarasca f. frondosidad, broza, ramaje, maleza, fronda, boscaje, follaje. 2 inutilidad, fruslería, bagatela, nadería, fárrago, palabrería.

hojear tr. {libro} repasar, trashojar, examinar, mirar, revisar, leer. 2 intr. {hojas de un árbol} menearse, moverse.

hojuela f. lámina, hoja. 2 {de aceitunas} hollejo, orujo, cascarilla.

holandés, -esa adj. s. {persona} neerlandés.

holgado, -da adj. {espacio, lugar} amplio, desembarazado, espacioso, dilatado, abierto. ANT. estrecho. 2 {persona} desocupado. 3 {zapato, vestido} ancho, sobrado. 4 {persona} próspero, rico, acomodado, desahogado. ANT. pobre.

holganza f. inacción, descanso, ocio, asueto, recreo, quietud, reposo. ANT. actividad. 2 haraganería, gandulería, apatía, ociosidad, indolencia, vagancia, inactividad, pereza, holgazanería. *ANT.* dinamismo. **3** placer, gozo, regocijo, diversión, contento.

holgazán, -ana *adj. s.* vagabundo, indolente, desaplicado, negligente, apático, haragán, remolón, perezoso, vago, ocioso. *ANT.* trabajador.

holgazanear *intr.* vagabundear, haraganear, gandulear, reposar, vegetar, zanganear. *ANT.* trabajar.

holgazanería *f.* ociosidad, apatía, dejadez, desgana, holganza, molicie, haraganería, indolencia, flojedad, vagancia, pereza, inactividad. *ANT.* dinamismo, actividad.

holgorio *m. col.* jolgorio, regocijo, jaleo, fiesta, fandango, bullicio, parranda, diversión, farra, juerga. *ANT.* quietud, tristeza.

holgura *f.* amplitud, anchura, espacio, espaciosidad, bienestar, desembarazo, comodidad, desahogo. *ANT.* estrechez. **2** diversión, solaz, holgorio, placer, ocio, recreo, regocijo.

hollar *tr.* pisar, señalar, dejar huellas, marcar, imprimir, pisotear. **2** humillar, escarnecer, mancillar, atropellar, despreciar, maltratar, agraviar. *ANT.* enaltecer.

hollín *m.* ceniza, humo, tizne, suciedad.

holocausto *m.* matanza, masacre, carnicería, exterminio. **2** sacrificio, ofrenda.

hombre *m.* varón, macho. **2** persona, ente, criatura, ser, individuo, sujeto, semejante. **3** humanidad, género humano, especie humana, prójimo. **4** marido, esposo. **5** señor, adulto.

hombrecillo *m.* niño. **2** enano.

hombría *f.* entereza, integridad, rectitud, honradez, decoro, honestidad, hombradía, honorabilidad, buena fe. *ANT.* ruindad. **2** valentía, valor, decisión, fortaleza, energía. *ANT.* cobardía. **3** masculinidad, virilidad. *ANT.* feminidad.

hombruna *adj.* {mujer} machona, marimacho, macha. **2** recia, brusca. *ANT.* femenina.

homenaje *m.* ofrenda, tributo, admiración, ofrecimiento, consideración, dedicatoria, cumplido, obsequio, enaltecimiento, exaltación. **2** respeto, cortesía, reverencia, juramento, obediencia, acatamiento. *ANT.* rebeldía. **3** juramento, fidelidad. *ANT.* desacato.

home run s. [ING.] *DEP.* jonrón.

homicida *adj. s.* asesino, criminal, delincuente, sicario, bandido, reo.

homicidio *m.* crimen, asesinato, muerte, delito, atentado, violencia.

homilía *f.* discurso, prédica, sermón, plática, conferencia.

homogéneo, -a *adj.* uniforme, liso, suave, terso, parejo. *ANT.* disparejo. **2** semejante, similar, parecido, homólogo. *ANT.* heterogéneo.

homologación *f.* asimilación, igualamiento. **2** verificación, confirmación, aprobación, sanción.

homologar *tr.* igualar, equiparar. **2** {resultado} verificar, registrar, constatar, confirmar, comprobar.

homólogo, -ga *adj.* equivalente, análogo, concordante, parecido, paralelo, conforme. *ANT.* distinto.

homónimo, -ma *adj. s.* tocayo.

homosexual *adj. s.* {hombre} sodomita, invertido, marica, maricón, amanerado, afeminado. **2** {mujer} lesbiana, marimacho.

hondazo *m.* pedrada, hondada.

hondo, -da *adj.* profundo, recóndito, abismal, misterioso, insondable. **2** {sentimiento} intenso, fuerte, vehemente, extremado. **3** hondura, fondo.

hondonada *f.* depresión, valle, cuenca, concavidad, sinuosidad, barranco, hoya, hondura. *ANT.* meseta.

hondura *f.* profundidad, abismo, hondonada, bajío, fondo, desnivel, sima, precipicio.

honestidad *f.* rectitud, justicia, honor, compostura, urbanidad, probidad, integridad, decencia, decoro, lealtad, honradez. *ANT.* deshonestidad.

honesto, -ta *adj.* decoroso, digno, decente, cabal, moderado. **2** justo, razonable, ecuánime, honrado, probo, recto, íntegro, equitativo. *ANT.* injusto.

hongo *m.* seta, champiñón. **2** sombrero, bombín.

honor *m.* honra, gloria, consideración, mérito, orgullo, estima, dignidad. *ANT.* deshonra. **2** pudor, honestidad, pudicia, recato, decencia, decoro. *ANT.* indecencia. **3** reputación, fama, celebridad, renombre. *ANT.* anonimato. **4** distinción, empleo, título, cargo, dignidad. **5** prerrogativa, concesión. **6** aplauso, alabanza, recompensa, obsequio. **7** *pl.* agasajo, ofrenda, ceremonial, homenaje, testimonio.

honorabilidad *f.* decencia, honradez, probidad, virtud, dignidad.

honorable *adj.* venerable, honorífico, intachable, honrado, digno, distinguido, respetable. *ANT.* despreciable.

honorario, -ria *adj.* honorífico, honroso, honoris causa. **2** *m. gen. pl.* remuneración, sueldo, salario, emolumentos, estipendio, paga, retribución.

honorífico, -ca *adj.* honroso, decoroso, honorario. *ANT.* ignominioso.

honra *f.* honor, integridad, dignidad. **2** decoro, decencia, recato, pudor. **3** gloria, reputación, distinción, honor, renombre, fama.

honradez *f.* honorabilidad, virtud, honestidad, lealtad, probidad, honra, decencia, rectitud, integridad. *ANT.* deshonestidad, corrupción.

honrado, -da *adj.* honesto, intachable, justo, íntegro, fiel, probo, decente, recto, incorruptible, honorable, leal, respetable, virtuoso. *ANT.* deshonesto. **2** admirado, distinguido, ensalzado, estimado, respetado, apreciado, enaltecido. *ANT.* vilipendiado, deshonrado.

honrar *tr. prnl.* apreciar, admirar, estimar, dignificar, reverenciar, respetar, reconocer. *ANT.* deshonrar. **2** prestigiar, enaltecer, favorecer, alabar, distinguir, afamar, ensalzar. *ANT.* difamar. **3** condecorar, premiar.

honroso, -sa *adj.* decente, estimable, honrado, digno, honesto, decoroso. *ANT.* deshonroso. **2** honorífico, señalado, honorario, preeminente. *ANT.* ignominioso.

hontanar *m.* fuente, surtidor, fontana, chorro, venero, fontanar, manantial.

hopo *m.* cola, rabo. **2** mechón de pelo, copete.

hora *f.* tiempo, momento, período, oportunidad, lapso, transcurso, instante, intervalo. **2** *fig.* circunstancia, trance.

horadar *tr.* perforar, avellanar, excavar, agujerear, ahondar, taladrar, atravesar, calar. *ANT.* rellenar.

horario, -ria *m.* programa, cuadro indicador, itinerario, lista, agenda, guía. **2** manecilla. **3** tiempo, período.

horca *f.* horcón, patíbulo, degolladero, tablado, cadalso, soga. **2** pena, ejecución, condena.

horcón *m.* {de los labradores} horca, horqueta, horquilla.

horda *f.* turba, tropel, caterva, gentuza, vulgo, cáfila, cuadrilla, chusma, populacho, pandilla. **2** tribu, etnia, clan, comunidad.

horizontal *adj. s.* extendido, tumbado, paralelo, acostado, plano, yacente, tendido. *ANT.* vertical.

horizonte *m.* límite visual, lejanía, confín, línea, distancia, extensión. **2** *gen. pl.* lugar, sitio, paisaje. **3** límite, borde, frontera. **4** {para un estudio} período, término temporal. **5** posibilidad, futuro, perspectiva. **6** *GEOL.* nivel estratificado.

horma *f.* forma, molde, diseño, modelo, original, plantilla, módulo.

hormigón m. concreto, cemento, mortero, mezcla, argamasa.

hormiguear intr. pulular, gusanear, agitarse, abundar, moverse, bullir. **2** cosquillear, picar.

hormigueo m. cosquilleo, picazón, comezón, cosquillas, picor, prurito, molestia. **2** ansiedad, inquietud, desasosiego, desazón. ANT. tranquilidad.

hormiguero m. enjambre, muchedumbre, multitud, masa, afluencia, gentío, aglomeración, hervidero. **2** agujero, galería, cueva.

hornacina f. concavidad, hueco, nicho.

horno m. cocina, hogar, parrilla, fogón. **2** siderúrgica, fundición.

horóscopo m. oráculo, predicción, pronóstico, profecía, vaticinio, augurio.

horrendo, -da adj. horroroso, espantoso, espeluznante, hórrido, horrible, horripilante, monstruoso, pavoroso.

horrible adj. horripilante, horrendo, horroroso, terrible, espantoso, hórrido, espeluznante, pavoroso, siniestro. ANT. agradable. **2** muy feo, repulsivo. ANT. hermoso. **3** {susto} intenso, fuerte. **4** {alimento} malo, pésimo. ANT. delicioso.

hórrido, -da adj. monstruoso, horrendo, pavoroso, horrible, espantoso, horroroso.

horripilar tr. prnl. horrorizar, acoquinar, espantar, repugnar, espeluznar, aterrar, sobrecoger, asustar. ANT. tranquilizar.

horrísono, -na adj. pavoroso, horroroso. **2** atronador, estruendoso, ensordecedor, estrepitoso, fragoso.

horro, -rra adj. {persona} liberto, libre. **2** exento, desembarazado. **3** {animal} estéril, nulíparo.

horror m. terror, miedo, susto, temor, consternación, espanto, angustia, pánico, pavor. **2** aversión, repulsión, odio, repugnancia, fobia. ANT. agrado. **3** enormidad, monstruosidad, brutalidad, barbaridad, crueldad, atrocidad.

horrorizar tr. horripilar, aterrar, asustar, consternar, aterrorizar. **2** prnl. horrorizarse, espantarse.

horroroso, -sa adj. horrible, pavoroso, horripilante, aterrador, espeluznante, horrendo, espantoso. **2** desagradable, repugnante, repelente, repulsivo. ANT. atractivo.

hortaliza f. verdura, vegetal, legumbre.

hortelano, -na s. horticultor, labrador, agricultor, labriego, campesino.

hosco, -ca adj. áspero, intratable, huraño, adusto, ceñudo, antipático, seco. ANT. simpático, ameno.

hospedaje m. hotel, estancia, parador, fonda, hospedería, hostería, alojamiento, pensión, albergue, hostal. **2** hospitalidad, asistencia, acomodo.

hospedar tr. prnl. alojar, albergar, aposentar, cobijar, acoger, recibir, amparar. ANT. desalojar. **2** alojarse, guarecerse, refugiarse.

hospedería f. hospedaje, posada, parador, hostal, albergue, pensión, hostería.

hospedero, -ra s. hostelero, posadero, anfitrión, alojador, hospedador, hotelero. **2** m. BIOL. huésped. ANT. parásito.

hospicio m. asilo, albergue, orfelinato, refugio, orfanato, casa cuna.

hospital m. clínica, sanatorio, policlínica, enfermería, dispensario.

hospitalario, -ria adj. acogedor, agasajador, protector, amable. ANT. insociable. **2** espléndido, generoso, magnánimo. ANT. tacaño, avaro.

hospitalidad f. amparo, asilo, alojamiento, refugio, albergue, protección. **2** recibimiento, acogida, admisión, aceptación. **3** esplendidez, nobleza, altruismo, generosidad.

hospitalizar tr. internar, recluir, ingresar.

hostal m. posada, hostería, parador, pensión, mesón, fonda, hotel.

hostelero, -ra s. hospedero, mesonero, posadero.

hostería f. hospedaje, hostal, hotel, hostelería, parador, fonda, mesón, albergue.

hostigar tr. acosar, perseguir, hostilizar, acorralar, sitiar, asediar. **2** molestar, importunar, fastidiar, atosigar. ANT. acoger.

hostil adj. adverso, contrario, desfavorable, opuesto, discrepante, enfrentado. ANT. favorable, propicio. **2** antagonista, enemigo, adversario. ANT. amistoso.

hostilidad f. enfrentamiento, malquerencia, animadversión, aversión, discordia, disputa, animosidad, contrariedad, enemistad, antipatía, oposición. ANT. amistad. **2** acometida, desafío, agresión, ataque. ANT. paz, armonía.

hostilizar tr. hostigar, mortificar, acosar, molestar, agobiar, agredir, perseguir.

hotel m. hostería, hospedaje, parador, pensión, alojamiento, albergue, hostal, fonda, mesón. **2** chalé, chalet, villa.

hoy adv. ahora, actualmente, en el presente, en estos momentos, en la actualidad.

hoyo m. hoya, pozo, depresión, concavidad, agujero, zanja, bache. **2** f. sepultura, huesa, hoya, fosa, tumba.

hoz f. guadaña, segadera, hoja, segur. **2** {en un valle} angostura.

hucha f. alcancía, caja, arca, cofre.

hueco m. hoyo, depresión, agujero, concavidad, hendidura. **2** adj. cóncavo, vacío, ahuecado, agujereado. ANT. lleno. **3** presumido, vanidoso, hinchado, ensoberbecido, pomposo. ANT. sencillo.

huelga f. paro, alto, suspensión/cese de actividades.

huelgo m. resuello, aliento. **2** anchura, holgura.

huella f. pisada, rastro, vestigio, indicio, traza, impresión, surco, señal, marca, pista. **2** {de una enfermedad} lacra, señal, estigma, secuela, cicatriz. **3** reminiscencia, rememoración, evocación, recuerdo, remembranza, memoria. ANT. olvido. **4** {lectura, película} impresión profunda. **5** {en documentos} mención, alusión. **6** Amér. Sur camino.

huérfano, -na adj. s. desvalido, solo. **2** falto, carente, privado, desprovisto. ANT. provisto.

huero, -ra adj. vano, vacío, vacuo, insustancial.

huerto m. cultivo, regadío, vergel, jardín, plantación, sembrado.

huesa f. sepultura, fosa, hoyo.

huesoso, -sa adj. óseo.

huésped, -da s. invitado, comensal, hospedado, convidado, visitante, visita.

hueste f. gen. pl. ejército, tropa, banda, grupo, horda, tropel. **2** partidarios, seguidores.

huesudo, -da adj. esquelético, osudo, flaco, enjuto, descarnado, escuálido, demacrado. ANT. rollizo.

huevera f. ovario.

huevo m. BIOL. óvulo, embrión, cigoto, célula. **2** vulg. gen. pl. testículo.

huevón, -ona adj. s. vulg. tardo, perezoso, lento. **2** desp. idiota, imbécil, torpe, tonto.

hugonote, -ta adj. s. HIST. calvinista.

huida f. fuga, defección, partida, escape, deserción, desbandada, escapatoria, dispersión, espantada, evasión, salida, abandono, escapada.

huidizo, -za *adj.* hosco, huraño, áspero, insociable, intratable, arisco, misántropo. **2** escurridizo, esquivo, evasivo.

huir *intr. prnl.* fugarse, escapar, evaporarse, deslizarse, abandonar, alejarse, desbandarse, retirarse, marcharse, evadirse, desertar, escabullirse. ANT. permanecer. **2** *intr.* {tiempo} correr, pasar, transcurrir. **3** *intr. tr.* rehuir, esquivar, evitar, eludir, apartarse.

hule *m.* goma elástica, caucho. **2** tela impermeable, plástico.

hulla *f.* carbón de piedra, coque.

humanidad *f.* género humano, naturaleza humana, hombre. **2** corpulencia, mole, obesidad, cuerpo. **3** *pl.* **humanidades**, literatura, letras, bellas letras.

humanitario, -ria *adj.* benigno, indulgente, bondadoso, sensible, comprensivo, transigente, afable, altruista, filantrópico, benéfico. ANT. inhumano, cruel.

humanizar *tr.* dulcificar, ablandar, suavizar. ANT. enojar, endurecer. **2** *prnl.* transigir, aplacarse, apiadarse, desenfadarse, suavizarse, serenarse, compadecerse, desenojarse, tranquilizarse.

humano, -na *s.* individuo, sujeto, persona, ser. **2** *pl.* humanidad. **3** *adj.* comprensivo, humanitario, benigno, benévolo, generoso. ANT. inhumano. **4** terrestre, terrenal, perecedero.

humedecer *tr.* bañar, empapar, regar, mojar.

humildad *f.* sumisión, timidez, sencillez, bajeza, vergüenza, sometimiento, docilidad.

humilde *adj.* sumiso, rendido, tímido, apocado, obediente, dócil. **2** reducido, bajo, insignificante, pequeño, diminuto, pobre, modesto, oscuro. **3** vil, ruin, servil.

humillación *f.* rebajamiento, desprecio, ofensa, degradación, afrenta, vejación. **2** abatimiento, doblegamiento, vergüenza, servilismo. **3** iniquidad, vileza, bajeza.

humillar *tr.* pisotear, agraviar, ofender, rebajar, deshonrar, menospreciar, degradar, desdeñar, despreciar, afrentar, maltratar. ANT. enaltecer. **2** *prnl.* doblegarse, encogerse, prosternarse, arrastrarse, degradarse, envilecerse.

humo *m.* gas, vaho, humareda, fumarola. **2** *pl.* engreimiento, presunción, jactancia, fatuidad, vanidad.

humor *m.* índole, condición, vena, temperamento, genio, carácter. **2** humorismo, alegría, chispa, jovialidad, chiste, agudeza, finura, sal, gracia, donaire, gracejo, ingenio. ANT. sosería. **3** disposición, estado, ánimo, talante. **4** secreción, fluxión, fluido corporal.

humorada *f.* broma, extravagancia, gracia, ocurrencia, ironía, salida, ingeniosidad.

humoso, -sa *adj.* humeante.

hundido, -da *adj.* inmerso, sumergido.

hundimiento *m.* caída, ruina, derrumbamiento, destrucción, desplome, desmoronamiento. **2** cataclismo, desastre. **3** {del ánimo} depresión, decaimiento, postración, abatimiento. **4** naufragio, sumersión. **5** {terreno} descenso, declinación, declive. **6** abolladura.

hundir *tr. prnl.* sumergir, abismar, naufragar, sumir. ANT. emerger. **2** {superficie} deformar. **3** *tr.* abrumar, abatir. **4** confundir. **5** destrozar, destruir, derrumbar, desplomar, derribar, arruinar. ANT. levantar. **6** *prnl.* {edificio} arruinarse, dañarse, destruirse. **7** sumergirse, abstraerse, concentrarse. **8** *col.* {cosa} desaparecer, esconderse. **9** {persona} debilitarse, deprimirse, abatirse, postrarse, entristecerse.

huracán *m.* borrasca, tempestad, ciclón, tormenta, vendaval, tromba, tifón. ANT. calma.

huraco *m.* hueco, orificio, agujero, perforación.

huraño, -ña *adj.* misántropo, huidizo, arisco, retraído, esquivo, hosco, insociable. ANT. sociable.

hurgar *tr.* manosear, tocar, palpar, sobar, toquetear. **2** revolver, rebuscar, remover. ANT. encontrar. **3** excitar, incitar, espolear, aguijonear, atizar, azuzar. **4** arañar, rascar, cavar, escarbar. **5** huronear, indagar, fisgar, fisgonear, curiosear.

huronear *tr.* curiosear, husmear, fisgonear, escudriñar, indagar.

hurtadillas (a) *loc.* ocultamente, a escondidas, furtivamente, secretamente.

hurtar *tr.* robar, quitar, sustraer, despojar, saquear. ANT. restituir **2** {dichos, versos} fusilar, atribuirse, apropiarse, plagiar. **3** evitar, desviar, esquivar, apartar. ANT. comparecer. **4** *prnl.* desviarse, ocultarse.

hurto *m.* robo, latrocinio, despojo, sustracción, malversación, saqueo, pillaje, rapiña.

husmeador, -ra *adj.* fisgoneador, entremetido, fisgón, curioso, impertinente.

husmear *tr. intr.* oler, rastrear, huronear, oliscar, olfatear. **2** *col.* indagar, investigar, escudriñar, averiguar, curiosear, fisgonear.

husmeo *m.* rastreo, olfateo. **2** *col.* exploración, fiscalización, investigación, sondeo, curioseo, fisgoneo, escudriñamiento.

huso *m.* devanadera, torcedor, rueca. **2** {de un torno} cilindro.

ibérico, -ca *adj.* ibero, íbero, iberio, español, hispano.

ibero, -ra *adj.* (*tb.* **íbero, -ra**) ibérico, iberio, español, hispano.

iberoamericano, -na *adj. s.* hispanoamericano, latinoamericano, hispánico, hispano.

íbice *m.* cabra montés.

ibídem *adv.* {en notas o citas} allí mismo, en el mismo lugar.

icástico, -ca *adj.* natural, sencillo, sin adorno, sin disfraz.

iceberg *m.* témpano, hielo, banco, bloque, masa flotante.

icono *m.* (*tb.* **ícono**) imagen, representación, figura, cuadro, efigie. **2** signo, señal, símbolo.

iconoclasta *adj. s.* Hist. hereje, destructor de imágenes. **2** negador, destructor, arrasador.

iconolatría *f.* adoración de imágenes.

ida *f.* traslado, viaje, marcha, desplazamiento, cambio, visita, mudanza. ANT. regreso, llegada, venida. **2** impulso, ímpetu, arrebato, arranque, prontitud. **3** *adj.* ver **ido, -da**.

idea *f.* representación, imagen, concepto, forma, percepción, noción, conocimiento, pensamiento. **2** reflexión, juicio, razonamiento, opinión. **3** disposición, propósito, intención, plan. **4** imaginación, aptitud, ingenio, habilidad, inventiva. **5** ocurrencia. **6** trazo, diseño, proyecto, esbozo, bosquejo, croquis. **7** doctrina, creencia. **8** materia, asunto, tema. **9** Fil. {en el platonismo} arquetipo, ejemplar eterno, realidad inmutable. ANT. sensación. **10** *col. gen. pl.* extravagancia, obsesión, quimera, manía, fantasía. **11** *pl.* convicciones, ideales, opiniones, creencias.

ideal *adj.* perfecto, sublime. **2** único, elevado, supremo, ejemplar. **3** irreal, inmaterial, incorpóreo, imaginario, fantástico. ANT. real. **4** *m.* modelo, prototipo, arquetipo, molde, patrón, tipo, ejemplo. **5** ilusión, deseo, sueño, esperanza, anhelo, ambición. ANT. realidad. **6** *pl.* creencias, ideas, convicciones.

idealista *adj. s.* soñador, iluso, romántico, idealizador, espiritual. ANT. materialista.

idear *tr.* concebir, representar, discurrir, forjar, reflexionar, imaginar, maquinar, suponer, pensar, fraguar, formar idea. **2** inventar, forjar, crear, trazar.

ideario *m.* ideología, doctrina, teoría, sistema.

ideático, -ca *adj.* Amer. maniático, extravagante, venático.

ídem *pron.* {en citas y notas} el mismo, igual, lo mismo, igualmente.

idéntico, -ca *adj.* exacto, parejo, propio, textual, igual, mismo, literal, gemelo, homólogo. ANT. distinto. **2** equivalente, semejante, análogo, similar.

identidad *f.* igualdad, equivalencia, similitud, afinidad, conformidad, unidad, filiación, semejanza, homogeneidad, coincidencia. ANT. heterogeneidad, desigualdad. **2** personalidad, autenticidad.

identificar *tr.* reconocer, establecer, determinar. **2** *tr. prnl.* igualar, asemejar, equiparar.

ideograma *m.* imagen, símbolo, signo.

ideología *f.* creencia, doctrina, ideal, ideario, fe, convicción, credo, conjunto de ideas.

idílico, -ca *adj.* sentimental, amoroso. **2** pastoral.

idilio *m.* noviazgo, romance, amorío, coloquio, galanteo. **2** composición poética.

idioma *m.* lengua, lenguaje, habla, dialecto, jerga. **2** modo de hablar.

idiosincrasia *f.* individualidad, rasgos, índole, carácter, temperamento, peculiaridad, personalidad, particularidad, modo de ser.

idiota *adj. com.* tonto, bobo, corto, deficiente, necio, simple, imbécil, cretino, zoquete, retrasado, majadero. ANT. listo, inteligente. **2** vacuo, engreído, fatuo. ANT. sencillo.

idiotez *f.* necedad, sandez, majadería, estupidez, insensatez, bobería, imbecilidad, estulticia, tontería. **2** retraso, cretinismo, deficiencia, mongolismo.

idiotismo *m.* ignorancia. **2** Ling. {en el uso de la lengua} modismo, expresión inadecuada.

ido, -da *adj.* {persona} enajenado, tocado, perturbado, falto de juicio, chalado, loco, chiflado, demente. ANT. cuerdo. **2** distraído. ANT. concentrado.

idolatría *f.* fetichismo, politeísmo, paganismo. **2** adoración, apasionamiento, veneración, amor, culto, pleitesía, pasión.

ídolo *m.* fetiche, tótem, efigie, figura, amuleto, imagen, reliquia.

idóneo, -nea *adj.* apto, competente, hábil, suficiente, capacitado, diestro, proporcionado, capaz, dispuesto. ANT. incapaz. **2** apropiado, habilitado, conveniente, conforme, útil, oportuno, adecuado. ANT. inadecuado.

iglesia *f.* templo, parroquia, basílica, capilla, casa de Dios, catedral, oratorio. **2** congregación, comunidad, grey.

ignaro, -ra *adj.* iletrado, analfabeta, ignorante. ANT. sabio, instruido.

ígneo, -a *adj.* ardiente, encendido, llameante, inflamado, luminoso, abrasador, fulgurante, incandescente. ANT. apagado.

ignición *f.* combustión, incandescencia, quema.

ignominia *f.* afrenta, humillación, infamia, ultraje, deshonor, mancilla, abyección, vileza, descrédito, deshonra, oprobio, vilipendio, vergüenza. ANT. honorabilidad, honra.

ignominioso, -sa *adj.* vil, abyecto, oprobioso, bajo, deshonroso, denigrante, indigno, despreciable, innoble, humillante, infame. *ANT.* digno. **2** perverso, inicuo, malvado, malo.

ignorado, -da *adj.* desconocido, anónimo, ignoto, recóndito. **2** secreto, oculto. *ANT.* conocido.

ignorancia *f.* atraso, barbarie, inhabilidad, oscurantismo, necedad, desconocimiento, analfabetismo, incompetencia, inexperiencia, incapacidad, impericia, ineptitud. *ANT.* conocimiento, sabiduría.

ignorante *adj. com.* ignaro, analfabeto, iletrado. **2** profano, lego. *ANT.* experto.

ignorar *tr.* desconocer, no saber, no comprender. *ANT.* conocer, saber. **2** repudiar, desentenderse, omitir, rechazar. *ANT.* reconocer.

ignoto, -ta *adj.* desconocido, incógnito, inexplorado, ignorado, anónimo. *ANT.* conocido.

igual *adj.* semejante, idéntico, parecido, exacto, equivalente, análogo, homólogo, paralelo, gemelo, hermanado, par. *ANT.* desigual, distinto. **2** constante, invariable, uniforme, regular, proporcionado. *ANT.* irregular, desigual. **3** plano, liso, parejo. *ANT.* abrupto. **4** *adj. s.* de la misma clase. **5** *s.* amigo, compadre, compañero, colega. **6** *m.* MAT. signo de igualdad. **7** *adv.* de la misma manera, del mismo modo. **8** *adv.* Arg., Uru. no obstante, sin embargo, a pesar de todo. **9** *loc. sin ~:* incomparable, sin par. **10** *loc. al ~:* con igualdad. **11** *loc. por ~:* indistintamente, igualmente.

igualar *tr.* allanar, nivelar, explanar, emparejar, aplanar, alisar. **2** identificar, equiparar, uniformar, asemejar, parear. *ANT.* desequilibrar. **3** proporcionar, compensar, nivelar, equilibrar, homologar. *ANT.* desnivelar.

igualdad *f.* paridad, identidad, uniformidad, equivalencia, exactitud, similitud, sinonimia, correspondencia. *ANT.* desigualdad. **2** justicia, equidad, ecuanimidad, imparcialidad. *ANT.* injusticia.

iguana *f.* lagarto, reptil, saurio.

ilación *f.* inferencia, deducción, conclusión, consecuencia. **2** nexo, coherencia, conexión, relación, trabazón, articulación.

ilegal *adj.* ilícito, ilegítimo, prohibido, indebido, clandestino, subrepticio. *ANT.* legal, legítimo. **2** injusto, arbitrario. *ANT.* justo.

ilegalidad *f.* infracción, ilicitud, arbitrariedad, inequidad, ilegitimidad, arbitrariedad, clandestinidad, injusticia. *ANT.* legalidad, legitimidad.

ilegible *adj.* indescifrable, incomprensible, ininteligible, confuso, embrollado. *ANT.* legible, claro.

ilegítimo, -ma *adj.* fraudulento, falso, incierto, ilegal. *ANT.* legítimo.

ileso, -sa *adj.* indemne, incólume, intacto, íntegro, sano y salvo. *ANT.* lesionado, leso.

iletrado, -da *adj.* analfabeta, ignaro, inculto, ignorante. *ANT.* letrado, instruido.

ilícito, -ta *adj.* clandestino, prohibido, ilegal, vedado, indebido, anticonstitucional, ilegítimo. **2** mistificado, fraudulento, adulterado, falsificado. **3** *m.* Col., Méx. delito.

ilicitud *f.* atropello, arbitrariedad, injusticia, ilegalidad, desafuero. *ANT.* ilegalidad.

ilimitado, -da *adj.* indefinible, indefinido, incalculable, impreciso, indeterminado. **2** inmenso, inacabable, infinito, innúmero, inconmensurable, innumerable.

ilógico, -ca *adj.* absurdo, irracional, desatinado, inconsecuente, infundado, incoherente, descabellado, disparatado, incongruente. *ANT.* lógico.

ilota *com.* esclavo, siervo.

iluminación *f.* alumbrado.

iluminar *tr. prnl.* alumbrar, encender, aclarar. *ANT.* oscurecer. **2** irradiar, destellar, resplandecer, relucir. **3** inspirar, infundir, sugerir, revelar, ilustrar.

ilusión *f.* esperanza, anhelo, creencia, deseo, confianza, sueño. **2** imaginación, fantasía, ficción, quimera, sueño, engaño. *ANT.* realidad. **3** delirio, desvarío, alucinación, confusión.

ilusionar *tr. prnl.* entusiasmar, seducir, esperanzar, animar. *ANT.* desanimar, desilusionar. **2** *prnl.* fantasear, confiarse, creer, esperar, soñar. *ANT.* desanimarse.

ilusionista *com.* mago, malabarista, prestidigitador.

ilusivo, -va *adj.* engañoso, aparente, falso, supuesto, fingido. *ANT.* cierto.

iluso, -sa *adj.* utopista, inocente, cándido, idealista, fantasioso, ingenuo, soñador. *ANT.* realista.

ilusorio, -ria *adj.* ficticio, aparente, supuesto, imaginario, inexistente, quimérico, irreal, vano. **2** nulo, sin efecto.

ilustración *f.* imagen, estampa, figura, lámina, grabado, dibujo. **2** instrucción, educación, saber, cultura, civilización. *ANT.* ignorancia. **3** explicación, comentario, esclarecimiento, aclaración.

ilustrado, -da *adj.* erudito, letrado, culto, instruido, sabio, docto, documentado. *ANT.* ignorante.

ilustrar *tr.* instruir, iluminar, civilizar, aleccionar, documentar, cultivar, dar luz, educar, enseñar, preparar, formar, guiar. **2** explicar, ejemplificar, dilucidar, aclarar, esclarecer, poner en claro, informar. *ANT.* ocultar. **3** dibujar, decorar, pintar, estampar, grabar. **4** engrandecer, afamar, ennoblecer, enaltecer, realzar. *ANT.* difamar.

ilustre *adj.* célebre, egregio, glorioso, afamado, acreditado, sobresaliente, grande, notable, renombrado, prestigioso, excelente, distinguido, insigne, eminente. *ANT.* desconocido.

imagen *f.* representación, idea, concepto, figuración, noción. **2** figura, efigie, retrato, modelo, emblema. **3** lámina, estampa, dibujo, grabado. **4** reproducción, copia, imitación. **5** metáfora, descripción, explicación.

imaginación *f.* inventiva, creatividad, fantasía, ingenio, intuición. **2** ilusión, ficción, alucinación, quimera, espejismo, fábula.

imaginar *tr. prnl.* crear, idear, inventar, forjar, concebir, proyectar. **2** presumir, suponer, sospechar, pensar, figurarse, creer. **3** *tr.* urdir, maquinar, fraguar, tramar.

imaginario, -ria *adj.* irreal, quimérico, falso, utópico, ficticio, fantástico, inexistente, fabuloso. *ANT.* real.

imaginativo, -va *adj.* iluso, idealista, fanteador, soñador. *ANT.* realista.

imán *m.* caramida, calamita, magnetita. **2** atractivo, hechizo, embeleso, seducción.

imanar *tr. prnl. ver* **imantar**.

imantar *tr. prnl.* magnetizar. **2** *fig.* atraer, seducir.

imbatible *adj.* invencible, indestructible.

imbatido, -da *adj.* invencible, invicto.

imbécil *adj.* idiota, estólido, retrasado, tonto, estulto, alelado, estúpido, bobo, necio. *ANT.* listo.

imbecilidad *f.* estulticia, idiotez, torpeza, estupidez, majadería, tontería, bobería, simpleza, necedad. **2** MED. minusvalía intelectual, cretinismo.

imberbe *adj.* lampiño, barbilampiño. *ANT.* barbudo.

imbornal *m.* alcantarilla, sumidero.

imbuir *tr.* infundir, inculcar, persuadir, inspirar, convencer, contagiar.

imitación *f.* copia, reproducción, duplicado, facsímil. ANT. original. **2** plagio, parodia.

impaciencia *f.* inquietud, ansiedad, intranquilidad, desasosiego, zozobra, urgencia, prisa, ansia, preocupación. ANT. tranquilidad, paciencia.

impacientar *tr. prnl.* enfadar, exasperar, irritar, turbar, inquietar, preocupar, desasosegar, intranquilizar, desesperarse. ANT. tranquilizar.

impaciente *adj.* intranquilo, urgido, deseoso, inquieto, ansioso, nervioso, agitado, excitado, desasosegado. ANT. tranquilo.

impactar *tr.* conmover, desconcertar, impresionar, afectar. **2** golpear, estrellar.

impacto *m.* golpe, colisión, encontronazo, choque. **2** impresión, golpe emocional, efecto, conmoción. ANT. indiferencia. **3** disparo, tiro, balazo. **4** {de un proyectil} señal, cráter, huella.

impalpable *adj.* intangible, intocable. **2** imperceptible, sutil, inmaterial, invisible, tenue, ligero, fino, incorpóreo, etéreo. ANT. tangible.

impar *adj. s.* non, desigual, dispar. ANT. par.

imparcial *adj.* neutral, objetivo, justo, incorruptible, ecuánime, insobornable, equitativo, desapasionado, recto, íntegro. ANT. parcial, injusto.

imparcialidad *f.* rectitud, ecuanimidad, honestidad, igualdad, equilibrio, neutralidad, honradez, objetividad, justicia, equidad. ANT. parcialidad.

impartir *tr.* repartir, compartir, comunicar, dar, distribuir.

impasible *adj.* imperturbable, inalterable, impávido, impertérrito, indiferente, displicente, apático, insensible. ANT. impaciente, nervioso.

impávido, -da *adj.* impertérrito, impasible, sereno, imperturbable, indiferente. ANT. nervioso. **2** valeroso, valiente, denodado, arrojado. ANT. cobarde.

impecable *adj.* acendrado, perfecto, acrisolado, intachable, puro, correcto, irreprochable, pulcro. ANT. defectuoso.

impedimenta *f.* pertrechos, bagaje, equipaje, equipo, utillaje.

impedimento *m.* estorbo, engorro, contrariedad, obstáculo, traba, barrera, escollo, tropiezo, molestia, enredo, obstrucción, atasco, freno, complicación. ANT. facilidad, desembarazo.

impedir *tr.* obstruir, trabar, perturbar, contener, retrasar, estorbar, detener, dificultar, imposibilitar, obstaculizar, entorpecer, frenar. ANT. ayudar, facilitar. **2** negar, privar, prohibir, vedar, suspender. ANT. permitir.

impeler *tr.* impulsar, arrastrar, empujar, propulsar, aventar, arrojar. ANT. frenar. **2** suscitar, incitar, aguijonear, provocar, inducir, estimular, instigar. ANT. tranquilizar.

impenetrable *adj.* hermético, cerrado, inaccesible. ANT. accesible. **2** incomprensible, inaccesible, inescrutable, inexplicable, insondable, ininteligible, incognoscible, indescifrable. **3** {persona} reservado, misterioso, callado. **4** {cosa} pétreo, denso, duro, recio, fuerte. ANT. penetrable. **5** impermeable. ANT. permeable. **6** espeso, tupido.

impenitente *adj.* terco, pertinaz, obstinado, porfiado. **2** pecador, reincidente, contumaz, incorregible. ANT. contrito.

impensable *adj.* inconcebible, inimaginable. ANT. pensable. **2** irrealizable, imposible.

impensado, -da *adj.* inesperado, insospechado, imprevisto, inadvertido, repentino, súbito. ANT. previsto. **2** maquinal, involuntario, instintivo. ANT. voluntario.

imperar *intr.* gobernar, reinar. **2** predominar, prevalecer, avasallar, dominar, mandar, someter. ANT. obedecer.

imperativo, -va *adj.* imperioso, autoritario, perentorio, dominante, coactivo, dominador, conminatorio, obligatorio. **2** necesidad, obligación, menester, exigencia. ANT. accesorio.

imperceptible *adj.* indiscernible, impalpable, ínfimo, minúsculo, insensible, mínimo, microscópico, intangible, inapreciable, invisible. ANT. perceptible.

imperdible *m.* broche, prendedor, fíbula, aguja, alfiler.

imperdonable *adj.* inexcusable, intolerable, inaceptable, indisculpable, injustificable, irremisible. ANT. excusable.

imperecedero, -ra *adj.* perdurable, eterno, inmortal, duradero, perenne, inmutable, perpetuo. ANT. perecedero.

imperfección *f.* defecto, mal, deficiencia, incorrección, deformación, vicio, falta, tacha, falla. ANT. perfección. **2** deterioro, daño.

imperfecto, -ta *adj.* defectuoso, deforme, incompleto, inacabado, feo, deficiente, deteriorado, anormal. ANT. perfecto.

imperial *adj.* real, soberano, regio, majestuoso.

impericia *f.* incompetencia, insuficiencia, novatez, inhabilidad, incapacidad, ineptitud, inexperiencia, torpeza. ANT. pericia, destreza.

imperio *m.* reino, monarquía, potencia, Estado. **2** autoridad, dominio, mando, señorío. **3** altanería, orgullo, soberbia, altivez.

imperioso, -sa *adj.* altanero, dictatorial, dominante, autoritario, arbitrario, tiránico, soberbio, despótico, arrogante. ANT. humilde. **2** imprescindible, urgente, indispensable.

impermeabilizar *tr.* alquitranar, calafatear. **2** {frontera} aislar.

impermeable *adj.* {al agua o los líquidos} impenetrable. ANT. permeable. **2** cerrado, estanco, aislado, hermético. **3** {persona} insensible, frío. **4** *m.* gabardina, gabán, sobretodo.

impertérrito, -ta *adj.* inconmovible, imperturbable, impasible, sereno, inmutable, impávido, inalterable. ANT. nervioso, turbado.

impertinencia *f.* insolencia, descaro, despropósito, frescura, atrevimiento, osadía, indiscreción, inconveniencia. **2** pesadez, importunidad.

impertinente *adj.* indiscreto, fastidioso, maleducado, importuno, molesto, atrevido, descortés, irrespetuoso, pesado. ANT. cortés, educado. **2** inadecuado, inconveniente, improcedente, inoportuno, importuno.

imperturbable *adj.* impávido, impasible, flemático, frío, estoico, apático, tranquilo, impertérrito, inconmovible, inalterable, inmutable, sereno. ANT. nervioso, inquieto.

impetra *f.* licencia, facultad, permiso.

impetrar *tr.* suplicar, rogar, implorar, instar, demandar, solicitar, pedir.

ímpetu *m.* vehemencia, vigor, impulso, fogosidad, energía, brío, impetuosidad, fuerza, frenesí, ardor. ANT. calma, placidez. **2** arranque, arrebato, furia, violencia, brusquedad. ANT. tranquilidad.

impío, -a *adj.* irreligioso, incrédulo, escéptico. ANT. creyente. **2** pagano, irreverente, infiel, hereje. ANT. devoto. **3** inhumano, despiadado. ANT. humano.

implacable *adj.* inflexible, duro, inexorable, intolerante, riguroso, severo, exigente. ANT. flexible. **2** sañudo, cruel, brutal, despiadado, inhumano. ANT.

compasivo. **3** draconiano, despótico, tiránico. ANT. benévolo.

implantar tr. {doctrinas, costumbres} instituir, establecer, fundar, instaurar, constituir, inaugurar, crear. ANT. abolir. **2** insertar, introducir, encajar, trasplantar, plantar, incrustar, colocar. ANT. extraer.

implemento m. gen. pl. herramienta, utensilio, accesorio, útil.

implicar tr. prnl. enredar, envolver, comprometer, enzarzar, liar, complicar. **2** tr. entrañar, significar, contener, comportar.

implícito, -ta adj. tácito, incluido, manifiesto, incluso, sobreentendido, expreso, virtual. ANT. explícito.

implorar tr. rogar, suplicar, deprecar, invocar, llamar, instar, solicitar, clamar, pedir, impetrar. ANT. exigir.

impoluto, -ta adj. limpio, pulcro, inmaculado, intachado, puro. ANT. manchado.

imponderable adj. inestimable, inmejorable, insuperable, perfecto, excelente. ANT. defectuoso. **2** m. imprevisto, contingencia, riesgo, azar, eventualidad. ANT. previsto.

imponente adj. grandioso, fenomenal, enorme, majestuoso, magnífico, colosal, gigantesco, descomunal, impresionante, inmenso, formidable. ANT. insignificante. **2** tremendo, sobrecogedor, pavoroso, terrorífico, espantoso, aterrador, temible.

imponer tr. {obligación} exigir, obligar, coaccionar, gravar, cargar. **2** tr. prnl. enterar, adiestrar, instruir, enseñar, informar. **3** tr. intr. aterrar, turbar, sobrecoger, impresionar, asustar, alarmar, emocionar, acobardar, amedrentar. **4** prnl. DEP. superar, vencer, ganar. **5** aventajar, predominar.

impopular adj. desprestigiado, desacreditado, odiado. ANT. popular.

importación f. adquisición, intercambio comercial, entrada, acceso, comercio, introducción, transacción, compra. ANT. exportación.

importancia f. trascendencia, significación, envergadura, magnitud, valor, alcance, categoría, precio, jerarquía, interés. ANT. intrascendencia. **2** vanidad, altanería, presunción, fatuidad, soberbia, orgullo. sencillez. **3** fama, respetabilidad, lustre, nobleza, dignidad, prestigio.

importante adj. fundamental, esencial, sustancial, valioso, crucial, considerable, significativo, primordial, trascendente, notable. ANT. insignificante. **2** numeroso, cuantioso.

importar intr. convenir, interesar, atañer, incumbir, concernir, competer, afectar. **2** valer, significar. **3** tr. introducir, comprar, comerciar, entrar, adquirir. ANT. exportar. **4** elevarse, sumar, costar, montar, ascender, subir, valer.

importe m. cuantía, monto, valía, precio, costo, valor, saldo, suma, cantidad.

importunar tr. incomodar, cansar, molestar, fastidiar, irritar, enfadar, mortificar, fatigar, cargar, asediar, acosar. ANT. agradar.

importuno, -na adj. inoportuno, inconveniente, intempestivo, indiscreto, impertinente, extemporáneo. **2** enfadoso, incómodo, fastidioso, latoso, irritante, pesado, molesto.

imposibilidad f. impedimento, incapacidad, dificultad, contrariedad. ANT. posibilidad.

imposible adj. irrealizable, impracticable, inaccesible, inviable, inasequible, difícil, inalcanzable, utópico, quimérico, improbable. ANT. factible, posible. **2** {persona} intratable, insoportable, insufrible, enfadoso, inaguantable. ANT. tratable.

imposición f. obligación, carga, tributo, impuesto, gravamen. **2** coacción, coerción, orden, mandato, exigencia.

impostor, -ra adj. s. farsante, simulador, embaucador, suplantador, mentiroso, tramposo, falsario,

estafador. ANT. auténtico, leal, honesto. **2** difamador, calumniador, murmurador.

impostura f. calumnia, difamación, mentira, murmuración. ANT. verdad. **2** engaño, superchería, farsa, engañifa, fingimiento, falsedad, doblez, fraude. ANT. verdad.

impotente adj. s. infecundo, estéril. ANT. fecundo. **2** débil, decaído, agotado, desvalido. ANT. fuerte, vigoroso, enérgico.

impracticable adj. imposible, irrealizable. ANT. posible. **2** {camino, terreno} abrupto, fragoso, inaccesible, intransitable. ANT. accesible.

imprecación f. maldición, condenación, execración, insulto, invectiva. ANT. alabanza.

imprecatorio adj. condenatorio, maldiciente.

impreciso, -sa adj. indefinido, indeterminado, incierto, vago, confuso, abstracto. ANT. determinado, claro, preciso.

impregnar tr. empapar, embeber, mojar, humedecer, bañar. ANT. exprimir, secar.

imprenta f. prensa, tipografía, linotipia.

imprescindible adj. indispensable, irreemplazable, necesario, insustituible, vital, obligatorio, ineludible, forzoso, esencial. ANT. innecesario, prescindible.

impresión f. efecto, sensación, conmoción, impacto, emoción, sobrecogimiento. ANT. indiferencia. **2** huella, marca, impronta, rastro, indicio, vestigio, estampa, señal. **3** {libros} edición, tirada. **4** obra, libro. **5** reminiscencia, recuerdo. **6** comentario, opinión, juicio.

impresionable adj. emotivo, sensible, susceptible, excitable, delicado, nervioso. ANT. indiferente, insensible.

impresionar tr. prnl. emocionar, impactar, turbar, afectar, conturbar, enternecer, conmover, perturbar, deslumbrar. **2** sobresaltar, inquietar, alterar, sobrecoger. ANT. serenar. **3** estampar, grabar, imprimir.

impreso m. escrito, folleto, panfleto, libro, diario, revista, volante, hoja.

impresor, -ra adj. tipógrafo, linotipista, cajista.

imprevisible adj. casual, fortuito, repentino, insospechado, impensado, súbito, imponderable, imprevisto, inesperado. ANT. previsible.

imprevisión f. descuido, ligereza, omisión, irreflexión, negligencia, distracción, inadvertencia, imprudencia. ANT. previsión. **2** improvisación, impremeditación. ANT. reflexión.

imprevisto, -ta adj. inesperado, impensado, insospechado, inopinado, intempestivo, imprevisible, repentino, sorpresivo, inadvertido, accidental, incidental, súbito, fortuito, casual. ANT. previsto.

imprimir tr. {libros} editar, publicar. **2** {en general} grabar, fijar, estampar, marcar.

improbable adj. incierto, dudoso, infundado, inverosímil. ANT. cierto. **2** utópico, irrealizable, quimérico, difícil, impracticable, imposible. ANT. probable.

ímprobo adj. vil, malvado, infame. ANT. bueno. **2** {trabajo, esfuerzo} difícil, abrumador, intenso, pesado, agotador, penoso, trabajoso. ANT. fácil.

improcedente adj. inoportuno, extemporáneo. ANT. oportuno. **2** impertinente, impropio, inadecuado, indigno, incongruente. ANT. procedente.

improductivo, -va adj. infecundo, infructífero, infértil, estéril. ANT. fértil. **2** ineficaz, inoperante, infructuoso, inútil. ANT. eficaz.

impronta f. huella, estampa, impresión, marca, vestigio, señal.

improperio *m.* injuria, insulto, invectiva, vituperio, denuesto, maldición, afrenta, grosería, dicterio. ANT. alabanza.

impropio, -pia *adj.* inadecuado, indebido, inoportuno, inconveniente, improcedente, incorrecto. ANT. correcto, adecuado. **2** extraño, ajeno. ANT. propio.

improrrogable *adj.* inaplazable, perentorio, urgente.

improvisación *f.* imprevisión, impremeditación, espontaneidad.

improviso, -sa *adj.* impensado, repentino, súbito, imprevisto. ANT. previsto.

imprudencia *f.* impremeditación, insensatez, precipitación, irresponsabilidad, imprevisión, despreocupación, descuido, temeridad, irreflexión, ligereza. ANT. prudencia, cautela.

imprudente *adj.* confiado, despreocupado, distraído, ligero, aturdido, irresponsable, irreflexivo. ANT. prudente. **2** atrevido, arrojado, insensato, temerario, arriesgado, alocado, disparatado, precipitado, atolondrado. ANT. cauteloso.

impúber *adj. s.* niño, chico, joven, muchacho.

impúdico, -ca *adj.* desvergonzado, cínico. ANT. decente. **2** licencioso, indecente, obsceno. ANT. púdico, pudoroso.

impudor *m.* cinismo, desfachatez, desvergüenza. **2** impudicia, libertinaje.

impuesto *m.* arancel, tributo, derechos, tasa, carga, obligación, gravamen, contribución.

impugnable *adj.* cuestionable, objetable, contestable, contradictorio, refutable, dudoso, discutible, disputable, controvertible. ANT. incuestionable, indiscutible.

impugnar *tr.* combatir, rebatir, contradecir, refutar, censurar, criticar, rechazar, recusar, discutir, replicar. ANT. aprobar.

impulsar *tr.* impeler, empujar, despedir, lanzar, propulsar. ANT. frenar. **2** estimular, potenciar, animar, alentar, instigar, excitar, fomentar, promover, incitar. ANT. desanimar.

impulsivo, -va *adj. s.* {persona} impetuoso, arrebatado, vehemente, efusivo, precipitado. ANT. calmado.

impulso *m.* empuje, empellón, propulsión, envión, lanzamiento, impulsión, empujón. ANT. freno. **2** instigación, sugestión, incentivo, incitación, estímulo. ANT. obstáculo. **3** ímpetu, deseo, impetuosidad, aliento, brío, fuerza, ánimo. ANT. pusilanimidad. **4** arranque, arrebato.

impune *adj.* impúnido, sin castigo. ANT. castigado.

impureza *f.* turbiedad, polución, contaminación, mancha, suciedad, residuo. **2** adulteración, impuridad, mezcla.

imputación *f.* acusación, denuncia, incriminación, cargo, inculpación.

imputar *tr. prnl.* atribuir, culpar, incriminar, achacar, responsabilizar, acusar, denunciar, tachar, inculpar. ANT. exonerar, disculpar.

inabordable *tr. prnl.* atribuir, culpar, incriminar, achacar, responsabilizar, acusar, denunciar, tachar, inculpar. ANT. exonerar, disculpar.

inacabable *adj.* inagotable, interminable.

inacabado, -da *adj.* inconcluso, incompleto. ANT. acabado, terminado.

inaccesible *adj.* inabordable, infranqueable, escabroso, fragoso, aislado, remoto, impenetrable, abrupto, escarpado. ANT. transitable, practicable. **2** intrincado, imposible, complicado, inasequible, difícil. ANT. accesible.

inacción *f.* inactividad, flojedad, indolencia, inercia, inmovilidad, pasividad.

inaceptable *adj.* inadmisible, injusto, imperdonable, intolerable, reprobable, injustificable, indefendible, inexcusable. ANT. admisible. **2** rebatible, increíble, ilógico. ANT. creíble.

inactividad *f.* reposo, ocio, paralización, inmovilidad, estatismo, quietud, morosidad, pereza, ociosidad, inercia, indolencia, inacción. **2** paro, huelga.

inactivo, -va *adj.* inmóvil, quieto, pasivo, contemplativo, interrumpido, detenido, inerte, parado, inerme, estático. ANT. dinámico. **2** jubilado, cesante, desempleado, desocupado. ANT. activo. **3** holgazán, ocioso, perezoso, vago. ANT. trabajador.

inadaptado, -da *adj. s.* insociable, marginado, descentrado, desambientado, apartado, aislado. ANT. adaptado.

inadecuado, -da *adj.* impropio, contraindicado, incongruente, contraproducente, inoportuno, desacertado, improcedente, inconveniente, incompatible, inapropiado, indebido, incorrecto. ANT. apropiado, propio.

inadmisible *adj.* inaceptable, indefendible, impropio, intolerable, insostenible, improcedente, inadecuado. ANT. aceptable.

inadvertencia *f.* olvido, descuido, error, irreflexión, negligencia, indeliberación, imprevisión, distracción. ANT. atención.

inadvertido, -da *adj.* atolondrado, distraído, descuidado, negligente, imprudente. ANT. atento, prudente. **2** desapercibido, anónimo, ignorado, olvidado, oculto, omitido. ANT. notorio. **3** repentino, inesperado, precipitado, impensado. ANT. previsto.

inagotable *adj.* {cosa} inacabable, inextinguible, interminable, perenne, infinito, continuo, indefinido, eterno, perpetuo. ANT. finito. **2** {persona} infatigable, incansable. **3** fecundo, abundante, rico, copioso. ANT. pobre.

inaguantable *adj.* insoportable, insufrible, desagradable, molesto, antipático, odioso, intolerable, impertinente, pesado, fastidioso, cargante. ANT. ameno, divertido.

inalcanzable *adj.* inaccesible, imposible, inconquistable. ANT. accesible.

inalienable *adj.* intransferible.

inalterable *adj.* invariable, estable, inmutable, indeleble, permanente, fijo, constante, inquebrantable. ANT. inestable. **2** {persona} impasible, imperturbable, impertérrito. ANT. variable. **3** duradero, incorruptible. ANT. perecedero.

inamovible *adj.* estático, inflexible, estable, fijo, inapelable, quieto, permanente. ANT. movible, inestable.

inane *adj.* fútil, inútil, baladí, vano. ANT. útil.

inanición *f.* desfallecimiento, agotamiento, debilidad, extenuación. ANT. fortaleza, fuerza.

inanimado, -da *adj.* desmayado, exánime, inmóvil, inánime, insensible. ANT. animado.

inapelable *adj.* irremediable, inevitable, inexorable, indiscutible, inamovible.

inapetencia *f.* MED. desgana, hastío, indiferencia, saciedad, anorexia. ANT. apetencia, hambre.

inaplazable *adj.* improrrogable, impostergable, apremiante, urgente, perentorio.

inapreciable *adj.* insignificante, trivial, mínimo, minúsculo. ANT. perceptible. **2** valioso, imponderable, precioso, inestimable, insustituible. ANT. baladí.

inarmónico, -ca *adj.* disonante, discordante, destemplado, falto de armonía. ANT. armónico.

inasequible *adj.* inaccesible, imposible, inalcanzable. ANT. alcanzable, asequible.

inatención f. abandono, desinterés, desatención, descuido. ANT. atención.

inaudito, -ta adj. asombroso, increíble, sorprendente, insólito, inconcebible, extraordinario. ANT. normal, corriente. **2** monstruoso, atroz, vituperable.

inauguración f. principio, apertura, estreno, comienzo. ANT. clausura.

inaugural adj. preliminar, inicial.

inaugurar tr. estrenar, iniciar, abrir, principiar, comenzar, empezar. ANT. terminar, clausurar.

incalculable adj. inconmensurable, indefinible, innúmero, ilimitado, inmenso, enorme, incontable, innumerable, inapreciable, infinito. ANT. limitado, mensurable.

incalificable adj. vituperable, aberrante, tremendo, vergonzoso, vil, censurable, inaudito, reprobable, reprochable, inconfesable, condenable. ANT. encomiable, loable. **2** inconmensurable, indefinido, indeterminable.

incandescente adj. candente, ardiente, brillante, encendido, inflamado, llameante, ígneo, fulgurante.

incansable adj. infatigable, inagotable, perseverante, persistente, constante, trabajador, activo, laborioso, vigoroso, tenaz, resistente. ANT. débil.

incapacidad f. ineptitud, impotencia, imposibilidad, torpeza, incompetencia, ineficacia, inhabilidad. ANT. competencia.

incapacitar tr. prnl. desautorizar, inhabilitar, invalidar, descalificar, eliminar, inutilizar, anular. ANT. habilitar.

incapaz adj. torpe, inepto, inhábil, incompetente, nulo, ignorante. ANT. hábil, competente.

incautación f. confiscación, decomiso, apropiación.

incautarse prnl. requisar, embargar, confiscar, apropiarse, retener, decomisar, despojar, usurpar. ANT. devolver.

incauto, -ta adj. crédulo, ingenuo, cándido, inocente, simple. ANT. listo. **2** imprevisor, irreflexivo, imprudente. ANT. prudente.

incendiar tr. encender, quemar, inflamar, conflagrar, prender fuego, carbonizar, abrasar, incinerar. ANT. apagar. **2** prnl. {ánimos} entusiasmarse, apasionarse.

incendiario, -ria adj. s. piromaníaco. **2** {discurso, libro} escandaloso, apasionado, agresivo, subversivo, sedicioso.

incendio m. quema, fuego, inflamación, ignición, abrasamiento. **2** conflagración, desastre, siniestro, percance.

incentivar tr. incitar, motivar, estimular, alentar.

incentivo m. estímulo, atractivo, incitativo, aliciente, acicate. ANT. paliativo.

incertidumbre f. indecisión, perplejidad, irresolución, escepticismo, volubilidad, indeterminación, dubitación, titubeo, inseguridad, vacilación, duda. ANT. certeza.

incesante adj. seguido, perpetuo, ininterrumpido, continuo, constante, inacabable, persistente, eterno, perenne. ANT. breve, efímero.

incidental adj. accidental, contingente. ANT. esencial.

incidente m. incidencia, trance, percance, eventualidad, hecho, suceso, peripecia, caso. **2** disputa, riña, pendencia, pelea.

incierto, -ta adj. dudoso, confuso, borroso, equívoco, impreciso, ambiguo, indefinido, oscuro, vago, nebuloso. ANT. cierto. **2** inseguro, inconstante, variable, indeterminado, fortuito, vacilante, aleatorio, eventual, mudable. ANT. seguro. **3** ignoto, incógnito, desconocido, ignorado. ANT. conocido.

incineración f. {de un cadáver} cremación.

incinerador m. adj. {aparato} cremador, quemador.

incinerar tr. quemar, calcinar, consumir, abrasar, incendiar, reducir a cenizas.

incipiente adj. naciente, inicial, que comienza. ANT. consumado.

incisión f. corte, hendedura, cisura, tajo, sección, herida, bisección, punción, cortadura. **2** {en poesía} cesura, pausa, corte.

incisivo, -va adj. cortante, incisorio. **2** {persona} satírico, irónico, burlón, cáustico, corrosivo, mordaz, sarcástico. **3** m. diente.

inciso m. apunte, digresión, acotación.

incitación f. aliciente, acicate, incentivo, estímulo. **2** consejo, exhortación, amonestación, admonición, invitación, instigación.

incitar tr. estimular, espolear, suscitar, aguijonear, impeler, inducir, provocar, interesar, acicatear, apremiar, animar, instigar. ANT. desanimar, disuadir.

incivil adj. descortés, inurbano, incorrecto, desatento, impolítico. ANT. cortés, educado. **2** grosero, rudo, mal educado. ANT. amable.

inclemencia f. crueldad, impiedad, inflexibilidad, severidad, rigor, dureza. ANT. bondad. **2** {tiempo, clima} destemplanza, dureza, aspereza, crudeza.

inclemente adj. {persona} severo, deshumanizado, tiránico, cruel, despiadado, inhumano, bárbaro. **2** {tiempo, clima} extremado, crudo, glacial, desapacible, tempestuoso, riguroso.

inclinación f. pendiente, declive, cuesta, oblicuidad, talud, caída, ángulo. **2** llanura. **2** tendencia, predilección, apetencia, deseo, vocación, preferencia, gusto, predisposición, propensión. **3** afición, apego, afección. ANT. desapego. **4** reverencia, asentimiento, saludo, además.

inclinado, -da adj. empinado, anguloso, descendente, sesgado, soslayado, pendiente, oblicuo. **2** encariñado, partidario, amigo, adicto, aficionado, afecto, devoto. **3** propenso, determinado, predispuesto, dirigido, orientado, predeterminado.

inclinar tr. desviar, ladear, desnivelar, torcer, doblar, sesgar. ANT. enderezar. **2** convencer, predisponer, mover, incitar, inducir, persuadir. **3** intr. prnl. asemejar, parecer. **4** prnl. tomar partido o propender, tender a.

incluir tr. prnl. contener, encerrar, comprender, abarcar, englobar, reunir. ANT. separar. **2** tr. encajar, introducir, meter. ANT. sacar.

inclusive adv. aun, hasta. ANT. exclusive.

inclusivo, -va adj. incluyente, comprensivo, continente.

incluso, -sa adj. contenido. **2** adv. inclusivamente, con inclusión, inclusive, incluyendo. ANT. exclusive. **3** prep. conj. aun, hasta.

incoar tr. {proceso, pleito} iniciar, principiar, comenzar, empezar.

incógnita f. misterio, interrogante, enigma, duda, secreto, encubrimiento.

incógnito, -ta adj. ignoto, desconocido, ignorado, anónimo, oculto. ANT. conocido.

incognoscible adj. insondable, impenetrable, ininteligible, inexplicable, indescifrable, inescrutable, inasequible, abstruso, críptico, incomprensible. ANT. cognoscible, comprensible.

incoherencia f. desacierto, incongruencia, inconsistencia, despropósito, irracionalidad, inconsecuencia. ANT. coherencia, conformidad.

incoherente adj. contradictorio, inconsecuente, disparatado, discordante, inconsistente, absurdo, inconexo, ininteligible, ilógico, incongruente, incomprensible, confuso, embrollado. ANT. coherente.

incoloro, -ra adj. desteñido, descolorido, apagado, transparente. ANT. coloreado.

incólume adj. ileso, sano, íntegro, indemne, salvo, intacto, sano y salvo. ANT. perjudicado.

incomible adj. incomestible, indigerible, desabrido, insípido, indigesto. ANT. sabroso, comestible.

incomodar tr. prnl. enfadar, molestar, agobiar, enojar, mortificar, fastidiar, disgustar, irritar. ANT. agradar. **2** estorbar, desagradar, embarazar.

incomodidad f. desacomodo, desconveniencia, disconveniencia. **2** ansiedad, molestia, desazón, inquietud, fatiga, tedio, malestar, fastidio, cansancio, hastío, desasosiego, indisposición. **3** irritación, contrariedad, enojo, enfado, disgusto.

incómodo, -da adj. embarazoso, molesto, desagradable, enfadoso, fastidioso, irritante, mortificante. ANT. agradable, cómodo.

incomparable adj. sin par, incontrastable, singular, único, inconmensurable, inigualable, impar, sin igual, insuperable. ANT. comparable.

incompatibilidad f. {personas, cosas} discordancia, hostilidad, contradicción, discrepancia, disconformidad, antagonismo, diferencia, oposición. ANT. compatibilidad. **2** {para ejercer cargos} impedimento, obstáculo, dificultad, tacha legal.

incompatible adj. opuesto, dispar, irreconciliable, discordante, antagónico, discrepante, desacorde, inconciliable, disconforme, contrario. ANT. compatible.

incompetencia f. incapacidad, ignorancia, torpeza, inutilidad, insuficiencia, inexperiencia, inhabilidad, impericia, ineptitud, ineficacia. ANT. competencia, habilidad.

incompetente adj. inepto, incapaz, ignorante, torpe, inhábil. ANT. capaz, competente.

incompleto, -ta adj. imperfecto, inconcluso, truncado, fragmentario, inacabado, parcial, deficiente, defectuoso, falto, insuficiente, carente. ANT. completo, acabado.

incomprensible adj. inexplicable, enigmático, inconexo, nebuloso, ininteligible, insondable, incoherente, inescrutable, indescifrable, impenetrable, incognoscible, misterioso, oscuro, críptico, difícil. ANT. comprensible, claro.

incomunicado, -da adj. solo, aislado, solitario, apartado.

incomunicar tr. prnl. separar, aislar, relegar, ocultar, apartar, confinar, encerrar, excluir. ANT. relacionar, juntar. **2** prnl. {persona} aislarse, retirarse, recogerse.

inconcebible adj. incomprensible, increíble, impensable, inexplicable, inaudito, inimaginable; intolerable, inadmisible. **2** sorprendente, extraño, extravagante, extraordinario, fenomenal. ANT. corriente.

inconciliable adj. desacorde, incompatible, antagónico. ANT. conciliable.

inconcluso, -sa adj. incompleto, indefinido, pendiente, imperfecto, a medias, inacabado, fragmentario. ANT. completo.

inconcreto, -ta adj. abstracto, vago, indefinido, impreciso, indeterminado. ANT. concreto, preciso.

incondicional adj. absoluto, total, incondicionado, categórico, irrestricto, ilimitado. ANT. condicionado. **2** com. leal, adicto, seguidor, devoto, secuaz, adepto, prosélito, fanático, partidario, entusiasta. ANT. adversario.

inconexo, -xa adj. incoherente, disperso, incongruente, inarticulado, discontinuo. ANT. coherente.

inconfesable adj. abominable, indecible, deshonroso, inmoral, infando, deshonesto, vergonzoso, ignominioso, indigno, nefando. ANT. honorable.

inconfundible adj. claro, específico, determinado, distinto, característico, inimitable, peculiar, distintivo, propio, diferente, singular, personal. ANT. común.

incongruencia f. incoherencia, incompatibilidad, inconexión, inconsecuencia, desatino. ANT. coherencia.

incongruente adj. incoherente, impropio, disparatado, ilógico, discordante, absurdo. ANT. congruente.

inconmensurable adj. inmenso, infinito, ilimitado, irreductible, inmensurable. ANT. finito. **2** enorme, desmedido.

inconmovible adj. {cosa} sólido, inalterable, inamovible, inmutable, permanente, estable, firme. ANT. inestable, tornadizo. **2** {persona} impasible, impertérrito, inflexible, insensible, estoico, imperturbable, impávido.

inconmutable adj. inmutable, inalterable, estable, invariable, constante, inconmovible, incambiable. ANT. conmutable.

inconquistable adj. inalcanzable, inexpugnable, invencible. **2** {persona} inflexible.

inconsciencia f. automatismo. **2** desmayo.

inconsciente adj. {reacción, gesto} reflejo, involuntario, maquinal, subconsciente, automático. ANT. consciente, deliberado. **2** desmayado, desfallecido, desvanecido. ANT. consciente. **3** adj. s. insensato, irreflexivo, aturdido, irresponsable, atolondrado, ligero. ANT. sensato.

inconsecuencia f. volubilidad, inconstancia, veleidad, ligereza, irreflexión, irracionalidad, incongruencia, incoherencia. ANT. consecuencia.

inconsecuente adj. ilógico, absurdo, incongruente, incoherente, consecuente. **2** inconstante, ligero, veleidoso, versátil, irreflexivo, voluble.

inconsiderado, -da adj. irreflexivo, temerario, imprudente, precipitado, atolondrado, osado. **2** descomedido, irrespetuoso, descortés.

inconsistencia f. debilidad, inseguridad, fragilidad, endeblez. ANT. fortaleza, consistencia.

inconsistente adj. frágil, endeble, quebradizo, sutil, maleable, desmenuzable, ligero, blando, débil, delezable, dúctil, flojo. ANT. duro. **2** {idea, argumento} claudicante, fútil, débil. ANT. consistente.

inconsolable adj. desconsolado, atribulado, triste, apesadumbrado, afligido, acongojado, apenado, dolorido, abatido. ANT. alegre.

inconstancia f. inestabilidad, mudanza. ANT. estabilidad. **2** inconsecuencia, inseguridad, versatilidad, mutabilidad, irresolución, variabilidad, liviandad, veleidad, capricho.

inconstante adj. inestable, cambiable, mudable, variable, incierto. ANT. seguro, estable. **2** inconsecuente, voluble, frívolo, impuntual, liviano, veleidoso, caprichoso, tornadizo.

inconstitucional adj. anticonstitucional, ilegal. ANT. constitucional.

incontable adj. innumerable, incalculable, inmenso. **2** abundante, copioso, numerosísimo.

incontaminado, -da adj. puro, incorrupto, pulcro, inmaculado, depurado, limpio. ANT. contaminado.

incontenible adj. irrefrenable, irreprimible, irresistible, arrollador. **2** desenfrenado.

incontestable adj. irrefutable, indudable, irrebatible, incontrastable, incontrovertible, indiscutible, incuestionable, innegable. ANT. discutible.

incontinencia f. lubricidad, desenfreno, libertinaje, intemperancia, concupiscencia, liviandad, lujuria, lascivia. ANT. mesura.

incontinente adj. libertino, concupiscente, lujurioso, lúbrico, impúdico, libidinoso, lascivo.

incontrastable *adj.* indisputable, incontestable, indiscutible, irrebatible. **2** inexpugnable, inconquistable, invencible. **3** terco, irreductible, porfiado, pertinaz, tenaz.

incontrolable *adj.* inmanejable. *ANT.* controlable.

incontrovertible *adj.* incontestable, indisputable, irrefutable, irrebatible, inapelable, indiscutible, incuestionable. *ANT.* rebatible.

inconveniencia *f.* disconformidad, desconveniencia, incomodidad. **2** despropósito, falta, impertinencia, indelicadeza, grosería, descortesía, incorrección.

inconveniente *m.* dificultad, estorbo, problema, traba, obstáculo, complicación, impedimento, molestia. *ANT.* facilidad. **2** perjuicio, daño, desventaja. **3** *adj.* incorrecto, imprudente, indiscreto, descortés, grosero. *ANT.* cortés, atento.

incorporación *f.* integración, admisión, ingreso, anexión, afiliación, introducción, alistamiento, unión, adhesión, agregación. *ANT.* separación.

incorporar *tr.* unir, reunir, agregar, añadir, fusionar, asociar, mezclar. *ANT.* separar, desunir. **2** *tr. prnl.* levantarse, erguirse, enderezarse. *ANT.* acostarse. **3** *prnl.* agregarse, unirse.

incorpóreo, -rea *adj.* inmaterial, invisible, etéreo, abstracto, incorporal, intangible, impalpable. *ANT.* material, corpóreo.

incorrección *f.* defecto, falla, errata, omisión, inexactitud, falta, yerro, equivocación, error. **2** desatención, descomedimiento, grosería, descortesía, inconveniencia. *ANT.* cortesía.

incorrecto, -ta *adj.* errado, inexacto, equivocado, indebido, desacertado, erróneo, desatinado. *ANT.* correcto. **2** desatento, impropio, grosero, incivil, indiscreto, inconveniente, inoportuno, impertinente, descortés. *ANT.* cortés, educado.

incorregible *adj.* {persona} reincidente, obstinado, terco, testarudo, impenitente, contumaz. *ANT.* dócil, razonable.

incorruptible *adj.* inalterable, invariable. **2** honrado, íntegro, recto, probo, insobornable, justo. *ANT.* deshonesto.

incrédulo, -la *adj.* desconfiado, receloso, suspicaz, malicioso. *ANT.* confiado, crédulo. **2** irreligioso, escéptico.

increíble *adj.* inimaginable, improbable, inverosímil, inconcebible, inexplicable, inadmisible, imposible. *ANT.* verosímil. **2** inaudito, extraordinario, sorprendente, extravagante, insólito, impresionante.

incrementar *tr.* aumentar, extender, acrecentar, ensanchar, crecer, engrosar, sumar, desarrollar, incorporar, añadir, ampliar, agregar, adicionar. *ANT.* disminuir, reducir.

incremento *m.* aumento, dilatación, ensanchamiento, abultamiento, engrosamiento, ampliación, crecimiento, desarrollo. *ANT.* disminución.

increpar *tr.* reprender, amonestar, sermonear, censurar, regañar, reñir. *ANT.* alabar.

incriminación *f.* inculpación, delación, imputación, acusación.

incriminar *tr.* inculpar, acriminar, acusar, delatar, criminar, imputar.

incrustar *tr.* embutir, meter, engastar, encajar, acoplar, ajustar, clavar, empotrar. *ANT.* sacar, extraer.

incubar *tr.* {ave} empollar, cloquear, enclocar. **2** *prnl.* {enfermedad, doctrina} desarrollarse, extenderse, incrementarse, fomentarse.

íncubo *adj. s.* diablo, demonio, espíritu.

incuestionable *adj.* incontrovertible, irrebatible, incontestable, indisputable, indiscutible, innegable, indudable. *ANT.* cuestionable.

inculcar *tr. prnl.* {idea} infundir, imbuir, inspirar, adoctrinar, persuadir. *ANT.* disuadir.

inculpación *f.* soplo, acusación, delación, incriminación, denuncia, imputación.

inculpar *tr. prnl.* incriminar, achacar, acriminar, acusar, imputar, culpar, recriminar. *ANT.* disculpar.

inculto, -ta *adj.* {persona} indocto, ignorante, rústico, zafio, iletrado, ignorante, analfabeto. *ANT.* culto, educado. **2** {terreno} baldío, yermo, salvaje, incultivable, agreste, silvestre. **3** {estilo} grosero, desaliñado.

incumbencia *f.* autoridad, atribución, competencia, jurisdicción.

incumbir *intr.* competer, atañer, corresponder, importar, concernir, tocar, pertenecer, interesar. *ANT.* desinteresar.

incumplidor *adj. s.* irresponsable, infringidor, infractor, contraventor, inobservante, quebrantador. *ANT.* cumplidor.

incumplimiento *m.* violación, contravención, omisión, infracción, desobediencia, inobservancia, descuido, falta. *ANT.* cumplimiento.

incumplir *tr. prnl.* infringir, desacatar, omitir, descuidar, inobservar, quebrantar, violar, desobedecer, vulnerar, contravenir. *ANT.* cumplir.

incurable *adj. s.* {persona} insanable, irremediable, desahuciado, gravísimo, terminal. *ANT.* curable.

incuria *f.* negligencia, apatía, dejadez, descuido, indolencia, abandono, despreocupación, desidia, indiferencia. *ANT.* interés, cuidado.

incurrir *intr.* {en una falta} incidir, caer, tropezar, cometer. **2** causar, atraerse.

incursión *f.* MIL. invasión, irrupción, batida, penetración, correría, expedición, ocupación, ataque. *ANT.* huida. **2** {en asuntos ajenos} intromisión.

indagación *f.* inquisición, búsqueda, averiguación, investigación, observación, encuesta, examen, pesquisa, reconocimiento, inspección.

indagar *tr.* investigar, inquirir, buscar, escrutar, explorar, rastrear, averiguar, preguntar, sondear, husmear, inspeccionar, escudriñar.

indagatoria *f.* declaración, indagación, averiguación, sondeo.

indebido, -da *adj.* ilícito, ilegal, prohibido, contrario, injusto, impropio, inmerecido, vedado. *ANT.* permitido. **2** incorrecto, errado, desatinado. *ANT.* correcto.

indecencia *f.* grosería, porquería, canallada, insolencia, suciedad, cochinada. *ANT.* decoro. **2** deshonestidad, procacidad, desvergüenza, indignidad, impudicia. *ANT.* honestidad.

indecente *adj.* deshonesto, indigno, grosero, insolente, indecoroso, vergonzoso, incorrecto, procaz, descarado. *ANT.* decente. **2** sucio, desordenado, desarreglado, asqueroso.

indecible *adj.* inexpresable, inexplicable, indescriptible, inefable, inenarrable.

indecisión *f.* irresolución, indeterminación, vacilación, incertidumbre, dubitación, inseguridad, duda, titubeo. *ANT.* resolución, seguridad.

indeciso, -sa *adj.* irresoluto, perplejo, dubitativo, vacilante, titubeante, dudoso, inseguro. *ANT.* seguro, resuelto.

indeclinable *adj.* inexcusable, forzoso, ineludible, inevitable.

indecoroso, -sa *adj.* indecente, sórdido, indigno, deshonesto. *ANT.* decente.

indefendible *adj.* inexcusable, injustificable, inadmisible, insostenible, inaceptable.

indefenso, -sa *adj.* desamparado, desvalido, desprotegido, abandonado. ANT. protegido. **2** impotente, débil, inerme, incapaz. **3** desguarnecido, desarmado. ANT. guarnecido.

indefinible *adj.* indefinido, inexpresable, inclasificable, impreciso, inexplicable, indeterminado.

indefinición *f.* vaguedad, indeterminación, imprecisión.

indefinido, -da *adj.* ilimitado, inmenso, indefinible, indeterminado, incierto, dudoso. ANT. concreto. **2** abstracto, impreciso, borroso, vago, confuso, indeterminado, inconcreto. ANT. determinado.

indeleble *adj.* imborrable, estable, durable, permanente, perdurable, duradero, constante, firme, inalterable.

indeliberado, -da *adj.* involuntario, impremeditado, impensado, maquinal, espontáneo, imprevisto. ANT. deliberado.

indelicadeza *f.* desaprensión, rudeza, descortesía, torpeza, inconveniencia.

indemne *adj.* exento, incólume, seguro, entero, sano y salvo, íntegro, intacto, ileso. ANT. afectado, perjudicado.

indemnización *f.* resarcimiento, retribución, compensación, satisfacción, reparación, desagravio.

indemnizar *tr.* resarcir, compensar, restituir, recompensar, reparar, satisfacer, retribuir, subsanar, remunerar. ANT. perjudicar.

independencia *f.* emancipación, libertad, soberanía, liberación, autarquía, autodeterminación, autonomía. ANT. dependencia. **2** resolución, integridad, neutralidad, firmeza, imparcialidad, entereza. ANT. sometimiento.

independiente *adj.* libre, autárquico, soberano, autosuficiente, autónomo. ANT. dependiente. **2** justo, imparcial, neutral. ANT. condicionado. **3** separado, desvinculado, aislado, inconexo. ANT. vinculado.

indescifrable *adj.* incomprensible, inexplicable, insondable, enrevesado, incognoscible, críptico, ilegible, inescrutable, ininteligible, oscuro, impenetrable. ANT. inteligible.

indescriptible *adj.* inexpresable, inefable, indefinible, indecible, inenarrable, inexplicable. ANT. descriptible. **2** maravilloso, impresionante, fabuloso, colosal, extraordinario. ANT. común, corriente.

indeseable *adj.* desagradable, despreciable, repelente, antipático, repugnante. ANT. grato, deseable. **2** indigno, negativo, nefasto. ANT. digno. **3** perjudicial, peligroso. **4** maleante, granuja, bellaco. ANT. honesto.

indestructible *adj.* inalterable, invulnerable, permanente, irrompible, duradero, inconmovible, inquebrantable. ANT. perecedero, frágil. **2** inmune, fuerte, invencible. ANT. débil. **3** inconmovible, firme. ANT. voluble.

indeterminación *f.* irresolución, indecisión, duda, perplejidad, vacilación, indefinición. ANT. certidumbre. **2** {del lenguaje} ambigüedad, imprecisión, oscuridad, equívoco.

indeterminado, -da *adj.* indefinido, inconcreto, impreciso, abstracto, incierto, vago, confuso. ANT. definido.

indicación *f.* información, dato, noticia, anuncio, nota, aviso, marca, signo, huella, indicio, señal, pista. **3** referencia, remisión. **4** orientación, sugerencia, aclaración, insinuación, advertencia, explicación, exhortación, recomendación, observación.

indicado, -da *adj.* señalado. **2** pertinente, conveniente, adecuado, oportuno.

indicador, -ra *adj. s.* señalizador.

indicar *tr.* advertir, dar a entender, observar, encaminar, insinuar, apuntar, aconsejar, denotar, orientar, sugerir, avisar, guiar. ANT. omitir. **2** significar, señalar, marcar, mostrar. **3** {tratamiento médico} prescribir, recetar, formular, ordenar.

índice *m.* lista, catálogo, repertorio, inventario, directorio, relación, guía. **2** indicio, señal, muestra. **3** cuadro, registro, tablero, tabla. **4** aguja, indicador, manecilla. **5** dedo.

indicio *m.* signo, huella, señal, prueba, asomo, pista, traza, rastro, estela, manifestación, índice, síntoma, evidencia, marca, muestra, vestigio. **2** barrunto, vislumbre, atisbo.

indiferencia *f.* despreocupación, inercia, impasibilidad, abulia, insensibilidad, displicencia, desinterés, pasividad, descuido, apatía, escepticismo. ANT. pasión, interés. **2** frialdad, desapego, insensibilidad, desdén.

indígena *adj. com.* originario, vernáculo, nativo, oriundo, natural, autóctono, aborigen. ANT. extranjero, forastero.

indigencia *f.* pobreza, miseria, estrechez, penuria, necesidad. ANT. opulencia.

indigente *adj.* pobre, mísero, desheredado, necesitado, menesteroso, desvalido.

indigestarse *prnl.* hartarse, empalagarse, hastiarse, llenarse, empacharse, atiborrarse, ahitarse. **2** {persona} no agradar, aborrecer.

indigestión *f.* empacho, pesadez, hartazgo, atiborramiento, estragamiento, hartura, saciedad. **2** MED. dispepsia.

indigesto, -ta *adj.* nocivo, empalagoso, indigerible, dañino, incomible, pesado. ANT. saludable. **2** confuso, complicado, desordenado. ANT. sencillo. **3** {persona} difícil, fastidioso, antipático, áspero. ANT. amable.

indignación *f.* enojo, irritación, cólera, enfado, ira. ANT. tranquilidad.

indignar *tr. prnl.* irritar, exasperar, ofender, enojar, enfadar, excitar, enfurecer, encolerizar. ANT. agradar.

indignidad *f.* bajeza, ruindad, abuso, abyección, vergüenza, ignominia, vileza. **2** infamia, indecencia, ultraje.

indigno, -na *adj.* bajo, repugnante, indeseable, despreciable, malo, infame, ruin, vil, abyecto. ANT. honroso. **2** improcedente, injusto, impropio, inmerecido, incorrecto, inadecuado. ANT. justo, adecuado.

indio, -dia *adj. s.* hindú, indostánico, indo. **2** {en América} indígena.

indirecta *f.* alusión, sugerencia, ambigüedad, eufemismo, insinuación, rodeo. ANT. verdad. **2** ironía, pulla, puntada.

indirecto, -ta *adj.* desviado, laberíntico, oblicuo, transversal, sesgado, ambiguo, inclinado. ANT. directo, recto. **2** disimulado.

indiscernible *adj.* imperceptible, confuso, oscuro, inapreciable, indistinto. ANT. claro.

indisciplina *f.* desobediencia, sublevación, insurrección, insumisión, resistencia, indocilidad, insubordinación, desorden. ANT. disciplina.

indisciplinado, -da *adj.* insumiso, incorregible, anárquico, desordenado, desobediente, insubordinado, indócil. ANT. disciplinado.

indiscreción *f.* entrometimiento, oficiosidad, importunidad. ANT. discreción. **2** indelicadeza, imprudencia, impertinencia, descomedimiento, necedad.

indiscreto, -ta *adj.* imprudente, indelicado, inoportuno, impertinente, importuno, entrometido. ANT. discreto. **2** hablador, charlatán, murmurador, chismoso. ANT. reservado.

indiscutible *adj.* incontrovertible, indisputable, indudable, incontestable, irrebatible, irrefutable, incuestionable, innegable. *ANT.* dudoso.

indispensable *adj.* imprescindible, esencial, obligatorio, insustituible, vital, inevitable, imperioso, forzoso, necesario. *ANT.* prescindible.

indisponer *tr. prnl.* enemistar, desavenir, encizañar, malquistar, desunir. **2** *prnl.* enfermarse, desmejorar, descomponerse, dolerse, sentirse mal. *ANT.* curarse.

indisposición *f.* incomodidad, padecimiento, desazón, quebranto, trastorno, afección, achaque, enfermedad, mal, dolencia. *ANT.* salud.

indispuesto, -ta *adj.* débil, desmejorado, delicado, enfermo, achacoso. *ANT.* sano.

indisputable *adj.* innegable, incontestable, indiscutible, incontrovertible. *ANT.* discutible.

indistintamente *adv.* igualmente, indiferenciadamente, por igual.

indistinto, -ta *adj.* confuso, borroso, impreciso, imperceptible, indefinido, vago, indiscernible, obscuro, nebuloso, indistinguible. *ANT.* claro. **2** indiferente, equivalente, similar, parecido. *ANT.* diferente.

individual *adj.* personal, intransferible, exclusivo, particular, propio, específico, privado, peculiar, privativo, singular, característico. *ANT.* general, colectivo.

individualidad *f.* singularidad, particularidad, carácter, personalidad, idiosincrasia, índole, peculiaridad.

individualismo *m.* particularismo, subjetivismo. **2** independencia, aislamiento, autonomía. *ANT.* colectivismo.

individuo *m.* sujeto, persona, ente, ser, fulano, prójimo, alma. **2** ejemplar, espécimen. **3** *adj.* indivisible, indiviso.

indivisible *adj.* infraccionable, inseparable, unitario, entero. *ANT.* fraccionable.

indo, -da *adj. s.* hindú, indio, indostánico.

indoamericano, -na *adj. s.* amerindio.

indócil *adj.* rebelde, obstinado, reacio, indisciplinado, desobediente. *ANT.* dócil, obediente. **2** indomable, indómito, indoblegable. *ANT.* sumiso.

indocilidad *f.* rebeldía, indisciplina, insubordinación, insumisión, desobediencia. *ANT.* subordinación, docilidad.

indoeuropeo, -pea *adj. s.* indogermánico.

índole *f.* naturaleza, condición, carácter, temperamento, individualidad, manera, propensión, idiosincrasia, personalidad, genio, inclinación.

indolencia *f.* desaliento, apatía, negligencia, desidia, incuria, pereza, dejadez, inactividad, inacción. *ANT.* actividad.

indolente *adj.* flojo, dejado, perezoso, ocioso, apático, holgazán, negligente, desidioso, haragán. *ANT.* diligente, activo. **2** indiferente, insensible.

indomable *adj.* {persona} indómito, rebelde, ingobernable, indócil, terco. *ANT.* dócil. **2** {animal} arisco, cerril, fiero, montaraz, bravío. *ANT.* manso.

indómito, -ta *adj.* {persona} indomable, rebelde, indócil. *ANT.* flexible. **2** {animal} arisco, fiero, montaraz, bravío, cerril. *ANT.* manso.

indostánico, -ca *adj. s.* hindú, indio, indo.

indubitable *adj.* indudable, seguro, evidente, cierto, inequívoco, incuestionable, innegable. *ANT.* discutible.

inducción *f.* instigación, influencia, persuasión, sugestión, estímulo, influjo, incitación.

inducir *tr.* incitar, instigar, exhortar, inspirar, provocar, animar, persuadir, impeler, alentar, inclinar, influir, fomentar, estimular. *ANT.* desanimar, disuadir. **2** causar, ocasionar.

indudable *adj.* indiscutible, irrebatible, inequívoco, innegable, indubitable, incuestionable; claro, patente, evidente.

indulgencia *f.* benevolencia, paciencia, tolerancia, benignidad, condescendencia. *ANT.* intolerancia.

indulgente *adj.* comprensivo, benévolo, benigno, condescendiente, tolerante, compasivo, transigente, paciente. *ANT.* inflexible.

indulto *m.* perdón, amnistía, gracia, absolución, remisión. *ANT.* condena.

indumentaria *f.* vestimenta, vestidura, atavío, traje, vestido, vestuario, prenda, ropaje.

industria *f.* elaboración, manufactura, industrialización, fabricación, explotación, producción, confección, construcción. **2** destreza, maña, capacidad, talento, habilidad, pericia, competencia, experiencia, ingenio. *ANT.* impericia, torpeza. **3** taller, factoría, fábrica, empresa.

industrioso *s. adj.* trabajador, ingenioso, diligente, experto, habilidoso, ejercitado, diestro, hábil. *ANT.* inhábil.

inédito, -ta *adj.* desconocido, original, nuevo, reciente. *ANT.* divulgado, publicado.

ineducado, da *adj.* inculto, ordinario, ignorante, grosero.

inefable *adj.* inexpresable, indescriptible, indecible, inexplicable. *ANT.* expresable. **2** sublime, maravilloso. *ANT.* corriente, común, ordinario.

ineficaz *adj.* improductivo, infecundo, inerte, inservible, árido, inoperante, nulo, estéril, vano, infructuoso, infructífero, inútil; incapaz, incompetente, inepto. *ANT.* eficaz, útil.

ineluctable *adj.* ineludible, forzoso, inevitable. *ANT.* evitable.

ineludible *adj.* inevitable, irrevocable, insoslayable, inexorable, ineluctable, irremediable, forzoso, necesario, fatal. *ANT.* excusable.

inenarrable *adj.* inexplicable, indescriptible, indecible, inefable, inexpresable. *ANT.* explicable.

inepcia *f.* desatino, disparate, tontería, simpleza, necedad, estupidez. *ANT.* ingenio. **2** insuficiencia, incapacidad, ineptitud, incompetencia. *ANT.* habilidad, capacidad.

ineptitud *f.* inhabilidad, incapacidad, inexperiencia, torpeza, incompetencia, insuficiencia, ignorancia, inepcia. *ANT.* capacidad, habilidad.

inepto, -ta *adj.* incapaz, inhábil, inexperto, incompetente, torpe, improductivo. *ANT.* competente, hábil, apto.

inequívoco, -ca *adj.* indiscutible, cierto, evidente, seguro, obvio, innegable, palmario, irrefutable. *ANT.* discutible.

inercia *f.* flojedad, inacción, pereza, rutina, desgana, apatía, indolencia, letargo, inactividad, desidia, inmovilidad, pasividad. *ANT.* actividad.

inerme *adj.* indefenso, desarmado, solo, desprotegido. *ANT.* armado.

inerte *adj.* inmóvil, inactivo. *ANT.* móvil, activo.

inescrutable *adj.* impenetrable, incognoscible, incomprensible, indescifrable, insondable. *ANT.* descifrable.

inesperado, -da *adj.* imprevisto, espontáneo, desprevenido, sorprendente, insospechado, inopinado, repentino, fortuito, inadvertido, súbito, impensado. *ANT.* previsto.

inestabilidad *f.* inconstancia, variabilidad, fluctuación, oscilación, desequilibrio, bamboleo, inseguridad, vaivén, vacilación. *ANT.* constancia, estabilidad.

inestable *adj.* variable, inseguro, mudable, tornadizo, ligero, veleidoso, indeciso, vario, cambiante, movedizo, voluble, precario, inconstante, vacilante. ANT. estable, seguro.

inestimable adj. inapreciable, caro, valioso, precioso. ANT. desdeñable.

inevitable adj. forzoso, irremediable, indefectible, inexorable, ineludible, insoslayable. ANT. evitable. **2** fatal, seguro, infalible.

inexactitud f. impropiedad, falta, equivocación, error, incorrección.

inexacto, -ta adj. incorrecto, tergiversado, equivocado, erróneo, anacrónico, desacertado, impreciso, imperfecto. ANT. correcto. **2** incompleto, defectuoso, insuficiente, imperfecto. ANT. exacto, justo.

inexcusable adj. imperdonable, indebido, indisculpable, indefendible, injustificable, inaceptable, inadmisible. ANT. justificado. **2** fatal, inevitable, ineludible. ANT. evitable. **3** forzoso, necesario, preciso, obligatorio, imprescindible. ANT. prescindible.

inexistente adj. irreal, ilusorio, supuesto, aparente, engañoso, falaz, imaginario, virtual, ficticio, quimérico, utópico. ANT. real, verdadero.

inexorable adj. inflexible, duro, imperturbable, implacable. ANT. clemente. **2** seguro, irremediable, inevitable, ineludible, fatal, infalible, ineluctable.

inexperiencia f. impericia, ineptitud, inhabilidad, incompetencia. ANT. veteranía.

inexperto, -ta adj. novato, principiante, aprendiz, primerizo, inepto, torpe. ANT. hábil, experimentado. **2** inmaduro, ingenuo, candoroso.

inexpiable adj. irreparable.

inexplicable adj. inaudito, extraño, inconcebible, indescifrable, increíble, ininteligible, incomprensible, confuso, absurdo, enigmático, misterioso. ANT. explicable.

inexplorado, -da adj. no explorado, ignoto, remoto, aislado, solitario, yermo, lejano, despoblado, desconocido, deshabitado, virgen. ANT. conocido.

inexpresable adj. indecible, inenarrable, indescriptible, inexplicable. ANT. expresable.

inexpresivo, -va adj. indiferente, adusto, imperturbable, reservado, frío. ANT. comunicativo, expresivo.

inexpugnable adj. inalcanzable, invencible, inconquistable, inasequible, inabordable. ANT. débil.

inextinguible adj. infinito, perdurable, eterno, persistente, inagotable, duradero, inacabable, interminable. ANT. finito, breve, pasajero.

inextricable adj. confuso, intrincado, enmarañado, complejo. ANT. claro.

infalible adj. certero, seguro, cierto, incontestable, verdadero, acertado. ANT. inseguro.

infamante adj. ultrajante, deshonroso, afrentoso, calumnioso, oprobioso, ignominioso, ofensivo, denigrante, vergonzoso, infamatorio, degradante. ANT. honroso.

infamar tr. prnl. denigrar, manchar, desacreditar, vilipendiar, injuriar, calumniar, deshonrar, vituperar, desprestigiar, difamar, afrentar, ultrajar. ANT. honrar, alabar.

infame adj. com. vil, perverso, abyecto, maligno, execrable, depravado, corrompido, pérfido, bajo, ruin. ANT. bondoso. **2** asqueroso, repugnante, pésimo. ANT. excelente.

infamia f. vileza, maldad, canallada, ignominia, indignidad, perversidad, bajeza, ruindad. ANT. bondad. **2** oprobio, descrédito, deshonra, deshonor. ANT. decencia.

infancia f. niñez, pequeñez, inocencia, minoría de edad. ANT. vejez.

infante s. chico, niño, chiquillo, impúber, muchacho, crío. **2** recluta, soldado.

infantil adj. pueril, impúber. ANT. adulto. **2** candoroso, ingenuo, inocente, cándido, inofensivo. ANT. malicioso. **3** necio, obcecado, caprichoso. ANT. sensato, centrado.

infatigable adj. persistente, incansable, perseverante, tenaz, resistente, inagotable, constante.

infatuar tr. prnl. pavonear, inflar, engreír, envanecer, hinchar.

infausto adj. desafortunado, nefasto, funesto, aciago, fatídico, infortunado, desastroso, infeliz, desgraciado, desdichado. ANT. feliz.

infeccioso, -sa adj. contagioso, contagiante, pegadizo.

infectado, -da adj. infecto, contagiado, contaminado. **2** abyecto, repugnante, sucio.

infectar tr. prnl. contagiar, contaminar, inficionar, corromper, infestar, pegar. ANT. desinfectar. **2** pervertir, viciar, corromper.

infecto, -ta adj. corrompido, infectado, contagiado. **2** abyecto, asqueroso, repugnante, repulsivo, pútrido, sucio.

infecundidad f. infertilidad, esterilidad.

infecundo, -da adj. estéril, yermo, seco, infértil, improductivo, infructuoso, árido, agotado. ANT. fértil.

infeliz adj. com. desventurado, infausto, desafortunado, aciago, desgraciado, infortunado. ANT. dichoso. **2** miserable, apocado.

inferencia f. inducción, consecuencia, derivación, ilación, conclusión.

inferior adj. com. defectuoso, malo, imperfecto, insuficiente, irregular. **2** peor, ínfimo, menor, mínimo, insignificante. ANT. mejor. **3** subalterno, subordinado, dependiente, auxiliar. ANT. superior. **4** bajo, debajo, excavado, hundido, subterráneo. **5** BIOL. primitivo, sencillo.

inferioridad f. deficiencia, defecto, mediocridad, desventaja. ANT. ventaja. **2** servilismo, supeditación, subordinación, dependencia. ANT. superioridad.

inferir tr. deducir, obtener, colegir, derivar, razonar, argumentar.

infernal adj. satánico, diabólico, demoníaco, maligno, endiablado, malo, perjudicial, maléfico. ANT. celestial, bueno. **2** intolerable, pésimo, insoportable, insufrible.

infertilidad f. infecundidad, esterilidad.

infestar tr. extender, invadir, propagar. **2** saquear, devastar, dañar, pillar. **3** tr. prnl. corromper, apestar, contagiar, contaminar.

inficionar tr. infectar.

infidelidad f. deslealtad, ingratitud, falsía, incumplimiento, traición, engaño; adulterio. ANT. lealtad, fidelidad.

infiel adj. engañoso, hipócrita, adúltero, desleal, traidor. ANT. leal. **2** adulterado, falso, inexacto. **3** HIST. idólatra, hereje, pagano.

infierno m. averno, abismo, tártaro, báratro, orco, erebo, condenación, castigo. ANT. cielo. **2** fig. pandemonio, pandemónium, alboroto, jaleo, barahúnda. ANT. tranquilidad.

infiltrar tr. infundir, sugerir, inculcar, imbuir, inspirar. ANT. disuadir. **2** instilar, embeber, impregnar. ANT. escurrir. **3** prnl. entrometerse, penetrar, introducirse.

ínfimo, -ma adj. mínimo, bajo, último, inferior. ANT. alto, noble. **2** despreciable, miserable, vil, abyecto.

infinidad f. multitud, inmensidad, profusión, vastedad, sinfín, montón, muchedumbre, cúmulo, sinnúmero. ANT. pequeñez.

infinito, -ta adj. {número} interminable, incontable, innumerable, innumerable, inacabable, incalculable. ANT. finito. **2** {espacio} ilimitado, inconmensurable, inmenso, extenso, vasto. ANT. limitado.

3 {tiempo} perpetuo, eterno, imperecedero. ANT. perecedero.

inflación *f.* MED. inflamación, tumefacción, intumescencia, hinchazón. **2** envanecimiento, presunción, orgullo, altivez, vanidad. **3** ECON. especulación, subida, alza, aumento.

inflamable *adj.* combustible.

inflamar *tr. intr.* incendiar, abrasar, arder, encender, quemar, incinerar. ANT. apagar. **2** acalorar, apasionar, emocionar, entusiasmar, enardecer, excitar, animar, exasperar. ANT. tranquilizar. **3** *prnl.* hincharse, enrojecerse, infectarse, congestionarse, abultarse. ANT. deshincharse.

inflar *tr. prnl.* soplar, hinchar, henchir, abombar. ANT. desinflar. **2** abultar, agrandar, engordar, recargar, exagerar, ensanchar. ANT. minimizar. **3** *prnl.* infatuarse, engreírse, hincharse, vanagloriarse, envanecerse, ensoberbecerse.

inflexibilidad *f.* rigidez, rigor, firmeza, inclemencia, intolerancia, obstinación, intransigencia, severidad. ANT. flexibilidad.

inflexible *adj.* inquebrantable, inamovible, inconmovible, implacable, intolerante, intransigente, inexorable, rígido. ANT. tolerante. **2** yerto, tieso, pétreo, rígido.

inflexión *f.* torcimiento, dobladura, comba, desviación, curvatura.

infligir *tr.* imponer, aplicar, producir, causar, ocasionar. **2** penar, castigar.

influencia *f.* acción, influjo, efecto. **2** poder, autoridad, predominio, dominio, confianza, prestigio. **3** valimiento, palanca, favor, amistad. ANT. impedimento.

influenza *f.* gripe.

influir *intr.* actuar, intervenir, obrar, cooperar, ejercer, mediar, interponer, empujar, apoyar, contribuir, ayudar, respaldar. ANT. desamparar.

influjo *m.* predominio, autoridad, dominio, poder, efecto, influencia. **2** {de la marea} flujo.

influyente *adj.* acreditado, predominante, eficaz, respetado, prestigioso, poderoso.

información *f.* investigación, indagatoria, inquisición, indagación, pesquisa, averiguación. **2** referencia, reportaje, nueva, comunicación, entrevista, razón, comunicado, informe, noticia, dato. **3** advertencia, anuncio, aviso. **4** denuncia, revelación.

informado, -da *adj.* enterado.

informal *adj. com.* irregular, inconvencional. ANT. formal. **2** irresponsable, inconsecuente, inconstante, negligente, despreocupado. ANT. puntual, cumplidor.

informante *adj. com.* confidente, informador, soplón.

informar *tr. prnl.* comunicar, enterar, anunciar, notificar, avisar, reseñar, poner al corriente, hacer saber. **2** estudiar, investigar, documentarse, sondear, buscar. ANT. ignorar, omitir.

informativo, -va *adj.* que informa. **2** consultivo. **3** *m.* noticiario, boletín de noticias.

informatizado, -da *adj.* {datos} computarizado, sistematizado.

informe¹ *adj.* deforme, amorfo, contrahecho, irregular. **2** vago, indeterminado, oscuro, impreciso. ANT. claro, preciso.

informe² *m.* descripción, exposición, referencia, información, discurso, noticia, antecedente, dato. **2** parecer, dictamen, juicio, opinión.

infortunado, -da *adj. s.* desdichado, malaventurado, desafortunado, desgraciado, desventurado, infeliz, mísero. ANT. dichoso.

infortunio *f.* fatalidad, tragedia, infelicidad, calamidad, desventura, desgracia, adversidad, desdicha. ANT. dicha, felicidad. **2** daño, plaga, azote, calamidad.

infracción *f.* falta, contravención, desobediencia, desafuero, atropello, incumplimiento, delito, transgresión, inobservancia, violación.

infractor, -ra *adj. s.* transgresor, malhechor, inculpidor, vulnerador, desobediente, quebrantador, contraventor.

infranqueable *adj.* {terreno, camino} intransitable, insuperable, insalvable, impracticable, inaccesible, escarpado, quebrado, abrupto. ANT. accesible, fácil.

infrascrito, -ta *adj. s.* firmante, signatario.

infrecuente *adj.* raro, desusado, extraño, desacostumbrado, atípico, singular, inhabitual, anómalo, excepcional, insólito, extraordinario. ANT. habitual, corriente.

infringir *tr.* transgredir, incumplir, desobedecer, quebrantar, contravenir, faltar, violar, atropellar, vulnerar. ANT. cumplir, obedecer.

infructífero, -ra *adj.* estéril, inútil, ineficaz, improductivo, infructuoso.

infructuoso, -sa *adj.* infructífero, ineficaz, vano, infecundo, inútil, inservible, improductivo, infértil, estéril. ANT. fecundo, productivo.

ínfula *f.* adorno, cinta. **2** *pl.* presunción, vanidad, orgullo, engreimiento, fatuidad. ANT. modestia.

infundado, -da *adj.* injustificado, injusto, inmotivado, inaceptable, improcedente, arbitrario, inmerecido. ANT. fundado.

infundio *m.* mentira, engaño, patraña, calumnia, enredo, chisme, embuste, falsedad, rumor. ANT. verdad.

infundir *tr.* inculcar, inspirar, causar, suscitar, inducir, provocar, originar, animar, introducir.

infusión *f.* cocción, disolución, cocimiento, solución. **2** tisana, extracto, brebaje, bebida.

ingeniar *tr.* inventar, idear, imaginar, planificar, concebir, maquinar, discurrir, urdir, planear, trazar. **2** *prnl.* arreglárselas, componérselas, apañarse, despabilarse, darse maña, bandearse.

ingenio *m.* talento, inteligencia, imaginación, genio, inventiva, inspiración, agudeza. **2** iniciativa, entendimiento, lucidez, intuición, discernimiento. ANT. estupidez. **3** industria, habilidad, maña, destreza. ANT. torpeza. **4** *p. us.* máquina, aparato, artilugio, artificio, artefacto, utensilio, instrumento. **5** fábrica de azúcar.

ingeniosidad *f.* habilidad, ingenio, destreza. **2** *desp.* artimaña, argucia, sutileza, sutilidad.

ingenioso, -sa *adj.* hábil, talentoso, industrioso, inventivo, listo, sagaz, habilidoso, diestro, astuto. ANT. torpe, incapaz. **2** chistoso, ocurrente, agudo.

ingénito, -ta *adj.* connatural, innato, congénito. ANT. adquirido.

ingente *adj.* inmenso, grandioso, enorme, grande, descomunal, monumental, colosal.

ingenuidad *f.* franqueza, candor, naturalidad, inocencia, sinceridad, simplicidad, puerilidad, sencillez, candidez. ANT. picardía.

ingenuo, -nua *adj.* cándido, inocente, iluso, inofensivo, simple, espontáneo, candoroso, sincero, sencillo. ANT. astuto, ladino. **2** confiado, crédulo, incauto.

ingerir *tr.* engullir, comer, tomar, tragar. ANT. arrojar.

inglés, -esa *adj. s.* britano, británico, anglo.

ingratitud *f.* desagradecimiento, olvido, deslealtad, desprecio, desamor.

ingrato, -ta *adj.* desagradecido, malagradecido, infiel, desleal, olvidadizo. ANT. agradecido. **2** desagradable, desabrido, áspero, desapacible. ANT. agradable.

3 infructuoso, insatisfactorio, frustrante, estéril. ANT. fructífero.

ingrávido, -da *adj.* leve, sutil, tenue, liviano, suave, ligero, etéreo. ANT. pesado.

ingrediente *m.* componente, substancia, parte, material, elemento, constituyente.

ingresar *intr.* entrar, asociarse, adherirse, introducirse, afiliarse, incorporarse, inscribirse. ANT. egresar, salir. **2** *tr.* {dinero} depositar, meter. ANT. sacar. **3** ganar, devengar, obtener.

ingreso *m.* entrada, acceso. ANT. salida. **2** admisión, inscripción, introducción, afiliación, asociación. **3** ganancia, pensión, sueldo, jornal, renta, retribución.

ingurgitar *tr.* MED. tragar, engullir, ingerir. ANT. expeler, expulsar.

inhábil *adj.* incapaz, inexperimentado, incompetente, inepto, torpe, inexperto. ANT. experto, ducho. **2** desmañado, torpe.

inhabilidad *f.* insuficiencia, torpeza, inexperiencia, incapacidad, impericia, ineptitud, incompetencia. ANT. pericia, habilidad.

inhabilitar *tr.* imposibilitar, invalidar, anular, prohibir, excluir, desautorizar, incapacitar.

inhabitable *adj.* desierto, insano, yermo, insalubre, desolado, hostil, inhóspito. ANT. habitable. **2** incómodo, destartalado, desmantelado, ruinoso. ANT. confortable.

inhabitado, -da *adj.* desértico, yermo, despoblado, deshabitado.

inhabitual *adj.* inusual, infrecuente, raro, desacostumbrado, poco común.

inhalación *f.* {aire} aspiración.

inhalar *tr.* aspirar, absorber. ANT. expulsar.

inherente *adj.* ingénito, connatural, propio, consubstancial, peculiar, privativo. ANT. adquirido. **2** relacionado, inseparable, unido, concomitante. ANT. separado.

inhibir *tr.* impedir, reprimir. **2** MED. {función, actividad} suspender. **3** *prnl.* abstenerse, retraerse, apartarse, alejarse, refrenarse. ANT. actuar, participar.

inhospitalario, -ria *adj.* {persona} inabordable, desapacible, áspero. ANT. humano. **2** {lugar} inhóspito, agreste, desolado, deshabitado. ANT. grato, acogedor.

inhóspito, -ta *adj.* inhospitalario, inclemente, inhumano, desapacible. ANT. acogedor, apacible. **2** {lugar} vulnerable, inseguro, desolado, inhabitable, incómodo, deshabitado, yermo, salvaje, desabrigado. ANT. habitable.

inhumación *f.* sepelio, entierro, enterramiento. ANT. exhumación.

inhumano, -na *adj.* implacable, despiadado, inclemente. ANT. benévolo. **2** malo, malévolo, perverso. ANT. benigno.

inhumar *tr.* sepultar, depositar, enterrar. ANT. exhumar.

iniciación *f.* comienzo, principio, apertura. ANT. clausura.

iniciado, -da *adj. s.* prosélito, adepto, partidario, afiliado, neófito.

iniciador, -ra *adj. s.* suscitador, creador, promotor, instaurador, fundador, inventor, precursor, pionero.

inicial *adj.* inaugural, preliminar, principal, primero, original, originario. ANT. terminal.

inicializar *tr.* INF. {disco} formatear. **2** {programa} establecer.

iniciar *tr. prnl.* comenzar, empezar, fundar, encabezar, abrir, inaugurar, originar, principiar, emprender, es-

trenar. ANT. acabar, terminar. **2** instruir, adoctrinar, formar, aleccionar, preparar, enseñar, educar. **3** introducir, afiliar, admitir.

iniciativa *f.* delantera, anticipación. **2** decisión, impulso, diligencia, ingenio, resolución, determinación, voluntad, aptitud, inventiva, dinamismo, capacidad. ANT. ineptitud. **3** proposición, idea, propuesta, proyecto, sugerencia.

inicio *m.* comienzo, principio, raíz, origen, iniciación, génesis, fundamento. ANT. final.

inicuo, -cua *adj.* injusto, inequitativo, arbitrario. ANT. justo. **2** malvado, ruin, vil, malo, infame, perverso. ANT. bueno.

inimaginable *adj.* inconcebible, incomprensible, impensable, irrepresentable, extraordinario. ANT. imaginable.

inimitable *adj.* irrepetible, inconfundible, inigualable, impar, único, excepcional, sin par, original, singular, particular.

ininteligible *adj.* incomprensible, confuso, embrollado, críptico, difícil, indescifrable, ilegible, impenetrable, enredado.

ininterrumpido, -da *adj.* incesante, continuo, constante.

iniquidad *f.* abyección, infamia, perversidad, crueldad, vileza, desafuero, depravación, abuso, maldad, injusticia. ANT. bondad.

injerencia *f.* indiscreción, intervención, intrusión, intromisión. ANT. discreción.

injerir *tr.* {plantas} injertar. **2** {palabra, nota} incluir, introducir, insertar, entretejer, intercalar. **3** *prnl.* entremeterse, inmiscuirse, introducirse, intervenir, meterse, mezclarse. ANT. abstenerse.

injertar *tr.* injerir, implantar, incluir, trasplantar, inserir, introducir, insertar, agregar.

injuria *f.* insulto, agravio, ultraje, denigración, vilipendio, denuesto, ofensa, vejación, afrenta, improperio. ANT. alabanza. **2** menoscabo, deterioro, perjuicio, daño. ANT. beneficio.

injurioso, -sa *adj.* ofensivo, ultrajante, grosero, insolente, insultante.

injusticia *f.* arbitrariedad, inequidad, ilegalidad, ilicitud, abuso, iniquidad, parcialidad, desafuero, atropello. ANT. justicia.

injustificable *adj.* irremisible, imperdonable, indisculpable, inaceptable, indefendible, inexcusable.

injustificado, -da *adj.* infundado, inmotivado, injusto, insubsistente.

injusto, -ta *adj.* arbitrario, ilegal, inicuo. ANT. justo. **2** injustificado, inmerecido, infundado. ANT. merecido.

inmaculado, -da *adj.* limpio, límpido, puro, impoluto. ANT. sucio. **2** impecable, intachable, íntegro. ANT. manchado.

inmaduro, -ra *adj. s.* incipiente, verde, novato, inexperto, principiante, precoz, prematuro, bisoño. ANT. maduro.

inmarcesible *adj.* perenne, inmarchitable. ANT. perecedero.

inmanente *adj.* FIL. consubstancial, constitutivo, inherente, ínsito, inseparable.

inmaterial *adj.* incorpóreo, invisible, intangible, impalpable, etéreo. ANT. material.

inmediaciones *f. pl.* alrededores, afueras, aledaños, contornos, cercanías, proximidades, vecindad. ANT. lejanía.

inmediatamente *adv.* en el acto, en seguida, al punto, acto seguido, seguidamente, al momento, luego. ANT. después.

inmediato, -ta *adj.* cercano, junto, consecutivo, contiguo, vecino, seguido, próximo, circunvecino, lindante, adjunto. ANT. alejado, lejano. **2** urgente, instantáneo, inminente. ANT. lento, paulatino.

inmejorable *adj.* excelente, supremo, magnífico, insuperable, superior, óptimo.

inmenso, -sa *adj.* infinito, incalculable, enorme, incontable, ilimitado, inmensurable, inconmensurable, desmedido, vasto, extenso. ANT. limitado. **2** ingente, colosal, gigante, descomunal, gigantesco, desmesurado, desmedido, enorme. ANT. pequeño, escaso.

inmensurable *adj.* inconmensurable, inmenso, infinito, incalculable. ANT. mensurable.

inmersión *f.* hundimiento, chapuzón, zambullida, sumersión, buceo, sumergimiento, descenso. ANT. ascenso.

inmerso, -sa *adj.* {persona, cosa} sumergido, hundido, metido. **2** {persona} concentrado, embebido, ensimismado, enfrascado, sumido.

inmigración *f.* migración, éxodo. ANT. emigración.

inmigrante *adj. s.* extranjero, inmigrado. ANT. emigrante.

inmigrar *intr.* llegar, establecerse, migrar.

inminente *adj.* próximo, cercano, inmediato, apremiante, perentorio, imperioso, pronto. ANT. lejano, aplazable.

inmiscuirse *prnl.* mezclarse, interferir, meterse, entremeterse, interponerse, intervenir, injerirse. ANT. desinteresarse.

inmobiliario, -ria *adj.* inmueble.

inmoderado, -da *adj.* intemperante, desenfrenado, incontinente, excesivo, exagerado. ANT. mesurado. **2** enorme, desmedido, inconmensurable.

inmodestia *f.* presunción, vanidad, alarde, engreimiento, vanagloria, jactancia, arrogancia, fatuidad, pedantería, petulancia. ANT. modestia.

inmolación *f.* REL. sacrificio, matanza.

inmolar *tr.* sacrificar, matar, degollar, eliminar, ofrendar, ofrecer.

inmoral *adj.* indecente, indecoroso, indigno, deshonesto. ANT. decoroso, honesto. **2** impúdico, disoluto, licencioso.

inmortal *adj.* imperecedero, indefinido, duradero, eterno, perpetuo, sempiterno, perenne, perdurable. ANT. mortal, perecedero.

inmortalizar *tr. prnl.* eternizar, perdurar, perpetuar. ANT. morir.

inmotivado, -da *adj.* injustificado, arbitrario, caprichoso. ANT. motivado.

inmóvil *adj.* inamovible, invariable, inactivo, fijo, quieto, firme, estático. ANT. móvil, movible.

inmovilidad *f.* calma, quietud, reposo, pasividad, estabilidad, parálisis, inacción, inactividad, inercia.

inmovilizar *tr.* parar, congelar, detener, bloquear, frenar, cohibir, atajar, paralizar, retener. ANT. mover. **2** asegurar, consolidar, fijar, sujetar, afianzar, afirmar. **3** *prnl.* aterirse, agarrotarse, congelarse.

inmueble *m.* casa, edificio, propiedad, vivienda, finca. **2** *adj.* inmobiliario.

inmundicia *f.* suciedad, basura, porquería. **2** deshonestidad, vileza, canallada.

inmundo, -da *adj.* nauseabundo, mugriento, asqueroso, puerco, repugnante, sucio. ANT. limpio.

inmune *adj.* libre, invulnerable, exceptuado, indemne, sano, exento, dispensado, inatacable, protegido. ANT. vulnerable.

inmunidad *f.* exención, liberación, prerrogativa, privilegio, invulnerabilidad, indemnidad, exoneración, protección. ANT. vulnerabilidad. **2** resistencia, vigor, defensas, fortaleza.

inmunizado, -da *adj.* inmune, invulnerable.

inmutable *adj.* inalterable, impertérrito, inconmovible, imperturbable, inquebrantable, indestructible, indisoluble, impasible, impávido, invariable. ANT. mutable.

inmutar *tr.* variar, alterar. **2** *prnl.* turbarse, alterarse, conmoverse, desconcertarse.

innato, -ta *adj.* congénito, connatural, nativo, ingénito, inherente, peculiar, natural, propio, personal, individual, característico. ANT. adquirido.

innecesario, -ria *adj.* inútil, superfluo, fútil, redundante, prescindible. ANT. imprescindible, necesario.

innegable *adj.* indiscutible, inequívoco, incontestable, irrefutable, irrebatible, incuestionable, indudable, evidente. ANT. discutible.

innoble *adj.* indigno, mezquino, abyecto, despreciable, vil, ruin, infame, bajo. ANT. noble.

innovación *f.* novedad, invención, descubrimiento. **2** {de un producto} creación, modificación.

innumerable *adj.* incontable, incalculable, innúmero, inmenso, infinito, interminable, numeroso, copioso. ANT. finito, escaso.

inobediente *adj.* renuente, desobediente, remiso, rebelde, insubordinado, reacio, insumiso. ANT. disciplinado.

inocencia *f.* simplicidad, ingenuidad, sencillez, candidez, candor. ANT. picardía.

inocentada *f.* broma, chanza, burla, trampa, novatada, chasco.

inocente *adj.* ingenuo, candoroso, pueril, iluso, cándido, simple. ANT. astuto, malicioso. **2** exento, exculpado, absuelto, libre. ANT. culpable. **3** inofensivo, inocuo. ANT. dañino.

inocular *tr. prnl.* infectar, inficionar, contagiar, transmitir, pegar. ANT. inmunizar. **2** corromper, pervertir, viciar. **3** {idea} infundir, inculcar.

inocuo *adj.* inofensivo, anodino, inocente. ANT. nocivo.

inodoro *adj.* neutro, limpio, puro, sin olor. **2** *m.* retrete, excusado, evacuatorio, cuarto de baño, servicio.

inofensivo, -va *adj.* inocuo, manso, inerme, apacible, amable, candoroso, inocente, desarmado, pacífico. ANT. perjudicial, peligroso.

inolvidable *adj.* imborrable, memorable, imperecedero, persistente, permanente, inmortal. ANT. pasajero.

inoperante *adj.* improductivo, ineficaz, inservible, inútil.

inopia *f.* escasez, pobreza, miseria, indigencia. ANT. riqueza.

inopinado, -da *adj.* accidental, repentino, impensado, casual, inesperado, súbito, fortuito, imprevisto. ANT. previsto, esperado.

inoportuno, -na *adj.* inesperado, intempestivo, importuno, inconveniente, imprevisto, inadecuado, impropio, desatinado, impertinente, extemporáneo, a deshora. ANT. oportuno, adecuado. **2** entrometido, imprudente, impertinente, indiscreto. ANT. discreto.

input *s.* [ING.] ECON. insumo, materia prima. **2** INF. entrada (de información), entrada de datos, datos.

inquebrantable *adj.* inalterable, invariable, inexorable, constante. **2** irrompible, duro. ANT. frágil.

inquietar *tr. prnl.* trastornar, molestar, alarmar, intranquilizar, desasosegar, impacientar, perturbar, importunar, incomodar, angustiar, preocupar, exasperar, atormentar. ANT. tranquilizar, sosegar.

inquieto, -ta *adj.* agitado, travieso, nervioso, alterado, bullicioso. **2** alarmado, impaciente, preocupado, desasosegado, intranquilo. ANT. calmado, tranquilo.

inquietud *f.* zozobra, impaciencia, intranquilidad, preocupación, ansiedad, desasosiego, ansia, angustia, incomodidad. ANT. serenidad. **2** conmoción, alteración, sobresalto, agitación, alboroto. **3** anhelo, inclinación, deseo, aspiración, ambición.

inquilino, -na *s.* arrendatario, ocupante, locatario, habitante, vecino.

inquina *f.* aversión, antipatía, saña, rencor, tirria, ojeriza, odio, repulsión, animadversión, enemistad, animosidad, aborrecimiento. *ANT.* simpatía.

inquirir *tr.* indagar, averiguar, investigar, informarse, interrogar, rastrear, escudriñar, examinar, preguntar.

inquisición *f.* examen, pesquisa, investigación, indagación. **2** Hist., Rel. Santo Oficio.

inquisitivo, -va *adj.* inquisitorio.

insaciable *adj.* voraz, insatisfecho, codicioso, ansioso, ávido, ambicioso. **2** glotón, hambriento, tragón. *ANT.* satisfecho.

insalubre *adj.* insano, morboso, nocivo, malsano, dañino, perjudicial, pernicioso. *ANT.* saludable.

insanable *adj.* incurable.

insano, -na *adj.* insalubre, morboso, nocivo, malsano, dañino, perjudicial, pernicioso. *ANT.* saludable. **2** insensato, demente, loco. *ANT.* cuerdo.

insatisfecho, -cha *adj.* insaciable. **2** quejoso, malhumorado, disgustado, descontento.

inscribir *tr.* grabar, trazar. **2** *tr. prnl.* apuntar, anotar, escribir, registrar, enrolar, matricular.

inscripción *f.* cartel, rótulo, lema, título, leyenda, letrero. **2** epitafio, epígrafe, epigrama. **3** matrícula, acreditación, incorporación, agremiación, afiliación. *ANT.* expulsión.

inscrito, -ta *adj.* suscrito, apuntado, anotado, abonado, afiliado.

inseguridad *f.* incertidumbre, perplejidad, indecisión, inestabilidad, vacilación, duda. *ANT.* certidumbre. **2** riesgo, peligro. *ANT.* seguridad. **3** inconsistencia, debilidad.

inseguro, -ra *adj.* vacilante, dudoso, titubeante. **2** inestable, movedizo.

inseminación *f.* fecundación.

insensatez *f.* necedad, estolidez, estulticia, irreflexión, disparate, irracionalidad.

insensato, -ta *adj.* disparatado, absurdo, ligero, imprudente, irrazonable, desatinado, estólido, descabellado, necio, irracional, irreflexivo. *ANT.* juicioso, cauto.

insensibilidad *f.* anestesia.

insensibilizar *tr. prnl.* Med. anestesiar, adormecer, aletargar, calmar. **2** {sentimientos} curtir, endurecer.

insensible *adj.* indiferente, duro, encallecido, impasible, inhumano, endurecido, frío, cruel. *ANT.* sensible. **2** inanimado, adormecido, embotado, exánime, inconsciente, entorpecido. **3** inapreciable, imperceptible, indiscernible. *ANT.* perceptible, notorio.

inseparable *adj.* {persona} íntimo, entrañable, devoto, fiel. *ANT.* desafecto. **2** {cosa} pegado, adjunto, indivisible. *ANT.* separado, desunido.

insertar *tr.* injerir, introducir, incluir, intercalar, implantar, meter, encajar, entreverar, engastar, injertar. *ANT.* excluir, extraer.

inserto, -ta *adj.* interpolado, introducido, intercalado, incluido.

inservible *adj.* inútil, estropeado, inaprovechable, destruido, deteriorado, roto, descompuesto, averiado. *ANT.* útil. **2** infructuoso, inaplicable, ineficaz, inoperante. *ANT.* provechoso.

insidia *f.* intriga, traición, perfidia, trampa, conspiración, engaño, maquinación.

insidioso, -sa *adj.* pérfido, artificioso, intrigante, traidor, malicioso, astuto, engañoso. *ANT.* leal.

insigne *adj.* ilustre, célebre, eminente, prominente, sobresaliente, distinguido, señalado, excelso, renombrado, notable.

insignia *f.* emblema, señal, rótulo, distintivo, marca, divisa. **2** bandera, estandarte, pendón, pabellón.

insignificancia *f.* nadería, minucia, simpleza, pequeñez, menudencia, bagatela, fruslería, nimiedad. **2** tontería, puerilidad.

insignificante *adj.* minúsculo, fútil, intrascendente, escaso, pequeño, irrisorio, baladí, desdeñable, mínimo, exiguo, despreciable, trivial. *ANT.* importante.

insinuación *f.* indicación, sugestión, indirecta, instigación, sugerencia, rodeo, eufemismo, alusión.

insinuar *tr.* sugerir, indicar, mencionar, esbozar, aludir, apuntar, dar a entender. **2** *prnl.* flirtear, seducir, coquetear, cortejar.

insipidez *f.* insulsez, desabor, desabrimiento, insubstancialidad. **2** simpleza, sosería, sosera.

insípido, -da *adj.* desaborido, desabrido, insubstancial. *ANT.* sustancioso, sabroso. **2** soso, aburrido, insulso, inexpresivo. *ANT.* expresivo.

insistencia *f.* perseverancia, empeño, persistencia, tenacidad, ahínco, firmeza, tesón. **2** porfía, obstinación, terquedad, testarudez, tozudez, pesadez.

insistente *adj.* obstinado, pesado, persistente, pertinaz, porfiado, obcecado, obsesivo, testarudo, terco.

insistir *intr.* perseverar, empeñarse, instar, persistir. *ANT.* desistir. **2** importunar, machacar, empeñarse, obstinarse, porfiar, empecinarse.

insobornable *adj.* incorruptible, ético. *ANT.* sobornable.

insociable *adj.* huidizo, aislado, misántropo, introvertido, huraño, retraído, esquivo, hosco. *ANT.* sociable, comunicativo.

insolación *f.* acaloramiento.

insolencia *f.* impertinencia, irreverencia, arrogancia, osadía, temeridad, atrevimiento. **2** cinismo, descortesía, desfachatez, grosería, desvergüenza, descaro.

insolentarse *prnl.* descararse, desmandarse, atreverse, descomponerse, extralimitarse, propasarse, osar, descomedirse. *ANT.* moderarse.

insolente *adj.* atrevido, irrespetuoso, desvergonzado, irreverente, cínico, desfachatado. *ANT.* respetuoso. **2** ofensivo, altanero, injurioso, insultante.

insólito, -ta *adj.* asombroso, extraordinario, inaudito, inusitado, desacostumbrado, infrecuente, raro, excepcional, inusual. *ANT.* corriente, habitual.

insolvencia *f.* quiebra, ruina, empobrecimiento. *ANT.* solvencia. **2** descrédito. *ANT.* crédito.

insomnio *m.* desvelo, vigilia, vela. *ANT.* sueño.

insondable *adj.* impenetrable, inexplicable, enigmático, misterioso, indescifrable, oculto, recóndito, incomprensible, incognoscible, inescrutable. *ANT.* comprensible. **2** profundo.

insoportable *adj.* intolerable, desagradable, desesperante, insufrible, irritante, enojoso, fastidioso, irresistible, molesto, pesado. *ANT.* agradable.

insoslayable *adj.* ineludible, obligatorio, imprescindible, inevitable, forzoso, preciso, necesario. *ANT.* evitable.

insostenible *adj.* inestable, precario. *ANT.* estable. **2** refutable, rebatible, indefendible, impugnable, infundado, inadmisible. *ANT.* irrebatible.

inspección *f.* vigilancia, observación, examen, comprobación, registro, control. **2** investigación, fiscalización, exploración, reconocimiento.

inspeccionar *tr.* investigar, fiscalizar, vigilar, observar, registrar, explorar, supervisar, controlar, examinar, verificar, revisar, comprobar.

inspiración f. vena, iluminación, musa, soplo, imaginación, sugestión, intuición, numen. **2** arrebato, rapto. **3** inhalación, aspiración, respiración.

inspirar tr. sugerir, transmitir, infundir, iluminar, influir, insinuar. **2** arrebatar. **3** inhalar, aspirar, respirar, soplar.

instalación f. montaje. **2** recinto, alojamiento, establecimiento.

instalar tr. disponer, montar, colocar, preparar, situar. ANT. desmontar, desarmar. **2** tr. prnl. acomodar, establecer, asentar, arraigar, afincar, alojar.

instancia f. petición, solicitud, pretensión, apelación, memorial. **2** {de una institución} nivel, grado. **3** organismo, institución. **4** loc. a ~s de: a petición de, a solicitud de. **5** loc. en última ~: en definitiva.

instantáneo, -a adj. {reacción, efecto} momentáneo, breve, súbito, repentino, rápido, fugaz. **2** f. fotografía.

instante m. segundo, momento, minuto, soplo, santiamén, relámpago. ANT. eternidad. **2** loc. al ~: inmediatamente, sin dilación, sin tardanza, al punto.

instar tr. solicitar, pedir, demandar, reclamar, reivindicar, pugnar, insistir. ANT. renunciar. **2** intr. urgir, apremiar, apurar.

instaurar tr. establecer, instituir, implantar, inaugurar, crear, instalar, erigir, fundar. ANT. abolir.

instigación f. provocación, inducción, incitación, coacción, exhortación, concitación, invitación, estímulo. ANT. disuasión.

instigar tr. incitar, inducir, excitar, impeler, aguijonear, impulsar, empujar, estimular, invitar, animar, provocar. ANT. frenar, disuadir.

instintivo, -va adj. irreflexivo, involuntario, maquinal, indeliberado, espontáneo, automático, inconsciente, reflejo. ANT. deliberado.

instinto m. BIOL. reacción, reflejo. **2** facultad, inclinación, impulso, impulsión, propensión, olfato, tendencia, inspiración. **3** loc. por ~: por impulso.

institución f. asociación, instituto, fundación, corporación, centro, establecimiento, organismo, sociedad.

instituir tr. crear, constituir, establecer, fundar, erigir, instaurar, estatuir. ANT. destruir.

instituto m. institución, fundación, corporación, sociedad, establecimiento, centro, organización. **2** liceo, colegio, facultad, escuela, gimnasio, academia.

institutriz f. maestra, educadora, aya, tutora, preceptora, profesora, monitora, instructora.

instrucción f. educación, formación, enseñanza, estudio. **2** saber, erudición. **3** pl. preceptos, reglas, normas.

instructivo adj. educativo, ilustrativo, formativo.

instructor, -ra s. monitor, pedagogo, catedrático, preceptor, maestro, tutor, profesor, educador.

instruido, -da adj. formado, ilustrado, leído, culto, erudito, educado, cultivado, preparado. ANT. inculto, ignorante.

instruir tr. educar, enseñar, cultivar, formar, aleccionar, adiestrar. ANT. descarriar. **2** tramitar. **3** tr. prnl. comunicar, dar a conocer, divulgar, informar. ANT. ocultar.

instrumental m. herramientas, utensilios, material, aparatos, aparejo, equipo.

instrumento m. herramienta, dispositivo, aparato, utensilio, máquina, útil.

insubordinación f. indisciplina, desacato, insumisión, desobediencia, sublevación, rebeldía, insurrección, amotinamiento. ANT. sumisión.

insubordinado, -da adj. s. rebelde, indisciplinado, renuente, remiso, inobediente, insumiso, reacio, desobediente.

insubordinarse prnl. desobedecer, sublevarse, amotinarse, insurreccionarse, levantarse, alzarse.

insubsistente adj. injustificado, injusto, infundado, sin razón. ANT. justificado, fundado.

insubstancial adj. ver **insustancial**.

insuficiencia f. inexperiencia, incapacidad, incompetencia, ineptitud. ANT. habilidad, capacidad. **2** exigüidad, escasez, deficiencia, miseria, carencia, falta, penuria.

insuficiente adj. carente, escaso, pobre, defectuoso, poco, pequeño, reducido, deficiente, falto, privado. ANT. suficiente.

insufrible adj. inaguantable, molesto, impertinente, fastidioso, irritante, insoportable. ANT. tolerable.

insulso, -sa adj. insípido, desabrido, soso. **2** tonto, estúpido, necio, simple.

insultante adj. injurioso, vejatorio, irrespetuoso, ofensivo, afrentoso, ultrajante.

insultar tr. agraviar, ofender, injuriar, ultrajar, denostar, vilipendiar, afrentar, herir. ANT. honrar, alabar.

insulto m. denuesto, agravio, vilipendio, improperio, vituperio, ofensa, dicterio, injuria, ultraje.

insumisión f. indisciplina, desacato, sublevación, desobediencia, rebeldía, insubordinación.

insuperable adj. inmejorable, óptimo, extraordinario, magnífico, supremo, soberbio, incomparable, sublime, excelente. ANT. pésimo. **2** insalvable, invencible, arduo, infranqueable, inasequible, difícil, imposible. ANT. fácil.

insurgente adj. insubordinado, sublevado, insumiso, insurrecto, rebelde, sedicioso, amotinado.

insurrección f. sublevación, insurgencia, rebeldía, motín, revuelta, rebelión, alzamiento, levantamiento, disturbio, insubordinación, amotinamiento. ANT. calma.

insurrecto, -ta adj. insubordinado, alzado, insurgente, amotinado, sublevado, rebelde, sedicioso.

insustancial adj. vacío, ligero, frívolo, vacuo, trivial, vano. ANT. importante, substancial. **2** insípido, soso, insulso, desabrido.

insustituible adj. vital, imprescindible, fundamental, irreemplazable, indispensable. ANT. reemplazable.

intachable adj. impecable, limpio, perfecto, irreprochable.

intacto, -ta adj. completo, íntegro. ANT. incompleto. **2** sano, ileso, indemne, incólume, salvo. ANT. perjudicado.

intangible adj. intocable, impalpable, incorporal, inmaterial, invisible, incorpóreo.

integración f. anexión, fusión, incorporación, unión, agregación, unificación, adhesión.

integral adj. completo, total, global, pleno, entero. ANT. parcial.

integrante adj. componente, constituyente, miembro, participante, parte.

integrar tr. componer, constituir, completar, formar. **2** {dinero} reintegrar, devolver, satisfacer, restituir. **3** tr. prnl. {personas} incorporar, anexar, juntar, añadir, agregar, unir. ANT. separar.

integridad f. honestidad, rectitud, probidad, honradez.

íntegro, -gra adj. {cosa} total, completo. **2** {persona} honrado, recto, irreprochable, virtuoso, justo, desinteresado, incorruptible. ANT. deshonesto, injusto.

intelecto m. entendimiento, razón, inteligencia. **2** mente, cerebro.

intelectual adj. s. erudito, estudioso, ilustrado, instruido. ANT. inculto. **2** adj. mental, cerebral. ANT. material, corporal.

inteligencia *f.* intelecto, entendimiento, mente, razonamiento, juicio. **2** talento, perspicacia, conocimiento, penetración, entendimiento, capacidad. ANT. inhabilidad. **3** acuerdo, trato, avenencia, correspondencia. ANT. discordia.

inteligente *adj. com.* talentoso, perspicaz, sagaz, ingenioso, lúcido, sabio.

inteligible *adj.* comprensible, asequible, claro, penetrable, descifrable, legible. ANT. incomprensible.

intemperancia *f.* desenfreno, exceso, inmoderación, descontrol, incontinencia, libertinaje. ANT. moderación, templanza.

intempestivo, -va *adj.* inesperado, imprevisto, extemporáneo, impensado, inoportuno, importuno. ANT. oportuno.

intención *f.* propósito, determinación, voluntad, finalidad, pensamiento, idea. ANT. renuncia, abstención.

intencional *adj.* intencionado, premeditado, deliberado, voluntario, pensado, preconcebido, adrede. ANT. involuntario.

intendencia *f.* cuidado, dirección, administración, gobierno. **2** distrito. **3** tropa, oficiales, cuerpo.

intensidad *f.* {agente natural, magnitud} fuerza, energía, vigor, vehemencia, tensión, intensificación, potencia. **2** {afectos} apasionamiento, vehemencia, entusiasmo, pasión, viveza, ardor, calor, exaltación.

intensificar *tr.* reforzar, acrecentar, vigorizar, fortalecer, aguzar, agudizar, acentuar, aumentar, avivar.

intensivo, -va *adj.* intenso, profundo, enérgico, fuerte, activo, penetrante. **2** {afecto} vehemente, profundo, apasionado, hondo, vivo.

intentar *tr.* ensayar, experimentar, tratar, emprender, probar, tantear, pretender, proyectar, sondear. ANT. renunciar.

intento *m.* fin, objeto, propósito, intención, designio.

intercalar *tr.* insertar, entreverar, agregar, interponer, introducir, combinar, alternar, mezclar, superponer, interpolar. ANT. entresacar.

intercambio *m.* cambio, compensación, permuta, trueque, canje, reciprocidad.

interceder *intr.* mediar, intervenir, apoyar, recomendar, respaldar, defender, abogar.

interceptar *tr.* interrumpir, cortar, cerrar, entorpecer, obstruir, atajar, estorbar, interferir, parar, impedir, detener, aislar, incomunicar. ANT. despejar.

intercesión *f.* arbitraje, mediación.

intercesor, -ra *adj. s.* árbitro, mediador, conciliador, intermediario.

interdicción *f.* prohibición, veda, exclusión, negación, impedimento. ANT. permiso, autorización.

interés *m.* rédito, provecho, renta, utilidad, beneficio, ganancia, rendimiento, lucro, dividendo. ANT. pérdida. **2** atractivo, propensión, inclinación, afecto, apego. ANT. desinterés. **3** *pl.* fortuna, propiedades, bienes, capital.

interesado, -da *adj. s.* oportunista, materialista, codicioso, aprovechado, egoísta. **2** apegado, solícito. ANT. indiferente. **3** fascinado, atraído.

interesante *adj.* cautivante, cautivador, fascinante, atractivo, atrayente, sugestivo, encantador, seductor, notable. ANT. insustancial.

interesar *tr.* cautivar, atraer, impresionar, encantar, maravillar, seducir. ANT. aburrir. **2** importar, afectar, concernir, atañer, tocar, competer, corresponder. ANT. abandonar.

interface *s.* [ING.] INF. {entre sistemas} interfaz, conexión funcional.

interferir *tr. prnl.* cruzar, interponer. **2** {señal} perturbar, interceptar, estorbar.

interinidad *f.* intermedio, transitoriedad, periodicidad, ínterin, provisionalidad, eventualidad, intervalo. ANT. permanencia.

interino, -na *adj. s.* provisional, pasajero, temporal, substituto, momentáneo, transitorio, provisorio, suplente, eventual, accidental. ANT. perpetuo, permanente.

interior *adj.* interno, intestino, secreto, intrínseco, íntimo, profundo, recóndito. ANT. exterior. **2** {habitación} sin vista. **3** nacional. ANT. exterior, extranjero. **4** *m.* ánimo, alma. **5** {de un país o territorio} centro, zona central. ANT. costa. **6** *gen. pl. Col., Ven.* calzoncillo. **7** *pl.* entrañas. **8** *pl.* CINE decorados.

interjección *f.* grito, exclamación, imprecación.

intermediario, -ria *adj.* mediador, intercesor, negociador. **2** comisionista, comerciante, proveedor.

intermedio *m.* interludio, entreacto, descanso, intervalo, pausa.

interminable *adj.* inacabable, inagotable, continuo, inextinguible, perpetuo, eterno, sin fin. ANT. finito, limitado.

intermisión *f.* {de una labor o un proceso} interrupción, cesación.

intermitente *adj.* discontinuo, alterno, irregular, esporádico, entrecortado, interrumpido. ANT. regular, seguido, continuo.

internacional *adj.* universal, mundial, general, global, cosmopolita. ANT. local, nacional, regional.

internado *m.* pensión, pensionado.

internamiento *m.* hospitalización.

internar *tr.* hospitalizar, recluir, encerrar, apartar, aislar. ANT. liberar. **2** *prnl.* adentrarse, entrar, meterse, introducirse, penetrar. ANT. salir. **3** explorar, profundizar, ahondar.

interno, -na *adj.* interior, íntimo, propio, intrínseco, individual, privado, profundo, personal. ANT. externo, exterior. **2** pensionista, becario, educando, alumno, pupilo, colegial.

interpelar *tr.* demandar, apelar, solicitar, compeler, exigir, instar, requerir. **2** preguntar, interrogar, exhortar.

interpolar *tr.* intercalar, interponer, insertar, entreverar, meter.

interponer *tr. prnl.* intercalar, entreverar, interpolar. **2** *prnl.* intervenir, apelar, interceder, mediar, inmiscuirse, entrometerse. **3** obstaculizar, interferir, obstruir, dificultar, estorbar.

interpretación *f.* exégesis, explicación, comprensión, análisis, deducción, significación, apreciación, aclaración, hermenéutica. **2** lectura, traducción, sentido.

interpretar *tr.* explicar, comentar, significar, describir, elucidar, inferir, aclarar, exponer, deducir, explanar, desarrollar, descifrar, demostrar. **2** traducir. **3** concebir, entender, expresar, suponer, comprender. ANT. confundir. **4** ARTE, CINE, MÚS., TEAT. representar, ejecutar, actuar, declamar, cantar, caracterizar, bailar, expresar.

intérprete *com.* exégeta, hermeneuta. **2** guía. **3** traductor. **4** artista, virtuoso, músico, solista, cantante.

interrogación *f.* pregunta, duda, incógnita, cuestión, interrogante.

interrogar *tr.* preguntar, informarse, interpelar, inquirir, indagar, escudriñar, averiguar, sondear, examinar, consultar, investigar. ANT. responder.

interrogatorio *m.* examen, juicio, sondeo, encuesta, informe, investigación, cuestionario.

interrumpido, -da *adj.* intermitente, discontinuo. ANT. continuo.

interrumpir *tr.* suspender, cesar, parar, terminar, descontinuar, detener, atajar, frenar, interceptar, obstaculizar, impedir. ANT. continuar. **2** romper, cortar, truncar. ANT. reanudar.

interrupción *f.* discontinuidad, intermisión, cesación, paralización, perturbación, detención, corte, suspensión. ANT. continuación.

interruptor *m.* conmutador, cortacorriente.

intersección *f.* cruce, encuentro, empalme, reunión, corte, confluencia, encrucijada, unión. ANT. bifurcación, desviación.

intersticio *m.* grieta, abertura, resquebrajadura, hendidura, ranura, resquicio, juntura, incisión, rendija, hueco, fisura, surco. **2** {temporal o espacial} intervalo, lapso, espacio, tiempo, distancia.

intervalo *m.* transcurso, lapso, espacio, periodicidad, distancia, duración. **2** intermedio, pausa, descanso, tregua.

intervención *f.* intercesión, actuación, interposición, participación, mediación. **2** intromisión, intrusión, injerencia. **3** fiscalización, inspección. **4** MED. operación quirúrgica, cirugía.

intervenir *intr.* interponerse, entrometerse, interceder, mediar, maniobrar. ANT. abstenerse. **2** *tr.* participar, actuar, hablar, tomar parte. **3** {cuenta bancaria} controlar, fiscalizar, inspeccionar. **4** {contabilidad} examinar, requisar. **5** {actividades, funciones} limitar, prohibir, suspender. **6** MED. operar.

intestino, -na *adj.* interior, interno. **2** *m.* entrañas, tripas, vísceras.

intimación *f.* exigencia, notificación, declaración, aviso, advertencia, conminación, ultimátum, requerimiento.

intimar *tr.* {cumplimiento} requerir, exigir, notificar, reclamar, conminar. **2** *intr. prnl.* entenderse, llevarse bien, congeniar, simpatizar, confraternizar.

intimidación *f.* desafío, coacción, amenaza.

intimidad *f.* confianza, amistad, adhesión, apego, familiaridad. ANT. enemistad, desconfianza.

intimidar *tr. prnl.* asustar, acobardar, amilanar, atemorizar, aterrorizar. ANT. animar, incitar. **2** *tr.* amordazar, conminar, coartar, presionar, coaccionar. ANT. alentar.

íntimo, -ma *adj.* interior, personal, reservado, particular, secreto, subjetivo. ANT. público, general, externo. **2** {persona} querido, entrañable, fraterno, afecto, fraternal.

intitular *tr.* titular.

intocable *adj.* intangible.

intolerable *adj.* inadmisible, indignante, imperdonable, insultante, inaceptable, arbitrario, abominable, injusto, abusivo, ilegal, insoportable, insufrible. ANT. tolerable, justo.

intolerancia *f.* intransigencia, inflexibilidad, obcecación, obstinación, fanatismo, testarudez. ANT. tolerancia.

intoxicar *tr.* envenenar, emponzoñar, inocular, enfermar, infectar, drogar. ANT. desintoxicar. **2** pervertir, contaminar, enviciar, corromper.

intraducible *adj.* inexplicable, indescriptible, indescifrable, indecible, incomprensible. ANT. comprensible.

intranquilidad *f.* inquietud, preocupación, zozobra, tribulación, malestar, congoja, desasosiego, conmoción, perturbación, sobresalto, ansiedad, angustia, agitación, alarma, turbación. ANT. tranquilidad.

intranquilizar *tr. prnl.* inquietar, turbar, preocupar, perturbar, sobresaltar, agitar, angustiar, alarmar, desasosegar, conmover, conturbar. ANT. calmar, sosegar.

intranquilo, -la *adj.* nervioso, desazonado, turbado, impaciente, desasosegado, agitado, inquieto, conmocionado, ansioso, alarmado, preocupado, angustiado. ANT. sosegado, tranquilo.

intransferible *adj.* personal, inalienable, individual. ANT. transferible.

intransigencia *f.* apasionamiento, testarudez, obstinación, porfía, intemperancia, severidad, obcecación, terquedad, rigidez, ceguera, intolerancia, fanatismo, inflexibilidad. ANT. tolerancia, transigencia.

intransigente *adj.* intolerante, inflexible, intemperante, rígido, obcecado, terco, obstinado, fanático, testarudo. ANT. tolerante, transigente.

intransitable *adj.* {lugar} difícil, escarpado, quebrado, infranqueable, tortuoso, impracticable, intrincado. ANT. transitable.

intrascendente *adj.* frívolo, trivial, nimio. ANT. trascendente.

intratable *adj.* insociable, misántropo, adusto, áspero, huraño, arisco, esquivo, hosco. ANT. cortés, amable. **2** inmanejable. ANT. manejable.

intrepidez *f.* osadía, temeridad, ánimo, arrojo, valor, valentía, esfuerzo, denuedo, bravura, atrevimiento, coraje, resolución. ANT. cobardía.

intrépido, -da *adj.* temerario, decidido, valeroso, audaz, atrevido, resuelto, osado, valiente, denodado. ANT. cobarde. **2** irreflexivo, insensato, imprudente. ANT. prudente.

intriga *f.* treta, ardid, enredo, trama, artimaña, complot, embrollo, maniobra, traición, trampa, maquinación, confabulación. **2** curiosidad, interés. ANT. desinterés.

intrigar *intr.* fraguar, urdir, maniobrar, conspirar, maquinar, tramar.

intrincado, -da *adj.* embrollado, enredado, enmarañado, arduo, enrevesado, escabroso, difícil, confuso, complicado, oscuro, inescrutable. ANT. sencillo.

intrincar *tr. prnl.* complicar, enredar, confundir, tergiversar, embrollar, enmarañar.

intrínseco, -ca *adj.* íntimo, interior, fundamental, constitutivo, inherente, esencial, interno, propio. ANT. extrínseco.

introducción *f.* preámbulo, preliminar, preludio, prólogo, prefacio, proemio, principio. ANT. epílogo. **2** entrada, inclusión, admisión, incorporación, colocación, penetración, implantación. ANT. extracción. **3** preparativo, disposición, preparación.

introducir *tr. prnl.* insertar, incluir, encajar, clavar, meter. ANT. sacar, extraer. **2** incorporar, intercalar. ANT. entresacar. **3** presentar, colocar. **4** infiltrar, deslizar, colar. ANT. expulsar. **5** {moda} establecer, implantar, poner en uso. **6** *tr. prnl.* atraer, acarrear, causar. **7** *prnl.* entrometerse, inmiscuirse. **8** explicarse, darse a entender.

intromisión *f.* intrusión, entrometimiento, injerencia, entremetimiento, indiscreción.

introspección *f.* reflexión, introversión, análisis, examen, meditación.

introvertido, -da *adj. s.* insociable, reservado, retraído. ANT. extrovertido.

intrusión *f.* entrometimiento, intromisión, entremetimiento. **2** entrada, irrupción, incursión, invasión.

intruso, -sa *adj. s.* entremetido, entrometido, importuno, curioso. ANT. discreto. **2** advenedizo, extraño, forastero.

intuición *tr.* percepción, discernimiento, perspicacia, visión, penetración, conocimiento, presentimiento. ANT. ceguera.

intumescencia *f.* hinchazón, inflamación, tumefacción.

inundación *f.* desbordamiento, anegación, riada, creciente, subida. ANT. sequía. **2** exceso, abundancia, plétora, multitud, muchedumbre. ANT. escasez.

inundar *tr.* anegar, empantanar. **2** saturar, llenar, colmar, rebosar. ANT. vaciar.

inurbano, -na *adj.* grosero, descortés, ordinario, incivil. ANT. cortés.

inusitado, -da *adj.* inusual, desusado, desacostumbrado, insólito, raro, extraño, extravagante, inhabitual. ANT. corriente, común, habitual.

inusual *adj.* raro, desusado, insólito, inusitado, inhabitual, desacostumbrado. ANT. acostumbrado, corriente.

inútil *adj. s.* {persona} incompetente, inexperto, torpe, ineficiente, inepto, inhábil, ineficaz. ANT. hábil, competente. **2** {cosa, terreno} infecundo, estéril, inservible, inaprovechable, baldío, improductivo. ANT. útil, fértil. **3** inane, innecesario, insignificante, superfluo. ANT. necesario.

inutilizar *tr. prnl.* incapacitar, averiar, descomponer, inmovilizar, romper, destruir, estropear, inhabilitar. ANT. componer. **2** anular, invalidar, abrogar, desautorizar, abolir.

inútilmente *adv.* en vano, innecesariamente.

invadir *tr.* ocupar, asediar, acometer, conquistar, capturar, asaltar, violentar, irrumpir, penetrar. ANT. defender, evacuar. **2** saturar, inundar, abarrotar, llenar. ANT. vaciar. **3** {cosa, agente patógeno} propagarse, penetrar, multiplicarse, entrar. **4** {sentimiento} apoderarse, embargar, dominar.

invalidar *tr. prnl.* anular, inutilizar, incapacitar, abolir, desautorizar. ANT. convalidar.

inválido, -da *adj. s.* lisiado. **2** nulo, inútil, ilegal, inconsistente, sin valor. ANT. vigente, válido. **3** {argumento} débil.

invariable *adj.* inalterable, constante, firme, inquebrantable, sólido, permanente, inmutable, inconmovible. ANT. inconstante, variable. **2** igual, regular, fijo. ANT. irregular. **3** monótono, uniforme, parejo, monocorde. ANT. variado.

invasión *f.* entrada, conquista, irrupción, incursión, ocupación. ANT. retirada.

invasor, -ra *adj. s.* intruso, atacante, ocupante, usurpador, dominador, saqueador, agresor, conquistador. ANT. defensor.

invectiva *f.* sátira, censura, dicterio, ofensa, diatriba, mordacidad. ANT. elogio. **2** sermón, filípica, reprensión, reprimenda, regaño.

invencible *adj.* invicto, imbatido. ANT. derrotado. **2** invulnerable, insalvable, infranqueable, inexpugnable, indomable, insuperable, inquebrantable. ANT. vulnerable.

invención *f.* descubrimiento, invento. **2** hallazgo. **3** mentira, fábula, engaño, ficción.

inventar *tr.* descubrir, encontrar, innovar, perfeccionar, hallar. **2** crear, proyectar, pensar, imaginar, ingeniar, concebir, idear. ANT. imitar, copiar, plagiar. **3** fingir, urdir, tramar, mentir, engañar. ANT. revelar.

inventario *m.* lista, catálogo, enumeración, censo, relación, repertorio, registro.

inventiva *f.* talento, imaginación, fantasía, creatividad, inspiración, iniciativa, originalidad, genio, perspicacia, ingenio, inteligencia.

inventivo, -va *adj.* industrioso, hábil, ingenioso, habilidoso, diestro.

invento *m.* invención, artificio, ingenio, descubrimiento.

inventor, -ra *adj. s.* descubridor, innovador, creador, padre, autor, productor. ANT. imitador.

invernadero *m.* invernáculo, cristalera.

invernal *adj.* helado, riguroso, frío, crudo, desapacible, rígido, hibernal. ANT. cálido, veraniego.

inverosímil *adj.* increíble, fantástico, inconcebible, imposible, inimaginable, inadmisible, dudoso, absurdo, improbable. ANT. verosímil, probable. **2** fantástico, sorprendente, extraordinario, insólito, raro, extraño. ANT. real, posible.

inversamente *adv.* al contrario, al revés, a la inversa.

inversión *f.* transposición, cambio, trastocación, alteración, trueque. ANT. ordenación. **2** {tiempo, recursos, capital} utilización, empleo, colocación. **3** compra, adquisición.

inversionista *adj. com.* financiero, capitalista, bolsista, inversor, negociante, especulador.

inverso, -sa *adj.* opuesto, contrario, contradictorio. **2** alterado, trastocado, cambiado, invertido.

invertido, -da *adj.* trastornado, alterado, inverso, contrario. **2** *s. eufem.* homosexual.

invertir *tr.* cambiar, sustituir, trocar, trastocar, transformar, mudar, trasponer, variar, trastornar, voltear, subvertir, alterar. **2** {dinero} emplear, colocar, gastar, destinar, dedicar. ANT. ahorrar. **3** adquirir, negociar, financiar, comprar. **4** {tiempo} ocupar, emplear.

investigación *f.* información, exploración, búsqueda, examen, inquisición, análisis, indagación, estudio; pesquisa, inspección, averiguación.

investigar *tr.* indagar, inquirir, preguntar, examinar, estudiar, probar, tantear, averiguar, explorar, inspeccionar, escudriñar, sondear, buscar.

investir *tr.* {dignidad o cargo} conferir, conceder, elevar, ungir, nombrar. ANT. destituir.

inveterado, -da *adj.* arraigado, antiguo, habitual, enraizado, acostumbrado. ANT. desacostumbrado.

inveterarse *prnl.* envejecerse.

inviable *adj.* imposible, impracticable, irrealizable.

invictamente *adv.* victoriosamente.

invicto, -ta *adv.* invencible, imbatido, victorioso, triunfador, vencedor, campeón. ANT. vencido.

invidencia *f.* ceguera.

invidente *adj. s.* ciego.

inviolable *adj.* REL. sagrado, respetable, venerable, santo. ANT. profano. **2** invulnerable, inexpugnable, inquebrantable, resistente. **3** {envase} hermético, sellado.

invisible *adj.* incorpóreo, etéreo, inmaterial. ANT. manifiesto. **2** oculto, escondido, secreto, recóndito. ANT. evidente. **3** minúsculo, insignificante, microscópico, impalpable, intangible, inapreciable, imperceptible. ANT. visible.

invitación *f.* convite, agasajo. **2** estímulo, incitación, exhortación, instigación, provocación. **3** convocatoria, llamamiento, asamblea. **4** sugerencia, insinuación, incentivo, insinuación. **5** entrada, boleto, esquela, pase.

invitar *tr.* convidar, hospedar, ofrecer, brindar, agasajar. ANT. despedir. **2** incitar, instigar, conminar, requerir, recomendar, empujar, mover, inducir, animar. ANT. disuadir.

invocación *f.* plegaria, llamada, apelación, petición, ruego, imploración, súplica.

invocar *tr.* llamar, impetrar, recurrir a, implorar, rogar, suplicar, solicitar, pedir. **2** acogerse, apelar, aducir, alegar. **3** evocar, conjurar. ANT. exorcizar. **4** elevar plegarias, orar, rezar. ANT. maldecir.

involución *f.* regresión, retroceso. ANT. evolución.

involucrar *tr. prnl.* envolver, enredar, complicar, implicar, comprometer, mezclar. **2** abarcar, incluir, comprender. ANT. excluir.

involuntario, -ria *adj.* instintivo, impensado, irreflexivo, reflejo, maquinal, automático, indeliberado, inconsciente, espontáneo. *ANT.* consciente, reflexivo, voluntario.

invulnerable *adj.* invencible, inmunizado, indestructible, inmune, inviolable, resistente, inquebrantable, inexpugnable, inatacable, resistente. *ANT.* débil, vulnerable.

inyectar *tr.* introducir, insuflar, administrar, pinchar, inocular, aplicar, irrigar. *ANT.* extraer.

ir *intr. prnl.* dirigirse, trasladarse, encaminarse, desplazarse, acudir, asistir. *ANT.* venir. **2** *intr.* {vestido} sentar, caer. **3** caminar. **4** {en el tiempo o el espacio} extenderse. **5** {en el juego o las apuestas} entrar, participar. **6** concurrir. **7** tener, llevar. **8** avanzar, seguir. **9** *prnl.* marcharse. **10** morirse. **11** {líquido} derramarse, salirse, escapar. **12** deslizarse, caerse, perder el equilibrio. **13** {cosa} consumirse, desaparecer, perderse, acabarse. **14** {tela} romperse, desgarrarse. **15** *loc.* ~ *a más:* prosperar, progresar, enriquecerse. **16** *loc.* ~ *a menos:* empobrecerse, decaer, decrecer. **17** *loc. sin irle ni venirle:* sin importarle.

ira *f.* furia, cólera, furor, coraje, arrebato, irascibilidad, excitabilidad, rabia, indignación, irritación, enojo, enfado. *ANT.* calma, serenidad, placidez. **2** {de la naturaleza} fuerza, violencia, ímpetu.

iracundo, -da *adj.* bilioso, irritable, atrabiliario, furibundo, irascible, colérico.

irascibilidad *f.* ira, furia, rabia, enojo, indignación.

irascible *adj.* irritable, iracundo, colérico, quisquilloso, excitable, nervioso. *ANT.* tranquilo, apacible.

irídeo, -a *adj.* iridáceo.

irisación *f.* opalescencia, vislumbre, espectro.

irisado, -da *adj.* tornasolado, iridiscente.

ironía *f.* sarcasmo, burla, escarnio, mofa, causticidad, sorna, mordacidad.

irónico, -ca *adj.* sarcástico, cáustico, virulento, punzante, mordaz, cínico, satírico, sardónico, burlesco.

ironizar *intr. tr.* satirizar.

irracional *adj. com.* absurdo, incongruente, extravagante, desproporcionado, extraviado, disparatado, insensato. *ANT.* sensato, racional.

irracionalidad *f.* locura, absurdo, disparate, desvarío, insensatez.

irradiar *tr.* {cuerpo} destellar, radiar, brillar, centellear, fulgurar. *ANT.* apagarse. **2** transmitir, esparcir, emanar, proyectar, difundir, despedir.

irrazonable *adj.* disparatado, insensato, irracional, errado, absurdo, desatinado, equivocado. *ANT.* razonable.

irreal *adj.* inexistente, aparente. *ANT.* real. **2** imaginario, fantástico, quimérico, ficticio, ilusorio. *ANT.* verdadero.

irrealidad *f.* ficción, insubsistencia, inexistencia, quimera, alucinación, fantasía, ensueño, ofuscación. *ANT.* realidad, existencia.

irrealizable *adj.* impracticable, inviable, ilusorio, utópico, imposible, quimérico, absurdo, improbable. *ANT.* hacedero, posible, realizable.

irrebatible *adj.* irrefutable, indudable, indisputable, inexcusable, incuestionable, indiscutible, convincente, incontrovertible, terminante, decisivo, incontestable, innegable, irrecusable. *ANT.* discutible, refutable.

irreconciliable *adj.* inconciliable, adversario, contrario, enemigo, incompatible, opuesto.

irrecuperable *adj.* destruido, arruinado, irrecobrable, insalvable, perdido, inservible.

irredimible *adj.* irremisible, imperdonable, irremediable. *ANT.* redimible.

irreducible *adj.* (*tb.* **irreductible**) incontrastable, tenaz, porfiado, rebelde, terco, insubordinado, pertinaz.

irreemplazable *adj.* imprescindible, necesario, ineludible, vital, insubstituible, fundamental, indispensable.

irreflexión *f.* precipitación, insensatez, imprudencia, ligereza, atrevimiento, irresponsabilidad, temeridad.

irreflexivo, -va *adj.* atolondrado, ligero, atropellado, inconsciente, imprudente, precipitado, insensato, irresponsable. *ANT.* sensato, cauto. **2** instintivo, inconsciente, indeliberado, espontáneo, involuntario, impensado, maquinal, automático. *ANT.* deliberado.

irrefrenable *adj.* irreprimible, incontenible.

irrefutable *adj.* irrebatible, incontestable, incontrovertible, indiscutible, inequívoco.

irregular *adj.* anormal, desusado, inusual, excepcional, raro, anómalo, desacostumbrado. *ANT.* normal, corriente, regular. **2** desigual, heteróclito, discontinuo, intermitente, inconstante, esporádico, desordenado, anárquico, variable, caprichoso. *ANT.* ordenado, regular.

irregularidad *f.* fraude, timo, estafa, robo. **2** desviación, anomalía, desnivel, anormalidad, desigualdad, alteración, trastorno, desorden. *ANT.* regularidad.

irrelevante *adj.* sin importancia. *ANT.* relevante, importante.

irreligioso, -sa *adj. s.* incrédulo, escéptico. *ANT.* devoto, religioso.

irremediable *adj.* irreparable, insalvable, irremisible. *ANT.* reparable, curable.

irremisible *adj.* imperdonable.

irreparable *adj.* irremediable, irremisible, insalvable. *ANT.* perdonable, remisible.

irreprochable *adj.* intachable, impecable, incorruptible, inmaculado, irreprensible, perfecto. *ANT.* imperfecto.

irresistible *adj.* atractivo, simpático. **2** incontenible, invencible, poderoso, arrollador, dominante, inexorable. *ANT.* débil. **3** insoportable, insufrible, inaguantable.

irresolución *f.* duda, indecisión, indeterminación, titubeo.

irresoluto, -ta *adj.* perplejo, indeciso, dudoso, incierto, vago, vacilante, inseguro, titubeante. *ANT.* resuelto, decidido.

irrespetuoso, -sa *adj.* insolente, irreverente, descarado, desvergonzado, atrevido, grosero, desfachatado. *ANT.* respetuoso. **2** desconsiderado, desatento, impertinente, descortés. *ANT.* cortés.

irrespirable *adj.* {aire, atmósfera} viciado, mefítico, asfixiante. *ANT.* respirable. **2** *fig.* {ambiente social} intolerable, repugnante. *ANT.* grato.

irresponsabilidad *f.* insensatez, inconsciencia, negligencia, abandono, incompetencia, dejadez, inep-titud, insolvencia, imprudencia, irreflexión. *ANT.* competencia, responsabilidad.

irresponsable *adj. com.* insensato, inconsciente, imprudente, irreflexivo, desjuiciado, inmaduro. *ANT.* responsable. **2** impuntual, informal, negligente, insolvente, descuidado, abandonado, chapucero. *ANT.* puntual.

irresponsablemente *adv.* imprudentemente, indiscretamente, insensatamente. *ANT.* con responsabilidad, responsablemente.

irrestricto, -ta *adj. Amer.* ilimitado, sin límites.

irreverencia *f.* insolencia, desconsideración, ultraje, irrespeto, ofensa, insulto, descaro, indelicadeza.

irreverente *adj. s.* irrespetuoso, insolente, descomedido, descarado, desvergonzado, atrevido. ANT. respetuoso.

irrevocable *adj.* inapelable, inmutable, invariable, determinado, resuelto. ANT. anulable.

irrigación *f.* riego.

irrigar *tr.* regar, rociar, bañar, lavar.

irrisión *f.* burla, desprecio, mofa, sarcasmo.

irrisorio, -ria *adj.* ridículo, risible, grotesco, absurdo, cómico. ANT. serio. **2** insignificante, despreciable, ínfimo, desestimable, minúsculo. ANT. significativo.

irritable *adj.* irascible, bilioso, atrabiliario, malhumorado, nervioso, cascarrabias, excitable, colérico. ANT. tranquilo.

irritación *f.* MED. {piel} inflamación, excoriación. **2** enojo, enfado, cólera, furor, ira, rabia.

irritante *adj.* fastidioso, desagradable, intolerable, mortificante, sofocante, exasperante, desesperante, penoso, enojoso, molesto. ANT. agradable.

irritar *tr. prnl.* enfurecer, indignar, sulfurar, exasperar, encolerizar, acalorar, enojar, impacientar, alterar, exacerbar, indignar. ANT. calmar, serenar. **2** *tr.* {piel} excoriar.

irrompible *adj.* indestructible, inalterable.

irrumpir *intr.* entrar, penetrar, introducirse, meterse, invadir, colarse, ocupar. ANT. salir, huir.

irrupción *f.* intrusión, invasión, infiltración, penetración, ocupación.

isla *f.* POÉT. ínsula. **2** islote, cayo. **3** {espacio urbano} manzana, cuadra, bloque. **4** {calles, aeropuertos} zona, recinto.

islam *m.* islamismo.

islámico, -ca *adj.* musulmán, islamita, mahometista, mahometano.

islamismo *m.* islam.

isleño, -ña *adj. s.* insular, insulano.

ismaelita *adj. s.* sarraceno, agareno.

isócrono, -na *adj.* FÍS. sincrónico.

isomorfismo *m.* MAT. {entre estructuras algebraicas} correspondencia biunívoca.

isotermo, -ma *adj.* isotérmico.

israelí *adj. s. ver* **israelita**.

israelita *adj. com.* hebreo, semita, judío.

istmo *m.* GEO. lengua de tierra.

itálica *adj. f.* {letra} bastardilla, cursiva.

ítem *m.* parte, capítulo, artículo. **2** añadidura, anexo, aditamento.

iterar *tr.* repetir, reincidir, reiterar, rehacer, reproducir, insistir.

iterativo, -va *adj.* repetitivo.

itinerante *adj.* ambulante, movible, móvil. ANT. quieto.

itinerario *m.* recorrido, rumbo, camino, viaje, ruta, trayecto, dirección.

izar *tr.* alzar, subir, levantar, elevar, suspender, enarbolar. ANT. bajar, arriar.

izquierdo, -da *adj.* zurdo. ANT. diestro, derecho. **2** *f.* mano izquierda, siniestra, zurda.

jabalí *m.* puerco salvaje.

jabalina *f.* hembra del jabalí, puerca. **2** lanza, pica, venablo, alabarda.

jabón *m.* pasta; detergente, champú. **2** *Arg., Uru.* susto, impresión. **3** *Car.* adulación.

jabonar *tr.* fregar, estregar, enjabonar.

jabonoso, -sa *adj.* espumoso.

jaca *f.* yegua, montura, corcel.

jacarandoso, -sa *adj.* desenvuelto, alegre, chistoso, gracioso, desenfadado, donairoso. *ANT.* triste.

jactancia *f.* envanecimiento, fatuidad, inmodestia, alarde, vanagloria, fanfarria, presunción, fanfarronería, petulancia, arrogancia, pedantería. *ANT.* modestia.

jactarse *prnl.* pavonearse, gloriarse, presumir, engreírse, vanagloriarse, ufanarse, alardear, fanfarronear, alabarse.

jacuaré *m. Méx.* tamal.

jaculatorio, -ria *adj.* fervoroso, intenso, ardoroso. **2** *f.* oración, rezo, invocación.

jacuzzi s. [ING.] yacusi, bañera.

jadear *intr.* acezar, resollar, respirar. **2** extenuarse, sofocarse, fatigarse. *ANT.* descansar.

jadeo *m.* acezo, resoplo, resoplido. **2** fatiga, ahogo, sofoco, asfixia.

jaez *m.* calaña, laya, índole, ralea, clase, estofa, pelaje, calidad, carácter. **2** {para caballos} guarnición, arreo, aderezo.

jalar *tr.* halar, arrastrar, tirar de. **2** *prnl. Amer.* emborracharse.

jalea *f.* gelatina, conserva, emulsión, mermelada.

jaleo *m. col.* alboroto, riña, desorden, pleito, tumulto, pendencia. *ANT.* orden. **2** fiesta, diversión, juerga, farra, jarana, bulla, jolgorio, algarabía, bullicio.

jalón *m.* límite, hito, marca, señal, mojón.

jalonar *tr.* limitar, señalar, marcar.

jamás *adv.* nunca, ninguna vez, de ningún modo.

jamelgo *m.* caballo, matalón, penco, rocín, jaco.

jaqueca *f.* neuralgia, migraña, cefalea, dolor de cabeza.

jarana *f. col.* desorden, tumulto, jaleo, trifulca, alboroto, riña, pendencia, gresca. **2** diversión, jolgorio, juerga, parranda, farra, fiesta. **3** burla, engaño, trampa.

jardín *m.* parque, prado, vergel, floresta, huerta.

jarra *f.* vasija, recipiente, cántaro, jarro, jarrón, vaso, búcaro.

jarrón *m. ver* **jarra**.

jauja *f.* riqueza, abundancia, prosperidad.

jeans s. pl. [ING.] bluyín, pantalones vaqueros, pantalones tejanos.

jeep s. [ING.] todoterreno, vehículo. **2** *Amer.* campero.

jefe *m.* capataz, gerente, director, dirigente, patrón, patrono, caudillo, encargado. *ANT.* subordinado.

jerarquía *f.* rango, grado, clase, escalafón, graduación, categoría, orden, escala. *ANT.* anarquía. **2** jerarca.

jeremiada *f.* lamentación, lamento, plañido, gimoteo, lloro.

jerga *f.* dialecto, caló, habla, lenguaje especial. **2** jerigonza, galimatías, enredo.

jerigonza *f.* jeringonza, jerga, argot, caló. **2** galimatías, enredo.

jeringonza *f. ver* **jerigonza**.

jeroglífico *m.* escritura, signo, grafía, representación. **2** adivinanza, acertijo, rompecabezas, pasatiempo.

jersey s. [ING.] suéter.

jet s. [ING.] reactor, avión a reacción, aeronave.

jet lag s. desfase horario, trastorno, desorientación, irritabilidad, cansancio.

jeta *f.* hocico, trompa, morro, boca. **2** {humana} cara, rostro. **3** *col.* desfachatez, cachaza. **4** {caldera} grifo, llave, canilla.

jinete *m.* caballista, cabalgador, vaquero, yóquey, yoqui.

jirón *m.* andrajo, harapo, colgajo, rasgón, pingajo, desgarrón, piltrafa, guiñapo. **2** porción, pizca, trozo, parte, brizna. **3** gallardete, guión, pendón, estandarte.

jockey s. [ING.] yóquey, yoqui, jinete, caballista.

jocoso, -sa *adj.* gracioso, festivo, humorístico, chistoso, alegre, bromista, ocurrente, jovial, cómico, divertido. *ANT.* triste, aburrido.

jocundo, -da *adj.* gracioso, alegre, chistoso, entretenido, agradable, jovial, jocoso, divertido. *ANT.* triste.

jogging s. [ING.] aerobismo.

joder *tr. intr. prnl.* molestar, fastidiar, hostigar, jorobar. **2** *tr. prnl.* destruir, destrozar, dañar, arruinar, echar a perder. **3** *intr. tr.* follar, fornicar.

jofaina *f.* palangana, aguamanil, vasija.

jolgorio *m.* jaleo, fiesta, diversión, parranda, regocijo, jarana.

jornada *f.* día. **2** camino, ruta, recorrido, trecho, trayecto, correría. **3** viaje, excursión, marcha. **4** faena, trabajo diario, lapso, jornal. **5** {de una obra escénica} acto. **6** expedición militar, correría. **7** vida, tiempo de la vida. **8** muerte, tránsito. **9** *pl.* reunión, congreso.

jornal *m.* estipendio, paga, retribución, sueldo, pago, honorarios, emolumentos, salario, remuneración. **2** faena, jornada. *ANT.* descanso.

jornalero, -ra *s.* trabajador, operario, peón, asalariado, obrero, artesano, labriego.

joroba *f.* giba, corcova, protuberancia, gibosidad, abultamiento, deformidad, chepa. **2** molestia, enfado, impertinencia, fastidio, mortificación.

jorobado, -da adj. s. gibado, cifótico, giboso, corcovado.

jorobar tr. molestar, fastidiar, importunar, mortificar.

joven adj. com. muchacho, chico, jovenzuelo, adolescente, chaval. ANT. viejo. **2** nuevo, reciente, actual. ANT. viejo, antiguo. **3** inexperto, bisoño, principiante. ANT. veterano, experto.

jovial adj. alegre, divertido, festivo, amable, animado, gracioso, jocoso, optimista. ANT. triste.

jovialidad f. alegría, entusiasmo, vivacidad, agrado, optimismo, ánimo. ANT. amargura, tristeza.

joya f. alhaja, aderezo, adorno, sortija, dije, pendiente, gema, presea. ANT. oropel, bisutería. **2** {persona} excelente, excepcional, maravilloso, virtuoso.

joyero, -ra s. artífice, platero, orfebre. **2** m. estuche, guardajoyas, caja, cofre.

jubilar tr. retirar, dispensar, pensionar, liberar, subvencionar, licenciar. **2** {cosa} desechar, arrinconar. **3** intr. p. us. alegrarse, festejar, regocijarse.

júbilo m. alegría, contento, alborozo, regocijo, entusiasmo, satisfacción, gozo. ANT. tristeza, congoja.

jubiloso, -sa adj. regocijado, exultante, alegre, gozoso, contento, alborozado, divertido. ANT. acongojado.

judaísmo m. semitismo, hebraísmo, sionismo.

judía f. habichuela, legumbre, fríjol, alubia, poroto.

judío, -a adj. s. israelita, hebreo, semita.

juego m. recreo, diversión, distracción, entretenimiento, solaz, recreación, esparcimiento, pasatiempo. ANT. aburrimiento. **2** colección, serie, surtido, combinación. **3** unión, coyuntura, articulación, junta, gozne. **4** mecanismo, disposición, movilidad, funcionamiento, acción, movimiento. ANT. inmovilidad. **5** loc. ~ de azar: juego de suerte. **6** loc. ~ de palabras: artificio. **7** loc. hacer ~: combinar. **8** loc. a ~ con: en proporción, en armonía, en correspondencia. **9** loc. poner en ~: arriesgar. **10** loc. por ~: por burla, por chanza.

juerga f. jarana, parranda, farra, jolgorio, fiesta, alegría, diversión. ANT. tristeza.

juez m. magistrado, consejero, togado. **2** regulador, árbitro, mediador, auditor.

jugada f. lance, tirada, mano, partida, tanda, turno. **2** treta, ardid, mala pasada, trastada, artimaña.

jugador, -ra adj. tahúr. **2** deportista.

jugar intr. entretenerse, recrearse, divertirse. **2** retozar, juguetear, corretear, travesear. **3** {mecanismo} encajar, funcionar, moverse, andar. **4** actuar, intervenir. **5** {cosa} convenir, combinar, corresponderse. **6** menear, mover. **7** tr. perder. **8** tr. prnl. decidir, lanzarse, apostar, aventurar, arriesgar.

jugarreta f. broma, picardía, travesura. **2** artimaña, bribonada, engaño, vileza, trastada, ardid.

juglar m. bardo, rapsoda, coplero, trovador, poeta. **2** adj. chistoso, donairoso, picaresco.

jugo m. zumo, caldo, substancia, extracto, néctar, esencia. **2** provecho, utilidad, ganancia, ventaja, rendimiento. ANT. desventaja. **3** BIOL. líquido corporal, secreción.

jugoso, -sa adj. productivo, sustancioso, beneficioso, estimable, provechoso, valioso, fructífero. ANT. improductivo. **2** acuoso, caldoso, zumoso. ANT. seco.

juguetón, -ona adj. inquieto, travieso, retozón, revoltoso, bullicioso.

juicio m. discernimiento, inteligencia, apreciación, razonamiento, comprensión, criterio, entendimiento, razón, intelecto. **2** proceso, pleito, querella, caso, litigio. ANT. conciliación. **3** veredicto, parecer, sentencia, opinión, dictamen, decisión. **4** discreción, prudencia, sensatez, tino, madurez. ANT. irreflexión. **5** salud mental, cordura.

juicioso, -sa adj. prudente, sensato, razonable, discreto, cabal, mesurado, asentado, reflexivo. ANT. irreflexivo, insensato. **2** ecuánime, equilibrado, sereno, ponderado.

jumento, -ta s. asno, burro, pollino, rucio, borrico.

jumera f. col. embriaguez, ebriedad, borrachera. ANT. sobriedad.

jungla f. maraña, selva.

junk food s. [ING.] comida basura, comida chatarra.

junta f. asamblea, reunión, corporación, congreso, comisión, asociación, comité, capítulo. **2** unión, articulación, juntura, coyuntura.

juntar tr. {cosas} unir, acoplar, soldar, trabar, enlazar, aunar, casar, conectar, ensamblar, atar, fusionar, empalmar, agrupar. ANT. separar. **2** tr. prnl. reunir, acumular, agrupar, conglomerar, concentrar, congregar, aglomerar, asociar. **3** amontonar, almacenar, apilar, reunir. ANT. esparcir. **4** {puerta, ventana} entornar, cerrar. **5** incorporar, anexionar, agregar, adjuntar, anexar, añadir, arrimar. ANT. retirar. **6** prnl. amigarse, liarse, amancebarse. **7** copular. **8** acompañarse.

junto adv. cerca, al lado, juntamente, a la par. **2** adj. unido, adherido, próximo, vecino, cercano, inmediato, pegado, contiguo, adyacente, adjunto, anexo. ANT. separado.

juntura f. enlace, sutura, conexión, pegadura, ensambladura, articulación, ligadura, unión, soldadura, acoplamiento, empalme. ANT. desacoplamiento.

jurado m. tribunal, cuerpo, comité, comisión, grupo, junta. **2** adj. juramentado, comprometido, obligado. ANT. liberado.

juramentar tr. tomar juramento. **2** prnl. confabularse, conspirar, maquinar, tramar, unirse. ANT. deslgarse.

juramento m. promesa, obligación, fe, voto, compromiso, palabra, seguridad, reiteración. **2** imprecación, blasfemia, denuesto, insulto, reniego, exclamación, maldición, palabrota.

jurar tr. prometer, reconocer, garantizar, asegurar, afirmar. ANT. denegar, impugnar. **2** certificar, testimoniar, juramentar. **3** intr. renegar, maldecir, despotricar, denostar, blasfemar, insultar.

jurídicamente adv. legalmente, judicialmente.

jurídico, -ca adj. legítimo, judicial, legal, fundamentado, lícito. ANT. ilegal, ilegítimo.

jurisconsulto, -ta s. abogado, legista, jurista, perito.

jurisdicción f. distrito, región, territorio, demarcación, término, zona, circunscripción. **2** poder, dominio, mando, facultad, autoridad, fuero, competencia, potestad. ANT. incompetencia.

jurisprudencia f. derecho. **2** legislación, sentencias, doctrina.

jurista com. abogado, legista, jurisconsulto, perito.

justa f. juego, competición, concurso, desafío, torneo, reto, certamen. **2** pelea, lid, combate, lucha, batalla.

justamente adv. con justicia, equitativamente. **2** exactamente, precisamente.

justicia f. rectitud, equidad, imparcialidad, igualdad, razón, neutralidad, ley. ANT. injusticia, parcialidad.

justiciero, -ra adj. equitativo, ecuánime, justo, recto, imparcial, incorruptible. ANT. injusto.

justificación f. prueba, evidencia, demostración, comprobación. **2** excusa, pretexto, descargo, explicación, disculpa, defensa. **3** causa, motivo, razón. **4** DER. testimonio, argumento, alegato, coartada.

justificar *tr. prnl.* probar, demostrar, evidenciar, acreditar, comprobar, documentar. **2** excusar, defender, reivindicar, disculpar, proteger, exculpar. ANT. acusar. **3** DER. explicar, aducir, alegar, testimoniar, argumentar.

justipreciar *tr.* preciar, tasar, evaluar, estimar, valorar, apreciar.

justo, -ta *adj.* equitativo, legal, recto, imparcial, neutro, ecuánime, objetivo, honesto, íntegro, legítimo, razonable. ANT. parcial, injusto. **2** preciso, cabal, exacto, puntual. **3** *adv.* justamente, precisamente, debidamente.

juvenil *adj.* joven, muchachil.

juventud *f.* adolescencia, pubertad. ANT. ancianidad, senectud, vejez. **2** frescura, vigor, lozanía, energía.

juzgado *m.* tribunal de justicia, audiencia. **2** judicatura, magistratura. **3** corte, sala.

juzgar *tr.* dictaminar, decidir, sentenciar, procesar, fallar. **2** creer, estimar, opinar, criticar, apreciar, reputar, calificar, conceptuar, considerar, valorar, pensar. **3** arbitrar, deliberar, resolver.

kabila *f.* cabila, tribu de bereberes, tribu de beduinos.

kafkiano, -na *adj.* {situación} absurdo, angustioso.

káiser *m.* HIST. {de Alemania y Austria} emperador.

kaki *m.* caqui, tela resistente. **2** {color} pardo, amarillento, ocre, verdoso.

kamikaze *m.* HIST. {de Japón} piloto suicida. **2** *fig.* {persona} temerario. **3** temeridad. **4** terrorista.

kan *m.* {entre los tártaros} jefe, caudillo, príncipe, soberano, capitán.

karate *m.* (*tb.* **kárate**) DEP. arte marcial, tipo de lucha.

karma *m.* REL. energía, fuerza espiritual. **2** *fig. Amer.* problema, carga, dificultad, engorro.

kasba *f.* {en África del Norte} casba, barrio antiguo.

katiuska *f.* {en Rusia} bota impermeable, bota de agua.

kavakava *m. Chile* {de Rapanui} estatuilla de madera.

kayak *m.* {entre los esquimales} canoa de pesca. **2** DEP. embarcación.

kebab *m.* pincho de carne, brocheta.

kéfir *m.* {en el Cáucaso} leche fermentada.

kendo *m.* {de Japón} arte marcial.

keniata *adj. s.* keniano, de Kenia.

kepis *m.* quepis.

kermes *m.* quermes, insecto.

kermés *f.* tapiz flamenco, pintura. **2** fiesta, feria, festejo, verbena.

keroseno *m.* queroseno, combustible, carburante.

ketchup *s.* [ING.] salsa de tomate.

kibutz *m.* {en Israel} colonia agrícola, comunidad.

kilate *m.* quilate. **2** *fig.* perfección.

kiliárea *f.* {superficie} 1000 áreas, 10 hectáreas.

kilo *m.* kilogramo.

kilocaloría *f.* FÍS. 1000 calorías.

kilogramo *m.* kilo.

kilohercio *m.* ELECTR. 1000 hercios.

kilolitro *m.* 1000 litros.

kilometraje *m.* distancia (en kilómetros).

kilométrico, -ca *adj.* largo, extenso, inacabable, interminable. ANT. corto.

kilómetro *m.* 1000 metros.

kimono *m.* {de Japón} quimono, túnica, bata, vestimenta.

kindergarten *s.* [AL.] kínder, jardín de niños, guardería, parvulario.

kinesiología *f.* quinesiología.

kion *m. Perú* jengibre.

kiosko *m.* quisco, templete, pabellón, tenderete, caseta, puesto.

kirie *m. gen. pl.* REL. invocación.

kirsh *m.* [AL.] aguardiente.

kit *s.* [ING.] equipo, juego, estuche, herramientas, piezas.

kitsch *adj.* [AL.] {de una obra artística} de mal gusto, pretencioso.

kleenex *s.* [ING.] clínex, pañuelo de papel.

knock-out *s.* [ING.] {en boxeo} K. O., nocaut, fuera de combate, golpe de gracia.

know-how *s.* [ING.] saber hacer, conocimientos prácticos, conocimientos técnicos.

koala *m.* marsupial.

kopek *m.* copeca, moneda rusa.

krill *s.* [ING.] kril.

kriptón *m.* QUÍM. criptón.

kung-fu *m.* {de China} arte marcial.

kurchatovio *m.* QUÍM. rutherfordio.

kurdo, -da *adj.* kurdistán. **2** *s.* {persona} curdo.

lábaro *m.* estandarte, enseña, emblema, pendón. **2** crismón, cruz.

laberíntico, -ca *adj.* complicado, intrincado, tortuoso, confuso, complejo, enmarañado, difícil, enigmático. ANT. comprensible, fácil.

laberinto *m.* dédalo, complicación, caos, dificultad, lío, maraña, meandro, enredo, encrucijada, vericueto.

labia *f.* verbosidad, soltura, verborrea, elocuencia, facundia, parlería. ANT. silencio, circunspección.

lábil *adj.* resbaloso, resbaladizo. **2** frágil, débil, endeble, caduco, flojo, delicado, precario.

labio *m.* {animales} belfo. **2** {de cosas} borde.

labor *f.* faena, tarea, deber, función, ocupación, cuidado, trabajo, obra, oficio, quehacer, actividad, cometido, operación. ANT. ocio. **2** *gen. pl.* labranza, cultivo, laboreo. **3** *gen. pl.* costura, calado, bordado, punto, encaje, cosido. **4** {en ingeniería} excavación.

laborable *adj.* {día} hábil, lectivo, no festivo. **2** {tierra} cultivable.

laborar *tr.* trabajar, ocuparse, operar, faenar, aplicarse, atarearse. ANT. vagar, holgazanear. **2** arar, cultivar, laborear.

laboreo *m.* labor, labranza, cultivo.

laboriosidad *f.* diligencia, aplicación, constancia, cumplimiento, perseverancia, eficacia, celo, solicitud. ANT. pasividad, descuido, vagancia.

laborioso, -sa *adj.* {persona} aplicado, trabajador, diligente, estudioso, activo, dinámico, hacendoso. ANT. perezoso, haragán. **2** {tarea} trabajoso, difícil, penoso, arduo, complicado, peliagudo, pesado. ANT. fácil.

labrador, -ra *s.* agricultor, aldeano, cultivador, labriego, campesino, granjero.

labrantío, -a *adj.* cultivable. **2** *m.* plantío, sembradío, tierra de labor.

labranza *f.* labor, cultivo, laboreo, agricultura.

labrar *tr.* sembrar, arar, cultivar, remover, surcar, trabajar, barbechar, roturar. **2** grabar, esculpir, repujar, cincelar, tallar. **3** bordar, coser. **4** causar, producir, hacer. **5** *intr.* {en el ánimo} impresionar, impactar.

labriego, -ga *s.* labrador, cultivador, agricultor, campesino, granjero.

laca *f.* esmalte, barniz.

lacayo *m.* criado, sirviente, servidor, doméstico. ANT. amo.

laceración *f.* MED. herida, daño, desgarro, golpe. **2** *fig.* desdicha, pena, desventura.

lacerante *adj.* hiriente, profundo, punzante, doloroso.

lacerar *tr. prnl.* magullar, lesionar, herir, desgarrar, lastimar, excoriar, llagar, golpear. ANT. curar. **2** *tr.* afligir, entristecer, angustiar. **3** dañar, perjudicar, vulnerar. **4** *intr.* padecer, sufrir, pasar dificultades.

lacio, -cia *adj.* marchito, ajado, mustio. ANT. lozano. **2** flojo, desmadejado, débil, decaído. ANT. vivaz, vigoroso. **3** {cabello} suelto, liso. ANT. encrespado, ondulado.

lacónico, -ca *adj.* breve, conciso, preciso, resumido, corto, abreviado, sumario. ANT. extenso, retórico, redundante.

laconismo *m.* concisión, precisión, brevedad, sobriedad, exactitud. ANT. verbosidad.

lacra *f.* vicio, defecto, achaque, deficiencia, imperfección. ANT. virtud. **2** {de una enfermedad} secuela, marca, huella, cicatriz. **3** *com. Amer.* depravado, malo, vicioso.

lacrado, -da *adj.* sellado, cerrado.

lacrimoso, -sa *adj.* lloroso, triste, afligido. ANT. alegre.

lactancia *f.* lactación, amamantamiento.

lactar *tr.* amamantar, criar, nutrir, alimentar.

lácteo, -a *adj.* láctico, lechoso, lacticíneo.

láctico, -ca *adj. ver* **lácteo, -a.**

ladear *tr.* inclinar, torcer, doblar, arquear, sesgar, terciar, oblicuar. ANT. enderezar.

ladera *f.* pendiente, talud, despeñadero, falda, cuesta, declive, inclinación. ANT. llano.

ladero *m.* lateral.

ladino, -na *adj.* astuto, hábil, taimado, calculador, sagaz, artero, marrullero, pillo. ANT. sincero.

lado *m.* {de un todo} parte. **2** costado, flanco, borde, ala, banda, margen, extremo, cara, arista. **3** sitio, lugar. **4** aspecto. **5** línea genealógica. **6** *loc.* **al ~:** a poca distancia, cerca. **7** *loc.* **de ~:** oblicuamente, de perfil. **8** *loc.* **de un ~ para otro:** sin detenerse, sin parar.

ladrar *intr.* {perro} latir, aullar, gañir, gruñir, chillar. **2** *fig.* {persona} amenazar, vociferar, gritar.

ladrido *m.* latido, aullido, gañido, gruñido, chillido.

ladrón, -ona *adj. s.* ratero, atracador, carterista, asaltante, caco, salteador, hurtador, estafador, pillo, bandido, delincuente. ANT. honrado.

ladronería *f.* robo, latrocinio, hurto.

lagarto, -ta *adj. s. col.* pícaro, taimado, astuto, ladino, sagaz. **2** *m.* reptil.

lago *m.* laguna, pantano, charca, estanque, depósito, embalse.

lágrima *f. gen. pl.* llanto, sollozo, lloro, lloriqueo, gimoteo. ANT. risas. **2** {de una lámpara} adorno, gota. **3** *pl.* adversidades, penas, tormentos, dolores, lamentaciones, pesadumbres. **4** *loc.* **deshacerse en ~s:** llorar copiosamente, llorar amargamente. **5** *loc.* **llorar a ~ viva:** llorar con intensidad. **6** *loc.* **~s de cocodrilo:** engaño, fingimiento, hipocresía.

lagrimar *intr.* llorar, lloriquear. ANT. reír.

lagrimear *intr.* llorar, lloriquear. ANT. reír. **2** *tr. intr.* gotear, caer.

laguna *f.* lago, pantano, estanque. **2** {en un manuscrito} omisión, hueco. **3** {en un conjunto} vacío, defecto. **4** {memoria} olvido, omisión, vacío.

laico, -ca *adj.* seglar, secular, lego, civil, profano. ANT. clerical, religioso.

laja *f.* losa.

lama *f.* fango, barro, cieno, lodo.

lameculos *com. vulg.* adulador, servil.

lamentable *adj.* lastimoso, deplorable, doloroso, desgarrador, desolador, triste, penoso. ANT. gozoso, alegre.

lamentación *f.* queja, lamento, gemido, plañido.

lamentar *tr.* quejarse, dolerse, sentir, arrepentirse, afligirse, plañir, llorar. ANT. alegrarse.

lamento *m.* queja, gemido, lamentación, llanto, clamor, plañido, sollozo, suspiro. ANT. risa.

lamer *tr. prnl.* relamer, lengüetear, chupar. **2** *tr.* rozar.

lamido, -da *adj.* {persona} relamido, remilgado, pulcro, escrupuloso, afectado. **2** flaco, delgado.

lámina *f.* ilustración, pintura, estampa, efigie, figura, dibujo, reproducción. **2** plancha, placa, hoja, película, folio.

laminación *f.* laminado.

lámpara *f.* foco, farol, bombilla. **2** linterna, candil, quinqué. **3** {en la ropa} mancha, manchón.

lampiño, -ña *adj.* imberbe, barbilampiño, carilampiño, impúber. ANT. barbudo, velludo.

lanar *adj.* ovino.

lance *m.* percance, aventura, incidente, suceso, ocasión, acontecimiento, trance, episodio. **2** encuentro, duelo, riña, pelea, contienda, querella.

lancha *f.* bote, barca, batel, embarcación, barcaza, piragua, chalupa. **2** laja, losa, piedra.

languidez *f.* desfallecimiento, fatiga, abatimiento, lasitud, extenuación, decaimiento, flojedad, cansancio, desánimo. ANT. vigor, vivacidad.

lánguido, -da *adj.* decaído, desalentado, débil, debilitado, extenuado, apático, postrado. ANT. vigoroso, enérgico.

lanosidad *f.* vello, vellosidad, pelusa, pelo.

lanoso, -sa *adj.* lanudo, velloso, peludo, velludo.

lanudo, -da *adj.* lanoso, velloso, peludo, velludo.

lanza *f.* asta, pica, alabarda, vara, palo.

lanzado, -da *adj.* decidido, fogoso, impetuoso, arrojado.

lanzar *tr. prnl.* arrojar, disparar, tirar, echar, despedir, impeler, proyectar. ANT. retener. **2** DEP. sacar, servir. **3** *prnl.* decidirse, arriesgarse, emprender.

lápida *f.* losa, piedra, mármol.

lapidación *f.* apedreamiento, apedreo, laceración, linchamiento, ejecución.

lapidar *tr.* apedrear.

lapo *m.* azote, varazo, latigazo. **2** bofetada, cachetada, puñetazo.

lapso *m.* tiempo, espacio, período, intervalo, momento, etapa. **2** lapsus, error, falta, desliz, errata.

lapsus *m.* equivocación, falta, error, distracción, olvido, inadvertencia, omisión.

lar *m.* casa, hogar. **2** MIT. dios de la casa. **3** *pl.* casa propia.

lardoso, -sa *adj.* mantecoso, aceitoso, grasiento, pringoso, seboso.

largar *tr. prnl.* soltar, aflojar, desatar, liberar. ANT. atrapar. **2** *prnl.* marcharse, irse, ausentarse, escabullirse, huir. ANT. quedarse.

largo, -ga *adj.* {tiempo} duradero, continuado, prolongado, extenso, dilatado, interminable, lento. ANT. corto, breve. **2** {número} excesivo, abundante, copioso. ANT. pequeño. **3** {espacio} amplio, grande. ANT. reducido. **4** {persona} generoso, dadivoso, desprendido. ANT. avaro, mezquino. **5** *m.* longitud, largura. **6** *f. gen. pl.* retardo, dilación, tardanza. **7** *loc. a la larga:* lentamente, al cabo, con el tiempo, poco a poco. **8** *a lo ~:* a lo lejos. **9** *loc. a lo ~ de:* durante. **10** *loc. ~ y tendido:* extensamente y sin prisa.

largometraje *m.* {de más de 60 minutos} película, filme.

largor *m.* largo, longitud, largura.

larguero *m.* travesaño. **2** {de la cama} cabezal.

largueza *f.* largor, largura. **2** generosidad, esplendidez, caridad, dadivosidad, liberalidad. ANT. tacañería, avaricia.

largura *f.* largor, largo, longitud.

larvado, -da *adj.* MED. {enfermedad} escondido, oculto, disfrazado. ANT. visible. **2** {sentimiento} reprimido. ANT. manifiesto.

lascivia *f.* sensualidad, lujuria, erotismo, voluptuosidad.

lascivo, -va *adj.* sensual, lujurioso, voluptuoso.

lasitud *f.* cansancio, desfallecimiento, languidez, fatiga, decaimiento, agobio. ANT. energía, vigor.

lástima *f.* conmiseración, piedad, compasión, pena. ANT. impiedad.

lastimar *tr. prnl.* golpear, herir, dañar, lesionar, perjudicar, vulnerar, damnificar, contusionar. ANT. curar. **2** ofender, injuriar, agraviar, incomodar, despreciar. ANT. honrar, alabar. **3** *prnl.* sentirse, lamentarse, resentirse, dolerse.

lastimero, -ra *adj.* plañidero, lastimoso, quejumbroso, triste.

lastimoso, -sa *adj.* lamentable, doloroso, deplorable, desgarrador.

lastre *m.* contrapeso, peso, plomo, sobrecarga. **2** obstáculo, estorbo, impedimento.

lata *f.* hojalata, lámina. **2** bote, tarro, envase, recipiente.

latente *adj.* oculto, escondido, encubierto, disimulado, secreto, invisible, velado. ANT. manifiesto.

lateral *adj.* limítrofe, adyacente, contiguo, pegado, anexo, tangente. ANT. frontal, separado.

latido *m.* pulsación, palpitación, contracción, dilatación. **2** ladrido, aullido, gañido.

latigazo *m.* azote, fustazo.

látigo *m.* fusta, azote, tralla, zurriago, vara, flagelo.

latinoamericano, -na *adj.* hispanoamericano, iberoamericano, centroamericano, suramericano.

latir *intr.* palpitar, pulsar, percutir, golpear, dilatarse, contraerse. **2** ladrar, aullar, gañir.

latitud *f.* amplitud, ancho, extensión, anchura, distancia.

lato, -ta *adj.* dilatado, extendido, amplio, extenso, vasto. ANT. estrecho.

latón *m.* metal.

latoso, -sa *adj.* importuno, pesado, fastidioso, molesto, aburrido, cargante, pelmazo. ANT. entretenido, divertido.

latrocinio *m.* robo, estafa, hurto, fraude, atraco.

laudable *adj.* loable, ejemplar, digno, encomiable, edificante, meritorio. ANT. censurable.

láudano *m.* opio.

laudatorio, -ria *adj.* elogioso, lisonjero, encomiástico. ANT. vituperador.

laudo *m.* DER. fallo, decisión, sentencia, resolución, veredicto.

laureado, -da *adj. s.* recompensado, premiado, condecorado, triunfante, honrado.

laureando, -da *s.* graduando, doctorando, licenciando.

laurear *tr.* honrar, condecorar, enaltecer, coronar, galardonar, premiar, glorificar. *ANT.* despreciar.

laurel *m.* premio, glorificación, triunfo, galardón, alabanza, recompensa, lauro.

lauro *m.* premio, laurel, triunfo, honor, galardón, alabanza, recompensa.

lavabo *m.* lavatorio. **2** excusado, retrete.

lavado *m.* MED. ablución. **2** lavamiento, lavadura.

lavamanos *m.* lavatorio, aguamanil, lavabo, palangana, jofaina.

lavaplatos *m.* lavavajillas.

lavar *tr.* bañar, limpiar, fregar, blanquear, duchar, enjuagar. *ANT.* secar. **2** higienizar, purificar. *ANT.* ensuciar.

lavativa *f.* MED. enema.

lavavajillas *f.* lavaplatos.

laxante *m.* purgante, purga, laxativo, depurativo, diarreico.

laxar *tr.* suavizar, ablandar.

laxativo *m. ver* **laxante.**

laxitud *f.* flojera, relajación, distensión.

laxo, -xa *adj.* flojo, amplio, distendido, relajado, flácido, desmadejado. *ANT.* rígido, inflexible, tenso.

laya *f.* clase, calaña, índole, calidad, ralea, género, jaez, especie.

lazada *f.* atadura, lazo.

lazareto *m.* leprosería. **2** *Amer.* leprosario.

lazarino, -na *adj. s.* leproso, lazaroso.

lazaroso, -sa *adj. s. ver* **lazarino, -a.**

lazo *m.* cordón, cuerda, cordel. **2** lazada, atadura, ligadura. **3** adorno; diseño. **4** vínculo, conexión, amistad, parentesco, unión, afinidad, alianza, dependencia. *ANT.* alejamiento, desunión. **5** emboscada, trampa, artificio, ardid, artimaña.

leal *adj.* fiel, constante, franco, confiable, sincero, honrado, noble, devoto. *ANT.* traidor, desleal.

lealtad *f.* fidelidad, honradez, confianza, fe, rectitud, amistad, apego, adhesión. *ANT.* deslealtad, traición, infidelidad.

lección *f.* clase, conferencia, enseñanza, instrucción, explicación, cátedra. **2** ejemplo, consejo, amonestación, aviso, advertencia.

lechal *adj.* lechoso.

lechar *tr. Amer.* ordeñar.

lechero, -ra *adj.* láctico, lácteo.

lechigada *f.* {de animales} camada, cría.

lecho *m.* cama, catre, litera, camastro, diván, camarote, tálamo, jergón. **2** {río} cauce, álveo, madre, cuenca. **3** {mar, río} fondo. **4** GEOL. capa, estrato.

lechón *m.* cochinillo.

lechoso, -sa *adj.* lácteo, lacticíneo.

lechuguino *m.* petimetre, currutaco, presumido.

lechuza *f.* ave rapaz. **2** bruja. **3** *m. col. Uru.* {en un mercado} intermediario. **4** *com. desp. col. Amér. Sur* chismoso, fisgoneador.

lectura *f.* leída. **2** {de un texto} interpretación, sentido, significación. **3** disertación, exposición, discurso. **4** lección. **5** *gen. pl.* {de una persona} cultura, conocimientos, saber, formación.

leer *tr.* deletrear, hojear. **2** descifrar, profundizar, interpretar, comprender.

legado *m.* herencia, sucesión, transmisión, beneficio. **2** enviado, comisionado, delegado, representante, mensajero.

legajo *m.* cartapacio, mamotreto, atado. **2** expediente, documentación.

legal *adj.* lícito, reglamentario, permitido, auténtico, promulgado, constitucional, autorizado. *ANT.* ilegal, ilegítimo. **2** {persona} fiel, honesto, puntual, recto.

legalizar *tr.* comprobar, legitimar, certificar, autorizar. *ANT.* anular, invalidar.

légamo *m.* barro, limo, cieno, lodo, fango.

legar *tr.* ceder, donar, transmitir, transferir, traspasar, dar. *ANT.* desheredar.

legatario, -ria *s.* heredero, usufructuario.

legendario, -ria *adj.* fabuloso, quimérico, épico, fantástico, maravilloso, utópico. *ANT.* sencillo, común.

legible *adj.* leíble, inteligible, descifrable, claro, comprensible. *ANT.* ilegible.

legión *f.* tropa, cohorte, ejército, falange, batallón. **2** {personas, animales, cosas} muchedumbre, masa, multitud, caterva, bandada, tropel, cáfila, cantidad.

legislación *f.* estatuto, reglamento, ley, jurisprudencia, código, régimen.

legislar *intr.* reglamentar, decretar, regularizar, dictar, formalizar, autorizar, promulgar, estatuir, sancionar.

legista *m.* abogado, jurista, jurisperito.

legítimo, -ma *adj.* legal, lícito, autorizado, permitido. *ANT.* ilegal, ilícito. **2** auténtico, fidedigno, cierto, verdadero, genuino, puro. **3** razonable, justo, equitativo. *ANT.* injusto, ilegítimo.

lego, -ga *adj. s.* ignorante, profano, inculto. *ANT.* experto. **2** seglar, laico, secular. *ANT.* religioso.

legrado *m.* MED. {cirugía} raspado.

leguleyo, -ya *s.* abogaducho, abogadillo, rábula, charlatán, picapleitos, embaucador, timador.

legumbre *f.* hortaliza, verdura, planta, vegetal.

leíble *adj.* legible, descifrable, inteligible. *ANT.* ilegible.

leída *f.* lectura, exposición.

lejanamente *adv.* remotamente, a lo lejos, lejos. **2** ligeramente, levemente. **3** *loc. ni ~:* ni remotamente, de ningún modo, en lo absoluto.

lejano, -na *adj.* distante, alejado, apartado, retirado, remoto, lejos, extremo. *ANT.* próximo, cercano.

lejos *adv.* lejanamente, a gran distancia. *ANT.* cerca.

lelo, -la *adj. s.* bobo, embobado, pasmado, simple, tonto, idiota, necio. *ANT.* avispado, listo.

lema *m.* mote, título, consigna, divisa, eslogan, contraseña, encabezamiento, letrero, inscripción.

lémures *m. pl.* lemúridos.

lengua *f.* idioma, lenguaje, habla, dialecto, jerga, jerigonza. **2** sistema lingüístico. **3** {campana} badajo.

lenguaraz *m.* deslenguado, maldiciente, mala lengua, descarado, insolente, desvergonzado, malhablado, inverecundo, atrevido.

lenidad *f.* benevolencia, suavidad, blandura, benignidad, dulzura, apacibilidad. *ANT.* severidad.

lenificar *tr.* suavizar, aliviar, calmar.

lenitivo, -va *adj. s.* emoliente, sedante, suavizante, calmante, balsámico, dulcificador, relajante. *ANT.* excitante. **2** alivio, calma, descanso.

lente *amb. gen. f.* cristal, lupa, ocular, objetivo, vidrio. **2** *f. pl.* anteojos, antiparras, gafas, espejuelos, impertinentes. **3** prismáticos, gemelos.

lenticular *adj.* lentiforme.

lentitud *f.* flema, sosiego, tardanza, parsimonia, pachorra, apatía, calma, morosidad, indolencia. *ANT.* rapidez, diligencia.

lento, -ta *adj.* tardo, moroso, calmoso, pesado, despacioso, pausado, parsimonioso, cachazudo. *ANT.* rápido, veloz. **2** torpe, lerdo, perezoso. *ANT.* activo.

A
B
C
D
E
F
G
H
I
J
K
L
M
N
Ñ
O
P
Q
R
S
T
U
V
W
X
Y
Z

leña f. hojarasca, madera, chamiza, ramulla, chasca. **2** col. paliza, zurra, castigo, golpiza, tunda.

leñador m. leñatero.

leño m. madero, tabla, tronco, tablón, palo, listón. **2** col. {persona} torpe, tonto, pesado, necio, zopenco, insufrible.

leonado, -da adj. {color} rubio oscuro, amarillo.

leproso, -sa adj. s. lazaroso, lazarino.

lerdo, -da adj. torpe, zopenco, necio, badulaque, tonto.

lesbiana f. {mujer} homosexual.

lesbianismo m. {femenino} homosexualismo.

lesión f. herida, contusión, golpe, daño, cardenal, magulladura, traumatismo, equimosis. **2** perjuicio, menoscabo, detrimento.

lesionar tr. prnl. lastimar, enfermar, herir, magullar, vulnerar, contusionar, golpear, maltratar. **2** perjudicar, dañar, menoscabar. ANT. beneficiar.

lesivo, -va adj. dañino, dañoso, nocivo, peligroso, perjudicial. ANT. beneficioso.

leso, -sa adj. agraviado, ofendido, lastimado. **2** {entendimiento, juicio} turbado, trastornado.

letal adj. mortal, mortífero, fatal.

letanía f. retahíla, sarta, serie, lista, sucesión, relación, enumeración. **2** súplica, invocación.

letargo m. modorra, torpeza, entorpecimiento, aturdimiento, somnolencia, sopor, sueño. ANT. desvelo, actividad.

letra f. signo, carácter, símbolo, grafía, tipo. **2** exacto. ANT. figurado. **3** giro, documento, pagaré. **4** f. pl. ver **letras**.

letrado, -da adj. instruido, erudito, culto, ilustrado. ANT. iletrado.

letras f. pl. literatura, humanidades.

letrero m. anuncio, cartel, aviso, leyenda, inscripción, pancarta.

letrina f. retrete, excusado, lavabo.

leucocito m. BIOL. glóbulo blanco.

leva f. reclutamiento, alistamiento, enganche.

levantado, -da adj. {estilo, ánimo} elevado, eminente, excelente, encumbrado, alto, noble, sublime. ANT. bajo. **2** erguido, enhiesto, enderezado, recto.

levantamiento m. insurrección, sublevación, alzamiento, rebelión, motín, sedición, revolución. ANT. paz, orden.

levantar tr. prnl. elevar, alzar, izar, erguir, encaramar, empinar. ANT. bajar. **2** {persona} incorporar, poner derecho. ANT. derribar. **3** {cosa} separar. **4** tr. {ojos} dirigir. **5** {manteles} recoger, quitar. **6** {edificio} construir, erigir, edificar, fabricar. ANT. destruir, derruir. **7** {plano} dibujar. **8** {baraja, naipes} dividir, separar. ANT. unir. **9** {sitio} abandonar, irse, partir. **10** {ampolla} producir, hacer. **11** establecer, fundar, instituir, erigir. **12** {precio} aumentar, incrementar, subir, alzar. **13** {voz} intensificar, dar fuerza. **14** engrandecer, exaltar, ensalzar, honrar, dignificar, elevar, encumbrar. ANT. rebajar. **15** {corazón, pensamiento} impulsar, elevar. **16** {ánimo} vigorizar, alentar, fortalecer, esforzar. ANT. desalentar. **17** MIL. reclutar, alistar. ANT. licenciar. **18** {algo falso} atribuir, imputar. **19** tr. col. enamorar, conquistar, ligar, entablar relaciones. **20** tr. prnl. {reacción} formar, motivar, mover, provocar, ocasionar, propiciar, suscitar. **21** amotinarse, alzarse, sublevarse, revelarse, agitarse. ANT. aplacarse, reprimirse. **22** prnl. {sobre una superficie} elevarse, sobresalir. **23** {de la cama} saltar. ANT. acostarse. **24** {viento, mar} alterarse. ANT. calmarse. **25** {de algo} apoderarse, alzarse, llevarse.

levante m. oriente, este, saliente, naciente. ANT. poniente.

levantisco, -ca adj. rebelde, turbulento, indómito, alborotador, insurrecto, indócil, revoltoso. ANT. sumiso.

leve adj. liviano, ingrávido, tenue, vaporoso, ligero, sutil. ANT. pesado. **2** fino, delgado, sutil. ANT. grueso. **3** minúsculo, insignificante, despreciable, nimio, fútil, venial, sin importancia. ANT. importante.

levedad f. liviandad, tenuidad, sutilidad, ligereza, suavidad, ingravidez. ANT. pesadez.

levemente adv. blandamente, ligeramente, suavemente.

leviatán m. monstruo marino. **2** fig. dificultad enorme, cosa incontrolable.

léxico m. diccionario, lexicón, vocabulario, enciclopedia, terminología, repertorio, glosario. **2** {de un autor} modismos, caudal de voces.

lexicógrafo, -fa s. diccionarista.

lexicón m. diccionario, vocabulario, glosario, léxico.

ley f. estatuto, decreto, regla, norma, precepto, mandato, disposición.

leyenda f. gesta, mito, epopeya, tradición, fábula, narración. **2** fantasía, ficción, cuento. **3** inscripción, letrero, lema, texto, rótulo, divisa. **4** héroe, ídolo, persona admirada.

lezna f. punzón.

liado, -da adj. enredado, enmarañado.

liar tr. atar, ligar, amarrar, anudar, trabar. ANT. desatar, soltar. **2** tr. prnl. envolver, empaquetar, enrollar, fajar. ANT. desatar, soltar. **3** burlar, engañar, embrollar, confundir. **4** prnl. {personas} juntarse, enredarse, amancebarse.

libar tr. intr. {abejas} chupar. **2** tr. REL. sacrificar, ofrendar. **3** {licor} probar, catar, saborear, gustar.

libelo m. escrito difamatorio, panfleto, volante, pasquín.

liberal adj. generoso, altruista, dadivoso, pródigo, desprendido. ANT. mezquino, tacaño. **2** {arte, profesión} intelectual. **3** libertario, demócrata.

liberalidad f. generosidad, abnegación, desapego, grandeza. ANT. avaricia, mezquindad.

liberar tr. prnl. {esclavo} manumitir. **2** libertar, salvar, librar, soltar, emancipar. ANT. condenar, encadenar, oprimir. **3** {obligación, carga} exonerar, dispensar. ANT. imponer. **4** {sustancia} secretar, desprender, producir.

libertad f. independencia, autonomía, autodeterminación, libre albedrío. ANT. sujeción, esclavitud. **2** licencia, permiso, prerrogativa, exención, privilegio, facultad. ANT. prohibición. **3** holgura, franqueza, desembarazo, confianza, familiaridad, espontaneidad. ANT. limitación. **4** amplitud, espacio, margen. ANT. estrechez. **5** contravención, atrevimiento. ANT. mesura.

libertar tr. {esclavo} manumitir. **2** {de una cárcel} liberar, librar, excarcelar, soltar. **3** {obligación, carga} eximir, redimir, exonerar.

libertinaje m. desenfreno, lujuria, lascivia.

libertino, -na adj. licencioso, desvergonzado, impúdico, libidinoso, desenfrenado, lascivo, vicioso.

liberto, -ta adj. {esclavo} manumiso, libre.

libidinoso, -sa adj. lujurioso, lascivo, lúbrico.

libranza f. orden de pago, cheque, libramiento, vale.

librar tr. liberar, libertar. **2** {de un peligro} preservar, salvar, redimir. **3** dispensar, eximir. **4** {cheque} dar, girar, expedir. **5** intr. col. confiarse.

libre adj. autónomo, independiente, soberano, emancipado. ANT. dependiente. **2** voluntario, espontáneo. **3** emancipado, liberado, manumitido. ANT. esclavo, sumiso. **4** escapado, evadido, suelto. ANT. preso. **5**

exento, desembarazado, dispensado, indemne, inmune. **6** {lugar} desocupado, vacante, disponible, vacío. ANT. ocupado. **7** atrevido, insubordinado. **8** inocente, absuelto.

librería f. anaquel, estantería, biblioteca, repisa.

libreta f. cuaderno, librillo, cartilla, bloc, cartapacio.

libretista com. guionista, autor, argumentista, dramaturgo, escritor.

libreto m. guión, argumento.

libro m. obra, volumen, tratado, texto, tomo, ejemplar, monografía, escrito.

licencia f. permiso, consentimiento, autorización, aprobación, asentimiento. ANT. negación, prohibición. **2** documento, salvoconducto, pase, patente, certificado. **3** abuso, atrevimiento, osadía. ANT. mesura. **4** grado de licenciado.

licenciado, -da adj. libre, exento. **2** s. graduado, diplomado, titulado. **3** abogado.

licenciar tr. despedir, despachar. **2** graduar.

licencioso, -sa adj. vicioso, disoluto, desenfrenado, disipado, libertino. ANT. mesurado, moderado.

liceo m. instituto, gimnasio, colegio, academia, escuela.

licitación f. concurso, oferta, subasta.

licitador, -ra s. pujador, licitante.

licitar tr. pujar, ofrecer.

lícito, -ta adj. legal, permitido, legítimo, justo, autorizado. ANT. ilegal, ilícito.

licor m. elixir, alcohol, bebida, brebaje, poción. **2** cuerpo líquido.

licuable adj. licuefactible.

licuación f. licuefacción, fusión.

licuar tr. desleír, deshacer, fundir, fluidificar, derretir, disolver. ANT. solidificar.

licuefacción f. licuación.

lid f. liza, contienda, combate, lucha, pelea, batalla, conflicto. ANT. paz. **2** disputa, discusión, controversia, altercado, polémica, debate. ANT. acuerdo.

líder com. cabecilla, conductor, caudillo, jefe, director. ANT. seguidor.

liderar tr. dirigir, encabezar, acaudillar. ANT. seguir, obedecer.

lidia f. lucha, ajetreo, batalla, brega. **2** corrida, becerrada, novillada.

lidiar intr. luchar, batallar, pelear, contender, combatir.

lienzo m. tela, paño, tejido. **2** pintura, cuadro.

liga f. confederación, asociación, coalición, federación, alianza, agrupación. **2** venda, faja.

ligadura f. atadura, traba, unión, sujeción.

ligamen m. vínculo, atadura, nudo, nexo.

ligar tr. prnl. atar, liar, enlazar, anudar, amarrar, unir. ANT. desatar, soltar. **2** alear. **3** trabar. **4** tr. intr. cortejar, galantear, seducir. **5** prnl. aliarse, unirse, confederarse, coligarse.

ligazón f. enlace, unión, conexión.

ligereza f. prontitud, presteza, vivacidad, agilidad, velocidad, rapidez. ANT. lentitud. **2** liviandad, ingravidez, tenuidad, levedad, delgadez. ANT. pesadez. **3** imprudencia, irreflexión, insensatez. ANT. prudencia. **4** inestabilidad, inconstancia, volubilidad.

ligero, -ra adj. liviano, leve, ingrávido, tenue, etéreo. ANT. pesado. **2** ágil, veloz, rápido, raudo, pronto, presuroso, presto. ANT. lento.

liliputiense com. enano, pigmeo, chiquito. ANT. alto, grande.

limaco m. ZOOL. babosa, limaza.

limado, -da adj. terso. **2** {escrito} pulido, cuidado.

limar tr. raspar, raer, pulir, alisar, desgastar, frotar. **2** debilitar, cercenar. **3** {escrito} corregir, enmendar, retocar, mejorar, completar, perfeccionar.

limaza f. babosa, limaco.

limbo m. {de una cosa} borde. **2** {vestido} orla, extremidad. **3** loc. estar en el ~: estar distraído, ser indiferente.

limen m. umbral.

limitación f. demarcación, circunscripción, límite, distrito, cantón. **2** restricción, prohibición, condicionamiento, coacción, límite, coto, obstáculo.

limitado, -da adj. {espacio} circunscrito, constreñido, condicionado, confinado, acotado, restringido. **2** pequeño, escaso, reducido, poco, exiguo, menguado, chico. **3** torpe, corto, ignorante.

limitar tr. prnl. restringir, confinar, delimitar, demarcar, circunscribir. ANT. ampliar, extender. **2** intr. lindar, acotar, amojonar, cercar. **3** impedir, obstaculizar, coaccionar, ceñir, reducir, acortar, coartar. ANT. facilitar. **4** abreviar, acortar. ANT. extender. **5** prnl. reducirse, atenerse, ajustarse, adaptarse.

límite m. frontera, linde, lindero, confín, borde, periferia, marco. **2** meta, fin, acabamiento, culminación, término, final. ANT. principio. **3** máximo, mínimo.

limítrofe adj. colindante, confinante, adyacente, aledaño, rayano, lindante, fronterizo, contiguo.

limo m. lodo, cieno, barro, fango, légamo.

limosidad f. sarro.

limosna f. caridad, socorro, providencia, donación, ayuda, auxilio, regalo, óbolo.

limosnear intr. mendigar, pordiosear.

limosnero, -ra adj. Amer. mendigo, pordiosero. **2** p. us. caritativo, benéfico, dadivoso, generoso. ANT. mezquino, avaro, tacaño.

limoso, -sa adj. cenagoso, fangoso, barroso.

limpia f. limpieza. **2** m. limpiabotas.

limpiar tr. prnl. asear, lavar, higienizar, fregar, lustrar, frotar, barrer, purificar. ANT. ensuciar. **2** mejorar, perfeccionar, pulir. **3** ahuyentar, expulsar, eliminar, suprimir. ANT. dejar. **4** hurtar, robar, desvalijar, quitar.

limpidez f. POÉT. diafanidad, claridad, opalescencia, tersura, nitidez.

límpido, -da adj. limpio, inmaculado, aseado. ANT. sucio. **2** transparente, diáfano, claro, translúcido, nítido.

limpieza f. aseo, higiene, pulcritud, pureza. ANT. suciedad. **2** lavado, fregado, barrido, cepillado, ducha, enjuague. **3** {en los negocios} integridad, honestidad, ética. **4** precisión, perfección, destreza, habilidad, facilidad, escrupulosidad, nitidez, agilidad.

limpio, -pia adj. pulcro, aseado, lavado, depurado, higiénico, incontaminado. ANT. sucio. **2** {cielo} despejado, abierto, claro. ANT. anubarrado. **3** libre, exento, despejado, solo, vacío. **4** preciso, exacto, perfecto. **5** {ganancia} libre, neto. **6** {persona} honesto, honrado, justo, decente, íntegro. ANT. sucio, deshonesto. **7** {estilo} liviano, claro, ágil, depurado. **8** adv. limpiamente. **9** loc. **a)** en ~: en claro. loc. **b)** en ~: descontados los gastos.

linaje m. {personas} ascendencia, estirpe, casta, progenie, familia, extracción, genealogía, abolengo, alcurnia. **2** {cosas} especie, calidad, clase, género.

lindante adj. confinante, colindante, limítrofe.

lindar intr. confinar, limitar, colindar.

linde amb. límite, hito, lindero, frontera, confín.

lindero, -ra adj. limítrofe, confinante, colindante, lindante. **2** m. límite, linde, término, término.

lindeza f. preciosidad, hermosura, encanto, belleza. **2** chiste, ocurrencia, gracia. **3** pl. irón., improperios, insultos, vituperios, groserías.

lindo, -da *adj.* bonito, gracioso, hermoso, bello, delicado, atractivo, primoroso, exquisito. ANT. feo.

línea *f.* raya, lista, trazo, rasgo, marca. **2** renglón, hilera, fila, cola. **3** límite, confín, linde.

linimento *m.* bálsamo, ungüento, pomada.

linterna *f.* lámpara, reflector, luz.

lío *m.* embrollo, confusión, barullo, desorden, jaleo, maraña, caos. ANT. orden. **2** fardo, paquete, paca, bulto, envoltorio, atado, atadijo.

lioso, -sa *adj. s.* {persona} enredador, chismoso, embrollador, embustero, barullero, cuentista. ANT. discreto. **2** {cosa} confuso, enredado.

lípido *m.* grasa.

liquidación *f.* amortización, pago, cancelación.

liquidar *tr. prnl.* terminar, rematar, concluir, extinguir. ANT. iniciar. **2** eliminar, suprimir, matar. ANT. conservar. **3** rebajar, saldar, realizar, vender. **4** pagar, saldar, ajustar, arreglar. ANT. deber. **5** licuar, fundir, derretir. ANT. solidificar.

líquido, -da *adj.* fluido, humor, acuosidad, licor, zumo, jugo. ANT. sólido, gaseoso. **2** {ingresos económicos} libre, neto, limpio. ANT. bruto.

lira *f. fig.* musa, numen, inspiración, vena.

lírico, -ca *adj.* poético, idílico, inspirado, exaltado, épico, romántico. ANT. prosaico.

lisiar *tr. prnl.* lesionar, herir, lastimar, tullir, mutilar. ANT. curar, sanar.

liso, -sa *adj.* igual, llano, suave, parejo, pulido, plano. ANT. desigual, arrugado, áspero. **2** {pelo} lacio. **3** {persona} atrevido, insolente. **4** {tela} de un color. **5** *loc.* ~ *y llano:* sin dificultad.

lisonja *f.* alabanza, galantería, adulación, halago, elogio, piropo, zalamería, exaltación. ANT. insulto, crítica.

lisonjeador, -ra *adj. s.* adulador, zalamero, lisonjero, servil. **2** atento, cortés, galante. ANT. descortés.

lisonjear *tr.* adular, halagar. **2** galantear. **3** gustar, agradar, deleitar, satisfacer. ANT. disgustar.

lista *f.* cinta, franja, tira, banda, faja, ribete. **2** catálogo, enumeración, índice, relación, repertorio, inventario, registro.

listeza *f.* agudeza, talento, habilidad, inteligencia, sagacidad. **2** prontitud, viveza, vivacidad.

listo, -ta *adj.* inteligente, astuto, sagaz, avispado, perspicaz. ANT. torpe. **2** dispuesto, preparado, alerta, apercibido, atento. **3** rápido, pronto, vivo, vivaz, despierto, despabilado, desenvuelto. ANT. lento.

listón *m.* madero, madera.

lisura *f.* franqueza, sencillez, sinceridad, llaneza. ANT. hipocresía, fingimiento. **2** {de una superficie} tersura, suavidad, igualdad. ANT. aspereza. **3** *Amer.* atrevimiento, frescura, desvergüenza, desparpajo, desaprensión. **4** *Amer.* irrespeto, insolencia. **5** *Perú* donaire, gracia.

litera *f.* camastro, lecho, hamaca, catre, cama.

literal *adj.* textual, exacto, puntual, fiel, preciso, recto, propio.

literato, -ta *adj. s.* escritor, autor, prosista, ensayista, novelista, dramaturgo, poeta.

literatura *f.* letras; escritura. **2** {de una época o un género} producción literaria, escritos, obras, textos, publicaciones.

litiasis *f.* MED. cálculo, mal de piedra.

litigar *tr.* pleitear. **2** *intr.* contender, reñir, altercar, pelear, disputar.

litigio *m.* pleito, querella, denuncia, demanda, juicio, proceso, contienda, disputa. ANT. acuerdo.

litoral *m.* costa, ribera, playa, orilla, margen. ANT. interior.

liturgia *f.* ceremonial, ritual, rito.

liviandad *f.* incontinencia, ligereza, concupiscencia, impudicia, lascivia, lujuria.

liviano, -na *adj.* ligero, leve, lene, ingrávido. ANT. pesado. **2** trivial, superficial, insignificante, anodino. ANT. importante, profundo. **3** inconstante, versátil, voluble, tornadizo, inseguro, cambiable. ANT. constante, firme.

lívido, -da *adj.* amoratado, morado. **2** macilento, descolorido, cadavérico, demacrado. ANT. rozagante, sano.

liza *f.* lid, combate. **2** campo, arena, palestra, ruedo.

llaga *f.* herida, úlcera, fístula, pústula, lesión. **2** estigma. **3** infortunio, daño.

llagar *tr.* ulcerar, lesionar.

llama *f.* flama, llamarada, lumbre, fuego. **2** ardor, pasión, vehemencia, apasionamiento, entusiasmo, fogosidad. ANT. indiferencia, frialdad.

llamada *f.* aviso, advertencia, llamado, llamamiento. **2** {en impresos o manuscritos} nota, señal. **3** además, movimiento. **4** MIL. toque.

llamado *m.* llamamiento.

llamador *m.* aldaba. **2** timbre.

llamar *tr.* gritar, clamar, vociferar, vocear, advertir, hacer gestos. ANT. callar, guardar silencio. **2** *tr. prnl.* nombrar, designar, denominar, apellidar, titular. **3** *tr.* {puerta} golpear, tocar. **4** *intr.* telefonear. **5** *tr.* citar, emplazar, invitar, convocar, reunir. **6** implorar, rogar. **7** incitar, atraer, captar.

llamativo, -va *adj.* atrayente, interesante, sugestivo, atractivo, original. ANT. común. **2** vistoso, exagerado, chillón, sobrecargado, estridente, recargado, extravagante, charro. ANT. sobrio, discreto.

llamear *tr.* arder, incendiarse, inflamarse, centellear, brillar, relucir. ANT. apagarse, extinguirse.

llana *f.* {herramienta} plana.

llanamente *adv.* sencillamente, sin ostentación.

llaneza *f.* franqueza, modestia, sinceridad, naturalidad, sencillez, simplicidad, familiaridad. ANT. ampulosidad, presunción.

llano, -na *adj.* plano, liso, raso, uniforme, parejo, suave, recto. ANT. escarpado, sinuoso, accidentado. **2** {trato} accesible, sencillo, franco, tratable, abierto, natural, sincero, espontáneo. ANT. protocolario, afectado. **3** libre, franco. **4** inteligible, claro, evidente, expreso. **5** fácil, hacedero, practicable. ANT. difícil. **6** {vestido, estilo} sencillo, sobrio, sin adornos. **7** GRAM. {acento} grave. **8** *m.* llanura, planicie, explanada, sabana, campo llano.

llanta *f.* rueda, neumático.

llanto *m.* lloro, plañido, sollozo, lloriqueo, gimoteo, lamentación. ANT. risa, alegría.

llanura *f.* planicie, explanada, pradera, sabana, altiplanicie, pampa, meseta, estepa, plano. ANT. montaña, pendiente.

llegada *f.* arribo, afluencia, asistencia, comparecencia. ANT. partida. **2** DEP. meta. ANT. salida.

llegar *intr.* venir, arribar, asistir, presentarse, comparecer, aparecer. ANT. partir, salir. **2** conseguir, obtener, alcanzar. **4** producir. **5** verificarse, venir. **6** {gasto} ascender, importar. **7** *tr.* arrimar, acercar.

llenar *tr. prnl.* atiborrar, ocupar, henchir, atestar, abarrotar, saturar, colmar, impregnar. ANT. vaciar. **2** satisfacer, agradar, parecer bien. **3** *prnl.* hartarse, saciarse, atiborrarse. ANT. ayunar.

lleno, -na *adj.* ocupado, pleno, henchido, abarrotado, repleto, colmado, atestado, rebosante. ANT. vacío. **2** saciado, ahíto, harto. **3** *m.* {espectáculo} concurrencia, público. **4** perfección. **5** *col.* abundancia. **6** *loc. de ~:* totalmente, completamente, enteramente.

llevadero, -ra *adj.* soportable, pasadero, tolerable, aguantable, sufrible. *ANT.* insufrible, insoportable.

llevar *tr.* transportar, trasladar, acarrear, transferir, conducir, guiar. *ANT.* traer. **2** vestir, ponerse, lucir. **3** conducir, dirigir, orientar, guiar. **4** *prnl.* apoderarse, saquear, secuestrar, arrebatar. **5** *loc.* ~ *a cabo:* efectuar, realizar.

lloradera *f.* llanto, llantera.

llorar *intr.* lloriquear, lagrimar, sollozar. **2** *intr. tr.* gimotear, plañir, deplorar, gemir, lamentarse, dolerse. *ANT.* reír, alegrarse.

lloriqueo *m.* lloro, gimoteo.

lloro *m.* llanto, plañido, lloriqueo, gimoteo.

llorón, -ona *adj. s.* plañidero, lloroso, quejoso, lacrimoso, sollozante. *ANT.* alegre.

lloroso, -sa *adj.* lacrimoso.

llover *intr. tr.* lloviznar, gotear, chispear, diluviar, mojar. *ANT.* escampar. **2** {trabajo, desgracia} venir, caer, sobrevenir. **3** *prnl.* {techo, bóveda} calarse.

llovizna *f.* lluvia.

lloviznar *intr.* llover, gotear.

lluvia *f.* chaparrón, llovizna, aguacero, chubasco, temporal, borrasca, diluvio, tormenta. *ANT.* sequía. **2** abundancia, raudal, profusión. *ANT.* escasez.

lluvioso, -sa *adj.* encapotado, borrascoso, tormentoso, oscuro, triste, gris. *ANT.* despejado.

loa *f.* encomio, elogio, alabanza, apología, loor. *ANT.* vituperio.

loable *adj.* laudable, meritorio, honorable. *ANT.* vituperable.

loar *tr. prnl.* ensalzar, alabar, celebrar, elogiar, enaltecer, aplaudir, encomiar, exaltar, glorificar. *ANT.* criticar, reprobar.

lobera *f.* guarida, cubil.

lóbrego, -ga *adj.* lúgubre, tenebroso, sombrío, oscuro. **2** melancólico, decaído, triste. *ANT.* alegre.

lobreguez *f.* oscuridad, tenebrosidad, tinieblas, sombra.

locación *f.* arriendo, alquiler.

local *adj.* lugareño, regional, departamental, particular, territorial, nacional. *ANT.* internacional. **2** municipal, provincial. *ANT.* nacional, general. **3** {anestesia} parcial. **4** *m.* recinto, sala, aposento, tienda.

localidad *f.* lugar, población, comarca, territorio, paraje, sitio, municipio, departamento. **2** {teatro, estadio, espectáculo} asiento, puesto, plaza, sitio.

localismo *m.* regionalismo, provincialismo, exclusivismo. **2** {vocablo, locución} modismo, dialectismo.

localizar *tr.* situar, ubicar, emplazar, delimitar, fijar, determinar, orientar, colocar. *ANT.* indeterminar. **2** encontrar, hallar.

locatario, -ria *s.* rentero, arrendador, casero, arrendatario.

loción *f.* perfume, enjuague, colonia.

loco, -ca *adj. s.* perturbado, maníaco, demente, alienado, desequilibrado, lunático, insano, ido, chiflado, enajenado, delirante, maniático. *ANT.* cuerdo. **2** imprudente, irreflexivo, disparatado, insensato, aturdido, atolondrado. *ANT.* prudente, sensato.

locomoción *f.* traslación, traslado.

locomotora *f.* tren, máquina.

locuacidad *f.* verborrea, labia, facundia, verbosidad, palabrería, charlatanería. *ANT.* mutismo.

locuaz *adj.* hablador, conversador, verboso, charlatán, facundo, palabrero, parlanchín. *ANT.* callado.

locución *f.* expresión, frase, enunciado, giro, modismo.

locura *f.* demencia, enajenación, insensatez, irracionalidad, delirio, extravagancia, manía, chifladura. *ANT.* cordura.

locutor, -ra *s.* presentador, comentarista, animador.

locutorio *m.* {de teléfono} cabina, garita.

lodazal *m.* fangal, barrizal, cenagal.

lodo *m.* cieno, barro, légamo, limo, fango.

lodoso, -sa *adj.* fangoso, cenagoso.

logaritmo *m.* MAT. exponente.

lógico, -ca *adj.* racional, natural, evidente, indudable, legítimo, justo, correcto. *ANT.* absurdo.

logrado, -da *adj.* obtenido, conseguido, terminado, acabado, perfecto, bien hecho. *ANT.* malogrado, imperfecto.

lograr *tr.* alcanzar, adquirir, obtener, conseguir, captar, disfrutar, ganar, procurarse, conquistar. *ANT.* perder.

logrero, -ra *s.* oportunista. **2** usurero, especulador, acaparador.

logro *m.* consecución, conquista, obtención, resultado, producto, ganancia. *ANT.* pérdida, malogro.

loma *f.* cerro, otero, colina, montículo, cuesta, altozano, altura. *ANT.* llano.

lombriz *f.* gusano, oruga, larva.

lomo *m.* dorso, espinazo, espalda, espina dorsal.

lona *f.* tela, lienzo, toldo.

loncha *f.* rebanada, tajada, rodaja, lonja.

longevidad *f.* supervivencia, duración, perennidad, conservación.

longevo, -va *adj.* anciano, viejo, avejentado, vejestorio. *ANT.* joven.

longitud *f.* dimensión, largo, magnitud, amplitud, medida, espacio, extensión, distancia, alcance.

lonja *f.* ver **loncha**.

lontananza *f.* {en un cuadro} distancia, lejanía. **2** *loc.* en ~: a lo lejos.

loor *m.* encomio, enaltecimiento, elogio, alabanza, apología, loa. *ANT.* vituperio.

lord *s.* [ING.] señor.

loro *m.* papagayo, perico. **2** *Amer.* {persona} hablador.

losa *f.* lápida, piedra, placa, plancha.

lote *m.* {de un todo} parte, porción, partición, división. **2** {terreno} parcela, territorio. **3** {en juegos} dote, tantos. **4** {ganado, objetos} grupo, conjunto.

lotear *tr.* {terreno} fraccionar, parcelar, dividir.

lotería *f.* rifa, tómbola, juego. **2** *fig.* casualidad, suerte.

loza *f.* porcelana, cerámica. **2** vajilla.

lozanía *f.* {plantas} vigor, florecimiento, frondosidad, espesura. **2** {personas, animales} gallardía, robustez, ánimo, vigor, viveza. **3** orgullo, altivez.

lozano, -na *adj.* {planta} verde, frondoso, fresco. *ANT.* marchito. **2** {persona, animal} vigoroso, vivaz, robusto, jovial, animoso. *ANT.* decaído. **3** sano, saludable. *ANT.* enfermizo. **4** altivo, orgulloso.

lubricar *tr.* engrasar, aceitar.

lúbrico, -ca *adj.* lascivo, lujurioso.

lucerna *f.* lumbrera, abertura.

lucha *f.* combate, batalla, conflicto, lid, guerra, reyerta, pelea, contienda, altercado, riña, disputa. *ANT.* paz, concordia. **2** brega, trabajo, tenacidad. *ANT.* pereza.

luchador, -ra *s.* combatiente, contendiente, batallador, campeador, rival, contrincante, oponente, adversario. **2** trabajador, batallador, emprendedor, tenaz. *ANT.* perezoso.

luchar *intr.* batallar, pelear, lidiar, forcejear, contender.

lucidez *f.* discernimiento, despejo, perspicacia, inteligencia, sensatez, clarividencia, penetración, claridad. *ANT.* torpeza.

lúcido, -da *adj.* claro, perspicaz, sagaz, penetrante, clarividente, inteligente. ANT. torpe, obtuso.

luciente *adj.* reluciente, radiante, brillante, esplendoroso, resplandeciente.

luciferino, -na *adj.* satánico, diabólico, demoníaco.

lucir *tr.* exhibir, mostrar, alardear, enseñar, ostentar, presumir. ANT. disimular, esconder. **2** *intr. prnl.* brillar, iluminar, resplandecer, fulgurar. **3** destacarse, sobresalir, descollar, triunfar.

lucrarse *prnl.* beneficiarse, obtener, enriquecerse, sacar tajada, ganar, aprovechar. ANT. perder.

lucrativo, -va *adj.* productivo, beneficioso, enriquecedor, ventajoso, provechoso. ANT. improductivo.

lucro *m.* ganancia, utilidad, beneficio, producto, logro, provecho. ANT. pérdida.

luctuoso, -sa *adj.* fúnebre, triste, doloroso, funesto. ANT. alegre.

lucubrar *tr. intr.* elucubrar, imaginar, divagar.

ludibrio *m.* mofa, escarnio, burla.

ludir *tr.* frotar, fregar, rozar, friccionar, estregar.

luego *adv.* pronto, en seguida, prontamente, al punto, sin dilación, rápidamente. ANT. antes; tarde. **2** *adv.* después, más tarde, posteriormente. ANT. antes. **3** *conj.* por consiguiente, por ello, por lo tanto. **4** *loc. desde ~:* indudablemente, ciertamente.

lugar *m.* sitio, espacio, zona, paraje, punto, sector, terreno, ámbito, localidad. **2** pueblo, aldea, ciudad, villa, distrito, población. **3** ocasión, circunstancia, oportunidad, momento, tiempo, motivo. **4** {en un libro} pasaje, texto, sentencia, expresión. **5** *loc.* **a)** ~ **común:** expresión trivial, frase repetida. *loc.* **b)** ~ **común:** principio general.

lugareño, -ña *adj. s.* aldeano, paisano, pueblerino, campesino.

lúgubre *adj.* luctuoso, sepulcral, triste, fúnebre, sombrío, melancólico, lóbrego. ANT. alegre.

lujo *m.* ostentación, boato, aparato, exceso, riqueza, pompa, esplendor, magnificencia, esplendidez, suntuosidad. ANT. mesura, modestia.

lujoso, -sa *adj.* ostentoso, fastuoso, aparatoso, rico, suntuoso, caro, espléndido. ANT. sencillo, modesto.

lujuria *f.* sensualidad, concupiscencia, erotismo, lascivia. ANT. continencia. **2** exceso, demasía. ANT. moderación.

lujuriante *adj.* abundante, lozano, exuberante.

lujurioso, -sa *adj.* lascivo, sensual, libidinoso, lúbrico, incontinente. ANT. moderado.

lumbre *f.* fogata, llama, fuego, hoguera, ascua, rescoldo. **2** esplendor, claridad, fulgor, luz. ANT. oscuridad.

lumbrera *f.* claraboya, tragaluz, ventana, escotilla, lucerna, abertura. **2** sabio, eminencia.

luminosidad *f.* luz, claridad, resplandor, irradiación, luminiscencia. ANT. tinieblas, oscuridad.

luminoso, -sa *adj.* fulgurante, resplandeciente, brillante, refulgente, radiante, centelleante. ANT. oscuro, opacó. **2** {espacio} claro. **3** {sonrisa} alegre, vivo. **4** {idea, explicación} brillante, inteligente, oportuno, esclarecedor, acertado.

luna *f.* satélite. **2** luz nocturna. **3** espejo, luneta. **4** {ventana, anteojos} cristal, vidrio.

lunar *m.* mancha, peca, verruga. **2** defecto, falta, tacha, falla. ANT. cualidad.

lunario *m.* almanaque, calendario.

lunático, -ca *adj. s.* loco, demente, chiflado, chalado.

lunch *s.* [ING.] almuerzo, comida.

lunfardo *m.* Arg. jerigonza, argot, caló.

lupanar *m.* prostíbulo, burdel.

lusitano, -na *adj. s.* portugués, luso.

lustrar *tr. prnl.* brillar, pulir, frotar, restregar, abrillantar, sacar brillo. ANT. deslucir, ensuciar.

lustre *m.* brillo, resplandor, pulimiento. ANT. opacidad. **2** prestigio, gloria, fama, esplendor, distinción. ANT. descrédito.

lustro *m.* quinquenio, cinco años.

lustroso, -sa *adj.* refulgente, radiante, brillante, esplendoroso, pulido, pulimentado.

luto *m.* duelo, pena, aflicción, dolor, tristeza. ANT. alegría.

luxación *f.* MED. dislocación, torcedura, dislocadura.

luxar *tr. prnl.* dislocar, descoyuntar.

luz *f.* resplandor, claridad, fulgor, luminosidad, esplendor, brillo, claridad, refulgencia, fosforescencia. ANT. tinieblas. **2** lámpara, faro, farol, foco, candil, bombilla. **3** alumbrado.

macabro, -bra *adj.* fúnebre, funesto, tétrico, lúgubre, espectral, espeluznante, mortuorio. ANT. alegre, grato.

macaco *m.* mono, simio, cuadrúmano, mico. **2** *s. adj.* **Amer.** {persona} deforme, grotesco, feo. ANT. atractivo, bien parecido.

macadam *m.* macadán, pavimento.

macana *f.* **Amér. Sur** chal, manteleta. **2 Amer.** porra, garrote. **3 Amer.** incomodidad, problema, dificultad, disgusto. **4 Hond.** broma, chanza.

macanudo, -da *adj.* col. **Amer.** magnífico, bueno, excelente, estupendo, extraordinario, asombroso.

macarrónico, -ca *adj.* {uso de una lengua} defectuoso, incorrecto, bárbaro, vulgar, antigramatical. ANT. gramatical, correcto, depurado.

macerar *tr.* machacar, golpear, aplastar, ablandar, estrujar, exprimir. ANT. endurecer. **2** calar, remojar, impregnar, sumergir, reblandecer. **3** *tr. prnl.* lacerar, mortificar, lastimar, afligir, castigar.

maceta *f.* tiesto, pote, receptáculo, vasija, florero, jarrón. **2** martillo, mazo. **3** col. **Amer.** {de una persona} cabeza. **4** *adj.* **P. Rico** tacaño, avaro, mezquino.

machacar *tr.* triturar, golpear, pulverizar, partir, moler, aplastar, desmenuzar, macerar, desintegrar. ANT. apelmazar. **2** *intr.* insistir, porfiar, importunar, persistir, repetir, reiterar. ANT. ceder.

machaconería *f.* importunidad, tozudez, pesadez, insistencia.

machetazo *m.* golpe, corte, tajo, herida, cuchillada.

machete *m.* cuchillo, tajadera, hoja, arma blanca.

machiembrar *tr.* {piezas de madera} juntar, ensamblar.

machismo *m.* falocracia.

macho *m.* {animal} semental, reproductor. **2** mulo, acémila. **3** varón, hombre, individuo masculino. ANT. hembra. **4** *adj.* viril, fuerte, recio, resistente, vigoroso, varonil. ANT. afeminado. **5** valiente, audaz, animoso, decidido, esforzado. ANT. cobarde.

machón *m.* contrafuerte.

machorra *f.* **Amer.** mujer hombruna, marimacho.

machucar *tr.* **Amer.** magullar, herir, golpear.

macilento, -ta *adj.* flaco, demacrado, descolorido, decaído, pálido, enflaquecido, cadavérico, famélico, escuálido, enjuto, desmejorado. ANT. saludable, vigoroso.

macizo, -za *adj.* sólido, denso, apretado, compacto, tupido, pesado, fuerte, grueso. ANT. hueco, endeble. **2** resistente, recio, tenaz, consistente, duro. ANT. frágil. **3** {persona} fuerte, robusto, vigoroso, lleno. ANT. enclenque. **4** *m.* montaña, cordillera, sierra.

macrocéfalo, -la *adj. s.* {persona, animal} cabezón, cabezudo.

mácula *f.* mancha, señal, falta, tacha, lunar. **2** col. farsa, mentira, burla, trampa, embuste, engaño. **3** desdoro, deshonra. ANT. prez, honor.

macular *tr.* manchar. ANT. limpiar. **2** deshonrar, calumniar, desdorar, ofender, mancillar. ANT. honrar.

macuto *m.* mochila, morral, zurrón, bolsa, saco.

madeja *f.* ovillo, rollo, canilla, bobina, carrete. **2** mata de pelo, mechón. **3** dejado, vago, perezoso, apático, flojo. ANT. diligente.

madera *f.* leña, leño, palo, tabla, listón, tablón, tronco, astilla. **2** col. talento, disposición, condición, natural, temperamento, calidad.

maderaje *m.* armazón, enmaderado, maderamen, enmaderamiento.

maderamen *m.* enmaderado, maderaje, armazón.

madero *m.* tablón, tronco, palo, viga, traviesa, puntal, durmiente, tabla, leño, listón. **2** nave, buque.

madre *f.* mamá, progenitora, matrona, señora. **2** causa, cuna, raíz, motivo, origen, principio. **3** religiosa, monja, hermana, sor. **4** {río} curso, cauce, álveo, cuenca, lecho. **5** acequia, alcantarilla. **6** {del mosto, vino o vinagre} hez, sedimento.

madrigal *m.* tonada, poesía.

madriguera *f.* refugio, guarida, cubil, huronera, ratonera, escondrijo.

madrileño, -ña *adj. s.* {persona} matritense.

madrina *f.* comadre. **2** favorecedora, protectora, tutora. **3** {de madera} poste, puntal.

madrugada *f.* aurora, amanecida, mañana, amanecer, alba, alborada. ANT. atardecer, ocaso. **2** *loc. de ~:* al amanecer, temprano.

madrugar *intr.* alborecer, mañanear, despertar, albodrear, levantarse temprano. **2** anticiparse, apresurar, adelantarse, prever. ANT. tardar, retrasarse.

maduración *f.* gestación, elaboración, preparación.

madurar *tr.* {frutos, plantas} fructificar, dar sazón, medrar, florecer. **2** {proyecto} elaborar, gestar, desarrollar. **3** *intr.* crecer, curtirse, endurecerse, desarrollarse. **4** {idea} reflexionar, meditar, pensar. **5** MED. {tumor} supurar.

maduro, -ra *adj.* {fruto} desarrollado, formado, sazonado. ANT. verde. **2** {persona} sensato, juicioso, prudente, veterano, reflexivo, curtido. ANT. inmaduro.

maestra *f.* ver **maestro, -tra.**

maestría *f.* destreza, arte, maña, ingenio, habilidad, pericia, industria. ANT. impericia. **2** título, titulación, grado.

maestro, -tra *s.* profesor, pedagogo, catedrático, mentor, instructor, docente, preceptor. **2** *f.* profesora, catedrática, pedagoga, educadora, docente, instructora. **3** {abejas} reina, abeja maestra. **4** *adj. s.* diestro, conocedor, práctico, avezado, experto, hábil, perito, ducho. *ANT.* inexperto. **5** músico, ejecutante, compositor, intérprete. **6** artista consagrado. **7** *adj.* {obra} relevante, importante, magistral.

mafioso, -sa *adj. s.* malhechor, delincuente, criminal.

magia *f.* encantamiento, ocultismo, adivinación, brujería, hechicería, prestidigitación. **2** atractivo, fascinación, magnetismo, seducción, encanto, atracción, embeleso, hechizo.

mágico, -ca *adj.* sobrenatural, encantado, hechicero, misterioso, embrujado, cabalístico. *ANT.* normal, real. **2** maravilloso, sorprendente, estupendo, pasmoso, misterioso. *ANT.* natural. **3** *s.* mago, encantador, hechicero.

magín *m.* mente, imaginación, ingenio, cabeza, entendimiento, caletre.

magisterio *m.* docencia, enseñanza. **2** profesorado.

magistrado, -da *s.* juez, consejero, árbitro, censor, dignatario.

magistral *adj.* superior, maravilloso, magnífico, estupendo, espléndido, sobresaliente, admirable, soberbio, notable, ejemplar. *ANT.* pésimo, ordinario. **2** {modo de actuar} afectado, pedante, solemne. *ANT.* llano, sencillo.

magistratura *f.* judicatura. **2** tribunal, juzgado.

magnanimidad *f.* generosidad, magnificencia, nobleza. *ANT.* bajeza.

magnánimo, -ma *adj.* noble, grande, generoso, altruista, benévolo, bueno, benigno, indulgente, bondadoso. *ANT.* mezquino, ruin.

magnate *m.* poderoso, acaudalado, rico. *ANT.* pobre. **2** ilustre, insigne, eminente, principal.

magnetismo *m.* hipnosis, hipnotismo.

magnetizar *tr.* imanar, imantar, electrizar. **2** atraer, hipnotizar, fascinar, seducir. *ANT.* repeler.

magnificar *tr. prnl.* ensalzar, honrar, alabar, elogiar, engrandecer. *ANT.* empequeñecer, subestimar.

magnificencia *f.* nobleza, generosidad, esplendidez, desprendimiento, liberalidad, magnanimidad, grandeza de alma. *ANT.* mezquindad. **2** esplendor, grandeza, fausto, suntuosidad, boato, fastuosidad, derroche, opulencia, lujo, ostentación. *ANT.* modestia.

magnífico, -ca *adj.* grandioso, excelente, brillante, colosal, excelso, admirable, notable, regio, soberbio, formidable, estupendo, fantástico, maravilloso, magistral. *ANT.* pobre, insignificante. **2** espléndido, liberal, noble, magnánimo, generoso. *ANT.* mezquino. **3** suntuoso, ostentoso, esplendoroso.

magnitud *f.* tamaño, dimensión, grandor, medida, extensión, capacidad, volumen. **2** trascendencia, influencia, importancia, consideración, sublimidad, alcance. **3** intensidad.

magno, -na *adj.* magnífico, grande.

mago, -ga *adj. s.* ilusionista, prestidigitador, hechicero, encantador, adivino, vidente.

magrear *tr. vulg.* manosear, sobar lascivamente.

magro, -gra *adj.* flaco, seco, enjuto, delgado, descarnado. *ANT.* gordo, obeso.

magulladura *f.* moretón, magullamiento, porrazo, cardenal, contusión, daño, lesión, golpe.

magullar *tr.* lastimar, amoratar, herir, golpear, aporrear, contusionar.

mahometano, -na *adj. s.* musulmán, sarraceno, islamita. **2** *adj.* islámico.

majadería *f.* indiscreción, pesadez, imbecilidad, tontada, bobada, necedad, bobería, simpleza, tontería, sandez, estupidez. *ANT.* sensatez.

majadero, -ra *adj. s.* necio, bobo, insensato, cretino, tonto, mentecato, estúpido. *ANT.* listo. **2** pesado, fastidioso, impertinente, maleducado, malcriado, indiscreto, latoso, molesto.

majestad *f.* magnificencia, grandeza, soberanía. **2** {semblante, acción} entereza, seriedad, aplomo.

majestuoso, -sa *adj.* imponente, grandioso, esplendoroso, solemne.

majo, -ja *adj. s.* guapo, bien parecido. *ANT.* feo, mal parecido. **2** ataviado, lujoso, adornado, acicalado; vistoso. **3** chulo, valentón.

mal *m.* daño, deterioro, destrucción, ruina, perjuicio, pérdida, ofensa. *ANT.* beneficio. **2** enfermedad, dolencia, padecimiento, lesión, indisposición, achaque, afección, trastorno, dolor, molestia, sufrimiento. *ANT.* bienestar. **3** desgracia, calamidad, aflicción, infortunio, tristeza, pena, desventura, tormento, desolación. **4** imperfección, vicio, defecto. *ANT.* virtud. **5** *adj.* malo. **6** *adv.* injustamente, incorrectamente. **7** *loc.* **tomar a ~:** ofenderse, molestarse.

malabarismo *m.* equilibrismo.

malabarista *com.* equilibrista, ilusionista, prestidigitador, funámbulo.

malacostumbrado, -da *adj.* malcriado, maleducado, mimado, consentido. *ANT.* bien educado.

malagradecido, -da *adj. s.* ingrato, desagradecido. *ANT.* agradecido.

malandanza *f.* infortunio, desgracia, desventura, adversidad, contratiempo, desdicha. *ANT.* fortuna, ventura.

malandrín, -ina *adj. s.* malvado, malintencionado, malo, bajo, truhán, villano, bellaco, ruin, perverso, maligno. *ANT.* bueno.

malaria *f.* paludismo.

malaventura *f.* desdicha, desgracia, mal, infortunio, desventura. *ANT.* fortuna, buenaventura.

malbaratar *tr.* vender bajo, malvender. **2** despilfarrar, malgastar, dilapidar, disipar, derrochar. *ANT.* ahorrar.

malcriado, -da *adj.* desconsiderado, maleducado, grosero, incivil, descortés, caprichoso, malacostumbrado, desatento. *ANT.* educado, cortés.

maldad *f.* malignidad, sevicia, vileza, bajeza, iniquidad, ruindad, perversidad, perfidia, crueldad. *ANT.* bondad. **2** daño, perjuicio, villanía, trastada. *ANT.* beneficio.

maldecir *tr.* imprecar, renegar, condenar, jurar, blasfemar, execrar. *ANT.* bendecir. **2** *intr.* calumniar, murmurar, difamar, ofender, criticar, detractar, infamar, denigrar. *ANT.* alabar.

maldiciente *adj.* desvergonzado, criticón, murmurador, malhablado, detractor, denigrador.

maldición *f.* condenación, imprecación, insulto, juramento, palabrota, blasfemia, execración. *ANT.* bendición.

maldito, -ta *adj.* maligno, malo, endemoniado, malévolo, réprobo, malvado, perverso. *ANT.* benévolo. **2** ruin, execrable, detestable, aborrecible, miserable, vil. *ANT.* estimable, apreciable.

maleable *adj.* flexible, dócil, moldeable, manipulable, suave, dúctil, elástico. *ANT.* resistente. **2** obediente, dócil, manejable. *ANT.* desobediente.

maleante *com.* salteador, bandido, malandrín, maligno, criminal, delincuente, malhechor. *ANT.* honesto, bienhechor.

malear *tr. prnl.* estropear, dañar, echar a perder. *ANT.* sanear. **2** depravar, viciar, perjudicar, corromper, pervertir.

malecón *m.* dique, tajamar, muelle, atracadero, terraplén, desembarcadero.

maledicencia *f.* murmuración, difamación, denigración, habladuría, chismorreo. ANT. elogio.

maleducado, -da *adj. s.* desconsiderado, irrespetuoso, malcriado, incivil, desatento, descortés, grosero. **2** {niño} mimado, consentido.

maleficio *m.* hechizo, encantamiento, sortilegio, embrujo, magia, brujería, maldición. ANT. bendición.

maléfico, -ca *adj.* nocivo, perjudicial, dañino, maligno, maldito. ANT. benéfico.

malentendido *m.* equívoco, confusión, error.

malestar *m.* inquietud, intranquilidad, irritación, desasosiego, pesadumbre, ansiedad, angustia, disgusto, fastidio, desazón, descontento, incomodidad. ANT. bienestar, comodidad. **2** achaque, indisposición.

maleta *f.* valija, maletín, cofre, bulto, equipaje.

maletero *m.* portaequipaje.

malevolencia *f.* maldad, animosidad, enemistad, malquerencia, rencor, malignidad. ANT. benevolencia.

maleza *f.* hojarasca, maraña, zarzal, rastrojal, frondas, broza, matorral, espesura.

malformación *f.* MED. deformidad.

malgastar *tr.* derrochar, desaprovechar, desbaratar, desperdiciar, malbaratar, despilfarrar, dilapidar, disipar, tirar. ANT. ahorrar, escatimar.

malhablado, -da *adj.* desvergonzado, deslenguado, lenguaraz. ANT. bienhablado.

malhadado, -da *adj.* desdichado, infeliz, desgraciado, desventurado. ANT. feliz, afortunado.

malhechor, -ra *adj. s.* criminal, bandolero, bandido, facineroso, delincuente, maleante, salteador. ANT. bienhechor.

malhumor *m.* descontento, disgusto, hastío, impaciencia, desazón, enojo, molestia, enfado, fastidio, irritación. ANT. buen humor. **2** abatimiento, tristeza, melancolía. ANT. alegría. **3** adustez, brusquedad, hosquedad.

malhumorado, -da *adj.* enojado, enfadado, disgustado, descontento, irritado, molesto, impaciente, hastiado. ANT. contento. **2** atrabiliario, triste, resentido, destemplado, irritable, irascible. ANT. alegre, contento. **3** ceñudo, huraño, hosco, insociable, desabrido. ANT. jovial, afable.

malicia *f.* astucia, sagacidad, perspicacia, penetración. ANT. ingenuidad. **2** perfidia, perversidad, depravación, maldad, malignidad, bellaquería, ruindad, mala fe, malevolencia. **3** desconfianza, sospecha, recelo. ANT. confianza. **4** taimería, hipocresía, falsedad, doblez, disimulo. ANT. franqueza.

maliciar *tr.* desconfiar, intuir, presumir, recelar, sospechar. **2** dañar, malear, corromper, pervertir, empeorar.

malicioso, -sa *adj.* desconfiado, suspicaz, sagaz, taimado, astuto. ANT. candoroso.

malignidad *f.* malevolencia, maldad, perversidad. ANT. bondad.

maligno, -na *adj. s.* suspicaz, receloso, malicioso. **2** *adj.* malo, pernicioso, dañoso, perjudicial, negativo, diabólico.

malintencionado, -da *adj.* malvado, malo, perverso, maligno, malévolo. ANT. bienintencionado.

malinterpretar *tr.* tergiversar.

malla *f.* red, tejido, punto, elástico, cota.

malmirado, -da *adj.* desacreditado, desconceptuado, impopular, desprestigiado. **2** inconsiderado, descortés, incivil, grosero, inurbano, maleducado, desconsiderado.

malnacido, -da *adj. s.* despreciable, indeseable.

malo, -la *adj.* malvado, maligno, malévolo, infame, bajo, vil, perverso, cruel, ruin, bellaco, depravado, pérfido, inicuo. ANT. bondadoso, virtuoso. **2** dañoso, dañino, pernicioso, peligroso, nefasto, letal, aciago, nocivo, perjudicial. ANT. beneficioso. **3** enfermo, do-

liente, indispuesto, aquejado, achacoso, postrado, delicado, afectado. ANT. sano. **4** {niño} travieso, revoltoso, latoso, inquieto, malcriado. ANT. sosegado, educado. **5** abusivo, censurable, irracional, injusto, ilegítimo. ANT. justo, legítimo. **6** repelente, fastidioso, molesto, desagradable, dificultoso. ANT. agradable. **7** inservible, deslucido, usado, estropeado, podrido, deteriorado, echado a perder. ANT. nuevo, bueno.

malogrado, -da *adj.* fallido, equivocado, frustrado, fracasado.

malograr *tr. prnl.* desaprovechar, desperdiciar, tirar, perder. ANT. aprovechar. **2** fallar, frustrarse, errar, naufragar, zozobrar, abortar, defraudar, fracasar. ANT. triunfar, lograr. **3** estropear, deslucir, echar a perder.

maloliente *adj.* fétido, sucio, apestoso, nauseabundo, asqueroso, pestilente, hediondo, repugnante. ANT. aromático.

malparado, -da *adj.* maltrecho, derrotado, arruinado, menoscabado. ANT. indemne.

malparir *intr.* abortar.

malparto *m.* aborto, abortamiento.

malpensado, -da *adj. s.* suspicaz, desconfiado, receloso, reticente, temeroso, puntilloso.

malquerencia *f.* desafección, antipatía, desamor, odio, tirria, aborrecimiento, ojeriza, aversión, inquina. ANT. simpatía, amistad.

malquistar *tr. prnl.* enemistar, meter cizaña, desunir, envenenar, indisponer, encizañar. ANT. amigar.

malquisto, -ta *adj.* desacreditado, malmirado, desavenido. ANT. bienquisto, estimado.

malsano, -na *adj.* insano, perjudicial, pernicioso, malo, infeccioso, insalubre, infecto, contagioso, nocivo, dañino. ANT. saludable. **2** infectado. ANT. sano.

malsonante *adj.* grosero, ofensivo.

malsonar *intr.* disonar, desentonar, desafinar.

maltratar *tr.* pegar, zurrar, golpear, lastimar, herir, abofetear, castigar. ANT. tratar bien, proteger. **2** humillar, insultar, agraviar, vejar, ofender, injuriar. ANT. dignificar. **3** dañar, malograr, deslucir, estropear, menoscabar, ajar, deteriorar. ANT. cuidar.

maltrecho, -cha *adj.* maltratado, estropeado, malparado, perjudicado, zurrado. ANT. indemne, sano.

malvado *m.* malo, perverso, infame. ANT. bueno.

malversar *tr.* defraudar, estafar.

mama *f.* seno, pecho, busto, teta, ubre.

mamá *f.* madre.

mamado, -da *adj. vulg.* borracho, ebrio, bebido.

mamar *tr.* succionar, chupar, sacar. ANT. devolver, escupir. **2** *col.* comer. **3** *prnl. col.* emborracharse, embriagarse. **4** *col. Col.* rajarse, desistir, acobardarse, echarse para atrás.

mamarracho *m.* espantajo, birria, espantapájaros, hazmerreír, adefesio, esperpento, pelele. **2** ridículo, grotesco, raro, extravagante, estrafalario, estrambótico. **3** bobo, idiota, imbécil.

mampara *f.* biombo, cancel, pantalla.

mamporro *m.* porrazo, golpazo, trastazo.

manada *f.* {ganado} rebaño, hato, vacada, cuadrilla, tropa, hatajo, piara. **2** {peces} cardumen, bandada.

manantial *m.* fuente, fontana, venero, chorro, manadero, venera, hontanar, surtidor. **2** origen, principio, nacimiento, comienzo. ANT. final.

manar *intr.* surgir, brotar, nacer, chorrear, salir, fluir, gotear, rezumar, surtir. ANT. estancarse.

manceba *f.* amante, concubina, querida.

mancebo *m.* joven, muchacho, adolescente, chico. ANT. anciano.

mancha *f.* tizne, lunar, borrón, sombra, marca, señal, huella. **2** tacha, mancilla, mácula, desdoro, afrenta, deshonra, estigma. ANT. honra.

manchado, -da *adj.* pintado, moteado, maculado, salpicado, tiznado, teñido. ANT. inmaculado.

manchar *tr. prnl.* enlodar, ensuciar, embadurnar, tiznar, pringar, untar, pintarrajear, embarrar. ANT. limpiar. **2** macular, afrentar, deslustrar, mancillar, deshonrar, desdorar, empañar. ANT. purificar. **3** *tr.* contagiar.

mancilla *f.* mancha, mácula, oprobio, desdoro, deshonra, vergüenza, deshonor, afrenta. ANT. honor.

mancillar *tr. prnl.* manchar, afear, deslucir, deslustrar. ANT. limpiar. **2** desdorar, macular, infamar, deshonrar, ultrajar, agraviar, tildar. ANT. honrar.

manco, -ca *adj. s.* lisiado, mutilado.

mancomunar *tr. prnl.* asociar, reunir, unir, federar, aunar. ANT. desunir, separar.

mandamiento *m.* disposición, orden, precepto, mandato, ley, ordenanza, regla.

mandar *tr.* ordenar, preceptuar, decidir, estatuir, determinar, prescribir, imponer, obligar, dictar, decretar. ANT. obedecer. **2** regir, dirigir, organizar, establecer, gobernar, presidir, disponer, encomendar, encargar, administrar, decidir, coordinar. ANT. secundar. **3** guiar, conducir, encabezar, acaudillar, capitanear. ANT. seguir. **4** enviar, despachar, remitir, expedir. **5** dejar, heredar, legar.

mandatario, -ria *adj.* gestor, representante. **2** presidente, gobernante, gobernador.

mandato *m.* precepto, disposición, mandamiento, prescripción, edicto, bando, decreto, orden.

mandíbula *f.* maxilar, quijada.

mandil *m.* delantal.

mando *m.* poder, autoridad, facultad, jurisdicción, potestad. **2** dominio, dirección, gobierno. **3** mandato, contrato. **4** botón, llave, control, palanca, timón.

mandoble *m.* espada, cimitarra, sable.

mandón, -ona *adj. s.* imperioso, autoritario, dominante, despótico, mandamás. ANT. sumiso, obediente. **2** *Amer.* capataz.

manejable *adj.* portátil, transportable, plegable, manual. **2** fácil, dócil, doblegable, manipulable, obediente, sumiso. ANT. insumiso.

manejar *tr.* manipular, maniobrar, operar, utilizar, usar; empuñar, blandir, asir. **2** gobernar, regir, dirigir, administrar, conducir, guiar. ANT. obedecer. **3** *prnl.* componérselas, entendérselas, desenvolverse, arreglárselas.

manejo *m.* empleo, uso, utilización, maniobra, funcionamiento. **2** administración, conducción, dirección, mando, gobierno. **3** desempeño, destreza, habilidad, aptitud, desenvoltura, soltura. ANT. torpeza. **4** intriga, treta, ardid, artimaña, maquinación, enredo.

manera *f.* forma, modo, actitud, costumbre, procedimiento, método, sistema, proceder, técnica, estilo. **2** artificio, habilidad, destreza. **3** {artes} factura, estilo. **4** {persona} calidad, clase. **5** *pl.* modales, porte, conducta, educación, ademanes. **6** *loc. de cualquier ~:* de cualquier modo, sin cuidado.

manes *m. pl.* espíritus, dioses. **2** muertos, almas.

mango *m.* manija, empuñadura, asa, asidero, manubrio, puño, agarradero. **2** manga, fruta tropical.

mangonear *intr.* manipular, dirigir, dominar, obligar, gobernar, tiranizar, maniobrar, mandar. ANT. obedecer. **2** *intr.* intervenir, entrometerse, fiscalizar, entremeterse.

manguera *f.* manga, tubo, conducto.

maní *m.* cacahuete.

manía *f.* idea fija, tema, extravagancia, monomanía, capricho, chifladura. ANT. cordura, sensatez. **2** antipatía, tirria, ojeriza. ANT. simpatía.

maniatar *tr.* atar, amarrar, manear.

maniático, -ca *adj. s.* loco, chiflado, lunático, tocado, perturbado, enajenado.

manido, -da *adj.* trillado, manoseado, usado, conocido, vulgar. ANT. nuevo, original.

maniego, -ga *adj.* ambidextro.

manifestar *tr. prnl.* declarar, afirmar, formular, expresar, decir, notificar, enunciar, divulgar, exponer, opinar. ANT. callar. **2** demostrar, descubrir, exhibir, exteriorizar, revelar, presentar, mostrar. ANT. ocultar, esconder.

manifiesto, -ta *adj.* evidente, perceptible, público, ostensible, declarado, patente, descubierto, notorio, visible, indudable, palpable, claro. ANT. dudoso. **2** *m.* declaración, proclama, documento, proclamación, convocatoria, alocución.

manija *f.* asa, empuñadura, manivela, asidero, mango, manubrio, puño. **2** abrazadera. **3** palanca. **4** cuerda.

manilargo, -ga *adj.* disipador, pródigo, malgastador, despilfarrador, derrochador.

manilla *f.* brazalete, pulsera.

maniobra *f.* operación, manejo, empleo, uso, labor, manipulación. **2** MIL. ejercicio, práctica, instrucción, simulacro, adiestramiento, evolución. **3** ardid, treta, maquinación, intriga, simulación, artimaña, manipulación, estratagema, trampa, trama, artificio. **4** {vehículo} vuelta, movimiento, giro.

manipulación *f.* empleo, manejo, ejecución, proceso, uso, procedimiento, tratamiento. **2** artificio, maniobra.

manipular *tr.* manejar, maniobrar, ejecutar, operar, emplear, usar, utilizar. **2** mangonear, gobernar, mandar, fiscalizar, dirigir. **3** manosear, sobar. **4** intrigar, maquinar, tramar.

maniquí *m.* figura, muñeco, figurilla; armazón.

manirroto, -ta *adj.* gastador, pródigo, derrochador, disipador, desprendido, generoso, despilfarrador, malgastador. ANT. ahorrativo.

manivela *f.* manubrio, manija, empuñadura, eje.

manjar *m.* alimento, comestible, comida, plato, vianda. **2** delicia, golosina, exquisitez, delicadeza. **3** recreo, deleite, solaz.

mano *f.* extremidad. **2** capa, baño, recubrimiento, pintura. **3** lado, costado, ala. **4** {en juegos} turno, tanda, vuelta, jugada. **5** mando, poder, imperio. **6** pericia, habilidad, destreza. ANT. impericia. **7** {en cuadrúpedos} pie delantero. **8** {del elefante} trompa. **9** vuelta. **10** {del reloj} manecilla. **11** rodillo de piedra. **12** intervención. **13** patrocinio, favor. **14** socorro, auxilio. **15** castigo, represión, zurra. **16** *loc. ~ de obra:* trabajo manual. **17** *loc. a dos ~s:* de buena gana, con toda voluntad. **18** *loc. ~ dura:* severidad. **19** *loc. ~s limpias:* integridad. **20** *loc. a la ~:* cerca, a poca distancia. **21** *loc. a ~s llenas:* generosamente, con abundancia.

manojo *m.* haz, fajo, atado, ramillete, puñado. **2** conjunto.

manopla *f.* guantelete.

manosear *tr.* tocar, manipular, hurgar, toquetear, tentar, palpar, sobar. **2** ajar, magullar, deslucir.

manotada *f.* manotón, manotazo, guantada.

manotazo *m.* bofetón, cachetada, manotada, sopapo, golpe, bofetada, tortazo.

manoteo *m.* gesto, ademán.

mansalva (a) *loc.* sobre seguro, sin riesgo, sin peligro.

mansarda *f.* desván, buhardilla.

mansedumbre *f.* dulcedumbre, suavidad, afabilidad, dulzura, benignidad, bondad, benevolencia. *ANT.* aspereza. **2** tranquilidad, serenidad, apacibilidad. *ANT.* agitación. **3** obediencia, docilidad.

mansión *f.* residencia, casa, edificio, palacio, palacete, caserón. **2** vivienda, hogar, habitación, albergue, morada.

manso, -sa *adj.* dócil, suave, bondadoso. *ANT.* áspero. **2** apacible, tranquilo, sosegado, reposado. *ANT.* agresivo. **3** sumiso, obediente. *ANT.* rebelde, indomable. **4** {animal} amaestrado, desbravado, domado, doméstico.

manta *f.* frazada, cobertor, edredón, cubrecama, colcha, abrigo. **2** paliza, zurra, tunda.

manteca *f.* grasa, margarina, tocino, cebo, mantequilla. **2** adiposidad, gordura. **3** {de la leche} nata.

mantecoso, -sa *adj.* gordo, grasiento, seboso, aceitoso, cremoso, graso, craso. *ANT.* magro.

mantel *m.* carpeta, paño.

manteleta *f.* pañoleta, chal, echarpe.

mantener *tr. prnl.* perseverar, perdurar. **2** proveer, cuidar, proteger. *ANT.* abandonar. **3** alimentar, nutrir, sustentar, sostener, apoyar. **4** conservar, amparar, defender, vigilar. *ANT.* descuidar. **5** pagar, costear.

mantenida *f.* querida, concubina.

mantenimiento *m.* subsistencia, manutención, provisión, alimento, sustento. **2** cuidado, asistencia, conservación, sostenimiento.

manto *m.* túnica, capote, chal, vestidura, capa. **2** cubierta, envoltura, cobertura.

manual *m.* compendio, texto, sumario, libro. **2** *adj.* ejecutable, sencillo, fácil. *ANT.* difícil. **3** casero, artesano. **4** {persona} apacible, dócil.

manubrio *m.* manivela, manija.

manufactura *f.* obra, producto, obraje. **2** elaboración, fabricación, producción, industria. **3** fábrica, taller, industria, factoría.

manufacturar *tr.* elaborar, producir, fabricar, confeccionar.

manumiso, -sa *adj. s.* {esclavo} liberto.

manumitir *tr.* {esclavo} libertar, emancipar, liberar.

manuscrito *m.* documento, pergamino, códice, escrito.

manutención *f.* alimentación, sostén, sustento, alimento, apoyo. **2** conservación, mantenimiento.

manzana *f.* {fruta} poma. **2** espacio urbano, bloque, edificaciones, isla, cuadra.

maña *f.* destreza, arte, práctica, experiencia, pericia, habilidad, soltura, maestría, aptitud, ingenio, industria. *ANT.* inhabilidad, torpeza. **2** astucia, triquiñuela, artificio, artimaña, sagacidad, ardid, treta, marrullería, picardía. *ANT.* ingenuidad. **3** vicio, antojo, capricho, resabio.

mañana *f.* alba, aurora, amanecer, madrugada. *ANT.* tarde. **2** *m.* el futuro, después, al día siguiente. *ANT.* ayer, antes.

mañanero, -ra *adj.* madrugador.

mañoso, -sa *adj.* hábil, capaz, habilidoso, ingenioso, diestro, industrioso. *ANT.* torpe. **2** astuto, sagaz, pillo. *ANT.* ingenuo. **3** veleidoso, caprichoso, antojadizo.

mapa *m.* plano, carta, atlas. **2** mapamundi, planisferio.

mapamundi *m.* planisferio, mapa.

mapuche *adj.* araucano.

maqueta *f.* modelo, bosquejo, diseño, boceto.

maquiavélico, -ca *adj.* astuto, pérfido, doble, solapado.

maquillar *tr. prnl.* hermosear, resaltar, pintar, afeitar, acicalar, retocar, embellecer. *ANT.* afear. **2** *tr.* disimular,

falsear, alterar. *ANT.* revelar. **3** *prnl.* arreglarse, acicalarse, pintarse, caracterizarse.

máquina *f.* aparato, ingenio, mecanismo, utensilio, instrumento, artefacto, artificio, artilugio, herramienta. **2** *TEAT.* tramoya. **3** maquinación, invención, traza, proyecto.

maquinación *f.* conspiración, trama, plan, conjura, maniobra, complot, confabulación, ardid, intriga, treta, asechanza, enredo.

maquinal *adj.* involuntario, autómata, automático, instintivo, reflejo, inconsciente, espontáneo, natural. *ANT.* deliberado, consciente.

maquinar *tr.* urdir, tramar, intrigar, tejer, conspirar, fraguar, maniobrar.

mar *amb.* océano, piélago. **2** lago extenso. **3** *fig.* abundancia, cantidad, plétora, copia, profusión.

maraña *f.* maleza, espesura, zarzal, hojarasca, manigua, fragosidad, matorral, broza. *ANT.* claro. **2** enredo, embrollo, engaño, embuste. **3** caos, berenjenal, confusión, lío, desorden. *ANT.* orden. **4** {de cabello} melena, greñas.

marasmo *m.* desfallecimiento, modorra, torpeza, apatía, paralización, insensibilidad, sopor, quietud, letargo, inmovilidad. *ANT.* vivacidad, actividad. **2** *MED.* enflaquecimiento, consunción, debilitamiento. *ANT.* gordura.

maravilla *f.* prodigio, milagro, portento, fenómeno. *ANT.* horror. **2** admiración, entusiasmo, sorpresa, aturdimiento, pasmo, suspensión, asombro, estupefacción.

maravillar *tr. prnl.* pasmar, sorprender, asombrar, admirar.

maravilloso, -sa *adj.* excelente, majestuoso, prodigioso, admirable, asombroso, estupendo, pasmoso, sorprendente, portentoso.

marbete *m.* etiqueta.

marca *f.* rúbrica, etiqueta, rótulo, marbete, inscripción, timbre, contramarca, identificación, lema, nombre. **2** traza, pisada, huella, vestigio, rastro. **3** cicatriz, mancha, estigma. **4** característica, atributo, distintivo, signo, señal. **5** *DEP.* anotación, marcador, récord. **6** distrito, territorio, provincia, frontera, comarca, límite, región, demarcación. **7** escala, regla, medida. **8** marcaje, marcación.

marcado, -da *adj.* perceptible, evidente, manifiesto.

marcador *m.* *DEP.* tablero. **2** *QUÍM.* {para identificar procesos} átomo, sustancia. **3** *Amer.* rotulador.

marcar *tr.* señalar, caracterizar, distinguir, destacar, definir. *ANT.* ignorar, omitir. **2** etiquetar, precintar, trazar, imprimir, rotular, denominar. *ANT.* borrar. **3** calificar. **4** fijar, establecer, determinar, prescribir. **5** indicar, medir, registrar. **6** herir, desfigurar, cortar.

marcha *f.* movimiento, avance, andadura, traslación, tránsito, recorrido, velocidad, paso, celeridad. *ANT.* inmovilidad. **2** evacuación, éxodo, abandono, salida, viaje, partida, traslado. *ANT.* llegada. **3** desenvolvimiento, desarrollo, funcionamiento, curso, actividad. *ANT.* paralización. **4** método, procedimiento.

marchante *com.* {en arte} comerciante, traficante.

marchar *intr. prnl.* andar, caminar, ir, recorrer, circular, transitar. *ANT.* detenerse. **2** {artefacto, máquina} funcionar, accionar, desempeñarse, andar, moverse. *ANT.* pararse. **3** *prnl.* partir, salir, abandonar, ausentarse, alejarse, huir, retirarse, irse, trasladarse, encaminarse, emigrar. *ANT.* llegar.

marchitar *tr. prnl.* ajar, deslucir, languidecer, deshojarse, secar. ANT. florecer. **2** {persona} enflaquecer, adelgazar, debilitar, decaer. ANT. fortalecer.

marchito, -ta *adj.* mustio, ajado, decaído, agostado, seco. ANT. lozano. **2** debilitado, gastado, consumido. ANT. vigorizado. **3** apergaminado, viejo. ANT. terso, nuevo.

marcial *adj.* militar, bélico, guerrero, castrense. ANT. civil. **2** viril, gallardo, intrépido, apuesto, varonil. ANT. desgarbado. **3** bizarro, aguerrido, valiente. ANT. cobarde.

marco *m.* cuadro, recuadro, moldura, cerco, guarnición. **2** terreno, entorno, ámbito, campo, ambiente, paisaje. **3** {período histórico, problema} circunscripción, límites.

marear *tr. prnl.* fastidiar, molestar, enfadar, abrumar, incomodar, cansar, intranquilizar, importunar, irritar, agobiar, turbar. **2** *prnl.* desmayarse, desvanecerse, desfallecer, atontarse, desmoronarse, desplomarse, perder el sentido, indisponerse, aturdirse. ANT. reponerse.

marejada *f.* ondulación, oleaje. ANT. calma. **2** exaltación, excitación, alboroto, encendimiento, sobreexcitación, exacerbación, agitación. ANT. tranquilidad.

mareo *m.* síncope, vértigo, vahído, desvanecimiento, desmayo, desfallecimiento. ANT. restablecimiento. **2** turbación, fastidio, aturdimiento, agobio, enfado, molestia. **3** embriaguez, achispamiento.

marfileño, - ña *adj.* blanco, ebúrneo.

margen *amb.* borde, orilla, ribera, filo, canto, perfil, costado, lado, arista. ANT. centro. **2** {página} sangría. **3** {texto} apostilla, anotación, comentario, acotación, interpretación. **4** ganancia, utilidad, beneficio, rendimiento, dividendo. ANT. pérdida. **5** pretexto, ocasión, oportunidad, motivo. **6** espacio.

marginado, -da *adj. s.* apartado, separado, limitado. ANT. integrado, aceptado. **2** inadaptado.

marginar *tr.* {texto} apostillar. **2** {en papel} dejar márgenes. **3** {asunto, cuestión} no tratar. **4** {persona} omitir, ignorar, preterir, prescindir. **5** {persona, grupo social} excluir, arrinconar, alejar, abandonar.

marica *m. col.* (*tb.* **maricón**) afeminado. **2** homosexual.

maridaje *m.* unión, conformidad, afinidad, consorcio, enlace, acoplamiento, armonía, casamiento. ANT. desunión.

maridar *tr.* enlazar, casar, matrimoniar, desposar, unir.

marido *m.* esposo, cónyuge, consorte, compañero. ANT. esposa.

marimacho *m.* {mujer} machona, hombruna, virago. ANT. femenina.

marina *f.* armada, escuadra, flotilla, buques, navíos. **2** navegación, náutica. **3** litoral, ribera, costa.

marinero *m.* marino, navegante.

marino, -na *adj.* marítimo. **2** *m.* marinero, navegante.

marioneta *f.* títere, fantoche, monigote, polichinela, muñeco, pelele.

marisco *m.* molusco, crustáceo.

marisma *f.* ciénaga, pantano, cenagal, manglar, charca, laguna. ANT. desierto.

marítimo, -ma *adj.* náutico, naval, ribereño, oceánico, litoral, costeño, marino. ANT. continental, terrestre.

marketing *s.* [ING.] mercadotecnia, comercialización.

marmita *f.* olla, tartera, recipiente, cazuela, puchero, pote, cacerola, cazo, perol.

maroma *f. Amer.* volantín, voltereta, pirueta, acrobacia. **2** POLÍT. cambio oportunista. **3** cuerda, cordel, cabo, cordón, cable, amarra.

marranada *f.* suciedad, cochinada. **2** indecencia, cochinada.

marrano, -na *s.* {animal} cerdo, puerco, lechón, cochino. **2** *adj. s.* {persona} sucio, desaseado, asqueroso. ANT. limpio.

marrar *intr.* fallar, errar, desacertar, equivocarse, desviarse. ANT. acertar.

marrón *adj.* {color} castaño, pardo, café, cobrizo.

marrullería *f.* astucia, fingimiento, ardid, treta, hipocresía, bellaquería, disimulo. ANT. ingenuidad.

marrullero, -ra *adj. s.* astuto, aprovechado, hipócrita, embustero, disimulado, tramposo, ladino, taimado, truhán, pícaro. ANT. leal, sincero.

martillo *m.* mazo, maza. **2** subasta, remate.

martingala *f.* artimaña, astucia, trampa, marrullería, artificio.

mártir *com.* víctima, sacrificado, inmolado, caído.

martirio *m.* padecimiento, sacrificio, sufrimiento, tormento, suplicio, tortura, aflicción. **2** agobio, fatiga, molestia. ANT. placer, diversión.

martirizar *tr. prnl.* mortificar, atormentar, torturar, afligir, inmolar, lapidar, crucificar.

mas *conj.* pero, no obstante. **2** sino.

más *adv.* exceso, aumento, ampliación, crecimiento. **2** muy, tan. **3** *loc. de ~:* de sobra, en demasía. **4** *loc. en ~:* en mayor cantidad. **5** *loc. ~ o menos:* aproximadamente. **6** *loc. ni ~ ni menos:* exactamente, justamente.

masa *f.* volumen, materia, cuerpo. **2** mezcla, pasta, masilla, argamasa, plasta, papilla. **3** gente, multitud, gentío, muchedumbre, concurrencia. **4** conjunto, reunión.

masacrar *tr.* despedazar, aniquilar, matar, asesinar.

masacre *f.* matanza, degollina, exterminio, aniquilamiento, carnicería.

masaje *m.* fricción, frote, frotamiento, friega, estregadura, amasamiento.

masajista *com.* quinesiólogo.

mascar *tr.* masticar.

máscara *f.* antifaz, careta, disfraz.

mascarada *f.* comparsa, carnaval, murga. **2** trampa, engaño, farsa, trama, enredo.

mascota *f.* {persona, animal, cosa} talismán, amuleto, fetiche. **2** animal de compañía.

masculino, -na *adj.* varonil, viril, macho, fuerte, hombruno. ANT. femenino.

mascullar *tr. col.* mascar mal. **2** farfullar, musitar, murmurar, susurrar, cuchichear, bisbisar. ANT. hablar claro.

masivo, -va *adj.* en cantidad. **2** FÍS. concentrado. **3** MED. {medicamento, dosis} concentrado, abundante.

masticar *tr.* mascar, roer, triturar, comer, desmenuzar, mordisquear. **2** *fig.* rumiar, reflexionar, analizar, meditar.

mástil *m.* palo, percha, árbol, pértiga, asta, vara, puntal, poste.

mastín *m.* perrazo, perro guardián.

mata *f.* arbusto, espino, hierba, maleza, zarza, matojo, planta, matorral. **2** {cabello} conjunto, manojo.

matachín *m.* matarife. **2** *col.* camorrista, pendenciero. **3** {persona} ridículo, estrafalario.

matadero *m.* carnicería, degolladero. **2** *fig.* afán, dificultad, incomodidad. **3** *loc. llevar al ~:* poner en peligro.

matador, -ra *adj. s.* asesino, homicida. **2** feo, extravagante, de mal gusto. **3** trabajoso, molesto, pesado. **4** carnicero, matarife.

matanza *f.* masacre, degollina, carnicería, exterminio, mortandad, aniquilamiento.

matar *tr. prnl.* eliminar, ejecutar, inmolar, despachar, liquidar, suprimir, destruir, asesinar, exterminar. *ANT.* salvar, revivir. **2** {fuego, luz} apagar, sofocar, aniquilar, extinguir. *ANT.* avivar. **3** {filo, arista} limar, embotar, redondear. **4** incomodar, desazonar, molestar, hostigar. *ANT.* aliviar. **5** violentar, estrechar. **6** PINT. {color, tono} rebajar. **7** *prnl.* reñir, pelearse. **8** afanarse, deslomarse, derrengarse, trabajar en exceso.

matarife *m.* carnicero, cortador, matachín.

matasanos *m. desp.* medicastro, medicucho.

matasiete *m. col.* pendenciero, valentón, matón, camorrero, fanfarrón.

match *s.* [ING.] competencia, contienda, encuentro, juego, partido.

mate *adj.* {color} apagado, opaco, amortiguado, atenuado, sin brillo. *ANT.* brillante. **2** *m. Amér. Sur* infusión. **3** {ajedrez} jaque mate.

matemáticas *f.* cálculo, cómputo, cuenta.

matemático, -ca *adj.* exacto, preciso, justo, riguroso, puntual, cronométrico. *ANT.* inexacto.

materia *f.* sustancia, elemento, substancia, sustrato, principio. **2** material, masa, ingrediente, componente, cuerpo, parte. *ANT.* irrealidad. **3** asunto, cuestión, tema, objeto, motivo, razón. **4** asignatura, disciplina, curso, estudio, campo, tratado. **5** pus.

material *adj.* tangible, sensible, sustancial, perceptible, corpóreo, físico. *ANT.* inmaterial, espiritual. **2** *m.* elemento, componente, ingrediente, parte. **3** utensilios, implementos, enseres, pertrechos, equipo.

materialista *adj. s.* egoísta, ávido, codicioso. *ANT.* idealista.

maternal *adj.* materno. **2** cuidadoso, afectuoso, protector, solícito.

matinal *adj.* matutino, madrugador, temprano, mañanero, trempanero. *ANT.* vespertino.

matiz *m.* tono, tinte, viso, tonalidad, gama, color. **2** escala, gradación. **3** modalidad, aspecto, cariz. **4** peculiaridad, rasgo.

matizar *tr.* {sonidos, expresiones} graduar, suavizar. **2** {colores} combinar, juntar, difuminar, casar.

matojo *m.* planta, mata.

matón *m.* valentón, perdonavidas, pendenciero, bravucón, matasiete, jactancioso, fanfarrón.

matorral *m.* maleza, maraña, espesura, zarzal, broza.

matrero, -ra *adj.* diestro, astuto, experimentado. **2** receloso, suspicaz. **3** pérfido, malvado, engañoso. **4** *adj. s. Amér. Sur* fugitivo.

matrícula *f.* registro, censo, relación, catálogo, lista, inscripción. **2** placa, documento, permiso, licencia, patente. **3** matriculación, inscripción, enrolamiento, alistamiento.

matricular *tr. prnl.* afiliar, alistar, registrar, catalogar, inscribir.

matrimonial *adj.* marital, conyugal, nupcial, familiar, íntimo.

matrimonio *m.* boda, casamiento, desposorio, casorio, vínculo, nupcias, alianza, enlace, unión. *ANT.* divorcio. **2** pareja.

matriz *f.* molde, patrón, troquel. **2** útero. **3** *adj.* {empresa} principal, materna.

matrona *f.* dama, señora, mujer, madre. **2** comadrona, comadre, partera.

matute *m.* contrabando.

matutino, -na *adj.* matinal.

mausoleo *m.* sepulcro, monumento, panteón, tumba, sepultura, túmulo.

máxima *f.* aforismo, axioma, sentencia, proverbio, adagio. **2** principio, regla, norma.

máxime *adv.* sobre todo, en primer lugar, ante todo, principalmente.

máximo, -ma *adj.* inmenso, enorme, mayúsculo, colosal. *ANT.* mínimo. **2** *m.* extremo, límite, tope, fin. **3** *f. ver* **máxima**.

máximun *m. ver* **máximo, -ma.**

mayestático, -ca *adj.* majestuoso, imponente, solemne.

mayor *m.* superior, jefe, principal, cabeza, decano. *ANT.* menor. **2** oficial, militar. **3** *pl.* abuelos, progenitores, antepasados, antecesores. **4** *adj.* grande, extenso, enorme, inmenso. *ANT.* menor. **5** viejo, anciano, veterano, maduro, añoso. *ANT.* menor, joven. **6** importante, significativo.

mayoría *f.* ventaja, superioridad, diferencia. *ANT.* desventaja. **2** generalidad, pluralidad, totalidad, colectividad, multiplicidad. *ANT.* minoría. **3** mayor edad.

mayúsculo, -la *adj.* enorme, inmenso, colosal, grandísimo. *ANT.* minúsculo, mínimo. **2** *f.* {letra} capital, inicial. *ANT.* minúscula.

maza *f.* porra, cachiporra, garrote, mazo, clava. **2** *col.* pelmazo, pesado.

mazacote *m. Amér.* pegote, masa, pasta. **2** hormigón. **3** guisado.

mazmorra *f.* celda, prisión subterránea, calabozo, cárcel.

mazo *m.* martillo, maza. **2** {persona} pesado, fastidioso, molesto.

mazorca *f.* chócolo, choclo, panoja.

mear *intr. tr. prnl.* orinar, evacuar, excretar, hacer pipí.

mecánico, -ca *adj.* automático, maquinal, espontáneo, inconsciente, instintivo, involuntario. *ANT.* consciente. **2** *adj. s.* técnico, experto, operario, obrero.

mecanismo *m.* artificio, artilugio, ingenio, dispositivo. **2** maquinaria, estructura, artefacto. **3** medio. **4** proceso.

mecedor, -ra *s.* silla de brazos. **2** mecedero, columpio.

mecenas *m.* protector, tutor, defensor, favorecedor, bienhechor, patrocinador, filántropo, benefactor.

mecer *tr. prnl.* columpiar, cunar, balancear, acunar, hamaquear, cunear, oscilar. *ANT.* detener. **2** agitar, mover. *ANT.* aquietar.

mechero *m.* encendedor, chisquero.

mechón *m.* bucle, rizo, mecha, guedeja, greña.

medalla *f.* condecoración, distinción, galardón, premio, honor.

médano *m.* duna, montículo, colina.

media *f.* calcetín, escarpín, elástico, calceta. **2** *m. pl.* medios de comunicación. **3** *adj.* valor intermedio, promedio.

mediación *f.* intervención, arbitraje, intercesión, conciliación.

mediador, -ra *adj. s.* defensor, árbitro, compromisario, medianero, intercesor, intermediario.

mediano, -na *adj.* intermedio, razonable, módico, moderado. *ANT.* superior; inferior. **2** mediocre, regular.

mediar *intr.* negociar, intervenir, terciar, arbitrar, interceder. *ANT.* inhibirse. **2** interponerse. **3** {tiempo} transcurrir, pasar.

mediato, -ta *adj.* indirecto. *ANT.* directo.

medicamento *m.* medicina, remedio, fármaco, droga, preparado, ingrediente, pócima, potingue, mejunje.

medicina *f.* medicamento, remedio, fármaco, droga, preparado, ingrediente.

medicinal *adj.* curativo, terapéutico, beneficioso, saludable. ANT. dañino.

medición *f.* cuantificación, dimensionamiento, comparación. **2** sondeo, medida, evaluación.

médico, -ca *s.* doctor, galeno, facultativo, cirujano.

medida *f.* medición, cálculo. **2** resultado. **3** dimensión, extensión, tamaño, magnitud. **4** *gen. pl.* disposición, prevención, precaución. **5** intensidad, grado. **6** prudencia, mesura, cordura, moderación. ANT. desmesura.

medido, -da *adj.* rítmico, acompasado. **2** exacto, justo, preciso.

medio *adj.* {de algo} la mitad. **2** {en lugar o tiempo} intermedio. **3** *m.* mitad, centro. **4** diligencia, acción, procedimiento. **5** espacio físico. **6** circunstancias, condiciones. **7** *gen. pl.* círculo, sector. **8** *pl.* bienes, recursos, caudal, capital, hacienda, patrimonio, dinero.

mediocre *adj.* mediano, deficiente, limitado, regular, ordinario, imperfecto. ANT. superior, excelente.

medir *tr.* calcular, calibrar, evaluar, estimar, valuar, juzgar, determinar. **2** *prnl.* moderarse.

meditabundo, -da *adj.* pensativo, meditativo, reflexivo, reconcentrado, absorto, abstraído, ensimismado. ANT. distraído.

meditación *f.* contemplación, reflexión.

meditar *tr.* pensar, discurrir, reflexionar, cavilar, rumiar, considerar. ANT. distraerse.

medrar *intr.* {persona} mejorar, aumentar, florecer, prosperar, progresar, acrecentar. ANT. debilitarse. **2** {animal, planta} crecer, aumentar de tamaño.

medroso, -sa *adj. s.* miedoso, tímido, temeroso, apocado, pusilánime, encogido. ANT. audaz.

médula *f.* (*tb.* **medula**) meollo, sustancia, pulpa, tuétano, esencia, base.

medular *adj.* central, esencial, principal.

mefistofélico, -ca *adj.* infernal, pérfido, perverso, diabólico, endemoniado. ANT. angelical.

megáfono *m.* altavoz, altoparlante.

megalómano, -na *adj.* vanidoso, fatuo, fantasioso.

mejilla *f.* pómulo, cachete, moflete, carrillo.

mejor *adj.* superior, excelente, supremo, alto, sumo, principal, preferible. ANT. peor. **2** *adv.* más bien. **3** antes.

mejora *f.* adelanto, progreso, avance, perfeccionamiento. ANT. retroceso. **2** mejoría, arreglo, mejoramiento. ANT. desmejoramiento.

mejoramiento *m.* adelanto, progreso, mejora, avance, perfeccionamiento.

mejorar *tr.* aumentar, acrecentar. ANT. empeorar. **2** {precio} aumentar. **3** *intr. prnl.* {salud} recobrar, restablecerse, sanar, aliviarse, recuperarse. ANT. empeorar, enfermar. **4** {tiempo} abonanzarse, despejar, serenar. **5** progresar, adelantar.

mejoría *f.* ventaja, adelanto, progreso, superación. ANT. atraso. **2** alivio, sanación, recuperación, curación, restablecimiento.

mejunje *m.* mezcla, pócima, bebedizo, mixtura, remedio, medicamento, poción, brebaje. **2** cosmético, potingue.

melancolía *f.* tristeza, nostalgia, añoranza, cuita, pesadumbre, pena, aflicción, abatimiento, languidez, decaimiento, depresión, postración. ANT. vivacidad.

melancólico, -ca *adj.* sombrío, afligido, apenado, nostálgico, abatido, triste, tétrico, lúgubre.

melena *f.* {persona} cabellera, cabello, guedejas, pelo. ANT. calva. **2** {animal} pelambrera, crin, pelo.

melifluo, -flua *adj.* meloso, empalagoso. **2** *pey.* afectado, melindroso, blandengue, delicado.

melindre *m.* remilgo, escrúpulo, amaneramiento, ñoñería, cursilería, ñoñez, ridiculez. ANT. madurez. **2** confitura, dulce, golosina.

melindroso, -sa *adj. s.* amanerado, afectado, escrupuloso, cursi, ridículo, remilgado.

mella *f.* hendidura, desportilladura, desperfecto, rotura, portillo, grieta, entrante, hueco, raja, deterioro. **2** merma, menoscabo.

mellar *tr.* desafilar, despuntar. **2** disminuir, menoscabar.

mellizo, -za *adj. s.* gemelo, igual, mielgo. **2** hermanado, equivalente, semejante.

melódico, -ca *adj.* eufónico, melodioso, dulce, musical, cadencioso, suave, armónico, armonioso. ANT. disonante, estridente.

melodioso, -sa *adj.* musical, armonioso, dulce, melódico, suave, armónico, agradable. ANT. disonante, estridente.

melodrama *m.* tragicomedia, drama, tragedia, farsa, sainete.

meloso, -sa *adj.* empalagoso, afectado, melindroso, melifluo, dulzón, almibarado. ANT. áspero. **2** {alimento} suave, blando, dulce, tierno. ANT. acre, duro.

membrana *f.* tela, capa, película, lámina.

membrete *m.* encabezamiento, sello, título, rótulo, nombre. **2** apunte, anotación. **3** identificación, marca, firma.

membrudo, -da *adj.* fornido, recio, forzudo, fuerte, atlético, robusto, hercúleo, vigoroso, corpulento. ANT. escuálido, débil.

memo, -ma *adj. s.* tonto, simple, mentecato, lelo, bobo, necio, majadero.

memorable *adj.* renombrado, recordable, destacado, famoso, célebre, ilustre, inolvidable, glorioso. ANT. insignificante.

memorándum *m.* comunicación, recado, despacho, informe, nota, circular, aviso, parte. **2** recordatorio, diario, agenda.

memoria *f.* recuerdo, rememoración, remembranza, reminiscencia, evocación. ANT. olvido. **2** relación, escrito, informe, exposición, estudio. **3** capacidad, retentiva. ANT. amnesia.

memorial *m.* recordatorio. **2** solicitud, instancia, demanda, ruego. **3** publicación oficial, boletín.

ménade *f.* bacante.

menaje *m.* moblaje, equipo, ajuar.

mención *f.* cita, llamada, alusión, referencia, recuerdo. **2** premio, distinción.

mencionado, -da *adj.* mentado, aludido, dicho, nombrado, sobredicho, antedicho. ANT. omitido, eludido.

mencionar *tr. prnl.* citar, nombrar, aludir, mentar. ANT. omitir. **2** evocar, recordar, referirse, indicar.

mendaz *adj.* falso, falaz, fingido, embustero, mentiroso. ANT. sincero.

mendicante *adj. com.* pordiosero, mendigo, mendigante, pobre.

mendicidad *f.* pordiosería.

mendigar *intr.* limosnear, rogar, requerir, pordiosear, pedir, suplicar, solicitar. ANT. dar.

mendigo, -ga *s.* pordiosero, mendicante, pobre, menesteroso, mendigante, indigente, necesitado, mísero. ANT. rico, potentado.

menear *tr. prnl.* sacudir, mover, agitar, oscilar, zarandear, balancear. ANT. inmovilizar, aquietar. **2** manejar, gobernar, dirigir. **3** *prnl. Amer.* contonearse.

menester *m.* carencia, falta, escasez, necesidad, apuro. ANT. abundancia. **2** empleo, ejercicio, profesión, trabajo, tarea, función, cargo, desempeño, labor, ministerio, ocupación. ANT. ocio. **3** *pl.* necesidades fisiológicas. **4** *col.* herramientas, utensilios, bártulos, instrumentos.

menesteroso, -sa *adj. s.* pobre, mendigo, indigente, falto, necesitado.

menestral, -la *adj. s.* obrero manual, artesano.

mengano, -na *s.* fulano, zutano, perengano.

mengua *f.* decadencia, rebaja, menoscabo, merma, disminución. *ANT.* aumento. **2** falta, carencia. **3** necesidad, penuria, escasez, pobreza. **4** afrenta, desdoro, deshonor, descrédito, deshonra. *ANT.* mérito.

menguar *intr. tr.* mermar, disminuir, decrecer, aminorar, reducir, contraerse, achicarse. *ANT.* crecer.

menopausia *f.* climaterio.

menor *adj.* pequeño, mínimo, menudo, reducido, inferior. *ANT.* mayor. **2** *m.* menor de edad, criatura, niño, impúber. *ANT.* adulto.

menos *adv.* disminución, carencia, restricción, falta, escasez, limitación. *ANT.* más. **2** *m.* *MAT.* signo de resta. **3** *prep.* excepto, salvo, fuera de. *ANT.* incluso. **4** *loc. a ~ que:* a no ser que, salvo que. **5** *loc. cuando ~:* por lo menos.

menoscabar *tr. prnl.* disminuir, reducir, acortar, mermar, decrecer. *ANT.* aumentar. **2** *tr.* deteriorar, deslucir, deslustrar, dañar, ajar. *ANT.* arreglar, mejorar. **3** desprestigiar, desacreditar, mancillar. *ANT.* honrar.

menoscabo *m.* disminución, mengua, merma. **2** detrimento, quebranto, perjuicio, desventaja, deterioro, daño. **3** deshonra, desdoro, deslustre, deshonor, descrédito.

menospreciar *tr. prnl.* desdeñar, despreciar, humillar, desairar, degradar, zaherir. *ANT.* apreciar. **2** subestimar, desestimar. *ANT.* atender.

menosprecio *m.* desapego, indiferencia, humillación, desaire, despego, ultraje, ofensa, desprecio. *ANT.* apego, aprecio. **2** subestimación, desestimación, desdén.

mensaje *m.* recado, comunicado, encargo, misiva, aviso, escrito, comunicación, nota, anuncio. **2** enseñanza, moraleja.

mensajero, -ra *s.* comisionario, embajador, emisario, recadero, delegado, heraldo, enviado, correo. **2** anunciador.

menstruación *f.* período, regla.

menstruo *m.* menstruación.

mensualidad *f.* salario, mesada, remuneración, paga, estipendio, emolumentos, sueldo, pago, honorarios. **2** {deuda} pago, abono.

mensurar *tr.* calibrar, calcular, medir, cuantificar.

mentado, -da *adj.* aludido, antedicho, dicho, citado, mencionado, susodicho.

mentalizar *tr. prnl.* conciencia.

mentar *tr.* citar, nombrar, mencionar, aludir.

mente *f.* intelecto, pensamiento, entendimiento, cerebro, cabeza. **2** voluntad, designio, idea, intención, propósito.

mentecato, -ta *adj. s.* majadero, insensato, simple, necio, idiota, bobo, estúpido. *ANT.* listo, inteligente, sensato.

mentir *intr.* falsear, engañar, faltar a la verdad, difamar, calumniar, desvirtuar. *ANT.* sincerarse. **2** desviar, alterar, inducir a error. **3** *tr.* aparentar, exagerar, fingir. *ANT.* decir verdad.

mentira *f.* engaño, embuste, disimulo, infundio, engañifa, patraña, chisme, fraude, farsa, falsedad, superchería, falacia, artificio, fábula, cuento, ficción, invención. *ANT.* verdad. **2** {en escritos o impresos} errata, equivocación.

mentiroso, -sa *adj. s.* engañoso, falso, embustero, falaz, mendaz. **2** adulterado, aparente, fingido, engañoso, falso.

mentís *m.* desmentido.

mentón *m.* barbilla, barba.

mentor *m.* maestro, orientador, consejero, guía, aconsejador, instructor, asesor, tutor, consultor, preceptor, inspirador.

menú *m.* carta, lista, minuta.

menudencia *f.* minucia, bagatela, nimiedad, niñería, tontada, nadería, tontería, pequeñez, insignificancia. *ANT.* enormidad.

menudo, -da *adj.* pequeño, menor, minúsculo, chico, diminuto, escaso. *ANT.* enorme. **2** plebeyo, vulgar. **3** bajo, delgado, pequeño de cuerpo. *ANT.* corpulento. **4** despreciable, insignificante, baladí, accesorio. *ANT.* importante. **5** detallado, exacto, escrupuloso, minucioso. *ANT.* descuidado. **6** *m. pl.* {de reses y aves} menudencias, menudillos, despojos.

meollo *m.* sustancia, núcleo, fundamento, centro, base. **2** juicio, intelecto, entendimiento, caletre. **3** {de los huesos} seso, médula. **4** fondo, esencia.

mequetrefe *m. col.* tarambana, zascandil, badulaque, chisgarabís. *ANT.* cabal, respetable. **2** entrometido, entrometido. *ANT.* discreto.

mercachifle *m.* buhonero, baratero, traficante, vendedor, mercader.

mercader, -ra *s.* comerciante, negociante, vendedor, tratante, mercachifle.

mercadería *f.* mercancía, género, mercaduría, artículo, producto.

mercado *m.* plaza, bazar, feria. **2** concurrencia, gente. **3** negocios, operaciones comerciales, comercio, tráfico. **4** plaza, país. **5** consumidores.

mercancía *f.* artículo, género, mercadería.

mercante *adj.* mercantil, comercial.

mercantil *adj.* mercante, comercial.

mercar *tr.* comprar, adquirir, negociar, comerciar.

merced *f.* gracia, favor, beneficio, privilegio, concesión, prebenda. **2** dádiva, regalo, don. **3** recompensa, premio, galardón. **4** capricho, voluntad, arbitrio.

mercenario, -ria *adj.* {trabajo} asalariado.

merchante *adj. com.* mercader, comerciante.

merecedor, -ra *adj.* acreedor, digno.

merecer *tr.* lograr, obtener, alcanzar, cosechar, conseguir. *ANT.* desmerecer. **2** valer, hacerse digno. *ANT.* desmerecer. **3** *intr.* hacer méritos, ganar, ameritar, meritar.

merecido, -da *adj.* justo, digno, ganado, debido, apropiado, meritorio. *ANT.* inmerecido. **2** castigo.

merecimiento *m.* derecho, mérito, justicia, virtud. *ANT.* injusticia.

merengue *m.* alfeñique.

meretriz *f.* prostituta, ramera, trabajadora sexual, puta.

meridiano, -na *adj.* claro, luminoso, diáfano. *ANT.* oscuro. **2** *m.* *GEOM.* línea.

meridional *adj.* austral, antártico, del sur. *ANT.* septentrional, del norte.

merienda *f.* refrigerio, aperitivo, comida ligera.

meritorio, -ria *adj.* loable, valioso, encomiable, benemérito, estimado, excelente, elogiable, notable, laudable, apreciable. *ANT.* reprensible. **2** *s.* aspirante, principiante, auxiliar, aprendiz.

merma *f.* disminución, deterioro, pérdida, reducción, baja, menoscabo, bajón, decrecimiento, mengua, desgaste, quebranto. *ANT.* aumento, incremento.

mermar *intr. prnl.* menguar, disminuir, reducir, aminorarse, decrecer. *ANT.* aumentar. **2** *tr.* quitar, reducir, menoscabar.

mermelada *f.* confitura, jalea, compota, dulce.

merodear intr. vagar, recorrer, deambular. **2** escrutar, vigilar, husmear, espiar, asechar.

mes m. sueldo, mensualidad, mesada. **2** menstruación.

mesada f. paga, sueldo, mensualidad.

mescolanza f. embrollo, enredo, confusión, revoltillo.

meseta f. altiplanicie, altiplano, llano, llanura, estepa. **2** {de una escalera} rellano, descanso, descansillo.

mesiánico, -ca adj. salvador, redentor; profético.

mesocracia f. clase media, burguesía.

mesón m. posada, fonda, venta, parador, hostal, hospedaje, hostería, albergue, taberna.

mestizo, -za adj. s. mixto, cruzado, híbrido.

mesura f. prudencia, comedimiento, templanza, circunspección, medida, moderación, juicio, discreción, sensatez. ANT. desmesura. **2** gravedad, seriedad. ANT. desfachatez. **3** cortesía, reverencia, respeto, consideración. ANT. descortesía.

mesurado, -da adj. sensato, reflexivo, cuerdo, discreto, juicioso, prudente. ANT. imprudente, alocado. **2** moderado, modesto, parco, contenido, templado, sobrio. ANT. exagerado.

mesurarse prnl. contenerse, medirse, comedirse, moderarse.

meta f. término, remate, llegada, final, culminación. **2** fin, objetivo, designio, intento, finalidad, objeto, propósito. ANT. origen, principio. **3** DEP. portería, puerta.

metafísico, -ca adj. obscuro, difícil, abstruso, complicado. ANT. fácil.

metáfora f. RET. tropo, alegoría, imagen, figura, símbolo.

metafórico, -ca adj. figurativo, simbólico, alegórico.

metalurgia f. acería, fundición.

metamorfosis f. transformación, cambio, alteración, transición, conversión, modificación, transmutación, mutación. ANT. inmutabilidad.

meteorito aerolito, astrolito, bólido, estrella fugaz.

meter tr. prnl. incluir, insertar, encerrar, introducir, internar, guardar. ANT. extraer. **2** tr. empotrar, interpolar, penetrar, encajar, embutir, ensartar. ANT. sacar. **3** ocasionar, provocar, ser causa. **4** poner, colocar. **5** motivar, inspirar, inducir. **6** {juego} poner, apostar. **7** {memorial} presentar. **8** invertir, gastar. **9** prnl. {en un espacio} introducirse. **10** {en un asunto ajeno} entrometerse, inmiscuirse, mezclarse. **11** {río, arroyo} desembocar. **12** {profesión, oficio} dedicarse. **13** {contra el enemigo} arrojarse, lanzarse. **14** pelear, armar camorra. **15** loc. meterse en todo: inmiscuirse.

meticuloso, -sa adj. metódico, medroso, nimio, puntual, minucioso, detallista, escrupuloso, puntilloso, quisquilloso. ANT. negligente.

metódico, -ca adj. cuidadoso, sistemático, esmerado, ordenado, minucioso, meticuloso. ANT. desordenado. **2** programado, regulado, planificado, sistematizado.

método m. modo, forma, técnica, práctica, procedimiento, uso, sistema, metodología, regla, norma, orden. **2** manera, costumbre, hábito, usanza. **3** prolijidad, orden, esmero, cuidado. ANT. desorden.

métrico, -ca adj. regular, acompasado, medido, rítmico.

metrópoli f. urbe, ciudad, capital, población principal. ANT. aldea.

mezcla f. combinación, amalgama, compuesto, liga, mezcolanza, agregado, unión, mixtura, aleación, amasijo. ANT. separación. **2** cemento, mortero, argamasa.

mezclar tr. prnl. alear, amalgamar, juntar, componer, aunar, reunir, incorporar, agregar, unir, integrar, intercalar, combinar, entreverar. ANT. desunir, separar. **2** barajar, desordenar, revolver. ANT. acomodar, ordenar. **3** prnl. meterse, inmiscuirse, introducirse, injerirse, entrometerse, entremeterse.

mezcolanza f. mezcla, miscelánea, amasijo, revoltijo, mazacote, revoltura. ANT. diferenciación, separación.

mezquinar tr. negar, regatear, escatimar. ANT. prodigar, ofrecer.

mezquino, -na adj. tacaño, miserable, avaro, cicatero, egoísta, ruin. ANT. generoso, dadivoso. **2** pequeño, diminuto. ANT. grande. **3** innoble, ruin, bajo. ANT. noble. **4** menguado, mísero, insuficiente, escaso, exiguo. ANT. abundante.

miasma m. gen. pl. hediondez, emanación, efluvio. ANT. fragancia.

mico m. mono, simio.

microbio m. microorganismo, bacteria, germen.

miedo m. temor, aprensión, recelo, ansiedad. ANT. valor. **2** susto, horror, alarma, terror, pánico, espanto, pavor. ANT. serenidad. **3** timidez, pusilanimidad. ANT. soltura.

miedoso, -sa adj. medroso, aprensivo, asustadizo, temeroso, pusilánime. ANT. animoso, valiente. **2** empavorecido, aterrado, asustado, aterrorizado, alarmado. ANT. sereno.

miembro m. extremidad, órgano, apéndice, **2** pedazo, componente, porción, elemento, parte. **3** pene, falo, miembro viril, verga. **4** com. integrante, socio, afiliado, adepto, asociado. ANT. extraño.

mientras adv. entre tanto, en el ínterin, en tanto. **2** conj. durante.

mierda f. excremento, detrito, estiércol, evacuación, heces, deposición, deyección, defecación. **2** col. asquerosidad, suciedad, porquería. **3** com. col. {persona} vil, abyecto, basura.

mies f. cereal, trigo. **2** {tiempo} cosecha, siega. **3** pl. mieses, sembrados, cultivos.

miga f. migaja, pizca, sobra, resto, pedazo. **2** substancia, meollo, enjundia, importancia, gravedad. ANT. superficialidad.

migaja f. miga, partícula. **2** f. pl. desperdicios, sobras, residuos.

migración f. emigración, desplazamiento. **2** {animales} viaje periódico.

migraña f. jaqueca, cefalea.

migrar intr. emigrar, transmigrar.

migratorio, -ria adj. errante, trashumante, nómada. ANT. estable, sedentario.

milagro m. prodigio, maravilla, portento, fenómeno, hecho sobrenatural. **2** REL. exvoto, ofrenda.

milagroso, -sa adj. maravilloso, providencial, prodigioso, asombroso, sorprendente, portentoso, increíble, pasmoso, extraordinario, sobrenatural. ANT. corriente, ordinario, natural.

milicia f. tropa, hueste, ejército, guardia.

militancia f. actividad, participación.

militar adj. bélico, castrense, marcial. ANT. civil. **2** m. soldado, guerrero, combatiente, mercenario.

millonario, -ria adj. acaudalado, rico, opulento, potentado, poderoso, magnate. ANT. pobre.

mimar tr. consentir, acariciar, halagar. ANT. maltratar. **2** maleducar, malcriar. ANT. disciplinar.

mímica f. gesto, gesticulación, mueca, expresión, ademán. **2** mimodrama, pantomima. **3** imitación, remedo, representación.

mimo *m.* cariño, arrumaco, caricia, ternura, carantoña, halago. ANT. maltrato, brusquedad. **2** condescendencia, consentimiento. **3** *m.* actor, farsante, bufón.

mimoso, -sa *adj.* regalón, cariñoso, tierno, delicado. ANT. indiferente. **2** melindroso, malcriado, consentido, mimado.

mina *f.* filón, venero, fuente, criadero, vena, yacimiento, veta, cantera. **2** excavación, galería, túnel, perforación, explotación. **3** artificio explosivo, bomba. **4** {del lápiz} grafito.

minar *tr.* horadar, perforar, excavar, socavar. ANT. rellenar. **2** debilitar, consumir, abatir, desgastar, agotar. ANT. vigorizar, reforzar.

mingitorio *m.* baño, orinal, retrete.

miniatura *f.* menudencia, pequeñez. ANT. enormidad. **2** medallón, pintura.

minimizar *tr.* despreciar, subestimar, desdeñar, empequeñecer, tener en poco.

mínimo, -ma *adj.* diminuto, pequeño, minúsculo, insignificante, microscópico, imperceptible, despreciable, nimio, ínfimo, menudo, inferior, bajo. ANT. máximo, mayor. **2** minucioso. **3** *m.* límite, extremo, término, borde. **4** *loc. como ~:* por lo menos.

ministerial *adj.* gubernamental.

ministerio *m.* departamento, dirección, servicio, cartera, gabinete, gobierno. **2** ejercicio, puesto, encargo, función, cargo, ocupación, servicio.

ministro, -tra *s.* secretario, consejero, funcionario. **2** enviado, embajador, representante, delegado, comisionado, agente. **3** REL. prelado.

minoría *f.* elite, flor y nata. **2** minoridad, menor edad, niñez. ANT. mayoría. **3** {cuerpo deliberante, partido político} fracción, oposición, grupo minoritario. ANT. mayoría.

minucia *f.* menudencia, detalle, bagatela, pormenor, superfluidad, tontería, nimiedad, insignificancia, pequeñez, nadería, futilidad. ANT. gravedad, importancia.

minuciosidad *f.* nimiedad, miramiento, meticulosidad, escrupulosidad, cuidado, esmero, prolijidad, exactitud. ANT. ligereza.

minucioso, -sa *adj.* meticuloso, escrupuloso, detallista, nimio, riguroso, cuidadoso, atento, perfeccionista, pulido. ANT. descuidado, negligente, abandonado.

minúsculo, -la *adj.* diminuto, menudo, pequeñísimo, imperceptible, mínimo, microscópico, pequeño. ANT. mayúsculo, gigantesco. **2** insignificante, irrisorio, ínfimo, desestimable. ANT. significativo.

minusválido, -da *adj. s.* lisiado, con otras capacidades.

minusvalorar *tr.* subestimar. ANT. estimar.

minuta *f.* borrador, extracto. **2** anotación, catálogo, apunte, relación, nota. **3** cuenta, factura. **4** carta, menú.

minutero *m.* manecilla, aguja, saeta.

mioma *m.* MED. tumor.

miope *adj. com.* cegatón, cegato, corto de vista. **2** corto de miras.

mirada *f.* vistazo, ojeada, atisbo, observación, visión, contemplación, inspección. **2** expresión, vista, modo de mirar.

mirado, -da *adj.* prudente, reflexivo, cauto, circunspecto. **2** considerado, comedido, atento, respetuoso, recatado, discreto, prudente. ANT. desconsiderado, imprudente.

mirador *m.* balcón, miradero, ventana, torreón, observatorio, atalaya, terraza, galería, tribuna, corredor, azotea. **2** observador, vigía, oteador, mirante, espectador.

miramiento *m.* circunspección, precaución, melindre, cuidado, prudencia, cautela. ANT. imprudencia. **2** mesura, consideración, moderación, deferencia, delicadeza, atención, respeto. ANT. desatención.

mirar *tr. prnl.* observar, ver, inquirir, contemplar, vislumbrar, columbrar, escrutar, ojear, divisar. ANT. ignorar. **2** *tr.* apercibirse, advertir, reparar, percibir, notar, fijarse. ANT. descuidar, pasar por alto. **3** inspeccionar, revisar, investigar, registrar. **4** juzgar, examinar, pensar, reflexionar, analizar. ANT. omitir. **5** *intr.* cuidar, proteger, velar, defender. **6** apreciar, atender, respetar, considerar, estimar, reconocer, tener en cuenta. ANT. despreciar. **7** orientarse, apuntar, atender. ANT. desatender.

miríada *f.* multitud, cantidad, inmensidad, caudal, plétora. ANT. poco.

mirífico, -ca *adj.* POÉT. admirable, portentoso, maravilloso, prodigioso. ANT. común

mirón, -ona *adj. s.* espectador, circunstante. **2** *desp.* curioso, chismoso, fisgón.

misántropo, -pa *s.* huraño, arisco, insociable, sombrío.

misceláneo, -a *adj.* mixto, vario. **2** *f.* mezcla, combinación, revoltillo, variedad. ANT. homogeneidad **3** *Col., Méx., Pan.* almacén, tienda pequeña.

miserable *adj.* desdichado, mísero, infortunado, infausto, infeliz, desgraciado, desventurado. ANT. feliz. **2** necesitado, indigente, pobre, menesteroso. ANT. rico. **3** avaro, tacaño, mezquino, cicatero, ruin. ANT. generoso. **4** perverso, malvado, canalla, rufián, granuja, ruin, despreciable, abyecto, vil, infame. ANT. noble, bondadoso. **5** abatido, lastimoso, lamentable, maltrecho. **6** exiguo, reducido, corto, escaso. ANT. generoso, abundante.

miseria *f.* infortunio, pena, calamidad, desdicha, desgracia, desventura. ANT. ventura. **2** pobreza, penuria, falta, carencia, estrechez, indigencia, escasez, insuficiencia, necesidad, exigüidad. ANT. opulencia. **3** avaricia, mezquindad, tacañería, ruindad, sordidez. ANT. generosidad. **4** *col.* insignificancia, bagatela, nimiedad, nadería.

misericordia *f.* compasión, indulgencia, altruismo, piedad, conmiseración, humanidad, caridad, lástima. ANT. impiedad.

mísero, -ra *adj.* insignificante, nimio, intrascendente. **2** necesitado, triste, desventurado, desdichado, desgraciado, desastrado, infortunado, miserable. ANT. afortunado. **3** abatido, sin fuerza. **4** tacaño, avaricioso, mezquino, roñoso. ANT. generoso. **5** paupérrimo, indigente, miserable. ANT. opulento, rico.

misérrimo, -ma *adj.* paupérrimo, desdichado, mísero. ANT. riquísimo.

misil *m.* (*tb.* **mísil**) proyectil.

misión *f.* tarea, comisión, trabajo, encargo, labor, cometido, gestión. **2** embajada, delegación, comisión. **3** exploración, expedición. **4** REL. tierra, provincia.

misionero, -ra *s.* misionario, divulgador, predicador, evangelizador, apóstol, propagador.

misiva *f.* nota, carta, aviso, comunicación, esquela, mensaje.

mismo, -ma *adj.* igual, idéntico, exacto. ANT. diferente, distinto. **2** *loc. por lo ~:* por esa razón.

misterio *m.* arcano, secreto, interrogante, incógnita, enigma. ANT. solución, respuesta. **2** cautela, reserva, sigilo. **3** REL. sacramento, objeto de fe. **4** *pl.* REL. ceremonias, ritos.

misterioso, -sa *adj.* oculto, enigmático, arcano, inexplicable, recóndito, secreto, oscuro, impenetrable, indescifrable, cifrado, incomprensible, hermético. ANT.

evidente, claro, manifiesto. **2** cauteloso, reservado, sigiloso. ANT. claro, sincero.

mística f. misticismo, espiritualidad.

misticismo m. mística, contemplación, espiritualidad, ascetismo.

místico, -ca adj. espiritual, contemplativo, extático, arrebatado.

mistificación f. superchería, artificio, embuste, trampa. ANT. sinceridad, verdad.

mistificar tr. embaucar, engañar. **2** deformar, falsificar, contrahacer, adulterar, falsear.

mitad f. centro, medio. **2** promedio.

mítico, -ca adj. mitológico, legendario, fabuloso.

mitigar tr. prnl. moderar, disminuir, aminorar, aliviar, aplacar, calmar, amortiguar, dulcificar, suavizar, atemperar. ANT. exacerbar.

mitin m. asamblea, reunión, junta, concentración.

mito m. narración maravillosa, leyenda, fábula, alegoría, relato, tradición. **2** personaje, divo, estrella, símbolo, ídolo. **3** ficción, farsa, quimera, embuste, mentira. ANT. verdad.

mitómano, -na adj. fabulador, mentiroso.

mixtión f. mixtura, agregado, aleación, mezcla, liga.

mixto, -ta adj. mezclado, combinado, compuesto, heterogéneo, misceláneo. ANT. simple.

mixtura f. mezcolanza, mezcla, agregado, aleación, liga, incorporación, mixtión. **2** pócima, medicamento, poción.

mobiliario m. enseres, mueblaje, ajuar, moblaje, menaje, muebles, bártulos.

mocedad f. juventud, adolescencia. ANT. senectud, vejez.

mochila f. morral, bolsa, saco, zurrón.

moción f. impulso, movimiento. ANT. quietud. **2** propuesta, proposición.

moco m. mucosidad.

moda f. novedad, boga, actualidad. ANT. desuso. **2** usanza, hábito, costumbre, estilo.

modales m. pl. gestos, formas, acciones, ademanes, modos. **2** educación, maneras, crianza, conducta.

modalidad f. modo, forma, tipo, clase, manera. **2** particularidad, característica, peculiaridad.

modelar tr. crear, formar, esculpir, cincelar.

modelo m. prototipo, tipo, estándar, paradigma, arquetipo, ideal, ejemplar, ejemplo. ANT. reproducción, copia. **2** pauta, muestra, regla, dechado, maqueta, patrón, diseño, guía, boceto. **3** troquel, molde, horma, matriz.

moderación f. parquedad, morigeración, sobriedad, templanza, temperancia. ANT. inmodestia. **2** discreción, mesura, comedimiento, sensatez, cordura, prudencia. ANT. exageración, exceso.

moderado, -da adj. prudente, contenido, sobrio, mesurado, parco, templado, reglado. ANT. inmoderado, insensato. **2** adj. s. tradicional, conservador.

moderar tr. prnl. atenuar, frenar, templar, aplacar, atemperar, ajustar, arreglar, aliviar, amortiguar, controlar, refrenar, dominar, tranquilizar, sujetar, mitigar, suavizar. ANT. abusar, descomedirse.

modernidad f. modernismo, renovación, actualización, actualidad.

modernizar tr. prnl. renovar, innovar, poner al día, actualizar, restaurar.

moderno, -na adj. actual, renovado, reciente, avanzado, desarrollado, evolucionado, progresista, nuevo, vanguardista, fresco, juvenil, contemporáneo, presente. ANT. antiguo, anticuado.

modestia f. recato, pudor, vergüenza, decoro, moderación, decencia, honestidad, sencillez, reserva. ANT. inmodestia.

módico, -ca adj. moderado, limitado, escaso, reducido, parco. ANT. exagerado.

modificable adj. renovable, corregible, cambiable, enmendable. ANT. invariable, permanente.

modificación f. transformación, variación, mudanza, metamorfosis, cambio, transmutación.

modificar tr. prnl. alterar, reformar, transformar, corregir, enmendar, moderar, retocar, rectificar. ANT. ratificar. **2** cambiar, variar, renovar, mudar, revolucionar. ANT. mantener, conservar.

modismo m. giro, locución, expresión, dicho.

modista com. diseñadora, creadora, costurera, sastra.

modo m. manera, forma, procedimiento, proceder, método, técnica, regla. **2** loc. grosso ~: aproximadamente.

modorra f. letargo, amodorramiento, somnolencia, marasmo, soñolencia, pesadez, sopor, flojera. ANT. actividad, vigilia.

modos m. pl. maneras, urbanidad, cortesía, educación.

modoso, -sa adj. discreto, bien criado, educado, cortés.

modular tr. {sonido} armonizar, afinar. **2** {factores} variar, modificar, transformar.

mofarse prnl. burlarse, agraviar, ofender. ANT. respetar.

moflete m. mejilla, cachete, carrillo.

mohín m. gesto, mueca, visaje, ademán, monería, aspaviento.

mohíno, -na adj. triste, descontento, melancólico, contrariado, disgustado, mustio, cabizbajo, sombrío. ANT. alegre.

moho m. herrumbre, orín, óxido, verdín, cardenillo. **2** hongo, lama. **3** {de una sustancia orgánica} corrupción, daño, alteración.

mohoso, -sa adj. oxidado, herrumbroso, descompuesto, enmohecido.

mojar tr. prnl. humedecer, remojar, bañar, empapar, calar, duchar, impregnar, sumergir. ANT. secar.

mojigato, -ta adj. s. hipócrita, timorato, gazmoño, remilgado, ñoño, santurrón, beato. **2** taimado, hipócrita, disimulado.

mojón m. hito, poste, señal, marca, indicación.

molar m. muela.

molde m. troquel, forma, cuño, horma, patrón, matriz. **2** tipo, modelo, prototipo, muestra, ejemplo, base.

moldeable adj. plástico, blando, dúctil.

moldear tr. vaciar, fundir. **2** estampar, acuñar, repujar, forjar, reproducir, formar, modelar.

mole f. bulto, montón, corpulencia, masa, volumen, cuerpo. **2** adj. suave, muelle, delicado, blando.

moler tr. triturar, quebrantar, desmenuzar, machacar, pulverizar, picar, romper. **2** maltratar, hostigar, molestar, importunar, mortificar, fatigar.

molestar tr. prnl. estorbar, fastidiar, desagradar, incomodar, enojar, enfadar, disgustar, mortificar, atormentar, fatigar, cansar, importunar, agobiar. ANT. deleitar.

molestia f. engorro, incomodidad, enojo, estorbo, mortificación, fastidio, enfado, desagrado. ANT. alegría, comodidad.

molicie f. ocio, regalo, deleite, comodidad. **2** blandura.

molienda f. moledura. **2** cansancio, molimiento, fatiga, molestia.

momentáneo, -nea *adj.* instantáneo, breve, rápido, fugaz, efímero, pasajero, transitorio. *ANT.* prolongado, eterno.

momento *m.* instante, lapso, punto, minuto, segundo, santiamén, soplo. *ANT.* eternidad. **2** circunstancia, ocasión, coyuntura, oportunidad. **3** trascendencia, importancia. **4** *loc. al ~:* al instante, inmediatamente. **5** *loc. de ~:* por ahora.

momificar *tr. prnl.* embalsamar.

mona *f. col.* borrachera, curda, embriaguez, ebriedad. *ANT.* sobriedad.

monacal *adj.* monástico, conventual, claustral, cenobítico.

monarca *m.* rey, soberano.

monasterio *m.* convento, claustro, abadía, cenobio, cartuja, priorato.

monástico, -ca *adj. ver* **monacal**.

monda *f.* cáscara.

mondar *tr.* pelar.

moneda *f.* dinero.

monedero *m.* portamonedas.

monetario, -ria *adj.* pecuniario.

monitor, -ra *s.* guía. **2** ayudante. **3** *m.* {aparato} receptor.

monja *f.* hermana, religiosa, sor.

monje *m.* fraile, sacerdote, religioso. **2** anacoreta.

mono, -na *adj.* delicado, lindo, bonito. **2** *s.* simio, mico.

monocromo, -ma *adj.* unicolor.

monografía *f.* obra, estudio, libro, tratado.

monograma *m.* {en sellos o marcas} cifra, sigla.

monólogo *m.* soliloquio, razonamiento. *ANT.* coloquio.

monomanía *f.* manía, delirio, extravagancia, idea fija.

monopolio *m.* privilegio, concesión exclusiva. *ANT.* venta libre. **2** consorcio, agrupación, grupo, cartel. **3** acaparamiento, abuso.

monopolizar *tr.* acaparar, centralizar. *ANT.* descentralizar.

monotonía *f.* igualdad, repetición, uniformidad, regularidad, continuidad. *ANT.* variedad, interrupción. **2** pesadez, aburrimiento, hastío, fastidio. *ANT.* contento, amenidad.

monótono, -na *adj.* igual, uniforme, invariable, regular, continuo, pesado, enojoso, aburrido. *ANT.* variado, diverso.

monserga *f. col.* {lenguaje} galimatías, embrollo, confusión, enredo. **2** perorata, habladuría, cantinela, cantaleta, impertinencia.

monstruo *m.* engendro, quimera, espantajo. **2** {persona} cruel, perverso, maligno, abyecto, vil. **3** {persona, cosa} feo, abyecto. **4** *col.* {persona} extraordinario, excelente, destacado, brillante.

monstruoso, -sa *adj.* desproporcionado, horrible, espantoso, horroroso. **2** cruel, execrable, nefando, abominable, inhumano, detestable, aberrante, infame, perverso. *ANT.* humanitario. **3** colosal, gigantesco, descomunal, extraordinario, enorme, fenomenal. *ANT.* insignificante. **4** teratológico, contrahecho, antinatural, grotesco, contranatural, deforme. *ANT.* normal.

monta *f.* suma, total, monto. **2** {cosa} estimación, valor, calidad. **3** *loc. de poca ~:* de poca importancia.

montacargas *m.* elevador, ascensor.

montaje *m.* {de partes} combinación, articulación, montura, acoplamiento, ensamblaje, montadura, armado, armazón, engaste. *ANT.* desarmado. **2** CINE, TEAT. colocación, edición, preparación, instalación. **3** embuste, engaño, farsa. **4** {joya} ajuste, acoplamiento.

montaña *f.* monte, cordillera, sierra, colina, pico, cerro, cumbre, cima, macizo, elevación, serranía. *ANT.* llano, depresión.

montañero, -ra *s.* alpinista.

montañismo *m.* alpinismo.

montañoso, -sa *adj.* escarpado, abrupto, montuoso, serrano. *ANT.* llano.

montar *intr. prnl.* subir, ascender, encaramar, levantar. *ANT.* bajar. **2** *intr. tr.* cabalgar, jinetear, pasear. *ANT.* apearse. **3** *intr.* {cuenta} importar, subir. **4** *tr.* armar, ensamblar, ajustar, disponer, preparar, construir. *ANT.* desarmar. **5** {piedras preciosas} engastar. *ANT.* desajustar. **6** {casa, oficina} equipar, amueblar, instalar, disponer. **7** {animales} fecundar, cubrir. **8** {arma} amartillar.

montaraz *adj.* agreste, arisco, cerril, selvático, silvestre, inculto, salvaje, bravío, montés. *ANT.* domado.

monte *m.* fronda, espesura, boscosidad, maleza, zarzal, bosque. *ANT.* claro, desierto. **2** montaña, colina, cerro, cima. *ANT.* llano, llanura.

montés *adj.* indomable, silvestre, montaraz, cerril, selvático, arisco, salvaje, agreste. *ANT.* domado.

montículo *m.* eminencia, elevación, cerro, loma, colina. *ANT.* llano.

monto *m.* suma, monta, total.

montón *m.* pila, cúmulo, acumulación, conjunto, rimero, aglomeración, montonera, masa, hacinamiento. **2** infinidad, sinnúmero, multitud.

montura *f.* silla, arreos, arnés, guarniciones, aperos, bridas. **2** cabalgadura, corcel, caballería. **3** engaste, montaje, ensamblaje.

monumental *adj.* grandioso, espléndido, gigantesco, fenomenal, magnífico, colosal, enorme, descomunal, majestuoso, extraordinario. *ANT.* minúsculo, pequeño.

monumento *m.* estatua, obra, monolito, construcción. **2** tumba, sepulcro, mausoleo, túmulo. **3** obra científica, texto literario, obra de arte. **4** *col.* bien parecido, guapo, atractivo. *ANT.* feo.

moño *m.* tocado, peinado, rulo. **2** adorno, lazo, lazada, bucle. **3** {aves} penacho, plumaje.

moqueta *f.* alfombra.

mora *f.* {obligación, pago} demora, tardanza, retraso, dilación. **2** fresa silvestre.

morada *f.* vivienda, residencia, domicilio, hogar, habitación. **2** estadía, estancia.

morado *adj. s.* {color} violáceo, cárdeno, violeta, purpúreo, carmíneo. **2** *m. col.* cardenal, hematoma, golpe, magulladura.

morador, -ra *adj. s.* poblador, vecino, domiciliado, ocupante, habitante, inquilino, residente. *ANT.* transeúnte.

moral *adj.* decoroso, honorable. *ANT.* inmoral. **2** *f.* ánimos, fuerza, arrestos. **3** estado de ánimo.

moraleja *f.* enseñanza, demostración, lección, consejo, máxima.

moralizar *tr. prnl.* aleccionar, reformar, reorganizar, corregir. *ANT.* corromper.

morar *intr.* habitar, poblar, vivir, residir.

moratoria *f.* plazo.

mórbido, -da *adj.* blando, muelle, suave, delicado. *ANT.* duro. **2** enfermizo, insano, morboso, malsano.

morbo *m.* afección, enfermedad. **2** interés malsano.

morboso, -sa *adj.* malsano, insalubre, nocivo, enfermizo, mórbido. *ANT.* saludable. **2** perverso, retorcido.

mordacidad *f.* sarcasmo, causticidad, dicacidad, maledicencia, zaherimiento, sátira, ironía. *ANT.* alabanza.

mordaz adj. irónico, punzante, corrosivo, sarcástico, incisivo, ácido, cínico. ANT. benévolo. **2** cáustico. **3** áspero, picante, acre.

mordedura f. mordisco, mordida, dentellada, tarascada, bocado.

morder tr. dentellear, tarascar, masticar, mordiscar, mordisquear, triturar, roer, desgarrar. **2** gastar, desgastar, corroer. **3** satirizar, murmurar, difamar, criticar.

mordida f. mordedura, tarascada, dentellada, bocado, mordisco. **2** Amer. dádiva, pago ilegal, cohecho, soborno.

mordiente adj. hiriente, mordaz, incisivo, corrosivo, erosivo. **2** m. agua fuerte.

mordisco m. dentellada, mordedura, bocado, mordida.

moreno, -na adj. s. {piel} bronceado, tostado, trigueño, atezado, cobrizo. ANT. rubio, claro, blanco. **2** {color} oscuro, negro. **3** col. {persona} negro.

moretón m. cardenal, morado, hematoma, equimosis, magulladura, contusión.

moribundo, -da adj. agónico, expirante, agonizante.

morigeración f. templanza, sobriedad, mesura, moderación, abstinencia, continencia. ANT. destemplanza.

morigerado, -da adj. mesurado, templado, sobrio, moderado, parco, comedido.

morir intr. prnl. expirar, fallecer, finar, boquear, fenecer, perecer, extinguirse, sucumbir. ANT. nacer. **2** finalizar, acabar, concluir, cesar, terminar. ANT. comenzar. **3** {fuego, luz} extinguirse, apagarse. ANT. encenderse. **4** fig. {persona} amar, desvivirse, desear, anhelar, matarse.

moro, -ra adj. s. sarraceno, mahometano, musulmán, agareno, morisco.

morosidad f. demora, lentitud, tardanza, dilación, mora. ANT. rapidez.

moroso, -sa adj. deudor, mal pagador. **2** lento, tardo, retrasado, atrasado, tardío.

morral m. mochila, bolsa, saco, alforja, zurrón. **2** col. grosero, burdo, rudo. ANT. educado.

morro m. hocico, jeta, boca. **2** monte pequeño; peñasco.

morrongo, -ga s. col. gato, minino.

mortaja f. sudario, lienzo.

mortal adj. letal, fatal, mortífero, funesto. ANT. vivificador. **2** fatigoso, angustioso, abrumador, penoso, monótono, cruel. ANT. fácil. **3** decisivo, concluyente. **4** perecedero, frágil, breve, temporal, transitorio, efímero, fugaz, caduco. ANT. eterno. **5** humano. ANT. divino. **6** m. sujeto, humano, ser, individuo, persona, ente, hombre. ANT. inmortal.

mortandad f. matanza, exterminio, mortalidad, carnicería, degollina.

mortecino, -na adj. agonizante, moribundo, desfalleciente; demacrado, pálido. **2** borroso, vacilante, apagado, tenue, débil, amortiguado. ANT. intenso.

mortífero, -ra adj. mortal, funesto, deletéreo, letal, exterminador. ANT. vital.

mortificar tr. prnl. atormentar, afligir, fastidiar, torturar, irritar, ofender, desazonar, lastimar, apesadumbrar. ANT. halagar, complacer. **2** dañar, herir, lastimar. ANT. sanar.

moscardón m. moscón; avispón.

mosco m. mosquito.

mosquearse prnl. resentirse, ofenderse, sentirse, amoscarse, picarse, molestarse. **2** recelar, desconfiar. ANT. confiar.

mosquetón m. carabina, mosquete, rifle, fusil.

mosquito m. mosco.

mostacho m. bigote.

mostrador m. ventanilla, taquilla.

mostrar tr. exhibir, enseñar, exponer, presentar, descubrir. ANT. ocultar, esconder. **2** señalar, indicar, manifestar, designar, guiar, explicar, dar a conocer. **3** patentizar, demostrar, exteriorizar. **4** prnl. {persona} portarse.

mota f. {en el paño} granillo, nudillo. **2** pelusa, partícula, hilacha, hilo. **3** mancha, pinta; defecto. **4** ribazo, linde, pella. **5** {de cabellos} pasa, mechón. **6** brizna, insignificancia.

mote m. apodo, sobrenombre, alias, motete, seudónimo. **2** HIST. inscripción, lema, leyenda, emblema, divisa, sentencia.

motejador, -ra adj. s. murmurador, criticón.

motejar tr. tildar, calificar, acusar, satirizar, tachar, criticar, censurar. ANT. alabar.

motel m. hotel, parador, albergue.

motín m. revuelta, asonada, amotinamiento, insurrección, sublevación, rebelión, sedición, levantamiento, insubordinación. ANT. disciplina, orden.

motivado, -da adj. incitado, interesado, influido.

motivar tr. incentivar, influir, determinar, propiciar, dar pie a, causar, ocasionar, producir.

motivo m. razón, causa, fondo, fundamento, objetivo, móvil, finalidad, motivación. ANT. efecto, consecuencia. **2** ARTE rasgo característico. **3** {obra literaria} tema, argumento, cuestión, asunto, trama, materia.

moto f. motocicleta.

motor m. máquina, aparato, dispositivo, artefacto.

motora f. embarcación. **2** P. Rico motocicleta.

motorizar tr. prnl. mecanizar.

movedizo, -za adj. portátil, movible, manual. ANT. fijo. **2** inseguro, oscilante, voluble, versátil. ANT. seguro. **3** inestable, cambiante, variable, inconstante. ANT. constante. **4** turbulento, veleidoso, inquieto, tornadizo, intranquilo. ANT. sereno, tranquilo.

mover tr. prnl. trasladar, desplazar, deslizar, propulsar, mudar, apartar, empujar. ANT. inmovilizar. **2** tr. persuadir, estimular, impeler, fomentar, inducir, incitar, inclinar, empujar. ANT. disuadir. **3** {objeto, parte del cuerpo} bambolear, sacudir, menear, remover, oscilar, zarandear, revolver, agitar. ANT. aquietar. **4** {ánimo} suscitar, desencadenar, ocasionar, producir, causar, originar. **5** gesticular, guiñar, manotear, accionar, contorsionarse. **6** {afecto, sentimiento} alterar, conmover, impactar, afectar. **7** intr. andar, circular, caminar, deambular, marchar, afanarse. ANT. detenerse.

movible adj. móvil. **2** voluble, variable, inseguro, mudable.

movido, -da adj. {tiempo} ajetreado, muy activo. **2** {viaje} agitado. **3** {reunión} animado, concurrido. ANT. aburrido. **4** f. problema, dificultad, situación difícil. **5** col. juerga, jaleo, diversión, bullicio, alboroto. **6** Amer. maquinación, asechanza, artificio.

móvil adj. movedizo, portátil, transportable, movible. ANT. inmóvil, fijo. **2** itinerante, nómada, moviente, ambulante. ANT. sedentario. **3** inconstante, inestable, oscilante, inseguro. ANT. estable. **4** m. motivo, propósito, impulso, causa, pretexto, razón. ANT. efecto.

movilidad f. motilidad, dinamismo, actividad, desplazamiento. ANT. quietud, inmovilidad.

movimiento m. circulación, desplazamiento, traslado, traslación, marcha, tráfico. ANT. inmovilidad. **2** alzamiento, revuelta, sublevación, rebelión, levantamiento, insurrección. **3** transformación, cambio. ANT. permanencia. **4** inquietud, alteración, conmoción.

ANT. tranquilidad. **5** {tendencia religiosa, política} propagación, desarrollo. **6** Arte {estilo} animación, variedad. **7** Mús. {sonata, sinfonía} fragmento. **8** terremoto, temblor, seísmo, sismo. **9** ajetreo, acción, actividad, agitación, animación. ANT. calma, quietud. **10** *pl.* {en un período histórico} novedades, cambios, manifestaciones, sucesos.

mozalbete *m.* jovenzuelo, petimetre, lechuguino, gomoso, presumido.

mozo *m.* joven, chico, adolescente, niño, muchacho, chiquillo. ANT. viejo, adulto. **2** criado, sirviente, doméstico, camarero. **3** estibador, peón, cargador.

muchacho, -cha *s.* niño, chiquillo, chico. **2** joven.

muchedumbre *f.* gentío, masa, horda, turba, aglomeración, multitud. **2** abundancia, multitud, sinfín, cantidad, infinidad, sinnúmero.

mucho, -cha *adj.* abundante, bastante, numeroso, extremado, exagerado. ANT. poco. **2** *pl.* diversos, variados. **3** *adv.* en alto grado, con abundancia.

mucosidad *f.* moco, flema, secreción, esputo.

mudable *adj.* versátil, inestable, incierto, veleidoso, cambiable, caprichoso, movedizo, variable, inconstante, voluble. ANT. firme.

mudanza *f.* traslado, transporte, traslación. **2** {afectos} variabilidad, inconstancia, mutación, alteración, transición, variación, transformación, cambio. **3** {baile} movimiento.

mudar *tr. prnl.* alterar, cambiar, trocar, transformar, variar, modificar. ANT. mantener, conservar. **2** *tr.* remover, separar, apartar. **3** *intr.* variar, cambiar. **4** *prnl.* trasladarse, cambiarse, marcharse, irse. ANT. permanecer.

mudez *f.* mutismo, silencio.

mudo, -da *adj. s.* callado, silente. **2** afónico, sin voz. **3** taciturno, silencioso, reservado, sigiloso. ANT. hablador. **4** sordomudo.

mueble *m.* enser, mobiliario, moblaje, efectos. **2** *pl.* bienes muebles, patrimonio.

mueca *f.* gesto, monería, guiño, gesticulación, visaje, contorsión, ademán, aspaviento.

muelle *m.* embarcadero, descargadero, dique, malecón, rompeolas. **2** andén. **3** resorte, elástico, ballesta, espiral, suspensión. **4** *adj.* delicado, suave, blando, cómodo. ANT. duro, recio, áspero. **5** mórbido, voluptuoso, sensual.

muerte *f.* fallecimiento, defunción, expiración, óbito, fenecimiento, fin. ANT. vida. **2** asesinato, homicidio, crimen, matanza. **3** destrucción, ruina, aniquilamiento, desolación. ANT. fundación, reconstrucción. **4** *loc. a* ~: implacablemente. **5** *loc. de mala* ~: despreciable, de poco valor.

muerto, -ta *adj. s.* difunto, extinto, finado, fallecido, occiso, víctima. ANT. vivo. **2** *adj.* {color} apagado, mortecino, marchito, desvaído, desolado, arruinado. ANT. vivaz. **3** *col.* fatigado, exhausto, muy cansado. **4** *m. fig.* responsabilidad, cargo. **5** *loc. echar el* ~: culpar, atribuir responsabilidad.

muesca *f.* corte, incisión, mella, melladura, escotadura, hendedura, concavidad, ranura, hendidura, surco.

muestra *f.* {de una mercancía} porción, parte, corte, fragmento. **2** ejemplar, espécimen, modelo, prototipo, ejemplo. ANT. copia. **3** demostración, señal, prueba, indicio, evidencia, testimonio. **4** signo, rótulo. **5** ademán, postura, porte. **6** {de reloj} esfera, círculo. **7** Mil. revista, formación, desfile. **8** *loc. hacer* ~: manifestar.

muestrario *m.* {de mercancías} selección, colección, surtido, repertorio, catálogo.

mugido *m.* bramido, berrido, bufido, rugido.

mugir *intr.* {animal} bramar, rugir, berrear, chillar, bufar, resonar. **2** {persona} gritar, berrear, bramar. ANT. contenerse.

---

mugre *f.* suciedad, grasa, porquería, inmundicia, cochambre, roña, mancha. ANT. higiene, limpieza.

mugriento, -ta *adj.* sucio, puerco, mugroso, pringoso, desaseado, asqueroso. ANT. limpio.

mugroso, -sa *adj. ver* **mugriento, -ta.**

mujer *f.* hembra, fémina. ANT. varón, hombre. **2** señora, dama, matrona. **3** esposa, compañera, consorte, cónyuge, pareja, costilla, media naranja.

mujeriego, -ga *adj.* donjuán, faldero, tenorio, casanova, conquistador. ANT. misógino.

mujeril *adj.* femenino, femenil. ANT. varonil, masculino. **2** afeminado.

mujerona *f.* marimacho. ANT. femenina. **2** matrona.

mula *f.* acémila.

muladar *m.* estercolero, vertedero, basurero, sumidero, pocilga, chiquero, albañal.

mulato, -ta *adj. s.* mestizo, híbrido, mezclado. **2** *adj.* moreno.

mulero *m.* arriero.

muleta *f.* bastón. **2** apoyo, ayuda, sostén.

muletilla *f.* estribillo, repetición, insistencia, machaconería. **2** bastón.

mullido, -da *adj.* suave, blando, esponjoso, muelle, cómodo, elástico. ANT. duro.

mullir *tr.* ahuecar, esponjar, ablandar.

multa *f.* sanción, pena, recargo, correctivo, escarmiento, castigo, indemnización, gravamen, punición. ANT. indulto.

multicolor *adj.* policromo, tornasol, matizado, colorido, coloreado, cromático, irisado. ANT. unicolor.

multidisciplinar *adj.* pluridisciplinar.

multiforme *adj.* variado, heterogéneo, desigual, disímil, diverso, polimorfo, vario, distinto. ANT. uniforme.

multimillonario, -ria *adj. s.* acaudalado, potentado, magnate. ANT. pobre.

multinacional *adj.* internacional. **2** sociedad, industria, empresa.

múltiple *adj.* plural, diverso, pluriforme, variado, mezclado, heterogéneo, complejo. ANT. único. **2** *pl.* muchos, abundantes.

multiplicación *f.* germinación, reproducción, pululación, procreación, generación.

multiplicar *tr. prnl.* reproducir, aumentar, agrandar, extender, propagar, difundir, proliferar, acrecentar. ANT. dividir, reducir.

multiplicidad *f.* pluralidad, diversidad, variedad, heterogeneidad, complejidad. ANT. unidad. **2** abundancia, multitud, infinidad, muchedumbre. ANT. escasez.

multitud *f.* gentío, muchedumbre, tropel, legión, público, manada, enjambre, aglomeración, hervidero, masa, turba, horda. ANT. persona, individuo. **2** muchísimos, incontables, sinnúmero, cantidad, infinidad. ANT. escasos, pocos.

mundano, -na *adj.* terrenal, terreno, mundial. **2** elegante, galante, frívolo.

mundial *adj.* universal, internacional, general, global. ANT. local, nacional.

mundo *m.* orbe, universo, creación, cosmos, existencia. **2** Tierra, planeta, globo. **3** género humano, sociedad, humanidad. **4** experiencia, trato, desenvoltura. **5** ámbito, círculo, ambiente. **6** mundillo.

munición *f.* balas, proyectiles, perdigones, carga. **2** armamento, pertrechos, provisión, bastimento.

municionar *tr.* proveer, abastecer.

municipal *adj.* comunal, ciudadano, local, administrativo, urbano.

municipalidad *f.* ayuntamiento.

municipio *m.* ayuntamiento, concejo, cabildo, municipalidad. **2** ciudad, población, término, vecindad. **3** habitantes, población.

munífico, -ca *adj.* munificente, generoso, espléndido, liberal.

muñeca *f.* figurilla, títere, maniquí.

muñeco *m.* pelele, mequetrefe. **2** afeminado.

muñón *m.* tocón. **2** deltoides, músculo.

mural *m.* muro. **2** ARTE pintura, decoración.

muralismo *m.* ARTE pintura mural.

muralista *com.* ARTE artista.

muralla *f.* muro, pared, paredón, baluarte, parapeto, barrera, tapia, fortificación, defensa.

murar *tr.* fortificar, cercar, amurallar.

murga *f. col.* banda, charanga, comparsa, orquestina.

murmullo *m.* rumor. **2** susurro, murmurio, bisbiseo, cuchicheo, ruido.

murmuración *f.* habladuría, hablilla, comadreo, cuchicheo, cotorreo, rumor, chisme, calumnia, cuento, maledicencia, difamación.

murmurador, -ra *adj. s.* susurrador, crítico, censor, chismoso, indiscreto, hablador, detractor, denigrador, murmurante, maldiciente.

murmurar *intr.* musitar, balbucear, farfullar, mascullar, bisbisar, cuchichear, susurrar. **2** refunfuñar, gruñir, rezongar. **3** criticar, chismorrear, infamar, comadrear, despellejar, intrigar, difamar, calumniar. ANT. alabar.

muro *m.* muralla, tapia, paredón, tabique, pared.

murria *f. col.* tristeza, abatimiento, tedio, melancolía.

musa *f.* inspiración, numen, soplo, vena. **2** MIT. deidad. **3** poesía.

musaraña *f.* sabandija, animalejo, insecto. **2** *Amer.* mueca.

musculoso, -sa *adj.* fornido, robusto, vigoroso, corpulento, atlético. ANT. enclenque.

museal *adj.* museístico.

museo *m.* galería, pinacoteca, exposición, colección, muestra, exhibición.

música *f.* melodía, armonía, ritmo, concierto, canto, cadencia, modulación. ANT. estridencia, cacofonía. **2** aria, pieza, composición, obra, partitura, concierto.

musical *adj.* ritmado, sinfónico, armónico, melodioso, eurítmico, armonioso. ANT. inarmónico, cacofónico.

musicomanía *f.* melomanía.

musitar *intr.* murmurar, mascullar, susurrar.

muslo *m.* pernil, anca, zanca, pierna.

mustio, -tia *adj.* {planta, flor} seco, lánguido, agostado, ajado, marchito, lacio. ANT. lozano, vigoroso. **2** demacrado, decaído, triste, melancólico.

musulmán, -ana *adj. s.* mahometano, islamita, sarraceno, moro, islámico, morisco.

mutabilidad *f.* variabilidad.

mutación *f.* cambio, mudanza, variación, transformación, metamorfosis, alteración. ANT. permanencia.

mutar *tr. prnl.* mudar, transformarse.

mutilación *f.* extirpación, amputación, ablación.

mutilado, -da *adj. s.* {persona} inválido, tullido, lisiado. **2** *adj.* {cosa} desportillado, roto.

mutilar *tr. prnl.* {cuerpo} amputar, cercenar, cortar. **2** {cosa} romper.

mutismo *m.* silencio, mudez, sigilo, discreción, reserva. ANT. indiscreción.

mutualidad *f.* reciprocidad. **2** cooperativa, asociación, agrupación.

mutuo, -tua *adj.* recíproco, bilateral, equitativo, correlativo, solidario. ANT. unilateral.

muy *adv.* bastante, harto, demasiado, abundante, excesivo. ANT. poco.

n *f.* MAT. número indeterminado.

nabab *m.* {en la India} gobernador. **2** *fig.* rico, potentado, multimillonario. ANT. pobre.

nabí *m.* {en el islamismo} profeta, enviado.

nabicol *m.* naba.

nacarado, -da *adj.* irisado, tornasolado, brillante, nacarino. ANT. opaco.

nacencia *f.* linaje, origen. **2** MED. divieso, bulto, nacido.

nacer *intr.* salir, brotar, germinar, surgir, prorrumpir, aparecer, originarse, venir al mundo. ANT. morir. **2** {astro} dejarse ver, mostrarse. **3** {cosa} proceder, provenir. **4** sobrevenir. **5** inferirse, deducirse, derivarse. **6** {actividad} iniciarse, comenzar. **7** *prnl.* {raíz, semilla} entallecer. **8** {costura} abrirse, desprenderse.

nacido, -da *adj.* {persona} existente. **2** apto. **3** connatural, propio. **4** *m.* divieso, tumor.

nacimiento *m.* manantial. **2** origen, principio, inicio, comienzo. ANT. fin. **3** estirpe, extracción, cuna, familia, clase, linaje, prole.

nación *f.* tierra, país, territorio, Estado, suelo, patria, reino, comarca, dominios. **2** ciudadanía, sociedad, pueblo, habitante.

nacional *adj. s.* patrio, territorial, regional, local. ANT. foráneo. **2** *adj.* estatal, oficial, gubernativo.

nacionalidad *f.* ciudadanía, origen, procedencia, autoctonía, cuna, patria, país.

nacionalismo *m.* regionalismo, civismo, patriotismo. **2** chauvinismo. ANT. internacionalismo.

nada *f.* no ser, inexistencia, nulidad. ANT. existencia, ser. **2** *fig.* pequeñez, insignificancia. **3** *pron.* ninguna cosa. **4** *pron.* poco, muy poco. **5** *adv.* de ningún modo, de ninguna manera.

nadador, -ra *adj.* bañista.

nadar *intr.* flotar, bracear, sobrenadar, mantenerse a flote. ANT. hundirse, sumergirse.

nadería *f.* baratija, insignificancia, pequeñez, bagatela, fruslería, oropel.

nadie *pron.* ninguno, nada.

nafta *f.* Amer. gasolina, combustible.

naipe *m.* carta. **2** *pl.* baraja, cartas.

nalgada *f.* azote, golpe.

nalgas *f. pl.* glúteos, trasero, nalgatorio, posaderas, culo.

nana *f.* canto, arrullo, canción de cuna. **2** *col.* abuela. **3** Amer. niñera. **4** Chile empleada, ayudante.

narcótico, -ca *adj. s.* estupefaciente, droga, soporífero, sedante, somnífero, dormitivo. ANT. estimulante.

narcotizar *tr. prnl.* aletargar, adormecer.

narigón, -ona *adj. s.* narizón, narigudo, narizotas.

nariz *f.* narices, napias.

narizón, -ona *adj. ver* **narigón, -ona**.

narración *f.* cuento, relato, descripción, historia, redacción, reseña.

narrar *tr.* relatar, referir, detallar, contar, exponer, explicar, reseñar, representar.

nasalidad *f.* gangosidad.

nata *f.* crema. **2** excelencia, notabilidad, exquisitez.

natal *adj.* originario, vernáculo, nativo.

natalicio *m.* aniversario, cumpleaños.

nativo, -va *adj. s.* natural, aborigen, indígena. ANT. extranjero. **2** *adj.* innato, congénito, propio, nato, espontáneo, ingénito, connatural. ANT. adquirido. **3** autóctono, vernáculo, natal, oriundo. ANT. extranjero.

nato, -ta *adj.* innato, ingénito, congénito, connatural, propio. ANT. adquirido.

natural *adj. com.* nativo, aborigen, indígena. **2** *adj.* corriente, común, regular, normal, habitual, acostumbrado. ANT. extraño, raro. **3** puro, auténtico, verdadero, legítimo, original. ANT. artificial. **4** oriundo, originario, nacido. ANT. extranjero. **5** sencillo, sincero, espontáneo, llano, abierto, familiar. ANT. artificioso. **6** *m.* genio, complexión, carácter, índole, naturaleza, temperamento, inclinación, talante, condición. **7** *loc.* **al ~:** sin artificio.

naturaleza *f.* esencia, propiedad, virtualidad, sustancia, característica, virtud, principio. **2** propensión, inclinación, tendencia, instinto. **3** genio, índole, disposición, natural, carácter, temperamento, talante, constitución. **4** elementos, ambiente, medio natural.

naturalidad *f.* simplicidad, llaneza, sencillez, sinceridad, espontaneidad, franqueza, ingenuidad. ANT. afectación.

naturalismo *m.* LIT. realismo.

naturalizar *tr. prnl.* nacionalizar. **2** adaptar, habituar, aclimatar.

naturalmente *adv.* consecuentemente, sin duda. **2** con naturalidad, espontáneamente. **3** regularmente, generalmente, comúnmente.

naufragar *intr.* zozobrar, sumergirse, hundirse, irse a pique, perderse. ANT. flotar. **2** fracasar, fallar, malograrse. ANT. lograrse.

naufragio *m.* hundimiento, zozobra, siniestro, desgracia.

náusea *f.* arcada, basca, ansia, vértigo, vahído, mareo. **2** fastidio, repugnancia, asco, aversión, repulsión. ANT. atracción, simpatía.

nauseabundo, -da *adj.* asqueroso, repulsivo, inmundo, repugnante.

nauta *m.* marinero, navegante, marino.

náutica *f.* navegación.

náutico, -ca *adj.* marítimo, naval, oceánico, transatlántico. ANT. terrestre.

navaja *f.* cuchillo, hoja, cuchilla, daga, cortaplumas.

navajazo *m.* navajada, herida, cortada, incisión.

naval *adj.* naviero, naútico, marítimo.

nave *f.* navío, embarcación, bote, buque, barco, bajel. **2** salón, recinto, espacio, pabellón.

navegación *f.* náutica.

navegante *adj. s.* navegador, marinero, nauta, marino.

navegar *intr.* bogar, flotar.

navío *m.* nave, embarcación, bote, buque, barco, bajel.

neblina *f.* bruma, niebla, calina.

nebuloso, -sa *adj.* brumoso, nublado, neblinoso, nuboso. *ANT.* despejado. **2** confuso, impreciso, borroso, incierto, vago, incomprensible, oscuro, difícil, indescifrable. *ANT.* claro, diáfano, comprensible.

necedad *f.* insensatez, majadería, simpleza, estupidez, torpeza, idiotez, sandez, tontería, desatino, disparate. *ANT.* sensatez.

necesario, -ria *adj.* inevitable, inexorable, infalible, fatal. **2** imprescindible, forzoso, indispensable, inexcusable, imperioso, obligatorio, fundamental, ineludible. *ANT.* innecesario, prescindible. **3** provechoso, ventajoso, útil, importante, beneficioso. *ANT.* inútil.

necesidad *f.* obligación, menester, exigencia. *ANT.* facultad. **2** urgencia, apuro, aprieto. **3** falta, carencia, escasez. *ANT.* abundancia. **4** indigencia, miseria, pobreza. *ANT.* riqueza.

necesitado, -da *adj.* escaso, alcanzado, pobre, falto, menesteroso.

necesitar *tr.* precisar, requerir, faltar, hacer falta, carecer. *ANT.* sobrar.

necio, -cia *adj. s.* tonto, sandio, bobo, torpe, majadero, estúpido, simple, inepto, mentecato, idiota, imbécil. *ANT.* listo, inteligente. **2** obstinado, terco, porfiado. *ANT.* sensato, razonable.

necrología *f.* obituario.

necrópolis *f.* camposanto, cementerio.

necropsia *f.* autopsia.

necrosis *f.* gangrena.

néctar *m.* elixir, licor, zumo, jugo.

neerlandés, -esa *adj. s.* holandés.

nefando, -da *adj.* abominable, infame, ignominioso, execrable, repugnante, vergonzoso, indigno. *ANT.* digno, honorable.

nefario, -ria *adj.* malvado, perverso, impío, vil.

nefasto, -ta *adj.* funesto, adverso, desastroso, desgraciado, aciago, ominoso, catastrófico, deplorable, fatídico, fatal, triste. *ANT.* alegre.

nefrítico, -ca *adj.* MED. renal.

negación *f.* denegación, negativa, repulsa. *ANT.* afirmación.

negado, -da *adj.* torpe, incompetente, obtuso, inepto, incapaz, necio, inhábil. *ANT.* hábil, listo.

negar *tr.* desmentir, contradecir, oponerse, rehusar, refutar. *ANT.* afirmar. **2** impedir, prohibir, privar, denegar, estorbar, obstaculizar, vedar. *ANT.* permitir. **3** disimular, encubrir, ocultar. *ANT.* manifestar. **4** *prnl.* apartarse, declinar, renunciar. *ANT.* aceptar. **5** retractarse, desdecirse. *ANT.* sostenerse, ser fiel.

negativa *f.* denegación, rechazo, prohibición, negación, repulsa, veto. *ANT.* consentimiento, afirmación.

negativo, -va *adj.* nocivo, destructivo, perjudicial, dañino, pernicioso, maligno. *ANT.* positivo. **2** pesimista. **3** *m.* película, placa, imagen.

negligencia *f.* descuido, desidia, incuria, distracción, olvido, omisión, abandono, dejadez. *ANT.* diligencia, cuidado.

negligente *adj. com.* descuidado, abandonado, indolente, despreocupado, desidioso, perezoso. *ANT.* cuidadoso, diligente.

negociación *f.* convenio, trato, acuerdo, transacción, negocio, pacto, compromiso, arreglo. *ANT.* desacuerdo.

negociado, -da *adj.* apañado, amañado, arreglado.

negociante *com.* comerciante, intermediario, negociador, comisionista, viajante, corredor, mercader.

negociar *tr.* comerciar, mercar, tratar, intercambiar. **2** convenir, tratar, acordar, pactar, comprometerse.

negocio *m.* comercio. **2** transacción, trato, acuerdo, negociación, servicio, encargo, compromiso. **3** local, almacén, dependencia, agencia. **4** beneficio, lucro, ganancia, provecho, utilidad, dividendo. *ANT.* pérdida.

negro, -gra *adj.* {color} oscuro, bruno, moreno, azabache. *ANT.* blanco. **2** {persona} moreno. **3** {cielo, nubes} oscuro, deslucido, oscurecido. **4** {dinero} clandestino, ilegal. **5** {cosa} sucio, muy sucio. **6** triste, melancólico, sombrío. *ANT.* dichoso, alegre. **7** desventurado, infausto, aciago. **8** *col.* bronceado, tostado. **9** enfadado, irritado.

negrura *f.* oscuridad, tinieblas. *ANT.* claridad.

negruzco, -ca *adj.* oscuro, negro, moreno. *ANT.* blancuzco.

neme *m. col. Col.* asfalto, brea.

nemotecnia *f.* mnemotecnia.

nene, -na *s.* bebé.

neófito, -ta *s.* iniciado, prosélito, correligionario, novel, afiliado, novicio, aprendiz, reciente. *ANT.* experimentado.

neologismo *m.* {de la lengua} vocablo/giro nuevo.

neoplasia *f.* MED. tumor, bulto.

nepotismo *m.* {en una concesión o un empleo} favoritismo, preferencia.

nervadura *f.* {hoja} nerviación.

nervio *m.* ANAT. fibra nerviosa. **2** {en el lomo de un libro} cuerda. **3** energía, ímpetu, fuerza, vigor, vitalidad. *ANT.* apatía. **4** *pl.* agitación, estrés, tensión. *ANT.* tranquilidad. **5** *loc. perder los ~s:* alterarse, enfurecerse.

nerviosismo *m.* nerviosidad, intranquilidad, inquietud, excitación, exacerbación, impaciencia, agitación. *ANT.* tranquilidad, serenidad.

nervioso, -sa *adj.* agitado, excitado, excitable, exaltado, angustiado, irascible, alterado, intranquilo, irritable, impresionable, sensible. *ANT.* tranquilo, sereno. **2** *p. us.* vigoroso, fuerte.

nervudo, da *adj.* fuerte, vigoroso, robusto, fornido, membrudo. *ANT.* enclenque.

nesciente *adj.* ignorante, iletrado, ignaro. *ANT.* sabio.

neto, -ta *adj.* limpio, puro, terso, nítido, claro. *ANT.* sucio, empañado. **2** {cantidad, precio} líquido, deducido, bruto.

neumático *m.* llanta, cámara.

neumonía *f.* pulmonía.

neurálgico, -ca *adj.* {situación, momento} decisivo, determinante, esencial, capital, fundamental.

neurasténico, -ca *adj.* s. neurótico, neurópata.

neurona *f.* ANAT. célula nerviosa.

neurótico, -ca *adj. s.* neurasténico, neurópata, trastornado, perturbado, maniático, nervioso.

neutral *adj.* imparcial, ecuánime, equitativo, justo, objetivo, recto, neutro, insobornable. *ANT.* parcial, injusto.

neutralidad *f.* ecuanimidad, objetividad, imparcialidad, justicia, rectitud. *ANT.* parcialidad, injusticia.

neutralizar *tr. prnl.* contrarrestar, igualar, compensar, equilibrar, contraponer, contrapesar, contener. **2** anular, controlar.

nevada *f.* ventisca, cellisca, nevasca.

nevado, -da *adj.* cubierto de nieve. **2** blanco. **3** *Amer.* montaña.

nevera *f.* refrigerador, frigorífico.

nevero *m.* ventisquero.

nevoso, -sa *adj.* nivoso.

nexo *m.* vínculo, lazo, conexión, enlace, nudo, trabazón, unión, ligadura, atadura. *ANT.* separación, desvinculación.

nicho *m.* concavidad, celda, oquedad, bóveda, hueco, hornacina.

nicotismo *m.* MED. tabaquismo.

nidada *f.* huevos, puesta. **2** cría.

nidal *m.* nido, ponedero.

nidificar *intr.* anidar.

nido *m.* madriguera, guarida, celdilla, nidal, hueco. **2** *fig.* hogar, morada, habitación.

niebla *f.* bruma, neblina, calina, calígine, vaho. *ANT.* claridad. **2** *fig.* confusión, oscuridad. *ANT.* diafanidad.

nieve *f.* *Amer.* helado.

nigromante *m.* brujo, hechicero, mago, adivino, augur.

nihilismo *m.* FIL. negación.

nimbo *m.* aureola, halo, corona, diadema, cerco, anillo. **2** nube grande.

nimiedad *f.* pequeñez, migaja, insignificancia, nadería, fruslería. **2** prolijidad, detalle, minuciosidad.

nimio, -mia *adj.* insignificante, intrascendente, fútil, pequeño, mínimo, trivial. *ANT.* importante. **2** minucioso, detallado, excesivo, escrupuloso, prolijo.

ninfa *f.* MIT. nereida, náyade, ondina, dríada, sirena, sílfide, hada.

ninfomanía *f.* afrodisia, furor uterino, lujuria.

ningún *adj.* ninguno.

ninguno, -na *adj.* ningún. **2** *pron.* nadie.

niña *f.* pupila del ojo. **2** pequeña, chiquilla, chica.

niñada *f.* chiquillada, travesura, puerilidad, niñería.

niñato, -ta *adj. s.* {persona} sin experiencia. **2** petulante, engreído, presuntuoso. *ANT.* modesto, mesurado.

niñera *f.* nodriza, aya, institutriz.

niñería *f.* niñada, chiquillada, puerilidad, travesura. **2** nimiedad, poquedad, pequeñez, insignificancia.

niñez *f.* infancia, puericia, inocencia.

niño, -ña *adj. s.* nene, pequeño, chiquillo, chico, párvulo, criatura, infante, crío. *ANT.* adulto.

nipón, -ona *adj. s.* japonés.

nirvana *m.* REL. liberación.

nítido, -da *adj.* limpio, terso, claro, límpido, puro, pulido, resplandeciente, transparente, bruñido. *ANT.* sucio, maculado, oscuro.

nivel *m.* altura, altitud, elevación, cota. **2** horizontalidad, plano, superficie. *ANT.* desnivel. **3** categoría, rango.

nivelación *f.* ajuste, allanamiento, enrase. *ANT.* desnivelación.

nivelar *tr. prnl.* allanar, aplanar, emparejar, enrasar, explanar, alisar. *ANT.* desnivelar. **2** igualar, equilibrar, equiparar, emparejar, compensar.

níveo, -a *adj.* POÉT. nevoso. **2** blanco, lechoso, claro. *ANT.* oscuro, negro.

no *adv.* de ningún modo, nunca, de ninguna manera, en absoluto. *ANT.* sí.

noble *adj.* ilustre, preclaro, caballeroso. *ANT.* deshonroso. **2** honroso, estimable, elevado, digno, augusto. *ANT.* vil, bajo, deshonrado.

nobleza *f.* generosidad, grandeza, altruismo, dignidad, magnanimidad. *ANT.* bajeza, ruindad. **2** HIST. aristocracia, señorío.

noche *f.* oscuridad, tinieblas, sombra. *ANT.* día.

noción *f.* idea, concepto, representación, conocimiento, fundamento, principio. **2** *pl.* rudimentos, manual, elementos, compendio, principios.

nocivo, -va *adj.* perjudicial, dañino, malo, pernicioso, venenoso, insalubre, malsano, lesivo. *ANT.* beneficioso, saludable.

noctámbulo, -la *adj.* trasnochador, nocherniego, noctívago.

nocturno *m.* serenata.

nodo *m.* nudo, nódulo, nudosidad.

nodriza *f.* niñera, aya, institutriz.

nódulo *m.* nodo, nudo, nudosidad.

noesis *f.* FIL. intelección, visión intelectual, intuición.

nómada *adj.* ambulante, errante, vagabundo, trashumante, trotamundos, peregrino, bohemio, caminante, gitano. *ANT.* sedentario.

nomadismo *m.* trashumancia, traslado, movimiento, peregrinación, desterritorialización, desplazamiento. *ANT.* sedentarismo, territorialidad, permanencia.

nombradía *f.* reputación, fama, renombre, popularidad, celebridad, notoriedad, aceptación, prestigio. *ANT.* anonimato.

nombrado, -da *adj.* famoso, conocido, célebre, renombrado.

nombramiento *m.* designación, investidura, elección, distinción, proclamación. **2** documento, despacho, credencial, cédula.

nombrar *tr.* llamar, nominar, designar, denominar, bautizar, apodar, motejar, mentar. **2** elegir, asignar, escoger, designar, proclamar, señalar. *ANT.* destituir. **3** mentar, citar, aludir, mencionar.

nombre *m.* denominación, apelativo, patronímico, apellido, título, apodo, sobrenombre, seudónimo, alias. **2** fama, renombre, nombradía, celebridad, reconocimiento, reputación. *ANT.* desconocimiento.

nomenclatura *f.* lista. **2** voces técnicas.

nómico, -ca *adj.* gnómico.

nómina *f.* lista, catálogo, plantilla, registro, enumeración, relación, padrón. **2** TEAT. reparto, elenco. **3** sueldos, pagos, salarios.

nominación *f.* designación, nombramiento, elección.

nominal *adj. com.* {inscripción, título} nominativo. **2** *adj.* figurado, aparente. *ANT.* efectivo, real.

nominar *tr.* dar nombre. **2** {para un cargo} designar. **3** {para un premio} proponer, presentar.

nomón *m.* reloj de sol.

non *adj. m.* impar, desigual, dispar. *ANT.* par.

nonada *f.* pequeñez, insignificancia, fruslería, nimiedad, menudencia, bagatela, nadería, poquedad, chuchería.

nórdico, -ca *adj.* septentrional, ártico, boreal, hiperbóreo. *ANT.* meridional.

norma *f.* escuadra. **2** plantilla, horma. **3** pauta, orden, medida, guía, regla, fórmula, método, técnica, patrón, principio, sistema, canon. **4** DER. precepto. **5** criterio lingüístico.

normal *adj.* habitual, usual, corriente, acostumbrado, común, ordinario, frecuente. *ANT.* insólito. **2** GEOM. perpendicular. **3** ajustado, regular, estatutario, sistemático, regulado. *ANT.* irregular. **4** MED. sano, saludable. *ANT.* enfermo. **5** *f.* escuela normal.

normalización *f.* regularización, ajuste.

normalizar *tr. prnl.* regular, formalizar, regularizar, ordenar. ANT. desordenar.

normativa *f.* principios, normas, pautas, reglas.

normativo, -va *adj.* sistemático, regulado, reglado, preceptivo.

norte *m.* septentrión, ártico, boreal. ANT. sur. **2** {viento} aquilón, bóreas, tramontana, cierzo. **3** ideal, objetivo, meta, fin, dirección, finalidad.

norteamericano, -na *adj. s.* {persona} estadounidense. **2** *col.* yanqui. **3** *desp.* gringo.

nosocomio *m.* hospital.

nostalgia *f.* añoranza, remembranza, melancolía, evocación, tristeza, pesar, pesadumbre, aflicción, pena. ANT. olvido.

nota *f.* anotación, apunte, apostilla, llamada, advertencia, glosa, escolio, comentario, observación. **2** señal, marca, aviso, advertencia. **3** calificación, evaluación, valoración, resultado. **4** fama, crédito, celebridad, reputación, nombradía, renombre. ANT. anonimato, desconocimiento.

notable *adj.* grande, importante, considerable, valioso, sobresaliente, estimable, superior, extraordinario, distinguido, destacado. ANT. insignificante.

notar *tr.* advertir, observar, reparar, apreciar, percibir, ver, percatarse, darse cuenta. ANT. pasar por alto, omitir. **2** tildar, censurar, reprender.

notario, -ria *s.* escribano, actuario, funcionario.

noticia *f.* novedad, nueva, comunicación, suceso, anuncio, referencia, reporte, informe, parte, reseña.

noticiar *tr.* informar, advertir, anunciar, avisar, prevenir.

noticiero *m.* Amer. noticiario, informativo. **2** reportero, informador, notificativo.

noticioso, -sa *adj.* enterado, instruido, sabedor. **2** Amer. noticiero, noticiario.

notificación *f.* comunicado, declaración, proclama. **2** aviso, circular, noticia, anuncio. **3** documento, nombramiento, despacho.

notificar *tr.* anunciar, enterar, declarar, comunicar, prevenir, informar, manifestar, avisar, hacer saber.

notoriedad *f.* fama, popularidad, prestigio, gloria, renombre, nombradía, notabilidad, nombre. ANT. anonimato.

notorio, -ria *adj.* manifiesto, evidente, patente, claro, palpable, visible, difundido, conocido, público, divulgado. ANT. desconocido. **2** notable, destacado.

novato, -ta *adj.* principiante, inexperto, aprendiz, novel, novicio, neófito, bisoño. ANT. veterano, experto.

novedad *f.* admiración, sorpresa, extrañeza. **2** innovación, invención, primicia, creación. **3** cambio, alteración, modificación, variación, mudanza. **4** noticia, nueva, anuncio, informe, comunicación.

novedoso, -sa *adj.* original, nuevo, reciente, singular, diferente, actual. ANT. anticuado.

novel *adj. com.* novato, bisoño, inexperto, inmaduro, nuevo, principiante, primerizo. ANT. veterano, experto.

novela *f.* narración, relato, romance, historia, cuento, folletín. **2** *fig.* mentira, ficción, farsa, patraña, fábula. ANT. verdad.

novelero, -ra *adj. s.* fantasioso, inconstante, caprichoso, variable. **2** cuentista, chismoso, correveidile. ANT. moderado.

novelesco, -ca *adj.* {narración} irreal, fantástico, ficticio. **2** {persona} romántico, soñador, sentimental. ANT. realista.

noviazgo *m.* idilio, amorío, devaneo, cortejo, flirteo, relaciones, coqueteo, conquista.

novicio, -cia *adj. s.* novel, nuevo, principiante, iniciado, novato, inmaduro, inexperto. ANT. experto, maestro, veterano.

novillo, -lla *s.* becerro, torillo, eral.

novio, -via *s.* prometido, pretendiente, enamorado, cortejador, comprometido, pareja, galán.

nubada *f.* aguacero, lluvia, chubasco.

nube *f.* nubarrón, nubosidad. **2** multitud, muchedumbre, montón, tropel, aluvión, cantidad, abundancia, raudal. ANT. escasez.

núbil *adj.* conyugable, casadero.

nublado, -da *adj.* encapotado, cerrado, cubierto, nuboso, oscuro, nebuloso, velado, gris. ANT. despejado.

nublarse *prnl.* encapotarse, aborrascarse, cerrarse, cubrirse, cargarse.

nubloso, -sa *adj.* brumoso, nublado, nebuloso, encapotado, anubarrado.

nubosidad *f.* nube, nubarrón. **2** oscuridad.

nuca *f.* cerviz, cogote, testuz, cuello, pescuezo.

nuclear *adj.* central. **2** esencial, primordial, fundamental. **3** Fís. atómico.

núcleo *m.* centro, corazón, médula, foco, meollo. ANT. periferia. **2** esencia, fundamento, sustancia. ANT. accesorio. **3** {viviendas} agrupación, conjunto. **4** {personas} grupo, agrupación, comunidad.

nudo *m.* atadura, vínculo, ligadura, unión, ligamento, nexo, conexión, entrelazamiento. **2** trama, intriga. **3** enlace, sucesión. **4** problema, dificultad, tropiezo, enredo, duda. ANT. solución. **5** MED. tumor, bulto, protuberancia.

nudosidad *f.* nudo, nodo.

nueva *f.* novedad, noticia, primicia.

nuevo, -va *adj.* recién hecho, reciente, actual, fresco, moderno, naciente, inédito, joven. ANT. usado, antiguo. **2** novel, novicio, novato, inexperto, neófito, bisoño, principiante. ANT. experto, veterano, maestro. **3** diferente, distinto, desconocido. ANT. conocido.

nulidad *f.* abolición, anulación, invalidación.

nulo, -la *adj.* anulado, cancelado, abolido, revocado, suprimido, invalidado. ANT. válido, vigente. **2** incapaz, inepto, incompetente, inútil, impotente, ignorante, torpe, inservible. ANT. hábil, útil, competente.

numen *m.* musa, inspiración. **2** dios, deidad.

numerador *m.* ábaco, tablero, tanteador.

numerar *tr.* cifrar, contar, ordenar, enumerar, clasificar.

numérico, -ca *adj.* numerario, numeral.

número *m.* cifra, guarismo, signo, símbolo, notación, expresión. **2** cantidad, cuantía, conjunto, total. **3** {publicación, revista} ejemplar, fascículo, edición, volumen, tomo. **4** {espectáculo} acto, ejecución, interpretación. **5** *col.* extravagancia, escena, ridículo, situación inconveniente. **6** {de lotería} billete.

numeroso, -sa *adj.* copioso, innumerable, abundante, múltiple, nutrido, incontable, infinito, inagotable. ANT. escaso, limitado.

nunca *adv.* jamás, de ningún modo, no. ANT. siempre.

nupcial *adj.* conyugal, marital.

nupcias *f. pl.* matrimonio, casamiento, boda, enlace.

nutricio, -cia *adj.* nutritivo.

nutrición *f.* alimentación.

nutrido, -da *adj.* lleno, numeroso, repleto, abundante, copioso. ANT. escaso, poco.

nutrir *tr. prnl.* alimentar, sustentar, mantener, robustecer, fortalecer. ANT. debilitar, hacer ayunar. **2** abastecer, proveer, suministrar.

nutritivo, -va *adj.* alimenticio, sustancioso, reconstituyente, suculento, vigorizante, fortificante. ANT. insubstancial.

ñame *m.* hortaliza. **2** *col. Car.* ignorante, tosco, torpe.

ñandú *m.* {de América} avestruz, ave corredora.

ñañacas *f. pl. Amer.* bártulos, cachivaches, trastos.

ñáñara *f. col. Hond., Méx.* pereza, negligencia, flojedad, descuido.

ñaño, -ña *adj. Bol., Ecuad., Perú* amigo. **2** *Col., Pan.* mimado, malcriado, consentido. **3** *Pan.* homosexual. **4** *s. Ecuad.* hermano. **5** *Perú* niño, chico, muchacho. **6** *m. Chile* hermano mayor. **7** *f. Chile* niñera. **8** *Arg., Chile* hermana mayor. **9** *Nic.* excremento, residuos, mierda.

ñapa *f. Amér. Sur* {en una venta} añadidura, cortesía, añadido.

ñapango, -ga *adj. s. Amer.* mestizo, mulato.

ñapear *tr. Amer.* hurtar, robar.

ñaque *m.* conjunto, montón.

ñato, -ta *adj. Amer.* chato, romo. **2** *m. Uru.* boxeador. **3** *f. col. Amer.* nariz. **4** *f. Amer.* muerte.

ñeca *f. Amer.* puño.

ñecla *f. Amer.* cometa.

ñeco *m. Amer.* puñetazo, golpe.

ñemas *f. pl. Amer.* huevos.

ñengo, -ga *adj. s. Méx.* flaco, enclenque, esmirriado.

ñengue *adj. s. Amer.* bobo, idiota, tonto, estúpido, imbécil.

ñeque *m. Amer.* robustez, fuerza, brío, pujanza, ánimo. **2** *Amer.* golpe, puñetazo, bofetada. **3** *pl.* puños.

ñero, -ra *adj. s. Amér. Sur* amigo, compinche, amigote. **2** *Amér. Sur* campesino, labriego; rústico.

ñinga *f. Car.* pizca.

ñique *m. Amer.* golpe, puñetazo.

ñizca *f. Perú* pizca.

ñoca *f. Amer.* {en el piso} rajadura, grieta.

ñoco, -ca *adj. s. Amér. Sur, Car.* {de un dedo o una mano} mutilado. **2** *Amer.* puñetazo, golpe, bofetón.

ñola *f. El Salv.* cabeza. **2** *El Salv.* llaga. **3** *Amer.* excremento, deposición, heces, residuos, mierda.

ñongo, -ga *adj. desp. Cuba* {persona} indiscreto. **2** *col. Ven.* {situación} inseguro, difícil, incierto. **3** *col. Ven.* {persona} delicado, refinado.

ñoña *f. col. Amer.* excremento, deposición, heces, residuos, mierda.

ñoñería *f.* pusilanimidad, apocamiento, encogimiento, timidez, cortedad. *ANT.* viveza, decisión. **2** melindre, afectación, remilgo. *ANT.* naturalidad. **3** sosería, cursilería, gazmoñería, bobería, simpleza. *ANT.* agudeza.

ñoñez *f.* melindre, remilgo. **2** ñoñería.

ñoño, -ña *adj.* {cosa} soso, huero, insustancial. **2** {persona} timorato, apocado, medroso, mojigato, corto, tímido, remilgado, pusilánime, melindroso. *ANT.* decidido. **3** tonto, bobo, necio, simple. *ANT.* inteligente, listo. **4** *p. us.* viejo, chocho, caduco, vetusto, decrépito. *ANT.* joven, nuevo.

ñopo, -pa *adj. Amer.* chato. **2** rubio, blanco.

ñoqui *m. col. Arg., Uru.* puñetazo, golpe.

ñu *m.* antílope.

ñuco, -ca *adj. Amér. Cent.* {de un dedo} mutilado. **2** *Amér. Sur* rudo, tosco, zafio, rústico, torpe.

ñufla *f. Amer.* insignificancia, pequeñez.

ñurdo, -da *adj. col. Amer.* zurdo.

ñurido, -da *adj. Amér. Sur* enclenque, esmirriado, flaco, flacucho, raquítico, debilucho. *ANT.* robusto, vigoroso.

ñusca *f. Amér. Sur* excremento, mierda.

ñuscar *tr. Amér. Sur* arrugar, ajar.

ñutir *tr. Amér. Sur* rezongar, refunfuñar.

ñuto *m. Perú* añicos, pedazos, trizas, fragmentos. **2** *adj. Amér. Sur* molido, machacado, desmenuzado.

ñuzco *m. Hond.* diablo, demonio.

oasis *m.* palmeral, manantial. **2** *fig.* {de penalidades} quietud, descanso, refugio, tregua, remanso, alivio.

obcecación *f.* ofuscamiento, empecinamiento, ceguera, ceguedad, obnubilación, ofuscación.

obcecar *tr. prnl.* cegar, obstinar, ofuscar, deslumbrar, obnubilar, trastornar. *ANT.* tranquilizar, serenar.

obedecer *tr.* cumplir, acatar, ceder, observar, someterse, respetar, subordinarse, supeditarse, conformarse. *ANT.* desobedecer, rebelarse.

obediencia *f.* sumisión, acatamiento, docilidad, sujeción, obsecuencia, conformidad, acato, subordinación. *ANT.* desobediencia.

obediente *adj.* dócil, cumplidor, sumiso, obsecuente, disciplinado, cumplido, manso, suave, manejable. *ANT.* desobediente.

obelisco *m.* monolito, columna, aguja, monumento.

obertura *f.* introducción, preludio, preliminar, sinfonía.

obesidad *f.* gordura, adiposidad, corpulencia, carnosidad. *ANT.* delgadez.

obeso, -sa *adj.* gordo, grueso, corpulento, pesado, rollizo, voluminoso, rechoncho. *ANT.* flaco, delgado.

óbice *m.* obstáculo, traba, impedimento, barrera, rémora, estorbo, inconveniente, dificultad, embarazo, tropiezo. *ANT.* facilidad.

obispado *m.* episcopado.

obispo *m.* prelado.

óbito *m.* {de una persona} fallecimiento, muerte.

obituario *m.* necrología.

objeción *f.* reparo, crítica, observación, impugnación, tacha, censura. *ANT.* aprobación.

objetar *tr.* impugnar, reparar, refutar, controvertir, replicar, oponer, contradecir, censurar. *ANT.* aprobar, aceptar.

objetivamente *adv.* desapasionadamente.

objetividad *f.* imparcialidad, justicia, ecuanimidad. *ANT.* parcialidad.

objetivo, -va *adj.* imparcial, neutral, desinteresado, recto, justo. *ANT.* parcial. **2** *FIL.* existente. **3** *m.* meta, finalidad, fin, objeto, mira, propósito. **4** *MIL.* blanco, diana, objeto. **5** *ÓPT.* lente.

objeto *m.* cosa, ente, elemento, sujeto, sustancia. **2** asunto, materia, tema. **3** propósito, objetivo, finalidad, intención, meta, dirección, sentido. **4** *loc.* con ~ de: para, con el fin de, con la finalidad de.

oblación *f.* *REL.* ofrenda, ofrecimiento, donación.

oblicuo, -cua *adj.* sesgado, inclinado, torcido, soslayado, desviado, desnivelado, diagonal. *ANT.* recto, derecho.

obligación *f.* deber, imposición, exigencia, compromiso, carga, necesidad, responsabilidad. *ANT.* facultad, libertad. **2** título, deuda, documento.

obligado, -da *adj.* agradecido, reconocido, deudor. **2** ineludible, obligatorio, perentorio, forzoso, inexcusable, reglamentario, coactivo, imprescindible, necesario. *ANT.* potestativo, facultativo.

obligar *tr.* exigir, forzar, constreñir, compeler, imponer, apremiar, presionar, abrumar, coaccionar. *ANT.* liberar. **2** *prnl.* comprometerse.

obligatoriedad *f.* exigencia, imposición, necesidad, sujeción, apremio, carga, coacción, compromiso. *ANT.* dispensa.

obligatorio, -ria *adj.* forzoso, imprescindible, ineludible, insoslayable, indispensable, coactivo, impuesto. *ANT.* libre.

obliteración *f.* *MED.* oclusión, obstrucción.

obliterar *tr. prnl.* *MED.* obturar, taponar, cerrar. *ANT.* abrir. **2** *tr.* anular, borrar, tachar.

oblongo, -ga *adj.* alargado, alongado, prolongado.

obnubilación *f.* ofuscamiento, obcecación, empecinamiento, ceguedad. *ANT.* claridad, esclarecimiento.

obnubilar *tr. prnl.* ofuscar, confundir, trastornar, perturbar. *ANT.* serenar, tranquilizar.

óbolo *m.* contribución, donación, donativo, ayuda.

obra *f.* producto, producción, resultado, fruto. **2** trabajo, labor, faena, tarea, ocupación. *ANT.* ocio. **3** libro, tratado, volumen, texto, escrito. **4** construcción, edificación. **5** *loc.* poner por ~: emprender, iniciar, comenzar.

obraje *m.* obra, manufactura.

obrar *tr.* fabricar, hacer, elaborar, edificar, construir. **2** operar, maniobrar, trabajar, manipular. **3** *intr.* proceder, actuar, portarse, conducirse, comportarse.

obrero, -ra *s.* operario, trabajador, jornalero, asalariado, menestral, peón.

obscenidad *f.* impudicia, liviandad, incontinencia, lujuria, libido. *ANT.* moderación, continencia.

obsceno, -na *adj.* impúdico, indecente, deshonesto, licencioso, libidinoso, indecoroso, pornográfico, lascivo. *ANT.* continente, moderado.

obscurecer *tr.* oscurecer, atardecer, anochecer. *ANT.* amanecer. **2** ensombrecer, nublarse, cerrarse, entenebrecer. *ANT.* aclarar. **3** apagar, deslumbrar, sombrear, teñir. *ANT.* aclarar.

obscuridad *f.* oscuridad, sombra, tinieblas, negrura, penumbra, opacidad, tenebrosidad, noche. *ANT.* luz, claridad, aclaración. **2** ignorancia, ceguera, atraso. *ANT.* conocimiento. **3** ofuscamiento, ofuscación, embrollo, confusión. *ANT.* esclarecimiento.

obscuro, -ra *adj.* oscuro, opaco, sombrío, lóbrego, tenebroso, nebuloso, nublado, negro. *ANT.* despejagado. **2** {futuro} incierto, desconocido, peligroso. **3** {lenguaje} confuso, incomprensible, ininteligible, indescifrable, embrollado. ANT. claro, comprensible. **4** {origen} bajo, desconocido, humilde.

obsecuencia f. amabilidad, obediencia, acatamiento, sumisión, condescendencia, docilidad. ANT. rebeldía, desobediencia.

obsecuente adj. obediente, sumiso.

obsequiar tr. regalar, dar, halagar, festejar. **2** cortejar, enamorar, galantear. ANT. desdeñar.

obsequio m. ofrenda, regalo, agasajo, don, presente, dádiva. **2** amabilidad, cortesía, gentileza, deferencia, fineza.

obsequioso, -sa adj. amable, servicial, cortés, atento, lisonjero, complaciente. ANT. descortés. **2** galante, enamoradizo.

observación f. opinión, anotación, indicación, nota. **2** examen, exploración, análisis, reconocimiento, investigación. **3** vigilancia, control, inspección, escrutinio, comprobación. **4** reparo, crítica, admonición, amonestación, reprimenda.

observador, -ra s. asistente, testigo, espectador. **2** espía, confidente, soplón. **3** enviado, delegado, comisionado. **4** atento, agudo, minucioso. ANT. distraído.

observancia f. realización, cumplimiento, disciplina. ANT. incumplimiento.

observante adj. obediente, cumplidor, celoso, disciplinado.

observar tr. examinar, reflexionar, contemplar, vigilar, estudiar, mirar. **2** cumplir, ejecutar, respetar, obedecer, acatar. ANT. desobedecer. **3** advertir, notar, reparar, darse cuenta, indicar. ANT. inadvertir. **4** espiar, vigilar, atisbar, acechar.

observatorio m. mirador.

obsesión f. idea fija, manía, monomanía, perturbación, tema, desvelo, preocupación, neurosis.

obsesivo, -va adj. obseso, obsesionado, compulsivo, maniático, insistente. **2** preocupado, ligero.

obsolescente adj. obsoleto, caduco, inadecuado.

obsoleto, -ta adj. antiguo, caduco, viejo, anticuado. ANT. moderno.

obstaculizar tr. impedir, dificultar, obstruir, interponerse, entorpecer, trabar, estorbar, limitar. ANT. facilitar.

obstáculo m. estorbo, barrera, embarazo, escollo, impedimento, óbice, inconveniente, freno, traba, atasco, complicación. ANT. facilidad.

obstante adj. que obsta. **2** loc. no ~: sin embargo, aunque.

obstar intr. dificultar, estorbar, impedir. ANT. facilitar.

obstetra com. MED. tocólogo.

obstinación f. pertinacia, porfía, terquedad, testarudez, contumacia, tozudez, obcecación, insistencia, empeño. ANT. docilidad.

obstinadamente adv. pertinazmente, tercamente, porfiadamente.

obstinado, -da adj. terco, testarudo, porfiado, empecinado, tozudo, contumaz, obcecado, recalcitrante, intransigente. ANT. flexible, razonable. **2** perseverante, tenaz. **3** Car. harto, hastiado, fastidiado.

obstrucción f. impedimento, resistencia, oposición. **2** embotellamiento, aglomeración, atasco, congestión.

obstruir tr. prnl. cerrar, tapar, taponar, atascar, trabar, obturar, impedir. ANT. destapar, abrir.

obtención f. resultado, logro, adquisición, alcance, consecución. ANT. pérdida.

obtener tr. alcanzar, lograr, conseguir, ganar, conquistar, adquirir. ANT. perder. **2** {material} producir, elaborar, extraer, sacar. **3** conservar, mantener, tener.

obturar tr. obstruir, tapar, cerrar. ANT. destapar, abrir.

obtuso, -sa adj. romo, despuntado. ANT. agudo, afilado. **2** torpe, lerdo, tonto, estúpido, tardo. ANT. listo.

obús m. proyectil.

obviar tr. {obstáculo} evitar, rehuir, prevenir, eludir, apartar, soslayar, sortear.

obvio, -via adj. visible, notorio, incuestionable, manifiesto, claro, innegable, patente, palmario, evidente. ANT. difícil, obscuro.

oca f. ganso, ánsar, ave.

ocasión f. oportunidad, casualidad, coyuntura, circunstancia, situación. **2** provecho, ganga, ventaja, baratura, negocio. **3** motivo, pretexto, causa. **4** tiempo, época, momento, coyuntura, sazón.

ocasional adj. azaroso, adventicio, fortuito, esporádico, contingente, accidental. ANT. determinado, intencionado.

ocasionar tr. originar, causar, producir, motivar, provocar, determinar, traer, mover, influir. ANT. impedir.

ocaso m. crepúsculo, atardecer, anochecer, puesta, vespertina. ANT. amanecer. **2** decadencia, declinación, postrimería, declive, caída, desmoronamiento, cese, fin. ANT. auge, esplendor.

occidente m. oeste, poniente, ocaso. ANT. oriente.

occisión f. muerte violenta.

occiso, -sa adj. s. asesinado, muerto, masacrado.

oceánico, -ca adj. marítimo, náutico, marino, naval.

océano m. mar, piélago. **2** fig. inmensidad, vastedad.

ocio m. tiempo libre, inactividad, descanso, asueto, reposo, inacción, holganza, desocupación, pereza. ANT. actividad.

ociosidad f. holgazanería, pereza, inactividad, vagancia, haraganería. ANT. actividad, trabajo, diligencia.

ocioso, -sa adj. perezoso, haragán, holgazán, gandul, vago, apático, indolente. ANT. trabajador. **2** desempleado, parado.

ocluir tr. prnl. MED. {conducto} cerrar, obturar, obstruir. ANT. abrir.

oclusión f. MED. cierre.

ocre m. {color} castaño, amarillo, crudo, terroso, beige.

octavilla f. plantilla, hoja. **2** libelo, pasquín, panfleto, propaganda, volante.

óctuplo, -pla adj. óctuple.

ocular adj. óptico, visual, oftálmico.

oculista com. oftalmólogo.

ocultación f. encubrimiento, enmascaramiento, ocultamiento, camuflaje, mimetismo. ANT. ostentación, manifestación. **2** enclaustramiento, desaparición.

ocultamente adv. secretamente, escondidamente.

ocultar tr. prnl. encubrir, esconder, disimular, velar, cubrir, tapar, disfrazar. ANT. mostrar, descubrir.

ocultismo m. espiritismo. **2** adivinación, alquimia, magia, brujería, hechicería.

oculto, -ta adj. escondido, encubierto, cubierto, tapado, disimulado, disfrazado, incógnito. **2** secreto, clandestino, prohibido. **3** incógnito, desconocido, indescifrable, ignorado. ANT. conocido, sabido. **4** {enfermedad} latente, larvado.

ocupación f. trabajo, quehacer, faena, actividad, deber, labor, empleo. ANT. ocio, desocupación. **2** toma, posesión.

ocupado, -da adj. atareado, agobiado, abrumado, ajetreado. ANT. desocupado. **2** lleno, completo. ANT. vacío. **3** {servicio} en uso. **4** conquistado, tomado.

ocupante *adj. s.* morador, residente, habitante, inquilino.

ocupar *tr. prnl.* adueñarse, apoderarse, posesionarse, apropiarse, invadir, tomar. *ANT.* dejar, ceder. **2** vivir, habitar, instalarse. *ANT.* abandonar, dejar. **3** emplear, destinar. **4** *prnl.* trabajar, emplearse, ejercer, desarrollar, dedicarse. *ANT.* descansar. **5** preocuparse, prestar atención. **6** encargarse.

ocurrencia *f.* chiste, agudeza, gracia, ingenio, salida. **2** suceso, acontecimiento, circunstancia, caso, encuentro. **3** coyuntura, contingencia.

ocurrente *adj.* gracioso, agudo, chistoso. *ANT.* soso.

ocurrir *intr.* acontecer, acaecer, suceder, sobrevenir, pasar.

oda *f.* poema, loa, cántico, verso, glorificación.

odalisca *f.* concubina, esclava.

odiar *tr.* detestar, aborrecer, abominar, execrar. *ANT.* querer, amar.

odio *m.* antipatía, aversión, aborrecimiento, rencor, desprecio, repugnancia, animadversión, execración, inquina, animosidad, encono. *ANT.* amor.

odioso, -sa *adj.* detestable, aborrecible, execrable, abominable.

odisea *f.* aventura, hazaña, riesgo, peripecia. **2** afanes, peligros, sufrimiento, penalidades, éxodo, fuga.

odontólogo, -ga *s.* dentista.

odorífero, -ra *adj.* fragante, odorífico, perfumado, oloroso, aromático. *ANT.* pestífero.

odre *m.* cuero, bota, pellejo, cantimplora.

oeste *m.* occidente, poniente, ocaso. *ANT.* este, oriente.

ofender *tr. prnl.* agraviar, insultar, zaherir, afrentar, injuriar, vejar, ultrajar. *ANT.* elogiar, alabar. **2** *prnl.* resentirse, enojarse, molestarse, enfadarse, sentirse, picarse.

ofendido, -da *adj. s.* agraviado, ultrajado, insultado, afrentado, picado, burlado, zaherido, humillado, vilipendiado, herido. *ANT.* honrado, alabado, elogiado.

ofensa *f.* injuria, oprobio, insulto, ultraje, agravio, vejación, afrenta, humillación. *ANT.* elogio, alabanza.

ofensiva *f.* ataque, arremetida, embestida, asalto, avance. *ANT.* fuga.

ofensivo *m.* insultante, injurioso, vejatorio, afrentoso, ultrajante.

ofensor, -ra *adj. s.* ofensivo, afrentador, agresivo, irrespetuoso, injuriante, denostador, humillador. *ANT.* elogiador.

oferente *adj. s.* donador, donante, legador, dador, donatario. *ANT.* receptor.

oferta *f.* proposición, propuesta, ofrecimiento, promesa. **2** ganga, ocasión.

ofertar *tr.* **Com.** ofrecer, comprometerse. **2** *Amer.* dar, regalar.

oficial *adj.* gubernativo, gubernamental, estatal, público, legal. **2** *com.* militar. **3** *m.* trabajador, menestral, artesano. **4** funcionario, empleado, secretario.

oficiante *m.* celebrante, sacerdote.

oficiar *tr.* **Rel.** conmemorar, celebrar. **2** {por escrito, oficialmente} comunicar, informar. **3** *intr. col.* obrar.

oficina *f.* despacho, estudio, oficio, escritorio, bufete.

oficinista *com.* burócrata.

oficio *m.* profesión, ocupación, empleo, cargo, tarea, quehacer, actividad, menester. **2** documento, escrito, nota, instancia, comunicado. **3** intervención, papel, gestión, acción, función. **4** **Rel.** ceremonia, rezo.

oficiosidad *f.* solicitud, cuidado, diligencia, esmero, laboriosidad, cumplimiento. *ANT.* descuido. **2** importunidad, indiscreción, falso escrúpulo.

oficioso, -sa *adj.* solícito, servicial, diligente, hacendoso, cuidadoso. *ANT.* negligente. **2** indiscreto, entremetido, importuno, intruso.

ofrecer *tr.* ofrendar, prometer, proponer. **2** presentar, dar, donar, regalar. *ANT.* pedir. **3** enseñar, mostrar, exhibir, exponer.

ofrecimiento *m.* oferta, propuesta, promesa, proposición, invitación. *ANT.* negación.

ofrenda *f.* ofrecimiento, regalo, dádiva, don. *ANT.* negativa. **2** **Rel.** sacrificio, holocausto.

ofrendar *tr.* regalar, dar, ofrecer, obsequiar, colaborar, ayudar. *ANT.* denegar.

ofuscación *f.* ceguera, ofuscamiento, obnubilación, ceguedad, azoramiento, confusión, equivocación, turbación. *ANT.* lucidez, serenidad.

ofuscar *tr. prnl.* {visión} cegar, deslumbrar, turbar, perturbar, oscurecer. *ANT.* iluminar. **2** {ánimo} trastornar, alucinar, confundir, obstinar. *ANT.* esclarecer.

ogro *m.* **Mit.** gigante, monstruo. **2** *fig.* {persona} insociable, intratable, malhumorado, de mal carácter. *ANT.* amable.

oído *m.* oreja. **2** audición, percepción, escucha.

oír *tr.* escuchar, advertir, percibir, captar. **2** atender, enterarse, prestar atención. *ANT.* ignorar.

ojal *m.* abertura, agujero.

ojeada *f.* vistazo, atisbo, vista, mirada.

ojear *tr.* mirar, ver, examinar, observar. **2** fascinar, aojar.

ojeriza *f.* aversión, antipatía, rencor, tirria, inquina, odio, enojo. *ANT.* simpatía.

ojeroso, -sa *adj.* {rostro} ajado, macilento, marchito, agotado, exangüe, pálido.

ojete *m.* abertura, agujero. **2** *col.* ano, culo. **3** *Méx.* tonto, estúpido, bobo.

ojo *m.* globo ocular, órgano de la vista. **2** agujero, abertura, orificio; ojal. **3** {herramienta} anillo. **4** manantial. **5** atención, cuidado, advertencia, prevención. **6** tino, puntería. **7** agudeza, perspicacia, penetración, alcance. **8** *loc.* abrir el ~: estar advertido. **9** *loc. a* ~: a bulto, a discreción. **10** *loc. a* ~s *vistas*: palpablemente, evidentemente, claramente, con claridad.

ola *f.* oleada, onda, oleaje. **2** gentío, muchedumbre, tropel, multitud, torbellino.

oleada *f.* ola. **2** multitud, tropel, gentío, horda, torbellino.

oleaginoso, -sa *adj.* pringoso, graso, grasiento, untoso, aceitoso, oleoso.

oleaje *m.* marejada, oleada, cabrilleo, ondulación.

óleo *m.* aceite de oliva, unto. **2** pintura. **3** obra pictórica.

oleoducto *m.* tubería, conducción.

oleoso, -sa *adj.* aceitoso, oleaginoso, grasoso, untoso, graso.

oler *tr. intr.* olfatear, oliscar, husmear, rastrear, percibir. **2** *tr.* investigar, inquirir, averiguar, indagar. **3** *tr. prnl.* {algo oculto} adivinar, barruntar, sospechar. **4** *intr.* {olor, fragancia, hedor} emanar, desprender, exhalar, despedir.

olfatear *tr.* oliscar, husmear, rastrear, percibir. **2** *col.* investigar, inquirir, averiguar, indagar.

olfato *m.* olfateo, percepción. **2** sagacidad, inteligencia, perspicacia, sutileza, agudeza, astucia, intuición. *ANT.* torpeza.

oligarquía *f.* gobierno de pocos, autocracia. *ANT.* democracia.

oligofrenia *f.* **Med.** deficiencia mental.

olimpiada *f.* (*tb.* **olimpíada**) **Dep.** competición universal, competencias, juegos; fiesta, celebración.

olímpico, -ca *adj.* majestuoso, grandioso, solemne, supremo, imponente. **2** soberbio, altanero, engreído, despectivo.

oliscar *tr.* olfatear, oler, husmear. **2** inquirir, investigar, averiguar, indagar. **3** *intr.* heder, oler mal.

olismear *tr.* husmear, curiosear, inquirir.

oliva *f.* aceituna.

oliváceo, -a *adj.* {color} aceitunado.

olivo *m.* {árbol} aceituno, oliva.

olla *f.* pote, cazo, caldero, tartera, perol, vasija, marmita, puchero, cacerola.

olor *m.* aroma, perfume, fragancia, esencia, emanación, efluvio. **2** fragancia, perfume, aroma. *ANT.* pestilencia, hedor. **3** fetidez, hedor, pestilencia. *ANT.* aroma, perfume. **4** esperanza, promesa. **5** sospecha, barrunto. **6** reputación, nombradía, fama.

oloroso, -sa *adj.* aromático, olorante, balsámico, perfumado, odorífero, fragante. *ANT.* inodoro.

olvidadizo, -za *adj.* desmemoriado, distraído, despistado, aturdido, atolondrado, descuidado. *ANT.* atento. **2** desagradecido, egoísta, ingrato.

olvidado, -da *adj.* postergado, relegado, aislado, omitido, arrinconado, despreciado, desdeñado, abandonado. *ANT.* vivo, presente, vigente.

olvidar *tr. prnl.* relegar, postergar, desatender, descuidar, negligir, preterir, omitir, pasar, dejar de lado, abandonar. *ANT.* recordar.

olvido *m.* desmemoria. *ANT.* memoria. **2** inadvertencia, descuido, distracción, omisión, negligencia. *ANT.* cuidado, atención. **3** abandono, postergación, relegación. **4** ingratitud, indiferencia, deslealtad, desamor, desprecio. *ANT.* lealtad.

ombligo *m. fig.* centro, medio, mitad.

ominoso, -sa *adj.* siniestro, execrable, funesto, calamitoso, aciago, trágico, abominable, fatal. *ANT.* venturoso.

omisión *f.* descuido, abstención, olvido, supresión, inadvertencia, laguna, falta. *ANT.* recuerdo, atención.

omiso, -sa *adj.* {persona} descuidado, perezoso, flojo.

omitir *tr.* descuidar, preterir, desatender, olvidar, abandonar, prescindir, pasar, relegar, excluir, dejar. *ANT.* recordar.

ómnibus *m.* autobús, carruaje, vehículo.

omnímodo, -da *adj.* total, absoluto, todopoderoso.

omnipotente *adj.* todopoderoso, supremo, sumo. *ANT.* impotente.

omnipresencia *f.* ubicuidad. *ANT.* ausencia.

omnisapiente *adj.* omnisciente, omniscio.

omóplato *m.* (*tb.* **omoplato**) paleta, escápula.

onagro *m.* asno salvaje.

onanismo *m.* masturbación, autoerotismo.

onceno, -na *adj. s.* undécimo.

oncológico, -ca *adj.* cancerológico.

onda *f.* {agua, líquido} ola, elevación. **2** ondulación, curvatura, curva, sinuosidad. **3** bucle, rizo.

ondear *intr.* ondular, serpentear, flamear.

ondina *f.* Mit. ninfa, deidad.

ondulado, -da *adj.* sinuoso, quebrado, serpenteado, flexible. *ANT.* liso, recto.

ondular *intr.* ondear, flamear. **2** oscilar, mecerse, agitarse. **3** rizar.

oneroso, -sa *adj.* costoso, caro, dispendioso. *ANT.* barato. **2** molesto, gravoso, pesado, enojoso, fastidioso. *ANT.* cómodo.

ónice *f.* ágata, ónix.

onomatopeya *f.* {en vocablos} imitación, reproducción, remedo.

onzavo, -va *adj.* onceavo.

opacar *tr. prnl. Amer.* nublar, oscurecer.

opaco, -ca *adj.* oscuro, sombrío, nebuloso, velado, turbio, gris. *ANT.* brillante, diáfano, transparente. **2** triste, lúgubre, melancólico. *ANT.* alegre.

opado, -da *adj.* {lenguaje} redundante, pomposo, hinchado, afectado. *ANT.* natural, sencillo.

opalino, -na *adj.* {color} lechoso, blanquecino, blanco. **2** {vidrio} opalescente.

opción *f.* preferencia, disyuntiva, elección, decisión, adopción, alternativa, predilección, deseo.

opcional *adj.* optativo, potestativo, facultativo, alternativo.

open *s.* [Ing.] Dep. abierto, torneo, competición.

ópera *f.* poema dramático. **2** obra teatral. **3** teatro.

operación *f.* actuación, trabajo, acción, ejecución, manipulación, maniobra, realización. **2** negocio, negociación, contrato, trato, convenio, especulación. **3** cirugía, intervención quirúrgica, cura. **4** Mil. maniobra, movimiento, ejercicio.

operante *adj.* eficaz, activo.

operar *tr.* ejecutar, realizar, elaborar, actuar, obrar, manipular, ejercitar. **2** negociar, especular, tratar. **3** Med. intervenir, curar.

operario, -ria *s.* obrero, trabajador, oficial, maquinista, menestral, jornalero, mecánico, artesano.

operatividad *f.* eficiencia, capacidad, funcionalidad.

operativo, -va *adj.* listo, preparado. **2** *m.* {para emprender una acción} dispositivo, estrategia, organización.

opinar *intr.* creer, estimar, juzgar, suponer, considerar, discurrir, entender, apreciar. **2** *tr.* afirmar, explicar, decir, expresar, comentar, aclarar, sostener, exponer. *ANT.* callar.

opinión *f.* juicio, concepto, interpretación, parecer, convencimiento, criterio, creencia, sentimiento, manifestación, dictamen, convicción, discernimiento, sentir, suposición.

opíparo, -ra *adj.* {banquete} copioso, abundante, suculento, espléndido, sustancioso, apetitoso. *ANT.* escaso.

oponente *adj. s.* rival, contrincante, competidor. *ANT.* partidario.

oponer *tr. prnl.* entorpecer, impedir, estorbar, interponerse. **2** {razón} proponer. **3** *prnl.* enfrentarse, encarar, resistir, rechazar, objetar, dificultar, contrariar. *ANT.* facilitar.

oportunidad *f.* ocasión, coyuntura, momento, circunstancia, tiempo, sazón. **2** congruencia, conveniencia, pertinencia. *ANT.* inoportunidad. **3** ventaja, ocasión, ganga.

oportunista *adj. com.* aprovechado, interesado, utilitario, arribista, acomodaticio.

oportuno, -na *adj.* idóneo, atinado, pertinente, adecuado, conveniente, preciso, apropiado, propio, idóneo, procedente, propicio. *ANT.* inoportuno.

oposición *f.* antagonismo, antítesis, contradicción, disparidad. *ANT.* acuerdo, conformidad. **2** enfrentamiento, conflicto, resistencia, desacuerdo, rechazo, disconformidad, contrariedad. *ANT.* armonía. **3** Polít. minoría, partido opositor, cuerpo deliberante. **4** *gen. pl.* {para un cargo} selección, prueba, concurso. **5** impedimento, estorbo, barrera. *ANT.* facilidad.

opresión *f.* dominio, subyugación, sujeción, tiranía, absolutismo, despotismo, abuso. *ANT.* libertad. **2** presión, constricción, sofocación, asfixia, ahogo. *ANT.* alivio. **3** angustia, preocupación, desazón. *ANT.* tranquilidad, bienestar.

opresivo, -va *adj.* sofocante, angustioso, irrespirable. **2** dominante, intransigente, tiránico. ANT. tolerante, flexible.

opresor, -ra *adj.* autócrata, tirano, dictatorial, absolutista, déspota, dictador, sojuzgador.

oprimir *tr. prnl.* apretar, comprimir, ceñir, estrujar, aplastar. ANT. soltar, aflojar. **2** dominar, esclavizar, tiranizar, reprimir, ahogar, subyugar, avasallar, agobiar. ANT. liberar.

oprobio *m.* deshonor, deshonra, afrenta, ignominia, baldón, desdoro, humillación, vilipendio, vergüenza, vileza. ANT. honor.

oprobioso, -sa *adj.* abyecto, vil, vergonzoso, deshonroso, humillante. ANT. digno, enaltecedor.

optar *intr.* escoger, seleccionar, elegir, preferir, tomar, adoptar, inclinarse, decidir.

optativo, -va *adj.* selectivo, elegible, voluntario. ANT. obligatorio, forzoso.

optimismo *m.* confianza, esperanza, ánimo, entusiasmo, fe, ilusión, aliento. ANT. pesimismo.

optimización *f.* perfeccionamiento, mejora. ANT. empeoramiento.

optimizar *tr.* perfeccionar, mejorar. ANT. empeorar.

óptimo, -ma *adj.* insuperable, perfecto, excelente, supremo, maravilloso, superior, inmejorable. ANT. pésimo, malísimo.

opuesto, -ta *adj.* contrario, divergente, adverso, antagónico, contrapuesto. ANT. coincidente, propio, igual. **2** enemigo, hostil.

opulencia *f.* abundancia, sobreabundancia, exuberancia, profusión, copiosidad, plétora, generosidad. ANT. escasez. **2** riqueza, lujo, suntuosidad, esplendor, bienestar, fausto, magnificencia, ostentación. ANT. pobreza.

opulento, -ta *adj.* copioso, abundante, profuso. ANT. escaso. **2** {persona} rico, adinerado, potentado, acaudalado. ANT. pobre.

opúsculo *m.* obra, monografía, ensayo, análisis.

oquedad *f.* depresión, hueco, cavidad, hoyo, concavidad, seno, agujero, orificio. **2** insustancialidad, futilidad, vacuidad.

oración *f.* plegaria, rezo, súplica, ruego, imploración, jaculatoria, invocación. **2** frase, locución, expresión, enunciado, proposición.

oráculo *m.* REL. respuesta, contestación. **2** *fig.* sabio, experto, conocedor.

orador *s.* disertador, predicador, conferenciante, declamador.

oral *adj.* verbal. **2** bucal.

orar *intr.* rezar. **2** *tr.* implorar, suplicar, rogar, pedir, invocar, impetrar.

orate *com.* enajenado, demente, alienado, loco, chiflado. ANT. cuerdo. **2** *col.* imprudente, irreflexivo, insensato.

oratoria *f.* elocuencia, retórica, dialéctica, verbosidad.

orbe *m.* esfera, mundo, globo, planeta, universo, creación.

órbita *f.* curva, trayectoria, recorrido, camino, elipse, circunferencia. **2** ANAT. {del ojo} cavidad, cuenca, concavidad, hueco. **3** ámbito, dominio, actividad, área, círculo, espacio, esfera, zona.

orco *m.* infierno, erebo, tártaro, abismo, báratro, averno.

orden *m.* disposición, sucesión, relación, subordinación, gradación, colocación, distribución. ANT. desorden. **2** categoría, clase, rango. **3** comunidad, cofradía, hermandad. **4** *f.* mandato, consigna, precepto, ordenanza, exigencia, imposición, disposición, obligación, ley.

ordenación *f.* regla, norma, precepto, reglamento. **2** disposición, distribución, colocación, orden.

ordenado, -da *adj.* organizado, disciplinado, cuidadoso, metódico. ANT. desordenado.

ordenador *m.* computador, computadora, procesador de datos.

ordenamiento *m.* regulación, organización, orden.

ordenanza *m.* conserje, ujier.

ordenar *tr.* prescribir, mandar, establecer, decretar, preceptuar, disponer, decidir. **2** arreglar, disponer, organizar, preparar, clasificar, coordinar, armonizar. ANT. desordenar. **3** dirigir, encaminar.

ordinariez *f.* vulgaridad, tosquedad, grosería, chabacanería, inurbanidad, descortesía. ANT. cortesía, educación, urbanidad.

ordinario, -ria *adj.* corriente, común, frecuente, usual, normal, habitual, acostumbrado. ANT. extraordinario, inusual. **2** vulgar, bajo, grosero, tosco, rústico, inculto, soez. ANT. distinguido.

orear *tr.* airear, ventilar, ventear. **2** *prnl.* tomar el aire.

oreja *f.* oído. **2** {de un recipiente} agarradero, asa, empuñadura, asidero. **3** Col. {en una autopista} desviación.

orfanato *m.* hospicio, asilo, hogar.

orfandad *f.* abandono, desvalimiento, desamparo. ANT. amparo.

orfebre *com.* Col. joyero, platero.

orgánico, -ca *adj.* {cuerpo} viviente. **2** MED. somático. **3** armónico, consonante.

organismo *m.* cuerpo, ser, criatura, espécimen, ente. **2** conjunto de órganos. **3** institución, entidad, corporación, establecimiento, dependencias.

organización *f.* orden, arreglo, distribución, regulación, clasificación, disposición, estructura, ordenamiento. ANT. desorden. **2** organismo, institución, asociación, entidad, sociedad, establecimiento.

organizar *tr. prnl.* coordinar, planificar, administrar, disponer, estructurar, regularizar, planear, constituir. ANT. desordenar, desorganizar.

orgasmo *m.* clímax, eyaculación, éxtasis.

orgía *f.* festín, banquete, bacanal, saturnal, desenfreno.

orgiástico, -ca *adj.* báquico, dionisíaco.

orgullo *m.* amor propio, satisfacción, estimación, honor, dignidad, honra. ANT. deshonor. **2** soberbia, vanidad, engreimiento, arrogancia, altivez, jactancia, suficiencia. ANT. humildad, modestia.

orgulloso, -sa *adj.* satisfecho, contento. ANT. insatisfecho. **2** pedante, presuntuoso, engreído, hinchado, arrogante, estirado, tieso, infatuado, impertinente. ANT. mesurado.

orientación *f.* posición, dirección. **2** regla, norma, pauta, modelo, patrón.

orientado, -da *adj.* inclinado, dirigido, determinado.

orientar *tr. prnl.* situar, colocar, acomodar, disponer, emplazar. **2** dirigir, guiar, encaminar, encauzar, encarrilar, enderezar, aconsejar. ANT. desorientar, desencaminar. **3** enterar, instruir, informar, empapar.

oriente *m.* este, naciente, levante. ANT. occidente.

orificio *m.* abertura, agujero, boquete, perforación, hoyo, tronera, boca, ojo, hueco. ANT. tapón.

oriflama *f.* bandera, estandarte, pendón.

origen *m.* nacimiento, principio, comienzo, génesis, germen, motivo, fundamento. ANT. término, fin. **2** cuna, procedencia, linaje, estirpe, familia.

original *adj.* insólito, singular, único, raro, infrecuente, extraño, novedoso, peculiar, particular. ANT. conocido. **2** modelo, ejemplar, patrón, prototipo. ANT. copia, reproducción. **3** auténtico, propio, personal.

ANT. copia. **4** nuevo, primigenio, inédito. **5** manuscrito, borrador, boceto, folio.

originalidad *f.* autenticidad, singularidad, creatividad, innovación.

originar *tr. prnl.* provocar, producir, causar, engendrar, ocasionar, determinar. ANT. terminar. **2** *prnl.* derivarse, proceder, seguirse.

originario, -ria *adj.* primero, primigenio, original. **2** natal, oriundo, procedente, vernáculo, natural. **3** nato, innato, congénito.

orilla *f.* litoral, costa, ribera, playa. **2** borde, término, costado, límite, extremo, canto, arista.

orín *m.* moho, herrumbre, óxido, verdete. **2** orina, pipí, pis.

orina *f.* orín, pipí, pis.

orinal *m.* baño, retrete, servicio.

oriundo, -da *adj.* originario, procedente, nativo, indígena, natural.

orla *f.* adorno, ornamento, cenefa. **2** {en telas} borde, ribete, contorno, filete.

ornamental *adj.* decorativo.

ornamentar *tr.* adornar, acicalar, ataviar, hermosear, engalanar.

ornamento *m.* adorno, decoración, decorado, ornato, ornamentación, atavío, aderezo, embellecimiento, gala.

ornar *tr.* ornamentar, adornar, hermosear, aderezar.

ornato *m.* adorno, decoración, atavío, ornamento.

orondo, -da *adj.* presumido, engreído, presuntuoso, ufano, orgulloso. ANT. modesto. **2** hinchado, esponjado, hueco, vacío. **3** gordo, grueso, robusto.

oropel *m.* bisutería, bicoca, quincalla, baratija, chuchería.

orquesta *f.* banda, conjunto, agrupación, grupo musical.

orquestar *tr.* instrumentar.

ortodoxo, -xa *adj.* {a una doctrina} conforme, fiel, leal. **2** dogmático, escrupuloso, inflexible, rígido. ANT. heterodoxo.

ortografía *f.* normas de escritura, acentuación, puntuación. **2** corrección, escritura correcta.

oruga *f.* larva, gusano, lombriz.

osadía *f.* atrevimiento, intrepidez, arrojo, temeridad, audacia, resolución, ánimo, brío, coraje. ANT. cobardía, timidez. **2** descaro, insolencia, desvergüenza, licencia, impudor, imprudencia. ANT. mesura.

osado, -da *adj.* intrépido, atrevido, audaz, arrojado, arriesgado, decidido, valiente. ANT. cobarde.

osamenta *f.* armazón, esqueleto.

osar *intr.* arriesgarse, afrontar, aventurarse, atreverse. **2** *m.* osario.

oscilación *f.* fluctuación, vaivén, vibración, balanceo, vacilación, inestabilidad. ANT. inmovilidad, quietud.

oscilar *intr.* balancearse, moverse, mecerse, fluctuar, ondular, bambolearse, flamear. ANT. quedarse quieto, inmovilizarse.

oscurecer *intr. tr.* obscurecer, ensombrecer, sombrear. **2** perturbar, confundir, ofuscar. **3** *tr.* deslucir, opacar, deslustrar, eclipsar. **4** *intr.* atardecer, anochecer. ANT. amanecer. **5** *prnl.* {cielo} entenebrecerse, encapotarse, nublarse. ANT. aclarar, despejarse.

oscuridad *f.* tinieblas, lobreguez. **2** confusión, ofuscación.

oscuro, -ra *adj.* sombrío, lóbrego, tenebroso. ANT. iluminado. **2** incierto, inseguro, peligroso, desconocido. **3** incomprensible, confuso, críptico, inexplicable. ANT. claro.

ostensible *adj.* manifiesto, patente, palpable, notorio, visible, claro, público. ANT. secreto.

ostentación *f.* pompa, fausto, lujo, magnificencia, manifestación, suntuosidad, exhibición, exteriorización. ANT. modestia, sencillez. **2** jactancia, vanagloria, presunción, vanidad, alarde. ANT. moderación.

ostentar *tr.* exhibir, manifestar, mostrar, enseñar, exteriorizar, lucir. ANT. ocultar, esconder. **2** alardear, pavonearse, blasonar, hacer gala. ANT. recatarse.

ostentoso, -sa *adj.* suntuoso, magnífico, esplendido, espectacular. ANT. modesto, sencillo. **2** rimbombante, aparatoso, pomposo, fastuoso. ANT. mesurado.

ostra *f.* concha.

ostracismo *m.* destierro, exilio, alejamiento, relegación, postergación. ANT. acogimiento.

osudo, -da *adj.* huesudo.

otear *tr.* escudriñar, inspeccionar, registrar. **2** mirar, divisar, observar, vislumbrar, avizorar, percibir, distinguir, descubrir.

otero *m.* cerro, montículo, loma, colina, altozano.

otomano, -na *adj. s.* turco. **2** *f.* sofá.

otorgar *tr.* consentir, acordar, permitir, condescender, acceder. ANT. rehusar. **2** conceder, ceder, entregar, dar. ANT. negar.

otro, -tra *adj.* distinto, diferente, diverso. ANT. igual, mismo.

output *s.* [ING.] INF. información procesada, salida de datos, información producida. **2** ECON. producto final.

ovación *f.* aplauso, aclamación, alabanza, aprobación, palmas, felicitación. ANT. abucheo.

ovacionar *tr.* aplaudir, alabar, loar, aclamar, vitorear, enaltecer, glorificar, exaltar. ANT. rechazar, repeler, desaprobar.

oval *adj.* ovalado, aovado, ovoide.

ovalado, -da *adj.* oval, aovado, ovoide.

oveja *f.* cordero, borrego.

overbooking *s.* [ING.] sobreventa, sobrecontratación.

overol *m.* *Amer.* mono, traje de mecánico.

ovillar *intr.* devanar, envolver, liar, enrollar. **2** *prnl.* encogerse, recogerse.

ovillo *m.* {de hilo} bola, madeja. **2** lío, embrollo, enredo. **3** multitud, montón.

ovino, -na *adj.* {ganado} lanar.

ovoide *adj. ver* **oval**.

oxidado, -da *adj.* herrumbroso, mohoso.

oxidar *tr. prnl.* enmohecer, herrumbrar.

óxido *m.* orín, herrumbre, verdín, cardenillo, moho.

oxigenarse *prnl.* airearse.

oyente *adj. s.* auditor. **2** *com.* asistente, concurrente, espectador.

pabellón *m.* tienda de campaña, carpa, cobertizo, cabaña, quiosco, abrigo. **2** {cama, altar} colgadura, dosel, cortinaje. **3** bandera, insignia, pendón, estandarte. **4** {de una nave mercante} nación (a que pertenece). **5** edificio, anexo, construcción, nave, ala. **6** patrocinio, protección.

pabilo *m.* (*tb.* **pábilo**) mecha. **2** *Ven.* cuerda, cordón, filamento, hilo grueso.

pabiloso, -sa *adj.* mortecino, apagado, de poca luz.

pábulo *m.* alimento, sustento, comida. **2** incentivo, fomento, estímulo, ocasión, aliento, motivo, pie, base. **3** *loc.* **dar ~:** estimular, alimentar, echar leña al fuego.

paca *f.* fardo, bulto, lío, atado, bala, paquete, envoltorio. **2** ZOOL. roedor.

pacato, -ta *adj.* tímido, encogido, timorato, apocado, pusilánime, irresoluto, asustadizo. ANT. osado, audaz, atrevido.

pacay *m.* Amér. Sur {árbol} guamo, guaba.

pacer *intr.* *tr.* pastar, apacentar, rumiar, herbajar, comer. **2** *tr.* roer, gastar. **3** apacentar, dar pasto.

pachá *m.* {título} bajá.

pachanga *f.* col. Amer. fiesta, jolgorio, baile, fiesta familiar. **2** alboroto, bullicio.

pacho, -cha *adj.* indolente, perezoso, flojo. **2** Amér. Cent. {forma} aplastado. **3** Amér. Cent. {río, lago} poco profundo.

pachorra *f.* col. lentitud, tardanza, flema, calma, tranquilidad, indolencia. ANT. actividad, diligencia.

paciencia *f.* aguante, ecuanimidad, tolerancia, perseverancia, conformidad, resignación, entereza, calma, transigencia, condescendencia. ANT. impaciencia, intolerancia. **2** pasividad, sufrimiento, docilidad, mansedumbre. ANT. enojo, ira. **3** tardanza, lentitud, pachorra. ANT. diligencia, agilidad. **4** minuciosidad, capacidad, habilidad. ANT. desesperación, apresuramiento. **5** *loc.* **consumir la ~:** irritar, desesperar, enfadar.

paciente *adj.* tolerante, conforme, manso, resignado, transigente, condescendiente. ANT. impaciente. **2** calmo, calmoso. ANT. apresurado. **3** com. enfermo, doliente, dolorido, convaleciente. ANT. sano.

pacificación *f.* paz, apaciguamiento, entendimiento, negociación, mitigación, acercamiento. ANT. desasosiego, lucha. **2** {entre Estados} convenio, pacto.

pacificador, -ra *adj.* *s.* reconciliador, negociador, apaciguador, conciliador, intermediario, mediador, intercesor, moderador, árbitro. ANT. belicoso, beligerante, guerrero.

pacificar *tr.* *prnl.* apaciguar, reconciliar, tranquilizar, calmar, mitigar, aquietar, aplacar, arreglar. ANT. armar, sublevar. **2** *prnl.* sosegarse, aquietarse.

pacífico, -ca *adj.* tranquilo, calmado, plácido, sereno, afable, reposado, manso, sosegado. ANT. beligerante, irascible.

pacifismo *m.* serenidad, transigencia, concordia, acuerdo, amistad, cooperación. ANT. belicismo, belicosidad.

pacotilla *f.* chuchería, baratija, oropel. **2** mercancía, mercadería. **3** Amer. chusma, gentuza. **4** *loc.* **ser de ~:** de calidad inferior, hecho sin cuidado.

pactar *tr.* {entre personas o entidades} acordar, obligarse, convenir, observar, negociar. ANT. oponerse, resistirse. **2** {una autoridad} contemporizar, condescender, armonizar, concertar. ANT. desentenderse, alejarse.

pacto *m.* convenio, concierto, tratado, estipulación, alianza, acuerdo, contrato, compromiso, convención, arreglo. **2** armisticio, tregua, paz, capitulación.

padecer *tr.* sufrir, soportar, aguantar, tolerar, penar. **2** sentir, experimentar, notar.

padecimiento *m.* sufrimiento, mal, tormento, penalidad, dolor, dolencia, zozobra, infortunio, enfermedad, agravio. ANT. felicidad, dicha.

padre *m.* varón, macho. **2** progenitor, procreador, papá. **3** {obra} creador, autor, inventor. **4** origen, principio, inicio. ANT. final. **5** sacerdote, religioso. **6** *pl.* antepasados, mayores, progenitores. **7** *adj.* col. {de escándalo} muy grande, descomunal. **8** col. Méx. estupendo, excelente, admirable, magnífico. ANT. pésimo.

padrinazgo *m.* protección, apoyo, apadrinamiento, patrocinio.

padrino *m.* protector, bienhechor, amparador, patrocinador. **2** *pl.* influencias.

padrón *m.* empadronamiento, registro, nómina, lista, censo.

paga *f.* pago, premio. **2** dinero. **3** sueldo, salario, remuneración, honorarios, jornal, estipendio, mesada, retribución. **4** {de la culpa} expiación, penitencia, pena. **5** {amor} reciprocidad, correspondencia.

pagado, -da *adj.* satisfecho, ufano. **2** retribuido, abonado, remunerado.

pagaduría *f.* caja, administración, tesorería.

pagano, -na *adj.* *s.* gentil, infiel, idólatra.

pagar *tr.* desembolsar, abonar, remunerar, saldar, amortizar, entregar, sufragar. ANT. cobrar. **2** {delito, falta} satisfacer, reparar, expiar, purgar. **3** {afecto} corresponder, querer, amar. **4** *prnl.* prendarse, aficionarse. **5** jactarse, pavonearse, ufanarse.

pagaré *m.* obligación, documento, letra.

página *f.* hoja, folio, carilla, plana. **2** *fig.* acontecimiento, suceso, episodio, lance.

pago *m.* remuneración, retribución, paga, reintegro, liquidación, reembolso, abono. *ANT.* cobro. **2** satisfacción, recompensa, premio.

paila *f.* vasija, olla. **2** *Amer.* sartén, cazo.

país *m.* nación, patria. **2** territorio, comarca, región, tierra, zona. **3** {pintura} paisaje.

paisaje *m.* panorama, espectáculo, extensión, vista. **2** pintura, dibujo, cuadro.

paisajista *adj. s.* pintor, dibujante, artista.

paisano, -na *adj. s.* compatriota, coterráneo, conciudadano. *ANT.* extranjero. **2** *s.* campesino, aldeano, lugareño. **3** *m.* civil. *ANT.* militar.

paja *f.* hierba, brizna, forraje, rastrojo, hojarasca. **2** {para líquidos} pajilla. **3** {cosa} ligero, inconsistente. **4** *vulg.* masturbación. **5** superficialidad, relleno, nimiedad, inutilidad. *ANT.* utilidad, validez.

pájaro *m.* ave, alado, volátil. **2** *m. adj.* {hombre} sagaz, zorro, astuto. **3** *m. col. Amer.* pene.

paje *m.* criado, asistente, ayudante.

palabra *f.* vocablo, voz, término, dicción, expresión. **2** habla, facultad de hablar. **3** oratoria, elocuencia. **4** promesa, juramento, ofrecimiento, compromiso, empeño, oferta. **5** {para hablar} derecho, turno. **6** *loc. última ~:* decisión definitiva. **7** *loc. de pocas ~s:* parco en el hablar. **8** *loc. en una ~:* con brevedad.

palabrería *f.* charlatanería, locuacidad, palabreo, cháchara, verborrea, garla, charla, labia. *ANT.* silencio.

palabrota *f.* grosería, ofensa, insulto, blasfemia, maldición, juramento.

palaciego, -ga *adj. s.* cortesano, palatino, áulico, real.

palacio *m.* alcázar, castillo. **2** mansión, caserón. *ANT.* choza.

paladar *m.* cielo de la boca. **2** {manjares} gusto, sabor, dejo. **3** {para lo espiritual} gusto, sensibilidad, percepción.

paladear *tr. prnl.* gustar, saborear, catar, probar, degustar. *ANT.* repugnar. **2** recrearse, disfrutar, valorar. *ANT.* sufrir.

paladín *m.* héroe, adalid, guerrero, campeón. **2** defensor, sostenedor, abanderado.

paladinamente *adv.* públicamente, abiertamente, claramente.

paladino, -na *adj.* público, patente, manifiesto, evidente, claro. *ANT.* escondido; confuso.

palafrén *m.* caballo, corcel, cabalgadura, montura.

palafrenero *m.* criado, mozo de caballos.

palanca *f.* barra, alzaprima, barrote, varilla, pértiga. **2** valimiento, recomendación, influencia, intercesión.

palangana *f.* jofaina, lavamanos, aguamanil, lavabo.

palanquear *tr.* apalancar. **2** *col. Amer.* {persona} influenciar.

palanquín *m.* mozo de cordel, ganapán. **2** litera, andas, angarillas, silla de manos, camilla.

palatino, -na *adj.* cortesano, palaciego, áulico.

palenque *m.* valla, cerca, estacada, empalizada.

palestra *f.* liza, lucha. **2** *loc.* **a)** *saltar/salir a la ~:* tomar parte activa. **b)** *loc. saltar/salir a la ~:* darse a conocer, aparecer públicamente.

paleto, -ta *adj. s.* rústico, burdo, tosco, zafio, rudo. *ANT.* refinado. **2** labriego, aldeano. **3** *m.* gamo.

paletó *m.* gabán.

paliar *tr.* mitigar, atenuar, suavizar, calmar, amortiguar, aminorar, atemperar, endulzar, aquietar. *ANT.* exacerbar. **2** excusar, justificar, disculpar, encubrir, cohonestar. *ANT.* resaltar, destacar.

paliativo, -va *adj. m.* suavizante, mitigante, calmante, atenuante, analgésico, sedante, lenitivo. *ANT.* excitante. **2** *adj. s.* paliatorio.

palidez *f.* {piel} decoloración.

pálido, -da *adj.* descolorido, blanquecino, deslucido, desvaído, incoloro. *ANT.* vivo, coloreado. **2** {obra li-**

teraria} desanimada. **3** {persona} decaído, macilento, débil, cadavérico. *ANT.* sano. **4** *f. col. Amer.* depresión.

palillo *m.* mondadientes, escarbadientes. **2** charla, conversación.

palimpsesto *m.* manuscrito antiguo.

palingenesia *f.* {seres vivos} renacimiento, regeneración.

palinodia *f.* retractación pública.

palio *m.* dosel. **2** capa. **3** paño de seda.

palique *m.* artículo breve. **2** *col.* charla, conversación, parloteo.

paliza *f.* zurra, tunda, azotaina, castigo, vapuleo. **2** esfuerzo. **3** *col.* derrota, aplastamiento, apabullamiento. *ANT.* triunfo.

palizada *f.* empalizada, cercado, valla, estacada, alambrada.

palma *f.* palmera. **2** hoja de palmera. **3** datilera. **4** palmito. **5** {de la mano} parte inferior. **6** {persona} mano. **7** gloria, éxito, triunfo. **8** *pl.* aplausos, palmadas, ovación, aclamación, vivas, hurras. *ANT.* abucheo.

palmada *f.* golpe. **2** *gen. pl.* aplauso.

palmariamente *adv.* claramente, patentemente.

palmario, -ria *adj.* evidente, manifiesto, claro, notorio, inequívoco, patente, indiscutible, palpable, obvio, incuestionable. *ANT.* cuestionable, discutible.

palmas *f. pl. ver* **palma.**

palmatoria *f.* candelabro, candelero, bujía.

palmear *intr.* aplaudir, palmotear, celebrar, animar.

palmotear *intr.* aplaudir, palmear.

palo *m.* barrote, bastón, estaca, cayado, báculo, vara, mástil, poste, asta, viga. **2** golpe, bastonazo, garrotazo, trancazo, estacazo. *ANT.* caricia. **3** árbol, tallo. **4** *col.* daño, perjuicio.

paloma *f.* torcaz, tórtola, pichón. **2** *fig.* {persona} apacible, quieto, tranquilo, dulce, sereno.

palomo *m.* macho de la paloma. **2** propagandista.

palpable *adj.* evidente, patente, manifiesto. *ANT.* confuso. **2** tangible, concreto, sólido, real, perceptible, material. *ANT.* intangible, inmaterial.

palpablemente *adv.* claramente, sin duda.

palpar *tr.* tocar, sobar, tantear, acariciar, manosear, tentar, manipular. **2** notar, percibir, experimentar.

palpitación *f.* {corazón} latido, pulsación, contracción. **2** estremecimiento, ahogo, angustia.

palpitante *adj.* conmovedor, de actualidad, vivo.

palpitar *intr.* {corazón} contraerse, latir, dilatarse, pulsar. **2** {parte del cuerpo} agitarse, moverse. **3** {afecto, pasión} manifestarse, mostrarse.

pálpito *m.* corazonada, presentimiento, intuición.

palurdo, -da *adj. s.* tosco, grosero, paleto, ignorante, rústico, zafio. *ANT.* refinado.

palustre *m.* {de albañil} paleta.

pamema *f.* melindre, afectación. **2** simulación, fingimiento. **3** *col.* dicho fútil, torpeza.

pampa *f.* llanura, llano, sabana, pradera.

pámpana *f.* hoja de la vid.

pamplina *f. col. gen. pl.* tontería, simpleza, pequeñez, nadería, bagatela, futilidad. **2** remilgo, capricho, melindre, necedad.

pan *m.* hogaza. **2** alimentación, manutención, sustento.

pana *f.* tela. **2** *com. Amer.* amigo, camarada, compadre, compinche.

panacea *f.* medicamento, lenitivo. **2** remedio, solución.

panadería f. oficio (de panadero). **2** pastelería, tahona.

panadero, -ra s. tahonero.

panal m. colmena, celdillas, avispero.

panamá m. sombrero de jipijapa. **2** tela de algodón.

panamericano, -na adj. americano.

pancarta f. cartelón, cartel, anuncio, aviso, letrero. **2** pergamino.

pancho, -cha adj. tranquilo, sereno, reposado, sosegado. **2** satisfecho. **3** m. col. panza, barriga, vientre, abdomen. **4** Arg., Uru. perrito caliente, panecillo. **5** Par. emparedado de chorizo.

pancreatitis f. MED. inflamación (del páncreas).

pandear intr. prnl. {pared, viga} torcerse, combarse, encorvarse, alabearse.

pandemia f. MED. epidemia, peste, epizootia.

pandemónium m. confusión, caos, bulla, ruido, gritería, algarabía. ANT. paz, tranquilidad.

pandilla f. cuadrilla, caterva, gavilla, banda. **2** unión, conjunto, reunión, liga, grupo. **3** {en juegos de cartas} trampa, fullería.

pandillero, -ra adj. s. delincuente, salteador, bandido. **2** gamberro, indecente.

pando, -da adj. {agua} poco profundo. **2** {persona} flemático, pausado.

pandorga f. pandero, cometa. **2** panza, barriga, vientre.

panegírico m. alabanza, glorificación, loor, elogio, loa, encomio, enaltecimiento, exaltación, homenaje, apología. ANT. ofensa, diatriba. **2** sermón, discurso.

panegirista com. orador.

panel m. compartimiento, moldura, división, tablero. **2** cartelera. **3** expositores, grupo de personas.

panera f. cesta, recipiente.

pánfilo, -la adj. s. bobalicón, tardo, soso, cándido, pazguato, simple.

panfletario, -ria s. panfletista, autor de panfletos.

panfleto m. folleto, libelo, opúsculo.

pánico, -ca adj. m. espanto, temor, terror, pavor, miedo, susto, estremecimiento. ANT. valor, serenidad.

panoja f. mazorca. **2** {de frutas} racimo.

panoplia f. armadura. **2** armería, colección (de armas).

panorama m. vista, paisaje, horizonte. **2** {de una cuestión} cariz, perspectiva, aspecto.

panorámico, -ca adj. general, extenso, de conjunto, total. **2** f. {de la cámara} movimiento amplio.

panoso, -sa adj. harinoso.

pantagruélico, -ca adj. {festín, comida} excesivo, opíparo, descomunal, desmesurado, exagerado. ANT. escaso.

pantaleta f. (tb. pl.) Col, Méx., Ven. braga, prenda interior.

pantalla f. lámina. **2** {chimeneas} mampara. **3** telón. **4** pantalla electrónica, superficie.

pantanal m. tierra pantanosa, ciénaga, fangal, barrizal, lodazal.

pantano m. ciénaga, fangal, lodazal, marisma, laguna, marjal. **2** embalse. **3** óbice, estorbo, atolladero, dificultad, atascadero.

pantanoso, -sa adj. fangoso, empantanado, lagunoso, cenagoso, anegadizo, encharcado. ANT. seco.

panteón m. mausoleo, sepulcro, monumento funerario, sepultura, cripta, tumba. **2** Amer. cementerio.

pantera f. leopardo.

pantomima f. imitación, gesto, mímica, remedo, ademán, representación. **2** fingimiento, simulacro, farsa, comedia.

pantomimo m. bufón, representante.

pantufla f. chinela, babucha, zapatilla, alpargata, chancleta.

panza f. barriga, vientre, abdomen, tripa, estómago. **2** {de una cosa} saliente.

panzada f. col. atracón, hartazgo, tripada.

panzón, -ona adj. barrigón, barrigudo, panzudo. ANT. delgado. **2** m. panza grande.

panzudo, -da adj. barrigón, barrigudo, panzón. ANT. delgado.

pañal m. lienzo, envoltura. **2** loc. estar en ~es: tener poco conocimiento (de algo).

paño m. fieltro, lienzo, tela, género, tejido. **2** tapiz, colgadura. **3** enlucido, capa (de yeso). **4** {rostro} mancha oscura. **5** pl. vestiduras, vestido, prendas.

pañoleta f. chal, toquilla, manteleta.

pañolón m. mantón, pañuelo grande.

papa¹ m. sumo pontífice, obispo de Roma, vicario de Cristo.

papa² f. patata, tubérculo.

papá m. col. padre, progenitor.

papado m. pontificado.

papagayo m. guacamayo, loro, cotorra, cacatúa. **2** soplón, denunciador.

papal adj. pontificio.

papalote m. Amér. Cent., Méx. cometa de papel.

papanatas com. col. crédulo, badulaque, cándido, mentecato, tonto, bobo, simple. ANT. listo.

paparrucha f. noticia falsa, mentira, bulo. **2** tontería, desatino, estupidez.

paparruchada f. col. ver **paparrucha**.

papear intr. tartamudear, balbucir.

papel m. hoja, folio, pliego. **2** gen. pl. documento, credencial, carta. **3** periódico, manuscrito, folleto, impreso. **4** representación, actuación. **5** cargo, función, ministerio. **6** trabajo, encargo, labor.

papeleo m. trámite, burocracia, tramitación. ANT. simplicidad.

papelera f. cesta, recipiente. **2** fábrica de papel.

papeleta f. cédula. **2** papel.

papelón, -ona adj. s. {persona} ostentoso, fachendoso. **2** col. ridículo, desacierto.

paquebote m. buque, embarcación, barco.

paquete m. envoltorio, atado, fardo, lío, bulto, atadijo, saco.

par adj. igual, semejante, equivalente, simétrico. ANT. dispar, desigual. **2** m. pareja, duplo, dos, ambos. **3** yunta. **4** loc. a la ~: juntamente.

para prep. a, hacia, en dirección a. **2** conj. por, a fin de.

parabién m. pláceme, cumplido, elogio, congratulación, felicitación, enhorabuena. ANT. pésame.

parábola f. alegoría, metáfora, enseñanza, fábula, moraleja.

parabrisas m. guardabrisas, cortaviento.

parachoques m. {automóvil} defensa, protección, resguardo.

parada f. alto, pausa, detención, interrupción. ANT. continuación. **2** estación, paradero. **3** sitio, lugar. **4** fin, término. **5** {pieza musical} suspensión, pausa. **6** {río} presa. **7** MIL. desfile, exhibición, marcha, revista.

paradero m. final, término, fin. **2** ubicación, localización, destino. **3** Amer. estación, parada.

paradigma m. modelo, prototipo, ejemplo, ejemplar. **2** LING. esquema formal.

paradisíaco, -ca adj. (tb. **paradisiaco, -ca**) celeste, edénico, perfecto, celestial, delicioso. ANT. infernal.

parado, -da *adj.* detenido, inmóvil, quieto, estático. ANT. móvil. **2** desocupado, cesante, inactivo, ocioso. ANT. activo, ocupado. **3** tímido, remiso, corto, flojo, indeciso. ANT. presto, osado. **4** *Amer.* derecho, en pie.

paradoja *f.* contradicción, rareza, contrasentido, absurdo, extravagancia.

parador *m.* hospedaje, posada, hostería, hostal, fonda, mesón.

paráfrasis *f.* explicación, comentario, escolio, amplificación, exégesis, aclaración, elucidación. **2** parodia, traducción defectuosa.

parágrafo *m.* párrafo.

paraguas *m.* sombrilla, parasol, quitasol. **2** *fig.* amparo, protección.

paraíso *m.* edén, cielo, elíseo, gloria, bienaventuranza, olimpo. **2** {en teatros} gallinero, galería.

paraje *m.* lugar, sitio, estancia, punto, espacio, zona, territorio, región.

paralelismo *m.* semejanza, equivalencia, correspondencia, analogía.

paralelo, -la *adj.* semejante, correspondiente, comparable, afín, equidistante. ANT. divergente, diferente. **2** *m.* comparación, cotejo, parangón, analogía, semejanza.

parálisis *f.* detención. **2** MED. inmovilización, atrofia, agarrotamiento. ANT. movimiento.

paralítico, -ca *adj. s.* parapléjico, hemipléjico, lisiado.

paralizar *tr. prnl.* entorpecer, inmovilizar, detener, obstaculizar, parar, suspender, estancar, impedir. ANT. promover, facilitar. **2** MED. tullir, imposibilitar, lisiar, entumecer. ANT. rehabilitar.

paralogismo *m.* razonamiento falso, sofisma, falsedad, error.

paramédico, -ca *adj. s.* auxiliar (en tareas médicas).

paramentar *tr.* decorar, adornar, ornamentar, ataviar. ANT. afear.

paramento *m.* adorno, atavío.

páramo *m.* desierto, sabana, estepa, yermo, pedregal. ANT. vergel, floresta.

parangón *m.* cotejo, paralelo, comparación, semejanza, confrontación.

parangonar *tr.* cotejar, compulsar, confrontar, comparar.

paraninfo *m.* {en universidades} salón de actos.

paranoia *f.* manía, obsesión, monomanía.

paranoico, -ca *adj.* maníaco, monomaníaco.

paranomasia *f.* {entre vocablos} paronomasia, semejanza.

parapetar *tr. prnl.* proteger, resguardar, guarecer. **2** {de un riesgo} precaver.

parapeto *m.* MIL. terraplén, muro, pared, resguardo, defensa, barrera, trinchera, barricada. **2** ARQ. baranda, balaustrada, antepecho, pretil, brocal.

paraplejia *f.* (*tb.* **paraplejía**) MED. parálisis.

parar *tr.* detener, suspender, contener, impedir, obstaculizar, interrumpir, inmovilizar. ANT. promover. **2** demorar, dilatar, retrasar. **3** DEP. {pelota} atajar. **4** *intr.* {movimiento, acción} cesar, concluir, acabar, terminar. ANT. reanudar, comenzar. **5** {cosa} reducirse, convertirse. **6** hospedarse, alojarse, habitar. **7** estacionarse; permanecer. ANT. marchar.

parásito, -ta *adj. s.* BIOL. {animal o vegetal} inquilino, comensal. **2** *adj. m. pl.* {ruido en transmisiones} perturbador. **3** *m.* piojo. **4** {persona} vividor, inútil, gorrista, abusador, aprovechado, explotador.

parasol *m.* quitasol, sombrilla, guardasol.

parca *f.* MIT. deidad. **2** muerte.

parcela *f.* terreno, porción, solar, zona, lote.

parcelación *f.* división.

parcelar *tr.* fraccionar, dividir.

parchar *tr.* emparchar, poner parches.

parche *m.* remedio, cataplasma, apósito, emplasto. **2** remiendo. **3** PINT. pegote, retoque (mal hecho).

parcial *adj.* incompleto, fragmentario, fraccionario, imperfecto. ANT. total. **2** injusto, arbitrario. ANT. imparcial, ecuánime. **3** *adj. s.* partidario, adepto, seguidor, secuaz, partidista. ANT. opositor. **4** *m.* examen.

parcialidad *f.* preferencia, arbitrariedad, inclinación, desigualdad, injusticia, favoritismo, abuso. ANT. equidad, imparcialidad. **2** partido, bando. **3** {trato} familiaridad, amistad.

parcializar *tr.* favorecer.

parco, -ca *adj.* moderado, templado, sobrio, frugal, mesurado, abstemio, abstinente. ANT. desenfrenado, inmoderado. **2** escaso, insuficiente, corto.

pardo, -da *adj.* {color} grisáceo, terroso, ceniciento, plomizo. ANT. vivaz, claro. **2** {día} nublado, oscuro, sombrío, encapotado. **3** {sonido, tono} sordo, opaco. **4** *adj. s.* HIST. *Amer.* mulato, moreno.

pardusco, -ca *adj.* {color} pardo.

pareado *m.* estrofa.

parear *tr.* juntar, igualar, comparar. **2** {cosas} formar pares.

parecer¹ *intr.* {cosa} aparecer, dejarse ver. **2** creer, opinar, pensar, juzgar, considerar. **3** {algo perdido} hallarse, encontrarse. **4** tener aspecto/apariencia. **5** *prnl.* asemejarse, asimilarse, recordar a, parangonarse, equipararse. ANT. diferenciarse. **6** *loc. a*) ~ *bien algo:* tener buena disposición. b) *loc.* ~ *bien algo:* ser plausible, ser acertado.

parecer² *m.* opinión, dictamen, concepto, juicio, idea, creencia, entender. **2** {cuerpo, facciones} orden, disposición. **3** *loc. tomar* ~: tomar consejo.

parecido, -da *adj.* semejante, similar, análogo, paralelo, pariente, afín, comparable. ANT. diferente. **2** *m.* semejanza, similitud, aire, afinidad, parentesco. ANT. diferencia. **3** *loc. ser bien* ~: ser atractivo, tener buena disposición.

pared *f.* muro, tapia, parapeto, tabique, paredón, muralla.

pareja *f.* par, duplo, dúo, yunta. ANT. unidad. **2** compañero, compañera, acompañante.

parejo, -ja *adj.* liso, nivelado, uniforme, llano. ANT. disparejo. **2** semejante, igual, parecido, par, similar, análogo. ANT. dispar, diferente.

parentela *f.* familia, allegados, gente, parientes, deudos. ANT. extraños.

parentesco *m.* {personas} consanguinidad, conexión, relación, afinidad, alianza, vínculo, cognación, familia. **2** {cosas} unión, semejanza, vínculo.

paréntesis *m.* interrupción, suspensión, digresión.

paridad *f.* equivalencia, correspondencia, igualdad, paralelismo, similitud. ANT. disparidad, desemejanza.

pariente, -ta *adj. s.* allegado, familiar, consanguíneo, deudo, agnado, cognado. ANT. extraño. **2** *col.* parecido, semejante.

parihuela *f.* (*tb. pl.*) camilla, andarillas, andas.

parir *intr. tr.* concebir, dar a luz, engendrar, alumbrar, traer al mundo, procrear. **2** {aves} aovar, poner huevos. **3** *tr.* inventar, idear, concebir, crear, producir.

parisiense *adj. s.* parisino, parisién.

parlamentar *intr.* hablar, dialogar, consultar, conversar, conferenciar, tratar, negociar, discutir, debatir, entrevistarse, concertar, pactar.

parlamentario, -ria *adj. s.* diputado, representante.

parlamento *m.* congreso, senado, cámara, asamblea, diputación. **2** razonamiento, discurso. **3** TEAT. intervención, diálogo, parte.

parlanchín, -ina *adj. s.* charlatán, hablador, palabrero, cotorra, verboso, lenguaraz, locuaz. ANT. silencioso, callado.

parlante *m.* Amér. Sur altavoz.

parlar *intr.* hablar, parlotear, conversar, charlar. ANT. callar.

parlotear *intr.* hablar, cotorrear, conversar, charlar.

parloteo *m.* cháchara, palique, charla, conversación.

paro *m.* suspensión, interrupción, inmovilidad, detención, cesación. ANT. acción, movimiento. **2** inactividad, huelga. **3** holganza, desocupación, cesantía, desempleo. ANT. ocupación.

parodia *f.* imitación burlesca, reproducción, burla, sátira, remedo, farsa, copia, simulacro, caricatura.

parodiar *tr.* imitar, remedar.

paroxismo *m.* MED. {enfermedad} exacerbación. **2** MED. síncope, accidente. **3** {afectos, pasiones} exaltación, efervescencia, fogosidad. ANT. sosiego.

paroxítono, -na *adj. s.* FON. llano.

parpadear *intr.* {cuerpo luminoso} oscilar, vacilar.

parque *m.* jardín, bosque, vergel, prado, arboleda, campo. ANT. páramo. **2** {para servicio público} instrumental, bártulos, aparejos, instrumentos, materiales.

parquear *tr.* Amer. {vehículo} estacionar, aparcar.

parquedad *f.* moderación, continencia, templanza, prudencia, sobriedad, frugalidad. ANT. desmesura, imprudencia.

parqueo *m.* Amer. aparcamiento.

parrafada *f. col.* conversación, discurso, charla. **2** confidencia, secreteo.

párrafo *m.* GRAM. parágrafo, aparte, división, apartado, artículo.

parranda *f.* fiesta, farra, diversión, jaleo, juerga, jolgorio, festín, jarana.

parricida *adj. s.* asesino, criminal.

parrilla *f.* plancha, placa de hierro, asador, barbacoa.

párroco *m. adj.* sacerdote, cura.

parroquia *f.* feligresía, congregación, fieles. **2** iglesia. **3** asiduos, consumidores, clientes, parroquianos, clientela.

parroquiano, -na *adj. s.* feligrés. **2** *s.* cliente, consumidor, comprador, público.

parsimonia *f.* lentitud, pachorra, flema, frialdad, calma, tranquilidad. ANT. dinamismo. **2** moderación, parquedad, ahorro, prudencia, templanza, frugalidad, mesura, circunspección. ANT. inmoderación, exceso.

parsimonioso, -sa *adj.* flemático, lento, cachazudo. ANT. dinámico. **2** ahorrativo, cicatero. ANT. dadivoso.

parte *f.* fragmento, pedazo, trozo, partícula, segmento, fracción, sección, división. ANT. totalidad. **2** lugar, sitio, paraje, lado, punto, dirección, zona. **3** etapa, fase, período. **4** porción, cantidad, cuota, partición, participación. **5** facción, secta, bandería. **6** {de la historia} época. **7** {asunto, cosa} aspecto; lado. **8** {diálogo} persona/s, grupo/s. **9** {actor} papel, actuación. **10** adversario, contrincante, oponente. **11** *pl.* órganos genitales. **12** partidos, facciones. **13** *m.* noticia, comunicación, aviso, comunicado, orden, notificación. **14** telegrama, correo, despacho. **15** *loc.* **a)** *dar* ~: notificar, avisar, comunicar. **b)** *loc. dar* ~: dar participación.

partenogénesis *f.* BIOL. {animales, plantas} reproducción, división celular.

partera *f.* comadrona, comadre, matrona.

parterre *m.* jardín.

partición *f.* división, fragmentación, reparto, repartición, distribución, partimiento, fraccionamiento. ANT. unión.

participación *f.* noticia, parte, aviso. **2** contribución, aportación, cooperación, intervención, colaboración.

participante *adj. s.* componente, elemento, integrante. **2** colaborador, coautor, socio.

participar *intr.* colaborar, cooperar, contribuir, compartir, intervenir, asociarse. ANT. abstenerse. **2** {una parte} recibir. **3** {opiniones, ideas} compartir. **4** {sociedad, negocio} tener parte. **5** *tr.* comunicar, informar, notificar, noticiar, avisar, advertir, hacer saber, dar parte.

partícipe *adj. s.* participante.

partícula *f.* parte, pizca, porción, migaja, brizna. ANT. totalidad. **2** molécula, átomo, corpúsculo. **3** GRAM. {de la oración} parte invariable.

particular *adj.* peculiar, característico, propio, personal, privativo, individual. ANT. general. **2** singular, extraordinario, extraño, especial. ANT. común. **3** *m.* materia, punto, asunto, cuestión.

particularidad *f.* propiedad, rasgo, personalidad, idiosincrasia. **2** singularidad, individualidad, especialidad, peculiaridad, originalidad. ANT. generalidad. **3** detalle, pormenor.

particularismo *m.* individualismo.

particularizarse *prnl.* individualizarse, distinguirse, singularizarse.

particularmente *adv.* en especial, especialmente.

partida *f.* marcha, arranque, salida, ida, viaje, arrancada, retirada, despedida. ANT. llegada. **2** registro, fe, anotación, certificación. **3** cuadrilla, pandilla, banda, facción. **4** juego, mano, partido, jugada. **5** porción, parte, cantidad. **6** muerte, fallecimiento, defunción.

partidario, -ria *adj. s.* simpatizante, adepto, seguidor, aficionado, incondicional. ANT. rival, enemigo.

partidista *adj.* sectario.

partido *m.* agrupación, asociación, secta, grupo, bando, congregación. **2** ventaja, beneficio, utilidad, provecho, conveniencia, lucro. ANT. pérdida. **3** protección, favor, amparo. **4** juego, mano, partida, competición. **5** decisión, postura, determinación, resolución. **6** distrito, jurisdicción, territorio.

partimiento *m.* partición, fragmentación, reparto, división, fraccionamiento.

partiquino, -na *s.* cantante, figurante, extra, comparsa.

partir *tr.* cortar, hender, dividir, fracturar, romper, fragmentar, quebrar, separar, fraccionar, escindir. ANT. pegar. **2** distribuir, repartir. **3** *intr.* marcharse, irse, salir, ausentarse. ANT. llegar, volver, quedarse.

partitura *f.* texto musical.

parto *m.* nacimiento, alumbramiento.

parvada *f.* pollada.

parvedad *f.* pequeñez, poquedad, cortedad, miseria, parvidad, escasez. ANT. abundancia.

parvo, -va *adj.* escaso, corto, diminuto, limitado, pequeño, reducido. ANT. abundante.

párvulo, -la *adj. s.* niño, chiquillo, criatura, infante, pequeño, crío. **2** *adj.* inocente, cándido. ANT. taimado.

pasa *f.* uva seca.

pasadero, -ra *adj.* aceptable, llevadero, soportable, admisible, tolerable. ANT. insoportable.

pasadizo *m.* pasillo, galería, corredor, pasaje, túnel, angostura.

pasado, -da *s.* remoto, lejano, anterior, pretérito, caducado. ANT. actual. **2** *m.* antigüedad, ayer, historia. ANT. presente. **3** *f. col.* trastada, deslealtad, mal comportamiento. **4** *adj.* estropeado, ajado, rancio, podrido, marchito. ANT. sano, fresco.

pasador *m.* prendedor, alfiler, broche, imperdible. **2** botón. **3** cerrojo, pestillo, falleba, picaporte, barra.

pasaje *m.* pasadizo, túnel, angostura, paso. **2** {libro, escrito} texto, trozo, fragmento. **3** boleto, billete.

pasajero, -ra *adj. s.* viajero, turista, excursionista, transeúnte. **2** *adj.* breve, corto, fugaz, efímero, momentáneo, temporal, transitorio, perecedero, huidizo. *ANT.* permanente.

pasamano *m.* barandal, barandilla, balaustrada, asidero.

pasaporte *m.* permiso, documento, visado, salvoconducto, pase, licencia.

pasar *intr.* acontecer, acaecer, suceder, ocurrir, devenir. **2** transitar, atravesar, traspasar, circular, recorrer, desfilar, cruzar. *ANT.* detenerse. **3** contagiarse, extenderse, comunicarse. **4** {cosa} trocarse, mudarse. **5** {noticia} correr, circular. **6** {tiempo} ocupar. **7** morir, fallecer. **8** {calamidades} tolerar, padecer, sufrir, soportar. **9** dispensar, admitir, disimular, tolerar, perdonar. *ANT.* rechazar. **10** *intr. prnl.* aventajar, sobrepasar, exceder, rebasar. **11** acabarse, cesar, concluir. **12** *tr.* colar, filtrar, tamizar, cerner. **13** trasladar, conducir, llevar. **14** enviar, transmitir. **15** *tr., intr.* transferir. **16** {comida} deglutir. **17** {objeto} introducir. **18** callar, omitir. **19** {película} proyectar, presentar. **20** DEP. {pelota} entregar, lanzar. **21** *prnl.* excederse, desmedirse, extralimitarse, exagerar. **22** estropearse, podrirse; marchitarse, ajarse. **23** {de la memoria} olvidarse, borrarse. **24** {líquido} rezumar, gotear. **25** *loc.* ~ *en blanco:* omitir, no mencionar. **26** *loc.* **a)** ~ *de largo:* atravesar sin detenerse. **b)** *loc.* ~ *de largo:* no reflexionar, no reparar.

pasarela *f.* puente, tabla, plancha. **2** tarima, pasillo.

pasatiempo *m.* entretenimiento, solaz, recreación, diversión, distracción, esparcimiento, juego.

pase *m.* permiso, aval, autorización, licencia, salvoconducto, pasaporte.

paseante *adj. s.* caminante, excursionista.

pasear *intr. prnl.* caminar, errar, andar, callejear, deambular, rondar, circular.

paseo *m.* caminata, salida, excursión, viaje. **2** avenida, alameda, calle, vía, ronda, camino.

pasillo *m.* pasadizo, corredor, pasaje, paso.

pasión *f.* ardor, ímpetu, vehemencia, emoción, arrebato. *ANT.* indiferencia. **2** sufrimiento, padecimiento, perturbación. **3** apetito, afición, entusiasmo, predilección, inclinación. *ANT.* desdén.

pasional *adj.* apasionado, ardiente, entusiasta, vehemente. *ANT.* flemático.

pasividad *f.* insensibilidad, indiferencia, impasibilidad, inacción. *ANT.* actividad.

pasivo, -va *adj.* inactivo, estático, inerte, inmóvil. *ANT.* activo. **2** apático, indiferente, neutral. *ANT.* participativo.

pasmado, -da *adj.* distraído, asombrado, maravillado, confuso, embobado, aturdido, atónito, cautivado, absorto, alelado.

pasmar *tr. prnl.* asombrar, maravillar, sobrecoger, aturdir, extasiar, perturbar, embelesar, alelar, enajenar. **2** congelar, enfriar, helar. **3** tullir, paralizar, inmovilizar. *ANT.* mover.

pasmoso, -sa *adj.* maravilloso, asombroso, admirable, portentoso, formidable, estupendo, prodigioso, sorprendente, extraordinario. *ANT.* común, ordinario.

paso *m.* zancada, movimiento, tranco, trancada, tránsito, marcha. **2** camino, vereda, senda, desfiladero. **3** huella, estampa, señal, rastro. **4** licencia, transferencia, concesión. **5** diligencia, trámite. **6** acceso, pasaje, comunicación, abertura. **7** {de un libro} pasaje, cláusula. **8** acción, acto. **9** {en la ropa} puntada larga. **10** trance, conflicto. **11** *loc.* **mal** ~: lío, dificultad, problema. **12** *loc.* **abrir** ~: abrir camino, despejar.

pasota *adj. s. col.* indiferente.

paspartú *m.* orla de cartón, cartulina.

pasquín *m.* escrito anónimo, sátira. **2** *Amér. Cent.* {de mala calidad} diario, revista, semanario.

pasta *f.* masa, mezcla, argamasa, mazacote. **2** {libro} encuadernación. **3** {persona} aptitud, carácter, cualidades, disposición. **4** galleta, bizcocho. **5** *col.* dinero, moneda corriente.

pastar *tr.* {ganado} llevar, pastorear, conducir. **2** *tr. intr.* {ganado} apacentar, pacer, rumiar, herbajar, tascar.

pastel *m.* torta, bollo, empanada, dulce, pastelillo. **2** pintura al pastel. **3** *col.* convenio secreto, componenda, chanchullo, manejo, gatuperio, apaño.

pastelear *intr. col.* contemporizar, transigir.

pastilla *f.* tableta, gragea, comprimido, píldora, medicamento. **2** golosina.

pastizal *m.* pastura, pastaje, pradera, prado.

pasto *m.* hierba, prado, pradera, pastizal. **2** pábulo. **3** sustento, insumo, material, alimento.

pastor, -ra *s.* cabrero, ovejero, vaquero, zagal. **2** cura, eclesiástico, sacerdote, obispo.

pastorear *tr.* apacentar.

pastoril *adj.* bucólico.

pastoso, -sa *adj.* viscoso, espeso, denso, fangoso, grumoso. *ANT.* duro, seco.

pastura *m.* pastizal, pasto, hierba.

pata *f. col.* {persona} pierna. **2** {animal} pie, pierna, zanca, gamba, extremidad, remo.

patada *f.* puntapié, coz, golpe.

patalear *intr.* patear, cocear.

pataleo *m.* patada, pateo. **2** desagrado, queja, protesta, reproche.

pataleta *f. col.* enfado, coraje, rabieta, disgusto, enojo, berrinche. **2** convulsión.

patán *m. col.* grosero, burdo, rudo, descortés, paleto, tosco, ordinario, palurdo, zafio. *ANT.* educado, refinado.

patanería *f.* ignorancia, simpleza, grosería, zafiedad, descortesía, incorrección, descomedimiento, inconveniencia. *ANT.* educación, delicadeza.

patatús *m.* ataque, soponcio, desmayo, síncope, vahído, desfallecimiento.

patear *tr.* cocear, patalear, golpear, agredir, pegar, sacudir. **2** {espectáculos} protestar, reprobar. *ANT.* ovacionar. **3** humillar, despreciar, maltratar. **4** *intr. prnl. col.* andar, recorrer, caminar.

patente *adj.* manifiesto, visible, evidente, palpable, perceptible, notorio, claro. *ANT.* incierto, oculto. **2** *f.* patente de invención, licencia, cédula, registro, certificado, documento, título. **3** *Amér. Sur* {vehículo} matrícula, placa. **4** *loc.* ~ *de corso:* autorización supuesta, atribución prohibida.

patentizar *tr.* demostrar, evidenciar, exponer, mostrar, significar, representar, revelar, exteriorizar, probar. *ANT.* ocultar, esconder.

pateo *m. col.* pateadura, pataleo. **2** desaprobación.

paternal *adj. ver* **paterno, -na.**

paterno, -na *adj.* paternal. **2** benigno, afectuoso, benévolo, comprensivo, indulgente. *ANT.* intransigente, severo.

patético, -ca *adj.* dramático, lastimero, conmovedor, trágico, emocionante, turbador, enternecedor, trastornador, impresionante. *ANT.* alegre, gozoso. **2** ridículo, exagerado, melodramático. *ANT.* sobrio.

patibulario, -ria *adj.* repugnante, horripilante, terrible, espantoso, horroroso, horrible, siniestro.

patíbulo *m.* tablado, cadalso, estrado, plataforma.

patidifuso, -sa *adj. col.* inanimado, exánime, inmóvil, inerte. **2** admirado, sorprendido, asombrado, pasmado.

pátina *f.* barniz, capa. **2** tono.

patinar *intr.* deslizarse, derrapar, escurrirse, resbalar. **2** esquiar. **3** *col.* pifiar, errar, equivocarse. *ANT.* acertar.

patio *m.* cercado, vallado, corral.

patitieso, -sa *adj. col.* maravillado, atónito, asombrado, estupefacto, pasmado.

pato *m.* ganso, ánade, ánsar, oca, ave. **2** *m. adj.* patoso, insulso, soso.

patochada *f.* grosería, sandez, patanería, desatino, zafiedad, disparate, despropósito, majadería.

patoso, -sa *adj.* desmañado, insulso, torpe, pato.

patraña *f.* mentira, embuste, cuento, falacia, invención, farsa, infundio, engaño, enredo, calumnia. *ANT.* verdad.

patria *f.* país, tierra, suelo, nación, pueblo, cuna. **2** origen, procedencia, nacionalidad.

patriarca *m.* jefe, guía, autoridad, cabeza. **2** {orden religiosa} fundador.

patricio, -cia *adj.* prócer, aristócrata, noble, notable. *ANT.* plebeyo.

patrimonio *m.* bienes, riqueza, hacienda, fortuna, capital. **2** herencia, sucesión, legado, propiedad.

patriotería *f.* chauvinismo.

patriotismo *m.* nacionalismo, civismo. *ANT.* antipatriotismo.

patrocinador, -ra *adj. s.* protector, padrino, bienhechor, favorecedor.

patrocinar *tr.* auspiciar, facilitar, amparar, apoyar, apadrinar, promocionar, respaldar, impulsar, proteger, favorecer. *ANT.* desamparar. **2** pagar, financiar, sufragar.

patrocinio *m.* auxilio, favor, protección, apoyo, amparo.

patrón, -ona *s.* dueño, señor, jefe, patrono, director. **2** protector, defensor, amparador. **3** *m.* molde, modelo, horma, pauta, norma, ejemplo, prototipo.

patronímico *m.* apellido, nombre.

patrono, -na *s.* patrón, dueño, jefe, señor, director. **2** protector, amparador, defensor.

patrulla *f.* ronda, vigilancia, recorrido. **2** cuadrilla, destacamento, piquete, escuadra, pelotón, partida.

paulatino, -na *adj.* gradual, lento, pausado, tardo, escalonado, progresivo, despacioso, acompasado. *ANT.* acelerado.

paupérrimo, -ma *adj.* misérrimo, muy pobre. *ANT.* riquísimo.

pausa *f.* interrupción, intervalo, alto, intermedio, tregua, detención, espera, parada. *ANT.* continuación. **2** lentitud, parsimonia, calma, flema, tardanza. *ANT.* rapidez. **3** *Mús.* silencio.

pausado, -da *adj.* lento, paulatino. **2** tardo, reposado, lánguido, apático, indolente, calmoso, flemático, pesado. *ANT.* activo.

pausar *intr. tr.* {movimiento, acción} retardar, interrumpir.

pauta *f.* regla, molde, patrón, norma, guía. **2** ejemplo, modelo, paradigma, dechado.

pávido, -da *adj.* POÉT. temeroso, miedoso, espantado, tímido, aterrorizado. *ANT.* impávido.

pavimentar *tr.* asfaltar, enlosar, adoquinar, empedrar, embaldosar, enladrillar.

pavimento *m.* suelo, piso, asfalto, adoquinado, embaldosado, enladrillado, empedrado, calzada.

pavón *m.* pavo real. **2** óxido.

pavonearse *intr. prnl.* ostentar, envanecerse, vanagloriarse, jactarse, engreírse, presumir, fanfarronear.

pavor *m.* terror, temor, pavura, pánico, horror, miedo, espanto. *ANT.* valentía.

pavoroso, -sa *adj.* espantoso, terrorífico, terrible, escalofriante, horroroso, aterrador, horrible, espeluznante.

payasada *f.* bufonada, ridiculez, tontería, extravagancia.

payaso, -sa *s.* bufón, caricato, gracioso, cómico, clon. **2** *adj.* ridículo, necio, poco serio. *ANT.* serio.

paz *f.* calma, tranquilidad, reposo, sosiego, descanso, quietud, serenidad. *ANT.* agitación. **2** concordia, armonía, acuerdo, amistad, avenencia. *ANT.* guerra, discordia. **3** {entre gobernantes} convenio, tratado. **4** reconciliación.

pazguato, -ta *adj. s.* necio, abobado, bobalicón, papanatas, imbécil, tonto, bobo, simple. *ANT.* inteligente, listo.

peana *f.* basa, pedestal.

peaje *m.* derecho de tránsito, tarifa, impuesto, tasa. **2** casilla.

peatón, -ona *s.* transeúnte, caminante, paseante, andante.

pebetero *m.* sahumador, perfumador, perfumadero, recipiente.

peca *f.* mancha, lunar.

pecado *m.* falta, culpa, infracción, yerro, transgresión, desliz, debilidad, caída, tentación. *ANT.* virtud. **2** exceso, vicio, libertinaje. *ANT.* moderación.

pecador, -ra *adj. s.* infractor, transgresor. *ANT.* inocente. **2** extraviado, vicioso. *ANT.* virtuoso. **3** reincidente, contumaz, impenitente.

pecar *intr.* errar, faltar, caer. **2** {preceptos} transgredir, violar. *ANT.* arrepentirse. **3** {persona} degradarse, corromperse. **4** aficionarse, inclinarse. **5** {normas} apartarse.

pecarí *m. Amér. Sur* saíno, jabalí, puerco salvaje.

pechero *m.* babero, babador.

pecho *m.* torso, tórax, busto. **2** senos, tetas, mamas, busto. **3** interior, alma. **4** valor, coraje, fortaleza, esfuerzo. *ANT.* cobardía. **5** {de la voz} sostenimiento, calidad, duración.

pecíolo *m.* (*tb.* **peciolo**) BOT. {de la hoja} pezón, rabo.

pécora *f.* animal, bestia, res, cabeza (de ganado). **2** *col.* taimado, astuto, ladino, perverso, truhán, pícaro, malvado. **3** *col.* prostituta, puta.

pectoral *m.* dorsal.

peculiar *adj.* característico, particular, singular, privativo, propio, distintivo, típico. *ANT.* corriente, vulgar.

peculiaridad *f.* carácter, estilo. **2** particularidad, cualidad, característica. *ANT.* generalidad.

peculio *m.* capital, dinero, fondos, bienes, caudal, hacienda, patrimonio.

pecunia *f.* moneda, dinero.

pecuniario, -ria *adj.* monetario.

pedagogía *f.* enseñanza, formación, instrucción, aleccionamiento, educación. **2** metodología, didáctica.

pedagogo, -ga *s.* educador, maestro, instructor, profesor.

pedante *adj. s.* presumido, petulante, afectado, fatuo, engreído, sabihondo, sabelotodo, vano. *ANT.* sencillo.

pedazo *m.* fragmento, pizca, trozo, porción, fracción, parte. *ANT.* totalidad.

pederastia *f.* abuso sexual. **2** sodomía.

pedernal *m.* cuarzo. **2** {cosa} dureza.

pedestal *m.* base, cimiento, soporte, plataforma, podio, zócalo. **2** apoyo, fundamento.

pedestre *adj.* a pie. **2** vulgar, ramplón, llano, bajo, inculto. *ANT.* noble.

pedido *m.* solicitud, demanda, petición, encargo.

pedir *tr.* solicitar, requerir, exigir, demandar. *ANT.* dar, ofrecer. **2** {mercancía} poner precio. **3** apetecer, desear, querer. **4** rogar, implorar, suplicar, impetrar. *ANT.* dar.

pedo *m.* ventosidad, viento.

pedrada *f.* golpe, golpazo, guijarrazo. **2** indirecta, sátira.

pedregal *m.* pedriscal, cantera, peñascal.

pega *f.* pegadura, adhesión. **2** pegamento, engrudo. **3** {vestido} remiendo, parche. **4** pregunta capciosa. **5** dificultad, reparo, contratiempo, obstáculo. *ANT.* facilidad. **6** *col.* burla, engaño, broma, chasco. **7** paliza, zurra.

pegadizo, -za *adj.* pegajoso. **2** contagioso, infeccioso. **3** artificial, postizo.

pegado, -da *adj.* adosado, adjunto, unido.

pegajoso, -sa *adj.* adherente, pegadizo, glutinoso, pringoso, viscoso, untuoso, gelatinoso, aceitoso, grasoso. *ANT.* resbaloso. **2** contagioso, transmisible. **3** *col.* meloso, empalagoso, insistente, importuno, fastidioso, obsequioso.

pegamento *m.* cola, goma, adhesivo, engrudo.

pegar *tr.* maltratar, aporrear, castigar, zurrar, golpear. *ANT.* acariciar. **2** adherir, aglutinar, encolar, engomar, juntar, soldar, fijar, unir. *ANT.* despegar. **3** {enfermedad} contagiar, transmitir, infectar, contaminar. **4** adosar, arrimar. **5** *tr.* {planta} echar raíces, arraigar. **6** *intr.* {cosa} impresionar, afectar. **7** {cosa} armonizar. **8** tropezar. **9** {luz, Sol} caer, incidir. **10** {verso} rimar. *ANT.* discordar. **11** *prnl.* pelearse, reñir. **12** aficionarse, inclinarse.

pegote *m.* {obra literaria} intercalación, adición, remiendo. **2** bizma, cataplasma, emplasto. **3** *col.* parche. **4** {persona} impertinente, imprudente.

peinado *m.* tocado.

peinar *tr. prnl.* {cabello} desenredar, componer, alisar. *ANT.* despeinar. **2** {lana, pelo} cardar, carmenar. **3** {territorio} inspeccionar, registrar, rastrear. **4** rozar, tocar.

pelado, -da *adj.* calvo, mondo, lirondo, lampiño. *ANT.* peludo. **2** despejado, desnudo. *ANT.* cubierto. **3** árido, desértico, yermo, infértil. *ANT.* fértil. **4** indigente, necesitado, pobre. *ANT.* rico.

pelafustán, -ana *s. col.* pelagatos, mediocre, insignificante, cualquiera.

pelagatos *m. ver* **pelafustán, -ana.**

pelaje *m.* pelo.

pelambre *amb.* pelaje, lanosidad, melena, pelambrera, pelo.

pelandusca *f. col.* prostituta, ramera, puta.

pelar *tr. prnl.* rapar, afeitar, cortar, trasquilar, depilar. **2** *tr.* mondar, descascarar, descortezar. **3** {animal} despellejar. **4** vituperar, murmurar, criticar. **5** *col.* desplumar, dejar sin dinero.

peldaño *m.* grada, escalón, paso.

pelea *f.* contienda, batalla, reyerta, pendencia, altercado, disputa, lucha, combate, riña, lid, pugna, enfrentamiento. *ANT.* paz, concordia. **2** disgusto, enemistad, indisposición, desavenencia. *ANT.* amistad.

pelear *intr. prnl.* contender, reñir, combatir, batallar. **2** {animales} luchar. **3** {cosas} oponerse. **4** {pasiones} combatir. **5** trabajar, resistir, afanarse. **6** *prnl.* enemistarse, indisponerse, desavenirse.

pelechar *intr.* {animal} echar pelo. **2** {ave} cambiar plumas. **3** {persona} progresar, mejorar, prosperar, acrecentar. *ANT.* empeorar.

pelele *m.* monigote, muñeco, fantoche, títere, marioneta. **2** *col.* simple, tonto, bobo, estúpido, inútil.

peliagudo, -da *adj.* {asunto, negocio} difícil, complicado, arduo, dificultoso, intrincado, enrevesado. *ANT.* fácil. **2** {persona} mañoso, sutil, hábil. *ANT.* torpe.

película *f.* cinta, filme. **2** membrana, hollejo, tela, piel, cutícula.

peligrar *intr.* correr riesgo, arriesgarse, exponerse. *ANT.* asegurarse.

peligro *m.* riesgo, amenaza, contingencia, exposición, inseguridad. *ANT.* seguridad.

peligroso, -sa *adj.* expuesto, arriesgado, riesgoso, aventurado. *ANT.* seguro. **2** pernicioso, perjudicial, nocivo, dañino. *ANT.* inofensivo. **3** feroz, agresivo, incontrolable. *ANT.* inocuo.

pellejo *m.* cuero, pelleja, piel. **2** odre. **3** cáscara, hollejo. **4** *col.* ebrio, bebedor, beodo.

pellizco *m.* repizco. **2** porción, pizca, poco.

pelmazo, -za *s.* pelma, tedioso, pesado, cargante, aburrido, latoso, molesto, importuno, fastidioso. *ANT.* agradable, grato.

pelo *m.* filamento. **2** cabello, vello, lanosidad, melena, pelambrera, pelaje, mechón, hebra, cerda, fibra. **3** nimiedad, nadería, insignificancia.

pelón, -ona *adj. s.* calvo, pelado, lampiño. **2** *col.* pobre, necesitado. **3** *f.* alopecia, pelambrera.

pelota *f.* bola, balón, esfera, esférico. **2** juego. **3** *com.* adulador, zalamero, lisonjeador, adulón, servil.

pelotazo *m.* balonazo.

pelotera *f.* pelea, riña, reyerta, camorra, pendencia, altercado, revuelta, bronca, contienda, trifulca, gresca.

pelotillero, -ra *adj.* zalamero, lisonjeador, adulador, servil, lisonjero.

pelotón *m.* MIL. patrulla, partida, tropa. **2** DEP. {ciclismo} grupo, equipo. **3** {personas} tropel, muchedumbre, gentío. **4** conjunto de pelos, enredo.

pelotudo, -da *adj. vulg. Amér. Sur* imbécil, estúpido, torpe.

peluca *f.* postizo, bisoñé, peluquín, añadido. **2** *col.* reprimenda, reprensión, regaño.

peluche *m.* felpa. **2** juguete.

peludo, -da *adj.* velludo, lanoso, cabelludo, hirsuto. **2** *Amer.* difícil, arduo, trabajoso.

peluquear *tr. prnl. col. Amér.* cortar el pelo. **2** *tr. col. Col.* desplumar, dejar sin dinero.

peluquero *s.* barbero, peinador.

peluquín *m.* peluca.

pelusa *f.* vello tenue, pelusilla, pelo, lanosidad. **2** polvo, mugre, suciedad. **3** envidia, celos.

pena *f.* tristeza, aflicción, tormento, desconsuelo, dolor, pesar, desaliento, sufrimiento, congoja, duelo, angustia, pesadumbre. *ANT.* alegría. **2** castigo, corrección, condena, penalidad, sanción, correctivo. *ANT.* indulto. **3** trabajo, agobio, esfuerzo, fatiga, dificultad. *ANT.* descanso, alivio. **4** *Amer.* vergüenza, timidez.

penacho *m.* copete, cresta, moño, cimera, plumero, airón. **2** *col.* soberbia, presunción, vanidad. *ANT.* sencillez.

penado, -da *s.* presidiario, encarcelado, preso, cautivo, forzado, recluso, condenado, prisionero.

penal *adj.* penitenciario, penable, punitivo. **2** *m.* presidio, prisión, cárcel, penitenciaría. **3** *Amér. Sur* {fútbol} penalti, sanción, pena máxima.

penalizar *tr.* sancionar, castigar.

penalti *m.* {fútbol} falta, sanción, castigo, pena máxima.

penar *tr. prnl.* sancionar, condenar, escarmentar, castigar, multar. *ANT.* perdonar, disculpar. **2** *intr.* sufrir, padecer, angustiar, dolerse, soportar, tolerar. ANT. alegrarse. **3** ansiar, desear. **4** prnl. acongojarse, afligirse.

pendencia f. riña, altercado, contienda, pelea, disputa, trifulca, revuelta, gresca, querella, camorra, pelotera, reyerta.

pendenciero, -ra adj. altercador, provocador, bravucón, camorrista, belicoso, reñidor. ANT. pacífico.

pender intr. colgar, estar suspendido, gravitar, suspender, oscilar. **2** depender, subordinarse.

pendiente adj. colgante, suspendido, que pende. **2** {terreno} inclinado, en declive. **3** suspenso, inacabado, diferido, inconcluso, prorrogado, incompleto, indefinido. ANT. acabado, concluso. **4** {persona} atento, preocupado. **5** m. arete, colgante, aro, zarcillo, arracada; joya. **6** f. cuesta, subida, desnivel, inclinación, rampa, declive, bajada, caída. ANT. llano.

pendón m. estandarte, insignia, bandera, divisa, enseña. **2** adj. s. desp. col. {persona} desordenado, calavera, disoluto. **3** m. {mujer} prostituta.

péndulo m. {de reloj} péndola.

pene m. falo, verga, miembro viril, órgano masculino.

penetración f. inteligencia. **2** agudeza, sutileza, perspicacia.

penetrante adj. {en general} agudo, intenso, hondo, fuerte, subido, profundo, elevado. ANT. débil. **2** {voz, sonido} agudo, alto, resonante, estridente, estrepitoso. ANT. bajo. **3** {humor, ironía} mordaz, sutil, incisivo, perspicaz, agudo, inteligente.

penetrar tr. intr. prnl. {un cuerpo} meter, introducir, entrar, insertar, pasar, ingresar. ANT. sacar, salir. **2** traspasar, clavarse. ANT. extraer. **3** impregnar, calar, empapar, embeber. ANT. rezumar. **4** entender, comprender, empaparse, captar, descifrar. ANT. ignorar. **5** tr. poseer (sexualmente).

penitencia f. pena, castigo, penalidad, expiación, condena, disciplina, mortificación. ANT. premio.

penitenciaría f. penal, correccional, prisión, cárcel, presidio.

penitente com. arrepentido, confesante, mortificado, disciplinante. ANT. impenitente, contumaz. **2** anacoreta, asceta.

penoso, -sa adj. duro, difícil, arduo, esforzado, dificultoso, trabajoso, laborioso, fatigoso. ANT. fácil. **2** doloroso, deplorable, lastimoso, angustioso, lacrimoso, lamentable, aflictivo, triste. **3** adj. s. Amer. tímido.

pensador adj. reflexivo, pensante, observador, contemplativo. **2** s. erudito, estudioso, sabio, filósofo. ANT. ignorante.

pensamiento m. facultad de pensar, intelecto, mente, entendimiento, juicio, inteligencia, razón, raciocinio, cogitación. **2** idea, concepto. **3** {persona, colectividad} conjunto de ideas. **4** designio, intento, intención, plan, propósito, proyecto. **5** máxima, aforismo, dicho, proverbio, frase, sentencia, refrán, adagio, apotegma.

pensar tr. reflexionar, considerar, meditar, razonar, discurrir, imaginar, cavilar, cogitar, examinar, recapacitar. **2** opinar, juzgar, creer, suponer, entender, sospechar. **3** proyectar, idear, planear, imaginar, fraguar, bosquejar, tratar, intentar.

pensativo, -va adj. absorto, ensimismado, caviloso, reconcentrado, meditabundo, preocupado. ANT. distraído, despreocupado.

pensión f. renta, subsidio, paga, asignación, compensación, retribución, ingreso, estipendio, sueldo, retiro, subvención. **2** fonda, hospedaje, alojamiento, parador, hotel, posada, hostal, albergue.

pensionar tr. sufragar, subvencionar, costear, becar, sustentar, mantener.

penumbra f. sombra, crepúsculo, media luz. ANT. claridad.

penuria f. escasez, privación, necesidad, carencia, estrechez, falta, ausencia, miseria, pobreza, indigencia. ANT. abundancia, riqueza. **2** desventura, desdicha. ANT. ventura.

peña f. roca, peñasco, piedra, peñón, risco, morro. **2** grupo, círculo, tertulia, club.

peñasco m. peñón, risco, farallón, peña, roca.

peñascoso, -sa adj. riscoso, pedregoso, abrupto, rocoso, escabroso, enriscado.

peón m. jornalero, obrero, bracero, trabajador, operario. **2** trompo, peonza. **3** pieza de ajedrez. **4** {persona} subordinado, títere.

peonza f. trompo, perinola, peón.

peor adj. malo, inferior, pésimo, desdeñable, malísimo, deficiente. ANT. mejor. **2** adv. más mal. **3** loc. **tanto ~:** peor todavía.

pequeñez f. tontería, nimiedad, bagatela, futilidad, minucia, nadería, insignificancia, fruslería, pamplina. ANT. importancia. **2** miseria, ruindad, mezquindad. ANT. grandeza, generosidad.

pequeño, -ña adj. diminuto, minúsculo, menudo, ínfimo, reducido. ANT. grande. **2** corto, breve. **3** enano, liliputiense, pigmeo. ANT. gigante, grande. **4** abatido, humilde, miserable. ANT. soberbio. **5** adj. s. niño, infante, párvulo, crío, criatura. ANT. adulto.

per cápita loc. por cabeza, por individuo.

percance m. contratiempo, desastre, perjuicio, contrariedad, accidente, desgracia, incidente. ANT. facilidad.

percatar tr. prnl. considerar, advertir, notar, observar, reparar. **2** prnl. enterarse, conocer, saber, darse cuenta. ANT. ignorar.

percepción f. impresión, captación, apreciación, aprehensión, evocación, sensación. **2** idea, imagen, conocimiento, representación. **3** discernimiento, inteligencia, penetración.

perceptible adj. manifiesto, aparente, claro, evidente, apreciable, patente, visible, notorio, observable, distinguible, palpable, inteligible. ANT. imperceptible.

percha f. gancho, perchero, garfio, colgador, colgadero. **2** estaca, madero, vara.

perchero m. percha.

percibir tr. percatarse, sentir, ver, discernir, darse cuenta, notar, aprehender, advertir, apreciar, distinguir, experimentar. ANT. ignorar. **2** conocer, captar, concebir, entender, comprender, intuir. ANT. ignorar. **3** recaudar, cobrar, recoger, recibir. ANT. pagar.

percudir tr. ensuciar, manchar, deslustrar, empañar, deslucir. ANT. limpiar. **2** {tez} maltratar, ajar.

percusión f. golpe, choque, golpeteo, sacudida, batimiento, porrazo.

percutir tr. golpear, chocar.

perder tr. desperdiciar, malgastar, disipar, dilapidar, derrochar. ANT. conservar. **2** extraviar, olvidar, dejar, descuidar, abandonar, traspapelar. ANT. encontrar. **3** {persona} arruinar, perjudicar, malograr. **4** {cosa} dañar, deslucir, desmejorar. **5** fracasar, ser vencido, ser derrotado. ANT. triunfar, lograr. **6** {a una obligación} faltar. **7** intr. {tela} desteñirse, decolorarse. **8** {aspecto, salud} empeorar, desmejorar. **9** prnl. {rumbo} errar, extraviarse, confundirse, descarriarse, desviarse, desorientarse. ANT. orientarse, encarrilarse. **10** conturbarse, sobresaltarse, cegarse, arrebatarse. ANT. serenarse. **11** viciarse, corromperse, pervertirse, descarriarse. **12** {hilo del discurso o lectura} borrarse. **13** prnl. tr. desaprovechar. **14** prnl. {barco} naufragar, zozobrar, irse a pique. **15** amar mucho, apasionarse. **16** {aguas corrientes} filtrarse, ocultarse.

perdición f. ruina, caída, desolación, destrucción, desgracia, decadencia, pérdida, devastación, infortunio. **2**

pasión. **3** Rel. infierno, condenación. *ANT.* salvación. **4** disipación, libertinaje, vicio, depravación. *ANT.* virtud.

pérdida *f.* privación, carencia. **2** daño, disminución, merma, perjuicio, menoscabo. **3** desorientación, extravío.

perdido, -da *adj.* desorientado, extraviado, confundido, despistado, errante. *ANT.* orientado. **2** *m.* libertino, corrompido, depravado, inmoral, vicioso, condenado. **3** *f.* prostituta, puta.

perdón *m.* indulto, absolución, gracia, amnistía, remisión. *ANT.* condena. **2** piedad, clemencia, compasión, indulgencia. *ANT.* rigor. **3** {de un pago} exención, condonación. *ANT.* recargo, multa.

perdonable *adj.* remisible, disculpable, excusable, eximible, exonerable. *ANT.* imperdonable.

perdonar *tr.* {falta, ofensa} disculpar, amnistiar, absolver, pasar por alto, dispensar, indultar, remitir. *ANT.* condenar. **2** {obligación} eximir, condonar, exceptuar. **3** {a un derecho} renunciar.

perdonavidas *com. col.* matasiete, matón, bravucón, valentón, pendenciero, jactancioso.

perdulario, -ria *adj. s.* descuidado. **2** vicioso, calavera, perdido.

perdurable *adj.* imperecedero, eterno, perpetuo, inmortal, sempiterno, perenne. *ANT.* efímero, fugaz. **2** permanente, constante, duradero.

perdurablemente *adv.* continuamente, incesantemente.

perdurar *intr.* durar, perpetuarse, subsistir, permanecer, mantenerse, conservarse, perseverar, continuar. *ANT.* terminar.

perecedero, -ra *adj.* pasajero, breve, fugaz, transitorio, efímero.

perecer *intr.* morir, acabar, fallecer, expirar, terminar, fenecer, sucumbir, extinguirse. *ANT.* nacer. **2** sufrir, padecer; carecer. *ANT.* gozar. **3** arruinarse, hundirse. **4** *prnl.* desvivirse, ansiar, apetecer, anhelar, desear.

peregrinación *f.* romería, andadura, procesión, travesía, viaje, trayecto.

peregrinaje *m.* ver **peregrinación**.

peregrino, -na *adj. s.* penitente, devoto. **2** *adj.* viajero, caminante. **3** extraño, insólito, raro, singular.

perencejo *m.* perengano.

perendengue *m.* zarcillo, pendiente, arete.

perenne *adj.* eterno, continuo, perdurable, perpetuo, incesante, sempiterno, persistente, permanente, imperecedero. *ANT.* efímero, perecedero.

perennidad *f.* perpetuación, duración, perpetuidad, perdurabilidad.

perentoriedad *f.* prisa, premura, urgencia, apremio. *ANT.* calma.

perentorio, -ria *adj.* terminante, decisivo, determinante, definitivo, concluyente. *ANT.* revocable. **2** urgente, apremiante, apresurado. *ANT.* dilatorio.

pereza *f.* haraganería, molicie, flojera, desidia, indolencia, apatía, holgazanería, desánimo, laxitud. *ANT.* laboriosidad, diligencia. **2** tedio, descuido, tardanza, negligencia, dejadez. *ANT.* esmero.

perezoso, -sa *adj. s.* haragán, flojo, ocioso, descuidado, negligente, indolente, gandul, vago, zángano. *ANT.* trabajador, diligente. **2** pesado, tardo, lento, remolón.

perfección *f.* excelencia, exquisitez, perfeccionamiento, optimización, acabamiento, mejora, culminación. *ANT.* imperfección.

perfeccionamiento *m.* mejora, perfección.

perfeccionar *tr.* mejorar, refinar, enriquecer, afinar, optimizar, pulir. **2** consumar, completar, redondear, ultimar, terminar, rematar, acabar. *ANT.* detener.

perfecto, -ta *adj.* insuperable, intachable, irreprochable, excelente, impecable, sublime, exquisito, supe-

rior, magistral. *ANT.* imperfecto. **2** acabado, cumplido, rematado, completo. *ANT.* incompleto.

perfidia *f.* deslealtad, alevosía, felonía, traición, malignidad. *ANT.* fidelidad, lealtad.

pérfido, -da *adj.* infame, desleal, alevoso, traidor, falaz, perjuro, infiel, insidioso, engañoso, falso. *ANT.* leal, fiel.

perfil *m.* silueta, figura, contorno. **2** rasgos, característica, cualidades, personalidad, peculiaridad. **3** adorno, ribete. **4** *pl.* complementos, retoques.

perfilar *tr.* afinar, componer, rematar, retocar, perfeccionar. **2** esbozar, contornear, delinear. **3** *prnl.* arreglarse, acicalarse, componerse, aderezarse.

perforación *f.* hoyo, orificio, boquete, agujero.

perforar *tr.* agujerear, atravesar, excavar, penetrar, taladrar, horadar, cavar.

perfumado, -da *adj.* oloroso, aromático, odorífero, balsámico, fragante.

perfumar *tr.* embalsamar, aromatizar.

perfume *m.* fragancia, aroma, esencia, bálsamo. *ANT.* hedor.

pericia *f.* habilidad, práctica, destreza, sabiduría, conocimiento, competencia, aptitud, maestría, capacidad, experiencia. *ANT.* impericia.

periclitar *intr.* declinar, decaer. **2** peligrar.

periferia *f.* borde, contorno, circunferencia, perímetro. *ANT.* centro. **2** aledaños, afueras, cercanías.

periférico, -ca *adj.* envolvente, circundante, inmediato, contiguo, adyacente, próximo, lindante. *ANT.* interno.

perífrasis *f.* Ret. circunlocución, circunloquio, giro, rodeo, ambigüedad.

perímetro *m.* periferia, contorno, límite, borde, circunferencia, ámbito. *ANT.* centro.

perínclito, -ta *adj.* insigne, ínclito, heroico, grande, ilustre, célebre, famoso, afamado, renombrado. *ANT.* ignorado.

perinola *f.* peonza.

periódicamente *adv.* regularmente, alternativamente. *ANT.* continuamente.

periódico, -ca *adj.* regular, habitual, fijo, reiterado. *ANT.* irregular. **2** *m.* diario, publicación, gaceta, heraldo, boletín.

periodista *com.* reportero, redactor, articulista, editorialista, corresponsal, cronista.

período *m.* (tb. **periodo**) lapso, ciclo, fase, etapa, espacio, época. **2** menstruación, regla, menstruo, ciclo menstrual.

peripatético, -ca *adj. s.* aristotélico. **2** *adj. col.* grotesco, extravagante, ridículo.

peripecia *f.* accidente, incidente, suceso, percance, caso, ocurrencia, lance, contratiempo. **2** aventura, andanza.

periplo *m.* recorrido, trayectoria, camino, viaje, excursión. **2** circunnavegación.

peripuesto, -ta *adj.* compuesto, arreglado, acicalado, emperifollado, ataviado.

perístasis *f.* Ret. {de un discurso} tema, asunto, argumento.

peritaje *m.* peritación, valoración, estudio, evaluación, control, investigación. **2** resultado, informe.

perito, -ta *adj.* experto, experimentado, versado, práctico, avezado, técnico, conocedor, competente, hábil, diestro. *ANT.* inexperto.

perjudicar *tr. prnl.* dañar, menoscabar, damnificar, desfavorecer, lesionar. *ANT.* beneficiar. **2** obstruir, estorbar, impedir. *ANT.* facilitar.

perjudicial *adj.* malo, dañoso, maligno, nocivo, insano, negativo, desventajoso, lesivo, dañino, peligroso, nefasto, nefando, pernicioso, desfavorable. ANT. beneficioso.

perjuicio *m.* menoscabo, daño, deterioro, mengua, lesión. ANT. favor, ventaja, bien. **2** DER. detrimento patrimonial. **3** DER. indemnización. **4** *loc. sin ~:* dejando a salvo.

perjurio *m.* juramento en falso, mentira. **2** REL. profanación, sacrilegio, apostasía. ANT. fidelidad, devoción.

perjuro, -ra *adj.* falso, renegado, infiel, desleal, traidor. **2** REL. relapso, apóstata, sacrílego. ANT. fiel.

permanecer *intr.* quedarse, perseverar, estar, mantenerse, perpetuarse, resistir, aguantar, persistir, perdurar, durar, continuar. ANT. cambiar. **2** residir, fijarse, establecerse. ANT. partir, marcharse.

permanencia *f.* inmutabilidad, estabilidad, perseverancia, constancia, duración. **2** estancia, estadía, detención.

permanente *adj.* firme, estable, fijo, constante, invariable, inmutable, inalterable, duradero, eterno, perenne. ANT. transitorio, pasajero. **2** *col.* {cabello} ondulación artificial.

permeable *adj.* filtrable, absorbente, poroso, penetrable, traspasable. ANT. impermeable. **2** influenciable.

permear *tr.* {líquido} penetrar, traspasar. **2** {idea, doctrina} calar, penetrar.

permisible *adj.* aceptable, admisible, tolerable.

permisividad *f.* flexibilidad, transigencia, tolerancia.

permisivo, -va *adj.* aquiescente, complaciente, permitente.

permiso *m.* autorización, consentimiento, beneplácito, aquiescencia, aprobación, licencia, tolerancia, concesión. ANT. prohibición, denegación.

permitir *tr. prnl.* consentir, acceder, autorizar, aprobar, asentir. **2** *tr.* aguantar, tolerar, soportar. ANT. prohibir, desautorizar. **3** *prnl.* tomarse la libertad.

permuta *f.* canje, cambio, trueque, intercambio.

permutar *tr.* cambiar, canjear, trocar, intercambiar. **2** conmutar, variar, alternar.

pernicioso, -sa *adj.* dañino, malo, perjudicial, contraproducente, maligno, nocivo, lesivo, dañoso. ANT. inofensivo.

pernil *m.* {de animal} anca, pierna. **2** jamón. **3** {pantalón} pernera.

pernio *m.* gozne.

pernoctar *intr.* alojarse, hospedarse, dormir, detenerse, parar.

pero[1] *conj.* mas, no obstante, sino, aunque, sin embargo, empero.

pero[2] *m.* inconveniente, objeción, estorbo, obstáculo, reparo, tacha.

perogrullada *f. col.* necedad, simpleza, tontería, bobada.

perol *m.* vasija, recipiente.

peroración *f.* discurso, razonamiento, conferencia. **2** epílogo.

perorar *intr.* {discurso, oración} pronunciar, exponer. **2** *col.* arengar, sermonear.

perorata *f.* discurso, alocución, soflama, prédica, declamación. **2** alegato, arenga.

perpendicular *adj.* vertical, recto, en ángulo recto. ANT. oblicuo.

perpetrar *tr.* cometer, consumar.

perpetuación *f.* perdurabilidad, perennidad.

perpetuamente *adv.* perdurablemente, perennemente, siempre, continuamente, para siempre.

perpetuar *tr. prnl.* glorificar, inmortalizar, eternizar. **2** continuar, perdurar, permanecer, persistir. ANT. olvidar.

perpetuidad *f.* perdurabilidad, permanencia, eternidad, duración sin fin. ANT. provisionalidad.

perpetuo, -tua *adj.* perenne, continuo, incesante, imperecedero, perdurable, sempiterno, duradero, eterno, inmortal. ANT. mortal. **2** {cargo} vitalicio.

perplejidad *f.* incertidumbre, titubeo, vacilación, hesitación, indecisión, indeterminación, duda, irresolución. ANT. resolución, decisión.

perplejo, -ja *adj.* dudoso, indeciso, titubeante, irresoluto, incierto, confuso, vacilante. ANT. resuelto, seguro. **2** desconcertado, asombrado, extrañado.

perra *f.* hembra del perro, can. **2** prostituta, puta. **3** *col.* {niño} rabieta, pataleta, berrinche. **4** obstinación, porfía. **5** embriaguez, borrachera. **6** *col. gen. pl.* dinero, caudal, riqueza, plata.

perrada *f.* maldad, vileza, traición, trastada, villanía, mala pasada.

perrería *f. ver* **perrada**.

perro *m.* can, cachorro, dogo, sabueso, gozque. **2** *adj. col.* {hombre} despreciable, infame, malo, malvado, indigno.

perruno, -na *adj.* canino.

persecución *f.* asedio, seguimiento, acoso.

perseguir *tr.* acosar, acorralar, rastrear, seguir, pisar los talones. **2** molestar, importunar, atormentar, hostigar, apremiar, agobiar, provocar.

perseverancia *f.* tesón, firmeza. ANT. inconstancia. **2** asiduidad, fijeza, perduración, persistencia.

perseverante *adj.* aplicado, tenaz, voluntarioso, estudioso, empeñoso, tesonero, cuidadoso, constante, asiduo, firme, insistente. ANT. inconstante. **2** terco, porfiado, obstinado.

perseverar *intr.* persistir, mantenerse, continuar, seguir, empeñarse, insistir, obstinarse, proseguir. ANT. renunciar, abandonar. **2** perdurar, permanecer.

persiana *f.* celosía, enjaretado, cortina.

persignar *tr. prnl.* santiguar, signar.

persistencia *f.* firmeza, perseverancia, insistencia. **2** perduración, permanencia, duración.

persistente *adj.* estable, duradero, perdurable, durable, permanente, asiduo. **2** obstinado, tenaz, insistente.

persistir *intr.* perseverar, obstinarse, mantenerse, insistir. ANT. desistir. **2** permanecer, perseverar, durar, perdurar.

persona *f.* individuo, ente, ser, sujeto, hombre, mujer, personalidad, personaje. **2** DER. sujeto de derecho. **3** *pl.* gentío, gente. **4** *loc. en ~:* por uno mismo. **5** *loc.* DER. *~ social:* persona jurídica.

personaje *m.* personalidad, notabilidad, figura, eminencia, dignatario. **2** {obra literaria, de teatro, película} actor, actriz, protagonista, figura, intérprete, estrella.

personal *adj.* peculiar, privado, individual, propio, íntimo, particular. ANT. general, público. **2** *m.* {empresa, fábrica} gente, equipo, grupo.

personalidad *f.* carácter, temperamento, identidad, carisma, individualidad, índole, particularidad. **2** distintivo, estilo, sello. **3** cualidades. **4** celebridad, estrella, personaje, figura.

personalizar *tr.* particularizar. ANT. despersonalizar.

personarse *prnl.* presentarse (personalmente), acudir, asistir. **2** DER. comparecer.

personería *f.* DER. personalidad, aptitud legal. **2** DER. representación legal.

personero *m.* delegado, procurador, representante.

personificar *tr.* representar, encarnar.

perspectiva *f.* apariencia, representación, aspecto, faceta, matiz. **2** panorama, horizonte. **3** Pint. lejanía, distancia. **4** criterio, punto de vista.

perspicacia *f.* sagacidad, penetración, sutileza, sutilidad, agudeza. ANT. necedad.

perspicaz *adj.* sutil, penetrante, agudo, inteligente, sagaz, clarividente, lúcido. ANT. torpe, obtuso.

perspicuo, -cua *adj.* inteligible, manifiesto, transparente, evidente, comprensible, claro, conciso. ANT. confuso, incomprensible.

perspiración *f.* transpiración, sudoración.

persuadir *tr. prnl.* convencer, instigar, mover, animar, inducir, sugestionar, incitar, seducir, inspirar, atraer. ANT. disuadir.

persuasión *f.* convicción, juicio, convencimiento, aprehensión, certeza.

persuasivo, -va *adj.* convincente.

pertenecer *intr.* concernir, atañer, competer, incumbir, tocar. **2** corresponder.

perteneciente *adj.* referente, tocante.

pertenencia *f.* propiedad, dominio, posesión.

pértiga *f.* bastón, timón, lanza, vara, caña.

pertinacia *f.* tenacidad, tozudez, terquedad, testarudez, obstinación. ANT. negligencia. **2** duración, persistencia.

pertinaz *adj.* tenaz, recalcitrante, insistente, obstinado, terco, testarudo, tozudo. ANT. inconstante. **2** duradero, perseverante, persistente. ANT. pasajero.

pertinencia *f.* procedencia, adecuación, conformidad.

pertinente *adj.* oportuno, adecuado, propio, conveniente, conforme, apto, a propósito. ANT. inoportuno. **2** referente, correspondiente, propio, concerniente, relativo, perteneciente. ANT. ajeno.

pertrechar *tr.* abastecer, surtir, aprovisionar, suministrar, proveer. ANT. desabastecer. **2** disponer, preparar.

pertrechos *m. pl.* equipo, utensilios, equipamiento, material, útiles, herramientas, instrumentos, abasto. **2** municiones, armas.

perturbación *f.* turbación, alteración, trastorno, desorden.

perturbado, -da *adj. s.* alienado, alterado, trastornado, loco, desequilibrado, demente, enajenado, insano. ANT. equilibrado.

perturbador, -ra *adj. s.* provocador, agitador.

perturbar *tr. prnl.* alarmar, desordenar, desarreglar, turbar, alborotar, inquietar, desasosegar, alterar, intranquilizar. ANT. tranquilizar. **2** impedir, distraer, interrumpir. **3** *prnl.* trastornarse, perder el juicio, enloquecer.

perversidad *f.* perversión, maldad, perfidia, protervia, malignidad. **2** depravación, desenfreno.

perversión *f.* corrupción, envilecimiento, desenfreno, perversidad, degeneración, vicio, depravación, maldad. ANT. virtud.

perverso, -sa *adj.* pérfido, malvado, infame, malo, protervo, corrupto, maligno, depravado, cruel. ANT. virtuoso, bueno.

pervertido, -da *adj.* degenerado, perverso, degradado, depravado, corrompido, vicioso, licencioso. ANT. virtuoso.

pervertir *tr. prnl.* viciar, corromper, depravar, envilecer.

pervivencia *f.* subsistencia, continuidad.

pesadez *f.* impertinencia, molestia, importunidad, lata, fastidio, trabajo, fatiga, carga, terquedad. **2** peso, gravedad, pesantez. **3** obesidad. **4** duración desmedida, exceso.

pesadilla *f.* delirio, alucinación, visión, desvarío, ensueño. **2** desesperación, congoja, suplicio, zozobra, mortificación, tormento, angustia, opresión.

pesado, -da *adj.* grave, macizo, plomizo, cargado. ANT. liviano. **2** fastidioso, fatigoso, cargante, molesto, importuno, desagradable, abrumador, enojoso, penoso. ANT. ameno, agradable. **3** {sueño} profundo, intenso. **4** {tiempo} bochornoso. **5** {cabeza} aturdido. **6** lento, lerdo, tardo, calmoso. ANT. rápido. **7** aburrido, tedioso, adormecedor, monótono, sin interés. ANT. interesante. **8** obeso, gordo. **9** ofensivo, sensible. **10** insufrible, torturante, violento, desesperante, duro. ANT. amable.

pesadumbre *f.* amargura, pesar, dolor, disgusto, pena, abatimiento, tristeza. ANT. alegría. **2** {de la Tierra} gravedad. **3** molestia, desazón. **4** agravio, injuria. **5** contienda, riña, querella.

pésame *m.* condolencia, sentimiento, compasión. ANT. felicitación.

pesantez *f.* gravedad, pesadumbre, pesadez, peso. ANT. levedad.

pesar[1] *tr.* sopesar, evaluar, medir, determinar el peso. **2** examinar, considerar, analizar, evaluar. **3** Mat. ponderar. **4** *intr.* cargar, lastrar, gravitar. **5** {persona, cosa} valer, importar, tener valor. **6** abrumar, afligir, doler, lamentar, acongojar, angustiar, agobiar. ANT. tranquilizar. **7** arrepentirse, remorder. **8** *loc.* pese a: a pesar de.

pesar[2] *m.* aflicción, tristeza, consternación, dolor, pena, pesadumbre, angustia. ANT. gozo, alegría. **2** remordimiento, arrepentimiento, contrición. ANT. sosiego.

pesaroso, -sa *adj.* arrepentido, sentido. **2** apenado, afligido, entristecido.

pescado *m.* pez.

pescar *tr.* {peces} coger, agarrar, atrapar, apresar, capturar, sacar. **2** *col.* {significado} entender, comprender, captar, asimilar. **3** *col.* {enfermedad} contraer, contagiarse. **4** *col.* {cosa} agarrar, tomar, atrapar, coger. **5** *col.* {pretensión} lograr, conseguir, obtener, alcanzar.

pescozón *m.* golpe, coscorrón, sopapo, lapo.

pescuezo *m.* cogote, cuello, cerviz, garganta.

pesebre *m.* establo, caballeriza, cuadra. **2** Rel. nacimiento, belén.

pesetero, -ra *adj.* tacaño, avaro, avaricioso, roñoso, mezquino. ANT. generoso.

pesimismo *m.* desesperanza, fatalismo, desánimo, derrotismo, melancolía, abatimiento, desilusión, negatividad, consternación. ANT. optimismo.

pesimista *adj. s.* melancólico, derrotista, amargado, malhumorado, abatido, consternado, desilusionado, triste, hipocondríaco, desanimado. ANT. optimista.

pésimo, -ma *adj.* malísimo, deplorable, infame, execrable, atroz, odioso, fatal, abominable. ANT. magnífico, excelente, espléndido.

peso *m.* Fís. fuerza (de gravitación), gravedad. **2** carga, lastre, masa, gravedad. ANT. ligereza. **3** {de reloj} pesa. **4** cosa/objeto pesada/o. **5** balanza. **6** {países americanos} unidad monetaria. **7** entidad, influencia, sustancia, trascendencia, importancia. ANT. intrascendencia. **8** {cosas no materiales} eficacia, fuerza. **9** responsabilidad, carga, compromiso. **10** dolor, preocupación, pesadumbre. **11** Dep. bola de hierro. **12** *loc.* ~ bruto: peso total. **13** *loc.* caerse de su ~: estar claro, ser evidente. **14** *loc.* a) {persona} de ~: juicioso, sensato. b) *loc.* {razón, motivo} de ~: decisivo, definitivo. **15** *loc.* quitarse un ~ de encima: descargarse, liberarse.

pespunte *m.* costura.

pesquisa *f.* investigación, rastreo, encuesta, indagación, averiguación, búsqueda, inquisición.

pesquisar tr. indagar, buscar, averiguar, investigar, inquirir.

pestaña f. {del párpado} pelo. **2** adorno, encaje, fleco. **3** {de un lienzo} orilla, extremidad. **4** {cosa} borde, saliente.

peste f. plaga, epidemia, flagelo, infección, azote. ANT. salubridad. **2** fetidez, pestilencia, hedor, mal olor, hediondez. ANT. perfume, fragancia. **3** corrupción, vicio, ruina, calamidad.

pestífero, -ra adj. maloliente, podrido, nauseabundo, putrefacto, hediondo, fétido, pestilente. ANT. aromático. **2** corrompido, nocivo, perjudicial, lesivo, letal, insano, maligno, destructor, dañoso. ANT. beneficioso. **3** contagioso.

pestilencia f. peste, epidemia. **2** fetidez, hedor, hediondez. ANT. fragancia. **3** daño.

pestilente adj. fétido, hediondo, repugnante, asqueroso, nauseabundo, apestoso, pestífero, maloliente. ANT. aromático. **2** infecto.

pestillo m. cerrojo, pasador, seguro, cierre, tranca, falleba, picaporte.

petardo, -da s. col. desp. {persona} aburrido, pesado, fastidioso. **2** incompetente, mediocre. **3** m. cohete, volador, buscapiés, triquitraque. **4** engaño, trampa, estafa.

petición f. pedido, solicitud, petitorio, demanda. ANT. mandato. **2** reclamación, exigencia.

peticionario, -ria adj. s. aspirante, pretendiente, solicitante, demandante. ANT. donante.

petimetre, -tra s. presumido, acicalado, figurín, lechuguino.

petiso, -sa adj. s. Amér. Sur {persona} pequeño, bajo, chico, de poca altura. ANT. alto.

pétreo, -a adj. duro, inquebrantable, recio. ANT. blando. **2** pedregoso, rocoso, petroso, granítico, peñascoso.

petrificación f. lapidificación. **2** {animal, vegetal} fosilización.

petrificar tr. prnl. endurecer, anquilosar, fosilizar. ANT. ablandar. **2** {persona} dejar inmóvil.

petróleo m. hidrocarburo, carburante, combustible. **2** col. oro negro. **3** loc. Col. sudar ~: tener grandes dificultades, estar en problemas.

petrolífero, -ra adj. petrolero.

petulancia f. presunción, jactancia, vanidad, envanecimiento, engreimiento.

petulante adj. vanidoso, engreído, pretencioso, fantoche, vano, fatuo, pedante, presumido, presuntuoso. ANT. modesto.

peyorativo, -va adj. despreciativo, insultante, desdeñoso, humillante, vilipendiador, despectivo. ANT. admirativo.

pez m. pescado. **2** resina. **3** {de recién nacido} excremento. **4** espada jifia, espadarte, emperador.

pezón m. BOT. {hojas, frutos} pedículo, pedúnculo, rabillo, rama. **2** teta, mama, tetilla. **3** punta, saliente, extremo, cabo de tierra.

pezuña f. {animal} uña.

piadoso, -sa adj. misericordioso, compasivo, caritativo, benigno, bondadoso. ANT. cruel. **2** religioso, devoto, ferviente, pío, fiel. ANT. irreligioso.

piamáter f. ANAT. piamadre, meninge.

piar intr. {aves} cantar, trinar, chillar. **2** llamar, clamar.

piara f. rebaño, manada.

pibe, -ba s. Arg. muchacho, joven, chico, niño.

pica f. vara, garrocha. **2** lanza.

picado, -da adj. {cosa} labrado. **2** Amer. achispado, ebrio. **3** m. carne picada. **4** f. picadura. **5** Amer. entremés, bocado. **6** col. Col. punzada, dolor agudo.

picadura f. picada, mordedura, punzada, puntura, pinchazo. **2** tabaco picado. **3** {dentadura} caries.

picaflor m. pájaro mosca. **2** {persona} inconstante, frívolo.

picante adj. {alimento} condimentado, sazonado, fuerte. **2** mordaz, satírico, punzante, cáustico. **3** m. {para el gusto} acerbidad, acrimonia. **4** {en el decir} mordacidad. **5** Amer. salsa picante, guiso aderezado.

picapleitos m. col. pleitista. **2** col. tinterillo, abogadillo, leguleyo.

picaporte m. aldaba, aldabón, llamador.

picar tr. punzar, pinchar, clavar, aguijonear, acribillar. **2** desmenuzar, partir, cortar, dividir. ANT. unir. **3** incitar, mover, espolear, aguijonear, estimular. ANT. disuadir. **4** inquietar, provocar, enojar. ANT. intranquilizar. **5** agujerear, recortar. **6** {metal} horadar, corroer. **7** intr. concomer, escocer. ANT. aliviar. **8** prnl. apolillarse, carcomerse. **9** {diente} cariarse. **10** {vino} agriarse, avinagrarse. **11** preciarse, vanagloriarse, alabarse, jactarse. **12** resentirse, enfadarse, ofenderse, enojarse. ANT. tranquilizarse.

picardía f. maldad, engaño, bajeza, vileza, bellaquería, ruindad. **2** malicia, disimulo, sagacidad, astucia. ANT. ingenuidad. **3** travesura, burla, trastada, chasco. **4** deshonestidad, impudicia. ANT. recato.

picaresco, -ca adj. rufianesco, hampón, truhanesco. **2** f. novela picaresca, género literario. **3** hampa, rufianería, bajos fondos, truhanería.

pícaro, -ra adj. bajo, ruin, villano, granuja, doloso, desvergonzado, rufián. **2** astuto, ladino, taimado, malicioso. **3** travieso, inquieto.

picazón f. comezón, prurito, escozor, hormigueo, urticaria, irritación, picor, cosquilleo, desazón.

picnic m. [ING.] comida campestre.

pico m. boca, hocico. **2** picacho, cresta, cúspide, cima, cumbre. **3** saliente, salida, punta. **4** piqueta. **5** col. facundia, labia, locuacidad, verbosidad. **6** col. Bol., Col. beso.

picor m. escozor, picazón, comezón, desazón, prurito, urticaria, cosquilleo, irritación, hormigueo.

picotazo m. picotada, picazo.

picotear tr. picar.

picudo, -da adj. hocicudo, hocicón. **2** col. hablador, jocundo, locuaz. ANT. parco. **3** Méx. astuto, sagaz. **4** m. espetón, asador.

pictografía f. escritura ideográfica. **2** ideografía, representación, imagen.

pie m. pata, extremidad. **2** base, cimiento, inicio, principio, fundamento. **3** motivo, pretexto, ocasión, razón. **4** tallo, tronco. **5** hez, poso, sedimento. **6** {en ilustraciones de prensa} explicación, comentario. **7** loc. a) al ~: al lado, junto. b) loc. al ~: aproximadamente. **8** loc. de ~ a cabeza: por completo, totalmente. **9** loc. a ~ juntillas: firmemente. **10** loc. al ~ de la letra: literalmente, textualmente, sin variación.

piedad f. misericordia, compasión, filantropía, clemencia, conmiseración. ANT. impiedad, crueldad. **2** devoción, veneración, fervor, religiosidad. ANT. irreligiosidad.

piedra f. roca, peña, peñasco, risco, pedrusco, pedrasco, laja, canto. **2** {renal, biliar} cálculo, arenilla. **3** granizo. **4** mineral, pedernal. **5** lápida, losa. **6** gema, cristal, joya. **7** base, fundamento, principio.

piel f. cutis, epidermis, dermis, membrana, cutícula. **2** cuero, pellejo, odre. **3** {frutas} corteza, cáscara.

piélago m. océano, mar. **2** inmensidad.

pienso m. heno, forraje, paja, pasto, herbaje.

pierna f. pata, zanca, gamba, remo, muslo, pernil, extremidad.

pieza *f.* trozo, parte, fragmento, pedazo. **2** habitación, cuarto, sala, aposento, habitáculo, estancia. **3** moneda, ficha. **4** obra teatral; obra musical. **5** {artefacto} componente, parte. **6** repuesto, recambio.

pifia *f. col.* error, desacierto, descuido, falla, fiasco, yerro, desatino, chasco, equivocación. *ANT.* acierto. **2** *Amer.* rechifla, escarnio.

pigmento *m.* tinte, colorante.

pigmeo, -a *adj. s. desp.* enano, gnomo, pequeño, raquítico, diminuto. *ANT.* gigante.

pignorar *tr.* empeñar, hipotecar.

pila *f.* fuente, abrevadero, bebedero, aguadero, pileta, bañera, artesa, lavabo. **2** montón, cúmulo, rimero, acopio, acumulación. **3** generador, batería.

pilar *m.* columna, pilastra, poste, pilote, mojón, hito. **2** amparo, apoyo, ayuda, soporte. **3** base, fundamento.

pilastra *f.* pilar, columna, apoyo.

píldora *f.* gragea, pastilla, tableta, gránulo, comprimido. **2** pesadumbre, mala nueva, trago amargo. **3** *loc. dorar la ~:* suavizar una mala noticia.

pillaje *m.* rapiña, botín, hurto, saqueo, latrocinio, robo, depredación, desvalijamiento, despojo.

pillar *tr.* agarrar, prender, atrapar, aprehender, capturar. *ANT.* liberar. **2** sorprender, pescar, descubrir. *ANT.* ocultarse. **3** robar, hurtar, despojar, saquear, rapiñar, desvalijar.

pillastre *m. col.* pillo, taimado, pícaro, granuja, astuto, sagaz.

pillo, -lla *adj. s.* pícaro, bribón, ladrón, asaltante, granuja, canalla, tramposo. **2** astuto, listo, sagaz.

pilotar *tr.* tripular, conducir, guiar, dirigir.

piloto *com.* conductor, chofer, timonel. **2** guía, orientador.

pimpollo *m.* renuevo, brote, vástago.

pinacoteca *f.* galería, museo.

pináculo *m.* cima, cumbre, pico, altura, remate, ápice.

pincelada *f.* brochada, trazo, rasgo, brochazo. **2** esbozo, característica, expresión.

pinchar *tr.* picar, punzar, aguijonear, ensartar, clavar, atravesar. **2** incitar, hostigar, molestar, provocar, aguijonear, excitar, enojar.

pinchazo *m.* punzada, dolor agudo. **2** picadura, punzadura.

pinche *com.* cocinero.

pincho *m.* punta, púa, aguja, aguijón, clavo, espina. **2** varilla, asador, brocheta.

pingajo *m. col.* andrajo, piltrafa, descosido, roto, harapo, guiñapo.

pingajoso, -sa *adj.* haraposo, harapiento, andrajoso.

pingo *m. desp.* harapo, pingajo, andrajo.

pingüe *adj.* grueso, gordo, mantecoso. **2** cuantioso, abundante, considerable, copioso, fértil. *ANT.* escaso.

pingüino *m.* pájaro bobo.

pinta *f.* mancha, peca, lunar, señal, mácula, mota. **2** aspecto, apariencia, facha, figura.

pintar *tr.* dibujar, trazar, representar. *ANT.* borrar. **2** describir, narrar, contar, detallar, explicar. **3** exagerar, ponderar, engrandecer. **4** colorear, decorar, barnizar. *ANT.* desteñir. **5** pintorrear, pintarrajear, emborronar. **6** *intr.* {fruto} madurar. **7** valer, significar, importar. **8** {características} perfilarse, mostrarse. **9** *prnl.* maquillarse.

pintarrajear *tr.* manchar, embarrar, pintarrajar, untar, embadurnar.

pintiparado, -da *adj.* semejante, parecido. *ANT.* diferente. **2** exacto, ajustado, apropiado, oportuno, conveniente, a propósito, justo, adecuado, preciso. *ANT.* inapropiado.

pintojo, -ja *adj.* pintado.

pintor, -ra *s.* artista, acuarelista, creador, retratista, pastelista, paisajista.

pintoresco, -ca *adj.* colorido, vivo. *ANT.* incoloro. **2** típico, característico, curioso, expresivo, atractivo, animado. *ANT.* monótono, aburrido. **3** diferente, chocante, extravagante, estrafalario.

pintura *f.* cuadro, lienzo, tabla, obra, tela, fresco, representación pictórica, lámina, paisaje. **2** color, pigmento, matiz, tinte.

pinza *f.* {tela} pliegue. **2** *pl.* tenacillas.

pío, -a *adj.* piadoso, devoto. **2** compasivo, misericordioso. **3** *loc. no decir ni ~:* no chistar.

piojo *m.* liendre.

piojoso, -sa *adj.* avaro, mezquino, avariento, tacaño, miserable. **2** zarrapastroso, harapiento, desastrado, asqueroso, andrajoso, sucio. **3** lendroso, piojento.

piola *f.* cuerda delgada, hilo, bramante.

pionero, -ra *s.* precursor, colonizador, fundador, explorador, iniciador.

pipa *f.* cachimba. **2** barril, cuba, tonel.

pipí *m. col.* orina, orín, pis, micción.

pipiolo, -la *s.* novato, novel, inmaduro, novicio, principiante, inexperto. *ANT.* experto. **2** *col.* muchacho, niño.

piqueta *f.* pico, zapapico.

pira *f.* hoguera, fuego, fogata.

pirado, -da *adj. col.* chiflado, tocado, demente, perturbado, loco. *ANT.* cuerdo.

piragua *f.* chalupa, bote, lancha, canoa.

piragüismo *m.* canotaje.

pirata *m.* corsario, filibustero, bucanero, contrabandista, aventurero.

piratería *f.* pillaje, robo, hurto, rapiña, saqueo, destrucción.

piropear *tr.* requebrar, galantear, echar flores, halagar, florear, adular. *ANT.* ofender.

piropo *m.* alabanza, cumplido, halago, cortejo, terneza, adulación, lisonja, requiebro, flor, galantería. *ANT.* insulto. **2** carbúnculo, rubí.

pirueta *f.* voltereta, acrobacia, cabriola, bote, malabarismo, giro, gambeta, salto, brinco.

pis *m. col.* orina, orín, pipí, micción.

pisada *f.* huella, holladura, rastro, pista, vestigio, señal. **2** pisotón, taconazo, puntapié, patada. **3** marcha, paso.

pisar *tr.* hollar, pisotear, taconear, marcar. **2** pasar, andar. **3** apisonar, aplastar, apretar, estrujar. **4** humillar, atropellar, agraviar, maltratar. **5** entrar (en un lugar). **6** {aves} montar, cubrir, copular.

piscina *f.* estanque, alberca.

piscolabis *m.* refrigerio, colación, bocado.

piso *m.* suelo, pavimento, asfalto, adoquinado. **2** cuarto, morada, habitación, hogar, apartamento, vivienda. **3** {edificio} nivel, planta.

pisotear *tr.* pisar, hollar, aplastar, patear, apisonar. **2** humillar, atropellar, maltratar, mancillar, quebrantar, agraviar, despreciar, ofender, escarnecer, abatir. *ANT.* enaltecer.

pisotón *m.* pisoteo, pisada.

pista *f.* huella, señal, rastro, indicio, signo, vestigio. **2** *DEP.* circuito, campo, cancha.

pistola *f.* arma, revólver.

pistolero *m.* atracador, asaltante, delincuente, asesino, bandido, malhechor.

pistón *m.* émbolo.

pitanza *f.* comida.

pitar *intr.* abuchear, chiflar, silbar.

pitido *m.* silbido, chiflido.

pitillera f. petaca, cigarrera, tabaquera.

pito m. silbato. **2** bocina, claxon. **3** col. pene, falo, miembro viril. **4** col. cigarrillo. **5** loc. *importar un ~:* importar nada, importar un bledo.

pitonisa f. HIST. {Grecia} sacerdotisa de Apolo, sibila. **2** adivinadora, profetisa, vidente.

pizarrón m. Amer. pizarra, encerado.

pizca f. col. ápice, partícula, migaja, pellizco. ANT. abundancia.

pizcar tr. pellizcar.

placa f. plancha, lámina, película, hoja. **2** insignia, distintivo. **3** letrero, rótulo. **4** col. radiografía.

pláceme m. enhorabuena, congratulación, elogio, felicitación. ANT. pésame.

placentero, -ra adj. plácido, cómodo, deleitoso, alegre, apacible, grato, ameno, delicioso, divertido, agradable, confortante. ANT. incómodo, aburrido.

placer[1] m. satisfacción, goce, agrado, contento, deleite, gozo, delectación, regocijo, júbilo. ANT. desagrado.

placer[2] tr. gustar, agradar, complacer. ANT. desagradar.

placible adj. deleitoso, agradable.

placidez f. agrado, sosiego, quietud, serenidad, tranquilidad, calma, mansedumbre, apacibilidad. ANT. intranquilidad.

plácido, -da adj. placentero, quieto, sosegado, sereno, apacible, tranquilo, pacífico, grato, afable, calmado. ANT. intranquilo, inquieto.

plaga f. calamidad, infortunio, desgracia, catástrofe, ruina. **2** peste, infección, epidemia. **3** infortunio, pesar, desdicha. **4** fig. abundancia, cantidad, multitud, copia, raudal, lluvia, enjambre.

plagiar tr. copiar, imitar, fusilar.

plagio m. imitación, copia, calco, reproducción, robo.

plan m. proyecto, designio, diseño, programa, esquema, esbozo. **2** nivel, altitud. **3** dieta, régimen alimenticio. **4** aventura amorosa, relación fugaz. **5** idea, intención. **6** col. actitud, propósito.

plana f. página.

planada f. llano, llanura, planicie.

plancha f. lámina, placa, hoja, tabla, chapa. **2** col. desacierto, chasco, error, equivocación. ANT. acierto. **3** asador, parrilla.

planchar tr. alisar, estirar, aplanar, desarrugar, allanar, arreglar. **2** prensar, aplastar.

planear tr. proyectar, organizar, urdir, maquinar, premeditar, esbozar, planificar, preparar, programar, fraguar, idear, concebir. **2** intr. {ave} volar. **3** {avión} descender.

planeta m. astro, cuerpo celeste.

planicie f. llanura, llano, planada, estepa, sabana, explanada, meseta. ANT. cordillera.

planificación f. proyecto, programa. **2** organización, preparación, disposición.

planificar tr. preparar, programar, planear, proyectar, organizar, idear, concebir. ANT. desorganizar.

plano, -na adj. liso, llano, igual, nivelado, raso, uniforme. ANT. abrupto, desigual. **2** m. GEOM. superficie, cara, lado, extensión. **3** mapa, carta, croquis, plan. **4** representación, esquema. **5** posición, perspectiva, punto de vista. **6** f. página.

planta f. mata, arbusto, árbol, vegetal, hortaliza, legumbre, verdura. **2** plano, diseño. **3** proyecto, disposición. **4** {edificio} piso, nivel. **5** fábrica, industria, instalación industrial. **6** plantel, personal, empleados, trabajadores. **7** col. porte, presencia, aspecto, facha.

plantar tr. sembrar, cultivar, poblar. **2** hincar, introducir, meter, fijar, poner, clavar, asentar. ANT. extraer, sacar. **3** col. burlar, desairar, abandonar, dejar. **4** establecer, implantar, fundar. ANT. anular. **5** col. golpear. **6** prnl. detenerse, encararse, pararse, rebelarse.

plantear tr. proponer, abordar, sugerir, suscitar, demostrar, exponer, presentar. **2** trazar, planear, tantear.

plantel m. vivero.

plantilla f. {zapato} recubrimiento, suela. **2** guía, modelo, molde, patrón, regla. **3** nómina, equipo, personal, componentes, empleados, integrantes. **4** plano reducido.

plantío m. sembradío, plantación, vivero.

plañido m. sollozo, gemido, lamento, clamor, llanto, lamentación, gimoteo, queja, súplica. ANT. risa.

plañir intr. tr. sollozar, gemir, quejarse, lamentar, llorar, gimotear. ANT. reír.

plasmar tr. moldear, formar, crear, concretar, figurar, concebir.

plasticidad f. flexibilidad, docilidad, elasticidad, ductilidad, blandura, maleabilidad. ANT. resistencia.

plástico, -ca adj. moldeable, flexible, dúctil, blando.

plata f. dinero, moneda.

plataforma f. tarima, tablero, estrado, entarimado, tablado, pedestal. **2** {de un partido político} programa, propuesta.

plátano m. banano, banana.

platería f. orfebrería, argentería, joyería.

plática f. charla, conversación, diálogo, coloquio, conciliábulo. **2** sermón, discurso, prédica, conferencia, homilía.

platicar intr. dialogar, charlar, departir, conversar, hablar.

plato m. bandeja, escudilla, cuenco, fuente. **2** manjar, vianda, ración, comida. **3** {tocadiscos} giradiscos, platina, pieza circular. **4** {balanza} platillo. **5** tema de murmuración.

platónico, -ca adj. ideal.

plausible adj. admisible, aceptable, recomendable, atendible, verosímil, probable. ANT. inadmisible. **2** loable, laudable, meritorio.

playa f. costa, ribera, litoral, arenal, borde, orilla.

plaza f. glorieta, plazoleta, ágora. **2** mercado, feria, zoco. **3** espacio, lugar, asiento, puesto, localidad, sitio. **4** población, ciudad, villa. **5** puesto, empleo, cargo, ocupación.

plazo m. término, aplazamiento, tiempo, prórroga, período, intervalo, lapso. **2** cuota, pago, mensualidad. **3** vencimiento, caducidad, fecha límite.

plazoleta f. rotonda, plazuela, plaza pequeña.

pleamar f. creciente, marea, influjo. ANT. bajamar, reflujo.

plebe f. vulgo, chusma, pueblo, populacho.

plebeyez f. vulgaridad, grosería, ordinariez.

plebeyo, -ya adj. popular, soez, vulgar, ordinario, grosero. ANT. amable, cortés.

plebiscito m. elección, votación, consulta, sufragio, referéndum.

plegar tr. prnl. doblar, plisar, cerrar, fruncir, arrugar. ANT. desplegar, estirar. **2** prnl. someterse, doblegarse. ANT. sublevarse.

plegaria f. oración, rezo, súplica, rogativa, deprecación, preces, ruego, invocación, adoración.

pleitear tr. litigar, querellar.

pleitista adj. com. pleiteador, picapleitos.

pleito m. DER. litigio, juicio, controversia, demanda, proceso, causa. ANT. conciliación. **2** pendencia, pelea, discusión, escaramuza, querella, riña, disputa. ANT. armonía. **3** contienda, batalla, lid.

plenilunio m. luna llena.

plenipotenciario, -ria *adj.* delegado, encargado, enviado, representante, mandado, embajador, diplomático.

plenitud *f.* integridad, totalidad. **2** apogeo, cenit, magnificencia, esplendor, auge. ANT. decadencia. **3** prolijidad, exuberancia, profusión, abundancia, prodigalidad. ANT. escasez.

pleno, -na *adj.* lleno, colmado, repleto, rebosante, saturado, atestado, ocupado. ANT. vacío. **2** {cosa} parte central. **3** {momento} central, culminante. **4** completo, entero, total, íntegro. ANT. incompleto. **5** *m.* reunión, junta, plenaria, asamblea, comité. **6** {en juegos de azar} acierto total.

pleonasmo *m.* {de palabras} redundancia, repetición, superfluidad, exceso.

plétora *f.* abundancia, sobreabundancia, exceso, caudal, demasía. ANT. escasez, falta.

pletórico, -ca *adj.* superabundante, lleno.

pliegue *m.* GEOL. plegamiento. **2** doblez, frunce, plisado, dobladillo, alforza, dobladura. **3** arruga, repliegue, marca, surco.

plural *adj.* múltiple, vario, diverso, numeroso.

pluralidad *f.* diversidad, multiplicidad, variedad, numerosidad, multitud.

plus *m.* extra.

plutocracia *f.* capitalismo.

plutonismo *m.* vulcanismo.

población *f.* habitantes, vecinos, vecindario, residentes, ciudadanos. **2** ciudad, poblado, villa, aldea, pueblo, localidad, municipio.

poblado *m.* población, villa, ciudad, pueblo.

poblador, -ra *adj. s.* habitante, morador, ciudadano, vecino, residente.

poblar *tr.* fundar, afincarse, urbanizar, colonizar, establecerse. ANT. despoblar. **2** habitar, ocupar, residir, morar, asentarse, vivir. ANT. emigrar. **3** procrear.

pobre *adj. s.* menesteroso, desheredado, necesitado, desvalido, indigente, miserable. ANT. rico. **2** escaso, corto, falto, carente, árido. ANT. abundante. **3** desdichado, triste, infortunado, desventurado, infeliz. ANT. dichoso, afortunado. **4** tímido, apocado, pusilánime. ANT. arrogante. **5** *com.* mendigo, pordiosero.

pobreza *f.* indigencia, miseria, carencia, necesidad, estrechez, escasez, menester, falta. ANT. riqueza, abundancia.

pocilga *f.* porqueriza, chiquero, establo, corral.

pócima *f.* poción, brebaje, mejunje, potingue, cocimiento.

poco, -ca *adj.* {cantidad, calidad} escaso, limitado, insuficiente, corto, reducido. ANT. suficiente, completo. **2** *adv.* con escasez, en cantidad reducida, en corto grado. ANT. con mucho. **3** *loc.* ~ a ~: despacio, lentamente. ANT. rápido. **4** *loc.* por ~: casi.

poda *f.* corte, tala, podadura.

podar *tr.* cortar, mondar, recortar, talar, cercenar, desramar. **2** suprimir, eliminar, cancelar, restringir.

poder¹ *m.* mando, dominio, autoridad, poderío, supremacía, imperio, potestad, jurisdicción. ANT. subordinación. **2** {de un país} gobierno. **3** vigor, potencia, fuerza, energía. ANT. debilidad. **4** documento, permiso, licencia, autorización. **5** posesión, tenencia.

poder² *tr.* lograr, obtener, conseguir. ANT. fracasar.

poderdante *com.* DER. dador, otorgador. ANT. poderhabiente.

poderío *m.* potestad, señorío, dominio, poder, imperio, mando. **2** riquezas, bienes, hacienda. **3** energía, fuerza, vigor. **4** facultad, jurisdicción.

poderoso, -sa *adj.* vigoroso, enérgico, potente, fuerte, pujante, eficaz. ANT. débil. **2** rico, adinerado, opulento, acaudalado, potentado, pudiente. ANT. pobre.

podómetro *m.* odómetro, cuentapasos.

podre *f.* putrefacción. **2** pus.

podredumbre *f.* purulencia, putrefacción, corrupción, descomposición, carroña, escoria. **2** corrupción moral, relajamiento.

podrido, -da *adj.* {persona, institución} corrompido, corrupto, descompuesto, putrefacto.

poema *m.* verso, poesía, composición, cántiga.

poesía *f.* poema, verso, balada, trova, estrofa, copla. **2** idealidad, lirismo.

poeta *com.* vate, rapsoda, trovador, versificador, bardo, coplista.

poética *f.* poesía. **2** teoría literaria.

poético, -ca *adj.* lírico.

polea *f.* garrucha.

polémica *f.* controversia, discusión, debate, altercado, litigio, disputa, argumento. ANT. acuerdo.

polemista *com.* discutidor, disputador, altercador. ANT. conciliador.

polemizar *intr.* discutir, controvertir, argumentar, debatir.

polichinela *m.* muñeco, títere, arlequín, fantoche, pelele.

policía *com.* guardia, agente, vigilante. **2** *f.* fuerza pública, cuerpo de seguridad.

policíaco, -ca *adj.* (*tb.* **policiaco, -ca**) policial.

polimorfia *f.* heteromorfia.

poliomielitis *f. col.* MED. polio.

política *f.* diplomacia, habilidad, tacto. **2** cortesía, urbanidad. **3** {persona, entidad} directrices, orientaciones. **4** {del Estado} doctrina.

político, -ca *adj.* cortés, urbano, atento, diplomático. ANT. impolítico, rudo. **2** *s.* hombre público, gobernante, dirigente.

póliza *f.* contrato, documento, libranza.

pollada *f.* parvada.

polo *m.* punto, extremo, terminal, cabo.

poltronería *f.* pereza, haraganería, ociosidad. ANT. actividad.

polución *f.* contaminación, degradación, suciedad. ANT. limpieza.

poluto, -ta *adj.* contaminado, sucio, degradado. ANT. limpio.

polvo *m.* polvareda, ceniza, tierra. **2** residuos, partícula. **3** *col. vulg.* coito, copulación, fornicación.

polvorizar *tr.* espolvorear, polvorear.

poma *f.* manzana.

pomada *f.* ungüento, crema, bálsamo, linimento, potingue.

pomelo *m.* toronja.

pompa *f.* suntuosidad, vanidad, derroche, apoteosis, magnificencia, ostentación, fausto, ceremonia, lujo, esplendor, fastuosidad. ANT. sencillez. **2** ampolla, burbuja. **3** procesión solemne. **4** *pl. col. Amer.* nalgas.

pomposo, -sa *adj.* magnífico, fastuoso, majestuoso, lujoso, retumbante, suntuoso, aparatoso, rimbombante, ostentoso. **2** inflado, hinchado, hueco. **3** {lenguaje} altisonante, ampuloso, exagerado, recargado, adornado. ANT. sencillo.

pómulo *m.* {de la mejilla} prominencia, hueso.

ponderación *f.* mesura, cordura, atención, moderación, sensatez, circunspección. ANT. desenfreno. **2** exageración, engrandecimiento. ANT. minimización. **3** {en el peso} igualdad, equilibrio, balance. **4** elogio, loa, alabanza. ANT. denigración, crítica.

ponderado, -da *adj.* equilibrado, ecuánime, imparcial, sensato, justo, sobrio, prudente, mesurado. *ANT.* desmesurado.

ponderar *tr. prnl.* examinar, considerar, evaluar, pensar. **2** exagerar, abultar. **3** equilibrar, contrapesar. **4** *tr.* elogiar, enaltecer, ensalzar, loar, alabar, encomiar.

ponderoso, -sa *adj.* cuidadoso. **2** grave, pesado.

ponedero *m.* nido.

ponencia *f.* conferencia, propuesta, comunicación, proposición, proyecto. **2** conclusión, informe, dictamen.

poner *tr. prnl.* colocar, situar, acomodar, depositar, ubicar, disponer, establecer. *ANT.* quitar. **2** *tr.* estrechar, reducir. **3** determinar, contar. **4** conjeturar, suponer. **5** apostar. **6** escribir, registrar. **7** contribuir, colaborar. **8** {animal ovíparo} desovar, depositar, soltar. **9** {negocio} instalar, establecer. **10** exponer. **11** mandar, imponer, determinar, establecer. **12** *prnl.* trasladarse. **13** oponerse, hacer frente. **14** {teléfono} atender. **15** ataviarse, vestirse, arreglarse. *ANT.* desvestirse. **16** ensuciarse, mancharse. **17** competir, compararse. **18** {astro} ocultarse. **19** dedicarse. **20** *loc.* ~se al corriente: enterarse. **21** *loc.* ~ por encima: anteponer, preferir.

poniente *m.* occidente, oeste, ocaso.

pontificado *m.* papazgo, papado.

pontífice *m.* papa.

pontificio, -cia *adj.* papal.

ponzoña *f.* tósigo, veneno, tóxico, toxina. *ANT.* antídoto.

ponzoñoso, -sa *adj.* tóxico, venenoso. **2** dañoso, perjudicial, nocivo. *ANT.* beneficioso.

populacho *m.* plebe, chusma, vulgo.

popular *adj.* querido, estimado, famoso, aplaudido, afamado, admirado, respetado, renombrado. *ANT.* desconocido, impopular. **2** público, común, habitual, general. *ANT.* individual, selecto. **3** folclórico, nacional.

popularidad *f.* fama, crédito, respeto, notoriedad, aplauso, estimación, reputación, estima, prestigio, gloria, admiración, renombre. *ANT.* impopularidad. **2** aprobación, aceptación.

popularizar *tr.* propagar, extender, difundir, divulgar, vulgarizar, pregonar, publicar. *ANT.* ocultar. **2** estimar, ponderar, loar, glorificar, afamar, encumbrar, encomiar, alabar.

populoso, -sa *adj.* {lugar} poblado. *ANT.* solitario.

poquedad *f.* insuficiencia, carencia, falta, cortedad, escasez, exigüidad. *ANT.* abundancia. **2** pequeñez, nimiedad, nadería, bagatela. **3** pusilanimidad, apocamiento, indecisión, timidez. *ANT.* osadía, decisión.

porche *m.* atrio, cobertizo, soportal, vestíbulo, zaguán, pórtico.

porción *f.* pedazo, trozo, parte, fragmento, fracción, segmento, sección. *ANT.* totalidad. **2** cuota individual. **3** *col.* grupo, sinnúmero, muchedumbre, montón.

pordiosero, -ra *adj. s.* mendigo, pobre, mendigante.

porfía *f.* discusión, disputa, debate, controversia, polémica, discordia, diferencia, contienda. **2** pertinacia, tesón, terquedad, obcecación, insistencia, obstinación.

porfiado, -da *adj.* obstinado, intransigente, tenaz, encarnizado, contumaz, tozudo, pertinaz, obcecado, empecinado, testarudo, terco. *ANT.* condescendiente.

porfiar *intr.* altercar, polemizar, discutir, disputar. **2** insistir, repetir, aferrarse, reiterar, empecinarse, importunar, obstinarse, machacar. *ANT.* desistir.

pormenor *m.* detalle, pequeñez, menudencia, minucia, nimiedad, particularidad. *ANT.* generalidad.

pormenorizar *tr.* precisar, describir, particularizar, puntualizar, especificar, detallar, enumerar. *ANT.* generalizar.

pornográfico, -ca *adj.* licencioso, grosero, obsceno, verde.

poro *m.* orificio, espacio, abertura, hueco, intersticio, agujero.

poroso, -sa *adj.* esponjoso, perforado, absorbente, hueco, permeable, filtrable, agujereado. *ANT.* impermeable.

porque *conj.* ya que, como, por causa de, pues, puesto que, por tanto, visto que. **2** para que.

porqué *m.* motivo, razón, causa, objeto, móvil, explicación, fundamento, origen.

porquería *f.* *col.* suciedad, cochambre, basura, cochinada, mugre, inmundicia, roña, mierda, desechos, desperdicios, excrementos. **2** indecencia, desatención, descortesía, grosería. *ANT.* cortesía. **3** trebejo, cacharro. **4** bagatela, nimiedad. **5** villanía, trastada, bribonada, vileza. **6** comida chatarra.

porra *f.* maza, cachiporra, cipote, tranca, estaca, clava, macana, garrote, palo, mazo, bastón. **2** *col.* apuesta.

porrazo *m.* golpe, trastazo, batacazo, caída, topetazo.

portada *f.* ARQ. fachada, frontispicio, frente, exterior, cara. **2** {libro} cubierta. **3** {libro} primera plana. **4** {periódicos, revistas} primera página.

portadilla *f.* IMPR. anteportada.

portaequipaje *m.* (*tb.* **portaequipajes**) maletero, baca; parrilla.

portaestandarte *m.* alférez, abanderado.

portafolio *m.* (*tb.* **portafolios**) cartera, carpeta.

portal *m.* zaguán, recibidor, vestíbulo, pórtico, entrada.

portamonedas *m.* cartera, bolsa, monedero.

portapliegos *m.* cartapacio.

portar *tr.* llevar, transportar, traer. **2** *prnl.* comportarse, conducirse, proceder, actuar, obrar.

portátil *adj.* móvil, movible, manejable, transportable, manual, ligero, cómodo. *ANT.* fijo.

portavoz *com.* vocero, enviado, delegado, representante.

porte *m.* aspecto, apariencia, presencia, postura, aire. **2** transporte, traslado, porteo. **3** {edificio, vehículo} tamaño, capacidad. **4** talante, disposición, maneras, conducta, compostura, comportamiento, actitud.

porteador, -ra *adj. s.* cargador, transportista, portador, llevador.

portear *tr.* conducir, transportar, acarrear, llevar.

portento *m.* prodigio, maravilla, milagro, grandiosidad, fenómeno, excelencia. *ANT.* insignificancia. **2** eminencia, genio.

portentoso, -sa *adj.* deslumbrante, emocionante, sorprendente, extraño, asombroso, milagroso, maravilloso, pasmoso, grandioso, singular, mágico, prodigioso, estupendo. *ANT.* insignificante, habitual.

portería *f.* conserjería. **2** DEP. meta.

portero *m.* guardián, conserje, cuidador. **2** {fútbol} guardameta, guardavalla.

pórtico *m.* portal, atrio, vestíbulo, entrada, zaguán, porche.

portorriqueño, -ña *adj. s.* puertorriqueño, borinqueño.

portugués, -esa *adj. s.* lusitano, luso.

porvenir *m.* futuro, destino, mañana. *ANT.* pasado; presente.

posada *f.* hostería, hostal, mesón, hospedería, fonda, albergue, parador. **2** albergue, alojamiento.

posaderas *f. pl.* nalgas, asentaderas, trasero, culo, nalgatorio.

posadero, -ra *adj.* hostelero, mesonero, fondista.

posar intr. dejar, soltar, depositar, colocar, poner, reposar. **2** alojarse, hospedarse, guarecerse, pernoctar. **3** pararse, descansar, reposar, descender. **4** prnl. {partículas} sedimentarse, depositarse.

pose f. postura, ademán, gesto, aire, actitud. **2** {al hablar o comportarse} afectación, empaque, prosopopeya.

poseedor, -ra adj. s. propietario, tenedor, dueño, amo, titular.

poseer tr. tener, dominar, detentar, disponer, beneficiarse, gozar, disfrutar, usufructuar. ANT. carecer. **2** hacer el amor, copular. **3** {doctrina, idioma} saber, conocer. **4** prnl. {persona} dominarse, moderarse, refrenarse. ANT. desmandarse.

poseído, -da adj. s. enfurecido, furioso. **2** endemoniado, embrujado, poseso.

posesión f. propiedad, disfrute, pertenencia, dominio, goce, tenencia, usufructo. ANT. carencia. **2** finca, hacienda, propiedad. **3** embrujamiento, apoderamiento. **4** pl. bienes, tierras, heredad, riqueza, predios.

posesionar tr. prnl. adquirir, tomar posesión. **2** prnl. adueñarse.

poseso, -sa adj. s. endemoniado, poseído, energúmeno, embrujado, hechizado. **2** alienado, frenético, loco, demente.

posibilidad f. probabilidad, contingencia, eventualidad, facultad, potencia, verosimilitud, potencialidad, aptitud. ANT. imposibilidad. **2** gen. pl. medios, posesiones, hacienda, bienes, riquezas.

posible adj. probable, viable, realizable, concebible, creíble, verosímil, factible, dable. ANT. imposible, improbable. **2** FIL. potencial. ANT. actual.

posición f. postura, actitud, modo, colocación, ademán. **2** situación, disposición. **3** estado, categoría.

positivo, -va adj. cierto, real, verdadero, auténtico, seguro, innegable, indudable. ANT. dudoso, falso.

posma adj. com. {persona} lento, pesado, tardo.

poso m. heces, remanente, asiento, residuo, sedimento. **2** p. us. reposo, quietud, descanso.

posponer tr. prnl. postergar, suspender, retrasar, aplazar, rezagar, prorrogar, diferir, retardar, demorar. ANT. adelantar. **2** {persona} menospreciar, desdeñar, despreciar, rebajar. ANT. apreciar, anteponer.

poste m. palo, madero, columna, travesaño, estaca, pilar, mojón, mástil, soporte, larguero, tronco.

postema f. MED. absceso, apostema, ulceración, pus.

postergación f. {persona} relegación, arrinconamiento, apartamiento. **2** desprecio, humillación, desdén, desatención, menosprecio. ANT. aprecio. **3** aplazamiento, prórroga, retardo, demora, retraso, tardanza, moratoria, dilación. ANT. vigencia.

postergar tr. arrinconar, relegar, marginar, olvidar, excluir. ANT. incluir. **2** posponer, retrasar, retardar, diferir, prorrogar, demorar, suspender, dejar pendiente, aplazar. ANT. anticipar. **3** menospreciar, humillar, desdeñar, despreciar, rebajar. ANT. apreciar, considerar.

posteridad f. fama póstuma. **2** futuro, porvenir, mañana. **3** descendencia, descendientes, familia, progenie, perpetuación, herencia, sucesión. ANT. ascendencia.

posterior adj. trasero, extremo, último, postrero, ulterior. ANT. delantero. **2** subsiguiente, sucesivo, consecutivo, siguiente. ANT. anterior.

postigo m. contrapuerta, traspuerta, portillo, contraventana, portezuela, puerta falsa.

postín m. afectación, presunción, fachenda, boato, vanidad, fausto, jactancia, ostentación, alarde. ANT. sencillez.

postizo, -za adj. falso, engañoso, artificial, fingido. ANT. real, verdadero. **2** añadido, agregado. ANT. natural. **3** m. peluca, bisoñé.

postmoderno, -na adj. s. posmoderno.

postor m. licitante, concursante, pujador, licitador, oferente; apostador.

postración f. desaliento, abatimiento, decaimiento, desánimo, languidez, extenuación, desfallecimiento, debilidad. ANT. vigor, ánimo.

postrado, -da adj. rendido, caído, abatido, desanimado, débil, amilanado, desfallecido, decaído.

postrar tr. derribar, rendir. ANT. levantar. **2** abatir, extenuar, debilitar, desfallecer. ANT. fortalecer. **3** prnl. arrodillarse, hincarse, rendirse, prosternarse, humillarse. ANT. erguirse.

postre m. sobremesa, sobrecomida.

postrero, -ra adj. último, posterior, final, ulterior, extremo, postrimero, postrer. ANT. primero, anterior.

postrimería f. {de la vida} último período, años finales. **2** gen. pl. fin, acabamiento, final, declinación, muerte, ocaso, desenlace, decadencia, consumación. ANT. principio.

postulado m. proposición. **2** GEOM. supuesto.

postulante com. Amer. {a un cargo} solicitante, peticionario, aspirante, pretendiente.

postular tr. solicitar, reclamar, demandar, pedir, pretender. **2** limosnear. **3** tr. prnl. Amer. proponer un candidato.

postura f. situación, actitud, colocación, pose, posición.

potable adj. bebible, bebedero, saludable. ANT. impotable, insalubre.

potaje m. sopa, caldo, guiso. **2** bebida, brebaje. **3** mezcolanza, revoltijo.

pote m. Amer. tarro, bote, frasco, envase, lata, vasija, recipiente. **2** tiesto, maceta, vasija.

potencia f. fortaleza, energía, vigor, poder, fuerza, imperio, dominación. ANT. flaqueza, debilidad. **2** FIL. posibilidad, probabilidad.

potencial adj. virtual, eventual, probable, posible, ocasional. **2** m. poder, capacidad, aptitud, fuerza. **3** GRAM. modo potencial. **4** GRAM. {tiempo} condicional.

potentado m. magnate, pudiente, adinerado, poderoso, millonario, acaudalado, opulento, rico. ANT. pobre. **2** soberano, monarca.

potente adj. enérgico, vigoroso, recio, brioso, fuerte, poderoso, pujante, intenso, eficaz, robusto. ANT. débil, impotente. **2** {hombre} capaz de engendrar. **3** rico, pudiente. ANT. pobre. **4** col. desmesurado, abultado, enorme, grande.

potestad f. dominio, poder, mando, jurisdicción, autoridad, facultad. **2** atribución, prerrogativa, virtud, privilegio.

potestativo, -va adj. facultativo.

potingue m. desp. {medicamento} pócima, brebaje, mejunje, mezcolanza, revoltijo. **2** gen. pl. cosmético, crema.

potranca f. yegua, potra.

potrero m. Amer. parcela, campo, solar.

potro m. jaco, potranco, potrillo, caballo, corcel, montura.

poza f. charca, charco.

pozo m. hoyo, hueco, perforación, aljibe, hoya, excavación, agujero, depresión, bache, sumidero, foso. **2** {juegos} fondo común.

práctica f. rutina, ejercicio, hábito, costumbre, uso. **2** destreza, habilidad, experiencia, pericia, industria, facilidad, maña, aptitud. ANT. ineptitud. **3** praxis. ANT. teoría. **4** procedimiento, método. **5** entrenamiento, ejercitación.

practicable *adj.* factible, realizable, hacedero. **2** transitable. *ANT.* intransitable.

practicar *tr.* ejercitar, ejercer. **2** realizar, hacer, efectuar, llevar a cabo, ejecutar. **3** profesar. **4** repetir, entrenar, ensayar.

práctico, -ca *adj.* útil, aprovechable, utilizable, cómodo, conveniente, funcional, provechoso. *ANT.* inútil. **2** experto, ducho, conocedor, preparado, perito, diestro, hábil, experimentado, versado, avezado. *ANT.* inexperto, bisoño. **3** pragmático, realista. *ANT.* idealista.

pradera *f.* prado, campo, terreno, campiña, llanura, pastizal.

pragmático, -ca *adj.* empírico, práctico, funcional, materialista.

praxis *f.* práctica.

preámbulo *m.* prólogo, introducción, preparación, prolegómeno, preludio, proemio, exordio, prefacio, principio, comienzo. *ANT.* epílogo. **2** disgresión, circunloquio, rodeo.

prebenda *f.* oportunidad, ventaja, privilegio. **2** renta, sinecura, beneficio, dote. **3** *col.* ocupación, empleo, oficio, cargo, ministerio.

preboste *m.* prefecto.

precariedad *f.* fragilidad, inestabilidad, inseguridad, transitoriedad. **2** pobreza, necesidad, carencia. *ANT.* riqueza.

precario, -ria *adj.* inseguro, inestable, frágil, incierto, transitorio, efímero. *ANT.* estable, duradero. **2** pobre, necesitado. *ANT.* rico.

precaución *f.* cautela, reserva, prudencia, prevención, cuidado, circunspección, previsión, moderación, cordura, sensatez. *ANT.* imprudencia, imprevisión.

precaver *tr. prnl.* prever, evitar, prevenir. **2** *prnl.* acautelarse, recelarse, desconfiarse.

precavido, -da *adj.* prudente, sagaz, prevenido, cauteloso, receloso, cauto, discreto. *ANT.* imprudente.

precedencia *f.* {tiempo} anterioridad, prioridad. *ANT.* posterioridad. **2** {orden} anteposición, antelación. **3** {lugar} preferencia, preeminencia. **4** {jerarquía} superioridad, predominio, primacía. *ANT.* subordinación.

precedente *adj. com.* antecedente, previo, antepuesto, preliminar, primero, anticipado. *ANT.* siguiente.

preceder *tr.* anteceder, anteponer, anticipar, adelantar, encabezar, prefijar. *ANT.* seguir. **2** presidir, superar, aventajar, predominar, sobresalir, destacarse. *ANT.* suceder.

precepto *m.* orden, mandato, mandamiento, disposición. **2** norma, regla, obligación, instrucción, canon, máxima, ley.

preceptor, -ra *s.* instructor, tutor, maestro, pedagogo, educador, monitor, consejero, mentor.

preceptuar *tr.* ordenar, prescribir, disponer, decidir.

preces *f. pl.* súplicas, instancias, ruegos, demandas. **2** rezos, plegarias, oraciones.

preciado, -da *adj.* estimable, apreciado, predilecto, preferido, precioso, excelente. *ANT.* desdeñado, aborrecido. **2** engreído, presumido, vano, fatuo, jactancioso. *ANT.* modesto.

preciarse *prnl.* gloriarse, alabarse, jactarse, presumir, vanagloriarse. *ANT.* desdeñarse.

precinto *m.* cierre, marbete, sello, precinta, lacre, ligadura.

precio *m.* valor, coste, suma, estimación, tasa, costo, monto, evaluación. **2** padecimiento, sufrimiento, esfuerzo, sacrificio. **3** prez, premio.

preciosidad *f.* lindeza, delicia, belleza, preciosura, primor, beldad, encanto. *ANT.* imperfección, fealdad.

precioso, -sa *adj.* hermoso, primoroso, bello, lindo, sublime, gracioso. *ANT.* feo. **2** valioso, apreciado, imponderable, apreciable.

precipicio *m.* barranco, derrumbadero, abismo, despeñadero, acantilado, talud. **2** *fig.* caída, ruina, perdición.

precipitación *f.* prisa, apresuramiento, prontitud, premura, aceleración, rapidez, ímpetu. *ANT.* lentitud. **2** atolondramiento, arrebato, imprudencia, irreflexión, brusquedad, atropellamiento. *ANT.* calma, serenidad. **3** lluvia.

precipitado, -da *adj.* impetuoso, vehemente, impulsivo, atolondrado, apresurado, irreflexivo, inconsiderado, atropellado. *ANT.* sosegado, mesurado. **2** caído, arrojado, despeñado, lanzado, tirado.

precipitar *tr. prnl.* arrojar, derribar, empujar, lanzar, despeñar. **2** *prnl.* apresurarse, abalanzarse, tirarse, dispararse. *ANT.* contenerse.

precisamente *adv.* únicamente, solamente. **2** exactamente, justamente. **3** necesariamente, forzosamente, indispensablemente.

precisar *tr.* determinar, estipular, puntualizar, especificar, concretar, definir, delimitar, fijar, formalizar, establecer, detallar. *ANT.* indeterminar. **2** forzar, coaccionar, exigir, obligar. *ANT.* permitir. **3** *intr. tr.* necesitar, requerir, urgir, faltar, carecer. *ANT.* prescindir.

precisión *f.* obligación, menester, indispensabilidad, necesidad. **2** concisión, escrupulosidad, puntualidad, rigor, minuciosidad, regularidad, rigurosidad, esmero, escrúpulo, exactitud, determinación. *ANT.* indelicadeza, inexactitud.

preciso, -sa *adj.* exacto, fiel, fijo, determinado, cierto, puntual, justo, acertado, matemático, regular. *ANT.* impreciso. **2** indispensable, obligatorio, imprescindible, necesario, esencial, forzoso. *ANT.* innecesario. **3** formal, claro, distinto. **4** {lenguaje} conciso, textual, fiel, riguroso. *ANT.* vago.

preclaro, -ra *adj.* notable, célebre, ilustre, insigne, afamado. *ANT.* desconocido.

precocidad *f.* adelantamiento, anticipación. *ANT.* retraso.

preconcebido, -da *adj.* meditado, intencionado, deliberado, intencional, reflexionado, prejuzgado, pensado.

preconizar *tr.* ensalzar, alabar, celebrar, exaltar, elogiar, ponderar, encomiar. *ANT.* censurar, vituperar. **2** apoyar, patrocinar, auspiciar, recomendar, proponer.

precoz *adj.* adelantado, anticipado. *ANT.* tardío. **2** {fruta} prematuro, verde, temprano. *ANT.* maduro. **3** {persona} prodigio, lumbrera, genio. *ANT.* retrasado.

precursor, -ra *adj. s.* predecesor, iniciador, antecesor, pionero, anterior, antepasado, mayor, progenitor.

predador, -ra *adj. s.* depredador, cazador, carnicero. **2** ladrón, saqueador.

predecesor, -ra *s.* {en un cargo} antecesor. *ANT.* sucesor. **2** ancestro, antepasado, mayor, ascendiente, progenitor. *ANT.* descendiente.

predecible *adj.* presumible, previsible.

predecir *tr.* antedecir, presagiar, presentir, prever, adelantar, revelar, intuir, prejuzgar, anunciar, profetizar, pronosticar, adivinar, vaticinar, augurar, anticipar. *ANT.* equivocarse, desconocer.

predestinado, -da *adj. s.* señalado, escogido, consagrado, destinado, nacido, elegido.

predeterminado, -da *adj.* predispuesto, sujeto, propenso, expuesto, proclive.

prédica *f.* plática, sermón. **2** discurso, alocución, perorata, soflama.

predicar *tr.* instruir, sermonear, platicar. **2** reprender, amonestar. **3** exhortar, aconsejar. **4** hacer público, anunciar, divulgar, difundir. *ANT.* ocultar.

predicción f. pronóstico, augurio, profecía, presagio, anuncio, suposición, conjetura, vaticinio, adivinación. ANT. equivocación.

predilección f. preferencia, distinción, propensión, cariño, prelación, inclinación, favoritismo. ANT. aversión.

predilecto, -ta adj. preferido, favorito, protegido, privilegiado, elegido, mimado, dilecto. ANT. relegado.

predio m. dominio, propiedad, posesión, heredad, tierra, finca, hacienda.

predisposición f. propensión, devoción, preferencia, vocación, proclividad, predilección, inclinación, tendencia, disposición. ANT. indisposición.

predispuesto, -ta adj. predeterminado, inclinado, determinado, proclive, sujeto, propenso, expuesto.

predominante adj. preponderante, dominante, sobresaliente, preeminente, prestigiado, aventajado.

predominar tr. intr. preponderar, primar, imperar, prevalecer, dominar, reinar. ANT. depender. **2** intr. {cosa} sobresalir, aventajar, surgir, exceder.

predominio m. fuerza, influjo, ascendiente, autoridad, dominio, hegemonía, supremacía, potestad, imperio, influencia, superioridad, poder, preponderancia.

preeminencia f. ventaja, exención, preferencia, prerrogativa, beneficio, favor, supremacía, privilegio, superioridad. ANT. inferioridad.

preeminente adj. honorífico, elevado, honroso, egregio, superior, destacado, ilustre.

prefacio m. introducción, preámbulo, prólogo, proemio. ANT. epílogo.

preferencia f. inclinación, elección, predilección, favoritismo, parcialidad, favor. ANT. imparcialidad. **2** ventaja, superioridad, primacía, preeminencia, supremacía, preponderancia. ANT. inferioridad.

preferido, -da adj. predilecto, seleccionado, distinguido, querido, favorito, elegido, privilegiado, protegido, mimado. ANT. odiado, menospreciado.

preferir tr. aventajar, exceder. **2** tr. prnl. elegir, seleccionar, optar, preponer, anteponer, priorizar, escoger. **3** prnl. jactarse, vanagloriarse, gloriarse.

prefijar tr. determinar, señalar, organizar, predeterminar, definir, fijar. ANT. indeterminar.

pregonar tr. divulgar, propagar, extender, promulgar, proclamar, publicar. **2** anunciar, vocear. **3** adular, exaltar, glorificar, ensalzar, encomiar, elogiar, alabar.

pregunta f. interrogante, cuestión, interrogación. ANT. respuesta.

preguntar tr. prnl. interpelar, cuestionar, interrogar. ANT. responder.

preguntón, -ona adj. col. entremetido, fisgón, chismoso. ANT. mesurado.

prehistórico, -ca adj. antediluviano, arcaico.

prejuicio m. recelo, aprensión, parcialidad, prevención, suspicacia.

prelación f. primacía, preferencia, prioridad.

prelado m. prior, abad, obispo, pastor, clérigo.

preliminar adj. inicial, previo, preparatorio, introductorio. ANT. posterior. **2** preámbulo, proemio.

preludio m. comienzo, introducción, principio.

prematuro, -ra adj. anticipado, temprano, adelantado, inmaduro, precoz. ANT. maduro.

premeditado, -da adj. planeado, preconcebido, proyectado, urdido, pensado, meditado, preparado, deliberado, intencional, intencionado. ANT. improvisado.

premiar tr. galardonar, retribuir, honrar, homenajear, enaltecer, glorificar, remunerar, gratificar, reconocer, recompensar, condecorar, laurear.

premio m. remuneración, lauro, paga, compensación, accésit, galardón, trofeo, retribución, recompensa. ANT. castigo. **2** sobreprecio, prima. **3** lotería, sorteo.

premisa f. indicio, signo, síntoma, señal. **2** proposición.

premonición f. presagio, corazonada, presentimiento, conjetura, barrunto, anticipación.

premura f. prisa, urgencia, apuro, apremio, perentoriedad, agobio. ANT. tardanza.

prenda f. empeño, aval, fianza, garantía. **2** prueba. **3** don, virtud, cualidad. ANT. defecto. **4** ropa, ropaje, traje, vestido.

prendarse prnl. apegarse, simpatizar, encariñarse, aficionarse, enamorarse. ANT. enemistarse.

prendedor m. alfiler, broche, aguja, pasador.

prender tr. prnl. asir, sujetar, agarrar, coger. ANT. soltar. **2** apresar, detener, encarcelar, capturar, aprehender. ANT. liberar. **3** coser, enganchar, fijar. **4** {macho} fecundar, cubrir. **5** {fuego} encender. **6** tr. prnl. {mujer} engalanar, ataviar, adornar. **7** intr. {planta} enraizar, arraigar.

prendimiento m. captura, detención.

prensar tr. apretar, aplastar, estrujar, apelmazar, compactar, apretujar, oprimir, estrechar, comprimir. ANT. expandir.

preñada adj. embarazada, gestante, encinta, grávida.

preñar tr. embarazar, fecundar.

preñez f. embarazo, gestación, gravidez.

preocupación f. prevención, cuidado. **2** recelo, nerviosismo, impaciencia, turbación, duda, cavilación, desazón, sospecha, ansiedad, inquietud, desasosiego, intranquilidad. ANT. despreocupación, tranquilidad.

preocupado, -da adj. turbado, pensativo, ensimismado, inquieto, desasosegado, intranquilo, nervioso, impaciente. ANT. despreocupado, tranquilo.

preocupar tr. prnl. prevenir. **2** interesar, obsesionar. **3** desasosegar, inquietar, turbar, angustiar, intranquilizar, afligir. ANT. tranquilizar. **4** prnl. encapricharse, interesarse.

preparado, -da adj. dispuesto, pronto, prevenido, presto, listo. **2** instruido, conocedor, documentado, educado. **3** m. fórmula, preparación, ungüento, medicamento.

preparar tr. prnl. hacer, disponer, alistar, urdir, proyectar, ordenar, planear, organizar, aprestar, prevenir, arreglar. **2** estudiar. **3** tr. adiestrar, instruir, entrenar, educar, enseñar. **4** adecuar, habilitar, acondicionar. **5** guisar, cocinar, mezclar. **6** prnl. aparejarse, prevenirse, disponerse.

preponderancia f. supremacía, preeminencia, predominio, primacía, influencia, superioridad, hegemonía. ANT. dependencia, desventaja.

preponderante adj. predominante, sobresaliente, destacado.

preponderar intr. predominar, sobresalir, prevalecer, dominar, descollar, imperar, destacar. **2** {cosa} pesar, exceder, superar.

prerrogativa f. exención, merced, favor, gracia, beneficio, privilegio. ANT. perjuicio. **2** atributo, poder, preeminencia, facultad, competencia.

presa f. embalse, represa, dique. **2** despojo, pillaje, botín, caza, captura, rapiña, trofeo.

presagiar tr. prever, anunciar, profetizar, predecir, vaticinar, presentir, pronosticar, adivinar, augurar.

presagio m. señal, anuncio. **2** presentimiento, augurio, intuición, prefiguración, premonición, vaticinio, predicción, pronóstico. ANT. equivocación.

presbicia f. MED. hipermetropía.

presbítero m. sacerdote, eclesiástico.

prescindir *intr.* suprimir, eliminar, excluir, desentenderse, omitir, apartar, descartar, desechar, dejar de lado. *ANT.* preferir. **2** privarse, abstenerse, evitar.

prescribir *tr.* ordenar, preceptuar, mandar, formular, indicar, dictar, determinar, disponer, señalar, recetar. **2** *intr.* {derecho, obligación} extinguirse, concluir.

prescripción *f.* fórmula, receta. **2** mandato, disposición, precepto, orden. **3** plazo, vencimiento.

presea *f.* joya, dije, alhaja.

presencia *f.* asistencia, comparecencia, estancia. *ANT.* ausencia. **2** porte, aspecto, apariencia, disposición, figura, traza.

presenciar *tr.* ver, asistir, contemplar, observar, mirar, atestiguar, estar presente.

presentación *f.* aspecto exterior. **2** manifestación, exhibición. **3** exposición, explicación, definición, descripción.

presentar *tr. prnl.* manifestar, lucir, mostrar, ofrecer, ostentar, exhibir, exponer. *ANT.* ocultar. **2** regalar, dar, ofrecer. **3** caracterizar. **4** proponer. **5** {persona} introducir, dar a conocer. **6** *prnl.* ofrecerse (voluntariamente). **7** comparecer, aparecer, llegar. *ANT.* huir. **8** mostrarse, producirse. **9** {persona} darse a conocer.

presente *adj.* actual, vigente, existente. **2** concurrente, espectador, testigo. **3** *m.* regalo, obsequio, dádiva. **4** *loc.* **por lo ~:** por ahora.

presentimiento *m.* vislumbre, intuición, pronóstico, sospecha, conjetura, presagio, pálpito, corazonada, premonición.

presentir *tr.* vislumbrar, prever, antever, intuir, pronosticar, entrever, conjeturar, presagiar, sospechar.

preservar *tr. prnl.* resguardar, guarecer, conservar, cobijar, mantener, cuidar, proteger, poner a salvo, guardar, salvaguardar, defender, amparar. *ANT.* desamparar.

preservativo, -va *adj.* preventivo. **2** *m.* condón, profiláctico, protección.

presidiario, -ria *s.* preso, forzado, reo, prisionero, cautivo, recluso, penado, condenado.

presidio *m.* prisión, cárcel, penitenciaría, penal.

presidir *tr.* dirigir, mandar, conducir, gobernar, disponer, orientar, encabezar, regir, guiar. *ANT.* obedecer. **2** {cosa} destacarse. **3** predominar, influir, prevalecer.

presión *f.* tensión, opresión, apretón, apretujamiento, estrujamiento, compresión, aprisionamiento, estrujón. *ANT.* relajación. **2** {persona} fuerza, apremio, insistencia, conminación, imposición, coacción. **3** *loc.* **~ arterial:** tensión arterial.

presionar *tr.* comprimir, estrechar, apelmazar, apretar, estrujar, forzar, aplastar, empujar. *ANT.* relajar. **2** imponer, obligar, coaccionar, impeler, forzar.

preso, -sa *adj. s.* recluso, detenido, encarcelado, arrestado, presidiario, interno, reo, sentenciado, prisionero, penado, condenado, cautivo. *ANT.* libre.

prestación *f.* tributo, renta. **2** asistencia, compensación, servicio.

prestamista *com.* usurero, logrero, especulador.

préstamo *m.* crédito, empréstito, anticipo, adelanto, ayuda, prestación, garantía, financiación.

prestancia *f.* calidad, dignidad, excelencia. **2** gallardía, atractivo, aplomo, elegancia, distinción, porte. *ANT.* vulgaridad.

prestar *tr.* facilitar, entregar, dejar, suministrar, anticipar, ofrecer, proporcionar. *ANT.* negar. **2** {cualidad} asistir, ayudar. **3** comunicar, dar. **4** *intr.* aprovechar, ser útil. **5** extenderse, dar de sí. **6** *prnl.* avenirse, conformarse, ofrecerse. **7** dar motivo, dar ocasión.

presteza *f.* velocidad, rapidez, celeridad, ligereza, brevedad, dinamismo, ímpetu, prisa, aceleración, prontitud. *ANT.* lentitud. **2** actividad, resolución, diligencia. *ANT.* irresolución.

prestidigitador, -ra *s.* ilusionista, mago, malabarista, jugador de manos.

prestigiar *tr.* realzar, afamar, estimar, reputar, acreditar, honrar, ennoblecer. *ANT.* desprestigiar.

prestigio *m.* crédito, renombre, respeto, reputación, estimación, fama, realce, popularidad. *ANT.* descrédito. **2** ascendiente, autoridad, influencia.

prestigioso, -sa *adj.* eximio, acreditado, famoso, prominente, afamado, reputado, virtuoso, ilustre, insigne, célebre, renombrado.

presto, -ta *adj.* veloz, raudo, rápido, pronto, presuroso, diligente, apresurado. *ANT.* lento, tardo. **2** dispuesto, preparado, listo.

presumible *adj.* previsible, probable, predecible.

presumido, -da *adj.* engreído, jactancioso, vano, petulante, vanidoso, presuntuoso, ostentoso, fatuo, ufano. *ANT.* modesto.

presumir *tr.* suponer, juzgar, maliciar, sospechar, conjeturar, imaginar, prever. **2** *intr.* vanagloriarse, engreírse, jactarse, envanecerse, ostentar, ufanarse. *ANT.* humillarse. **3** cuidarse, arreglarse, lucir. *ANT.* descuidarse.

presunción *f.* suposición, hipótesis, opinión, creencia, sospecha, conjetura. **2** jactancia, fatuidad, presuntuosidad, alarde, ínfulas, pedantería, petulancia, envanecimiento, vanidad, vanagloria. *ANT.* modestia.

presunto, -ta *adj.* supuesto, pretendido.

presuntuoso, -sa *adj. s.* presumido, fantasioso, fantoche, engreído, vano, vanidoso, petulante, jactancioso, ostentoso, pretencioso. *ANT.* sencillo.

presuponer *tr.* descontar, suponer, dar por descontado.

presuposición *f.* hipótesis, supuesto, premisa, presupuesto.

presuroso, -sa *adj.* rápido, veloz, ligero, pronto, raudo, presto, activo. *ANT.* lento, calmoso. **2** apresurado, vertiginoso, diligente, afanoso.

pretencioso, -sa *adj.* presumido, fantasioso, presuntuoso, petulante, engreído.

pretender *tr.* ambicionar, pedir, solicitar, querer, anhelar, aspirar, ansiar, desear. *ANT.* renunciar. **2** cortejar, galantear.

pretendido, -da *adj.* presunto, hipotético, supuesto.

pretendiente *adj. com.* galán, enamorado, cortejador, galanteador, novio. **2** candidato, aspirante, postulante, solicitante, peticionario, pretensor.

pretensión *f.* aspiración, ambición, deseo. **2** presunción, jactancia, fatuidad, engreimiento, vanidad. *ANT.* sencillez. **3** solicitación. **4** {sobre algo} derecho.

preterir *tr.* olvidar, omitir, postergar, relegar, desatender, descuidar. *ANT.* cuidar.

pretérito, -ta *adj. s.* pasado, sucedido.

pretexto *m.* disculpa, excusa, evasiva, motivo, coartada, razón, argumento.

pretil *m.* balaustrada, barandilla, baranda, antepecho, pasamano.

prevalecer *intr.* predominar, preponderar, sobresalir, imperar, aventajar, reinar. **2** subsistir, perdurar.

prevaler *intr.* prevalecer. **2** *prnl.* servirse, valerse, aprovecharse.

prevención *f.* preparación, medida, providencia, disposición, organización. *ANT.* improvisación. **2** recelo, aprensión, sospecha, suspicacia, cautela, desconfianza, prejuicio. **3** apercibimiento, advertencia. *ANT.* confianza. **4** mantenimiento.

prevenido, -da *adj.* precavido, cauteloso, cuidadoso, advertido, previsor, próvido. **2** preparado, listo, apercibido. **3** *p. us.* lleno, abundante, provisto.

prevenir *tr. prnl.* avisar, advertir, informar, alertar, notificar, apercibir. **2** prever, ver, anticiparse. **3** disponer, preparar, aprestar, aparejar. **4** impedir, obstaculizar, precaver, estorbar, evitar, dificultar. *ANT.* facilitar. **5** preocupar, predisponer, impresionar, imbuir.

preventivo, -va *adj.* adelantado, protector, defensor, preparatorio, anticipado, preparado, preservador. *ANT.* imprevisible. **2** MED. profiláctico.

prever *tr.* anticipar, prevenir, conjeturar, precaver, predecir, antever, presagiar, barruntar, vaticinar, sospechar, adivinar.

previo, -via *adj.* anterior, anticipado, preliminar, primero, precursor, antepuesto, precedente, preparatorio, inicial. *ANT.* posterior.

previsible *adj.* predecible, presumible.

previsión *f.* precaución, prevención, prudencia, preocupación, preparación, atención. *ANT.* imprevisión. **2** desconfianza, recelo, cautela, reserva, circunspección. **3** proyecto, presupuesto, cálculo, pronóstico.

previsor, -ra *adj.* calculador, precavido, avisado, apercibido, advertido, cauteloso, juicioso, cauto, prevenido, prudente. *ANT.* confiado.

prez *f.* gloria, fama, estima, honra, distinción, honor, estimación.

prieto, -ta *adj.* estrecho, ajustado, apretado, ceñido. **2** {color} oscuro, negro. **3** tacaño, mezquino, avaro, roñoso, codicioso, mísero. *ANT.* generoso.

prima *f.* premio, recompensa, excedente, comisión, sobresueldo, indemnización, extra, regalo, sobreprecio, gratificación. **2** pariente, familiar, allegada.

primacía *f.* predominio, prioridad, preeminencia, superioridad, prelación, preponderancia, excelencia, supremacía, ventaja. *ANT.* inferioridad.

primar *intr.* priorizar, anteponer. **2** *intr.* sobresalir, predominar, prevalecer.

primario, -ria *adj.* primero, primordial, fundamental, básico, esencial, principal. *ANT.* accesorio. **2** primitivo, elemental. *ANT.* evolucionado.

primavera *f.* estación. **2** *fig.* juventud, frescura, florecimiento, esplendor. *ANT.* invierno.

primaveral *adj.* fresco, lozano, reciente, joven. *ANT.* otoñal, viejo.

primerizo, -za *adj. s.* principiante, aprendiz, novicio, novato, inexperto. *ANT.* experto, fogueado. **2** *adj. f.* primípara.

primero, -ra *adj.* inicial, primigenio, original, primitivo, inaugural, originario, prístino, principal. *ANT.* segundo, postrero. **2** sobresaliente, excelente, grande, superior. *ANT.* inferior. **3** antes, primeramente, al principio, al comienzo. *ANT.* después. **4** primordial, primario. *ANT.* secundario.

primicia *f.* primer fruto. **2** noticia, novedad.

primigenio, -nia *adj.* originario, primordial, primero, primitivo, prístino.

primitivo, -va *adj.* originario, prístino, primigenio, primordial. *ANT.* nuevo.

primogénito, -ta *adj. s.* primer hijo.

primor *m.* esmero, cuidado, excelencia, habilidad, arte, destreza. **2** finura, perfección, maestría, exquisitez, gracia, pulcritud. *ANT.* imperfección. **3** preciosidad, hermosura, belleza. *ANT.* fealdad.

primordial *adj.* básico, inicial, primero, capital, fundamental, primitivo, primario, sustancial, esencial. *ANT.* secundario.

primoroso, -sa *adj.* primor, delicado, pulido, fino, perfecto, lindo, excelente, esmerado. *ANT.* tosco. **2** *p. us.* experimentado, habilidoso, diestro. *ANT.* inhábil.

prínceps *adj. s.* {libro} primera edición.

principal *adj.* fundamental, vital, esencial, primordial, importante, sustancial, capital. *ANT.* secundario, accesorio. **2** ilustre, distinguido, destacado. **3** primero,

inicial. *ANT.* secundario. **4** *m.* patrón, director, encargado, jefe.

príncipe *m.* soberano, rey.

principiante *adj. com.* novato, primerizo, inexperto, aprendiz, novicio, neófito, bisoño. *ANT.* experto, ducho.

principiar *tr.* iniciar, comenzar, empezar, dar principio, encabezar, estrenar, preludiar, emprender. *ANT.* acabar, terminar. **2** brotar, dar a luz, nacer, surgir.

principio *m.* comienzo, inicio, procedencia, causa, causalidad, origen, génesis. *ANT.* final. **2** razón, fundamento, base. **3** axioma, norma, máxima, precepto, regla. **4** encabezamiento. **5** inauguración. **6** introducción, preámbulo.

prior, -ra *s.* {convento} superior, prelado.

priorato *m.* cartuja, abadía, monasterio, convento.

prioridad *f.* preferencia, primacía, preeminencia, prelación. *ANT.* postergación. **2** anterioridad, precedencia. *ANT.* posterioridad.

prioritario, -ria *adj.* preferido, fundamental, inaplazable, esencial, preferente, urgente, predilecto. *ANT.* secundario.

priorizar *tr.* anteponer, primar, preferir.

prisa *f.* rapidez, prontitud, presteza, celeridad. *ANT.* lentitud. **2** deseo, necesidad, anhelo. **3** precipitación, apresuramiento, perentoriedad, apremio, urgencia, premura. **4** *loc.* a/de ~: aprisa, deprisa, rápido.

prisión *f.* cárcel, presidio, reclusorio, celda, penal, penitenciaría, correccional, calabozo, reformatorio. *ANT.* libertad. **2** pena, encarcelamiento, cautividad, cautiverio, arresto, condena. *ANT.* liberación. **3** encierro, reclusión. **4** aprehensión, captura, prendimiento, detención. **5** *pl.* cadenas, grillos.

prisionero, -ra *s.* preso, penado, condenado, cautivo, detenido, arrestado, recluso, presidiario, encarcelado; rehén. *ANT.* libre. **2** {pasión} esclavo, adicto, encadenado, dominado.

prismáticos *m. pl.* binoculares, gemelos, lentes, anteojos.

prístino, -na *adj.* primitivo, primero, originario, antiguo, original. *ANT.* posterior.

privación *f.* falta, carencia, ausencia, necesidad, penuria, escasez. *ANT.* abundancia.

privado, -da *adj.* personal, particular, familiar, íntimo. *ANT.* público. **2** *f.* retrete, servicio, baño. **3** *loc.* en ~: a solas, en secreto.

privanza *f.* valimiento, favoritismo, favor, gracia.

privar *tr.* despojar, quitar, usurpar, expoliar, desposeer, confiscar. *ANT.* devolver. **2** {de un empleo} destituir. *ANT.* nombrar. **3** vedar, prohibir, impedir. *ANT.* permitir. **4** *tr. prnl.* perder/quitar el sentido. **5** *tr.* complacer, satisfacer, agradar, gustar. *ANT.* disgustar. **6** *prnl.* dejar, rehusar, abstenerse, renunciar, desprenderse, prescindir.

privativo, -va *adj.* exclusivo, particular, individual, privado. *ANT.* común. **2** específico, propio, singular, peculiar, característico. *ANT.* común.

privatizar *tr.* desnacionalizar.

privilegiado, -da *adj.* favorecido, excepcional, extraordinario, afortunado. *ANT.* desgraciado, desafortunado. **2** predilecto, preferido, escogido, favorito. **3** opulento, acomodado. *ANT.* pobre.

privilegio *m.* ventaja, favor, preeminencia, exención, regalía, franquicia, inmunidad, preferencia, excepción, gracia, dispensa, prebenda, prerrogativa, concesión. *ANT.* desventaja.

pro *amb.* provecho, favor, ventaja, utilidad. ANT. desventaja, perjuicio. **2** *prep.* a favor de, en provecho de, en beneficio de. ANT. en contra de. **3** *loc. el ~ y el contra:* lo favorable y lo desfavorable.

probabilidad *f.* posibilidad, verosimilitud.

probable *adj.* posible, plausible, factible, presumible, previsible, creíble, admisible, viable, verosímil. ANT. imposible, improbable. **2** comprobable, demostrable, verificable.

probar *tr.* ensayar, experimentar, tantear. **2** catar, gustar, saborear, paladear, libar. **3** demostrar, comprobar, verificar, documentar, acreditar, testimoniar, justificar, evidenciar, atestiguar, confirmar. **4** tratar, intentar.

probidad *f.* honradez, escrupulosidad, lealtad, bondad, honorabilidad, ecuanimidad, virtud, integridad, rectitud. ANT. fraudulencia, deshonestidad.

problema *m.* conflicto, indecisión, dilema, duda, hesitación. ANT. certeza. **2** enigma, duda, incógnita, cuestión, rompecabezas. ANT. facilidad, solución. **3** preocupación, disgusto. ANT. alegría. **4** obstáculo, contrariedad, inconveniente, dificultad.

problemático, -ca *adj.* difícil, arduo, cuestionable, incomprensible, confuso, conjetural, dudoso, discutible, incierto, equívoco. ANT. evidente.

probo, -ba *adj.* honesto, honrado, irreprochable, íntegro, recto, virtuoso. ANT. deshonesto.

procacidad *f.* atrevimiento, desfachatez, indecencia, osadía, insolencia, descaro, desvergüenza. ANT. mesura, discreción.

procaz *adj.* desvergonzado, irrespetuoso, atrevido, descarado, insolente, sinvergüenza. ANT. discreto, mesurado.

procedencia *f.* fuente, origen, ascendencia, raíz, principio, fundamento. ANT. destino. **2** {barco, tren, avión} punto de partida. **3** consecuencia, conformidad.

proceder[1] *m.* actuación, conducta, comportamiento, maneras, modos.

proceder[2] *intr.* provenir, venir. **2** derivar, originar, seguirse, dimanar, arrancar. **3** comportarse, obrar, actuar, conducirse.

procedimiento *m.* método, sistema, forma, manera, fórmula, costumbre.

proceloso, -sa *adj.* tormentoso, borrascoso, tempestuoso. ANT. plácido.

prócer *adj.* elevado, insigne, alto, egregio, eminente, ilustre. **2** *m.* {persona} grande.

procesado, -da *adj. s.* penado, acusado, inculpado.

procesar *tr.* encausar, juzgar, enjuiciar, condenar, incriminar, acusar, inculpar. ANT. indultar. **2** manufacturar, fabricar, elaborar.

procesión *f.* comitiva, desfile, marcha, séquito, acompañamiento. **2** *col.* hilera, fila.

proceso *m.* DER. juicio, litigio, pleito, caso, sumario. **2** transcurso, desarrollo, paso, evolución, marcha, sucesión. ANT. estancamiento.

proclama *f.* notificación, divulgación, pregón, publicación, aviso, edicto, cartel, letrero, anuncio. **2** discurso, arenga.

proclamar *tr.* publicar, pregonar, notificar, anunciar. **2** {cargo} conferir, designar, nombrar, elegir, destacar. ANT. destituir. **3** promulgar, declarar. **4** ovacionar, aclamar, vitorear.

proclive *adj.* propenso, predispuesto, inclinado, predeterminado, atraído. ANT. contrario.

procreación *f.* generación, engendramiento, propagación, fructificación, reproducción, multiplicación.

procrear *tr.* engendrar, fecundar, generar, multiplicar, propagar, fructificar, producir, criar.

procurar *tr.* intentar, pretender, tratar de, patrocinar, proponer, facilitar, gestionar. **2** adquirir, conseguir. **3** tramitar, diligenciar. **4** proporcionar, ofrecer, suministrar, dar. ANT. quitar.

prodigalidad *f.* liberalidad, generosidad, profusión, largueza. ANT. avaricia, tacañería. **2** despilfarro, derroche. ANT. mesura. **3** exuberancia, abundancia. ANT. escasez, falta, carencia.

prodigar *tr. prnl.* dar, ofrecer, repartir, colmar. ANT. escatimar. **2** derrochar, desperdiciar, disipar, malgastar, despilfarrar, dilapidar. ANT. ahorrar. **3** *prnl.* exhibirse, lucirse.

prodigio *m.* milagro, portento, maravilla, fenómeno, asombro. **2** primor.

prodigioso, -sa *adj.* extraordinario, sobrenatural, milagroso, portentoso, pasmoso, maravilloso. **2** exquisito, primoroso, excelente.

pródigo, -ga *adj. s.* generoso, desprendido, dadivoso. ANT. tacaño, avaro. **2** malgastador, disipador, derrochador, despilfarrador, manirroto. ANT. moderado, mesurado. **3** copioso, abundante, profuso. ANT. escaso.

producción *f.* rendimiento, productividad. **2** producto. **3** elaboración, fabricación, manipulación, realización, creación, obtención.

producir *tr.* procrear, engendrar, criar, gestar, dar fruto, crear, inventar. **2** {una cosa} redituar, rentar. **3** ocasionar, provocar, causar, motivar, suscitar, procurar, originar. ANT. impedir. **4** fabricar, elaborar, manufacturar, hacer. **5** *prnl. p. us.* darse a entender, manifestarse, explicarse.

productividad *f.* rendimiento, logro, obtención, fructificación, resultado, beneficio, producción, utilidad. ANT. improductividad.

productivo, -va *adj.* provechoso, fructuoso, benéfico, útil, lucrativo, rentable, beneficioso, remunerativo. ANT. improductivo. **2** fértil, fecundo, fructífero, ubérrimo, feraz. ANT. estéril.

producto *m.* rendimiento, renta, beneficio, rédito, caudal, utilidad, lucro, ganancia. **2** fruto, resultado, cosecha, obra. **3** artículo. **4** efecto, consecuencia. **5** producción.

productor, -ra *adj. s.* elaborador, trabajador, fabricante industrial. **2** inventor, creador.

proemio *m.* prefacio, introito, prolegómenos, preludio, preámbulo, exordio, prólogo, introducción. ANT. epílogo.

proeza *f.* osadía, hazaña, gesta, heroicidad, valentía. ANT. cobardía.

profanación *f.* sacrilegio, blasfemia, violación, desacato, escarnio, perjurio, irreverencia. ANT. veneración. **2** deshonra, envilecimiento. ANT. respeto.

profanar *tr.* violar. **2** deshonrar, prostituir, desdorar, deslucir, deslustrar. ANT. honrar.

profano, -na *adj.* irreligioso, impío, sacrílego, impiadoso. ANT. piadoso, reverente. **2** mundano, terrenal, temporal, laico, seglar, secular. ANT. espiritual, sagrado. **3** libertino. **4** *adj. s.* inculto, ignorante.

profecía *f.* predicción, presagio, vaticinio, anuncio, augurio, adivinación.

proferir *tr.* decir, pronunciar, exclamar, articular. ANT. callar.

profesar *tr.* creer, reconocer, confesar, declarar, seguir. ANT. renegar. **2** ejercer, practicar, ocuparse. **3** enseñar, explicar, adoctrinar. **4** {afecto, inclinación} sentir.

profesión *f.* carrera, ocupación, oficio, actividad, quehacer.

profesor, -ra s. maestro, educador, instructor, mentor, preceptor, catedrático. ANT. discípulo.

profeta m. enviado, vidente, pronosticador, vaticinador, clarividente.

profetisa f. pitonisa, adivinadora, sibila.

profetizar tr. predecir, vaticinar, anunciar. 2 conjeturar, augurar, presagiar.

profiláctico m. preservativo, condón.

prófugo, -ga adj. s. desertor, fugitivo, huido, tránsfuga, evadido.

profundidad f. hondura. 2 intimidad, interior, entraña. ANT. superficialidad. 3 {pensamiento, ideas} penetración.

profundo, -da adj. hondo, intenso. ANT. superficial. 2 penetrante, acentuado. 3 eficaz, vivo, intenso. 4 complejo, insondable, recóndito. 5 inteligente, pensante, reflexivo. ANT. superficial.

profusión f. abundancia, prodigalidad, exceso, plétora, riqueza, exuberancia, copia, raudal. ANT. escasez.

profuso, -sa adj. copioso, exuberante, excesivo, cuantioso, abundante. ANT. escaso.

progenie f. abolengo, ascendencia, casta, linaje, familia, estirpe, padres, progenitores, antepasados. ANT. herederos, descendientes.

progenitor, -ra adj. antepasado, antecesor. 2 m. pl. padres, padre y madre.

programa m. plan, proyecto, sistema, exposición, diseño. 2 edicto, proclama, aviso. 3 temario, repertorio. 4 asignaturas, materias, disciplinas.

programar tr. planear, planificar, proyectar, preparar, ordenar, organizar.

progresar intr. prosperar, desarrollarse, florecer, adelantar, triunfar, avanzar, perfeccionarse, mejorar. ANT. retroceder.

progresión f. avance. 2 escala, gradación, serie, escalonamiento, gama.

progresista adj. com. innovador, avanzado, renovador.

progresivo, -va adj. avanzado, adelantado, desarrollado, evolucionado, floreciente, próspero. 2 escalonado, sucesivo, gradual.

progreso m. mejora, prosperidad. ANT. retraso. 2 adelanto, perfeccionamiento, avance, desarrollo, evolución. ANT. retroceso.

prohibición f. proscripción, inhabilitación, obstáculo, denegación, oposición, privación, anulación, limitación, abstención, negativa, veto. ANT. autorización, permiso.

prohibido, -da adj. vedado, ilícito, ilegal.

prohibir tr. prnl. vedar, negar, impedir, denegar, proscribir, evitar, privar, limitar, interdecir. ANT. consentir, autorizar.

prohijar tr. adoptar, proteger, ahijar.

prohombre m. noble, grande, distinguido.

prójimo m. semejante, individuo, sujeto.

prole f. descendencia, hijos, sucesión, familia, progenie.

prolegómeno m. gen. pl. prefacio, introducción, preámbulo, prólogo.

proliferar intr. abundar, crecer, pulular, incrementarse, difundirse, extenderse, multiplicarse. ANT. escasear.

prolífico, -ca adj. fértil, fecundo.

prolijidad f. cuidado, esmero. 2 detenimiento, paciencia, detención. ANT. prisa. 3 molestia, pesadez, impertinencia.

prolijo, -ja adj. largo, amplio, dilatado, extendido, extenso. ANT. breve, conciso. 2 cuidadoso, esmerado, escrupuloso. ANT. descuidado. 3 molesto, pesado, impertinente.

prólogo m. preámbulo, prefacio, proemio, introducción, exordio, preludio. ANT. epílogo.

prolongación f. cola, apéndice. 2 prórroga, aplazamiento, retardamiento. 3 alargamiento, estiramiento, prolongamiento, ampliación, continuación, extensión.

prolongar tr. alargar, dilatar, ampliar, ensanchar, extender, expandir, estirar, desarrollar. ANT. estrechar, acortar. 2 retrasar, retardar, aplazar, diferir, postergar, demorar. ANT. abreviar.

promediar intr. tr. nivelar, distribuir, dividir, seccionar, igualar, repartir. ANT. desigualar. 2 intr. {persona} interponerse. 3 {espacio, tiempo} llegar a su mitad.

promedio m. término medio, mitad, media.

promesa f. promisión, prometimiento. 2 ofrecimiento, juramento, oferta. 3 señal, indicio, augurio. 4 ofrenda, voto, oblación.

prometer tr. ofrecer, obligarse, proponer, dar palabra, comprometerse. ANT. faltar, incumplir. 2 asegurar, certificar, aseverar, afirmar, ratificar. 3 prnl. {matrimonio} ofrecerse, consagrarse.

prometido, -da s. novio.

prominencia f. bulto, saliente, abolladura, eminencia, resalto, elevación, abultamiento, protuberancia. ANT. depresión.

prominente adj. saliente, alto, protuberante, sobresaliente, turgente, elevado, abultado, abombado. ANT. liso. 2 {persona} destacado, célebre, ilustre, insigne, famoso.

promiscuidad f. mezcla, mezcolanza, confusión. ANT. selección.

promisión f. promesa, prometimiento. 2 DER. oferta (informal).

promoción f. curso, generación. 2 reemplazo. 3 {condiciones de vida} mejora, elevación, ascenso, desarrollo, progreso. ANT. desmejoramiento, descenso. 4 {ventas} favorecimiento, impulso.

promocionar tr. prnl. impulsar, promover, patrocinar, favorecer, facilitar, fomentar, desarrollar, apoyar.

promontorio m. eminencia, elevación, altura, prominencia, peñasco. ANT. depresión.

promotor, -ra adj. s. organizador, generador, iniciador, impulsor, promovedor.

promover tr. ascender, elevar, levantar, impulsar. ANT. detener. 2 promocionar, iniciar, suscitar, fomentar, originar, mover, engendrar.

promulgar tr. publicar, divulgar, difundir, propagar, proclamar, dictar, decretar.

pronosticar tr. predecir, adivinar, presagiar, presentir.

pronóstico m. presagio, augurio, vaticinio, profecía, predicción, conjetura, agüero, anticipación. 2 MED. juicio, prognosis.

prontitud f. presteza, celeridad, velocidad, urgencia, diligencia, prisa, apresuramiento. ANT. retardo, lentitud. 2 ingenio, agudeza, imaginación, perspicacia, viveza. 3 precipitación, impetuosidad. ANT. mesura.

pronto, -ta adj. rápido, veloz, apresurado, ligero, acelerado, presto, raudo. ANT. lento. 2 dispuesto, preparado, listo, alerta. ANT. desprevenido, descuidado. 3 m. arrebato, arranque. 4 adv. prontamente, aprisa. 5 adv. tempranamente. 6 loc. a) de ~: sin reflexión, rápidamente, apresuradamente. b) loc. de ~: de repente, de súbito. 7 loc. por lo ~: provisionalmente, entretanto.

prontuario m. compendio, breviario, resumen, síntesis. 2 datos, referencias, antecedentes.

pronunciación f. articulación, vocalización, modulación, entonación, fonación, dicción.

pronunciamiento *m.* alzamiento, insurrección, rebelión, levantamiento, sublevación. **2** DER. {del juez} condena, mandato, sentencia, declaración.

pronunciar *tr. prnl.* proferir, articular, modular, enunciar, decir. ANT. callar. **2** *tr.* DER. sentenciar, promulgar, juzgar, decretar. **3** {prenda} resaltar, destacar, acentuar. **4** *prnl.* sublevarse, levantarse, rebelarse. **5** declararse, expresarse, tomar partido.

propagación *f.* reproducción, generación. **2** divulgación, difusión. **3** contagio, transmisión.

propaganda *f.* divulgación, comunicación, difusión, resonancia, publicidad. **2** textos, medios, escritos.

propagar *tr. prnl.* reproducir, multiplicarse, procrear. **2** extender, aumentar. **3** difundir, transmitir, publicar, pregonar, avisar. ANT. restringir. **4** contagiar, esparcir, transmitir.

propalar *tr.* pregonar, difundir, transmitir, divulgar, publicar. ANT. callar, ocultar.

propasarse *prnl.* excederse, desmedirse, desaforarse, abusar, extralimitarse, insolentarse. ANT. comedirse, moderarse.

propender *intr.* {persona} inclinarse, tender, aficionarse, simpatizar. ANT. rechazar.

propensión *f.* tendencia, inclinación, predisposición, vocación, proclividad, devoción, simpatía. ANT. aversión.

propenso, -sa *adj.* proclive, afecto, inclinado, predispuesto, adepto. ANT. contrario.

propiciar *tr.* patrocinar, favorecer, respaldar, causar, apoyar, motivar. **2** atraer. **3** *p. us.* calmar, serenar, suavizar, aplacar, tranquilizar. ANT. enfurecer.

propicio, -cia *adj.* favorable, dispuesto, predispuesto, propenso, inclinado. ANT. contrario. **2** adecuado, útil, oportuno, satisfactorio, conforme, dispuesto. ANT. inadecuado, desfavorable.

propiedad *f.* posesión, pertenencia, dominio. **2** hacienda, bienes, patrimonio, heredad, finca, predio, latifundio. **3** esencia, carácter, cualidad, característica, atributo, rasgo, nota, peculiaridad. **4** semejanza, ajuste, exactitud, precisión, rigor, rigurosidad. ANT. impropiedad.

propietario, -ria *adj.* dueño, señor, poseedor, hacendado, patrón, terrateniente, titular.

propina *f.* gratificación, recompensa, compensación, añadidura.

propinar *tr.* {medicina} proporcionar, administrar, suministrar, dar. **2** golpear, dar un golpe, atizar, descargar, asestar.

propincuo, -cua *adj.* próximo, cercano, allegado. ANT. lejano.

propio, -pia *adj.* característico, inherente, particular, peculiar, connatural, consustancial, específico, exclusivo, privativo, individual. ANT. ajeno. **2** real, natural. **3** adecuado, conveniente, oportuno, conforme, justo, pertinente, apto. ANT. inadecuado.

proponer *tr. prnl.* insinuar, sugerir, presentar, exponer, procurar. ANT. disuadir. **2** {para un cargo} presentar. **3** *prnl.* aspirar, ensayar, intentar, procurar.

proporción *f.* {entre partes} armonía, equilibrio, simetría, correspondencia, relación, conformidad. ANT. desproporción, desequilibrio, irregularidad. **2** sazón, oportunidad, ocasión, conveniencia, coyuntura, disposición. ANT. inoportunidad. **3** dimensión, escala, tamaño. **4** MAT. {entre razones} igualdad.

proporcionado, -da *adj.* conveniente, apto, idóneo, útil. ANT. inconveniente. **2** adecuado, preciso, acomodado. ANT. desproporcionado, desigual.

proporcionar *tr. prnl.* dar, suministrar, facilitar, proveer, conceder, entregar. ANT. quitar. **2** *tr.* equilibrar, igualar, ajustar, equiparar, adecuar, nivelar. ANT. desproporcionar.

proposición *f.* ofrecimiento, propuesta, oferta. **2** FIL. juicio, premisa. **3** GRAM. frase, oración, enunciación.

propósito *m.* intención, idea, intento, objetivo, fin, finalidad, aspiración, motivo, proyecto, voluntad. **2** *loc. a ~ de:* acerca de, en orden a.

propuesta *f.* ofrecimiento, proposición, oferta, invitación.

propugnar *tr.* proteger, auxiliar, defender, amparar, respaldar. ANT. desproteger.

propulsa *f.* repulsión, rechazo, condena.

propulsar *tr.* impeler, empujar, impulsar, despedir, lanzar. **2** rechazar, repulsar.

prórroga *f.* continuación, prolongación. **2** aplazamiento, retraso, dilación, prorrogación, tiempo.

prorrogar *tr.* aplazar, dilatar, demorar, alargar, atrasar, retrasar, prolongar, diferir, suspender. ANT. adelantar, anticipar.

prosaico, -ca *adj.* vulgar, común, banal, insulso, pedestre, grosero, tosco. ANT. poético, elevado.

prosapia *f.* linaje, estirpe, progenie.

proscribir *tr.* prohibir, vedar. **2** {persona} excluir, expulsar, desterrar, echar.

proscripción *f.* prohibición. **2** deportación, exilio, destierro, extrañamiento.

proscrito, -ta *adj. s.* desterrado, expatriado, expulsado, excluido.

proseguir *tr.* continuar, seguir, avanzar, reanudar, perpetuar. ANT. interrumpir.

prosélito *m.* adepto, partidario, afiliado, seguidor.

prosopopeya *f. col.* ampulosidad, ostentación, pompa, afectación, aparato, gravedad. ANT. sencillez, naturalidad.

prosperar *intr.* mejorar, triunfar, progresar, desarrollarse, destacar, florecer, prevalecer. ANT. fracasar.

prosperidad *f.* progreso, adelanto, desarrollo, auge, florecimiento, éxito, bonanza. ANT. desdicha.

próspero, -ra *adj.* venturoso, propicio, favorable, feliz. **2** rico, radiante, floreciente, boyante. ANT. infeliz.

prosternarse *prnl.* arrodillarse, hincarse, postrarse, humillarse.

prostíbulo *m.* burdel, lupanar, casa de citas.

prostituir *tr. prnl.* envilecer, deshonrar. ANT. honrar.

prostituta *f.* ramera, puta, meretriz, hetera, callejera, hetaira.

protagonista *com.* figura principal, estrella, galán, héroe, personaje, intérprete, actor.

protección *f.* apoyo, defensa, resguardo, ayuda, auxilio, amistad, favor, amparo, valimiento, asilo, refugio. ANT. abandono, desamparo.

protector, -ra *adj. s.* defensor, colaborador, favorecedor, bienhechor, solidario.

proteger *tr. prnl.* amparar, defender, resguardar, cuidar, apoyar, ayudar, preservar, auxiliar, respaldar, favorecer, acoger, velar. ANT. desamparar.

protervia *f.* malignidad, perfidia, maldad, perversidad, perversión. ANT. bondad.

protervo, -va *adj.* malo, malvado, pervertido, depravado, maligno, perverso. ANT. bueno, virtuoso.

prótesis *f.* implantación, implante, dispositivo, aparato.

protesta *f.* reclamación, queja, demanda, petición, reparo. **2** alboroto, escándalo, trifulca, tumulto, bronca.

protestar *intr.* reclamar, demandar, pedir, exigir, oponerse. ANT. aceptar, admitir. **2** rebelarse, sublevarse.

protocolario, -ria *adj.* formal, solemne, ceremonioso, formulista, aparatoso, ampuloso, fastuoso, grave, afectado.

protocolizar *tr.* formalizar.

protocolo *m.* {acuerdo, conferencia} acta. **2** {notario} registro. **3** {experimento} plan detallado, escrito. **4** ceremonia, etiqueta, ritual, pompa, rito.

prototipo *m.* arquetipo, modelo, ejemplo, muestra, tipo, ideal, patrón, horma, molde. *ANT.* copia.

protuberancia *f.* prominencia, bulto, saliente, relieve, turgencia, realce, abombamiento. *ANT.* depresión.

provecho *m.* beneficio, aprovechamiento, utilidad, fruto, ventaja, ganancia, conveniencia, lucro, renta. *ANT.* pérdida, inutilidad.

provechoso, -sa *adj.* útil, valioso, conveniente, beneficioso, lucrativo. *ANT.* inútil.

provecto, -ta *adj.* viejo, antiguo.

proveedor, -ra *s.* provisor, abastecedor, aprovisionador, suministrador.

proveer *tr. prnl.* preparar, reunir. **2** surtir, abastecer, facilitar, suministrar, equipar, dotar, aprovisionar, proporcionar. *ANT.* privar, negar, quitar. **3** {asunto, negocio} tramitar, resolver, solucionar. **4** {empleo, cargo} dar, conceder, conferir. **5** DER. {juez, tribunal} sentenciar, dictar una resolución.

proveniente *adj.* originario, procedente.

provenir *intr.* {persona, cosa} proceder, originarse, nacer, descender, derivar, surgir, emanar, dimanar, brotar, venir.

proverbial *adj.* conocido, tradicional, sabido. *ANT.* desconocido.

proverbio *m.* refrán, adagio, sentencia, máxima, dicho, pensamiento, moraleja.

providencia *f.* prevención, precaución, disposición, medida. **2** divinidad. **3** destino, hado, fatalidad, azar, estrella. **4** DER. resolución judicial.

providencial *adj.* {hecho, suceso} propicio, oportuno, feliz.

próvido, -da *adj.* cuidadoso, prevenido, diligente, avisado, cauto. *ANT.* incauto. **2** benévolo, benéfico, benigno, propicio.

provincia *f.* departamento, comarca, término, demarcación, división, localidad, cantón, distrito, jurisdicción, territorio, región.

provinciano, -na *adj. s.* campesino, rural, lugareño. **2** *adj.* simple, pueblerino, cursi, tosco.

provisión *f.* abastecimiento, depósito, abasto, reserva, suministro, acopio, surtido, almacenamiento. *ANT.* escasez. **2** prevención, precaución, providencia, disposición.

provisional *adj.* temporal, momentáneo, eventual, pasajero, accidental, transitorio, interino, circunstancial. *ANT.* definitivo.

provocación *f.* instigación, incitación, desafío, reto. **2** ofensa, insulto, procacidad.

provocar *tr.* retar, desafiar, incitar, hostigar, exacerbar, irritar, molestar. *ANT.* tranquilizar. **2** causar, suscitar, originar, promover, ocasionar, inducir. *ANT.* impedir, parar.

proxeneta *com.* alcahuete, encubridor, chulo.

proximidad *f.* vecindad, cercanía, confinidad, inmediación, adyacencia, contacto, contigüidad. *ANT.* lejanía.

próximo, -ma *adj.* cercano, vecino, contiguo, lindante, junto, anejo, fronterizo, adyacente, inmediato, pegado, adherido. *ANT.* lejano.

proyectar *tr.* idear, planear, preparar, concebir, imaginar, forjar, tramar, urdir, bosquejar. **2** lanzar, arrojar, tirar, despedir. *ANT.* retener, frenar. **3** {película} exhibir, presentar, rodar. **4** *tr. prnl.* reflejar, irradiar.

proyectil *m.* bala, munición, perdigón, carga, tiro, dardo, granada, cohete, bomba.

proyecto *m.* idea, plan, designio, intento, propósito, proposición, planteamiento, maquinación. **2** esbozo, bosquejo, esquema, diseño, borrador.

proyector *m.* reflector, linterna, faro, foco.

prudencia *f.* discreción, moderación, sensatez, mesura, templanza, cordura, precaución, cautela. *ANT.* imprudencia.

prudencial *adj.* razonable, acertado, sensato, discreto. *ANT.* insensato.

prudente *adj.* cauto, previsor, cauteloso, precavido, advertido. *ANT.* imprudente. **2** cuerdo, reflexivo, discreto, juicioso. *ANT.* irreflexivo.

prueba *f.* experimento, ensayo, investigación, test, examen, comprobación, sondeo. **2** testimonio, argumento, evidencia, indicio, razón, comprobación, confirmación, demostración. **3** señal, muestra, indicio. **4** análisis médico, examen. **5** DEP. competición, competencia.

prurito *m.* picazón, hormigueo, comezón, picor, cosquilleo. **2** deseo, ansia, apetencia, anhelo.

psicópata *com.* maníaco, trastornado, demente, perturbado, desequilibrado. *ANT.* sano, equilibrado.

psicopatía *f.* psicosis, manía, trastorno, perturbación.

psíquico, -ca *adj.* anímico, mental, espiritual.

psiquis *f.* psique, mente, espíritu.

púa *f.* espina, punta, aguija, puya, pincho, aguijón.

pub *s.* [ING.] bar, cervecería.

púber *adj. s.* adolescente, joven.

pubertad *f.* adolescencia, juventud, mocedad. *ANT.* vejez.

publicación *f.* edición, obra, libro, periódico, impresión, revista. **2** comunicado, anuncio. **3** divulgación, difusión, información, propagación, revelación.

públicamente *adv.* manifiestamente, notoriamente, abiertamente. *ANT.* privadamente.

publicar *tr.* {obra} editar, estampar, imprimir, lanzar. **2** divulgar, propagar, difundir, proclamar, promulgar, anunciar, pregonar. *ANT.* callar. **3** revelar, destapar, descubrir. *ANT.* ocultar.

publicidad *f.* propaganda, aviso, anuncio, divulgación, pregón, difusión.

público, -ca *adj.* conocido, notorio, difundido, popular, divulgado, manifiesto, sabido. *ANT.* secreto, privado. **2** estatal, oficial, gubernativo. *ANT.* privado. **3** *m.* espectadores, asistentes, oyentes, concurrencia, auditorio, gente.

puchero *m.* marmita, olla, cazuela, pote, vasija, perol. **2** *col.* gesto, mueca.

púdico, -ca *adj.* recatado, pudoroso, decoroso, pudibundo. *ANT.* impúdico.

pudiente *adj. com.* opulento, rico, próspero, acaudalado, potentado. *ANT.* pobre, desvalido.

pudor *m.* recato, modestia, decoro, honestidad, decencia. *ANT.* indecencia.

pudoroso, -sa *adj.* decente, honesto, recatado, decoroso. *ANT.* impúdico.

pudrición *f.* pudrimiento, putrefacción, descomposición.

pudrirse *tr. prnl.* descomponerse, estropearse, desintegrarse, corromperse, alterarse. *ANT.* conservarse.

pueblerino, -na *adj.* aldeano, lugareño, paisano. **2** *adj. s.* simple, provinciano, cursi.

pueblo *m.* poblado, población, villa, aldea, caserío. **2** país, nación, Estado, patria. **3** etnia, tribu, clan, casta, familia. **4** plebe, masa, vulgo.

puente *m.* pasarela, paso, viaducto. **2** día/s festivo/s, vacaciones.

puerco, -ca *s.* cerdo, cochino, marrano, lechón. **2** tocino. **3** *adj.* sucio, desaseado, mugriento, desidioso, asqueroso. *ANT.* limpio, aseado.

puericia *f.* infancia, niñez.

pueril *adj.* fútil, trivial, vano, infundado, baladí. ANT. importante. **2** infantil, aniñado, inocente, cándido, ingenuo. ANT. maduro.

puerta *f.* portón, entrada, acceso, portal, ingreso. **2** DEP. meta, portería.

puerto *m.* desembarcadero, fondeadero, dársena, bahía, rada. **2** {entre montañas} desfiladero, paso, garganta, angostura. **3** *fig.* amparo, protección, refugio, cobijo, asilo.

pues *conj.* puesto que, por consiguiente, ya que, por tanto, luego, porque.

puesta *f.* {astro} ocaso, crepúsculo. ANT. salida. **2** {juegos} postura, apuesta. **3** {subasta} oferta. **4** *loc.* {obra, guión} ~ *en escena:* montaje, realización escénica.

puesto, -ta *adj.* ataviado, arreglado, bien vestido. **2** *m.* sitio, lugar, paraje, punto, situación, posición. **3** tienda, tenderete, quiosco. **4** MIL. destacamento. **5** cargo, empleo, oficio, función, dignidad, plaza. **6** *loc.* ~ *que:* aunque, pues.

púgil *m.* boxeador, contendiente, combatiente, luchador.

pugilato *m.* pugna, contienda, rivalidad, lucha, combate, pelea, disputa.

pugna *f.* pelea, combate, contienda, batalla, lucha, enfrentamiento. ANT. acuerdo, concordia. **2** rivalidad, oposición, hostilidad.

pugnacidad *f.* acometividad, belicosidad.

pugnar *intr.* contender, batallar, pelear, luchar, rivalizar, competir. **2** afanarse, esforzarse, instar, porfiar, insistir, procurar.

pugnaz *adj.* guerrero, belicoso, batallador.

puja *f.* {subasta} aumento, alza.

pujador, -ra *adj.* {subasta} licitador, postor, licitante.

pujante *adj.* vigoroso, potente, fuerte, poderoso. ANT. débil. **2** floreciente.

pujanza *f.* vigor, fuerza, poder, fortaleza, brío, impulso, energía, reciedumbre, robustez, ardimiento, potencia. **2** florecimiento, desarrollo.

pujar *tr.* hacer fuerza. **2** {licitador} aumentar el precio, sobrepujar, subir, mejorar.

pulcritud *f.* limpieza, aseo, higiene. ANT. suciedad. **2** esmero, prolijidad, cuidado, escrupulosidad. ANT. descuido.

pulcro, -cra *adj.* limpio, aseado. ANT. desaseado, sucio. **2** esmerado, prolijo, cuidadoso, escrupuloso. ANT. descuidado.

pulido, -da *adj.* liso, terso, lustroso, brillante, aseado, acicalado, pulcro, esmerado. **2** educado, cortés, amable, atento, fino. ANT. descortés. **3** agraciado, bien parecido, bello.

pulimentar *tr.* pulir, lustrar, bruñir, abrillantar.

pulir *tr. prnl.* pulimentar, alisar, lustrar, bruñir, limar, alijar, suavizar. **2** refinar, perfeccionar. **3** aderezar, acicalar, adornar.

pulla *f.* burla, broma, mofa. **2** escarnio, afrenta, ofensa.

pulmonía *f.* neumonía.

pulpa *f.* médula, tuétano, meollo.

pulpería *f.* *Amer.* tienda, negocio, comercio.

pulsación *f.* latido, pulso, palpitación.

pulsar *tr.* tocar, palpar, tantear, examinar. **2** {instrumento} tocar, tañer. **3** MED. {pulso} reconocer. **4** *intr.* {arteria, corazón} latir.

pulsera *f.* brazalete, manilla, esclava.

pulso *m.* palpitación, latido, pulsación. **2** seguridad, firmeza, tino, acierto, tiento. **3** enfrentamiento.

pulular *intr.* multiplicarse, proliferar, abundar, bullir, hormiguear. ANT. escasear. **2** {vegetal} brotar.

pulverizar *tr.* triturar, moler, atomizar, fraccionar, desmenuzar, polvificar, hacer polvo.

puma *m.* león americano, felino.

punción *f.* MED. punzadura, incisión.

pundonor *m.* decoro, dignidad, honor, orgullo. ANT. desvergüenza.

punible *adj.* condenable, reprochable, censurable, vituperable. ANT. elogiable.

punición *f.* castigo, pena, sanción.

punitivo, -va *adj.* penable, castigable, condenable.

punta *f.* púa, aguja, clavo, espina, aguijón. **2** extremo, cabo, vértice, remate, extremidad, arista, fin. **3** promontorio, pico, cima, cumbre, cabo. ANT. falda, ladera.

puntada *f.* {costura} punto, pasada.

puntal *m.* soporte, ayuda, apoyo, cimiento, fundamento, refuerzo, base.

puntapié *m.* patada, coz, pataleo, golpe.

puntería *f.* tino, acierto, habilidad, destreza.

puntiagudo, -da *adj.* afilado, agudo, aguzado, punzante, penetrante, picudo. ANT. romo.

puntilloso, -sa *adj.* minucioso, suspicaz, meticuloso, delicado.

punto *m.* sitio, lugar, puesto, paraje, localidad, situación. **2** tema, asunto, cuestión, materia. **3** {costura} puntada, pasada. **4** momento, tiempo, instante. **5** DEP. tanto. **6** *loc.* ~ *de vista:* perspectiva.

puntual *adj.* cumplidor, regular, preciso, metódico, escrupuloso, exacto, matemático, estricto. ANT. impreciso. **2** {información} cierto, literal, indudable, seguro. **3** conveniente, conforme, adecuado.

puntualidad *f.* exactitud, precisión, regularidad, escrupulosidad, rigurosidad, cuidado. ANT. impuntualidad, inexactitud.

puntualizar *tr.* detallar, recalcar, precisar.

punzada *f.* picada, pinchazo.

punzante *adj.* doloroso, lacerante, agudo, intenso, fuerte, picante.

punzar *tr.* pinchar, picar, herir.

punzón *m.* buril, estilo, clavo, pincho, aguja, punta.

puñada *f.* puñetazo, bofetada, trompada, golpe.

puñado *m.* puño, conjunto, grupo, porción.

puñal *m.* daga, navaja, cuchillo, estilete, arma blanca.

puñetazo *m.* bofetón, trompada, puñada, guantada, golpe.

puño *m.* puñado. **2** {arma blanca} mango, empuñadura, asidero, manubrio.

pupilo, -la *s.* interno, residente, pensionista, alumno. **2** huérfano.

pupitre *m.* escritorio, bufete, mueble.

puré *m.* papilla, pasta, crema. **2** sopa, caldo.

pureza *f.* limpieza, pulcritud. **2** virginidad, doncellez. **3** candor, ingenuidad, inocencia.

purgante *adj. m.* MED. purificador, abstergente.

purgar *tr.* purificar, limpiar, depurar, acrisolar. **2** {pena, castigo} expiar, satisfacer. **3** *tr. prnl.* {sustancia orgánica} evacuar, eliminar, expeler. **4** {pasiones} moderar, templar, corregir, aplacar. ANT. exacerbar. **5** *prnl.* liberarse.

purificación *f.* depuración, saneamiento, descontaminación, desinfección, purgación.

purificador, -ra *adj.* purificante, detergente, depurador.

purificar *tr. prnl.* refinar, limpiar, sanear, higienizar, depurar, lavar, purgar, filtrar, destilar, clarificar. ANT. ensuciar.

purista *adj.* castizo, refinado, perfeccionista.

puritano, -na *adj. s.* austero, virtuoso. **2** rígido, severo, inflexible, riguroso, intransigente. ANT. tolerante. **3** REL. reformista.

puro, -ra *adj.* limpio, depurado, acrisolado, impecable. **2** casto, inmaculado, virginal, pudoroso. **3** legítimo, auténtico, verdadero, genuino. *ANT.* adulterado. **4** etéreo, elevado, sublime.

púrpura *f.* {color} escarlata, granate, carmesí, rojo.

purpúreo, -a *adj.* purpurino, encarnado.

pus *m.* materia, supuración, purulencia.

pusilánime *adj. com.* temeroso, miedoso, encogido, tímido, apocado, medroso. *ANT.* osado, valiente.

pusilanimidad *f.* cobardía, debilidad, irresolución, timidez, miedo, cortedad, encogimiento. *ANT.* valor, valentía.

pústula *f.* MED. vejiga inflamatoria, buba.

puta *f.* prostituta, ramera.

putear *intr.* putañear. **2** *vulg.* fastidiar, importunar, molestar, hastiar, joder. **3** *Amer.* insultar, ofender, injuriar. **4** *tr.* perjudicar.

putrefacción *f.* pudrición, pudrimiento, descomposición, desintegración.

putrefacto, -ta *adj.* podrido, pútrido, corrompido, descompuesto, desintegrado, alterado, fermentado. *ANT.* fresco.

pútrido, -da *adj. ver* **putrefacto, -ta**.

puya *f.* pica, púa, vara, lanza, asta, garrocha.

puyar *tr. Amer.* herir. **2** *Amer.* estimular, incitar. **3** *Col.* desafiar, retar.

puyazo *m.* pinchazo, picadura, lanzada, herida.

puzzle *s.* [ING.] puzle, rompecabezas, acertijo, juego.

pyme *f.* empresa mercantil/industrial.

quántum *m.* Fís. cuanto.

quark *s.* [ING.] Fís. partícula elemental.

quasar *s.* [ING.] quásar, cuásar, cuerpo celeste.

quebrada *f.* desfiladero, barranco, barranca, cañón, angostura, garganta, paso, cañada. **2** *Amer.* riachuelo, arroyo.

quebradizo, -za *adj.* frágil, endeble, débil, caduco, delicado, perecedero. *ANT.* resistente, fuerte. **2** enfermizo, delicado, débil. *ANT.* sano, vigoroso. **3** {voz} ágil.

quebrado, -da *adj.* *s.* arruinado, en bancarrota, en quiebra. *ANT.* próspero. **2** herniado. **3** *adj.* quebrantado, enfermizo, debilitado. *ANT.* sano. **4** {terreno, camino} escabroso, tortuoso, montañoso, abrupto, áspero, fragoso, escarpado. *ANT.* llano. **5** *m.* MAT. número quebrado, fraccionario, fracción. **6** *f. ver* **quebrada**.

quebradura *f.* hendedura, hendidura, abertura, rompimiento, fractura, grieta, rotura. **2** hernia. **3** *Amér. Sur* {de un hueso} fractura, rotura.

quebrantado, -da *adj.* roto, dolorido.

quebrantar *tr.* *prnl.* romper, cascar, hender, rajar, fragmentar, dividir, agrietar, resquebrajar. **2** *tr.* machacar, triturar, desmenuzar. **3** {lugar sagrado} profanar, violar, vulnerar. **4** {normas, leyes} infringir, contravenir, transgredir, desobedecer. *ANT.* cumplir. **5** {estorbo, dificultad} vencer, romper. **6** {fuerzas, brío} disminuir, debilitarse. **7** persuadir, ablandar, inducir, mover. **8** *prnl.* {persona} enfermarse, resentirse.

quebranto *m.* pérdida, deterioro, destrozo, detrimento, daño, menoscabo, perjuicio. **2** desaliento, malestar, descaecimiento, bajón, achaque. *ANT.* entusiasmo, vigor. **3** dolor, pena, aflicción, tristeza. *ANT.* alegría. **4** lástima, piedad.

quebrar *tr.* romper, despedazar, cascar, fragmentar, hender, dividir, separar. *ANT.* unir, juntar. **2** {ley} violar, transgredir. *ANT.* obedecer. **3** *tr.* *prnl.* {cuerpo} doblar, torcer. **4** *tr.* {continuidad} interrumpir, cortar, estorbar. **5** {fuerza, rigor} moderar, suavizar, templar. **6** *tr.* *prnl.* {tez, rostro} ajar, deslustrar, afear. **7** {dificultad} vencer, superar. **8** *C. Rica* triturar, moler, machacar. **9** *tr.* *prnl.* *Amer.* matar, eliminar, asesinar. **10** *intr.* {amistad} cortarse, entibiarse, romperse. **11** ceder, flaquear. **12** {negocio, empresa} arruinarse, fracasar. *ANT.* prosperar. **13** *prnl.* herniarse. **14** {cordillera} interrumpirse.

quebrazón *m.* *Amer.* estropicio, rotura.

quedamente *adv.* en voz baja, silenciosamente. *ANT.* ruidosamente.

quedar *intr.* *prnl.* estar, detenerse, permanecer, durar, persistir. **2** *intr.* restar, subsistir, permanecer. **3** cesar, concluir, terminar, acabar. **4** ponerse de acuerdo, acordar, pactar, convenir, decidir. **5** concertar una cita.

6 *prnl.* instalarse, establecerse, arraigarse, residir. *ANT.* irse, mudarse. **7** morir, fallecer.

quedo, -da *adj.* quieto, sosegado, fijo. *ANT.* veloz. **2** *adv.* con voz baja. **3** con cuidado, con tiento, poco a poco.

quehacer *m.* gen. pl. ocupación, trabajo, tarea, labor, actividad, negocio, función, deber.

queja *f.* lamentación, quejido, plañido, gimoteo, lamento, sollozo. **2** descontento, resentimiento, desazón. **3** reclamo, querella, reclamación, acusación, reproche, protesta.

quejar *tr.* aquejar, acongojar. **2** *prnl.* lamentarse, dolerse, gemir, sollozar. **3** protestar, demandar, reclamar, reprochar.

quejido *m.* lamento, lamentación, gimoteo, gemido, queja.

quejoso, -sa *adj.* *s.* dolido, quejumbroso. **2** disgustado, descontento. *ANT.* complacido.

quejumbroso, -sa *adj.* lastimero, afligido, plañidero, doliente, lloroso, gemebundo. **2** melindroso, remilgado.

quema *f.* incendio, combustión, fuego, quemazón.

quemar *tr.* incendiar, incinerar, abrasar, arder, chamuscar, achicharrar, consumir. *ANT.* apagar. **2** calentar mucho. **3** {planta} secar. **4** arder. **5** {Sol} lastimar, herir. **6** *col.* malbaratar, malvender. **7** *col.* {dinero} dilapidar, derrochar, malgastar. **8** *col.* desazonar, impacientar. **9** *prnl.* {calor, pasión} padecer.

quemarropa (a) *loc.* {con un arma} disparar (desde cerca), a bocajarro. **2** {pregunta} directamente, en forma brusca.

quemazón *f.* calor excesivo. **2** *col.* desazón, inquietud. **3** {de precios o producto} realización, liquidación. **4** prurito, picazón, picor.

quepis *m.* gorra.

querella *f.* pleito, litigio, denuncia, demanda, acusación, reclamación. **2** riña, pelea, disputa, pendencia, discordia, contienda, altercado. *ANT.* reconciliación.

querellarse *prnl.* pelearse, disputar.

querelloso, -sa *adj.* *s.* quejoso, descontento.

querencia *f.* hogar, lugar querido.

querendón, -ona *adj.* *Amer.* muy cariñoso. **2** *s.* querido.

querer *tr.* desear, apetecer, ambicionar, anhelar, ansiar, pretender. *ANT.* rechazar. **2** amar, estimar, adorar, venerar, apreciar, idolatrar. *ANT.* odiar. **3** determinar, resolver, tener voluntad, decidir, proponerse. *ANT.* desistir. **4** pretender, pedir, exigir, procurar, requerir, intentar. **5** {persona} conformarse, acceder, avenirse, consentir, aceptar, admitir. **6** *m.* cariño, afecto.

querida *f.* amante, manceba, concubina.

querido, -da *adj.* estimado, amado, apreciado, dilecto. **2** *m.* amante.

quermés *f.* kermés, fiesta popular. **2** pintura, tapiz.

querosén *m.* *Amer.* queroseno, combustible, carburante.

querubín *m.* REL. ángel, serafín, espíritu celeste. **2** {persona} belleza, hermosura.

quesada *f.* quesadilla.

quevedos *m. pl.* lentes.

quianti *m.* {de Toscana} vino común.

quiasma *m.* BIOL. entrecruzamiento.

quiche *f.* [FR.] pastel.

quichua *adj. s. Ecuad.* quechua.

quicio (sacar de) *loc.* exasperar, sacar de sus casillas.

quid *m.* esencia, razón, punto importante, motivo, porqué, causa.

quiebra *f.* bancarrota, ruina, insolvencia, hundimiento, descrédito, fracaso, pérdida. ANT. prosperidad. **2** rotura. **3** pérdida, menoscabo. **4** grieta, raja, fractura, hendidura, hendedura, abertura.

quien *pron.* {persona} que, el que, la que, el cual.

quienquiera *pron.* alguno, el que fuere.

quietamente *adv.* pacíficamente, sosegadamente.

quietismo *m.* inacción, inercia, quietud.

quieto, -ta *adj.* inmóvil, detenido, inerte, paralizado, estático, inanimado, firme, inactivo. ANT. móvil, activo, movedizo. **2** calmado, reposado, sosegado, apacible, pacífico, tranquilo, silencioso. ANT. intranquilo, agitado. **3** moderado, virtuoso, continente. ANT. desenfrenado.

quietud *f.* inmovilidad, inacción. ANT. actividad. **2** paz, sosiego, tranquilidad, placidez. ANT. intranquilidad, movimiento.

quijada *f.* mandíbula.

quijote *m.* idealista, soñador.

quijotismo *m.* exageración.

quimera *f.* MIT. monstruo. **2** delirio, fantasía, ilusión, fantasma, ficción, desvarío, fábula, utopía, leyenda. ANT. realidad. **3** pendencia, bronca, pelea, altercado, riña, disputa, contienda.

quimérico, -ca *adj.* imaginario, ilusorio, fabuloso, irreal, utópico, fantástico, ficticio. ANT. posible, real.

química *f. fig.* entendimiento, compenetración.

quimono *m.* {de Japón} túnica, vestimenta.

quincalla *f.* bisutería.

quinesiólogo, -ga *s.* terapeuta.

quiniela *f.* juego de pelota. **2** apuesta. **3** boleto.

quinqué *m.* lámpara.

quinta *f.* casa de campo, finca, villa, chalé, estancia.

quintaesencia *f.* pureza, extracto, esencia.

quiosco *m.* templete, pabellón, cenador. **2** tenderete, puesto, barraca.

quirófano *m.* MED. sala de operaciones.

quisquilloso, -sa *adj. s.* susceptible, puntilloso, meticuloso, exigente, delicado.

quiste *m.* MED. tumor, bulto, nódulo, protuberancia, hinchazón.

quitamanchas *m.* sacamanchas.

quitar *tr.* tomar, separar, apartar. **2** despojar, privar, robar, usurpar, hurtar. ANT. devolver. **3** retirar, extraer, eliminar, suprimir, extirpar, librar, desembarazar. ANT. agravar, imponer. **4** {empleo, oficio} suprimir, eliminar. ANT. instaurar. **5** impedir, estorbar, interponerse. ANT. permitir. **6** prohibir, vedar. **7** {ley, sentencia} derogar, abrogar. **8** {de una obligación} liberar, desembarazar. **9** *prnl.* apartarse, alejarse, irse, separarse.

quizá *adv.* (*tb.* **quizás**) tal vez, acaso, puede ser, posiblemente. ANT. indudablemente, con seguridad.

rabadilla *f.* cóccix.

rabanero, -ra *adj.* ordinario, malhablado, desvergonzado. ANT. cortés, educado.

rábano *m.* raíz, hortaliza.

rabear *intr.* {animal} colear, mecer el rabo. **2** {barco} balancearse, mecerse, bambolearse.

rabí *m. ver* **rabino**.

rabia *f.* irritación, enfado, furia, enojo, coraje, cólera, ira. ANT. serenidad, calma. **2** MED. hidrofobia. **3** *loc.* **con ~:** con exceso, en extremo, mucho.

rabiada *f.* Amér. Cent., Méx. enfado, rabieta, pataleta, berrinche, pataleo.

rabiar *intr.* desear, anhelar. **2** enojarse, enfurecerse, encolerizarse, impacientarse, irritarse. ANT. tranquilizarse, serenarse. **3** exceder. **4** *loc.* **a ~:** con exceso, con fuerza, mucho.

rabieta *f.* enfado, pataleta, berrinche, pataleo.

rabillo *m.* {de una planta} pezón, pedúnculo, rama. **2** {de una cosa} prolongación, extremidad, punta. **3** cizaña.

rabino *m.* REL. {entre los judíos} rabí, maestro, jefe espiritual.

rabioso, -sa *adj. s.* MED. hidrófobo. **2** enojado, irritado, furioso, iracundo, colérico, enfurecido, airado. ANT. calmado, tranquilo, sereno. **3** desmedido, desenfrenado, excesivo, vehemente, violento. ANT. moderado, mesurado.

rabo *m.* {animal} cola, apéndice, extremidad. **2** {de una planta} pezón, pedúnculo, rama. **3** *vulg.* pene. **4** Amer. *col.* nalgas, trasero, culo.

rábula *m.* abogadillo, tinterillo, leguleyo, picapleitos, charlatán.

racanería *f. col.* tacañería, avaricia. ANT. generosidad.

rácano, -na *adj. s. col.* taimado, artero, sórdido. **2** avaro, mezquino, tacaño. ANT. generoso. **3** vago, holgazán. ANT. trabajador.

racha *f.* etapa, periodo, lapso, momento. **2** {en el mar} ráfaga, viento, vendaval, soplo.

rachear *intr.* {viento} soplar (a rachas).

racial *adj.* étnico, etnográfico.

racimado, -da *adj.* arracimado.

racimo *m.* manojo, ramillete, ristra, ramo. **2** gajo, porción/conjunto de frutas. **3** grupo, conjunto, aglomeración.

raciocinar *intr.* razonar, reflexionar, pensar, entender, discurrir, colegir, argumentar, deducir.

raciocinio *m.* razón, entendimiento, racionalidad, inteligencia, pensamiento. **2** reflexión, razonamiento, juicio, pensamiento, deducción, cavilación. **3** discurso, argumento.

ración *f.* medida, porción, cantidad, parte, cuota, dosis. ANT. totalidad. **2** asignación. **3** *loc.* **a ~:** tasadamente, con medida.

racional *adj.* lógico, coherente, razonado. ANT. ilógico. **2** razonable, cierto, equitativo, justo, plausible, correcto, fundado. ANT. irracional. **3** humano, inteligente. ANT. animal.

racionalidad *f.* entendimiento, inteligencia, coherencia, cordura, razón, discreción. ANT. irracionalidad, irreflexión.

racionalizar *tr.* {producción} organizar, sistematizar.

racionamiento *m.* distribución, reparto, asignación. **2** restricción, limitación. ANT. derroche.

racionar *tr.* distribuir, repartir, suministrar, proveer, asignar. **2** limitar, administrar, medir. ANT. derrochar.

racismo *m.* discriminación, exclusión, segregación.

racista *com.* segregacionista, intolerante, intransigente, fanático. ANT. tolerante.

rada *f.* bahía, ensenada, golfo, abra, fondeadero, cala, puerto.

radiación *f.* Fís. energía ondulatoria, partículas.

radiador *m.* calentador, calorífero.

radiante *adj.* dichoso, alegre, feliz, contento, jubiloso, animado, satisfecho. ANT. infeliz, triste. **2** refulgente, luminoso, resplandeciente, brillante, centelleante, rutilante, fulgurante. ANT. apagado, oscuro.

radiar *tr.* brillar, centellear, resplandecer, refulgir, irradiar. **2** TELEC. difundir, divulgar, emitir, transmitir, publicar.

radicación *f.* estancia, arraigo, permanencia, afincamiento, establecimiento. ANT. desarraigo.

radical *adj.* fundamental, básico, esencial, primordial. ANT. secundario, accesorio. **2** definitivo, completo, tajante, absoluto, total, concluyente. ANT. relativo, transitorio. **3** {persona} intransigente, excesivo, drástico.

radicalismo *m.* fanatismo, extremismo, intransigencia, sectarismo. ANT. moderación.

radicar *intr. prnl.* arraigar, enraizar, echar raíces. ANT. desarraigar. **2** *intr.* estar, situarse, establecerse, hallarse, encontrarse. ANT. ausentarse. **3** consistir, estribar, estar fundado.

radícula *f.* BOT. raicilla.

radio[1] *f.* radiodifusión. **2** *amb.* receptor, reproductor, radiorreceptor.

radio[2] *m.* GEOM. segmento lineal. **2** rayo de la rueda. **3** ANAT. hueso. **4** *loc.* **~ de acción:** eficacia, máximo alcance.

radiocomunicación *f.* telecomunicación.

radiodifusión *f.* emisión, transmisión.

radioescucha *com.* oyente, radioyente, escucha.

radiofonía *f.* radiotelefonía.

radiograbadora *f. Amer.* radiocasete.

radiografía *f.* MED. fotografía, placa. **2** descripción, análisis.

radioisótopo *m.* FÍS. isótopo radiactivo.

radioluminiscencia *f.* emisión de luz.

radionovela *f.* serial radiofónico.

radioscopia *f.* MED. examen, investigación, fluoroscopia.

radioso, -sa *adj.* resplandeciente, fulgente, rutilante, brillante, refulgente.

radioyente *com.* oyente, radioescucha, escucha.

raedura *f.* raspadura.

raer *tr.* {superficie} raspar, arañar, pulir. **2** rasar, igualar. **3** {costumbre, vicio} extirpar.

ráfaga *f.* vendaval, torbellino, ventolera, racha, soplo, borrasca, tromba, ciclón. **2** destello, golpe de luz. **3** MIL. disparos, descarga, fuego, tiros, andanada.

rafia *f.* palma.

ragú *m.* guiso.

raído, -da *adj.* {tela, vestido} gastado, usado, estropeado, deslucido, viejo, ajado, marchito, deteriorado. ANT. nuevo. **2** {persona} libertino, irrespetuoso, desvergonzado, descarado. ANT. respetuoso.

raigambre *f.* arraigo, firmeza, seguridad, base, consistencia, estabilidad. ANT. desarraigo. **2** {de los vegetales} raíces. **3** estirpe, abolengo, linaje, prosapia.

raíl *m.* (*tb.* **rail**) riel, carril, vía.

raimiento *m.* raspadura, rasura, raedura. **2** desvergüenza, descaro.

raíz *f.* BOT. rizoma, tubérculo, bulbo, cepa, raigón, radícula. **2** *gen. pl.* bien inmueble, tierra, finca, propiedad. **3** {cosa} pie, base, parte inferior. **4** origen, principio, causa, fundamento, cimiento, raigambre, fuente.

raja *f.* grieta, abertura, resquicio. **2** quiebra, resquebrajadura, hendedura, quebradura, fisura. **3** rodaja, tajada, rebanada, corte.

rajá *m.* {de la India} soberano.

rajadura *f.* hendidura, rendija, grieta.

rajar *tr. prnl.* abrir, partir, resquebrajar, agrietar, hender, quebrar. **2** *tr.* dividir. **3** *vulg.* herir, apuñalar. **4** *intr. col.* mentir, fanfarronear, jactarse, bravuconear, hablar mucho. **5** *Amer.* {de alguien} hablar mal, desacreditar. **6** *Amer. intr. prnl.* irse, abandonar, huir, escaparse, desertar. **7** *prnl. col.* desistir, acobardarse, retractarse, desdecirse. ANT. enfrentar, sostener, asumir.

rajatabla (a) *loc.* a toda costa, cueste lo que cueste, inflexiblemente.

ralea *f. desp.* linaje, raza, estofa, clase, nivel, casta, calaña. **2** género, condición, especie, cualidad.

ralentizar *tr.* lentificar, imprimir lentitud. ANT. acelerar.

rallador *m.* raedor, limador.

ralladura *f.* raedura, limadura, raspadura.

rallante *adj.* {persona} molesto, impertinente, desagradable, cargante, fastidioso. ANT. grato, agradable.

rallar *tr.* triturar, desmenuzar, pulverizar, restregar, lijar, frotar. **2** *col.* importunar, enfadar, molestar, fregar, fastidiar.

rally *s.* [ING.] {de automóviles} competición deportiva, carrera.

ralo, -la *adj.* gastado, raído, deteriorado. **2** espaciado, claro, disperso. ANT. tupido.

rama *f.* vara, vástago, tallo. **2** ramificación, bifurcación, ramal, subdivisión. **3** linaje, descendencia. **4** {ciencia, arte} ramo, campo. **5** *loc.* **irse por las ~s:** detenerse en lo superficial, andarse por las márgenes.

ramada *f.* ramaje. **2** enramada, cobertizo.

ramaje *m.* enramada, boscaje, frondosidad, espesura, follaje, broza, fronda.

ramal *m.* cabo. **2** cabestro, brida, ronzal. **3** ramificación, derivación, bifurcación. **4** parte, división.

ramalazo *m.* golpe, azote. **2** punzada, dolor agudo, acometida. **3** magulladura, lastimadura, lesión. **4** mancha, cicatriz, señal, traza. **5** sobrecogimiento, pesar, aflicción, adversidad, pena.

ramazón *f.* ramas.

rambla *f.* {de aguas pluviales} cauce, lecho natural. **2** {en Cataluña} calle ancha. **3** *Arg., Uru.* avenida.

ramera *f.* prostituta, puta.

ramificación *f.* ramal, bifurcación, vástago, gajo, rama. **2** derivación, consecuencia. ANT. causa. **3** ANAT. {de las venas} división, extensión.

ramificar *intr.* {árbol} echar ramas. **2** *prnl.* {cosa} dividirse, subdividirse, separarse. **3** {consecuencias} propagarse, difundirse.

ramillete *m.* manojo, ramo. **2** conjunto, serie, colección, grupo. **3** adorno.

ramiza *f.* ramas, leña.

ramo *m.* {flores, ramas} manojo, atado, conjunto, ramillete. **2** rama. **3** división, departamento, grupo, subdivisión, sector, sección, parte.

rampa *f.* pendiente, inclinación, desnivel, declive, cuesta, talud, ladera. ANT. llano.

rampante *adj.* ganchudo. **2** {persona} ambicioso, trepador, inescrupuloso. **3** creciente, ascendente. **4** ARQ. {construcción} en declive.

rampar *intr.* trepar, encaramarse. **2** reptar, arrastrarse, deslizarse.

ramplón, -na *adj.* ordinario, desaliñado, zafio, rudo, basto, vulgar, tosco, inculto, grosero, chabacano. ANT. fino, distinguido. **2** {calzado} tosco.

ramplonería *f.* vulgaridad, zafiedad, ordinariez, tosquedad, chabacanería. ANT. educación, cortesía.

rana *f.* batracio.

rancho *m.* {para soldados o presos} comida. **2** granja, cabaña, alquería, estancia, choza, barraca, hacienda. **3** *loc.* **hacer ~ aparte:** separarse, alejarse.

ranciar *tr. prnl.* enranciarse, ponerse rancio.

ranciedad *f.* antigüedad. **2** antigualla.

rancio, -cia *adj.* añejo, antiguo, arcaico, vetusto. ANT. nuevo. **2** pasado, podrido, agriado, descompuesto, mohoso, fermentado, alterado. ANT. fresco. **3** anacrónico, retrógrado, trasnochado.

rango *m.* nivel, categoría, clase, jerarquía, situación, condición.

ranking *s.* [ING.] clasificación, rango, lista.

ranura *f.* estría, surco, hendedura, fisura, raja, hendidura, muesca, canal, grieta. ANT. juntura.

rapacería *f.* robo, hurto. **2** rapazada.

rapacidad *f.* avaricia, codicia, cicatería, rapiña, avidez, usura, rapacería. ANT. generosidad.

rapadura *f.* rapamiento, rasuración, afeitada, peladura.

rapapolvo *m. col.* reprimenda, reconvención, regaño, reprensión, sermón, admonición. ANT. elogio.

rapar *tr. prnl.* {barbas} rasurar, pelar, afeitar. **2** {pelo} cortar. **3** *col.* hurtar, robar, quitar.

rapaz *adj.* {persona} ladrón, rapiñero, saqueador, usurero. ANT. honesto. **2** codicioso, voraz, ansioso, ambicioso, ávido. ANT. generoso. **3** *adj. s. pl.* ZOOL. **rapaces,** ave de presa, ave de rapiña. **4** *m.* muchacho, chico, niño.

rape *m.* {de la barba} rasura, corte. **2** *loc.* {corte de pelo} **al ~:** al límite.

rápidamente *adv.* prontamente, prestamente, deprisa, pronto, velozmente, aprisa. *ANT.* lentamente.

rapidez *f.* velocidad, presteza, agilidad, celeridad, prontitud, premura, urgencia, diligencia, ligereza, dinamismo, apresuramiento. *ANT.* lentitud.

rápido, -da *adj.* activo, veloz, pronto, presto, raudo, ágil. *ANT.* lento. **2** acelerado, presuroso, súbito, apresurado, precipitado, vertiginoso.

rapiña *f.* robo, pillaje, saqueo, hurto, latrocinio, expoliación, depredación, ratería, despojo, usurpación.

rapiñar *tr. col.* hurtar, arrebatar, robar, saquear, limpiar, quitar.

raposa *f.* zorra. **2** *col.* {persona} astuto, sagaz.

raposería *f.* artimaña, astucia, zorrería, ardid, maña.

raposo *m.* zorro. **2** *col.* {persona} astuto, sagaz.

rapsoda *m.* juglar, poeta, vate, trovador.

raptar *tr.* secuestrar, robar, retener, arrebatar, recluir, forzar. *ANT.* liberar.

rapto *m.* impulso, arrebato, vehemencia, arranque. *ANT.* control. **2** secuestro, retención. **3** éxtasis, arrebatamiento, arrobo, transporte, arrobamiento, ensimismamiento, embeleso.

rapuzar *tr.* {planta} desmochar.

raqueta *f.* pala. **2** juego de pelota. **3** {en una carretera} desvío.

raquis *m.* *ANAT.* columna vertebral. **2** *BOT.*, *ZOOL.* {espiga, pluma} raspa, eje.

raquítico, -ca *adj.* enclenque, esmirriado, flaco, desmedrado, débil, anémico, endeble. *ANT.* fuerte. **2** mísero, exiguo, escaso, corto, mezquino, pequeño, pobre, miserable. *ANT.* generoso.

raquitismo *m.* *MED.* atrofia.

rarefacción *f.* rarificación, enrarecimiento.

rarefacer *tr.* rarificar.

rareza *f.* extrañeza, singularidad, originalidad, peculiaridad, curiosidad. **2** extravagancia, incongruencia, ridiculez, manía. *ANT.* congruencia.

raro, -ra *adj.* extraño, inusitado, desacostumbrado, extraordinario, excepcional, singular, original, sorprendente, inaudito, fantástico, infrecuente, curioso, insólito. *ANT.* usual, frecuente. **2** estrafalario, extravagante, excéntrico, estrambótico. **3** escaso, único. **4** insigne, excelente, sobresaliente.

ras *m.* {en superficie o altura} igualdad, nivel. **2** *loc. a ~:* al nivel.

rasar *tr.* nivelar, igualar. *ANT.* desigualar. **2** rozar, raspar.

rasca *f.* *col.* frío intenso. **2** *col. Col., Ven.* borrachera, embriaguez.

rascar *tr.* frotar, fregar, estregar, escarbar, refregar, restregar. **2** rozar, arañar, rasguñar.

rasgadura *f.* rotura, rasgón, rasgado, desgarro, desgarrón.

rasgar *tr.* desgarrar, abrir, deteriorar, descoser, despedazar, destrozar, deshilar, romper. *ANT.* unir, reparar.

rasgo *m.* cualidad, carácter, atributo, distinción, nota, propiedad, peculiaridad, nota característica. **2** trazo, línea, raya, plumazo. **3** acción noble. **4** *gen. pl.* facciones, semblante, fisonomía, talante. **5** *loc. a grandes ~s:* en general, sin entrar en detalles.

rasgón *m.* {vestido, tela} rotura, desgarrón.

rasguñar *tr.* rascar, arañar, rasgar, marcar, escarbar. **2** *PINT.* esbozar, apuntar, tantear.

rasguño *m.* arañazo, zarpazo, raspadura, herida, roce, uñazo, señal, marca. **2** *PINT.* esbozo, tanteo, apuntamiento.

raso, -sa *adj.* liso, plano, llano, descampado, abierto, despejado, pelado, desnudo, claro. *ANT.* desigual, accidentado. **2** común, simple, corriente, vulgar. *ANT.* extraordinario. **3** *f.* tela de seda.

raspado *m.* *MED.* legrado. **2** *Amér. Sur* refresco granizado.

raspador *m.* rallador, raedor, lima, raedera.

raspadura *f.* raedura, rasguño, raspamiento.

raspar *tr.* raer, frotar, limar, arañar, rayar. **2** hurtar, quitar. **3** pasar rozando. **4** *intr.* {tejido, camisa} desagradar, molestar. **5** {vino, licor} picar.

rasposo, -sa *adj.* rugoso, áspero.

rasquiña *f.* *Amer.* comezón, picazón.

rastra *f.* rastrillo. **2** rastro, señal, vestigio, indicio. **3** {de fruta seca} sarta. **4** *loc. a ~s:* forzado, arrastrando, obligado.

rastreador, -ra *adj. s.* explorador, guía.

rastrear *tr.* buscar, seguir, indagar, sondear, averiguar, inquirir, preguntar, interesarse, explorar, perseguir, escudriñar. *ANT.* desentenderse.

rastreo *m.* detección, búsqueda, sondeo, indagación, barrido, exploración.

rastrero, -ra *adj.* vil, despreciable, servil, abyecto, adulador, ruin, mezquino, indigno, innoble, bajo. *ANT.* noble, digno. **2** {cosa} a ras del suelo, rasante.

rastrillo *m.* rastra, horquilla, recogedor.

rastro *m.* señal, vestigio, indicio, signo, pista, huella. **2** rastrillo, rastra. **3** matadero.

rastrojo *m.* rastrojal, rastrojera, pajonal.

rasurar *tr.* rapar, cortar, arreglar, afeitar, desbarbar, acicalar.

rata *f.* roedor, ratona. **2** *col.* {persona} despreciable, vil, abyecto. **3** *m. col.* ratero, ladrón. **4** *com. col.* tacaño, mezquino, avaro.

ratear *tr.* prorratear, disminuir, rebajar. **2** repartir, distribuir. **3** robar, hurtar. **4** *intr.* arrastrarse. **5** tacañear.

ratería *f.* hurto, robo.

ratero, -ra *adj.* ladrón, delincuente, pillo, carterista, caco. **2** despreciable, vil, bajo.

ratificar *tr. prnl.* corroborar, revalidar, reafirmar, convalidar, certificar, confirmar, aprobar. *ANT.* desaprobar, denegar.

ratio *f.* {de los números} razón, cociente.

rato *m.* momento, instante, tiempo, periodo, etapa, pausa, lapso. **2** ratón. **3** *loc. a ~s:* a veces, de vez en cuando. **4** *loc. para ~:* por mucho tiempo.

ratón *m.* roedor, rata, rato.

ratonera *f.* agujero, madriguera, hueco, escondrijo. **2** trampa, lazo, engaño.

raudal *m.* lluvia, torrente, diluvio, aluvión. **2** plétora, abundancia, cantidad, copia, exceso, afluencia, diluvio, aluvión. *ANT.* escasez. **3** *loc. a raudales:* abundantemente, copiosamente.

raudo, -da *adj.* rápido, pronto, veloz, precipitado, presto, vertiginoso, impetuoso, ágil, apresurado. *ANT.* lento.

ravioli *m. gen. pl.* pasta.

raya *f.* línea, trazo, señal, estría, rasgo, marca, surco, guión, lista. **2** {provincia, región} límite, confín, demarcación, frontera, linde, término, extremo. **3** {de un predio} lindero. **4** cortafuego, vereda. **5** pez. **6** *loc. a ~:* dentro de los límites.

rayano, -na *adj.* fronterizo, confinante, limítrofe, lindante, colindante. *ANT.* distante. **2** cercano. *ANT.* lejano.

rayar *tr.* trazar, {superficie} marcar, tachar, delinear; subrayar. *ANT.* borrar. **2** {superficie} deteriorar, estropear. *ANT.* pulir. **3** *intr.* {cosa} confinar, lindar, limitar. **4** {día} alborear, amanecer. *ANT.* oscurecer. **5** sobresalir, distinguirse. *ANT.* rezagarse. **6** {cosa} igualar, asemejarse, acercarse. *ANT.* diferenciarse.

rayo *m.* relámpago, centella, descarga, chispa, exhalación, destello, fulgor. **2** {de una rueda} radio, línea, varilla. **3** raudo, veloz. ANT. lento. **4** ingenioso, sagaz, vivo. ANT. tonto, bobo. **5** dolor penetrante. **6** castigo, infortunio, desgracia.

raza *f.* {del origen o linaje} calidad, casta. **2** BIOL. grupo. **3** {en una tela} lista. **4** {de una cosa} calidad.

razia *f.* correría, batida, incursión, redada.

razón *f.* {facultad} raciocinio, inteligencia, discernimiento, entendimiento, juicio. **2** {del discurso} palabra, frase. **3** causa, motivo, porqué, fundamento, fin. ANT. consecuencia. **4** justicia, buen sentido, verdad, rectitud, equidad, juicio. **5** argumento, prueba, explicación, demostración. **6** cuenta, contabilidad; relación, suma, cómputo. **7** *col.* recado, mensaje, aviso, comunicación, informe. **8** MAT. {de dos números o cantidades} cociente. **9** *loc.* **entrar en ~:** darse cuenta. **10** *loc.* **~ social:** empresa mercantil.

razonable *adj.* sensato, conforme, prudente, legal, justo, legítimo, lógico, racional, comprensible, equitativo. ANT. insensato. **2** moderado, suficiente, mediano, regular, conveniente. ANT. desproporcionado.

razonador *adj. s.* analítico, deductivo, razonante, inductivo, inteligente.

razonamiento *m.* oración, argumentación, explicación, demostración, discurso, prueba, arenga. **2** inteligencia, intelecto.

razonar *intr.* discutir. **2** argumentar, analizar, pensar, raciocinar, reflexionar, discurrir. ANT. divagar. **3** exponer, aducir.

reacción *f.* resistencia, rechazo, intransigencia, oposición, antagonismo, rebeldía. ANT. sometimiento. **2** {medicamento} efecto secundario. **3** modificación, cambio, transformación.

reaccionar *intr.* inmutarse, activarse, defenderse, responder. ANT. decaer. **2** oponerse, resistirse. ANT. someterse. **3** mejorar, reanimarse, recuperarse. ANT. postrarse.

reaccionario, -ria *adj.* retrógrado, conservador, apegado, tradicionalista. ANT. progresista.

reacio, -cia *adj.* contrario, terco, remiso, indisciplinado, porfiado, opuesto, desobediente, adverso, rebelde, indócil, renuente, reluctante, testarudo, difícil. ANT. dócil, obediente.

reactivación *f.* renovación, regeneración, insistencia, reacción.

reactivar *tr.* activar, regenerar, reaccionar, intensificar. ANT. detener.

reactor *m.* motor de reacción. **2** avión.

reacuñar *tr.* {moneda} resellar.

reafirmar *tr. prnl.* asegurar, hacer hincapié, confirmar, ratificar. ANT. rectificar.

reajustar *tr.* reorganizar, renovar, reformar. **2** {precios, empleos} aumentar, cambiar; disminuir.

reajuste *m.* ajuste, reforma, modificación, rectificación, actualización, cambio.

real *adj.* verdadero, existente, auténtico, verídico, innegable, cierto, positivo, material, tangible. ANT. irreal. **2** regio, soberano, imperial, principesco, dinástico, noble. ANT. plebeyo. **3** realista. **4** grandioso, majestuoso, suntuoso, regio. **5** espléndido, excelente, estupendo. ANT. pésimo. **6** campamento, vivac. **7** *Amer.* moneda fraccionaria.

realce *m.* grandeza, esplendor, lustre, brillo. **2** adorno, decorado, relieve.

realeza *f.* soberanía, dignidad.

realidad *f.* objetividad, materialidad, existencia, autenticidad. ANT. abstracción. **2** verdad, certeza, certidumbre. ANT. fantasía, irrealidad. **3** *loc.* **en ~:** verdaderamente, efectivamente, realmente.

realismo *m.* {estética} naturalismo.

realista *adj.* crudo, auténtico, descarnado. **2** práctico, objetivo, pragmático. **3** monárquico.

realizable *adj.* factible, ejecutable, posible, viable, asequible, hacedero. ANT. irrealizable.

realización *f.* hechura, ejecución, producción, celebración, elaboración, fabricación, composición, construcción. ANT. destrucción.

realizar *tr.* construir, crear, ejecutar, elaborar, hacer, formar, efectuar. ANT. destruir. **2** {mercancías} liquidar, vender. **3** *prnl.* materializarse, concretarse, desarrollarse.

realmente *adv.* verdaderamente, efectivamente.

realzar *tr.* elevar, levantar, alzar, subir. ANT. bajar. **2** acentuar, dar relieve. ANT. alisar. **3** enaltecer, encumbrar, alabar, prestigiar, engrandecer, acreditar, aclamar, elogiar. ANT. degradar, denigrar.

reanimado, -da *adj.* animoso, animado, confortado, alentado. ANT. desanimado.

reanimar *tr. prnl.* reconfortar, revitalizar, vivificar, reavivar, fortalecer, restablecer, vigorizar. ANT. debilitar. **2** animar, consolar, estimular, alentar. ANT. desanimar.

reanudación *f.* continuación.

reanudar *tr. prnl.* continuar, reemprender, restablecer, recomenzar, reiniciar, reasumir, reaparecer, seguir, proseguir, renovar. ANT. interrumpir, cancelar.

reaparecer *intr.* rebrotar, reanudar, exhibirse, retornar, mostrarse, renacer, regresar, resurgir, revivir, volver. ANT. desaparecer.

reata *f.* correa, tira, faja, cuerda, soga. **2** recua, caballería, grupo.

reavivar *tr.* revivificar, resucitar, reanimar, renovar, reiniciar, vivificar. ANT. acabarse, morir. **2** vigorizar, atizar, intensificar. ANT. extinguir, apagar.

rebaja *f.* descuento, reducción, disminución, deducción, abaratamiento. **2** devaluación, depreciación, desvalorización.

rebajamiento *m.* servilismo, abyección, apocamiento, envilecimiento, bajeza, vileza, indignidad. ANT. dignidad.

rebajar *tr. prnl.* aminorar, depreciar, debilitar, atenuar, disminuir, reducir, bajar, deducir. ANT. aumentar, subir. **2** abaratar, descontar, desvalorizar. ANT. encarecer. **3** humillar, degradar, envilecer, abatir. ANT. enaltecer.

rebalsa *f.* balsa, pantano, embalse.

rebanada *f.* tajada, rodaja, loncha, raja, porción, corte, rueda, parte, pedazo, trozo.

rebanar *tr.* tajar, seccionar, dividir, cortar.

rebaño *m.* tropel, hato, manada, bandada, vacada. **2** REL. fieles, congregación, grey. **3** multitud, gentío, muchedumbre.

rebasar *tr.* sobrepasar, superar, desbordar, extralimitarse, exceder. **2** aventajar, adelantar, ganar. ANT. rezagarse.

rebatible *adj.* insostenible, controvertible, discutible, refutable.

rebatir *tr.* impugnar, refutar, argüir, contradecir, objetar, contrariar, oponerse. ANT. admitir. **2** contrarrestar, rechazar. **3** reforzar, redoblar. **4** {propuesta} rechazar, resistir.

rebato *m.* {a los vecinos} convocación, llamamiento. **2** alarma, conmoción. **3** *loc.* **tocar a ~:** dar la alarma. **4** *loc.* **de ~:** repentinamente, de pronto, de improviso.

rebelarse *prnl.* sublevarse, amotinarse, insurreccionarse, alzarse, levantarse, desobedecer, protestar, oponer resistencia. ANT. acatar, obedecer.

rebelde *adj.* insurrecto, insurgente, sublevado, sedicioso. **2** desobediente, indómito, indócil, indisciplinado, insumiso, terco, reacio. ANT. obediente, sumiso. **3** {enfermedad} resistente, persistente, difícil, tenaz. **4** DER. {persona} contumaz, en rebeldía.

rebeldía *f.* desobediencia, obstinación, desacato. ANT. sumisión. **2** sublevación, insurrección, rebelión.

rebelión *f.* alzamiento, conspiración, insubordinación, indocilidad, asonada, levantamiento, sublevación, insurrección, revolución, sedición, motín. ANT. sumisión, acatamiento.

reblandecer *tr. prnl.* ablandar, macerar, suavizar, enternecer, emblandecer, debilitar. ANT. endurecer. **2** *intr.* relentecer.

reborde *m.* cornisa, saliente, pestaña, resalte, relieve, remate, moldura, alero, orillo, margen.

rebosante *adj.* colmado, lleno, repleto, atiborrado, desbordante, henchido, pleno. **2** {de emoción} pletórico, exultante, radiante.

rebosar *intr. prnl.* {líquido} verterse, derramarse, salirse, caer. ANT. contenerse. **2** {recipiente} exceder. **3** {cosa} abundar, sobrar, sobreabundar. ANT. escasear. **4** {de emoción} estar invadido, exultar. **5** {lugar} llenarse.

rebotar *intr.* {cuerpo elástico, pelota} botar, chocar. **2** {cuerpo en movimiento} retroceder, repeler, cambiar de dirección. **3** *Amer.* {cheque} ser devuelto. **4** *tr.* {una punta} redoblar. **5** {cuerpo} resistir. **6** *tr. prnl. col.* conturbar, turbar, sacar de quicio. **7** {color, calidad} alterar.

rebote *m.* {cuerpo} bote.

rebozo *m.* mantilla, chal, toca. **2** pretexto, fingimiento, simulación, excusa. **3** *loc. sin ~:* francamente, sinceramente.

rebrotar *intr.* {planta} resurgir, volver a brotar. **2** revivir.

rebrote *m.* hijuelo, retoño, pimpollo, nuevo brote.

rebujar *tr. prnl.* arrebujar, envolver, cubrir.

rebullir *intr. prnl.* moverse, menearse, bullir, agitarse.

rebuscado, -da *adj.* afectado, artificial, aparente, fingido, complicado, forzado, simulado, artificioso, ficticio. ANT. sencillo, directo.

rebuscamiento *m.* {lenguaje, estilo} artificio, retórica. **2** presunción, afectación, disimulo, fingimiento, falsedad.

rebuscar *tr.* indagar, husmear, examinar, buscar, explorar, escudriñar, escrutar.

rebuznar *intr.* roznar, dar rebuznos.

rebuzno *m.* roznido.

recabar *tr.* alcanzar, obtener, lograr, conseguir. **2** pedir, exigir, demandar, reclamar.

recadero, -ra *s.* mensajero, ordenanza, dependiente.

recado *m.* mensaje, aviso, nota, carta, comunicación, anuncio, misiva, cometido. **2** encomienda, encargo. **3** precaución, seguridad. **4** bastimento, provisión. **5** *Amer.* aderezo, condimento.

recaer *intr.* {en vicios o errores} reincidir, insistir, persistir, repetir. **2** agravarse, recrudecer, empeorar, desmejorar. ANT. mejorar. **3** {responsabilidad, beneficio} caer, incidir, parar en.

recaída *f.* reincidencia, repetición, reaparición, recurrencia, recidiva.

recalar *tr. prnl.* {líquido} entrar, penetrar. **2** *intr.* {persona} aparecer, llegar, arribar. **3** {barco} fondear, anclar.

recalcar *tr.* {palabras} subrayar, poner el acento, insistir, acentuar, repetir. ANT. soslayar. **2** {cosa} apretar, ajustar. **3** {receptáculo} rellenar.

recalcitrante *adj.* obstinado, contumaz, incorregible, empedernido, empecinado, impenitente, irredento, terco, reacio, reincidente, rebelde, insubordinado, indisciplinado, pertinaz. ANT. disciplinado, obediente.

recalentar *tr.* calentar, volver a calentar. ANT. enfriar. **2** calentar demasiado. **3** *tr. prnl.* {pasiones} avivar. **4** *prnl.* {frutas} dañarse, echarse a perder. **5** {madera} descomponerse, alterarse.

recamado *m.* bordado.

recámara *f.* cuarto, alcoba. **2** *Amer.* habitación, dormitorio.

recambio *m.* provisión, reposición, sustitución, prevención. **2** repuesto, suplemento, reserva, parte, pieza.

recapacitar *tr. intr.* reflexionar, reconsiderar, rememorar, recapitular, meditar, pensar.

recapitulación *f.* sumario, síntesis, extracto, compendio, resumen.

recapitular *tr.* rememorar, compendiar, sintetizar, resumir, repetir, recordar. ANT. olvidar.

recargado, -da *adj.* sobrecargado, abigarrado, exagerado, excesivo, barroco, pomposo, complicado. ANT. sencillo.

recargar *tr.* gravar, aumentar, encarecer, subir, elevar. ANT. rebajar. **2** adornar con exceso, complicar, emperifollar. **3** {de trabajo} sobrecargar, llenar. ANT. aligerar.

recargo *m.* aumento, incremento, encarecimiento, gravamen, sobreprecio. ANT. rebaja.

recatado, -da *adj.* púdico, moderado, modesto, decoroso, honesto, pudoroso. ANT. deshonesto. **2** precavido, discreto, cauto, prudente, reservado, circunspecto. ANT. imprudente, indiscreto.

recatar *tr. prnl.* ocultar, encubrir, cubrir, tapar, disimular, esconder. **2** *tr.* volver a catar. **3** *prnl.* refrenarse, moderarse, dominarse.

recatería *f.* regatería, regatonería, recatonería, venta al por menor.

recato *m.* reserva, circunspección, discreción, cautela, prudencia. ANT. indiscreción. **2** modestia, honestidad, decoro, pudor, decencia, compostura. ANT. impudor.

recaudación *f.* cobro, cobranza, recaudo, retención, colecta.

recaudador *m.* cobrador, colector, receptor, recolector.

recaudar *tr.* cobrar, percibir, embolsar, recolectar, recibir. ANT. pagar. **2** guardar, poner en custodia, asegurar. ANT. arriesgar.

recelar *tr.* sospechar, maliciar, acautelarse, precaverse, desconfiar, dudar, temer, abrigar sospechas. ANT. confiar.

recelo *m.* desconfianza, preocupación, temor, miedo, prejuicio, suspicacia, sospecha. ANT. confianza.

receloso, -sa *adj.* desconfiado, temeroso, suspicaz, malicioso, caviloso. ANT. confiado.

recensión *f.* {de una obra literaria o científica} reseña, noticia, crítica.

recental *adj.* {animal} cordero, cría, lechal. **2** {persona, cosa} reciente, nuevo.

recepción *f.* bienvenida, recibo, recibimiento, acogida. ANT. despedida. **2** ingreso, admisión, entrada. ANT. expulsión. **3** reunión, fiesta, festejo, homenaje, celebración.

receptáculo *m.* vasija, recipiente.

receptor, -ra *adj. s.* destinatario, beneficiario, aceptante.

recesión *f.* ECON. depresión, disminución, reducción, mengua, descenso. **2** retroceso, retirada, regresión.

receso *m.* descanso, pausa, recreo, interrupción, vacación. ANT. actividad. **2** desvío, apartamiento, separación.

receta *f.* fórmula, nota, prescripción. **2** procedimiento, modo, manera.

recetar *tr.* prescribir, ordenar, recomendar, formular, aconsejar.

rechazar *tr.* negar, desechar, declinar, despreciar, desestimar, denegar, desairar, rehusar, alejar, expulsar. ANT. aceptar, aprobar. **2** {cuerpo} resistir, repeler, oponerse, rebotar. ANT. atraer.

rechazo *m.* {cuerpo} rebote, vuelta, retroceso.

rechifla *f.* befa, mofa, burla. ANT. aplauso.

rechinante *adj.* chirriante, estridente, agudo, áspero, ruidoso, destemplado.

rechinar *intr.* chirriar, crujir, chillar, crepitar, resonar. **2** rabiar, refunfuñar.

rechistar *intr.* chistar.

rechoncho, -cha *adj.* gordo, barrigón, regordete, rollizo, gordinflón, grueso, obeso. ANT. delgado.

reciamente *adv.* enérgicamente, firmemente, vigorosamente, fuertemente.

recibidor *m.* recepción, entrada, antesala, recibimiento, estancia, antecámara, vestíbulo.

recibimiento *m.* recepción. **2** acogida. **3** antesala, entrada, recibidor, vestíbulo. **4** sala principal. **5** admisión.

recibir *tr.* {persona} admitir, aceptar, acoger, aprobar, tomar, adoptar. ANT. dar. **2** cobrar, percibir. **3** {cuerpo} sostener, sustentar. **4** hacer frente, salir al encuentro, recepcionar.

recibo *m.* comprobante, documento, garantía, vale, resguardo. **2** vestíbulo, antesala. **3** sala principal. **4** recibimiento, recepción.

recidiva *f.* MED. {enfermedad} reaparición, recaída, reincidencia.

reciclar *tr.* rehacer, recuperar, regenerar.

reciedumbre *f.* fuerza, vigor, fortaleza, energía. ANT. debilidad.

reciente *adj.* nuevo, fresco, moderno, actual, naciente. ANT. antiguo.

recinto *m.* espacio, estancia, aposento, ambiente, ámbito, cámara, celda, cubículo, habitación.

recio, -cia *adj.* duro, áspero. ANT. blando. **2** robusto, vigoroso, fuerte, poderoso, enérgico, corpulento. ANT. débil. **3** grueso, gordo. **4** {tiempo} rígido, crudo, riguroso. **5** {viento} violento, intenso. **6** {tierra} sustancioso, grueso. **7** *adv.* reciamente, fuertemente, con vigor. **8** rápidamente, impetuosamente.

recipiente *m.* vaso, vasija, envase, olla, cacharro, bote. **2** cavidad, receptáculo. **3** *adj.* recibidor, receptor.

reciprocidad *f.* correspondencia, correlatividad, mutualidad, correlación, interdependencia, compensación, alternancia. ANT. unilateralidad.

recíproco, -ca *adj.* mutuo, bilateral, equitativo, relacionado, respectivo, correlativo, correspondiente. ANT. unilateral.

recitación *f.* declamación, recitado.

recitador, -ra *adj. s.* declamador, recitante.

recital *m.* actuación, concierto, audición, lectura, declamación, recitación.

recitar *tr.* declamar, cantar, entonar, repetir, decir, representar, relatar, contar, referir, narrar. ANT. callar.

reclamación *f.* protesta, exigencia, solicitud, oposición, interpelación, queja, reprobación, súplica, demanda, petición.

reclamar *intr.* exigir, pedir, protestar, solicitar, requerir, quejarse, reivindicar, demandar. ANT. desistir. **2** *intr.* llamar, clamar.

reclamo *m.* {de las aves} voz, señuelo, canto. **2** incentivo, atractivo, aliciente, atracción. **3** publicidad, propaganda, anuncio.

reclinar *tr. prnl.* {cosa, cuerpo} apoyar, ladear, recostarse, sostener, descansar, inclinarse. ANT. erguirse.

reclinatorio *m.* sostén, apoyo, respaldo.

recluir *tr. prnl.* aislar, encerrar, enclaustrar, encarcelar, confinar, internar, aprisionar. ANT. liberar, soltar.

reclusión *f.* encierro, confinamiento, aislamiento, enclaustramiento, encerramiento. ANT. liberación. **2** cárcel, prisión, claustro.

recluso, -sa *adj. s.* cautivo, penado, prisionero, presidiario, preso, forzado, encarcelado. ANT. liberado.

recluta *m.* soldado, quinto. **2** *m.* reclutamiento.

reclutamiento *m.* conscripción, leva, alistamiento.

reclutar *tr.* alistar, enrolar, enganchar, incorporar.

recobrar *tr.* rescatar, recuperar, reconquistar, readquirir, cobrar, restaurar. ANT. perder. **2** *prnl.* recuperarse, mejorar, restablecerse, sanar, reponerse. ANT. empeorar. **3** desquitarse, reintegrarse, restaurar. **4** volver en sí.

recodo *m.* revuelta, esquina, ángulo, rincón, curva.

recogedor, -ra *s.* pala.

recoger *tr.* tomar, coger, volver a coger. **2** *tr. prnl.* {personas, cosas} juntar, acumular, reunir, congregar, acopiar, agrupar, almacenar, amontonar. ANT. disgregar. **3** {frutos} cosechar, recolectar, coger. **4** {consecuencias} sufrir, recibir. **5** *tr. prnl.* {longitud, volumen} ceñir, estrechar, ajustar, encoger. **6** *tr.* {dinero} guardar, asegurar. **7** {habitación, oficina, libros} disponer, ordenar, reunir. **8** {correspondencia} retirar. **9** amparar, acoger, albergar, dar asilo. ANT. expulsar. **10** {envío} recibir, admitir, hacerse cargo. **11** {uso, curso de algo} suspender, enmendar. **12** *prnl.* retirarse, apartarse, encerrarse. **13** {en gastos} moderarse, reformarse, ceñirse. **14** dormirse, descansar. **15** {prendas} remangarse. **16** {cabello} peinarse, ceñirse. **17** abstraerse, meditar, ensimismarse, reconcentrarse.

recogido, -da *adj.* aislado, encerrado, retirado, solitario, ensimismado, apartado, abstraído, recluido, retraído. ANT. acompañado.

recogimiento *m.* apartamiento, encierro, retiro, aislamiento, retraimiento, clausura.

recolección *f.* cosecha, siega, vendimia. **2** resumen, compendio, recopilación. **3** recaudación, cobranza.

recolectar *tr.* cosechar, segar, vendimiar, recoger. **2** acopiar, reunir, acumular, agrupar, juntar, sumar, aglomerar, almacenar. ANT. dispersar.

recomendable *adj.* confiable, apreciable, estimable, respetable, digno. ANT. censurable. **2** aconsejable, plausible, aceptable, atendible, admisible.

recomendación *f.* sugerencia, consejo, advertencia. **2** comisión, encargo. **3** alabanza, elogio, ensalzamiento, presentación, palanca.

recomendar *tr.* encomendar, interceder, ordenar, confiar. ANT. desconfiar. **2** aconsejar, advertir, invitar, pedir, encargar, sugerir, avisar, exhortar. **3** elogiar, alabar, halagar. ANT. censurar.

recomenzar *tr.* reemprender, reiniciar. ANT. finalizar.

recomerse *prnl.* concomerse, consumirse.

recompensa *f.* premio, gratificación, galardón, accésit, condecoración, retribución, remuneración. ANT. castigo.

recomponer *tr.* restaurar, remendar, rehacer, reparar, reformar, renovar, arreglar. ANT. descomponer, desarreglar.

reconcentrar *tr. prnl.* {personas, cosas} juntar, concentrar, reunir, centralizar, congregar. ANT. disgregar. **2** {volumen de algo} disminuir, densificar. **3** {sentimiento, afecto} callar, ocultar, disimular, esconder. **4** *prnl.* ensimismarse, abstraerse, recogerse.

reconciliar *tr. prnl.* {ánimos} conciliar, atraer, acordar, amistar, avenir, hacer las paces. ANT. enemistar. **2** *tr.* REL. {lugar} bendecir. **3** *prnl.* REL. confesarse.

reconcomio *m.* anhelo, deseo. **2** recelo, envidia, temor.

recóndito, -ta *adj.* escondido, interno, incomprensible, íntimo, oculto, reservado, secreto, apartado, incognoscible, hondo, profundo. ANT. visible, evidente, superficial.

reconfortante *adj.* tónico, fortificante, vigorizante.

reconfortar *tr.* fortalecer, confortar, animar, alentar, vivificar, reanimar, vigorizar. ANT. debilitar.

reconocer *tr.* aceptar, admitir, declarar, convenir, conceder, confesar. ANT. negar. **2** {en general} recordar, identificar, acordarse, evocar, distinguir. ANT. olvidar. **3** observar, estudiar, examinar, inspeccionar, indagar, escudriñar, investigar, escrutar, sondear, explorar. ANT. desconocer. **4** considerar, agradecer. **5** contemplar, advertir, considerar. **6** {persona} distinguir, recordar. **7** {parentesco} relacionar. **8** {autoridad} acatar, obedecer. **9** MED. examinar, chequear. **10** *prnl.* {cosa} dejarse comprender. **11** {error, falta} confesarse culpable. **12** {persona} valorarse.

reconocido, -da *adj.* obligado, agradecido.

reconocimiento *m.* gratitud, agradecimiento. **2** indagación, observación, escudriñamiento, exploración, vigilancia, examen, registro, inspección.

reconquista *f.* recuperación, rescate, liberación.

reconquistar *tr.* recobrar, reocupar, redimir, recuperar, libertar, reivindicar, restaurar, restablecer, rescatar, liberar. ANT. perder.

reconsiderar *tr.* reflexionar, juzgar, estimar.

reconstituir *tr.* restablecer, reorganizar, reintegrar, reponer, reconstruir, rehacer. ANT. deshacer. **2** *prnl.* fortalecerse, regenerarse, fortificarse, recobrarse, vigorizarse, curarse. ANT. debilitarse.

reconstituyente *adj. m.* MED. tónico, reconfortante, vigorizante.

reconstrucción *f.* reedificación, restablecimiento, restauración, arreglo, reparación, recuperación.

reconstruir *tr.* reedificar, restaurar, reparar, restablecer, arreglar, rehacer. ANT. derribar. **2** {recuerdos, ideas} evocar, recrear, reproducir, allegar, unir.

reconvención *f.* recriminación, amonestación, reprensión, regaño, reprimenda, reproche, cargo, admonición. ANT. aprobación.

reconvenir *tr. prnl.* reprender, regañar, amonestar, sermonear, recriminar, increpar, reprochar, reñir, censurar. ANT. felicitar.

reconvertir *tr.* reorganizar, reestructurar.

recopilación *f.* {obra, discurso} resumen, antología, compendio, reducción, sumario, recolección, compilación, selección, colección.

recopilador, -ra *s.* compilador.

recopilar *tr.* compendiar, juntar, recoger, unir, coleccionar, reunir, resumir, compilar, seleccionar. ANT. dispersar.

récord *m.* DEP. marca, resultado, hazaña.

recordable *adj.* glorioso, famoso, memorable, célebre.

recordar *tr. intr.* acordarse, reconstruir, rememorar, evocar, revivir, traer a la memoria. ANT. olvidar. **2** {persona, cosa} parecerse, semejar. ANT. diferenciarse. **3** *intr. prnl.* Amer. despertarse, dejar de dormir.

recordatorio *m.* advertencia, aviso, recomendación. **2** tarjeta, impreso.

recorrer *tr.* transitar, caminar, deambular, andar, peregrinar, atravesar. ANT. parar. **2** mirar con cuidado, registrar, mirar, averiguar, curiosear, explorar, examinar. **3** {escrito} repasar, ojear, echar una mirada.

recorrido *m.* itinerario, marcha, jornada, ruta, trayecto, trecho, viaje, curso, camino, tránsito.

recortadura *f.* recorte, pedazo, retazo, parte.

recortar *tr.* podar, cercenar, cortar, partir, rebajar. **2** disminuir, limitar, ajustar, reducir. **3** *prnl.* {cosa} dibujarse (su perfil).

recorte *m.* pedazo, parte, retazo, sección. **2** *pl.* cortaduras.

recoser *tr.* remendar, zurcir, componer, volver a coser.

recostar *tr. prnl.* inclinar, reclinar, apoyar, sostenerse. ANT. levantarse. **2** *prnl.* acostarse.

recoveco *m.* recodo, revuelta, rodeo, curva, vuelta. **2** rincón, escondrijo. **3** artificio, evasiva, artilugio, fingimiento, ardid, argucia. ANT. rectitud.

recreación *f.* diversión, recreo, solaz, juego, entretenimiento, pasatiempo, distracción, asueto.

recrear *tr. prnl.* entretener, alegrar, amenizar, gozar, divertir, distraer, deleitar. ANT. aburrir. **2** *tr.* producir, crear.

recreativo, -va *adj.* entretenido, distraído, ameno, placentero, regocijante, agradable, alegre, divertido, cómico. ANT. aburrido.

recreo *m.* distracción, recreación, pasatiempo, solaz, placer, diversión, entretenimiento, juego, esparcimiento. ANT. aburrimiento. **2** ocio, asueto.

recriminación *f.* reprimenda, reconvención, reproche, reprobación, amonestación, reprensión. ANT. aprobación.

recriminar *tr.* amonestar, regañar, increpar, reprobar, censurar, culpar, reprender, reprochar, acusar. ANT. disculpar, aprobar. **2** *prnl.* {entre personas} hacerse cargos, culparse, incriminarse.

recrudecer *intr. prnl.* encorar, exacerbar, agravar, avivar, agudizar, intensificar, redoblar. ANT. debilitarse.

recrudecimiento *m.* incremento, aumento, intensificación, agravación.

rectal *adj.* anal.

rectificación *f.* modificación, enmienda, reparación, transformación, revocación, retractación, corrección, retoque.

rectificar *tr.* {cosa} reducir. **2** {persona} contradecir, rebatir, refutar. **3** {en general} corregir, modificar, enmendar, reformar. **4** {opinión} cambiar, modificar. ANT. ratificar. **5** QUÍM. {líquidos} purificar, destilar. **6** *prnl.* {persona, actos} enmendarse, arrepentirse.

rectitud *f.* {entre dos puntos} derechura, distancia breve. **2** justicia, imparcialidad, legalidad, probidad, equidad, integridad. **3** {en operaciones} exactitud, justificación.

recto, -ta *adj.* derecho, erecto, alineado, rectilíneo, tieso. ANT. curvo. **2** justiciero, firme, íntegro, justo, equitativo, probo, intachable, imparcial, razonable, ecuánime. ANT. injusto. **3** *adj. m.* ano, esfínter. **4** *m.* GEOM. ángulo recto.

rector, -ra *adj. s.* regidor, gobernador. **2** *s.* superior, decano, dirigente, director, regente.

recua *f.* {de animales} conjunto. **2** *col.* {de cosas} multitud.

recuadro *m.* compartimiento, división. **2** {periódico, libro} encuadre, encuadrado, espacio encerrado.

recubierto, -ta *adj.* revestido, envuelto, forrado, protegido.

recubrir *tr.* revestir, resguardar, vestir, forrar, tapar, cubrir. ANT. descubrir.

recuento *m.* escrutinio, cotejo, arqueo, censo, estadística, cómputo, inventario. **2** comprobación, reconocimiento.

recuerdo *m.* memoria, reminiscencia, remembranza, evocación. ANT. olvido. **2** regalo, obsequio, dádiva, presente. **3** *pl.* saludos, expresiones, memorias.

recular *intr.* retirarse, cejar, desandar, ceder, retroceder, retraerse, flaquear, volver atrás. ANT. avanzar.

recuperación *f.* reembolso, compensación, rescate. **2** examen.

recuperar *tr. prnl.* recobrar, rescatar, salvar, redimir, reconquistar. ANT. perder. **2** *prnl.* restablecerse, reponerse, aliviarse, sanarse, mejorar. ANT. agravarse. **3** volver en sí.

recurrente *adj.* reiterado, repetido.

recurrir *intr.* acudir, requerir, invocar, buscar, acogerse. **2** DER. apelar, demandar, litigar, pleitear. **3** {enfermedad} reaparecer, reincidir, volver.

recurso *m.* medio, manera, procedimiento, modo. **2** solicitud, petición, memorial. **3** *pl.* dinero, hacienda, bienes, capital, medios, fortuna.

recusable *adj.* rechazable, censurable, reprochable, condenable, reprobable, vituperable.

recusar *tr.* denegar, rehusar, rechazar.

red *f.* malla, tejido, redecilla, trama, punto. **2** trampa, treta, artimaña, ardid, engaño, celada. **3** distribución, organización. **4** {personas} conjunto, grupo. **5** cadena, establecimientos comerciales. **6** INF. {de computadores} conjunto, conexión. **7** *loc.* *caer en la ~*: caer en la trampa, caer en el lazo.

redacción *f.* {periódico, revista} redactores, editores. **2** oficina.

redactar *tr.* componer, expresar, escribir, concebir, representar.

redactor, -ra *adj.* articulista, reportero, periodista, corresponsal.

rededor *m.* contorno, derredor, periferia.

redención *f.* salvación, rescate, liberación, emancipación, independencia, libertad. ANT. esclavitud. **2** refugio, recurso, remedio.

redición *f.* repetición.

redimido, -da *adj. s.* eximido, absuelto, indultado, exculpado.

redimir *tr. prnl.* salvar, librar, exonerar, libertar, desobligar, liberar, rescatar. ANT. oprimir. **2** exonerar, eximir. ANT. obligar. **3** cancelar, amortizar, liquidar, saldar.

rédito *m.* beneficio, renta, rendimiento, provecho, interés, utilidad. ANT. pérdida.

redituar *tr.* rendir, producir, rentar.

redivivo, -va *adj.* resucitado, aparecido. ANT. muerto.

redoblar *tr. prnl.* reduplicar, duplicar, doblar. **2** reiterar, repetir.

redoma *f.* vasija, recipiente, garrafa, bombona, damajuana.

redomado, -da *adj.* taimado, ladino, cauteloso, sagaz, astuto. ANT. ingenuo. **2** impenitente, consumado, contumaz. ANT. arrepentido.

redondel *m.* curva, circunferencia. **2** círculo. **3** arena, plaza, ruedo.

redondilla *f.* letra redonda. **2** *p. us.* estrofa, verso.

redondo, -da *adj.* circular, esférico, abombado, curvo, cilíndrico, elíptico, discoidal. ANT. cuadrado, recto. **2** claro, rotundo, categórico, diáfano, sin rodeos. ANT. dudoso. **3** perfecto, completo, preciso, logrado. ANT. imperfecto. **4** *m. col.* moneda corriente. **5** *f.* letra redonda.

reducción *f.* deducción, rebaja, descuento. ANT. incremento. **2** abreviación, restricción, limitación, simplificación. **3** resumen, compendio. ANT. ampliación.

reducible *adj.* disminuible. ANT. aumentable.

reducido, -da *adj.* limitado, escaso, corto, exiguo, restringido, pequeño, angosto, estrecho. ANT. amplio. **2** disminuido.

reducir *tr.* disminuir, estrechar, acortar, limitar, mermar, ceñir, simplificar, bajar, aminorar, rebajar, abreviar. ANT. aumentar. **2** {discurso, narración} concentrar, resumir, compendiar. **3** persuadir, convencer, atraer. **4** dominar, someter, sujetar. **5** {líquido} concentrar. **6** MAT. {expresión} simplificar. **7** *prnl.* ceñirse, arreglarse, moderarse. **8** resolverse.

reducto *m.* MIL. trinchera, defensa, fortificación.

redundancia *f.* {palabras} repetición, iteración, pleonasmo, reiteración. ANT. concisión. **2** {cosas} sobra, abundancia, exceso, copia, demasía, plétora. ANT. falta, escasez.

redundante *adj.* innecesario, excesivo, superfluo, sobrante. **2** presuntuoso, hinchado, ampuloso. ANT. natural. **3** repetido, reiterativo, insistente.

redundar *intr.* {líquido} rebosar, sobrar, exceder. **2** {cosa} resultar, acarrear, influir, causar.

reduplicar *tr.* doblar, duplicar, redoblar. **2** repetir.

reedición *f.* {libro} nueva edición.

reedificar *tr.* rehacer, reconstruir, restablecer.

reeducar *tr.* MED. {miembros dañados} rehabilitar.

reelegir *tr.* ratificar, confirmar, volver a elegir. ANT. rechazar.

reembolsar *tr. prnl.* reintegrar, pagar, devolver, restituir, compensar. ANT. retener.

reembolso *m.* cantidad, pago.

reemplazable *adj.* sustituible.

reemplazante *adj.* sucesor.

reemplazar *tr.* sustituir, suplantar, suplir, cambiar. ANT. mantener, continuar. **2** {en un cargo o empleo} suceder, relevar.

reemplazo *m.* sustitución. **2** MIL. renovación, alistamiento, reclutamiento.

reencarnar *intr. prnl.* renacer, resucitar, reaparecer.

reestructuración *f.* redistribución, reorganización, reordenamiento.

refacción *f.* alimento, colación. **2** reparación, arreglo, compostura. **3** Amer. recambio, pieza, parte.

refaccionar *tr. Amer.* {edificios} restaurar, reparar, rehabilitar, restablecer, reconstruir.

referencia *f.* alusión, remisión, observación, mención, información, advertencia, nota, cita, comentario. **2** relato, narración, relación, crónica, reseña, anécdota, testimonio. **3** semejanza, dependencia, correlación. **4** {de una comparación} base, apoyo. **5** *gen. pl.* informes, recomendaciones, datos. **6** *loc.* *en/con ~ a*: acerca de.

referendo *m. ver* **referéndum**.

referéndum *m.* votación, comicios, elecciones, sufragio, consulta, plebiscito, elección.

referente *adj.* relativo, ligado, tocante, relacionado. **2** *m.* modelo, referencia. **3** LING. existencia extralingüística, realidad.

referir *tr.* narrar, relatar, explicar, contar, exponer, detallar. **2** relacionar, conectar, ligar, concatenar, enlazar. ANT. desvincular. **3** *tr. prnl.* dirigir, ordenar, encaminar. **4** *prnl.* remitirse, atenerse. **5** aludir, tratar, hacer referencia, mencionar.

refilón (de) *loc.* al sesgo, oblicuamente. **2** de pasada, de paso.

refinación *f.* purificación, refinamiento, clarificación, decantación, depuración. ANT. impurificación.

refinamiento *m.* cuidado, exquisitez, delicadeza, buen gusto, esmero. ANT. desatención. **2** encarnizamiento, saña, ensañamiento, crueldad, dureza.

refinar *tr.* purificar, sutilizar, aquilatar, alambicar, acrisolar, depurar, filtrar, lavar. ANT. contaminar, mezclar. **2** perfeccionar, adecuar, mejorar. **3** *prnl.* {maneras} pulirse, educarse, mejorarse, esmerarse, afinarse.

refirmar *tr.* estribar, descansar, fundarse, apoyarse. **2** corroborar, ratificar, confirmar, aprobar. ANT. desaprobar.

reflectar *tr.* reflejar.

reflector, -ra *adj. s.* proyector.

reflejar *tr.* reflectar, repercutir, devolver, reverberar, rebotar. ANT. absorber. **2** mostrar, revelar, manifestar. ANT. ocultar.

reflejo, -ja *adj.* involuntario, maquinal, instintivo, inconsciente, automático, espontáneo. ANT. voluntario, deliberado. **2** *m.* destello, centelleo, fulgor, irradiación, luz. **3** imagen. **4** PSIC. reacción.

reflexión *f.* deliberación, meditación, consideración, cavilación. ANT. irreflexión. **2** observación, advertencia, consejo. ANT. despreocupación.

reflexionar *tr.* recapacitar, rumiar, sopesar, considerar, meditar, pensar, cogitar, discurrir, cavilar, examinar. ANT. improvisar.

reflexivo, -va *adj.* {persona} sereno, juicioso, tranquilo. **2** *m.* GRAM. verbo reflexivo, verbo reflejo.

refluir *intr.* {líquido} volver atrás, retroceder. **2** {cosa} acarrear, causar, resultar, redundar.

reflujo *m.* {de la marea} descenso.

reforma *f.* restauración, reorganización, modificación, corrección, renovación, perfección, mejora, transformación. **2** HIST. religión reformada, protestantismo.

reformar *tr.* arreglar, reparar, restablecer, renovar, cambiar, restaurar, alterar, transformar. ANT. mantener. **2** rehacer. ANT. persistir. **3** modificar, perfeccionar, mejorar. **4** enmendar, corregir. **5** *prnl.* {persona} moderarse, corregirse, contenerse.

reformatorio, -ria *adj.* correccional, disciplinario, penal. **2** *m.* centro disciplinario, internado, correccional.

reformista *adj. s.* renovador, progresista.

reforzar *tr.* fortalecer, fortificar, vigorizar, robustecer. ANT. debilitar. **2** acentuar, aumentar, intensificar, engrosar, acrecentar. **3** apuntalar, asegurar, proteger, blindar. **4** *tr. prnl.* avivar, animar, alentar, reanimar. ANT. desalentar.

refractario, -ria *adj.* reacio, opuesto, contrario, rebelde. ANT. sumiso. **2** {material} incombustible. ANT. inflamable.

refractor *m.* ÓPT. anteojo, lente.

refrán *m.* proverbio, sentencia, adagio, dicho, máxima, precepto, moraleja, aforismo, pensamiento.

refregar *tr. prnl.* estregar, friccionar, restregar, frotar. **2** *tr.* echar en cara.

refrenar *tr. prnl.* contener, frenar, inhibir, moderar, reprimir, corregir, detener. ANT. incitar.

refrendar *tr.* {documento} autorizar, aprobar, firmar, garantizar. **2** corroborar. **3** {pasaporte} legalizar, revisar.

refrescante *adj.* refrigerante, refrescador, enfriante.

refrescar *tr. prnl.* enfriar, refrigerar, atemperar, congelar, hacer aire. ANT. calentar. **2** renovar, reiniciar, reavivar. **3** *intr.* alentar, vigorizar, tomar fuerzas. **4** *intr. prnl.* tomar el fresco.

refresco *m.* bebida, gaseosa, sorbete, soda. **2** colación, refrigerio.

refriega *f.* pelea, riña, altercado, reyerta, pendencia, choque, contienda, combate, escaramuza, encuentro. ANT. paz.

refrigeración *f.* aire acondicionado. **2** refrigerio, alimento, bocado.

refrigerador *m.* frigorífico, congelador, nevera.

refrigerante *adj.* refrescante, frigorífico.

refrigerar *tr.* enfriar, atemperar, refrescar. ANT. calentar.

refrigerio *m.* refresco, colación, aperitivo. **2** beneficio, descanso, alivio.

refrito *m.* fritura, frito, condimento. **2** {de una obra} copia, repetición, imitación.

refuerzo *m.* ayuda, socorro, auxilio, asistencia. ANT. estorbo. **2** contrafuerte, puntal, soporte, sostén.

refugiado, -da *s.* exilado, asilado, desterrado, inmigrante.

refugiarse *prnl.* resguardarse, guarecerse, albergarse, cobijarse, defenderse, esconderse. ANT. exponerse.

refugio *m.* albergue, protección, amparo, asilo, cobijo, guarida. ANT. desprotección. **2** búnker.

refulgencia *f.* esplendor, resplandor, fulgor, lustre, brillo.

refulgente *adj.* fulgente, brillante, reluciente, fulgurante, resplandeciente, rutilante, luminoso.

refulgir *intr.* brillar, fulgurar, rutilar, centellear, resplandecer, relumbrar, esplender. ANT. apagar.

refunfuñar *intr.* rezongar, murmurar, renegar, mascullar, gruñir, hablar entre dientes. ANT. gritar.

refutable *adj.* insostenible, contestable, controvertible, indefendible, discutible, impugnable, rebatible. ANT. irrefutable, incontrovertible.

refutación *f.* contradicción, réplica.

refutar *tr.* rebatir, negar, impugnar, objetar, replicar, contradecir, confutar. ANT. aprobar.

regadera *f.* rociadera. **2** acequia, reguera. **3** *Amer.* ducha.

regadío, -a *adj. m.* {terreno} regable, regadizo. **2** cultivo, parcela, sembrado, sembradío, huerta.

regalado, -da *adj.* delicado, cómodo, suave, placentero. **2** extremadamente barato, muy barato, de balde.

regalar *tr. prnl.* obsequiar, donar, dar, ofrecer, gratificar. ANT. recibir. **2** festejar, lisonjear, agasajar.

regalía *f.* sobresueldo, gratificación. **2** concesión, prerrogativa, privilegio, preeminencia, excepción.

regalo *m.* complacencia, gusto. **2** dádiva, donación, donativo, gratificación, ofrenda, obsequio, agasajo, fineza. **3** {comida} exquisitez, delicia. **4** deleite, conveniencia, descanso, comodidad.

regañadientes (a) *loc.* con disgusto, con desagrado.

regañar *tr.* reprender, reñir, reprochar, recriminar, amonestar, reconvenir, sermonear. ANT. elogiar, aplaudir. **2** *intr.* reñir, disputar, indisponerse, enfadarse, pelear, enemistarse, enojarse. ANT. amigarse.

regañina *f.* regaño, reconvención, reprimenda, amonestación, represión.

regaño *m.* represión, rapapolvo, amonestación, reconvención, reprimenda.

regañón, ona *adj. s.* sermoneador, reñidor, gruñón, reprochador.

regar *tr.* rociar, irrigar, asperjar, empapar, duchar, humedecer, humectar, mojar, bañar. ANT. secar. **2** desparramar, esparcir, derramar.

regata *f.* reguera. **2** {entre embarcaciones} competición deportiva, carrera.

regate *m.* DEP. regateo, finta. **2** *col.* {de una dificultad} escape, evasión.

regatear *tr.* {precio} discutir, debatir. **2** {comestibles} revender, vender al por menor. **3** *col.* {a una acción o ejecución} escamotear, rehusar, soslayar, negarse, eludir, evitar. ANT. aceptar. **4** intr. {embarcación} competir, disputar (una carrera).

regateo m. DEP. regate, finta. **2** {en una compra} discusión, pugna. **3** {de alimentos} reventa, venta. **4** reparos, excusas.

regazo m. falda. **2** seno, refugio, cobijo, amparo.

regencia f. gobierno, administración, jefatura.

regenerar tr. prnl. reconstituir, restablecer, reconstruir, recuperar, rehabilitar. ANT. deteriorar. **2** corregir, reeducar, enmendar.

regentar tr. gobernar, regir, administrar, dirigir, presidir. ANT. obedecer.

regente com. dirigente, administrador, gobernante, gobernador.

regidor, -ra adj. s. concejal, edil.

régimen m. normas, sistema, procedimiento, método, reglas, orden, plan. **2** {alimentos} dieta, tratamiento. **3** administración, dirección, gobierno, sistema político.

regimiento m. MIL. cuerpo, unidad, milicia, tropa, agrupación. **2** col. multitud.

regio, -gia adj. majestuoso, magnífico, grande, grandioso, suntuoso, espléndido, ostentoso, fastuoso. ANT. humilde. **2** real, imperial, principesco. ANT. plebeyo.

región f. comarca, tierra, territorio, zona, provincia, país, división territorial. **2** inmensidad, espacio. **3** ZOOL. parte del cuerpo.

regional adj. zonal, local, comarcal.

regionalismo m. localismo, modismo.

regir tr. prnl. mandar, gobernar, dirigir, regentar, administrar. **2** guiar, conducir, llevar.

registrar tr. inscribir, catalogar, copiar, asentar, señalar, anotar. **2** examinar, reconocer, inspeccionar, escudriñar, mirar. **3** {registro público} extractar, transcribir. **4** enumerar, contabilizar. **5** {imágenes, sonidos} grabar. **6** prnl. presentarse, matricularse.

registro m. matrícula, padrón, empadronamiento. **2** repertorio, inventario, relación, lista, enumeración. **3** {sonido} grabación.

regla f. mandato, precepto, norma, orden, reglamento, principio. **2** ley, estatuto, constitución. **3** instrucciones, pauta, patrón, modelo, guía. **4** procedimiento, método. **5** moderación, medida, templanza. **6** periodo, menstruación.

reglado, -da adj. contenido, moderado, sobrio, templado, parco.

reglamentación f. regulación, codificación, orden, ordenación. **2** reglas, estatuto, reglamento.

reglamentar tr. regular, regularizar, sistematizar, acordar, preceptuar, protocolizar, estatuir, legalizar, ordenar.

reglamentario, -ria adj. protocolario, exigido, preceptuado, normalizado, admitido, legalizado, establecido, regular, normal, legal, lícito. ANT. irregular, antirreglamentario.

reglamento m. ordenanza, código, estatuto, pauta, regla, norma, precepto, mandato, ley.

reglar tr. ordenar, regularizar, regular. **2** prnl. reformarse, reducirse, templarse, medirse. ANT. desmandarse, desenfrenarse.

regocijado, -da adj. jubiloso, exultante, radiante, alegre, alborozado, contento, gozoso. ANT. triste.

regocijar tr. prnl. festejar, alborozar, gozar, deleitar, alegrar, recrearse, contentar, divertir. ANT. entristecer.

regocijo m. alegría, júbilo, contento, algazara, regodeo, hilaridad, alborozo, jovialidad, entusiasmo. ANT. tristeza. **2** celebración, fiesta, festejo.

regodearse prnl. col. deleitarse, complacerse.

regodeo m. placer, diversión, regocijo, alegría, deleite.

regresar intr. retornar, reintegrarse, volver, tornar. ANT. alejarse. **2** tr. Amer. restituir, entregar, devolver. ANT. quitar.

regresión f. retorno, regreso, retroceso, retracción. ANT. avance.

regreso m. regresión, vuelta, retroceso, retorno.

reguero m. {de un líquido} rastro, vestigio, residuo, señal.

regulación f. regularización, normalización, norma, ordenamiento, organización, arreglo, orden.

regulado, -da adj. regularizado, regular.

regular[1] tr. ordenar, reglamentar, sistematizar, reglar, regularizar, armonizar, normalizar, ajustar, acompasar, pautar, organizar, moderar, legalizar. ANT. desordenar.

regular[2] adj. normal, corriente, medido, ordinario, estable, común, mediano, intermedio, uniforme, moderado, usual, razonable. ANT. extraordinario, inusual. **2** mediocre, adocenado, vulgar. **3** legal, regulado, reglamentado. ANT. ilegal.

regularidad f. uniformidad, normalidad, observancia, exactitud, puntualidad, veracidad, precisión, fidelidad, orden, método. ANT. irregularidad.

regularización f. regulación, organización, ordenamiento, arreglo.

regularizar tr. normalizar, ordenar, regular, medir, ajustar.

rehabilitar tr. {personas, cosas} restituir, reponer, restablecer, reivindicar.

rehacer tr. reconstruir, reparar, reponer, restaurar, restablecer, reedificar. ANT. destruir. **2** reformar. **3** reiterar, repetir, reproducir. **4** prnl. fortalecerse, vigorizarse, reforzarse. **5** {imágenes} tranquilizarse, sosegarse, calmarse, serenarse. ANT. intranquilizarse.

rehén m. prisionero, retenido, secuestrado. **2** prenda, fianza, garantía.

rehuir tr. eludir, retirar, evitar, esquivar, apartar, sortear, rehusar. ANT. afrontar. **2** excusar, rehusar, repugnar.

rehusar tr. negarse, declinar, denegar, rehuir, evitar, esquivar, menospreciar, rechazar, desdeñar, repudiar. ANT. aceptar.

reimprimir tr. reeditar, reproducir.

reina f. gobernante, majestad, soberana. **2** {ajedrez} pieza. **3** abeja reina.

reinar intr. regir, dominar, gobernar, imperar, regentar. **2** predominar, prevalecer.

reincidencia f. reiteración, repetición, recurrencia, obstinación, recaída.

reincidir intr. recaer, reproducir, rehacer, reanudar, obstinarse, repetir, reiterar.

reiniciar tr. recomenzar.

reino m. corona, imperio, dominio, país. **2** campo, dominio, ámbito. **3** BIOL. {seres naturales} división, subdivisión.

reinstaurar tr. restaurar, reponer, restablecer.

reintegrar tr. prnl. devolver, reingresar, regresar, restituir, restablecer. ANT. apropiarse, conservar. **2** reponer, reconstituir. **3** prnl. desquitarse, recobrarse. **4** reincorporarse.

reintegro m. pago, devolución, reembolso, paga. **2** póliza, timbre, documento.

reír intr. prnl. carcajearse, mofarse, chancearse, desternillarse, estallar, burlarse. ANT. llorar.

reiteración f. repetición, insistencia, iteración.

reiterado, -da adj. acostumbrado, frecuente, asiduo, repetido.

reiterar tr. reproducir, insistir, repetir.

reivindicar *tr.* reclamar, demandar, exigir, pedir. ANT. renunciar.

reja *f.* verja, enrejado, cercamiento, celosía, barrotes, cancela.

rejo *m.* punta, aguijón. **2** fortaleza, robustez. **3** raicilla, radícula. **4** cuerda, soga. **5** *Amer.* azote, látigo.

rejuvenecer *tr. prnl.* remozar, fortalecer, renovar, refrescar, vigorizar, restaurar, reparar. ANT. envejecer. **2** modernizar, renovar, restaurar.

relación *f.* correspondencia, conexión, coherencia, reciprocidad, enlace, concordancia. ANT. desconexión, independencia. **2** trato, amistad, comunicación, vínculo, familiaridad, intimidad. ANT. enemistad. **3** lista, enumeración, índice, catálogo. **4** narración, exposición, relato.

relacionado, -da *adj.* concurrente, concomitante, coordinado.

relacionar *tr.* enlazar, conectar, vincular, encadenar. **2** narrar, relatar, contar. **3** contabilizar, enumerar. **4** *prnl.* visitarse, hablarse, corresponderse, tratarse.

relajación *f.* depravación, flojedad, laxitud. **2** relax, relajamiento.

relajado, -da *adj.* {trabajo, esfuerzo} suave, laxo, cómodo.

relajamiento *m.* relax, relajación.

relajar *tr. prnl.* distender, aflojar, debilitar, soltar, ablandar, suavizar. ANT. atirantar. **2** *tr.* reposar, descansar. **3** {pena, castigo} disminuir, aliviar. **4** *prnl.* {parte del cuerpo} laxarse, dilatarse. **5** {persona} corromperse, viciarse.

relamido, -da *adj.* afectado, escrupuloso, delicado, remilgado.

relámpago *m.* centella, rayo, chispa, resplandor, fulgor, descarga.

relampagueante *adj.* centelleante, fulgurante, brillante. **2** rápido, veloz, vivaz. ANT. lento, despacioso.

relanzar *tr.* rechazar, repeler.

relapso, -sa *adj. s.* reiterante, reincidente, contumaz.

relatar *tr.* narrar, contar, decir, describir, referir, explicar, expresar. ANT. callar.

relativo, -va *adj.* referente, alusivo, tocante, relacionado, perteneciente, concerniente. ANT. ajeno, extraño. **2** variable, dependiente, condicional, subordinado. ANT. absoluto. **3** parcial, limitado. **4** discutible. ANT. indiscutible.

relato *m.* narración, descripción, exposición, reseña, fábula, relación, escrito, informe, cuento, historia.

relator, -ra *adj. s.* narrador, cuentista, relatador. **2** *s. Amér. Sur* locutor.

relax *m.* relajación, relajamiento.

releer *tr.* repasar, leer de nuevo.

relegación *f.* destierro, confinamiento. **2** postergación, apartamiento.

relegar *tr.* apartar, despreciar, rechazar, desplazar, postergar. **2** desterrar, confinar.

relentecer *intr. prnl.* reblandecer, suavizar, ablandar.

relevante *adj.* importante, significativo, trascendental. ANT. irrelevante. **2** sobresaliente, notable, extraordinario, notorio, superior, excelente. ANT. ordinario, corriente.

relevar *tr. prnl.* reemplazar, mudar, suplir, sustituir, cambiar, suplantar. **2** eximir, excusar, absolver, destituir, separar, exonerar. ANT. acusar. **3** *tr.* excusar, perdonar, absolver. ANT. condenar. **4** realzar, exaltar,

ponderar, engrandecer. ANT. desprestigiar. **5** socorrer, remediar. **6** acentuar, resaltar, abultar.

relevo *m.* cambio, sustitución, reemplazo. **2** tanda, turno.

relicario *m.* estuche, joyero, caja, cofre.

relieve *m.* figura, labor. **2** prominencia, abultamiento, saliente. **3** PINT. realce, bulto. ANT. hendidura. **4** fama, renombre, reputación, importancia. **5** *pl.* {de comida} residuos, restos. **6** *loc. poner de ~:* destacar, subrayar.

religar *tr.* ligar, alear, mezclar, fusionar. ANT. separar, desunir.

religión *f.* doctrina, creencia, dogma. **2** fe, veneración, convicción, devoción, observancia, fervor. ANT. irreligiosidad. **3** obligación, deber, cumplimiento.

religiosamente *adv.* exactamente, fielmente, puntualmente.

religiosidad *f.* fe, devoción, fervor, creencia. ANT. irreligiosidad. **2** puntualidad, cumplimiento, exactitud.

religioso, -sa *adj.* devoto, pío, piadoso. **2** exacto, fiel. **3** parco, moderado. **4** *adj. s.* sacerdote, monje, fraile, monja.

reliquia *f.* vestigio, huella, traza, indicio, fragmento. **2** resto, residuo.

rellano *m.* llano, meseta. **2** descansillo, descanso.

rellenar *tr.* rehenchir, embutir. ANT. vaciar. **2** colmar, atestar, saciar, atiborrar, saturar. ANT. desocupar.

relleno, -na *adj.* harto, repleto.

reluciente *adj.* fulgurante, rutilante, fulgente, radiante, refulgente, resplandeciente, brillante, fúlgido, relumbrante.

relucir *intr.* resplandecer, brillar, fulgurar, relumbrar, centellear. ANT. oscurecerse.

reluctante *adj.* remiso, desobediente, reacio, opuesto. ANT. sumiso.

relumbrar *intr.* centellear, resplandecer, brillar, fulgurar, rutilar.

relumbre *m.* brillo, destello, centelleo, relumbro.

relumbrón *m.* rayo, relámpago, fulgor, destello, brillo, resplandor. **2** oropel, apariencia, aparato. ANT. sencillez.

remachado, -da *adj.* clavado, sujeto, hincado, fijo. ANT. suelto.

remache *m.* clavo, clavija.

remador, -ra *s.* remero.

remanente *m.* sobrante, residuo, resto, rastrojo, sobras, sedimento.

remar *intr.* bogar, navegar, impulsar, avanzar, paletear. **2** *fig.* trabajar arduamente.

rematar *tr.* acabar, terminar, finalizar, concluir, finiquitar, culminar, consumar. ANT. empezar, comenzar. **2** vender, subastar, agotar. **3** *intr.* fenecer, terminar. **4** *prnl.* {cosa} destruirse, acabarse, perderse.

remate *m.* término, cabo, fin, extremo, extremidad, punta. **2** subasta pública.

remedar *tr.* imitar, contrahacer, parodiar, copiar, emular, fingir, burlarse.

remediar *tr.* enmendar, subsanar, corregir, reparar, curar, salvar. **2** socorrer, auxiliar, ayudar, asistir. ANT. desamparar. **3** {de un riesgo} librar, evitar, apartar, separar.

remedio *m.* corrección, reparación, arreglo, enmienda. **2** medicina, medicamento. **3** refugio, auxilio, recurso.

remedo *m.* parodia, imitación.

remembranza *f.* recuerdo, memoria, rememoración, evocación, reminiscencia. ANT. olvido.

rememoración *f.* recuerdo, remembranza.

rememorar *tr.* recordar, evocar, conmemorar, hacer memoria. ANT. olvidar.

rememorativo, -va *adj.* conmemorativo.

remendar *tr.* zurcir, reforzar, restaurar, recoser, arreglar, reparar, componer. **2** enmendar, remediar, corregir. **3** acomodar.

remero, -ra *s.* galeote, remador.

remesa *f.* envío, mercancía, expedición, remisión, paquete, encargo.

remesar *tr.* remitir, enviar, mandar, expedir.

remiendo *m.* reparación, arreglo, compostura. ANT. desarreglo. **2** añadidura, enmienda, composición.

remilgado, -da *adj.* presumido, delicado, escrupuloso, rebuscado, amanerado, afectado, melindroso, relamido, repulido. ANT. sencillo, natural.

remilgo *m.* melindre, delicadeza, amaneramiento, rebuscamiento, fingimiento.

reminiscencia *f.* remembranza, rememoración, evocación, memoria. ANT. olvido.

remirado, -da *adj.* reflexivo, cauto, escrupuloso, circunspecto. **2** melindroso.

remisible *adj.* perdonable. ANT. imperdonable.

remiso, -sa *adj.* reacio, irresoluto, tímido, remolón, renuente. ANT. voluntarioso.

remitir *tr.* enviar, mandar, despachar, expedir, remesar. ANT. recibir. **2** liberar, eximir, perdonar. **3** suspender, diferir, dejar. **4** referir, hacer referencia. **5** *prnl.* atenerse, sujetarse.

remo *m.* propulsor. **2** brazo, extremidad, pata, pierna, ala. **3** trabajo grande.

remoción *f.* removimiento.

remojar *tr. prnl.* empapar, regar, bañar, humedecer. ANT. secar.

remojón *m.* mojadura, baño, empapamiento, chapuzón, zambullida, sumersión, inmersión.

remolcar *tr.* arrastrar, tirar de, transportar, halar. ANT. empujar.

remolinarse *prnl.* arremolinarse.

remolino *m.* vórtice, vorágine, torbellino, ciclón, huracán, tifón, tornado. ANT. calma. **2** persona inquieta. **3** {de gente} amontonamiento, confusión. **4** alteración, disturbio, inquietud. ANT. tranquilidad, calma.

remolón, -ona *adj. s.* perezoso, flojo, holgazán, indolente, remiso, renuente, refractario, negligente. ANT. diligente.

remolonear *intr. prnl.* holgazanear, zanganear, apoltronarse.

remolque *m.* caravana, vehículo. **2** {embarcación} cabo, cuerda.

remontar *tr.* {obstáculo, dificultad} superar. **2** {pendiente} subir, sobrepasar. **3** {corriente} navegar, surcar. **4** *tr. prnl.* elevar, encumbrar, exaltar, sublimar, enaltecer. ANT. rebajar. **5** {cometa} elevar. **6** *tr. intr.* DEP. {equipo, jugador} superar, ganar posiciones. **7** *prnl.* subir, ascender, volar, elevarse. ANT. bajar. **8** irritarse, enfadarse, enojarse. ANT. calmarse. **9** {en la historia} retroceder; pertenecer. **10** {cantidad, dinero} ascender. **11** {vino} alterarse.

rémora *f.* pez. **2** estorbo, impedimento, dificultad, obstáculo. ANT. ayuda.

remorder *tr.* morder. **2** desasosegar, desazonar, atormentar, inquietar, alterar. **3** *prnl.* concomerse, reconcomerse.

remordimiento *m.* pesar, arrepentimiento, dolor, desasosiego, pena, desazón, pesadumbre, contrición, inquietud. ANT. tranquilidad.

remoto, -ta *adj.* apartado, distante, lejano, alejado, ignoto. ANT. cercano, próximo. **2** antiguo, pasado, arcaico. ANT. presente. **3** irrealizable, improbable, incierto, inverosímil. ANT. probable.

remover *tr.* revolver, alterar, agitar, mover, menear, trastornar, hurgar. ANT. aquietar. **2** *tr. prnl.* mudar, trasladar. **3** alterar, conmover, revolver. **4** *tr.* {inconveniente} apartar, quitar, obviar. ANT. poner. **5** {cargo, empleo} destituir, deponer.

remozar *tr. prnl.* renovar, remodelar, restaurar, reformar, rejuvenecer, robustecer, fortalecer. ANT. envejecer.

remuneración *f.* gratificación, compensación, premio, pago, recompensa, retribución, prima, honorarios, sueldo. ANT. despojo.

remunerar *tr.* pagar, premiar, retribuir, gratificar, recompensar, galardonar. ANT. privar, quitar.

renacimiento *m.* reaparición, reanimación, renovación, reanudación, resurgimiento, regeneración, florecimiento, resurrección, reanudación. ANT. decadencia.

renal *adj.* nefrítico.

rencilla *f.* conflicto, pelea, altercado, querella, disputa, riña, discordia. ANT. paz, amistad.

renco, -ca *adj. s.* rengo, cojo.

rencor *m.* resentimiento, odio, inquina, enemistad, tirria, malevolencia, encono, aversión, saña, aborrecimiento. ANT. amor.

rencoroso, -sa *adj.* resentido, vengativo, rencilloso, sañudo, vindicativo.

rendición *f.* sumisión, subordinación, capitulación, entrega, sometimiento, acatamiento. ANT. resistencia. **2** utilidad, provecho, rendimiento. ANT. pérdida.

rendido, -da *adj.* galante, obsequioso, sumiso. **2** fatigado, cansado.

rendija *f.* hendidura, raja, grieta, boquete, resquicio, intersticio, juntura, brecha, ranura, quebradura, rotura, abertura.

rendimiento *m.* utilidad, producto, ganancia, productividad, rédito, beneficio. **2** cansancio, fatiga, debilidad. **3** humildad, subordinación, sumisión. **4** deferencia, respeto, consideración, miramiento, atención.

rendir *tr. prnl.* vencer, someter, dominar, derrotar. ANT. resistirse. **2** cansar, agotar, fatigar. **3** *tr.* redituar, producir. **4** vomitar, devolver, volver. **5** *prnl.* transigir, ceder. **6** entregarse, someterse, capitular, claudicar. ANT. rebelarse.

renegado, -da *adj. s.* relapso, apóstata. ANT. fiel. **2** maldiciente, renegador.

renegar *tr.* abominar, odiar, detestar. ANT. amar. **2** *intr.* renunciar, abandonar, apostatar, abjurar, traicionar, desertar. ANT. permanecer. **3** protestar, murmurar, refunfuñar, rezongar. **4** jurar, maldecir, blasfemar. ANT. bendecir.

renegrido, -da *adj.* ennegrecido.

renglón *m.* raya, línea.

rengo, -ga *adj. s.* renco, cojo.

reniego *m.* juramento, injuria, maldición. **2** blasfemia.

renombrado, -da *adj.* famoso, célebre, afamado, reputado, acreditado.

renombre *m.* fama, crédito, popularidad, honor, honra, reputación, notoriedad, estima, gloria, prestigio, celebridad. ANT. descrédito.

renovación *f.* puesta al día.

renovar *tr. prnl.* rehacer. **2** reanudar, restablecer. **3** rejuvenecer, mudar, reemplazar, remozar, sustituir, innovar, cambiar, restaurar. ANT. permanecer. **4** repetir, reiterar.

renquear *intr.* cojear.

renta *f.* rendimiento, utilidad, provecho, beneficio, rédito, producto, ganancia, fruto, lucro. ANT. pérdida. **2** caudal, ingreso. **3** arrendamiento, alquiler.

rentable *adj.* ventajoso, beneficioso, productivo, remunerador.

rentar *tr. intr.* redituar, producir.

renuencia *f.* repugnancia, resistencia.

renuente *adj.* reacio, indócil, remiso, desobediente. ANT. dócil.

renuevo *m.* {árbol, planta} retoño, vástago, tallo. **2** renovación.

renuncia *f.* abdicación, dimisión, abandono, desistimiento. **2** documento.

renunciar *tr.* dimitir, abdicar, rehusar, retroceder, denegar, retirarse, desertar, abandonar. ANT. persistir. **2** desistir. **3** prescindir, privarse.

reñido, -da *adj.* encarnizado, duro, sangriento, rabioso, feroz. ANT. apacible, sosegado. **2** enemistado, disgustado, distanciado, enfadado. ANT. aliado, amigo.

reñir *intr.* pelear, luchar, disputar, pugnar, altercar, contender. ANT. estar en paz. **2** enemistarse, desavenirse, indisponerse. ANT. reconciliarse. **3** *tr.* amonestar, reprender, sofrenar, corregir, reconvenir, sermonear, regañar. ANT. alabar.

reo *com.* culpable, convicto, incriminado, inculpado, procesado, condenado, acusado. ANT. inocente.

reorganizar *tr.* modificar, reestructurar, reformar, reconvertir, restablecer, organizar, mejorar, reajustar, reparar, renovar. ANT. desorganizar.

reparación *f.* reparo, arreglo, compostura. **2** satisfacción, desagravio. **3** indemnización, compensación.

reparar *tr.* arreglar, componer, restaurar, rehacer, reconstruir, subsanar. ANT. estropear. **2** remediar, corregir, enmendar. **3** satisfacer, desagraviar. **4** detenerse, suspenderse. **5** vigorizar, alentar. **6** indemnizar, desagraviar, resarcir, compensar. ANT. agraviar. **7** *intr.* mirar, observar, advertir, notar, percatarse. ANT. pasar por alto. **8** reflexionar, considerar, atender. ANT. desatender. **9** reportarse, contenerse.

reparo *m.* objeción, observación, crítica, advertencia, nota, amonestación, censura. ANT. elogio. **2** remedio, restauración, arreglo, compostura. **3** inconveniente, dificultad, duda. **4** resguardo, defensa.

reparón, -ona *adj.* criticón, reparador.

repartición *f.* reparto, partición, repartimiento, entrega, distribución, asignación, adjudicación.

repartimiento *m. ver* **repartición**.

repartir *tr.* distribuir, partir, impartir, dividir, asignar, compartir. **2** acumular. **3** ordenar, acomodar, clasificar. **3** cargar, gravar. **4** diseminar, esparcir, extender. **5** adjudicar.

reparto *m.* distribución, partición, división, adjudicación, repartición, ración, entrega. **2** CINE, TEAT., TV. elenco, personajes, actores.

repasar *tr.* revisar, chequear, registrar, examinar, reconocer. **2** {ropa} remendar, recoser. ANT. descoser. **3** estudiar, repetir, ensayar, recapacitar. **4** *prnl.* {recipiente} rezumarse.

repaso *m.* revisión, releída, relectura, estudio ligero. **2** perfeccionamiento, ajuste. **3** amonestación, reconvención, represión, reprimenda, regañina, corrección.

repatriar *tr., intr. prnl.* volver, retornar, devolver, regresar. ANT. expatriar.

repecho *m.* pendiente, cuesta, subida. ANT. bajada.

repelente *adj.* repugnante, desagradable, molesto, aborrecible, nauseabundo, repulsivo. ANT. atractivo. **2** *col.* sabelotodo, impertinente, antipático. ANT. simpático.

repeler *tr. prnl.* repudiar, despreciar, desdeñar. ANT. atraer. **2** arrojar, lanzar. **3** {idea} contradecir, objetar, refutar. **4** {cosa} inadmitir, rechazar.

repelo *m.* renuencia, aversión, repugnancia. **2** riña.

repelús *m.* temor, repugnancia.

repeluzno *m.* escalofrío. **2** repelús, temor, repugnancia.

repensar *tr.* discurrir, reflexionar, meditar, pensar.

repente *m.* impulso, movimiento súbito. **2** *loc. de ~:* súbitamente, de pronto, sin preparación, de improviso.

repentinamente *adv.* súbitamente, de pronto, de repente, inesperadamente.

repentino, -na *adj.* súbito, impensado, pronto, imprevisto, insospechado, inesperado, momentáneo. ANT. deliberado.

repentista *com.* improvisador.

repentización *f.* {discurso, poesía} improvisación.

repercusión *f.* reflejo, efecto, resultado, secuela, consecuencia, alcance, trascendencia. ANT. intrascendencia. **2** eco, resonancia, difusión.

repercutir *intr.* retroceder, rebotar. **2** reverberar, resonar, producir eco. ANT. absorber. **3** {cosa} causar efecto, trascender.

repertorio *m.* compilación, recopilación, colección. **2** registro, relación, catálogo, índice, enumeración, lista, inventario. **3** temario, programa.

repetición *f.* anáfora, epanáfora.

repetido, -da *adj.* frecuente, reiterado, asiduo, periódico, acostumbrado, insistente, cíclico.

repetir *tr.* reiterar, insistir, iterar, recalcar, duplicar, rehacer, reincidir, reproducir, machacar.

repicar *tr.* {campana, instrumento} sonar, tañer. **2** *prnl.* pavonearse, picarse, presumir.

repisa *f.* estante, anaquel, tabla, alacena, estantería.

repisar *tr.* pisar, apisonar, pisonear.

replantar *tr.* trasplantar.

replantear *tr.* {tema, asunto} modificar, cambiar, alterar. **2** {planos de construcción} trazar, dibujar.

repleción *f.* empacho, hartazgo, atracón.

replegar *tr.* plegar, doblar. **2** *prnl.* retirarse, recogerse, alejarse. **3** *prnl. tr.* MIL. {tropas} retirarse. ANT. avanzar.

repleto, -ta *adj.* atestado, lleno, atiborrado, colmado, abarrotado, relleno, rebosante, pletórico. ANT. vacío. **2** harto, ahíto, saciado. ANT. hambriento.

réplica *f.* {obra artística} copia, reproducción. **2** objeción, contestación, respuesta, contradicción.

replicar *tr.* contestar, discutir, responder, argumentar, contraponer, objetar, contradecir, alegar. ANT. aprobar.

repliegue *m.* plisado, doblez, pliegue. **2** recogimiento, encierro. **3** MIL. {tropas} retroceso, retirada, huida, alejamiento.

reponer *tr. prnl.* reintegrar, reinstaurar, restablecer, reinstalar, sustituir. ANT. quitar. **2** restituir, reemplazar. **3** contestar, responder, replicar. **4** *prnl.* recobrarse, vigorizarse, remanecer, robustecerse, mejorarse. ANT. debilitarse. **5** tranquilizarse, serenarse.

reportaje *m.* crónica, escrito, información, reporte, reseña, relato, noticia, trabajo periodístico.

reportar *tr.* informar, notificar, denunciar. **2** producir, lograr, conseguir, obtener, alcanzar. ANT. perder. **3** refrenar, reprimir, contener, moderar, calmar, apaciguar, detener. ANT. inquietar. **4** acarrear, traer, producir. **5** recompensar, proporcionar, retribuir.

reporte *m.* habladuría, chisme. **2** informe, noticia.

reportero, -ra *adj. s.* periodista, corresponsal, redactor, gacetillero, informador, cronista.

reposado, -da *adj.* tranquilo, inmutable, moderado, imperturbable, sosegado, quieto, pacífico, apacible, sereno. ANT. intranquilo.

reposar *intr.* descansar, yacer, recostarse, echarse, acostarse, tumbarse, dormir. ANT. agitarse.

reposición *f.* restitución, devolución, reembolso, retorno. **2** rehabilitación, regeneración.

reposo *m.* descanso, ocio, sosiego, calma, placidez. **2** inmovilidad, quietud, letargo, inactividad, tranquilidad.

repostería *f.* confitería, pastelería, dulcería.

reprender *tr.* regañar, reñir, amonestar, recriminar, reprochar, reconvenir, vituperar, increpar, censurar, sermonear, criticar, desaprobar. ANT. elogiar.

reprensible *adj.* reprochable, repudiable, reprobable, vituperable, criticable, censurable. ANT. loable.

reprensión *f.* invectiva, reconvención, desaprobación, amonestación, censura, corrección.

represa *f.* estanque, embalse. **2** estancamiento, presa, estancación.

represalia *f.* venganza, desquite, castigo, revancha, desagravio. ANT. perdón.

representación *f.* imagen, idea, figura, símbolo, atributo. **2** función, drama, sesión, comedia, espectáculo. **3** embajada, comisión, delegación. **4** *p. us.* {de una persona} categoría, dignidad, autoridad.

representante *com.* delegado, agente, sustituto. **2** contratista. **3** actor, actriz.

representar *tr. prnl.* encarnar, simbolizar, personificar. **2** reemplazar, sustituir, suplantar, relevar, suceder. **3** interpretar, ejecutar, actuar, declamar, recitar. **4** imaginar, figurar. **5** referir, declarar, informar. **6** significar, importar. **7** aparentar, mostrar, manifestar.

representativo, -va *adj.* típico, característico, peculiar.

represión *f.* coerción, restricción, freno, prohibición, limitación, contención. ANT. libertad.

represivo, -va *adj.* restrictivo, coactivo, coercitivo.

reprimenda *f.* represión, censura, regaño, reconvención, invectiva, admonición, amonestación, recriminación, sermón. ANT. elogio, alabanza.

reprimir *tr. prnl.* contener, dominar, sujetar, oprimir, detener, coartar, reprobar, refrenar, moderar, templar, frenar, coercer, cohibir, apaciguar, aplacar. ANT. soltar.

reprobable *adj.* reprochable, censurable, recusable, criticable, vituperable.

reprobación *f.* vituperio, desaprobación, condenación.

reprobar *tr.* censurar, criticar, vituperar, reprochar, condenar, recriminar, desaprobar ANT. aprobar, admitir.

réprobo, -ba *adj.* maldito, malvado. **2** condenado.

reprochable *adj.* vituperable, censurable, reprobable, condenable.

reprochar *tr.* reconvenir, reprender, echar en cara, recriminar.

reproche *m.* regaño, admonición, recriminación, desaprobación, reconvención, censura, vituperio. ANT. aprobación, elogio.

reproducción *f.* germinación, procreación, generación, multiplicación. **2** duplicado, imitación, facsímil.

reproducir *tr. prnl.* imitar, transcribir, copiar, duplicar, calcar. ANT. crear. **2** propagar, multiplicar, proliferar, engendrar. **3** reiterar, insistir, porfiar, repetir. **4** *prnl.* {seres vivos} procrear.

reptar *intr.* arrastrarse.

repudiar *tr.* rechazar, repeler, abominar, negar, despreciar, aborrecer, excluir. ANT. acoger, admitir. **2** denegar, rehusar, renunciar.

repuesto *m.* recambio, accesorio, provisión. **2** *adj.* apartado, retirado. **3** *Amér. Sur* {persona} recuperado, restablecido, restituido, aliviado.

repugnancia *f.* oposición, contradicción. **2** tedio, aversión, antipatía, repulsión, fobia, disgusto. **3** asco. **4** resistencia, renuencia.

repugnante *adj.* repelente, pestilente, repulsivo, horripilante, inmundo, hediondo, apestoso, asqueroso, horroroso, nauseabundo, monstruoso, horrendo, desagradable. ANT. agradable.

repugnar *tr.* rehusar, repeler, rechazar. ANT. atraer. **2** *intr.* incomodar, disgustar, asquear, desagradar, desazonar, contrariar, enfadar.

repulir *tr.* pulir, bruñir.

repulsa *f.* repulsión, propulsa. **2** amonestación, reprimenda, reconvención.

repulsión *f.* repulsa, propulsa. **2** asco, odio, aversión, repugnancia.

repulsivo, -va *adj.* repugnante, nauseabundo, deforme, desagradable, repelente, asqueroso.

reputación *f.* fama, prestigio, renombre, notoriedad, honra, celebridad, crédito, nombradía. ANT. descrédito.

reputado, -da *adj.* estimado, notable, notorio, importante, afamado, acreditado, apreciado, famoso, renombrado, célebre, considerado,

reputar *tr.* apreciar. **2** juzgar, estimar, conceptuar, considerar.

requebrar *tr.* lisonjear, adular, piropear, echar flores, galantear, enamorar.

requerimiento *m.* DER. intimación, notificación.

requerir *tr.* necesitar, precisar, faltar, carecer. **2** solicitar, exigir, interpelar, pedir. **3** DER. notificar, advertir, avisar, intimar.

requesón *m.* cuajada.

requiebro *m.* piropo, galantería, lisonja, flor.

requintar *tr.* exceder, aventajar, sobrepujar, sobresalir, descollar, destacar.

requisar *tr.* decomisar, embargar, expropiar, incautar, confiscar, apropiarse. ANT. devolver.

requisición *f.* decomiso, embargo, requisa, confiscación.

requisito *m.* condición, trámite, formalidad, cláusula, disposición, exigencia, circunstancia, formulismo, obligación. ANT. facilidad.

res *f.* bestia, rumiante, vacuno, bovino.

resabiado, -da *adj.* desconfiado, agresivo.

resabio *m.* vicio, maña, defecto, mala costumbre. ANT. cualidad. **2** gustillo, deje, sabor.

resaltar *intr.* {cuerpo} destacar, distinguirse, sobresalir. ANT. pasar desapercibido. **2** {cuerpo elástico} rebotar, botar. **3** {cosa} desprenderse. **4** *intr. tr.* hacer hincapié, recalcar, destacar, insistir, poner de relieve.

resalte *m.* salida, saliente, resalto.

resarcimiento *m.* revancha, desquite, compensación, indemnización.

resarcir *tr. prnl.* reparar, desagraviar, restituir, compensar, enmendar, subsanar, indemnizar. ANT. perjudicar. **2** *prnl.* desquitar, vengarse.

resbaladizo, -za *adj.* resbaloso, escurridizo. **2** lábil, deslizable, poco estable.

resbalar *intr.* deslizarse, desplazarse, escurrirse, patinar, arrastrarse. ANT. sujetarse. **2** {cosa} escaparse, desprenderse, caer. **3** no afectar, dejar indiferente. **4** *intr. prnl.* faltar, caer (en un desliz).

resbalón *m.* traspié, desliz, resbalada, costalada, caída. **2** {de cerradura} pestillo. **3** error, falta, desacierto, indiscreción, equivocación. ANT. acierto.

resbaloso, -sa *adj.* escurridizo, deslizante, resbaladizo.

rescatar *tr. prnl.* libertar, librar, liberar, redimir, salvar. ANT. perder. **2** *tr.* recuperar, recobrar.

rescate *m.* liberación, redención, reconquista. **2** salvación, salvamento. **3** pago, compensación, reembolso, dinero.

rescindir *tr.* abolir, invalidar, cancelar, revocar, desvirtuar, anular. ANT. convalidar.

rescisión f. anulación, supresión, cancelación, revocación, abolición, derogación.

rescoldo m. brasa, tizón, ceniza, borrajo. **2** escrúpulo, recelo, escozor. **3** {sentimiento} residuo, recuerdo.

resecar tr. prnl. desecar, secar, marchitar, enjugar. ANT. florecer.

resentido, -da adj. s. vindicativo, dolido, quejoso, vengativo, descontento, rencoroso, malhumorado, amargado, disgustado.

resentimiento m. rencor, resquemor, hostilidad, ojeriza, animosidad, tirria, odio, animadversión, disgusto, enojo. ANT. perdón.

resentirse prnl. debilitarse, flaquear. **2** ofenderse, agraviarse, sentirse, escocerse. ANT. fortalecerse.

reseña f. resumen, narración, descripción.

reseñar tr. describir, detallar, explicar, especificar, contar, referir, resumir, narrar, anotar, observar.

reserva f. depósito, acopio, abastecimiento, ahorro, repuesto. ANT. escasez. **2** discreción, cuidado, precaución, prevención, recato, cautela, prudencia, circunspección. ANT. imprudencia. **3** secreto, sigilo. **4** condición, salvedad, restricción.

reservadamente adv. discretamente, confidencialmente.

reservado, -da adj. discreto, reacio, callado, circunspecto, silencioso, cauteloso, comedido, prudente, taciturno, moderado. ANT. indiscreto. **2** clasificado, secreto.

reservar tr. ahorrar, economizar, conservar, retener, recoger, guardar, almacenar. ANT. derrochar. **2** dilatar. **3** destinar. **4** dispensar, exceptuar. **5** separar, apartar. **6** callar, ocultar, encubrir. **7** prnl. conservarse. **8** desconfiar, guardarse, precaverse, cautelarse.

resfriado, -da adj. acatarrado, constipado. **2** m. resfrío, constipación, catarro.

resfriamiento m. resfrío, resfriado, constipado.

resfriarse prnl. acatarrarse, constiparse.

resguardar tr. prnl. amparar, proteger, abrigar, custodiar, auxiliar, guarnecer, defender. ANT. exponer.

resguardo m. seguridad, guardia, custodia. **2** garantía. **3** abrigo, protección, amparo, defensa.

residencia f. casa, morada, habitación, hogar, domicilio, vivienda, estancia.

residencial adj. urbano, habitacional.

residente com. morador, habitante, ocupante, domiciliado, inquilino.

residir intr. habitar, asentarse, ocupar, vivir, radicarse, domiciliarse. ANT. ausentarse. **2** estribar, consistir.

residual adj. excedente, sobrante.

residuo m. remanente, fragmento, despojo, desecho, bazofia, desperdicio, vestigio, escoria, sobrante. **2** MAT. resta, resto, diferencia. **3** MED. sedimento.

resignación f. conformismo, tolerancia, conformidad, mansedumbre, paciencia, sumisión, docilidad, aguante. ANT. inconformismo.

resignado, -da adj. paciente, tolerante. ANT. inconforme.

resignar tr. {mando, poder} abdicar, entregar, renunciar. **2** prnl. conformarse, doblegarse, allanarse, tolerar, someterse, prestarse, condescender, avenirse, entregarse. ANT. rebelarse.

resistencia f. defensa. **2** dureza, fortaleza, fuerza, firmeza, solidez. ANT. debilidad. **3** renuencia, oposición. ANT. pasividad.

resistente adj. fuerte, férreo, inflexible, compacto, persistente, vigoroso, tenaz, duro, robusto, firme. ANT. frágil. **2** incansable, animoso, vigoroso. ANT. débil.

resistir tr. aguantar, soportar, tolerar, sufrir. ANT. ceder. **2** tr. prnl. {pasiones, deseos} combatir. **3** tr. intr. prnl. {cuerpo, fuerza} oponerse, rechazar, enfrentarse, repeler, encararse, desafiar, luchar. ANT. desistir. **4** intr. {persona, animal} pervivir, conservarse, seguir viviendo. **5** {cosa} durar, servir. **6** repugnar, contradecir, contrariar, rechazar. **7** prnl. {persona, cosa} oponerse, oponer dificultades.

resollar intr. respirar, resoplar, jadear, bufar.

resoluble adj. soluble.

resolución f. decisión, determinación, fallo, dictamen, auto, providencia, decreto, sentencia. **2** osadía, arresto, valor, arrojo, denuedo, temple, atrevimiento, audacia, ánimo, valor, brío, intrepidez. ANT. cobardía. **3** viveza, diligencia, prontitud. ANT. pasividad.

resolver tr. decidir, zanjar, solucionar, acertar, dirimir, solventar, remediar, arreglar, determinar. ANT. postergar. **2** recapitular, epilogar, resumir. **3** destruir, deshacer. **4** descubrir, descifrar, averiguar, aclarar. **5** prnl. decidirse. **6** {cosa} reducirse. **7** MED. {enfermedad} terminar, concluir, cesar. ANT. agravarse.

resonancia f. {sonido} eco, repercusión, prolongación. **2** propagación, divulgación, expansión, difusión, notoriedad. ANT. olvido.

resonante adj. fragoroso, estrepitoso, ensordecedor, estruendoso, retumbante, ruidoso.

resonar intr. retumbar, repercutir, atronar, ensordecer.

resoplar intr. respirar, resollar, jadear, bufar.

resoplido m. ronquido, resoplo, jadeo.

resorte m. muelle, espiral, ballesta.

respaldar tr. proteger, apoyar, soportar, ayudar, solidarizarse, sostener. ANT. abandonar. **2** asegurar, garantizar, avalar. **3** prnl. inclinarse. **4** m. espaldar, respaldo.

respaldo m. dorso, envés, vuelta, reverso, revés. ANT. anverso. **2** respaldar, espaldar. **3** espaldera, pared. **4** garantía, protección, fianza, apoyo.

respectivo, -va adj. análogo, mutuo, correspondiente, recíproco.

respecto m. proporción, razón, relación.

respetabilidad f. decencia, respeto, decoro, dignidad, honor, estimación.

respetable adj. venerable, honorable, decente, serio, honrado, digno, íntegro. ANT. indecente. **2** importante, considerable, bastante, abundante, apreciable. ANT. despreciable.

respetado, -da adj. enaltecido, honrado, apreciado, estimado. ANT. despreciado.

respetar tr. admirar, venerar, honrar, apreciar, adorar, reverenciar, considerar, enaltecer. ANT. deshonrar, desconsiderar. **2** obedecer, acatar, observar. ANT. desobedecer.

respeto m. veneración, admiración, reverencia, lealtad, honra. ANT. insolencia. **2** deferencia, atención, tolerancia, cortesía, buen trato, consideración, miramiento. ANT. desconsideración. **3** miedo, temor, recelo. **4** acatamiento, obediencia, sumisión. ANT. desacato.

respetuoso, -sa adj. cortés, deferente, considerado, correcto, educado, leal, delicado, reverente, atento, cumplido, complaciente. ANT. descortés.

respingo m. sacudida, estremecimiento, contracción, conmoción, nerviosismo, brinco, sobresalto, salto.

respirable adj. {aire} limpio, oxigenado, sano, ventilado, puro.

respiración f. inhalación, respiro, inspiración, aspiración. **2** resuello, resoplido, jadeo, aliento, soplo.

respiradero m. abertura, tronera, boquete, agujero. **2** lumbrera, extractor, conducto. **3** {en el trabajo} descanso, reposo.

respirar intr. inspirar, aspirar, espirar, exhalar, resollar, resoplar. ANT. asfixiarse. **2** animarse, cobrar ánimo.

respiro *m.* reposo, descanso, aliento, sosiego, alivio. ANT. ajetreo. **2** prórroga.

resplandecer *intr.* relucir, refulgir, brillar, lucir, esplender, reverberar, fulgurar, centellear, relumbrar, relampaguear. ANT. oscurecerse. **2** descollar, destacar, notarse, sobresalir. ANT. pasar desapercibido.

resplandeciente *adj.* reluciente, brillante, fúlgido, fulgurante, refulgente. **2** eufórico, exultante, radiante, jubiloso. ANT. melancólico.

resplandor *m.* fulgor, brillo, centelleo, refulgencia, esplendor, luminosidad, claridad. ANT. oscuridad. **2** gloria, lustre, majestuosidad, lucimiento. ANT. insignificancia.

responder *tr.* replicar, contestar, contraponer, objetar, alegar. **2** garantir, responsabilizarse, fiar, avalar, garantizar. **3** *intr.* {eco} repetir, corresponder. **4** {afectos} corresponder. **5** fructificar, rendir. **6** reaccionar, acusar el efecto.

respondón, -ona *adj. s.* replicón, rezongón, replicador, contestón, insolente, descortés, descarado. ANT. cortés.

responsabilidad *f.* obligación, deber, compromiso. ANT. irresponsabilidad. **2** juicio, madurez, sensatez.

responsabilizar *tr. prnl.* imputar, culpar, acusar. **2** *prnl.* responder, asumir, hacerse cargo.

responsable *adj.* comprometido, cumplidor, consciente, sensato, maduro, juicioso. ANT. irresponsable. **2** culpable, autor, causante. ANT. inocente. **3** encargado, comisionado.

responsorio *m.* rezo, oración.

respuesta *f.* réplica, refutación, objeción, reparo, observación, contradicción, contestación. ANT. pregunta. **2** reacción, consecuencia, efecto.

resquebrajadura *f.* grieta, hendidura.

resquebrajar *tr. prnl.* hender, agrietarse, cuartearse, rajarse, fragmentarse.

resquemor *m.* picazón, escozor, escocimiento, quemazón. **2** disgusto, resentimiento, rencor, enojo.

resquicio *m.* grieta, ranura, abertura, hendedura, intersticio. ANT. soldadura. **2** oportunidad, coyuntura.

resta *f.* descuento, substracción. ANT. suma. **2** diferencia, residuo.

restablecer *tr.* reparar, reponer, restaurar, restituir, reintegrar, regenerar. ANT. destruir. **2** *prnl.* curarse, sanar, recuperarse, fortalecerse, aliviarse. ANT. empeorar.

restablecimiento *m.* mejoría, recuperación, alivio. ANT. agravamiento. **2** restitución, reposición. ANT. anulación.

restallar *intr.* chasquear, estallar, crepitar, crujir, restañar.

restallido *m.* chasquido, crujido, estallido.

restante *m.* residuo, remanente, sobrante.

restañar *intr.* restallar, chasquear.

restar *tr.* sustraer, deducir, disminuir, cercenar, mermar, descontar, quitar, rebajar. ANT. sumar, añadir. **2** *intr.* quedar, faltar.

restauración *f.* renovación, reparación. ANT. destrucción. **2** restablecimiento, reinstauración.

restaurador, -ra *adj. s.* tonificante, reconfortante, vigorizante. **2** {de objetos artísticos} reconstructor, renovador, rehabilitador.

restaurar *tr.* renovar, recuperar, recobrar, reponer, reconstruir. ANT. destruir. **2** reparar, renovar, componer. **3** restablecer, reinstaurar.

restitución *f.* devolución, reposición.

restituir *tr. prnl.* reintegrar, reponer, devolver, responder, retornar, reembolsar. ANT. apropiarse. **2** restablecer. ANT. abolir.

resto *m.* residuo, sobrante, resta, remanente. **2** vestigio, rastro. **3** *pl.* despojos, sobras, desechos, basuras, desperdicios. **4** escombros, ruinas.

restregadura *f.* frotamiento, refregadura, restregón, fricción.

restregar *tr.* frotar, estregar, refregar, rozar, friccionar, raer, limar, lijar, raspar.

restricción *f.* barrera, reducción, condicionamiento, delimitación, obstáculo, impedimento, limitación. ANT. libertad.

restrictivo, -va *adj.* coercitivo, represivo.

restringido, -da *adj.* reducido, limitado. ANT. amplio.

restringir *tr. prnl.* circunscribir, reducir, ceñir, coartar, coercer, cercar, limitar, delimitar, prohibir. ANT. permitir. **2** constreñir, apretar.

restriñir *tr.* constreñir, apretar, oprimir.

resucitar *intr.* revivir, resurgir, vivificar, reanimarse, regenerar. ANT. morir. **2** *tr.* restaurar, restablecer.

resuello *m.* respiración, aliento, jadeo, resoplido, hálito.

resuelto, -ta *adj.* decidido, osado, arrojado, audaz, determinado, denodado, atrevido, valiente, intrépido. ANT. irresoluto. **2** expedito, diligente, pronto. ANT. perezoso.

resulta *f.* efecto, consecuencia, resultado. **2** *loc. de ~s:* por consecuencia, por efecto.

resultado *m.* consecuencia, efecto, derivación, desenlace. ANT. causa. **2** provecho, producto, fruto, utilidad.

resultar *intr.* producir, repercutir, redundar, trascender, derivar, deducirse. ANT. causar. **2** nacer, originarse. **3** {cosa} aparecer, manifestarse.

resumen *m.* compendio, recapitulación, sumario, recopilación, extracto, breviario, síntesis, abreviación, condensación. **2** sinopsis, guión, esquema.

resumido, -da *adj.* abreviado, corto, breve, sucinto, reducido.

resumir *tr.* sintetizar, extractar, abreviar, recapitular, concentrar, reducir, compendiar. ANT. ampliar.

resurgimiento *m.* renacimiento, restablecimiento, resurrección, regeneración, reaparición.

resurgir *intr.* renacer, reaparecer, recobrarse, resucitar, rebrotar, revivir, restablecer. ANT. morir.

retablo *m.* {de un altar} talla, representación, escultura.

retador, -ra *adj. m.* desafiante, desafiador, provocador.

retaguardia *f.* posterior, trasera, extremidad. ANT. delantera, vanguardia.

retahíla *f.* repertorio, sarta, lista, enumeración, relación.

retal *m.* recorte, pedazo, trozo, fragmento, retazo. **2** sobrantes, desperdicio, sobras.

retar *tr.* provocar, desafiar, pelear, disputar, encarar, luchar. ANT. apaciguar. **2** reconvenir, regañar, reprochar, tachar, reprender. ANT. elogiar.

retardar *tr. prnl.* retrasar, postergar, demorar, posponer, diferir, dilatar, aplazar. ANT. apresurar.

retardo *m.* dilación, retraso, aplazamiento, tardanza, lentitud, demora. ANT. adelanto.

retazo *m.* pedazo, retal, recorte, trozo.

retención *f.* detención, detenimiento, inmovilización, atascamiento, suspensión. **2** {vehículos} obstrucción, atascamiento, atasco.

retener *tr.* reservar, suspender, estancar, guardar. *ANT.* soltar. **2** detener, arrestar. **3** interrumpir, dificultar. **4** descontar. **5** {sentimiento} contener, reprimir. **6** memorizar, recordar.

retentiva *f.* memoria.

reticencia *f.* suspicacia. **2** desconfianza, recelo, reserva. *ANT.* confianza.

reticente *adj.* suspicaz, escamoteador, ocultador, insincero.

retirada *f.* huida, desbandada, retroceso. *ANT.* avance.

retirado, -da *adj.* lejano, distante, apartado, alejado. *ANT.* cercano. **2** jubilado, pensionado.

retirar *tr.* alejar, apartar, separar, desviar, aislar. *ANT.* acercar, aproximar. **2** *prnl.* jubilarse, licenciarse. *ANT.* ejercer. **3** retraerse, aislarse, encerrarse, desaparecer. **4** retroceder. *ANT.* avanzar.

retiro *m.* aislamiento, apartamento, encierro, retraimiento, recogimiento. **2** jubilación, pensión, licencia. *ANT.* actividad. **3** refugio, albergue.

reto *m.* desafío, amenaza, provocación, lance. **2** regañina, reprimenda, sermón. *ANT.* elogio.

retocar *tr.* perfeccionar, mejorar, arreglar, componer, pulir, acabar. **2** corregir, modificar, enmendar.

retoñar *intr.* reproducirse, revivir. *ANT.* secarse. **2** rebrotar.

retoño *m.* vástago, tallo, rebrote, botón. **2** hijo, descendiente.

retoque *m.* modificación, arreglo, enmienda, rectificación, corrección.

retorcer *tr.* entorchar, torcer, enroscar, rizar, encorvar, arquear. *ANT.* alisar. **2** malinterpretar, malpensar, tergiversar, desvirtuar. **3** *prnl.* doblarse, torcerse, convulsionarse.

retorcido, -da *adj.* doblado, torcido, arqueado, curvo. **2** artificioso, maligno, maquiavélico. **3** {lenguaje} confuso. **4** {pelo} crespo, rizado, ensortijado.

retorcimiento *m.* contorsión, retorcedura, ondulación, curvatura, arqueamiento, retorsión. **2** artificio.

retórica *f.* oratoria, elocuencia. **2** artificio, rebuscamiento.

retornar *intr.* volver, regresar. **2** *tr.* restituir, reponer.

retorno *m.* vuelta, regreso, retroceso. **2** retroacción, restitución, reversión, devolución. **3** trueque, cambio.

retozar *intr.* juguetear, jugar, corretear, brincar, saltar.

retractarse *prnl.* arrepentirse, desdecirse, rectificar, denegar, volver atrás. *ANT.* ratificar, confirmar.

retraerse *prnl.* acogerse, refugiarse, guarecerse. **2** retroceder, retirarse. **3** recogerse, apartarse, alejarse.

retraído, -da *adj.* tímido, reservado, corto, huidizo, introvertido, esquivo, huraño, hosco. *ANT.* sociable. **2** solitario, aislado.

retraimiento *m.* alejamiento, retiro. **2** refugio. **3** timidez, cortedad.

retrasar *tr. prnl.* retardar, diferir, dilatar, atrasar, postergar, demorar, aplazar, prorrogar, posponer, rezagarse. *ANT.* adelantar.

retraso *m.* demora, retardo, atraso, dilación, aplazamiento, postergación. *ANT.* adelanto. **2** atraso, ignorancia. *ANT.* progreso.

retratar *tr.* copiar, dibujar, fotografiar. **2** detallar, describir. **3** imitar, asemejarse.

retrato *m.* imagen, pintura, efigie, fotografía, reproducción, representación. **2** semejanza. **3** reseña, relato, descripción.

retrechar *intr.* recular, retroceder.

retrechería *f.* pretexto, efugio, excusa.

retrete *m.* excusado, servicio, baño, lavabo.

retribución *f.* paga, sueldo, estipendio, remuneración, recompensa.

retribuir *tr.* recompensar, abonar, gratificar, pagar, remunerar, premiar, corresponder, compensar.

retroceder *intr.* retirarse, volverse, dar marcha atrás, recular, desandar. *ANT.* avanzar.

retroceso *m.* regresión, reculada, marcha atrás, regreso, retorno, contramarcha. **2** {arma de fuego} culatazo.

retrógrado, -da *adj.* atrasado, reaccionario, retardatario. *ANT.* progresista.

retronar *intr.* retumbar.

retruécano *m.* RET. {en una proposición} conmutación, inversión de términos.

retumbante *adj.* resonante. **2** pomposo, ostentoso, rimbombante.

retumbar *intr.* resonar, tronar, estallar, sonar, ensordecer. *ANT.* acallar.

retumbo *m.* estruendo, ruido, resonancia.

reunión *f.* agrupación, unión, aglomeración, acumulación. **2** asamblea, junta, sociedad, compañía. **3** fiesta, festejo, celebración, velada.

reunir *tr. prnl.* congregar, juntar, agremiar, asociar, agrupar, convocar, recoger, amontonar, aglomerar, compilar, unir. *ANT.* desunir, separar.

revalidar *tr.* confirmar, ratificar, convalidar.

revancha *f.* venganza, desquite, represalia, desagravio.

revelación *f.* difusión, descubrimiento, manifestación. *ANT.* ocultación.

revelador, -ra *adj. s.* expresivo, sintomático, significativo, demostrativo, informativo, característico, manifiesto. *ANT.* inexpresivo.

revelar *tr.* manifestar, devfelar, declarar, descubrir, publicar, difundir. *ANT.* ocultar.

revendedor, -ra *adj. s.* mediador, intermediario, comisionista, tercero.

reventar *intr.* estallar, explotar, volar, deshacerse, desintegrarse. **2** *tr.* molestar, fastidiar, irritar, cansar. **3** fatigar, extenuar, agobiar. *ANT.* descansar.

reventón *m.* explosión, estallido. **2** fatiga, cansancio. **3** aprieto, apuro.

rever *tr.* volver a ver, revisar, examinar con cuidado, repasar, registrar.

reverberar *intr.* reflejar, resplandecer.

reverdecer *intr. tr.* verdear, verdecer. **2** vigorizarse, renovarse.

reverencia *f.* inclinación, venia, saludo. **2** veneración, respeto, acatamiento, sumisión. *ANT.* irreverencia.

reverenciar *tr.* inclinarse, saludar. **2** admirar, respetar, honrar, adorar. *ANT.* despreciar.

reverso *m.* revés, dorso, envés. *ANT.* anverso.

reverter *intr.* rebosar, desbordar.

revés *m.* espalda, reverso, dorso, cruz. *ANT.* cara, anverso. **2** percance, infortunio, contratiempo, desastre, desgracia. *ANT.* éxito. **3** golpe, bofetada, guantazo.

revesar *tr.* vomitar, devolver.

revestimiento *m.* cobertura, cubierta, cubrimiento, envoltura.

revestir *tr.* recubrir, tapizar, tapar, forrar, vestir, cubrir. *ANT.* descubrir.

revirar *tr.* torcer, desviar. **2** *tr. prnl.* replicar, sublevarse. **3** *Amer.* {juegos} doblar la apuesta. **4** *prnl. Amér. Sur* molestarse, disgustarse, enojarse.

revisar *tr.* inspeccionar, verificar, reconocer, comprobar. *ANT.* pasar por alto. **2** releer, repasar, reexaminar.

revisión *f.* inspección, escrutamiento, exploración, examen, control.

revisor, -ra s. inspector.

revista f. inspección, revisión, verificación, examen. **2** semanario, gaceta, boletín, periódico, publicación. **3** parada, desfile. **4** espectáculo.

revivificar tr. reavivar, revivir, vivificar.

revivir intr. resucitar, reanimar, renacer, resurgir. ANT. morir. **2** {cosa} reproducirse, renovarse. **3** tr. evocar, recordar, rememorar. ANT. olvidar.

revocable adj. cancelable, abolible, anulable. ANT. irrevocable.

revocación f. derogación, anulación.

revocar tr. anular, cancelar, derogar, abolir, desautorizar, invalidar. ANT. aprobar. **2** disuadir, retraer, apartar. ANT. persuadir. **3** enlucir, guarnecer, pintar.

revolcar tr. derribar, pisotear, maltratar. **2** prnl. restregarse, refregarse, retorcerse.

revolotear intr. revolar.

revoltijo m. mezcolanza, maraña, embrollo, amasijo, argamasa. ANT. orden. **2** confusión, relajo, barullo, enredo. ANT. calma.

revoltillo m. revoltijo.

revoltoso, -sa adj. inquieto, travieso, enredador, perturbador, vivaracho. ANT. sosegado. **2** sedicioso, insurrecto, rebelde, revolucionario, turbulento.

revolución f. sublevación, insurrección, rebelión, agitación, revuelta, levantamiento. ANT. paz, tranquilidad. **2** rotación, giro, vuelta, ANT. estatismo. **3** transformación, cambio. ANT. permanencia.

revolucionario, -ria adj. activista, agitador, rebelde, sedicioso, perturbador.

revolver tr. agitar, remover, mezclar, menear, mover. **2** alterar, desorganizar, desordenar. **3** reflexionar, discurrir, imaginar, cavilar. **4** inquietar, enemistar, encizañar. **5** girar, dar vuelta. **6** prnl. moverse.

revoque m. revoco, revocadura, guarnecido.

revuelo m. agitación, turbación, conmoción, perturbación, convulsión. ANT. calma.

revuelta f. rebeldía, alboroto, sedición, insurrección, motín, asonada, rebelión, insurrección. **2** pendencia, riña.

revuelto, -ta adj. {líquido} turbio, opaco. **2** {estómago} alterado, indispuesto. **3** {caballo} inquieto, agitado. **4** {persona} alborotado, revoltoso, travieso. ANT. tranquilo, sosegado. **5** difícil, intrincado, enredado. **6** {tiempo} borrascoso. **7** f. alteración, rebelión, sedición, desorden. **8** pelea, pendencia, riña. **9** vuelta, cambio, mudanza.

revulsivo, -va adj. s. MED. {medicamento} revulsorio.

rey m. monarca, soberano, majestad, príncipe.

reyerta f. pelea, riña, contienda, altercado, pendencia, trifulca, gresca, lucha, disputa. ANT. paz.

rezaga f. MIL. retaguardia.

rezagar tr. prnl. atrasar, retardar, detener, retrasar, demorar. ANT. adelantarse.

rezar tr. orar, implorar, invocar, pedir.

rezo m. oración, rogativa, plegaria.

rezongar intr. murmurar, refunfuñar, mascullar, gruñir, protestar, regañar.

rezumar intr. prnl. filtrarse, exudar, escurrirse, sudar, gotear, recalar. ANT. absorberse.

riachuelo m. arroyo, río, riacho.

riada f. crecida, inundación, desbordamiento, aluvión.

ribera f. costa, margen, borde, orilla, playa.

ribete m. cinta, borde, orla, filete, fleco, cenefa, franja. **2** acrecentamiento, aumento, añadidura. **3** {conversación} adorno, gracia. **4** pl. asomos, indicios.

rico, -ca adj. s. acaudalado, adinerado, potentado, millonario, opulento. ANT. pobre. **2** abundante, exuberante, próspero. **3** agradable, exquisito. ANT. soso, desabrido. **4** exuberante, fértil. ANT. desértico.

rictus m. mueca, gesto, contracción.

ricura f. {alimento} delicia, manjar, exquisitez. **2** col. {persona} encanto, preciosidad, belleza.

ridiculez f. singularidad, rareza, extravagancia.

ridículo, -la adj. risible, divertido, burlesco, grotesco, extravagante, caricaturesco. ANT. serio. **2** escaso, irrisorio, insignificante, corto. ANT. abundante. **3** remilgado, melindroso, quisquilloso. ANT. sencillo.

riego m. irrigación, regadío, mojadura, rociamiento. ANT. secado.

riel m. corredera, carril, raíl.

rielar intr. vibrar, temblar. **2** esplender, resplandecer, brillar.

rienda f. freno, sujeción. **2** gobierno, dirección, mando. **3** gen. pl. brida, correas, cabestro.

riesgo m. peligro, exposición, azar, trance, apuro, aventura. ANT. seguridad.

rifa f. sorteo, lotería, juego.

rifle m. fusil, carabina, escopeta.

rigidez f. inflexibilidad, tiesura, endurecimiento, erección. ANT. elasticidad. **2** severidad, rigor.

rígido, -da adj. tieso, duro, tenso, endurecido, erecto, tirante. ANT. dúctil. **2** severo, riguroso.

rigor m. disciplina, rigidez, inflexibilidad, severidad. ANT. condescendencia. **2** dureza, rudeza, aspereza. ANT. afabilidad. **3** vehemencia, intensidad. **4** exactitud, rigurosidad, precisión. ANT. imprecisión.

rigurosidad f. severidad, rigidez, inflexibilidad, dureza, austeridad. ANT. benevolencia.

riguroso, -sa adj. áspero, acre. **2** cruel, inflexible, radical, drástico, enérgico, severo. **3** rígido, austero, estrecho. **4** {tiempo} crudo, inclemente, extremado. ANT. templado. **5** minucioso, preciso, exacto. ANT. impreciso.

rijoso, -sa adj. lascivo, libidinoso, lujurioso.

rilar intr. temblar, tiritar. **2** prnl. vibrar, trepidar.

rima f. consonancia, asonancia, versificación, poesía, estrofa, canto. **2** montón, pila, acopio, rimero.

rimbombante adj. retumbante, resonante, altisonante, estrepitoso, estruendoso. ANT. silencioso. **2** ostentoso, pomposo, llamativo. ANT. discreto.

rimero m. cúmulo, montón, pila.

rincón m. esquina, ángulo. **2** recodo, recoveco, escondrijo, guarida.

ring s. [ING.] DEP. cuadrilátero, ruedo.

riña f. pelea, contienda, disputa, pugna, batalla, altercado, gresca, encuentro. ANT. concordia, paz.

río m. torrente, arroyo, afluente, corriente.

ripio m. escombros, fragmento, cascajo, residuo. **2** guijarro, piedra, canto rodado. **3** {en discursos o escritos} palabras inútiles, cosas vanas.

riqueza f. opulencia, bienestar, hacienda, fortuna, capital, caudal, patrimonio. ANT. pobreza. **2** abundancia, prosperidad, exuberancia, fertilidad, profusión. ANT. escasez.

risa f. carcajada, risotada, sonrisa, hilaridad.

risco m. roca, peñasco, acantilado, peña, talud, despeñadero.

riscoso, -sa adj. peñascoso, abrupto, escarpado. ANT. llano.

risible adj. divertido, jocoso, festivo. **2** ridículo, irrisorio.

risotada f. carcajada, risa.

ristra f. fila, hilera, sarta, línea, cadena, serie.

risueño, -ña adj. hilarante, alegre, deleitable, divertido, contento, placentero. ANT. triste. **2** carialegre, festivo, jovial. ANT. serio. **3** favorable, próspero.

rítmico, -ca adj. cadencioso, acompasado, armonioso. **2** constante, métrico. ANT. disonante.

ritmo m. cadencia, compás, acompasamiento, regularidad, movimiento.

rito m. ceremonia, culto, ritual, celebración.

ritual m. liturgia, ceremonial.

ritualista com. ceremonioso, formalista.

rival adj. com. adversario, competidor, contrincante, antagonista, contendiente, enemigo, oponente. ANT. aliado.

rivalidad f. enemistad. **2** antagonismo, pugna, emulación, competencia, oposición, lucha.

rivalizar intr. competir, contender.

rivera f. arroyo, riachuelo, caudal. **2** cauce.

rizado, -da adj. {pelo} ensortijado, crespo, ondulado, rizoso, ondeado. ANT. liso, lacio.

rizar tr. prnl. enrizar, ensortijar. ANT. estirar.

rizo m. bucle, sortija, onda, tirabuzón.

rizoma m. BOT. raíz, tallo.

robar tr. hurtar, sustraer, timar, quitar, despojar, saquear, desvalijar, usurpar. ANT. devolver. **2** raptar, secuestrar. **3** arrebatar, embelesar, cautivar.

robo m. ratería, hurto, latrocinio, rapiña, timo, pillaje, fraude, saqueo. ANT. devolución.

robot m. autómata.

robustecer tr. fortalecer, vigorizar, fortificar, reforzar, tonificar. ANT. debilitar.

robustez f. fortaleza, vigor, resistencia, fuerza, brío.

robusto, -ta adj. fornido, corpulento, musculoso, vigoroso, forzudo, fuerte. ANT. débil. **2** sano, saludable.

roca f. peña, risco, peñasco. **2** piedra, granito.

rocalla f. abalorio. **2** piedras.

rocambolesco, -ca adj. inverosímil, espectacular, fantástico, exagerado, extraordinario.

roce m. fricción, restregón, rozamiento, frotamiento, estregón. **2** señal, marca. **3** discusión, enfrentamiento. **4** comunicación, relación, trato. **5** pl. altercados, disgustos, desavenencias. ANT. acuerdo.

rociar intr. prnl. regar, humedecer, mojar, asperjar, irrigar, diseminar. ANT. secar. **2** esparcir, dispersar.

rocío m. escarcha, llovizna, vaporización, sereno, helada.

rocoso, -sa adj. pedregoso, peñascoso, riscoso, escarpado. ANT. llano.

rodaja f. tajada, rebanada, loncha, lonja, rueda.

rodar intr. girar, voltear, remolinear, circular, rondar. **2** deslizarse, caer, resbalar. **3** {dinero} abundar, correr. **4** rondar, vagabundear, recorrer, deambular. **5** tr. {película} filmar, impresionar, proyectar.

rodear tr. circunvalar. **2** cercar, envolver, acordonar, encerrar, sitiar. ANT. liberar. **3** Amer. {ganado} reunir. **4** intr. perifrasear, divagar. ANT. concentrarse. **5** prnl. volverse, rebullirse, removerse, revolverse.

rodeo m. desvío, viraje, desviación, vuelta, recoveco. **2** evasiva. **3** vaguedad, digresión, perífrasis, subterfugio, circunloquio. ANT. concisión. **4** efugio, escape.

roer tr. corroer, carcomer, mordisquear, desgastar. **2** atormentar, perturbar, afligir, molestar, angustiar. ANT. tranquilizar.

rogar tr. suplicar, implorar, pedir, solicitar. **2** rezar, orar. ANT. blasfemar.

rogativa f. gen. pl. oración, súplica, plegaria.

rojizo, -za adj. bermejo, granate.

rojo, -ja adj. s. encarnado, colorado, carmesí, bermejo, purpúreo, rubí, grana.

rollizo, -za adj. gordo, grueso, robusto, corpulento, regordete, carnoso. ANT. flaco.

rollo m. cilindro, eje, rodillo. **2** película fotográfica. **3** {persona, cosa} fastidioso, pesado, aburrido. **4** col. tema, asunto.

romana f. balanza, báscula.

romance adj. m. LING. lengua moderna, neolatino. **2** m. idioma español. **3** novela. **4** poema, composición. **5** relación amorosa, aventura, amorío. **6** loc. en buen ~: claramente.

romanche m. {lengua} rético.

romanizar tr. prnl. latinizar.

romántico, -ca adj. sentimental, soñador, idealista, sensible, pasional. ANT. materialista.

romanza f. aria.

romería f. peregrinación, viaje, peregrinaje. **2** multitud, muchedumbre, gentío, horda.

romo, -ma adj. chato, achaflanado, mocho. ANT. agudo. **2** obtuso, sin punta. ANT. afilado.

rompecabezas m. acertijo, enigma, problema, pasatiempo.

rompeolas m. dique, escollera, malecón, muelle. **2** acantilado, rompiente.

romper tr. quebrar, despedazar, deshacer, separar, averiar, descomponer, inutilizar, astillar, destrozar, destruir, trizar, hacer añicos, hacer trizas. ANT. componer. **2** descontinuar, cortar, interrumpir. ANT. continuar. **3** {ley, precepto, contrato} desobedecer, desacatar, incumplir, quebrantar. ANT. cumplir. **4** {llanto} brotar, prorrumpir, irrumpir.

rompiente m. arrecife, bajío, banco, escollera.

rompimiento m. rotura, ruptura. **2** riña, desavenencia.

roncar intr. rugir, gruñir, bramar.

roncha f. {en el cuerpo} bulto pequeño. **2** moretón, cardenal.

ronco, -ca adj. afónico, enronquecido. **2** {voz, sonido} bronco, áspero. ANT. agudo.

ronda f. rondalla, serenata. **2** guardia, vigilancia, destacamento. **3** tanda, vuelta, turno.

ronquera f. aspereza, afonía, enronquecimiento, carraspera.

ronronear intr. {gato} roncar, gruñir.

roña f. mugre, suciedad, porquería, inmundicia, asquerosidad. ANT. pulcritud. **2** herrumbre, orín. **3** {del ganado lanar} sarna. **4** {del pino} corteza. **5** daño moral.

roñoso, -sa adj. herrumbroso, oxidado. **2** sarnoso. **3** asqueroso, cochino, sucio.

ropa f. indumentaria, vestido, ropaje, prenda, vestimenta, atuendo, atavío.

ropaje m. ropa, vestidura, vestido.

rosario m. rezo. **2** sarta de cuentas. **3** serie, conjunto.

rostro m. cara, faz, semblante, fisonomía, facciones, visaje, efigie.

rotación f. giro, vuelta, viraje, circunvolución.

rotativa f. imprenta.

roto, -ta adj. partido, quebrado, destrozado, averiado. ANT. completo. **2** andrajoso, haraposo, pingajoso, miserable. **3** {persona} licenciosa, desbaratada. **4** agotado, cansado.

rotular tr. intitular, titular.

rótulo m. inscripción, anuncio, epígrafe, cartel, letrero, etiqueta, marca, título, encabezamiento.

rotundo, -da adj. terminante, tajante, categórico, conclusivo, concluyente, definitivo, claro, preciso. ANT. impreciso. **2** redondo, circular. **3** {lenguaje} sonoro, lleno. **4** f. templo.

rotura f. ruptura, rasgadura, quiebra, fractura, abertura, cisura. ANT. soldadura.

rozadura f. fricción, rozamiento, roce. **2** excoriación, irritación.

rozagante adj. vistoso, arrogante, orgulloso, presumido, llamativo, brillante. ANT. abatido. 2 {vestidura} vistoso.

rozamiento m. fricción, roce. 2 disensión, disgusto, desavenencia.

rozar tr. {tierra} raspar, limpiar. 2 raer, quitar. 3 intr. {cosa} restregar, frotar, friccionar, estregar, desgastar. 4 prnl. familiarizarse. 5 {cosa} asemejarse.

roznar intr. rebuznar.

rubefacción f. rubor, enrojecimiento.

rubio, -bia adj. s. amarillo, blondo.

rubor m. sonrojo, bochorno, encendimiento, sofoco. ANT. palidez. 2 vergüenza, timidez, empacho, candor.

ruborizarse prnl. encenderse, abochornarse, avergonzarse, sonrojarse, enrojecer.

rúbrica f. marca, signo, rasgo. 2 firma.

rubricar tr. firmar, signar, suscribir.

rudeza f. aspereza, tosquedad. 2 brusquedad, descortesía, grosería. 3 violencia, impetuosidad. 4 estulticia, torpeza.

rudimentario, -ria adj. primitivo, elemental, primario, embrionario. ANT. evolucionado. 2 rústico, tosco, imperfecto. ANT. perfeccionado.

rudimento m. {del ser orgánico} embrión, estado primordial, principio. 2 pl. nociones, fundamentos, elementos, compendio.

rudo, -da adj. {cosa} brusco, tosco, basto, áspero, grosero. ANT. fino. 2 {persona} descortés, agreste, brusco. ANT. cortés, atento. 3 torpe, tonto. 4 violento, impetuoso, riguroso.

rueda f. círculo, disco, circunferencia, corona. 2 turno, vez. 3 rodaja, tajada. 4 corro, grupo. 5 llanta, neumático.

ruedo m. contorno, límite, término. 2 {de algo} círculo, circunferencia. 3 {de vestidos} forro, refuerzo.

ruego m. demanda, petición, súplica.

rufián m. perverso, infame, ruin, canalla, despreciable. 2 proxeneta.

rugido m. bramido. 2 grito. 3 retumbo, estruendo.

rugir intr. bramar, gruñir, chillar, gritar. 2 rechinar, crujir.

rugosidad f. arruga, pliegue, estría.

rugoso, -sa adj. arrugado, desigual, ondulado, áspero, surcado, escabroso. ANT. liso, suave.

ruido m. sonido, zumbido, fragor, rumor, estrépito, bulla, estruendo, bullicio. ANT. silencio. 2 discordia, alboroto, pleito, pendencia, pelea, litigio. ANT. paz. 3 exageración, ostentación. ANT. discreción.

ruin adj. despreciable, miserable, vil, abyecto, bajo, villano. ANT. digno. 2 mezquino, avaro, tacaño, avariento. ANT. generoso. 3 humilde, pequeño, desmedrado.

ruina f. bancarrota, quiebra, pérdida. 2 fracaso, perdición, hecatombe, debacle, hundimiento, decadencia, fin, desolación, devastación. 3 pl. escombros.

ruindad f. infamia, indignidad, villanía, canallada, ignominia, bajeza, vileza. ANT. nobleza. 2 tacañería, mezquindad, avaricia. ANT. generosidad. 3 desmedro, pequeñez.

ruinoso, -sa adj. pequeño, desmedrado. 2 destructivo.

rulo m. rizo, bucle, onda.

rumbo m. orientación, dirección, sentido, camino, ruta. 2 ostentación, pompa, boato, liberalidad, derroche. ANT. sobriedad.

rumboso, -sa adj. col. ostentoso, pomposo. 2 dadivoso, desprendido, generoso. ANT. tacaño, avariento, mezquino.

rumiar tr. mascar, tascar. 2 col. estudiar, examinar, reflexionar, meditar. 3 refunfuñar, rezongar, mascullar, murmurar.

rumor m. murmullo, susurro, murmuración, ruido. ANT. estrépito. 2 runrún. 3 habladuría, infundio.

rumorear tr. runrunear, susurrar, sonar. 2 prnl. tr. {noticia} difundirse vagamente, propagarse.

rumoroso, -sa adj. murmurante, susurrante.

runrún m. chisme, rumor, murmuración. 2 ronroneo.

ruptura f. rompimiento, desacuerdo, desavenencia, enemistad, disgusto. ANT. reconciliación. 2 rotura, rompimiento, fractura, abertura, quiebra, desgarrón.

rural adj. campesino, aldeano, campestre, agrario, rústico. ANT. urbano.

rusticidad f. incultura, barbarie, zafiedad, tosquedad.

rústico, -ca adj. grosero, patán, descortés, tosco, rudo, ordinario. ANT. refinado. 2 aldeano, rural, pueblerino, campesino, campestre. ANT. urbano. 3 m. labriego, campesino, labrador, agricultor.

rustiquez f. descortesía, desatención, descomedimiento, zafiedad, incorrección, grosería.

ruta f. itinerario, derrotero, periplo, viaje, dirección, trayecto, rumbo, senda, camino. 2 carretera, vía.

rutilante adj. brillante, fulgurante, radiante, esplendoroso, resplandeciente, flameante, chispeante, centelleante. ANT. apagado.

rutilar intr. resplandecer, relumbrar, refulgir, fulgurar, esplender, centellear, brillar. ANT. apagarse.

rutina f. costumbre, hábito, uso, frecuencia, tradición, usanza.

rutinario, -ria adj. inveterado, habitual, acostumbrado, usual. 2 repetitivo, aburrido, monótono.

sabana *f.* planicie, llanura, estepa, llano, pampa, pradera. ANT. monte, montaña.

sábana *f.* cubierta. **2** {altar} sabanilla.

sabandija *f.* bicho, insecto, musaraña, reptil, alimaña. **2** {persona} ruin, despreciable, indigno, miserable. ANT. digno. **3** granuja, bribón. ANT. honesto.

sabañón *m.* ulceración, inflamación, tumefacción, eritema.

sabedor, -ra *adj.* conocedor, enterado, instruido. ANT. desconocedor.

sabelotodo *com.* sabihondo, sabidillo, pedante.

saber[1] *tr.* conocer, entender, discernir, penetrar, distinguir, interpretar, descifrar, concebir, descubrir, advertir, tener noticia, estar al corriente, estar al tanto. ANT. ignorar, desconocer. **2** {cosa} tener sabor. **3** {cosa} agradar; desagradar. **4** *loc.* ~ *hacer:* técnicas, destrezas, conocimientos. **5** *loc. hacer* ~: informar, notificar, avisar, comunicar.

saber[2] *m.* sabiduría, conocimiento, erudición, ilustración, ciencia. ANT. ignorancia. **2** inteligencia, cognición. **3** disciplina, ciencia, arte, teoría, doctrina.

sabidillo, -lla *adj. s. ver* **sabelotodo.**

sabido, -da *adj.* consabido, evidente, familiar, notorio, conocido, público, manifiesto. ANT. desconocido, incierto. **2** común, trillado, trivial, corriente.

sabiduría *f.* saber, sapiencia, erudición, ilustración, conocimiento, cultura. ANT. ignorancia, desconocimiento. **2** prudencia, juicio, sensatez, cordura, tino. ANT. imprudencia, insensatez. **3** profundidad, erudición, inteligencia, penetración, lucidez. ANT. superficialidad.

sabihondo, -da *adj. s. ver* **sabelotodo.**

sábila *f.* zábila, áloe.

sabio, -bia *adj. s.* erudito, docto, pensador, ilustrado, culto, versado, competente. ANT. ignorante, inculto. **2** prudente, juicioso, sensato, atinado, cuerdo, equilibrado. ANT. imprudente, insensato. **3** *adj.* {animal} hábil.

sablazo *m.* estocada, herida, mandoble, corte. **2** *fig.* gorronería, pedigüeñería, abuso, timo, estafa, fraude, engaño.

sable *m.* espada, alfanje, mandoble, cimitarra.

sablear *tr. intr. col.* pordiosear, gorronear, trampear, abusar, estafar, timar.

sablista *adj. com.* gorrón, sableador, pedigüeño, timador, parásito.

sabor *m.* {paladar} gusto, sapidez, regusto, dejo. **2** {ánimo} impresión, sensación. **3** *loc. dejar mal* ~: dejar un mal recuerdo, disgustar.

saborear *tr.* gustar, probar, catar, paladear, libar. **2** deleitarse, complacerse, gozar, recrearse, regodearse, disfrutar. ANT. sufrir.

sabotaje *m.* daño, deterioro, estrago, perjuicio, avería. **2** oposición, entorpecimiento, obstrucción deliberada, menoscabo, paralización.

sabotear *tr.* inutilizar, averiar, destrozar, romper, dañar, deteriorar. **2** obstaculizar, entorpecer. ANT. facilitar.

sabroso, -sa *adj.* delicioso, gustoso, agradable, exquisito, rico, apetitoso, suculento. ANT. insípido, desabrido.

sabueso *m.* perro, can. **2** pesquisidor, investigador, indagador. **3** *col.* detective, policía.

sabuloso, -sa *adj.* arenáceo, arenoso.

sacacorchos *m.* tirabuzón, abrebotellas, descorchador.

sacamuelas *com. desp.* odontólogo, dentista. **2** charlatán, embaucador.

sacapuntas *m.* cortalápices.

sacar *tr.* extraer, quitar, separar, apartar, sustraer, vaciar, desenterrar. ANT. introducir. **2** averiguar, resolver. **3** descubrir, deducir, hallar, colegir, encontrar. **4** {lotería} ganar. **5** elegir. **6** lograr, obtener, alcanzar, conseguir. **7** exceptuar, excluir, restar, quitar. ANT. incluir. **8** {escrito} copiar, trasladar. **9** mostrar, enseñar, asomar, exponer, manifestar, revelar. ANT. esconder. **10** nombrar, mencionar, citar, traer a cuento. **11** inventar, producir. **12** {arma} desenvainar, desenfundar. **13** librar. **14** DEP. {pelota} arrojar, lanzar, impulsar. **15** {cita, nota} escribir, anotar, apuntar. **16** *Amer.* reprochar, reconvenir, echar en cara. **17** *loc.* ~ *en claro/limpio:* deducir claramente, averiguar, establecer. **18** *loc.* ~ *de quicio:* enfurecer, exasperar.

sacarosa *f.* QUÍM. azúcar, glucosa.

sacerdotal *adj.* eclesiástico, clerical. ANT. seglar.

sacerdote *m.* religioso, clérigo, eclesiástico.

saciado, -da *adj.* harto, empachado, ahíto, repleto.

saciar *tr. prnl.* satisfacer, llenarse, hartarse, henchir, atiborrarse, empacharse, atracarse.

saco *m.* talego, bolsa, bolso, costal. **2** gabán, abrigo, sobretodo. **3** *Amer.* chaqueta, americana. **4** *loc. echar en* ~ *roto:* ignorar, no tener en cuenta, olvidar.

sacramental *adj.* acostumbrado, habitual, consagrado.

sacramento *m.* REL. indicio, signo, señal. **2** arcano; misterio, secreto.

sacrificar *tr. prnl.* inmolar, ofrendar, consagrar. **2** {animal} matar, degollar. **3** resignarse, privarse, aguantarse, sufrir.

sacrificio *m.* ofrenda, inmolación, holocausto, hecatombe, muerte. **2** {animales} matanza, muerte. **3** renunciamiento, abnegación, privación, padecimiento. ANT. beneficio, ganancia.

sacrilegio *m.* profanación, violación, blasfemia, irreverencia, apostasía, impiedad. *ANT.* veneración, adoración.

sacrílego, -ga *adj. s.* blasfemo, impío, perjuro, apóstata. *ANT.* devoto.

sacristán *m.* acólito, monaguillo.

sacro, -cra *adj.* santo, bendito, sagrado, sacrosanto. *ANT.* profano. **2** *m.* ANAT. hueso sacro.

sacudida *f.* vuelco, tumbo, sacudimiento. **2** seísmo, terremoto, temblor.

sacudimiento *m.* sacudida, tumbo.

sacudir *tr. prnl.* agitar, mover, menear, estremecer, convulsionar. **2** golpear, apalear, pegar. **3** despedir, apartar, arrojar. **4** {ánimo} conmocionar, turbar, alterar. **5** *prnl.* zafarse, rechazar.

sadismo *m.* crueldad. **2** perversión sexual.

saeta *f.* flecha, dardo. **2** {reloj} manecilla, aguja; minutero, segundero.

saetera *f.* aspillera.

saetilla *f.* {reloj} aguja, manecilla. **2** {brújula} flecha.

safari *m.* excursión, expedición, caravana.

saga *f.* HIST. adivina, bruja, hechicera, encantadora. **2** leyenda, epopeya, relato novelesco.

sagacidad *f.* olfato, astucia, intuición, perspicacia, penetración, sutileza, agudeza, listeza, clarividencia, viveza, talento. *ANT.* ingenuidad, torpeza.

sagaz *adj.* astuto, perspicaz, avisado, vivo, agudo, penetrante, sutil, inteligente. *ANT.* ingenuo, torpe.

sagita *f.* GEOM. porción de recta. **2** flecha.

sagrado, -da *adj.* sacro, sacrosanto, divino, santificado, consagrado, santo, bendito. *ANT.* profano. **2** venerable. **3** *fig.* inmodificable.

sagrario *m.* tabernáculo, relicario, altar.

sahumar *tr. prnl.* incensar, embalsamar, aromatizar, perfumar.

sahumerio *m.* incienso, perfume.

sainete *m.* obra cómica, pieza cómica, comedieta. **2** {manjares} salsa. **3** {vestidos} adorno. **4** delicia, bocado delicioso.

sajar *tr.* MED. {carne} tajar, cortar, seccionar. *ANT.* cerrar.

sal *f.* salumbre. **2** chispa, agudeza, ingenio. **3** salero, donaire, garbo, ángel, gracia. **4** *Amer.* infortunio, mala suerte, desgracia.

sala *f.* aula, salón, aposento, recinto, habitación, pieza, estancia.

salado, -da *adj.* agudo, ocurrente, chistoso, gracioso.

salame *m. Amer.* salami, embutido, salchichón.

salar *tr.* sazonar, curar, conservar.

salario *m.* sueldo, mensualidad, honorarios, estipendio, pago, jornal, remuneración.

salazón *f.* salmuera, saladura.

salchicha *f.* embutido.

salchichón *m.* embutido.

saldar *tr.* liquidar, rebajar. **2** abonar, pagar, cancelar.

saldo *m.* liquidación, remate. **2** remanente, resto, retazo.

salero *m.* donaire, gracia, donosura, sal.

saleroso, -sa *adj.* gracioso, simpático, ocurrente, donoso, ingenioso, chistoso, agudo. *ANT.* soso, simple.

salida *f.* puerta, boca, abertura, paso, comunicación, desembocadura, evacuación. *ANT.* oclusión, cerramiento. **2** marcha, viaje, partida, excursión. *ANT.* llegada. **3** evasiva, subterfugio, escapatoria, pretexto, efugio. **4** {mercancías} venta, demanda. **5** punta, resalto. **6** agudeza, ocurrencia.

saliente *m.* borde, reborde, remate, pestaña, salida, punta. *ANT.* entrante. **2** este, oriente.

salino, -na *adj.* salado, salobre. *ANT.* dulce. **2** *f.* salitral, saladar, salobral. **3** {vaca} manchada.

salir *intr. prnl.* pasar, atravesar. **2** *intr.* partir, marcharse, alejarse, irse, ausentarse. *ANT.* entrar, que-

darse. **3** {planta} brotar, nacer, surgir. *ANT.* morir. **4** descubrirse, manifestarse, aparecer. *ANT.* ocultarse. **5** librarse, desembarazarse. **6** {mancha} aparecer, manifestarse. **7** {mancha} borrarse, desaparecer, quitarse. **8** {cosa} sobresalir, descollar. **9** {cosa} nacer, dimanar, proceder, derivarse, venir de. **10** deshacerse, vender. **11** publicarse, aparecer, editar. **12** {cosa} ocurrir, sobrevenir, acontecer. **13** {trabajo} quedar, resultar. **14** {cosa} importar, costar, valer. **15** {cuenta} resultar, totalizar. **16** {de un lugar} trasladarse, desplazarse. *ANT.* permanecer. **17** defender, proteger. **18** {persona} frecuentar. **19** {película} figurar, representar, hacer el papel. **20** quedar, venir a ser. **21** {hijos} parecerse, asemejarse. **22** *intr. prnl.* {reglas} apartarse, separarse. **23** *intr.* {oficio, cargo} cesar, terminar. **24** {votación} ser elegido. **25** {calle} ir a parar, desembocar, tener salida. **26** *Col.* {cosa} armonizar, combinar; ajustarse. **27** {juego} comenzar, empezar. **28** *prnl.* {líquido} derramarse, rebosar, escaparse. **29** *loc.* ~*le caro:* resultarle perjudicial.

salitral *m.* salina, salitrera.

saliva *f.* baba.

salivar *intr.* babear, ensalivar, babosear; escupir.

salivazo *m.* esputo, escupitajo, gargajo.

salmo *m.* alabanza, cántico, salmodia, rezo.

salmodia *f. col.* canto monótono, monserga, melopea, canturreo, tarareo, zumbido.

salmuera *f.* salazón.

salobre *adj.* salado, salino. *ANT.* dulce.

salón *m.* sala, cámara, aposento, aula, recinto, habitación. **2** *Amer.* aula. **3** feria, exposición.

salpicadura *f.* salpique, rociadura, chorro.

salpicar *tr.* rociar, asperjar, esparcir, chapotear, mojar.

salpicón *m.* guiso, picado. **2** salpicadura, rociadura, salpique, chorro.

salsa *f.* aderezo, condimento, aliño, adobo; caldo, sustancia.

saltar *tr.* {espacio, distancia} salvar. **2** {párrafo, página} omitir, pasar por alto. **3** *intr.* alzarse. **4** brincar, cabriolar, rebotar, retozar, juguetear. **5** abalanzarse, lanzarse, arrojarse, tirarse. **6** {cosa} moverse, levantarse. **7** {líquido} salir hacia arriba. **8** {cosa} romperse, quebrarse; desprenderse. **9** explotar, volar, estallar, reventar, hacer explosión. **10** {agua} caer. **11** {dispositivo, alarma} encenderse, funcionar. **12** surgir repentinamente, brotar. **13** {persona} reaccionar. **14** {en una conversación} romper el silencio, irrumpir. **15** {puesto} ascender. **16** *tr. prnl.* omitir, olvidar, pasar por alto. **17** *prnl. col.* {ley, precepto} infringir, transgredir. *ANT.* cumplir.

saltarín, -ina *adj. s.* bailarín, danzarín, danzante. **2** saltimbanqui, volatinero, trapecista. **3** inquieto, travieso.

salteador *m.* atracador, bandido, ladrón, malhechor.

saltimbanqui *com. col.* trapecista, volatinero, saltarín. **2** movedizo, inquieto.

salto *m.* brinco, rebote, cabriola, gambeta, pirueta. **2** catarata, cascada, caída de agua. **3** precipicio, despeñadero. **4** omisión, olvido, descuido.

salubre *adj.* sano, saludable, salutífero. *ANT.* insalubre.

salubridad *f.* sanidad.

salud *f.* sanidad, lozanía.

saludable *adj.* sano, lozano, fuerte, vigoroso. *ANT.* insano. **2** higiénico, beneficioso, sano, provechoso. *ANT.* perjudicial.

saludar *tr.* cumplimentar, congratular. ANT. despedirse.

saludo *m.* reverencia, inclinación, salutación, cortesía, ademán. **2** *pl.* **saludos**, recuerdos.

salutación *f.* saludo, cortesía.

salutífero, -ra *adj.* saludable, sano.

salva *f.* {con arma de fuego} saludo, bienvenida, aclamación. **2** {como saludo} cañonazos, andanada, descarga, disparos. **3** juramento, promesa. **4** *loc.* ~ *de aplausos:* aplausos nutridos, aclamación.

salvación *f.* rescate, salvamento, liberación. **2** REL. redención.

salvado *m.* {del grano de cereales} cascarilla, cáscara, afrecho, cerniduras.

salvador, -ra *adj. s.* defensor, liberador, protector. ANT. opresor.

salvaguarda *f.* defensa, amparo, protección, apoyo, favor, auxilio. ANT. desamparo.

salvaguardar *tr.* proteger, amparar, defender, auxiliar, custodiar. ANT. desamparar.

salvaguardia *f.* amparo, custodia, garantía. **2** salvoconducto, pase, seguro.

salvajada *f.* atrocidad, bestialidad, barbaridad, brutalidad.

salvaje *adj.* bárbaro, brutal, bestial, atroz, cruel, feroz. ANT. misericordioso. **2** {animal} indomable, montaraz, cerril, bravío. ANT. dócil, domesticado. **3** {plantas} silvestre, no cultivado. **4** {persona} áspero, grosero, rudo, palurdo, zafio. ANT. culto, cultivado.

salvajino, -na *adj.* {planta} silvestre. **2** {animal} cerril, salvaje, montaraz.

salvajismo *m.* ferocidad, irracionalidad, inhumanidad, violencia.

salvamento *m.* rescate, salvación, liberación, socorro, auxilio, ayuda. ANT. desamparo, desprotección.

salvar *tr. prnl.* {de un peligro} librar, liberar, rescatar, socorrer, asistir, auxiliar, proteger. ANT. desproteger, abandonar. **2** {riesgo, inconveniente} evitar. **3** exceptuar, excluir, dejar aparte. ANT. incluir. **4** exculpar. ANT. culpar. **5** {obstáculo} atravesar, franquear, pasar, cruzar, vadear. **6** {distancia} recorrer. **7** {altura} rebasar.

salvavidas *m.* flotador.

salvedad *f.* descargo, excusa, excepción, limitación.

salvo¹ *adj.* ileso, sano, librado, incólume, indemne. ANT. herido, perjudicado, leso. **2** omitido, exceptuado, excluido, excepto. ANT. incluso, incluido.

salvo² *adv.* excepto, a excepción de, menos. **2** *prep.* fuera de, con excepción de.

salvoconducto *m.* pasaporte, autorización, permiso, licencia, pase.

sambenito *m. fig.* descrédito, deshonra, difamación.

sanalotodo *m.* panacea.

sanar *intr. tr.* curar, reponerse, mejorar, restablecerse, recobrarse. ANT. enfermar.

sanativo, -va *adj.* curativo.

sanatorio *m.* hospital, clínica.

sanción *f.* pena, castigo, punición, correctivo, penalidad, condena. ANT. perdón. **2** aprobación, autorización, permiso, confirmación. ANT. denegación, prohibición. **3** estatuto, decreto, ordenanza, precepto, ley.

sancionar *tr.* castigar, condenar, penar. **2** aprobar, confirmar, autorizar, legitimar, convalidar. ANT. desautorizar. **3** decretar, ordenar.

sanctasantórum *m.* sagrario, santuario, altar, tabernáculo. **2** {lugar} secreto, misterio, arcano.

sandalia *f.* zapatilla, pantufla, zapato ligero.

sandez *f.* necedad, simpleza, tontería, estupidez, disparate, despropósito, desatino, majadería. ANT. sensatez.

sandía *f.* melón de agua.

sandio, -dia *adj.* simple, bobo, necio, majadero, idiota, tonto, estúpido. ANT. sensato.

sándwich *s.* [ING.] emparedado, bocadillo, canapé.

saneamiento *m.* purificación, sanidad, limpieza, fumigación.

sanear *tr.* reparar, corregir, arreglar, remediar, componer. ANT. estropear. **2** DER. indemnizar. **3** higienizar, purificar, depurar, limpiar.

sangrar *tr.* {vena} abrir, cortar, punzar. ANT. cerrar, taponar. **2** desaguar, avenar. **3** {árbol} resinar, sacar resina. **4** *col.* hurtar, robar, sustraer. **5** *intr.* arrojar sangre, desangrarse.

sangre *f.* familia, linaje, estirpe, casta. **2** {persona} carácter, condición, índole.

sangría *f.* sangradura, desangramiento, efusión. **2** limonada de vino, bebida, refresco. **3** IMPR. margen.

sangriento, -ta *adj.* cruento, brutal, sanguinario, inhumano, bárbaro, encarnizado, bestial, cruel. ANT. pacífico. **2** sanguinolento.

sanguijuela *f.* gusano, lombriz. **2** *col.* {persona} vividor, explotador, aprovechado, usurero.

sanguinario, -ria *adj.* inhumano, cruel, despiadado, desalmado, sangriento, feroz. ANT. bondadoso.

sanguíneo, -a *adj.* sangriento. **2** {persona} impulsivo.

sanguinolento, -ta *adj.* sangriento, ensangrentado.

sanidad *f.* salubridad, salud. ANT. enfermedad. **2** higiene, aseo. ANT. suciedad. **3** lozanía, vigor.

sanitario, -ria *adj.* higiénico, saludable, sano, salubre. ANT. insalubre. **2** *m.* dispositivo higiénico. **3** *Amer.* retrete, servicio, excusado, lavabo.

sano, -na *adj.* saludable, bueno, salubre, higiénico, benéfico. ANT. enfermo. **2** lozano, robusto, saludable, vigoroso, fuerte. ANT. enfermo. **3** ileso, indemne, incólume. **4** sincero, honesto, recto. ANT. deshonesto.

sansón *m. fig.* {hombre} forzudo, fuerte.

santiamén (en un) *loc.* en un instante, en un momento.

santidad *f.* virtud, gracia, bondad.

santificación *f.* beatificación, canonización, glorificación.

santiguar *tr. prnl.* persignar. **2** *tr.* castigar, golpear, maltratar, azotar. **3** *prnl.* hacerse cruces; maravillarse, asombrarse.

santo, -ta *adj.* sagrado, bendito, puro, virtuoso, bienaventurado, ejemplar, glorificado. ANT. endemoniado, diabólico. **2** *m.* onomástica, celebración, festividad, aniversario.

santurrón, -ona *adj.* hipócrita, mojigato, beato, gazmoño. ANT. piadoso.

santurronería *f.* mojigatería, hipocresía.

saña *f.* rencor, ira, cólera, furia, irritación, encono, furor, ojeriza, antipatía. ANT. afecto, piedad.

sañudo, -da *adj.* mordaz, virulento.

sapidez *f.* sabor, gusto.

sapiencia *f.* sabiduría, saber, conocimiento. ANT. ignorancia.

sapo *m.* rana, renacuajo, anfibio, batracio.

saponáceo, -a *adj. p. us.* jabonoso.

saque *m.* DEP. servicio, lanzamiento, tiro.

saqueador, -ra *adj.* desvalijador, asaltante, salteador.

saquear *tr.* saltear, desvalijar, pillar, asaltar, rapiñar, robar.

saqueo *m.* pillaje, rapiña, robo.

sarao *m.* reunión nocturna, fiesta, festejo, baile.

sarcasmo *m.* escarnio, befa, burla.

sarcástico, -ca *adj.* irónico, mordaz, venenoso, virulento, cínico, cáustico, agresivo.

sarcófago *m.* féretro, ataúd, cajón, sepulcro, sepultura, tumba.

sarna *f.* {personas} prurito, afección cutánea. **2** {ganado} roña.

sarpullido *m.* MED. erupción, irritación, urticaria, inflamación, dermatosis, eccema, eritema.

sarraceno, -na *adj. s.* árabe. **2** mahometano, musulmán, islamita.

sarro *m.* {vasijas} sedimento, costra. **2** {lengua} saburra. **3** {dentadura} limosidad. **4** {vegetales} roya.

sarta *f.* retahíla, rosario, hilera, cadena, ristra, sucesión.

sartal *m.* ristra, serie, sucesión.

sartén *f.* recipiente, vasija, paila. **2** *loc.* *tener la ~ por el mango:* dirigir, manipular, manejar la situación.

sastre, -tra *s.* costurero, modista.

satánico, -ca *adj.* perverso, malo, malvado. ANT. bueno. **2** demoníaco, diabólico, endemoniado, infernal. ANT. angelical.

satanismo *m.* maldad, perversidad, perversión.

satélite *m.* ASTROL. cuerpo celeste, astro. **2** satélite artificial.

sátira *f.* crítica, indirecta, acrimonia, ironía, causticidad, sarcasmo, mordacidad, chanza, invectiva. ANT. elogio, loa, alabanza.

satiriasis *f.* satiromanía, erotomanía.

satírico, -ca *adj.* sarcástico, mordaz, irónico, venenoso, incisivo, acre, hiriente, dicaz. ANT. elogioso, amable.

satirizar *tr.* zaherir, vejar, ridiculizar, censurar, burlarse, criticar, escarnecer, ironizar. ANT. honrar, elogiar.

satisfacción *f.* agrado, complacencia, contento, gusto, placer, gozo, tranquilidad, alegría. ANT. disgusto. **2** indemnización, reparación, compensación, recompensa, pago. **3** excusa, disculpa, justificación, descargo, respuesta. **4** {de ánimo} confianza, seguridad. ANT. inseguridad. **5** presunción, vanagloria, engreimiento. ANT. modestia, sencillez. **6** *loc. a ~:* cumplidamente, a gusto.

satisfacer *tr.* {deuda} pagar, cancelar, saldar, liquidar, amortizar. **2** {ánimo} sosegar, tranquilizar, aquietar. ANT. intranquilizar. **3** {apetito} saciar, colmar, llenar, hartar. **4** {duda, dificultad} resolver, solucionar, responder. **5** {requisito} cumplir, llenar. **6** {agravio} deshacer, subsanar. ANT. ofender. **7** {mérito} premiar. **8** *intr.* agradar, complacer, gustar, contentar, halagar. **9** *prnl.* {agravio} vengarse. **10** convencerse.

satisfactorio, -ria *adj.* agradable, grato, conveniente, confortable, cómodo, ameno, apacible, halagador. ANT. desagradable.

satisfecho, -cha *adj.* ufano, dichoso, feliz, radiante, contento, campante, conforme, complacido. ANT. insatisfecho. **2** saciado, colmado, harto, pleno, lleno. ANT. ávido. **3** vano, presumido, jactancioso, presuntuoso. ANT. sencillo, modesto.

sátrapa *m. adj. col.* déspota, tirano.

saturación *f.* repleción, empacho, hartazgo, saciedad.

saturar *tr.* impregnar, llenar, empapar, rebosar, colmar.

saturnal *f.* festín, orgía, bacanal, desenfreno.

saturnino, -na *adj.* {persona} melancólico, taciturno, triste.

saudade *f.* nostalgia, melancolía, añoranza, soledad, tristeza.

sauna *f.* baño de vapor, baño turco.

saurio *adj.* reptil, lagarto.

savia *f.* BOT. líquido, zumo, jugo, resina. **2** energía, vida, fuerza.

saya *f.* falda; vestidura talar.

sayo *m.* vestido, vestidura, prenda.

sazón *f.* madurez, punto, desarrollo, perfección, florecimiento, culminación, cumplimiento. ANT. inmadurez, imperfección. **2** oportunidad, ocasión, coyuntura, circunstancia, conveniencia, tiempo oportuno. ANT. inoportunidad. **3** gusto, sabor. **4** *loc. a la ~:* en aquel tiempo, entonces.

sazonar *tr.* adobar, aderezar, aliñar, condimentar, salpimentar.

scout *s.* [ING.] explorador.

sebo *m.* grasa, tocino, manteca, crasitud.

seboso, -sa *adj.* adiposo, grasiento, sebáceo.

secano *m.* sequedal, sequero. **2** banco de arena. **3** isla.

secar *tr. prnl.* deshidratar, evaporar, desecar, escurrir, enjugar. ANT. mojar, humedecer. **2** {herida} cicatrizar, cerrar, sanar. **3** {líquidos corporales} gastar, consumir. **4** fastidiar, molestar, aburrir, agobiar. **5** *prnl.* {fuente de agua} agotarse. **6** {planta} marchitarse, resecarse, ajarse, agostarse, apergaminarse. ANT. lozanear. **7** {persona} extenuarse, adelgazar, enflaquecer, amojamarse, consumirse. ANT. engordar. **8** {ánimo, corazón} insensibilizarse, embotarse.

sección *f.* grupo, división, departamento, sector. **2** división, corte, tajo, ruptura. ANT. unión. **3** parte, fracción, porción.

seccionar *tr.* partir, dividir, fraccionar. ANT. unir.

secesión *tr.* {nación} separación, división, disgregación, segregación. ANT. unión. **2** {persona} apartamiento, retraimiento.

secesionista *adj. s.* separatista. ANT. unionista.

seco, -ca *adj.* {terreno} estéril, árido, desértico, yermo. ANT. fértil. **2** {plantas} deshidratado, marchito, agostado, desecado, muerto. ANT. verde, lozano. **3** {persona} enjuto, flaco, delgado, enteco. ANT. rollizo, gordo. **4** débil, debilitado, extenuado, macilento, consumido. ANT. fuerte, vigoroso. **5** áspero, frío, desabrido, antipático, intratable, adusto. ANT. cordial. **6** {estilo, lenguaje} conciso, escueto, lacónico, estricto, sin rodeos. **7** {licor} puro. **8** {sonido} áspero, ronco. **9** {golpe} fuerte, rápido. **10** *col.* sorprendido, perplejo, impresionado. **11** MÚS. {sonido} breve, cortado. **12** *f.* sequía, tiempo seco. **13** *loc. a secas:* solamente, sin otra cosa. **14** *loc.* a) *en seco:* fuera del agua. b) *loc. en seco:* bruscamente, de repente, de pronto. c) *loc. en seco:* sin motivo, sin causa. d) *loc. en seco:* sin lo necesario, sin medios.

secreción *f.* evacuación, segregación.

secretar *tr.* segregar.

secretario, -ria *s.* asistente, ayudante, escribiente, colaborador.

secretear *intr. col.* murmurar, cuchichear, susurrar, bisbisear, hablar en secreto.

secreto, -ta *adj.* escondido, oculto, misterioso, clandestino, reservado, furtivo. ANT. manifiesto, divulgado. **2** sigiloso, callado. **3** *m.* enigma, misterio, incógnita, arcano, interrogante. **4** sigilo, anonimato, reserva. **5** escondrijo, escondite. **6** *adv.* en forma secreta, furtivamente, clandestinamente.

secta *f.* doctrina, religión, ideología. **2** creyentes, grupo, clan.

sectario, -ria *adj. s.* intransigente, fanático, adepto, secuaz, cofrade.

sectarismo *m.* dogmatismo, fanatismo, intolerancia, intransigencia. *ANT.* transigencia.

sector *m.* división, parte, porción, lote, grupo.

secuaz *adj. com.* partidario, seguidor, adepto, partidista.

secuela *f.* consecuencia, resultado, efecto, derivación, deducción. *ANT.* causa.

secuencia *f.* sucesión, serie, ciclo, progresión, concatenación, continuación.

secuestrador, -ra *adj. s.* criminal, raptor, delincuente, chantajista, violador.

secuestrar *tr.* raptar, retener, encerrar, detener. *ANT.* liberar.

secuestro *m.* rapto, detención, reclusión, violación. *ANT.* liberación. **2** bienes secuestrados. **3** *DER.* embargo, depósito judicial.

secular *adj.* seglar, terrenal, temporal, laico, profano. **2** centenario.

secundar *tr.* auxiliar, favorecer, apoyar, ayudar, colaborar, respaldar, asistir, cooperar, coadyuvar. *ANT.* oponerse.

secundario, -ria *adj.* segundo. **2** segunda enseñanza. **3** accesorio, auxiliar, complementario, circunstancial, subordinado. *ANT.* primordial.

sed *f.* avidez, anhelo, ansia, deseo, apetito, apremio, afán, necesidad.

sedal *m.* cuerda, hilo, cordón.

sedante *adj.* analgésico, calmante, sedativo. *ANT.* estimulante.

sedar *tr.* tranquilizar, calmar, sosegar.

sedativo, -va *adj. s.* calmante, tranquilizante.

sede *f.* base, centro, central. **2** sitial, trono, asiento.

sedentario, -ria *adj.* estacionario, inmóvil, aposentado, fijo, inactivo, estático. *ANT.* nómada, errante.

sedicente *adj. irón.* {persona} pretendido.

sedición *f.* sublevación, levantamiento, insurrección, rebelión, motín, insubordinación, alzamiento. *ANT.* calma, paz.

sedicioso, -sa *adj. s.* insurrecto, rebelde, amotinado, sublevado.

sediento, -ta *adj. s.* deseoso, ansioso, anheloso, ávido, vehemente.

sedimentar *tr. prnl.* asentar, depositar, precipitar, posar.

sedimento *m.* poso, residuo, depósito, precipitado.

sedoso, -sa *adj.* suave, delicado, terso.

seducción *f.* atractivo, encanto, fascinación, incitación, deslumbramiento, embelesamiento. *ANT.* repulsión.

seducir *tr.* fascinar, atraer, hipnotizar, encantar, cautivar, flechar. *ANT.* repeler. **2** persuadir, arrastrar. **3** engañar.

seductor, -ra *adj. s.* fascinador, encantador, interesante, cautivador, tentador, atractivo, atrayente.

sefardita *adj. s.* sefardí.

segador, -ra *adj. f.* {máquina} guadañadora, cortadora, trilladora. **2** *s.* {persona} labrador, campesino.

segar *tr.* {mieses, hierba} cortar, guadañar, cercenar, tronchar. **2** interrumpir, suspender.

seglar *adj.* terrenal, mundano, secular, profano. *ANT.* religioso, monacal. **2** civil, laico. *ANT.* religioso.

segmentación *f.* división, fragmentación, partición.

segmentar *tr. prnl.* partir, seccionar, dividir, cortar, fragmentar, fraccionar. *ANT.* unir.

segmento *m.* fragmento, porción, división, trozo, parte, porción. *ANT.* totalidad, unidad.

segregación *f.* división, separación, disgregación. *ANT.* unión.

segregar *tr.* separar, apartar, dividir, discriminar. *ANT.* unir. **2** secretar, rezumar, excretar.

seguida (en) *loc.* inmediatamente, al instante, al momento, ya, en el acto.

seguido, -da *adj.* continuo, frecuente, sucesivo, consecutivo. *ANT.* ininterrumpido. **2** derecho, en línea recta.

seguidor, -ra *adj. s.* adepto, partidario, secuaz. **2** *DEP.* hincha, aficionado.

seguimiento *m.* búsqueda, persecución, rastreo, acoso.

seguir *tr. intr.* suceder, ir detrás. **2** *tr.* dirigirse, caminar, ir en busca. **3** mirar, dirigir la vista, observar. **4** {negocio} manejar, tratar. **5** conformarse, convenir, aceptar. **6** perseguir, rastrear, acosar. **7** continuar, proseguir, reanudar, insistir. *ANT.* interrumpir. **8** acompañar, escoltar. **9** {ciencia, arte} profesar, practicar, ejercer. **10** imitar, copiar. **11** *prnl.* deducirse, inferirse, derivarse. **12** causarse, originarse.

según *prep.* de acuerdo con, conforme a, en conformidad a, con arreglo a. **2** en proporción a, en correspondencia a. **3** de la misma manera que, de la misma suerte que.

segunda *f.* segunda intención. **2** *f.* {motor} marcha.

segundero *m.* {reloj} manecilla, aguja.

segundo *m.* ayudante, auxiliar, lugarteniente. *ANT.* jefe, primero. **2** *fig.* instante, momento muy breve.

segur *f.* hacha. **2** hoz.

seguramente *adv.* probablemente.

seguridad *f.* certidumbre, persuasión, convicción, evidencia, certeza, convencimiento. *ANT.* inseguridad. **2** confianza, fe. *ANT.* desconfianza. **3** garantía, fianza.

seguro, -ra *adj.* protegido, resguardado, defendido, invulnerable, abrigado, inexpugnable, garantizado. *ANT.* expuesto, en peligro. **2** cierto, indudable, fehaciente, positivo, evidente, palmario, innegable, inequívoco. *ANT.* dudoso, inseguro. **3** estable, firme, sólido, recio. *ANT.* débil, inestable. **4** irremediable, forzoso, inevitable, insoslayable. **5** confiable, de fiar, de confianza. **6** *m.* cierre, muelle, dispositivo, mecanismo. **7** *DER.* documento, contrato, título, garantía. **8** *col.* seguridad social, servicios médicos. **9** *adv.* seguramente, probablemente, posiblemente. **10** *loc. de ~:* en verdad, sin duda, ciertamente. **11** *loc. sobre ~:* sin riesgos, sin aventurarse.

seísmo *m.* sismo, sacudida, terremoto, temblor.

selección *f.* escogimiento, elección, opción, distinción, preferencia. **2** antología, colección, compendio, recopilación, repertorio, florilegio. **3** *DEP.* equipo, conjunto.

seleccionado, -da *adj.* escogido, elegido, distinguido.

seleccionar *tr.* elegir, escoger, preferir, distinguir, clasificar.

selecto, -ta *adj.* elegido, escogido, seleccionado, distinguido. *ANT.* común.

self-service *s.* [ING.] autoservicio.

sellar *tr.* timbrar, estampillar, estampar, grabar. **2** cerrar, cubrir, precintar, tapar, lacrar. *ANT.* abrir. **3** concluir, terminar, acabar, poner fin. *ANT.* iniciar, comenzar.

sello *m.* timbre, estampilla. **2** impresión, señal. **3** señal sellada, precinto. **4** {libros, películas, discos} firma, editorial, razón social. **5** {libros, películas, discos} marca registrada, marca de fábrica. **6** carácter peculiar, característica, personalidad, peculiaridad. **7** *Amer.* {moneda} cruz, reverso. **8** *loc. ~ postal:* estampilla.

selva *f.* jungla, bosque, manigua, espesura, monte, frondosidad.

selvático, -ca *adj.* salvaje, montaraz, rústico, agreste, inhóspito, espeso, boscoso.

semanal *adj.* semanario, hebdomadario.
semanario, -ria *adj.* semanal, hebdomadario. **2** *m.* hebdomadario.
semblante *m.* faz, cara, rostro, fisonomía, facciones, rasgos. **2** apariencia, facha, aspecto, presencia. **3** matiz, cariz.
semblanza *f.* relato, bosquejo, biografía.
sembrado *m.* cultivo, plantío, campo, huerto.
sembrador, -ra *adj. s.* cultivador, labrador, labriego, agricultor.
sembrar *tr.* esparcir, diseminar, desparramar, dispersar. ANT. reunir. **2** plantar, sementar, resembrar. **3** divulgar, propagar, publicar, difundir. ANT. callar.
semejante *adj. com.* análogo, parecido, similar, afín, equivalente. ANT. diferente. **2** *m.* prójimo.
semejanza *f.* similitud, parecido, afinidad, analogía. ANT. diferencia.
semejar *intr. prnl.* asemejarse, parecerse. ANT. diferenciarse.
semen *m.* esperma, secreción, simiente.
semental *adj. s.* {animal macho} reproductor.
sementar *tr.* sembrar.
sementera *f.* siembra. **2** *fig.* origen, fuente, causa, principio.
semicírculo *m.* hemicírculo.
semidiós, -osa *s.* superhombre, héroe.
semilla *f.* simiente, grano, germen, polen. **2** origen, causa, fundamento. ANT. consecuencia.
semillero *m.* vivero, sementera. **2** origen, fuente, causa, principio.
seminal *adj.* espermático. **2** fértil, fecundo.
seminario *m.* academia.
seminarista *m.* alumno.
semiótica *f.* semiología, teoría de los signos, estudio de los signos.
sempiterno, -na *adj.* inmortal, perpetuo, infinito, interminable. ANT. finito.
senado *m.* cuerpo legislador, congreso, asamblea, cámara.
senador, -ra *s.* parlamentario, congresista, diputado, representante, consejero, miembro del senado.
sencillez *f.* naturalidad, franqueza, llaneza, sinceridad, espontaneidad. ANT. afectación. **2** ingenuidad, candidez.
sencillo, -lla *adj.* fácil, descomplicado, simple, claro, evidente. ANT. difícil, complicado. **2** {persona} franco, llano, espontáneo, sincero, natural. ANT. presuntuoso, complicado. **3** incauto, ingenuo, cándido. ANT. receloso, desconfiado. **4** austero, sobrio. **5** *m. Amer.* dinero suelto, cambio.
senda *f.* sendero, camino, vereda, rumbo, trocha, atajo, derrota, derrotero, ruta. **2** medio, procedimiento, estrategia, vía, modo, paso, método.
sendero *m. ver* senda.
sendos, -das *adj. pl.* ambos, mutuos, correspondientes, respectivos, uno para cada cual. ANT. independientes.
senectud *f.* vejez, senilidad, decrepitud, ancianidad. ANT. juventud.
senescal *m.* mayordomo.
senil *adj.* viejo, anciano, longevo, caduco, vetusto, decrépito. ANT. joven.
senilidad *f. ver* senectud.
seno *m.* hueco, concavidad, cavidad, depresión. **2** pecho, teta, ubre, busto, mama. **3** matriz, útero. **4** interior, parte interna. ANT. exterior. **5** golfo, entrante, ensenada. **6** regazo, amparo, defensa, refugio, cobijo, protección. ANT. desamparo, abandono.
sensación *f.* percepción, apreciación, captación. **2** impresión, huella, sentimiento, emoción, experimentación, efecto.

sensacional *adj.* extraordinario, emocionante, insólito, fantástico, portentoso, pasmoso, impresionante, asombroso. ANT. común.
sensacionalista *adj.* escandaloso, efectista. ANT. moderado, discreto.
sensatez *f.* prudencia, mesura, moderación, ponderación, cordura, discreción, juicio. ANT. insensatez, necedad, imprudencia.
sensato, -ta *adj.* prudente, discreto, moderado, cauteloso, circunspecto, reflexivo. ANT. imprudente.
sensibilidad *f.* facultad de sentir. **2** compasión, emotividad, ternura, dulzura, humanidad. **3** susceptibilidad, impresión, sentido.
sensible *adj.* impresionable, susceptible, sentimental, delicado, tierno, emotivo. ANT. insensible. **2** manifiesto, perceptible, aparente, apreciable. ANT. imperceptible.
sensiblería *f.* sentimentalismo, cursilería, ridiculez. ANT. moderación.
sensiblero, -ra *adj.* emocionante, sentimental, conmovedor. **2** cursi, ridículo.
sensitivo, -va *adj.* sensorial. **2** impresionable, sensible.
sensorial *adj.* sensitivo, sensorio, sensible.
sensual *adj.* sensitivo, sensorial, sensorio, sensible. **2** deleitoso, deleitable, gustoso, placentero. **3** voluptuoso, lúbrico, libidinoso, lujurioso, lascivo, erótico.
sensualidad *f.* erotismo, lubricidad, concupiscencia, voluptuosidad, lujuria.
sentaderas *f. pl. col. Amer.* nalgas.
sentado, -da *adj.* juicioso, reflexivo, prudente, sesudo. ANT. irreflexivo, inconstante. **2** sosegado, tranquilo, reposado. ANT. inquieto. **3** apoltronado, arrellanado.
sentar *intr.* {alimento} digerir. **2** *tr.* adaptar, convenir, cuadrar. **3** igualar, aplanar. **4** anotar, escribir, establecer, registrar, asentar. **5** *prnl.* posarse, asentarse, acomodarse, repantigarse, arrellanarse, tomar asiento. ANT. levantarse, incorporarse.
sentencia *f.* fallo, veredicto, juicio, dictamen, resolución, decisión. **2** sanción, castigo, condena. ANT. indulto. **3** proverbio, máxima, refrán, aforismo, dicho, adagio, apotegma.
sentenciar *tr.* fallar, decidir, resolver. **2** aseverar. **3** condenar.
sentencioso, -sa *adj.* enfático, solemne, afectado. **2** refranero, proverbial.
sentido *m.* discernimiento, entendimiento, juicio, razón, comprensión. **2** significado, significación, acepción, interpretación, alcance. **3** inteligencia, conocimiento, penetración. **4** finalidad, razón de ser. **5** rumbo, derrota, orientación, trayectoria, dirección. **6** *adj.* emotivo, expresivo, afectivo. **7** {persona} ofendido, dolido, resentido. **8** *loc.* sexto ~: intuición. **9** *loc.* con los cinco ~s: con atención, con cuidado, con eficacia. **10** *loc.* perder el ~: desmayarse, perder el conocimiento.
sentimental *adj.* conmovedor, tierno, emocionante, sensitivo, sensible, romántico. ANT. insensible.
sentimiento *m.* impresión, emoción. **2** aflicción, pena, tristeza, dolor, lástima.
sentina *f.* cloaca, sumidero, albañal.
sentir *tr.* experimentar, percibir, advertir, notar, percatarse, apreciar. **2** lamentar, dolerse, conmoverse, afectarse, deplorar, condolerse, emocionarse. ANT. alegrarse. **3** juzgar, opinar. **4** creer, presentir, sospechar, barruntar. **5** *prnl.* dolerse, ofenderse, agraviarse, resentirse, molestarse. **6** *m.* juicio, parecer, opinión, dictamen, creencia.

seña *f.* signo, indicio. **2** gesto, ademán, expresión, manifestación.

señal *f.* marca, huella, vestigio, cicatriz. **2** síntoma, seña, indicio, impresión. **3** indicación, hito, baliza, mojón, aviso. **4** distintivo.

señalado, -da *adj.* famoso, notable, ilustre, insigne.

señalar *tr.* indicar, mostrar, especificar, determinar, advertir. **2** marcar, rayar, trazar, imprimir, abalizar, amojonar.

señalización *f.* marcación, demarcación.

señalizar *tr.* señalar.

señas *f. pl.* domicilio, dirección. **2** identidad, identificación.

señero, -ra *adj.* extraordinario, único, irrepetible, singular, sin par. ANT. común. **2** aislado, solo, solitario.

señor *adj. m.* dueño, patrono, jefe, propietario. **2** hombre, caballero.

señora *f.* dama, matrona, dueña. **2** esposa, mujer, cónyuge, consorte.

señorear *tr.* dominar, imperar, mandar. **2** descollar, sobresalir.

señorial aristocrático, elegante, linajudo, distinguido, noble, majestuoso. ANT. vulgar.

señorío *m.* nobleza, mesura, distinción, dignidad. ANT. torpeza. **2** imperio, mando, dominio, soberanía, potestad, poderío. ANT. servidumbre.

señorita *f.* muchacha, chica, joven.

señuelo *m.* carnada, cebo. **2** trampa, emboscada, treta, engaño, lazo.

separable *adj.* desprendible, divisible, disgregable, desvinculable. ANT. inseparable, indivisible.

separación *f.* DER. divorcio. **2** escisión, disolución, división, ruptura, desunión. ANT. unión.

separado, -da *adj. s.* desunido, divorciado. ANT. unido. **2** independizado, emancipado. **3** {lugar} aislado, solitario, apartado, retirado, distante, lejano. **4** {de un empleo} destituido, expulsado.

separata *f.* impresión por separado.

separar *tr. prnl.* apartar, dividir, disgregar, desunir, divorciar. ANT. unir, juntar. **2** alejar, apartar, desviar. **3** {cargo} despedir, relevar, destituir, deponer. ANT. nombrar. **4** diferenciar, distinguir. **5** abstraer, aislar. **6** *prnl.* retirarse, abandonar.

separatismo *m.* regionalismo, autonomía. ANT. unionismo.

separatista *adj. s.* autonomista, secesionista, segregacionista. ANT. unionista.

sepelio *m.* entierro, inhumación.

sepia *f.* jibia, molusco.

septentrión *m.* norte. ANT. sur.

septentrional *adj.* boreal, nórdico, ártico, hiperbóreo. ANT. austral, meridional.

septicemia *f.* MED. infección, contaminación.

séptico, -ca *adj.* MED. infeccioso, infecto.

septuagenario, -ria *adj.* setentón.

sepulcral *adj.* sombrío, fúnebre, lúgubre, misterioso, sobrenatural.

sepulcro *m.* sepultura, tumba, fosa, osario, huesa.

sepultar *tr.* enterrar, inhumar, soterrar. ANT. desenterrar. **2** esconder, ocultar, encubrir, sumergir. ANT. descubrir.

sepultura *f.* fosa, tumba, huesa, hoya, sepulcro, cripta, mausoleo.

sepulturero *m.* enterrador.

sequedad *f.* aridez, sequía, agostamiento, sed, deshidratación. ANT. humedad.

sequía *f.* desecamiento, sequedad, aridez.

séquito *m.* cortejo, compañía, comparsa, acompañamiento, escolta, comitiva.

ser[1] *intr.* existir, estar, vivir, hallarse, haber, permanecer, coexistir, subsistir. ANT. morir. **2** acontecer, devenir, suceder, ocurrir, pasar, transcurrir, acaecer. **3** pertenecer, corresponder, depender. **4** originarse.

ser[2] *m.* criatura, ente, organismo, animal, planta, individuo, sujeto, persona. **2** esencia, naturaleza. **3** modo de existir, forma de existencia.

seráfico, -ca *adj.* angélico, celestial. ANT. diabólico.

serafín *m.* ángel, querubín.

serenar *tr. intr. prnl.* {en general} calmar, tranquilizar, aquietar, aplacar. ANT. inquietar. **2** *tr. prnl.* {líquido} aclarar. ANT. {enojo} moderar, cesar, templar. **4** *tr.* {disturbio} apaciguar, sosegar. **5** *prnl.* Amer. exponerse (al sereno).

sereno, -na *adj.* tranquilo, suave, sosegado, manso, imperturbable. ANT. nervioso, agitado. **2** {cielo} despejado, claro, limpio. ANT. nublado, anubarrado. **3** *m.* humedad nocturna. **4** vigilante, guardián. **5** *loc. al sereno:* a la intemperie nocturna.

serial *m.* obra televisiva/radiofónica, seriado.

seriar *tr.* formar series, agrupar, clasificar.

serie *f.* sucesión, progresión, encadenamiento, secuencia, gradación, curso, ciclo, cadena. **2** fila, colección, conjunto, repertorio. **3** serial, obra televisiva/radiofónica, seriado.

seriedad *f.* formalidad, gravedad, rigor. ANT. regocijo.

serio, -ria *adj.* solemne, grave, majestuoso, circunspecto, respetable, digno, formal, prudente, mesurado. ANT. informal, imprudente.

sermón *m.* prédica, discurso, plática, homilía, charla, oración. **2** regaño, amonestación, reprensión. ANT. elogio.

sermoneador, -ra *adj.* increpador, regañón, censurador.

sermonear *intr.* arengar, predicar. **2** *tr.* reprender, regañar, amonestar.

serosidad *f.* secreción, acuosidad, flujo.

serpentear *intr.* zigzaguear, culebrear, reptar.

serpentina *f.* {para fiestas} tira, cinta, lista.

serpiente *f.* sierpe, culebra, ofidio, reptil.

serrado, -da *adj.* dentado.

serrallo *m.* harén.

serranía *f.* montaña, sierra, cordillera. ANT. llanura.

serrano, -na *adj.* montañés. ANT. montañoso.

serrar *tr.* aserrar, cortar.

serrín *m.* aserrín.

serrucho *m.* sierra.

servible *adj.* utilizable, útil. ANT. inservible.

servicial *adj.* atento, complaciente, solícito, servil, obsequioso, cortés, amable. ANT. desatento, descortés.

servicio *m.* asistencia, ayuda, beneficio, favor, auxilio, provecho, utilidad. ANT. desamparo. **2** servidumbre, criados, séquito. **3** retrete, excusado, lavabo.

servidor, -ra *s.* criado, sirviente, mozo, lacayo, dependiente. ANT. patrón.

servidumbre *f.* sujeción, vasallaje. **2** esclavitud. **3** servicio, criados, séquito. **4** DER. carga.

servil *adj.* bajo, vil, rastrero, humillante, vergonzoso, abyecto. ANT. altanero.

servilismo *m.* abyección, vileza, humillación. ANT. dignidad, integridad.

servilleta *f.* lienzo, paño.

servir *intr. prnl.* auxiliar, asistir, ayudar, prestar servicio, emplearse, trabajar. **2** valer, aprovechar, ser útil, interesar. **3** {juegos} repartir, dar, distribuir, partir, dosificar.

sesgado, -da *adj.* oblicuo, inclinado, torcido, desviado.

sesgar *tr.* ladear, inclinar, torcer. **2** cortar, partir (en sesgo). **3** atravesar.

sesgo, -ga *adj.* soslayado, torcido, inclinado, oblicuo. **2** {semblante} grave, serio. **3** *m.* torcimiento, inclinación, soslayo, oblicuidad. **4** {negocio, acontecimiento} rumbo, dirección, curso.

sesión *f.* reunión, asamblea, conferencia, comité, junta.

sesionar *intr.* reunirse, deliberar, conferenciar.

seso *m.* juicio, madurez, cordura, prudencia, sensatez, reflexión, cerebro, sustancia gris. *ANT.* insensatez.

sestear *intr.* dormir, reposar, descansar, tomar la siesta.

sesudo, -da *adj.* sensato, discreto, reflexivo, juicioso, cabal, prudente. *ANT.* insensato, imprudente.

seta *f.* hongo, champiñón.

setentón, -ona *adj.* septuagenario.

seto *m.* valla, valladar, cerca, cerco, cercado, empalizada, estacada, barrera, alambrada.

seudónimo *m.* alias, apodo, sobrenombre, mote, remoquete.

severidad *f.* rigor, dureza, seriedad, austeridad, rigidez, aspereza, sequedad, inclemencia, intransigencia, adustez. *ANT.* transigencia, benevolencia.

severo, -ra *adj.* rígido, inflexible, exigente, riguroso, inexorable, implacable, estricto. *ANT.* benévolo, tolerante.

sevicia *f.* crueldad, inclemencia, impiedad, encarnizamiento. *ANT.* bondad, piedad.

sex-appeal *s.* [ING.] atractivo físico/sexual.

sexo *m.* género, sexualidad. **2** órganos sexuales. **3** erotismo, voluptuosidad, sexualidad. **4** fornicación, coito, cópula, apareamiento, ayuntamiento.

sexual *adj.* erótico, carnal. **2** genital.

sexualidad *f.* amor, erotismo, deseo, apetito sexual.

sexy *adj.* [ING.] sexi, atractivo/a, sensual, seductor/a.

shock *s.* [ING.] choque, golpe, conmoción, impresión, sacudida.

show *s.* [ING.] espectáculo, función. **2** exhibición, demostración.

sibarita *adj. s.* {persona} refinado, sensual.

sibarítico, -ca *adj.* sensual, deleitoso.

sibila *f.* pitonisa, profetisa, mujer sabia, adivina.

sibilino, -na *adj.* indescifrable, misterioso, oscuro, balbuciente, confuso.

sibilítico, -ca *adj. ver* sibilino.

sic *adv.* {en impresos y manuscritos} así, textual, textualmente, al pie de la letra.

sicalíptico, -ca *adj.* libidinoso, lascivo.

sicario *m.* asesino asalariado, criminal.

sicofanta *m.* impostor, calumniador.

sideral *adj.* sidéreo, astronómico, espacial, cósmico, estelar, astral.

sidéreo, -a *adj. ver* sideral.

siega *f.* cosecha, recolección, recogida.

siembra *f.* sementera, tierra sembrada. **2** cultivo, sembrado, labranza, laboreo. *ANT.* cosecha, siega.

siempre *adv.* eternamente, perpetuamente, perennemente, continuamente, sin cesar, invariablemente. *ANT.* nunca, jamás.

sierpe *f.* ofidio, serpiente, culebra. **2** feo, feroz, colérico.

sierra *f.* serranía, cordillera, montaña. **2** segueta, serrucho.

siervo, -va *s.* *HIST.* vasallo, servidor, sirviente, esclavo, villano. *ANT.* dueño, amo, señor.

siesta *f.* descanso, reposo, sueño, pausa.

sifón *m.* tubo, conducto, tubería.

sigilo *m.* disimulo, secreto, reserva, cautela, silencio, discreción. *ANT.* ruido.

sigiloso, -sa *adj.* reservado, callado, discreto, prudente, secreto.

sigla *f.* abreviatura, signo, símbolo, equivalencia.

siglo *m.* centuria, 100 años. **2** edad, tiempo, época, período, era, ciclo, lapso. **3** *fig.* mucho tiempo, largo tiempo.

signar *tr.* firmar, rubricar.

signatario, -ria *adj. s.* firmante.

signatura *f.* rúbrica, firma. **2** marca, señal.

significación *f.* sentido, significado. **2** importancia, relevancia, trascendencia. *ANT.* intrascendencia.

significado *m.* {palabra, frase} sentido, significación, acepción. **2** LING. {del signo} contenido semántico. **3** alcance, importancia, valor, extensión, fuerza. **4** *adj.* conocido, notorio, importante, notable.

significar *tr.* representar, indicar, simbolizar, denotar. **2** declarar, notificar, comunicar, expresar, manifestar, enunciar. *ANT.* omitir. **3** *intr.* importar, valer, tener importancia. **4** *prnl.* destacarse, darse a conocer, sobresalir, distinguirse.

significativo, -va *adj.* expresivo, claro, revelador, preciso, elocuente. **2** notable, valioso, meritorio, importante. *ANT.* insignificante.

signo *m.* símbolo, cifra, marca, rasgo, alegoría, traza, trazo, insignia, abreviatura, letra, emblema, carácter. **2** indicio, pista, vestigio, huella, rastro. **3** seña, señal, gesto, ademán. **4** hado, sino, suerte, destino.

siguiente *adj.* subsecuente, subsiguiente, sucesivo, posterior, ulterior. *ANT.* anterior.

silabario *m.* alfabeto, abecedario, abecé.

silabear *intr. tr.* pronunciar, deletrear.

silba *f.* rechifla, abucheo, reprobación, protesta. *ANT.* aprobación.

silbar *intr. tr.* chiflar, pitar, rechiflar. **2** alborotar, protestar, abuchear, reprobar. *ANT.* aplaudir.

silbato *m.* pito.

silbido *m.* silbo, pitido, chiflido.

silbo *m.* silbido, pitido, chiflido.

silenciar *tr.* acallar, callar, enmudecer. **2** reservarse, omitir.

silencio *m.* reserva, sigilo, secreto, disimulo, discreción, ocultación, prudencia. **2** mutismo, mudez, enmudecimiento. **3** calma, paz, tregua, pausa, quietud. *ANT.* ruido.

silencioso, -sa *adj.* mudo, callado, reservado.

sílfide *f.* ser fantástico, espíritu aéreo.

silla *f.* asiento, sillón, butaca, taburete, escaño, banco. **2** {prelado} sede, asiento, trono.

sillón *m.* silla de brazos.

silo *m.* depósito, granero, almacén, bodega. **2** depósito de misiles.

silogismo *m.* FIL. argumento, razonamiento.

silueta *f.* contorno, perfil, trazo, borde, forma.

silvestre *adj.* agreste, rústico, campestre, inculto, salvaje, montaraz. *ANT.* urbano.

sima *f.* fosa, abismo, hondonada, cuenca, barranco, depresión, pozo.

simbiosis *f.* BIOL. asociación.

simbólico, -ca *adj.* representativo, figurado, alegórico, expresivo.

simbolizar *tr.* representar, encarnar.

símbolo *m.* signo, emblema, representación, figura, apariencia, imagen, alegoría. *ANT.* realidad.

simetría *f.* armonía, proporción, conformidad, concordancia, ritmo. ANT. asimetría.

simétrico, -ca *adj.* proporcionado, proporcional, equilibrado, armonioso, conforme. ANT. asimétrico, desequilibrado.

simiente *f.* {vegetales} semilla, germen, grano. **2** {personas, animales} semen, esperma.

símil *m.* {cosas} comparación, semejanza.

similar *adj.* análogo, parecido, semejante, equivalente, comparable, conforme. ANT. diferente, disímil.

similitud *f.* analogía, parecido, semejanza. diferencia.

simio *m.* mono, mico, antropoide, primate.

simpatía *f.* atractivo, gracia, encanto, amabilidad, cordialidad. ANT. antipatía. **2** inclinación, afición, propensión, tendencia, vocación, cariño, apego. ANT. repulsión.

simpático, -ca *adj. s.* agradable, cordial, amable. ANT. antipático.

simpatizante *adj. s.* partidario, adepto, inclinado, aficionado. ANT. contrario, opositor.

simpatizar *intr.* aficionarse, encariñarse, apegarse.

simple *adj.* sencillo, elemental, incomplejo, natural, llano, fácil. ANT. complejo. **2** *adj. s.* tonto, bobo, necio, estúpido. ANT. listo.

simplemente *adv.* sencillamente. **2** absolutamente. **3** solamente, de un solo modo.

simpleza *f.* tontería, necedad, bobería.

simplicidad *f.* facilidad, sencillez, naturalidad, claridad. ANT. complejidad. **2** timidez, candor, ingenuidad. **3** tontería, bobería, simpleza, necedad.

simplificación *f.* reducción, abreviación. ANT. complicación.

simplificar *tr.* abreviar, resumir, compendiar, reducir, facilitar. ANT. complicar.

simplón, -ona *adj. s.* ingenuo, incauto, inocente, cándido. **2** necio, mentecato, tanto. ANT. avispado.

simposio *m.* conferencia, reunión, asamblea, junta.

simulación *f.* fingimiento, impostura, falsedad, disimulo, engaño, farsa.

simulacro *m.* {de la fantasía} idea, representación. **2** ficción, falsificación, imitación. **3** MIL. ensayo, maniobra, práctica, ejercicio táctico, guerra fingida.

simulador, -ra *adj. s.* farsante, impostor, engañoso, imitador, fingidor. ANT. veraz, auténtico.

simular *tr.* fingir, aparentar, imitar, representar, suponer.

simultaneidad *f.* contemporaneidad, sincronía, concomitancia, conjunción, compatibilidad, coexistencia, coincidencia. ANT. diferencia, discrepancia.

simultáneo, -a *adj.* sincrónico, coincidente, coexistente, coetáneo, contemporáneo. ANT. anacrónico.

sinalefa *f.* FON. {entre sílabas} enlace, vínculo, unión, fusión.

sinapismo *m.* MED. cataplasma. **2** *fig.* {persona} pesadilla, molestia.

sinceramente *adv.* con sinceridad, francamente, directamente, claramente, sin rodeos. ANT. solapadamente, hipócritamente.

sincerar *tr. prnl.* {culpabilidad o inculpabilidad} confesar, revelar, descubrir, explayarse, franquearse. ANT. ocultar, callar.

sinceridad *f.* rectitud, honradez, veracidad, integridad. **2** franqueza, llaneza, sencillez, naturalidad. **3** candidez, ingenuidad.

sincero, -ra *adj.* franco, honesto, veraz, natural, justo, cándido, genuino. ANT. falso, hipócrita.

sincopar *tr.* abreviar, acortar. ANT. extender.

síncope *m.* ataque, patatús, desfallecimiento, vértigo, mareo.

sincronía *f.* sincronismo.

sincrónicamente *adv.* simultáneamente.

sincrónico, -ca *adj.* simultáneo, coincidente, contemporáneo, concomitante, concordante. ANT. discordante.

sincronizar *tr.* concordar, coincidir, equiparar.

sindicado, -da *adj. s.* agremiado, asociado, confederado. **2** *Amer.* infractor, acusado.

sindicato *m.* gremio, asociación, grupo, liga, federación.

síndico *m.* apoderado, delegado, procurador, administrador.

síndrome *m.* {enfermedad} síntomas, indicios. **2** {situación} fenómenos, condiciones.

sine qua non *loc.* [LAT.] indispensable, imprescindible.

sinecura *f.* {empleo, cargo} prebenda, ventaja, beneficio, lucro.

sinfín *m.* multitud, infinitud, infinidad, abundancia, muchedumbre, pluralidad, sinnúmero, cúmulo. ANT. escasez.

sinfonía *f.* MÚS. composición instrumental; obertura. **2** {colores} armonía.

singladura *f.* NÁUT. rumbo, trayecto, dirección, recorrido.

singlar *intr.* NÁUT. navegar.

singular *adj.* único, solo, separado. **2** extraordinario, particular, sensacional, extravagante, raro, excéntrico. ANT. normal, común.

singularidad *f.* peculiaridad, originalidad, particularidad, extrañeza, extravagancia, rareza.

singularizar *tr.* distinguir, particularizar. **2** *prnl.* diferenciarse, individualizarse, señalarse, distinguirse, significarse. ANT. confundirse.

singularmente *adv.* particularmente, especialmente. ANT. generalmente.

siniestra *f.* mano izquierda, izquierda, zurda.

siniestrado, -da *adj. s.* {persona} accidentado, herido, víctima. **2** *adj.* {cosa} averiado, destruido, dañado.

siniestralidad *f.* frecuencia de siniestros.

siniestro, -tra *adj. p. us.* {sitio} a mano izquierda. **2** {persona, acción} malintencionado, malo, avieso, perverso. ANT. bueno. **3** funesto, trágico, lúgubre, aciago, infausto, espantoso. ANT. afortunado, feliz. **4** *m.* daño, catástrofe, desastre, accidente, desgracia, hecatombe. **5** *f.* izquierda, mano izquierda. ANT. derecha, diestra.

sinnúmero *m.* infinidad, sinfín, multitud, cúmulo, abundancia, muchedumbre, montón.

sino[1] *m.* hado, destino, azar, ventura, predestinación, estrella, providencia, acaso, fortuna, suerte, casualidad.

sino[2] *conj.* pero, empero. **2** solamente, tan solo. **3** excepto.

sínodo *m.* {de obispos o eclesiásticos} junta, concilio, asamblea.

sinonimia *f.* analogía, semejanza, equivalencia. ANT. antonimia, oposición.

sinónimo, -ma *adj. m.* {vocablo, expresión} equivalente, análogo, semejante, consonante, igual, parecido, parejo, paralelo. ANT. antónimo, contrario, distinto.

sinopsis *f.* síntesis, compendio, resumen.

sinóptico, -ca *adj.* resumido, breve. ANT. extenso.

sinrazón *f.* desafuero, injusticia, iniquidad, atropello, abuso, arbitrariedad, alcaldada, parcialidad. ANT. justicia.

sinsabor *m.* disgusto, pesar, pena, desazón, dolor, amargura. ANT. alegría.

sinsentido *m.* absurdo.

sintaxis *f.* GRAM. {entre palabras} coordinación, unión, ordenación.

síntesis *f.* {materia, cosa} compendio, resumen, abreviación, simplificación, sinopsis, recopilación, extracto, compilación, reducción. ANT. amplificación. **2** QUÍM. asimilación.

sintético, -ca *adj.* {producto} artificial, químico, elaborado. ANT. natural.

sintetizar *tr.* esbozar, esquematizar. **2** resumir, simplificar, extractar. ANT. extender.

síntoma *m.* señal, indicio, manifestación, signo, revelación, asomo.

sintomático, -ca *adj.* significativo, revelador.

sintonía *f.* {ideas, opiniones} coincidencia.

sintonizar *tr.* {personas} coincidir, armonizar, concordar. ANT. desajustar. **2** {frecuencia, emisora} ajustar, recibir, captar.

sinuosidad *f.* hueco, seno. **2** desigualdad, escabrosidad.

sinuoso, -sa *adj.* ondulado, serpenteado, ondulante, tortuoso, quebrado, reptante. ANT. recto, derecho.

sinusitis *f.* MED. inflamación.

sinvergüencería *f.* desfachatez, desvergüenza, insolencia.

sinvergüenza *adj. com.* desvergonzado, desfachatado, bribón, pícaro, pillo, granuja. ANT. honrado, decente.

siquiatra *f.* psiquiatra.

síquico, -ca *adj.* psíquico.

siquiera *conj.* aunque, aun. **2** *adv.* tan sólo, al menos, por lo menos, como mínimo.

sirena *f.* MIT. ninfa marina, sílfide, ondina, nereida, náyade. **2** silbato, pito, alarma.

siringa *f.* zampoña, flauta de pan.

siroco *m.* viento sudeste.

sirte *f.* bajío, bajo de arena.

sirviente, -ta *s. m.* asistente, ayudante, criado, doméstico, servidor. **2** *f.* asistente, ayudante, mucama, doméstica, servidora.

sisa *f.* robo, hurto. **2** {en una prenda} corte, sesgadura.

sisar *tr.* robar, hurtar.

sisear *intr. tr.* abuchear, silbar.

sismo *m.* seísmo, terremoto, temblor.

sistema *m.* método, procedimiento, técnica, plan, norma, regla, vía, camino.

sistemáticamente *adv.* por sistema.

sistemático, -ca *adj.* regular, metódico, invariable, constante. ANT. anárquico, desordenado, confuso.

sistematizar *tr.* organizar, regular, planificar, ordenar, planear. ANT. desordenar, desorganizar.

sistémico, -ca *adj.* total, general. ANT. local.

sitiado, -da *adj.* {persona} cercado.

sitial *m.* trono, solio, sede. **2** sillón, silla.

sitiar *tr.* {ciudad, fortaleza} asediar, cercar, bloquear, rodear, circundar, acorralar. ANT. liberar.

sitio *m.* lugar, puesto, paraje, localidad, punto, territorio, espacio, parte. **2** {ciudad, fortaleza} asedio, cerco, bloqueo.

sito, -ta *adj.* situado.

situación *f.* sitio, ubicación, lugar, asentamiento. **2** posición, disposición, estado, dirección, postura.

situacional *adj.* {circunstancia, factor} transitorio, pasajero. ANT. permanente, definitivo.

situar *tr. prnl.* disponer, colocar, acomodar, instalar, plantar. ANT. sacar, trasladar.

soasar *tr.* asar ligeramente.

soba *f.* sobadura. **2** tunda, zurra.

sobaco *m.* axila.

sobado, -da *adj.* manoseado, ajado, muy usado.

sobajear *tr.* sobar, manosear.

sobar *tr.* manosear, tentar, tocar, acariciar, restregar. **2** ajar, deteriorar.

soberanía *f.* poderío, dominio, supremacía, autoridad, preponderancia. ANT. inferioridad.

soberano, -na *s.* rey, monarca, emperador. ANT. vasallo. **2** *adj.* elevado, excelente, insuperable, grande, supremo, mayúsculo, egregio, regio.

soberbio, -bia *adj.* arrogante, orgulloso, altanero, altivo, engreído. ANT. modesto, humilde. **2** suntuoso, magnífico, espléndido, regio, admirable, estupendo. ANT. humilde. **3** *f.* fatuidad, arrogancia, vanidad, engreimiento, ínfulas, humos. ANT. modestia. **4** ira, furia, cólera, rabia.

sobo *m. ver* **soba**.

sobón, -ona *adj. s. col.* fastidioso, zalamero, empalagoso, mimoso.

sobornar *tr.* corromper, comprar, seducir.

soborno *m.* cohecho, corrupción, venalidad. ANT. integridad.

sobra *f.* exceso, excedente, sobrante, demasía, abundancia, exageración, profusión. ANT. falta, carencia, escasez. **2** *pl.* **sobras**, residuos, desechos, desperdicios, basura, sobrantes, despojos, restos. **3** *loc.* a) *de ~*: abundantemente, de más, con exceso. b) *loc. de ~*: sin necesidad, por demás. **4** *loc. de ~*: suficiente.

sobrado, -da *adj.* demasiado, bastante.

sobrante *adj. s.* exceso, que sobra. **2** *adj.* sobrado, excesivo, demasiado.

sobrar *intr.* restar, quedar. **2** abundar, exceder, desbordar, rebosar. ANT. faltar.

sobre[1] *prep.* encima, arriba de. ANT. debajo, bajo. **2** acerca de, referente a, en orden a, relativo a, con respecto a. **3** además de, aparte. **4** cerca de. **5** a, hacia. **6** después de.

sobre[2] *m.* cubierta, carpeta, envoltura, envoltorio.

sobreabundancia *f.* demasía, abundancia, plétora, exceso. ANT. escasez, falta.

sobreabundar *intr.* abundar.

sobreactuar *tr.* {actor} exagerar.

sobrealimentar *tr. prnl.* engordar, cebar.

sobrecalentamiento *m.* calentamiento excesivo.

sobrecama *f.* cubrecama, colcha.

sobrecarga *f.* exceso de carga. **2** pena, molestia.

sobrecargar *tr.* recargar, aumentar, gravar, abrumar, rebosar. ANT. aligerar.

sobrecargo *m.* {avión} tripulante.

sobrecejo *m.* ceño, sobreceño.

sobrecogedor, -ra *adj.* conmovedor, estremecedor, impresionante, espantoso, pasmoso. ANT. indiferente.

sobrecoger *tr.* sorprender, impresionar, turbar, pasmar. ANT. tranquilizar. **2** *prnl.* alarmarse, intimidarse, asustarse.

sobrecogido, -da *adj.* pasmado, perplejo, atónito, estupefacto.

sobrecogimiento *m.* impresión, conmoción, pasmo, turbación, emoción. **2** horror, temor, espanto, susto.

sobrecomida *f.* postre.

sobrecubierta *f.* segunda cubierta.

sobrecuello *m.* alzacuello.

sobredicho, -cha *adj.* susodicho, dicho arriba.

sobredimensionar *tr.* exagerar.

sobredorar *tr.* {acción reprensible} disculpar, justificar, dorar la píldora.

sobredosis *f.* {medicamento, droga} dosis excesiva.

sobreentender *tr. ver* **sobrentender**.

sobreentendido, -da *adj. ver* **sobrentendido.**

sobreexcitación *f.* agitación, excitación, inquietud, conmoción. *ANT.* calma.

sobreexplotar *tr.* {recursos naturales} expoliar, utilizar en exceso. *ANT.* racionalizar, moderar.

sobrefalda *f.* falda corta.

sobrefaz *f.* {cosas} superficie, cara exterior.

sobrefrenada *f.* sofrenada.

sobregirar *tr.* {crédito} exceder.

sobrehaz *f.* {cosas} sobrefaz, superficie, cara exterior. **2** apariencia.

sobreherido, -da *adj.* herido levemente/superficialmente.

sobrehilado *m.* sobrehílo, puntadas.

sobrehílo *m.* sobrehilado, puntadas.

sobrehora (a) *loc.* a deshora, fuera de tiempo.

sobrehumano, -na *adj.* sobrenatural, ultraterreno.

sobreintendencia *f.* superintendencia, suprema administración.

sobrelleno, -na *adj.* rebosante, superabundante.

sobrellevar *tr.* aguantar, sufrir, tolerar, resignarse.

sobremanera *adv.* en extremo, muchísimo, con exceso.

sobremano (a) *loc.* a pulso, sin apoyo.

sobremesa *f.* tapete, mantel. **2** *p. us.* postre. **3** *loc.* de ~: después de comer.

sobremodo *adv.* sobremanera, en extremo.

sobrenadar *intr.* nadar, flotar, sostenerse, permanecer. *ANT.* hundirse.

sobrenatural *adj.* inmaterial, metafísico, celestial, divino, ultraterreno, mágico. *ANT.* natural, material.

sobrenombre *m.* mote, apodo, apellido, alias, seudónimo, apelativo.

sobrentender *tr. prnl.* inferir, deducir, colegir, adivinar.

sobrentendido, -da *adj.* implícito, tácito, expresado, supuesto, figurado, dado por supuesto.

sobrepaga *f.* aumento de paga.

sobrepasar *tr. prnl.* rebosar, exceder, aventajar, superar.

sobrepelliz *f.* vestidura.

sobrepeso *m.* exceso de peso, gordura, obesidad.

sobrepintarse *prnl.* {cara} repintarse.

sobreponer *tr.* añadir, superponer, poner encima. **2** *prnl.* dominarse, contenerse, refrenarse, recobrarse, superar.

sobreprecio *m.* incremento, sobretasa, aumento, recargo.

sobreproducción *f.* superproducción.

sobrepujar *tr.* superar, exceder, aventajar, ganar. *ANT.* perder.

sobrerrealismo *m.* ARTE superrealismo.

sobresaliente *adj.* superior, aventajado, excelente, destacado, notorio. *ANT.* corriente, vulgar.

sobresalir *intr.* despuntar, destacar, resaltar, descollar, distinguirse. *ANT.* pasar desapercibido.

sobresaltar *tr. prnl.* asustar, turbar, intranquilizar. *ANT.* tranquilizar, serenar.

sobresalto *m.* susto, alteración, turbación, inquietud, miedo, intranquilidad, pavor, alarma, consternación.

sobreseer *intr.* {pretensión} desistir. **2** {cumplimiento de una obligación} cesar, detener, suspender.

sobreseimiento *m.* interrupción, suspensión, cese, detención, desistimiento, cesación, cancelación.

sobreseñal *f.* HIST. {caballeros} divisa, distintivo.

sobrestante *m.* capataz.

sobrestimación *f.* supervaloración.

sobresueldo *m.* extra, prima.

sobretasa *f.* recargo.

sobretiro *m.* {artículo, capítulo} separata, impresión por separado.

sobretodo *m.* abrigo, gabán, gabardina.

sobrevenir *intr.* acaecer, suceder, acontecer, devenir, ocurrir.

sobreverterse *prnl.* verterse en abundancia, desbordarse.

sobrevidriera *f.* alambrera, red de alambre.

sobreviento *m.* golpe de viento.

sobreviviente *adj. com.* superviviente.

sobrevivir *intr.* subsistir, continuar, perpetuarse, perdurar, mantenerse. *ANT.* morir.

sobrevolar *tr.* volar, trasvolar.

sobrexceder *tr.* sobrepujar, exceder, aventajar.

sobriamente *adv.* frugalmente, con moderación, con sobriedad. *ANT.* desmesuradamente.

sobriedad *f.* mesura, frugalidad, temperancia, continencia, templanza, ponderación, parquedad. *ANT.* desmesura, inmoderación. **2** {lenguaje} concisión, sencillez, brevedad, naturalidad.

sobrio, -bria *adj.* templado, mesurado, prudente, moderado. *ANT.* desenfrenado.

socaliña *f.* artificio, artimaña, ardid.

socapa *f.* pretexto, fingimiento, excusa, disimulo, disfraz. **2** *loc.* **a so capa** ~: secretamente.

socarrar *tr. prnl.* soflamar, tostar, chamuscar.

socarrón, -ona *adj.* disimulado, solapado, taimado, astuto. **2** burlón, bromista.

socarronería *f.* astucia, malicia, disimulo, cazurrería, zorrería, cinismo, bellaquería, cautela. **2** burla, mofa.

socavar *tr. prnl.* excavar. **2** *tr.* debilitar.

socavón *m.* bache, hoyo, agujero, hueco, zanja.

sociabilidad *f.* civilidad.

sociable *adj.* comunicativo, tratable, abierto, accesible. *ANT.* insociable, huraño.

sociedad *f.* agrupación, asociación, colectividad. **2** entidad, corporación, compañía, empresa.

socio, -cia *s.* asociado, participante, afiliado.

socolor *m.* pretexto, encubrimiento, apariencia. **2** *loc.* **so color:** bajo pretexto.

socorrer *tr.* auxiliar, ayudar, asistir, amparar, proteger, favorecer. *ANT.* abandonar, desamparar.

socorro *m.* protección, auxilio, amparo, defensa, apoyo. *ANT.* desamparo. **2** donación, beneficio, subsidio, colaboración.

soda *f.* gaseosa, bebida.

sodomía *f.* pederastia.

soez *adj.* grosero, vil, bajo, indecente, ordinario, rudo, zafio. *ANT.* cortés.

sofá *diván, canapé, sillón, asiento.*

sofisma *m.* falsa argumentación. **2** falacia, falsedad, engaño, argucia.

sofista *com.* FIL., HIST. {en Grecia antigua} maestro de retórica. **2** falsario, charlatán.

sofisticación *f.* falsificación, adulteración.

sofisticado, -da *adj.* afectado, falto de naturalidad, artificial. *ANT.* natural. **2** refinado, elegante, excéntrico, mundano, cosmopolita. *ANT.* rudo, zafio. **3** {mecanismo, sistema} complejo, avanzado, complicado. *ANT.* fácil, rudimentario.

sofisticar *tr.* falsificar, viciar, adulterar, tergiversar.

sofístico, -ca *adj.* refinado, sutil. **2** falaz, engañoso.

soflama *f.* discurso, proclama, arenga, perorata.

soflamar *tr.* fingir, engañar. **2** *prnl.* tostarse, requemarse.

sofocación *f.* acaloramiento, insolación. **2** extinción, aplastamiento.

sofocante *adj.* asfixiante, tórrido, caliente, bochornoso, caluroso, ardiente, abrumador. *ANT.* fresco, refrescante.

sofocar *tr. prnl.* ahogar, asfixiar. **2** avergonzar, abochornar. **3** importunar, acosar. **4** {revuelta} reprimir, dominar, contener, oprimir, apagar, extinguir. *ANT.* encender.

sofoco *m.* calor, bochorno, sofocación. **2** ahogo, asfixia, opresión. **3** disgusto.

sofocón *m. col.* disgusto, bochorno, enfado, desazón, irritación, molestia, vergüenza, sofoco. *ANT.* calma, tranquilidad.

sofreír *tr.* freír.

sofrenar *tr.* frenar, reprimir.

sofrito *m.* condimento.

software *s.* [ING.] INF. programas informáticos, soporte lógico, aplicaciones.

soga *f.* cuerda, amarra, cable, cabo.

sojuzgar *tr.* dominar, subyugar, someter, avasallar, esclavizar. *ANT.* liberar.

sol *m.* estrella luminosa, astro. **2** luz, resplandor. **3** calor. **4** *loc. de ~ a ~:* todo el día. **5** *loc. coger el ~:* tomar el sol.

solada *f.* {de un líquido} sedimento, poso, asiento, suelo.

solado *m.* revestimiento, pavimento.

solamente *adv.* de un solo modo.

solana *f.* terraza, corredor, mirador, galería.

solapa *f.* {vestido} doblez, reborde. **2** *fig.* disimulo, ficción, pantalla.

solapadamente *adv.* disimuladamente.

solapado, -da *adj.* hipócrita, falso, disimulado, pérfido, astuto, traidor. *ANT.* sincero.

solapar *tr.* encubrir, disimular, fingir, ocultar, engañar.

solar *m.* parcela, terreno, tierra. **2** casa, linaje, descendencia, familia.

solariego, -ga *adj.* antiguo, ancestral, originario, noble. *ANT.* advenedizo, reciente.

solárium *m.* (*tb.* **solario**) solana, terraza, galería, patio.

solaz *m.* esparcimiento, diversión, distracción, alivio, expansión, descanso, entretenimiento, placer. *ANT.* aburrimiento.

solazarse *prnl.* esparcirse, disfrutar, recrearse, divertirse, descansar, entretenerse. *ANT.* aburrirse.

solazo *m. col.* sol fuerte.

soldada *f.* salario, sueldo, paga, remuneración, estipendio, jornal, honorarios, emolumento, mensualidad.

soldadesca *f.* soldados, turba, tropa, pelotón.

soldado *m.* recluta, militar. *ANT.* civil.

soldador *m.* herrero.

soldadura *f.* unión, ligazón, conexión, pegadura, junta, suelda, adherencia. **2** enmienda, corrección.

soldar *tr. prnl.* pegar, unir, adherir, ligar, amalgamar. *ANT.* separar. **2** {desacierto} enmendar, componer.

soleado, -da *adj.* cálido, radiante, asoleado, claro.

solear *tr. prnl.* asolear, poner al sol.

solecismo *m.* GRAM. error, incorrección, falta de sintaxis.

soledad *f.* aislamiento, separación, desamparo, orfandad. *ANT.* compañía. **2** pena, tristeza, congoja, melancolía, pesar. *ANT.* alegría. **3** lugar desierto.

soledumbre *f. p. us.* soledad, lugar desierto.

solemne *adj.* majestuoso, imponente, impresionante, grandioso. *ANT.* sencillo. **2** ceremonioso, formal, protocolario.

solemnidad *f.* pompa, boato, ceremonia, etiqueta, protocolo, aparato.

solemnizar *tr.* celebrar, conmemorar, festejar.

soler *intr.* frecuentar, acostumbrar, habituar, estilar.

solera *f.* madero. **2** muela de molino. **3** antigüedad, raigambre, tradición. **4** *Arg., Uru.* vestido femenino.

solercia *f.* habilidad, astucia, capacidad. *ANT.* torpeza.

solfa *f.* paliza, golpiza, tunda, zurra.

solfear *tr.* reprender, amonestar, censurar. *ANT.* elogiar, felicitar. **2** zurrar, golpear, castigar, azotar.

solfeo *m.* solfa, zurra, tunda, paliza.

solferino, -na *adj.* {color} morado rojizo.

solicitación *f.* solicitud, petición, pedido, reclamación, invitación, demanda, pretensión, gestión.

solicitante *adj. com.* aspirante, pretendiente, solicitador, demandante. *ANT.* oferente.

solicitar *tr.* pedir, demandar, requerir, aspirar. *ANT.* entregar.

solícito, -ta *adj.* cuidadoso, diligente, amable, atento, considerado. *ANT.* descuidado.

solicitud *f.* petición, demanda, instancia, memorial. **2** atención, esmero, celo, cuidado, amabilidad, afán, prontitud, diligencia. *ANT.* incuria, abandono.

solidaridad *f.* fidelidad, devoción, apoyo, ayuda, fraternidad. *ANT.* insolidaridad.

solidario, -ria *adj.* {causa} adherido, asociado, coligado, adherente, devoto. **2** DER. garante, aval, responsable.

solidarizarse *prnl.* apoyar, coligarse, secundar, respaldar, asociarse, favorecer, unirse. *ANT.* separarse, alejarse. **2** avalar, responsabilizarse, garantizar.

solidez *f.* dureza, consistencia, firmeza, resistencia. *ANT.* debilidad.

solidificación *f.* condensación, endurecimiento, consolidación, concreción, cristalización. *ANT.* disolución, fusión.

solidificado, -da *adj.* endurecido.

solidificar *tr. prnl.* concentrar, coagular, cuajar, espesar, condensar.

sólido, -da *adj.* firme, duro, resistente, consistente, fuerte. *ANT.* endeble. **2** macizo, denso. *ANT.* blando.

soliloquio *m.* monólogo.

solio *m.* sitial, trono, silla real.

solipsismo *m.* FIL. subjetivismo radical.

solitaria *f.* tenia, gusano.

solitario, -ria *adj.* {lugar} deshabitado, desierto, abandonado, aislado, vacío, despoblado. **2** {persona} retraído, retirado, recluido, enclaustrado. **3** anacoreta, asceta, ermitaño, eremita.

sólito, -ta *adj.* acostumbrado.

soliviantar *tr. prnl.* excitar, inducir, incitar.

sollozar *intr.* llorar, gemir, gimotear, lamentarse, quejarse. *ANT.* reírse.

sollozo *m.* llanto, gemido, lamento. *ANT.* risa.

solo, -la *adj.* único, singular, exclusivo, impar, dispar. *ANT.* común. **2** {persona} solitario, aislado, sin compañía. **3** {lugar} desierto, despoblado. *ANT.* habitado. **4** abandonado, desprotegido, huérfano. **5** *m.* paso de danza. **6** solitario, juego de naipes. **7** *adv.* únicamente, solamente.

solomillo *m.* filete.

soltar *tr. prnl.* liberar, libertar, dispensar, excarcelar. *ANT.* encarcelar. **2** desprender, desligar, desasir, desunir, desamarrar. *ANT.* atar, fijar.

soltera *f.* casadera, célibe, doncella, solterona. *ANT.* casada.

soltería f. celibato.
soltero m. célibe, solterón. ANT. casado.
soltura f. agilidad, desenvoltura, desembarazo, presteza. ANT. torpeza.
soluble adj. solucionable, sencillo, fácil. ANT. indisoluble. **2** {sustancia} disoluble, licuable, desleíble.
solución f. resolución, arreglo, remedio. ANT. problema.
solucionar tr. resolver, remediar, arreglar, solventar.
solvencia f. honradez, honorabilidad, seriedad. **2** garantía, seguridad, crédito, prosperidad.
solventar tr. solucionar, resolver, arreglar.
somático, -ca adj. físico, orgánico, corporal, material. ANT. psíquico.
sombra f. oscuridad, penumbra, tinieblas, negrura, opacidad, lobreguez. ANT. claridad. **2** silueta, contorno, perfil, figura, proyección.
sombreado, -da adj. sombrío, umbrío, umbroso.
sombrear tr. producir sombra, oscurecer.
sombrero m. gorro, bonete, capelo, hongo, cape- - ruza.
sombrilla f. parasol, quitasol.
sombrío, -a adj. oscuro, lóbrego, tenebroso, lúgubre, nebuloso, opaco, encapotado. ANT. claro. **2** taciturno, triste, melancólico, apenado. ANT. alegre.
sombroso, -sa adj. sombreado, umbroso, umbrío.
someramente adv. superficialmente, ligeramente.
somero, -ra adj. superficial. ANT. profundo. **2** ligero, insubstancial, sucinto, sumario, liviano. ANT. prolijo.
someter tr. prnl. dominar, subordinar, subyugar, esclavizar, humillar. ANT. liberar.
sometimiento m. subordinación, supeditación, dependencia.
somnífero, -ra adj. soporífero, letárgico, hipnótico, narcótico. ANT. estimulante.
somnolencia f. sopor, pesadez, aletargamiento, amodorramiento, pereza. ANT. vigilia.
son m. sonido; ritmo. **2** noticia, divulgación, fama. **3** manera, tenor, estilo, modo. **4** pretexto, disculpa. **5** Cuba música popular. **6** loc. ¿a ~ de qué?: ¿con qué motivo? **7** loc. sin ton ni ~: sin fundamento, sin razón, sin causa.
sonable adj. sonoro, ruidoso.
sonado, -da adj. famoso, célebre, reconocido, renombrado. ANT. desconocido. **2** divulgado.
sonaja f. ver **sonajero**.
sonajero m. sonaja, cascabelero, sonajera.
sonante adj. sonoro, que suena.
sonar tr. tocar tañer. **2** {rumores} susurrarse, esparcirse. **3** tr. prnl. {nariz} limpiarse. **4** intr. resonar, retumbar, atronar, chirriar, chasquear, crujir. **5** {cosa} aparentar, parecer, tener visos. **6** {nombre} mencionarse, citarse. **7** col. {cosa} recordarse. **8** col. Amér. Sur morir, fallecer, perecer.
sonatina f. sonata corta.
sonda f. sondeo. **2** MED. catéter. **3** plomada, tienta. **4** barrena, trépano, taladro.
sondar tr. {profundidad del agua} medir. **2** inquirir, averiguar, rastrear, buscar, explorar, tantear, investigar.
sondear tr. sondar. **2** inquirir, averiguar, explorar, buscar, escrutar.
sondeo m. sonda, sondaje, medición. **2** encuesta, indagación, investigación, búsqueda, averiguación.
soneto m. composición, poema, poesía.

sonido m. ruido, bullicio, resonancia, eco, crujido, estruendo, sonoridad. ANT. silencio.
soniquete m. sonsonete.
sonoridad f. sonido, resonancia.
sonoro, -ra adj. resonante, ruidoso, vibrante, atronador. ANT. silencioso.
sonreír intr. prnl. reírse. **2** {cosa, suceso} mostrarse favorable.
sonriente adj. alegre, risueño. ANT. apenado, triste.
sonrisa f. gesto, mueca, expresión, mohín.
sonrojar tr. prnl. ruborizar, avergonzar, abochornar, enrojecer, turbarse.
sonrojo m. rubor, vergüenza, bochorno.
sonrosado, -da adj. rosado, colorado, encendido, fresco, saludable, sano.
sonsacar tr. averiguar, inquirir, sondear, indagar, investigar.
sonso, -sa adj. s. zonzo, insulso, necio, bobo, lelo.
sonsonete m. tono, tonillo, dejo, modo, acento. **2** ruido, zumbido.
soñador, -ra adj. imaginativo, idealista, fantaseador, contemplativo, utopista, iluso. ANT. realista.
soñar tr. imaginar, fantasear, idear, vislumbrar, divagar.
soñolencia f. somnolencia, adormilamiento, letargo, aletargamiento, modorra, sopor, torpor.
soñoliento, -ta adj. adormilado, amodorrado, entumecido, pesado, perezoso. ANT. despierto. **2** adormecedor. **3** tardo, perezoso.
sopa f. caldo, consomé, papilla, puré.
sopapo m. bofetada, bofetón, cachetada, tortazo.
sopera f. fuente, recipiente.
sopesar tr. ponderar, calcular.
sopetón m. golpe fuerte, empujón, empellón. **2** loc. de ~: de repente, de golpe, de improviso.
soplado, -da adj. col. limpio, acicalado, pulido. **2** col. engreído, inflado, entonado, hinchado, vano, envanecido. ANT. modesto, sencillo. **3** C. Rica apurado, veloz. **4** Cuba {persona} desorganizado, desordenado, precipitado. ANT. tranquilo, mesurado. **5** adj. s. Cuba muy brillante, inteligente.
soplador m. abanico, soplillo.
soplar tr. exhalar, espirar, insuflar; bufar. ANT. aspirar. **2** inflar, hinchar. ANT. deshinchar.
soplete m. soldador, fundidor, pistola.
soplido m. soplo.
soplillo m. abanico, flabelo, ventalle.
soplo m. soplido, exhalación, bufido; silbido. **2** col. delación, denuncia, acusación, confidencia, chivatazo.
soplón, -ona adj. delator, confidente, acusador, denunciante, espía.
soponcio m. síncope, desvanecimiento, patatús, ataque, vahído, desmayo.
sopor m. letargo, modorra, pesadez, somnolencia, sueño. ANT. vigilia.
soporífero, -ra adj. s. somnífero, narcótico, sedante, hipnótico, calmante, tranquilizante. ANT. excitante. **2** tedioso, aburrido. ANT. interesante.
soportable adj. tolerable, aguantable, sufrible, llevadero. ANT. insoportable, insufrible.
soportal m. porche, cobertizo, pórtico, atrio.
soportar tr. sobrellevar, sufrir, tolerar, aguantar, padecer. **2** sostener, cargar, llevar.
soporte m. apoyo, sostén, sustento, fundamento, recostadero, base.
sor f. monja, hermana, religiosa.
sorber tr. chupar, absorber, aspirar, tragar.
sorbete m. helado.
sorbo m. buche, buchada.
sordamente adv. secretamente, silenciosamente. ANT. abiertamente.

sordera *f.* sordez, ensordecimiento.

sordidez *f.* miseria, ruindad, avaricia, tacañería. **2** indecencia, impudicia, obscenidad, deshonestidad. **3** suciedad.

sórdido, -da *adj.* avaro, tacaño, avariento, mezquino. ANT. generoso. **2** sucio, impuro, indecente, ruin. ANT. noble.

sordina *f.* {órganos musicales} registro. **2** {reloj} muelle. **3** *loc. a la ~:* silenciosamente, disimuladamente, con cautela.

sordo, -da *adj. s.* callado, silencioso, amortiguado, lejano, ahogado, insonoro, sin ruido. ANT. sonoro. **2** indiferente, insensible, cruel, inexorable. ANT. piadoso.

sorna *f.* lentitud, calma, pausa, pachorra, roncería. ANT. diligencia. **2** disimulo, bellaquería, socarronería. **3** ironía.

soroche *m. Amér. Sur* mareo, sofoco, apunamiento, mal de montaña.

sorprendente *adj.* asombroso, insólito, extraordinario, desusado, anormal, inverosímil, maravilloso, prodigioso, pasmoso. ANT. corriente, normal.

sorprender *tr.* admirar, asombrar, sobrecoger, conmover, maravillar, extrañar. **2** descubrir, pillar, atrapar, coger.

sorprendido, -da *adj.* suspenso, desconcertado, perplejo, admirado, anonadado.

sorpresa *f.* pasmo, maravilla, asombro, admiración. ANT. indiferencia.

sortear *tr.* rifar. **2** rehuir, eludir, evadir, esquivar, evitar, escabullirse.

sorteo *m.* rifa, juego, lotería, tómbola.

sortija *f.* anillo, alianza, argolla, aro.

sortilegio *m.* encantamiento, brujería, hechizo, magia, nigromancia.

sosegado, -da *adj.* sereno, tranquilo, reposado, pacífico, quieto. ANT. intranquilo.

sosegar *tr. prnl.* calmar, apaciguar, tranquilizar, aplacar. ANT. desasosegar, intranquilizar.

sosería *f.* bobería, tontería, bobada, insipidez, insulsez. ANT. agudeza.

sosiego *m.* calma, quietud, placidez, serenidad, tranquilidad, reposo, silencio. ANT. intranquilidad.

soslayado, -da *adj.* oblicuo, sesgado.

soslayar *tr.* sesgar, ladear. ANT. enderezar. **2** rehuir, evitar, eludir, esquivar. ANT. enfrentar.

soslayo, -ya *adj.* sesgado, oblicuo, sesgo.

soso, -sa *adj.* insípido, desabrido, insulso, insustancial, simple. ANT. sabroso.

sospecha *f.* recelo, desconfianza, duda, malicia, temor, conjetura, presunción, indicio. ANT. confianza.

sospechar *tr.* conjeturar, columbrar, presumir, suponer, imaginar. **2** *intr.* desconfiar, temer, dudar, recelar. ANT. confiar.

sospechoso, -sa *adj.* misterioso, oscuro, dudoso, anormal.

sostén *m.* sustento, apoyo, estribo, soporte, cimiento. **2** ayuda, amparo, auxilio, socorro. ANT. desamparo. **3** ajustador, corpiño.

sostener *tr. prnl.* sustentar, apoyar, aguantar, mantener firme. **2** *tr.* {proposición} defender, sustentar. **3** tolerar, sufrir, aguantar. **4** proteger, amparar, defender, prestar apoyo. **5** {conversación} proseguir, continuar, mantener. **6** alimentar, sustentar, mantener. **7** *prnl.* {cuerpo} mantenerse.

sostenimiento *m.* apoyo, sostén, soporte. **2** manutención, sustento, mantenimiento.

sotabanco *m.* buhardilla, desván.

sótano *m.* subterráneo, túnel, cueva, bodega, bóveda. ANT. buhardilla.

sotechado *m.* cobertizo.

soterrar *tr.* encubrir, esconder, ocultar, encerrar, guardar. **2** enterrar, poner bajo tierra.

soto *m.* bosquecillo, arboleda, espesura, matorral, bosque, arbolado.

spray *s.* [ING.] aerosol, atomizador, pulverizador. **2** rociada, rocío.

staff *s.* [ING.] personal, equipo, plantilla, gabinete.

stock *s.* [ING.] COM. existencias, reservas, depósito.

stop *s.* [ING.] alto, parada, detención. **2** {avión} escala.

suasorio, -ria *adj.* convincente, persuasivo.

suave *adj.* terso, liso, pulido, sedoso. ANT. áspero. **2** blando, muelle. ANT. duro. **3** dócil, manso, sosegado, tranquilo. ANT. intranquilo. **4** lento. ANT. rápido. **5** dulce, agradable.

suavidad *f.* delicadeza, blandura, moderación.

suavizar *tr. prnl.* alisar, pulir. **2** calmar, moderar, aliviar, mitigar.

subalterno, -na *adj.* dependiente, subordinado, auxiliar, inferior, empleado. ANT. superior.

subarrendar *tr.* realquilar.

subasta *f.* remate, licitación, almoneda.

súbdito, -ta *adj. s.* dependiente, vasallo, ciudadano, natural, habitante.

subestimación *f.* desestimación, desprecio.

subestimar *tr.* despreciar, menospreciar.

subida *f.* elevación, ascensión. ANT. caída. **2** cuesta, pendiente, rampa, repecho, desnivel. ANT. bajada. **3** ascenso, carestía, aumento, alza. ANT. descenso, disminución.

subido, -da *adj.* {precio} elevado, alto. **2** acendrado, último, fino. **3** {color, olor} intenso, vivo, penetrante, fuerte, agudo, acentuado.

subir *intr. prnl.* ascender, escalar, trepar, remontar, encaramarse. ANT. bajar. **2** aumentar, encarecer, incrementar. ANT. rebajar.

súbitamente *adv.* repentinamente, inesperadamente, inopinadamente, de sopetón, de súbito.

súbito, -ta *adj.* repentino, improviso, inesperado, impensado, rápido, brusco, veloz. ANT. lento. **2** impetuoso, precipitado. **3** *adv.* repentinamente, inopinadamente, de sopetón.

sublevación *f.* insurrección, rebelión, sedición, levantamiento, alzamiento, revolución. ANT. orden.

sublevamiento *m.* sublevación, motín, rebelión, revuelta, levantamiento, alzamiento, asonada.

sublevar *tr. prnl.* insurreccionar, alzar, rebelarse, levantarse, amotinarse. **2** *tr.* enojar, irritar, indignar.

sublimar *tr.* engrandecer, exaltar, enaltecer. ANT. deshonrar, denigrar.

sublime *adj.* sobrecogedor, elevado, extraordinario, sobrehumano. ANT. vulgar.

sublimidad *f.* excelencia, grandeza. ANT. bajeza.

submarino *m.* sumergible.

submundo *m.* marginalidad, mundo delictivo.

subordinación *f.* dependencia, sujeción.

subordinado, -da *adj. s.* inferior, dependiente, subalterno, sumiso. ANT. superior.

subordinar *tr. prnl.* someter, sujetar, supeditar. **2** *tr.* ordenar, clasificar, organizar, relacionar. **3** *tr. prnl.* GRAM. {elemento} regir.

subrayar *tr.* acentuar, recalcar, resaltar, señalar, hacer hincapié, insistir. **2** rayar, señalar, marcar, trazar.

subrepticio, -cia *adj.* oculto, furtivo, ilícito, ilegal, ilegítimo. ANT. lícito.

subsanar *tr.* corregir, enmendar, reparar, remediar, mejorar, solucionar. ANT. dañar, perjudicar.

subsecuente *adj.* siguiente, posterior, subsiguiente. ANT. anterior, precedente.

subsidio *m.* subvención, auxilio, apoyo, ayuda, asistencia, contribución, beneficio, ofrenda, donativo.

subsiguiente *adj.* siguiente, posterior, subsecuente. *ANT.* anterior, precedente.

subsistencia *f.* pervivencia, conservación.

subsistir *intr.* perdurar, conservarse, mantenerse, preservarse, resistir, aguantar. *ANT.* desaparecer.

substancia *f. ver* **sustancia**.

substancial *adj. ver* **sustancial**.

substituir *tr. ver* **sustituir**.

substracción *f. ver* **sustracción**.

subterfugio *m.* pretexto, excusa, escapatoria, evasiva, disculpa, efugio.

subterráneo, -a *adj.* bajo tierra. **2** *m.* sótano, cava, cueva, bodega, bóveda.

suburbio *m.* barrio, arrabal, barriada, afueras, contornos, alrededores.

subvención *f.* asistencia, ayuda, auxilio, apoyo, subsidio, socorro.

subvencionar *tr.* costear, financiar, pagar, sufragar.

subvenir *intr.* socorrer, amparar, ayudar, auxiliar, subvencionar. *ANT.* desatender.

subversión *f.* sedición, trastorno, insurrección, perturbación, desorden, conmoción, revolución. *ANT.* orden, paz.

subvertir *tr.* perturbar, desordenar, trastocar, destruir, trastornar.

subyugar *tr.* dominar, sujetar, someter, esclavizar, avasallar, doblegar, sojuzgar. *ANT.* liberar.

succión *f.* chupada, absorción.

succionar *tr.* chupar, mamar, sorber.

sucedáneo, -a *adj. m.* {sustancia} reemplazo, sustitutivo.

suceder *intr.* turnarse, seguir. **2** descender, provenir, proceder. **3** substituir, reemplazar, relevar. **4** devenir, acaecer, ocurrir, sobrevenir, acontecer, pasar.

sucedido *m.* hecho, acontecimiento, suceso.

sucesión *f.* serie, secuencia, orden, progresión, curso, proceso, escala, cadena. *ANT.* final. **2** descendencia, prole.

sucesivo, -va *adj.* continuo, ininterrumpido, subsiguiente, gradual, progresivo. *ANT.* interrumpido.

suceso *m.* hecho, acontecimiento, acaecimiento, incidente, aventura, anécdota, episodio, caso.

sucesor, -ra *adj. s.* heredero, descendiente. *ANT.* ascendente. **2** subsiguiente, siguiente. *ANT.* precedente.

suciedad *f.* mugre, impureza, asquerosidad, porquería. **2** sordidez, deshonestidad, indecencia. *ANT.* honestidad.

sucinto, -ta *adj.* resumido, breve, conciso, somero, corto. *ANT.* extenso.

sucio, -cia *adj.* mugriento, impuro, puerco, cochino, poluto, inmundo. *ANT.* limpio, puro. **2** deshonesto. *ANT.* honesto.

sucoso, -sa *adj.* jugoso, sustancioso.

suculento, -ta *adj.* substancioso, nutritivo, alimenticio, exquisito, sabroso.

sucumbir *intr.* caer, rendirse, someterse. *ANT.* rebelarse. **2** morir, perecer, fallecer, fenecer, expirar. *ANT.* vivir.

sucursal *adj. f.* {de un establecimiento} rama, agencia, filial, dependencia, anexo.

sudaca *adj. s. desp.* {en España} suramericano, latinoamericano.

sudadera *f.* sudadero, chaqueta deportiva. **2** *col.* sudoración.

sudamericano, -na *adj. s.* suramericano, latinoamericano, hispanoamericano.

sudar *intr. tr.* trasudar, transpirar, resudar. **2** rezumar, destilar, exudar. **3** atarearse, trabajar, esforzarse. *ANT.* haraganear.

sudario *m.* mortaja, sábana, envoltorio.

sudeste *m.* {viento} siroco.

sudor *m.* transpiración, perspiración, sudoración. **2** trabajo, fatiga, afán.

sudoración *f.* sudor, transpiración.

sudorífico, -ca *adj.* sudorífero.

suegro, -gra *s.* padre/madre político/ca.

sueldo *m.* salario, honorarios, paga, mensualidad, estipendio, subvención, remuneración, jornal.

suelo *m.* terreno, superficie, tierra, piso, pavimento.

suelto, -ta *adj.* disgregado, separado, aislado, disperso, esporádico. *ANT.* junto, compacto. **2** ligero, presto, veloz, ágil. *ANT.* lento. **3** ágil, hábil, diestro. **4** atrevido, libre. **5** {estilo, lenguaje} fácil, corriente, fluido. **6** *adj. m.* cambio, monedas. **7** *adj.* {prenda, vestido} holgado, amplio, ancho. **8** {periodo} fluido. **9** *loc. cabo suelto:* circunstancia imprevista, asunto pendiente.

sueño *m.* letargo, modorra, somnolencia, sopor, descanso. *ANT.* vigilia. **2** ensueño, fantasía, ilusión, pesadilla.

suerte *f.* fortuna, ventura, hado, estrella, destino, providencia, azar, casualidad. **2** especie, género, forma, condición, clase, estilo.

suertero, -ra *adj. Amer.* suertudo, afortunado, venturoso.

suertudo, -da *adj.* afortunado, venturoso.

suficiencia *f.* competencia, capacidad, idoneidad. *ANT.* incapacidad.

suficiente *adj.* bastante, harto, justo, preciso. *ANT.* insuficiente. **2** apto, capaz, idóneo, competente, hábil.

suficientemente *adv.* largamente, ampliamente.

sufragar *tr.* auxiliar, amparar, favorecer, ayudar. *ANT.* desamparar. **2** pagar, costear, desembolsar, subvenir, contribuir.

sufragio *m.* voto, votación, elecciones, plebiscito, comicios, referéndum. **2** ayuda, protección, auxilio, socorro.

sufrible *adj.* tolerable, llevadero, soportable. *ANT.* insufrible, intolerable.

sufrimiento *m.* padecimiento, dolor, angustia, tormento, martirio, tortura, aflicción. *ANT.* alegría. **2** paciencia, conformidad, resignación, aguante.

sufrir *tr.* padecer, penar, resistir. *ANT.* rebelarse. **2** soportar, tolerar, aguantar, consentir. **3** resistir. **4** conformarse, resignarse.

sugerencia *f.* sugestión, insinuación, propuesta, consejo.

sugerente *adj.* sugestivo, atractivo.

sugerir *tr.* proponer, insinuar, aconsejar. **2** inspirar.

sugestión *f.* insinuación, sugerencia. **2** fascinación, encantamiento, hechizo, influencia, magnetismo, sortilegio.

sugestionar *tr.* hechizar, seducir, atraer, gustar, fascinar, deleitar, hipnotizar, encantar, embelesar, magnetizar.

sugestivo, -va *adj.* insinuante, sugerente, persuasivo, seductor.

sui géneris *loc.* {cosa} especial, singular, excepcional, peculiar, distinto, original. *ANT.* común, general.

suicidarse *prnl.* matarse, eliminarse, quitarse la vida.

suicidio *m.* autodestrucción, muerte.

suizo, -za *adj. s.* helvecio, helvético.

sujeción *f.* dependencia, subordinación, obediencia, sumisión, constreñimiento. *ANT.* independencia, libertad. **2** atadura, cadena, ligadura, traba.

sujetador *m.* sostén, prenda femenina.

sujetar *tr. prnl.* agarrar, aferrar, contener, asir. *ANT.* soltar. **2** dominar, subyugar, someter, avasallar.

sujeto, -ta *adj.* supeditado, sumiso, subyugado, subordinado. **2** *m.* individuo, personaje, persona, fulano. **3** *p. us.* tema, asunto, materia, objeto, argumento. **4** *FIL.* espíritu humano. *ANT.* mundo exterior.

sulfurar *tr. prnl.* irritar, excitar, enojar, encolerizar, enfurecer, indignar, exasperar. *ANT.* tranquilizar.

suma *f.* adición, aumento, incremento; total. *ANT.* resta. **2** colección, conjunto, totalidad. *ANT.* unidad. **3** resumen, compendio.

sumadora *f.* calculadora.

sumar *tr. prnl.* añadir, adicionar, agregar, incorporar. *ANT.* restar. **2** *MAT.* {cantidad} totalizar, subir, elevarse, montar, importar, ascender. **3** *prnl.* unirse, adherirse.

sumario, -ria *adj.* conciso, breve, lacónico, resumido, compendiado, abreviado. **2** *m.* resumen, compendio, sinopsis, recopilación, suma. **3** *DER.* antecedentes, expedientes, pruebas, datos.

sumergible *m.* submarino.

sumergido, -da *adj.* inmerso.

sumergir *tr. prnl.* hundir, zambullir, sumir, meter, anegar, abismar, introducir. *ANT.* sacar, extraer.

sumersión *f.* inmersión.

sumidad *f.* ápice, punta, extremo superior.

sumidero *m.* cloaca, desagüe, sentina, canal, albañal.

sumido, -da *adj.* abstraído, embebido.

suministrador, -ra *adj. s.* proveedor, abastecedor.

suministrar *tr.* proveer, abastecer, aprovisionar, surtir, conceder, proporcionar. *ANT.* desproveer.

suministro *m. gen. pl.* abasto, abastecimiento, provisión, dotación, víveres.

sumir *tr.* hundir, abismar, sumergir.

sumisión *f.* obediencia, acato, acatamiento, supeditación, subordinación. *ANT.* desacato. **2** docilidad, mansedumbre, rendimiento. *ANT.* rebeldía. **3** servilismo, vasallaje, esclavitud.

sumiso, -sa *adj.* dócil, obediente, resignado, manso, manejable. *ANT.* rebelde. **2** subyugado, rendido.

súmmun *m.* el colmo, lo máximo, lo sumo, la cúspide.

sumo, -ma *adj.* máximo, supremo, superior, altísimo, capital. *ANT.* inferior. **2** muy grande, fabuloso, elevado, excesivo, enorme. *ANT.* pequeño.

suntuario, -ria *adj.* lujoso, fastuoso, ostentoso, superfluo. *ANT.* necesario.

suntuosidad *f.* grandiosidad, lujo, esplendor, magnificencia, fausto, ostentación. *ANT.* modestia, sobriedad.

suntuoso, -sa *adj.* lujoso, regio, magnífico, espléndido, fastuoso, opulento, solemne. *ANT.* modesto, sencillo.

supeditación *f.* subordinación, sometimiento, dependencia.

supeditado, -da *adj.* sujeto, dependiente, subordinado.

supeditar *tr. prnl.* dominar, doblegar, humillar, oprimir, subyugar. *ANT.* liberar, emancipar.

superable *adj.* mejorable, dominable, asequible, salvable. *ANT.* insuperable.

superabundancia *f.* sobreabundancia, plenitud, demasía, plétora. *ANT.* escasez.

superabundante *adj.* copioso, abundante, pletórico, lleno. *ANT.* escaso.

superación *f.* rebasamiento, dominio, sobrepujamiento, superioridad, excelencia, ventaja, mejoramiento. *ANT.* retroceso.

superar *tr.* rebasar, exceder, aventajar, ganar, adelantar, mejorar.

superávit *m.* *COM.* sobra, excedente, exceso, abundancia. *ANT.* déficit.

superchería *f.* engaño, mentira, impostura, invención, fábula, artificio, falsedad. *ANT.* verdad.

superdotado, -da *adj.* genial, talentoso.

superficial *adj.* somero. *ANT.* profundo. **2** frívolo, trivial, insubstancial, vano, vacío, hueco. *ANT.* reflexivo, profundo.

superficialidad *f.* frivolidad, trivialidad, puerilidad, simpleza, liviandad, inconstancia, veleidad. *ANT.* profundidad, sensatez.

superficialmente *adv.* ligeramente, someramente.

superficie *f.* {cuerpo} límite, término, contorno. **2** *FÍS.* {cuerpo} área, extensión. **3** terreno, área, espacio.

superfluidad *f.* demasía, redundancia, exceso.

superfluo, -flua *adj.* innecesario, inútil, recargado, excesivo, sobrante. *ANT.* esencial.

superior *adj.* sobresaliente, excelente, prominente, preponderante, supremo. *ANT.* inferior. **2** *s.* jefe, director, cabeza, maestro. *ANT.* subalterno. **3** *REL.* abad, prior.

superioridad *f.* ventaja, supremacía, preeminencia, preponderancia. *ANT.* inferioridad.

superlativo, -va *adj.* grande, máximo, máximum, principal, superior. *ANT.* mínimo.

supermercado *m.* mercado.

supernumerario, -ria *adj. s.* extra, excedente.

superponer *tr.* sobreponer, añadir, agregar. *ANT.* quitar.

superrealismo *m.* surrealismo.

superstición *f.* creencia ajena, fetichismo, paganismo, credulidad.

supersticioso, -sa *adj. s.* crédulo, agorero. *ANT.* incrédulo.

supérstite *adj.* *DER.* sobreviviente.

supervaloración *f.* sobrestimación.

supervisar *tr.* vigilar, verificar, inspeccionar, revisar, controlar, observar. *ANT.* descuidar.

supervisor, -ra *adj. s.* inspector, controlador, revisor, verificador.

supervivencia *f.* conservación, persistencia, vitalidad, longevidad, duración, perennidad. *ANT.* extinción.

superviviente *adj. com.* sobreviviente.

supino, -na *adj.* {posición} tendido, horizontal. **2** {persona, acción} necio, estólido.

suplantación *f.* substitución, suplencia.

suplantador, ra *adj. s.* farsante, falsario, usurpador.

suplantar *tr.* suplir, sustituir, relevar, reemplazar.

suplementario, -ria *adj.* accesorio, complementario, subsidiario, adicional. *ANT.* principal, fundamental.

suplemento *m.* apéndice, añadido.

suplencia *f.* reemplazo, suplantación, substitución.

suplente *adj. com.* sustituto, reemplazo, suplidor, reemplazante. *ANT.* titular, principal.

supletorio, -ria *adj.* suplementario, substitutivo, complementario, reemplazante, substituto.

súplica *f.* petición, invocación, demanda, instancia, impetración. **2** oración, rezo, plegaria.

suplicar *tr.* pedir, rogar, implorar, solicitar, exhortar. *ANT.* exigir, denegar.

suplicio *m.* tormento, tortura, martirio, sufrimiento, padecimiento, castigo, pena.

suplir *tr.* suplantar, reemplazar, substituir, representar.

suponer *tr.* pensar, creer, estimar, presumir, figurarse, imaginar, intuir.

suposición *f.* presunción, corazonada, hipótesis, conjetura, atisbo, supuesto.

supositicio, -cia *adj.* supuesto, fingido.

supremacía *f.* superioridad, preeminencia, preponderancia, poder. ANT. inferioridad.

supremo, -ma *adj.* soberano, superior, sumo, descollante. ANT. ínfimo, inferior.

supresión *f.* cancelación, anulación, abolición, eliminación, derogación.

suprimir *tr.* abolir, anular, eliminar, quitar, destruir, liquidar.

supuesto, -ta *adj.* imaginario, hipotético, figurado, aparente, tácito, infundado, presunto. ANT. real. **2** conjetural, virtual. ANT. real. **3** *m.* presuposición, suposición, hipótesis, presunción, creencia, conjetura.

supuración *f.* pus, purulencia.

supurar *tr.* {pus} segregar, manar.

sur *m.* sud, antártico, meridional. ANT. norte, ártico, septentrional.

suramericano, -na *adj. s.* latinoamericano.

surcar *tr.* {agua, viento} hender, cortar, enfilar. **2** {tierra} arar, labrar.

surco *m.* {tierra} hendidura, carril, zanja, cauce. **2** {en una cosa} señal, huella, rastro. **3** {rostro, cuerpo} arruga, marca. **4** {disco} estría.

sureño, -ña *adj.* meridional.

surgir *intr.* {agua} brotar, manar, surtir. **2** salir, aparecer, asomar, manifestarse, presentarse. ANT. desaparecer.

surrealismo *m.* superrealismo.

surtido, -da *adj.* variado, mezclado, diverso, combinado, múltiple. ANT. igual. **2** colección, conjunto, juego, muestrario, repertorio.

surtidor, -ra *adj. s.* proveedor, suministrador, abastecedor. **2** *m.* manantial, fuente, chorro de agua. **3** {de gasolina} bomba.

surtir *tr.* suministrar, proveer, aprovisionar, abastecer, equipar, dotar, armar. ANT. desabastecer. **2** *intr.* manar, brotar.

susceptibilidad *f.* suspicacia, recelo, duda, escrúpulo, sospecha.

susceptible *adj.* impresionable, irritable, irascible, suspicaz, receloso, delicado, melindroso, quisquilloso. **2** apto, idóneo, capaz, capacitado.

suscitador, -ra *adj. s.* promovedor, incitador.

suscitar *tr.* promover, sugerir, causar, ocasionar, incitar, producir, engendrar, impeler.

suscribir *tr.* firmar, signar. **2** convenir, respaldar, adherirse. **3** *prnl. tr.* abonarse.

suscriptor, -ra *s.* afiliado, asociado, adherente.

susodicho, -cha *adj. s.* antedicho, sobredicho, citado, mencionado, aludido.

suspender *tr.* interrumpir, detener, limitar, frenar, obstaculizar. ANT. reanudar. **2** colgar, pender, guindar, enganchar. ANT. descolgar. **3** castigar, privar, penar, sancionar. ANT. perdonar. **4** reprobar, desaprobar. **5** embelesar, asombrar, admirar.

suspensión *f.* parada, interrupción, pausa, detención. ANT. continuación. **2** asombro, embeleso, pasmo.

suspenso, -sa *adj.* atónito, asombrado, pasmado, absorto, admirado. **2** indeciso, dudoso.

suspicacia *f.* prevención, recelo, desconfianza, sospecha, reticencia. ANT. confianza.

suspicaz *adj.* desconfiado, malicioso, receloso, temeroso, reticente. ANT. confiado.

suspirar *intr.* ansiar, desear, anhelar, apetecer, amar, ambicionar. ANT. renunciar.

suspiro *m.* espiración, exhalación, inspiración, respiración. **2** *col.* instante, segundo. **3** golosina. **4** MÚS. pausa breve.

sustancia *f.* ser, esencia, naturaleza. **2** caldo, jugo, meollo, concentrado. **3** valor, significación, estimación. **4** juicio, madurez. **5** *loc. en ~:* en resumen, en compendio.

sustancial *adj.* sustancioso. **2** esencial, importante, trascendente. ANT. insignificante.

sustancioso, -sa *adj.* nutritivo, alimenticio. **2** esencial, fundamental, valioso. **3** jugoso, suculento, sabroso.

sustentación *f.* sustentáculo, apoyo, soporte, sostén.

sustentáculo *m.* soporte, apoyo, sostén.

sustentar *tr. prnl.* sostener, soportar, mantener, aguantar, afirmar, cargar. **2** alimentar, nutrir, mantener. **3** apoyar, basar. **4** amparar, socorrer, ayudar. **5** *tr.* conservar, guardar. **6** {opinión} defender. **7** costear, subvencionar, pagar, sufragar.

sustento *m.* alimento, subsidio, mantenimiento, manutención, sostén, comida.

sustitución *f.* relevo, reemplazo, cambio.

sustituir *tr.* suplir, relevar, reemplazar, cambiar, suplantar.

sustitutivo, -va *adj. s.* sucedáneo, reemplazo.

sustituto, -ta *adj. s.* suplente, reemplazo.

susto *m.* sobresalto, turbación, zozobra, alarma, sorpresa, sobrecogimiento, impresión, emoción, estremecimiento. **2** preocupación, aprensión, angustia.

sustracción *f.* MAT. resta. **2** descuento, rebaja. ANT. suma. **3** hurto, escamoteo, robo.

sustraer *tr.* separar, extraer, apartar. **2** robar, hurtar, despojar, timar, escamotear. ANT. devolver. **3** MAT. restar, disminuir, descontar. ANT. sumar. **4** *prnl.* apartarse, retirarse.

susurrar *intr.* murmurar, musitar, cuchichear, balbucear, bisbisear, mascullar, farfullar.

susurro *m.* rumor, balbuceo, murmullo, cuchicheo, bisbiseo, secreteo.

sutil *adj.* fino, suave, tenue, incorpóreo, evanescente, etéreo, volátil, delgado, vaporoso, gaseoso, ingrávido, delicado. ANT. basto, burdo, pesado. **2** gracioso, sagaz, agudo, perspicaz, ingenioso, astuto. ANT. tonto, obtuso.

sutileza *f.* agudeza, ingeniosidad, sutilidad, perspicacia, salida, ocurrencia. **2** artimaña, ingeniosidad.

sutilidad *f.* ver **sutileza**.

sutilizar *tr.* atenuar, adelgazar. **2** perfeccionar, afinar, pulir. **3** discurrir.

sutura *f.* MED. {herida, corte} costura, cosido, juntura.

suturar *tr.* MED. {herida, corte} coser, cerrar.

tabaco *m.* puro, cigarro, habano. **2** {color} marrón. **3** picadura. **4** *Amer.* cigarrillo.

tábano *m.* insecto. **2** {persona} pesado, importuno, molesto.

tabaquera *f.* pitillera, estuche, petaca, cigarrera.

tabaquería *f.* estanco.

tabaquismo *m.* nicotismo.

tabasco *m.* {de México} ají. **2** *Mex.* plátano.

taberna *f.* cantina, bar, tasca, fonda.

tabernáculo *m.* sagrario, altar.

tabernario, -ria *adj.* grosero, soez, bajo, ramplón, ordinario, ruin. ANT. cortés.

tabernero, -ra *s.* cantinero, bodeguero.

tabicar *tr.* cerrar, tapiar, obstruir. ANT. abrir.

tabique *m.* muro, pared, tapia, división, separación.

tabla *f.* lámina, plancha, madera. **2** {libro} índice. **3** lista, catálogo, relación. **4** *f. pl.* **tablas**, {damas, ajedrez} empate. **5** *f. pl.* TEAT. escenario, proscenio. **6** *loc.* **~ de salvación:** último recurso.

tablado *m.* plataforma, entarimado, estrado. **2** escenario. **3** patíbulo.

tablero *m.* tabla; plancha. **2** cuadro. **3** numerador, marcador, tanteador.

tableta *f.* pastilla, comprimido, píldora, gragea.

tableteo *m.* golpeteo.

tabloide *m.* *Amer.* periódico.

tablón *m.* tabla gruesa.

tabú *m.* prohibición, veto, censura, impedimento.

tabuco *m.* cuchitril, tugurio, zahúrda, cuartucho, chiribitil.

tabulación *f.* ordenamiento, codificación, sistematización.

taburete *m.* banquillo, escabel, escaño, asiento, banqueta.

tacañería *f.* mezquindad, ruindad, avaricia, cicatería, roñosería. ANT. generosidad.

tacaño, -ña *adj. s.* avaro, mezquino, roñoso, cicatero, ruin, sórdido. ANT. generoso.

tacha *f.* falta, imperfección, defecto, mancha, sombra, mácula. ANT. perfección, cualidad.

tachadura *f.* tachón.

tachar *tr.* suprimir, borrar, eliminar, anular, rayar, corregir. **2** culpar, acusar, censurar, atribuir, recriminar, tildar, reprochar, imputar.

tacho *m.* *Amer.* vasija, recipiente. **2** *Amer.* cubo de basura.

tachonar *tr.* adornar, engalanar. **2** {superficie} cubrir.

tachuela *f.* clavo. **2** *Col., Ven.* taza de metal, tazón.

tácito, -ta *adj.* implícito, sobreentendido, expreso, supuesto. ANT. explícito.

taciturno, -na *adj.* sombrío, melancólico, apesadumbrado, retraído. ANT. alegre. **2** callado, silencioso. ANT. locuaz.

taciturnidad *f.* tristeza, melancolía, pesadumbre. ANT. alegría.

taco *m.* tapón, tarugo, cuña, leño. **2** {de hojas de papel} bloque, *bloc.* **3** *col.* {queso, jamón} pedazo, parte. **4** *col.* embrollo, lío, enredo. **5** *col.* montón, desorden. **6** maldición, grosería, reniego, juramento, palabrota.

tacógrafo *m.* tacómetro.

tacón *m.* pieza, soporte.

taconazo *m.* golpe, pisotón. **2** pisada, zapateo.

táctica *f.* habilidad, diplomacia, astucia, estrategia, finura, tacto. ANT. torpeza. **2** método, procedimiento, sistema, plan.

tacto *m.* palpamiento, tiento, percepción. **2** discreción, habilidad, delicadeza, diplomacia, táctica, mesura, tino, destreza, sagacidad. ANT. rudeza, inhabilidad.

tafetán *m.* tela de seda.

tahúr, -ra *adj. s.* garitero, jugador.

taimado, -da *adj.* astuto, bellaco, artero, ladino, pícaro, disimulado, hipócrita, marrullero. ANT. ingenuo.

taimería *f.* malicia, picardía, artería. ANT. ingenuidad.

tajada *f.* rebanada, loncha, rueda, corte, trozo, fragmento.

tajante *adj.* terminante, categórico, cortante, conciso, concluyente, concreto, firme. ANT. flexible, amable, condescendiente.

tajar *tr.* cortar, dividir, abrir, hender, partir, seccionar, rajar. ANT. unir.

tajo *m.* corte, incisión, sección, cercenamiento. **2** cuchillada, navajazo. **3** talud, despeñadero, barranco, precipicio. ANT. llano.

tal *adj.* igual, semejante. **2** tanto, tan. **3** *adv.* así, de este modo. **4** *loc.* **con ~ de:** con la condición de. **5** *loc.* **~ cual:** así.

tala *f.* {árboles} poda, corte, segada.

taladrar *tr.* agujerear, perforar, punzar, horadar.

taladro *m.* barrena, broca, perforador, punzón, berbiquí. **2** perforación, orificio, agujero.

tálamo *m.* lecho, cama.

talanquera *f.* valla, pared, barrera, muro. **2** defensa, seguridad, protección.

talante *m.* ánimo, carácter, disposición, genio, humor. **2** deseo, voluntad, gusto. **3** {cosa} estado, cariz, aspecto.

talar *tr.* podar, cortar, segar, cercenar. **2** arrasar, asolar, destruir, devastar, arruinar. ANT. construir.

talega *f.* talego, bolsa, saco. **2** morral, mochila, zurrón.

talego *m.* talega, bolsa, saco. **2** *vulg.* cárcel, penitenciaría, presidio.

talento *m.* inteligencia, entendimiento, agudeza, penetración, perspicacia, listeza, capacidad, aptitud, don, ingenio, dote. ANT. incapacidad, inhabilidad. **2** persona inteligente, cerebro.

talentoso, -sa *adj.* despierto, inteligente, penetrante, perspicaz, agudo, ingenioso, hábil, listo, sagaz. ANT. torpe.

talión *m.* pena, castigo.

talismán *m.* amuleto, fetiche, ídolo, reliquia, figura.

talla *f.* escultura, estatua. **2** labrado, relieve, grabado. **3** estatura, altura, medida.

tallador, -ra *s.* escultor, grabador, cincelador.

tallar *tr.* esculpir, cincelar, grabar, labrar, modelar, trabajar.

talle *m.* cintura, cinto. **2** {cuerpo} apariencia, disposición, figura, aspecto, traza.

taller *m.* estudio, fábrica, manufactura, oficina, laboratorio, escuela. **2** {de un maestro} colaboradores.

tallista *com.* grabador, escultor.

tallo *m.* vástago, retoño, esqueje, brote, renuevo.

talludo, -da *adj.* {muchacho} crecido, alto, espigado. ANT. bajo.

talón *m.* ANAT. calcañar, carcañal. **2** comprobante, cupón, cheque, libranza, pagaré, recibo, boleta, vale. **3** *loc.* ~ *de Aquiles:* punto débil, punto vulnerable, debilidad.

talonario *m.* libreta, cuadernillo.

talud *m.* rampa, inclinación, pendiente, desnivel, caída, cuesta, repecho, declive, subida, bajada. ANT. llano.

tamal *m.* *fig. Amer.* lío, embrollo, enredo, problema.

tamañito, -ta *adj. col.* confuso, aturdido, turbado, perplejo, desconcertado.

tamaño *m.* magnitud, extensión, dimensión, grandor, medida, proporción, volumen, escala, grosor, calibre.

tambalear *tr. prnl.* oscilar, balancearse, vacilar, bambolearse, menearse, inclinarse, fluctuar. ANT. inmovilizarse.

también *adv.* igualmente, asimismo, de igual modo, de la misma manera. ANT. tampoco. **2** aun, además, incluso, hasta.

tambor *m.* bombo, pandero, timbal. **2** {revólver} cilindro. **3** *col.* recipiente. **4** ANAT. tímpano.

tamborear *intr.* tamborilear.

tamboril *m.* tambor pequeño.

tamiz *m.* cedazo, cernedor, colador, cernidor, filtro, criba, zaranda.

tamizar *tr.* cribar, cernir, colar, filtrar. **2** escoger, seleccionar, depurar.

tamtan *m.* tambor, batintín, gong.

tanda *f.* tarea, trabajo, obra. **2** capa, recubrimiento. **3** {en un trabajo} grupo, conjunto, banda, serie, partida. **4** {billar} partida. **5** turno, vuelta, vez, ciclo, período.

tándem *m.* bicicleta para dos. **2** {personas} equipo, grupo de trabajo.

tanga *m.* prenda de baño, bañador.

tangente *adj.* tocante, adyacente, contiguo, lindante, vecino. **2** *loc. irse por la* ~: eludir, evadir, esquivar.

tangible *adj.* palpable, perceptible, material, evidente, sensible, notorio, palmario, tocable, asequible, manifiesto, real. ANT. impalpable, imperceptible.

tanque *m.* depósito, recipiente, aljibe, cuba, vasija. **2** carro de asalto, carro de combate.

tanteador *m.* DEP. tablero, marcador.

tantear *tr.* explorar, calibrar, sondear, probar, sopesar, examinar, averiguar, ensayar. **2** esbozar.

tanteo *m.* ensayo, intento, prueba. **2** boceto, esbozo, croquis. **3** DEP. número de tantos, puntuación.

tanto *m.* DEP. puntuación, punto, acierto, gol. **2** cantidad, número. **3** *adj.* tan (grande). **4** *adv.* de tal modo, en tal grado. **5** tanto, como. **6** *loc. al* ~: al corriente. **7** *loc. por lo* ~: por consiguiente, por ende, en consecuencia. **8** *loc.* ~ *cuanto:* algún tanto. **9** *loc.* ~ *que:* así que.

tañer *tr.* {instrumento musical} tocar, pulsar, rasguear, puntear. **2** {campana} repicar, doblar, sonar. **3** *intr.* {dedos} tamborilear.

tañido *m.* son, toque, sonido. **2** campaneo, repique, doble.

tapa *f.* cubierta, tapadera, tapón, cierre. **2** {de una presa} compuerta. **3** bocado, entremés, aperitivo.

tapaboca *m.* (*tb.* **tapabocas**) bufanda; chal.

tapadera *f.* tapa. **2** *col.* {persona, cosa} pantalla, ocultación, encubrimiento.

tapado, -da *adj.* subrepticio, disimulado, oculto, velado, encubierto, escondido. ANT. descubierto. **2** atascado, obstruido, obturado, sellado. ANT. destapado.

tapar *tr. prnl.* cubrir, superponer, recubrir, forrar. ANT. descubrir. **2** cerrar, obturar, taponar, atascar, atorar. ANT. destapar. **3** proteger, abrigar, arropar, enmantar. ANT. desabrigar. **4** ocultar, solapar, disfrazar, encubrir, esconder, disimular. ANT. publicar. **5** *prnl.* encapotarse, oscurecerse, nublarse.

taparrabo *m.* (*tb.* **taparrabos**) tanga, suspensorio, calzón.

tapete *m.* cubierta. **2** alfombra.

tapia *f.* muro, pared, muralla, parapeto, cerca.

tapiar *tr.* cercar, cerrar, murar, circundar, vallar.

tapioca *f.* fécula.

tapir *m.* danta.

tapiz *m.* colgadura, cortina, paño, tejido. **2** {muebles} tapicería. **3** alfombra, tapete, estera.

tapizar *tr.* cubrir, recubrir, forrar, acolchar, revestir, enfundar.

tapón *m.* corcho, tarugo, cierre, tapa, obturador. **2** embotellamiento, atasco, obstrucción.

taponamiento *m.* obstrucción, embotellamiento, atoramiento, atasco.

taponar *tr.* obstruir, cegar, atascar, ocluir, interrumpir, cerrar, sellar. ANT. destapar.

tapujo *m.* *col.* rodeo, pretexto, reserva. **2** engaño, fingimiento, disimulo, marrullería, enredo.

taquigrafía *f.* estenografía.

taquilla *f.* ventanilla, mostrador, despacho, puesto, casilla, cabina. **2** casillero.

tara *f.* {anatómica o psíquica} defecto. **2** {persona, cosa} tacha, falla, vicio, imperfecto, mácula, lacra. ANT. virtud.

taracear *tr.* incrustar, adornar.

tarado, -da *adj.* anormal, defectuoso. **2** *adj. s.* torpe, tonto, bobo.

tarambana *adj. com.* aturdido, insensato, zascandil, atronado, inconsciente, imprudente, irresponsable, irreflexivo, ligero, alocado. ANT. sensato.

tararear *tr. intr.* canturrear, entonar, salmodiar.

tarascar *tr.* mordiscar, morder, mordisquear.

tarazar *tr.* morder, tarascar, mordisquear.

tardanza *f.* dilación, pachorra, retraso, cachaza, lentitud, demora. ANT. rapidez.

tardar *intr. prnl.* demorar, diferir, dilatar, prorrogar, detener, retrasarse, rezagarse, alargar. ANT. acelerar, apresurarse.

tarde *f.* víspera, crepúsculo, atardecer. **2** *adv.* a hora avanzada. ANT. temprano. **3** fuera de tiempo, retrasado, demorado, retardado. ANT. temprano. **4** *loc. de* ~ *en* ~: de vez en cuando, de cuando en cuando.

tardío, -a *adj.* moroso, retardado. **2** pausado, lento, tardo, despacioso. *ANT.* rápido, veloz.

tardo, -da *adj.* lento, calmoso, despacioso, pausado, perezoso, pesado. *ANT.* rápido. **2** tardío. **3** torpe, rudo, zafio.

tarea *f.* labor, trabajo, deber, faena, quehacer, ocupación, obra. *ANT.* ocio, inactividad. **2** misión, comisión, encargo. **3** afán, penalidad.

tarifa *f.* tasa, arancel, coste, precio. **2** {precios} tabla, lista, relación.

tarima *f.* estrado, entablado, entarimado, escenario, plataforma.

tarjeta *f.* cédula, ficha, etiqueta, papeleta. **2** estampa. **3** {mapas} membrete.

tarro *m.* bote, frasco, lata, pote, recipiente, envase. **2** *col.* cabeza, testa, coco.

tarta *f.* pastel, torta, budín, bizcocho.

tartajear *intr.* tartamudear, trastabillar, farfullar, tartalear.

tartamudear *intr.* balbucear, tartajear, trastabillar, farfullar, mascullar, chapurrear, tartalear.

tartamudo, -da *adj.* tartajoso, balbuciente, farfalloso.

tártaro *m.* averno, báratro, infierno, orco. **2** {dientes} sarro.

tartera *f.* recipiente, cacerola, cazuela, tortera.

tartufo *m.* falso, hipócrita, fingido. *ANT.* sincero.

tarugo *m.* taco, cuña, tapón. **2** clavija. **3** *col.* zoquete, imbécil, zopenco.

tasa *f.* tarifa, arancel, tributo, precio, canon, costo, impuesto. **2** evaluación, tasación, valoración. **3** medida, norma, mesura, regla, límite, tope.

tasación *f.* valoración, evaluación, apreciación, balance, cálculo.

tasador, -ra *s.* estimador, evaluador.

tasar *tr.* evaluar, valorar, justipreciar, estimar, apreciar. **2** regular, graduar, ordenar. **3** economizar, escatimar, racionar, restringir. *ANT.* derrochar.

tasca *f.* taberna, bodega, cantina, bar, fonda.

tata *f. col.* aya, niñera.

tatarabuelo, -la *s.* rebisabuelo, tercer abuelo.

tatuaje *m. m.* grabado, dibujo, señal.

taumaturgia *f.* magia, hechicería, encantamiento.

taumatúrgico, -ca *adj.* maravilloso, prodigioso, mágico, sobrenatural, milagroso. *ANT.* común.

taumaturgo, -ga *s.* hechicero, encantador, mago.

taxativo, -va *adj.* preciso, categórico, concluyente, restringido, limitativo, determinativo, textual.

taxidermista *com.* embalsamador.

taxón *m.* (*tb.* **taxon**) BIOL. subdivisión.

taxonomía *f.* clasificación.

taza *f.* pocillo, vasija, jícara, recipiente, bol. **2** {retrete} receptáculo.

tazón *m.* taza grande, bol, recipiente.

té *m. Amer.* infusión, bebida.

tea *f.* antorcha, hacha, cirio.

teatral *adj.* dramático, melodramático, cómico, escénico, histriónico, fingido.

teatro *m.* literatura dramática, producción dramática. **2** representación, escenografía, histrionismo, dramatismo, mímica. **3** simulación, fingimiento, impostura, farsa, afectación. **4** escenario, escena. **5** coliseo, sala de espectáculos.

tebeo *m.* revista infantil.

techo *m.* techado, tejado, techumbre, cubierta, bóveda, revestimiento. **2** casa, habitación, vivienda, morada, domicilio. **3** {asunto, evolución} límite, altura máxima.

techumbre *m.* techo, techado.

tecla *f.* {instrumento musical, mecanismo} pieza. **2** *loc.* **a)** *dar en la ~:* tomar por costumbre, habituarse. **b)** *loc.* *dar en la ~:* acertar, atinar.

teclado *m.* teclas.

técnica *f.* {en general} método, procedimiento, reglas, sistema, normas. **2** habilidad, pericia, industria, sagacidad. **3** {ciencia, arte} tecnología, recursos.

tecnicismo *m.* {arte, ciencia} voz técnica.

técnico, -ca *adj.* tecnológico. **2** *s.* experto, entendido, práctico, especialista, especializado, perito, profesional, versado. **3** *f. ver* **técnica**.

tecnócrata *com.* técnico, especialista.

tecnología *f.* técnica, instrumentos, procedimientos.

tedeum *m.* REL. cántico.

tedio *m.* aburrimiento, fastidio, abulia, rutina, apatía, hastío, desgana, monotonía, enfado. *ANT.* diversión. **2** rechazo, molestia, desagrado.

tedioso, -sa *adj.* aburrido, hastiado. *ANT.* alegre, contento.

teflón *m.* material aislante.

tegumento *m.* BIOL. membrana, tejido, cubierta, capa.

tejado *m.* techo, cubierta, marquesina; azotea.

tejanos *m. pl.* pantalones, vaqueros.

tejemaneje *m. col.* movimiento, afán, acción, actividad, diligencia. **2** *col.* enredos, amaños, intrigas, maquinaciones, chanchullos.

tejer *tr.* trenzar, urdir, entrelazar, mezclar, cruzar. **2** ordenar, componer. **3** {plan} discurrir, concebir, idear.

tejido *m.* {tela} textura. **2** lienzo, tela, paño, género, material. **3** ANAT., BIOL. agregado celular.

tejo *m.* teja, canto, tejuelo.

tela *f.* tejido, lienzo, paño, género, trapo. **2** ANAT. membrana, tejido. **3** {líquidos} nata. **4** embuste, enredo. **5** PINT. lienzo. **6** *loc. tener ~ que cortar:* haber materia abundante, haber de sobra. **7** *loc. poner en ~ de juicio:* cuestionar, dudar.

teledirigir *tr.* teleguiar.

telefax *m.* fax.

telefonazo *m.* llamada telefónica.

telefonear *tr. intr.* comunicar, transmitir, llamar, hablar.

telefonema *m.* despacho telefónico.

telegráfico, -ca *adj.* {estilo} conciso, escueto, breve, sucinto. *ANT.* extenso.

telegrama *m.* despacho telegráfico, cable, mensaje, comunicado.

teleguiar *tr.* teledirigir.

telemando *m.* teledirección, mando a distancia.

telenovela *f.* novela filmada.

teleobjetivo *m.* objetivo fotográfico.

teleología *f.* FIL. finalismo.

teleserie *f.* TV serial.

teletipo *m.* mensaje.

televidente *com.* telespectador.

televisión *f.* televisor. **2** transmisión.

télex *m.* mensaje.

telliz *m.* {para caballos} cubierta, caparazón.

telliza *f.* cubrecama, colcha, edredón.

telón *m.* {escenario} cortina, lienzo, bastidor, cortinaje, decorado.

telúrico, -ca *adj.* terrestre.

tema *m.* asunto, materia, cuestión, proposición, argumento, contenido, texto, motivo, razón. **2** obstinación, porfía. **3** obsesión, monomanía, idea fija.

temario *m.* programa, conjunto de temas, repertorio.

temática *f.* conjunto de temas.

tembladal *m.* tremedal, terreno pantanoso.

temblar *intr.* estremecerse, agitarse, trepidar, vibrar, menearse, tiritar, castañetear, temblequear. ANT. aquietarse. **2** temer, atemorizarse, asustarse, espantarse. ANT. serenarse. **3** {tierra} retemblar, sacudirse, removerse.

tembleque *adj.* tembloso, tembloroso.

temblor *m.* trepidación, agitación, estremecimiento, tremor. ANT. calma. **2** sismo, sacudida, seísmo, terremoto. **3** oscilación, vibración. ANT. estabilidad.

tembloroso, -sa *adj.* tembloso, convulso, trepidante, tembleque, tremulante, trémulo. ANT. sereno, tranquilo.

temer *tr.* asustarse, acoquinarse, aterrorizarse, amilanarse, amedrentarse, aterrarse, temblar, atemorizarse, sobrecogerse, espantarse. ANT. envalentonarse. **2** *tr. prnl.* recelar, maliciar, dudar, desconfiar, sospechar. ANT. confiar.

temerariamente *adv.* neciamente, insensatamente, imprudentemente. ANT. prudentemente, sensatamente.

temerario, -ria *adj.* osado, atrevido, audaz, imprudente, arriesgado, aventurero. ANT. cobarde, temeroso. **2** {juicio} sin fundamento, sin justificación, sin motivo.

temeridad *f.* osadía, atrevimiento, valentía, valor, intrepidez, audacia, arrojo, decisión. **2** imprudencia, irreflexión. ANT. prudencia.

temeroso, -sa *adj.* miedoso, irresoluto, asustadizo, tímido, cobarde, medroso, pusilánime. ANT. temerario, valiente. **2** suspicaz, receloso, desconfiado.

temible *adj.* terrorífico, aterrador, inquietante, horrendo, alarmante, peligroso, espeluznante, espantoso, horripilante. ANT. bueno, inofensivo.

temor *m.* miedo, terror, cobardía, pavor, espanto, pánico, horror. ANT. valentía. **2** desconfianza, aprensión, presunción, recelo, sospecha, duda. ANT. confianza.

témpano *m.* iceberg, masa de hielo. **2** tambor, tamboril, timbal.

temperado, -da *adj.* Amer. mesurado, contenido, moderado.

temperamental *adj.* innato, constitucional. **2** {persona} impulsivo, fogoso, apasionado. ANT. frío.

temperamento *m.* carácter, conducta, humor, naturaleza, idiosincrasia, índole, genio, constitución, manera de ser. **2** facilidad, vocación, talento, aptitud. **3** brío, energía, vitalidad. ANT. pusilanimidad.

temperancia *f.* continencia, moderación, mesura, sobriedad, templanza, prudencia. ANT. intemperancia, desmesura.

temperar *tr.* calmar, apaciguar, suavizar, atemperar, mitigar, sosegar, templar. ANT. excitar.

temperatura *f.* calor, temple. **2** grado, nivel. **3** col. calentura, fiebre.

tempestad *f.* tormenta, vendaval, ventisca, borrasca, temporal, aguacero, diluvio, tromba, turbión, huracán. ANT. calma. **2** *fig.* agitación, disturbio, desorden, perturbación. ANT. tranquilidad.

tempestuoso, -sa *adj.* borrascoso, tormentoso, agitado, inclemente, violento. ANT. calmado. **2** impetuoso, violento, incontrolable. ANT. tranquilo.

templado, -da *adj.* cálido, tibio. **2** parco, sobrio, mesurado, moderado. ANT. inmoderado. **3** resistente,

duro, fuerte. ANT. débil. **4** col. sereno, impávido, aplomado. ANT. nervioso, intranquilo. **5** col. competente, experimentado, listo. ANT. inepto. **6** col. Amer. {carácter} recio.

templanza *f.* morigeración, abstinencia, frugalidad, temperancia, moderación, prudencia, sobriedad, mesura. ANT. intemperancia, desmesura.

templar *tr.* atirantar, tensar, tirar. ANT. aflojar. **2** calentar, entibiar, caldear, temperar. ANT. enfriar. **3** *tr. prnl.* suavizar, moderar, mitigar, atenuar, sosegar, aplacar. ANT. excitar.

temple *m.* temperamento, índole, disposición, ánimo, talante, carácter, genio, humor. **2** temperatura. **3** valentía, fortaleza, resolución, decisión, atrevimiento, audacia, arrojo. ANT. desánimo.

templo *m.* iglesia, capilla, santuario, oratorio, parroquia, basílica.

temporada *f.* época, tiempo, ciclo, duración, estación, período, era, fase, lapso.

temporal *adj.* provisional, transitorio, eventual, circunstancial, breve, pasajero, efímero. ANT. eterno. **2** mundano, profano, terrenal, secular. ANT. espiritual. **3** *m.* tormenta, tempestad, diluvio, borrasca, turbión.

temporalmente *adv.* provisionalmente, por algún tiempo.

temporario, -ria *adj.* p. us. transitorio, temporal, breve, pasajero.

temprano[1] *adv.* tempranamente, a primera hora, pronto, por anticipado. ANT. tarde.

temprano[2] *adj.* prematuro, adelantado, anticipado, precoz. ANT. retrasado, tardío.

tenacear *tr.* atenazar, sujetar, amarrar.

tenacidad *f.* constancia, firmeza, perseverancia, persistencia, testarudez, tesón, fuerza, porfía, resistencia, terquedad, obstinación. ANT. inconstancia.

tenaz *adj.* constante, perseverante, asiduo, paciente, firme, aplicado, incansable, tesonero. ANT. inconstante. **2** obstinado, pertinaz, empecinado, terco, porfiado, testarudo. **3** duro, adherente, consistente, resistente, fuerte. ANT. débil.

tenaza *f.* gen. pl. alicate.

tendedero *m.* secadero.

tendencia *f.* propensión, inclinación, instinto, predisposición, vocación, preferencia, simpatía, afecto, afición. ANT. antipatía, aversión. **2** opinión, corriente, dirección.

tendencioso, -sa *adj.* parcial, arbitrario, sectario, injusto. ANT. neutral, justo.

tender *tr.* extender, estirar, expandir, desplegar, desdoblar. ANT. recoger. **2** propender, inclinarse, simpatizar. **3** desparramar, esparcir. ANT. reunir. **4** suspender, colocar. **5** *prnl.* acostarse, echarse, tumbarse, yacer, descansar. ANT. levantarse.

tenderete *m.* puesto de ventas, tienda, quisco, barraca.

tendero, -ra *s.* comerciante, vendedor, minorista, abacero. ANT. cliente, comprador.

tenebrosidad *f.* tinieblas, oscuridad, lobreguez.

tenebroso, -sa *adj.* lóbrego, obscuro, opaco, tétrico, lúgubre, oscuro, sombrío, negro. ANT. claro. **2** misterioso, confuso, truculento. ANT. abierto.

tenencia *f.* posesión, usufructo, disfrute, propiedad.

tener *tr.* poseer, haber, usufructuar, disfrutar, beneficiarse, gozar. ANT. carecer. **2** mantener, dominar, sujetar, agarrar, sostener, retener, asir, aferrar. ANT. soltar. **3** {promesa} guardar, conservar, cumplir. **4** considerar, juzgar. **5** estimar, apreciar. **6** implicar, incluir, contener, comprender. **7** experimentar, sentir. **8** profesar, manifestar. **9** *intr.* {persona} asegurarse, afirmarse, sostenerse. **10** *loc. tenerse fuerte:* resistir. **11** *loc. ~ en menos:* menospreciar, despreciar.

tenería *f.* curtiduría.

tenia *f.* gusano, solitaria, parásito.

tenor *m.* {cosa} firmeza, estabilidad, constitución, disposición. **2** {escrito, oración} contenido. **3** cantor, cantante. **4** *loc. a/al ~ de:* conforme, según.

tenorio *adj. m.* donjuán, conquistador, casanova, galanteador, mujeriego, burlador.

tensar *tr.* tirar, atirantar, estirar. *ANT.* aflojar.

tensión *f.* tirantez, rigidez, enderezamiento, tiesura. *ANT.* relajamiento. **2** {arterial} presión. **3** exaltación, impaciencia, angustia, excitación. *ANT.* calma. **4** hostilidad, tirantez, oposición. *ANT.* armonía.

tenso, -sa *adj.* duro, rígido, erguido, resistente, tirante. *ANT.* flexible. **2** impaciente, angustiado, preocupado, nervioso, intranquilo, inquieto. *ANT.* relajado.

tentación *f.* instigación, atracción, señuelo, artificio, incitación, incentivo, sugestión, deseo, seducción, fascinación, estímulo. *ANT.* rechazo, aversión.

tentador, -ra *adj.* apetecible, atractivo, deseable. *ANT.* repugnante. **2** irresistible, encantador, cautivador, excitante, arrebatador, incitador, seductor. *ANT.* repelente.

tentar *tr.* instigar, inducir, estimular, excitar, provocar, incitar, soliviantar. **2** tocar, palpar, manosear, reconocer, tantear. **3** procurar, intentar. **4** experimentar, probar, examinar.

tentativa *f.* intento, prueba, tanteo, ensayo, experimento.

tentempié *m.* aperitivo, refrigerio, refacción, bocado, bocadillo.

tenue *adj.* ligero, delgado, fino, vaporoso, sutil, leve, débil, delicado, exiguo, etéreo. *ANT.* recio, fuerte.

tenuidad *f.* levedad, liviandad. *ANT.* pesadez.

teñible *adj.* tingible.

teñir *tr. prnl.* pigmentar, entintar, colorear, pintar. *ANT.* desteñir. **2** matizar, alterar, infundir, imbuir. **3** PINT. {color} rebajar, apagar.

teogonía *f.* generación de los dioses.

teologal *adj.* teológico. *ANT.* seglar, secular.

teorema *m.* proposición, enunciado, tesis.

teorético, -ca *adj.* teórico.

teoría *f.* conocimiento especulativo, presunción, supuesto, suposición, conjetura. **2** leyes, hipótesis, principios. **3** HIST. {Grecia antigua} procesión religiosa, transcurso. **4** *loc. en ~:* sin comprobación, en principio.

teórico, -ca *adj.* hipotético, presunto, especulativo, figurado. **2** {persona} contemplativo, reflexivo.

teorizar *tr. intr.* {asunto, materia} analizar, estudiar, contemplar, considerar, tratar.

terapéutica *f.* MED. terapia, tratamiento, medicina.

terapia *f. ver* **terapéutica.**

teratológico, -ca *adj.* monstruoso, anómalo, deforme.

tercer *adj.* tercero.

tercería *f.* alcahuetería, encubrimiento.

tercero, -ra *adj. s.* mediador. **2** tercera persona. **3** *s.* alcahuete, encubridor. **4** *f.* {vehículo} marcha del motor.

terceto *m.* MÚS. trío.

terciar *intr.* mediar, intervenir, interponerse, interceder. **2** *tr.* inclinar, torcer, ladear. **3** {carga} equilibrar. **4** *Amer.* cargar (a la espalda). **5** *prnl.* {cosa} presentarse casualmente, venir bien.

terciario, -ria *adj.* {orden, grado} tercero. **2** ARQ. arco de piedra.

tercio, -cia *adj.* tercero. **2** *m.* bulto, fardo, lío. **3** {litro de cerveza} tercera parte.

terciopelo *m.* velludo, pana.

terco, -ca *adj.* testarudo, recalcitrante, voluntarioso, renuente, tesonero, reacio, intransigente, obcecado, empecinado, obstinado, porfiado, caprichoso, tozudo, tenaz, pertinaz, porfiado, persistente. *ANT.* razonable,

transigente, flexible. **2** {cosa} resistente, difícil. *ANT.* maleable.

tergiversado, -da *adj.* cambiado, alterado, torcido, forzado, trastocado, deformado.

tergiversar *tr.* falsear, torcer, cambiar, alterar, trastocar, desvirtuar, adulterar, desfigurar, embrollar, enredar, deformar, confundir. *ANT.* aclarar, rectificar.

termal *adj.* térmico.

termas *f. pl.* baños termales.

térmico, -ca *adj.* termal.

terminación *f.* fin, término, conclusión, fenecimiento, acabamiento, ultimación, cesación, final, coronamiento, finalización, consumación. *ANT.* comienzo, inicio. **2** {de una obra} clausura, cierre. **3** extremo, límite, tope, extremidad, remate, punta.

terminado, -da *adj. s.* finalizado, acabado, concluido.

terminal *adj.* último, final, postrero, conclusivo. *ANT.* inicial. **2** {enfermo} incurable, grave, insanable. **3** ELECTR. enchufe. **4** *f.* {línea de transporte} extremo, estación.

terminante *adj.* categórico, preciso, decisivo, incondicional, definitivo, claro, perentorio, tajante, concluyente, indiscutible. *ANT.* dudoso, impreciso, relativo.

terminantemente *adv.* claramente, de manera concluyente, categóricamente, definitivamente.

terminar *tr.* concluir, ultimar, completar, coronar, expirar, caducar, cerrar, cesar, acabar, finalizar, rematar, finiquitar. *ANT.* comenzar, iniciar. **2** destruir, aniquilar. **3** liquidar, consumir, agotar. *ANT.* guardar, reservar. **4** romper, cortar, reñir, enemistarse. *ANT.* reconciliarse.

término *m.* final, fin, terminación, vencimiento, expiración, consumación, conclusión, remate. *ANT.* comienzo, inicio. **2** palabra, giro, expresión, voz, vocablo, locución. **3** límite, linde, circunscripción, jurisdicción, raya, frontera, territorio, demarcación, hito, línea divisoria. **4** vencimiento, condición, cláusula, plazo. **5** estado, situación. **6** *pl.* **términos,** {asunto} condiciones.

terminología *f.* jerga, vocabulario, léxico, lengua.

termostato *m.* termorregulador, regulador.

terrasco *m.* cordero, cabrito, recental.

terne *adj. col.* jactancioso, valentón, matasiete, perdonavidas. **2** perseverante, obstinado, tozudo, terco. **3** robusto, fuerte, vigoroso, fornido. *ANT.* enclenque.

ternero, -ra *s.* becerro, jato, recental, vaquilla, novilla.

terneza *f.* ternura, suavidad, dulzura, delicadeza. *ANT.* rudeza, requiebro, elogio, piropo. *ANT.* insulto.

ternura *f.* terneza, amor, consideración, dulzura, sensibilidad, delicadeza, bondad, cariño, afecto. *ANT.* odio.

terquedad *f.* pertinacia, testarudez, tesón, contumacia, tenacidad, porfía, obstinación, tozudez. *ANT.* flexibilidad.

terrado *m.* terraza, azotea.

terraplén *m.* desnivel, pendiente. **2** parapeto, resguardo, defensa, muro.

terráqueo, -a *adj.* terrenal, terrestre, terreno.

terrateniente *com.* latifundista, hacendado, potentado.

terraza *f.* azotea, galería, mirador, balcón.

terremoto *m.* sismo, sacudida, temblor, seísmo, sacudimiento, cataclismo.

terrenal *adj.* terrestre, terreno. *ANT.* celeste, celestial.

terreno, -na *adj.* terrenal, terrestre, terráqueo. *ANT.* celestial. **2** *m.* campo, tierra, suelo, parcela, superficie, solar.

terrestre *adj.* terrenal, terráqueo, terreno, telúrico.

terrible *adj.* horrible, aterrador, espeluznante, escalofriante, espantoso, horroroso, terrorífico, pavoroso. *ANT.* placentero, agradable. **2** intolerable, áspero, repelente, repulsivo. **3** extraordinario, monstruoso, enorme, desmedido, gigantesco, desmesurado.

terrífico, -ca *adj.* terrorífico, aterrador, pavoroso, horripilante, temible, espantoso, horroroso. *ANT.* tranquilizante.

territorial *adj.* jurisdiccional, comarcal, provincial, regional.

territorio *m.* región, comarca, circunscripción, distrito, circunspección, área, departamento, jurisdicción, país, nación, lugar, paraje.

terror *m.* horror, espanto, estremecimiento, pavor, pánico, temor, angustia. *ANT.* agrado; serenidad.

terrorífico, -ca *adj.* pavoroso, temible, horrible, horripilante, espeluznante, aterrador, horroroso, apocalíptico, terrible. *ANT.* tranquilizante. **2** *col.* desmesurado, espantoso.

terrorismo *m.* dominación por el terror, intimidación, amenaza. **2** violencia, terror, anarquía. *ANT.* paz.

terruño *m.* tierra, país, suelo, cuna, provincia, región, pueblo, procedencia, territorio, comarca.

terso, -sa *adj.* suave, liso, pulido, limpio, bruñido, claro, resplandeciente, aseado. *ANT.* áspero, sucio. **2** {lenguaje, estilo} fluido, fácil, nítido, limpio. *ANT.* confuso, enredado.

tersura *f.* suavidad, homogeneidad, lisura, tersidad. *ANT.* aspereza. **2** transparencia, limpidez, brillantez, claridad, limpieza. *ANT.* opacidad.

tertulia *f.* reunión, corrillo, cotarro, velada. **2** grupo. **3** conversación, charla, discusión, plática, disertación, coloquio. *ANT.* silencio.

tertuliante *adj. com.* contertulio.

tesis *f.* argumento, proposición, razonamiento, conclusión. **2** opinión. **3** {universidad} disertación, exposición, escrito.

tesitura *f.* {de ánimo} disposición, actitud, humor. **2** Mús. {voz, instrumento} altura propia.

tesón *m.* empeño, voluntad, terquedad, asiduidad, pertinacia, insistencia, testarudez, tozudez, tenacidad, decisión, constancia, firmeza, perseverancia. *ANT.* inconstancia.

tesonero, -ra *adj.* contumaz, terco, tenaz, perseverante, constante, voluntarioso.

tesorería *f.* pagaduría, administración, caja.

tesoro *m.* caudal, fondos, riqueza, dinero, hacienda. **2** tesoro público, erario, fisco.

test *m.* prueba, examen, sondeo, ejercicio, reconocimiento.

testa *f.* cabeza, frente, cara. **2** testuz.

testaferro *m.* substituto, suplantador, cabeza de turco, monigote.

testamentario, -ria *s.* albacea.

testamento *m.* última voluntad. **2** legado, sucesión, herencia. **3** documento. **4** {autor} obra final.

testar *intr.* hacer testamento. **2** *tr.* tachar, suprimir, borrar. **3** atestar. **4** someter a prueba, ensayar, probar.

testarada *f.* testarazo, testada.

testarudez *f.* pertinacia, obcecación, tesón, empecinamiento, terquedad, obstinación, porfía. *ANT.* renuncia.

testarudo, -da *adj.* porfiado, tozudo, tesonero, voluntarioso, recalcitrante, obstinado, pertinaz, contumaz, obcecado, terco. *ANT.* flexible, condescendiente.

testera *f.* frente, fachada.

testículo *m. gen. pl.* Anat. gónada masculina, genitales.

testificación *f.* atestiguamiento, testimonio, atestiguación.

testificar *tr.* declarar, explicar, exponer, alegar, testimoniar, manifestar, atestiguar, atestar. *ANT.* callar. **2** demostrar, mostrar, indicar, asegurar, probar, aseverar, afirmar. *ANT.* ocultar.

testigo *com.* declarante, testificador, deponente, informador.

testimoniar *tr.* atestiguar, testificar. **2** aseverar, afirmar, asegurar.

testimonio *m.* prueba, demostración, certificación, comprobación, evidencia, justificación. **2** aseveración.

testuz *amb.* {animales} frente, testero, testa, cabeza. **2** {animales} nuca.

teta *f.* seno, pezón, mama, ubre, pecho.

tétanos *m.* Med. {músculos} rigidez, tensión convulsiva.

tetar *tr.* amamantar, atetar.

tetero *m.* Col. biberón.

tetracampeón, -ona *adj. s.* Dep. cuatro veces campeón.

tetraplejia *f.* (*tb.* **tetraplejía**) Med. parálisis.

tetrápodo, -da *adj.* Zool. cuadrúpedo.

tetrarca *m.* {provincia, territorio} gobernador, regente.

tétrico, -ca *adj.* lúgubre, grave, funesto, fúnebre, tenebroso, lóbrego, macabro, triste, sombrío. *ANT.* alegre.

teucro, -cra *adj. s.* troyano.

teúrgia *f.* magia.

teutón, -ona *adj. s.* alemán, germánico, germano, tudesco.

texto *m.* enunciado, pasaje, escrito, cuerpo, contenido, contexto, argumento, relación, descripción, memoria, relato. **2** volumen, ejemplar, tomo, obra. **3** manual, compendio.

textual *adj.* literal, exacto, fiel, idéntico, preciso, al pie de la letra. **2** crítica textual.

textura *f.* {hilos de una tela} tejido, trama, tesitura, urdimbre. **2** {cuerpo, obra} estructura, contextura, disposición, ligazón, trabazón.

tez *f.* {rostro} cutis, piel. **2** superficie, cuero, tegumento, piel, epidermis.

tiara *f.* diadema.

tibio, -bia *adj.* cálido, templado. *ANT.* helado; ardiente. **2** {persona} apático, indiferente, frío, desapasionado, insensible. **3** *f.* Anat. hueso. **4** Mús. flauta.

tic *m.* contracción, gesto, espasmo, movimiento convulsivo.

tictac *m.* {reloj} compás, marcha, ritmo.

tiempo *m.* duración, transcurso. **2** período, lapso, intervalo, temporada, ciclo, fase, etapa, época. **3** {del año} estación. **4** edad, tiempo vivido. **5** oportunidad, sazón, ocasión, momento, coyuntura. **6** temperatura, estado atmosférico. **7** Mec. {motor} fase. **8** Mús. {compás} parte, división, movimiento. **9** *loc.* **al mismo ~:** simultáneamente, al unísono. **10** *loc.* **a largo ~:** después de mucho. **11** *loc.* **de ~ en ~:** de vez en cuando, con discontinuidad. **12** *loc.* **fuera de ~:** intempestivamente.

tienda *f.* comercio, almacén, bodega, negocio, establecimiento, despacho, bazar, abacería, puesto, local. **2** toldo, loma, pabellón, carpa, tienda de campaña, entoldado.

tienta *f.* sonda.

tiento *m.* tacto. **2** prudencia, tino, cuidado, consideración, miramiento, cordura, moderación. *ANT.* imprudencia. **3** {en la mano} pulso, firmeza, seguridad. **4** {para ciegos} palo, bastón. **5** {para equilibristas} balancín. **6** ZOOL. tentáculo. **7** *pl.* **tientos**, baile. **8** *loc.* *a ~:* a tientas.

tierno, -na *adj.* suave, delicado, blando, flexible, flojo. *ANT.* duro. **2** amable, afectuoso, cariñoso, afectivo, dulce. *ANT.* hosco. **3** nuevo, reciente, verde, fresco. *ANT.* maduro, pasado. **4** emocionante, sentimental. **5** *Amer.* {fruta} verde.

tierra *f.* planeta, mundo, globo, orbe. **2** territorio, país, comarca, región, pueblo, nación, patria. **3** terreno, sembrado, campo, campiña, cultivo, agro. **4** suelo, piso, terreno, superficie. **5** *Amer.* polvo, arena. **6** población, pobladores. **7** *loc.* echar *por ~:* destruir, deshacer. **8** *loc. tomar ~:* aterrizar; desembarcar, arribar. **9** *loc. echar ~ a algo:* ocultar, olvidar.

tieso, -sa *adj.* rígido, inflexible, tirante, duro, firme, sólido, tenso, enhiesto, erecto. *ANT.* flojo, blando. **2** inflexible, tenaz, obstinado, tozudo, terco. *ANT.* condescendiente. **3** arrogante, estirado, orgulloso, engreído, vanidoso. *ANT.* modesto, sencillo. **4** acartonado, serio, circunspecto, grave. **5** *col.* muerto, difunto, sin vida. *ANT.* vivo. **6** *col.* impresionado, asombrado, impactado. **7** *col.* {por frío} entumecido, helado. **8** *adv.* fuertemente, reciamente. *ANT.* suavemente.

tiesto *m.* vaso, recipiente, maceta, pote, vasija.

tiesura *f.* rigidez, dureza. *ANT.* blandura. **2** seriedad, gravedad, afectación. *ANT.* sencillez.

tifo *m.* MED. tifus.

tifón *m.* huracán, tormenta, ciclón, tornado, torbellino, ráfaga, temporal. **2** tromba.

tildar *tr.* censurar, calificar, desacreditar, denigrar, desaprobar, criticar. *ANT.* elogiar. **2** {escrito} tachar. **3** acentuar, marcar, señalar, poner tilde. **4** apodar, motejar.

tilde *f.* acento, vírgula, apóstrofo, señal, marca. **2** tacha. **3** bagatela, nadería, insignificancia.

timador, -ra *s.* estafador, defraudador, engañador, ladrón, embaucador. *ANT.* honrado, honesto.

timar *tr.* engañar, incumplir. *ANT.* cumplir. **2** estafar, embaucar, defraudar, despojar, chantajear, robar, quitar, hurtar. **3** *prnl. col.* {enamorados} entenderse, hacerse guiños.

timbal *m.* tamboril, témpano.

timbrar *tr.* estampar, membretear, sellar, estampillar.

timbre *m.* sello. **2** *Amer.* estampilla, sello postal. **3** señal, marca. **4** {del sonido} calidad. **5** acción gloriosa, mérito, ejecutoria. **6** llamador, gong, batintín. **7** {de la voz} metal.

timidez *f.* miedo, encogimiento, aturdimiento, cohibimiento, cortedad, irresolución, pusilanimidad, apocamiento. *ANT.* resolución, audacia.

tímido, -da *adj.* vergonzoso, encogido, medroso, pusilánime, miedoso, irresoluto, corto, vacilante, apocado, timorato, asustadizo, temeroso, indeciso, cobarde. *ANT.* resuelto, valeroso.

timo *m.* estafa, robo, fraude, irregularidad, embaucamiento, defraudación, hurto.

timón *m.* dirección, mando, gobierno, liderazgo, autoridad.

timonear *intr.* {timón} gobernar. **2** *tr.* {negocio} dirigir, manejar, conducir.

timorato, -ta *adj.* medroso, pusilánime, tímido, pacato, temeroso. *ANT.* valiente.

tímpano *m.* tambor, timbal, tamboril.

tina *f.* cuba, tinaja, barreño, cubeta, vasija, artesa. **2** bañera, pila.

tinaja *f.* vasija, cuba, tina, cubeta.

tinglado *m.* cobertizo, tablado, techado, almacén. **2** maquinación, lío, embrollo, enredo, artificio. **3** *col.* confusión, desorden, barullo.

tiniebla *f.* obscuridad, sombra, opacidad, negrura, noche. *ANT.* luz, claridad. **2** *pl.* **tinieblas**, ignorancia, ceguera, confusión, desconocimiento.

tino *m.* puntería, pulso, acierto, seguridad, destreza. *ANT.* desacierto. **2** prudencia, juicio, tacto, cordura, discreción, moderación, ponderación, sensatez, mesura. *ANT.* insensatez.

tintar *tr.* teñir.

tinte *m.* tintura, pigmento, color, colorante, teñidura. **2** tintorería. **3** artificio, maña, desfiguración. **4** tono, tonalidad, matiz. **5** apariencia, cariz, aspecto. **6** {ciencia, materia} tintura, noción superficial.

tintura *f.* color, tinte. **2** {saber, ciencia} noción superficial, mano, barniz, capa.

tiña *f. col.* mezquindad, tacañería, avaricia, miseria. *ANT.* generosidad.

tiovivo *m.* carrusel, caballitos.

típico, -ca *adj.* característico, propio, peculiar, representativo, inconfundible. *ANT.* atípico. **2** popular, tradicional, pintoresco.

tipo *m.* prototipo, ideal, arquetipo, modelo, pauta, original, ejemplo, paradigma, ejemplar, muestra, dechado. **2** símbolo, representación. **3** {cosa} clase, condición, especie, naturaleza, calidad, índole, categoría. **4** individuo, fulano, sujeto, hombre. **5** silueta, apostura, figura, planta, talle, traza. **6** IMPR. letra, carácter. **7** {obra de ficción} personaje, figura. **8** BOT., BIOL. grupo taxonómico. **9** *loc.* {monedas} *~ de cambio:* cambio, valor.

tipografía *f.* imprenta, impresión. **2** imprenta, taller.

tipógrafo, -fa *s.* impresor.

tiquete *m. Amer.* boleto, billete.

tira *f.* franja, banda, lista, cinta. **2** historieta, serie de dibujos. **3** *vulg.* gran número, cantidad grande. **4** *loc.* *~ cómica:* historieta.

tirabuzón *m.* descorchador, abrebotellas, sacacorchos. **2** rizo de cabello.

tirada *f.* edición.

tiranía *f.* absolutismo, despotismo, dictadura, autocracia, totalitarismo. *ANT.* democracia. **2** abuso, arbitrariedad, desafuero, opresión. *ANT.* justicia.

tiránico, -ca *adj.* dictatorial, arbitrario, despótico.

tiranizar *tr.* oprimir, subyugar, avasallar, esclavizar, someter, dominar, abusar.

tirano, -na *adj.* dictador, autócrata. *ANT.* demócrata. **2** opresor, avasallador, déspota, abusador, totalitario.

tirante *adj.* estirado, duro, tieso. *ANT.* flojo. **2** {situación} hostil, tenso, embarazoso. *ANT.* relajado.

tirantez *f.* tensión, rigidez, estiramiento. **2** hostilidad, disgusto. *ANT.* cordialidad.

tirar *tr.* lanzar, arrojar, botar, despedir, disparar, proyectar. *ANT.* recoger. **2** derribar, demoler, echar abajo. **3** desechar, botar, deshacerse. *ANT.* conservar. **4** {arma} disparar, descargar, hacer fuego. **5** estirar, tensar, extender. **6** DEP. {balón, pelota} impulsar, lanzar. **7** {cámara fotográfica} disparar, accionar. **8** IMPR. imprimir, publicar. **9** derrochar, malgastar, despilfarrar, dilapidar, malbaratar. *ANT.* conservar, ahorrar. **10** *Amer.* conducir, transportar. **11** *tr. intr.* {dados} echar, lanzar. **12** *intr.* {imán} atraer. **13** {prenda} apretar. **14** durar, mantenerse. **15** inclinarse, tender, propender.

16 {persona, cosa} parecerse, asemejarse, imitar. **17** *intr. tr. prnl. col.* poseer sexualmente, hacer el amor. **18** *prnl.* precipitarse, abalanzarse, arrojarse. **19** tenderse, echarse. *ANT.* levantarse. **20** *loc. a todo ~:* a lo sumo. **21** *loc. tira y afloja:* negociación.

tiritar *intr.* temblar, dentellar, castañetear, estremecerse.

tiro *m.* {arma de fuego} detonación, disparo, balazo. **2** {arma de fuego} estampido, estallido, explosión. **3** {arma de fuego} carga, munición. **4** {arma arrojadiza} alcance. **5** {de carruaje} caballerías. **6** {chimenea} corriente de aire. **7** {paño} longitud. **8** {escalera} tramo. **9** *loc. a ~:* al alcance. **10** *loc. salir el ~ por la culata:* dar resultado contrario. **11** *loc. errar el ~:* engañarse, fallar.

tirón *m.* empujón, empellón, sacudida, zarandeo. **2** estirón.

tirria *f. col.* ojeriza, odio, antipatía, inquina, animadversión, repulsión, rechazo, aversión, aborrecimiento. *ANT.* simpatía.

tísico, -ca *adj. s.* tuberculoso.

tisis *f.* tuberculosis.

titán *m.* MIT. gigante, coloso. **2** persona excepcional, héroe.

titánico, -ca *adj.* gigantesco, colosal, enorme, ciclópeo, excesivo, desmesurado. *ANT.* pequeño.

títere *m.* marioneta, muñeco, polichinela, fantoche. **2** tipejo, monigote, pelele.

titerero, -ra *s.* titiritero.

titilar *intr.* centellear, refulgir, fulgurar, resplandecer. **2** agitarse, temblar.

titubeante *adj.* irresoluto, indeciso, vacilante, inseguro. *ANT.* seguro, decidido.

titubear *intr.* vacilar, dudar, fluctuar, trastabillar, oscilar. *ANT.* decidir, resolver. **2** balbucear, balbucir.

titubeo *m.* perplejidad, vacilación, indecisión, duda, incertidumbre, indeterminación, turbación, azoramiento, irresolución. *ANT.* decisión.

titulado, -da *s.* investido, titular, condecorado, nombrado.

titular *tr.* rotular, intitular. **2** nombrar, denominar.

título *m.* encabezamiento, rótulo, letrero, rubro, inscripción. **2** nombre, denominación, calificativo, designación. **3** diploma, licencia, honor, reconocimiento, nombramiento. **4** causa, fundamento, razón, motivo, pretexto. **5** documento financiero.

tiza *f.* yeso.

tiznar *tr.* ensuciar, entiznar, manchar, enhollinar, deslustrar, ennegrecer. *ANT.* limpiar. **2** desprestigiar, denigrar, desacreditar, mancillar. *ANT.* honrar.

tizón *m.* brasa, leño. **2** {en la fama} mancha, mácula.

toallero *m.* percha, colgador.

toca *f.* gorro, gorra, casquete, sombrero. **2** tela.

tocable *adj.* palpable.

tocadiscos *m.* gramófono, fonógrafo.

tocado, -da *adj. col.* chiflado, alterado, perturbado, loco, desequilibrado. *ANT.* cuerdo. **2** *m.* gorra, cofia, sombrero. **3** peinado, tocadura, adorno.

tocante *adj.* concerniente, relativo, referente, alusivo.

tocar *tr.* palpar, tentar, sobar, acariciar, manosear. **2** {instrumento musical} tañer, rasguear, sonar, interpretar, ejecutar. **3** inspirar, persuadir, estimular. **4** repicar, sonar, doblar. **5** avisar, llamar. **6** {cosa} tropezar, rozar. **7** {materia, tema} tratar, mencionar. **8** *intr.* pertenecer. **9** llegar, arribar. **10** concernir, corresponder, incumbir, importar, pertenecer, atañer.

11 *tr. prnl.* {cabello} peinar, componer. **12** *prnl.* {cabeza} cubrirse.

tocayo, -ya *adj.* homónimo.

tochedad *f.* rudeza, tosquedad, grosería, patanería, sandez, zafiedad.

tocólogo, -ga *s.* obstetra.

tocón *m.* {árbol} tronco, troncón. **2** muñón.

todavía *adv.* aún. **2** sin embargo, no obstante, con todo, pese a.

todo, -da *adj.* total, entero, completo, íntegro, absoluto. *ANT.* nada. **2** *pl.* cada. **3** *m.* totalidad, total, conjunto, integridad, compuesto, suma. *ANT.* nada. **4** *adv.* enteramente, completamente, totalmente, cabalmente, de lleno, del todo, en total. *ANT.* parcialmente. **5** *loc. del ~:* absolutamente, enteramente, sin excepción. **6** *loc. jugarse el ~ por el ~:* exponer por completo, aventurarlo todo. **7** *loc. sobre ~:* principalmente, especialmente. **8** *loc. con ~:* no obstante, sin embargo. **9** *loc. a todas estas:* entre tanto, mientras tanto.

todopoderoso, -sa *adj.* omnipotente, omnímodo. **2** *m.* Dios.

toga *f.* vestidura, investidura, manto, prenda, túnica, hábito.

toilette *f.* [FR.] aseo, higiene, limpieza. **2** {mueble} tocador, cómoda. **3** *pl.* **toilettes**, lavabo, servicio, cuarto de aseo.

toldo *m.* tienda, pabellón, entoldado, palio, dosel.

tolerable *adj.* aguantable, resistible, sufrible, soportable, llevadero. *ANT.* intolerable, insoportable. **2** aceptable, admisible. *ANT.* inaceptable.

tolerancia *f.* permisividad, paciencia, transigencia, benignidad, aguante, generosidad, indulgencia, comprensión, condescendencia. *ANT.* incomprensión, tiranía.

tolerante *adj.* indulgente, condescendiente, resignado, comprensivo, paciente, transigente. *ANT.* intransigente.

tolerar *tr.* soportar, sufrir, aguantar, resistir, penar, sobrellevar. *ANT.* rechazar. **2** permitir, consentir. *ANT.* prohibir. **3** aceptar, admitir, transigir. **4** {ideas} respetar.

toma *f.* ocupación, conquista, asalto, incautación, usurpación. **2** dosis, porción.

tomar *tr.* beber, ingerir, libar, probar, consumir, tragar, comer. **2** asir, coger, agarrar, aferrar. *ANT.* desasir, soltar. **3** ocupar, conquistar, invadir, apoderarse, adueñarse, arrebatar. *ANT.* renunciar. **4** recibir, aceptar; adquirir. **5** {transporte} abordar, subir. *ANT.* bajar. **6** emplear, contratar. *ANT.* despedir. **7** adquirir, contraer. **8** arrendar, alquilar. **9** interpretar, juzgar, entender. **10** hurtar, quitar, robar. **11** comprar. **12** filmar, fotografiar. **13** seleccionar, elegir. **14** copiar, anotar. **15** adoptar, resolver, poner por obra. **16** dirigirse, encaminarse. *ANT.* quedarse. **17** *intr. Amer.* beber, ingerir alcohol. **18** *prnl.* {metales} oxidarse, enmohecerse. **19** emborracharse, embriagarse. **20** {atmósfera} cargarse, oscurecerse. **21** reñir, pelear.

tómbola *f.* rifa, sorteo, lotería.

tomo *m.* volumen, ejemplar, libro, obra.

tonada *f.* canción, aire, melodía, cántico, canto, balada. **2** tonalidad, tono.

tonalidad *f.* matiz, tono, gradación. **2** tonada, tono.

tonel *m.* barril, cuba, barrica.

tónico, -ca *adj.* vigorizante, fortificante, reconstituyente, reforzante, estimulante, tonificador, confortante. *ANT.* debilitante, debilitador. **2** FON. {vocal, sílaba} acentuado. **3** *m.* loción. **4** *f.* agua tónica. **5** *f.* {actividad, situación} característica general, tendencia, tono.

tonificar *tr.* vigorizar, reconstituir, reconfortar, fortalecer, robustecer, entonar, estimular. *ANT.* debilitar.

tonillo *m.* reticencia, retintín, sonsonete. **2** acento, deje, entonación, dejo.

tono *m.* {voz} inflexión, modulación, matiz, tonalidad. **2** dejo, acento, deje, entonación. **3** fuerza, vigor, energía. **4** {coloración} grado, gradación, color, tinte. **5** elegancia, distinción, lustre, categoría. *ANT.* vulgaridad. **6** orientación ideológica. **7** *loc. a ~:* en armonía, acorde.

tonsurado *m.* ordenado, clérigo, eclesiástico.

tontada *f.* simpleza, majadería, insignificancia, minucia, bobada, necedad, tontería.

tontería *f.* bobada, simpleza, sandez, desatino, necedad, insulsez, mentecatería. *ANT.* agudeza. **2** estupidez, imbecilidad, estulticia, alelamiento, ignorancia. **3** nadería, bagatela, pamplina.

tonto, -ta *adj.* bobo, simple, necio, mentecato, estúpido, majadero, torpe, imbécil, idiota. *ANT.* listo.

topar *tr.* tropezar, chocar, colisionar, encontrarse, dar. **2** hallar, encontrar. *ANT.* extraviar.

tope *m.* paragolpes, seguro, protección. **2** topetazo, choque, golpe, embestida. **3** contienda, riña, reyerta. **4** impedimento, estorbo, tropiezo. **5** límite, extremo.

topetada *f.* topetazo, encontronazo, topada.

tópico, -ca *adj. m.* MED. {medicamento} local, de uso externo. **2** *m.* RET. lugar común, cliché, trivialidad, expresión manida. *ANT.* originalidad.

topógrafo, -fa *s.* agrimensor.

toque *m.* fricción, roce, contacto. **2** golpe. **3** tañido, llamada, advertencia, señal, aviso. **4** quid, esencia, meollo. **5** PINT. pincelada.

toquetear *tr.* tocar, sobar, palpar, manosear.

tórax *m.* pecho, busto, tronco, torso.

torbellino *m.* remolino, ciclón, vórtice, vorágine, rápido. **2** atropellamiento, agitación. *ANT.* calma. **3** {persona} inquieto, bullicioso, atropellado, acelerado. *ANT.* reposado.

torcedura *f.* torcimiento, torsión, retorcimiento. **2** inclinación, desviación. **3** esguince, dislocación, descoyuntamiento, luxación.

torcer *tr. prnl.* retorcer, flexionar, enroscar, ondular, encorvar, arquear, pandear, curvar. *ANT.* enderezar. **2** desviarse, girar, virar, cambiar. *ANT.* continuar. **3** tergiversar, mudar, trocar, malinterpretar. **4** *prnl.* {vino} enturbiarse, avinagrarse. **5** {leche} agriarse, cortarse. **6** {negocio} frustrarse, dificultarse.

torcido, -da *adj.* doblado, inclinado, oblicuo. **2** alterado, tergiversado. **3** {persona} incorrecto, deshonesto. *ANT.* honesto.

torcimiento *m.* oblicuidad, sesgo. **2** perífrasis. **3** torsión, distorsión, desviación, inflexión.

toreo *m.* tauromaquia, lidia, corrida.

toril *m.* chiquero.

tormenta *f.* tempestad, temporal, borrasca, galerna, ciclón, vendaval, tromba, huracán. *ANT.* bonanza, calma. **2** infelicidad, desventura, desgracia, infortunio, adversidad. *ANT.* fortuna, ventura. **3** excitación, agitación, vehemencia. *ANT.* tranquilidad.

tormento *m.* suplicio, martirio, sacrificio, tortura, padecimiento, sufrimiento. *ANT.* placer. **2** angustia, dolor. *ANT.* calma. **3** aflicción, pena, congoja. *ANT.* felicidad.

tormentoso, -sa *adj.* borrascoso, tempestuoso, huracanado, inclemente. *ANT.* en calma. **2** {situación, persona} conflictivo, problemático, tenso, agitado.

tornadizo, -za *adj. s.* inestable, veleidoso, inconstante, cambiante, mudable, voluble. *ANT.* constante.

tornado *m.* huracán, tifón, ciclón.

tornar *tr.* restituir, devolver. **2** *tr. prnl.* cambiar, transformar. **3** *intr.* retornar, regresar, volver. *ANT.* partir, marcharse. **4** volver en sí.

tornasol *m.* girasol. **2** {luz} reflejo, viso.

torneador, -ra *s.* tornero.

tornear *tr.* labrar, redondear, pulir.

torneo *m.* combate, justa, lucha, pugna, desafío, liza. **2** competición, competencia, concurso, campeonato.

torno *m.* armazón giratoria, cabrestante, máquina. **2** torniquete. **3** rodeo, vuelta alrededor.

toro *m.* astado, cornúpeta. **2** *fig.* {hombre} vigoroso, fuerte, robusto.

toronja *f.* pomelo.

torpe *adj.* inepto, inhábil, inútil, incompetente, desmañado. *ANT.* hábil. **2** pesado, tardo, lento. *ANT.* ágil. **3** lascivo, impúdico, deshonesto. **4** infame, indecoroso, ignominioso. **5** tosco, feo. *ANT.* bonito. **6** zafio, brusco, rudo. *ANT.* delicado. **7** obtuso, cerrado, necio, tonto. *ANT.* listo, inteligente. **8** inoportuno, desatinado. *ANT.* oportuno.

torpeza *f.* incompetencia, ineptitud. **2** deshonestidad. **3** marasmo, modorra, letargo.

torpor *m.* embotamiento, atontamiento, entorpecimiento.

torrar *tr.* tostar, asar.

torre *f.* atalaya, fortín, baluarte, torreón, minarete, campanario. **2** rascacielos, edificio. **3** {ajedrez} figura.

torrefacción *f.* {café} tostada.

torrencial *adj.* impetuoso, tempestuoso, tormentoso, copioso, caudaloso, torrentoso, abundante. *ANT.* seco.

torrentada *f.* crecida, venida.

torrente *m.* arroyo, río, cañada, aluvión, catarata, corriente, avenida, cascada, quebrada, rápido. *ANT.* sequía. **2** muchedumbre, multitud, gentío. **3** montón, abundancia. *ANT.* escasez.

tórrido, -da *adj.* cálido, acalorado, ardiente, caluroso, caliente, quemante, sofocante, abrasador. *ANT.* helado, gélido.

torsión *f.* desviación, torcedura, torcimiento, distorsión.

torso *m.* tronco, pecho, busto, tórax.

torta *f.* pastel, bizcocho, tarta. **2** bofetada, palmada, guantada, tortazo, bofetón, sopapo. *ANT.* caricia. **3** *col.* accidente, caída, golpe. **4** *col.* borrachera.

tortazo *m. col.* guantazo, bofetada, guantada, torta, bofetón, sopapo.

tortícolis *f.* (*tb.* **torticolis**) (*tb. m.*) espasmo doloroso.

tortuoso, -sa *adj.* torcido, zigzagueante, sinuoso, quebrado, laberíntico, ondulante, accidentado, abrupto, serpenteante. *ANT.* recto. **2** solapado, hipócrita, disimulado, taimado, retorcido, cauteloso, maquiavélico, astuto. *ANT.* franco, sincero.

tortura *f.* tormento, martirio, suplicio, calvario, padecimiento. *ANT.* placer. **2** angustia, dolor, pena, aflicción, sufrimiento.

torturar *tr. prnl.* atormentar, sacrificar, lastimar, supliciar, inmolar, lacerar, martirizar, herir, castigar. *ANT.* acariciar. **2** inquietar, apenar, mortificar, sufrir, padecer, acongojar, apesadumbrar, angustiar, entristecer, afligir. *ANT.* consolar.

torvo, -va *adj.* {mirada} espantoso, amenazador, hosco, iracundo, furioso, malvado, fiero, airado, terrible. *ANT.* benevolente.

tosco, -ca *adj.* rudo, grosero, zafio, inculto, patán, vulgar, ordinario, palurdo, chabacano. *ANT.* refinado, educado. **2** burdo, áspero, basto, rústico, rudimentario. *ANT.* liso, terso.

toser *intr.* carraspear.

tosigar *tr.* envenenar, emponzoñar.

tósigo *m.* tóxico, veneno, toxina. **2** zozobra, angustia, amargura, pena.

tosquedad *f.* rusticidad, rudeza, incivilidad, aspereza, ordinariez, zafiedad, primitivismo, descortesía, ramplonería, grosería. ANT. delicadeza. **2** ignorancia.

tostado, -da *adj.* bronceado, moreno, curtido, atezado. ANT. pálido, blanco. **2** *m.* tostadura. **3** *f.* {pan} rebanada.

tostadura *f.* {café} tueste, torrefacción.

tostar *tr. prnl.* asar, dorar, quemar, carbonizar, chamuscar. **2** {piel} asolear, broncear, curtir, atezar. **3** *Chile* vapulear, zurrar. **4** *prnl. Chile* molestarse, enojarse.

total *adj.* universal, general, integral, entero, absoluto, completo, global. ANT. parcial. **2** *m.* suma, conjunto, integridad, totalidad, resumen. ANT. porción, parte. **3** *adv.* en resumen, en suma.

totalidad *f.* conjunto, universalidad, cohorte, generalidad, total. ANT. parcialidad.

totalitario, -ria *adj.* autócrata, absolutista, déspota, dictador, tirano, arbitrario. ANT. democrático.

totalitarismo *m.* absolutismo, despotismo, autoritarismo, tiranía, arbitrariedad. ANT. democracia.

totalizar *tr.* sumar, ascender a.

tótem *m.* fetiche, ídolo.

tour *m.* [FR.] vuelta, excursión, viaje, gira. **2** vuelta ciclista, vuelta ciclística.

tournée *f.* [FR.] gira.

tóxico, -ca *adj.* venenoso, ponzoñoso, nocivo, dañino, deletéreo, perjudicial. ANT. desintoxicante. **2** *m.* veneno, ponzoña, toxina. ANT. antitóxico.

toxicomanía *f.* adicción, drogadicción.

toxicómano, -na *adj. s.* adicto, drogadicto.

tozudez *f.* terquedad, pertinacia, obcecación, tesón, porfía, obstinación, tenacidad, testarudez, contumacia. ANT. condescendencia.

tozudo, -da *adj.* testarudo, empecinado, contumaz, terco, obstinado, porfiado, tenaz. ANT. razonable.

traba *f.* impedimento, obstáculo, engorro, tropiezo, inconveniente, barrera, estorbo, dificultad. ANT. facilidad. **2** manija, lazo, ligadura, cuerda.

trabajador, -ra *adj.* diligente, laborioso, solícito, emprendedor, hacendoso, industrioso, estudioso, afanoso, aplicado, dinámico, activo. ANT. holgazán. **2** *s.* obrero, asalariado, operario, jornalero, peón.

trabajar *intr.* faenar, hacer, aplicarse, ocuparse, sudar, afanarse, atarearse, ejercer, ganarse la vida. ANT. holgazanear. **2** laborar, labrar, producir, elaborar, fabricar, tallar. **3** {maquinaria} funcionar, andar, marchar. ANT. detenerse. **4** ensayar, intentar. **5** *tr.* dedicarse. **6** {tierra} cultivar, labrar, sembrar. **7** {parte del cuerpo} ejercitar. **8** {idea} desazonar, afligir, mortificar. **9** dañar, causar perjuicio. **10** *tr. prnl.* influir.

trabajo *m.* faena, labor, tarea, ocupación, actividad, producción, función, obra. **2** esfuerzo, laboriosidad. **3** molestia, tormento, fatiga, lucha, penalidad.

trabajoso, -sa *adj.* difícil, duro, abrumador, agobiante, laborioso, enfadoso, pesado, extenuante, dificultoso, penoso, espinoso, arduo, molesto, agotador, costoso. ANT. fácil, sencillo.

trabar *tr. prnl.* impedir, obstaculizar, frenar, inmovilizar. ANT. facilitar. **2** juntar, ligar, pegar, enganchar, unir. ANT. separar. **3** agarrar, asir, prender. ANT. soltar. **4** {amistad, conversación} emprender, iniciar, entablar, comenzar. ANT. terminar. **5** conformar, concordar, enlazar. **6** *prnl. Amer.* tartajear, tartamudear. **7** pelear, contender, reñir.

trabazón *f.* juntura, trabadura, ligazón, enlace. **2** conexión, sujeción, contacto, relación.

tracción *f.* arrastre.

tracto *m.* lapso, trecho. **2** espacio.

tractor *m.* remolcador, propulsor.

tradición *f.* costumbre, uso, hábito, práctica. **2** leyenda, crónica, mito, gesta, fábula.

tradicional *adj.* legendario, inveterado, ancestral, proverbial, acostumbrado. ANT. reciente, nuevo.

traducción *f.* {texto} versión, transposición, traslación. **2** trocamiento, conversión, cambio. **3** {texto} explicación, interpretación. **4** obra (del traductor).

traducir *tr.* trasladar, interpretar, verter. **2** explicar, interpretar, aclarar, esclarecer.

traductor, -ra *s.* intérprete.

traer *tr.* llevar, trasladar, conducir. **2** atraer, acercar, aproximar, arrimar, tirar hacia sí. ANT. alejar. **3** acarrear, provocar, ocasionar, causar. ANT. evitar. **4** usar, ponerse, portar, lucir. **5** alegar, aludir, aducir, invocar razones. **6** obligar, constreñir. **7** persuadir. **8** *m. pl.* **traeres**, atavíos.

tráfago *m.* tráfico, circulación, movimiento. **2** trajín, ajetreo, agitación. **3** comercio, compraventa, negocio, tráfico.

traficante *adj. s.* negociante, comerciante.

traficar *intr.* comerciar, negociar, mercadear, tratar. **2** {por países} andar, errar.

tráfico *m.* comercio, negocio, negociación, trato. **2** {vehículos} tránsito, circulación, transporte.

tragaldabas *com.* comilón, tragón.

tragaluz *m.* claraboya, ventanal, lucerna, tronera, ventana, lumbrera.

tragar *tr.* ingerir, deglutir, comer, engullir, devorar. **2** soportar, disimular, permitir, sufrir, aguantar, tolerar. ANT. enfrentar. **3** dar crédito, creer. **4** gastar, consumir, absorber. **5** *tr. prnl.* {aguas} abismar, hundir. **6** *loc. no ~ a alguien:* sentir antipatía.

tragedia *f.* infortunio, desdicha, desgracia, calamidad, desastre, cataclismo. ANT. fortuna.

trágico, -ca *adj.* funesto, infausto, infortunado, aciago, fatal. ANT. afortunado. **2** *adj. s.* dramaturgo.

trago *m.* {agua, líquido} porción. **2** sorbo. **3** *col.* infortunio, adversidad. **4** *Amer.* {bebida alcohólica} copa.

tragón, -ona *adj. s. col.* glotón, ávido, tragador, comilón, voraz, insaciable. ANT. inapetente.

traición *f.* deslealtad, alevosía, perfidia, infidelidad, felonía, falsedad, vileza. ANT. fidelidad, lealtad.

traicionar *tr.* engañar, estafar, defraudar, ser desleal. **2** desertar, abandonar, apostatar, renegar. **3** vender, descubrir, entregar, denunciar, delatar, acusar. **4** {persona} abandonar, fallar.

traicionero, -ra *adj. s.* traidor, aleve, pérfido, alevoso, infiel, desleal. ANT. leal, fiel.

traidor, -ra *adj. s.* desleal, aleve, traicionero, tránsfuga, renegado, infiel, apóstata, desertor, alevoso, pérfido, delator. ANT. fiel, leal. **2** {animal} impredecible. **3** perjudicial.

traje *m.* vestido, atavío, ropaje, indumentaria, vestidura, prenda, vestimenta, ropa, atuendo.

trajín *m.* ajetreo, actividad, agitación, movimiento, jaleo, afán. ANT. descanso. **2** ocupación, trabajo, quehacer, esfuerzo, faena. ANT. ocio.

trajinar *tr.* trasladar, acarrear, mover, transportar. **2** *intr.* ajetrearse, afanarse, lidiar, luchar, moverse, bregar.

tralla *f.* zurriago, fusta, correa, látigo.

trallazo *m.* latigazo, zurriagazo. **2** golpe/ruido violento, lento.

trama *f.* argumento, asunto, intriga, tema, materia, enredo. **2** componenda, maniobra, contubernio, maquinación, dolo, artificio, artimaña, conspiración, confabulación. **3** red, tejido, entretejido, malla. **4** contextura, ligazón, disposición interna.

tramar *tr.* urdir, fraguar, preparar, planear, maquinar, idear. **2** {textiles} tejer. *ANT.* destramar. **3** conspirar, confabularse, maniobrar.

tramitación *f.* trámite, procedimiento, diligencia.

tramitar *tr.* despachar, diligenciar, expedir, gestionar.

trámite *m.* gestión, diligencia. **2** formalidad, proceso, papeleo, tramitación, procedimiento.

tramo *m.* trozo, trecho. **2** {escalera} parte.

tramoya *f.* enredo, engaño, farsa, artificio, artilugio.

trampa *f.* {caza} cepo. **2** artificio, ardid, embaucamiento, artimaña, argucia, engaño, enredo, insidia, celada, confabulación, estratagema, emboscada. **3** filtro, embudo, cernidor. **4** fraude, infracción, contravención. **5** deuda, impago.

trampear *intr.* sablear, truhanear, estafar, timar, robar.

tramposo, -sa *adj. s.* embustero, estafador, embaucador, timador, farsante.

tranca *f.* palo, estaca, garrote, bastón, cayado.

trancada *f.* zancada, tranco, paso largo.

trancar *tr.* atrancar. **2** dar trancos.

trancazo *m.* bastonazo, estacazo, garrotazo, leñazo. **2** porrazo, golpe.

trance *m.* apuro, percance, aprieto, dificultad, lance, suceso, problema. *ANT.* facilidad. **2** REL. {mística} éxtasis, unión. **3** *loc. a todo ~:* resueltamente, decididamente.

tranco *m.* zancada, trancada, paso largo. **2** {puerta} umbral.

tranquilidad *f.* calma, reposo, serenidad, sosiego, paz, placidez, quietud. *ANT.* intranquilidad, desasosiego.

tranquilizante *adj. s.* tranquilizador, sedante, calmante, sedativo.

tranquilizar *tr. prnl.* aquietar, sosegar, pacificar, serenar, calmar, aplacar, apaciguar. *ANT.* agitar, intranquilizar.

tranquilo, -la *adj.* pacífico, apacible, calmado, sosegado, sereno, reposado, quieto, plácido, despreocupado. *ANT.* intranquilo. **2** impertérrito, cachazudo, imperturbable, impávido, despreocupado, calmoso, apático, indiferente, flemático. *ANT.* preocupado.

transacción *f.* trato, negocio, compromiso, intercambio, asunto, gestión, ajuste, pacto. *ANT.* desarreglo. **2** transigencia, arreglo, concesión, acuerdo, convenio, avenencia. *ANT.* discordia.

transar *intr. prnl. Amer.* ceder, transigir, acceder, acordar.

transatlántico, -ca *adj.* ultramarino, transmarino, transoceánico. **2** *m.* buque, barco, navío, embarcación.

transbordador *m.* embarcación, buque.

transbordar *tr.* {personas, cosas} transferir, trasladar, pasar, transportar.

transcribir *tr.* copiar, duplicar, reproducir, trasladar.

transcripción *f.* copia, traslado, traslación, traducción.

transcurrir *intr.* {tiempo} pasar, correr. *ANT.* detenerse. **2** suceder, producirse, acontecer.

transcurso *m.* sucesión, paso, marcha, sucesión, curso, decurso. *ANT.* detención. **2** duración, lapso, intervalo.

transeúnte *adj. com.* peatón, caminante, paseante, viandante.

transferencia *f.* COM. operación, traspaso, cesión, entrega.

transferir *tr.* trasladar, llevar, transportar, pasar. **2** {acto} retardar, diferir. **3** {derecho, bien} ceder. **4** transmitir, traspasar.

transfiguración *f.* mutación, mudanza, transformación, cambio, transmutación, conversión, metamorfosis. *ANT.* inmutabilidad, permanencia.

transfigurar *tr. prnl.* transformar, cambiar.

transformación *f.* cambio, variación, transición, modificación, mudanza. *ANT.* permanencia.

transformar *tr. prnl.* variar, mutar, transfigurar, cambiar, modificar, transmutar, mudar, alterar, convertir, reformar, metamorfosear. *ANT.* mantener, conservar.

tránsfuga *com.* desertor, fugitivo, prófugo.

transgredir *tr.* infringir, contravenir, conculcar, quebrantar, violar, desobedecer, vulnerar. *ANT.* obedecer, acatar.

transgresión *f.* quebrantamiento, contravención, conculcación, desobediencia, violación, vulneración, infracción. *ANT.* observancia, obediencia.

transgresor, -ra *adj. s.* infractor, quebrantador, desobediente, vulnerador, inobservante, contraventor, quebrantador. *ANT.* obediente.

transición *f.* cambio, transformación, paso, evolución, mutación, mudanza, metamorfosis, devenir. *ANT.* permanencia, inalterabilidad.

transido, -da *adj.* desazonado, acongojado, consumido, fatigado, angustiado. *ANT.* tranquilo. **2** necesitado, escaso, miserable.

transigencia *f.* condescendencia, flexibilidad, tolerancia, consentimiento, permisividad. *ANT.* intransigencia, intolerancia.

transigir *intr.* consentir, capitular, acomodar, condescender, tolerar, ceder. *ANT.* negar. **2** *tr.* ajustar, pactar, convenir. *ANT.* disentir.

transitable *adj.* asequible, despejado, expedito, franqueable, pasadero, traspasable, accesible. *ANT.* intransitable, infranqueable.

transitado, -da *adj.* concurrido, visitado, movido, frecuentado.

transitar *intr.* caminar, franquear, andar, circular, atravesar, recorrer, deambular, pasar, viajar. *ANT.* quedarse.

transitivo, -va *adj.* transferible. *ANT.* intransitivo.

tránsito *m.* tráfico, circulación. **2** paso, recorrido, trayecto. **3** muerte.

transitoriedad *f.* fugacidad, brevedad, cortedad, caducidad, interinidad, temporalidad, fragilidad. *ANT.* perdurabilidad, eternidad.

transitorio, -ria *adj.* efímero, pasajero, interino, temporal, momentáneo, breve, corto, provisional, accidental. *ANT.* eterno, duradero. **2** perecedero, caduco, fugaz.

translúcido, -da *adj.* {cuerpo} diáfano, transparente. *ANT.* opaco.

transmarino, -na *adj.* ultramarino.

transmigrar *intr.* emigrar, pasar.

transmisión *f.* difusión, comunicación. **2** MED. {enfermedad} propagación, contagio. **3** transferencia, herencia.

transmitir *tr.* comunicar, decir, notificar, avisar. **2** transferir, traspasar, ceder, trasladar, enviar. **3** difundir, emitir, propagar. **4** contagiar, contaminar, infectar, pegar.

transmutación *f.* metamorfosis, transformación, devenir, mudanza, conversión.

transmutar *tr. prnl.* cambiar, convertir, trocar, transformar, mudar. *ANT.* permanecer.

transparencia *f.* limpidez, diafanidad, nitidez, claridad. *ANT.* opacidad.

transparente *adj.* claro, translúcido, vítreo, cristalino, diáfano, nítido, límpido, limpio. *ANT.* opaco, turbio.

transpiración *f.* sudor, perspiración, sudoración.

transpirar *intr. tr.* sudar, trasudar. **2** rezumar, emanar, expeler, escurrirse, filtrarse, brotar, segregar.

transponer *tr. prnl.* {plantas} trasladar, trasplantar. **2** traspasar. **3** {persona, cosa} ocultarse. **4** *prnl.* {astro} ponerse. **5** {persona} adormilarse.

transportar *tr.* trasladar, conducir, cargar, desplazar, llevar, transferir. **2** acarrear, trajinar. **3** *prnl.* arrobarse, embelesarse, extasiarse, enajenarse.

transporte *m.* traslado. **2** conducción, arrastre, acarreo. **3** rapto, éxtasis, enajenación.

transvasar *tr.* transfundir, trasegar, verter, trasladar, traspasar.

transversal *adj.* atravesado, sesgado, cruzado, oblicuo, desviado. *ANT.* paralelo, derecho. **2** {pariente} colateral.

trapacería *f.* fraude, artificio, timo, engaño, estafa, defraudación.

trapacero, -ra *adj. s.* timador, embaucador, estafador.

trapear *tr. Amer.* {suelo} fregar, lavar, limpiar.

trapiche *m.* molino.

trapisonda *f.* embrollo, trampa, engaño, estafa, lío, enredo, intriga.

trapo *m.* paño, tela, tejido, retazo, género, retal, recorte. **2** harapo, andrajo, pingajo, jirón. **3** {embarcación} velamen, vela, velaje.

traquetear *tr.* sacudir, zarandear, menear, mover, agitar, estremecer. **2** *col.* frecuentar. **3** *intr.* retumbar, resonar, percutir, sonar.

traquido *m.* estallido, crujido, chasquido.

tras *prep.* {espacio, tiempo} detrás, después de, a continuación de. **2** en busca de. **3** detrás de. **4** fuera de, además, encima. **5** *m. col.* nalgas.

trascendental *adj.* importante, fundamental, principal, relevante, básico, esencial.

trascender *intr.* {olor} exhalar. **2** {algo oculto} ser conocido, saberse. **3** {efecto} extenderse, comunicarse, divulgarse, difundirse, propagarse.

trasegar *tr.* desordenar, trastornar, remover, trastocar, revolver. *ANT.* ordenar. **2** mudar, verter, trasvasar, vaciar, decantar, trasegar. **3** beber en cantidad.

trasero, -ra *adj.* posterior, postrero, ulterior. *ANT.* delantero. **2** *m. eufem.* culo, nalgas, posaderas, glúteos, asentaderas. **3** *f.* {casa} parte de atrás.

trasgo *m.* fantasma, duende, espíritu, aparición.

trashumante *adj.* errante, nómada. *ANT.* sedentario.

trasiego *m.* tránsito, traslado, movimiento, cambio.

traslación *f.* traslado, tránsito, cambio. *ANT.* permanencia. **2** traducción.

trasladar *tr. prnl.* llevar, desplazar, movilizar, transferir, transportar. *ANT.* dejar. **2** mudar, cambiar. *ANT.* quedarse. **3** aplazar, mover, diferir. **4** traducir. **5** copiar, reproducir, transcribir. **6** *prnl.* dirigirse, encaminarse. *ANT.* permanecer.

traslado *m.* mutación, cambio, variación, alteración.

traslaticio, -cia *adj.* {sentido de una palabra} tropológico, metafórico, figurado.

traslucir *tr. prnl.* conjeturar, inferir, entrever. **2** *prnl.* transparentarse.

traslumbrar *tr. prnl.* {luz} encandilar, deslumbrar.

trasnochado, -da *adj.* {cosa} alterado, rancio. *ANT.* fresco. **2** {persona} gastado, desmejorado, pasado, ajado, macilento. **3** anacrónico, viejo, anticuado, extemporáneo, antiguo, desusado. *ANT.* moderno, actual. **4** *f.* vela, vigilia, vigilancia, velación, velada. **5** *MIL.* embestida, sorpresa.

trasnochador, -ra *adj. s.* noctámbulo, nocturno, nocherniego.

trasnochar *intr.* velar, pasar la noche. **2** pernoctar.

trasnombrar *tr.* {nombres} confundir, trastocar.

trasnominación *f.* *RET.* metonimia, tropo.

trasojado, -da *adj.* macilento, desmejorado.

traspapelar *tr. prnl.* extraviar, revolver, embrollar, perder, confundir, mezclar. *ANT.* encontrar.

traspasar *tr.* pasar, franquear, cruzar, atravesar, trasponer, salvar. *ANT.* quedarse. **2** violar, vulnerar, contravenir, conculcar, transgredir, infringir, exceder, quebrantar. *ANT.* acatar, cumplir. **3** {derecho, bien} transferir, ceder. **4** verter. **5** {dolor, angustia} afligir, conmover, afectar, perturbar. *ANT.* ser indiferente. **6** excederse, sobrepasar, superar. *ANT.* refrenarse.

traspaso *m.* cesión, venta.

traspié *m.* tropezón, resbalón, trastabilleo, tropiezo. **2** zancadilla. **3** equivocación, error, falta.

trasplantar *tr. prnl.* replantar, transponer, mudar, trasladar.

trasquilar *tr.* esquilar.

trastabillar *tr.* tropezar, trompicar, dar traspiés. **2** tambalearse, oscilar, vacilar, titubear. **3** tartamudear, tartalear, tartajear.

trastada *f.* canallada, jugada, bribonada, fechoría, mala pasada, deslealtad, calaverada, picardía. **2** *col.* travesura, diablura.

trastazo *m.* batacazo, golpe, porrazo, golpazo, caída.

traste *m.* trasero, culo, nalgas, asentaderas, posaderas. **2** *loc.* irse al ~: irse al cuerno, malograrse, fracasar.

trastienda *f.* cuarto, aposento, habitación. **2** *f. col.* cautela, astucia.

trasto *m. desp.* armatoste, cachivache, cacharro. **2** {persona} inútil, mequetrefe, tarambana, zascandil, torpe. *ANT.* sensato. **3** utensilio, instrumento, artefacto; mueble.

trastocar *tr.* trastornar, revolver, desordenar, desarreglar. *ANT.* ordenar. **2** *prnl.* {persona} perturbarse, trastornarse.

trastornar *tr.* revolver, desordenar, turbar, enredar, embarullar, mezclar, desarreglar. *ANT.* ordenar. **2** inquietar, angustiar, perturbar, apenar. *ANT.* tranquilizar. **3** *tr. prnl.* enloquecer, alterar, perder la razón.

trastorno *m.* dolencia, achaque. **2** desorden, percance, desarreglo. *ANT.* orden. **3** confusión, angustia, desazón, agitación, inquietud. *ANT.* calma. **4** perturbación, enajenación, alienación, demencia.

trasudar *intr.* transpirar, sudar.

trasuntar *tr.* {escrito} copiar, transcribir. **2** compendiar, epilogar.

trasunto *m.* {de un original} copia. **2** remedo, imitación.

trasverter *intr.* {líquido} rebosar, derramarse.

trata *f.* {de personas} tráfico, comercio. **2** *loc.* ~ de blancas: trata de mujeres.

tratable *adj.* cortés, amable, atento, afable, agradable, sociable, deferente, considerado, afectuoso, educado. *ANT.* intratable, hosco.

tratado *m.* pacto, trato, alianza, convenio, compromiso, contrato. *ANT.* desacuerdo. **2** ensayo, obra, libro, escrito, manual.

tratamiento *m.* trato. **2** título, dignidad. **3** terapia, régimen, terapéutica, medicación, cura. **4** método, procedimiento.

tratante *com.* negociante, comerciante.

tratar *tr. prnl.* relacionarse, intimar, codearse, comunicarse, conocerse, frecuentar. **2** negociar, comerciar, gestionar, convenir, acordar, pactar. **3** discurrir, discutir, disputar, debatir. **4** manipular, usar, manejar, utilizar, aplicar, emplear. **5** referirse, versar. **6** *intr.* pretender, procurar.

trato *m.* relación, intimidad, compañerismo. **2** tratado, pacto, contrato, convenio, acuerdo. **3** tratamiento, título de cortesía.

trauma *m.* lesión, herida, contusión. **2** choque emocional, impresión negativa.

traumatismo *m.* Med. {órgano, tejido} lesión, contusión, herida, magulladura.

través *m.* {cosa} torcimiento, inclinación. **2** adversidad, desgracia, calamidad. **3** Mil. parapeto. **4** *loc.* **a)** *al ~:* de través, de soslayo. **b)** *loc. al ~:* a través de.

travesaño *m.* barrote, barra, poste, viga, listón, tablón.

travesear *intr.* juguetear, enredar, jugar, retozar.

travesía *f.* crucero, viaje, ruta, recorrido, itinerario. **2** calle, sendero, calleja, pasadizo, camino. **3** distancia, trecho, trayecto.

travesura *f.* picardía, diablura, fechoría, barrabasada, chiquillada, jugada, trastada.

travieso, -sa *adj.* atravesado, inclinado. **2** sutil, agudo, ingenioso, sagaz, astuto. Ant. torpe. **3** revoltoso, bullicioso, retozón, inquieto, pícaro, juguetón. Ant. sosegado, juicioso. **4** *f.* travesía, distancia. **5** madero, travesaño. **6** apuesta.

trayecto *m.* trecho, espacio, recorrido, itinerario, viaje, ruta, carrera.

trayectoria *f.* curso, camino, derrotero, rumbo. **2** Geom. {de un punto móvil} curva. **3** {huracán, tormenta} curso, derrota, derrotero.

traza *f.* apariencia, aspecto, aire, figura, cara, viso. **2** trazado. **3** maña, habilidad, destreza.

trazado *m.* diseño.

trazar *tr.* diseñar, dibujar, delinear, esbozar.

trazo *m.* línea, raya, rasgo, marca.

trazumar *intr. prnl.* sudar, rezumar.

trebejo *m. gen. pl.* trasto, enser, instrumento, herramienta, utensilio. **2** juguete.

trecho *m.* tramo, trayecto, distancia, recorrido, travesía, transcurso.

tregua *f.* pausa, descanso, intermisión, cese, interrupción, suspensión. Ant. acción. **2** {guerra, combate} armisticio, suspensión de hostilidades, espera. Ant. lucha. **3** *loc. dar ~:* dar tiempo.

treintavo, -va *adj.* trigésimo.

tremebundo, -da *adj.* terrorífico, espantable, horrible, pavoroso, tremendo, terrible, espantoso, horripilante, horrendo, monstruoso.

tremendo, -da *adj.* espantable, tremebundo, terrible, temible, horrible, horrendo, espantoso. **2** formidable, enorme, gigantesco, colosal, fenomenal. Ant. pequeño.

tremolina *f. col.* confusión, jaleo, vocerío, bulla, alboroto, escándalo, algarabía, tumulto. Ant. tranquilidad. **2** riña, gresca, trifulca, pelea.

tremulento *adj.* trémulo, tembloroso, estremecido.

trémulo, -la *adj.* tembloroso, temblante, trepidante, asustado, pávido, agitado, estremecido, convulso. Ant. sereno.

tren *m.* ferrocarril, línea, convoy. **2** *p. us.* pompa, ostentación, boato. Ant. sencillez.

trenza *f.* peinado, guedeja, coleta. **2** entretejedura.

trenzar *tr.* entretejer, urdir, tejer, tramar, entrelazar.

trepanar *tr.* Med. {cráneo, hueso} horadar, agujerear, perforar, taladrar.

trepar *intr. tr.* subir, escalar, ascender, encaramarse, elevarse, encumbrase. Ant. bajar. **2** {planta} crecer, subir. **3** *tr.* horadar, taladrar.

trepidación *f.* temblor, estremecimiento.

trepidante *adj.* tembloroso, estremecido.

trepidar *intr.* vibrar, temblar, tremolar, estremecerse, palpitar. **2** *Amer.* dudar, vacilar.

treta *f.* trampa, astucia, ardid, triquiñuela, engaño, celada, estafa, artificio, estratagema, artimaña, truco, fraude.

triar *tr.* entresacar, seleccionar, elegir, preferir, optar, separar, escoger. **2** *prnl.* {tela} clarearse.

tribu *m.* clan, familia, horda, etnia, pueblo, casta. **2** *col.* pandilla, grupo.

tribulación *f.* amargura, desasosiego, preocupación, pesadumbre, aflicción, tristeza. Ant. alegría, dicha. **2** sufrimiento, dolor, tormento, pena. Ant. alegría. **3** adversidad, desventura, desgracia. Ant. ventura.

tribuna *f.* plataforma, púlpito, estrado, tarima, podio. **2** gradas, graderío, galería.

tribunal *m.* juzgado, sala, corte, audiencia, palacio de justicia. **2** magistrados, jueces.

tributar *tr.* pagar, contribuir, declarar, depositar. **2** entregar, obsequiar, ofrecer, ofrendar. Ant. retener. **3** consagrar, profesar, sentir, venerar.

tributo *m.* impuesto, carga, tasa, gravamen, diezmo, derechos, arancel, contribución, obligación.

trifulca *f.* confusión, disputa, alboroto, tremolina, pendencia, gresca, desorden, escaramuza, camorra, enredo, lucha, pelea, riña. Ant. paz.

trigésimo, -ma *adj. s.* treinteno, treintavo.

trigueño, -ña *adj.* moreno, mestizo.

trillado, -da *adj.* sabido, andado, visto, frecuentado, corriente, conocido, común. Ant. nuevo, original.

trillar *tr.* {grano} separar, rastrillar. **2** *col.* frecuentar.

trimestral *adj.* trimensual.

trinar *intr.* cantar, gorjear, piar. **2** rabiar, irritarse, enojarse, airarse, impacientarse. Ant. calmarse.

trincar *tr.* partir, desmenuzar. **2** atar, ligar, sujetar, amarrar, enlazar. Ant. desatar. **3** apoderarse, quitar. **4** *Amer.* oprimir, apretar. **5** *col.* {bebida alcohólica} beber, tomar.

trinchar *tr.* cortar, trincar, picar, despedazar, partir, dividir. Ant. unir.

trinchera *f.* parapeto, zanja, barricada, foso, resguardo, defensa. **2** impermeable, gabardina, chubasquero.

trío *m.* terceto.

tripa *f.* panza, vientre, barriga, estómago, abdomen. **2** vísceras, entrañas, intestino.

triplo *adj. m.* triple.

tripulación *f.* marinería, tripulantes, personal, marineros, dotación, equipo.

tripulante *com.* marinero, navegante, marino, miembro, dotación; piloto, aeronauta.

triquiñuela *f. col.* treta, simulación, picardía, embeleco, artimaña, artería, trampa, ardid, truco, astucia. **2** rodeo, efugio, subterfugio, circunloquio, evasiva.

triquitraque *m.* buscapiés.

triscar *intr.* jugar, juguetear, travesear, brincar, retozar. **2** *tr. prnl.* mezclar, enredar, confundir, embrollar. Ant. ordenar.

triste *adj.* afligido, apesadumbrado, apenado, atribulado, apagado, decaído, desanimado, acongojado, abatido, desconsolado, dolido. Ant. alegre, contento. **2** aciago, funesto, desgraciado, infausto. Ant. venturoso. **3** doloroso, penoso, enojoso, lamentable, deplorable. Ant. amable, grato. **4** lánguido, apagado, gris. **5** mísero, insuficiente, insignificante.

tristeza f. desconsuelo, abatimiento, depresión, congoja, melancolía, pesadumbre, aflicción, pena. ANT. gozo, alegría. **2** infelicidad, desgracia, desdicha. ANT. satisfacción, placer. **3** nostalgia, melancolía, amargura.

triturar tr. moler, quebrantar, desmenuzar, desintegrar, aplastar, picar, machacar, pulverizar, comprimir. **2** mascar, masticar, rumiar. **3** molestar, maltratar, atosigar, vejar. **4** rebatir, criticar, censurar. ANT. elogiar.

triunfador, -ra adj. s. vencedor, triunfal, glorioso, invicto, ganador, victorioso, triunfante, exitoso. ANT. perdedor.

triunfal adj. victorioso, entusiástico, triunfador, triunfante, apoteósico.

triunfante adj. vencedor, ganador, victorioso, triunfador.

triunfar intr. ganar, superar, vencer, batir, derrotar. ANT. perder. **2** prosperar, progresar.

triunfo m. victoria, logro, ganancia, éxito. ANT. derrota. **2** corona, palmas, laurel. **3** gloria, fama, celebridad, notoriedad. ANT. anonimato. **4** superioridad, conquista, dominio. ANT. sometimiento.

trivial adj. común, sabido, vulgar, corriente, trillado, conocido, manido, ordinario. ANT. extraordinario, raro. **2** superficial, anodino, nimio, fútil, baladí, frívolo, banal, insustancial, intrascendente.

triza f. migaja, partícula, ápice, porción, fragmento, menudencia, parte, pedazo, insignificancia, trozo. ANT. integridad.

trizar tr. desmenuzar, destrizar, hacer pedazos, hacer trizas.

trocamiento m. trueque, cambio.

trocar tr. prnl. cambiar, intercambiar, invertir, permutar, alternar, canjear. **2** equivocar, confundir, trastocar. **3** tr. devolver, vomitar. **4** intr. prnl. {cosa} transformarse, cambiarse, mudarse.

trocha f. camino, vereda, sendero, atajo, senda.

trofeo m. galardón, premio, laurel, corona, palma, copa, medalla, recompensa. **2** victoria, conquista, éxito, logro, vencimiento, triunfo. ANT. derrota. **3** monumento, insignia, señal. **4** {de guerra} botín, despojo.

troglodita adj. com. cavernícola. **2** fig. {persona} cruel, brutal, bárbaro. **3** glotón, voraz.

trola f. embuste, mentira, patraña, engaño, cuento, falsedad, embrollo. ANT. verdad.

trolero, -ra adj. col. mentiroso, embustero, falso.

tromba f. tifón, ciclón, huracán, torbellino, remolino.

trombo m. MED. coágulo (de sangre).

trompada f. puñetazo, bofetón, golpe. ANT. caricia. **2** trompazo, choque.

trompeta f. clarín, corneta, cuerno. **2** músico.

trompo m. peón, perinola, peonza.

tronado, -da adj. {persona} arruinado. **2** loco, demente. **3** deteriorado, ajado, estropeado, raído, maltrecho. **4** f. tempestad, borrasca, tormenta, temporal.

tronar intr. impers. retumbar, rugir, resonar, atronar. **2** estallar, disparar, explotar, detonar. **3** intr. prnl. col. arruinarse, fracasar. ANT. progresar. **4** col. discutir, pelear, reñir, apartarse. ANT. reconciliarse. **5** col. enfurecerse, encolerizarse, despotricar, maldecir.

tronchar tr. prnl. desgajar, torcer, romper, partir, quebrar, fracturar, triscar. ANT. unir. **2** truncar, evitar, impedir, frustrar.

tronco m. {cuerpo} torso, tórax, pecho, busto. **2** {árbol} tallo, troncho, leño. **3** {persona} inútil, despreciable, insensible. **4** origen, estirpe, ascendencia.

tronera f. cañonera. **2** com. perdido, vicioso, calavera, libertino, perdulario.

trono m. solio, sede, escaño, sillón, poltrona, asiento, sitial.

tropa f. hueste, legión, pelotón, falange, destacamento, piquete, grupo, ejército, milicia. **2** caterva, pandilla, grupo, banda, turba, muchedumbre.

tropel m. agitación, barullo, movimiento, atropellamiento, confusión, desorden, alboroto, tumulto. **2** horda, multitud, hervidero, muchedumbre.

tropelía f. atropello, injusticia, abuso, desmán, arbitrariedad. ANT. justicia. **2** tropel, aceleramiento, desorden. ANT. orden, calma.

tropezar intr. {persona} chocar, trompicar, dar de bruces, tambalearse. **2** {cosa} detenerse, parar. **3** reñir, contender, pelear. **4** equivocarse, errar. **5** intr. prnl. col. hallar, topar, encontrar.

tropezón m. tropiezo, traspié.

tropical adj. cálido, caluroso, caliente, tórrido, ardiente, bochornoso. ANT. helado, frío. **2** frondoso.

tropiezo m. desliz, falta, error, culpa. **2** obstáculo, dificultad, estorbo, impedimento, embarazo. ANT. facilidad.

tropológico, -ca adj. figurado, traslaticio. **2** doctrinal.

troquelar tr. acuñar. **2** sellar, imprimir.

trotamundos com. viajero, turista, excursionista, peregrino, caminante, errante, vagabundo.

trotar intr. {caballo} ir al trote. **2** {persona} galopar. **3** col. {persona} correr, andar rápido.

trovador, -ra adj. s. bardo, vate, trovero, poeta, juglar, coplero, rapsoda.

trovero m. trovador, juglar, poeta, bardo.

trozar tr. partir, tronchar, romper, quebrar, despedazar, dividir, cortar. ANT. unir.

trozo m. pedazo, fragmento, parte, astilla, rodaja, lonja, partícula, tajada, porción, rebanada, sección, pizca. ANT. totalidad.

truco m. treta, ardid, artimaña, estratagema, triquiñuela, embeleco, engaño, trampa, señuelo. **2** maña, habilidad. **3** juego de manos, suerte, manipulación, prestidigitación. **4** CINE, FOT. artificio, ilusión, efecto.

truculento, -ta adj. cruel, atroz, terrible, violento, horroroso, espantoso, siniestro, sobrecogedor, macabro, escalofriante. ANT. amable, grato.

trueno m. estallido, estruendo, retumbo, fragor, estrépito, estampido, detonación. **2** col. alborotador, atolondrado, alocado, calavera. ANT. moderado, sosegado.

trueque m. cambio, permuta, canje, intercambio, negocio, cambalache.

truhan, -na adj. s. (tb. **truhán, -na**) pícaro, pillo, bribón, sinvergüenza, canalla, tramposo, tunante, bellaco. **2** bufón.

truhanear intr. trampear, estafar, timar.

truhanería f. picardía, trastada, jugarreta, mala pasada.

truncado, -da adj. inacabado, imperfecto, defectuoso, fragmentario, incompleto.

truncar tr. {cosa} cortar. **2** {frase, escrito} mutilar, omitir, amputar, suprimir, cercenar, segar. **3** {acción} interrumpir, suspender. **4** ANT. continuar. **4** tr. prnl. {esperanzas} desilusionar, frustrar.

tuberculosis f. tisis.

tubería f. cañería, caño. **2** conducto.

tubo m. caño, conducto, tubería, sifón, cañería, conducción. **2** recipiente, cilindro.

tubular adj. canular, tubuloso, tubulado.

tudesco, -ca adj. s. alemán, germano, teutón.

tueste m. tostadura, torrefacción.

tuétano *m.* {huesos} médula. **2** {raíz} interior. **3** sustancia principal, esencia, meollo. **4** *loc. hasta los ~s:* hasta lo más profundo, hasta lo más íntimo.

tufo *m.* vaho, emanación, efluvio, exhalación. **2** *fig.* olor, sospecha, barrunto. **3** *col.* mal olor, pestilencia, hedor, fetidez. *ANT.* aroma. **4** *col.* entonamiento, orgullo, vanidad, presunción, petulancia, soberbia. *ANT.* modestia.

tugurio *m.* cuchitril, covacha, pocilga, guarida, cuartucho. *ANT.* palacio. **2** garito, antro.

tullido, -da *adj. s.* lisiado, paralítico, con otras capacidades.

tullimiento *m.* parálisis.

tullir *tr. prnl.* entullecer.

tumba *f.* sepultura, cripta, sarcófago, sepulcro, fosa, hoya, huesa, mausoleo.

tumbar *tr. prnl.* derribar, abatir, volcar, tirar, echar, demoler. *ANT.* levantar, alzar. **2** *prnl.* echarse, tenderse, acostarse. *ANT.* levantarse.

tumbo *m.* vaivén, barquinazo, traqueteo, sacudimiento, sacudida. **2** voltereta, vuelco, pirueta. **3** {mar} ondulación, oleaje. **4** estruendo, fragor, retumbo. **5** {terreno} ondulación. **6** *loc. dar ~s:* tener dificultades.

tumbona *f.* silla, diván.

tumefacción *f.* inflamación, hinchazón.

tumefacto, -ta *adj.* MED. hinchado, inflamado, turgente.

tumor *m.* quiste, tumoración, carnosidad, bulto, dureza, hinchazón, neoplasia.

tumoración *f. ver* **tumor.**

túmulo *m.* catafalco, sepulcro, losa, sarcófago, tumba, sepultura.

tumulto *m.* alboroto, confusión, turba, riña, revuelta, pelea, desorden, motín, barullo, estrépito, escándalo, trifulca. *ANT.* orden, paz.

tumultuoso, -sa *adj.* revuelto, agitado, alborotado, desordenado. *ANT.* ordenado, tranquilo.

tuna *f.* estudiantina.

tunantada *f.* bribonada, trastada, mala pasada.

tunante *adj. com.* bribón, pillo, sinvergüenza, granuja, truhán. **2** astuto, taimado, pícaro.

tunantear *intr.* bribonear.

tunda *f.* zurra, paliza, vapuleo, felpa, golpiza, azotaina, castigo.

tundir *tr. col.* azotar, maltratar, apalear, golpear.

túnel *m.* galería, conducto, pasadizo, corredor, pasaje, pasillo, subterráneo.

tunería *f.* picardía, taimería.

túnica *f.* manto, ropón, toga, ropaje, vestido, hábito, sotana. **2** {fruta} telilla, membrana, película, pellejo, piel.

tuno, -na *adj. s.* bribón, astuto, taimado, pícaro, pillo, tunante.

tupé *m.* copete, mechón. **2** *col.* atrevimiento, desfachatez, desvergüenza, descaro. *ANT.* respeto, cortesía.

tupido, -da *adj.* denso, impenetrable, espeso, aglomerado, compacto, apretado. *ANT.* claro. **2** torpe, tardo, obtuso, zopenco.

turba *f.* tropel, multitud, caterva, muchedumbre, cáfila, tumulto, horda.

turbación *f.* desconcierto, alteración, azoramiento, trastorno, desorden, perturbación, aturdimiento, vacilación, desarreglo, duda, confusión. *ANT.* calma, seguridad.

turbado, -da *adj.* confuso, aturdido, perturbado, desconcertado. *ANT.* calmado.

turbamulta *f. col.* turba, multitud, muchedumbre.

turbar *tr. prnl.* aturdir, enredar, intranquilizar, confundir, atolondrar, perturbar, azorar, desconcertar. *ANT.* calmar, serenar, tranquilizar. **2** alterar, desordenar, desarreglar, trastornar, desorientar. *ANT.* ordenar.

turbiedad *f.* concentración, viscosidad, densidad.

turbio, -bia *adj.* borroso, opaco, velado, nebuloso, sucio, oscuro. *ANT.* claro, transparente. **2** dudoso, confuso, azaroso, embrollado, enredado, sospechoso. *ANT.* claro. **3** deshonesto.

turbulencia *f.* turbiedad. *ANT.* claridad. **2** revuelta, perturbación, agitación, desorden, motín, alboroto, confusión. *ANT.* tranquilidad, calma.

turbulento, -ta *adj.* alborotador, conflictivo, provocador, agitador, revoltoso, sedicioso, rebelde, belicoso. *ANT.* pacífico. **2** confuso, agitado, escandaloso, tumultuoso, ruidoso, desordenado. *ANT.* tranquilo. **3** turbio. *ANT.* diáfano.

turco, -ca *adj. s.* otomano.

turgente *adj.* elevado, inflado, tumefacto, túrgido, prominente, abultado, abombado, hinchado. *ANT.* hundido, liso.

turista *com.* visitante, excursionista, viajero, paseante; extranjero.

turma *f.* testículo.

turnar *intr. prnl.* alternar, cambiar, relevar, sustituir, reemplazar.

turno *m.* vuelta, vez, orden, sucesión, alternativa, vuelta, relevo, tanda, ciclo, período.

turrar *tr.* asar, tostar, torrar. *ANT.* enfriar.

turulato, -ta *adj.* estupefacto, sorprendido, patidifuso, pasmado, idiotizado, azorado, lelo, atónito, alelado, sobrecogido. *ANT.* atento, despierto.

tusar *tr. Amer.* trasquilar, rapar, rasurar.

tutela *f.* defensa, protección, amparo. *ANT.* desamparo. **2** tutoría.

tutelaje *m.* prohijamiento.

tutelar *tr.* ejercer tutela, prohijar. **2** amparar, custodiar, defender, proteger. *ANT.* desamparar. **3** *adj.* amparador, protector.

tutor, -ra *s.* defensor, guardián, protector, amparador. **2** instructor, profesor, guía.

tutoría *f.* tutela, protección. **2** cargo de tutor.

ubérrimo, -ma *adj.* fecundo, fértil, prolífico, productivo, feraz, abundante. ANT. estéril.

ubicación *f.* disposición, situación, colocación, emplazamiento. **2** lugar.

ubicar *tr.* *Amér.* situar, colocar, instalar, poner, disponer. ANT. retirar. **2** *intr.* hallarse, encontrarse, estar. **3** *tr.* *prnl.* *Amér.* {en un empleo} colocar, acomodar. **4** *Amér.* {lo que se busca} hallar, dar.

ubicuidad *f.* presencia, omnipresencia.

ubicuo, -cua *adj.* presente, omnipresente.

ubre *f.* teta, mama, pecho, seno, busto.

ucase *m.* HIST. {Rusia} decreto del zar. **2** orden injusta, arbitrariedad.

ucranio, -nia *adj.* *s.* ucraniano.

udómetro *m.* pluviómetro.

ufanarse *prnl.* pavonearse, inflarse, engreírse, presumir, farolear, envanecerse, hincharse, jactarse.

ufano, -na *adj.* engreído, vano, envanecido, hinchado, presuntuoso, fanfarrón, arrogante, jactancioso. ANT. modesto. **2** jubiloso, alegre, orondo, jovial, contento, gozoso, campante, satisfecho. ANT. triste, descontento. **3** resuelto, decidido, desenvuelto, atrevido. ANT. indeciso. **4** {planta} lozano, frondoso, vigoroso, vivo. ANT. marchito.

ujier *m.* ordenanza, asistente, empleado. **2** conserje, guardián, portero.

úlcera *f.* llaga, herida, absceso, lesión.

ulcerar *tr.* *prnl.* llagar, escoriarse.

uliginoso, -sa *adj.* {terreno} húmedo.

ulpo *m.* *Chile* mazamorra.

ulterior *adj.* {tiempo} posterior, consecutivo, subsiguiente, siguiente, sucesivo, contiguo. ANT. anterior, primero, pasado. **2** {espacio} allá, más allá. ANT. más acá, citerior.

ultimadamente *adv.* últimamente, recientemente. ANT. anteriormente. **2** por último.

últimamente *adv.* recientemente. ANT. anteriormente. **2** por último.

ultimar *tr.* {una cosa} finalizar, concluir, rematar, finiquitar, dar fin. ANT. comenzar. **2** *Amér.* matar, asesinar, ejecutar, quitar la vida.

ultimátum *m.* resolución determinante, decisión definitiva, proposición final. **2** conminación, exigencia, intimación, amenaza. ANT. condescendencia.

último, -ma *adj.* postrero, posterior, ulterior, final, extremo. ANT. primero. **2** remoto, lejano, escondido, retirado. ANT. próximo, cercano. **3** definitivo, final. **4** extremado. **5** fin, finalidad, término. **6** {precio} mínimo; máximo. **7** *loc.* *por ~:* finalmente, después de todo. **8** *loc.* *a la última:* a la moda.

ultra *adv.* además de. **2** *adj.* *s.* {grupo político, ideología} radical, extremo.

ultrajante *adj.* infamante, afrentoso, humillante, insultante, degradante, vejatorio, ofensivo. ANT. elogioso, enaltecedor.

ultrajar *tr.* ofender, insultar, agraviar, injuriar, difamar, deshonrar. ANT. honrar, respetar. **2** despreciar. **3** *Amer.* violar.

ultraje *m.* insulto, afrenta, agravio, injuria.

ultraliviano, -na *adj.* ultraligero.

ultramarino, -na *adj.* transmarino, transoceánico. **2** *gen. pl.* comestible, género, alimento.

ultranza (a) *loc.* a todo trance, resueltamente, decisivamente, a muerte.

ultrarrojo, -ja *adj.* Fís. infrarrojo.

ultratumba *f.* el más allá. **2** *adv.* más allá de la muerte. **3** *loc.* *de ~:* enigmático, misterioso, espectral.

ultraviolado, -da *adj.* Fís. ultravioleta.

ulular *intr.* aullar, clamar, bramar, rugir, gritar.

umbral *m.* principio, comienzo, origen, inicio, entrada. ANT. escalón, paso, acceso.

umbrío, -a *adj.* {lugar} sombrío, sombroso, umbroso, tenebroso, sin sol. ANT. soleado, luminoso.

umbroso, -sa *adj.* sombrío, umbrío, oscuro, tenebroso, sombreado, oscuro, opaco. ANT. claro.

un, una *adj.* uno. **2** *loc.* *~ tanto:* algún tanto, un poco.

unánime *adj.* {dictamen, parecer} conforme, acorde, concorde, coincidente.

unción *f.* ungimiento. **2** extremaunción. **3** devoción, fervor, recogimiento, veneración. ANT. impiedad.

uncir *tr.* {bueyes, mulas} atar, sujetar, amarrar, unir, juntar, enyugar.

undécimo, -ma *adj.* *s.* onceavo.

undoso, -sa *adj.* ondoso.

ungir *tr.* aceitar, untar, embadurnar, frotar. **2** REL. signar, dignificar, sacramentar, consagrar.

ungüento *m.* bálsamo, unción, untura, pomada. **2** medicamento.

únicamente *adv.* solamente; precisamente.

único, -ca *adj.* solo, solitario, uno, aislado. ANT. acompañado. **2** singular, extraordinario, inmejorable, particular, original, excelente. ANT. corriente.

unicolor *adj.* monocromo.

unicornio *m.* animal fabuloso. **2** rinoceronte.

unidad *f.* unión, concordancia, avenencia, afinidad, conformidad, acuerdo, identidad. ANT. desunión. **2** unicidad, esencia, ser, sujeto, individuo. **3** {convoy, tren} elemento. **4** MIL. {de una fuerza} fracción. **5** *Amer.* apartamento, residencia. **6** MAT. cantidad.

unido, -da *adj.* pegado, cercano, inmediato, anexo, próximo. ANT. separado, independiente.

unificar *tr.* *prnl.* uniformar, igualar. ANT. diferenciar. **2** agrupar, fusionar, reunir, juntar. ANT. separar.

uniformar *tr.* igualar, unificar, equiparar, nivelar, generalizar. ANT. diversificar.

uniforme *adj.* igual, parejo, equivalente, conforme, semejante. ANT. diferente, desigual. **2** *m.* traje distintivo.

uniformidad *f.* exactitud, igualdad, semejanza, equivalencia, paridad, identidad. ANT. diversidad.

uniformizar *tr. prnl.* uniformar.

unigénito, -ta *adj.* hijo único.

unilateral *adj.* parcial, limitado.

unión *f.* lazo, contacto, enlace, nexo, vínculo, conexión, conjunción, encadenamiento. ANT. desunión. **2** concordia, acuerdo, identidad, amistad, maridaje. ANT. separación, discordia. **3** matrimonio, casamiento, boda, nupcias, esponsales. ANT. divorcio. **4** federación, liga, alianza, asociación, confederación. **5** acoplamiento, apareamiento. **6** mezcla, fusión, combinación. **7** agregado, suma. **8** anillo, sortija.

unir *tr.* juntar, agrupar, reunir, asociar, fusionar, vincular. ANT. desunir, separar. **2** mezclar, trabar. ANT. dividir. **3** atar. **4** acercar. **5** agregar, incorporar, añadir, sumar. ANT. restar. **6** {voluntades} concordar, conformar. **7** MED. {herida} cerrar. **8** *prnl.* confederarse, asociarse, aliarse, pactar, ayudarse. ANT. desligarse. **9** agregarse, juntarse. **10** casarse, desposarse. ANT. divorciarse.

unísono, -na *adj.* del mismo tono/sonido. **2** *loc.* **al ~:** a la vez, con unanimidad, al mismo tiempo.

unitario, -ria *adj.* inseparable, indiviso, indisoluble, uno. ANT. separable.

universal *adj.* mundial, global, internacional, ecuménico, cosmopolita, total. ANT. local. **2** común, general.

universalizar *tr.* generalizar.

universidad *f.* instituto, institución.

universo *m.* orbe, cosmos, mundo, globo, infinito. **2** conjunto de individuos.

unívoco *adj. s.* similar, semejante, análogo. ANT. diferente.

uno, -na *adj.* indiviso, singular, unitario. ANT. compuesto. **2** {persona, cosa} identificado, unido. **3** igual, idéntico, equivalente, lo mismo. **4** solo, único, aislado. **5** *pl.* algunos, varios. **6** *m.* unidad, cantidad. **7** individuo. **8** *pron.* alguien. **9** *loc.* **~ tras otro:** sucesivamente. **10** *loc.* **de una:** de una vez.

untada *f. Amer. col.* soborno.

untado, -da *adj.* grasiento.

untar *tr.* ungir, engrasar, aceitar, cubrir, bañar. **2** sobornar, corromper, comprar. **3** *prnl.* mancharse.

unto *m.* manteca, mantequilla, aceite. **2** gordura, crasitud, adiposidad. **3** *Amer.* soborno.

untoso, -sa *adj.* graso, pingüe, oleoso, pringoso, pegajoso, grasiento.

untuoso, -sa *adj.* graso, oleoso, pegajoso, grasiento. **2** *desp.* empalagoso, afectado, falso, zalamero, meloso. ANT. auténtico, sincero.

untura *f.* ungüento, pomada, unción.

uña *f.* pezuña, garra, casco.

uñada *f.* rasguño, araño, arañazo, arpadura, uñetazo.

uñarada *f. ver* **uñada.**

uñero *m.* herida.

uñetazo *m.* uñada, uñarada.

upar *tr.* levantar, aupar.

urbanidad *f.* educación, gentileza, cultura, modales, comedimiento, amabilidad, cortesía, finura. ANT. grosería, descortesía.

urbanismo *m.* {espacios, edificios} ordenación, organización, planificación. **2** {población en ciudades} concentración, distribución.

urbanización *f.* núcleo residencial, distrito, barrio.

urbanizador, -ra *adj.* {persona, empresa} constructor.

urbanizar *tr.* {terreno, espacio} acondicionar, preparar.

urbano, -na *adj.* ciudadano, civil, metropolitano, urbanístico. ANT. rural. **2** cortés, educado, amable, cumplido. ANT. descortés, rudo.

urbe *f.* metrópoli, ciudad, capital, población.

urca *f.* embarcación grande.

urce *m.* brezo.

urdidor *m.* devanador, urdidera.

urdiembre *f.* urdimbre.

urdir *tr.* tramar, tejer, conspirar, confabularse.

urente *adj.* candente, ardiente, urticante, abrasador.

uréter *m.* ANAT. conducto.

urgencia *f.* necesidad, falta apremiante. **2** prisa, apremio, perentoriedad, premura.

urgente *adj.* apremiante, inaplazable, acuciante, perentorio, inminente. ANT. aplazable, prorrogable.

urgir *tr.* apremiar, instar, acuciar, apurar. ANT. demorar. **2** conducir, empujar. **3** *intr.* {ley, precepto} obligar.

úrico, -ca *adj.* urinario.

urinario *m.* baño, retrete.

urna *f.* arca, caja, receptáculo. **2** *Amer.* ataúd.

uro *m.* toro, bóvido.

urogenital *adj.* genitourinario.

urraca *f.* cotorra, gaya, marica, picaza. **2** *loc.* **hablar como ~:** hablar demasiado, hablar mucho.

urticante *adj.* ardiente, irritante, escocedor, urente, quemante, punzante. ANT. calmante, emoliente.

urticaria *f.* MED. enfermedad eruptiva.

usado, -da *adj.* gastado, viejo, deslucido, ajado. **2** experimentado, ejercitado, habituado, práctico.

usanza *f.* costumbre, uso, práctica. **2** moda.

usar *tr. prnl.* utilizar, emplear, manejar. **2** {persona} servirse, disfrutar, gozar. **3** acostumbrar, estilar, soler, practicar. **4** {prenda de vestir} llevar. **5** {empleo, oficio} ejercer. **6** *prnl.* estar de moda.

usina *f. Amér. Sur* instalación industrial.

uso *m.* empleo, utilización, provecho, servicio, destinación, aplicación. **2** costumbre, hábito, rutina, usanza, manera, modo. **3** moda.

ustible *adj.* inflamable, combustible.

ustión *f.* combustión.

usual *adj.* común, frecuente, habitual, corriente, acostumbrado, general. ANT. inusual, inhabitual.

usufructo *m.* provecho, utilidad, frutos, disfrute, producto.

usura *f.* interés excesivo, ganancia excesiva.

usurero, -ra *s.* prestamista, prendero, explotador, logrero.

usurpación *f.* expoliación, apropiación.

usurpar *tr.* apropiarse, apoderarse, arrebatar, incautar, despojar, quitar. ANT. restituir.

utensilio *m.* herramienta, instrumento, útil, trebejo, trasto, artefacto.

útil *adj.* ventajoso, provechoso, beneficioso, lucrativo, fructuoso, rentable, favorable. **2** *m.* utensilio, herramienta.

utilidad *f.* ventaja, provecho, ganancia, beneficio, interés, conveniencia, lucro. ANT. pérdida.

utilitario, -ria *adj.* práctico, pragmático. **2** *m.* automóvil utilitario.

utilizable *adj.* útil, apto, aprovechable.

utilizar *tr. prnl.* usar, emplear, aprovechar, valerse, disfrutar. ANT. desaprovechar.

utopía *f.* (*tb.* **utopia**) quimera, fantasía, mito, ilusión, fábula, sueño. ANT. realidad.

uva *f.* baya.

vaca *f.* res, ternera, becerra, vaquilla. ANT. toro. **2** carne (de vaca). **3** *Amer.* {dinero} recolección, fondo, cooperación, puesta. **4** *loc.* ~*s flacas:* periodo de escasez.

vacación *f. gen. pl.* reposo, descanso, holganza, asueto, ocio, recreo, pausa, alto, receso. ANT. trabajo, actividad.

vacada *f.* {de ganado vacuno} rebaño, ganado, manada.

vacante *adj. s.* desocupado, libre, vacío, disponible, abierto, expedito. ANT. ocupado, lleno. **2** *Amer.* empleo, plaza, puesto.

vacar *intr.* {de trabajo o estudios} cesar, reposar, suspender (temporalmente). **2** {actividad} dedicarse, entregarse. **3** carecer.

vaciadero *m.* conducto.

vaciado *m.* modelado. **2** ESCULT. {de yeso o estuco} figura, adorno. **3** ARQUEOL. excavación.

vaciar *tr. prnl.* desocupar, verter, arrojar, sacar, descargar, dejar vacío. ANT. llenar, colmar. **2** moldear, modelar, esculpir. **3** ARQ. ahuecar. **4** {cuchillo, navaja} afilar, aguzar. ANT. embotar, mellar. **5** {tema} exponer, explicar. **6** {doctrina} transcribir, trasladar. **7** *Amer.* reprender, corregir, amonestar, desaprobar. **8** {agua de río, mar} disminuir, menguar. **9** {río} desaguar, desembocar. **10** *prnl.* {persona} desahogarse, soltar, desembuchar. **11** *P. Rico* {neumático} pincharse.

vaciedad *f.* necedad, tontería, simpleza, sandez.

vacilación *f.* irresolución, duda, indeterminación, desasosiego, perplejidad, volubilidad, titubeo, incertidumbre. ANT. seguridad, decisión. **2** oscilación, tambaleo, inestabilidad, vaivén, fluctuación, bamboleo, mecimiento. ANT. firmeza.

vacilante *adj.* tambaleante, oscilante, inestable, fluctuante. ANT. firme, estable, fijo. **2** inconstante, inseguro, incierto. ANT. seguro. **3** titubeante, indeciso, irresoluto, dudoso. ANT. decidido, convencido, resuelto.

vacilar *intr.* {persona} titubear, dudar, hesitar, desconfiar. ANT. decidir. **2** {cosa} oscilar, tambalearse, mecerse, bambolearse, fluctuar, bascular. ANT. inmovilizarse. **3** engañar, burlarse, tomar el pelo.

vacío, -a *adj.* desocupado, libre, evacuado, despejado. ANT. lleno, ocupado. **2** deshabitado, solitario. ANT. poblado, habitado. **3** hueco, carente. ANT. lleno. **4** vano, presuntuoso, arrogante, frívolo, presumido, superficial, fatuo. ANT. profundo, interesante. **5** *m.* hueco, concavidad, cavidad. ANT. saliente. **6** abismo, precipicio. **7** carencia, falta, ausencia, oquedad. ANT. plenitud.

vacuidad *f.* vanidad, vaciedad, presunción, nimiedad, trivialidad, insignificancia, veleidad, frivolidad. ANT. sensatez.

vacuna *f.* inmunidad, inoculación, inmunización.

vacunar *tr. prnl.* inmunizar, preservar, proteger, prevenir.

vacuno, -na *adj.* bovino, bóvido.

vacuo, -cua *adj.* vacío, sin contenido. **2** vacante. **3** *m.* vacío, concavidad, hueco.

vadeable *adj.* superable, vencible.

vadear *tr.* {río, corriente} cruzar, pasar, franquear, rebasar. **2** *prnl.* portarse, manejarse.

vademécum *m.* manual, extracto, compendio, prontuario.

vado *m.* {río, corriente} paso, cruce. **2** remedio, recurso, salida.

vagabundear *intr.* deambular, errar, vagar, callejear, holgazanear, haraganear. ANT. trabajar.

vagabundo, -da *adj.* errante, trotamundos, nómada, callejero. ANT. sedentario. **2** *adj. s.* haragán, vago, zángano, holgazán, perezoso.

vagamente *adv.* remotamente.

vagancia *f.* ociosidad, desocupación, holgazanería, indolencia, pereza. ANT. diligencia, laboriosidad.

vagar *intr.* errar, caminar, rondar, deambular, andar, merodear. ANT. detenerse. **2** holgazanear, vagabundear. ANT. lentitud, sosiego.

vagido *m.* {recién nacido} lloriqueo, gemido, llanto, planido.

vagina *f.* ANAT. vulva, conducto, órgano genital femenino.

vago, -ga *adj.* impreciso, dudoso, indefinible, inconcreto, indeterminado, abstracto, indefinido, aproximado, ambiguo, confuso. ANT. preciso, definido. **2** *adj. s.* vagabundo, zángano, holgazán, desocupado, indolente, gandul, perezoso, desidioso, ocioso. ANT. trabajador. **3** PINT. indefinido, vaporoso. **4** *m.* ANAT. nervio vago.

vagón *m.* coche, carruaje, furgón, vehículo, vagoneta.

vaguedad *f.* {expresión, frase} indefinición, indeterminación, confusión, generalidad, imprecisión. ANT. precisión. **2** vagancia, inacción. ANT. trabajo.

vahído *m.* desmayo, vértigo, desvanecimiento, síncope, colapso, turbación, ataque.

vaho *m.* exhalación, emanación, vapor, niebla. **2** hálito, aliento; tufo.

vaina *f.* {armas} funda, envoltura, estuche, forro. **2** {de semillas} cáscara, envoltura. **3** *Amer.* contrariedad, problema, molestia, contratiempo, dificultad.

vaivén *m.* {cuerpo} bamboleo, sacudimiento, fluctuación, oscilación, balanceo, vacilación, inestabilidad, mecimiento. ANT. inmovilidad. **2** {cosa} inconstancia, inestabilidad, altibajo, variedad. ANT. constancia. **3** riesgo.

vale *m.* bono, talón, recibo, nota, pase. **2** cheque, libranza.

valedero, -ra *adj.* válido, vigente, eficaz. *ANT.* caduco.

valentía *f.* coraje, intrepidez, temple, aliento, atrevimiento, osadía, valerosidad, ánimo, denuedo, valor, arrojo, audacia, heroísmo. *ANT.* medrosidad, cobardía.

valentón, -na *adj. s.* bravucón, camorrista, matón, fanfarrón, jactancioso, arrogante. *ANT.* tímido.

valer *tr.* defender, ayudar, proteger, amparar. **2** producir, dar ganancias. **3** {números, cuentas} sumar, montar, importar. **4** {cosa} costar, montar, totalizar, sumar, ascender, tener precio. **5** *tr. intr.* {cosa} equivaler. **6** *intr.* tener vigencia. **7** {moneda} correr, pasar. **8** significar, importar. **9** servir, ser útil. **10** prevalecer. **11** *prnl.* servirse, utilizar, aprovechar, recurrir, prevalerse, echar mano. **12** *m.* valía, valor.

valeroso, -sa *adj.* valiente, alentado, esforzado, resuelto, intrépido, animoso, arrojado. *ANT.* cobarde. **2** eficaz, valioso, poderoso, potente. *ANT.* ineficaz.

valetudinario, -ria *adj. s.* enfermizo, achacoso, caduco, enfermo. *ANT.* joven, vigoroso, sano.

valía *f.* {persona} calidad. **2** estimación, valer, aprecio, valor. **3** privanza, valimiento, favor.

validación *f.* reconocimiento, comprobación. **2** {de un acto} seguridad, fuerza, firmeza.

validar *tr.* autorizar, aceptar, reconocer, aprobar. *ANT.* invalidar.

validez *f.* firmeza, autenticidad, valor, efectividad. **2** confirmación, aprobación, validación, ratificación. **3** vigencia, permanencia, subsistencia.

válido, -da *adj.* valedero, legal, legítimo, vigente, permitido.

valiente *adj.* valeroso, aguerrido, intrépido, esforzado, arrojado, resuelto, denodado, atrevido, decidido, osado, animoso, audaz. *ANT.* cobarde.

valija *f.* maleta, equipaje, maletín.

valimiento *m.* apoyo, defensa, ayuda, favor, amparo, protección. *ANT.* desamparo.

valioso, -sa *adj.* importante, inestimable, inapreciable, precioso, estimado, meritorio, excelente, preciado, insustituible. *ANT.* insignificante. **2** eficaz, útil. **3** costoso, caro.

valla *f.* cerca, empalizada, barrera, tapia, estacada. **2** {en calles, carreteras} cartelera, aviso. **3** dificultad, inconveniente, obstáculo.

valladar *m.* vallado, valla, cerca, empalizada, estacada. **2** dificultad, inconveniente, obstáculo.

vallado *m.* cerco, defensa.

vallar *tr.* {sitio} cercar, cerrar; defender, proteger. **2** *m.* cerco.

valle *m.* hondonada, hoya, cuenca, quebrada, cañada, llanura.

valor *m.* coraje, valentía, intrepidez, audacia, heroísmo, arrojo. *ANT.* cobardía. **2** estimación, valía, mérito. **3** importancia, trascendencia, significación. **4** beneficio, provecho, rédito, fruto. **5** precio, costo, importe, monto, cuantía. **6** descaro, desfachatez, osadía, atrevimiento. **7** *FIL.* {de algunas realidades} cualidad. **8** *pl.* valores, acciones, títulos, pagarés, bonos.

valoración *f.* {cosa} tasación, valorización, evaluación, apreciación. **2** {persona} aprecio, estimación, estima.

valorar *tr.* {cosa} evaluar, tasar, cuantificar, justipreciar. **2** {persona, cosa} apreciar, reconocer, estimar. **3** {cosa} valorizar, aumentar (el valor).

valores *m. pl. ver* valor.

valorizar *tr.* {cosa} señalar el precio, valorar. *ANT.* desvalorizar. **2** {cosa} aumentar (el valor). **3** {persona} estimar, reconocer, apreciar.

valuar *tr.* {precio} justipreciar, apreciar, valorar, tasar, evaluar.

vampiresa *f.* mujer fatal, seductora.

vampirismo *m. MED.* necrofilia.

vampirizar *tr.* abusar, aprovecharse.

vampiro *m.* murciélago hematófago (de América). **2** {ficción} espectro, cadáver, aparecido. **3** {persona} codicioso, chantajista, explotador.

vanagloria *f.* jactancia, vanidad, presunción, envanecimiento, engreimiento, petulancia, soberbia, altivez, arrogancia. *ANT.* modestia, sencillez.

vanagloriarse *prnl.* presumir, alabarse, engreírse, pavonearse, jactarse, preciarse, blasonar, fanfarronear, envanecerse.

vanaglorioso, -sa *adj. s.* envanecido, pedante, presumido, engreído, arrogante, soberbio, ufano, jactancioso, petulante, ostentoso, pretencioso. *ANT.* modesto.

vanamente *adv.* infructuosamente, en vano, inútilmente. **2** infundadamente. **3** presuntuosamente, arrogantemente.

vandalismo *m.* pillaje, devastación, depredación, bestialidad, destrucción, barbarie, bandidaje, atrocidad, gamberrismo, violencia. *ANT.* civismo, educación.

vándalo, -la *adj. s.* gamberro, devastador, violento, bestial, destructivo. *ANT.* educado.

vanguardia *f. MIL.* frente, delantera, fuerza armada. *ANT.* retaguardia. **2** {movimiento artístico, ideológico} avanzada.

vanidad *f.* presunción, fatuidad, engreimiento, jactancia, envanecimiento, vanagloria. *ANT.* modestia. **2** pompa, fausto, ostentación. *ANT.* moderación. **3** ilusión, fantasía. *ANT.* realidad.

vanidoso, -sa *adj.* presumido, vano, presuntuoso, vanaglorioso, arrogante, jactancioso, envanecido, pedante, ufano, hueco, fatuo, hinchado, engreído. *ANT.* modesto, sencillo.

vanilocuente *adj. s.* {orador} insustancial.

vano, -na *adj.* inexistente, ilusorio, irreal. *ANT.* real. **2** huero, vacío, hueco. *ANT.* lleno. **3** infructuoso, inútil, ocioso, estéril. *ANT.* útil. **4** envanecido, engreído, fatuo, vanidoso, pretencioso, petulante, presumido, presuntuoso, arrogante. *ANT.* modesto. **5** inestable, poco durable, insubsistente. **6** injustificado, infundado. **7** *loc.* a) *en vano:* inútilmente, sin efecto. b) *loc. en vano:* sin razón, sin necesidad.

vapor *m.* vaho, emanación, gas, fluido. **2** hálito, exhalación, aliento. **3** desmayo, vértigo. **4** buque de vapor, embarcación, barco.

vaporizar *tr. prnl.* volatilizar, rociar, salpicar, vaporear, humedecer, regar, evaporar, evaporizar.

vaporoso, -sa *adj.* etéreo, aeriforme, volátil, flotante. *ANT.* denso. **2** ligero, tenue, sutil, incorpóreo, impalpable. *ANT.* espeso, pesado. **3** {tela, ropa} transparente, delgado, fino.

vapulear *tr. prnl.* azotar, fustigar, hostigar, golpear, castigar. *ANT.* acariciar. **2** sacudir, zarandear. **3** censurar, reprochar, criticar, reprender. *ANT.* aprobar.

vapuleo *m.* meneo. **2** golpiza, paliza, azotaína, zurra. **3** reproche, crítica, amonestación, reprimenda. *ANT.* elogio.

vaquería *f.* {de vacunos} manada, rebaño.

vaquero, -ra *s.* pastor. **2** *m. gen. pl.* pantalón vaquero.

vara *f.* rama delgada. **2** bastón de mando. **3** palo, garrote, cayado. **4** *REL.* báculo.

varado, -da *adj. s. Amer.* {persona} sin recursos.

varapalo *m.* palo largo. **2** golpe, estacazo, garrotazo, trancazo. **3** *col.* quebranto, daño. **4** *col.* desazón, tristeza, pesadumbre.

varar intr. {barco} encallar. **2** {negocio} detenerse, parar, atascarse, suspenderse. ANT. desarrollarse, seguir. **3** Amer. {vehículo} averiarse. **4** prnl. Col., Ven. {persona} detenerse (por imprevistos).

varazo m. latigazo, bastonazo.

variabilidad f. mudanza, cambio, variación, inestabilidad, mutabilidad. ANT. estabilidad.

variable adj. inconstante, indeciso, mudable, cambiable, tornadizo, inestable, versátil. ANT. constante, invariable. **2** f. MAT. magnitud.

variación f. variedad. **2** variabilidad, alteración, transformación, cambio.

variado, -da adj. combinado, diverso, surtido, mezclado, heterogéneo. ANT. monótono. **2** {colores} vario, policromo.

variante f. {formas, clases de cosas} variedad, diversidad, diferencia. ANT. uniformidad, igualdad. **2** {camino, carretera} desviación, desvío.

variar tr. cambiar, diferenciar, renovar, reformar, modificar, corregir, convertir, mudar, transformar, alterar. ANT. conservar. **2** intr. {cosa} diferenciarse, ser diferente.

variedad f. heterogeneidad, diferencia, pluralidad, diversidad, multiplicidad, variación, versatilidad, complejidad. ANT. invariabilidad. **2** inestabilidad, mutabilidad, mudanza, alteración. **3** pl. espectáculo teatral.

varilla f. palo, listón.

vario, -ria adj. distinto, diferente, diverso. **2** mudable, variable, cambiante, inconstante. ANT. uniforme. **3** indeterminado, indefinido, indiferente. **4** pl. algunos, diversos, unos cuantos, muchos. ANT. ningunos, pocos.

variopinto, -ta adj. {color, aspecto} variado, diferente, diverso. **2** abigarrado, mezclado, multiforme, barroco.

varón m. hombre, macho. ANT. hembra, mujer.

varonil adj. masculino, viril. ANT. femenino.

vasallaje m. sujeción, acatamiento, servidumbre. ANT. dominio.

vasallo, -lla adj. HIST. {feudalismo} feudatario, tributario, plebeyo, siervo. ANT. señor, amo. **2** s. subordinado, servidor, súbdito.

vasco, -ca adj. s. vascuence, éuscaro, vascongado.

vasija f. recipiente, cántaro, jarra, cuenco, cacharro, vaso, bombona.

vaso m. copa, jarro, receptáculo, cáliz, copón. **2** bacín, orinal. **3** {caballo} casco, uña. **4** BOT., ZOOL. vena, tubo, arteria, conducto. **5** loc. ahogarse en un ~ de agua: apurarse por poco, afligirse por nada.

vástago m. hijo, descendiente, heredero, retoño, sucesor. ANT. ascendiente. **2** brote, retoño, cogollo, rebrote.

vasto, -ta adj. inmenso, extendido, amplio, ilimitado, extenso, espacioso, dilatado, grande, ancho. ANT. estrecho, pequeño.

vate m. poeta, bardo, trovador. **2** augur, adivino.

vaticinar tr. anunciar, augurar, presagiar, pronosticar, predecir, adivinar, profetizar.

vaticinio m. adivinación, pronóstico, augurio, presagio, predicción.

vecinal adj. vecino, comunal.

vecindad f. contigüidad, cercanía, proximidad. ANT. lejanía. **2** inmediaciones, cercanías, contorno. **3** personas, vecinos.

vecindario m. vecindad, vecinos, comunidad, población, barrio. **2** padrón, lista.

vecino, -na adj. s. habitante, poblador, inquilino, morador, residente, domiciliado. **2** adj. contiguo, adyacente, inmediato, lindante, próximo, cercano. ANT. lejano. **3** semejante, parecido.

vedado, -da adj. ilegal, prohibido, vetado, ilícito. ANT. permitido, lícito, legal.

vedar tr. prohibir, impedir, limitar, vetar, privar, estorbar, dificultar. ANT. permitir.

veedor m. fiscal, visitador, inspector, vigilante, observador. **2** criado. **3** jefe militar.

vega f. huerta, vergel, sembrado, parcela, plantación.

vegetación f. flora, espesura, plantas.

vegetal m. planta, arbusto.

vegetar intr. {planta} crecer, germinar, brotar, nutrirse, aumentar. **2** {persona} subsistir, atrofiarse, estancarse. **3** vivir, pasar, existir, ser.

vehemencia f. {discurso} viveza, intensidad. **2** {persona} ardor, pasión, fogosidad, impetuosidad, ímpetu, apasionamiento. ANT. tranquilidad.

vehemente adj. {discurso} vivo, intenso. **2** {persona} fogoso, apasionado, ardoroso, impetuoso, ardiente, apasionado, efusivo. ANT. apático, indiferente.

vehículo m. automóvil, auto, carro, carruaje, coche.

veinteavo, -va adj. vigésimo, veinteno.

vejación f. agravio, atropello, ofensa, abuso, arbitrariedad, humillación, desafuero, tropelía, insulto, injuria. ANT. justicia. **2** represión satírica. ANT. alabanza.

vejar tr. prnl. ofender, perseguir, humillar, oprimir, afrentar, mortificar, maltratar, zaherir, injuriar, agraviar. ANT. alabar.

vejatorio, -ria adj. ultrajante, humillante, ofensivo, maltratante, denigrante. ANT. enaltecedor.

vejestorio m. desp. anciano, decrépito, viejo, vejete, provecto. ANT. joven.

vejete adj. s. anciano, viejo, vejestorio. ANT. joven.

vejez f. ancianidad, veteranía, senectud, madurez, vetustez. ANT. juventud. **2** achaques, manías. **3** lugar común.

vela f. cirio, candela, hachón. **2** {barco} velamen. **3** toldo, lona. **4** vigilia, velada, trasnochada.

velada f. fiesta, reunión nocturna, festejo, celebración.

velado, -da adj. enmascarado, encubierto, secreto, tapado, hermético, escondido, misterioso, oculto. ANT. descubierto. **2** oscuro, turbio, nublado, nebuloso.

velar intr. cuidar, custodiar, vigilar, acompañar, proteger. ANT. abandonar, descuidar. **2** tr. {enfermo} asistir, cuidar. **3** ocultar, enmascarar, encubrir, tapar, disimular, esconder. ANT. destapar, descubrir. **4** tr. prnl. FOT. {imagen, placa} borrarse.

velatorio m. velorio.

veleidad f. antojo, capricho. **2** mutabilidad, inconstancia, volubilidad, variabilidad, versatilidad. ANT. firmeza.

veleidoso, -sa adj. inconstante, voluble, mudable, inestable, antojadizo, versátil, variable, tornadizo. ANT. constante.

veleta com. {persona} inconstante, veleidoso, caprichoso, voluble, frívolo, tornadizo, mudable, variable, ligero. ANT. constante, inmutable, firme.

vello m. pelusa, lanosidad, vellosidad, pelo, cerda.

velloso, -sa adj. velludo, peludo, lanoso, hirsuto. ANT. lampiño.

velludo m. felpa, terciopelo.

velo m. gasa, pañuelo, manto, rebozo, mantilla. **2** cortina, tela. **3** pretexto, excusa, subterfugio, disimulación. ANT. verdad.

velocidad f. rapidez, prontitud, celeridad, ligereza, alacridad, brevedad, agilidad, presteza, impetuosidad, prisa. ANT. lentitud, calma.

velocípedo m. bicicleta.

velocista com. DEP. corredor, deportista.

velódromo *m.* circuito, pista.

velorio *m.* velatorio.

veloz *adj.* rápido, acelerado, ligero, raudo, apresurado, ágil, repentino, súbito, pronto, vertiginoso, presuroso. ANT. lento, tardo.

vena *f.* vaso, conducto. **2** veta, filón. **3** {de legumbres} fibra (de la vaina). **4** faja de tierra. **5** numen, musa, inspiración poética. **6** humor, disposición. **7** *loc. dar en la ~:* encontrar el medio.

venablo *m.* lanza, dardo, flecha.

venado *m.* ciervo, gamo, antílope, corzo.

venal *adj.* vendible. **2** sobornable, corrupto.

venalidad *f.* corrupción. ANT. integridad.

venático, -ca *adj. s. col.* extravagante, extraño.

vencedor, -ra *adj. s.* triunfante, finalista, ganador, victorioso, campeón. ANT. vencido, derrotado.

vencer *tr.* {competencia} triunfar, ganar. ANT. perder. **2** {enemigo} derrotar, subyugar, dominar, rendir, arrollar, aplastar, batir. **3** exceder, aventajar. **4** {dificultades} zanjar, allanar. **5** {pasiones} refrenar, reprimir, contener. **6** {cosa} prevalecer. **7** {altura} subir, superar, montar. **8** *intr.* {plazo} vencerse, cumplirse. **9** {contrato} terminar. **10** *tr. prnl.* inclinar, ladear, torcer. ANT. enderezar.

vencimiento *m.* derrota. **2** {cosa} torcimiento, inclinación. **3** {deuda, obligación} plazo, término, cumplimiento, prescripción.

venda *f.* banda, tira, faja, apósito.

vendar *tr.* {con venda} cubrir, fajar.

vendaval *m.* ventarrón, viento fuerte, huracán, tifón, tromba.

vendedor, -ra *adj. s.* negociante, comerciante, mercader, tendero, traficante. ANT. comprador.

vender *tr.* ceder, adjudicar, enajenar, traspasar, expender, despachar, liquidar, saldar, realizar. ANT. comprar. **2** *tr. prnl.* entregar, traicionar, delatar. **3** *prnl.* dejarse sobornar.

vendetta *s.* [IT.] venganza.

vendible *adj.* alienable, negociable, traspasable, enajenable. ANT. invendible.

vendimia *f.* recolección.

vendimiar *tr.* {uvas} recoger.

veneno *m.* ponzoña, tóxico, bebedizo, pócima, tósigo, toxina. ANT. antitóxico.

venenoso, -sa *adj.* mortífero, deletéreo, letal, tóxico. ANT. inocuo.

venerable *adj.* honorable, venerado, respetable, distinguido, virtuoso. ANT. despreciable. **2** santo.

veneración *f.* reverencia, acatamiento, culto, adoración, idolatría, devoción, fervor, respeto, consideración.

venerado, -da *adj.* enaltecido, honrado, respetado, apreciado.

venerar *tr.* honrar, adorar, respetar, reverenciar, admirar, idolatrar. ANT. despreciar.

venéreo, -a *adj.* sexual, afrodisiaco, erótico, amatorio. **2** MED. enfermedad sexual.

venero *m.* manantial, fontana, manadero, fuente, pozo. **2** origen, inicio, principio, comienzo, raíz. **3** mina, criadero.

véneto, -ta *adj. s.* veneciano.

venganza *f.* represalia, vindicta, desquite, vindicación, reparación, revancha, resarcimiento, castigo, ajuste. ANT. perdón, reconciliación.

vengar *tr. prnl.* desquitarse, tomar la revancha, vindicar. ANT. perdonar.

vengativo, -va *adj.* rencoroso, sañudo, vindicativo, vengador. ANT. indulgente.

venia *f.* reverencia, inclinación, saludo, cortesía. **2** autorización, permiso, consentimiento, licencia. ANT. prohibición.

venial *adj.* leve, ligero, pequeño, insignificante, intrascendente, perdonable. ANT. grave, imperdonable, mortal.

venida *f.* arribo, llegada, retorno, vuelta, regreso. ANT. partida. **2** {río, arroyo} avenida, creciente. **3** ímpetu, impulso.

venidero, -ra *adj.* porvenir, pendiente, futuro, acaecedero, ulterior, posterior. ANT. pasado. **2** *m. pl.* descendientes, sucesores.

venir *intr.* {persona} caminar, andar. **2** {cosa} moverse. **3** {persona, cosa} llegar, retornar, regresar, volver, arribar. ANT. ir. **4** {cosa} ajustarse, conformarse, acomodarse. **5** *intr. prnl.* {persona} avenirse, transigir, conformarse. **6** *intr.* {asunto} volver a tratar, retomar. **7** {cosa} deducirse, inferirse, dimanar, provenir, ser consecuencia. **8** {tiempo} acercarse, llegar. **9** proceder, tener origen. **10** {afecto, pasión} excitarse, moverse. **11** {en un libro o periódico} figurar, aparecer. **12** {cosa} manifestarse, iniciarse. **13** {cosa} suceder, ocurrir, acontecer, sobrevenir. **14** {persona} comparecer, presentarse, acudir. **15** aducir, mencionar, traer a colación. **16** caer. **17** *prnl.* {pan, vino} revenirse, fermentarse. ANT. conservarse. **18** *loc. ~ a menos:* empeorarse, deteriorarse. **19** *loc.* a) *~se abajo:* venir a tierra, derrumbarse, caerse. b) *loc. ~se abajo:* arruinarse, fracasar. **20** *loc. ~le grande:* venirle muy ancho.

venta *f.* transacción, comercio, cesión, traspaso, suministro, despacho, liquidación. ANT. compra. **2** fonda, parador, mesón, posada, hostal, albergue, hostería.

ventaja *f.* superioridad, preeminencia, valor, delantera, cualidad, virtud, atributo. ANT. desventaja. **2** ganancia, beneficio, utilidad, provecho. ANT. pérdida.

ventajero, -ra *adj. s. col. Amer.* ventajista, aprovechado.

ventajoso, -sa *adj.* útil, conveniente, aconsejable, productivo, provechoso, fructuoso, beneficioso, favorable. ANT. perjudicial. **2** *s. Amer.* aprovechado, abusivo.

ventana *f.* abertura, ventanal, tragaluz, vidriera, claraboya.

ventanilla *f.* abertura. **2** mostrador, taquilla. **3** {nariz} orificio.

ventilación *f.* corriente de aire, aireación, aireamiento, oreo, purificación. **2** abertura, ventana.

ventilar *tr. prnl.* {aire} penetrar, correr. **2** *tr.* airear, orear, refrescar, purificar. ANT. enrarecer. **3** {cuestión, duda} dirimir, aclarar, discutir, controvertir, polemizar, examinar, resolver. **4** {asunto privado} hacer público, divulgar, propalar. ANT. reservar, ocultar.

ventisca *f.* borrasca, brisa, ventarrón, viento, aire, ráfaga, corriente, vendaval.

ventolera *f.* golpe de viento, vendaval, ventarrón. **2** molinete, juguete. **3** *col.* soberbia, jactancia, vanidad. **4** *col.* extravagancia, capricho, antojo.

ventosidad *f.* flatulencia, viento, gas, pedo.

ventrículo *m.* ANAT. {corazón} cavidad.

ventrudo, -da *adj.* barrigón, panzudo, obeso.

ventura *f.* felicidad, dicha, prosperidad, fortuna, satisfacción, bienestar. ANT. desventura, desdicha. **2** casualidad, hado, contingencia, aleatoriedad, suerte, destino, azar. **3** peligro, trance, riesgo, aventura. ANT. seguridad.

venturoso, -sa *adj.* afortunado, contento, tranquilo, dichoso, próspero, feliz, placentero. ANT. desdichado, desafortunado.

venus *f.* mujer hermosa, belleza.

venustez *f.* hermosura, atractivo, belleza, gracia, seducción. ANT. fealdad.

venusto, -ta *adj.* hermoso, lindo, bello, bonito. ANT. feo.

ver *tr.* observar, divisar, ojear, advertir, contemplar, presenciar, avistar, apreciar, mirar, percibir, reparar, distinguir. ANT. cegarse. **2** considerar, examinar, reconocer, reflexionar, observar, estudiar. **3** visitar. **4** juzgar, entender, conocer. ANT. ignorar. **5** atender, tener cuidado. **6** ensayar, experimentar, intentar. **7** prevenir, inferir. **8** *prnl.* hallarse, estar (en situación). **9** {personas} avistarse, reunirse. **10** {cosa} conocerse, darse a conocer. **11** *loc. a ~:* veamos.

vera *f.* orilla. **2** *loc. a la ~:* al lado; a la orilla.

veracidad *f.* sinceridad, fidelidad, franqueza, autenticidad, lealtad, verdad. ANT. falsedad.

veranda *f.* galería, mirador, porche.

veranear *intr.* pasar vacaciones, descansar.

veraniego, -ga *adj.* estival, caluroso, estivo.

verano *m.* estío, calor.

veras *f. pl.* verdad, realidad. **2** eficacia, fervor. **3** *loc.* a) *de ~:* con verdad. b) *loc. de ~:* con empeño.

veraz *adj.* fidedigno, sincero, honesto, fiel, auténtico, real, cierto, verídico, verdadero. ANT. falaz, falso.

verba *f.* labia.

verbal *adj.* oral.

verbalizar *tr.* {idea, sentimiento} expresar, manifestar.

verbena *f.* fiesta popular.

verborrea *f.* labia, locuacidad, palabrería.

verbosidad *f.* logorrea, parlería, labia, palabrería.

verboso, -sa *adj.* lenguaraz, locuaz, charlatán, hablador.

verdad *f.* conformidad, autenticidad, realidad, certidumbre, certeza. ANT. mentira. **2** franqueza, veracidad, sinceridad. ANT. mentira. **3** expresión clara, manifestación directa. ANT. circunloquio, rodeo, tapujo.

verdadero, -ra *adj.* efectivo, real, cierto. **2** sincero, ingenuo. ANT. hipócrita. **3** exacto, veraz, verídico.

verde *adj.* cetrino, verdoso, aceitunado. **2** hierba, verdor, follaje. **3** joven, inmaduro, imperfecto. ANT. maduro. **4** {persona} inexperto, bisoño. ANT. experto. **5** {cuento} obsceno, picante. **6** {persona} lascivo, libidinoso. **7** {legumbre} fresco, jugoso, tierno. ANT. seco. **8** partido ecologista. **9** *m.* follaje. **10** *col. gen. pl. Amer.* dólar estadounidense.

verdear *intr.* verdecer, reverdecer.

verdecer *intr.* ver **verdear**.

verdoso, -sa *adj.* aceitunado, cetrino.

verdugo *m.* {árbol} vástago, brote, rama, renuevo. **2** látigo, azote. **3** {persona} azotador, ajusticiador. **4** marca, señal, laceración, herida. **5** cruel, inclemente, sanguinario. ANT. misericordioso. **6** molestia, estorbo.

verdura *f.* hortaliza. **2** {en lienzos} follaje. **3** {planta} verdor, color verdor.

verecundo, -da *adj.* tímido, encogido, vergonzoso.

vereda *f.* sendero, senda, camino, trocha.

veredicto *m.* {jurado} sentencia, fallo, resolución. **2** juicio, dictamen, parecer.

verga *f.* pene, falo, miembro viril. **2** {ballesta} arco de acero. **3** vara, palo.

vergajo *m.* azote, látigo.

vergel *m.* jardín, huerto.

vergonzante *adj.* menesteroso, pobre, pedigüeño.

vergonzoso, -sa *adj.* tímido, encogido, corto. **2** abyecto, vil, deshonroso, bajo.

vergüenza *f.* sonrojo, turbación, rubor, bochorno, empacho. ANT. descaro, desvergüenza. **2** pundonor, decoro, honra, amor propio. **3** cortedad, timidez, encogimiento. **4** deshonor, afrenta, deshonra, ignominia, oprobio. **5** castigo, pena. **6** *loc.* a) *perder la ~:* rebajarse, abandonarse. b) *loc. perder la ~:* perder la timidez, desechar la cortedad.

vericueto *m.* andurrial, aspereza, risco.

verídico, -ca *adj.* auténtico, cierto, real, efectivo, verdadero. ANT. falso. **2** sincero, de buena fe, veraz. ANT. falaz.

verificación *f.* prueba, comprobación, control.

verificador *m.* examinador, comprobador.

verificar *tr.* probar, examinar, comprobar, revisar. **2** *tr. prnl.* efectuar, realizar, llevar a cabo, ejecutar. **3** *prnl.* cumplirse, suceder.

verismo *m.* ARTE realismo.

verja *f.* enrejado, cerca, cercado, cancela, barandilla, valla, reja, alambrada, enverjado.

verme *m.* {intestinal} lombriz, gusano.

vermicida *adj.* ver **vermífugo**.

vermífugo, -ga *adj. m.* vermicida, antiparasitario, purgante.

vermú *m.* (*tb.* **vermut**) aperitivo, licor.

vernáculo, -la *adj.* {idioma, lengua} autóctono, originario, natal, nativo, doméstico, propio, local. ANT. extraño, foráneo.

verosímil *adj.* aceptable, posible, probable, plausible, sostenible. ANT. inverosímil.

verosimilitud *f.* probabilidad, posibilidad, practicabilidad. ANT. imposibilidad.

versado, -da *adj.* entendido, instruido, práctico, diestro, ejercitado, competente, conocedor. ANT. inexperto.

versar *intr.* {libro, discurso} tratar, referirse, aludir, discurrir. **2** *prnl.* {persona} adiestrarse, ejercitarse, foguearse.

versátil *adj.* {cosa} cambiable, transformable. **2** {persona, cosa} cambiante, mudable, tornadizo, variable, móvil, incierto. ANT. firme, seguro. **3** {persona} voluble, veleidoso, caprichoso, antojadizo, inconstante. ANT. constante.

versatilidad *f.* inconsecuencia, veleidad, inconstancia, capricho, mudanza, disipación, volubilidad, frivolidad. ANT. constancia, firmeza.

versículo *m.* pasaje, antífona, verso, párrafo, fragmento.

versificación *f.* metrificación.

versión *f.* transcripción, traducción, adaptación. **2** explicación, referencia, exégesis, interpretación, glosa, descripción.

verso *m.* estrofa, oda, poema, copla, cantar, composición. ANT. prosa. **2** {Biblia} versículo.

vertedero *m.* muladar, basurero, estercolero, albañal.

verter *tr. prnl.* {líquidos, harina} derramar, esparcir, traspasar, decantar, desaguar, trasvasar, vaciar, echar, volcar. ANT. llenar. **2** {vasija} inclinar, volver. **3** *tr.* traducir, interpretar, transcribir, adaptar. **4** {frases} soltar, manifestar, decir, proponer. ANT. callar. **5** *intr.* {líquido} correr. **6** {corriente} desaguar, desembocar.

vertical *adj.* erguido, derecho, erecto, perpendicular. ANT. horizontal.

vértice *m.* punta, ápice, extremo, cumbre, culminación, cima, cúspide. ANT. lado, base.

vertiente *amb.* pendiente, ladera, falda, talud, declive. **2** punto de vista, aspecto, perspectiva.

vértigo *m.* desvanecimiento, mareo, desmayo, vahído.

vesania *f.* locura, demencia, alienación. ANT. cordura.

vesánico, -ca *adj. s.* loco, demente, alienado. ANT. cuerdo.

vestíbulo *m.* recibidor, portal, atrio, antesala, entrada.

vestido *m.* indumentaria, vestuario, vestimenta, ropa, vestidura, ropaje, atuendo.

vestidura *f. ver* **vestido**.

vestigio *m.* rastro, huella, impronta, marca, memoria, impresión, indicio, traza, recuerdo, señal. **2** reliquia, residuo, partícula.

vestimenta *f.* atuendo, ropa, traje, vestido, vestuario, indumentaria, ropaje.

vestir *tr. prnl.* {cuerpo, cosa} cubrir, tapar, guarnecer, adornar. ANT. descubrir. **2** {idea} adornar, exornar. **3** {hierba} cubrir. **4** disfrazar, encubrir, disimular. ANT. mostrar. **5** *intr.* vestirse, ir vestido. **6** {prenda} ser elegante, estar de moda.

vestuario *m.* garita, caseta. **2** atuendo, vestido, indumentaria, vestimenta, ropaje, traje.

veta *f.* franja, lista, vena, faja, estría. **2** yacimiento, filón metálico, mina, vena. **3** cuerda, hilo.

vetar *tr.* {acuerdo, medida} prohibir, impedir, vedar, oponerse, negar. ANT. permitir, aceptar.

veteado, -da *adj.* {madera} jaspeado.

vetear *tr.* jaspear, estriar, ribetear, listar, pintar vetas.

veteranía *f.* madurez, competencia, experiencia, conocimiento, antigüedad, preparación. ANT. inexperiencia.

veterano, -na *adj. s.* avezado, experimentado, curtido, entrenado, diestro, ducho, aguerrido, conocedor, fogueado. **2** viejo, antiguo, añejo, anciano. ANT. nuevo, joven.

veto *m.* denegación, censura, negativa, impedimento, prohibición. ANT. aprobación, acuerdo.

vetustez *f.* senectud, vejez, decrepitud, ancianidad. ANT. juventud.

vetusto, -ta *adj.* anticuado, decadente, caduco, antiguo, añoso, viejo, provecto. ANT. nuevo, joven. **2** achacoso, decrépito, ruinoso. ANT. vigoroso, flamante.

vez *f.* ocasión, circunstancia, tiempo, oportunidad, momento, coyuntura. **2** alternación, ciclo, intervalo, turno, tanda, mano. **3** *pl.* autoridad, ministerio, jurisdicción. **4** *loc.* **una que otra ~:** rara vez. **5** *loc.* **de ~ en cuando:** de tiempo en tiempo, ocasionalmente.

vía *f.* calle, ruta, senda, carretera, camino, avenida, calzada. **2** {ferrocarril} raíl, carril, vía férrea. **3** conducto, medio, arbitrio, mediación, método, manera, procedimiento. **4** *prep.* por, pasando por. **5** *loc.* **~ ordinaria:** medio regular, forma común.

viajar *intr.* correr, trasladarse, deambular, errar, recorrer, caminar, andar. ANT. quedarse, permanecer. **2** {vehículo} desplazarse. **3** {mercancía} ser transportado.

viaje *m.* excursión, marcha, travesía, peregrinación, periplo, itinerario, trayecto, recorrido, tránsito, marcha, desplazamiento. ANT. permanencia. **2** aventura, correría, andanza. **3** carga, peso. **4** acometida inesperada, ataque inesperado. **5** *loc.* **de un ~:** de una vez, totalmente, completamente.

viajero, -ra *s.* turista, viajante, caminante, nómada, excursionista, peregrino, trotamundos, pasajero.

viandante *com.* caminante, paseante, transeúnte, peatón.

viático *m.* {para viajes} subvención, dinero, subsidio, reserva, gastos. **2** REL. sacramento, eucaristía.

vibración *f.* agitación, ondulación, tremor, vacilación, temblor, oscilación. ANT. inmovilidad.

vibrante *adj.* sonante, resonante, retumbante, sonoro. ANT. silencioso. **2** agitado, trémulo, vibrador, cimbreante, vibrátil, tembloroso. **3** emocionante, conmovedor.

vibrar *tr.* retemblar, temblar, trepidar, agitarse, menearse. ANT. inmovilizarse. **2** *intr.* conmoverse, excitarse, emocionarse. ANT. permanecer indiferente.

viceversa *adv.* al revés, a la inversa, al contrario.

viciar *tr. prnl.* {modo de vida, costumbres} dañar, corromper, pervertir, degradar, descarriar. ANT. preservar. **2** {producto} falsear, falsificar, adulterar. **3** {escrito} falsificar, mixtificar. **4** {acto} anular, invalidar. **5** {proposición} tergiversar, torcer el sentido. **6** *prnl.* enviciarse, corromperse. ANT. regenerarse. **7** {superficie} pandearse, alabearse.

vicio *m.* {cosas} defecto, imperfección, daño, tacha, mala calidad, lacra. ANT. perfección. **2** engaño, yerro, falsedad. **3** defecto, exceso. **4** {plantas} lozanía, exuberancia, frondosidad. **5** {superficie} pandeo, desviación, alabeo. **6** {crianza} condescendencia, licencia, permisividad, mimo. **7** {animal} mala costumbre. **8** descarrío, desenfreno, depravación, perversión. ANT. virtud. **9** *loc.* **de ~:** sin necesidad.

vicioso, -sa *adj.* fuerte, vigoroso. **2** deleitoso, provisto, abundante. **3** imperfecto, defectuoso. ANT. perfecto. **4** depravado, libertino, disoluto, disipado, desenfrenado, crapuloso. ANT. virtuoso. **5** enviciado, adicto, drogadicto. **6** *col.* {niño} mimado, resabiado, malcriado. ANT. educado.

vicisitud *f.* sucesión, incidencia, alternativa, cambio, avatar. **2** inconstancia, fluctuación, contingencia, albur, mutabilidad, altibajo, alternativa. ANT. constancia, inmutabilidad.

víctima *f.* perjudicado, damnificado, lesionado, herido. **2** inmolado, sacrificado, occiso, asesinado, muerto, mártir. ANT. victimario.

victimario, -ria *s.* homicida, asesino. **2** sacrificador.

victoria *f.* conquista, éxito, superioridad, logro, premio, vencimiento, triunfo. ANT. derrota.

victorioso, -sa *adj. s.* triunfante, invicto, vencedor, campeón, laureado. ANT. vencido, derrotado. **2** *adj.* apoteósico, triunfal.

vida *f.* fuerza, actividad, vigor, expresión, aliento, animación, energía, vitalidad. ANT. pasividad. **2** existencia, supervivencia, duración, tránsito. ANT. muerte. **3** memorias, biografía, hechos, hazañas, acontecimientos. **4** modo de vivir, forma de vida, estilo de vida. **5** ser humano, persona, individuo. **6** *loc.* **de por ~:** perpetuamente. **7** *loc.* **en la ~:** nunca, jamás.

videncia *f.* clarividencia.

vidente *com.* adivino, augur, médium, mago.

videocámara *f.* cámara de video.

videoclip *m.* cortometraje.

vidriado, -da *adj.* vidrioso, frágil, quebradizo. ANT. fuerte, resistente. **2** *m.* vajilla.

vidriero, -ra *s.* {persona} cristalero. **2** *f.* {tienda} escaparate.

vidrio *m.* cristal, espejo. **2** lámina. **3** *fig.* {persona} susceptible, quisquilloso, malhumorado. **4** *loc.* **pagar los ~s rotos:** pagar el pato.

vidrioso, -sa *adj.* frágil, quebradizo, delicado. ANT. resistente. **2** vítreo, vidriado. **3** {piso} resbaladizo, liso. ANT. rugoso. **4** {persona} quisquilloso, susceptible. **5** {mirada, ojos} acuoso, inexpresivo, vacío. **6** {materia} delicado, complicado.

viejo, -ja *adj. s.* anciano, longevo, veterano. ANT. joven. **2** antiguo, vetusto, obsoleto, prehistórico. ANT. reciente. **3** senil, decrépito, viejestorio. ANT. vigoroso. **4** deslucido, usado, desgastado, estropeado. ANT. nuevo.

viento *m.* aire, brisa, corriente. **2** vanidad, jactancia. **3** huracán, ciclón, tornado, ventada. **4** *col.* ventosidad, gas, pedo. **5** *loc.* **llevarse (algo) el ~:** no ser estable.

vientre *m.* abdomen, barriga, panza, tripa, intestinos.

viga *f.* poste, travesaño, durmiente, madero, listón.

vigencia *f.* actualidad, validez, vigor, efectividad. *ANT.* caducidad.

vigente *adj.* actual, valedero, válido, efectivo. *ANT.* desusado.

vigésimo, -ma *adj. s.* veinteavo, veinteno.

vigía *s.* centinela, observador, vigilante, cuidador, guardián. **2** *f.* torre, mirador, atalaya.

vigilancia *f.* cuidado, defensa, protección, vigilia, atención, custodia, vela. *ANT.* descuido. **2** ronda, patrullaje, guardia. **3** control, inspección.

vigilante *com.* guardia, centinela, vigía, sereno, cuidador, velador, guardián, policía. **2** *adj.* prudente, precavido, atento, cauteloso, cuidadoso, alerta. *ANT.* descuidado.

vigilar *intr. tr.* custodiar, velar, atender, cuidar, observar, celar, guardar.

vigilia *f.* insomnio, vela, desvelo, trasnochada. *ANT.* sueño. **2** trabajo intelectual. **3** velación. **4** abstinencia, día de pescado.

vigor *m.* vitalidad, energía, poder, corpulencia, brío, reciedumbre, fuerza, ánimo, aliento, dinamismo, eficacia. *ANT.* debilidad, impotencia.

vigorizante *adj. s.* tónico, vigorizador, vivificador, reconfortante.

vigorizar *tr. prnl.* animar, alentar. *ANT.* desalentar, desanimar. **2** avigorar, robustecer, tonificar, vitalizar, reforzar. *ANT.* debilitar.

vigoroso, -sa *adj.* fuerte, enérgico, robusto, forzudo, saludable. *ANT.* débil.

vil *adj.* malo, ruin, bajo, despreciable, abyecto, innoble, infame, traidor, infiel, indigno, desleal. *ANT.* bueno, noble. **2** vergonzoso, deshonroso, ignominioso. *ANT.* honorable.

vileza *f.* bajeza, ruindad, maldad, mezquindad, indignidad, infamia. *ANT.* dignidad. **2** deslealtad, traición, canallada, abyección. *ANT.* integridad.

vilipendiar *tr. prnl.* denigrar, despreciar, calumniar, deshonrar, desacreditar, menospreciar, difamar, infamar, desdeñar. *ANT.* valorar. **2** insultar, denostar, vituperar, injuriar, agraviar. *ANT.* alabar.

vilipendio *m.* desprecio, denigración, deshonra. *ANT.* enaltecimiento. **2** injuria, calumnia, vituperio, afrenta, descrédito. *ANT.* alabanza, elogio.

villa *f.* casa, chalé, hotel. **2** población, aldea, pueblo, ciudad, urbe, capital.

villanía *f.* infamia, bajeza, indignidad, ruindad. *ANT.* dignidad. **2** alevosía, deslealtad, traición.

villano, -na *adj. s.* ruin, traidor, indigno, infame, infiel, desleal, bajo, despreciable, abyecto, vil. *ANT.* bueno, noble. **2** plebeyo, siervo, vasallo. *ANT.* noble. **3** aldeano, rústico, lugareño.

vilo (en) *loc.* sin estabilidad, suspendido, pendiente de un hilo. **2** con angustia, con indecisión, en ascuas, inquieto.

vincular *tr.* relacionar, ligar, emparentar, atar. *ANT.* desvincular. **2** someter, sujetar, supeditar, hacer depender. *ANT.* desatar.

vínculo *m.* nexo, lazo, unión, ligadura, fusión, parentesco, ligamen, atadura, enlace, nudo. *ANT.* separación.

vindicar *tr. prnl.* vengar, escarmentar, desagraviar, desquitarse. **2** exculpar, reivindicar, defender, redimir, justificar, restablecer.

vindicativo, -va *adj.* vengativo, rencoroso, encarnizado, resentido.

vindicta *f.* venganza.

vinicultor, -ra *s.* criador.

vino *m.* licor, bebida.

vinoso, -sa *adj.* vinolento, báquico, dado al vino.

violáceo, -a *adj.* morado, violeta.

violación *f.* sacrilegio, transgresión, incumplimiento, infracción, quebrantamiento, vulneración.

violar *tr.* {ley, precepto} infringir, quebrantar, transgredir, vulnerar, atropellar, desobedecer. *ANT.* acatar, obedecer. **2** {sexualmente} abusar, estuprar, violentar, forzar. **3** {lugar sagrado} profanar, mancillar. *ANT.* respetar.

violencia *f.* brutalidad, rudeza, furia, dureza, arrebato, severidad, furor, virulencia, brusquedad, vehemencia. *ANT.* dulzura, mansedumbre. **2** ímpetu, fuerza. **3** estupro, violación, abuso.

violentar *tr. prnl.* transgredir, obligar, violar, atropellar, vulnerar, forzar. *ANT.* respetar. **2** {domicilio} irrumpir. **3** {dicho, escrito} tergiversar, torcer. **4** *prnl.* obligarse.

violento, -ta *adj.* vehemente, impetuoso, arrebatado, virulento, fogoso, fanático. *ANT.* sereno, suave. **2** {dicho, escrito} tergiversado, falso, torcido. *ANT.* fiel. **3** desgarrador, estremecedor. **4** agresivo, furioso, rudo, cruel, brusco, sañudo.

viperino, -na *adj.* malintencionado, venenoso, dañino, peligroso.

viraje *m.* curva, vuelta, rotación, revolución, giro.

virar *intr.* doblar, voltear, girar, evolucionar, torcer. *ANT.* enderezar.

virazón *f.* {viento} cambio repentino. **2** {ideas, conducta} viraje.

virgen *com.* casto. **2** *adj.* {terreno} no cultivado. **3** puro.

virginal *adj.* puro, inmaculado, incólume.

virginidad *f.* doncellez, castidad. **2** inocencia, pureza, candidez. *ANT.* malicia.

vírgula *f.* virgulilla, apóstrofo, tilde.

viril *adj.* varonil, masculino, macho, vigoroso, fuerte. *ANT.* delicado, femenino.

virtual *adj.* irreal, imaginario, aparente. *ANT.* real. **2** potencial, posible, eventual. *ANT.* actual. **3** supuesto, intrínseco, implícito, tácito.

virtud *f.* integridad, dignidad, honestidad, bondad, templanza, modestia, probidad. *ANT.* bajeza, vicio. **2** poder, fuerza, eficacia, potencia, capacidad, cualidad, particularidad, atributo, facultad, potestad, aptitud. *ANT.* ineficacia. **3** *loc.* **en ~ de:** a consecuencia de.

virtuoso, -sa *adj.* honrado, justo, honesto, ejemplar, íntegro, probo, templado. *ANT.* deshonesto. **2** {artista} maestro, experto. *ANT.* mediocre.

viruela *f.* ampolla, pústula, grano.

virulencia *f.* mordacidad, acrimonia, encono, malignidad, saña. *ANT.* benevolencia.

virulento, -ta *adj.* maligno, ponzoñoso, tóxico, venenoso. *ANT.* sano, benigno, benevolente. **2** purulento. **3** {escrito, discurso} mordaz, satírico, sañudo, insidioso, dicaz, cáustico, crítico.

visaje *m.* gesto, mueca, expresión, gesticulación, mímica, guiño, seña, ademán.

visar *tr.* {pasaporte, documento} refrendar, firmar, autorizar, rubricar. **2** {pasaporte, documento} reconocer, revisar, examinar.

víscera *f.* entraña, órgano.

viscoso, -sa *adj.* pegajoso, adherente, gelatinoso, glutinoso, pastoso, untuoso.

visible *adj.* perceptible, nítido, cierto, palmario, manifiesto, palpable, notorio, claro, indudable, evidente. *ANT.* invisible. **2** importante, ilustre, notorio, conspicuo, sobresaliente, llamativo, destacado, insigne. *ANT.* desconocido.

visillo *m.* cortinilla.

visión f. mirada, contemplación, percepción, vista, visualidad. **2** alucinación, espectro, sueño, fantasma, imagen, quimera, aparición, fantasía. ANT. realidad. **3** enfoque, perspectiva. **4** intuición, perspicacia, agudeza.

visionario, -ria adj. s. iluso, alucinado, quimérico, fantaseador. ANT. realista. **2** soñador, idealista, adelantado.

visita f. entrevista, encuentro, audiencia, saludo. **2** inspección, revista, examen. **3** visitante, convidado, invitado, agasajado.

vislumbrar tr. ver, percibir, distinguir, divisar, atisbar, entrever. **2** columbrar, conjeturar, sospechar, figurarse.

viso m. reflejo, destello, vislumbre, centelleo, fulgor, resplandor. **2** apariencia, aspecto, traza, cariz. **3** mirador, eminencia, altura, monte.

víspera f. día anterior, antedía. **2** inmediación, proximidad. **3** {antes de una fiesta} vigilia. **4** loc. **en ~s:** antes, en tiempo anterior.

vista f. visión, visualidad, imagen, percepción. ANT. ceguera. **2** ojo, ojos. **3** {cosas} disposición, apariencia. **4** panorama, horizonte, paisaje, perspectiva, espectáculo. **5** {de un lugar} estampa, cuadro. **6** aspecto, apariencia. **7** agudeza, sagacidad, perspicacia, astucia, intuición. **8** propósito, intento. **9** vistazo, mirada. **10** loc. **saltar a la ~:** ser claro, ser evidente. **11** loc. **en ~ de:** en virtud de, debido a. **12** loc. **a primera/simple ~:** de paso, ligeramente.

vistazo m. mirada ligera, ojeada, vista, vislumbre, mirada, atisbo. **2** loc. **echar un ~:** reconocer superficialmente.

vistoso, -sa adj. llamativo, atractivo, notorio, encantador, espectacular, seductor, atrayente. ANT. deslucido.

visual adj. óptico.

visualizar tr. visibilizar, hacer visible. **2** representar, imaginar.

vital adj. trascendental, esencial, capital, fundamental, imprescindible, valioso, importante, indispensable, insustituible. ANT. insignificante, trivial. **2** enérgico, vivaz, fuerte, activo, vigoroso. ANT. decaído. **3** biológico.

vitalicio, -cia adj. {cargo, renta} permanente, indefinido, duradero, perpetuo. ANT. limitado.

vitalidad f. vigor, ánimo, brío, actividad, vivacidad, fuerza, potencia, dinamismo, energía, pujanza. ANT. decaimiento.

vitando, -da adj. {crimen} abominable, repugnante, abyecto, odioso, execrable.

vitorear tr. aclamar, ovacionar, homenajear, aplaudir, exaltar, glorificar, loar, proclamar. ANT. abuchear.

vitral m. vidriera de colores.

vítreo, -a adj. hialino, diáfano, transparente, translúcido, cristalino. ANT. opaco.

vitrina f. aparador, cristalera, armario, escaparate.

vituperable adj. reprochable, reprensible, recusable, censurable, condenable, criticable. ANT. encomiable, loable, laudable.

vituperar tr. prnl. censurar, desaprobar, reprochar, reprender, reprobar, fustigar, condenar, recriminar, criticar, difamar, insultar. ANT. elogiar, alabar, ensalzar.

vituperio m. reprobación, censura, acusación, desaprobación, vilipendio, insulto, recriminación. ANT. alabanza, elogio, encomio.

viudez f. viudedad.

vivac m. MIL. vivaque, paraje, campamento, refugio.

vivacidad f. eficacia, fuerza, vigor, energía, dinamismo. ANT. debilidad. **2** agudeza, perspicacia, astucia, viveza, sagacidad. ANT. bobería.

vivandero, -ra s. vendedor de víveres.

vivaracho, -cha adj. col. vivo, avispado, listo, travieso, alegre, divertido. ANT. torpe.

vivaz adj. enérgico, eficaz, fuerte, activo, vigoroso. **2** sutil, astuto, sagaz, agudo, brillante, ingenioso, perspicaz. **3** longevo.

víveres m. pl. provisiones, alimentos, comestibles, suministros.

vivero m. {plantas} semillero, criadero, plantel.

viveza f. {acciones} vivacidad, desenvoltura, agilidad, rapidez, celeridad, prontitud. ANT. lentitud, torpeza. **2** {palabras} energía, fuerza, ardimiento. **3** {ingenio} agudeza, perspicacia, penetración, sagacidad, listeza. ANT. torpeza. **4** vehemencia, ardor, pasión, ardimiento. ANT. apatía. **5** {ojos} gracia, vitalidad, vida. **6** {cosas} esplendor, brillo, brillantez, lustre. ANT. opacidad.

vívido, -da adj. poét. vivaz, eficaz, vigoroso. **2** agudo, ingenioso. **3** real, auténtico, realista, verídico, genuino. ANT. fingido.

vividor, -ra adj. longevo. **2** adj. s. laborioso. **3** parásito, zángano, aprovechado, golfo, pedigüeño.

vivienda f. habitación, techo, habitáculo, morada, residencia, domicilio.

vivificante adj. reconfortante, animador, reanimador, tonificante, saludable, excitante, tónico, estimulante. ANT. calmante, deprimente.

vivificar tr. avivar, reavivar, dar vida. ANT. debilitar. **2** animar, confortar, reanimar, tonificar, alentar. ANT. desanimar.

vivir intr. existir, ser, subsistir, prevalecer, tener vida. ANT. morir. **2** intr. tr. habitar, morar, residir. ANT. mudarse. **3** intr. {persona, cosa} durar, pasar. **4** mantenerse. **5** {en la memoria} estar presente. **6** coexistir, cohabitar. **7** {hecho, acontecimiento} experimentar, sentir. **8** m. recursos, medios de vida. **9** loc. **no dejar ~:** molestar, abrumar, fastidiar.

vivisección f. disección.

vivo, -va adj. viviente, existente, prevaleciente. ANT. muerto. **2** {fuego, llama} avivado. **3** astuto, perspicaz, ingenioso, vivaracho, listo, sutil, avispado, vivaz, agudo. ANT. torpe. **4** fuerte, intenso. ANT. débil. **5** ágil, pronto, rápido, diligente. ANT. lento, torpe. **6** {en la memoria} durable, persistente, perseverante. **7** persuasivo, elocuente, expresivo. ANT. inexpresivo. **8** aprovechado, abusivo, audaz. ANT. honesto. **9** m. orilla, canto, borde. **10** trencilla, cordoncillo, filete. **11** {afecto, asunto} sensible, doloroso. **12** loc. **en ~:** en directo, directamente, simultáneamente.

vocablo m. palabra, verbo, término, voz, dicción, expresión, locución.

vocabulario m. léxico, terminología, repertorio. **2** glosario, lista. **3** diccionario, léxico, lexicón, libro.

vocabulista com. lexicógrafo, diccionarista.

vocación f. inclinación, propensión, tendencia, preferencia, disposición, aptitud, don, facilidad. ANT. aversión. **2** REL. inspiración.

vocal adj. oral. **2** f. letra vocal. **3** com. {consejo, junta} delegado, miembro, secretario.

vocalista com. cantante, cantor, artista.

voceador m. pregonero.

vocear intr. gritar, vociferar, desgañitarse, chillar, aullar, bramar, rugir. ANT. callar. **2** tr. publicar, divulgar, manifestar. ANT. acallar.

vocería f. gritería, algarabía, vocinglería, clamor, alboroto, escándalo. **2** cargo de vocero.

vocerío m. gritería, clamor, alboroto, algarabía, escándalo.

vocero, -ra *s.* portavoz, representante.

vociferar *intr.* vocear, aullar, desgañitarse, gritar.

vocinglería *f.* algarabía, griterío, vocería, gritería, vocerío, clamor.

vocinglero, -ra *adj. s.* alborotador, chillón, escandaloso, ruidoso, gruñón, gritón, estruendoso. ANT. callado, silencioso.

voladero *m.* abismo, precipicio, derrumbadero, sima, despeñadero.

voladizo, -za *adj.* saledizo.

volador, -ra *adj.* colgante, volante, volandero. **2** *m.* cohete.

volandero, -ra *adj.* colgante, volador.

volante *adj.* volátil, volador. **2** ambulante, errante, nómada. **3** *m.* impreso, aviso, panfleto, hoja, octavilla. **4** DEP. badminton.

volantín, -na *adj.* volante, volátil, volador, que vuela. **2** *m.* {para pesca} cordel. **3** Amer. cometa. **4** Amer. voltereta.

volar *intr. prnl.* levantar el vuelo, revolotear, remontarse, elevarse, planear. ANT. aterrizar. **2** *intr.* apresurarse, correr, apurarse, acelerar. ANT. retrasarse. **3** {persona, cosa} desaparecer, escaparse, volatilizarse. ANT. aparecer. **4** {noticia} difundirse, propagarse, divulgarse, extenderse. **5** {tiempo} pasar deprisa. **6** *tr.* explotar, tronar, estallar, hacer saltar, reventar. **7** enfadar, irritar. **8** Col., Méx. robar, hurtar.

volátil *adj. s.* volante, volador. **2** mudable, voluble, inconstante, vacilante, inestable, tornadizo. **3** ligero, sutil, vaporoso, etéreo, aéreo. ANT. pesado, sólido, denso.

volatilizar *tr. prnl.* evaporar, vaporizar. *prnl.* **2** desaparecerse, disiparse.

volatinero, -ra *s.* titiritero, acróbata, gimnasta, contorsionista, trapecista, equilibrista, funámbulo, volatín.

volcánico, -ca *adj.* ardoroso, impetuoso, apasionado, ardiente, fogoso, frenético, arrebatado. ANT. sereno. **2** ígneo, crateriforme, plutónico.

volcar *tr. intr.* inclinar, torcer, trastornar, ladear, entornar, desnivelar, invertir, tumbar, volver. ANT. enderezar. **2** *tr.* turbar, marear, perturbar. **3** {parecer} persuadir, convencer, hacer mudar. **4** molestar, irritar, enojar. **5** {líquido} verter, derramar. ANT. llenar. **6** *prnl.* dedicarse, aplicarse, interesarse.

voleibol *m.* DEP. balonvolea.

volframio *m.* FÍS. wolframio.

volición *f.* FIL. acto voluntario.

volqueta *f.* Amer. volquete.

voltear *tr. intr.* dar vueltas, girar. **2** *tr.* {cosa} volver, invertir, trocar, trastocar. **3** trastocar, mudar, trasladar, cambiar. **4** *intr.* Amér. Sur {vehículo} volcar.

voltereta *f.* pirueta, volteo, volantín, molinete, cabriola, tumbo, acrobacia, vuelta.

volubilidad *f.* veleidad, versatilidad, inestabilidad, variabilidad, mudanza, inconstancia. ANT. firmeza.

voluble *adj.* versátil, variable, inestable, cambiante, vacilante, veleidoso, antojadizo, inconstante, caprichoso, tornadizo. ANT. fiel, constante.

volumen *m.* masa, cuerpo, dimensión, corpulencia, magnitud, mole. **2** tomo, ejemplar, parte, libro, cuerpo. **3** {voz, sonidos} sonoridad, intensidad. **4** magnitud, importancia. **5** capacidad, cabida.

voluminoso, -sa *adj.* abultado, grande, amplio, vasto, abombado. ANT. pequeño. **2** corpulento, grueso, gordo, obeso. ANT. delgado.

voluntad *f.* arbitrio, ánimo, intención, gana, decisión, talante, deseo, anhelo. ANT. apatía. **2** firmeza,

tenacidad, tesón, constancia, energía. ANT. debilidad. **3** mandato, orden, precepto, decreto, disposición. **4** afecto, benevolencia, afición, cariño, amor. **5** consentimiento, anuencia, aquiescencia. ANT. negativa, negación. **6** determinación, propósito, resolución.

voluntario, -ria *adj.* libre, intencionado, preconcebido, potestativo, premeditado, facultativo, discrecional, espontáneo, intencional, deliberado. ANT. involuntario.

voluntarioso, -sa *adj.* perseverante, afanoso, constante, empecinado, tenaz, tesonero, obstinado, persistente, infatigable. ANT. inconstante. **2** caprichoso, testarudo, terco, tozudo, antojadizo. ANT. razonable.

voluptuoso, -sa *adj. s.* sensual, lujurioso, erótico, mórbido, libidinoso, carnal, lascivo. ANT. continente. **2** *adj.* placentero, sibarita, exquisito, epicúreo.

volver *intr.* regresar, retornar, llegar. ANT. irse. **2** *tr.* restituir, devolver. **3** retribuir, corresponder. **4** vomitar, arrojar.

vomitar *tr.* arrojar, devolver, echar, lanzar, expulsar, regurgitar. **2** insultar, maldecir, injuriar. **3** col. {cosa} restituir, devolver. **4** col. {secreto} revelar, declarar, descubrir, decir, desembuchar. ANT. reservar, guardar.

vomitivo, -va *adj. s.* vomitorio, emético.

vomitorio, -ria *adj. s.* vomitivo.

voracidad *f.* ansia, apetito, hambre, bulimia, avidez, insaciabilidad, gula. ANT. sobriedad. **2** codicia, avaricia, egoísmo. ANT. desinterés.

vorágine *f.* remolino, huracán, torbellino, tromba, ciclón.

voraz *adj.* ávido, devorador, glotón, hambriento, insaciable, comilón, tragón. ANT. inapetente. **2** {fuego, pasión} violento, devorador, arrasador, destructor.

vórtice *m.* torbellino, huracán, remolino, vorágine.

votación *f.* sufragio, elección, plebiscito, referéndum.

votar *intr. tr.* elegir, nombrar, designar.

voto *m.* boleto, papeleta, sufragio. **2** promesa, oferta, ofrecimiento, ofrenda. **3** {en una junta} parecer, decisión, sentencia, dictamen, opinión. **4** deseo. **5** execración, reniego, imprecación, blasfemia. ANT. alabanza. **6** *loc. hacer ~s:* expresar deseos favorables.

voz *f.* palabra, dicción, término, expresión, locución, vocablo. **2** grito, alarido, chillido, clamor, exclamación, aullido. ANT. silencio. **3** fonación, emisión. **4** {sonido} intensidad, tono, calidad. **5** cantante, vocalista. **6** dictamen, parecer, opinión, voto. **7** facultad, derecho, poder. **8** {en una asamblea} facultad de hablar. **9** rumor, fama. **10** precepto, mandato. **11** *loc. ~ común:* opinión general.

vuelco *m.* tumbo, barquinazo, vaivén, sacudida, volteo, giro, sacudimiento, voltereta. ANT. enderezamiento. **2** cambio, variación, transformación, alteración. ANT. persistencia.

vuelo *m.* ascenso, evolución, revuelo, revoloteo, planeo, viaje. ANT. aterrizaje. **2** {avión} trayecto, distancia, alcance, extensión. **3** {vestidura, cortina, tejido} amplitud, extensión. **4** {edificios} saliente, cornisa.

vuelta *f.* giro, rotación, viraje, vuelco, circunvolución. **2** curvatura. **3** regreso, retorno, llegada, venida. ANT. partida. **4** volatín, voltereta. **5** devolución, restitución. **6** vez, alternación, turno. **7** dorso, revés, reverso. ANT. haz, frente. **8** zurra, tunda. **9** mudanza, cambio. ANT. persistencia. **10** DEP. {ciclismo} carrera. **11** Mús. retornelo, repetición.

vuelto *m.* reverso, dorso, revés, envés, verso. **2** Amer. vuelta (de dinero).

vulcanismo *m.* plutonismo.

vulgar *adj.* ordinario, chabacano, ramplón, basto. ANT. refinado. **2** común, ordinario, general. ANT. selecto, raro. **3** {lenguaje} inculto, simple, llano. ANT. culto. **4** prosaico, grosero. ANT. exquisito.

vulgaridad *f.* grosería, cochinada, ordinariez, ramplonería, zafiedad. *ANT.* cortesía.

vulgarismo *m.* {dicho, frase} incorrección.

vulgarizar *tr. prnl.* {conocimientos} popularizar, difundir, familiarizar, divulgar, generalizar.

vulgo *m.* plebe, pueblo, masa, turba.

vulnerable *adj.* frágil, inseguro, endeble, indefenso, inerme, débil, indeciso. *ANT.* fuerte.

vulneración *f.* transgresión, violación, quebrantamiento. *ANT.* observancia.

vulnerar *tr.* {ley, precepto} contravenir, infringir, quebrantar, violar. *ANT.* observar, cumplir. **2** herir, lastimar, lesionar, perjudicar, dañar. *ANT.* favorecer.

vulpeja *f.* zorra, raposa.

vulturno *m.* calor, bochorno.

vulva *f.* vagina, órgano genital.

wagon-lit s. [Ing.] coche cama, vagón litera.

waiter m. [Ing.] camarero, mesero.

waitress f. [Ing.] camarera, mesera.

walkie-talkie s. [Ing.] radioteléfono.

walkiria f. [Ing.] valquiria.

warehouse s. [Ing.] almacén.

wares s. pl. [Ing.] mercancías, mercaderías.

watchman m. [Ing.] vigilante, guardián.

water-closet s. [Ing.] excusado, servicios, baño, lavabos, retrete.

watercolourist s. [Ing.] acuarelista.

watt s. [Ing.] Electr. vatio.

wc s. *abrev.* [Ing.] excusado, servicios, baño, lavabos, retrete.

Web s. [Ing.] Inf. Red informática, Red, Internet, www. **2** *loc.* ~ *page:* página de Internet. **3** *loc.* ~ *address:* dirección de Internet.

webmaster s. [Ing.] administrador de sitio de Red.

week -end s. [Ing.] fin de semana.

western m. [Ing.] película del oeste.

whisky s. [Ing.] güisqui.

whisquería f. *Amer.* bar, taberna, licorería.

wincha f. *Bol.* vincha, cinta.

windsurf m. [Ing.] tablavela.

wolfram s. [Ing.] wolframio, volframio.

x *f.* MAT. incógnita. **2** {en la numeración romana} diez.

xantoma *f.* MED. tumor amarillo.

xeca *f. Guat.* pan. **2** *Guat.* cabeza.

xecudo, -da *adj. Guat.* inteligente.

xenismo *m.* LING. extranjerismo.

xenofilia *f.* amistad (hacia el extranjero). ANT. xenofobia, racismo.

xenofobia *f.* chauvinismo, patriotería, racismo, hostilidad (hacia los extranjeros). ANT. xenofilia.

xenófobo, -ba *adj.* chauvinista, patriotero, racista.
ANT. xenófilo.

xerocopia *f.* fotocopia, reproducción.

xerocopiar *tr.* fotocopiar, reproducir.

xerófito, -ta *adj.* BIOL. xerofítico, xerófilo.

xeroftalmia *f.* (*tb.* **xeroftalmía**) MED. {de los ojos}
sequedad.

xerografía *f.* fotocopia, reproducción.

xerografiar *tr.* fotocopiar, reproducir.

xeroteca *f.* archivo.

xicaque *adj. s.* tolupán.

xifoides *adj. m.* ANAT. paletilla, apéndice cartilaginoso.

xilema *m.* BOT. tejido leñoso.

xilofón *m. ver* **xilófono**.

xilófono *m.* marimba, instrumento musical.

xilografía *f.* grabado en madera.

xilógrafo, -fa *adj.* {persona} grabador (en madera).

xiloprotector, -ra *adj.* {sustancia, producto} protector (de la madera).

xóchil *m. Méx.* súchil, flor, brote.

xocoatole *m. Méx.* atole agrio, bebida.

xocoyote *m. Méx.* benjamín, hijo menor.

xolo *m. Méx.* pavo.

ya *adv.* inmediatamente, enseguida, en el acto, ahora mismo. *ANT.* después. **2** actualmente, en el presente. *ANT.* antes; después. **3** en el futuro, en otra ocasión. **4** en el pasado. **5** finalmente, últimamente. **6** *loc.* **a)** ~ *que:* aunque, una vez que, dado que. **b)** *loc.* ~ *que:* porque, puesto que, pues.

yacaré *m. Amér. Sur* caimán, lagarto, saurio, reptil.

yacente *adj.* supino, tendido, horizontal, extendido, acostado. *ANT.* vertical, levantado.

yacer *intr.* {persona, cosa} ser, existir, estar, hallarse. **2** {persona} tenderse, echarse, acostarse, reposar, dormir, descansar. **3** {cadáver} estar sepultado. **4** juntarse, cohabitar, hacer el amor, fornicar. **5** {caballo} pacer (de noche).

yacija *f.* camastro, cama, lecho, litera, jergón. **2** sepultura, fosa, tumba, hoyo.

yacimiento *m. GEOL.* mina, cantera, filón, veta, depósito, vena, venero, manto, explotación.

yagua *f. Car.* tejido fibroso. **2** *Ven.* palma.

yagual *m. Amér. Cent., Méx.* rodete, rollete.

yang *m.* {filosofía oriental} fuerza activa.

yanqui *adj. s.* norteamericano, estadounidense, americano, gringo.

yantar *tr.* comer, alimentarse. **2** *p. us.* comida, manjar, vianda, alimento.

yapa *f. Amér. Sur* añadidura, ñapa, regalo.

yaraví *m.* melodía (de origen inca).

yatagán *m.* sable, espada, alfanje.

yate *m.* crucero, barco, barca, velero, embarcación, balandro, goleta.

yayo, -ya *s.* abuelo. **2** *f. Chile, Cuba, Perú* {en niños} herida, lesión, rasguño. **3** *Chile* falta ética. **4** *Perú* {en un producto} falla, defecto.

yedra *f.* hiedra, planta trepadora.

yegua *f.* potranca, potra, jaca. **2** *Amér. Cent.* colilla.

yeguada *f.* manada, rebaño. **2** *Amer.* burrada, estupidez, disparate.

yeguarizo, -za *adj. s. Arg., Uru.* caballar.

yegüería *f.* yeguada, manada, rebaño.

yegüerío *m. Amér. Cent.* yeguada.

yelmo *m.* casco, almete, morrión, celada.

yema *f.* brote, cogollo, retoño, botón, renuevo, capullo. **2** lo mejor, la mejor parte.

yerba *f.* hierba.

yerbabuena *f.* hierbabuena.

yerbadulce *f. Méx.* orozuz, planta.

yerbajo *m.* hierbajo.

yerbatero, -ra *adj. s. Amer.* yerbero, curandero.

yerbero, -ra *s. Amer.* hierbero, curandero.

yermo, -ma *adj.* inhabitado, despoblado. *ANT.* poblado. **2** incultivado, erial, baldío. *ANT.* cultivado. **3** infecundo, estéril.

yerno *m.* hijo político.

yero *m.* algarroba.

yerro *m.* error, equivocación, descuido, omisión, errata, inadvertencia, torpeza. *ANT.* acierto. **2** falta, delito.

yérsey *m.* (*tb.* **yersi**) *Amér. Sur* suéter, prenda de punto.

yerto, -ta *adj.* tieso, rígido, inerte, inmóvil, quieto. *ANT.* animado. **2** helado, agarrotado, entumecido, frío. *ANT.* cálido.

yesca *f. gen. pl.* lumbre, eslabón, pedernal. **2** incentivo.

yeso *m.* cal, tiza, clarión.

yesquero *m.* encendedor.

yin *m.* {filosofía oriental} fuerza pasiva.

yira *f. desp. col. Arg., Uru.* prostituta.

yo *m. FIL.* sujeto.

yodo *m.* desinfectante, antiséptico.

yogui *com.* asceta hindú.

yogur *m.* leche fermentada.

yóquei *m.* (*tb.* **yoqui**) jinete profesional.

yuca *f.* mandioca.

yugo *m.* armazón, coyunda. **2** dominio, sujeción, carga, prisión, atadura, sumisión, servidumbre, opresión, tiranía. *ANT.* libertad.

yunta *f.* {de bueyes, mulas} pareja, par. **2** yugada.

yuxtaponer *tr. prnl.* unir, juntar, aproximar, acercar. *ANT.* separar, alejar.

zábila *f.* áloe, aloe.

zaborda *f.* Náut. {barco} encalladura, varadura, encallada.

zabordar *intr.* Náut. {barco} encallar, embarrancar, varar. ANT. desencallar.

zabuquear *tr.* menear, revolver, agitar.

zacatal *m.* Amér. Cent., Méx. pastizal.

zacear *intr.* cecear.

zafado, -da *adj. s.* Amer. descarado, atrevido, desvergonzado. **2** *adj.* Amér. Cent., Méx. loco, chiflado. ANT. cuerdo.

zafar *tr. prnl.* Náut. libertar, desembarazar. **2** *tr.* Amer. soltar, desatar, desamarrar. ANT. atar, amarrar. **3** *intr. col.* Amer. {compromiso, obligación} librarse, desentenderse, evitar, rehuir; excusarse. ANT. enfrentar. **4** *prnl.* escaparse, huir, escabullirse, esconderse, ocultarse. **5** Amer. {hueso} descoyuntarse, dislocarse.

zafarrancho *m.* Náut. {de una embarcación} desembarazo, preparativos, preparación. **2** *col.* limpieza general. **3** destrozo, estrago, descalabro, estropicio. **4** riña, pelea, alboroto, combate, trifulca, refriega. ANT. paz.

zafiedad *f.* ordinariez, grosería, chabacanería, patanería, torpeza, vulgaridad, descortesía, ramplonería, tosquedad. ANT. urbanidad.

zafio, -fia *adj.* grosero, rústico, vulgar, tosco, palurdo, rudo, patán, ordinario. ANT. educado.

zafireo, -a *adj.* zafirino, de color zafiro.

zafo, -fa *adj.* Náut. libre, desembarazado. **2** *adv.* Amer. salvo, excepto.

zafra *f.* vasija. **2** {de caña dulce} cosecha. **3** fabricación de azúcar. **4** {de una mina} escombro.

zaga *f.* parte trasera, retaguardia, espalda, parte posterior, cola, final, revés. ANT. delantera, frente. **2** carga. **3** *m.* Dep. jugador. **4** *loc. a la ~:* atrás, detrás.

zagal *-la s.* pastor/a. **2** *m.* muchacho, joven, adolescente. **3** niño. **4** *f.* muchacha soltera.

zaguán *m.* portal, recibidor, atrio, vestíbulo, galería, pasillo.

zaguero, -ra *adj.* postrero, último, rezagado, posterior. ANT. delantero, primero. **2** *m.* Dep. defensa, jugador.

zaherir *tr.* humillar, vejar, maltratar, molestar, agraviar, mortificar, escarnecer, criticar, satirizar, ofender, menospreciar. ANT. enaltecer, honrar.

zahúrda *f.* pocilga, chiquero, porqueriza, establo. **2** tugurio, cuchitril.

zaino, -na *adj.* infiel, felón, hipócrita, falso, desleal, traidor. ANT. leal. **2** {caballo, yegua} castaño, pardo, marrón. **3** {ganado vacuno} negro.

zalamería *f.* adulación, halago, carantoña, zalema, lisonja, arrumaco, hipocresía.

zalamero, -ra *adj. s.* adulador, servil, lisonjero, adulón, lisonjeador. ANT. sincero. **2** pegajoso, empalagoso, fastidioso. ANT. agradable.

zalema *f. col.* reverencia, sumisión, inclinación. **2** zalamería, adulación, carantoña.

zamarra *f.* pelliza, chaqueta, cazadora. **2** piel de carnero.

zamarrear *tr.* {perro, lobo} sacudir/agitar la presa. **2** *col.* maltratar, golpear, tratar mal. **3** {en una pelea} apretar, arrinconar.

zambo, -ba *adj. s.* patizambo, torcido. **2** Amer. mulato, mestizo.

zambombazo *m.* golpazo, golpe violento. **2** estallido, explosión, estampido.

zambra *f.* fiesta, baile, regocijo. **2** algazara, ruido, vocería, gritería.

zambullir *tr. prnl.* sumergirse, hundirse/meterse (bajo el agua). ANT. emerger. **2** *prnl.* esconderse, cubrirse. **3** {en una actividad} concentrarse, dedicarse, meterse de lleno.

zampar *tr.* tragar, embuchar, atiborrarse, devorar, atracarse, engullir, comer en exceso. **2** esconder, ocultar, embuchar, meter. ANT. mostrar, descubrir. **3** asestar, estampar, propinar. **4** matar. **5** *tr. prnl.* Amer. arrojar, lanzar, impeler. **6** *prnl.* presentarse.

zampoña *f.* flauta, flautilla, caramillo.

zanca *f. col.* {de persona o animal} pata, pierna, muslo, extremidad, miembro. **2** Arq. {de una escalera} madero inclinado.

zancada *f.* paso largo, paso, tranco, trancada.

zancadilla *f.* traspié, tropiezo. **2** treta, estratagema, ardid, celada, engaño.

zancajo *m.* talón, calcáneo.

zancudo *m.* Amer. mosquito.

zanganería *f.* holgazanería, vagancia, haraganería, pereza, desidia. ANT. actividad, trabajo.

zángano, -na *s.* holgazán, flojo, gandul, haragán, desmañado, perezoso, vago. ANT. diligente. **2** *m.* {de la abeja reina} macho, abejón.

zangolotear *tr. intr. prnl.* sacudir, mover, agitar, menear.

zanja *f.* trinchera, excavación, cuneta, foso, surco, cauce, conducto, hoyo, fosa.

zanjar *tr.* excavar, cavar, escarbar. ANT. rellenar. **2** {dificultades} solucionar, arreglar, resolver, dirimir, allanar.

zapa *f.* pala. **2** Mil. excavación. **3** piel áspera. **4** {en obras de metal} labor.

zapallo *m.* Amer. calabaza, calabacín.

zapapico *m.* piqueta, pico.

zapatilla *f.* babucha, pantufla, chinela, chancleta, alpargata.

zapato *m.* calzado, escarpín, mocasín.

zaperoco *m.* **Amer.** alboroto. **2** desorden, revoltijo.

zar *m.* **Hist.** {de Rusia y Bulgaria} emperador.

zarabanda *f.* danza, baile. **2** algazara, bulla, diversión. **3** embrollo, problema, lío. **4** **Méx.** paliza, tunda.

zaranda *f.* criba; cedazo.

zarandaja *f. gen. pl.* menudencia, insignificancia, bagatela, minucia, fruslería.

zarandear *tr. prnl.* zarandar, cribar. **2** *tr.* menear, agitar, sacudir, estremecer, zangolotear, mover. **3** ajetrear, mover mucho, cansar, molestar, fatigar. **4** *prnl.* **Amer.** contonearse.

zarcillo *m.* arete, pendiente, aro, colgante, arracada.

zarco, -ca *adj.* {agua, ojos} azul claro.

zarismo *m.* absolutismo, despotismo.

zarpa *f.* garra, garfa, uñas.

zarpar *tr.* **Náut.** {barco} salir, levar anclas, partir, hacerse a la mar. **Ant.** anclar, fondear.

zarpazo *m.* golpe, golpazo, batacazo.

zarrapastroso, -sa *adj. s. col.* andrajoso, roto, desaliñado, descamisado, desaseado, harapiento, sucio. **Ant.** limpio, aseado.

zarza *f.* espino, zarzamora, arbusto espinoso.

zarzal *m.* matorral, espinal, barzal.

zarzamora *f.* zarza. **2** fruto (de la zarza).

zarzuela *f.* obra musical, comedia, opereta.

zascandil *m. col.* despreciable, enredador, mequetrefe. **Ant.** serio.

zenit *m.* cenit.

zepelín *m.* globo dirigible, aerostato, dirigible, aeronave.

zigoto *m.* **Biol.** cigoto.

zigzag *m.* serpenteo, culebreo, ondulación.

zigzaguear *intr.* serpentear, ondular.

zinc *m.* **Quím.** cinc.

zíngaro, -ra *adj. s.* gitano, rom.

zipizape *m. col.* riña, alboroto, disputa, reyerta, pelea, jaleo, trifulca, algarabía. **Ant.** paz.

zócalo *m.* **Arq.** basamento, base. **2** pedestal, podio. **3** **Arq.** friso, franja. **4** **Méx.** {de una ciudad} plaza principal.

zoclo *m.* sueco, chanclo, zoco.

zoco *m.* sueco, chanclo, zoclo. **2** **Arq.** zócalo. **3** {en Marruecos} mercado, feria, bazar, baratillo. **4** *adj. s. col.* zurdo. **Ant.** diestro.

zombi *adj.* atontado, aturdido, grogui, dormido, alelado. **Ant.** despierto.

zona *f.* lista, faja. **2** franja, territorio, parte, sección, región, área, extensión. **3** distrito, jurisdicción, circunscripción, término.

zoncera *f.* **Amer.** tontería, tontera, sosería. **2** **Amer.** simpleza. **Ant.** agudeza. **3** **Col.**, **Cuba** pesadez, desorientación, turbación, somnolencia.

zonzo, -za *adj.* tonto, necio, torpe, bobo, mentecato, simple, menso. **Ant.** listo, ingenioso. **2** *adj. s.* insulso, soso, insípido.

zoo *m.* zoológico, parque zoológico.

zopenco, -ca *adj. s. col.* bobo, torpe, tonto, lerdo, idiota, zoquete. **Ant.** listo, hábil.

zopilote *m.* ave rapaz, gallinazo.

zoquete *m. adj. col.* torpe, estúpido, zopenco, lerdo, idiota. **Ant.** listo, hábil. **2** *m.* {persona} feo, rechoncho. **3** taco, tarugo. **4** mendrugo.

zorra *f.* {animal} raposa, vulpeja, hembra del zorro. **2** {mujer} prostituta, puta. **3** carreta, carro bajo.

zorrería *f.* astucia, ardid, cautela, raposería.

zorro *m.* raposo, macho de la zorra. **2** {hombre} disimulado, tramposo, marrullero, pícaro, astuto, taimado, sagaz. **Ant.** ingenuo.

zote *adj. s.* torpe, ignorante, tardo, lerdo, zafio, zoquete.

zozobra *f.* **Náut.** naufragio. **2** inquietud, desasosiego, congoja, sobresalto, angustia, aflicción, ansiedad, incertidumbre. **Ant.** tranquilidad. **3** {en el juego de dados} lance.

zozobrar *intr.* {embarcación} naufragar, hundirse, sumergirse, irse a pique. **Ant.** salir a flote. **2** *intr. prnl.* {empresa} fracasar, malograrse, frustrarse, perderse. **Ant.** tener éxito, triunfar.

zozobroso, -sa *adj.* intranquilo, angustiado, afligido, acongojado, atribulado, pesaroso. **Ant.** tranquilo, sereno.

zueco *m.* zoclo, chanclo, zoco, abarca, zapato de madera.

zulaque *m.* betún.

zumba *f.* cencerro grande, campano. **2** chanza, broma, guasa, burla. **3** **Amer.** zurra, tunda, golpiza.

zumbar *intr.* silbar, resonar, susurrar, ronronear, ulular, matraquear. **2** *col.* frisar, rondar, rayar, estar muy cerca. **3** *tr. col.* {golpe} pegar, atizar, dar, propinar.

zumbido *m.* ruido, silbido, sonido, murmullo, zumbo. **2** *col.* golpe, porrazo.

zumbo *m.* zumbido, silbido, murmullo, sonido.

zumbón, -na *adj.* {persona} burlón, chistoso, socarrón, bromista, guasón, festivo, chocarrero. **Ant.** serio, grave.

zumo *m.* caldo, jugo, extracto, esencia, sustancia, agua, licor, néctar.

zuncho *m.* grapa, abrazadera, refuerzo, anillo.

zurcido *m.* unión, costura, cosido, remiendo, arreglo, refuerzo.

zurcir *tr.* coser, remendar, hilvanar, arreglar, componer. **Ant.** descoser. **2** {cosas} unir, juntar. **3** *col.* {mentiras} urdir, enredar, tramar, inventar, combinar.

zurdo, -da *adj.* izquierdo, de la mano izquierda. **2** *f.* mano izquierda.

zuro, -ra *adj.* paloma/o silvestre.

zurra *f.* tunda, vapuleo, azotaina, paliza, golpiza, vapuleada; castigo.

zurrar *tr.* {pieles} curtir, adobar. **2** castigar, azotar, pegar, apalear, golpear, aporrear. **3** censurar, reprender, criticar, reprobar. **4** *prnl.* {persona} defecar, cagarse, irse del vientre (involuntariamente). **5** *col.* asustarse, acobardarse.

zurriago *m.* látigo, correa, azote, fusta, flabelo.

zurrón *m.* bolsa de cuero, mochila, talego, saco, morral. **2** {de animal o vegetal} quiste, envoltura.

zutano, -na *s.* fulano, mengano, perengano, alguno.

zuzar *tr. p. us.* azuzar, incitar.

Paronomasia

Reciben el nombre de parónimas las palabras que guardan semejanza entre sí, sea desde el punto de vista de su etimología o por su forma y sonido. Son homófonas las voces que suenan del mismo modo pero tienen diferente significado. Se llaman homógrafas las palabras que se escriben de igual modo pero tienen distinto significado. Esta es una lista de los vocablos más comunes pertenecientes a estas clasificaciones.

Parónimas

A	
abjurar	retractarse, renegar
adjurar	rogar, insistir, suplicar
absolver	liberar de un cargo, declarar libre
absorber	recibir, aspirar, consumir; ejercer atracción
actitud	postura del cuerpo; disposición de ánimo
aptitud	capacidad
adoptar	recibir como hijo; tomar resoluciones; adquirir, recibir
adaptar	acomodar, ajustar
aprender	adquirir conocimiento
aprehender	coger, asir; llegar a conocer
arriar	bajar las banderas o las velas
arrear	conducir al ganado; dar prisa, estimular
azar	casualidad, caso fortuito; desgracia
azahar	flor

C	
combino	del verbo combinar
convino	del verbo convenir

D	
diferente	diverso, distinto
deferente	amable, cortés, respetuoso

E	
elocución	manera de hablar
alocución	discurso
embiste	acomete
inviste	confiere, concede
emigrar	abandonar el propio país
inmigrar	llegar a otro país
entrenar	adiestrar, preparar
estrenar	usar por primera vez; representar un espectáculo por primera vez
esotérico	oculto, reservado; impenetrable
exotérico	común, accesible

F	
firmar	poner su firma, signar
filmar	registrar imágenes; rodar una película
franco	sencillo, sincero, leal; dadivoso; libre, exento
flanco	parte lateral, lado, costado

I	
inminente	que está por suceder
inmanente	inherente, consustancial, inseparable

L	
lasitud	cansancio, desfallecimiento
laxitud	apatía, falta de ánimo
lazo	atadura, lazada; adorno
laxo	flojo, relajado
lección	lectura; instrucción; conocimientos; amonestación
lesión	daño corporal; perjuicio, detrimento

O	
obertura	pieza de música instrumental
abertura	hendidura, agujero, grieta

R	
resorber	recibir o recoger un líquido
resolver	determinar, decidir; solucionar

S	
sesión	reunión, junta, congreso
sección	separación, división; parte; grupo

T	
testo	del verbo testar
texto	enunciado, conjunto de enunciados; pasaje de una obra

Y	
yelmo	casco antiguo
yermo	inhabitado; incultivado

Homófonas

A	
a	letra
a	preposición
ha	del verbo haber
¡ah!	interjección
abocar	verter; acercar; desembocar
avocar	hacerse cargo un juez o una autoridad de un asunto
abrasar	reducir a brasa, quemar
abrazar	ceñir con los brazos, estrechar
acechanza	acecho, espionaje
asechanza	engaño, artimaña, artificio para causar daño
acervo	conjunto de cosas; conjunto de bienes culturales
acerbo	áspero al gusto; cruel, desapacible, riguroso
arroyo	caudal de agua, cauce
arrollo	del verbo arrollar
asar	cocer al fuego, tostar
azar	casualidad, imprevisto
asenso	acción de asentir, asentimiento
ascenso	promoción a un empleo o dignidad mayores

B	
banal	trivial, insustancial, común, vulgar
vanal	inútil, infructuoso
barón	título nobiliario
varón	persona de sexo masculino, hombre
basar	asentar, fundar, apoyar
bazar	mercado público oriental; tienda
baso	del verbo basar
vaso	recipiente para beber
bazo	víscera de los vertebrados
baya	fruto carnoso
baya	yegua de pelo amarillento
valla	vallado, estacado, cerca; aviso, cartelera; impedimento, dificultad, obstáculo
vaya	del verbo ir
bello	bonito, hermoso; excelente, bueno
vello	pelo corto y suave; pelusa
botar	arrojar, tirar, echar fuera
votar	dar su voto, aprobar por votación
brasa	leña o carbón encendidos
braza	medida de longitud

C	
cabe	del verbo caber
cave	del verbo cavar
callado	del verbo callar
cayado	palo, bastón; báculo
callo	dureza
cayo	isla arenosa, peñasco
casar	contraer matrimonio
cazar	buscar, seguir y matar animales
caso	suceso, acontecimiento
cazo	recipiente
cazo	del verbo cazar
cauce	lecho de un río o arroyo; conducto
cause	del verbo causar
cocer	cocinar un alimento
coser	unir con hilo
consejo	parecer, opinión, dictamen; órgano colegiado informativo
concejo	ayuntamiento

D	
desecho	basura, residuo, desperdicio
deshecho	del verbo deshacer

E	
e	letra
e	conjunción
he	del verbo haber
echo	del verbo echar
hecho	del verbo hacer
encausar	formar causa judicial, enjuiciar
encauzar	abrir cauce; encaminar, dirigir
encima	en lugar superior, sobre
enzima	proteína
errar	no acertar; andar vagando
herrar	ajustar o poner herraduras; marcar al ganado
es	del verbo ser
hez	depósito, sedimento; excremento

G	
gravar	cargar, pesar; imponer un tributo
grabar	labrar; captar y almacenar sonidos o imágenes

H	
hablando	del verbo hablar
ablando	del verbo ablandar

habría	del verbo haber
abría	del verbo abrir
hallamos	del verbo hallar
hayamos	del verbo haber
haremos	del verbo hacer
aremos	del verbo arar
hato	porción de ganado
ato	del verbo atar
haya	del verbo haber
halla	del verbo hallar
aya	mujer encargada del cuidado de los niños
hierba	planta pequeña
hierva	del verbo hervir
hizo	del verbo hacer
izo	del verbo izar
hojear	pasar las hojas de un libro
ojear	mirar, lanzar ojeadas
hoya	hoyo, concavidad, hondura
olla	vasija redonda para cocinar
hulla	carbón de piedra
huya	del verbo huir

I	
ingerir	introducir alimentos por la boca
injerir	introducir una nota o texto; entrometerse

L	
lisa	suave, igual, plana
liza	lid, disputa, contienda, combate
losa	piedra plana; lápida
loza	barro fino; vasija

M	
masa	mezcla; volumen, conjunto
maza	arma; pieza de madera
mesa	mueble
meza	del verbo mecer

O	
o	letra
o	conjunción
¡oh!	interjección

P	
pollo	cría de ave
poyo	banco de piedra
poso	sedimento
poso	del verbo posar
pozo	hoyo, perforación

R	
rallo	del verbo rallar
rallo	utensilio para rallar
rayo	relámpago, línea de luz; chispa eléctrica
rebelar	sublevar, levantar; oponer resistencia
revelar	descubrir; proporcionar indicios
recabar	pedir, reclamar; alcanzar, conseguir
recavar	volver a cavar
reciente	nuevo, fresco
resiente	del verbo resentir
ribera	orilla de un río o del mar
rivera	arroyo, caudal, riachuelo; cauce
risa	demostración de alegría, emoción feliz
riza	del verbo rizar

S	
sabia	mujer que posee muchos conocimientos; prudente, cuerda
savia	líquido vital para las plantas; energía
saga	adivina, bruja; leyenda, relato novelesco
zaga	parte trasera de algo; jugador
sede	asiento, trono; territorio, jurisdicción
cede	del verbo ceder
sensual	relativo a las sensaciones
censual	relativo al censo
sepa	del verbo saber
cepa	tronco de la vid; raíz, principio
serrar	cortar con la sierra
cerrar	asegurar con cerradura
sesión	junta, reunión, conferencia
cesión	renuncia a un derecho o posesión
siervo	esclavo
ciervo	mamífero rumiante
sima	cavidad profunda, abismo
cima	punto más alto; remate, perfección
sumo	del verbo sumar
zumo	líquido; jugo

T	
tasa	del verbo tasar
tasa	relación entre magnitudes; tributo
taza	vasija pequeña, receptáculo; cantidad

Homófonas

tubo	pieza cilíndrica hueca	vasta	extensa, dilatada, grande, amplia
tuvo	del verbo tener	basta	del verbo bastar

V		veraz	que dice la verdad, sincero
vacante	cargo, empleo o dignidad sin proveer	verás	del verbo ver
		vez	alternación; ocasión
bacante	mujer ebria y lúbrica	ves	del verbo ver
vacilo	del verbo vacilar	vienes	del verbo venir
bacilo	bacteria	bienes	patrimonio, caudal, hacienda
vale	del verbo valer	vocear	manifestar, publicar; llamar en voz alta, dar gritos
vale	papel, bono, recibo		
bale	del verbo balar	vosear	tratar de vos

Homógrafas

A		honda	arma
a	letra	honda	profunda, recóndita; intensa
a	preposición	informe	sin forma; vago, indeterminado
acaso	casualidad, suceso imprevisto	informe	descripción, escrito, exposición, dictamen
acaso	adverbio de duda		
as	carta de la baraja	O	
as	persona sobresaliente, campeón	o	letra
asta	palo para una bandera; lanza, pica	o	conjunción
asta	cuerno	P	
B		papa	sumo pontífice
baya	fruto carnoso	papa	patata, tubérculo
baya	yegua de pelo amarillento	poso	sedimento
C		poso	del verbo posar
calle	vía, avenida, camino	R	
calle	del verbo callar	rallo	del verbo rallar
cazo	recipiente	rallo	utensilio para rallar
cazo	del verbo cazar	T	
E		tasa	del verbo tasar
e	letra	tasa	relación entre magnitudes; tributo
e	conjunción	V	
G		vale	del verbo valer
gato	animal mamífero	vale	papel, bono, recibo
gato	instrumento para levantar objetos	Y	
H		y	letra
haya	del verbo haber	y	conjunción
haya	árbol		